eXamen.press

eXamen.press ist eine Reihe, die Theorie und Praxis aus allen Bereichen der Informatik für die Hochschulausbildung vermittelt.

Bernhard Preim · Raimund Dachselt

Interaktive Systeme

Band 1: Grundlagen, Graphical User Interfaces, Informationsvisualisierung

2. Auflage

Bernhard Preim
Universität Magdeburg
Fakultät Informatik
Universitätsplatz 2
39106 Magdeburg
Deutschland
bernhard.preim@ovgu.de

Raimund Dachselt
Universität Magdeburg
Fakultät Informatik
Universitätsplatz 2
39106 Magdeburg
Deutschland
raimund.dachselt@ovgu.de

ISSN 1614-5216
ISBN 978-3-642-05401-3 e-ISBN 978-3-642-05402-0
DOI 10.1007/978-3-642-05402-0
Springer Heidelberg Dordrecht London New York

Die Deutsche Nationalbibliothek verzeichnet diese Publikation in der Deutschen Nationalbibliografie; detaillierte bibliografische Daten sind im Internet über http://dnb.d-nb.de abrufbar.

Einbandentwurf: KuenkelLopka GmbH

Gedruckt auf säurefreiem Papier

Springer ist Teil der Fachverlagsgruppe Springer Science+Business Media (www.springer.com)

Geleitwort

Wer wagt, gewinnt. Das erste Lehrbuch zum Thema „Usability" (Gebrauchstauglichkeit), das ich gelesen habe, war Jens Wandmachers „Software-Ergonomie" (Walter de Gruyter, Berlin 1993). Es machte mir vor rund 15 Jahren klar, dass Usability keine Qualität des jeweiligen Produktes ist, sondern im Zusammenspiel von „Benutzern" (welch ein furchtbares Wort für Menschen), ihren Aufgaben und den Rahmenbedingungen liegt. Der Groschen fiel bei der Formel zur Bestimmung der optimalen Schriftgröße[1]. Diese benötigt den Abstand zwischen dem Bildschirm und dem Lesenden. Ohne zu wissen, wie groß dieser Abstand ist, kann auch keine optimale Schriftgröße ermittelt werden. Es ist seltsam, wie die Einsicht funktioniert. Plötzlich hatte ich verstanden, dass trotz aller wissenschaftlichen Exaktheit sich irgendjemand zunächst die Mühe machen muss, diesen Abstand zu ermitteln oder zumindest festzulegen. Es gibt keine einfachen Rezepte à la „12 Punkt ist lesbar".

Wandmachers Buch ist voll mit solch nützlichem Wissen und dessen wissenschaftlicher Fundierung. Ein ganzes Kapitel beschäftigt sich beispielsweise mit der Gestaltung von Menüs. Es geht um die optimale Zahl von Menüeinträgen und Menüebenen, ob Menüs eher flach oder tief sein sollen, wie man sie strukturiert und die einzelnen Auswahlmöglichkeiten benennt. Als Studierender – denn das war ich vor 15 Jahren – kann ich mich an hitzige Diskussionen erinnern, ob es nun Benutzerschnittstelle (grammatikalisch falsch), Benutzungsschnittstelle oder doch lieber -nahtstelle heißen soll. Ist Benutzerfreundlichkeit als Begriff abwertend und was ist eigentlich der Unterschied zwischen Benutzbarkeit, Nützlichkeit und Gebrauchstauglichkeit? Fragen über Fragen.

Seit damals ist einiges passiert. Und es ist nicht einfacher geworden. Die Komplexität interaktiver Systeme hat immens zugenommen. Allein die Vorstellung ich müsste ein mittelkomplexes Produkt, wie eine Software zur Steuererklärung, GOMS-modellieren, um seine Effizienz zu optimieren, lässt mich schaudern. (Sie müssen nicht wissen was GOMS ist. Es reicht zu wissen, dass es sehr sehr aufwändig ist.) Es geht auch nicht mehr nur um den Desktopcomputer in einem Büro. Interaktive Systeme sind mittlerweile fester Bestandteil unseres alltäglichen Lebens. Dementsprechend variieren Technologien und Kontexte. Kleine Bildschirme, große Bildschirme, Mäuse, Touchscreens und -pads und -wheels, Knöpfe, Hebelchen, Schalter, Gesten, Worte; und das dann Zuhause, auf Partys, in Autos, in Büros. Die Kombinationsmöglichkeiten sind enorm, und damit auch die Anforderungen an das Wissen über die Gestaltung interaktiver Systeme – denn Sie erinnern sich: Nur wenn das System zum Kontext passt, wird Usability daraus.

---

[1] Die Schriftgröße in mm errechnet sich als $0,0022d + k1 + k2$. d ist der Augenabstand vom Bildschirm in mm. $k1$ ist 1,5 bei günstigen Lesebedingungen und 4,1 bei ungünstigen. $k2$ ist 0 bei normalen Informationen und 1,9 bei kritischen. Die Formel verrechnet also insgesamt drei unterschiedliche, kontextabhängige Aspekte (siehe Jens Wandmacher, Software-Ergonomie, 1993).

Warum erzähle ich das? Weil ein Buch zu schreiben wie das vorliegende „Interaktive Systeme“ unter diesen Umständen ein Wagnis ist. Hunderte, tausende von Wissensschnipseln müssen zu einem großen Ganzen zusammengefügt werden, zu einer Struktur, die Sinn macht, die Studierenden und auch Experten hilft, den Überblick zu behalten. Ich finde, dieses Wagnis ist Bernhard Preim und Raimund Dachselt sehr gut gelungen – ehrlich gesagt: ich bin ein bisschen neidisch!

Das Gelingen liegt natürlich auch daran, dass sich Preim und Dachselt hervorragend ergänzen. Preim hat seinen Schwerpunkt in der Gestaltung sicherheitskritischer interaktiver Systeme im Kontext medizinischer Anwendungen. Ein Nutzungsproblem in diesem Bereich, eine kleine Unsicherheit bei der Einstellung einer Dosierung oder der Dauer einer Bestrahlung kann Menschenleben kosten. Und entsprechend leidenschaftlich und überzeugend beschäftigt er sich mit der Verbesserung der Usability. Dachselt erforscht intensiv, neuartige, möglichst natürliche Interaktionstechniken und Informationsvisualisierung – er gehört zu einer neuen Generation von Informatikern, die ihr Augenmerk bereits auf die Ästhetik interaktiver Systeme richten – und entsprechende Fertigkeiten gezielt erworben haben.

Das Buch ist voll interessanter Einsichten und Hinweise zum Thema Usability im Speziellen und zum Entwurf interaktiver Systeme im Allgemeinen. Und auch die „angenehme User Experience“ (Abschn. 6.3.1) – wie das auf neudeutsch heißt – wird diskutiert. Diese Diskussion ist besonders wichtig, denn sie zeigt, dass Usability bei aller Leidenschaft nur ein Teilaspekt interaktiver Systeme ist. Es gibt mehr. Menschen drücken durch interaktive Systeme ihre Identität aus - sie lieben Schönheit und Professionalität. Sie beweisen durch die Beherrschung dieser Systeme ihre Kompetenz und nicht selten entdecken sie Anregendes und Neues.

Hand aufs Herz: In vielen Fällen ist das Gefühl, effizient zu sein, viel wichtiger als die wirklich erreichte Effizienz. Und die Vorstellung, dass Menschen Aufgaben haben, die sie erledigen wollen, und wofür sie Werkzeuge brauchen wäre ebenso naiv. Natürlich verändert das Werkzeug die Aufgabe erheblich und führt oft zu ganz neuen Aufgaben, die so noch gar nicht da waren. Wenn Sie einen Kaffeevollautomaten besitzen, wissen Sie, wovon ich rede. Man muss zwar nicht mehr Kaffee kochen - das macht ja jetzt die Maschine – aber dafür bekommt man permanent Anweisungen, wie die Maschine ordnungsgemäß zu unterstützen sei: Wasser nachfüllen, reinigen, Mahlwerk oder Milchdüse säubern.

Diese Systeme müssen nicht nur gebrauchstauglich gemacht werden, sondern müssen mit Gespür dafür gestaltet werden, was Menschen wichtig ist und was Ihnen Freude bereitet. Usability ist zwar ein wichtiger Hygienefaktor. Ohne Usability wird es immer mühsam oder sogar gefährlich. Aber Usability allein ist kein Grund zur Freude. Freude bei der Nutzung, Bindung und die Motivation der Nutzer sind immer zentraler werdende Anforderungen an jedes interaktive System. Wie das genau geht, ist noch unklar, das Forschungsgebiet noch unreif – aber spannend ist es. Und Bernhard Preim und Raimund Dachselt machen uns zum Glück immer wieder darauf aufmerksam.

Ein Tipp zum Schluss: Lassen Sie sich nicht entmutigen von der Fülle der Details, Ratschläge und Themen in diesem Buch. Lassen Sie sich nicht entmutigen von dem Gefühl, das vielleicht aufkommt, doch nur an der Oberfläche gekratzt zu haben. Das Gestalten interaktiver Systeme ist eine Herausforderung. Es ist aber auch ein spannendes, gesellschaftlich überaus relevantes Thema. Es liegt am Ende in Ihrer Hand als Gestalter (egal ob Sie sich als Ingenieur oder Designer verstehen), ob eine Technologie eine positive Wirkung für den Menschen entfalten kann oder aber als unmenschlich, zu kompliziert, langweilig oder überflüssig befunden wird. Das Buch wird Ihnen sicher dabei helfen, angemessene Gestaltungsentscheidungen zu treffen.

Viel Vergnügen beim Lesen und viel Erfolg beim Anwenden.

Ihr Marc Hassenzahl

Vorwort zur zweiten Auflage

Die Mensch-Computer-Interaktion ist ein faszinierendes und vielseitiges Arbeitsgebiet. Seit der ersten Auflage 1999 ist eine Vielzahl neuer Trends zu beobachten, die eine Neuauflage dringend erforderlich machen. Die erste Auflage war stark durch Szenarien geprägt, in denen interaktive Systeme für Experten bei ihrer Arbeit an stationären PCs entwickelt wurden. Usability Engineering – eine an das Software Engineering angelehnte Vorgehensweise zur Entwicklung von leicht erlernbaren und vor allem effizient zu benutzenden Systemen – stand dabei im Vordergrund.

Heute ist dagegen der mobile Einsatz von Computern, Handhelds und der Einsatz von PCs in der Freizeit von ähnlich großer Bedeutung. Dabei gibt es die unterschiedlichsten Benutzer und Nutzungskontexte: Autofahrer nutzen ein Navigationsgerät und dürfen dabei nicht von der Steuerung des Autos abgelenkt werden, e-Learning Systeme werden von Menschen aller Altersklassen genutzt, um den Anforderungen des lebenslangen Lernens gewachsen zu sein.

Die Interaktionsformen sind vielfältiger geworden. Die herkömmliche Maus- und Tastatureingabe wird häufig durch Touchscreenbedienung oder Stifteingabe ergänzt oder gar ersetzt, vor allem bei der Nutzung mobiler Geräte. Im Spielebereich sind noch wesentlich mehr Interaktionsformen entwickelt, erprobt und etabliert worden. Einige dieser Interaktionsformen, die für den Unterhaltungsbereich konzipiert wurden, werden mittlerweile auch in anderen „seriösen" Anwendungen genutzt. Als Beispiel sei die bewegungssensitive Steuerung durch die Wii-Fernbedienung von NINTENDO genannt, die sogar schon in Operationssälen erprobt wird, um mittels entsprechender Gesten Software zu steuern.

Webbasierte Systeme spielen eine wachsende Rolle: die Kommunikation in Firmen wird durch Intranets unterstützt, wobei nicht nur der Wissens- und Erfahrungsaustausch unterstützt wird, sondern idealerweise auch das Zusammengehörigkeitsgefühl z.B. durch Darstellung gemeinsamer Aktivitäten. Der Austausch von Fotos, Videos und Musik, das Kommentieren und gemeinsame Verbinden der Inhalte sind Beispiele für diese neuen sozialen Nutzungskontexte. Das Internet wird genutzt, um Ferienwohnungen zu buchen, um einzukaufen oder bei eBay etwas zu ersteigern. Als herausragendes Beispiel sei die Wikipedia genannt, bei der kollektiv ein umfassendes Lexikon erstellt wurde und das weiter entwickelt wird. Bei der Konzeption derartiger Systeme sind neben Kenntnissen in der Mensch-Computer-Interaktion auch soziologische und psychologische Kenntnisse entscheidend, z.B. um angemessene Möglichkeiten zur Moderation und Konfliktsteuerung bereitzustellen.

Die klassischen Usability-Faktoren haben dabei nicht an Bedeutung verloren; aber sie reichen zur Bewertung nicht mehr aus. Eine Webpräsentation eines Sportvereins dient auch dazu, neue Mitglieder anzuziehen, ebenso wie die Webpräsentation einer Universität auf Abiturienten einladend wirken soll. Das visuelle Design, die Professionalität des Webauftritts, aber auch die Stimmungen, die dieses Design vermittelt, z.B. in Bezug auf das Studentenleben an einem Universitätsstandort, sind weitere wichtige Faktoren. E-Learning adressiert nicht den in der Softwareergonomie vorherrschenden „Experten", sondern einen Lernenden, der nicht nur die Benutzung des e-Learning-Systems, sondern auch den Anwendungsbereich kennen lernen muss. Dabei spielt die Motivation des Benutzers für die Akzeptanz eine ganz entscheidende Rolle. Wie kann der Benutzer an den Anwendungsbereich herangeführt werden, wie kann er durch passendes Feedback motiviert werden, wie können Einsichten und Haltungen vermittelt werden?

Insbesondere bei webbasierten e-Commerce-Lösungen oder Online-Auktionen ist die Frage, ob der Benutzer zu einer Website und der durch sie repräsentierten Firma Vertrauen aufbaut. Relevante Fragen sind dann: Wie sicher ist die Bezahlung? Was passiert mit meinen Daten? Das Bewusstsein für die Heterogenität von Benutzern, unter anderem von Informationsangeboten im WWW, ist gewachsen. Es wird angestrebt und mittlerweile auch gesetzlich vorgeschrieben, dass auch Benutzer, deren physische und kognitive Möglichkeiten eingeschränkt sind, interaktive Systeme nutzen können. Dies ist auch dringend erforderlich, da immer stärker Maschinen, z.B. Fahrscheinautomaten auf Kleinstadtbahnhöfen, die menschliche Bedienung ersetzen. Barrierefreiheit, lange Zeit vor allem ein Schlagwort, unter dem die behindertengerechte Konzeption von Gebäuden diskutiert wurde, betrifft in wachsendem Maße die Entwicklung interaktiver Systeme.

Unter dem Begriff „User Experience" wird eine umfassendere Sicht auf interaktive Systeme charakterisiert. Im Deutschen wird dieser Begriff teilweise als Nutzungserlebnis bezeichnet. Eine zielgerichtete Entwicklung, die eine angenehme „User Experience" ermöglichen soll, beinhaltet auch ästhetische Aspekte, wie ein modernes visuelles Design, eine Interaktion, die dem Benutzer Freude bereitet, ihn unter Umständen auch angemessen herausfordert.

Diese Entwicklung ist keinesfalls auf den akademischen Bereich begrenzt. Große Firmen im In- und Ausland suchen *User Experience Designer* oder bauen ganze User Experience-Abteilungen auf. Noch stärker als bisher ist die Entwicklung interaktiver Systeme als interdisziplinäre Aufgabe anzusehen. Auf Seiten der Auftraggeber sind häufig verschiedene Interessen und Positionen zu berücksichtigen, z.B. die des Managements und die der „betroffenen" Mitarbeiter. Während für das Management Zeit- und Kosteneinsparungen, also „harte" Usability-Faktoren im Vordergrund stehen, haben Mitarbeiter – also die Nutzer dieser Systeme – unterschiedliche, eventuell sogar entgegengesetzte Interessen.

Das Team, das interaktive Systeme konzipiert, muss diese Interessen kennen, eruieren und nicht selten zum Ausgleich dieser Interessen beitragen. Die Analyse von Anforderungen erfordert andere Kompetenzen als das Interaktions- und Navigationsdesign für einen umfassenden Webauftritt. Wieder andere Kompetenzen sind nötig, um mehrere Varianten einer Software systematisch in Bezug auf Effizienz zu vergleichen bzw. um diese Varianten schließlich kompetent umzusetzen. Insofern haben sich verschiedene Berufsbilder herausgebildet, die unter dem Überbegriff „Usability Professionals" zusammengefasst werden. Die „Usability Professionals" sind national und international hervorragend organisiert und diskutieren intensiv, welche Methoden sich bewährt haben, wie sie eingesetzt und kombiniert werden, um eine hohe „Usability" und eine angenehme „User Experience" zu ermöglichen. Durch ihre Beiträge verhelfen sie nicht nur den wissenschaftlichen Ergebnissen in der Praxis zum Durchbruch, sondern bereichern die wissenschaftliche Diskussion um neue Impulse und Erkenntnisse.

Um diesen neuen Entwicklungen gerecht zu werden, ist das Buch nicht nur grundlegend überarbeitet und aktualisiert, sondern auch wesentlich erweitert worden, so dass es in der Neuauflage zweibändig erscheint. Diese Erweiterung ist von einem Einzelautor nicht zu bewältigen. Durch die gemeinsame Autorenschaft ist es möglich, eine breite Sicht auf die Mensch-Computer-Interaktion zu vermitteln.

Dieses Buch richtet sich an Studenten und Dozenten. Es sollte sowohl in der Hochschulausbildung als auch für weiterbildende Kurse verwendbar sein. Die Konzeption des Buches trägt dem aktuellen Standard der Ausbildung in diesem Bereich Rechnung [Hamborg et al., 2009]. Insbesondere behandelt es die dort empfohlenen Grundlagen in den Bereichen der Softwareergonomie und Normen, Ein- und Ausgabegeräte und Interaktionstechniken sowie den benutzerzentrierten Entwicklungsprozess.

Es ist ebenso für Usability Professionals gedacht und stützt sich daher auch auf Beiträge der Usability Professionals, z.B. von der jährlichen nationalen Tagung. Ähnlich wie in der ersten Auflage soll eine Brücke zwischen den Grundlagen und der aktuellen Forschung geschlagen werden. Diskussionen aktueller Forschung dienen vor allem dazu, zu verstehen, mit welchen Methoden in der Mensch-Computer-Interaktion neue Ideen und Konzepte erprobt und verfeinert werden. Viele Verweise auf die aktuelle Forschungsliteratur an den Kapitelenden können dazu genutzt werden, sich ausgehend vom jeweiligen Buchkapitel zu vertiefen.

Wir haben uns bemüht, die Fülle des Stoffs durch eine klare didaktische Gestaltung beherrschbar zu machen. Die Kapiteleinleitungen und -zusammenfassungen erwähnen die wichtigsten Theorien, Modelle und Richtlinien, die vermittelt werden. Beispiele sind gesondert gekennzeichnet und können beim ersten schnellen Lesen übersprungen werden ebenso wie Bereiche mit speziellen Informationen für Fortgeschrittene.

Meinungen zum Buch

Ich bin von diesem Buch begeistert! Endlich ein deutsches Fachbuch, welches interaktive Systeme umfassend und verständlich erklärt. Die grundlegenden Konzepte werden wissenschaftlich fundiert vermittelt. Für viele Themen haben die Autoren aktuelle, praktische und sehr anschauliche Beispiele gefunden. Aus meiner Sicht ist es ausgezeichnet als Lehrbuch und Nachschlagewerk geeignet.

Prof. Dr. Albrecht Schmidt, Universität Duisburg-Essen

Die neue Auflage des Buches Interaktive Systeme (Band 1) wird von mir im Rahmen meiner Vorlesung Mensch-Computer Interaktion als primäres Fachbuch verwendet. Ich biete diese Vorlesung schon über 10 Jahre an der Universität Konstanz an und hatte daher schon zahlreiche Gelegenheiten, unterschiedlichste Lehrbücher zu erproben. Dieses Buch hat sich sowohl aus Sicht der Kursteilnehmer als auch aus Sicht des Dozenten bestens bewährt. Es fasst umfassend und gut lesbar die wichtigsten theoretischen Erkenntnisse des Faches zusammen und bietet gleichzeitig zahlreiche anschauliche Beispiele aus der Forschung und Praxis. Dadurch wird der Stoff sehr lebendig vermittelt. Es gibt auch zahlreiche hilfreiche Literaturhinweise, erfreulicherweise auch zu weiterführenden Themen und aktuellen Entwicklungen. Dies macht das Buch auch für bereits erfahrene Leser interessant und wertvoll. Die Autoren haben dankenswerterweise auch an die Dozenten gedacht und stellen Folien und wieterführende Materialien zur Verfügung. Für mich ist dieses Buch derzeit eines der besten einführenden Lehrbücher zum Thema Mensch-Computer Interaktion auf dem deutschsprachigen Markt. Ich kann es jeden Dozenten dieses Faches nur wärmstens empfehlen.

Prof. Dr. Harald Reiterer, Universität Konstanz

Danksagung. Die Erstellung dieses Buches wäre ohne substanzielle Hilfe von Kollegen und Mitarbeitern sowie des Sekretariates unseres Institutes für Simulation und Graphik (ISG) nicht möglich gewesen. Besonderer Dank gilt Dr. Ragnar Bade, Arno Krüger, Konrad Mühler und Frau Dr. Heike Schliefke von der AG Visualisierung sowie Matthias Frisch, Jens Heydekorn, Martin Spindler und Sophie Stellmach von der AG User Interface & Software Engineering für das kritische Kontrolllesen von Kapiteln, viele Tipps zu aktuellen Beispielen und Hilfestellung bei Latex-Problemen. Arno war 6 Jahre lang Übungsleiter für die Lehrveranstaltung „Interaktive Systeme" und hat mit seinen Ideen und Beispielen Teile des Buches stark geprägt; insbesondere das Kapitel zu „Eingabegeräten". In ähnlicher Weise hat Konrad das Kapitel „Dialoggestaltung" durch sein Engagement für dieses Thema mit geprägt.

Auch studentische Hilfskräfte haben zum Gelingen dieses Buches beigetragen. Ricardo Langner gebührt besonderer Dank für seine immense Arbeit bei der Gestaltung zahlreicher Abbildungen. Mit seinem gestalterischen Geschick hat er wesentliche Beiträge zur Illustration dieses Buches geleistet. Juliane Neumann hat sich in unermüdlicher Kleinarbeit der Optimierung des Literaturverzeichnisses gewidmet. Wir danken außerdem Dr. Niklas Röber, ehemaliger Mitarbeiter der AG User Interface & Software Engineering, für viele Hilfen bei der Erstellung der Latex-Dateien.

Besonders schwer zu schreiben sind für Informatiker Kapitel über „Kognitive Grundlagen" und „Metaphern". Prof. Stefan Pollmann, Lehrstuhl für Allgemeine Psychologie der Universität Magdeburg und Prof. Werner Kuhn, Lehrstuhl für Geoinformatik der Universität Münster, haben dabei entscheidend mitgeholfen. Prof. Harald Reiterer, Lehrstuhl für Mensch-Computer Interaktion der Universität Konstanz hat Material zu seinen Forschungen im Bereich Large Displays und Zoomable User Interfaces zur Verfügung gestellt und unsere Beschreibung dieser Arbeiten sorgfältig kommentiert. Wir freuen uns sehr, dass Prof. Marc Hassenzahl ein Geleitwort verfasst hat.

Den Mitarbeiterinnen des ISG-Sekretariats, Steffi Quade, Petra Schumann und Petra Specht sind wir für das gründliche redaktionelle Überarbeiten des Manuskripts, zahlreiche Hilfen und Ermunterungen dankbar. Bei den Mitarbeitern des Springer-Verlags, ganz besonders bei Clemens Heine als verantwortlichem Redakteur bedanken wir uns für die angenehme und vertrauensvolle Zusammenarbeit.

Bernhard Preim dankt Dr. Felix Ritter, Fraunhofer MEVIS Bremen für die langjährige freundschaftliche Zusammenarbeit in verschiedenen Bereichen der Mensch-Computer-Interaktion, die vor allem das Metaphern-Kapitel mitgeprägt hat. Außerdem bedankt er sich bei Dr. Ulrich Leiner, Fraunhofer Heinrich-Hertz-Institut, Berlin, der sein Interesse für die Mensch-Computer-Interaktion geweckt hat und aus dessen Umfeld viele Ideen und Beispiele stammen.

Raimund Dachselt dankt besonders seiner Familie, die ihm während des Schreibens den Rücken freigehalten und großzügig unterstützt hat. Ohne meine Ehefrau, die Hilfe meiner Mutter und die ermunternde Fröhlichkeit meiner Kinder wäre das Buch in dieser Form nicht möglich gewesen. Auch Bernhard danke ich für spannende Diskussionen und die Gelegenheit, an dieser Neuauflage mitzuwirken.

Inhaltsverzeichnis

1 Einleitung 1
1.1 Neue Formen der Mensch-Computer Interaktion 4
1.1.1 Interaktive Systeme für die Freizeitgestaltung 4
1.1.2 Spielkonsolen 5
1.1.3 Webbasierte Systeme 7
1.1.4 Eingebettete interaktive Systeme 9
1.1.5 Multitouch- und Sensorbasierte Systeme 10
1.1.6 Interaktive Systeme für kreative Prozesse 12
1.1.7 Benutzungsschnittstellen mobiler Geräte 13
1.1.8 Sicherheitskritische Anwendungen 13
1.2 Wichtige Aspekte der Mensch Computer Interaktion 15
1.2.1 Benutzer- und menschzentrierte Entwicklung 15
1.2.2 Interkulturelle Gestaltung 16
1.2.3 Barrierefreie Gestaltung 17
1.2.4 Wirtschaftliche Aspekte bei der Entwicklung 18
1.2.5 Kompromisse bei der Entwicklung 19
1.3 Usability Engineering und User Experience 19
1.3.1 Beispiel 1: eBay 22
1.3.2 Beispiel 2: Fahrkartenautomat der DB 24
1.4 Gliederung 25

Teil I Grundlagen: Wahrnehmung und Kognition

2 Kognitive Grundlagen 31
2.1 Menschliche Informationsspeicher 33
2.1.1 Das Arbeitsgedächtnis 34
2.1.2 Das Langzeitgedächtnis 38
2.1.3 Das Multi-Speicher-Modell 41
2.2 Visuelle Wahrnehmung 43
2.2.1 Visuelles System 43
2.2.2 Visuelle Suche 47

2.2.3 Farbwahrnehmung ... 53
2.2.4 Gestaltwahrnehmung ... 55
2.2.5 Form- und Objektwahrnehmung ... 57
2.2.6 Wahrnehmung von Bewegungen ... 60
2.2.7 Zusammenfassung ... 62
2.3 Auditives System ... 62
2.4 Arm-Hand-Finger-System ... 64
2.4.1 Vorbereiten einer Bewegung ... 65
2.4.2 Durchführung der Bewegung ... 66
2.4.3 Zusammenfassung ... 67
2.5 Aufmerksamkeit ... 68
2.5.1 Selektive und geteilte Aufmerksamkeit ... 68
2.5.2 Aufmerksamkeit und Benutzungsschnittstellen ... 70
2.5.3 Zusammenfassung ... 72
2.6 Weitere Aspekte der menschlichen Wahrnehmung ... 72
2.6.1 Magisches Denken ... 73
2.6.2 Kognitive Dissonanz ... 74
2.6.3 Adaption ... 74
2.6.4 Der Hawthorne-Effekt ... 76
2.6.5 Zusammenfassung ... 76
2.7 Geübte Handlungen - die ACT-Theorie ... 77
2.7.1 Produktionen ... 77
2.7.2 Fertigkeiten ... 78
2.7.3 Ziele und Konfliktlösung ... 78
2.7.4 Prozedurales Lernen ... 79
2.7.5 Konsequenzen für die MCI ... 81
2.7.6 Diskussion ... 82
2.8 Fehler bei geübten Handlungen ... 82
2.8.1 Bedienfehler auf der intellektuellen Ebene ... 84
2.8.2 Fehler und sicherheitskritische Anwendungen ... 85
2.8.3 Fehlermanagement ... 86
2.9 Zusammenfassung und Ausblick ... 86

3 Metaphern und mentale Modelle ... 89
3.1 Metaphern in der täglichen Kommunikation ... 90
3.1.1 Quell- und Zieldomäne ... 90
3.1.2 Metaphern in der Beschreibung von Organisationen ... 92
3.1.3 Metaphern in der Biologie ... 93
3.2 Mentale Modelle ... 94
3.2.1 Semantische Netze ... 97
3.2.2 Mentale Modelle und Wissensrepräsentationen ... 100
3.2.3 Mentale Karten ... 101
3.2.4 Problemlösungsverhalten ... 102
3.2.5 Anwendung mentaler Modelle ... 104
3.3 Metaphern in der Informatik ... 104

3.3.1 Metaphern in interaktiven Systemen 105
3.3.2 Chancen und Risiken 106
3.3.3 Veränderte Sicht auf Metaphern 108
3.4 Räumliche Metaphern 110
3.4.1 Desktop-Metapher 111
3.4.2 Haus-Metapher 112
3.4.3 Reise-Metapher 113
3.4.4 Metaphern in multimedialen Autorensystemen 113
3.4.5 Metaphern in geografischen Informationssystemen 115
3.5 Zusammengesetzte Metaphern 117
3.6 Entwurf auf Basis von Metaphern 120
3.6.1 Identifikation von Kandidatenmetaphern 121
3.6.2 Evaluierung von Metaphern 122
3.6.3 Entwicklung der Metapher 123
3.7 Metaphern für Lernsysteme in der Anatomie 123
3.7.1 Kandidaten für Metaphern 124
3.7.1.1 Atlas-Metapher 124
3.7.1.2 Virtuelles Präparieren 125
3.7.1.3 3D-Puzzle und Baukasten 126
3.7.2 Umsetzung der Metaphern 126
3.8 Zusammenfassung 130

Teil II Einführung in die Mensch-Computer-Interaktion

4 Die Interaktion mit Alltagsgeräten 135
4.1 Konzepte bei der Gestaltung von Bedienelementen 136
4.1.1 Affordances 137
4.1.2 Constraints 139
4.2 Bedienelemente realer Geräte 140
4.3 Bedienung einfacher technischer Geräte 146
4.3.1 Ein ganz einfaches Beispiel: Türen 146
4.3.2 Die Bedienung von Telefonen 147
4.3.3 Schlussfolgerungen 149
4.4 Bedienung komplexer Geräte 149
4.4.1 Die Bedienung eines Autos 149
4.4.2 Benutzungsschnittstellen für eingebettete Software 153
4.5 Phasen bei der Durchführung von Bedienhandlungen 156
4.6 Zusammenfassung 160

5 Historische Entwicklung 163
5.1 Wie wir denken könnten 164
5.1.1 Entwurf von MeMex 164
5.1.2 Individuelle Strukturierung von Informationsräumen 165
5.1.3 Konsequenzen für die MCI 165
5.2 Kooperation zwischen Mensch und Computer 166

5.2.1 Lösung von Gestaltungsproblemen 167
5.2.2 Ideen für die Interaktion 167
5.2.3 Konsequenzen für die MCI 168
5.2.4 Interaktive 3D-Computergrafik 169
5.2.5 Die „Erfindung" von Hypertext 170
5.2.6 Kooperative Arbeit zwischen Mensch und Maschine 172
5.2.7 Unterstützung kreativer Prozesse 174
5.3 Die Entwicklung des XEROX Star 177
5.3.1 Technologische Aspekte 178
5.3.2 Interaktionsstile 180
5.3.3 Desktop-MetapherDesktop-Metapher 181
5.3.4 Evaluierung des Star 182
5.3.5 Schlussfolgerungen 183
5.4 Der Apple Macintosh 183
5.5 MS-Windows und das X-Window-System 187
5.5.1 X-Window 187
5.5.2 MS-Windows 188
5.6 Die Rolle von Smalltalk 190
5.7 Die Entwicklung des WWW 191
5.8 Ubiquitous Computing 194
5.9 Zusammenfassung 195

6 Entwurfsprinzipien 199
6.1 Ergonomische Grundlagen 200
6.2 Erläuterung von Entwurfsprinzipien 203
6.2.1 Kenntnis potenzieller Benutzer und ihrer Aufgaben 204
6.2.2 Unterstützung beim Aufbau mentaler Modelle 205
6.2.3 Terminologie der Benutzer verwenden 206
6.2.4 Reduktion der kognitiven Belastung 207
6.2.5 Strukturierung der Benutzungsschnittstelle 209
6.2.6 Kombination visueller und textueller Elemente 210
6.2.7 Sichtbarkeit von Systemzuständen und möglichen Aktionen 211
6.2.8 Angemessene Rückkopplung 213
6.2.9 Konsistenz in Benutzungsschnittstellen 215
6.2.10 Abbruch und Rückgängigmachen von Aktionen 217
6.2.11 Berücksichtigung von Fehlern 218
6.2.12 Erwartungskonformes Verhalten 222
6.2.13 Adaptierbarkeit und Adaptivität 223
6.3 Aspekte der Entwicklung 227
6.3.1 Bewusste Gestaltung der User Experience 228
6.3.2 Barrierefreie Gestaltung 231
6.3.3 Fokussierung bei der Interface-Entwicklung 236
6.3.4 Nutzung von Beispielen zur Erklärung der Bedienung 237
6.4 Entwurfsprinzipien und Normen 237
6.5 Richtlinien und Styleguides 239

6.6 Zusammenfassung . . . 241

Teil III Interaktion mit grafischen Benutzungsschnittstellen

7 Eingabegeräte . . . 245
7.1 Selektion von Zielen . . . 246
7.1.1 Selektion zweidimensionaler Ziele . . . 246
7.1.2 Selektion expandierender Ziele . . . 248
7.2 Tastaturen . . . 250
7.2.1 Tastaturgestaltung . . . 251
7.2.2 Tastenlayout . . . 252
7.3 Klassifikation von Zeigegeräten . . . 259
7.3.1 Konzeptionelle Charakterisierung von Zeigegeräten . . . 259
7.3.2 Physische Charakterisierung von Zeigegeräten . . . 261
7.4 Indirekte Zeigegeräte . . . 263
7.4.1 Maus-Eingabe . . . 263
7.4.2 Rollkugel . . . 266
7.4.3 Touchpad . . . 267
7.4.4 Trackpoints . . . 268
7.4.5 Joysticks . . . 268
7.4.6 Ausblick: 3D-Interaktion . . . 269
7.5 Direkte Zeigegeräte . . . 271
7.5.1 Stift-Eingabe . . . 271
7.5.2 Touchscreen-basierte Systeme . . . 275
7.6 Beidhändige Eingabe . . . 279
7.7 Vergleich von Zeigegeräten . . . 279
7.8 Zusammenfassung . . . 281

8 Fenstersysteme . . . 283
8.1 Charakteristika von Fenstersystemen . . . 284
8.2 Technische Aspekte von Fenstersystemen . . . 286
8.2.1 Hierarchische Struktur von Fenstern . . . 287
8.2.2 Eingabemodell von Fenstersystemen . . . 287
8.2.2.1 Verarbeitung von Events . . . 289
8.2.2.2 Verarbeitung von Eingaben mit einem Zeigegerät . 290
8.2.2.3 Verarbeitung von Tastatureingaben . . . 291
8.2.2.4 Verarbeitung von Events des Fenstersystems . . . 292
8.2.3 Ausgabemodell von Fenstersystemen . . . 292
8.2.3.1 Koordinatensysteme . . . 293
8.2.3.2 Ausgabe in Rastergrafik . . . 294
8.2.4 Zusammenfassung . . . 295
8.3 Window Manager . . . 296
8.4 Navigation in Bildschirmfenstern . . . 298
8.4.1 Scrolling: Navigation in einer Dimension . . . 299
8.4.2 Panning und Zooming: Navigation in zwei Dimensionen . . . 301

8.5 Koordination mehrerer Fenster ... 302
8.6 Paned Windows ... 307
8.7 Toolbars ... 310
8.8 Virtuelle Desktops ... 312
8.9 Icons ... 313
8.9.1 Charakterisierung von Icons ... 314
8.9.2 Repräsentative und abstrakte Icons ... 315
8.9.3 Entwurf von Icons ... 316
8.9.4 Spezielle Aspekte beim Entwurf von Icons ... 319
8.9.5 Interaktion mit Icons ... 320
8.9.6 Icons und Normen ... 321
8.10 Zusammenfassung ... 321

9 Interaktionstechniken und Interaktionsstile ... 323
9.1 Sprachbasierte Interaktion ... 324
9.1.1 Kommandosprachen ... 325
9.1.2 Textuelle Suche ... 327
9.1.3 Natürlichsprachige Systeme ... 329
9.2 Menüauswahl ... 332
9.2.1 Pulldown-Menüs ... 335
9.2.2 Strukturierung von Menüs ... 337
9.2.3 Einfache und effiziente Nutzung von Menüs ... 341
9.2.3.1 Einhalten von Konventionen ... 341
9.2.3.2 Beschleunigung durch Tastaturkürzel ... 342
9.2.3.3 Modifikation und Split-Menüs ... 343
9.2.4 Popup-Menüs ... 344
9.2.5 Kreisförmige Menüs ... 344
9.2.6 Marking Menus ... 346
9.2.7 Transparente Menüs ... 348
9.2.8 Akustische Menüs ... 349
9.3 Das WYSIWYG-Prinzip ... 350
9.4 Direkte Manipulation ... 351
9.4.1 Erstellung von Grafikprimitiven ... 353
9.4.2 Selektion von Grafikprimitiven ... 355
9.4.3 Transformationen von Grafikprimitiven ... 359
9.4.4 Ergänzung der direktmanipulativen Handhabung ... 362
9.4.5 Weitere Anwendungen ... 362
9.4.6 Zusammenfassung und Diskussion ... 364
9.5 Agentenbasierte Interaktion ... 366
9.6 Geführte Interaktion mit Wizards ... 369
9.7 Zusammenfassung ... 370

10 Dialog- und Formulargestaltung 375
10.1 Dialogbausteine 378
10.1.1 Dialogkopf 379
10.1.2 Bedienelemente zur Auswahl von Optionen 379
10.1.2.1 Checkboxen 379
10.1.2.2 Radiobuttons 381
10.1.2.3 Auswahl mit Listboxen 382
10.1.2.4 Listboxen mit Mehrfachauswahl 388
10.1.3 Auswahl von Einträgen aus einer Hierarchie 388
10.1.4 Texteingabe 391
10.1.5 Eingabe numerischer Werte 393
10.1.6 Spezielle numerische Eingaben 396
10.1.7 Buttons 398
10.1.8 Anzeigeelemente 403
10.1.9 Gruppierungskomponenten 404
10.1.10 Darstellung und Schreibweise von Beschriftungen 407
10.2 Entwurf von Dialogen und Formularen 408
10.2.1 Ebenen des Entwurfs 409
10.2.2 Entwurfsprinzipien 412
10.3 Wesentliche Aspekte des Dialogentwurfs 413
10.3.1 Statische Aspekte des Dialogentwurfs 413
10.3.2 Dynamische Aspekte 414
10.3.3 Modale und nichtmodale Dialoge 417
10.4 Zusammengesetzte Dialoge 418
10.4.1 Untergeordnete Dialoge 419
10.4.2 Tab-Dialoge 420
10.4.3 Multifunktionsleisten 424
10.5 Formulareingabe 426
10.6 Zusammenfassung 430

Teil IV Interaktive Informationsvisualisierung

11 Die visuelle Kodierung von Informationen 435
11.1 Einführung und Grundlagen 437
11.1.1 Ein Visualisierungsbeispiel 437
11.1.2 Was ist Informationsvisualisierung? 440
11.1.3 Visualisierungsaufgaben 443
11.1.4 Datentypen 448
11.2 Visualisierung mehrdimensionaler Daten 452
11.2.1 Geometrische Techniken 453
11.2.2 Ikonische Techniken 462
11.2.3 Pixelbasierte Techniken 465
11.3 Hierarchievisualisierungen 467
11.3.1 Einfache Einrückungen 469
11.3.2 Node-Link-Diagramme 471

11.3.3 Flächenfüllende Verschachtelung 473
11.3.4 Geschichtete Ansätze 477
11.3.5 Kompakte Visualisierung und Interaktion 478
11.4 Netzwerkvisualisierungen 487
11.4.1 Layoutregeln und Heuristiken 491
11.4.2 Node-Link-Techniken 492
11.4.3 Matrixvisualisierungen 500
11.4.4 Anwendungsbeispiel Soziale Netzwerke 501
11.5 Zusammenfassung 506

12 Präsentation, Navigation und Interaktion 509
12.1 Große Informationsräume und kleine Displays 510
12.1.1 Gerätevielfalt und Displaygrößen 511
12.1.2 Grundsätzliche Lösungsansätze 513
12.2 Overview & Detail und Multiple Ansichten 514
12.2.1 Scrolling 515
12.2.2 Standard Overview & Detail 516
12.2.3 Multiple koordinierte Ansichten 519
12.3 Zoomable User Interfaces 524
12.3.1 Anwendungsbereiche 527
12.3.2 Space-Scale Diagramme als theoretisches Modell 533
12.3.3 Semantisches Zooming 534
12.3.4 Animation und automatisches Zooming 537
12.3.5 Evaluation und Bewertung 539
12.4 Fokus- und Kontexttechniken 540
12.4.1 Informationshervorhebung und -unterdrückung 542
12.4.2 Verzerrung: Mehrstufige Ansichten 544
12.4.3 Verzerrung: Kontinuierliche Ansichten 549
12.4.4 Magische Linsen 554
12.4.5 Offscreen-Visualisierungstechniken 561
12.4.6 Zusammenfassung 562
12.5 Interaktionsaspekte 564
12.5.1 Selektieren 565
12.5.2 Explorieren 565
12.5.3 Rekonfigurieren 566
12.5.4 Kodieren 568
12.5.5 Abstrahieren/Detaillieren 569
12.5.6 Filtern 570
12.5.7 Verknüpfen 572
12.6 Zusammenfassung und Ausblick 575
12.6.1 Herausforderungen und Perspektiven 578
Literaturverzeichnis 581
Index 613
Personen 623

Kapitel 1
Einleitung

Die Nutzung von Software hat sich in den letzten Jahrzehnten grundlegend gewandelt. Waren es in der Anfangszeit vor allem Mathematiker und andere Spezialisten, die für ihre eigene Forschung rechnergestützte Verfahren, z.B. zur Auswertung von Daten, entwickelten, so haben Computer etwa ab 1970 die Arbeitswelt regelrecht durchdrungen. Angefangen von Abrechnungssystemen in großen Firmen sind durch die mittels Personalcomputern mögliche Dezentralisierung immer mehr Arbeitsplätze von Ingenieuren, Konstrukteuren und Architekten, vor allem aber Büroarbeitsplätze, mit Computern ausgestattet worden. Damit bestand das Problem, dass eine wachsende Zahl an Menschen mit unterschiedlichsten Vorkenntnissen und geringerem Verständnis für Algorithmen, Software und Rechentechnik in die Lage versetzt werden musste, Computerprogramme zu bedienen. Die Bedienungsprobleme standen aber lange Zeit nicht im Mittelpunkt; Performanz der Software und ein hohes Maß an Funktionalität und Robustheit waren die dominanten Entwicklungsziele. Tatsächlich bestand in vielen Bereichen lange Zeit der Wunsch der Benutzer darin, die Performanz wesentlich zu verbessern – mittlerweile ist, von relativ wenigen Ausnahmen abgesehen, die Performanz kein wesentliches Kriterium mehr. Auch die Funktionalität von Software ist häufiger unangemessen umfangreich und seltener unzureichend. Wenn zusätzliche Performanz und weitere Funktionen keine wesentliche Rolle für Benutzer spielen, rücken Fragen der Benutzbarkeit, der Zufriedenheit und der Attraktivität in den Vordergrund.

Professionelle Software wurde mit umfangreichen Handbüchern (die oft mehrere Ordner füllten) ausgeliefert. Umfangreiche Schulungen bei der Einführung dieser Software waren an der Tagesordnung. Dieser teils extreme Lernaufwand wird heute immer weniger akzeptiert; selbst von komplexer Software wird mehr und mehr erwartet, dass zumindest grundlegende Funktionen ohne größeren Aufwand erlernbar sind. Da die allermeisten Benutzer im beruflichen Umfeld längst verschiedene Softwaresysteme nutzen und die Release-Zyklen deutlich verkürzt worden sind, rentiert sich eine umfangreiche Einarbeitung auch immer weniger.

Die Softwareergonomie ist entstanden und hat Methoden hervorgebracht, die sicherstellen sollen, dass schon in der Konzeption derartiger Software der Mensch und seine Tätigkeit im Mittelpunkt stehen. Shneiderman [2002a] bringt dies besonders

B. Preim, R. Dachselt, *Interaktive Systeme*, eXamen.press, 2nd ed.,
DOI 10.1007/978-3-642-05402-0_1, © Springer-Verlag Berlin Heidelberg 2010

gut auf den Punkt „*The old computing was about what computers can do. The new computing is about what humans can do.*“ Das Umdenken, das durch diese Entwicklung nötig wurde, war radikal. Die Softwareentwicklung war von einer technischen Sicht geprägt; die Vorgehensmodelle der klassischen Softwareentwicklung und die softwareergonomische Vorgehensweise waren teilweise inkompatibel. Insofern war eine längere Zeit nötig, ehe sich das „new computing“ durchsetzen konnte.

Softwareergonomie. Die Softwareergonomie ist aus der wesentlich älteren (Hardware) Ergonomie, die sich z.B. mit der gesundheitsschonenden Gestaltung von Arbeitsplätzen beschäftigt, entstanden. Softwareergonomie zielt darauf ab, dass Software entwickelt wird, die aufgabenangemessen, nützlich und gut benutzbar ist. Leichte Erlernbarkeit, idealerweise die Selbsterklärungsfähigkeit, hohe Effizienz bei routinemäßiger Nutzung und die Minimierung von Bedienungsfehlern sind konkrete Ziele. Bei der Umsetzung dieser Ziele spielen Tests mit den Benutzern eine wichtige Rolle. Dabei zeigt sich oft, dass der Lernaufwand unnötig hoch ist und dass bestimmte Vorgänge wesentlich komplizierter sind als nötig. Teilweise stellt sich heraus, dass die Systeme „gegen“ die gewohnte oder von den Benutzern gewünschte Arbeitsweise arbeiten. Die Aufteilung von Vorgängen in viele – aus Sicht der Benutzer sinnlose – Teile ist eines der vermeidbaren Probleme. Bei Benutzern haben diese Probleme weitreichende Folgen. Dazu gehört Stress, der entsteht, wenn Benutzer „das System nicht im Griff haben“, aber teilweise auch eine ausgeprägte Monotonie, die als sehr unangenehm empfunden wird (vgl. [Herczeg, 2005]). Derartige Probleme gar nicht erst entstehen zu lassen oder gezielt zu beseitigen, sind Aufgaben der Softwareergonomie. Die Vermeidung und Behebung dieser Probleme ist kein Luxus, sondern oft die Voraussetzung, um die angestrebten ökonomischen Ziele (Kostenersparnis, Qualitätsverbesserungen, Entlastung der Anwender) zu erreichen. Ein wichtiges und lehrreiches Beispiel ist in [Dahm, 2005] beschrieben: die SAP R/3 Produktlinie wurde im Jahr 1998 grundlegend neu an den Bedürfnissen der Anwender ausgerichtet. Insbesondere wurde eine Vielzahl an Veränderungen vorgenommen, mit dem Ziel, die Informationen so in Bildschirmfenstern zusammenfassen, dass Wechsel zwischen den Fenstern drastisch reduziert werden. Dies spart nicht nur viel Zeit, sondern erleichtert auch die Arbeit wesentlich.

Softwareergonomie und Arbeitswissenschaften. Bei der Bewertung rechnergestützter Arbeitsplätze arbeitet die Softwareergonomie eng mit der Arbeitswissenschaft zusammen. Dabei geht es darum, körperliche Auswirkungen, z.B. auf Augen und Handgelenke, und psychische Auswirkungen zu analysieren. Die Arbeitswissenschaft ermöglicht z.B. Vorhersagen darüber, wie schnell und wie stark die Leistungsfähigkeit, insbesondere das Reaktionsvermögen bei der Überwachung automatisierter Prozesse abnimmt (vgl. Herczeg [2005]). Als Konsequenz kann es sinnvoll sein, monotone Überwachungstätigkeiten mit anderen zu mischen.

Beim betrieblichen Einsatz interaktiver Systeme dient die arbeitswissenschaftliche Perspektive auch dazu, zu beurteilen, wie sich der Computereinsatz auf die Kompetenzen der Benutzer auswirkt, wie Vertrauen in eine Computerunterstützung entsteht, ob dieses Vertrauen angemessen oder sogar übertrieben ist (Übervertrauen) und wie sich die Computerunterstützung auf Fehler, z.B. in der Bedienung und Überwachung von Anlagen, auswirkt.

Das Zusammenspiel zwischen Softwareergonomie und Arbeitswissenschaften ist besonders wichtig für sicherheitskritische Anwendungen, z.B. in Leitständen, Fahrzeugen, Flugzeugen oder Operationssälen. Hier geht es unter anderem darum, wie Benutzer auf problematische Situationen hingewiesen oder alarmiert werden können und wie ihre kognitive Belastung erfasst werden kann, mit dem Ziel eine Überforderung bei der Präsentation von Informationen zu vermeiden.

Interdisziplinäre Entwicklung interaktiver Systeme. Die bisherigen Überlegungen zeigen, dass die Konzeption, Realisierung, Erprobung und Einführung interaktiver Systeme unterschiedlichste Kompetenzen erfordert und daher nur durch eine stark interdisziplinäre Zusammenarbeit in hoher Qualität möglich ist. Personen mit einer Ausbildung und Erfahrungen im Design, z.B. im Produkt-, Screen- oder Interaktionsdesign, können zu Gestaltungsentscheidungen beitragen. Psychologen sind besonders befähigt, Arbeitsplätze zu analysieren, Benutzergruppen zu befragen und davon ausgehend Stärken und Schwächen der bisherigen Bearbeitung von Aufgaben zu eruieren. Eine effektive Kommunikation zwischen allen an der Entwicklung Beteiligten, ggf. auch in Konfliktsituationen, zu erreichen, ist eine weitere Stärke von Psychologen. Psychologen besitzen ebenfalls besondere Kompetenz in der Konzeption und Durchführung von Tests mit Benutzern. Bei der Auswertung großer Tests kann es hilfreich sein, Statistiker hinzuziehen. Entwicklungen, die auf spezielle, vor allem professionelle Zielgruppen ausgerichtet sind, erfordern eine aktive Beteiligung von Personen aus dieser Zielgruppe. Ohne Mitwirkung dieser so genannten Domänenexperten ist es oft gar nicht möglich, einen Anwendungsbereich so tiefgründig zu analysieren, dass eine passende Lösung entworfen werden kann. Informatiker sind nicht nur für Entwurf und Realisierung interaktiver Systeme wichtig. Sie sollten auch in den anderen Phasen, z.B. in der Analysephase, eine wichtige Rolle spielen. Schließlich wird bei größeren Projekten mindestens eine Person benötigt, die über grundlegende Kompetenzen in allen relevanten Bereichen verfügt und die Entwicklung leitet.

Berufsbilder. Diejenigen, die sich mit der Benutzbarkeit von Produkten beschäftigen, haben sehr unterschiedliche akademische Qualifikationen und unterschiedliche Tätigkeitsprofile. *User Researcher* haben ihren Schwerpunkt darin, Aufgaben und Nutzungskontexte zu analysieren und auf dieser Basis die Entwicklung zu unterstützen. *Information Architects* strukturieren umfassende Informationen und erstellen Konzepte für die Navigation. *User Interface Designer* konzentrieren sich auf das visuelle Design, z.B. Layoutaspekte und Konzepte für die Nutzung von Farben, Formen und Fonts. Die Bezeichnungen *Usability Engineer* und *Usability Consultant* beziehen sich auf die Personen, die eine übergreifende Verantwortung für die Usability von Produkten haben, wobei der Usability Consultant stärker extern als Berater verschiedener Kunden tätig ist, während der Usability Engineer überwiegend Projekte *innerhalb* einer Firma betreut, oft in enger Abstimmung mit der Softwareentwicklung [Diefenbach und Hassenzahl, 2008]. Projektmanagementerfahrungen sollten das Profil des Usability Engineers abrunden. Trotz der unterschiedlichen Detailaufgaben ist es das gemeinsame Selbstverständnis dieser unterschiedlich spezialisierten Experten, sich als *Usability Professionals* zu bezeichnen, zusammengeschlossen in der UPA (Usability Professionals Association) bzw. im deutschsprachigen Bereich im German Chapter der UPA (http://gc-upa.de/). Eine Befragung von 223 Usability Professionals zeigt, dass die Bedeutung des Themas in den letzten Jahren in der beruflichen Praxis weiter gestiegen ist, wobei es teilweise immer noch darauf ankommt, den Stellenwert von Usability zu vermitteln und bei beschränkten finanziellen Mitteln der Sicherstellung von Usability-Aspekten eine ausreichende Priorität einzuräumen [Diefenbach und Hassenzahl, 2008].

1.1 Neue Formen der Mensch-Computer Interaktion

Die „alten" Ziele der Softwareergonomie haben nicht an Relevanz verloren, aber sie sind aus heutiger Sicht für viele Bereiche unzureichend. Im Folgenden wird eine breitere Sicht auf die Mensch-Computer-Interaktion (MCI) vorgestellt. Dabei werden ausgewählte Beispiele neuerer Entwicklungen erläutert. Das Ziel besteht nicht darin, diese neueren Entwicklungen vollständig zu charakterisieren, sondern vielmehr darin, repräsentative Beispiele für neuere Trends vorzustellen.

Zunächst werden in Abschn. 1.1.1 neuere Entwicklungen im Freizeitbereich diskutiert. Danach wird etwas konkreter auf Spielkonsolen eingegangen (Abschn. 1.1.2). Webbasierte Entwicklungen sind sowohl im professionellen Bereich als auch im Freizeitbereich relevant. Die spezifischen Aspekte dieses Bereichs werden in Abschn. 1.1.3 behandelt. Eingebettete interaktive Systeme werden in Abschn. 1.1.4 erläutert. In Abschn. 1.1.5 werden neue Konzepte, die auf berührungsempfindlichen Displays basieren, vorgestellt. Interaktive Systeme für kreative Prozesse gewinnen an Bedeutung; sie dienen auch dazu, besonders innovative interaktive Systeme zu entwickeln. Daher werden sie in Abschn. 1.1.6 vorgestellt. Die folgenden Abschnitte sind zwei Teilgebieten der MCI gewidmet, die in den letzten Jahren sehr viel Aufmerksamkeit gewonnen haben: der Entwicklung mobiler Systeme (Abschn. 1.1.7) und der Entwicklung in sicherheitskritischen Bereichen (Abschn. 1.1.8). Die meisten dieser Themen werden im weiteren Verlauf des Buches wieder aufgegriffen. Einige Themen werden in Band II ausführlicher behandelt, insbesondere die mobile Kommunikation und webbasierte Systeme.

1.1.1 Interaktive Systeme für die Freizeitgestaltung

Die rasante Entwicklung der letzten 10 Jahre hat dazu beigetragen, dass Software Teil verschiedenster Geräte geworden ist und sowohl in der Arbeitswelt als auch in der Freizeit eine wichtige Rolle spielt. Digitalkameras sind Standard geworden und bieten teilweise eine enorme Funktionsvielfalt, die weit über das hinausgeht, was die analogen Vorgänger angeboten haben. Bildverarbeitungsfunktionen und Funktionen zur Verwaltung der Bilder sind einige Beispiele dafür. Auf dem heimischen PC – mittlerweile meist ein Laptop – verwalten wir die vielen digitalen Fotos, Videos und Musiksammlungen. Das *Personal Media Management* ist daher ein wichtiger Bereich der MCI geworden. Handys, oft in Kombination mit Digitalkameras, werden ebenfalls von immer mehr Menschen benutzt. Ihre Funktionsvielfalt ist noch größer; die physische Größe und damit der Platz, der für Bedienfunktionen zur Verfügung steht, ist dagegen sehr klein.

Diese Beispiele zeigen, dass die klassischen Fragen der Benutzbarkeit auch in diesen Fällen eine wichtige Rolle spielen und die Gefahr, dass exzessive Funktionalität Benutzer überfordert, groß ist. Der Erfolg dieser neueren Geräte hängt nicht nur davon ab, ob die Funktionalität der Zielgruppe angemessen ist und die Bedienkonzepte gelungen sind. Modische Aspekte, Stil und visuelles Design sind ebenfalls wesentlich für Kaufentscheidungen und Zufriedenheit.

Diese Aspekte sind schwerer zu erfassen und zu bewerten, man spricht oft von den „weichen" Usability-Faktoren oder den hedonischen Aspekten. Um sie zu bewerten, sind klassische Interview-Techniken oft nicht ausreichend. Spezielle semistrukturierte Interviewtechniken haben sich bewährt, um offenzulegen, welche Faktoren die Attraktivität verschiedener Systeme aus Sicht bestimmter Benutzergruppen ausmachen [von Wilamowitz-Moellendorff et al., 2007]. Die Muster der Benutzung ändern sich über die Zeit. Spezielle ethnographische Techniken der Beobachtung und Befragung sind wichtig, um in Langzeitstudien diese Veränderungen zu erfassen. Insgesamt zeigt sich, dass messbare „harte" und „weiche" Usability-Faktoren die Akzeptanz und den Erfolg interaktiver Systeme wesentlich beeinflussen.

1.1.2 Spielkonsolen

Fragen der Mensch-Computer-Interaktion sind auch für Computerspiele von großer Bedeutung und umgekehrt beeinflussen Trends und technische Entwicklungen auf dem Computerspiele-Sektor auch Benutzungsschnittstellen in anderen Bereichen. Allein aufgrund der enormen Verbreitung[1] von Spielkonsolen sind die dort entwickelten Konzepte und Techniken als Orientierung interessant, da viele potenzielle Benutzer diese Techniken kennen. Spielkonsolen werden nicht nur zum Spielen genutzt, sondern auch für verbreitete Aufgaben wie die Verwaltung von Medien (Bildern, Videos und Musik). Eine starke Personalisierung ist auch typisch für Computerspiele, bei denen Spieler ihr Profil und ihre „Bestleistungen" verwalten können. Bei Spielkonsolen legen sich die Entwickler auf eine gewisse Plattform fest – sie können ihre Entwicklung konsequent für diese Plattform optimieren, profitieren aber zunächst nicht von technischen Weiterentwicklungen bei Grafikkarten,

[1] Von der WII von NINTENDO wurden bis Ende März 2010 beispielsweise 70 Mio. Exemplare verkauft!

Prozessoren und ähnlichem. Bei der Software- und User Interface-Entwicklung für professionelle Anwendungsgebiete, wie z.B. CAD-Systeme im Engineering, steht man ebenfalls vor der Frage, ob für *eine* Plattform oder eine breite Klasse von Rechnersystemen entwickelt werden soll.

Die Wii von Nintendo ist besonders interessant aufgrund der innovativen Bedienkonzepte. Der Controller ähnelt einer Fernbedienung und ist daher vertraut und gut zu handhaben. Bewegungssensoren registrieren die Position und die Bewegungen des Controllers und erlauben eine direkte Steuerung von Spielfiguren.

Abb. 1.1: Links: Der Gameboy von Nintendo, war bereits 1989 ein weit verbreitetes mobiles Spielgerät. Mitte: Die Wii von Nintendo mit ihrem an eine Fernbedienung erinnernden Controller. Rechts: der Controller der XBox. Quelle: Wikipedia

Spielkonsolen sind immer wieder Vorreiter bei der Einführung und Etablierung neuer Ein- und Ausgabegeräte gewesen. Frühe Spielkonsolen, wie der Gameboy von Nintendo (1989), waren bereits als mobile Computer konzipiert (Abb. 1.1), sodass dort bereits einige Probleme gelöst werden mussten, die später mit der Verbreitung von Handys und Handheld Computern erst in das Bewusstsein vieler Entwickler und Benutzer vorgedrungen sind. Miniaturisierung in der Bauweise und sparsamer Batterieverbrauch sind Beispiele für diese Probleme, die zu Einschränkungen bei der Entwicklung von Bedienkonzepten führen. Auch die Touchscreen-Bedienung wurde im Konsolenmarkt relativ früh etabliert (Nintendo DS, 2004). Bei der Entwicklung von Computerspielen sind viele Metaphern entstanden, die breiter anwendbar sind. So wird bei der XBox von Microsoft eine *Instrumententafel* als zentrales Element der Benutzeroberfläche eingesetzt. Moderne Spielkonsolen nutzen auch konsequent die Möglichkeiten der drahtlosen Kommunikation und erlauben das Zusammenspielen bzw. das Verwalten von Freundeslisten und Nachrichten, z.B. mit der XBox Live.

Aktuelle Entwicklungen betreffen z.B. die *Throw and Tilt*-Interaktion (Abb. 1.2), bei der Neigungssensoren genutzt werden, um Lage und Orientierung eines mobilen Geräts zu analysieren und für die Eingabe zu nutzen, sowie weitere physische Interaktionen, bei der der Körper als Medium mit einbezogen wird und sogar Fitnesstraining mit dem Computer möglich ist. Das Wii Balance Board mit seinen vier betretbaren Flächen ist dabei führend und ermöglicht es, Verlagerungen des Körpergewichts auszuwerten. Das Game Developer's Magazin und die jährliche Game Developer's Konferenz diskutieren diese und andere Entwicklungen, die als Inspiration dienen können.

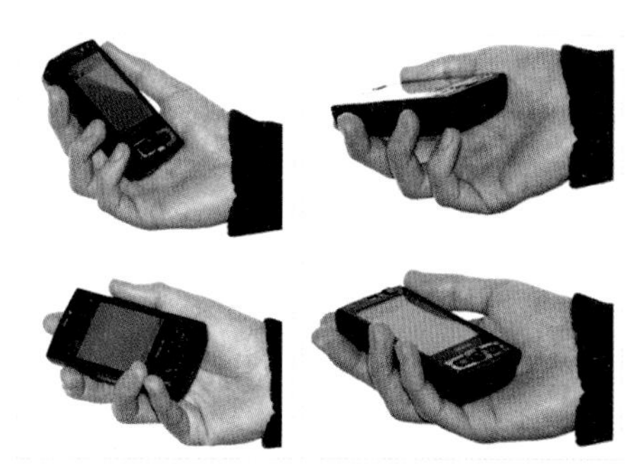

Abb. 1.2: Bei der Throw and Tilt-Interaktion wird die Neigung eines mobilen Gerätes ausgewertet. Auf diese Weise kann z.B. die Bewegung eines Objekts sehr natürlich gesteuert werden.

PC-Spiele und Spielkonsolen adressieren nicht nur Jugendliche und Erwachsene, sondern auch Kinder im Grundschulalter. Diese Zielgruppe muss hinsichtlich ihrer motorischen und kognitiven Fähigkeiten verstanden werden, um geeignete Angebote zu entwickeln. Kinder in diesem Alter können beispielsweise weniger gut abstrakt denken und benötigen mehr visuelle Elemente. Auch Entwicklungsprozesse müssen daran angepasst sein, dass Kinder die Zielgruppe sind. Strategien und Konzepte, um diese Zielgruppe zu befragen, zu beobachten und ggf. als Testpersonen „einzusetzen", müssen altersgerecht sein und auch den besonderen Anforderungen an den Schutz der Persönlichkeit gerecht werden.

1.1.3 Webbasierte Systeme

Das Internet hat die Arbeitswelt und den Einsatz von Computern in der Freizeit wesentlich verändert. Hohe Übertragungsraten, drahtlose Kommunikation über Bluetooth und Wireless Lan unterstützen verschiedenste Anwendungsszenarien, wie z.B. intelligente Steuerungen in Gebäuden. In besonderer Weise durchdringen webbasierte Systeme unser Leben. Die Gestaltung von Websites und Webapplikationen ist eine vielseitige Aktivität. Standards und Styleguides, die bei klassischen Desktop-Büroanwendungen Orientierung geben, aber auch den Gestaltungsspielraum einengen, sind erst im Entstehen und kaum etabliert.

Neben der reinen Informationspräsentation erlaubt das WWW heute reichhaltige Interaktionen mit den Benutzern, insbesondere das Einbringen von Inhalten, das so genannte Mitmach-Web. Soziale Netzwerke, wie XING, FACEBOOK oder spezialisierte Netzwerke, z.B. Selbsthilfegruppen von Patienten, ermöglichen die Pflege von Kontakten. Dabei können die Benutzer steuern, welche Informationen sie öffentlich, nur für bestimmte Kontakte oder Kontaktgruppen oder überhaupt nicht verfügbar machen. Bei der Bewertung dieser Systeme ist neben klassischen Usability-Faktoren die Anzahl und Intensität an Kontakten zu erfassen. Anekdoktische Berichte, in denen einzelne Benutzer ihre Erfahrungen anhand typischer Situationen schildern, sind aufschlussreich, um die konkrete Motivationslage von Benutzern zu verstehen.

Webbasierte Systeme spielen in Firmen mittlerweile eine entscheidende Rolle. Firmen präsentieren nicht nur ihr Leistungsangebot, sondern erlauben die Buchung und Bestellung von Waren und Dienstleistungen. Behörden präsentieren nicht nur eine Beschreibung ihrer Leistungen, möglicher Ansprechpartner und Anfahrtswege. Der Weg „zum Amt" wird durch das Herunterladen elektronischer Formulare und elektronische Versendung der ausgefüllten Formulare mehr und mehr überflüssig. Weiterbildungsträger integrieren Präsenzphasen mit e-Learning-Komponenten (Blended Learning), wobei das e-Learning auch den elektronisch vermittelten Kontakt zu anderen Lernenden und Dozenten beinhaltet. Die Konzeption, Planung und Durchführung solcher Vorhaben erfordert angepasste Vorgehensweisen, insbesondere auch angepasste Testverfahren. Die genannten Beispiele sind auch insofern repräsentativ, als dass die Einführung derartiger Systeme erhebliche Veränderungen, oft geradezu eine Umwälzung der bisherigen Arbeit in Behörden, Firmen und anderen Institutionen mit sich bringt. Ohne die Beteiligten intensiv und frühzeitig einzubeziehen, kann so eine Veränderung nicht gelingen.

Dabei müssen fast immer mehrere Benutzergruppen mit ihren unterschiedlichen Interessen berücksichtigt werden. Bei der Webpräsentation eines Sportvereins sind schnell zugängliche Informationen für die aktuellen Mitglieder und ein werbender Effekt auf potenzielle Interessenten von Bedeutung. Die Webpräsentation einer Firma richtet sich an Kunden und Geschäftspartner, wobei eventuell noch zwischen Großkunden und anderen Kunden und verschiedenen Geschäftspartnern unterschieden werden muss. Sowohl die relevante Information als auch ihre Darstellung müssen daran angepasst werden können. Bei großen Websites mit sehr unterschiedlichen Benutzergruppen ist es oft nötig, gezielt Informationen für jede relevante Gruppe anzubieten. Studierende, Studieninteressenten, Beschäftigte, Stellensuchende und Pressemitarbeiter sind nur einige der Zielgruppen für die Webpräsentation einer Hochschule.

Die Kriterien zur Bewertung einer erfolgreichen Gestaltung sind spezifisch für die Anwendungsszenarien. Bei webbasierten Wahlen und anderen Formen der demokratischen Mitgestaltung (e-Democracy) stehen Funktionalität und Sicherheit im Vordergrund. Von besonderer Bedeutung für das „Einkaufen" im Internet ist das *Vertrauen*, das die Benutzer der anbietenden Firma und deren Webpräsenz entgegenbringen. MANHARTSBERGER und MUSIL stellen ihr Buch über Web-Usability unter das Motto „das Prinzip des Vertrauens" [Manhartsberger und Musil, 2002]. Klare Optionen, übersichtliche Gestaltung, eindeutiges Feedback, Konsistenz in Websites sind wesentlich, um Vertrauen aufzubauen. Allgemein hängt Vertrauen in eine technische Lösung von der Zuverlässigkeit, Übersichtlichkeit und Handbarkeit ab. In Bezug auf e-Commerce-Lösungen kommen die folgenden Aspekte hinzu:

- Wie sicher ist man als Benutzer, dass Waren und Dienstleistung tatsächlich die behaupteten Merkmale und Qualitätsstandards aufweisen?
- Kann man auf einen sensiblen Umgang mit den für den Bestellvorgang nötigen persönlichen Daten vertrauen?
- Wie sicher kann man über die Lieferfrist sein?

Der Grad des Vertrauens ist ein wichtiges Maß, um technische Unterstützung für anspruchsvolle Tätigkeiten zu bewerten. Flug- und neuerdings auch Chirurgiesimulatoren werden nach diesem Maßstab beurteilt. Vertrauen betrifft hier vor allem die Echtheit der Simulation und damit die Realwelttauglichkeit des Trainings.

1.1.4 Eingebettete interaktive Systeme

Zu den wesentlichen Entwicklungen für die MCI gehört die Verschmelzung von realen Geräten und Software. Kopiergeräte, Waschmaschinen und Kaffeemaschinen bieten umfangreiche Funktionen (siehe Abb. 1.3). Dementsprechend können sie sich in unterschiedlichsten Zuständen befinden. Kleine Displays werden in der Regel genutzt, um diese Zustände und die Handlungsoptionen zu beschreiben. Das Cockpit moderner Autos, in dem oft die Fahrzeugnavigation und die Mediensteuerung integriert ist, ist ein wichtiges Beispiel, weil eine große Funktionalität integriert werden muss und der Nutzungskontext im Auto besonders anspruchsvoll ist.

Bedienkonzepte für diese Bereiche werden in Kapitel 4 ausführlich behandelt. Während für klassische Desktop-Oberflächen im Bürobereich eine Vielzahl an Richtlinien existiert, müssen für diese neuen Bereiche erst Erfahrungen gesammelt und ausgewertet werden.

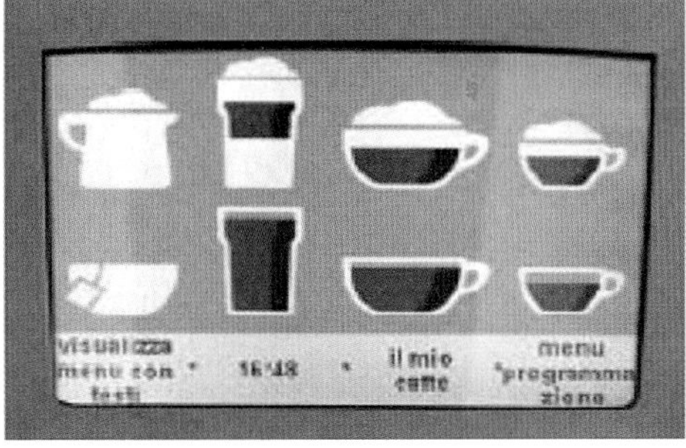

Abb. 1.3: Eine moderne Kaffeemaschine (Saeco Primea) kann mittels Touchscreen bedient werden. Das Anzeigefeld dient der Auswahl von Funktionen und der Darstellung von Statusinformationen. Für die Touchscreen-basierte Auswahl müssen die Elemente in ausreichender Größe dargestellt werden.

1.1.5 Multitouch- und Sensorbasierte Systeme

Spätestens seit der Vorstellung von Apples iPhone im Januar 2007 ist der Begriff Multitouch in aller Munde. Der sensationelle Erfolg dieses Smartphones hat das Bedienkonzept der gestischen Interaktion auf berührungsempfindlichen Oberflächen stark vorangetrieben. Im Gegensatz zur Interaktion auf normalen Touchscreens, bei der ein Finger häufig als Mauszeigerersatz verwendet wird, können bei Multitouch mehrere Fingerberührungen gleichzeitig erkannt werden. Die omnipräsente Spreizgeste zweier Finger (engl. *Pinch Gesture*) zum Zoomen von Bildern und anderen Informationen ist nur ein Beispiel dafür. Auch intuitive Wischbewegungen zum Blättern in Büchern (Abb. 1.4, rechts) oder in Fotosammlungen sowie zum Scrollen von Listen gehören zum Repertoire weit verbreiteter Gesten.

Überzeugend an dieser Interaktionsform ist nicht nur die hohe visuelle und ästhetische Qualität der Benutzungsschnittstellen, sondern auch die Direktheit der Interaktion. Das für grafische Benutzungsschnittstellen eingeführte Konzept der direkten Manipulation (siehe Abschn. 9.4) ist erst mit Multitouchoberflächen wirklich *direkt* geworden. Multitouchkonzepte sind natürlich deutlich älter als ihre erste kommerziell erfolgreiche Verwertung. Bereits Anfang der 80er Jahre wurden Multitouchsysteme in Forschungslaboren entwickelt, so z.B. 1985 ein Multitouch-Tablet an der University of Toronto. Einen interessanten Abriss zur Entwicklungsgeschichte bietet die Webseite „Multi-Touch Systems that I Have Known and Loved“ [2] von BILL BUXTON.

Abb. 1.4: Multitouch-Tisch (SMART Table) mit einer Physik-Lernanwendung für Schüler (links). Die Anwendung *Billiard on Ice* ist geeignet, um Kinder mit Multitouch-Technologien in „Berührung“ zu bringen und dabei spielerisch physikalische Grundlagen zu vermitteln. Mit Multitouchgesten können Winkel und Geschwindigkeit einer Kugel gesteuert werden. Rechts ein elektronisches Buch auf dem Apple iPad (Fotos: Ricardo Langner).

[2] http://www.billbuxton.com/multitouchOverview.html

Ein weiterer wesentlicher Formfaktor für Multitouch-Systeme sind interaktive Tische, sogenannte *Tabletops*. Auch hier gab es zunächst mehrere Forschungssysteme, darunter den 2001 vorgestellten Tisch *Diamond Touch* des Mitsubishi Electric Research Laboratories (MERL). Dieser Tisch kann die Berührungen mehrerer parallel arbeitender Benutzer nicht nur erkennen, sondern sie auch den einzelnen Personen zuordnen. Damit ist die Entwicklung neuartiger kollaborativer Benutzungsschnittstellen möglich, die Tabletops und andere interaktive Oberflächen als Ein- und Ausgabegeräte zugleich nutzen.

Durch die elegante technische Lösung der optischen Erkennung von Fingergesten mit Hilfe von Infrarot-LEDs durch Han [2005] wurde eine Welle von Entwicklungen im Forschungsbereich und auch bei Unternehmen ausgelöst. Prominentes Beispiel ist der Tabletop Microsoft *Surface*, der auch in der Lage ist, mit Markern versehene Objekte zu erkennen, sogenannte *Tangibles*. Nach der Anfangseuphorie und der allgegenwärtigen Anwendung des Skalierens, Rotierens und Verschiebens von Fotos beschäftigen sich inzwischen zahlreiche Firmen und Forschungsgruppen mit der Identifikation sinnvoller Anwendungsdomänen und der Entwicklung geeigneter Gesten und Interaktionstechniken. Abb. 1.4 (links) zeigt eine Lernanwendung für Schüler und macht deutlich, welchen Gestaltungsspielraum Multitouch-Gesten eröffnen. Fragen der beidhändigen Interaktion, der Kombination mit Stifteingaben, des Designs möglichst natürlicher, gut unterscheidbarer, ausdrucksstarker und zugleich leicht erinnerbarer Gesten müssen hierbei künftig beantwortet werden.

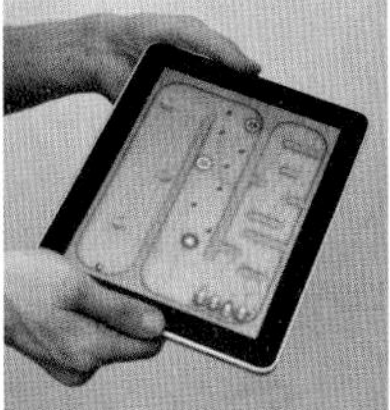

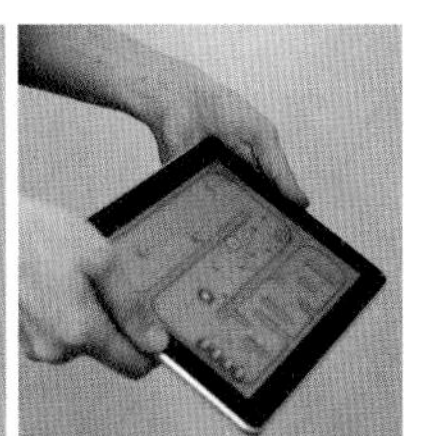

Abb. 1.5: Links ein iPad mit der Applikation Clinometer, mit der die durch einen Beschleunigungssensor erfasste Neigung und Rotation des Geräts visualisiert wird. Daneben das Spiel Labyrinth 2, bei dem ein Benutzer durch Neigung des Geräts eine Kugel durch einen virtuellen, mit Hindernissen versehenen vitruellen Holzkasten hindurchnavigieren muss (Fotos: Ricardo Langner).

Die im Abschn. 1.1.2 bereits erwähnte Wii ist nur ein Beispiel für eine neue Klasse von mobilen Endgeräten, die eine Vielzahl von Sensoren enthalten. Damit sind ganz neue Interaktionstechniken denkbar. Abb. 1.5 zeigt beispielsweise die Nutzung des eingebauten Beschleunigungssensors, um durch Neigung des Apple iPad eine virtuelle Kugel durch ein Labyrinth zu bewegen. Dies ist ein weiteres Beispiel für die neue Generation der sogenannten Post-WIMP[3] User Interfaces, für die Jacob et al. [2008] auch den Begriff der *Reality-based Interaction* einführten. Sowohl Interaktion über Multitouch-Gesten als auch die Nutzung von Sensoren lassen sich hier einordnen, da menschliche Erfahrungen aus der Interaktion mit der Realität unmittelbar genutzt werden. Im zweiten Band dieses Buchs wird diese neue Generation von Benutzungsschnittstellen ausführlich behandelt.

1.1.6 Interaktive Systeme für kreative Prozesse

Der Computereinsatz spielt auch bei der Unterstützung kreativer Prozesse eine wachsende Rolle. Jahrzehntelang ging es vor allem darum, Geschäftsprozesse, etwa in der Personal- und Finanzverwaltung, zu optimieren. Inzwischen werden Computer vermehrt eingesetzt, um Kommunikationsprozesse zu unterstützen oder Entwurfsprozesse zu erleichtern, aber auch für Brainstorming und verwandte Verfahren, in denen Ideen erfasst, strukturiert und priorisiert werden [Shneiderman, 2007]. Kreativität wird nicht mehr vorrangig als die seltene Fähigkeit begnadeter Genies angesehen, sondern wird von Schülern, Studenten und vor allem von Mitarbeitern vieler Firmen erwartet. Sie sollen Produkte entwerfen, Prozesse optimieren oder gänzlich neu gestalten – Kreativität ist der Schlüssel zum Erfolg in vielen Bereichen.

Computerunterstützung für kreative Prozesse ist mit zahlreichen Herausforderungen für die MCI verbunden, wobei die Anforderungen eher vage sind. Die Gestaltung von Benutzungsschnittstellen für diesen Bereich erfordert ein Verständnis kreativer Prozesse und ihrer Grundlagen. Kreativität basiert darauf, dass man auf viele ähnliche Artefakte zurückgreifen und diese studieren kann (viele ähnliche Konstruktionen bzw. 3D-Modelle, Musikstücke, ähnliche Lösungen für verwandte Probleme, z.B. in der medizinischen Diagnostik). Eine zentrale Anforderung an Benutzerschnittstellen betrifft daher eine effiziente und intuitive Suche in entsprechenden Datenbanken. Kreativität, nicht zuletzt in der Gestaltung von Benutzungsschnittstellen, wird dadurch unterstützt, dass Varianten von Entwürfen erstellt, verglichen und effizient verwaltet werden können [Terry et al., 2004] – das Neue entsteht oft durch „geschickte" Kombination bereits vorhandener Elemente. Ältere Versionen von Entwürfen und Begründungen für Entscheidungen sollten dabei effizient verwaltet werden. Wenn diese Entwürfe flexibel parametrisiert und mit anderen ausgetauscht werden können, bedeutet dies eine zusätzliche wirkungsvolle Unterstützung.

Shneiderman [2007] erläutert, wie sehr die Möglichkeiten, Varianten zu erproben, zu vergleichen und schließlich zu verändern, Kreativität befördern. Webbasierte Systeme, wie Wikis oder Portale, die eine bestimmte Community integrieren, sind Beispiele für neuere Systeme, die kreative Prozesse unterstützen. Die Fähigkeit, Ideen zu repräsentieren, z.B. indem sie skizziert werden, ist ein weiteres Kernmerkmal

[3] WIMP steht für Windows, Icons, Menus, Pointing Device und beschreibt die gegenwärtig dominierende Generation fensterbasierter, graphischer Benutzungsschnittstellen

von Creativity Tools. Derartige Funktionen unterstützen Diskussionen und helfen, vage Ideen zu präzisieren. Individuelle und soziale Kreativität sowie die Software, die diese Prozesse unterstützt, hat sich zu einem Fokus der MCI entwickelt mit eigenständigen Tagungen [Giaccardi und Fischer, 2008, Shneiderman et al., 2007] und einschlägigen Büchern [Csikszentmihalyi, 1996].

1.1.7 Benutzungsschnittstellen mobiler Geräte

Mit dem Aufkommen von Handys und PDAs (Personal Digital Assistants) ist eine Reihe neuer Anforderungen an die Gestaltung der Benutzungsschnittstelle entstanden. Der Platz ist stark begrenzt; Tasten sind oft zu klein, um bequem selektiert zu werden. Viele Tasten sind mehrfach belegt (je nach Kontext, z.B. abhängig von anderen gedrückten Tasten werden unterschiedliche Funktionen aktiviert). Die Aufhebung einer 1:1-Zuordnung von Bedienelementen zu Funktionen führt häufig zu Verwechslungsfehlern. Aufgrund des begrenzten Platzes ist die übersichtliche und lesbare Darstellung von Statusmeldungen oder von Optionen eine weitere Herausforderung.

Außerdem fehlen Standards; gleiche Aktionen werden in unterschiedlichen Geräten unterschiedlich benannt, Menüs sind gänzlich anders strukturiert und die Positionen von Tasten variieren. Selbst Personen, die mit einem Handy sehr gut umgehen können, haben einen hohen Lernaufwand, ehe sie ein neues Gerät vergleichbar gut beherrschen [Dahm, 2005]. Prinzipiell werden Handys in allen Altersgruppen und Schichten der Gesellschaft intensiv benutzt. Dass es dennoch kaum möglich ist, für eine derart heterogene Zielgruppe ein geeignetes Gerät zu entwickeln, ist mittlerweile bekannt. Spezielle Angebote, deren Funktionsumfang und Gestaltung sich deutlich unterscheidet, sind die logische Folge.

Die bei Handys auftretenden (Bedienungs-)Probleme können in vielen Fällen auf elektronische Geräte im Heimbereich verallgemeinert werden. Beim Kauf derartiger Geräte stehen nach wie vor Preis, Design und Image des Herstellers im Vordergrund. Die Benutzbarkeit beeinflusst Kaufentscheidungen nur in relativ geringem Maße und eher indirekt. Um so leichter ist es für die Hersteller, diese Aspekte zu vernachlässigen.

1.1.8 Sicherheitskritische Anwendungen

Der Einsatz interaktiver Systeme in Leitwarten zur Überwachung industrieller Anlagen und Prozesse und anderen sicherheitskritischen Bereichen ist nicht grundsätzlich neu. Allerdings hat auch in diesen Bereichen der Einsatz von Software eine neue Qualität erreicht. So werden in einigen operativen Fächern der Medizin heutzutage Master-Slave-Roboter eingesetzt, bei denen der Operateur die Instrumente nicht direkt bedient, sondern an einer Masterkonsole arbeitet. Die Bewegungen an der Masterkonsole werden auf die chirurgischen Instrumente übertragen, wobei das geringfügige Zittern in der Hand herausgefiltert wird und so hochpräzise operiert werden kann (siehe Abb. 1.6).

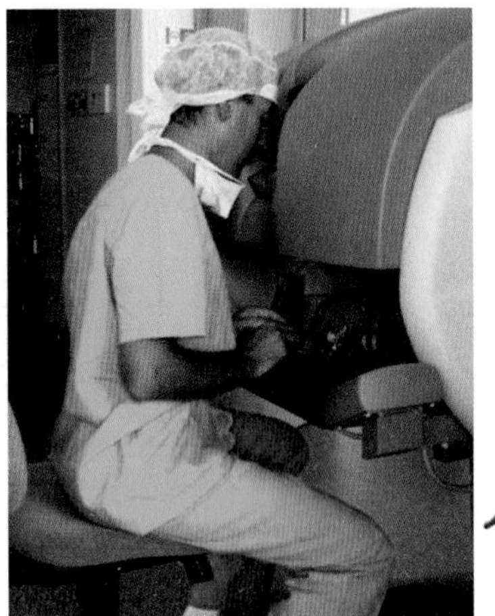

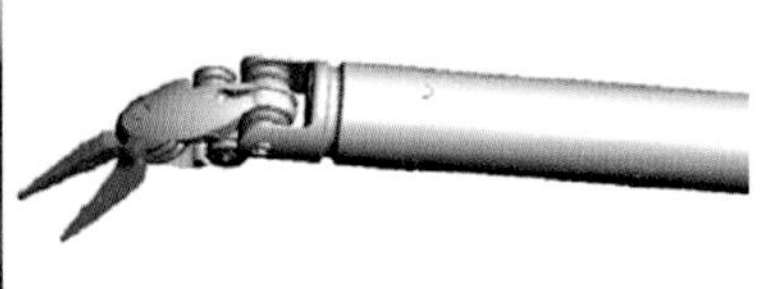

Abb. 1.6: Ein operativer Eingriff wird in großer Präzision an einer Konsole (daVinci, Intuitive Surgical) durchgeführt. Der Operateur sieht ein detailliertes Bild des Patienten und der (rechnergestützten) Geräte, die an einem Roboterarm befestigt sind. Mittels Hand- und Fußsteuerung werden verschiedene Instrumente, z.B. ein der Hand nachempfundener Greifer für das Nähen (rechtes Bild) gesteuert. Das System ist in mehr als 300 Krankenhäusern im Einsatz. Foto: Universität Leipzig

Die Gestaltung von Hard- und Software in diesen Bereichen wirft eine Reihe spezieller Fragen auf:

- Welche Probleme könnten auftreten, die möglicherweise fatale Folgen haben?
- Wie können die fatalen Folgen ausgeschlossen werden?
- Wie können – auch minder schwere – Fehler vermieden werden oder, falls das nicht gelingt, möglichst schnell erkannt werden?
- Wie kann die Aufmerksamkeit von Benutzern auf relevante Bereiche eines großen Anzeigebereiches gelenkt werden?

Um fatale Folgen zu vermeiden, werden Operationsroboter z.B. so konzipiert, dass bei einem plötzlichen Stromausfall der Roboterarm in eine neutrale Position zurückgefahren wird, damit keine Verletzungen des Patienten auftreten können. In vielen Geräten kann vor dem Eingriff ein Arbeitsraum definiert werden. Dieser Arbeitsraum wird durch das Gerät überwacht – der Operateur kann damit nicht versehentlich die Instrumente an eine Position außerhalb des Arbeitsraums bewegen.

Zu sicherheitskritischen Anwendungen gehören auch Überwachungsvorgänge in Leitständen. Diese Vorgänge sind monoton und auch motivierte ausgeschlafene Benutzer können nicht allzu lange eine hohe Aufmerksamkeit aufrecht erhalten. Daher besteht die grundlegende Frage, welche Form der Zusammenarbeit zwischen Mensch und Computer optimal ist.

1.2 Wichtige Aspekte der Mensch Computer Interaktion

Nach neuen aktuellen Anwendungsfeldern der MCI werden im Folgenden wichtige Aspekte der Entwicklung betrachtet. Dieser Abschnitt beginnt mit einer Entwicklungsstrategie, die konsequent auf Benutzer und andere von einer Entwicklung betroffene Personen zugeschnitten ist (Abschn. 1.2.1). Die Beachtung unterschiedlicher Sprachen und Kulturen bei der Entwicklung für den globalen Markt wird in Abschn. 1.2.2 diskutiert. Die Gestaltung von Software, sodass auch Menschen mit Behinderung sie bestmöglich nutzen können, ist eine moralische mittlerweile aber auch eine gesetzliche Verpflichtung. Der Abschnitt *barrierefreie Entwicklung* (Abschn. 1.2.3) führt in dieses Thema ein. Erfolgreiche Entwicklungen im kommerziellen Umfeld sind nur möglich, wenn wirtschaftliche Effekte ausreichend beachtet werden. Das Spannungsfeld zwischen Prinzipien und Methoden der MCI und oft engen Zeit- und Budgetvorgaben wird in Abschn. 1.2.4 beleuchtet. Schließlich wird in Abschn. 1.2.5 erklärt, inwiefern Kompromisse zwischen konkurrierenden Zielen in der Entwicklung interaktiver Systeme von Bedeutung sind.

1.2.1 Benutzer- und menschzentrierte Entwicklung

Die Gestaltung der MCI, die Analyse von Anforderungen, die Diskussion von Lösungsmöglichkeiten und schließlich die vielen Detailentscheidungen bei der Umsetzung dieser Entwürfe sollen aus Sicht der beteiligten Menschen erfolgen. Dies ist der wichtigste Grundsatz der MCI und in diesem Sinne ist dieses Buch konzipiert. Menschzentrierte Gestaltung ist eine Weiterentwicklung des älteren Konzeptes der benutzerzentrierten Gestaltung (User-Centered Design) [Norman und Draper, 1986]. Bei der benutzerzentrierten Vorgehensweise wird unter anderem die gesamte Terminologie an die „Sprache des Benutzers" angepasst, exakt die dem Benutzer bekannten und vertrauten Begriffe werden verwendet und Fachjargon konsequent vermieden. Neben dem Inhalt von Menüeinträgen, Dialogelementen und Beschriftungen spielt der Ton, in dem z.B. Warnungen und Systemnachrichten formuliert sind, eine wichtige Rolle. Derartige Meldungen sollten nicht nur präzise und konstruktiv, sondern freundlich formuliert sein. Statt „Illegale Eingabe" sollte präziser und höflicher formuliert werden: „Währungseingaben bitte in folgendem Format:". Dass höfliche, respektvolle Formulierungen von Systemnachrichten auch für die MCI bedeutsam sind, mag überraschen. Tatsächlich ist aber belegt, dass Benutzer sich stärker gestresst fühlen, wenn Systemnachrichten „unfreundlich“ formuliert werden [Brave und Nass, 2002]. Die Beachtung der Kernmerkmale der menschlichen Wahrnehmung und der kognitiven Verarbeitung von Informationen sind weitere Aspekte der benutzerzentrierten Entwicklung.

Bei menschzentrierter Entwicklung handelt es sich nicht nur um einen neuen Begriff in der MCI [Benyon et al., 2005]: die menschzentrierte Gestaltung bezieht neben den tatsächlichen Benutzern auch andere Menschen ein, die von der Einführung dieser Software mittelbar betroffen sind. Wenn Lernsoftware für Kinder entwickelt wird, werden neben den Kindern der entsprechenden Altersklasse auch Eltern und Pädagogen einbezogen. Diese Personengruppen können einerseits zur Entwicklung beitragen, andererseits sind sie für die Akzeptanz entscheidend.

Der Begriff menschzentrierte Entwicklung ist im Bereich der Entwicklung technischer Systeme und im Bereich der Verkehrs- und Stadtplanung üblich. In diesen Gebieten lässt sich leicht die menschzentrierte mit einer technikzentrierten Entwicklung kontrastieren. Ähnlich wie die Stadtplanung sich von dem Ziel der autogerechten Stadt entfernt hat, so soll die Entwicklung von Software nicht vom technisch Möglichen getrieben werden, sondern von realen Bedürfnissen der handelnden Personen. Entsprechend muss auch von diesem Standpunkt aus bewertet werden, wobei die konkreten Kriterien dafür teilweise noch entwickelt werden müssen. In einer Online-Community wären Qualität und Quantität der ausgetauschten Informationen ein geeignetes Kriterium.

1.2.2 Interkulturelle Gestaltung

Eine Herausforderung für jede Form des Produktdesigns und damit auch für die Gestaltung von Benutzungsschnittstellen liegt darin, Benutzer aus verschiedenen Ländern und Kulturen zu adressieren. Im Zuge der fortschreitenden Globalisierung ist dieses Ziel von wachsender Bedeutung. Solange die Benutzergruppen von einer im wesentlichen gleichen Kultur geprägt sind und sich „nur“ in der Sprache unterscheiden, betreffen die notwendigen Anpassungen vorrangig die textuellen Komponenten von Benutzungsschnittstellen, Dokumentationen und Handbüchern. Schon dies ist im Detail aufwändig, weil unterschiedliche Zeichensätze genutzt werden, Datenformate angepasst werden müssen und – aufgrund der unterschiedlichen Länge textueller Komponenten in verschiedenen Sprachen – auch Layoutanpassungen erforderlich sind.

Wenn aber gleichzeitig Benutzergruppen in Ost- und Westeuropa, Asien oder Afrika adressiert werden, sind noch wesentlich weitreichendere Überlegungen und Anpassungen erforderlich. Das grundlegende konzeptionelle Design, die genutzten Metaphern, deren Vertrautheit vorausgesetzt wird, können in einem anderen Kulturkreis ungeeignet sein. Die Bedeutung von Farben und Symbolen unterscheidet sich in verschiedenen Kulturen, ebenso emotionale Reaktionen von Benutzern und ihre Strategien, Probleme zu lösen bzw. Hilfestellungen zu nutzen. Prioritäten, z.B. in Bezug auf Design, Qualität und Funktionalität unterscheiden sich, wobei es dabei schon allein in Westeuropa deutliche Unterschiede gibt (Ästhetik spielt z.B. in Italien eine besonders große Rolle).

Die Nichtbeachtung dieser Unterschiede führt meist zu massiven Problemen. Sorgfältige Analysen in unvertrauten Kulturkreisen und intensive Tests sind in diesen Fällen von besonderer Bedeutung, denn die Intuition der Entwickler kann in solchen Fällen nicht ausreichen. Erschwerend kommt hinzu, dass die Anwendbarkeit von Testmethoden in anderen Kulturen auch nicht selbstverständlich gegeben ist. Ob es erfolgversprechend ist, Benutzer laut denken zu lassen und ob es akzeptabel ist, Benutzer zu filmen, ist ebenfalls kulturell bedingt unterschiedlich. Unter den Stichworten „Intercultural" oder „International Usability Engineering" finden sich mittlerweile viele Veröffentlichungen und Erfahrungsberichte zu diesem Thema. Die Entwicklung von kulturabhängigen, also an die jeweiligen Kulturen angepassten interaktiven Systemen wird als *Lokalisierung* bezeichnet. Interessante Fallbeispiele finden sich bei der Gestaltung von Handys und von Fahrerassistenzsystemen [Honold, 2000a,b, Röse, 2001, 2002, Heimgärtner et al., 2008].

1.2.3 Barrierefreie Gestaltung

Das Konzept der barrierefreien Gestaltung stammt aus der Architektur und dient dazu, Gebäude so zu gestalten, dass Menschen mit Behinderungen insbesondere mit körperlichen Behinderungen, wie z.B. Rollstuhlfahrer, die Gebäude betreten und alle relevanten Einrichtungen erreichen können. Diese Gedanken werden auf die Gestaltung von Software übertragen, wobei eine breite Palette von körperlichen und geistigen Einschränkungen betrachtet wird. Diese Einschränkungen zu mildern, ist Ziel der barrierefreien Gestaltung von Software. Dabei zeigt sich oft, dass Gestaltungsideen, die zunächst für Behinderte gedacht waren, auch Nichtbehinderten zugute kommen. Die Rampe, die Rollstuhlfahrern den Zugang zu Gebäuden ermöglicht, wird auch von Eltern mit Kinderwagen oder Reisenden mit Rollkoffern genutzt.

Interaktive Systeme werden in der Arbeitswelt häufig eingeführt, um bisher wenig automatisierte Prozesse zu integrieren und zu beschleunigen. Dadurch verändern sich Anforderungen an Arbeitsplätze. Bei Menschen mit Behinderungen ist die Gefahr der Überforderung durch die neuen Anforderungen besonders groß. Daher hat der Gesetzgeber schon im Jahr 2002 eine *barrierefreie* Gestaltung interaktiver Systeme in der „Barrierefreie Informationstechnik-Verordnung" vorgeschrieben. Sehbehinderungen, motorische Einschränkungen, wie z.B. das Zittern bei der Parkinsonerkrankung, aber auch kognitive Defizite gehören zu den Beeinträchtigungen, die in diesem Zusammenhang relevant sind. Zu den im Gesetz genannten Anforderungen gehört, dass Audioinhalte, Videos und Bilder alternativ durch gesprochenen Text kommuniziert werden.

Dass nach der Arbeitswelt nun auch die Freizeit von Computersystemen oder Geräten mit eingebetteter Software durchdrungen wird, bringt neue Herausforderungen mit sich. Menschen sind teilweise auch in ihrer Freizeit auf Computerunterstützung angewiesen. Fahrkartenautomaten in Kleinstadtbahnhöfen sind dafür ein prägnantes Beispiel. Während in der Arbeitswelt die meisten Benutzer interaktiver Systeme zumindest relativ jung sind, sind Rentner und Behinderte eine große Benutzergruppe von Fahrkartenautomaten. Sowohl die physische Gestaltung der Geräte als auch die Gestaltung der Interaktion, der Bedienelemente, Fontgrößen etc. müssen diesen Benutzergruppen angemessen sein. Barrierefreies Design ist auch wichtig, um Websites für möglichst viele Benutzer zugänglich zu machen. Dieser universelle Zugang zu interaktiven Systemen ist nicht nur aus sozialen Gründen wünschenswert, er ist in vielen Fällen mit einem Imagegewinn und ökonomischen Zielen verbunden. Wenn der Aspekt der Barrierefreiheit umfassend beachtet wird, erschließen sich neue (wachsende) Zielgruppen, und diesen Menschen wird eine verbesserte Teilhabe an gesellschaftlichen Entwicklungen ermöglicht.

1.2.4 Wirtschaftliche Aspekte bei der Entwicklung

Die Entwicklung interaktiver Systeme, zumindest außerhalb der reinen Grundlagenforschung, hat massiv mit wirtschaftlichen Aspekten zu tun. Vermutete oder erhoffte Personal-, Zeit- und damit Kosteneinsparungen sind oft entscheidend für Neu- und Weiterentwicklungen. Alleinige Qualitätsverbesserungen sind oft nicht ausreichend, um langfristige und teure Entwicklungen zu rechtfertigen.

Erhofften Kosteneinsparungen stehen Ausgaben für Entwicklung und Einführung gegenüber. Insofern wird von Entwicklern interaktiver Systeme häufig erwartet, dass sie zur Abschätzung von Einspareffekten beitragen und die Kosten ihrer Entwicklungen berechnen können. Diese wirtschaftlichen Aspekte in kompetenter Weise berücksichtigen zu können, ist im professionellen Umfeld entscheidend. Einspareffekte zu berechnen, ist eine schwierige Aufgabe: die Zerlegung von Aufgaben in ihre Bestandteile, die zeitliche Abschätzung der aktuellen Aufgabenerledigung und möglicher Verbesserungen und die Abschätzung von Häufigkeiten der jeweiligen Aufgaben spielen eine wesentliche Rolle. Teilweise wird auch argumentiert, dass eine neue verbesserte Benutzungsschnittstelle seltener zu Fehlern führt und die Zeit zur Korrektur der Fehler entsprechend reduziert wird [Hinderberger, 2003].

Allzuoft wird dabei aber zu einfach vorgegangen: Millisekundeneinsparungen durch Vermeidung einzelner Klicks mit riesigen Zahlen von Anwendern zu multiplizieren, um dann enormes Einsparpotenzial zu begründen, ist eine fragwürdige Vereinfachung. Eine exakte Einschätzung ist in der Praxis unmöglich; allein der zeitliche Aufwand für ausgedehnte Analysen übersteigt oft die zeitlichen Vorstellungen der Auftraggeber. MCI-Spezialisten, insbesondere diejenigen, die als Usability Engineers Projekte leiten, müssen also Entwicklungsprozesse an konkrete Rahmenbedingungen anpassen, ggf. auch Varianten vorschlagen können, die mit einem bestimmten Budget realisierbar sind. Bias und Mayhew [2005] haben diesen wirtschaftlichen Aspekten ein ganzes Buch gewidmet.

1.2.5 Kompromisse bei der Entwicklung

Ein prägendes Merkmal der Entwicklung interaktiver Systeme besteht in der Suche nach geeigneten Kompromissen zwischen widerstrebenden Zielen und Anforderungen, zwischen den Interessen verschiedener Benutzergruppen und anderer Stakeholder, also Personen, die ein Interesse an der Einführung neuer Systeme haben, obwohl sie diese evtl. nicht selbst benutzen. Unter dem Stichwort *menschzentrierte Entwicklung* wurde die Beachtung derart unterschiedlicher Beteiligter diskutiert.

Im Folgenden werden typische Beispiele für Kompromisse genannt. Sicherheitsabfragen verlängern die Bearbeitungszeit, können Benutzer aber vor Datenverlust bewahren. Eine Passworteingabe ist unbequem, kann aber zu einer personalisierten Sicht auf ein System genutzt werden. Passwörter, die Sonderzeichen beinhalten, sind besonders sicher, weisen aber keine Assoziationen zu Begriffen auf, die wir uns leicht merken können. Das regelmäßige Wechseln von Passwörtern erhöht die Sicherheit prinzipiell weiter (wenn sie dann nicht auf einem Klebezettel am Monitor hängen), ist aber noch unbequemer [Norman, 2009].

Abkürzungen in Menüs und Dialogen verringern den Platzbedarf, werden aber evtl. nicht verstanden. Umfangreiche Einstellmöglichkeiten tragen zu einer hohen Flexibilität bei, können aber zu einem hohen Lernaufwand und geringer Effizienz führen. Anpassungen an spezielle Zielgruppen und Kulturen sind aufwändig zu realisieren und führen zu einem hohen Wartungsaufwand, versprechen aber eine verbesserte Akzeptanz. User Interface Engineers müssen sich also der widerstrebenden Ziele klar werden und in Diskussionen mit Benutzern vernünftige Prioritäten setzen, diese geeignet dokumentieren und sicherstellen, dass die Entwicklung dementsprechend verläuft.

Die Diskussion soll aber nicht den Eindruck erwecken, dass Kompromisse meist irgendwie nachteilig und ein relevantes Ziel nur auf Kosten eines anderen zu erreichen wäre. So, wie sichere und unsichere Türschlösser sich in der Benutzbarkeit nicht unterscheiden müssen, sind auch sichere und gut benutzbare Systeme möglich [Norman, 2009].

1.3 Usability Engineering und User Experience

Der Begriff Usability Engineering charakterisiert ein systematisches ingenieurmäßiges Vorgehen zur Entwicklung gut benutzbarer Computersysteme, wobei je nach Anwendungsfall mehrere oder gar alle der im vorigen Abschnitt diskutierten Aspekte in die Entwicklung integriert werden müssen. Diese Entwicklung erfolgt in verschiedenen Phasen, die klare Ziele und Ergebnisse haben [Mayhew, 1999, Nielsen, 1993]. Eine intensive und vielschichtige Analyse des zu lösenden Problems steht dabei am Anfang. Kontakte zu Anwendern, systematische Beobachtungen ihrer Aktivitäten in der Freizeit oder der Arbeitswelt sind wichtige Teile dieser Analyse. Die Sammlung und Verdichtung dieser Informationen, die Nutzung spezieller Beschreibungstechniken aus der Benutzerperspektive, wie *Personas* und *Szenarien*, folgen in der weiteren Entwicklung. Personas charakterisieren dabei fiktive Benutzer mit ihren Präferenzen und Bedürfnissen [Cooper, 1999]. Szenarien sind natürlich-sprachige Beschreibungen von Aktivitäten der Benutzer, die auch die Motivation der Benutzer und den Kontext der Systemnutzung charakterisieren [Carroll und Rosson, 2002]. Diese relativ neuen Beschreibungsformen sind weit verbreitet, weil sie den Dialog zwischen den an der Entwicklung beteiligten Personen, insbesondere Entwickler, Kunden und Anwender, wirkungsvoll unterstützen. Messbare Ziele in Bezug auf die Usability sind neben der angestrebten Funktionalität Teile der Spezifikation. Beispiele für solche Usability-Ziele sind zulässige Fehlerraten bei bestimmten Funktionen, notwendige Einarbeitungszeit und Effizienz bei der Nutzung wichtiger Funktionen. Prototyping-Techniken, die ein schnelles Feedback in frühen Entwicklungsphasen ermöglichen und Tests durch Usability-Experten und Benutzer sind weitere Kernelemente dieses Prozesses. Ein wesentliches Merkmal besteht darin, dass der gesamte Vorgang stark iterativ ist. So fließen Ergebnisse aus späteren Phasen ggf. zurück und führen dazu, dass eine frühe Phase erneut durchlaufen wird. In Tests eines Prototypen stellt sich nicht selten heraus, dass das Verständnis der Anforderungen unvollständig oder nicht korrekt war. Vor allem bei komplexen und relativ neuen Anwendungen sind vollständige und korrekte Ergebnisse früher Phasen beim ersten Durchlaufen unrealistisch. Der Usability Engineering-Prozess ist Gegenstand des 2. Bandes.

Software Engineering versus Usability Engineering. Die Entwicklung interaktiver Systeme fokussiert auf den für den Benutzer sichtbaren Teil einer Computerlösung, die Benutzungsschnittstelle mit ihren Ein- und Ausgabegeräten. Dieser Teil der Entwicklung kann nicht losgelöst von der Entwicklung anderer Softwarekomponenten, wie z.B. Datenbanken, erfolgen. Auch die Entwicklung der Benutzungsschnittstelle selbst muss in einen Software Engineering-Prozess integriert werden. Die Analyse von Anforderungen, die Erstellung von Spezifikationen, der Entwurf von Lösungen – diese Aspekte des Usability Engineerings sind auch wesentliche Teile des Software Engineering. Es ist wichtig, Gemeinsamkeiten und Unterschiede in den Vorgehensweisen zu verstehen, um die Prozesse geeignet miteinander zu verzahnen.

Software Engineering ist grundsätzlich technikorientierter. Die Anforderungsanalyse dient z.B. dazu, die benötigte Leistung eines Webservers oder einer Datenbank einzuschätzen. Auch die klassische softwaretechnische Analyse basiert auf Artefakten aus der Welt der Anwender. Wenn Formulare elektronisch ausgefüllt werden, würde ein klassisch softwaretechnisch arbeitender Analyst die Papierform dieses Formulars zur Grundlage nehmen. Der User Researcher (oft eine Frau) würde darüber hinausgehen: sie würde mehrere Sachbearbeiter nach ihren Erfahrungen mit der Auswertung der Formulare befragen. Dabei würde deutlich werden, bei welchen Feldern der Platz nicht ausgereicht hat, welche zusätzlichen Angaben eventuell in das Formular geschrieben wurden – ohne dass dies vorgesehen war und ob solche Angaben wichtig sind. Zugleich würde sie sich um Kontakt zu Bürgern bemühen, die derartige Formulare ausgefüllt haben. So würde klar werden, welche Beschriftungen schwer verständlich waren, wo unklar war, wie die Formulare genau ausgefüllt werden mussten, welche Angaben als überflüssig empfunden wurden oder nicht. Ihre Anforderungsanalyse würde diese Meinungen und Standpunkte berücksichtigen und sie würde die Gelegenheit zu einer echten Verbesserung nutzen. Während im Software Engineering formale Methoden, z.B. Spezifikations- und Verifikationsmethoden, dominieren, herrschen im Usability Engineering informelle oder semiformelle Methoden vor.

Gestaltung der User Experience – Das „Neue" Usability Engineering. Die mittlerweile klassischen Usability-Prinzipien und Kriterien für die Evaluierung müssen erweitert werden, um die Besonderheiten gänzlich neuer Soft- und Hardwareprodukte angemessen zu berücksichtigen [Thomas und Macredie, 2002]. Der klassische Test im Usability-Labor, bei dem Benutzer abgeschirmt von äußeren Einflüssen mit voller Konzentration ihre Aufgaben erledigen, ist nicht geeignet, um Nutzungsszenarien mobiler Geräte zu verstehen. Bei diesen Szenarien muss analysiert werden, wie Menschen, die ihre Aufmerksamkeit auf verschiedene Prozesse aufteilen, z.B. weil sie sich fortbewegen, Software nutzen.

Shneiderman [2007] betont, dass es substanzieller Forschung bedarf, um neue Formen der Bewertung von Software zu entwickeln, die sich grundsätzlich von den kontrollierten Studien unterscheiden, mit denen in vielen Gebieten teilweise seit Jahrhunderten Hypothesen und Theorien getestet werden. Neuere Evaluierungskonzepte sind im Entstehen. Sie sind stärker darauf konzentriert, zu verstehen, wie sich die Nutzung von Software über die Zeit verändert und welchen Nutzen die Testpersonen in unterschiedlichen Phasen der Systemnutzung haben. Dass die Zufriedenheit mit Software und eingebetteten Systemen sich über die Zeit ändert, oft in der Weise, dass die anfängliche Begeisterung in ein Gefühl von Langeweile umschlägt, ist kein seltenes Phänomen. Benutzer in unterschiedlichen Phasen optimal zu unterstützen, ist eine besondere Herausforderung. Die langfristige Benutzung der Software wird z.B. durch eine Art Tagebuch dokumentiert und ausgewertet. Fallstudien, Interviews mit wenigen Benutzern, Beobachtungen von Benutzern ähnlich den ethnographischen Methoden, die in der Soziologie verbreitet sind, werden an Bedeutung gewinnen.

Im Vorwort wurde der Begriff „User Experience" verwendet, um eine umfassendere modernere Sicht des Usability Engineering zu beschreiben, eine Sicht, die attraktives visuelles Design und ästhetische Aspekte einbezieht, weil diese für die Motivation von Benutzern, die Akzeptanz von interaktiven Systemen und damit auch für Kaufentscheidungen wichtig sind. Als APPLE im Jahr 2000 das Betriebssystem OS/X einführte, wurde damit geworben, dass dieses eine ganz neue „User Experience" vermittelt. Ein Betriebssystem, das bis dahin als notwendiges Übel galt, um z.B. auf das Dateisystem und andere Ressourcen zuzugreifen, sollte plötzlich attraktiv sein und Freude bei der Benutzung vermitteln. Auch MICROSOFT hat sein WINDOWS-System in der Version XP (XP steht dabei für eXPerience) in ähnlicher Weise überarbeitet, Farbkonzepte angepasst, Animationen integriert und sich darum bemüht, ein angenehmes Nutzungserlebnis zu vermitteln.

Mittlerweile gibt es breiten Konsens für die Bedeutung dieser nicht-funktionalen Aspekte, wie die Identifikation von Benutzern mit Produkten, die Neugier, die Benutzer Produkten entgegen bringen und die wahrgenommene Attraktivität von Produkten. Carroll [2004] spricht von Spaß und Freude; Norman [2003] von positiven Emotionen, die bewusst gestaltet werden sollen. Buxton [2007] weist darauf hin, dass technische Produkte (auch solche mit einer starken Softwarekomponente) bestimmte *Erfahrungen* ermöglichen. Diese Erfahrungen sind es letztlich, die gestaltet werden sollen. Vor diesem Hintergrund sind Formen, Farben, Materialien von Bedienelementen und ganzen Geräten wichtig; ebenso wie nicht-visuelle Aspekte, z.B. Geräusche, die von Geräten verursacht werden. Nachdem einige Jahre lang darüber diskutiert wurde, *ob* ästhetische Aspekte wichtig sind, gibt es mittlerweile eine Vielzahl konkreter Vorgehensweisen und Kriterien, um die User Experience zu bewerten.

Von M. HASSENZAHL stammt der interessante Vergleich mit hochhackigen Frauenschuhen. Diese sind unbequem, unsicher – im Sinne der klassischen Ergonomie würde man sie ganz schlecht bewerten. Dass sie dennoch von einem nicht unerheblichen Teil der Zielgruppe gekauft werden und benutzt werden, ist nur erklärbar, wenn man die breitere Perspektive der User Experience einbezieht. Eine angenehme „User Experience" ist passend zu der Aktivität, in die sie eingebettet ist. Eine große Herausforderung im Sinne einer zielgerichteten Entwicklung und auch einer wissenschaftlichen Auseinandersetzung mit dem Thema „User Experience" ist die präzise Charakterisierung und Bewertung von Systemen in Bezug auf Aspekte der Attraktivität bzw. des Nutzererlebnisses. In Ansätzen gibt es bereits derartige Bewertungsschemata. Beispielhaft sei auf den ATTRAKDIFF-Fragebogen hingewiesen, der wahrgenommene Produktqualitäten erfasst und Unterschiede zwischen Produkten und Produktvarianten repräsentiert [Hassenzahl et al., 2003, 2008].

Zum „neuem" Usability Engineering gehört auch, dass interaktive Systeme wesentlich stärker für heterogene Benutzergruppen konzipiert werden [Shneiderman, 2003]. *Universal Usability* ist das Stichwort, unter dem Konzepte diskutiert werden, die einen geeigneten Zugang zu interaktiven Systemen für breite Benutzergruppen erreichen sollen. Analyseverfahren und Testverfahren, die diese breiten Benutzergruppen adäquat repräsentieren, sind notwendig, um den universellen Zugang zu erreichen, auch für Menschen mit Einschränkungen und Behinderungen (Abschn. 1.2.3).

1.3.1 Beispiel 1: eBay

Zu den besonders erfolgreichen Webanwendungen gehören elektronische Auktionen, die vor allem durch eBay große Verbreitung gefunden haben. Wie ist dieser Erfolg aus Sicht der MCI zu erklären? Zentral ist, dass Bedürfnisse großer Bevölkerungsgruppen aufgegriffen worden sind. Viele Menschen möchten gern gebrauchte Gegenstände verkaufen. Andere sind an kostengünstigen Angeboten interessiert. Diese Gruppen zusammenzubringen, war die Grundidee, die unter anderem bei Sammlern großen Anklang findet.

Damit die Bedürfnisse effizient befriedigt werden können, ist es wichtig, dass die vorhandenen Artikel gut kategorisiert sind und das Angebot gezielt durchsucht werden kann. Die Suchoptionen sind äußerst vielfältig; sie betreffen Merkmale der angebotenen Artikel, Merkmale des Verkäufers und der Kaufbedingungen und Merkmale des Angebots, insbesondere das Ende der Auktion. Die Darstellung der passenden Artikel kann gut angepasst werden, z.B. als Bildergalerie (siehe Abb. 1.7).

Abb. 1.7: Elektronische Auktionen bei eBay. Interessierende Artikel können über flexible Suchfunktionen ausgewählt und übersichtlich dargestellt werden.

eBay ist fast schon ein klassisches Beispiel für die Bedeutung des Vertrauens der Benutzer. Dieses wird unter anderem dadurch erreicht, dass Verkäufer und Käufer sich gegenseitig nach einer Transaktion bewerten. So erhält ein potenzieller Käufer detaillierte Informationen über den avisierten Verkäufer. Es wird deutlich, wie oft dieser bereits etwas verkauft hat und wie zufrieden die Kunden waren. Dieser Aspekt ist von immenser Bedeutung, da meist Privatpersonen als Verkäufer auftreten. Vertrauen kann sich also nicht auf langjährige Tradition und ein gutes Image gründen, wie dies bei einer alteingesessenen Firma der Fall ist. eBay bietet daher noch weitere Möglichkeiten, Vertrauen aufzubauen: so kann ein Verkäufer der Liste der bevorzugten Verkäufer hinzugefügt werden – bei häufiger Benutzung hat der eBay-Kunde also ähnlich stabile Geschäftsbeziehungen wie in der „realen“ Welt.

Das alles hat zum Erfolg von eBay beigetragen, erklärt ihn aber nur bedingt. Ein entscheidender Faktor sind die Auktionen an sich. Die Schlussphase einer Auktion, bei der das eigene Angebot eventuell das höchste ist, wobei andere Kunden sich aktiv einschalten, ist ähnlich spannend wie eine reale Auktion. Viele nützliche Funktionen, die z.B. das Vergleichen von Preisen ermöglichen, die Beobachtung von Artikeln unterstützen und Testberichte, hinterlassen einen guten Eindruck, eine angenehme und interessante „User Experience“.

1.3.2 Beispiel 2: Fahrkartenautomat der DB

Fahrkartenautomaten sind hervorragend geeignet, um wesentliche Aspekte der modernen MCI zu diskutieren. Die konkrete Diskussion der Bedienhandlungen und der Versuch einer Bewertung würde hier zu weit führen. Vielmehr soll deutlich werden, unter welchen Aspekten über die Gestaltung nachgedacht werden musste. Wesentliches Ziel von Fahrscheinautomaten ist die Kostenersparnis durch Einsparung von Schaltern bzw. Personal. Untergeordnetes Ziel ist eine Verbesserung des Angebots dadurch, dass Kunden unabhängig von den Öffnungszeiten eines Schalters Fahrkarten erwerben können. Die Zielgruppe des Systems ist extrem heterogen: sie umfasst Menschen aller Altersstufen mit unterschiedlichsten kognitiven Fähigkeiten, unterschiedlichsten Einstellungen und Kenntnissen in der Bedienung technischer Geräte und Menschen mit Behinderungen. Gute deutsche Sprachkenntnisse können nicht immer vorausgesetzt werden. Das Hardwaredesign muss so konzipiert werden, dass Menschen mit unterschiedlicher Körpergröße, auch Menschen im Rollstuhl, die relevanten Bedienelemente erreichen können. Interaktion im öffentlichen Raum ist auch aus anderen Gründen herausfordernd: das Gerät muss möglichst robust und vandalismussicher sein, ein spezielles Eingabegerät ist nicht praktikabel. Eine Touchscreen-basierte Interaktion ist die einzig realistische Variante. Bei der Realisierung der Bezahlvorgänge muss durchdacht werden, wie Münzen und Scheine eingegeben werden können, wie die Wechselgeldrückgabe erfolgen kann und ob eine Geldkartenzahlung möglich sein soll.

Auch das Design der Benutzungsschnittstelle muss großen Herausforderungen gerecht werden. Neben der Vielfalt der Benutzer und ihrer Fähigkeiten ist die große Vielfalt der Benutzerwünsche zu beachten. Im einfachsten Fall weiß der Benutzer exakt, mit welchem Zug er wohin fahren will. Für diesen Fall sollte eine entsprechend zügige Bedienfolge möglich sein, die dem Benutzer irrelevante Fragen erspart. Wesentlich komplizierter ist es, wenn der Benutzer zwar sein Ziel kennt, aber bezüglich der Zugwahl flexibel ist und sich einen Vergleich verschiedener Varianten, insbesondere unter Kostengesichtspunkten, wünscht. Reservierungen, die mit einigen Spezialwünschen (z.B. Platz am Tisch oder in der Nähe der Steckdose) verbunden sind, kommen eventuell hinzu. Eine aktuelle Variante eines Fahrscheinautomaten der Deutschen Bahn ist in Abb. 1.8 dargestellt.

Abb. 1.8: Fahrkartenautomat der Deutschen Bahn. Die Gestaltung eines solchen Gerätes ist schwierig, weil eine relativ komplexe Funktionalität zugänglich gemacht wird, die Zielgruppe sehr heterogen ist und Aspekte der Barrierefreiheit eine besondere Bedeutung haben.

1.4 Gliederung

Dieses Buch besteht aus vier Teilen.

Teil I behandelt Grundlagen der MCI aus Sicht der kognitiven Psychologie und der Wahrnehmungswissenschaft. Das Kapitel 2 befasst sich mit der Wahrnehmung des Menschen. Die Wahrnehmung über Augen, Ohren und Tastsinn ist die Grundlage für kognitive Prozesse, z.B. Lern- und Denkprozesse. Dabei wird deutlich, dass alle kognitiven Prozesse mit den nur begrenzt vorhandenen Ressourcen *Aufmerksamkeit* und *Arbeitsgedächtnis* auskommen müssen. Anhand dieser Grundlagen werden im Kapitel 3 *Metaphern* und *Mentale Modelle* behandelt. Metaphern können genutzt werden, um Analogieschlüsse zu begünstigen. Ob auf diese Weise das Erlernen komplexer Software unterstützt wird, hängt vom mentalen Modell der Benutzer ab. Das mentale Modell beinhaltet die Konzepte und Assoziationen der Benutzer in Bezug auf einen Anwendungsbereich.

Teil II führt wichtige Konzepte der MCI ein. Dabei werden zunächst in Kapitel 4 Geräte aus dem täglichen Leben in Bezug auf Bedienkonzepte, Bedienelemente und typische Probleme bei der Bedienung analysiert. Damit wird die MCI in das breitere Feld der Mensch-Technik-Interaktion eingeordnet. Das Kapitel 5 beschreibt die historische Entwicklung von Benutzungsschnittstellen und der ihnen zugrunde liegenden Konzepte. Dabei sind historische Fakten an sich von untergeordneter Bedeutung. Vielmehr gehe es darum, zu verstehen, mit welchen Zielen bestimmte Interaktionstechniken und Interaktionskonzepte eingeführt wurden. Lehrreich ist auch zu erfahren, welche Probleme dabei aufgetreten sind und wie diese schließlich überwunden wurden. In Kapitel 6 werden auf einer hohen Ebene Gestaltungsprinzipien der MCI erläutert. Diese Erläuterungen werden zu arbeitswissenschaftlichen Grundsätzen und einschlägigen nationalen und internationalen Normen in Beziehung gestellt.

In Teil III werden praktische Themen der MCI behandelt. Dabei wird teilweise sehr detailliert diskutiert, wie häufig wiederkehrende Aufgaben gelöst werden können. Der Fokus liegt auf den konzeptionellen Überlegungen bzgl. der Funktion und Eignung von Eingabegeräten (Kapitel 7), Fenstersystemen (Kapitel 8) und Interaktionstechniken (Kapitel 9). Abgeschlossen wird dieser Teil durch eine detaillierte Diskussion der Dialog- und Formulargestaltung (Kapitel 10), wobei der Gestaltungsspielraum deutlich werden soll und konkrete Hinweise für die Nutzung dieses Spielraums gegeben werden. Dabei sind die kognitiven Grundlagen förderlich, um Handlungsempfehlungen auf eine theoretische Basis zu stellen.

Teil IV ist der Informationsvisualisierung gewidmet. Die Visualisierung vorrangig abstrakter Daten und die Interaktion damit ist auch für die Entwicklung moderner Benutzungsschnittstellen von Bedeutung. Kapitel 11 widmet sich nach einer Einführung verschiedenen Formen der visuellen Kodierung von Informationen, also der Repräsentation von Daten. Für multidimensionale Daten (z.B. Medienkollektionen) und strukturelle Beziehungen (z.B. Hierarchien und Netzwerke) werden Visualisierungslösungen vorgestellt. Im 12. Kapitel steht hingegen im Vordergrund, wie die Daten präsentiert werden und vor allem, wie Benutzer mit diesen Visualisierungen interagieren. Strategien zur Navigation in großen Informationsräumen werden ausführlich diskutiert, darunter *Zoomable User Interfaces* und Fokus- und Kontexttechniken.

Zukunft der MCI. Dieses Buch könnte den Eindruck erwecken, als wären alle wesentlichen Interaktionsprobleme bereits intensiv untersucht worden, als wären alle Anwendungsgebiete im wesentlichen bekannt und es gehe somit nur noch darum, existierende Lösungen zu verbessern. Dieser Eindruck ist unzutreffend; die hohe Dynamik der Entwicklung der letzten Jahre wird weiter anhalten. Die enorme Vielfalt der mittlerweile existierenden Ein- und Ausgabegeräte macht es erforderlich, Erfahrungen zu sammeln, zu strukturieren und Richtlinien bzw. Empfehlungen zu geben. Davon ausgehend sind neue Impulse für weitere Entwicklungen zu erwarten.

Im privaten Bereich wird es eine Vielzahl neuer Anwendungen geben; interaktives Fernsehen und andere Formen digitaler Medien sind Beispiele dafür. Auch in spezialisierten Bereichen der Berufswelt gibt es immer noch grundsätzlich neue Anwendungsgebiete und -szenarien. Die Frage, wie die technischen Möglichkeiten, z.B. immer größere Bildschirme, nutzbringend und sinnvoll eingesetzt werden, wie Kompromisse zwischen Sicherheits- und Datenschutzaspekten und „Benutzerfreundlichkeit“ gefunden werden können, wird entscheidend sein. Spezialisten in den Teilgebieten der MCI werden diese Entwicklungen maßgeblich gestalten. Zu ihren Aufgaben wird es verstärkt gehören, auch die organisatorischen und sozialen Folgen und Veränderungen an erforderlichen Qualifikationen zu erkennen. Unerwünschte Auswirkungen zu antizipieren, um diese zu vermeiden oder zu kompensieren, wird eine wesentliche Aufgabe sein. Dem Einsatz von Technik in neuen Arbeits- und Lebensbereichen haftet oft der Geschmack der „Spielerei" an. Negative Folgen, wie Vereinsamung der Rechnerbenutzer werden teilweise vorausgesagt. Wer Senioren zuhört, die regelmäßig in einem Internet-Café „surfen", wer sieht, wie Menschen sich in webbasierten Selbsthilfegruppen engagieren und unterstützen, wer die enorme Vereinfachung vieler Verwaltungsvorgänge für Bürger und Ämter betrachtet, die in den letzten Jahren schon teilweise erreicht wurde, kommt zu einem positiveren Bild. Dazu will dieses Buch beitragen, ohne zu verkennen, dass der Einsatz von Computertechnologie nicht immer segensreich ist.

Was wird in diesem Buch *nicht* behandelt? Selbst ein zweibändiges Buch reicht mittlerweile nicht mehr aus, um in alle Aspekte der MCI einzuführen. Daher werden einige wichtige Bereiche hier nicht detailliert betrachtet: dies betrifft das Gebiet der computergestützten Gruppenarbeit (Computer-Supported Cooperative Work), das Gebiet Computerspiele und die Entwicklung von Benutzungsschnittstellen für Kinder. Auch die Gestaltung von Handbüchern, Hilfesystemen und anderer Schulungsunterlagen wird nicht behandelt. Von wachsender Bedeutung ist auch die Entwicklung von Benutzungsschnittstellen für verschiedene Länder und damit für verschiedene Sprachen und Kulturkreise. Auch dieses Thema wird hier nicht adressiert. Für eine ausführliche Diskussion empfiehlt sich [Röse, 2002].

Weitere Informationen. Dieses Buch weckt hoffentlich Neugier auf das Thema Mensch-Computer-Interaktion. Um sich zu vertiefen, sind die folgenden Quellen von besonderem Interesse. Innerhalb der Gesellschaft für Informatik vertritt der Fachbereich Mensch-Computer-Interaktion dieses Thema (http://www.mensch-computer-interaktion.de/). Er organisiert die jährliche „Mensch und Computer"-Tagung (http://www.mensch-und-computer.de/) und gibt die Zeitschrift I-COM heraus, die im Oldenbourg-Verlag erscheint. Der Fachbereich hat diverse Fachgruppen und Arbeitskreise, die sich auf interessante Teilaspekte fokussieren, z.B. E-Learning, Medieninformatik, Computer-Supported Cooperative Work und sicherheitskritische Anwendungen.

International repräsentiert die Special Interest Group on Computer-Human Interaction (SIGCHI) – eine Gliederung der Association of Computing Machinery (ACM) – die MCI (http://sigchi.org/). Sie organisiert die weltweit führende Tagung, die ACM SIGCHI, deren Beiträge eine außerordentlich hohe Qualität haben, allerdings als Forschungsarbeiten auch hoch speziell sind. Die von der SIGCHI herausgegebene Zeitschrift *ACM Transactions on CHI* (http://tochi.acm.org/) enthält umfangreiche, qualitativ hochwertige Beiträge zu aktuellen Entwicklungen der MCI. Wesentlich kürzere, informellere, leicht lesbare Artikel charakterisieren die Zeitschrift *Interactions*, die ebenfalls von der ACM herausgegeben wird und in der *ACM Digital Library* zu finden ist. Viele Artikel in dieser Zeitschrift regen zum

Nachdenken an, z.B. indem sie gewohnte Denkweisen über Interaktionskonzepte in Frage stellen. Die Informationen der nationalen und internationalen Organisationen sind auch für Dozenten interessant, weil sie Empfehlungen zur Gestaltung von Lehrveranstaltungen beinhalten. So hat der Fachbereich MCI im Jahr 2006 Empfehlungen für ein Basismodul Mensch-Computer-Interaktion im Rahmen von Bachelorstudiengängen entwickelt, das auf den Webseiten des Fachbereichs zu finden ist.

Sehr zu empfehlen sind auch die Informationen, die der Berufsverband der Usability Professionals, die UPA (http://www.upassoc.org/) herausgibt, und die Informationen der deutschen Gliederung, der Usability Professionals http://www.gc-upa.de/. Die Usability Professionals veranstalten zusammen mit der Mensch und Computer-Tagung ihre jährliche Tagung und diskutieren dabei in erfrischender und interessanter Weise, wie Usability-Methoden praktisch eingesetzt und kombiniert werden. Es ist empfehlenswert, an einer der genannten Tagungen teilzunehmen, die Diskussionen zu verfolgen und mit den Referenten und anderen Teilnehmern ins Gespräch zu kommen.

Zitate. Eine wichtige Entscheidung betrifft die Frage, wie intensiv die wissenschaftliche Literatur in dem jeweils behandelten Kapitel diskutiert werden sollte bzw. welche Literatur dabei vorrangig auszuwählen ist. Vollständigkeit kann bei der Größe des Gebietes kein sinnvolles Ziel sein. Grundsätzlich haben wir uns bemüht, wesentliche Veröffentlichungen, vor allem solche der ACM-Konferenzen (Computer-Human-Interaction (CHI), User Interface Software and Technology (UIST), Advanced Visual Interfaces (AVI)) und Zeitschriften (Transactions on Human-Computer-Interaction, Interactions) zu berücksichtigen. Dies hat auch den Vorteil, dass alle derartigen Veröffentlichungen als Teil der ACM Digital Library online verfügbar sind. Bei der Auswahl anderer Quellen war leichte Verfügbarkeit ebenfalls ein wesentliches Kriterium – in der Regel ist es also leicht möglich, für die genannten Literaturquellen die vollständigen Dokumente zu lokalisieren.

Teil I
Grundlagen: Wahrnehmung und Kognition

Der erste Teil des Buches widmet sich den Grundlagen der Mensch-Computer-Interaktion aus Sicht der kognitiven Psychologie und der Wahrnehmungswissenschaft. Das Zusammenspiel visueller und akustischer Wahrnehmung mit der kognitiven Weiterverarbeitung und mentalen Repräsentation im menschlichen Gehirn ist von wesentlicher Bedeutung für den Interface-Entwurf und den effektiven Umgang mit Benutzungsschnittstellen. Dem angemessenen Einsatz von Metaphern kommt hierbei ebenfalls eine wichtige Bedeutung zu.

Im Kapitel 2 werden Aspekte der menschlichen Wahrnehmung und Informationsverarbeitung behandelt. Die Wahrnehmung von Reizen über unsere Sinne ist die Grundlage für kognitive Prozesse, z.B. Lern- und Denkprozesse. Daher werden in diesem Kapitel Grundlagen der Wahrnehmungspsychologie beschrieben, wobei der Fokus auf der für die Mensch-Computer Interaktion wesentlichen visuellen Wahrnehmung liegt. Kürzere Beschreibungen des auditiven Systems und des Arm-Hand-Finger-Systems runden den Wahrnehmungsteil ab. Eine für die Gestaltung von Benutzungsschnittstellen wesentliche Erkenntnis der angewandten kognitiven Psychologie ist das begrenzte Vorhandensein der Ressourcen *Aufmerksamkeit* und *Arbeitsgedächtnis*. Es werden daher auch Einführungen in die verschiedenen Formen menschlicher Informationsspeicherung und in eine Theorie der menschlichen Aufmerksamkeit gegeben. Das Kapitel widmet sich ebenfalls der ACT-Theorie (Adaptive Control of Thought), deren Ziel es ist zu beschreiben, was die Gedanken des Menschen steuert, insbesondere beim Erlernen und Ausführen von Handlungen. Hinweise für die Gestaltung von Benutzungsoberflächen lassen sich ebenfalls aus der abschließend vorgestellten Fehlertheorie von Reason ableiten, die erklärt, welche Fehler bei der Durchführung komplexer Aktionen auftreten können.

Anhand dieser Grundlagen werden im 3. Kapitel *Metaphern* und *Mentale Modelle* behandelt. Die Betrachtung von Metaphern in unterschiedlichen kommunikativen Situationen macht deutlich, dass Analogieschlüsse zwischen verschiedenen Domänen zwar begünstigt werden können, diese jedoch notwendigerweise unvollständig sind. Dass Metaphern in der Mensch-Computer-Interaktion für ein verbessertes Erlernen und Verstehen von Software förderlich sein können, wird spätestens seit der Einführung der bekannten Desktop-Metapher diskutiert. Daher werden neben zahlreichen weiteren Beispielen für Interface-Metaphern auch die Vor- und Nachteile eines metapherbasierten Entwurfs herausgearbeitet. Geeignete Schnittstellenmetaphern für eigene Anwendungen lassen sich in systematischer Weise finden, wofür der Entwicklungsprozess im Detail besprochen wird. Da mentale Modelle die Vorstellungen von Nutzern in Bezug auf einen Anwendungsbereich widerspiegeln und eng mit Metaphern zusammenhängen, werden sie abschließend in diesem Kapitel diskutiert.

Kapitel 2
Kognitive Grundlagen

Der Mensch nimmt die Ausgaben des Computers über verschiedene Kanäle wahr, verarbeitet und speichert sie. Von der Art der Präsentation, von der Zeit und den umgebenden Einflüssen hängt es ab, wie aufmerksam Informationen wahrgenommen, verarbeitet und eventuell auch längere Zeit behalten werden. Benutzer müssen wissen, wie Kommandos heißen oder zumindest wie sie diese aktivieren können und sie müssen entscheiden, auf welche Weise sie ihre Ziele erreichen wollen. Um die ablaufenden Prozesse zu verstehen, ist eine Beschäftigung mit den Grundlagen der *kognitiven Psychologie* nötig.

Die kognitive Psychologie ist seit etwa 1890 eine selbstständige Wissenschaft, die aus der Bewusstseinsphilosophie hervorgegangen ist. Die kognitive Psychologie basiert auf kontrollierten Experimenten, in denen Hypothesen bzgl. der grundlegenden Prinzipien der menschlichen Informationsverarbeitung überprüft werden. Durch die Fortschritte in der medizinischen Bildgebung ist es aber auch möglich, die neuronale Repräsentation des Verhaltens darzustellen und auszuwerten. Man kann also in gewisser Weise, wie es populärwissenschaftlich oft gesagt wird, dem Menschen „beim Denken zugucken". So wird auch in diesem Kapitel versucht, Vorgänge durch eine Kombination dieser beiden Untersuchungsmethoden zu erklären.

Die kognitive Psychologie befasst sich mit *kognitiven Prozessen*. Kognitive Prozesse basieren auf physikalischen Ereignissen im Nervensystem und im Gehirn, bei denen Informationen physisch übertragen werden [Wessels, 1990]. Dazu zählen die Informationsaufnahme, das Behalten und Erinnern, das Verständnis von Sprache, das Erkennen von Figuren und Zeichen, die Entscheidung zwischen Alternativen und andere Problemlösungsprozesse. Ausgangspunkt für kognitive Prozesse ist die Wahrnehmung von Reizen aus der Umgebung. Dementsprechend werden in diesem Kapitel auch Grundlagen der Wahrnehmungspsychologie behandelt, wobei der Fokus auf der *visuellen Wahrnehmung* liegt, da dieser Wahrnehmungskanal in der Mensch-Computer Interaktion (MCI) eine besonders wichtige Rolle spielt.

Es geht hier nicht primär um die Grundlagen der kognitiven Psychologie, sondern um deren Anwendung. Die *angewandte kognitive Psychologie* konzentriert sich auf diejenigen Aspekte, die in einem realistischen Kontext – z.B. bei der Bedienung eines komplexen Gerätes – eine wesentliche Rolle spielen [Barnard und Teasdale,

B. Preim, R. Dachselt, *Interaktive Systeme*, eXamen.press, 2nd ed.,
DOI 10.1007/978-3-642-05402-0_2, © Springer-Verlag Berlin Heidelberg 2010

1991, Landauer, 1987]. Eine wesentliche Erkenntnis ist die Begrenztheit der Ressourcen, mit denen beim Menschen kognitive Prozesse ablaufen. Die kognitive Psychologie liefert Hinweise darüber, wovon ein effizienter Einsatz dieser begrenzten Ressourcen abhängt. Die dabei gewonnenen Erkenntnisse können bei der Gestaltung von Lehrmitteln aller Art, von komplexen Systemen (Leitstände, Flugzeugcockpits) und von Benutzungsschnittstellen angewendet werden.

Die Beziehungen zwischen der Informatik und der kognitiven Psychologie sind vielfältig. Die Informationstheorie von SHANNON ist eine Grundlage beider Wissenschaften. Die Informatik – insbesondere die Künstliche Intelligenz und die Neuroinformatik – liefern Erkenntnisse, die in der kognitiven Psychologie verwendet werden. In letzter Zeit ermöglichen vor allem neurowissenschaftliche Erkenntnisse ein vertieftes Verständnis von Lernvorgängen und Verhalten. Obwohl die Neurowissenschaften primär auf mikroskopischer Ebene (Zellen, Neuronen) das Zusammenwirken von elementaren Bestandteilen untersuchen, liefern sie verstärkt auch auf der höheren Ebene Erklärungen für menschliches Verhalten, z.B. in Bezug auf Problemlösungsstrategien [Minnery und Fine, 2009] .

In diesem Kapitel werden für die MCI wichtige Theorien vorgestellt; diese Theorien beziehen sich auf die Repräsentation von Informationen im Gehirn (*Multi-Speicher-Modell*), die visuelle Wahrnehmung (*Feature Integration Theorie*), die Steuerung und Verteilung von Aufmerksamkeit (*Filtertheorie*) und das Erlernen von Fähigkeiten (*ACT-Theorie*). In Bezug auf Fehler bei Bedienhandlungen wird keine umfassende Theorie vorgestellt, sondern eine Taxonomie diskutiert, die eine Einordnung typischer Fehler ermöglicht. Dabei werden typische Fehlerursachen und Strategien der Fehlervermeidung deutlich.

Gliederung. Dieses Kapitel beginnt mit der Beschreibung von Speichern als wesentliche Grundlage der menschlichen Informationsverarbeitung (Abschn. 2.1). In Abschn. 2.2 wird die für die MCI besonders wichtige visuelle Wahrnehmung beschrieben. Kürzere Beschreibungen des auditiven Systems und des Arm-Hand-Finger-Systems folgen (Abschnitte 2.3 und 2.4).

Abschn. 2.5 ist einer Theorie der menschlichen Aufmerksamkeit gewidmet. Es wird beschrieben, wie die Aufmerksamkeit auf einen oder mehrere Vorgänge konzentriert werden kann bzw. wodurch ein Wechsel der Aufmerksamkeit ausgelöst wird. In Abschn. 2.6 werden ausgewählte Phänomene der menschlichen Wahrnehmung gesondert erläutert. Es geht dabei um Erklärungen für die Diskrepanz zwischen objektiven Sachverhalten und subjektiven menschlichen Einschätzungen.

Abschn. 2.7 stellt die ACT-Theorie *(Adaptive Control of Thought)* vor, die von ANDERSON in den 70er Jahren vorgeschlagen wurde. Diese Theorie erklärt, was die Gedanken des Menschen „steuert", insbesondere wenn Handlungen erlernt und ausgeführt werden. Die Fehlertheorie von REASON (Abschn. 2.8) erklärt, welche Fehler bei der Durchführung von komplexen Aktionen unterlaufen können. Daraus ergeben sich Hinweise für die Gestaltung einer Bedienoberfläche, deren Beachtung das Auftreten von Fehlern teilweise verhindern kann.

2.1 Menschliche Informationsspeicher

Die Verarbeitung von und die Reaktion auf wahrgenommene Reize beruht auf Erfahrungen und Kenntnissen. Dazu zählen sowohl unmittelbar zuvor präsentierte Informationen als auch lange zurückliegende Ereignisse. Offensichtlich „speichern" wir Informationen und rufen sie bei Bedarf ab. Viele Experimente in der kognitiven Psychologie haben die Struktur dieser Speicher sowie Effekte des Behaltens und Vergessens in Abhängigkeit von der Informationspräsentation untersucht. Die für die MCI wesentlichen Erkenntnisse werden im Folgenden zusammengefasst. Drei Speicher sind die Basis der menschlichen Informationsverarbeitung entsprechend eines weit verbreiteten Modells (siehe Abb. 2.1):

- Der *Sensorische Speicher* weist folgende Eigenschaften auf:
  - sehr hohe Kapazität (große Menge an Informationen),
  - speichert sensorische Informationen (unverarbeitete physikalische Informationen wie Wellenlängen, Töne, visuelle Reize, wie Formen und Farben),
  - verliert Inhalt nach ca. 0,2 Sekunden für visuelle Signale und nach ca. 1,5 Sekunden für auditive Signale und
  - ein Auffrischen ist nur durch Wiederholung des Stimulus möglich (z.B. mehrfaches Betrachten, Nachsprechen).
- Das *Arbeitsgedächtnis* hat folgende Merkmale:
  - stark begrenzte Kapazität,
  - speichert vor allem symbolische Daten (verbale Kodierung) und
  - hält die Daten etwa 15 Sekunden, wobei durch Wiederholen der Information auch eine deutlich längere Speicherung möglich ist und umgekehrt durch Überlagerung mit anderen Informationen (Interferenzeffekte) die Daten schon nach sehr kurzer Zeit nicht mehr behalten werden.
- Das *Langzeitgedächtnis* ist durch folgende Eigenschaften gekennzeichnet:
  - nahezu unbegrenzter Speicher (Kapazität und Speicherdauer),
  - enthält episodische (autobiografische) und semantische Informationen und
  - Zugriffszeit - mindestens 0,1 Sekunden, evtl. erheblich länger.

Im Folgenden werden das Arbeitsgedächtnis und das Langzeitgedächtnis charakterisiert und das Zusammenspiel dieser Gedächtnisformen erläutert. Diese Gedächtnisformen kann man grob mit den Speichern von Computern vergleichen. Auch dort gibt es Speicher mit sehr kurzer Zugriffszeit, die in ihrer Kapazität begrenzt sind (Cache) und Speicher mit sehr großer Kapazität (Festplatten), bei denen die Zugriffszeit deutlich länger ist.

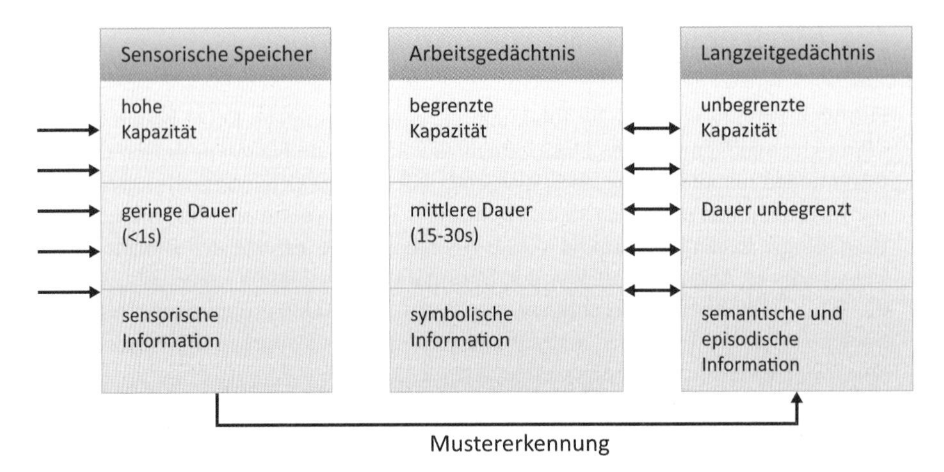

Abb. 2.1: Die aus der Umgebung wahrgenommene Information wird im ikonischen Speicher (sensorischer Speicher für die visuelle Wahrnehmung) kurzzeitig repräsentiert und ist die Grundlage für Recognize-Act-Zyklen bei der Verarbeitung von Informationen. Die Mustererkennung (to recognize) ist ein Vergleich von Merkmalen der wahrgenommenen Reize mit im Langzeitgedächtnis gespeicherten Informationen. Die Handlung (to act) erfolgt durch Interaktion zwischen dem Arbeitsgedächtnis und dem Langzeitgedächtnis (Doppelpfeile). Das Arbeitsgedächtnis repräsentiert die aktuellen Ziele und Erwartungen des Benutzers. Diese gehen in den Erkennungsprozess ein; man nimmt vorrangig das wahr, wonach man aktuell sucht (nach [Wandmacher, 1993]).

2.1.1 Das Arbeitsgedächtnis

Unsere Fähigkeit, geplant Handlungen durchzuführen, setzt voraus, dass wir kurzfristig Informationen speichern können, dass wir uns insbesondere unsere Intentionen merken können und auch kurzfristige Eindrücke „aufbewahren". Lange Zeit war die vorherrschende Meinung in der Psychologie, dass es einen besonderen Ort, das *Kurzzeitgedächtnis* gibt, in dem diese Informationen gespeichert werden [Atkinson und Shiffrin, 1968]. Viele neuere Untersuchungen widerlegen aber zentrale Annahmen dieser Theorie – eine separate Speicherung scheint nicht zu existieren. Neueren Forschungen zufolge stellt man sich das Arbeitsgedächtnis eher als einen Teil des Langzeitgedächtnisses vor, der aufgrund unserer aktuellen Ziele und Intentionen stark aktiviert ist. Metaphorisch wird dies so illustriert, dass ein Spotlicht auf diese Bereiche fällt [Pollmann, 2008]. Dementsprechend – und damit auch im Unterschied zur ersten Auflage dieses Buches – ist hier konsequent vom Arbeitsgedächtnis die Rede und nicht vom Kurzzeitgedächtnis.

Alle Prozesse, die wir bewusst steuern, sind mit dem Arbeitsgedächtnis verbunden [Wandmacher, 1993]. Beispiele sind das Nachschlagen einer Telefonnummer und das Verhalten in Gefahrensituationen. Das Arbeitsgedächtnis kann nur eine begrenzte Menge von Informationseinheiten aufnehmen. In älteren Lehrbüchern findet man die Angabe, dass sich junge gesunde Erwachsene etwa sieben Einheiten merken können („Die magische Zahl sieben", [Miller, 1956]). Diese Angabe ist durch ein besseres Verständnis der Informationsspeicherung und neuere Forschungen widerlegt; junge Erwachsene können sich eher drei bis vier Informationseinheiten merken [Cowan, 1991]. Bei Kindern und älteren Menschen ist die Merkfähigkeit noch geringer. Dabei ist die Komplexität einer einzelnen Einheit prinzipiell unbegrenzt und hängt von der Kodierung der Information ab. Auf diese Tatsache hat schon [Miller, 1956] hingewiesen und festgestellt, dass wir uns ähnlich viele Einzelbuchstaben wie kurze Wörter merken können. Für längere Wörter gilt das nicht; die Zahl der Silben beeinflusst stark, wie viel Information wir uns merken können.

Ein imposantes Beispiel für eine effiziente Informationskodierung kann bei begnadeten Schachspielern beobachtet werden.[1] Diese sind in der Lage, mit mehreren Personen gleichzeitig blind (und erfolgreich) Schach zu spielen. Diese hervorragenden Schachspieler verfügen nicht über gigantische Gedächtnisleistungen, sind also nicht in der Lage, unzusammenhängende Daten in großen Mengen zu speichern. Gute Schachspieler können auch nicht beliebige Spielsituationen effizient erfassen, was sich daran zeigt, dass sie teilweise gegen schlechtere Schachspieler verlieren, wenn diese unüblich agieren. Die Erfahrung der guten Schachspieler hat vielmehr dazu geführt, dass sie sich in wenigen Informationseinheiten eine typische Spielsituation merken können. Dabei merken sie sich nicht die Position einzelner Figuren, sondern die Konstellation (der Turm auf der linken Seite greift den Läufer an). Dieser Prozess der Bildung komplexer Informationseinheiten wird *Superzeichenbildung* (*chunking*) genannt. Diese Superzeichen können hierarchisch organisiert sein, sodass eine Vielzahl an Informationen in einem Superzeichen zusammengefasst werden kann.

Einfache Formen der Superzeichenbildung. Die Zusammenfassung von Buchstaben zu Wörtern, die Wahrnehmung komplexer Gegenstände oder Lebewesen als Ganzes sind Beispiele für die Superzeichenbildung. Ein langes Wort lässt sich besser merken als einzelne Buchstaben und der Eindruck eines Baumes oder Blume wird als Gesamteindruck effizienter „gespeichert" als die einzelnen Bestandteile der Pflanzen. Die Zusammenfassung von Buchstaben zu Wörtern und zu ganzen Sätzen ist ein Beispiel für das Chunking. Dies funktioniert nur, wenn uns diese Wörter und Sätze vertraut sind. Shneiderman und Plaisant [2009] erklären es ihrem englischsprachigen Publikum damit, dass man sich russische Wörter und Sätze nicht ohne weiteres als Chunk einprägen kann.

Symbolische Namen. Symbolische Namen für Internetadressen („monet.cs.uni-magdeburg.de") lassen sich besser merken als IP-Adressen (141.27.144.61). Ebenso lässt sich eine Hexadezimalzahl wie 6AB7 besser merken als die identische Binärzahl 0110 1011 1100 0111. In Nordamerika ist es üblich, Telefonnummern durch einprägsame Buchstabenkombinationen zu verschlüsseln. Wenn man versucht, „Eselsbrücken" zu bauen, um sich etwas leichter zu merken, nutzt man die

[1] In [Thimbleby, 1990], Kapitel 3, wird dieses Beispiel ausführlich diskutiert.

oben genannten Konzepte – die Informationsmenge wird dadurch nicht kleiner, aber sie wird anders strukturiert. Die Speicherdauer hängt vom Inhalt des Arbeitsgedächtnisses ab. Bei nur einer Einheit kann eine Information etwa 130 Sekunden gespeichert werden, bei drei Einheiten sinkt die Speicherdauer schon auf etwa 15 Sekunden [Wandmacher, 1993]. Offensichtlich gibt es also einen Abschwächungseffekt: die Information im Arbeitsgedächtnis wird im Laufe der Zeit immer weniger „zugreifbar".

Ein zweiter Effekt, der das Behalten von Informationen maßgeblich beeinflusst, sind Interferenzen: Wenn kurz nacheinander verschiedene Informationen, z.B. Listen von Wörtern, präsentiert werden, merkt man sich eher die zuerst präsentierten Wörter als die später präsentierten. Dies ist der sogenannte *primacy*-Effekt [Keppel und Underwood, 1968]. Die zuletzt präsentierten Informationen kann man sich auch besser merken. Psychologen sprechen von einem *recency-Effekt*. Zudem kann man sich ähnliche Informationen, z.B. mehrere Konsonanten, schlechter merken als solche, die sich weniger ähnlich sind – ein weiteres Indiz für Interferenzeffekte.

Struktur des Arbeitsgedächtnisses. Bisher wurde diskutiert, wie viele Informationen das Arbeitsgedächtnis für eine gewisse Zeit speichern kann. Interessant ist hier auch, *wie* das Arbeitsgedächtnis strukturiert ist. Die ersten Modelle der menschlichen Informationsverarbeitung gingen von einem einheitlichen (unstrukturierten) Speicher aus, mit dem nur eine Aufgabe zu einer Zeit bearbeitet werden kann. Dass dieses Modell unzureichend ist, haben zahlreiche Untersuchungen gezeigt, in denen gewisse Aufgaben – abhängig von ihrem Typ – parallel bearbeitet werden konnten.

Die grundlegenden Untersuchungen von Baddeley und Hitch [1974] zeigen, dass sowohl räumlich-visuelle Informationen (Formen, Farben, Anordnungen) als auch sprachliche Informationen im menschlichen Gehirn repräsentiert werden. Die räumlich-visuelle Information prägt unsere mentalen Bilder. Die sprachliche Komponente, die sogenannte *phonologische Schleife*, dient dazu, sprachliche Informationen in Lautform (phonetisch) zu verändern und zu speichern.

Die Grundannahme einer getrennten Verarbeitung von räumlich-visuellen und sprachlichen Informationen konnte durch Experimente bestätigt werden, in denen parallel zwei Aufgaben bearbeitet werden konnten, die beide Formen der Informationsspeicherung benötigten. Neurowissenschaftliche Experimente mit entsprechend verteilten Aktivierungsmustern im Gehirn haben diese Annahme bestätigt. Eine Komponente „Zentrale Steuerung" wurde eingeführt, um die Koordinierung und Steuerung, insbesondere die Interaktion mit dem Langzeitgedächtnis, zu charakterisieren, mit der die Aufnahme von Informationen in das Arbeitsgedächtnis beeinflusst wird. Einige Beobachtungen ließen sich mit dem originalen Modell nicht erklären:

- Das Behalten visueller Information wird durch gleichzeitig präsentierte sprachliche Informationen kaum beeinträchtigt.
- Die Behaltensleistung ist teilweise außerordentlich gut.

Baddeley [2000] hat daher einen weiteren Speicher eingeführt, den *episodischen Speicher*, der ebenfalls in seiner Kapazität und Dauer stark begrenzt ist. Er kann räumlich-visuelle Informationen und sprachliche Informationen temporär speichern.

Durch Interaktion mit dem episodischen Teil des Langzeitgedächtnisses (Wissen über die eigene Biographie bzw. andere Ereignisse, die zeitlich eingeordnet werden können) werden episodische Informationen abgerufen. Wenn die Bündelung von Informationen zu Episoden (durch Assoziationen mit Teilen des episodischen Langzeitgedächtnisses) möglich ist, ist eine deutlich größere Kapazität des Arbeitsgedächtnisses möglich. Im erwähnten Beispiel der Spitzenschachspieler spielt dieses Phänomen eine wichtige Rolle. Auch die anderen Teile des Arbeitsgedächtnisses interagieren mit korrespondierenden Bereichen des Langzeitgedächtnisses (Abb. 2.2). Umfassendere Diskussionen zu diesem Modell und seinen Grenzen sind Gegenstand neuerer Arbeiten [Baddeley, 2002, 2003] bzw. des aktuellen Buches [Baddeley, 1993].

Die Beobachtung, dass es einen eigenen Bereich im Gehirn gibt, der episodische Informationen repräsentiert, ist durch klinische Befunde gedeckt: Patienten, die eine schwere Hirnschädigung erlitten haben, können an einer retrograden Amnesie leiden, das heißt, dass sie sich nicht mehr an Ereignisse vor der Schädigung erinnern können. Andere Funktionen des Langzeitgedächtnisses, wie Faktenwissen und praktische Fertigkeiten sind oft überhaupt nicht beeinträchtigt [Pollmann, 2008].

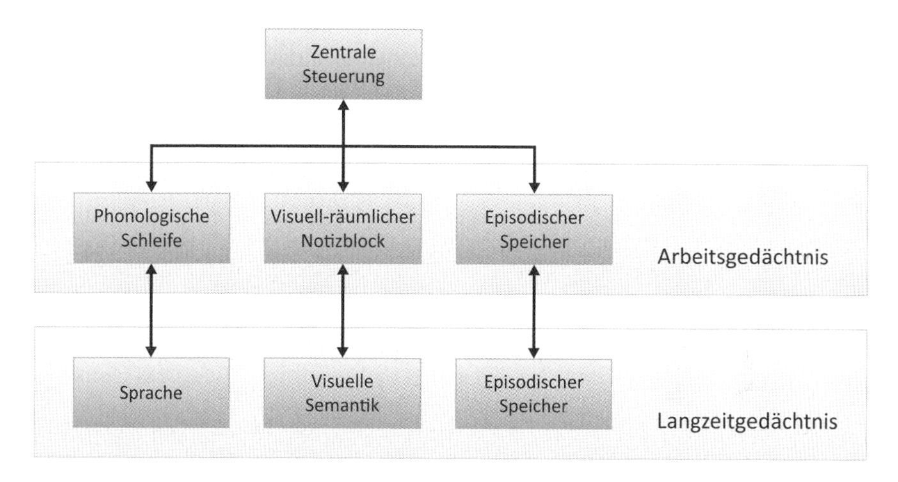

Abb. 2.2: Struktur des Arbeitsgedächtnisses und Interaktion der Komponenten mit der zentralen Steuerung und korrespondierenden Teilen des Langzeitgedächtnisses (nach [Baddeley, 2000]).

Während das Arbeitsgedächtnis in früheren Untersuchungen „nur“ als begrenzter Speicher angesehen wurde, gehen neuere Theorien davon aus, dass das Arbeitsgedächtnis auch der Ort ist, an dem die Informationen verarbeitet und die Ergebnisse von kognitiven Operationen (Vergleichen, Schlussfolgern) gespeichert werden [Atkinson und Shiffrin, 1968, Anderson, 1983].

Konsequenzen für die MCI. Das geschickte Gruppieren von Informationen in einer Form, die dem Benutzer bekannt ist, unterstützt die Superzeichenbildung und erleichtert es, Informationen zu behalten. Benutzer sollten so wenig wie möglich von ihrer Aufgabe abgelenkt werden. Wenn zur Erledigung einer Aufgabe mehrfach das Hilfesystem konsultiert werden muss und dabei aufwändige Suchoperationen nötig sind, hat man oft vergessen, was man tun wollte oder in welchem Zustand das System vorher war – das Arbeitsgedächtnis ist „übergelaufen". Zudem tragen die Interferenzeffekte zum Vergessen bei.

Wie sehr die Komplexität einer Aufgabe die Wahrscheinlichkeit von Fehlern beeinflusst, haben Jacko und Ward [1996] gezeigt. Anhand von vier Variablen wurde der Schwierigkeitsgrad einer Aufgabe erhöht, z.B. die Notwendigkeit, zusätzliche Entscheidungen zu treffen. Die Fehlerrate und die Bearbeitungszeit stiegen mit wachsendem Schwierigkeitsgrad enorm an. Für die MCI bedeutet dies unter anderem, dass es nicht zu viele Varianten geben sollte, ein und dieselbe Aufgabe zu erledigen, weil dies Entscheidungen erfordert, die das Arbeitsgedächtnis belasten.

Thimbleby [1990] vergleicht das Arbeitsgedächtnis mit einem Stack, auf dem Ziele abgelegt werden. Sich ein neues Ziel zu setzen, z.B. die Suche nach einem geeigneten Parameter für die Beschränkung der Suche nach einer Datei, entspricht einer *Push*-Operation. Das ordnungsgemäße Beenden einer Aufgabe entspricht einem *Pop* – ein Ziel wird vom Arbeitsgedächtnis entfernt. Diese Analogie macht deutlich, dass der Stack von Zeit zu Zeit durch den Abschluss von Aufgaben geleert werden muss, da das Arbeitsgedächtnis Informationen nur etwa 15 Sekunden lang speichern kann. Daher ist es wichtig, dass der Benutzer jederzeit den Zustand der Bearbeitung einer Aufgabe erkennen kann und dass dem Benutzer mitgeteilt wird, wenn etwas erfolgreich beendet wurde (sodass der Benutzer dieses Ziel nun getrost vergessen kann).

Schließlich ergeben sich einige zeitliche Überlegungen: Benutzungsschnittstellen und die von ihnen gesteuerten Programme sollten zügig informatives Feedback geben. Das Arbeitsgedächtnis verliert sehr schnell Informationen; eine komplexe Aufgabe kann nur erfolgreich bearbeitet werden, wenn laufend Zwischenergebnisse interpretiert und auf dieser Basis die nächste Aktion geplant werden kann. In [Herczeg, 2009b] wird dies ausführlicher behandelt und es wird deutlich, dass Computersysteme auch „zu schnell" sein können – den Benutzer also zu einer hastigen fehleranfälligen Arbeitsweise verleiten. Auch dies kann auf Basis der kognitiven Psychologie erklärt werden: es fehlt die Zeit, jeweils neu zu planen, wozu eine Interaktion mit dem Langzeitgedächtnis nötig wäre.

2.1.2 Das Langzeitgedächtnis

Das Langzeitgedächtnis mit seinem praktisch unbegrenzten Speicher enthält semantisch kodierte Informationen. Die Speicherdauer hängt von der Qualität und Intensität des Einprägens ab und liegt zwischen Minuten und Jahrzehnten. Für das Behalten von Informationen ist nicht die Häufigkeit, mit der die Information wiederholt wird, entscheidend, sondern die *Tiefe* der Verarbeitung [Craik und Watkins, 1973]. Craik und Lockhart [1972] unterscheiden verschiedene Ebenen, auf denen Informationen verarbeitet werden. Eine Verarbeitung auf einer oberflächlichen Ebene betrifft z.B. Farben, Formen und die Höhe einer Stimme.

Tiefe Verarbeitung bedeutet, dass die Information semantisch verarbeitet, ihr Inhalt verstanden und sie durch bewusste Reflexion in Relation zu bekannten Informationen gesetzt wird.[2] Diese Beobachtung ist konsistent zu Experimenten mittels funktioneller Bildgebung. Dabei lässt sich zeigen, dass Testpersonen bei Aufgaben, die eine tiefere Verarbeitung, z.B. Vergleichen und Einordnen von Fakten, erfordern, tatsächlich eine stärkere Hirnaktivität aufweisen. Beim späteren Abfragen der präsentierten Informationen korreliert das Ausmaß der Hirnaktivität mit der Behaltensleistung [Pollmann, 2008]. Zwischen den Einheiten des Langzeitgedächtnisses gibt es assoziative Verknüpfungen. So führt die Erinnerung an eine Einheit zur Aktivierung anderer Einheiten. Der Prozess des Vergessens kann so erklärt werden, dass eine Einheit kaum assoziative Verknüpfungen zu anderen Einheiten enthält, die häufig aktiviert werden. Das „Vergessen" ist also kein Löschen oder Überschreiben von Informationen, sondern das Fehlen von Zugriffsmöglichkeiten (so wie man zu einer Datei keinen Zugriff mehr hat, wenn der entsprechende Zeiger im Dateisystem zerstört ist). Sicheres Indiz dafür ist, dass man manchmal Informationen zu einem bestimmten Zeitpunkt nicht abrufen kann, wohl aber zu einem späteren Zeitpunkt (vgl. [Strube et al., 1996]). Lernprozesse zielen daher oft darauf ab, Wissen zu konsolidieren bzw. zu rekonsolidieren – also existierende Verknüpfungen zu stärken.

Wenn man das menschliche Langzeitgedächtnis mit den Speichern eines Computers vergleicht, liegt hierin der entscheidende Unterschied: Während Informationen im Computer gelöscht werden können, vergisst bzw. verlernt der Mensch kaum etwas. Wenn Menschen etwas Neues lernen, kann es daher zu Verwechslungen und Überlagerungen zwischen alten und neuen Informationen kommen. Dies macht sich vor allem bemerkbar, wenn Menschen unter großen Druck geraten – sie fallen dann in längst überholte Verhaltensweisen zurück. Thimbleby [1990] schildert folgendes Beispiel: Eine Sekretärin hat beim Telefonieren unbemerkt mehrfach die ENTER-Taste ihres PCs betätigt. Als sie den Anruf beendet, stellt sie entsetzt fest, dass der Bildschirm völlig leer ist und vermutet einen Systemabsturz. Verzweifelt schaltet sie daraufhin den Computer aus, was den befürchteten Datenverlust perfekt macht. Sie handelt dabei impulsiv und kann ihr Wissen darüber, wie der Computer ordnungsgemäß heruntergefahren wird, nicht anwenden. Das Langzeitgedächtnis kann als ein inhaltsadressierter Speicher aufgefasst werden [Wandmacher, 1993]. Um die Vorgänge im Langzeitgedächtnis zu beschreiben, benutzt man die *Stärke* einer Informationseinheit, die angibt, wie gut man sich an etwas erinnern kann. Informationseinheiten, die stark sind und viele assoziative Verknüpfungen haben, sind als Erinnerungshinweis geeignet.

Einflussfaktoren für das Behalten von Informationen. Es wurde schon betont, dass Informationen besser behalten werden, wenn sie tiefgründig verarbeitet werden. Experimente zeigen z.B., dass Testpersonen sich eher an Informationen erinnern, wenn sie zuvor Aufgaben gelöst haben, in denen sie – z.B. durch Ergänzung

[2] Neuere Forschungen zeigen, dass das Behalten von Informationen auch von einigen anderen Faktoren abhängt und nicht allein durch die Tiefe der Verarbeitung erklärt werden kann.

von Lückentexten – die Information selbst aktiv einbringen mussten. Eine Information wird auch leichter behalten, wenn sie nicht *n* mal unmittelbar hintereinander präsentiert wird, sondern andere Informationen „dazwischen gestreut" sind. Diese und andere Effekte werden in [Proctor und Vu, 2003] erläutert. Weitere Einflussfaktoren für die Behaltensleistung sind der emotionale Zustand beim Lernen und das räumliche Umfeld.

Erinnern und Erkennen. Zwei Prozesse, die mit unserem Langzeitgedächtnis bei der Suche nach Informationen interagieren, sind das *Erinnern* (engl. *recall*) und das *Erkennen* (engl. *recognition*). Bei der Arbeit am Computer spielen diese Vorgänge z.B. eine Rolle,

- wenn wir Dateien öffnen wollen und dafür Namen und Verzeichnis auswählen,
- wenn wir URLs im Webbrowser eintippen oder
- wenn wir unsere Freunde mit dem Handy anrufen wollen.

Die exakte Eingabe einer Telefonnummer oder einer URL erfordert die Erinnerung an die korrekte Schreibweise. Den Dateinamen aus einer Liste zuletzt geöffneter Dateien auszuwählen, ist einfacher: man muss den Dateinamen nur wiedererkennen. Dafür reicht es in der Regel aus, ungefähr zu wissen, wie etwas geschrieben wird. Teilweise ist die Erinnerung gar nicht vorhanden, aber die Präsentation der Auswahl führt zu Assoziationen, die ein Erkennen ermöglichen. Auch das Erkennen ist natürlich nur möglich, wenn die Information im Langzeitgedächtnis gespeichert ist. Der Zugang, die Assoziationen, die das Abrufen ermöglichen, müssen aber nicht so gut ausgeprägt sein.

Konsequenzen für die MCI. In der MCI ist es erstrebenswert, Interaktionen so zu gestalten, dass der Mechanismus des Erkennens genutzt wird und keine Erinnerung notwendig ist. Flexible Suchmöglichkeiten, Lesezeichen und die Verwaltung und Darstellung der Historie der Interaktion sind bei Webbrowsern Möglichkeiten, das Erkennen zu nutzen. Auch AutoComplete-Funktionen, die einen teilweise eingegebenen Namen automatisch vervollständigen bzw. die jeweils noch möglichen Optionen darstellen, ermöglichen die Eingabe – zumindest partiell – über das Erkennen. Kommandosprachenschnittstellen sind durch andere Interaktionsformen weitestgehend ersetzt worden, weil sie das Erinnern an Kommandonamen erfordern und damit nur für sehr erfahrene Benutzer hilfreich sind.

Sicherheitsaspekte, z.B. beim Electronic Banking, setzen dem naturgemäß Grenzen. Passwörter, PINs und andere Zugangscodes müssen wieder in Erinnerung gerufen werden. Da dies schwierig ist, sollte es Möglichkeiten geben, sich vergessene Passwörter (unter bestimmten Bedingungen, die die Sicherheit nicht zu stark gefährden) zuschicken zu lassen. Je besser die Menüs und Dialoge innerhalb einer Anwendung strukturiert sind und je mehr bei der Gestaltung von Kommandosprachen auf Konsistenz geachtet wird, desto schneller können sie erlernt und auch nach längerer Zeit behalten werden. Bei einem Pulldown-Menü sind die Einträge in der Menüleiste sichtbar. Diese Einträge müssen als Hinweise geeignet sein, um an die dahinter verborgenen Menüeinträge zu erinnern. In einer Kommandosprache sollten häufig gebrauchte Kommandos Hinweise darauf bieten, wie andere Kommandos heißen.

Wenn das Kommando *cd* (*change directory*) für das (häufig angewandte) Wechseln von Verzeichnissen steht, ist es ungünstig, wenn das Kommando für das Anlegen eines Verzeichnisses *mkdir* (*make directory*) statt *md* genannt wird. In Kapitel 9 werden Kommandosprachen und Menüs erläutert.

Um die kognitiven Ressourcen von Benutzern nicht zu überfordern, werden oft die zuletzt benötigten Dokumente gespeichert und beim Neustart angezeigt, sodass diese ohne aufwändige Suche in der Verzeichnishierarchie zu finden sind. Thumbnail-Bilder, stark verkleinerte Versionen eines Bildes, ermöglichen (oft) die Wiedererkennung des Inhalts im Unterschied zu den Dateinamen, die man sich merken muss. Daher verläuft die Suche nach Bildern mit einem bestimmten Inhalt effektiver, wenn Vorschaubilder genutzt werden. Von hoher Relevanz für die MCI ist die Frage, wie Menschen Informationen benennen und kategorisieren. Exemplarisch ist dies von Furnas et al. [1982] untersucht worden, wobei sie den Benutzern eine Reihe von Sortieraufgaben gestellt haben. Die dabei gewonnenen Erkenntnisse wurden z.B. für die Erstellung von Inhaltsverzeichnissen für „Gelbe Seiten" genutzt.

2.1.3 Das Multi-Speicher-Modell

Seit Ende der 50er Jahre ist das Multi-Speicher-Modell (MSM) eine wichtige theoretische Grundlage, um die Informationsverarbeitung des Menschen zu erklären [Broadbent, 1958]. Trotz vereinzelter Kritik sind seine Grundannahmen durch empirische Befunde bestätigt worden. Dieses Modell beschreibt die Informationsaufnahme und -verarbeitung im Allgemeinen und kann auf die Verarbeitung von visuell, auditiv oder anders wahrgenommenen Informationen spezialisiert werden. Das MSM ist durch jüngere Untersuchungen verfeinert worden [Baddeley und Hitch, 1974, Card et al., 1983].

Hinsichtlich der praktischen Bedeutung in der MCI erfolgt hier eine Beschränkung auf die Verarbeitung von auditiv und visuell wahrgenommenen Informationen. Die Verarbeitung anderer Wahrnehmungen (Tasten, Schmecken, Riechen) folgt den gleichen Grundprinzipien. Die große Informationsmenge im sensorischen Speicher wird gefiltert und kategorisiert. Dabei wird sie mit dem Inhalt des Langzeitgedächtnisses , das Namen und Begriffe enthält, verglichen. Es findet eine Mustererkennung statt. Die enorme Abstraktionsfähigkeit des Menschen bei der Erkennung von Mustern beruht auf zwei wesentlichen Leistungen: der *Merkmalsextraktion* und den komplexen *Kontextbetrachtungen*.

Bei der Merkmalsextraktion ermittelt der Mensch aus der wahrgenommenen Information relevante Merkmale, z.B. Größenverhältnisse und Neigung von Strichen in einem handschriftlich verfassten Dokument. Die Merkmalsextraktion kann sowohl Top-Down – ausgehend von Erwartungen – als auch Bottom-Up – getrieben von der wahrgenommenen Information – erfolgen. Eine Kombination ist häufig. So wird beim Suchen einer Kundennummer in einem Antrag gezielt nach dieser Information gesucht und diese leicht lokalisiert. Bezüglich der konkreten Nummer hat der Sachbearbeiter keine Erwartungen – hier dominiert die datengetriebene Bottom-Up-Wahrnehmung.

Durch Erwartungen über die gesuchte Information und ihren Kontext kann die Erkennungsleistung oft wesentlich verbessert werden. Falls ein einzelner Buchstabe nicht erkannt wird, wird das Wissen über sinnvolle Wörter, Zusammenhänge und ganze Sätze herangezogen. Kontextbetrachtungen gleichen häufig Mehrdeutigkeiten (Ambiguitäten) aus. So wird beim Suchen nach einer Zahl keine Verwechslung zwischen 0 und *O* auftreten. Die kategorisierten Informationen werden in symbolischer und sensorischer Form im Arbeitsgedächtnis gespeichert – man spricht von einer Wahrnehmung. So wird beim Ausfüllen eines Formulars sowohl die symbolische Information (welche Eingaben müssen in welcher Form gemacht werden?) als auch die sensorische Information (das gelb markierte Feld ganz unten ist für eine bestimmte Eingabe vorgesehen) verknüpft.

Erst die erkannten und im Arbeitsgedächtnis zur Verfügung stehenden Daten können Grundlage einer willkürlichen Handlung sein. Der Zyklus, der aus der Mustererkennung (*to recognize* – erkennen) und der Veränderung einer Einheit (*to act* – handeln) im Arbeitsgedächtnis oder Langzeitgedächtnis besteht, wird „Recognize-Act"-Zyklus genannt und dauert etwa 70 ms (siehe Abb. 2.1). Auf den Prozess der Mustererkennung wird hier nicht weiter eingegangen. Allerdings spielt die Untersuchung der Mustererkennung eine große Rolle bei der Gestaltung erkennungsbasierter Schnittstellen. Dabei wird versucht, die menschlichen Fähigkeiten der Merkmalsextraktion und die Einbettung der Erkennung in den Kontext auf dem Rechner nachzubilden und auf diese Weise z.B. Handschrifterkennung, Gestenerkennung und vor allem Spracherkennung in interaktive Systeme zu integrieren. Die dabei auftretenden Schwierigkeiten vermitteln einen Eindruck von der Komplexität der Mustererkennung. Durch mehrmaliges Erinnern gelangen Informationen aus dem Arbeitsgedächtnis ins Langzeitgedächtnis. Das Behalten von Informationen, also das Speichern neuer Informationen, ist mit bewusster Anstrengung verbunden und dauert relativ lange. Der „Lesezugriff" auf das Langzeitgedächtnis ist wesentlich schneller und erfordert weniger Aufmerksamkeit. Die Information wird im Wesentlichen über Chunks (eine Menge zusammengehöriger Informationen, z.B. Wörter anstelle von Buchstaben) gelesen und gespeichert.

Die Kodierung der Information hängt von ihrem Inhalt und ihrer Darstellung ab. Telefonnummern, Gedichte und andere zeichenhaft dargestellte Informationen werden verbal kodiert. Dagegen werden z.B. Gesichter, prägnante Gebäude und andere Landmarken vorrangig visuell kodiert, was man dadurch überprüfen kann, dass Testpersonen diese Informationen bildlich darstellen können.

Das Arbeitsgedächtnis und das Langzeitgedächtnis spielen auch bei der Ausführung von Handlungen, wie dem Autofahren oder dem Schreiben auf einer Tastatur, eine Rolle. Je besser wir bestimmte Fähigkeiten beherrschen, desto weniger wird das Arbeitsgedächtnis damit belastet. Der Mensch verfügt über motorische Systeme, z.B. das Arm-Hand-Finger-System, die autonom vom Arbeitsgedächtnis arbeiten. Das Arbeitsgedächtnis initiiert und steuert diese Vorgänge; es gibt schließlich einen Chunk an Informationen, z.B. eine Route beim Autofahren, an das entsprechende motorische System. Diese Systeme kann man sich wie selbstständige Systeme mit einer gewissen Pufferkapazität vorstellen [Thimbleby, 1990]. Beim Erlernen einer Handlung werden immer komplexere Teile an die motorischen Systeme übertragen. Dies führt dazu, dass sich unsere Fähigkeiten verändern, ohne dass wir dies bemerken, weil sie nicht Gegenstand unserer bewussten Aufmerksamkeit sind. Wir verfügen über Fähigkeiten, die wir selbst kaum erklären können.

Konsequenzen für die MCI. Die wichtigste Erkenntnis aus diesem Abschnitt ist, dass sensorisch gespeicherte Information rapide verfällt. Sie steht also nur kurze Zeit für eine Verarbeitung zur Verfügung. Dies bedeutet insbesondere:

- Benutzer können eine Meldung auf dem Bildschirm in wenigen Sekunden vergessen haben. Daher muss die Interaktion so gestaltet werden, dass die Information möglichst unmittelbar verwendet werden kann, z.B. indem aus einem Hilfetext direkt zu der dort besprochenen Funktion verzweigt wird.
- Langsame Antwortzeiten (> 0,5 s) können dazu führen, dass Benutzer ihre Ziele vergessen. Sie werden dann noch vorsichtiger, denken vor jeder Interaktion länger nach und werden so noch langsamer.
- Fortschrittsanzeigen erinnern daran, welches Kommando aktiviert wurde und verringern damit kognitive Probleme.

2.2 Visuelle Wahrnehmung

Im Folgenden wird das visuelle System beschrieben, wobei dieser Abschnitt aufgrund der Bedeutung für die MCI umfangreich ausfällt. Es wird deutlich, dass unsere Wahrnehmung hochkomplex ist und dass diese Wahrnehmung nicht als passives Aufzeichnen von Informationen verstanden werden kann. Vielmehr wird die Wahrnehmung *aktiv konstruiert* [Pollmann, 2008]. Behandelt werden Stadien der Verarbeitung visueller Informationen, die visuelle Suche und die Erkennung von Farben, Formen und Bewegungen. Für die MCI ist das Verständnis dieser Vorgänge wichtig, damit durch eine geeignete visuelle Präsentation Erkennungsvorgänge vereinfacht und beschleunigt werden können.

2.2.1 Visuelles System

In der Retina des menschlichen Auges werden Intensität, Wellenlänge und räumliche Verteilung des einfallenden Lichtes verarbeitet. Licht wird nur in einem bestimmten Wellenlängenbereich wahrgenommen und als Farbe interpretiert (Abb. 2.3).

Der sensorische Speicher, der die visuellen Sinnesdaten als Ergebnis der retinalen Reizverarbeitung enthält, wird *ikonischer Speicher* genannt. Seine Speicherkapazität liegt für Buchstaben und Ziffern bei etwa zehn Einheiten [Wandmacher, 1993]. Der ikonische Speicher behält die Daten etwa 300 ms – solange stehen sie für eine Erkennung zur Verfügung (Abb. 2.4). Die visuelle Erkennung wird durch

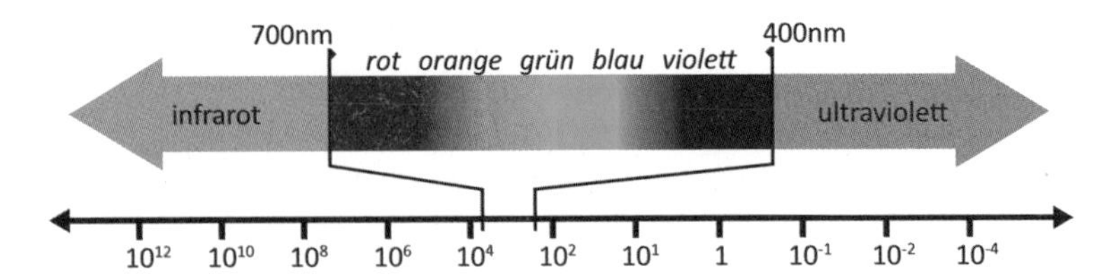

Abb. 2.3: Ein relativ kleiner Ausschnitt des Wellenlängenspektrums wird als Farbe wahrgenommen.

das Verhältnis von Vordergrund zu Hintergrund und durch die Anordnung von Objekten beeinflusst. Der Einfluss der Anordnung von Objekten auf die Wahrnehmung wird in der Gestaltpsychologie untersucht.

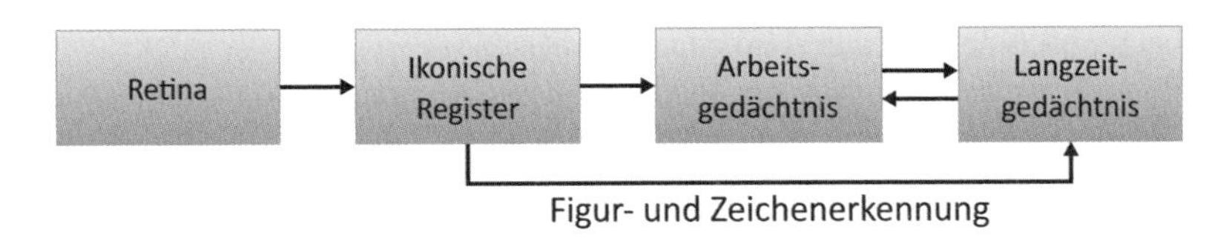

Abb. 2.4: Wahrnehmung und Erkennung von visuellen Signalen (nach [Wandmacher, 1993]).

Stadien der Verarbeitung visueller Informationen. Die Verarbeitung von Reizen durch das visuelle System erfolgt grundsätzlich in drei Phasen:

1. Umwandlung von Licht in Nervenimpulse,
2. Trennung von Signalen und der Weiterleitung in das Gehirn und
3. Interpretation im Gehirn.

Die erste Phase entspricht den Vorgängen, die in Abb. 2.5 mit (1) und (2) gekennzeichnet sind; die zweite Phase den Vorgängen, die mit (3) und (4) gekennzeichnet sind und die dritte Phase der bewussten Interpretation im Gehirn (5). Die erste Phase läuft sehr schnell ab; sie ist datengetrieben (Bottom-Up) [Lehmann et al., 1997]. In dieser Phase werden Kanten, Bewegungen und die Orientierung von Strukturen extrahiert. Diese Phase entspricht der präattentiven Wahrnehmung, die in Abschn. 2.2.2 diskutiert wird.

In der zweiten Phase werden die Signale durch entsprechende Impulse weitergeleitet. Die Signale beider retinaler Bilder werden kombiniert und ins Gehirn übertragen. Die sich anschließende dritte Phase ist nun die Interpretation des entstandenen mentalen Bildes. Dieser Prozess ist relativ langsam, und im Gegensatz zur ersten Phase handelt es sich um einen Top-Down-Prozess, der stark durch unsere Erwartungen und Ziele geprägt ist. Es gibt spektakuläre Experimente, die zeigen, wie prominent dargestellte Information den meisten Benutzern in einem Experiment komplett entgeht, weil sie gebeten wurden, auf andere Dinge zu achten. In

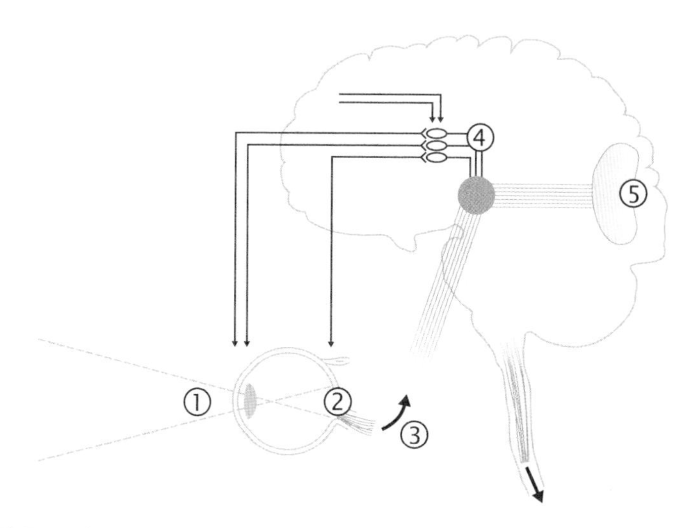

Abb. 2.5: Das visuelle System des Menschen beginnend mit dem Empfang von Signalen über die Linse des Auges (1), der Projektion auf die Netzhaut (2) (Retina), der Reizweiterleitung über den optischen Nerv (3), das Zusammenschalten der Informationen beider Augen im Kniehöcker (4) und der Erkennung und Interpretation der wahrgenommenen Informationen im visuellen Kortex des Gehirns (5) (nach [Lehmann et al., 1997]).

[Varakin et al., 2004] wird z.B. beschrieben, dass Versuchspersonen, die bei einer Videoaufnahme auf Basketballspieler achten sollen (Fragestellung: wer hat wie oft den Ball?), mehrheitlich einen Gorilla übersehen, der etwa so groß ist wie die Menschen und gemütlich durch die Spieler hindurch spaziert.

Wir sehen also im Wesentlichen das, worauf wir bewusst achten, z.B. Autos auf der Straße, wenn wir diese überqueren wollen. Unsere Wahrnehmung ist nicht nur äußerst selektiv; selbst das, was wir wahrnehmen, ist nur bedingt zuverlässig. Ein und dieselbe visuell dargestellte Information interpretieren wir unterschiedlich, abhängig von unserer Erwartung (diese Eigenschaft erklärt, warum Augenzeugenberichte oft unzuverlässig sind und inwiefern die Art der Fragestellung die Zeugenaussage massiv beeinflussen kann). Für eine umfassende Diskussion der Implikationen in der MCI siehe [Varakin et al., 2004].

Foveales und peripheres Sehen. Unser Empfinden spricht dafür, dass wir in unserem gesamten Blickfeld scharf sehen. Tatsächlich ist unsere Fähigkeit, Details zu erkennen, aber auf einen kleinen Bereich begrenzt. Beim Sehvorgang werden grundsätzlich zwei Formen des Sehens unterschieden: das *foveale* und das *periphere Sehen*. Foveales Sehen ist das scharfe Sehen mit hoher Auflösung in einem kleinen Bereich (Sehwinkel 1-2 Grad, siehe Abb. 2.6). Teilweise wird auch von parafovealem Sehen gesprochen. Dabei handelt es sich um einen größeren Bereich von etwa 5 Grad Sehwinkel, der die Fovea umgibt.

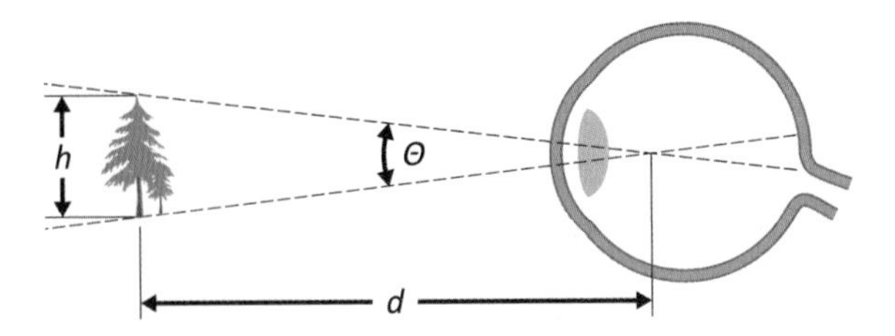

Abb. 2.6: Der Sehwinkel hängt von der Distanz zu dem betrachteten Objekt d und dessen Größe h ab. Konkret ergibt sich der Sehwinkel θ aus $arccos(d/h)$.

Bei einer Entfernung von 50 cm zum Bildschirm hat der Bereich, in dem scharf gesehen werden kann, einen Durchmesser von 17 mm. Außerhalb dieses kleinen Bereichs fällt die Auflösung stark ab: Von einer Bogenminute im Bereich des scharfen Sehens ist sie am äußeren Rand eines 10 Grad-Sichtkegels bereits auf 10 Bogenminuten abgefallen. Der Auflösungsabfall jenseits der Fovea wird in Abb. 2.7 veranschaulicht.

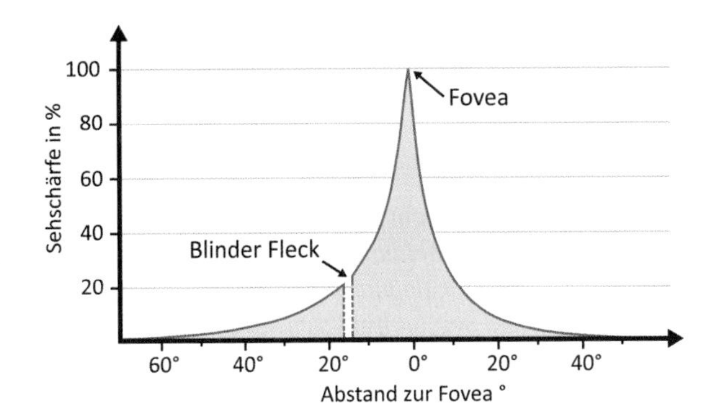

Abb. 2.7: Auf beiden Seiten jenseits der Retina nimmt die Auflösung stark ab. Die Abnahme ist aber nicht symmetrisch. Auf der Seite, auf der sich der blinde Fleck befindet, ist die Stäbchendichte höher.

Das periphere Sehen ist das unscharfe Sehen außerhalb der Fovea. Während das periphere Sehen für die Entdeckung von Reizen geeignet ist und damit Augenbewegungen steuern kann, ist das foveale Sehen u.a. Voraussetzung für das Lesen. Der Prozess des Lesens kann folgendermaßen beschrieben werden: Der Mensch sieht in einem kleinen Bereich scharf und kann dabei etwa zehn Buchstaben gleichzeitig wahrnehmen. Peripheres Sehen steuert, ob die Bewegung der Augen nach rechts oder unten (neue Zeile) erfolgt. Das Auge wird daraufhin bewegt (*sakkadische Augenbewegung*) und fixiert.

Zapfen und Stäbchen als lichtsensitive Zellen. Die visuelle Wahrnehmung basiert auf zwei Arten lichtempfindlicher Sensoren in der Netzhaut: Zapfen und Stäbchen. Die *Zapfen* konzentrieren sich in der Fovea; sie sind farbempfindlich. Die *Stäbchen* dagegen können nur Grauwertunterschiede wahrnehmen. Die Zapfen sind nur bei ausreichender Beleuchtung imstande, Farbe wahrzunehmen. Bei ungenügender Beleuchtung ist nur Stäbchensehen möglich – die Farbwahrnehmung und die Detailwahrnehmung sind dann stark reduziert.

Menschen besitzen deutlich mehr Stäbchen (etwa 120 Millionen) als Zapfen (etwa 6,5 Millionen). Die Wahrnehmung mittels Zapfen ist wesentlich schneller als die mittels Stäbchen (80 ms im Vergleich zu 300 ms). Dies erklärt, warum sich unsere Lesegeschwindigkeit bei nicht ausreichender Beleuchtung deutlich verringert. Aus der Größe der Zapfen (etwa 3 μm) ergibt sich die maximale Auflösung, die sogenannte Punktauflösung bei der visuellen Wahrnehmung. Sie beträgt etwa 50 Bogensekunden. Das entspricht einer Zielhöhe von etwa 0,1 mm bei Betrachtung aus 50 cm Entfernung.

Repräsentation des Netzhautbildes im Gehirn. Wie stark sich die Verarbeitung visueller Reize auf die Fovea und den umgebenden parafovealen Bereich konzentriert, lässt sich eindrucksvoll in neurowissenschaftlichen Untersuchungen zeigen. Reize, die in diesem kleinen Bereich des Gesichtsfeldes präsentiert werden, führen zur Aktivierung relativ großer Areale im visuellen Kortex des Gehirns [Pollmann, 2008]. Die „Überrepräsentation" dieses kleinen Bereichs im Gehirn korrespondiert also zu der hohen Dichte von Rezeptoren auf der Netzhaut.

Zeitliche Betrachtungen. Ein Zyklus, bestehend aus einer Augenbewegung, dem Fixieren und der Informationsaufnahme, dauert etwa 230 ms (zwischen 70 und 700 ms), wobei die Augenbewegung etwa 50 ms dauert und die Information sehr viel länger (etwa 180 ms) fixiert wird [Aaltonen et al., 1998]. Ist die Distanz zwischen zwei zu fokussierenden Objekten größer als 30 Grad, kommt zu der Augenbewegung noch eine Kopfbewegung hinzu. Das bedeutet, dass bei einer Entfernung von 50 cm zum Bildschirm bei einem 20-Zoll-Monitor eine Kopfbewegung nur nötig ist, wenn zwei sequenziell zu verarbeitende Objekte in völlig entgegengesetzten Bildschirmpositionen zu finden sind. Diese Erkenntnisse können genutzt werden, um abzuschätzen, wie lange die Wahrnehmung einer bestimmten Information braucht. Das visuelle System hat eine zeitliche Auflösung von etwa 100 ms. Daraus ergibt sich beispielsweise, wie eine Information dargestellt werden muss, die als blinkend erscheinen soll.

2.2.2 Visuelle Suche

Viele Aufgaben bei der Benutzung interaktiver Systeme beinhalten die Suche nach Bedienelementen bzw. Informationen. Diese Suche kann bei komplexen Benutzungsschnittstellen bzw. umfassenden Informationen sehr aufwändig sein. Beispiele betreffen das Durchsuchen von Webseiten nach Adressen, Kontaktdaten und Bestellmöglichkeiten oder das Durchsuchen eines umfangreichen Dialogs nach einer passenden Einstellmöglichkeit in einem Textverarbeitungsprogramm. In derartigen

Situationen hängt die Zeit, mit der Aufgaben bearbeitet werden und sogar die Frage, ob Benutzer überhaupt imstande sind, eine Aufgabe erfolgreich zu bearbeiten, entscheidend davon ab, ob die visuelle Suche effizient verläuft. Dabei betrachtet man

1. die Suchmenge S (Menge der dargebotenen Informationen),
2. das Zielobjekt Z (die gesuchte Information) und
3. die Ablenker S/Z (die Suchmenge ohne den Zielobjekt).

Die Suchdauer, also die mittlere Zeit, die Probanden benötigen, um ein bestimmtes Ziel Z in einer Suchmenge S zu lokalisieren, hängt dabei von mehreren Faktoren ab. Je mehr andere Objekte – man spricht auch von *Ablenkern* – sichtbar sind, desto länger dauert in der Regel die Suche. Wenn sich das Ziel durch ein bestimmtes Merkmal von allen Elementen der Menge der Ablenker deutlich unterscheidet und dadurch „ins Auge springt", ist die Suchdauer unabhängig von der Anzahl der Ablenker. Wenn dies nicht der Fall ist und der Benutzer kein Vorwissen hat, dass ihn befähigt, à priori in der richtigen Bildschirmregion zu suchen, wird die Suche äußerst aufwändig. Der Benutzer muss dann die gesamte Darstellung visuell „abscannen", also Objekte sequenziell identifizieren und mit dem Ziel vergleichen. Als Beispiel stelle man sich die Suche nach einer bestimmten Straße in einer unvertrauten Stadt vor, wobei nur ein Stadtplan ohne Straßenverzeichnis zur Verfügung steht. Der Benutzer muss dann *alle* Straßennamen mit dem gesuchten vergleichen – ein langwieriges Verfahren. Könnten wir dagegen in einem interaktiven System den Straßennamen eingeben und die gesuchte Straße wird farblich abgehoben dargestellt, wird die gewünschte Straße quasi sofort erkannt. Informatiker mögen sich ein anderes Beispiel vorstellen: in einem langen Dokument, z.B. einem Quelltext, wird nach dem Vorkommen eines speziellen Wortes gesucht. Offensichtlich ist auch diese Aufgabe mit geeigneter Hervorhebung trivial und andernfalls nur mit hohem mentalen Aufwand zu bewältigen. Erkenntnisse zur visuellen Suche können z.B. Hinweise darauf geben, wie Menüs zu gestalten sind, damit die Suche in ihnen effizient abläuft [Aaltonen et al., 1998].

Präattentive Wahrnehmung. Die Diskussion von Suchprozessen führt zu der Frage, wie dieses „ins Auge springen" erreicht werden kann. Mit dieser Frage haben sich Wahrnehmungspsychologen seit langer Zeit beschäftigt. Hilfreich ist vor allem die von ANNE TREISMAN entwickelte *Feature Integration Theorie* [Treisman und Gelade, 1980]. Sie besagt, dass es eine Reihe grundlegender visueller Merkmale (*features*) gibt, für die es im visuellen Kortex – dem für die Verarbeitung visueller Signale verantwortlichen Bereich des Gehirns – eine Karte gibt (*feature map*). Zu diesen basalen Merkmalen gehören Farbe, Formen und Texturmerkmale, wie Abstand und Richtung von Schraffurlinien. Diese *feature maps* werden individuell und parallel verarbeitet. Wenn sich das Zielobjekt dabei in einer dieser *feature maps* von allen Ablenkern abhebt, wird es unmittelbar erkannt. Treisman und Gelade [1980] sprechen dann von *präattentiver Wahrnehmung*. An die Phase der präattentiven Wahrnehmung schließt sich eine zweite Phase an, in der *attentiv*, also mit bewusster Aufmerksamkeit das Bild „durchsucht" wird.

Die präattentive Wahrnehmung erfolgt sehr schnell ($<$ 0,25 Sekunden) und unbewusst. Ob eine bestimmte Eigenschaft des Objekts eine präattentive Wahrnehmung ermöglicht, kann leicht überprüft werden. Probanden bekommen dazu eine Serie von Bildern sehr kurz (etwa 0,2 Sekunden) gezeigt und müssen beantworten, ob sie das Zielobjekt erkannt haben. Aufgrund der kurzen Zeit können sie diese Frage nur korrekt beantworten, wenn sie das Zielobjekt ohne bewusste Aufmerksamkeit erkannt oder ausgeschlossen haben. Interessant ist auch ein zweites Merkmal der präattentiven Wahrnehmung: die Unabhängigkeit von der Anzahl der ablenkenden Objekte. Die präattentive Wahrnehmung funktioniert auch für eine größere Menge an Ablenkern, solange diese auf gleiche Weise dargestellt werden. Abb. 2.8 zeigt ein Beispiel eines präattentiv wahrnehmbaren Zielobjekts.

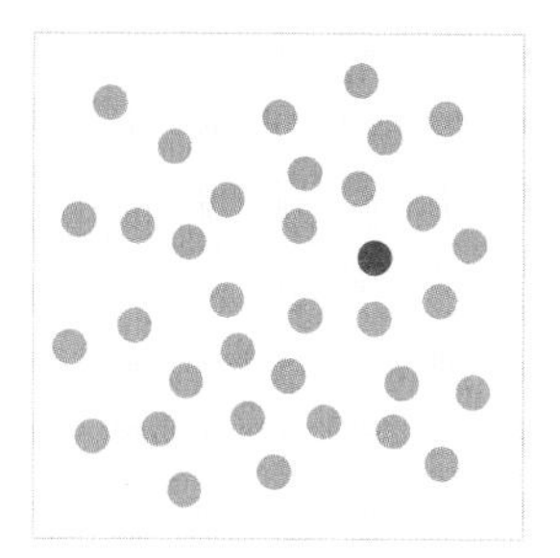
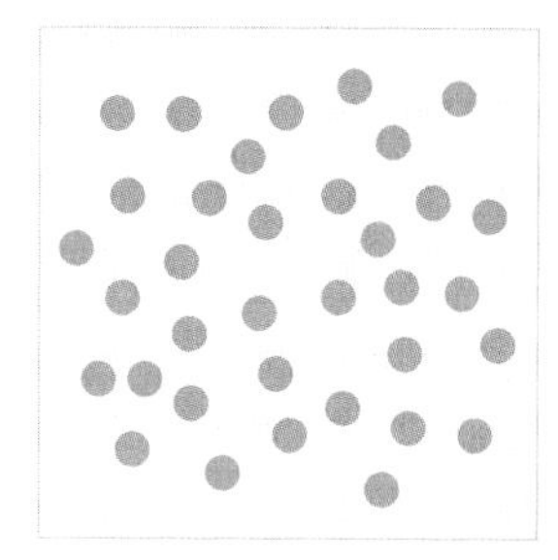

Abb. 2.8: Der rote Kreis im linken Bild wird präattentiv wahrgenommen. Genauso leicht ist das Fehlen eines roten Kreises im rechten Bild erkennbar (nach [Ware, 2004]).

Eine präattentive Wahrnehmung ist nicht möglich, wenn sich das Zielobjekt erst durch eine Kombination mehrerer individueller Merkmale erkennen lässt. In solchen Fällen müssen die Objekte sequenziell verglichen werden. Ein einfaches Beispiel ist in Abb. 2.9 dargestellt. In [Pollmann, 2008] werden Bilder gezeigt, in denen die Buchstaben „L" und „T" vorkommen. Beide bestehen aus zwei senkrecht zueinander stehenden Linien und können nicht präattentiv unterschieden werden. Stattdessen ist ein bewusster Suchprozess nötig, dessen Dauer im Wesentlichen linear mit der Zahl der Elemente ansteigt. Die Suche verläuft deutlich schneller, wenn das Zielobjekt gefunden wird, weil sie dann abgebrochen werden kann.

Die präattentive Wahrnehmung eines Zielobjekts ermöglicht keine Lokalisierung; dagegen vermittelt die aufwändige sequenzielle Suche nach einem Ziel diese Ortsinformation und steuert damit die folgende attentive Wahrnehmung. Faszinierend ist, dass diese mittlerweile trotz einiger Einschränkungen akzeptierte Theorie mit Methoden der Neurowissenschaften belegt werden kann. In der funktionellen Magnet-Resonanztomographie (fMRT) werden Probanden bestimmten Stimuli ausgesetzt, z.B. werden ihnen die Bilder dieses Abschnitts gezeigt, und es wird mit komplexen statistischen Methoden bestimmt, welche Gehirnregionen (mit hoher Wahrscheinlichkeit) aktiviert wurden. Diese Experimente liefern starke Hinweise darauf, dass die *feature maps* tatsächlich existieren [Anderson, 2004]. fMRT-Untersuchungen bestätigen auch die Vermutung, dass bildhafte Informationen spezielle Aktivierungen auslösen. Es zeigt sich, dass Aktivierungsmuster im visuellen

Kortex des Gehirns bei der Betrachtung eines Fotos und bei der Erinnerung an das auf einem Foto Dargestellte ganz ähnlich sind.

Abb. 2.10 zeigt derartige Bilddaten. fMRT-Experimente werden heutzutage häufig genutzt, um kognitive Prozesse, wie z.B. Fragen der Aufmerksamkeit und der Verarbeitung motorischer Reize, zu untersuchen. Dabei werden auch Fragestellungen betrachtet, die für die MCI unmittelbare Relevanz haben. Anderson [2004] bietet einen guten Einstieg in derartige Forschungen. Allerdings muss man sich bewusst machen, dass komplexe kognitive Vorgänge nicht einfach einer anatomischen Region zugeordnet werden können, sondern das konzertierte Zusammenspiel mehrerer Gehirnregionen erfordern.

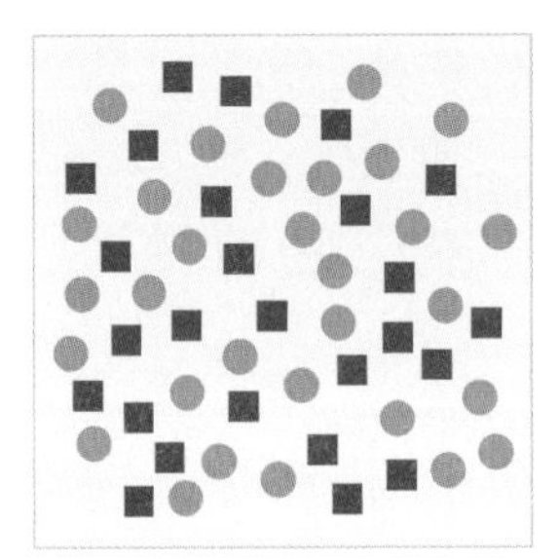

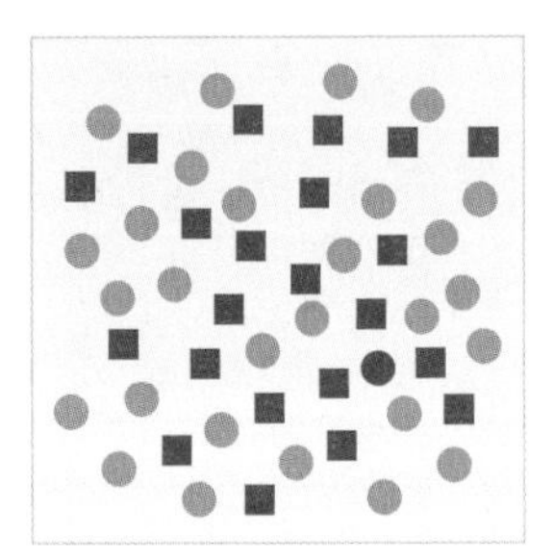

Abb. 2.9: In welchem der beiden Bilder befindet sich ein roter Kreis? Das Zielobjekt ist nur an der speziellen Kombination von Form und Farbe erkennbar – die präattentive Wahrnehmung kann diese Differenzierung nicht vornehmen (nach [Ware, 2004]).

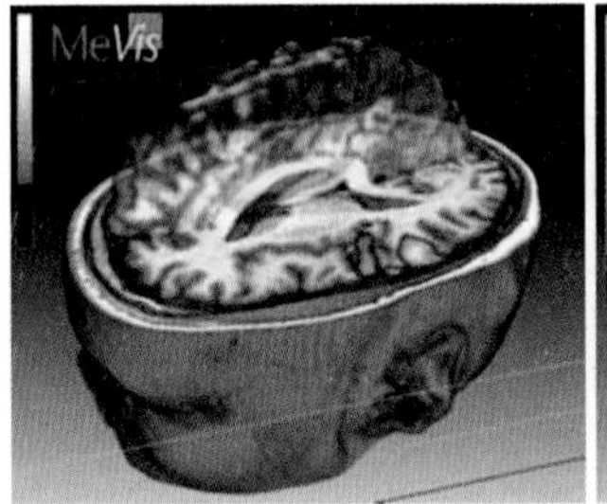

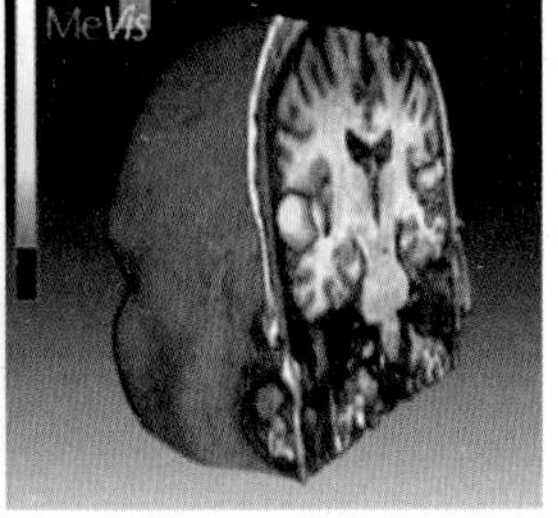

Abb. 2.10: Mit fMRT-Experimenten können Hirnareale lokalisiert werden, in denen eine Aktivierung stattgefunden hat. Die farbigen Bereiche zeigen Ort und Stärke der Aktivierung (mit freundlicher Genehmigung von Horst Hahn, Fraunhofer MEVIS).

Diskussion. Die Feature Integration Theorie hat selbstverständlich auch Grenzen. Die Fähigkeit zur präattentiven Wahrnehmung hängt teilweise vom Experimentdesign – und damit von Erwartungen – der Probanden ab. Die Abhängigkeit von Erwartungen der Probanden und ihrer Konzentration zeigt, dass die präattentive Wahrnehmung offenbar doch nicht gänzlich ohne Aufmerksamkeit erklärbar ist – insofern kann man den Begriff *präattentiv* durchaus kritisieren.

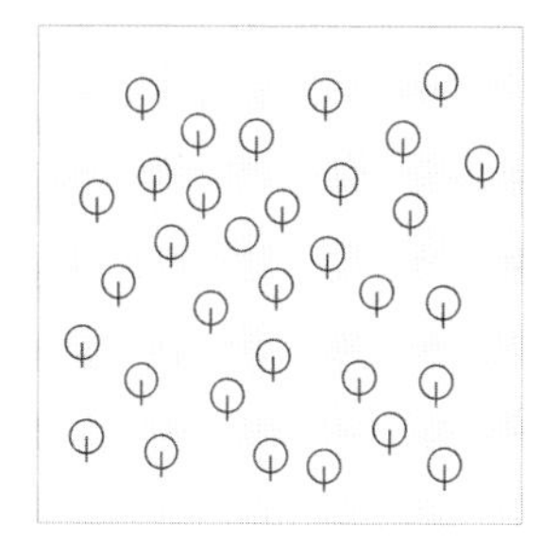
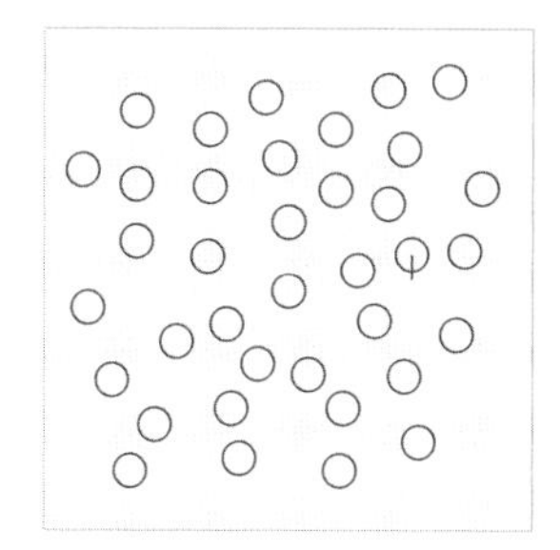

Abb. 2.11: Die Suche nach einem Kreis ohne zusätzliches Symbol (links) erfordert das sequenzielle Absuchen aller Kreise. Dagegen kann der eine Kreis mit einer Linie im rechten Bild präattentiv identifiziert werden. Das Vorhandensein eines Merkmals bei einer Instanz wird also leichter wahrgenommen als das Fehlen dieses Merkmals. (nach [Treisman, 1986]).

Auffällig ist auch, dass das Vorhandensein oder Fehlen eines Merkmals nicht zu gleichen Effekten führt. Wird aus einer Menge von Kreisen mit einem zusätzlichen Symbol ein Kreis gesucht, der das Merkmal nicht aufweist, ist das sequenzielle Absuchen aller Kreise notwendig. Soll dagegen aus einer Serie von Kreisen bestimmt werden, ob einer ein Merkmal aufweist, z.B. einen vertikalen Strich, gelingt dies präattentiv (Abb. 2.11). Die grundlegenden Erkenntnisse der Feature Integration Theorie sind aber akzeptiert und belegt. Insbesondere lässt sich unter bestimmten Umständen vorhersagen, dass Objekte sehr schnell und ohne (großen) mentalen Aufwand lokalisiert werden können.

Beispiel. Ein relevantes Beispiel für die MCI betrifft die Frage, wie in einem Textverarbeitungs- oder Mailprogramm Wörter hervorgehoben werden, die möglicherweise falsch geschrieben sind. Zumeist sind diese Wörter farblich abgesetzt, wobei ein gesättigtes rot stark aufmerksamkeitslenkend wirkt. Etwas dezenter wird dies in MICROSOFT OFFICE WORD und anderen Textverarbeitungsprogrammen gemacht, wobei die „verdächtigen" Wörter mit einer Schlangenlinie unterstrichen werden. Beim gemeinsamen Erstellen großer Dokumente ist es hilfreich, die zuletzt gemachten Änderungen auf einen Blick erkennen zu können. Diese müssen dazu geeignet hervorgehoben werden, wobei wiederum eine farbliche Kennzeichnung üblich und günstig ist.

Treisman [1993] enthält eine Aktualisierung der Feature Integration Theorie, die auf neueren Experimenten basiert. Sie erweitert die Theorie dahingehend, dass vier Aufgaben unterschieden werden: die Auswahl von Regionen durch Aufmerksamkeit, die präattentive Gruppierung von Merkmalen, die Auswahl von Objekten und die Auswahl von Reaktionen.

Gerichtete visuelle Suche. Eine wichtige Frage betrifft das Zusammenspiel zwischen der präattentiven Wahrnehmung und der folgenden Verarbeitung im visuellen Kortex. Das Modell der *gerichteten visuellen Suche* geht davon aus, dass die präattentive Phase Informationen liefert, die die gezielte lokale Erkennung unterstützen [Wolfe et al., 1989, Wolfe, 1994]. Dieses Konzept ist weiter verfeinert worden: Itti et al. [1998] und Li [2002] sprechen von sogenannten *Salienzkarten*, die die weitere Verarbeitung steuern. Salienz bezeichnet dabei die klare Unterscheidung von Regionen hinsichtlich eines Merkmals. Es wird also repräsentiert, in welchen Regionen sich deutliche Unterschiede manifestieren, sodass darauf die Aufmerksamkeit gelenkt wird.

Dieses Modell kann einige Beobachtungen besser erklären als die Feature Integration Theorie. So ist damit erklärbar, dass nur jeweils große Unterschiede eines Features (eine vertikale Linie unter vielen annähernd horizontalen Linien) präattentiv wahrgenommen werden, während mit bewusster Aufmerksamkeit bei gleichen Merkmalen auch eine Feindifferenzierung möglich ist (exakt vertikale Linien werden dann auch sicher von solchen unterschieden, die um 5 Grad abweichen). Offensichtlich werden die Objekte in der ersten Phase hinsichtlich eines Merkmals nur grob kategorisiert.

Zusatzinformation: Visuelle Suche. Die genannten Theorien erklären viele Phänomene. Allerdings sind die Testbeispiele vergleichsweise einfach und reale Suchaufgaben wesentlich komplexer. Dass z.B. alle Ablenker exakt gleich aussehen und sich dadurch von einem Zielobjekt markant unterscheiden, ist eine eher unübliche Situation. Neuere Theorien untersuchen z.B. den Einfluss der Ähnlichkeit unter den Ablenkern [Duncan und Humphreys, 1992]. Zudem betrachten die einfachen Theorien nicht, dass Bilder nach gewissen Kriterien *segmentiert*, also in zusammenhängende Bereiche zerlegt werden, wobei dieser Prozess hierarchisch auf verschiedenen Ebenen abläuft. Für umfassende Diskussionen zur visuellen Suche, einschließlich der umfassenden Beschreibung von Experimenten, siehe [Pollmann, 2008, Wolfe et al., 2003, Wolfe, 2003]. Experimente zur visuellen Suche werden häufig mittels Eye-Tracking durchgeführt [Jacob, 1991, Salvucci und Anderson, 2001]. Eye-Tracker bestimmen die Position der Pupillen und damit die fixierten Bereiche. Wie lange und in welcher Reihenfolge Informationen betrachtet wurden, wird dadurch deutlich.

Die Theorien der visuellen Suche spielen in der MCI eine wichtige Rolle. Als Beispiel für eine praktische Anwendung haben Halverson und Hornof [2004] Richtlinien für die farbliche Gestaltung von Links auf Webseiten daraus abgeleitet. Megaw [1979] hat erkannt, dass die physische Organisation der Information, z.B. reihen- oder spaltenweise Anordnung, die Suchmuster erheblich beeinflusst – auch dies sollte bei der Dialog-, Formular- und Webseitengestaltung berücksichtigt werden, um wichtige Informationen schneller zu detektieren. Suchmuster hängen stark von Erwartungen der Betrachter ab [Wickens und Holland, 2000]. Insofern ist es nicht überraschend, dass Mitarbeiter in Überwachungszentralen für große Industrie- oder Verkehrsanlagen Ziele im Zentrum einer Darstellung eher lokalisieren, denn sie sind es gewohnt, dass dort kritische Informationen dargestellt werden. Besonders ausgeprägt ist der Einfluss von Erwartungen bei Personen, die routinemäßig Bilder inspizieren und diagnostizieren, z.B. um Fehler in Materialien und Werkstoffen zu detektieren oder um radiologische Bilddaten zu befunden. Die unterschiedlichen Suchstrategien von Novizen und Experten in der Medizin werden mittels Eye-Tracking erkennbar [Burgert et al., 2007].

2.2.3 Farbwahrnehmung

Ein Farbeindruck entsteht, wenn Licht einer bestimmten Wellenlänge auf unser Auge trifft (Abb. 2.3, S. 54). Es ist wichtig zu betonen, dass Lichtstrahlen *keine* Farbe haben, sondern der Farbeindruck rein subjektiv ist [Pollmann, 2008]. Die Farbwahrnehmung beruht auf den lichtsensitiven Zapfen, von denen es drei verschiedene Arten gibt. Diese haben ihre Sensitivität in unterschiedlichen Wellenlängenbereichen, die grob den Wellenlängen entsprechen, die den Eindruck von rot, grün und blau hervorrufen. Daher spricht man oft von Rot-, Grün- und Blauzapfen. Korrekter wäre es, von den Zapfentypen „Kurz“, „Mittel“ und „Lang“ zu sprechen. Beim Eintreffen von Licht werden mehrere Zapfenarten aktiviert, wobei das Verhältnis der Aktivität der jeweiligen Zapfentypen für den wahrgenommenen Farbton entscheidend ist.

Der Farbeindruck besteht aus den Komponenten Farbton, Helligkeit und Sättigung. Die Helligkeit wird von der Intensität des einfallenden Lichts beeinflusst. Die Sättigung entspricht der Reinheit der Farbe. Interessant ist, dass Menschen etwa zehn Mal so viele Rot- und Grünzapfen besitzen wie Blauzapfen. Sie nehmen also blau dargestellte Information nicht in der gleichen Intensität wahr, wie Gelb-, Grün- oder Rottöne. Subtile Unterschiede in den Blautönen werden kaum erkannt und daher sollte bei der Abbildung von Daten auf Farbe der Blaubereich nicht oder nicht vorwiegend genutzt werden.

Die Farbwahrnehmung ist sehr komplex und hängt eng mit der Wahrnehmung von Details und Kontrasten zusammen, die den Farbeindruck verändern. Zudem ist die Farbwahrnehmung stark kontextabhängig; wir neigen dazu, ein und dasselbe Objekt als gleichgefärbt wahrzunehmen, obwohl sich abhängig von der Beleuchtung sehr unterschiedliche Lichtintensitäten ergeben. Dieser Effekt der Farbkonstanz wird in Abb. 2.12 eindrucksvoll veranschaulicht.

Eine detaillierte Diskussion dieser Zusammenhänge geht weit über dieses Kapitel hinaus. Beispielhaft sollen lediglich drei Phänomene veranschaulicht werden:

Abb. 2.12: Auf der beleuchteten Oberseite befindet sich ein braunes Viereck (exakt in der Mitte), wohingegen das im Schatten befindliche zentrale Viereck der Vorderseite als orange wahrgenommen wird (vergrößerte Ausschnitte beider Bildteile befinden sich in der Mitte und rechts). Tatsächlich sind die Farben identisch (mit freundlicher Genehmigung von Dale Purves, Center for Cognitive Neuroscience, Duke University).

- Farbe erscheint auf einem dunklen Hintergrund meist weniger gesättigt als auf einem helleren.
- Der Farbkontrast zwischen Vordergrund und Hintergrund beeinflusst die wahrgenommene Größe (Abb. 2.13).
- Helle, stark gesättigte Farben scheinen vorn zu liegen, dunkle, wenig gesättigte Farben hinten (Abb. 2.14). Dies ergibt sich aus unseren Erfahrungen: aufgrund von vielen Lichtbrechungen erscheinen die Farben entfernter Landschaften bzw. Gebäude schwach gesättigt.

Konsequenzen für die MCI. Aufgrund von Erfahrungen und Konventionen entwickeln wir bestimmte Assoziationen mit Farben. In der Architektur nutzt man z.B. gezielt die Wirkungen von Farben, die dazu beitragen, eine gewünschte Stimmung zu erreichen [Benad und Benad, 2005]. Diese Assoziationen müssen bei der Gestaltung von Benutzungsschnittstellen und Informationsdarstellungen berücksichtigt werden. Gerade in Bezug auf den erweiterten Blick auf das Thema Usability, das auch das Gesamterlebnis des Benutzers einbezieht, ist die Farbgestaltung von großer Bedeutung. Eine ausführlichere Diskussion der Farbwahrnehmung findet sich in [Ware, 2004]. Das Design von Webseiten und Handybildschirmen, die Icons von Applikationen, aber auch Dialoge und Formulare nutzen Farbe, um Wichtiges hervorzuheben, Zusammengehöriges erkennbar zu machen und auch, um die Attraktivität einer Benutzungsschnittstelle zu erhöhen und ihre Wiedererkennbarkeit zu steigern.

Stark gesättigte, aufmerksamkeitslenkende Farben sollten sparsam eingesetzt werden. Ihre Signalwirkung ist z.B. für Warnsymbole sinnvoll. Vorwiegend sollten weniger gesättigte Pastellfarben genutzt werden. Die angemessene Spezifikation von Farben kann erleichtert werden, wenn ein wahrnehmungsorientierter Farbraum genutzt wird. Der HSV-Farbraum, bei dem eine Farbe als Tripel aus Farbwert (*Hue*),

  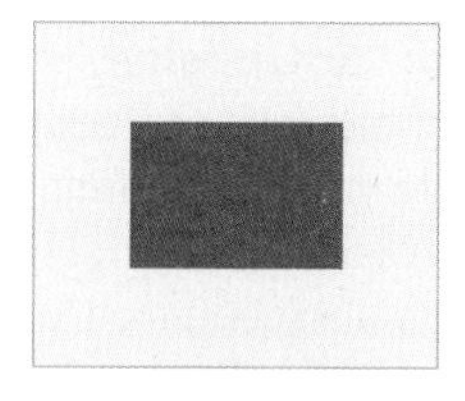

Abb. 2.13: Alle drei Rechtecke im Inneren sind gleich groß. Aufgrund des hohen Farbkontrasts rechts wirkt dieses Rechteck am kleinsten.

Abb. 2.14: Die kleinen Rechtecke scheinen vor dem großen schwarzen Rechteck zu liegen. In der Natur erscheinen entfernte Objekte verschwommen und weniger gesättigt.

Sättigung (*Saturation*) und Helligkeit (*Brightness*) angegeben wird, ist diesbezüglich günstig. Aus der relativ geringen Sensibilität gegenüber Reizen im blauen Teil des Farbspektrums folgt, dass reines Blau für die Darstellung von Text, dünnen Linien und kleinen Formen vermieden werden sollte.

2.2.4 Gestaltwahrnehmung

Die visuelle Wahrnehmung wird stark durch Gestaltprinzipien, häufig auch Gestaltgesetze genannt, beeinflusst. Diese Prinzipien [Wertheimer, 1925, 1939] sind in den 20er Jahren des vorigen Jahrhunderts u.a. durch Analyse folgender Fragen entstanden:

- Wann wird Information als zusammengehörig wahrgenommen?
- Wann wird sie (sicher) als nicht zusammengehörig wahrgenommen?
- Wie wird die korrekte und schnelle Wahrnehmung von Informationen begünstigt?
- Welche optischen Täuschungen entstehen?

Im Ergebnis umfangreicher Untersuchungen hat MAX WERTHEIMER 100 Prinzipien zur Anordnung von Informationen sowie zur Wahl von Farben und Formen aufgestellt.

Beispiele für Gestaltgesetze. Die Diskussion aller Gesetze würde hier zu weit führen. Im Folgenden werden beispielhaft zwei Gesetze genannt und anhand einfacher Beispiele ihre Anwendung erläutert.

Gesetz der Nähe. Räumliche Nähe führt dazu, dass Information als zusammengehörig wahrgenommen wird, selbst wenn sich Formen und Farben unterscheiden (Abb. 2.15). Als Konsequenz daraus sollten Unterschiede vor allem durch große Distanzen vermittelt werden.

Gesetz der Gleichheit. Die Gleichheit von Farben und Formen führt ebenfalls, aber in geringerem Maße, zur Wahrnehmung von Zusammengehörigkeit (Abb. 2.15).

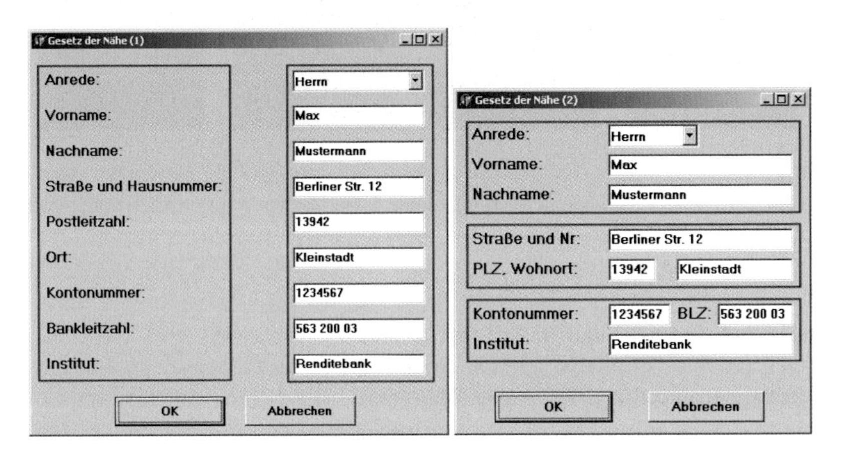

Abb. 2.15: Gesetz der Nähe. Während links alle Abstände zwischen benachbarten Eingabefeldern gleich sind, ist rechts bewusst durch Nähe gruppiert worden (nach [Heinecke, 2004]).

Konsequenzen für die MCI. Die Gestaltgesetze müssen vor allem bei der Dialog- und Formulargestaltung (Kapitel 10) berücksichtigt werden. Die Konsequenzen für die Dialog- und Formulargestaltung betreffen:

- die Verbesserung der Wahrnehmbarkeit,
- das Erleichtern des Suchens und Erkennens von Daten,
- das Entstehen eines ausgewogenen, symmetrischen Layouts und
- die bewusste Hervorhebung von Zusammenhängen bzw. Vermeidung von fälschlicherweise wahrgenommenen Zusammenhängen.

Die Einhaltung dieser Regeln kann die Bearbeitungszeiten deutlich verkürzen.

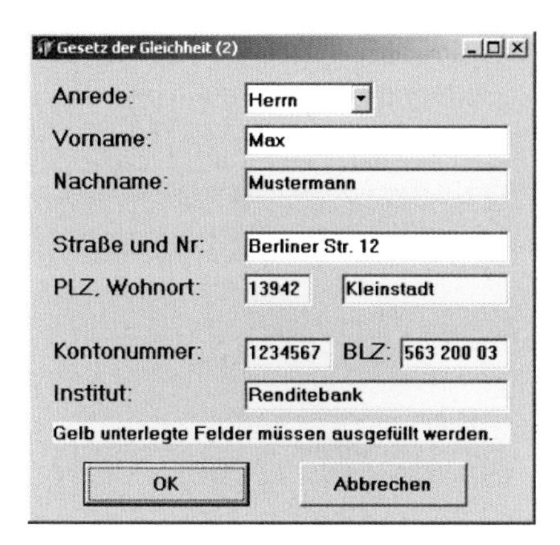

Abb. 2.16: Anwendung des Gesetzes der Gleichheit. Obligatorische Angaben sind durch die gleiche Farbe unmittelbar von den freiwillig auszufüllenden Feldern zu unterscheiden (nach [Heinecke, 2004]).

2.2.5 Form- und Objektwahrnehmung

Dieses Teilgebiet der visuellen Wahrnehmung befasst sich damit, wie wir dreidimensionale Formen wahrnehmen. Die mentale Rekonstruktion von räumlichen Gebilden ist faszinierend, denn sie basiert auf dem 2D-Bild der Retina. Die mentale Rekonstruktion ist im Detail sehr komplex, aber wichtige Aspekte sollen hier zumindest genannt werden. Für den Kernbereich der MCI liegt die Formwahrnehmung nicht im Fokus, da dieser (bisher) eher durch 2D-Benutzungsschnittstellen geprägt ist. Mehr und mehr werden aber 3D-Effekte und 3D-Elemente auch in klassischen Benutzungsschnittstellen genutzt. Buttons und Icons werden häufig durch 3D-Elemente dargestellt, wobei unter anderem Schatteneffekte genutzt werden, um die korrekte Interpretation zu unterstützen.

Der Mensch ist bestrebt, visuelle Informationen als 3D-Formen zu interpretieren. Er nutzt dazu Erfahrungen aus der Natur, wobei einige Tiefenhinweise die Wahrnehmung über beide Augen erfordern (stereoskopische oder binokulare Tiefenhinweise) und andere bereits mit einem Auge wahrnehmbar sind (monoskopische Tiefenhinweise). Für die MCI sind die folgenden (monoskopischen) Tiefenhinweise relevant:

- Perspektivische Verkürzung. Entferntere Objekte erscheinen kleiner als näher liegende.
- Schattierungen und Schatteneffekte, die sich durch die Beleuchtung ergeben,
- Partielle Überlappungen. Objekte im Vordergrund verdecken diejenigen im Hintergrund.
- Atmosphärische Abschwächung. Die Farben entfernter Objekte werden als ungesättigt wahrgenommen. Durch den langen Weg des Lichtes zum Auge kommt

es zu vielen Streuungen, bei denen sich die Farbwirkung so ändert, dass die Sättigung reduziert ist. Entfernte Objekte wirken „verschleiert".

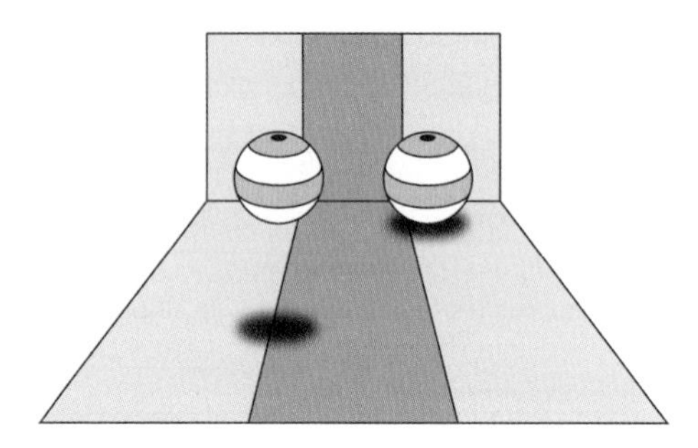

Abb. 2.17: Schatten auf einer perspektivisch projizierten Grundfläche. Ohne die Schattenprojektion wäre die Höhe der Kugeln über der Grundfläche und ihre Entfernung zum Betrachter nicht abschätzbar (nach [Wanger et al., 1992]).

Zu den binokularen Tiefenhinweisen gehört der Stereoeindruck, der durch leicht versetzte Bilder entsteht, die von je einem Auge wahrgenommen werden. Einige dieser Tiefenhinweise sind in Abb. 2.17 nachgebildet, wodurch sich die Wahrnehmung der räumlichen Verhältnisse verbessert. Hinzu kommt, dass sich die Information, die in beiden Augen empfangen wird, geringfügig unterscheidet. Die Integration dieser beiden Retinabilder liefert Informationen, die für eine mentale 3D-Rekonstruktion genutzt werden können. Abb. 2.18 stellt einfache 2D-Formen dar, die sich partiell überlappen. Im rechten Bild, in dem die Formen gefärbt werden, ist die Überlappung deutlich zu erkennen. Die Bildinterpretation wird einfacher und verläuft effizienter. Detaillierte Untersuchungen zum Einfluss von Visualisierungsparametern auf die räumliche Wahrnehmung, z.B. die Rolle von Texturen, finden sich in [Sweet und Ware, 2004, Interrante et al., 1997]. Dreidimensionale Darstellungen werden oft so gestaltet, dass äußere Schichten transparent sind, sodass innere Schichten sichtbar werden. Die Formwahrnehmung bei Transparenz ist sehr komplex; sie hängt stark von den konkreten Formen und deren Anordnung sowie von den Farben dieser Strukturen ab. Für genauere Informationen sei der Leser auf [Beck und Ivry, 1988] und [Metelli, 1974] verwiesen.

Die Rolle von Erfahrungen. Bei der Bildinterpretation spielen vielfältige Erfahrungen eine wichtige Rolle. So wird der Effekt der Gravitation genutzt, um abstrakte Bilder zu interpretieren (Abb. 2.19). Teilweise werden Bewegungen rekonstruiert; z.B. muss ein runder Gegenstand auf einer geneigten Ebene offensichtlich mit wachsender Geschwindigkeit die Ebene hinabrollen.

Eine weitere Erfahrung betrifft die Richtung, aus der eine Szene beleuchtet wird. Oft ist in einem Bild keine Lichtquelle zu erkennen. Anhand von Helligkeitsverteilungen, insbesondere der Schattenprojektion, schließt der Betrachter auf die Richtung, aus der das Licht einfällt (Abb. 2.20). Wir nehmen an, dass das Licht von oben

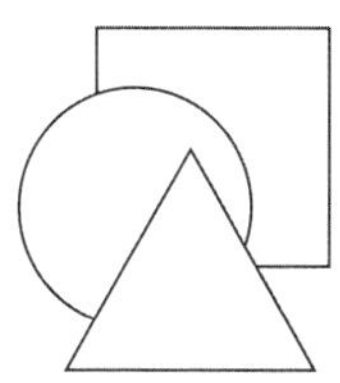
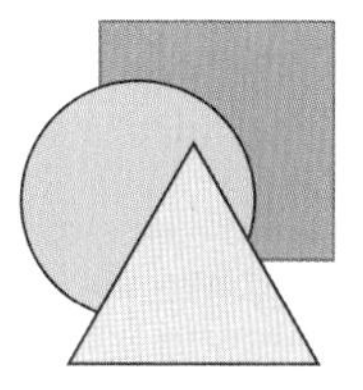

Abb. 2.18: Einfache Formen werden als Umrisse (links) bzw. mittels einer Farbfüllung dargestellt (rechts). Die Interpretation der Bilder als 3D-Geometrie fällt im rechten Bild leichter.

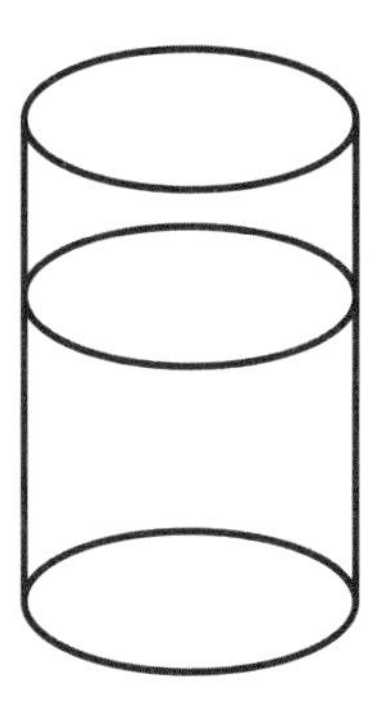
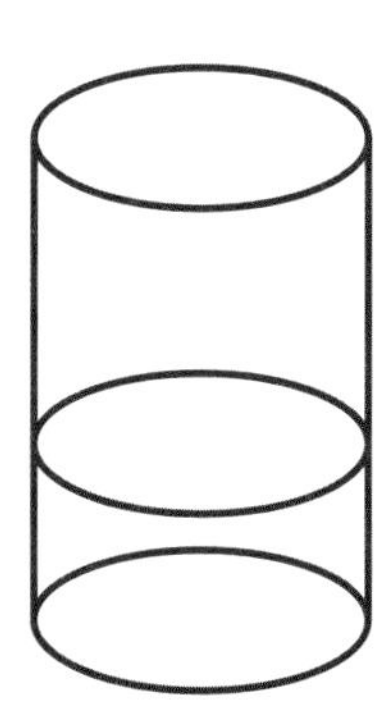

Abb. 2.19: Die meisten Betrachter erkennen links ein volles und rechts ein leeres Wasserglas. Tatsächlich ist die rechte Form dadurch entstanden, dass die linke Form um 180 Grad rotiert wurde. Ein auf dem Kopf stehendes Glas, in dem sich Wasser befindet, widerspricht unserer Erfahrung.

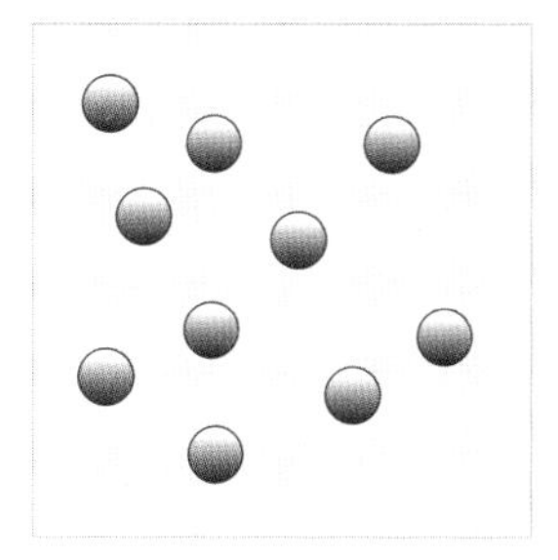
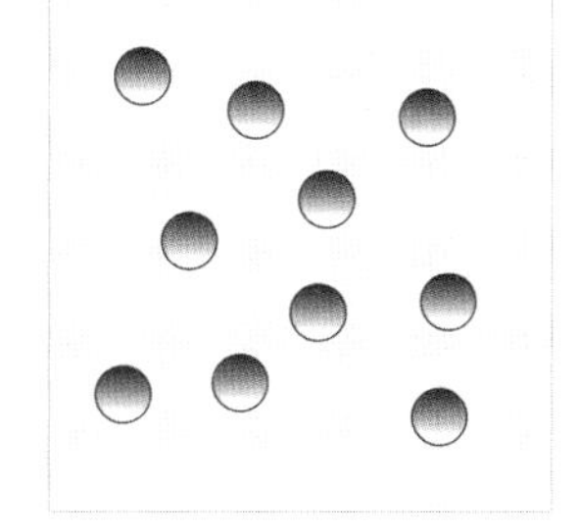

Abb. 2.20: Auf einer glatten Fläche sind kugelförmige Veränderungen zu sehen. Handelt es sich um konkave Einbuchtungen oder konvexe Wölbungen nach außen? Die Annahme einer Beleuchtung von oben führt dazu, dass wir links eine konvexe Wölbung annehmen und rechts eine Einbuchtung.

Abb. 2.21: Die schräge Linie im Logo der Deutschen Bank soll einen Aufstieg vermitteln. Der Effekt beruht darauf, dass im europäischen Kulturkreis Bilder von links nach rechts „gelesen" werden.

kommt. Dies ist dadurch bedingt, dass in der Natur Landschaften durch die Sonne beleuchtet werden. Eine Konsequenz für die MCI besteht darin, dass bei einem Button der Zustand gedrückt/nicht gedrückt aufgrund dieser Erfahrung eingeschätzt wird. Hinzu kommen kulturabhängige Aspekte, wie die Leserichtung (in unserem Kulturkreis von links nach rechts). Nur aufgrund dieser Erfahrung nehmen wir in Abb. 2.21 eine aufsteigende und keine fallende Linie wahr.

Konsequenzen für die MCI. Icons, Buttons und andere Elemente einer Benutzungsschnittstelle, für die visuelle Elemente verwendet werden, sollten so gestaltet sein, dass eine mentale 3D-Rekonstruktion unterstützt wird. Die Rolle von Erfahrungen darf nicht ignoriert werden. Gerade visuelle Bedienelemente werden aufgrund ihrer relativen[3] Sprachunabhängigkeit häufig verwendet, um Systeme in vielen Ländern einzusetzen. Dabei ist sorgfältig zu prüfen, welche kulturabhängigen Aspekte bei der Bildinterpretation wesentlich sein können. Eine ausführlichere Betrachtung mit vielen Beispielen findet sich in [Braun, 1993]. Die in diesem Abschnitt gezeigten Bilder (Abb. 2.18 bis 2.21) sind nach Vorbildern aus diesem Buch gestaltet.

2.2.6 Wahrnehmung von Bewegungen

Unsere Fähigkeit, Bewegungen wahrzunehmen und vorherzusagen, ist sehr gut entwickelt. Sie ermöglicht es uns unter anderem, schnell fliegende Bälle zu fangen und komplexe Bewegungen unterschiedlicher Fahrzeuge, Radfahrer und Fußgänger im Straßenverkehr zu erfassen. Für unsere Handlungen, z.B. beim Fangen eines Balls, ist ein enges Zusammenwirken zwischen räumlicher Wahrnehmung (Wo befindet sich ein Objekt?), Objektwahrnehmung (Um was für ein Objekt handelt es sich?) und der Wahrnehmung der Bewegung (Richtung und Geschwindigkeit der Bewegung) entscheidend.

[3] Da die Bedeutung von Farben und Symbolen kulturabhängig ist, können auch visuelle Bedienelemente nicht ohne Weiteres global verwendet werden.

Wir nehmen Bewegungen in unserem gesamten visuellen Feld, also auch in der Peripherie, *präattentiv* war. Insofern ist eine Bewegung zur Aufmerksamkeitslenkung, z.B. bei Überwachungsaufgaben in Leitständen, besonders gut geeignet. Die aufmerksamkeitslenkende Wirkung von Bewegungen kann auch ein Fluch sein – abrupte Änderungen, z.B. das Blinken eines Icons – können vom Betrachter nicht ignoriert werden und wirken oft ausgesprochen störend.

Erstaunlich ist, dass Betrachter bis zu fünf gleichzeitig stattfindende Bewegungen korrekt interpretieren und entsprechend reagieren können [Pylyshyn et al., 1993]. Man kann dies z.B. in Computerspielen testen, wenn eine Spielerfigur mehreren anderen Figuren oder Objekten ausweichen soll. Die Schwierigkeit der Aufgabe hängt natürlich auch von der Geschwindigkeit und Komplexität der Bewegungen ab. Wahrnehmungspsychologische Untersuchungen bestätigen, dass in einer komplexen Visualisierung animierte Veränderungen sicherer und schneller erkannt werden, als nicht-animierte Veränderungen von Formen und Farben. Dieser Unterschied ist besonders ausgeprägt, wenn sich die Veränderungen nicht im Fokus des visuellen Feldes ereignen [Bartram, 2001].

Bewegungen in der MCI. Bewegungen haben ein großes Potenzial, Veränderungen leicht interpretierbar darzustellen. Allerdings erfordert die Berechnung von Bewegungen und die Aktualisierung einer Informationsdarstellung erhebliche Ressourcen. Daher spielen Bewegungen in der MCI erst seit wenigen Jahren eine wichtige Rolle. Bewegungen, die zeitlich gut aufeinander abgestimmt sind, können sehr gut vermitteln, wie bestimmte Vorgänge zusammenhängen: beginnt eine Bewegung unmittelbar nachdem eine andere abgeschlossen wurde, nimmt der Betrachter einen kausalen Zusammenhang an [Ware et al., 1999]. Bewegungen, z.B. animierte Veränderungen, spielen in modernen Benutzungsschnittstellen eine wesentliche Rolle. Animierte Fortschrittsbalken sind Standard bei längeren Aktionen und führen dazu, dass Wartezeiten als weniger störend wahrgenommen werden. Animationen beim Ikonifizieren oder Wiederherstellen eines Bildschirmfensters machen die komplexe Änderung des Bildschirmlayouts verständlicher: die Veränderung kann beobachtet werden, was mental einfacher zu verstehen ist als ein abrupter Wechsel zwischen zwei signifikant verschiedenen Bildern. Bewegungen können vielfältig parametrisiert werden. Insbesondere die Geschwindigkeit einer Bewegung beeinflusst die aufmerksamkeitslenkende Wirkung. Bei der Überwachung eines Leitstandes wird eine schnellere Bewegung als ein Ereignis wahrgenommen, das eine schnelle Reaktion erfordert. Geschwindigkeit kann also gezielt als Maß für die Dringlichkeit eingesetzt werden. Beispielhaft für die Bedeutung von Bewegungen in der MCI seien genannt: die Gestaltung von

- animierten Icons [Baecker et al., 1991],
- interaktiven Informationsvisualisierungen [Bartram, 1997],
- Zoomtechniken [Plumlee und Ware, 2006] und
- multimedialen Präsentationen [Faraday und Sutcliffe, 1997].

An entsprechenden Stellen innerhalb dieses Buches kommen wir daher auf diese Grundlagen zurück.

2.2.7 Zusammenfassung

Die Komplexität der visuellen Wahrnehmung ist deutlich geworden. Wir haben zwar den Eindruck, innerhalb unseres Sichtfeldes überall gleichzeitig ein scharfes farbiges Abbild zu haben. Tatsächlich sehen wir aber nur in einem kleinen Bereich scharf und erkennen nur dort subtile Farbunterschiede. Das Abbild auf der Retina ist höchst unvollständig und nicht perfekt. Dieser Mangel wird aber durch den *Konstruktionsprozess* der Wahrnehmung, u.a. durch vielfältige Erfahrungen erstaunlich gut behoben, ohne dass uns dies bewusst ist.

Die unterschiedlichen Aspekte der visuellen Wahrnehmung sind hier separat betrachtet worden. Nur vereinzelt wurde erläutert, wie sehr sich die unterschiedlichen Vorgänge, z.B. beim Greifen von Objekten, beeinflussen. Die Grundlagen der visuellen Wahrnehmung sind für den Entwurf von Benutzungsschnittstellen wesentlich. Eine besondere Bedeutung hat dieses Thema für die Informationsvisualisierung und für die virtuelle Realität, bei der z.B. Greifvorgänge anhand digitaler 3D-Modelle nachgebildet werden. Daher wird dieses Thema in Band II noch einmal aufgegriffen.

Interessant ist, dass wir Informationen teilweise als Abbilder der Realität abspeichern. Besonders nahe stehende Menschen kann man sich geistig „vor Augen halten“ und sich so vorstellen, wie diese aussehen, wie sie lachen oder in ernsteren Situationen reagieren. Wahrnehmungspsychologische Experimente konnten dies eindrucksvoll dadurch bestätigen, dass im Gehirn die gleichen Regionen in ganz ähnlicher Weise aktiv sind, wenn jemand sich bestimmte Erinnerungen ins Auge ruft als wenn er tatsächlich diese Wahrnehmungen hat. Für ausführlichere Betrachtungen sei auf die beiden Psychologielehrbücher verwiesen, an denen sich die Diskussion orientiert: [Anderson, 2004] und [Pollmann, 2008]. Außerdem sei [Ware, 2004] empfohlen. In diesem Buch wird die visuelle Wahrnehmung im Zusammenhang mit computergenerierten Visualisierungen diskutiert.

2.3 Auditives System

Die Wahrnehmung und Verarbeitung von akustischen Informationen über Schallwellen mit einer bestimmten Frequenz weist viele Gemeinsamkeiten mit der Wahrnehmung von Lichtstrahlen auf. Die einfallenden Schallwellen werden im Gehör empfangen und über den Hörnerv – das Pendant zum Sehnerv – ins Gehirn weitergeleitet. Der logarithmische Zusammenhang zwischen Schalldruck und wahrgenommener Lautheit ist ähnlich zu dem Zusammenhang zwischen Intensität des einfallenden Lichtes und wahrgenommener Helligkeit. Schließlich ist auch die Wahrnehmung akustischer Informationen an ein bestimmtes Wellenlängenspektrum gebunden: wir nehmen Schallwellen mit einer Frequenz von etwa 2 kHZ bis 20 kHz wahr. Die Frequenz der Schallwellen beeinflusst die wahrgenommene Höhe des Tons.

Schalldruck und Schalldruckpegel. Der *Schalldruck*, der den Unterschied zwischen hohem und niedrigem Druck in einer Schallwelle beschreibt [Pollmann, 2008], wird in Pascal angegeben. Der *Schalldruckpegel* ist ein logarithmisches Maß zur Beschreibung der Stärke eines Schallereignisses (Quelle: Wikipedia) und wird in deziBel (also 1/10 eines Bels) angegeben. Dabei wird der Schalldruck ins Verhältnis zum normalen Luftschall gesetzt und dieses Verhältnis logarithmiert. 0 deziBel entspricht damit dem Luftschalldruck 20 μPa, wohingegen bei einer normalen Unterhaltung ein Schalldruckpegel von 40-60 deziBel entsteht. Die wahrgenommene Lautheit hängt auch von der Tonfrequenz ab. Bei etwa 3 kHZ wird ein akustisches Signal am besten wahrgenommen; erscheint also am Lautesten.

Speicherung akustisch wahrgenommener Informationen. Die akustisch wahrgenommenen Informationen werden kurzzeitig in einem sensorischen Register gespeichert, das als *Echospeicher* bezeichnet wird. Informationen können in diesem Speicher etwa 1500 ms gehalten werden, und es können etwa fünf einzelne Buchstaben, Ziffern oder einfache Wörter gespeichert werden. Die Speicherung erfolgt im phonemischen Code, also auf der Grundlage von Lauten. Dabei spielen Vokale eine dominante Rolle. Analog zur visuellen Erkennung steht der Inhalt des Echospeichers für eine Erkennung zur Verfügung, die die Information zu einer bewussten Wahrnehmung ergänzen kann, die im Arbeitsgedächtnis symbolisch repräsentiert ist (Abb. 2.22). Die kurzzeitige Behaltensleistung ist bei akustisch wahrgenommenen Informationen gut. Aus diesem Grund und aufgrund der aufmerksamkeitslenkenden Wirkung werden akustische Signale für Warnungen und kritische Informationen eingesetzt, z.B. bei der Sicherung von Wohnungen, Autos und Häusern bzw. um die Aufmerksamkeit auf Rettungsfahrzeuge zu lenken.

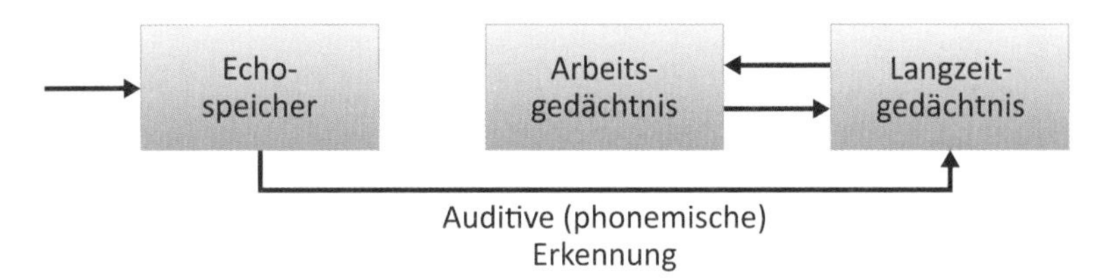

Abb. 2.22: Wahrnehmung und Verarbeitung von akustisch aufgenommenen Signalen. Das Schema stellt eine Spezialisierung der Recognize-Act-Zyklen (Abb. 2.1, S. 44) dar (nach [Wandmacher, 1993]).

Im Folgenden werden einige für die MCI relevante Aspekte der Forschung zur akustischen Wahrnehmung vorgestellt. Viele Experimente zeigen, dass auch die Wahrnehmung und Interpretation akustischer Informationen hochgradig erwartungsgesteuert (Top-Down) erfolgt. Man kann dies z.B. aus Experimenten folgender Art ableiten: Präsentiert man Benutzern kurze akustische Reize, die nur einen Buchstaben, z.B. „d" und „k", enthalten, so werden diese leicht verwechselt. Präsentiert man dagegen Wörter, die sich in gleicher Weise nur durch einen Buchstaben unterscheiden („Word" und „Work"), werden diese viel seltener verwechselt.

Ein erfolgreiches Modell für die Erkennung akustischer Signale basiert auf einem Ansatz der Fuzzy-Logik: Benutzer analysieren ein Sprachsignal auf bestimmte Merkmale. Diese Merkmale werden zu Interpretationen zusammengesetzt, wobei jede Interpretation eine gewisse Wahrscheinlichkeit hat, die sich nicht nur durch die individuellen Merkmale ergibt, sondern durch deren Kombination. Die akustische Wahrnehmung von Sprache ist dabei erstaunlich redundant. Ein Satz wird häufig richtig verstanden, obwohl einzelne Silben verschluckt werden. Massaro [1979] hat diese Überlegungen zu einem umfassenden Modell ausgebaut, mit dem eine Vorhersage von Erkennungsleistungen möglich ist (siehe auch [Anderson, 2004]).

Aus Platzgründen haben wir viele Aspekte der akustischen Wahrnehmung hier nicht betrachtet, unter anderem die Frage, wie wir Geräusche räumlich wahrnehmen und somit die Position der Geräuschquelle abschätzen. Hier sei nur gesagt, dass ähnlich wie beim stereoskopischen Sehen die unterschiedlichen Wahrnehmungen beider Ohren entscheidend sind, um die Richtung des Geräuschs und den Abstand zur Schallquelle wahrzunehmen. Ähnlich wie die beiden Augen leicht versetzte Bilder wahrnehmen, empfangen die Rezeptoren der beiden Ohren leicht unterschiedliche Spektren eines Geräusches, wobei die Unterschiede – abhängig von der Richtung der Schallquelle – teilweise extrem klein sind. Auch das biologische System des Gehörs und die Frage, wie akustisch präsentierte Informationen im Gehirn repräsentiert werden, wurden nicht diskutiert. Der interessierte Leser sei auf [Pollmann, 2008] verwiesen. Bowman et al. [2004] erklären akustische Wahrnehmung mit dem Ziel in virtuellen Welten realistische akustische Eindrücke zu ermöglichen. In der MCI wird die akustische Wahrnehmung z.B. genutzt, um auf Fehler hinzuweisen oder auf Ereignisse, z.B. einen nahenden Termin. Die leichte Unterscheidbarkeit der generierten Töne ist wesentlich für den Nutzen dieser Techniken.

2.4 Arm-Hand-Finger-System

Das Arm-Hand-Finger-System ist ein Teil des motorischen Systems. Es spielt in der MCI eine besonders wichtige Rolle und wird im Folgenden beschrieben.

Kenntnisse des Arm-Hand-Finger-Systems ermöglichen Aussagen darüber, wie schnell der Mensch Selektionsaufgaben durchführen kann. Beispiele dafür sind die Betätigung des Fensterhebers in einem Auto, das Einschalten des Radios bzw. das Verstellen eines Sitzes. Diese Zeit hängt davon ab, wie weit die Hand bzw. die Finger von der aktuellen Position aus bewegt werden müssen und wie groß die Bedienelemente sind. Bei Autos sind derartige Abschätzungen wichtig, um zu ermitteln, wie lange der Fahrer bei bestimmten Bedienhandlungen abgelenkt ist und damit, ob eine Unfallgefahr besteht, die durch eine andere Anordnung verhindert werden kann. Bei allen derartigen Abschätzungen wird davon ausgegangen, dass der Benutzer die Bedienung sehr gut kennt, dass er also nicht ausprobieren muss, welche Bedienelemente wofür gut sind. Es wird also eingeschätzt, wie schwierig Selektionsaufgaben für einen erfahrenen Benutzer sind.

In der MCI sind Selektionen nötig, um Tasten zu betätigen oder um mit einem Zeigegerät grafische Symbole auszuwählen. Eine Analyse von Selektionszeiten dient auch dazu, alternative Selektionstechniken zu bewerten und Zeiten für Bewegungen, z.B. die Selektion von Menüeinträgen in Abhängigkeit von der vertikalen oder horizontalen Anordnung und von den Spaltenbreiten abzuschätzen. Selektionsaufgaben, wie die Suche nach einer Information auf einer Webseite, können in drei Teilaufgaben untergliedert werden:

1. Suche des Zielobjekts
2. Vorbereiten einer Bewegung zum Ziel
3. Durchführung der Bewegung

Die erste Phase entspricht der bereits behandelten visuellen Suche (Abschn. 2.2.2). Die beiden anderen Phasen werden im Folgenden erläutert.

2.4.1 Vorbereiten einer Bewegung

Die Zeit, die für die Vorbereitung einer Bewegung benötigt wird, hängt maßgeblich davon ab, welche anderen möglichen Ziele gleichzeitig sichtbar sind und wie diese dargestellt sind – je weniger Ziele dies sind und je stärker sie sich von dem relevanten Ziel unterscheiden, desto schneller ist die mentale Vorbereitung und somit die Entscheidungszeit, die der eigentlichen Bewegung vorausgeht. Damit gibt es einen Bezug zur visuellen Suche, bei der die ablenkenden Informationen die Lokalisierung des Ziels beeinflussen. Die Entscheidungszeit kann mit dem Hick-Hyman-Gesetz modelliert werden [Hick, 1952, Hyman, 1953] (Gleichung 2.1).

$$t = b \log_2(n+1) \quad (2.1)$$

t ist dabei die mittlere Zeit, die benötigt wird. b ist eine Konstante, die empirisch bestimmt werden muss, und n ist die Anzahl der ablenkenden Elemente. b hängt unter anderem von der Erfahrung der Benutzer ab, aber auch von der Präsentation der Informationen. Zudem spielt die lokale Dichte eine wichtige Rolle. Der Aufwand, um ein Ziel zu selektieren, hängt nicht nur von der Anzahl ablenkender Informationen ab, sondern auch davon, wie viele Informationen unmittelbar „im Weg" liegen. So wird die Selektion einer Stadt im Ruhrgebiet auf einer interaktiven Deutschlandkarte deutlich länger dauern als die Selektion einer Stadt im dünn besiedelten Norden oder Osten Deutschlands (bei Nutzung einer identischen Darstellung). Die Entscheidungszeit steigt nach Gleichung 2.1 nicht linear, sondern in deutlich geringerem Maße. Dies erklärt man sich so, dass nach Gliederung 2.1 der Benutzer die Informationen kategorisiert bzw. räumlich clustert und in jedem Schritt etwa die Hälfte aller Ablenker ausschließt.

2.4.2 Durchführung der Bewegung

Um die Zeit für die Ausführung der Bewegung quantitativ abzuschätzen, wird die Gleichung 2.2 genutzt, die als Fitts' Law große Bekanntheit erreicht hat [Fitts, 1954].

$$t = a + b \log_2(d/s + 1) \tag{2.2}$$

t ist die mittlere Zeit für die Ausführung einer Bewegung und ergibt sich aus der Anfangsdistanz (d) und der Ausdehnung des Zielobjekts (size, s). Die Konstante a ist die Zeit, die zum Aufnehmen des Gerätes benötigt wird (ein typischer Wert ist $a = 50\ ms$). Sie hängt u.a. von Größe und Gewicht des Gerätes ab. Dadurch sind diese Werte natürlich altersabhängig; bei kleineren Kinder sind diese Zeiten z.B. länger. b charakterisiert die Geschwindigkeit, also die Leistung (Performance) des Eingabegerätes. $1/b$ wird dabei als *Index of performance* bezeichnet [Card et al., 1978]. Die Werte für a und b unterscheiden sich für Eingabegeräte, wie Maus, Stift bzw. Hand bei einer Touchscreen-Eingabe. Der logarithmische Term charakterisiert die Schwierigkeit, das Ziel zu selektieren und wird als *Index of difficulty* bezeichnet.

Der Zusammenhang gilt für erfahrene Benutzer und nimmt ein lineares Verhältnis zwischen Mausbewegung und Cursorbewegung an. Die Mausgeschwindigkeit könnte so angepasst werden, dass es zu einem Abbremsen bei der Feinpositionierung kommt – damit wäre Fitts' Law nicht mehr anwendbar. Die reine Bewegungszeit hängt nach Fitts' Law nicht von der Auffälligkeit des Ziels ab. Im Vergleich zum Hick-Hyman-Gesetz fällt die ähnliche Struktur der Gleichung auf, deren zentrales Element wiederum ein binärer Logarithmus ist.

Fitts' Law beschreibt Bewegungen beim Zeigen und Selektieren von Zielen und wurde erstmals 1978 in der MCI angewendet, um Benutzungsschnittstellen in Bezug auf die Effizienz bestimmter Bedienhandlungen zu bewerten – also vorherzusagen, wie lange Benutzer für diese Handlungen benötigen [Card et al., 1978].

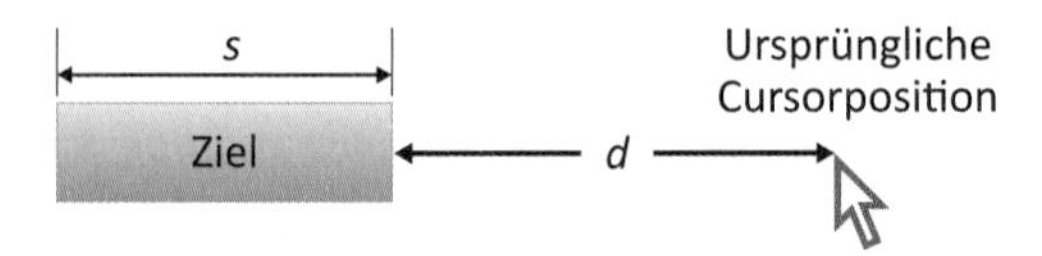

Abb. 2.23: Illustration zu Fitts' Law. Die Distanz d zum Ziel und dessen Größe s beeinflussen die Selektionszeit.

Entsprechend der Gleichung 2.2 verdoppelt sich z.B. die Zeit für das Selektieren in einer Liste mit 16 Einträgen gegenüber einer Liste mit vier Einträgen, wenn alle Einträge gleich groß sind und der Benutzer alle Einträge etwa gleich oft selektiert.

Selektion von Zielen am Bildschirmrand. Die benötigte Zeit t für die Durchführung einer Selektion wird geringer, wenn sich Ziele unmittelbar am Bildschirmrand befinden, weil der Cursor dann ungebremst in Richtung Bildschirmrand bewegt werden kann, ohne Gefahr „über das Ziel hinauszuschießen“. Als Konsequenz daraus ist es sinnvoll, häufig benötigte Ziele direkt am Rand zu platzieren. Dieser Überlegung folgend, wird beim APPLE MACINTOSH seit langem die Menüleiste unmittelbar am oberen Bildschirmrand platziert; bei Windows-Anwendungen gibt es dagegen noch eine Fensterleiste am oberen Rand, und zudem sind die Einträge etwas kleiner (Abb. 2.24). Die mittlere Zeit, um einen Eintrag zu selektieren, liegt damit beim APPLE Menü bei 0,6 s und beim WINDOWS-Menü bei 1,2 s [Raskin, 2000]. Da es sich um eine häufige Selektion handelt, ist dieser Unterschied durchaus bedeutsam.

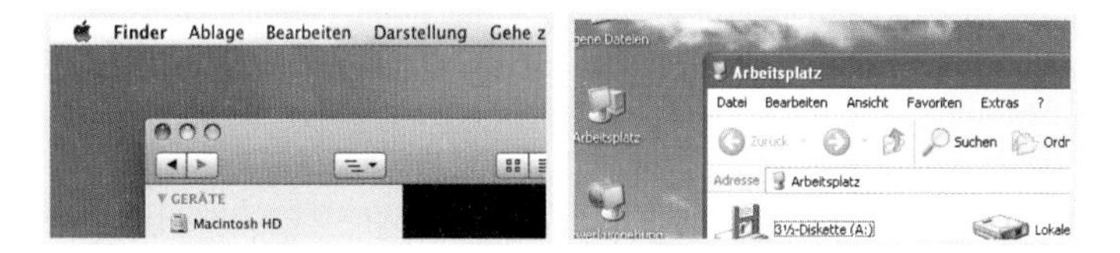

Abb. 2.24: Die Apple-Menüleiste (links) ist direkt am Bildschirmrand platziert – daraus resultiert eine schnellere Selektion als für das Windows-Menü (rechts).

Fazit. Fitts' Law wird häufig eingesetzt, um Selektionszeiten zu erklären. Es muss aber darauf hingewiesen werden, dass sich Fitts' Law nur auf die letzte der drei Teilaufgaben bei einem Selektionsprozess – die tatsächliche Bewegung des Zeigegerätes – bezieht. Fitts' Law charakterisiert im Wesentlichen den zeitlichen Aufwand für eindimensionale Bewegungen. Die Zeit für t hängt danach nur von der Breite des Ziels ab und nicht von der Höhe bzw. dem Winkel, in dem man sich dem Ziel nähert. Tatsächlich haben Höhe, Breite und Winkel einen Einfluss auf die Selektionszeiten. Wir greifen dieses Thema im Zusammenhang mit Zeigegeräten noch einmal auf (Abschn. 7.1). Dabei werden zahlreiche Folgearbeiten besprochen, die sich mit der Selektion in zwei und drei Dimensionen beschäftigen.

2.4.3 Zusammenfassung

Die genannten Gesetze erlauben eine zeitliche Abschätzung des Aufwandes für Bewegungen und Selektionen, ohne die Bewegungen an sich zu charakterisieren. Neuere Forschungsarbeiten haben auch die Bewegungsabläufe im Detail analysiert und dabei festgestellt, dass die Durchführung einer Bewegung im Wesentlichen in zwei Phasen abläuft. Vereinfacht kann man sich dies so vorstellen, dass zunächst eine grobe Entscheidung für Richtung und Stärke der Bewegung getroffen wird und dann eine Feinsteuerung ggf. mit korrektiven Prozessen stattfindet. Für eine Übersicht zu diesen Studien siehe [Chua et al., 2003].

Die Kenntnis des Arm-Hand-Finger-Systems ermöglicht z.B. eine Abschätzung, wie schnell ein Mensch bei entsprechendem Training mit einer Tastatur schreiben kann. Diese Erkenntnisse werden benutzt, um die Größe und Anordnung von Tasten oder maussensitiven Regionen festzulegen. So hängt der Erwartungswert für die Zeit, in der ein Menüeintrag selektiert wird, von der vertikalen oder horizontalen Anordnung und von Spaltenbreiten ab. Die Diskussion in diesem Abschnitt wird im Kapitel über Eingabegeräte (Kapitel 7) vertieft.

2.5 Aufmerksamkeit

Unsere Sinne werden pausenlos mit Bildern und Geräuschen konfrontiert. Um diese Informationen verarbeiten zu können, müssen wir uns auf eine kleine Teilmenge dieser Informationen konzentrieren – wir müssen unsere *Aufmerksamkeit* auf sie richten. Der Fokus der Aufmerksamkeit muss oft angepasst werden, wobei Aufmerksamkeitswechsel einen gewissen mentalen Aufwand erfordern. Aufmerksamkeit ist ein zentraler Begriff der Kognitionswissenschaften.

Definition 2.1. *Aufmerksamkeit* ist die Fähigkeit des Menschen, durch mentale Anstrengung sensorische oder motorische Effekte zu beeinflussen und dadurch gezielt die Wahrnehmung von Reizen (Stimuli) zu steuern. Aufmerksamkeit ist eine begrenzte kognitive Ressource, die flexibel eingesetzt werden kann [Solso, 1995].

Aufmerksamkeit spielt in der MCI oder allgemeiner in der Mensch-Technik-Interaktion eine wesentliche Rolle. Unfälle werden oft mit Unachtsamkeit, also mangelnder Aufmerksamkeit, erklärt, z.B. Verkehrsunfälle, bei denen der Fahrer unmittelbar vor dem Unfall telefoniert hat. Die Möglichkeiten und Grenzen der menschlichen Aufmerksamkeit zu verstehen, ist also besonders wichtig, wenn potenziell sicherheitsrelevante Systeme gestaltet werden. Techniknutzung ist in der Anfangsphase oder in kritischen Situationen, z.B. bei vermutetem Datenverlust, oft mit Ängsten verbunden. Das bedeutet, dass Benutzer einen Teil ihrer Aufmerksamkeit auf diese Ängste richten. Ängste sind also kontraproduktiv und die Technikgestaltung sollte darauf ausgelegt sein, Ängste und Unsicherheiten zu vermeiden.

2.5.1 Selektive und geteilte Aufmerksamkeit

Frühere Theorien der Aufmerksamkeit gingen davon aus, dass die einströmenden Informationen so analysiert werden, dass die Aufmerksamkeit auf *einen* Vorgang fällt [Broadbent, 1958]. Die gleichzeitige Bearbeitung mehrerer Vorgänge ist dann nur dadurch erklärbar, dass die nicht unmittelbar genutzten Informationen kurzzeitig im Arbeitsgedächtnis gespeichert werden und damit genutzt werden können, um die Aufmerksamkeit zu lenken.

Neuere, breit akzeptierte Theorien gehen davon aus, dass Aufmerksamkeit eine begrenzte kognitive Ressource ist, die flexibel allokiert werden kann [Kahnemann, 1973]. Dazu ist ein zentraler „Prozessor" nötig, der diese Zuteilung übernimmt. Die Aufmerksamkeit kann fast ausschließlich auf einen Prozess konzentriert (*selekti-*

ve Aufmerksamkeit) oder auf mehrere Prozesse verteilt werden, von denen jeder für sich nur einen Teil der Aufmerksamkeit benötigt (*geteilte Aufmerksamkeit*). Die Flexibilität liegt in der Möglichkeit, die Aufmerksamkeit zu verteilen und darin, diese Aufteilung blitzartig zu verändern.

Der routinierte Autofahrer, der in einer bekannten Gegend mit wenig Verkehr fährt und seine Aufmerksamkeit zwischen dem Steuern des Autos und einem Gespräch mit dem Beifahrer teilt und außerdem die Umgebung wahrnimmt, kann in Sekundenbruchteilen seine gesamte Aufmerksamkeit dem Steuern des Autos widmen, wenn er sieht, dass ein Kind auf die Fahrbahn läuft.

Wechsel der Aufmerksamkeit. Ein Wechsel der Aufmerksamkeit kann sehr schnell erfolgen; allerdings wird die Aufmerksamkeit bei akustischen Signalen mit höherer Sicherheit und schneller gewechselt (vgl. Abschn. 2.3). Bestimmte Situationen, insbesondere Gefahrensituationen, führen dazu, dass wir ohne bewusste Entscheidung unsere Aufmerksamkeit verändern. In „normalen" Situationen sind Aufmerksamkeitswechsel mit bewussten Entscheidungen verbunden. Entsprechend unserer aktuellen Ziele bewerten wir eingehende Informationen in Bezug auf ihre Relevanz und passen unsere Aufmerksamkeit gegebenenfalls an.

Aufmerksamkeitsrelevante Parameter. Inwieweit mehrere Tätigkeiten parallel ablaufen können, hängt auch von der *Wachsamkeit* und von der *Erregung* ab. Ein gewisses Maß an Erregung trägt dazu bei, sich zu konzentrieren, die Aufmerksamkeit auf eine Aufgabe zu richten und diese möglichst gut (schnell, fehlerfrei) zu bewältigen. Steigt die Erregung durch Stress über ein bestimmtes Niveau, fällt allerdings die Fähigkeit, sich zu konzentrieren stark ab. Insofern gibt es für jede Aufgabe ein optimales Niveau an Erregung. Dieses Optimum ist bei komplexen Aufgaben niedriger als bei einfachen Aufgaben, die tendenziell eher unterschätzt werden und ermüden. Dieser Zusammenhang ist als *Yerkes-Dodson*-Gesetz bekannt und wird u.a. in [Benyon et al., 2005] ausführlich erklärt.

Bestimmte Prozesse können besser parallel ablaufen als andere. Telefonieren und Schreiben ist gleichzeitig eher möglich, als zwei Gesprächen zuzuhören. In gewissem Umfang können die verfügbaren Ressourcen durch Übung besser genutzt werden. So beschreibt [Wessels, 1990], dass eine Testperson darauf trainiert werden konnte, gleichzeitig Informationen über den Kopfhörer aufzunehmen und (andere Informationen) zu diktieren. Das Beispiel des Autofahrers zeigt, dass es mit zunehmender Routine eher möglich ist, die Aufmerksamkeit zu teilen. Dies wird dadurch erklärbar, dass weniger kognitive Ressourcen benötigt werden.

Aufmerksamkeit bei der visuellen Wahrnehmung. Aufmerksamkeit spielt bei der visuellen Suche eine wesentliche Rolle (Abschn. 2.2.2); die bewusste Aufmerksamkeit vor allem in der zweiten Phase, in der visuelle Informationen gezielt durchsucht werden. Da Aufmerksamkeit durch Bewegungen stark angezogen wird (Abschn. 2.2.6), wird unsere Aufmerksamkeit durch das kurzzeitige Einblenden einer kleinen Meldung am unteren Bildschirmrand effektiv auf eine eingehende Mail gerichtet. Es ist nicht nötig, diese Meldung groß und zentral zu platzieren, um die gewünschte Aufmerksamkeit sicherzustellen.

Denkt man an den Aufbau des Auges und die visuelle Wahrnehmung ist offensichtlich, dass die Größe von Objekten aufmerksamkeitslenkend ist – große Objekte führen dazu, dass wesentlich mehr lichtsensitive Zellen angeregt werden. Daher werden Radfahrer leichter übersehen als Lastkraftwagen und daher spielt der Font, in dem eine Meldung auf dem Bildschirm präsentiert wird, eine wichtige Rolle.

Aufmerksamkeit bei der akustischen Wahrnehmung. Bei mehreren gleichzeitig stattfindenden Gesprächen, z.B. auf einer Party, ist die Frage interessant, wie diese Informationen wahrgenommen werden und wie schließlich entschieden wird, worauf wir uns konzentrieren. Grundsätzlich kann sich der Mensch auf eines von mehreren Gesprächen konzentrieren. Diese Konzentration führt dazu, dass jeder zwar hört, dass um ihn herum gesprochen wird, evtl. auch den Sprecher identifiziert, aber den Inhalt nicht erfassen kann. Fällt aber am benachbarten Tisch der eigene Name, wird der vorher nur auf seinen Gesprächspartner fixierte Gast aufmerksam und hört auch dieses Gespräch mit. Diese Situation – in [Cheery, 1953] als Cocktail-Party-Phänomen diskutiert – legt den Schluss nahe, dass der Mensch alle einströmenden Reize wahrnimmt und zumindest grob verarbeitet. Erst danach findet ein Filterprozess statt, der die Aufmerksamkeit auf eine Handlung richtet (späte Selektion entsprechend der Filtertheorie [Broadbent, 1958]). Danach – dies ist mittlerweile verifiziert worden – werden verschiedene Stimmen aufgrund verschiedener Tonhöhen und Frequenzen mit unterschiedlichen Nervensträngen wahrgenommen. Die Entscheidung, welcher Stimme wir zuhören, ist damit eine Entscheidung darüber, welche Informationen verstärkt und weitergeleitet werden.

Wir wollen noch einmal auf die Frage zurückkommen, was von einem Gespräch erfasst und behalten wird, auf das wir uns *nicht* konzentrieren. Ähnlich zur präattentiven visuellen Wahrnehmung werden einige Merkmale ohne bewusste Aufmerksamkeit registriert. Ob es sich um eine Frauen- oder Männerstimme handelt, ob diese sehr hoch oder tief war – diese Merkmale der Stimme werden auch bei dem unterdrückten Gespräch verarbeitet und behalten. Der Inhalt – dessen Verständnis bewusste Aufmerksamkeit erfordern würde – in der Regel nicht. Akustische und visuelle Wahrnehmung hängen eng zusammen; wir sind bestrebt, unseren Blick in die Richtung zu lenken, aus der wir ein Geräusch wahrnehmen. Autofahrer sind also dazu geneigt, den Blick von der Straße abzuwenden, wenn ein Beifahrer spricht. Insofern können evtl. Unfälle verhindert werden, wenn ein Bild des sprechenden Beifahrers in das Sichtfeld des Fahrers so projiziert wird, dass er die Straße und den Beifahrer gut wahrnehmen kann [Tai et al., 2009].

2.5.2 Aufmerksamkeit und Benutzungsschnittstellen

Die Filtertheorie der Aufmerksamkeit ist nützlich für die Gestaltung von Benutzungsschnittstellen. Die Aufmerksamkeit, die für die Bedienung einer Software oder eines Gerätes benötigt wird, sollte minimal sein, insbesondere wenn die Software lediglich unterstützende Funktion hat und die Aufmerksamkeit für eine komplexe Hauptaufgabe benötigt wird, wie z.B. das Autofahren oder die Operation eines Patienten [Dahm, 2005]. Bei derartigen Aufgaben kann der Aufmerksamkeitsverlust durch komplexe, irreführende oder mehrdeutige Eingaben fatal sein. Zwei Ziele ergeben sich:

1. der Benutzer sollte nicht allzu leicht von der Arbeit mit einem interaktiven System abgelenkt werden und
2. bei einer Unterbrechung sollte es möglichst einfach sein, die Arbeit an der „richtigen" Stelle fortzusetzen.

Daraus ergibt sich eine Reihe von Grundsätzen. Die Benutzungsschnittstelle sollte geeignet strukturiert sein, sodass man schnell erkennt, wo sich relevante Informationen befinden. Unübersichtliche Formulare oder komplexe Layouts, in denen zu viele Daten präsentiert werden oder die visuell nicht ausreichend getrennt sind, sind ablenkend.

Der zweite Grundsatz geht davon aus, dass Ablenkungen teilweise unvermeidbar sind. Benutzer werden beispielsweise angerufen oder müssen ihre Arbeit für andere Termine unterbrechen. Die Kunst besteht darin, die Oberfläche, speziell die Darstellung des Arbeitsfortschritts, so zu gestalten, welche Schritte bereits erledigt waren. Viele Fehler sind darauf zurückzuführen, dass nach einer Unterbrechung irrtümlich angenommen wird, dass bestimmte Schritte schon erledigt worden sind und daher ausgelassen werden, oder umgekehrt, dass bestimmte Schritte mehrfach ausgeführt werden.

Eine Möglichkeit, dieses Problem zu vermeiden, besteht darin, dass z.B. in Textverarbeitungssystemen ein Überarbeitungsmodus aktiviert werden kann. Dadurch wird visualisiert, welche Änderungen an einem Dokument vorgenommen worden sind. Editoren in Programmierwerkzeugen machen es möglich, unterschiedliche Versionen von Quelltexten miteinander zu vergleichen. Auch dies trägt dazu bei, zu klären, was man zuletzt geändert hat. Generell leisten moderne Fenstersysteme, die alle aktuell bearbeiteten Aufgaben in jeweils eigenen Fenstern präsentieren, gute Dienste in Bezug auf die „geteilte Aufmerksamkeit".

Wechsel von Eingabegeräten. Je nachdem wie Interaktionen gestaltet werden, kann ein Wechsel des Eingabegerätes mehr oder weniger häufig erforderlich werden. Abhängig von der Lage und Form dieser Eingabegeräte kann dieser Wechsel erfolgen, ohne die visuelle Aufmerksamkeit darauf zu richten. Oft ist aber ein Aufmerksamkeitswechel nötig, z.B. um einen Stift aufzunehmen. In immersiven virtuellen Umgebungen gibt es meist eine Vielzahl von Eingabegeräten – Interaktionen sollten daher so gestaltet werden, dass erforderliche Wechsel des Eingabegerätes und damit Aufmerksamkeitswechsel auf ein Mindestmaß reduziert werden.

Eintreffen von e-Mails. Wenn das Eintreffen einer e-Mail weder angezeigt noch akustisch signalisiert wird, kann sich der Benutzer ganz auf seine aktuelle Tätigkeit konzentrieren. Eine dezente transparente Einblendung am Bildschirmrand, die den Sender und den Betreff der Mail zeigt, lenkt kurz ab, erlaubt es aber relativ nahtlos weiterzuarbeiten, wenn die Mail als nicht dringend eingeschätzt wird. Wird dagegen in das Mail-Tool gewechselt, die Mail gelesen und ggf. beantwortet, liegt ein starker

Fokuswechsel vor, bei dem die vorher bearbeiteten Ziele wahrscheinlich vergessen worden sind.

Aufmerksamkeit bei der Tastatureingabe. Dahm [2005] stellt eine interessante Überlegung in Bezug auf die für einen Vorgang nötige Aufmerksamkeit an. Wenn ein Benutzer blind Schreibmaschine schreiben kann, also für die Suche nach den richtigen Buchstaben und die Aktivierung der richtigen Tasten keinerlei Aufmerksamkeit nötig ist, kann die gesamte Aufmerksamkeit auf den Inhalt konzentriert werden. Dahm [2005] spekuliert, dass in der bei vielen Softwareentwicklern nichtvorhandenen Fähigkeit blind Schreibmaschine zu schreiben, die Ursache für zu kurze und nicht aussagekräftige Variablennamen in Programmen, für unzureichende Quelltext- und Benutzerdokumentationen liegt. Diese Spekulation ist plausibel, denn sie macht deutlich, dass bei wenig ausgeprägten Fähigkeiten in der Schreibmaschinennutzung nicht nur der zeitliche, sondern vor allem der mentale Aufwand viel größer wird. Mentaler Aufwand wird generell mehr gescheut als reine Fleißarbeit.

2.5.3 Zusammenfassung

Worauf Menschen ihre Aufmerksamkeit richten, steht in engem Zusammenhang mit der Wahrnehmung von Informationen. Wenn etwas z.B. farblich abgesetzt dargestellt ist, blinkt oder akustisch hervorgehoben wird, wird man diesen Informationen seine Aufmerksamkeit widmen. Als Konsequenz für die MCI ergibt sich, dass Benutzer gezielt auf die wichtigen Informationen, z.B. häufig genutzte Funktionen, aufmerksam gemacht werden sollen, wohingegen nebensächliche Aspekte entweder unauffällig dargestellt oder erst durch die Betätigung spezieller Kommandos visualisiert werden. Die bisherigen Betrachtungen in werden in Abb. 2.25 zusammengefasst. Die Verarbeitung von Informationen erfolgt in engem Zusammenwirken mit den (begrenzten) Speichern des menschlichen Gehirns und erfordert in allen Phasen die begrenzte Ressource Aufmerksamkeit.

2.6 Weitere Aspekte der menschlichen Wahrnehmung

In diesem Abschnitt werden ausgewählte Aspekte der menschlichen Wahrnehmung beschrieben, die für die Evaluierung interaktiver Systeme wichtig sind. Diese Aspekte sind in besonderem Maße dafür verantwortlich, dass eine Beurteilung nicht objektiv ausfällt. Psychologen sprechen von Bias-Faktoren, also Einflussfaktoren, die ein Testergebnis systematisch verändern und somit die Aussagekraft eines Experiments beeinträchtigen.

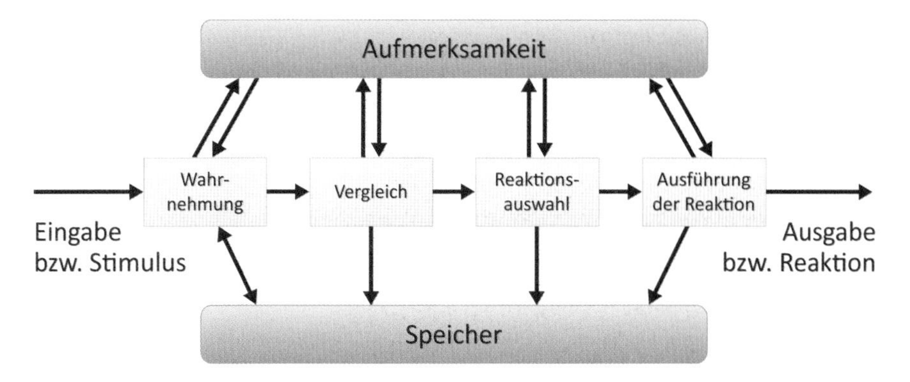

Abb. 2.25: Modell der menschlichen Informationsverarbeitung (nach [Preece et al., 1994]).

2.6.1 Magisches Denken

Menschen bauen mentale Modelle von den Geräten auf, die sie benutzen. Der Charakter dieser mentalen Modelle hängt stark von bisherigen Erfahrungen und von der Vorbildung ab. Man versucht, mentale Modelle zu konstruieren, die Verknüpfungen zu anderen erlernten Aspekten und Modellen erlauben, sodass Analogieschlüsse möglich sind. Wenn solche Modelle etabliert sind, sind Menschen oft ausgesprochen unwillig, sie in Frage zu stellen (vgl. die Diskussion zu Problemlösungsprozessen, Abschn. 3.2.4). Sie machen oft irrationale gedankliche „Verrenkungen", um ihr mentales Modell nicht verändern zu müssen. Dies wird als *Magisches Denken* bezeichnet.

Dieses Phänomen wird in [Thimbleby, 1990] anhand interessanter Beispiele beschrieben: Wenn ein Programm in einer bestimmten Situation abstürzt, werden – mangels genauer Kenntnis der Ursachen – die verschiedensten Phänomene dafür verantwortlich gemacht, z.B. ein anderes Programm, das gleichzeitig läuft (z.B. *Wenn das Mail-Tool offen ist, stürzt die Textverarbeitung bei der Rechtschreibprüfung ab*). Falls zu einem späteren Zeitpunkt diese These unhaltbar ist, wird sie weiter ausgearbeitet: *Wenn das Mail-Tool offen ist und mehr als zehn neue Mails eingetroffen sind, stürzt die Textverarbeitung ab.*

Ein bekanntes Beispiel ist die Theorie der Planetenbahnen, von denen zunächst angenommen wurde, es handele sich um Kreisbahnen. Dieses Denkmodell war so attraktiv, dass es auch dann nicht verworfen wurde, als es durch Messungen widerlegt wurde. Man erweiterte das Modell um Epizyklen, kleine Kreise, die so dimensioniert waren, dass sie die Messungen erklärten. Die heute gesicherte Erklärung, dass Planeten auf Ellipsenbahnen kreisen, wurde erst sehr viel später akzeptiert – das klassische Beispiel für *Magisches Denken.*

2.6.2 Kognitive Dissonanz

Wie Menschen etwas beurteilen, ist aus verschiedenen Gründen nicht objektiv. Ein wichtiges Phänomen in diesem Zusammenhang ist die *kognitive Dissonanz*, die erstmals von [Festinger, 1957] beschrieben wurde. Nach der Theorie der kognitiven Dissonanz befindet man sich in einem sehr unangenehmen Zustand des Ungleichgewichts, wenn man etwas Unerreichbares unbedingt haben will. Man ist daher ständig bestrebt, die Dissonanz abzubauen.

Kognitive Dissonanz entsteht, wenn man zwischen mehreren Alternativen wählen muss und die Vorzüge und Nachteile dieser Varianten abwägt. Sobald man sich entschieden hat, versichert man sich, dass man die richtige Entscheidung getroffen hat, um so die kognitive Dissonanz abzubauen. Man nimmt besonders die Argumente wahr, die die Entscheidung unterstützen und neigt dazu, Gegenargumente zu verharmlosen oder gar zu ignorieren. Thimbleby [1990] erläutert dies an folgendem Beispiel. Wer sich aus beruflichen Gründen entschlossen hat, in eine Kleinstadt zu ziehen, weiß plötzlich die Ruhe in dieser Gegend zu schätzen. Wen es umgekehrt in eine Großstadt verschlagen hat, ist begeistert von den enormen kulturellen Möglichkeiten, selbst wenn abzusehen ist, dass keine Zeit vorhanden ist, um diese Möglichkeiten zu nutzen.

Das Phänomen der kognitiven Dissonanz erklärt, warum die meisten Menschen mit den Systemen, die sie über längere Zeit und in größerem Umfang benutzen, sehr zufrieden sind. Andernfalls müssten sie die Einarbeitungszeit als Verschwendung empfinden. So sind auch Benutzer von kryptischen, schwer zu benutzenden Systemen oft sehr zufrieden – sie werden Argumente ignorieren, dass man vergleichbare Systeme leichter erlernen kann, und stattdessen argumentieren, dass sie irgendeine Funktion nirgends so schnell ausführen können. Auf der anderen Seite wird derjenige, den das schwer zu bedienende System abschreckt, alle eventuellen Produktivitätssteigerungen auf lange Sicht ignorieren. Menschen neigen auch zur Zufriedenheit mit Systemen, für die sie viel Geld bezahlt haben – sie werden sich nicht eingestehen, dass es eine günstigere oder bessere Alternative gegeben hätte. Wie die Vertreter der Herstellerfirmen loben sie stattdessen überschwänglich die vielleicht überflüssigen Besonderheiten.

2.6.3 Adaption

Menschen gewöhnen sich an vieles und passen sich an veränderte Bedingungen an – ein Aspekt, der in der Evolution eine herausragende Rolle spielt. Anpassungsvorgänge treten auch bei der Benutzung von interaktiven Systemen auf. Menschen erlernen etwas, beginnen es zu verstehen und nutzen es regelmäßig – sie sind schließlich daran gewöhnt. Diese Gewöhnung bezieht positive Aspekte ein, die nicht mehr so stark als etwas Besonderes wahrgenommen werden, aber auch negative Aspekte und willkürliche Bedienungsmuster. Derjenige, der sie kennt und beherrscht, wird sich nicht darüber beschweren. Ihm fehlt schlicht die Distanz, um zu erkennen, was suboptimal ist. Dabei spielt das Phänomen der kognitiven Dissonanz eine wichtige Rolle.

Anpassung und Gewöhnung sind die Hauptgründe dafür, dass neue und moderne Konzepte häufig eher negativ beurteilt werden.[4] Selbst wenn sie noch so durchdacht sind, müssen die neuen Dinge erlernt werden, wohingegen die bisherige Interaktion bereits vertraut ist. Am ehesten werden solche Aspekte positiv aufgenommen, die sich auf eine bessere visuelle Gestaltung beziehen. Diese Aspekte betreffen nicht die erlernten Handlungsmuster, aber sie haben eine positive Wirkung auf die Zufriedenheit. Daher wird der zunehmende Einsatz von Grafik und Animation relativ gut angenommen.

Die Gewöhnung trägt dazu bei, dass auch im Umgang mit Computern bestimmte Aspekte schon jetzt nahezu unveränderlich geworden sind. Wir nutzen noch heute die QWERTZ-Tastatur – sie ist entwickelt worden, damit häufig im Zusammenhang gebrauchte Zeichen möglichst weit voneinander entfernt sind. Damit sollte das Verklemmen benachbarter Tasten möglichst selten auftreten. Schon seit Jahrzehnten ist diese Vorsicht nicht mehr nötig und experimentelle Untersuchungen zeigen, dass eine radikal anders gestaltete Tastatur zu schnelleren Eingaben und weniger Fehlern führen würde (siehe Abschn. 7.2). Eine Änderung ist dennoch in absehbarer Zeit unwahrscheinlich, da zu viele Personen zu viel Zeit in das Erlernen des Umgangs mit der herkömmlichen Tastatur investiert haben.

Gewöhnung erklärt auch, welche besondere Verantwortung jemand trägt, der eine erste Version von einem Programm entwickelt, das eventuell sehr lange, teilweise mehrere Jahrzehnte, benutzt werden wird. Vieles von diesem ursprünglichen Entwurf wird man auch in späteren Versionen – teilweise nach mehreren Jahrzehnten – erhalten müssen. Buxton [2007] diskutiert dies ausführlich am Beispiel bekannter Softwareprodukte.

Fazit. Adaption und kognitive Dissonanz verstärken sich gegenseitig und reduzieren die Glaubwürdigkeit und Zuverlässigkeit der Einschätzung von technischen Systemen durch ihre Benutzer. Man muss aufgrund dieser Effekte grundsätzlich bezweifeln, dass Benutzer die von ihnen genutzten Systeme in ihrer Gesamtheit beurteilen können; jedenfalls dann, wenn sie wenig Gelegenheit hatten, andere vergleichbare Systeme kennenzulernen. Interessant und für die Ableitung von Nutzungsanforderungen aufschlussreich sind Detailprobleme, die Benutzern trotz der genannten Effekte auffallen. Dies können langwierige, wiederkehrende Aufgaben, auftretende Fehler und der Aufwand zur Detektion bzw. Korrektur bestimmter Fehler sein.

[4] Thimbleby [1990] beschreibt die Widerstände gegen eine englische Rechtschreibreform, die Ausnahmeregelungen beseitigen und die Sprache vereinfachen sollte – ein Ausdruck der Macht der Gewohnheit, die Deutschen ebenfalls vertraut ist.

2.6.4 Der Hawthorne-Effekt

Für die Auswertung empirischer Untersuchungen ist ein psychologischer Aspekt bedeutsam: Menschen neigen dazu, sich besonders anzustrengen, wenn sie an etwas Neuem, Ungewöhnlichem teilnehmen. Sie verhalten sich in einem Experiment anders, als wenn sie etwas routinemäßig erledigen. Dieser Effekt wurde erstmals Ende der 20er Jahre in den HAWTHORNE-Werken von WESTERN ELECTRIC beobachtet. Dort wurde die Auswirkung der Beleuchtung auf die Produktivität der Arbeiter untersucht. Überraschenderweise kam es zu sehr guten Ergebnissen, selbst bei einer Beleuchtung, die nur dem Mondlicht entsprach. Die besondere Anstrengung in der Experimentphase hat die Nachteile der Beleuchtung ausgeglichen und zu einem unbrauchbaren Versuchsergebnis geführt.

Es gibt weitere Beispiele für diesen Effekt. So zeigten Experimente, dass Lehrvideos ein großes Potenzial für die Ausbildung haben. Schüler konnten sich – auch langfristig – an viele Details erinnern und hatten die Filme offenbar tiefgründig verarbeitet [Potter, 1976]. Im Unterrichtsalltag konnten sich diese positiven Erfahrungen nicht annähernd bestätigen – die besondere Aufmerksamkeit der Schüler im Experiment hatte nicht übertragbare Ergebnisse produziert [Strittmatter, 1979].

Der HAWTHORNE-Effekt [Mayo, 1933] wird von THIMBLEBY mit dem in der Medizin bekannten Placebo-Effekt verglichen. Dieser Effekt bewirkt, dass Patienten, die unwissentlich mit einem Medikament ohne jeglichen Wirkstoff behandelt werden, einen Heilungseffekt verspüren. Man erklärt sich diesen teilweise beachtlichen Effekt damit, dass Patienten allein durch die ärztliche Behandlung und die Gabe eines Medikaments in die Erwartung einer Verbesserung des Gesundheitszustandes versetzt werden, der tatsächlich zur Genesung beitragen kann.

2.6.5 Zusammenfassung

Aus den erwähnten Effekten ist zu schließen, dass die Ergebnisse von Befragungen sehr vorsichtig interpretiert werden müssen. Für die Evaluierung interaktiver Systeme gilt dies umso mehr, je ungewohnter die Experimentierumgebung ist. Generell muss versucht werden, die Erfahrungen und Vorkenntnisse von Benutzern bei der Durchführung und Auswertung von Tests zu berücksichtigen. Das Ziel sollte es dabei sein, den Einfluss der oben beschriebenen Effekte durch die Auswahl der Testpersonen und die Gestaltung der Experimentierumgebung zu minimieren. Je weniger die Probanden das Gefühl haben, dass sie selbst getestet werden und je vertrauter die Experimentierumgebung für sie ist, desto eher kommt es zu unverfälschten verlässlichen Ergebnissen. In Band II wird das Thema „Usability Testing" detailliert behandelt.

2.7 Geübte Handlungen - die ACT-Theorie

Dieser Abschnitt beschreibt anhand der ACT-Theorie den Vorgang des Lernens. Da Lernvorgänge hochkomplex sind und der Lernerfolg von einer Vielzahl von Faktoren abhängt, ist diese Beschreibung stark vereinfacht und auf Kernaspekte konzentriert, die für die MCI relevant sind.

ACT steht für *Adaptive Control of Thought* (adaptive Kontrolle des Denkens) und wurde in [Anderson, 1976] vorgestellt. Diese Theorie ist derzeit einer der einflussreichsten Vorschläge für eine allgemeine Kognitionsarchitektur. Sie basiert auf empirischen Befunden und versucht, diese zu erklären. Diese empirischen Befunde beziehen sich auf das Gehirn (Wie lange merken sich Menschen bestimmte Dinge unter gewissen Voraussetzungen?, Wie prägen sie sich etwas ein?) und auf das Lernen (Welche Phasen werden durchlaufen?, Welche Probleme treten auf? Welche Entscheidungen werden getroffen?). Die ACT-Theorie basiert auf den bekannten Beobachtungen des menschlichen Problemlösens (Abschn. 3.2.4). So wird z.B. die Beobachtung genutzt, dass Menschen bei der Auswahl von Strategien in der Regel mit einem hinreichend guten Ergebnis zufrieden sind und kein optimales Ergebnis anstreben.

Mittlerweile gibt es mehrere Versionen (ACT* und ACT-R, siehe [Anderson, 1983, 1993]), die die ursprüngliche Theorie verallgemeinern. Die folgenden Ausführungen beziehen sich auf die ACT* (ACT-STAR)-Theorie. Ziel dieser Theorie ist es zu beschreiben, was die Gedanken des Menschen steuert, insbesondere, wenn er Handlungen erlernt und ausführt. Dadurch sind Vorhersagen über den menschlichen Umgang mit Computern möglich, und es können Aussagen über die Erlernbarkeit und den zeitlichen Aufwand bei der Handhabung von Software abgeleitet werden. In der ACT-Theorie sind *Produktionen* und *Fertigkeiten* zentrale Begriffe. Diese werden im Folgenden erläutert.

2.7.1 Produktionen

In Abschn. 2.1 wurde das Multi-Speicher-Modell der Informationsverarbeitung beschrieben. Dabei wurde das Langzeitgedächtnis als ein Speicher definiert, der episodisches Wissen und Wissen über die Welt enthält. Das Wissen über die Welt kann in *deklaratives* und *prozedurales* Wissen eingeteilt werden. Deklaratives Wissen beschreibt Fakten, wie „Der Pinguin ist ein Vogel“ oder „Rom ist die Hauptstadt von Italien“. Prozedurales Wissen ist in Regeln kodiert. Diese Regeln enthalten einen Bedingungsteil, der ihre Anwendbarkeit bestimmt, und einen Aktionsteil. Sowohl der Anwendungsteil als auch der Aktionsteil können Variablen oder Konstanten enthalten. Dadurch können sie mehr oder weniger spezifisch für einen Bereich sein. Einige einfache Beispiele für Produktionen beim Autofahren sind:

1. *Wenn* man abbiegen will, *dann* sollte geblinkt werden.
2. *Wenn* man blinken will, *dann* muss man den Blinker bewegen.

Die Richtung, in die abgebogen wird, und die Bewegung des Blinkers sind dabei variabel. In der ACT-Theorie werden diese Regeln als Produktionen bezeichnet; sie bilden die elementaren Bestandteile des prozeduralen Wissens.

2.7.2 Fertigkeiten

Unter einer Fertigkeit wird eine Menge von Produktionen verstanden, die eine Handlung steuern. Beispiele dafür sind das Fahrradfahren, Klavier spielen oder Schwimmen. Fertigkeiten bauen nicht auf deklarativem Wissen auf. Sie werden mit geringer bewusster Kontrolle ausgeführt – ihnen wird nicht die gesamte Aufmerksamkeit (vgl. Abschn. 2.5) zuteil. Dennoch erfordern sie umfangreiche „Berechnungen", wie z.B. das Erfassen und Vergleichen von Zuständen. Fertigkeiten werden zielgerichtet eingesetzt und ihre Anwendung ist unterbrechbar (das unterscheidet sie von reflexartigen Vorgängen). Die ACT-Theorie erklärt den Prozess des Erwerbs von Fertigkeiten.

Rasmussen [1985] nutzt eine dritte Kategorie von Wissen: das *explizite* Wissen, das Relationen und Assoziationen beinhaltet. Das regelbasierte Wissen beinhaltet keine Erklärungen, Motive, Einordnungen – dieses Verständnis kommt erst beim expliziten Wissen hinzu. Rasmussen [1985] nutzt diese Unterscheidung, um Fehler zu charakterisieren.

2.7.3 Ziele und Konfliktlösung

Ziele sind nach der ACT-Theorie gewollte Zustände, die durch eine Handlung herbeigeführt werden sollen. Eine Handlung ist dabei eine Folge von Aktionen, die ihrerseits durch (hierarchisch oder sequenziell angeordnete) Teilziele gesteuert wird. Das Arbeitsgedächtnis kann maximal drei bis vier Ziele speichern (Abschn. 2.1.1), wobei zu einem Zeitpunkt immer nur ein Ziel Gegenstand der fokalen Aufmerksamkeit ist. Daher müssen derartige Ziele sequenziell abgearbeitet werden.

Ziele können z.B. durch Unterbrechungen vergessen werden (vgl. Abschn. 2.1.1). Ziele werden laufend an den aktuellen Kontext angepasst, zum Beispiel in Abhängigkeit von anfallenden Daten. Der Konfliktlösungsprozess beim geübten Handeln besteht darin, dass abhängig von aktuellen Zielen und anderen Daten im Arbeitsgedächtnis Produktionen aus dem Langzeitgedächtnis ausgewählt werden. Diese Auswahl einer Produktion ist eine Form der Mustererkennung. Die Auswahl hängt von folgenden Parametern ab:

1. *Grad der Übereinstimmung* zwischen dem Bedingungsteil der Produktion und dem Ziel, das Gegenstand der fokalen Aufmerksamkeit ist, sowie weiteren Daten des Arbeitsgedächtnisses, die z.B. untergeordnete Ziele betreffen.

2. *Stärke* einer Produktion, die abhängig ist von der Zahl der vorherigen Aktivierungen ohne erkennbaren Misserfolg. Die Stärke beeinflusst, ob und in welchem Stadium ein Ziel mit einer Produktion verglichen wird.
3. *Spezifität* einer Produktion – Von mehreren in Frage kommenden Produktionen wird die spezifischere ausgewählt.[5]
4. *Zieldominanz*. Im Zweifelsfall ist das wichtigste Kriterium die Übereinstimmung des Bedingungsteils einer Produktion mit dem fokalen Ziel. Das Erreichen untergeordneter Ziele wird vernachlässigt, wenn Abstriche am Erreichen des fokalen Ziels erforderlich wären.

Am Beispiel des Parkens eines Autos vor einer Wohnung kann dieser Konfliktlösungsprozess erläutert werden: Das Auto soll möglichst nahe an der Wohnung geparkt werden, das Parken soll möglichst schnell gehen (man will z.B. das Wenden vermeiden), das Parken soll möglichst einfach sein, sodass man nicht äußerst konzentriert in eine kleine Lücke fahren muss. Im Sommer will man zusätzlich vermeiden, dass das Auto sich in der Sonne aufheizt. Die konkrete Parksituation schränkt die Möglichkeiten ein, aber wir wollen annehmen, dass es mehrere Möglichkeiten gibt. Wenn eine dieser Möglichkeiten alle Kriterien erfüllt (hoher *Grad an Übereinstimmung*), wird diese gewählt. Falls es mehrere Varianten gibt, die bzgl. des ersten Kriteriums gleich sind, wird die *Stärke einer Produktion* wichtig. Wo habe ich sonst in dieser Straße geparkt? Ist es mir generell wichtiger, ganz nahe an der Wohnung zu parken, als schnell und einfach zu parken, aber dafür ein paar Schritte mehr zu laufen? Antworten auf diese Fragen sind dann ausschlaggebend.

Um den Unterschied zwischen der Zieldominanz und dem Grad an Übereinstimmung zu erläutern, nehmen wir an, dass der Fahrer (oder ein Beifahrer) noch einen Brief einstecken will. Insofern ist es günstig, wenn ein Briefkasten in der Nähe ist. Das Einstecken des Briefes hat deutlich geringere Priorität – man kann notfalls unterwegs anhalten, der Brief ist auch nicht sehr dringend. Wenn in diesem Fall eine Parklücke, die die anderen Kriterien relativ gut erfüllt, auch noch in unmittelbarer Nähe eines Briefkastens ist, dann wird diese Produktion umso eher ausgewählt. Wenn dadurch das fokale Ziel des schnellen und einfachen Einparkens weniger gut umgesetzt werden kann, dann ist dieses untergeordnete Ziel allerdings nicht entscheidend. Die Auswahl von Produktionen spielt beim prozeduralen Lernen, das im folgenden Abschnitt behandelt wird, eine wichtige Rolle.

2.7.4 Prozedurales Lernen

Das prozedurale Lernen entspricht dem Lernen von Produktionen und Fertigkeiten. Es läuft in verschiedenen Phasen ab, die im Folgenden beschrieben werden. Pro-

[5] Dieses Verhalten ist verwandt mit dem *default reasoning*, einem in der Künstlichen Intelligenz genutzten Schlussfolgerungsmechanismus, bei dem allgemeine Regeln (defaults) angewendet werden, solange nicht eine spezifische Regel dem widerspricht.

zedurales Lernen ist auch beim Erlernen des Umgangs mit interaktiven Systemen erforderlich.

Deklarative Phase. In der deklarativen Phase erfolgt eine Auseinandersetzung mit dem Problem – typischerweise durch mündliche oder schriftliche Handlungsanweisungen. Das Lesen eines Hilfetexts, eines Kochrezepts oder einer Reparaturanleitung sind Beispiele dafür. In dieser Phase ist die Belastung des Arbeitsgedächtnisses sehr hoch. Es erfolgt eine intensive Interaktion mit vorhandenen Wissensbeständen (Woher bekomme ich die nötigen Zutaten, Werkzeuge oder andere Voraussetzungen? Wie setze ich die Anweisungen um?). Dabei erfolgt eine Umsetzung in Produktionen, die durch Analogieschlüsse zustande kommt [Strube et al., 1996].

Diese intensive Auseinandersetzung mit dem Problem und die damit verbundene Belastung führt häufig zum Vergessen und damit zur Wiederholung von Arbeitsschritten. Schließlich wird ausprobiert, ob das Erlernte funktioniert. Daher sollten Möglichkeiten zum explorativen Lernen vorhanden sein, die das bequeme Erproben der erlernten Funktionen ermöglichen.

Wissenskompilation. An die deklarative Phase schließt sich die Phase der Wissenskompilation an, bei der die Produktionen verknüpft und angepasst werden. In dieser Phase werden mehrere erlernte Produktionen im Zusammenhang angewendet. Ein Beispiel dafür ist das Beheben einer Fahrradpanne oder das Einfügen einer neuen Klasse von Dialogbausteinen in ein Programm.

Wird eine komplexe Aktionsfolge mehrere Male ausgeführt, kommt es sehr schnell (nach zwei bis drei Wiederholungen) zu sogenannten *Makrobildungen*. Dabei werden mehrere Produktionen so verknüpft, dass der Aktionsteil einer Produktion zum Bedingungsteil der folgenden wird. Außerdem werden die Produktionen leicht abgewandelt, indem Bedingungs- und Aktionsteile mit Variablen oder Konstanten versehen werden. So kann sich herausstellen, dass eine bestimmte Vorgehensweise in mehreren Anwendungsszenarien erfolgreich war, was Anlass zu einer Verallgemeinerung (der Einführung einer entsprechenden Variablen) gibt. Umgekehrt kann der unterschiedliche Erfolg bei der Anwendung einer Produktion dazu führen, dass diese Produktion nur in bestimmten Situationen, evtl. sogar nur in Einzelfällen funktioniert. Dementsprechend wird die Produktion durch die Einführung einer Konstante spezifischer.

Die Wissenskompilation führt dazu, dass eine Handlung (also eine Folge von Aktionen) teilweise automatisch abläuft. Konzentriert man sich beim erstmaligen Beheben einer Fahrradpanne noch auf jede einzelne Aktion und ist sich der Teilergebnisse bewusst, so wird man nach und nach in größeren Komplexen denken wie „Reifen abziehen“, „beschädigte Stelle suchen“, „flicken“, ... Immer seltener ist eine bewusste Kontrolle nötig. Es wird weniger Aufmerksamkeit beansprucht, und es finden weniger Konfliktlösungsprozesse statt.

Die Wissenskompilation führt aber auch dazu, dass ein Teil der Flexibilität des Handelns verloren geht und somit stereotype Verhaltensweisen entstehen. Wird eine „kompilierte“ Fertigkeit oft angewendet und führt dies nicht zu sichtbaren Misserfolgen, wird diese Fertigkeit sehr stark: Sie wird bevorzugt angewandt. Dies kann ungünstig sein, wenn z.B. nicht alle Produktionen angewendet werden müssen oder die Reihenfolge der Produktionen ungünstig ist. Die Kompilation des Wissens führt dazu, dass bestimmte Fähigkeiten, die beherrscht werden, einem Anfänger schwer zu vermitteln sind. So ist es z.B. von einem routinierten Autofahrer bis zum guten Fahrlehrer ein weiter Weg, auf dem man sich vieler Aktionen bewusst werden muss, die eigentlich automatisch ablaufen. Durch das Erlernen von Handlungen wird man schneller und produktiver. Die Effektivität, mit der man etwas erledigt, verbessert sich typischerweise logarithmisch – zunächst sehr schnell, dann immer langsamer. Andererseits hört die Verbesserung selten ganz auf – durch intensives Üben wird man immer noch etwas besser.

Anpassung. Im Prozess der Anpassung werden kleine Fehler, die sich in den ersten Phasen eingeschlichen haben, korrigiert oder die Modifikationen vorgenommen, die durch die Änderungen des Umfelds erforderlich sind. Solche Anpassungsprozesse können zum Beispiel entstehen, wenn eine neue Version eines Programmpakets oder ein neues Auto angeschafft wird. Bei einer Anpassung können Übergeneralisierungen aufgehoben oder vorhandene Produktionen verallgemeinert werden. Produktionen, die sich während einer längeren Phase als besonders effektiv erwiesen haben, werden gestärkt. Geschwächt werden vor allem die Produktionen, deren Anwendung zu offensichtlichem Misserfolg geführt hat.

2.7.5 Konsequenzen für die MCI

Das Erlernen von Fähigkeiten wird durch explizite Handlungshinweise erleichtert. Allgemeine Hinweise sind für die Einordnung von Fakten hilfreich, allerdings nicht beim prozeduralen Lernen. Lösungshinweise und Beispiele sind eine gute Ergänzung. Die Rückmeldung über die Ergebnisse begünstigt die Wissenskompilation und hilft im positiven Fall, die angewendete Produktion zu stärken. Systeme sollen so robust gestaltet werden, dass der Benutzer zu einer explorativen Untersuchung ermuntert wird. Die automatische Ausführung der erlernten Fertigkeiten soll nur an besonders wichtigen Punkten unterbrochen werden.

Wenn Benutzer ein interaktives System nicht verstehen, wenn sie über die Realisierung ihrer Ziele intensiv nachdenken müssen, machen sie viele Fehler, weil ihr Arbeitsgedächtnis stark belastet wird. Erst wenn sie über diese Phase hinauskommen, können sie ein System produktiv benutzen.

Die ACT-Theorie mit ihren unterschiedlichen Phasen des Lernens erklärt, wie stark sich die Denkweise eines Benutzers vom ungeübten Anfänger zum Experten ändert. Daraus folgt unmittelbar, dass ein Experte andere Anforderungen an die Bedienung eines Programms stellt als ein Anfänger. Flexible, adaptierbare Benutzungsschnittstellen, die verschiedene Varianten der Initiierung von Kommandos enthalten, sind daher erforderlich, um einen Benutzer durchgängig zu unterstützen.

Wenn versucht wird, Lernvorgänge von Benutzern zu verstehen, wird oft das „Laute Denken“ genutzt. Benutzer werden also gebeten, ihre Intentionen und Handlungen zu beschreiben. Dies gelingt nur bedingt, weil viele Vorgänge implizit gesteuert werden. Minnery und Fine [2009] sprechen davon, dass die verbalisierbaren Aspekte nur die Spitze des kognitiven Eisbergs darstellen. Neurowissenschaftliche Experimente können die verbalisierten Kommentare ergänzen und zu einem tieferen Verständnis beitragen.

2.7.6 Diskussion

Mit der ACT-Theorie können wesentliche Phänomene des Lernens und des Memorierens von Informationen erklärt werden. Sie dient der Einordnung und Erklärung von bekannten Phänomenen und empirischen Befunden. Sie ist nicht imstande, komplexe Problemlösungsprozesse, wie das „Denken über das Denken" zu beschreiben. Die SOAR-Theorie [Laird et al., 1986, 1987] ist eine weitere einflussreiche Theorie, die stärker Top-Down entwickelt wurde und mit der solche komplexen Prozesse beschrieben werden können. Johnson [1996] vergleicht die ACT-Theorie und die SOAR-Theorie miteinander und kommt zu dem Schluss, dass mit der ACT-Theorie bekannte Phänomene wesentlich besser erklärt werden können. Die ACT-Theorie gilt als diejenige, die besser geeignet ist, um zu beschreiben, wie der Umgang mit interaktiven Systemen erlernt werden kann.

2.8 Fehler bei geübten Handlungen

Bisher ist der positive Fall dargestellt worden, wie es dem Benutzer durch prozedurales Lernen gelingt, bestimmte Fähigkeiten zu erlernen und angemessen anzuwenden. Die Darstellung wäre unvollständig ohne Hinweise auf die Fehler, die trotzdem unterlaufen. Nach der ACT-Theorie sind Fehler nur durch die Auswahl einer falschen Produktion (vgl. Konfliktlösung, Abschn. 2.7.3), durch das Vergessen von Zielen oder anderen Daten im Arbeitsgedächtnis möglich.

Die Fehlertheorie [Reason, 1979] ist besser in der Lage, Fehler zu erklären und zu kategorisieren. Mit dieser Theorie kann erklärt werden, zu welchen Fehlern es bei der routinemäßigen Ausführung eines komplexen Aktionsteils eines Makros kommen kann. Nach REASON können Fehler in folgender Weise klassifiziert werden:

1. *Verwechslungsfehler*, bei denen physikalisch, funktional oder topologisch ähnliche Objekte verwechselt werden. Diese Fehler treten besonders häufig bei routinemäßig beherrschten Tätigkeiten auf. Verwechslungsfehler führen dazu, dass eine Aktion zum falschen Zeitpunkt ausgeführt wird, ein falsches Ziel angestrebt oder ein falscher Parameter übergeben wird. Zu diesen Fehlern kommt es in der MCI besonders häufig, wenn ein Programm verschiedene Modi hat, sodass ein- und dieselbe Eingabe verschiedene Wirkungen haben kann. Außerdem treten Verwechslungsfehler auf, wenn sich Bedienhandlungen stark ähneln, aber in Details unterscheiden [Heinecke, 2004]. Kritisch sind Veränderungen der Be-

dienung von einer Programmversion zur nächsten. Fehler, die auf derartige Änderungen zurückzuführen sind, werden auch als Gewohnheitsfehler bezeichnet, was deutlich macht, dass Routine vor diesen Fehlern nicht schützt.
2. *Fehler beim Zusammenstellen einer komplexen Aktion*, bei denen die einzelnen Aktionen falsch kombiniert oder vertauscht werden oder Parameter der einzelnen Aktionen vertauscht werden. Diese Fehler sind nicht sehr häufig.
3. *Testfehler* entstehen aufgrund der unterlassenen oder ungenauen Prüfung von Zwischenergebnissen. Testfehler führen dazu, dass Handlungen zu früh oder zu spät abgebrochen werden (Beispiele dafür bieten Kochvorgänge). Da das zu frühe Abbrechen einer Aktion besonders häufig vorkommt, wird es oft gesondert als *Beendigungsfehler* betrachtet. Ein typisches Beispiel besteht darin, dass man das Wechselgeld bei einem Einkauf vergisst, weil das Hauptziel, etwas zu erwerben, bereits erreicht ist.
4. *Unterprogrammfehler* bestehen darin, dass überflüssige Aktionen eingefügt oder weggelassen werden. Im Unterschied zu den Fehlern bei der Zusammenstellung des Hauptprogramms, bei denen alle richtigen Aktionen ausgewählt wurden, aber ihre Kombination falsch ist, stimmt hier die Menge der Aktionen nicht mit dem Ziel überein. Diese Art von Fehlern wird auch als *Unterlassungsfehler* bezeichnet [Heinecke, 2004]. Besonders häufig treten sie bei der Nutzung von Software auf, wenn einzelne Bedienhandlungen sehr lange dauern.
5. *Speicherfehler* entstehen durch das Vergessen bereits ausgeführter Aktionen, durch Vergessen des Hauptziels oder von Teilzielen. Zu diesen Fehlern kommt es meist durch eine Unterbrechung von Handlungen. Speicherfehler bilden in der MCI mit Abstand die häufigste Fehlerursache (etwa 40 Prozent). Speicherfehlern kann durch eine transparente Dialoghistorie begegnet werden, die einen Überblick über den Stand der Handlung gibt. Dem Vergessen von Zielen kann dadurch entgegengewirkt werden, dass das System typische Sequenzen von Aktionen darstellt und der Benutzer bei der Abarbeitung einer Aufgabe erkennt, wo er sich gerade befindet. Sogenannte *Assistenten* führen einen Benutzer durch eine solche Aufgabe, z.B. die Erstellung eines Diagramms aus einer Tabelle. Dabei wird in jedem Schritt das Hauptziel angezeigt.

Fehler auf der sensomotorischen Ebene. Eine Reihe der oben genannten Fehler kann bei der Koordinierung und Steuerung von Bewegungen auftreten. Buchstaben werden ausgelassen oder vertauscht, sie erscheinen dreimal hintereinander, obwohl sie nur zweimal erscheinen sollten – der Benutzer hat sich vertippt [Heinecke, 2004]. Auch die Nutzung von Zeigegeräten führt zu ähnlichen Fehlern: es wird neben das Zielobjekt geklickt, die Maus wird beim Loslassen nicht korrekt positioniert oder bei einer Mausbewegung wird versehentlich der Druck auf eine Maustaste nicht aufrechterhalten. Auch die Häufigkeit, mit der diese Fehler auftreten, hängt natürlich von der Gestaltung ab, z.B. von der Größe der zu selektierenden Ziele (vgl. Abschn. 2.4).

Unaufmerksamkeit als Fehlerursache. Fast alle Fehler entstehen durch eine Änderung der fokalen Aufmerksamkeit, vor allem, wenn die Aktionen gut beherrscht werden, also bei „automatischer“ Abarbeitung. Gerade in diesen Fällen finden mehrere mentale Aktivitäten gleichzeitig statt. Es kann zu Interferenzen kommen. Das Vorausplanen kann dazu führen, dass der momentane Stand der Handlung vergessen wird. Oft ist die Reihenfolge, in der Benutzer etwas tun sollen, wesentlich für die Wahrscheinlichkeit, dass es zu Bedienfehlern kommt. Am Bankautomaten bekommen wir zuerst die ec-Karte zurück und dann das Geld. Ohne Geld würden wir den Automaten sicher nicht verlassen, denn Geld zu holen, ist ja das fokale Ziel. Ob wir aber zuverlässig nach der Entnahme des Geldes noch daran denken würden, auf die Kartenausgabe zu warten, ist nicht gewiss.

Diesen Fehlern kann durch das Einfügen *kritischer Kontrollpunkte* (z.B. in Form von Eingabeaufforderungen) begegnet werden. An diesen Kontrollpunkten wird die vorwärtskontrollierte Ausführung einer Handlung bewusst unterbrochen und die Aufmerksamkeit des Benutzers gelenkt. Solche Kontrollpunkte sind angemessen, wenn die folgende Aktion schwerwiegende Folgen haben kann, z.B. wenn Datenverlust drohen würde (Löschen oder Überschreiben von Dateien). Kontrollpunkte, an denen ein Wechsel zur bewussten Aufmerksamkeit erzwungen wird, sind geeignet, um Testfehler zu vermeiden.

2.8.1 Bedienfehler auf der intellektuellen Ebene

Die von REASON betrachteten Fehler entstehen durch mangelnde Aufmerksamkeit. Lewis und Norman [1986] betrachten Fehler, die durch mangelndes Verständnis entstehen. Dabei nimmt der Benutzer an, dass er eine Handlung korrekt initiiert und merkt erst spät, dass die Handlung nicht zum Erfolg führt bzw. die Ergebnisse nicht plausibel sind. Heinecke [2004] hat diese Fehler als Fehler der *Intellektuellen Ebene* bzw. *Denkfehler* bezeichnet. Beispiele sind die Auswahl falscher Programme bzw. Werkzeuge innerhalb von Programmen. In Anlehnung an [Dahm, 2005] wird im Folgenden ein Beispiel beschrieben.

Beispiel. Ein Benutzer arbeitet mit einem Grafikprogramm und will Linien in einer bestimmten Farbe darstellen. Er durchsucht die Paletten und findet eine Möglichkeit, eine Farbe einzustellen, findet auch die gewünschte Farbe und stellt sie ein. Danach zeichnet er eine Linie und ist ratlos, weil diese nicht in der gerade eingestellten Farbe erscheint. Was ist hier falsch gelaufen?

Grafikprogramme erlauben in der Regel zwei Farben einzustellen, eine Farbe, die sich auf den Umriss bezieht und eine Füllfarbe. Offenbar wurde hier die Füllfarbe eingestellt. Unkenntnis dieser Konzepte führt zu derartigen Bedienfehlern, die allerdings in vielen Fällen vermeidbar sind, wenn sehr klar vermittelt wird, worauf sich die aktuelle Farbeinstellung bezieht.

Konsequenzen für die MCI. Aus der Fehlertheorie ergibt sich, dass eine Benutzungsschnittstelle so zu gestalten ist, dass es leicht fällt, sich zu konzentrieren, z.B. durch eine Anzeige dessen, was zu tun ist. Unaufmerksamkeit ist nicht primär eine

Fehlleistung des Benutzers, sondern oft eine Folge eines Bedienkonzepts, das den Aspekt der Aufmerksamkeit nicht ausreichend berücksichtigt. Außerdem müssen die Folgen von schwerwiegenden Fehlern sorgfältig bedacht werden, damit diese so unwahrscheinlich wie möglich werden. Der Datenverlust, der sich durch ein Überschreiben von Daten, durch das Löschen großer Abschnitte (Verwechslungsfehler) oder das Beenden eines Programms ohne Abspeichern (Speicherfehler) ergibt, sind typische Fehler, denen entsprechend vorgebeugt werden muss.

2.8.2 Fehler und sicherheitskritische Anwendungen

Die beschriebenen Beispiele hatten keine gravierenden Auswirkungen. Ganz anders ist die Wirkung von Bedienfehlern in sicherheitskritischen Anwendungen bzw. bei Überwachungsvorgängen. In diesen Anwendungen werden vor allem *fatale Fehler* analysiert. Fatale Fehler sind solche, die schwerwiegende Folgen haben, die sich nicht durch folgende Handlungen regulieren lassen. Die Arbeit in sicherheitskritischen Bereichen, z.B. die Arbeit eines Anästhesisten während eines operativen Eingriffs, erfordert eine hohe Aufmerksamkeit, wobei zugleich über längere Phasen keine relevanten Veränderungen stattfinden. Im Beispiel betrifft die Überwachungsaufgabe, u.a. die Analyse von Informationen wie Blutdruck und Herzschlagfrequenz auf Basis spezieller Monitore. Dort sind verschiedene Pumpen im Einsatz, um Patienten während einer Operation nötige Flüssigkeiten zuzuführen. Diese Pumpen werden über kleine Tastaturen mit Zifferntasten bedient. Die Anordnung der Ziffern ist nicht genormt, so dass es Tastaturen gibt, in denen die obere Zeile die Tasten 1, 2, 3 enthält und andere Tastaturen, in denen in dieser Zeile die Tasten 7, 8, 9 angeordnet sind. Die inkonsistente Gestaltung von Zifferntasten kann dazu führen, dass in Stresssituationen diese Flüssigkeiten falsch dosiert werden. In normalen Arbeitssituationen würde dieser Fehler nicht auftreten – in Stresssituationen sind Inkonsistenzen aber tatsächlich gefährlich.[6]

Norman [1990] diskutiert eine besonders folgenreiche Fehlersituation: Ein sowjetischer Satellit kam 1988 von seinem Weg zum Mars ab und ging verloren. Die Ursache bestand darin, dass ein Bediener *einen* Buchstaben einer langen Kontrollsequenz vergessen hatte. NORMAN argumentiert, dass es als krasser Fehler der Entwickler angesehen werden muss, wenn ein derart kleiner und zugleich häufig auftretender Fehler solche gravierenden Folgen hat.

Experimente der Signalerkennung liefern Hinweise darauf, wie sicher Benutzer das Vorhandensein bestimmter Signale richtig einschätzen können. Dabei wird erfasst, ob Signale, z.B. in einer dynamischen grafischen Darstellung, korrekt detektiert wurden und ob Fehlalarme aufgetreten sind (Benutzer glauben, ein Signal detektiert zu haben, das nicht vorhanden war). Es zeigt sich, dass die Signalerkennungsleistung, sowohl die korrekte Identifikation der Signale als auch die Rate an Fehlalarmen stark von der Zeit abhängt – nach etwa 30 Minuten geht sie deutlich

[6] Prof. Uvo Hölscher, persönliche Kommunikation

zurück. Generell sollten Überwachungsaufgaben nur für relativ kurze Zeiten ausgeführt werden. Experimente, die diese Annahmen untersuchen, werden unter dem Stichwort „Vigilanz" beschrieben (Vigilanz bedeutet Erregungshöhe). Einen Überblick über Signalerkennungsexperimente zur Vigilanzbestimmung geben Parasuraman und Davies [1977].

2.8.3 Fehlermanagement

Die in diesem Abschnitt aufgeführten Überlegungen machen deutlich, dass mögliche Bedienfehler in die Konzeption von Geräten und interaktiven Systemen einbezogen werden müssen. Im Rahmen einer *Risikoanalyse* müssen diese identifiziert werden, um geeignete Maßnahmen für die Minimierung der Fehlerhäufigkeit zu konzipieren.

Sicherheitsabfragen sollen bestätigen, dass Benutzer wach und aufmerksam sind. Ein Wechsel von Tätigkeiten, bei denen Überwachungsaufgaben nur einen Teil ausmachen, ist nötig. Viele Sicherheitsvorkehrungen in heutigen Überwachungssystemen sind in Folge der Analyse von Störfällen entstanden. Neben Ermüdungserscheinungen und damit nachlassender Aufmerksamkeit bei monotonen Überwachungsaufgaben sind Reaktionen in Stresssituationen aus kognitiver Sicht interessant. Hier kommt es schnell zu Fehlern, weil die Vigilanz sehr hoch ist und weil teilweise die Zeit fehlt, sich zu vergewissern, dass Einstellungen korrekt vorgenommen wurden.

Ähnlich wie bei der Entwicklung von Hardware wird analysiert, welche (fatalen) Fehler mit welcher Wahrscheinlichkeit auftreten und welche Zeit im Mittel zwischen Fehlern vergeht. Neben fatalen Fehlern werden verschiedene Risikoklassen unterschieden und der Entwurf für diese Risikoklassen separat betrachtet. Wiederum in Analogie zum Entwurf zuverlässiger Hardware wird Redundanz (mehrere Operatoren) genutzt, um die Wahrscheinlichkeit fataler Fehler zu reduzieren. Die Analyse von Fehlern und Möglichkeiten, sie zu vermeiden, ist ein wichtiges arbeitswissenschaftliches Feld [Rasmussen, 1982, 1984, Zimolong, 1990].

Allgemeine Prinzipien der MCI zur Vermeidung von Fehlern werden in Kapitel 6 diskutiert. Konkretere Maßnahmen werden im Kapitel 10 erläutert. Diese Maßnahmen dienen dazu, Fehler wenn möglich auszuschließen, z.B. durch automatische Vervollständigung von eingegebenen Namen. Außerdem wird die Häufigkeit von Fehlern durch Sicherheitsabfragen und Plausibilitätsprüfungen reduziert. Das Anlegen von Sicherheitskopien bzw. andere Formen des Speicherns von Daten reduziert die Folgen möglicher Fehler.

2.9 Zusammenfassung und Ausblick

Dieses Kapitel hat Zusammenhänge zwischen Erkenntnissen der kognitiven Psychologie und der MCI erläutert und Konsequenzen für die Gestaltung ergonomischer Schnittstellen angedeutet. Die Betrachtungen konzentrieren sich auf die gut erfassbaren Eigenschaften der menschlichen Wahrnehmung und Informationsverarbeitung.

Wesentliche theoretische Inhalte dieses Kapitels sind die Repräsentation von Informationen im Gehirn auf Basis des Multi-Speicher-Modells, die visuelle Wahrnehmung in zwei Phasen entsprechend der Feature Integration Theorie und ihrer Weiterentwicklungen, die Steuerung und Verteilung von Aufmerksamkeit entsprechend der Filtertheorie und das Erlernen von Fähigkeiten nach der ACT-Theorie. Außerdem wurde eine Taxonomie vorgestellt, die eine Einordnung typischer Fehler ermöglicht. Beispielhaft für die Implikationen der behandelten Theorien für die MCI sei auf einige Aspekte hingewiesen.

Für die MCI sind neben der kognitiven Psychologie und der Wahrnehmungspsychologie auch andere Teilgebiete der Psychologie relevant, z.B. die Motivationspsychologie, die Hinweise darüber gibt, wie Systeme so gestaltet werden können, dass der Benutzer Spaß hat, selbstbewusst an das System geht und seine kreativen Fähigkeiten zur Geltung bringen kann. Nicht betrachtet wurden folgende Aspekte:

1. Das menschliche Denken weist starke individuelle Unterschiede auf, sowohl hinsichtlich der Effizienz des Denkens als auch bzgl. der angewandten Strategien. Alter, Geschlecht und Vorbildung spielen neben der Veranlagung dabei eine wichtige Rolle.
2. Die menschlichen Fähigkeiten hängen stark von Aspekten wie Müdigkeit, Ängstlichkeit und Motivation ab.

Im Kapitel 4 wird die Interaktion mit realen Geräten beschrieben und Kenntnisse über die menschliche Informationsverarbeitung werden genutzt, um zu erläutern, wie eine erfolgreiche Interaktion gestaltet werden kann. Bei der Dialog- und Formulargestaltung (Kapitel 10) spielen Fragen der Farb- und Kontrastwahrnehmung, aber auch Gestaltgesetze eine wichtige Rolle. Bei der Evaluierung von Benutzungsschnittstellen werden teilweise kognitive Modelle, z.B. basierend auf der ACT-Theorie eingesetzt, um Abschätzungen über die benötigte Zeit für Bedienhandlungen und den mentalen Aufwand zu treffen. Kognitive Grundlagen werden dann genutzt, um verschiedene Entwürfe eines Designs zu vergleichen und die Unterschiede auch quantitativ zu erfassen – eine Evaluierungsstrategie, die Entwurfsentscheidungen wirkungsvoll unterstützen kann.

Weitere Literatur. Dieses Kapitel hat komplexe Themen angeschnitten und hoffentlich Interesse für eine vertiefte Beschäftigung geweckt. Besonders häufig haben wir uns auf das Buch „Cognitive Psychology“ [Anderson, 2004] gestützt. Unter anderem sind dort Lernvorgänge detailliert beschrieben. Neben den Kenntnissen, die dort vermittelt werden, ist vor allem die Vorgehensweise, mit der Psychologen und Neurowissenschaftler zu diesen Erkenntnissen gelangen, interessant. Die Vorgehensweise ist teilweise Vorbild für die Evaluierung neuer Interaktionskonzepte. Für eine aktuelle Diskussion der vielfältigen Beziehungen zwischen Neurowissenschaften und MCI sei [Minnery und Fine, 2009] empfohlen. Unter anderem wird dort erklärt, dass emotionale Aspekte wie Zufriedenheit und Begeisterung mit neurowissenschaftlichen Experimenten beurteilbar sind, sodass Aspekte der User Experience gezielt untersucht werden können. Die in [Anderson, 2004] beschriebene kognitive Architektur ACT-R wird aktuell benutzt, um Tätigkeiten, wie das Autofahren und dabei besonders die Nicht-Routine-Aspekte zu modellieren [Mihalyi et al., 2009]. Derartige Modellierungen haben oft praktische Konsequenzen für die Gestaltung angepasster Benutzungsschnittstellen.

Das klassische Lehrbuch für die visuelle Wahrnehmung ist [Goldstein, 2002], das bereits in der 6. Auflage erschienen ist. Es behandelt alle Wahrnehmungskanäle ausgewogen und ist didaktisch hervorragend aufbereitet. Ein gutes und aktuelles deutsches Lehrbuch, in dem viele der hier behandelten Themen wesentlich ausführlicher behandelt werden, ist [Pollmann, 2008]. Effekte der Wahrnehmung und der Kognition werden dort sowohl aus neurowissenschaftlicher Perspektive als auch aus Sicht des Verhaltens von Personen diskutiert. Die akustische Wahrnehmung wird in den Büchern von STANLEY A. GELFAND erläutert [Gelfand, 2004, 2009]. In virtuellen Welten, z.B. in Computerspielen und Trainingssystemen, wie Fahr-, Flug- und Chirurgiesimulatoren, spielt auch die haptische Wahrnehmung eine wichtige Rolle. Die haptische Wahrnehmung umfasst die taktile Wahrnehmung von Oberflächeneigenschaften durch die Haut [Clark und Horch, 1986] und die Wahrnehmung von Kräften, z.B. beim Greifen von Objekten, durch das musko-skeletale System [Loomis und Lederman, 1986]. Eine einführende Beschreibung mit Anwendungen in der Gestaltung von virtuellen Welten geben [Bowman et al., 2004].

Barnard und Teasdale [1991] geben einen Überblick über die Beiträge der angewandten kognitiven Psychologie und diskutiert ihre Anwendung. Landauer [1987] erläutert, inwiefern das Studium der menschlichen Kognition schwierig ist, und analysiert die Vorgehensweise der Forscher auf dem Gebiet der künstlichen Intelligenz und der Psychologie. Er kommt zu dem Schluss, dass eine geschlossene Theorie nicht existiert. Zugleich ist er aber pragmatisch und zeigt, wie isolierte Theorien über Aspekte der einzelnen Wahrnehmungssysteme angewendet werden können.

Lewis und Norman [1986] befassen sich mit Fehlern, die Menschen unterlaufen, und diskutieren, wie deren Effekte minimiert werden können. Eine interessante Anwendung der Theorien über das Lernen bieten die Beiträge von Mack et al. [1983] sowie Carroll und Mack [1984]. So wird im zweiten Beitrag untersucht, wie Benutzer den Umgang mit einem Textverarbeitungssystem erlernen. Dabei hat sich gezeigt, dass Benutzer aktiv lernen und viel ausprobieren, anstatt in gedruckten Unterlagen zu lesen.

Neben dem hier vorgestellten Multi-Speicher-Modell der Informationsverarbeitung gibt es ein weiteres einflussreiches Modell: das ICS-Modell (*Interacting Cognitive Subsystems*). Dieses detaillierte Modell berücksichtigt, dass die Wahrnehmung und Verarbeitung von Informationen hochgradig parallel ist [Barnard, 1985, Barnard und Teasdale, 1991]. Barnard und May [1995] nutzen dieses Modell, um die Interaktion mit grafischen Benutzungsschnittstellen zu erklären. Die *Cognitive work analysis* ist eine Methode der Analyse technischer Systeme, die auf Theorien über Wahrnehmung, Lernen und Gedächtnis aufbaut. Sie ist in [Benyon et al., 2005] erklärt und geht auf die Arbeiten von RASMUSSEN und VICENTE zurück [Rasmussen, 1986, Vicente und Rasmussen, 1992].

Kapitel 3
Metaphern und mentale Modelle

Bei der Interaktion zwischen Mensch und Computer werden Informationen ausgetauscht. Eine effiziente und erfolgreiche Kommunikation setzt voraus, dass neben der *explizit* übertragenen Information eine *implizite Kommunikation* auf der Basis von Annahmen und Kontextwissen über die Anwendung stattfindet. Die Benutzung von Metaphern unterstützt diese implizite Kommunikation.

Eine Metapher ist ein sprachliches Bild, eine Art Taktik, die verwendet wird, um Gegenstände oder Situationen anschaulich zu erklären. Dabei wird ein Wort oder eine Phrase, die Objekte oder Aktionen benennt, anstelle eines anderen Begriffs benutzt. Dadurch wird auf die Ähnlichkeit der Begriffe in einem speziellen Kontext hingewiesen [Wahrig-Burfeind, 1996]. Im Wörterbuch der Kognitionswissenschaft [Strube et al., 1996] wird eine Metapher als „Übertragung einer Ausdrucksweise auf Fälle in einem anderen begrifflichen Bereich auf der Basis einer Analogie oder Parallelität" bezeichnet. Dabei ist die wörtliche Bedeutung außer Kraft gesetzt (z.B. *die Flinte ins Korn werfen*).

Metaphern werden nicht nur von Schriftstellern benutzt, sondern sind Bestandteil unserer alltäglichen Kommunikation. In Diskussionen und Debatten *verteidigen* wir unsere Argumente und suchen die *Schwachpunkte* in der Argumentation anderer Diskussionsteilnehmer, um diese zu *attackieren*. Falls wir selbst *in Bedrängnis geraten*, suchen wir nach einer *Rückzugsmöglichkeit* – alles Begriffe, die dem Militär entlehnt sind – daher spricht man auch von der *Kriegs-Metapher* [Carroll et al., 1990, Lakoff und Johnson, 1980]. Mack et al. [1983] beschreiben, dass Nutzer von Computerprogrammen sich diese untereinander intensiv unter Nutzung von Metaphern erklären, selbst dann, wenn die Systeme nicht auf Basis von Metaphern gestaltet sind. Mack et al. [1983] schließen daraus, dass dieses Erklärungsbedürfnis durch Nutzung bekannter Metaphern unterstützt werden kann.

Metaphorisch gehen wir auch mit der Zeit um: Wir *sparen* Zeit, wir *gewinnen* Zeit oder *verschwenden* sie. Wir fragen, ob jemand notfalls eine Stunde *opfern* kann, obwohl all dies eigentlich nur mit Geld gemacht werden kann. Zeit wird also metaphorisch wie ein Objekt charakterisiert. Dieses Kapitel soll zu einem *vertieften* Verständnis von Metaphern beitragen und keine *oberflächliche* Behandlung darstellen.

B. Preim, R. Dachselt, *Interaktive Systeme*, eXamen.press, 2nd ed.,
DOI 10.1007/978-3-642-05402-0_3, © Springer-Verlag Berlin Heidelberg 2010

Es geht darum, das Thema von mehreren Seiten zu *beleuchten*, mehrere *Standpunkte* kennenzulernen, sodass verschiedene *Perspektiven* erkennbar werden.

Metaphern sollten den Rezipienten unmittelbar bekannt sein und korrekt verstanden werden. „Sich wie ein Elefant im Porzellanladen benehmen" oder „Sich in die Nesseln setzen" sind derart selbsterklärende sprachliche Bilder. Teilweise fungieren Metaphern als Eselsbrücken; eine Situation oder ein Gegenstand wird so besonders einprägsam beschrieben.

Metaphern können in der MCI helfen, die Funktionen eines interaktiven Systems aus Benutzersicht geeignet zu benennen, zu gruppieren und z.B. visuell zu repräsentieren. Geeignete Metaphern helfen dabei, ein Anwendungsfeld zu erschließen und zu verstehen, welche Funktionen dort überhaupt benötigt werden. Dieses Kapitel erläutert den Nutzen von Metaphern an vielen Beispielen und verschweigt auch die Probleme eines metaphernbasierten Entwurfs nicht. Schließlich wird ein Entwicklungsprozess diskutiert, indem systematisch Metaphern einbezogen werden.

Gliederung. In Abschn. 3.1 werden Metaphern in unterschiedlichen kommunikativen Situationen betrachtet. Es wird dabei deutlich, dass die durch Metaphern vermittelten Analogien unvollständig sind. „Mentale Modelle", also interne Repräsentationen unseres Wissens, werden in Abschn. 3.2 behandelt. Mentale Modelle eines interaktiven Systems beinhalten ggf. verschiedene Metaphern. Die Bedeutung von Metaphern für die Informatik wird in Abschn. 3.3 erläutert.

Relativ ausführlich werden in Abschn. 3.4 Beispiele für räumliche Metaphern vorgestellt. Dabei ist der metaphorische Ursprung teilweise kaum noch erkennbar. Metaphern aus medizinischen Lern- und Trainingssystemen werden als Beispiele aufgeführt, bei denen die Metaphern der Arbeitswelt entlehnt sind. Abschn. 3.5 erweitert die Diskussion um *zusammengesetzte Metaphern*. Insgesamt sollen diese Beispiele die empirische Basis für einen systematischen Entwicklungsprozess liefern. Dieser wird in Abschn. 3.6 vorgestellt und beinhaltet die Suche nach Kandidatenmetaphern sowie die Diskussion, Bewertung und den Vergleich von Metaphern. Trainingssysteme für die Anatomieausbildung werden wiederum als Beispiele für die Umsetzung dieses Prozesses genutzt (Abschn. 3.7).

3.1 Metaphern in der täglichen Kommunikation

Bevor die Nutzung von Metaphern erläutert wird, soll der Begriff Metapher charakterisiert werden. Dabei sind die Begriffe der Quell- und Zieldomäne wichtig.

3.1.1 Quell- und Zieldomäne

Metaphern nutzen die Vertrautheit eines Begriffes in einer *Quelldomäne*, um ein Konzept in einer unvertrauten und abstrakten *Zieldomäne* anschaulich erscheinen zu lassen. Daher sind Metaphern in der Wissenschaft unerlässlich, um neue Erkenntnisse, die schwer beobachtet werden können, plausibel darzustellen. Zudem werden Analogien benötigt, um neue Erkenntnisse einem breiteren Publikum – über eine enge Wissenschafts-Community hinaus – zugänglich zu machen. Begriffe aus der Vergangenheit werden benötigt, um das Neue auszudrücken [Konopka, 2002].

So wird in der Elektrotechnik in Anlehnung an den Fluss des Wassers vom *Stromfluss* und in der Informatik vom *Datenfluss* gesprochen. Der Aufbau von Atomen wird durch Modelle erklärt, in denen der Atomkern wie ein Planet umkreist wird [Gentner, 1983]. Diese sprachlichen Bilder können durch geeignete Illustrationen ergänzt werden. Die Illustrationen sollten dabei relativ abstrakt sein (es werden keine konkreten Planeten gezeichnet), aber die genutzten Konzepte sollten doch erkennbar dargestellt werden. Das Atommodell von N. BOHR ist ein Beispiel für eine Metapher, in der Quell- und Zieldomäne räumlich sind – die Abbildung zwischen beiden ist also eine Skalierung aus dem nicht-beobachtbaren atomaren Raum in eine beobachtbare Größenordnung (siehe [Kuhn, 2007] für eine Diskussion räumlicher Metaphern).

In der Domäne der Literatur, aus der der Metaphernbegriff stammt, spricht man vom *Thema* und vom *Vehikel*. Dabei entspricht das Thema der Zieldomäne und dazu bekannte Begriffe werden als Vehikel (aus der Quelldomäne) genutzt. Bei den obigen Beispielen wären also der Atomaufbau und der Stromfluss die Themen und Planeten und der Wasserfluss die zur Erklärung hilfreichen Vehikel. Das Verhältnis eines Konzeptes in der Quell- und Zieldomäne ist in Abb. 3.1 veranschaulicht.

Wichtig ist nicht nur, wie groß der Überlappungsbereich im Sinne übertragbarer Assoziationen ist, sondern auch, ob die übertragbaren Assoziationen für Benutzer im Fokus stehen [Averbukh, 2001]. Abb. 3.1 ist in verschiedener Hinsicht vereinfacht; insbesondere sind Quell- und Zieldomäne in der Regel nicht scharf abgegrenzt – die Grenzen sind diffus, vor allem für die Zieldomäne – das noch teilweise unbekannte bzw. im Entstehen befindliche Konzept. Zudem sind Quell- und Zieldomäne in der Regel strukturiert; bestimmte Elemente gehören zu gemeinsamen Gruppen oder Untergruppen – die Abbildung von der Quelldomäne in die Zieldomäne kann somit in verschiedenen Ebenen erfolgen.

Relationen zwischen Quell- und Zieldomäne. Blackwell [2006] weist darauf hin, dass eine Metapher nicht nur eine Quell- und eine Zieldomäne hat, sondern dass eine *Relation* entsteht, wenn bestimmte Aspekte in der Zieldomäne in der Terminologie der Quelldomäne beschrieben werden. Die Relation, die durch die Gegenüberstellung entsteht, kann sehr inspirierend sein und Interesse wecken [Fauconnier und Turner, 2002]. Letzteres ist vor allem in einem Lernkontext bedeutsam; schwieriger Lernstoff kann durch geeignete Metaphern lebendiger vermittelt werden als in den evtl. sehr trockenen Begriffen der Zieldomäne.

Eine Metapher betont bestimmte Aspekte eines Anwendungsbereichs und regt zu bestimmten Assoziationen an. Zugleich werden andere Aspekte deakzentuiert. Diskussionen, wie am Anfang des Kapitels beschrieben, mit einer Kriegsmetapher zu charakterisieren, legt den Fokus darauf, dass sich eine der Parteien durchsetzt.

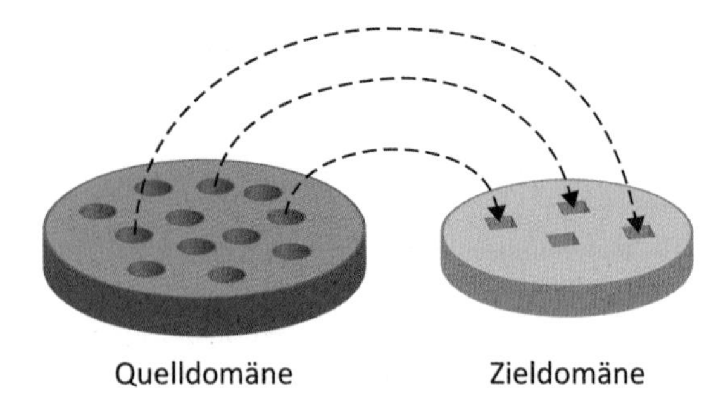

Abb. 3.1: Eine Metapher bildet Begriffe aus der Quelldomäne in eine Zieldomäne ab, wobei die Struktur erhalten wird. Die Abbildung ist unvollständig (nicht alle Begriffe der Quelldomäne haben eine Entsprechung in der Zieldomäne). Zugleich kommen dort weitere Aspekte hinzu, die in der Quelldomäne keine Entsprechung hatten.

Dass es häufig eher darum geht, zu verhandeln und einen geeigneten Kompromiss zu finden, wird durch die Kriegsmetapher in den Hintergrund gedrängt.

Assoziationen und Affordances. Zwischen Assoziationen und Affordances (vgl. Abschn. 4.1.1) besteht ein enger Zusammenhang. Affordances legen durch die äußere Gestaltung (Bedien-)Handlungen nahe. Affordances sind also auch Assoziationen. Der Begriff Assoziationen ist weitreichender und betrifft den Zusammenhang zwischen Begriffen bzw. visuellen oder auch auditorischen Repräsentationen und Handlungen bzw. Gedanken, die durch diesen Begriff oder eine visuelle Repräsentation nahegelegt werden. Zu diesen Gedanken kann gehören: welche Voraussetzungen müssen erfüllt werden, ehe man etwas tun kann oder in welcher Reihenfolge wird etwas erledigt. Das Konzept „Gaststätte" kann z.B. damit assoziiert werden, dass man Plätze reservieren kann, dass man eine Karte bekommt und daraufhin Getränke und Speisen auswählt, ...

3.1.2 Metaphern in der Beschreibung von Organisationen

Organisationen, z.B. Behörden, Schulen, Krankenhäuser, aber auch Firmen können auf verschiedene Weise aufgefasst werden. Diese Auffassung ist wesentlich für den Entwurf von Informationssystemen, die diese Organisationen unterstützen. Daher werden Metaphern für Organisationen ausführlich in der Literatur der Wirtschaftsinformatik diskutiert [Kendall und Kendall, 1994]. Folgende Metaphern spielen dabei eine Rolle. Eine Organisation kann als

- *Maschine* gesehen werden. Dabei sind die Mitarbeiter austauschbare Rädchen im Getriebe; eine leblose mechanistische Metapher, die zu Fließbändern geführt hat und vor allem in der Autoindustrie weit verbreitet war und teilweise immer noch ist.

- *Familie* aufgefasst werden. Die Mitglieder arbeiten dabei harmonisch zusammen; sie ergänzen sich und ein *Familienoberhaupt* leitet die Organisation, wobei er dies im besten Interesse der gesamten Familie tut.
- *Sportmannschaft* betrachtet werden. Dabei steht der Wettbewerbscharakter im Vordergrund; wiederum ergänzen sich die Mitglieder der Mannschaft. Jedes Mitglied des Teams hat gewisse fachliche und soziale Kompetenzen, die es für bestimmte Aufgaben prädestinieren, z.B. für Entwicklungsaufgaben oder Präsentationen. Einige Mitglieder sind sehr flexibel einsetzbar – diese werden als *Allround-Spieler* bezeichnet. Ein *Teamplayer* zu sein, bedeutet sich besonders in den Dienst der Mannschaft zu stellen. Das Team hat einen Leiter, der vorrangig als Moderator agiert bzw. koordinierende Aufgaben wahrnimmt. In der Autoindustrie ist das selbstverantwortliche Team teilweise an die Stelle der austauschbaren Fließbandarbeiter gestellt worden.

Kendall und Kendall [1994] diskutieren weitere Metaphern und die entstehenden Konsequenzen. Wenn eine Firma als leblose Maschine angesehen wird, dann ist die Weiterentwicklung von Mitarbeitern, ihre Qualifikation, ihre Zufriedenheit und ihre Bindung an die Organisation kein Thema. Bei der Metapher der *Sportmannschaft* sind diese Aspekte dagegen relevant; ein Spieler, der selten eingewechselt wird, sucht sich wohl möglich einen anderen Verein, ähnlich wie ein Arbeitnehmer, der kaum interessante Aufgaben bekommt.

3.1.3 Metaphern in der Biologie

Metaphern haben auch in der Biologie eine wichtige Rolle gespielt. Die Darwinsche Charakterisierung der Evolution als ein *Baum*, bei dem ein neues Lebewesen Eigenschaften seiner Vorfahren erbt, hat sich auch wegen ihrer Anschaulichkeit stark verbreitet. Zuvor hatte man die Entwicklung eher als etwas lineares, eine Leiter etwa, angesehen [Kuhn, 2007]. Wie Metaphern den Erkenntnisprozess in der Biologie unterstützt haben, wie bestimmte Metaphern an Aktualität verloren haben und wie neue Metaphern wiederum den Erkenntnisprozess beflügelt haben, wird unterhaltsam in [Konopka, 2002] beschrieben. Unter anderem betrachtet er die *Maschinenmetapher* und die *Sprachenmetapher*.

Die Maschinenmetapher wird genutzt, um über *Funktionen* und *Strukturen* den *Aufbau* von Pflanzen und Tieren zu sprechen, um *mechanische* Aspekte, wie den Einfluss der Gravitation, zu erklären. Umgekehrt spielen im Ingenieurwesen, z.B. im Flugzeugbau, der Biologie entlehnte Bauprinzipien eine wichtige Rolle. Selbstverständlich hat diese Metapher enge Grenzen. In der Biologie spielt Geschichte, gelerntes Verhalten, eine wichtige Rolle. Wie sich einzelne Lebewesen und Arten als Ganzes durch Erbgutveränderungen anpassen können, entzieht sich einer Analyse aus Sicht der Maschinenmetapher.

Die Sprachenmetapher wird vor allem in der Genetik genutzt. Genetische *Codes*, *Wörter* und die mit ihnen verbundene Semantik werden in Analogie zu geschriebenem *Text* analysiert. Der Gedanke, dass Organismen ihre eigene *Beschreibung* besitzen, könnte die Sprachmetapher motiviert haben [Konopka, 2002]. Die lineare Anordnung der Bestandteile der DNA hat in den letzten 50 Jahren stark zur Verbreitung der Sprachmetapher beigetragen. Die Auffassung des Genoms als Text ist aber mittlerweile auch an ihre Grenzen gestoßen, vor allem weil sie nicht hilfreich ist, um die wesentlichen Funktionen der Zelle zu beschreiben.

Konopka [2002] fasst zusammen, dass Metaphern in der Biologie jeweils eine Zeit hatten, in der sie für den Austausch in der Wissenschaft besonders produktiv waren. Nach Ablauf dieser Zeit sind sie immer noch nützlich für die Ausbildung von Schülern und Studenten. Für die wissenschaftliche Entwicklung in der Biologie sind aber neue Metaphern wichtiger denn je, um die Flut der gewonnenen Daten und Informationen zu ordnen, zu erklären und vermittelbar zu machen. Vieles spricht dafür, dass dies auch außerhalb der Biologie zutrifft.

3.2 Mentale Modelle

Auf der Basis von mentalen Modellen und wahrgenommenen Informationen planen wir Handlungen und lösen Probleme. Da die zu lösenden Probleme sehr unterschiedlich sind, ist es nicht verwunderlich, dass sich mentale Modelle ebenfalls erheblich unterscheiden und an konkrete Anwendungsbereiche angepasst sind.

Mentale Modelle sind vor allem in den Geisteswissenschaften seit Jahrhunderten verbreitet. In der MCI ist dieser Begriff von Johnson-Laird [1983] eingeführt worden.

Definition 3.1. *Mentale Modelle* sind *Schemen*, die Relationen, Begriffe, Annahmen und mentale Karten beinhalten, die es uns erlauben, über Geräte und Systeme strukturiert nachzudenken. Mentale Modelle haben eine gewisse Kohärenz und sind relativ stabil, sodass auf ihrer Basis auch neue Informationen analysiert und eingeordnet werden. Mentale Modelle sind miteinander vernetzt, insbesondere kann ein mentales Modell einem anderen übergeordnet sein. Die mentalen Modelle von Menschen unterscheiden sich individuell sehr stark.

Mentale Modelle beinhalten die Vorstellung von Menschen über ein System, ein Gerät oder ein Computerprogramm, das sie benutzen wollen. Auf Basis dieser Vorstellungen entwickeln Benutzer Erwartungen: wenn ich diesen oder jenen Knopf betätige, wird dieser oder jener Effekt eintreten. Die tatsächliche Reaktion des Systems bestätigt dann entweder diese Erwartung, sodass sich das mentale Modell verstärkt oder widerspricht ihr, sodass Benutzer neue Überlegungen anstrengen. Norman [1983] unterscheidet das konzeptuelle Modell, das die Entwickler interaktiver Systeme oder technischer Geräte haben und das mentale Modell der Benutzer sowie das tatsächlich implementierte System (System Image) und erklärt, dass zwischen diesen Modellen eine große Übereinstimmung bestehen müsste, damit Benutzer ein System effektiv und fehlerfrei nutzen können (Abb. 3.2)

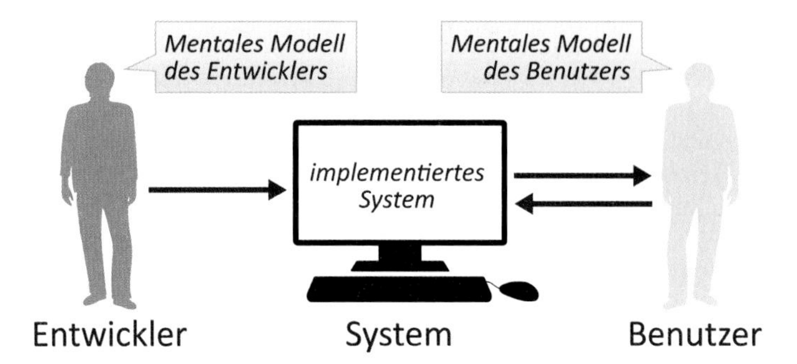

Abb. 3.2: Das mentale Modell des Entwicklers geht in das implementierte System ein. Durch die Wahrnehmung der Benutzungsschnittstelle und die Interaktion mit ihr baut der Benutzer ein mentales Modell auf, das nach und nach verfeinert wird. Dieses mentale Modell ist weniger elaboriert als das des Entwicklers – es sollte aber in den vorhandenen Annahmen und Relationen möglichst gut übereinstimmen (nach [Norman, 1988]).

Young [1983] und Payne [1991] betonen, dass mentale Modelle im Wesentlichen auf Analogien basieren, dass also Erfahrungen im Umgang mit einem System oder Gerät auf ein anderes übertragen werden, wenn dieses hinreichend ähnlich ist.

Beispiel 1: Drucker. Ein Beispiel soll den Begriff *mentales Modell* erklären: ein erfahrender Rechnerbenutzer hat gewisse Vorstellungen von einem Drucker. Diese Vorstellungen befähigen ihn dazu, einen korrekt angeschlossenen und funktionierenden Drucker zu nutzen. Darüber hinaus helfen diese Vorstellungen auch, um typische Probleme zu lösen. Das mentale Modell umfasst die Voraussetzungen für das erfolgreiche Drucken: Der Drucker muss mit Strom versorgt, mit dem Rechner verbunden und eingeschaltet sein. Es muss ausreichend Papier vorhanden sein, die Patronen bzw. Toner dürfen nicht verbraucht sein und der Drucker darf nicht im Offline-Modus sein. Das oben beschriebene Modell enthält die relevanten Begriffe, Relationen zwischen diesen Begriffen und die Annahmen, die für die korrekte Funktionsweise entscheidend sind.

Ein derartiges mentales Modell hilft, systematisch über Probleme nachzudenken, sie zu erkennen und zu beheben – es ist relativ unabhängig von einem speziellen Fabrikat. Ein Techniker, der mit der Wartung von Druckern betraut ist, wird ein sehr viel elaborierteres und auch spezifischeres Modell von Druckern haben. Neben einem allgemeinen Drucker-Modell wird er konkretere Modelle einzelner Fabrikate entwickeln. Er wird den Aufbau der Geräte so gut kennen, dass er auch einen Papierstau in schwer zugänglichen Bereichen zügig beheben kann. In ähnlicher Weise unterscheiden sich die mentalen Modelle von Autos normaler Autofahrer, von denen eines Fahrzeugtechnikers oder eines Ingenieurs in der Autoindustrie.

Beispiel 2: Heizung mit Thermostat. Instruktiv ist auch ein verbreitetes Beispiel eines nicht korrekten mentalen Modells, das in vielen MCI-Lehrbüchern besprochen wird, z.B. [Benyon et al., 2005]. Moderne Heizanlagen werden oft über ein Thermostat geregelt. Dabei wird über ein Ventil Wasser in die Heizungen gepumpt und erhitzt. Das Ventil hat dabei teilweise nur zwei Zustände; es ist geöffnet oder geschlossen. Betritt man nach einem längeren Winterspaziergang durchgefroren die kalte Wohnung, ist es natürlich, die Heizung „voll aufzudrehen". Tatsächlich wird die Temperatur aber dadurch nicht schneller erhöht, als wenn die Heizung nur auf einen mittleren Wert eingestellt wird – es wird lediglich länger geheizt, sodass dadurch (zu) hohe Raumtemperaturen entstehen. Die Bedienung über einen Drehknopf legt also ein falsches konzeptuelles Modell nahe.

Ermittlung mentaler Modelle. Um mentale Modelle zu extrahieren, bittet man Menschen bei der Nutzung eines Systems „laut" zu denken und analysiert die entstehenden verbalen Protokolle. Derjenige, der die Analyse durchführt, hat erheblichen Spielraum für Interpretationen. Es muss auch angemerkt werden, dass selbst eine diesbezüglich geschulte Testperson nicht in jeder Beziehung vollständig verbalisieren kann, wie sie über ein Gerät oder System denkt. Nicht überraschend ist, dass verschiedene Benutzer unterschiedlich über ein System denken, wie es Payne [2003] anhand von Geldautomatenn zeigt.

Eigenschaften mentaler Modelle. Mentale Modelle technischer Systeme sind naturgemäß unvollständig; sie beziehen sich auf den für die Benutzung eines Systems relevanten Teil. Oft beziehen sie sich sogar nur auf Teilmengen davon. Sie sind oft teilweise widersprüchlich und vage. Dennoch können Menschen auf Basis dieser so wenig perfekten mentalen Vorstellungen komplexe Systeme erfolgreich nutzen. Mentale Modelle sind grundsätzlich evolutionär: sie werden im Lichte neuer Erfahrungen angepasst. Diese Anpassung erfolgt nicht unbedingt in optimaler oder korrekter Weise, aber wichtig ist hier, dass Menschen neue Erfahrungen in ihre mentalen Modelle integrieren. Allerdings sind mentale Modelle in der menschlichen Vorstellung relativ stabil [Young, 1983]. Menschen neigen dazu, ihre grundsätzlichen Vorstellungen beizubehalten (vgl. Abschn. 2.6.2 zum Thema kognitive Dissonanz).

Mentale Modelle und MCI. Für Entwickler interaktiver Systeme ist wichtig zu verstehen, dass Benutzer mentale Modelle aufbauen und aktualisieren und dass dieser Prozess unterstützt oder behindert werden kann. Ziel muss es sein, dass Benutzer relativ einfache, klare und korrekte Vorstellungen von einem System haben. Dazu ist Grundvoraussetzung, dass die Entwickler entsprechend klare Vorstellungen haben. Der Begriff konzeptuelles Modell beinhaltet diese Vorstellungen von Entwicklern, Ingenieuren und anderen, die ein technisches System konstruieren. Idealerweise entspräche das mentale Modell der Benutzer diesem konzeptuellen Modell der Entwickler. Dieses Ideal wird normalerweise nicht erreicht, da das konzeptuelle Modell der Entwickler in der Regel auf einem wesentlich stärkeren technischen Hintergrund aufbaut. Ziel muss es aber sein, dass wichtige Aspekte des konzeptuellen Modells an der Benutzungsschnittstelle *sichtbar* sind, sodass diese Aspekte durch Beobachtungen extrahiert werden können und ein mentales Modell entsteht, das kompatibel zu dem konzeptuellen Modell ist. Einige generelle Gedanken dazu:

- Der Zusammenhang zwischen Aktionen des Benutzers und Änderungen am Systemzustand ist schwer zu verstehen, wenn es sich nicht um eine 1:1-Abbildung handelt, z.B. wenn mehrere Aktionen aus der Vergangenheit die Auswirkungen der letzten Aktion beeinflussen.
- Lineare Zusammenhänge sind wesentlich leichter zu erfassen als andere Formen der Abbildung. Wenn eine bestimmte Bewegung, z.B. das Verschieben eines Temperaturreglers, einen bestimmten Effekt hat, wird erwartet, dass eine zweite Bewegung gleichen Ausmaßes auch einen vergleichbaren Effekt hat.
- Stark verzögerte Reaktionen behindern den Aufbau eines mentalen Modells, weil der Zusammenhang zwischen einer Handlung und ihrer Wirkung entkoppelt wird. Ein kausaler Zusammenhang wird nicht einfach beobachtet, sondern muss durch mental aufwändige Interpretation hergestellt werden. Wenn eine starke Verzögerung unvermeidlich ist, sollte sie angekündigt und erklärt werden. So ist z.B. vielen Menschen das Prinzip eines Durchlauferhitzers bekannt – dadurch verstehen sie, dass eine Änderung eines Temperaturreglers nicht sofort die gewünschte Veränderung der Wassertemperatur nach sich zieht. Ohne dieses Verständnis ist es sehr langwierig und frustrierend, die gewünschte Temperatur einzustellen.
- Generelle Konzepte sollten erkennbar und durchgängig angewendet werden. Computernutzer erwarten, dass sie alle Datenbestände gezielt und flexibel durchsuchen können: Texte, Mails, Dateien auf der Festplatte, Webseiten im Internet und das Angebot eines elektronischen Marktplatzes. Suchfunktionen bereitzustellen, dafür bekannte Eingabemöglichkeiten (Suchbegriffe und andere Kriterien) und Ergebnisdarstellungen anzubieten, ist daher sehr empfehlenswert – auch wenn diese Suchfunktionen *keine* Analogie in der realen Welt haben.

Metaphern können als Realisierungen mentaler Modelle aufgefasst werden.

3.2.1 Semantische Netze

In mentalen Modellen wird Wissen auf vielfältige Weise miteinander verknüpft. Elementare Bestandteile des mentalen Modells sind Propositionen – dies sind Relationen oder Aussagen, die auf ihre Wahrheit überprüft werden können.

Angela Merkel ist Bundeskanzlerin und *Guido Westerwelle* Außenminister. Dies sind zwei Relationen, die jeweils ein Amt und eine Person miteinander verknüpfen: *amt (person)* wäre eine formale Darstellung dieser elementaren Relationen. Relationen können mehrere Attribute haben. Beispielsweise übt eine Person ein Amt für eine gewisse Zeit aus. Bleibt man bei dem Beispiel von *Angela Merkel* und *Guido Westerwelle*, führen diese Attribute zu einer Verknüpfung dieser beiden Relationen, da die eine Person Stellvertreter der anderen ist. Diese Verknüpfung von Relationen kann man sich also am besten so vorstellen, als wäre das mentale Modell ein Graph, bestehend aus elementaren Relationen (als Knoten) und Verknüpfungen, die die Kanten dieses Graphen repräsentieren. Die Kante ist in diesem Beispiel gerichtet; die Relation *Stellvertreter* ist nicht symmetrisch. Wir wollen noch *Gerhard Schröder* betrachten und berücksichtigen, dass auch er mit Angela Merkel verknüpft ist, in der Eigenschaft ihr Vorgänger im Amt zu sein.

Experimentelle Grundlagen. Es würde an dieser Stelle zu weit führen, detailliert Experimente zu beschreiben, auf denen die Annahme basiert, dass Wissen in derartigen Relationen gespeichert und verknüpft wird. Eine Grundidee, um solche Annahmen zu überprüfen, besteht darin, Testpersonen einen Text zu präsentieren und anschließend Sätze zu präsentieren, die teilweise in dem Text enthalten waren und teilweise nicht. Die „falschen" Sätze unterscheiden sich entweder nur in der Formulierung oder auch in der Semantik – in Bezug auf die beschriebenen Relationen. Viele Varianten dieser Tests zeigen nun, dass minimale Veränderungen an einem Satz dann sicher erkannt werden, wenn sich dadurch die Semantik ändert. Dagegen kommt es oft zu Verwechslungen zwischen dem tatsächlich gehörten Satz und einem später präsentierten, wenn die Änderung nur die Formulierung betraf [Anderson, 2004]. Noch interessanter sind Experimente, bei denen Sätze vorgesprochen werden und später andere Sätze auf ihren Wahrheitsgehalt überprüft werden sollen. Es zeigt sich, dass Testpersonen dabei sehr sicher die – im Sinne des zuvor gesprochenen Textes – korrekten Sätze erkennen, auch dann, wenn Satzaufbau bzw. Reihenfolge und nicht nur die Formulierung variieren.

Mentale Modelle auf Basis von Bildern. Auch in Bezug auf Bilder werden Informationen extrahiert und abstrahiert und in dieser Form „gespeichert". Von der Teilnahme an einer Hochzeitsfeier wird man sich merken, wen man dort getroffen hat. Die Details der Kleidung dagegen wird man in der Regel nicht wiedergeben können; es sei denn, dass sie außergewöhnlich ist. An das Kleid der Braut erinnert man sich am ehesten. Von einem Hochzeitsfoto wird man am ehesten behalten, wer auf dem Foto war und kaum, wer dabei nebeneinander stand. Ausnahmen bestätigen wiederum die Regel; wenn bei der Reihenfolge der Personen etwas auffallend und überraschend war, wird dies behalten.

Bereits diskutiert wurde die visuelle Wahrnehmung und die Tatsache, dass visuelle Merkmale, wie Form, Farbe und Texturen Reaktionen in unterschiedlichen Bereichen des Gehirns auslösen. Empirische Befunde zeigen, dass auch langfristig Informationen über Bilder in getrennten Gehirnbereichen gespeichert werden, wobei geometrische Informationen über Formen getrennt sind von Informationen über Farben und Texturen, also der Erscheinung [Anderson, 2004].

Kategorisierung. Zurück zu unserem Politikbeispiel, das geeignet ist, um den Aspekt der *Kategorisierung* in unseren mentalen Modellen zu beschreiben. Wir ordnen Informationen ein, in dem wir fragen: „Wozu gehört etwas?“. Die Kategorisierung ist auch eine Verknüpfung, die diejenigen Aspekte verbindet, die der gleichen Kategorie angehören.

In der Politik dient z.B. die Parteizugehörigkeit dieser Kategorisierung. Man assoziiert dann das Wissen über Politiker mit dem Wissen über Parteien, ihre Geschichte, ihre Strategie und ihr Programm. Wenn also von einer Person bekannt ist, zu welcher Kategorie sie gehört, dann können wir – je nachdem wie elaboriert unser Wissen über diese Kategorie ist – vieles über diesen Gegenstand oder diese Person schlussfolgern, ohne dies explizit zu wissen. Insofern ist dieser Mechanismus äußerst effektiv. Er hat aber auch Grenzen, weil wir in unserer Einschätzung Fehler machen können, indem wir zu viel aus der Kategorisierung schlussfolgern. Unsere mentalen Modelle lassen es jedoch zu, dies zu korrigieren. Wir kennen allgemeine Eigenschaften von Vögeln und würden dazu sicher auch die Fähigkeit zählen, dass Vögel fliegen können. Wir kennen aber auch Ausnahmen; Tiere, die wir als Vögel einordnen und die dennoch diese Eigenschaft nicht besitzen, z.B. den Strauß. Teilweise definiert eine Instanz sogar eine Klasse. Zumindest in Deutschland spricht man von der *Golf*-Klasse, also einer Klasse von Autos, zu der diejenigen gehören, die dem Prototyp, dem Golf, ähnlich sind.

Unser Bestreben, Informationen zu kategorisieren, stößt teilweise an Grenzen, z.B. wenn wir mit etwas Unvertrautem und Ungewöhnlichem konfrontiert werden. In psychologischen Experimenten wurde getestet, wie unterschiedlich Bilder aussehen können, die von Testpersonen einer Kategorie, z.B. *Tasse*, zugeordnet werden. Interessant ist, dass in den Grenzbereichen die Zuordnung unsicher ist, also kein Konsens zwischen den Testpersonen besteht. Man könnte dies so interpretieren, dass bestimmte Instanzen mit einer gewissen Wahrscheinlichkeit einer Kategorie zugeordnet werden. Anderson [2004] diskutiert die Kategorie *Wohnhaus* und die damit verbundenen Assoziationen hinsichtlich der Größe, des Vorhandenseins bestimmter Elemente (Türen, Fenster) und der Grenzen der sicheren Zuordnung, z.B. bei außergewöhnlich großen Häusern.

Ein Beispiel soll illustrieren, wie wichtig die Kategorienzugehörigkeit für unser Denken ist. Die damals kleine Schwester des Erstautors freute sich als kleines Kind immer, wenn sie eine Dogge sah. Eines Tages jedoch schlug diese Freude jäh um, ohne dass etwas Besonderes passiert wäre. Es erschien zunächst unerklärlich, inwiefern der Anblick eines Tieres, der bisher Freude ausgelöst hatte, plötzlich zu Tränen führte. Ein Gespräch führte zu einer logischen Erklärung: ihr war klar geworden, dass die Dogge ein großer Hund ist (vor Hunden hatte sie Angst). Bis dahin hatte sie die Dogge für ein kleines Pferd gehalten und somit nur positive Assoziationen damit verbunden. Ähnliche Aha-Erlebnisse lassen sich oft auf die Erkenntnis einer falschen Kategorienzugehörigkeit erklären: wenn ein Benutzer eine Software für ein Bildverarbeitungsprogramm hält, wird er nach Möglichkeiten suchen, Helligkeit und Kontrast anzupassen. Wenn aber klar wird, dass es sich um ein Zeichenprogramm handelt, mit dem Bilder zwar erstellt, jedoch keine existierenden Bilder bearbeitet werden, geht man von ganz anderen Funktionen aus.

Hierarchische Repräsentationen. Ein hilfreiches Mittel, um Informationen zu organisieren, sind Hierarchien. Eine Eule ist ein Vogel, ein Vogel ist wiederum ein Tier und ein Tier wiederum ein Lebewesen. Diese hierarchische Zuordnung zu Kategorien führt dazu, dass wir auf verschiedenen Ebenen sinnvolle Annahmen über Eigenschaften von Objekten bzw. Lebewesen machen können.

Skripte. Die bisher diskutierten Formen der Wissensrepräsentation ermöglichen es uns zwar, Wissen zueinander in Verbindung zu setzen, können aber keinen zeitlichen Bezug repräsentieren. Für unser Wissen über Abläufe und die korrekte Vorgehensweise bei vielen alltäglichen Handlungen, z.B. Kochen, einfache Reparaturen, Start einer Autofahrt, spielt die Reihenfolge eine wichtige Rolle. Anderson [2004] hat Testpersonen nach ihren Assoziationen mit einem Restaurantbesuch gefragt. Dabei ist deutlich geworden, dass es neben vielen Unterschieden einen Kern gemeinsamer Assoziationen gibt, bei denen auch die sequenzielle Reihenfolge wichtig ist. Man besucht ein Restaurant, wählt einen Platz, bekommt eine Speisekarte, bestellt etwas zu trinken, danach etwas zu essen und bezahlt später die Rechnung. Zu diesen Handlungen können weitere hinzukommen, aber der Kern des Ablaufs ist gleich. Man spricht in diesen Fällen von einem *Skript*.

Eng verwandt zu dem Begriff des Skripts ist ein Workflow oder ein Geschäftsprozess. Diese Begriffe stammen aus der Arbeitswelt und charakterisieren betriebliche Abläufe, z.B. in der Industrie aber auch in der öffentlichen Verwaltung. User Interface-Entwicklung für diese Bereiche basiert oft auf einer detaillierten Analyse von derartigen Geschäftsprozessen. So wie ein Skript mit einer gewissen Flexibilität an konkrete Situationen angepasst werden kann, sind auch Geschäftsprozesse flexibel – Softwareunterstützung sollte diese Flexibilität normalerweise nicht wesentlich verringern.

3.2.2 Mentale Modelle und Wissensrepräsentationen

Als Informatiker ist man geneigt, Analogien zwischen diesen Strukturen mentaler Modelle und Datenstrukturen bzw. Wissensrepräsentationen aus dem Bereich der künstlichen Intelligenz (KI) wahrzunehmen. Relationen mit einer variablen Menge an Attributen entsprechen Datensätzen bzw. Strukturen („struct“ in C). Kategorien entsprechen Aufzählungstypen, die einen Namen und eine Liste ihrer Mitglieder verwalten. Die Hierarchie entspricht dem, was in der objektorientierten Modellierung durch Klassen und Superklassen und das damit verbundene Konzept der Vererbung repräsentiert wird. Tatsächlich scheint es in diesen Bereichen große Ähnlichkeiten zu geben. Dies ist nicht verwunderlich, da einerseits in der KI versucht wird, die natürliche Intelligenz nachzubilden. Andererseits befruchtet die KI auch die kognitive Psychologie – ausgehend von KI-Wissensrepräsentationen wurden in der kognitiven Psychologie viele Experimente durchgeführt, die die Hypothese untersuchten, dass beim Menschen eine bestimmte Wissensrepräsentation vorherrscht.

Weitere Mentale Modelle. Die beschriebenen Strukturen mentaler Modelle reichen bei weitem nicht aus, um das gesamte Spektrum an menschlichen Wissensrepräsentationen zu charakterisieren. Menschen besitzen auch eine ausgeprägte räumliche, also dreidimensionale Vorstellung. Dies zeigt sich daran, dass bei Bildern von Objekten aus verschiedenen Sichtrichtungen Menschen sicher entscheiden können, welche Bilder die gleichen Objekte zeigen und welche nicht, solange die Projektion der Objekte dafür eindeutige Hinweise gibt. Interessant ist, dass die Zeit für die Entscheidung, ob zwei Bilder ein und dasselbe Objekt darstellen, stark davon abhängt, wie unterschiedlich der Sichtwinkel ist – offensichtlich rotieren die Testpersonen die 3D-Repräsentation eines Objekts so lange, bis diese passend ist. Interessant ist auch, dass Rotationen in die Tiefenrichtung diese Aufgabe gegenüber einer Rotation in der Bildebene nicht wesentlich erschweren [Anderson, 2004]. Dies stärkt die These, dass in unserer Vorstellung in der Tat dreidimensionale Repräsentationen existieren.

3.2.3 Mentale Karten

Unser Wissen über geografische Zusammenhänge ist vorrangig hierarchisch organisiert. Länder ordnen wir Kontinenten zu, Regionen, Städte und Flüsse ordnen wir Ländern zu; und Städte wiederum Regionen oder administrativen Kreisen und Bezirken. Neue Fakten mit einem geografischen Bezug, z.B. Firmenstandorte, versuchen wir in diese mentale Karte einzuordnen.

Hochinteressant ist die Frage, wie sich Menschen in komplexen Gebäuden oder größeren Städten orientieren, wie sie Routen suchen, wie sie sich diese merken und wie sie – bei ausreichender Routine – ein detailliertes mentales Modell entwickeln, das es ihnen ermöglicht, auch im Fall von Baustellen oder Sperrungen durch entsprechende Umwege zum Ziel zu gelangen. Offensichtlich basiert unsere Orientierung stark auf Landmarken, markanten Gebäuden oder anderen auffälligen Orientierungspunkten, die uns helfen zu entscheiden, ob wir auf dem richtigen Weg sind. Anfangs bauen wir nur ein „Routenwissen“ auf. Das heißt, wir merken uns eine Folge von Wegen bzw. Straßen, auf denen wir von einem Startpunkt aus das Ziel erreichen, wobei uns Landmarken helfen, den Weg zu überprüfen. Je weniger eindeutig die Landmarken sind, desto schwieriger wäre dieser Prozess, z.B. in einem größeren Neubaugebiet, in dem alle Häuser im Wesentlichen gleich aussehen. Würde diese Route plötzlich unpassierbar sein, würden wir unser Ziel eventuell überhaupt nicht finden, vor allem, wenn die Wege nicht durchweg parallel oder rechtwinklig angeordnet sind. Je mehr wir uns aber auf einem großen Firmengelände oder in einer Stadt auskennen, desto eher können wir auch neue Ziele einordnen und die Suche einer Route wird einfacher und effizienter. Wir bauen eine umfassende mentale Karte der relevanten 2D-Umgebung auf und können interessanten Landmarken Himmelsrichtungen zuordnen. Wie ausgeprägt diese Fähigkeit sein kann, ahnt man, wenn man sich die Aufgabe eines Taxifahrers in einer Millionenstadt vorstellt. Tatsächlich können sich sehr gute Taxifahrer auch in einer riesigen Stadt wie London so gut orientieren, dass sie ihre Gäste ohne Blick in den Stadtplan in praktisch jede Straße bringen können. Dass der dazu nötige Lernprozess mit substanziellen Veränderungen der Gehirnstruktur, vor allem einer Erweiterung des Hippocampus verbunden ist, ist ein eindrucksvolles Ergebnis der neurowissenschaftlichen Grundlagenforschung [Maguire et al., 2000].

Das Wissen über *mentale Karten* ist von Bedeutung, wenn in interaktiven Systemen räumliche Metaphern genutzt werden, z.B. in Computerspielen oder in Hypertextsystemen. Benutzer werden bestrebt sein, sich in diesen abstrakten *Räumen* ähnlich zu orientieren und zu navigieren, wie sie es aus der Realität gewohnt sind. Räumliche Metaphern, die die hier beschriebenen Fähigkeiten der räumlichen Orientierung gezielt ausnutzen, werden in Abschn. 3.4 vorgestellt.

3.2.4 Problemlösungsverhalten

Wie in zahlreichen Studien festgestellt wurde, folgen die menschlichen Strategien der Problemlösung allgemeinen Prinzipien. Zunächst ist aufgrund der Beschränkungen der menschlichen Informationsverarbeitung, insbesondere der Beschränkung des Arbeitsgedächtnisses, offensichtlich, dass optimale Lösungen in einem großen Raum möglicher Lösungen in der Regel nicht gefunden werden können. Menschen schränken also ihre Suche nach Lösungen stark ein, sie nutzen Heuristiken, um in jedem Schritt den Problemraum zu einzugrenzen. Um Problemlösungsprozesse zu untersuchen, geht man von folgender Struktur aus [Newell und Simon, 1972, Proctor und Vu, 2003]. Es gibt eine Menge an Zuständen Z_i:

- einen Ausgangszustand, z_0
- einen gewünschten Zustand (das Ziel), z aus der Menge z_i
- eine Menge von Handlungen, um vom aktuellen Zustand in einen anderen Zustand zu gelangen und
- anwendungsabhängige Beschränkungen in der Kombination der möglichen Handlungen.

Beispiele für Probleme, an denen sich das Problemlösungsverhalten untersuchen lässt, sind z.B. die Suche nach einem Weg in einem Labyrinth, das Schachspiel oder Textaufgaben mit einem wiederkehrenden Muster entweder in den Gegenständen, die behandelt werden oder in den Methoden, die zur Lösung anwendbar sind. Im Wesentlichen basiert die menschliche Problemlösung auf Analogieschlüssen [Anderson, 2004]. Das bedeutet, dass aus bekannten Problemlösungsstrategien eine oder mehrere ausgewählt und kombiniert werden. Diese Auswahl bedeutet im Kern, dass ein aktuell zu lösendes Problem als ähnlich zu bestimmten Problemen erkannt wird, für deren Lösung Strategien bekannt sind und dass versucht wird, Elemente der Lösung auf das neue Problem zu übertragen. Die dabei zu treffende Auswahl ist von den folgenden drei Prinzipien geprägt.

- *Vermeidung von Rückschritten.* Menschen vermeiden, dass sie etwas rückgängig machen. Obwohl solche temporären Rückschritte zu einer guten oder gar

optimalen Lösung beitragen können, würden darauf basierende Lösungen nur von Experten vorgeschlagen und als Trick angesehen. So ist es beispielsweise eher für Experten typisch, beim Schachspiel Figuren zu opfern, um im nächsten Schritt einen strategischen Vorteil zu erlangen.
- *Maximale Annäherung an das Ziel.* Menschen versuchen in jedem Schritt, sich dem Ziel so weit wie möglich zu nähern. Auch diese Strategie ist in vielen Fällen vernünftig; sie kann aber auch zu sehr suboptimalen Lösungen führen oder dazu, dass man in eine Sackgasse gerät, also Rückschritte erforderlich werden.
- *Zerlegung in eine Hierarchie von Teilzielen*, zu deren Erreichung Methoden ausgewählt werden, die den ersten beiden Prinzipien entsprechen. Das letzte Prinzip führt dazu, dass in Situationen, in denen die Methodenauswahl nach den ersten beiden Prinzipien nicht gefunden werden kann, dennoch eine Problemlösung gelingen kann. Dieses Prinzip ermöglicht es, gegebenenfalls nötige „Umwege" in Kauf zu nehmen, z.B. bestimmte Werkzeuge zu benutzen.

Menschliches Problemlösen ist stark von Erfahrungen geprägt; Strategien, die sich bewährt haben, werden bevorzugt und unter Umständen auch in unpassenden Situationen angewendet (vgl. die ACT-Theorie, Abschn. 2.7). Eine derart bewährte Strategie kann, wenn sie nicht erfolgreich anwendbar ist, ernsthaft die Problemlösung behindern – ein Fall von Betriebsblindheit (Unter der Überschrift „Magisches Denken" wurde dies im Abschn. 2.6.1 diskutiert). Sich seiner Betriebsblindheit bewusst zu sein und gezielt nach neuen Analogien zu suchen, ist dann eine wichtige Voraussetzung für eine Problemlösung. Offensichtlich sind Menschen in ihren Problemlösungsfähigkeiten sehr unterschiedlich. Die Unterschiede betreffen vor allem

- die Kreativität, mit der nach Lösungen gesucht wird,
- die Abstraktionsfähigkeit, mit der Analogieschlüsse durchgeführt werden und
- die Hartnäckigkeit, mit der Lösungen gesucht werden.

Qualifikation und Motivation sind wichtige Faktoren, die die Problemlösungsfähigkeiten beeinflussen. Wie komplex das menschliche Problemlöseverhalten teilweise ist, wird durch anekdotische Begebenheiten deutlich (vgl. [Anderson, 2004], Kapitel 8). Teilweise unterbrechen Menschen die Arbeit an einem komplexen Problem, zu dem ihnen nichts mehr einfällt, für Stunden oder Tage, um dann die Arbeit wieder aufzunehmen und scheinbar mühelos das Problem zu lösen.

Was unterscheidet Experten von anderen Personen in Bezug auf das Problemlösungsverhalten? Grundsätzlich gelten die oben genannten Prinzipien auch für Experten. Allerdings besitzen diese sehr viel domänenspezifisches Wissen, haben entsprechende Erfahrungen und können dadurch ein gegebenes Problem oft durch eine ihnen bekannte Lösung oder durch geringfügige Modifikation einer bekannten Lösung finden. Proctor und Vu [2003] weisen daraufhin, dass die Effektivität von Problemlösungsprozessen stark davon abhängt, ob bekannte Lösungen, auch aus anderen Domänen, auf das aktuelle Problem übertragen werden können und argumentiert aus dieser Perspektive für den sorgfältigen Einsatz von Metaphern.

3.2.5 Anwendung mentaler Modelle

Die bisherige Diskussion war etwas akademisch und kaum auf praktische Anwendungen zugeschnitten. Mentale Modelle von Benutzern sind relativ vage definiert, unterscheiden sich auch von Benutzer zu Benutzer relativ stark – es entsteht die Frage, wie Kenntnisse mentaler Modelle in einem Entwicklungsprozess konkret eingesetzt werden können?

In der Analysephase der Systementwicklung sollte nicht nur das Vorwissen der Zielgruppe erfasst werden, sondern auch, wie dieses Wissen strukturiert ist. Das bedeutet, dass typische Kategorien, Relationen, mentale Karten und Skripte erfasst werden. Diese Erkenntnisse über mentale Modelle der Zielgruppe sollten in den Systementwurf eingehen. Mentale Modelle sollen für den Entwurf, die Evaluierung und die Einführung interaktiver Systeme genutzt werden. Dabei sollte beim Entwurf das konzeptionelle Modell der Entwickler explizit vermittelt werden. Borgman [1986] beschreibt, wie zwei Gruppen von Benutzern gebildet wurden, die ein elektronisches Ausleihsystem nutzen sollten. Einer Gruppe wurde dabei das konzeptionelle Modell der Entwickler, vor allem die Analogie zu einem konventionellen System mit Papierkarten, erklärt. Bei der Lösung einfacher Aufgaben ergab sich kein signifikanter Unterschied, aber bei komplexeren Suchaufgaben war die Gruppe signifikant erfolgreicher, denen das konzeptionelle Modell der Entwickler erklärt wurde. Diese Gruppe konnte mehr Aufgaben bewältigen und war dabei schneller.

Es ergeben sich auch Implikationen für die früheren Phasen einer Entwicklung. Der Versuch, mentale Modelle der Benutzer im Rahmen einer Evaluierung von Prototypen zu verstehen, kann zu interessanten Einsichten in deren Lernprozess führen, die zu einer Verbesserung des Systems genutzt werden können. Gray [1990] erklärt, dass mentale Karten von Benutzern sehr aufschlussreich sein können, wenn diese damit ihre Vorstellungen von komplexen Hypertextsystemen bzw. Webseiten beschreiben.

3.3 Metaphern in der Informatik

Warum ist es sinnvoll, Metaphern in einem Informatiklehrbuch zu diskutieren? Metaphern sind in der Informatik weit verbreitet, auch wenn sie oft unbewusst verwendet werden. So werden Betriebssysteme charakterisiert, in dem man von ihrem *Kern* und von äußeren *Schichten* spricht. Der Datenaustauch wird oft über *Protokolle* definiert, wobei ein sicherer Datenaustausch durch *Handshaking* erreicht wird. Dabei wird der Datenempfang durch den Empfänger bestätigt; symbolisch schütteln sich Sender und Empfänger (zwei Computer in der Zieldomäne!) die Hände.

In der objektorientierten Programmierung werden Eigenschaften von Basisklassen auf abgeleitete Klassen *vererbt*. Die Analogie ist nicht perfekt; in der Biologie wird ja nicht jede Eigenschaft eines Vorfahren vererbt; zudem haben Tiere zwei direkte Vorfahren – in den meisten Programmiersprachen ist nur eine Basisklasse zulässig. Die Beziehungen zwischen Objekten werden teilweise als *Netze* bezeichnet; hierarchische Zusammenhänge werden in *Bäumen* repräsentiert, die natürlich auch *Verzweigungen* und *Blätter* enthalten. Softwareentwickler verwenden eine Vielzahl von *Werkzeugen* und diese sind in eine *Entwicklungsumgebung* integriert. Im Ergebnis der Soft- und Hardwareentwicklung entstehen komplexe *Systemlandschaften*. Dies zeigt, dass Informatiker in der Kommunikation untereinander laufend Begriffe benötigen, die anderen klassischen Gebieten entlehnt sind. Nur so lässt sich anschaulich über die neuen Konzepte der Informatik kommunizieren.

3.3.1 Metaphern in interaktiven Systemen

Interaktive Systeme, die auf Algorithmen und Datenstrukturen aufbauen und auf die Eigenschaften von digitalen Rechnern zugeschnitten sind, stellen für die wachsende Zahl an Gelegenheitsbenutzern unvertraute und oft abstrakte Gebiete dar. Daher liegt es nahe, Konzepte aus vertrauten Domänen als Metaphern für deren Erklärung zu benutzen. Die Benutzungsschnittstelle mit ihren Begriffen und visuellen Repräsentationen dient dazu, einen Bezug zwischen intern stattfindenden Operationen und dem Benutzer bekannten Konzepten herzustellen.

Bei den Arbeiten am XEROX PARC in den 70er und 80er Jahren, speziell bei der Entwicklung des XEROX STAR, wurden Metaphern bewusst und konsequent eingesetzt (1979-1981). Karteikarten, Ordner, Mülleimer, Fenster, Schreibmaschine und Symbole der Post dienten als „Vehikel", um Betriebssysteme und Anwendungsfunktionalität verständlich und handhabbar zu machen.

Der APPLE MACINTOSH hat dies fortgesetzt und in den APPLE Styleguides wird die Entwicklung von Metaphern als Grundlage für die Konzeption neuer Systeme gefordert. [1] Abb. 3.3 zeigt einige breit genutzte *Interface-Metaphern*. Neben diesen Metaphern sind viele weitere zu beobachten: wir „surfen" im Internet und wir nutzen die Kommandos „copy" und „paste", um Textabschnitte zu kopieren und „einzukleben".

Die Desktop-Metapher ist auch nach 30 Jahren immer noch die vorherrschende Metapher bei der Entwicklung von Benutzungsschnittstellen in Büroanwendungen. Ähnlich wie in anderen Bereichen, z.B. der Biologie, ist eine Metapher aber nur für eine begrenzte Zeit fruchtbar, in dem Sinne, dass sie zu neuen Ideen anregt. Die Desktop-Metapher wird mittlerweile diesbezüglich als hinderlich angesehen (siehe z.B. [Kuhn, 2007]).

Metaphern sind einerseits hilfreich, um Ideen für ein interaktives System zu entwickeln und anderseits, um die Ideen umzusetzen, mit Anwendern zu diskutieren oder Anwendern im Rahmen von Schulungen ein System zu präsentieren. Die Orientierung an einer Interface-Metapher kann dazu beitragen, dass die Bedienung eines Programms als konsistent und natürlich empfunden wird. In Kapitel 4 wird anhand der Bedienung realer Geräte erklärt, dass Benutzer umso erfolgreicher sind, je

[1] In Kapitel 5 wird die Entwicklung dieser beiden Rechner ausführlich erläutert.

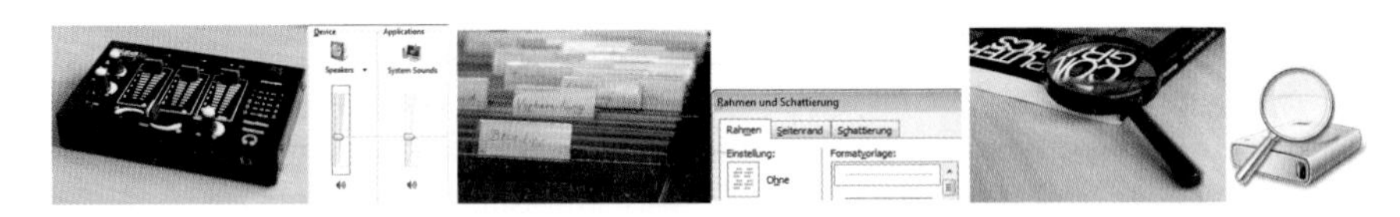

Abb. 3.3: Verbreitete Metaphern und Beispiele für ihre visuelle Repräsentation: Schieberegler, Reiter und Lupe (Fotos: Konrad Mühler, Otto-von-Guericke-Universität Magdeburg).

besser sie ein System *verstehen* [Kuhn, 1995]. Sie versuchen, ein mentales Modell der Funktionsweise eines Systems zu konstruieren, um Vorhersagen über die Auswirkungen bestimmter Handlungen treffen zu können. Geeignete Metaphern können diese Modellbildung, das Bestreben zu verstehen, erheblich unterstützen. Kuhn [1995] nennt sie daher „sinnstiftende Aspekte eines interaktiven Systems“ – sie tragen dazu bei, dass die Bedienung nicht als willkürlich wahrgenommen wird.

Visuelle und nicht-visuelle Aspekte von Metaphern. Die meisten gängigen Interface-Metaphern basieren auf realen Gegenständen und räumlichen Konzepten (Abb. 3.3). Insofern kommt der visuellen Repräsentation eine große Bedeutung zu. Maximale Ähnlichkeit in der visuellen Darstellung und in der Handhabung ist dabei oft kein sinnvolles Ziel. Die visuelle Repräsentation in der Benutzungsschnittstelle erfolgt zumeist über Icons, deren Größe und Auflösung einer realistischen Repräsentation ohnehin enge Grenzen setzt (siehe Abschn. 8.9 für eine Diskussion des Icon-Entwurfs). Eine abstrahierte, auf wichtige Aspekte reduzierte Repräsentation ist in der Regel das Ziel.

Ein Buch kann eine sehr gute Metapher für ein Lern- und Trainingssystem sein, ohne, dass man den Vorgang des Durchblätterns visuell exakt nachbildet. Ein Assistent ist oft eine gute Metapher für eine sehr zielgerichtete Interaktion, die den Benutzer durch eine bestimmte Aufgabe führt – in der Regel wird der Assistent grafisch überhaupt nicht dargestellt.

3.3.2 Chancen und Risiken

Aus Sicht von Anwendern bzw. Benutzern sollen im Folgenden Chancen und Risiken diskutiert werden, wobei die Chancen eher in der Einarbeitungsphase liegen und die Risiken eher die Phase der routinehaften Nutzung betreffen. Risiken sind auch dadurch gegeben, dass eine eventuell langfristige Weiterentwicklung und Erweiterung des Systems ursprünglich passende Metaphern obsolet macht.

Metaphern und implizite Kommunikation. Die Kommunikation zwischen Mensch und Computer erfolgt sowohl über *explizit* ausgetauschte Informationen als auch *implizit* durch Kontextbetrachtungen und Vorwissen des Benutzers. Benutzer suchen nach Möglichkeiten eines Systems, von deren Existenz sie noch gar nichts wissen, die sie aber aufgrund der Analogie vermuten. Sie versuchen dann die Aktion so auszuführen wie sie, aufgrund ihrer Erfahrung mit anderen Systemen, annehmen, dass die Aktion ausgeführt werden kann.

Schreibmaschinen und Textverarbeitungsprogramme. Um Chancen und Risiken zu diskutieren, eignet sich die Schreibmaschinenmetapher. Ungeübten Benutzern von Textverarbeitungssystemen kann die Einarbeitung durch den Hinweis auf Parallelen zur Schreibmaschinennutzung erleichtert werden. Die QWERTZ-Tastaturen von PCs und Schreibmaschinen sind ähnlich. Die Tasten sind jeweils mehrfach belegt, wobei durch eine Umstelltaste auf die Zweitbelegung umgeschaltet werden kann. Beide Tastaturen haben Tabulatoren und eine Zeilenendetaste, die den Wechsel vom Ende einer Zeile zum Anfang der nächsten bewerkstelligt. Wie die folgenden Beispiele zeigen, ist gerade diese Analogie aber auch ein Grund, warum das Potenzial von Textverarbeitungssystemen teilweise nicht ausgeschöpft wird.

Neben den Vorteilen, die durch *positive Analogien* [Cooper, 1966] entstehen, gibt es prinzipielle Probleme, die auf *negative Analogien* zurückzuführen sind, bei denen die Metapher nicht hilfreich oder irreführend ist (vgl. [Preece et al., 1994, Gentner und Grudin, 1996, Halasz und Moran, 1982]):

- Die Zieldomäne weist Charakteristika auf, die bei der gewählten Analogie nicht auftreten oder irrelevant sind. So kann ein Textverarbeitungsprogramm zwar als elektronisches Pendant zu einer Schreibmaschine aufgefasst werden, aber die Benutzer würden nach den meisten Kommandos des Textverarbeitungsprogramms nicht suchen. Die Analogie zur Schreibmaschine legt es nicht nahe, zu fragen, wie ein Inhaltsverzeichnis erstellt werden kann, wie eine Zeichenkette gesucht und ersetzt werden kann oder wie Fonts ausgewählt werden können.
- In der Zieldomäne fehlen bestimmte Charakteristika, die in der Quelldomäne vorhanden sind. In dieser Situation besteht die Gefahr, dass die Benutzer vergeblich etwas suchen. So kann man eine Schreibmaschine benutzen, um ein gedrucktes Formular einzulegen und auszufüllen – eine Fähigkeit, die ein Textverarbeitungsprogramm nicht besitzt.
- Eine bestimmte Funktion existiert zwar in der Quell- und Zieldomäne, aber sie ist unterschiedlich realisiert. Voraussetzungen und Ergebnis der Anwendung dieser Funktion unterscheiden sich – die Analogie ist irritierend. Das folgende Beispiel ist nicht mehr aktuell, aber doch illustrativ [Gentner und Grudin, 1996]:

Beispiel. Die stilisierten Mülleimer auf einem APPLE Desktop dienten dazu, dass Dokumente gelöscht werden können. Wie bei einem „richtigen" Mülleimer konnten die Dokumente so lange aus dem Mülleimer geholt werden, bis der Müll abgeholt wird. Der Mülleimer enthielt Dateien, die von unterschiedlichen Festplatten und von Disketten gelöscht wurden. Problematisch wurde es, wenn Benutzer etwas auf eine fast volle Diskette kopieren wollten. Das System meldete, dass der Platz auf der Diskette nicht ausreicht und schlug vor, Dateien zu löschen und den Papierkorb zu leeren. Wenn der Benutzer darauf einging, wurde der Papierkorb geleert – auch die Dateien, die vorher auf einer Festplatte lagen und deren endgültiges Löschen nicht nötig war. Dies war für die Benutzer überraschend, obwohl es durchaus konsequent ist.

Die Konsequenzen sind dennoch nicht offensichtlich, denn ein Mülleimer wird in der Tat im Ganzen geleert. In der Alltagswelt wird Müll getrennt – man nutzt also mehrere Mülleimer. Dem selektiven Löschen bestimmter Dateien würde dann das Leeren eines (von mehreren) Mülleimern entsprechen.

Metaphern führen dazu, dass bestimmte Aspekte der Quelldomäne neu interpretiert werden. Um bei dem stilisierten Mülleimer zu bleiben: dieser läuft eben nicht über wie ein normaler Mülleimer. Trotzdem sollte er von Zeit zu Zeit geleert werden. Die direkte Manipulation auf dem Computer unterscheidet sich ebenfalls stark von einer exakten Nachbildung der Art und Weise, wie wir Objekte bewegen. Man denke nur daran, dass ein Dokument über einem stilisierten Drucker fallengelassen wird, damit es gedruckt wird. Diese Neuinterpretation verringert die Diskrepanz zwischen der Quell- und der Zieldomäne, die Trennung in positive und negative Analogien verändert sich.

Andererseits besteht die Gefahr, dass Metaphern die Entwickler in ihrer Denkweise einschränken. Eine Multimedia-CD, die Texte, Bilder, Animationen und Filmsequenzen integriert, muss nicht so detailgetreu wie möglich die Organisation eines Buches abbilden. Das neue Medium hat eigene Stärken und Spezifika, die nicht allein durch metaphorische Nachbildung *eines* Konzeptes ausgenutzt werden.

3.3.3 Veränderte Sicht auf Metaphern

Die Diskussion über Chancen und Risiken der Verwendung von Metaphern lässt sich sehr gut abrunden, indem einige Standpunkte zu diesem Thema diskutiert werden. Dabei wird deutlich, wie sich die „Mainstream“-Position im Bereich der Mensch-Computer-Interaktion gewandelt hat.

Euphorie in den 80er Jahren. In dieser Zeit erhoffte man sich, dass sorgfältig gestaltete Metaphern die Einstiegshürden für die Bedienung eines komplexen Computersystems verringern und dazu beitragen, dass Benutzer in einer steilen Lernkurve die Beherrschung eines Systems verbessern. Die Fachwelt, insbesondere die populärwissenschaftlichen Artikel z.B. der Zeitschrift „Byte“, war voll des Lobes über die neuen PCs und ihre Benutzungsschnittstellen, wobei die angemessene Nutzung von Metaphern eine wesentliche Grundlage für herausragende Innovationen zu sein schien. Aber bedeutet diese Sicht technologieaffiner Kommentatoren tatsächlich, dass die mit Einsatz von Metaphern verbundenen Hoffnungen auf bessere Erlernbarkeit und hohe Behaltensleistung gerechtfertigt sind? Zweifel sind angebracht. Es gab keine verlässlichen empirischen Studien, und einzelne Berichte, in denen „echte“ Benutzer befragt wurden, zeigten eher Verwirrung [Blackwell, 2006]. Dennoch überwogen in der Literatur die positiven Kommentare deutlich. Metaphern wurden als wesentlich und vorteilhaft angesehen. Blackwell [2006] zitiert Lehrbücher, die allesamt den verringerten Lernaufwand und die intuitive Nutzung, vor allem bei Verwendung von Metaphern des realen Alltagslebens, betonen.

Kritische Stimmen waren zunächst nur vereinzelt zu hören: einer der ersten war TED NELSON. Seine Kritik bezieht sich gerade auf die offensichtliche Ähnlichkeit zwischen realen Objekten und visuellen Repräsentationen auf dem Computer, die aus seiner Sicht eher falsche Erwartungen weckt und bei langfristiger Nutzung immer stärker durch andere Konzepte ergänzt werden muss [Nelson, 1990].

Skepsis und Kritik seit Mitte der 90er Jahre. Die Überbewertung des Konzeptes der Interface-Metapher führte zu einigen Entwicklungen, die rückblickend als gescheitert zu betrachten sind. Repräsentativ dafür ist das bekannte MICROSOFT BOB-Projekt; eine Variante von MICROSOFT WINDOWS, die ohne jegliche Computerkenntnisse bedienbar sein sollte und im März 1995 auf den Markt kam.

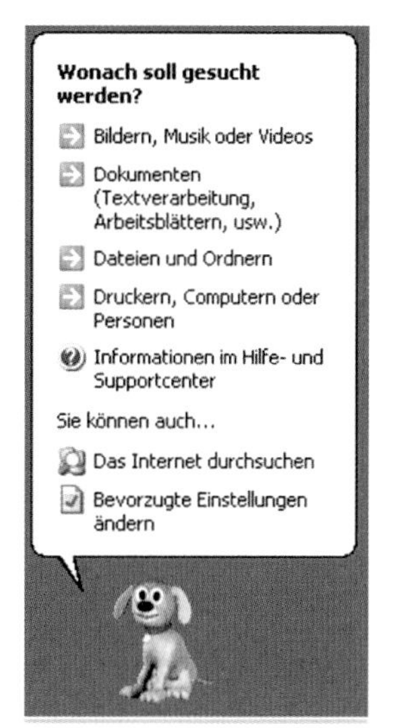

Abb. 3.4: Ein treuer Hund – als Sinnbild für einen Assistenten – wird bei der Windows-Suche eingesetzt. Eine verbesserte Usability konnte nicht belegt werden.

Das Betriebssystem mit all seinen Funktionen wurde durch ein Haus mit vielen Räumen und aus dem Haushalt bekannten Funktionen repräsentiert; Programme waren Objekte unterschiedlichster Form. Statt auf einem Desktop bewegte man sich in aufwändig eingerichteten Zimmern mit Kamin und anderen Dekorationen. Welche dieser Objekte nur dekorativ waren und welche tatsächlich zum Start von Programmen dienten, war nicht offensichtlich.

Bei BOB meldete man sich nicht umständlich an, sondern klopfte an eine barock dekorierte Tür (die Anmeldung mittels „Strg+Alt+Entf“ ist ja tatsächlich eine veritable Einstiegshürde). Ein Assistent, z.B. einer von diversen cartoonartigen Hunden, unterstützte den Benutzer. BOB war nicht erfolgreich, weil die Benutzer nicht an das „echte“ Betriebssystem herangeführt wurden. Sie verblieben in einer rudimentären und ineffizienten Nutzung des Systems. In der Fachpresse wurde vor allem kritisiert, wie stark die Benutzer in ihrer Arbeit verlangsamt wurden. Einige Überreste dieses Projektes sind in neueren Microsoft-Produkten zu finden, z.B. ein niedlich guckender stilisierter Hund, der sich anbietet, bei der Windows-Suche zu helfen (Abb. 3.4). Auch diesen Überresten ist durch die Fachwelt keine Anerkennung zuteil geworden, obwohl Anfänger teilweise doch von dieser Form der Assistentenmetapher profitieren, weil sie einen Dialogpartner bekommen, was durchaus die Hemmschwelle für die Systemnutzung senken kann.

Das BOB-Projekt war das größte und bekannteste Projekt, in dem metaphorische Konzepte in einem übertriebenen Maße zum Einsatz kamen; es war jedoch bei weitem nicht das einzige. Die extrem geringen Verkaufszahlen und die vielen hämischen Kommentare haben dazu geführt, dass sich die anfängliche Euphorie über Metaphern ins Gegenteil verkehrte.

Im Lichte dieser Erfahrungen wurde vermehrt diskutiert, dass der Begriff *Interface Metapher* unklar definiert ist und es keinen gut definierten User Interface-Prozess gibt, in dem das Nachdenken über Metaphern gut integriert ist. Neuere Lehrbücher zum Thema Mensch-Computer-Interaktion ignorieren Metaphern teilweise komplett oder warnen sogar davor („Die Suche nach der magischen Metapher ist einer der größten Fehler, den man bei der User Interface Gestaltung machen kann.“ [Cooper, 1995]).

Die Wiederkehr der Metapher. Die naheliegende Schlussfolgerung aus den erkennbaren Misserfolgen wäre es, Metaphern *nicht mehr* als wesentliches Konzept der User Interface-Entwicklung anzusehen. Gegen diese Auffassung gibt es aber gewichtige Argumente und tatsächlich sind heutzutage Benutzungsschnittstellen mit einer Vielzahl reichhaltiger Metaphern versehen. Entscheidend ist, dass Metaphern nicht übertrieben realistisch nachgebildet werden und dass sie zu Erklärungszwecken genutzt werden (dafür findet sich teilweise der Begriff „reine Erklärmetapher“). Blackwell [2006] diskutiert die positiven und negativen Erfahrungen und verdeutlicht, welche positiven Aspekte – trotz der Misserfolge – immer noch aktuell sind. Diese Diskussion basiert auf einem einschlägigen Workshop mit Äußerungen von britischen Experten, die Metaphern auf unterschiedliche Weise in ihre Designprozesse integriert haben.

Fazit. Der Begriff „konzeptuelle Metapher“, so wie er in Lakoff und Johnson [1980] geprägt wurde, bleibt wichtig, um strukturiert und aus Benutzersicht über visuelle Repräsentationen nachzudenken. Metaphern reichen jedoch als alleiniges Konzept nicht aus, um geeignete Interaktionskonzepte zu entwickeln. Sie müssen durch Konzepte ergänzt werden, die gezielt die Möglichkeiten der Zieldomäne ausnutzen, wobei sie möglichst generell anwendbar sein sollen, sodass bei Benutzern ein passendes *mentales Modell* der Zieldomäne entsteht. Diese Sicht auf Metaphern und mentale Modelle (Abschn. 3.2) ist erstaunlich alt; sie wurde von Halasz und Moran [1982] geprägt.

3.4 Räumliche Metaphern

Im Folgenden werden mehrere Metaphern und ihre Vor- und Nachteile für konkrete Anwendungen diskutiert, wobei jeweils räumliche Konzepte genutzt werden. Diese Konzepte spielen in unserer alltäglichen Erfahrung eine derart große Rolle, dass es naheliegend ist, diese als Quelle für Metaphern zu nutzen. In Abschn. 3.2.3 wurde erläutert, wie wir uns räumlich orientieren und wie elaboriert diese Fähigkeiten sind. Wir *bewegen* Dateien *in* bestimmte Verzeichnisse oder nutzen im Webbrowser oft den „Go Back“-Button. Häuser, Städte, Landschaften und Reisen sind Beispiele für Quelldomänen, die Vertrautheit mit räumlichen Konzepten nutzen. Räumliche Metaphern können für die Navigation in großen Informationsräumen hilfreich sein. In Abschn. 8.8 wird erklärt, wie Fenster in *Räumen* und diese wiederum in *Gebäuden* zusammengefasst werden können. Die Desktop-Metapher ist der bekannteste Vertreter räumlicher Metaphern. Beispielhaft werden im Folgenden die Desktop-, die Haus- und die Reisemetapher vorgestellt.

3.4.1 Desktop-Metapher

Die Desktop-Metapher liegt fast allen modernen Betriebssystemen zugrunde. Quelldomäne ist also der Büroarbeitsplatz von Sekretärinnen, Sachbearbeitern und Managern. Die Desktop-Metapher ist eine räumliche Metapher, die es vor allem erleichtert, Dateien im abstrakten digitalen Raum zu lokalisieren. So ermöglicht es die visuelle Repräsentation z.B. Dateien wiederzufinden, indem man sich an ihre physische Lokalisation auf dem Desktop erinnert (vgl. die Diskussion über Erkennen und Erinnern in Abschn. 2.1.2). Dies ist wesentlich einfacher als sich Dateinamen und Verzeichnisse zu merken. Allerdings ist dieses Konzept limitiert, weil auf diese Weise natürlich nur relativ wenige Dateien verwaltet werden können Dies wird durch Einführung einer Ordnerhierarchie als Erweiterung der Desktop-Metapher möglich.

Detaillierte Beschreibung. Bei der Entwicklung des XEROX STAR (Abschn. 5.3) entsprechend der Desktop-Metapher wurde intensiv studiert, wie bestimmte Arbeitsgänge in einem Büro typischerweise erledigt werden und welche Utensilien dabei wichtig sind. Davon ausgehend wurde die Metapher entwickelt und in mehreren Iterationen so verfeinert, dass vertraute Konzepte genutzt und auf vertraute Weise dargestellt wurden. Objekte werden kreiert, die in ihrer Erscheinung an physische Objekte in einem Büro erinnern. Zu den wesentlichen Handlungen mit diesen Objekten gehört die Bewegung, die zumeist durch Drag-and-Drop (Aufnehmen, Bewegen und Fallenlassen) realisiert wird.

Systeme, die entsprechend der Desktop-Metapher konzipiert sind, präsentieren sich als virtueller Schreibtisch. Auf dem Schreibtisch können Dokumente abgelegt werden und diese können in Ordnern sortiert werden. Dokumente können in Stapeln angeordnet werden, wobei der Aufwand, an die tiefer liegenden verdeckten Dokumente zu gelangen, größer ist als der Aufwand, auf ein höher liegendes Dokument zuzugreifen. Dokumente können sich beliebig überlappen – sie können so angeordnet werden, das auch von tiefer liegenden Dokumenten ein Titel oder ein anderes wichtiges Merkmal erkannt werden kann. Drucker, Papierkorb sowie Ablagen für den Postein- und -ausgang sind weitere Bestandteile der Umsetzung der Desktop-Metapher. Die Metapher wurde in verschiedenen Varianten eingesetzt. Ältere Versionen des WINDOWS EXPLORER waren durch ein Aktenschrank-Symbol gekennzeichnet – das Dateisystem als Aktenschrank kam also als weitere Metapher aus dem Bürobereich hinzu.

Erweiterungen in der Zieldomäne. Allerdings sind einige Aktionen, die mit der Desktop-Metapher verbunden sind, in einem realen Büro nicht möglich. Ordner „verschlucken" Dokumente, die über ihnen fallengelassen werden. Sie haben eine schier unbegrenzte Kapazität und können fast unbegrenzt viele Dateien und untergeordnete Ordner aufnehmen. Diese natürlichen Erweiterungen gegenüber den realen Zuständen, die durch physische Restriktionen eingeschränkt sind, verunsichern Benutzer in keiner Weise [Kuhn, 1993]. Darüber hinaus gibt es bei der Desktop-Metapher Aktionen, die keinerlei Pendant in realen Systemen haben. Es gibt keinen „Befehl" zum Aufräumen von Dokumenten auf einem realen Schreibtisch, Dokumente können nicht skaliert oder minimiert werden. Allerdings werden diese Mechanismen, die Benutzer bei der Anordnung von Fenstern auf einem virtuellen Schreibtisch unterstützen, kaum eingesetzt – teilweise auch, weil es dieser Metapher widerspricht [Bederson und Hollan, 1994].

3.4.2 Haus-Metapher

Die Haus-Metapher hat sich bei der Organisation von virtuellen Welten vielfach bewährt. Virtuelle Welten entsprechend der Haus-Metapher werden häufig in Spielen oder Lernanwendungen genutzt.

Häuser bestehen aus mehreren Etagen, die durch Treppen oder Fahrstühle miteinander verbunden sind. In den einzelnen Etagen gibt es Räume, die durch Türen mit einem Gang verbunden sind. Eventuell gibt es zusätzliche Türen, die Räume untereinander verbinden. Kaufhäuser und Warenhäuser haben charakteristische Bestandteile, die der Metapher eine reiche Struktur verleihen und für die einprägsame Präsentation von Inhalten genutzt werden können. In [Emhardt, 1995] wird die Anwendung der Haus-Metapher für die kognitive Architektur eines Hypertextsystems beschrieben. Informationseinheiten werden in Räumen angeordnet und den Querverbindungen zwischen den Informationseinheiten entsprechen Gänge und Türen. Die räumliche Nachbarschaft in einem Haus symbolisiert die inhaltliche Verwandtschaft zwischen Informationseinheiten.

Besonders verbreitet ist der HOME-Button in Web-Browsern aber auch in Systemen zur Exploration von 3D-Daten. Dieser spezielle Aspekt der Haus-Metapher steht für das Zurückkehren auf eine Ausgangsposition, eine initiale Webseite oder Sichtrichtung – der HOME-Button als Analogie zur eigenen Wohnung, also zu einem Bereich, in dem man sich besonders gut auskennt. Türen werden besonders oft als Symbole für das „Beenden" genutzt. Die Ausgangstür einer Wohnung symbolisiert also das Verlassen.

3.4.3 Reise-Metapher

Viele Computerspiele, und teilweise diesem Vorbild folgend auch viele Lehr- und Lernsysteme, sind von der Reisemetapher geprägt. Man hat ein Ziel, einen bestimmten Raum oder Ort zu erreichen, und auf dem Weg dorthin sind viele Aufgaben zu erledigen oder Kämpfe zu bestehen, man muss Hindernissen ausweichen und darf bei alledem das Ziel nicht aus den Augen verlieren.

Eine Reise ist für die meisten Menschen mit Spannung, Abwechslung und Abenteuer verbunden. Man lernt auf angenehme Weise Neues kennen – durchweg positive Assoziationen. Die negativen Assoziationen, die mit Reisen verbunden werden, z.B. Reisestrapazen, verlorenes Gepäck, Zeitumstellungen, ... sind in der Zieldomäne eines interaktiven Computersystems offensichtlich nicht relevant. Es verbleiben also die positiven Assoziationen der Quelldomäne, die möglichst überzeugend umgesetzt werden müssen. Die Aufgaben finden jeweils in einem bestimmten Raum oder an einem Ort statt und die erfolgreiche Erledigung führt dazu, dass man in irgendeiner Form seinem Ziel näher kommt, in den nächsten Raum gelangt oder mit einem Verkehrsmittel eine andere Gegend oder ein anderes Gebäude erreicht.

Im Unterschied zu einer Haus-Metapher, wo die Türen jederzeit geöffnet werden können oder offen sind, ist hier das Erreichen des jeweils nächsten Ortes an Bedingungen geknüpft. Eine charakteristische, individuelle Gestaltung der Orte ist bei der Reise-Metapher ebenfalls von Bedeutung – es muss in irgendeiner Form attraktiv sein, die folgenden Orte zu erreichen.

3.4.4 Metaphern in multimedialen Autorensystemen

Multimediale Autorensysteme dienen dazu, effektiv Präsentationen von Firmen, Produkten und Organisationen sowie Lernsysteme für das Internet, DVDs oder neuerdings für mobile Geräte zu erstellen. Die Zielgruppe dieser Systeme sind die Entwickler, nicht primär die Endbenutzer. Die Entwickler erstellen, strukturieren und verknüpfen die Inhalte, die in verschiedenen Medien vorliegen – die Medienintegration ist die wichtigste Aufgabe. Die Nutzung von Metaphern ist hier wichtig, weil auch Anwendungsexperten, die in der Regel keine Programmierer sind, zur Zielgruppe dieser Systeme gehören. Die meisten multimedialen Autorensysteme basieren auf speziellen Metaphern, die unter anderem helfen sollen, auch umfangreiche multimediale Präsentationen konsistent zu erstellen.

Der TOOLBOOK INSTRUCTOR™ (www.toolbook.com) von SUMTOTALSYSTEMS nutzt z.B. die Buch-Metapher. Die Autoren erstellen also Buchkapitel bestehend aus einzelnen Seiten, die dann – wie bei der Diskussion der Buchmetapher beschrieben – verknüpft werden. Dabei kann eine Vielzahl von Templates und Stilvorlagen genutzt werden kann, um ansprechende und konsistente Präsentationen zu gestalten. In den aktuellen Versionen ist vieles integriert, was über die Buch-Metapher hinausgeht, z.B. können Simulationen und Quizaufgaben integriert werden.

ADOBE™ DIRECTOR (früher MACROMEDIA DIRECTOR) hingegen basiert auf einer Film-Metapher, die stärker die Integration von Medien betont. Bestandteile dieser Metapher sind:

- eine *Zeitleiste*, die die dargestellte *Handlung* zeitlich strukturiert,
- ein Regisseur, der in einem *Studio* die Handlung erstellt und
- *Darsteller*, die auf der *Bühne* agieren. Die Bühne wird dabei durch ein (oft bildschirmfüllendes) Fenster repräsentiert. Der komplexe Film entsteht durch geeignete Zusammenstellung einzelner Szenen. Beim „Abspielen" des Films bestehen die bei Rekordern üblichen Möglichkeiten der Steuerung (Vor, Zurück, Pause, ...).

Die *Zeitleiste* unterstützt die synchronisierte Darstellung von Inhalten in unterschiedlichen Medien. Dem Charakter interaktiver Systeme entsprechend ist natürlich auch vorgesehen, dass auf Ereignisse (z.B. Benutzereingaben) reagiert wird und Systemzustände angepasst werden).

Die Datenflussmetapher ist ebenfalls hilfreich, um die Inhalte einer komplexen Multimediapräsentation zu strukturieren und zu synchronisieren. Dabei werden die Abhängigkeiten in Graphform dargestellt und der Entwickler manipuliert direkt diese Graphen, ähnlich wie die Erstellung eines Schaltplanes. Diese Graphdarstellungen dienen ausschließlich der Erstellung der Inhalte – für den Endbenutzer sind sie nicht sichtbar. ADOBE™ AUTHORWARE ist ein derartiges Autorensystem, das vor allem für e-Learning-Anwendungen konzipiert ist.

Buch-Metapher. In multimedialen Autorensystemen wird häufig auch die Buch-Metapher genutzt, um die Orientierung in größeren und vernetzten Informationsräumen zu erleichtern. Reale Bücher bestehen aus *Kapiteln*, *Abschnitten* und einzelnen *Seiten*, die nummeriert und in der Regel mit angemessenen *Kopfzeilen* versehen sind. Zwischen den Inhalten gibt es *Querverweise*, die vom Benutzer verfolgt werden können. Anstelle des abrupten Einblendens einer neuen Seite kann das Blättern von einer Seite zur nächsten angedeutet werden. Bei einem Buch sind immer zwei Seiten sichtbar – auch dies sollte bei der Orientierung an der Buch-Metapher übernommen werden. Man kann Bücher *diagonal lesen* und die Inhalte beim Durchblättern überfliegen. Damit man sich besser zurechtfindet, gibt es *Indizes* (Sachwort- und Personenregister) und Übersichten, z.B. eine Gliederung am Anfang des jeweiligen Kapitels. *Lesezeichen* werden benutzt, um sich bestimmte Stellen zu merken. Diese vertrauten Mechanismen können als Orientierung für die Gestaltung interaktiver Systeme genutzt werden.

Erweiterungen in der Zieldomäne. In einem Hypertextsystem kann man von der linearen Struktur abweichen, man „springt" aus Verzeichnissen direkt in die entsprechenden Kapitel. Weitere Metaphern sind nötig, um die Möglichkeiten eines multimedialen Systems, wie die Einbindung von Videos und Tonsequenzen, optimal zu nutzen. Für diese Medien ist das Buch kein Vorbild. Dies führt zu den im Folgenden diskutierten Metaphern in Autorensystemen.

3.4.5 Metaphern in geografischen Informationssystemen

Geografische Informationssysteme verwalten Daten mit einem räumlichen Bezug, sogenannte georeferentielle Daten und stellen diese Daten grafisch dar. Dazu gehören interaktive Stadtpläne, Routensuchprogramme, aber auch komplexe Systeme zur Verwaltung von Energieversorgungsleitungen und zur Planung von neuen Firmenstandorten. Kuhn [1993] hat intensiv geeignete Metaphern für die Gestaltung dieser Systeme untersucht.

In der Regel folgen GIS-Systeme der Karten-Metapher: GIS-Systeme werden als interaktive Stadtpläne, Straßenkarten oder thematische Karten betrachtet, wobei diese Begriffe oft als *virtuelle Karten* zusammengefasst werden [Kuhn, 2007]. Diese Metapher fokussiert darauf, dass die elektronischen Karten auf ähnliche Weise interpretiert und gehandhabt werden können wie gedruckte Karten. Für viele Aufgaben sind mehrere Karten nötig, die sich in ihrem Inhalt oder ihrem Maßstab unterscheiden. Diese können wie transparente Karten „übereinander gelegt" werden, sodass die Betrachtung von unterschiedlichen Symbolen im Zusammenhang möglich ist. Die naheliegende aber keinesfalls zwingende Nutzung der Karten-Metapher erlaubt es den Anwendern, in der Terminologie von Karten, Maßstäben und Regionen zu denken.

Die Karten-Metapher ist eine allgemeine Metapher, bei der das Zusammenspiel mehrerer elementarer Metaphern erforderlich ist. Die *Flussmetapher* dient dazu, Bewegungen zu veranschaulichen, z.B. Bewegungen von Geldmengen, von Wählerstimmen, von Industrieansiedlungen und anderen. Die Tendenz dieser Veränderungen wird durch Vektoren veranschaulicht.

Probleme der Karten-Metapher. In Bezug auf die Kartenmetapher kritisiert Kuhn [1991], dass unnötigerweise Schwächen gedruckter Karten als Vorbild für interaktive Karten dienen. Karten sind meist zweidimensional, obwohl für viele Aufgaben die Navigation in 3D-Daten erforderlich wäre. So kann die Erreichbarkeit eines Punktes in einem Funknetz nur durch die Betrachtung der 3D-Höhendaten erfolgen. Die Gefährdung durch ein Hochwasser und die Orientierung an Gebäuden als Landmarken erfordert die Betrachtung der dritten Dimension. Ein weiteres Problem von Karten besteht darin, dass nur diskrete Sprünge in den Maßstäben möglich sind. Außerdem präsentieren Karten bestimmte – teilweise willkürliche – Ausschnitte aus den geografischen Daten und sind nicht auf die konkreten Informationsbedürfnisse eines Benutzers zugeschnitten.

Schließlich ist oft die zeitliche Veränderung von Daten mit einem geografischen Bezug von Interesse, etwa die Veränderung von bekannten Rohstoffvorkommen. Mit der Karten-Metapher können Veränderungen nur als Serie einzelner Karten, die bestimmte diskrete Zeitpunkte abbilden, repräsentiert werden. Eine Animation, die das *Beobachten* der Veränderungen ermöglicht, wäre eine sinnvolle Ergänzung.

KUHN schlägt stattdessen vor, die Anzeige von geografischen Daten im Rahmen eines GIS-Systems stärker am Vorbild des menschlichen Sehens zu orientieren. „Displays are views, not maps" ist seine zentrale Aussage. Dabei sind *views* visuelle Felder, wie sie beim menschlichen Sehen in der Natur entstehen und *maps* statische

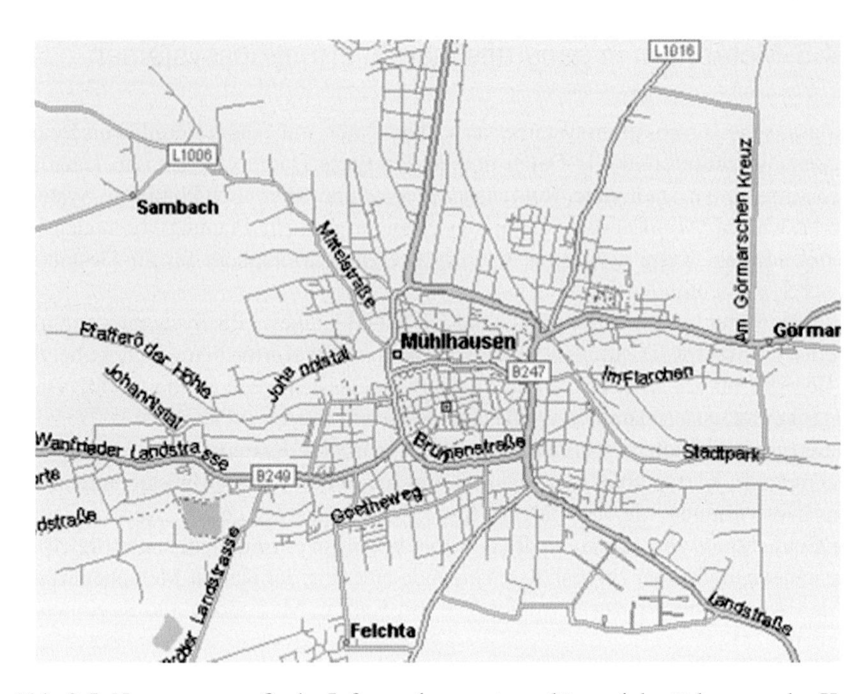

Abb. 3.5: Neuere geografische Informationssysteme lösen sich stärker von der Kartenmetapher und präsentieren Informationen so, dass die Auswahl von Symbolen und Beschriftung an stufenlos skalierte Darstellungen angepasst wird und die für den Benutzer relevanten Informationen, z.B. Routen hervorgehoben werden können (Screenshot von Microsoft™ MapPoint).

Karten auf Papier. Dies führt zu folgenden Verbesserungen: Der Mensch kann durch kontinuierliche Bewegungen sowohl den sichtbaren Ausschnitt von gewissen Daten als auch deren Größe beeinflussen – also stufenlos skalieren. Zugleich werden bei der Annäherung zusätzliche Details sichtbar, sodass die Vergrößerung bei der Annäherung nicht nur eine lineare Skalierung darstellt. Abb. 3.5 zeigt aktuelle Beispiele, bei denen dies möglich ist.

Das menschliche Sehen ist durch die Fähigkeit geprägt, in einem kleinen Ausschnitt scharf zu sehen (vgl. Abschn. 2.2.1). Dementsprechend ist es natürlich, bestimmte Teile, die den Benutzer interessieren, detaillierter und vergrößert darzustellen. So kann der Benutzer eine Lupe über eine Darstellung bewegen, wobei der sichtbare Teil vergrößert dargestellt wird. Diese Eigenschaft des Sehens ist zugleich die Grundlage für Fisheye-Techniken, nichtlineare Verzerrungen, die sich an Fisheye-Objektiven orientieren. Das Sehen ist dabei nicht maßstäblich – gleiche Distanzen in den Daten werden nicht immer auf gleiche Distanzen in den Karten abgebildet. Zugleich geht KUHN davon aus, dass die Erhaltung einiger wichtiger Eigenschaften bewahrt werden muss, z.B.

- dass ein Ort zu einer bestimmten Region gehört (Enthaltensein),

- dass bestimmte Orte als benachbart oder entfernt wahrgenommen werden oder
- dass ein Ort Teil eines anderen ist.

Dabei stützt er sich auf Lakoff [1988], der die metaphorische Benutzung von Eigenschaften der visuellen Wahrnehmung behandelt. Bei der Projektion geografischer Daten sollen diese Eigenschaften jederzeit aufrechterhalten werden.

Neuere Metaphern bereichern Geografische Informationssysteme und interaktive Karten. Man kann eine Route in einer Animation betrachten, in der der Pfad vom Start zum Ziel wie aus der Vogelperspektive dargestellt ist. Die *Globusmetapher* liegt GOOGLE EARTH zugrunde – geografische Daten sind dabei für die ganze Welt verfügbar und werden zunächst aus der Satellitenperspektive dargestellt. Aus dieser Sicht ist es naheliegend, Luftaufnahmen darzustellen. Die Überlagerung von kartenähnlich dargestellten geografischen Informationen mit Luftbildern integriert relevante Informationen. Interessant ist auch die Kombination von *geografischem Zoom* (Abstand zur Erdoberfläche) und *semantischem Zoom* (abstraktere semantische Einheiten, z.B. Ländernamen werden erst bei hohem Abstand sichtbar). Obwohl es dafür kein natürliches Vorbild gibt, ist diese Anpassung der Informationspräsentation nachvollziehbar.

3.5 Zusammengesetzte Metaphern

Ein komplexes interaktives System kann keinesfalls so konzipiert werden, dass es mit einer gewissen Ausführlichkeit durch *eine* Metapher charakterisiert wird. Die Notwendigkeit, Metaphern zu kombinieren, wird am Beispiel von Fenstersystemen (siehe Kapitel 8 für eine detaillierte Diskussion) beschrieben. Die Desktop-Metapher wird dabei durch folgende Metaphern ergänzt:

1. Rollbalken werden genutzt, um den sichtbaren Bereich in langen Dokumenten zu verändern. Dies geschieht in Analogie dazu, wie sehr lange Dokumente gelesen werden. Man rollt sie aus, hat jeweils einen Teil vor sich, der gelesen werden kann und kann anhand des bereits aufgerollten Anteils grob erkennen, an welcher Position man sich im gesamten Dokument befindet. Zusätzlich gibt es weitere Möglichkeiten, wie das gezielte Anspringen einer Seite. Dennoch ist die Parallele für den Einstieg nützlich [Preece et al., 1994].
2. Menüs sind durch das Vorbild von Speisekarten geprägt, mit denen anhand textueller Auflistungen etwas ausgewählt wird. Allerdings blättert man seitenweise durch reale Menüs, statt jeweils einzelne Menüäste aufzuklappen.
3. Ausschneiden und Einkleben (*copy, cut and paste*): Die Benennung der Aktionen, mit denen Dateien verschoben werden, erfolgt in Analogie zu einer manuellen Layout- bzw. Textgestaltung: Man „schneidet" Textteile aus und „klebt" sie an anderer Stelle wieder ein. Wieder ist die Analogie nur bedingt hilfreich – so steht nach mehrmaligem aufeinanderfolgenden Ausschneiden meist nur das jeweils letzte Objekt für eine Einfüge-Operation zur Verfügung. Die Metapher

wurde zunächst in der Textverarbeitung eingesetzt und später auch in der Verwaltung von Dateien.
4. Fenster selbst stellen eine Metapher dar – einen Ausschnitt, durch den man einen Teil eines Dokuments oder einer Anwendung sehen kann.
5. Buttons repräsentieren Schalter, die auf Knopfdruck reagieren und eine Funktion aktivieren.

Die Erfahrungen mit der Bedienung fensterbasierter Oberflächen zeigen, dass diese Kombination unterschiedlicher Analogien für die Benutzer kein Problem darstellen. Sie sind auch nicht explizit in der Oberfläche präsentiert und den Anwendern oft gar nicht bewusst. Metaphern sind hier vor allem nützlich für die Gewinnung von Ideen für die Gestaltung der Interaktion.

Die Desktop-Metapher ist bereits eine zusammengesetzte Metapher, die mehrere – inhaltlich eng zusammengehörende – Konzepte integriert und dadurch eine kohärente Oberfläche bildet. Der Mülleimer, der auf dem Schreibtisch steht, und die Ordner, die Dokumente enthalten, gehören zu den elementaren Bestandteilen der Desktop-Metapher.

Beispiel: Digitaler Lichtkasten. Zur Erklärung zusammengesetzter Metaphern sei noch ein Beispiel aus der Medizin angeführt: der digitale Lichtkasten. Radiologen haben jahrzehntelang Röntgenbilder und ausgedruckte Schichtbilder einer Computertomographie am Lichtkasten befundet (Abb. 3.6). Dabei werden z.B. Röntgenbilder in zwei Reihen angeordnet. Für einzelne Untersuchungen, z.B. die Beurteilung einer Mammographie, einer Röntgenaufnahme der weiblichen Brust, werden spezielle Anordnungen der Bilder – Radiologen nennen sie *Hängungen* – entwickelt. Bei einer Mammographie werden seitliche und frontale Aufnahmen gemacht und die aktuellen Aufnahmen werden mit Voraufnahmen verglichen, um Veränderungen beurteilen zu können. Jedes derartige Bild hat also einen festen Platz am Lichtkasten, sodass der Radiologe aufgrund langer Erfahrung in beeindruckender Geschwindigkeit die Bilder analysieren, vergleichen und bewerten kann. Sollte es der Einzelfall erfordern, von der vorbereiteten Hängung abzuweichen, kann ein Bild natürlich leicht an einen anderen Platz bewegt werden

Kleine Unregelmäßigkeiten und Veränderungen, die evtl. frühe Zeichen einer ernsten Erkrankung sind, lassen sich schwer beurteilen – eine Lupe wird benutzt, um diese Details zu analysieren. Zur Quantifizierung wird häufig ein Lineal verwendet. Neben dem Vorkommen einer krankhaften Veränderung muss auch ihre Größe im Befund beschrieben werden. Nach beendeter Untersuchung werden – durch Betätigung eines Fußschalters – alle Bilder des nächsten Falls zur Darstellung gebracht. Dies ist durch eine radiologische technische Assistentin vorbereitet worden.

Die konventionelle Radiologie ist also die Quelldomäne, die für die Entwicklung digitaler Befundungsmöglichkeiten strukturierend wirkt. Der Lichtkasten ist dabei die übergeordnete Metapher. Die vordefinierte Hängung für spezielle Aufgaben, die Lupe und das Lineal sind Beispiele für untergeordnete Metaphern. Beim Lichtkasten steht sehr viel Platz zur Verfügung – der digitale Lichtkasten sollte also entweder sehr große Monitore oder mehrere Monitore verwenden (siehe Abb. 3.7). Hängungen werden nicht mehr durch die radiologisch technische Assistentin eingestellt, sondern durch entsprechende Konfiguration bei der Installation der Software. Lupen und Lineale werden möglichst direkt und anschaulich auf dem Computer nachgebildet. Das Umschalten auf den nächsten Fall entspricht dem Laden eines neuen Datensatzes; aus den Attributen des Datensatzes kann ermittelt werden, um welche Untersuchung es sich handelt und automatisch die richtige Hängung ermittelt werden. Dass eine Computerunterstützung in der Befundung mehr leisten kann, als den alten Lichtkasten nachzubilden, soll hier nicht erläutert werden. Entscheidend ist, dass die digitale Befundung kaum Akzeptanz finden würde, wenn nicht wesentliche Aspekte des Lichtkastens übernommen worden wären und dass die Effizienz der Anwender wesentlich davon abhängt, dass ihre hochspezialisierten Erfahrungen nicht mit einer neuen Technologie entwertet werden.

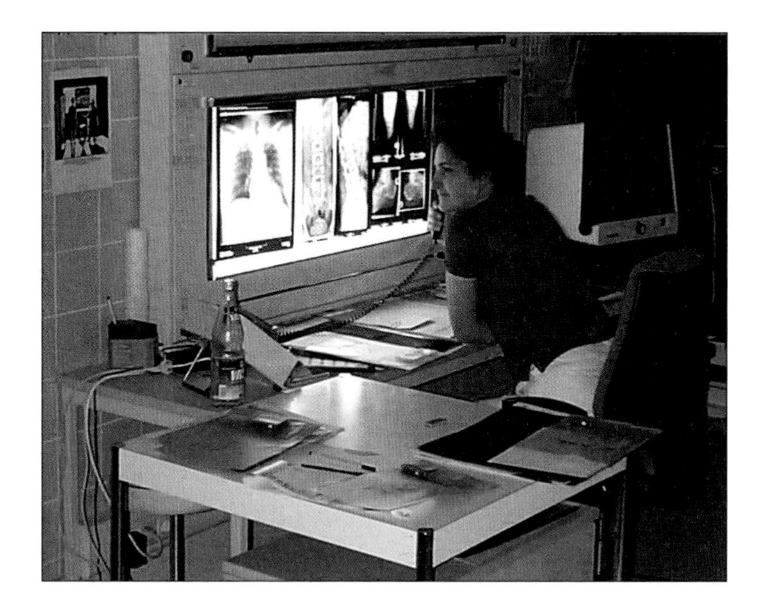

Abb. 3.6: Der konventionelle Lichtkasten als Arbeitsplatz der Radiologen. Viel Platz steht für die gleichzeitige Betrachtung aller relevanten Bilder zur Verfügung (Foto: S. Meyer, MeVis Diagnostics Bremen).

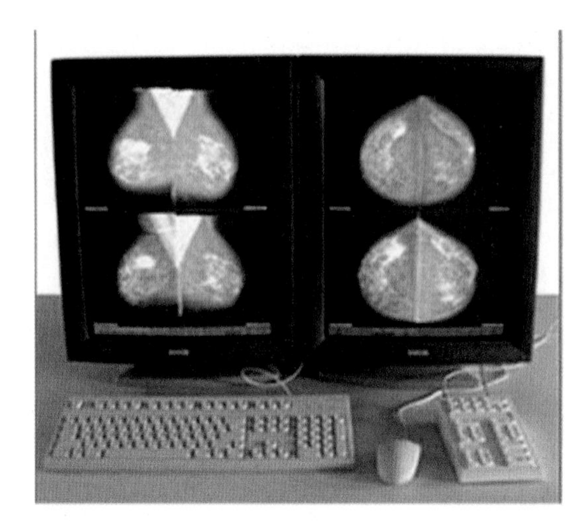

Abb. 3.7: Der digitale Lichtkasten bestehend aus zwei sehr hochaufgelösten Grauwertmonitoren (jeweils 2500 × 2000 Pixel können dargestellt werden). Voraufnahmen und aktuelle Aufnahmen können so gleichzeitig dargestellt werden. Eine spezielle Bedieneinheit rechts neben der Maus stellt die wichtigsten vom Lichtkasten vertrauten Funktionen mit einschlägigen Beschriftungen zur Verfügung (Foto: MeVis Breastcare Bremen).

3.6 Entwurf auf Basis von Metaphern

Metaphern sind nicht nur ein Vehikel, um den Anwendern ein interaktives System zu vermitteln, sondern auch ein Mittel des Systementwurfs. Hier sind es die Entwickler, die eine neue, unvertraute Domäne – den Anwendungsbereich – verstehen müssen. Dieses Verständnis muss so tiefgreifend sein, dass beurteilt werden kann, welche Funktionalität eine technische Unterstützung aufweisen sollte und welche Begriffe, Konzepte und visuelle Repräsentationen bei dieser technischen Unterstützung verwenden sollten. Für dieses Verständnis ist es essenziell, Anwendungsexperten zuzuhören, Publikationen aus ihrem Bereich zu lesen und dabei nicht nur auf den Inhalt zu achten, sondern auch zu analysieren, *wie* etwas formuliert wird. Geeignete Metaphern lassen sich oft aus der Sprache der Anwender ableiten.

Metaphern können auch dazu beitragen, Entwickler auf Ideen zu bringen, und dazu führen, dass sie neue Interaktionstechniken entwickeln. Da das Zielsystem noch entwickelt wird, legt eine Metapher eine gewisse Strukturierung des Zielsystems nahe, wobei sich diese Ordnung an den den Benutzern vertrauten Konzepten orientiert. Die Entwicklung und Verfeinerung von Metaphern ist ein kreativer Prozess – aber dennoch kann dieser Prozess systematisch durchgeführt werden. Metaphern fallen nicht vom blauen Himmel, wie Kuhn [1995] es treffend ausdrückt. Die folgenden Betrachtungen orientieren sich an [Madsen, 1994] und [Erickson, 1990]. Der metaphernbasierte Entwurfsprozess hat folgende Hauptbestandteile:

- Identifikation von Kandidatenmetaphern,
- Bewertung von Metaphern und
- Entwicklung von Metaphern.

Diesen Schritten entsprechend ist der folgende Abschnitt gegliedert.

3.6.1 Identifikation von Kandidatenmetaphern

Bei der Suche nach Metaphern orientiert sich der Entwickler der Benutzungsschnittstelle an Ergebnissen der Aufgabenanalyse, die in Band II ausführlich behandelt wird. Interviewmitschriften, Beobachtungen oder noch besser akustische Aufzeichnungen von Gesprächen mit Kunden bzw. Anwendern sollten in Bezug auf relevante und geeignete Begriffe und Konzepte analysiert werden [Madsen, 1994]. Eventuell liegt bereits eine funktionale Spezifikation vor, die im Ergebnis der Analyse von Arbeitsprozessen und deren Umgebung entstanden ist. Metaphern können durch den systematischen Einsatz von Kreativitätstechniken entstehen. So kann man eine Vielzahl von zunächst nicht sinnvollen Begriffspaaren (ein Begriff für die feststehende Quelldomäne und viele Begriffe für mögliche Zieldomänen) bilden und hinsichtlich von Assoziationen durchdenken. Besonders effektiv ist es, Vorgängersysteme in Bezug auf geeignete Metaphern zu untersuchen oder im Alltagsleben nach Metaphern zu suchen.

Metaphern aus Vorgängersystemen. In vielen Fällen können Metaphern „gefunden" werden, indem Benutzer bei ihrer Arbeit beobachtet werden. Metaphern entsprechen dann Objekten und Handlungen aus der unmittelbaren Arbeitswelt von Anwendern. Diese Strategie kam bei den Anatomielernsystemen zum Einsatz und führte zur Atlas-Metapher (Abschn. 3.7) und bei der Entwicklung des XEROX STAR [Smith et al., 1982] entsprechend der Desktop-Metapher. Im vorangegangenen Abschnitt haben den digitalen Lichtkasten als spezielles Beispiel aus der Medizin betrachtet.

Metaphern aus anderen Bereichen. Wenn eine Metapher nicht aus Vorgängersystemen abgeleitet werden kann, ist eine breitere Suche notwendig. Carroll et al. [1990] beschreiben die Suche nach Metaphern, die veranschaulichen sollen, dass es eine Verbindung zwischen Dokumenten gibt (z.B. eine eingebettete Grafik in einem Text). Eine *Verbindung* von *Quelle* (eingebettetes Dokument) und *Ziel* ist eine Möglichkeit für eine Metapher. Allerdings ist der Begriff Verbindung sehr allgemein. Tatsächlich kann ein (Quell-) Dokument auch in mehrere Zieldokumente eingebettet werden; es handelt sich also um eine 1:n-Verbindung. Die abstrakte Verbindungsmetapher ist dabei nicht hilfreich. Verbindungen können $1:1$, $1:n$ oder $n:m$-Beziehungen zwischen Quelle und Senke aufweisen.

ERICKSON schlägt daher vor, nach anderen Relationen aus dem täglichen Leben zu suchen, bei denen tatsächlich $1:n$-Verbindungen auftreten. Ein Beispiel dafür ist die Relation zwischen einem Zeitschriftenverleger und den Abonnenten bzw. zwischen einem Fernsehsender und den Zuschauern. Der einmalig erstellte Inhalt

(Quelle) wird an viele Empfänger über einen Kommunikationskanal übertragen. Die Relation ist nicht symmetrisch – die Empfänger können über den Vertriebskanal keine Nachrichten zurücksenden. Die Beziehung ist temporär – sie kann durch das Abbestellen einer Zeitung oder eines Kanals gelöst werden. Eine Metapher, die das Verteilen von Fernsehprogrammen stilisiert, könnte also das Einbetten von Dokumenten veranschaulichen.

Metaphern können sich auf Objekte oder Prozesse beziehen. In diesem Kapitel wurde bereits eine Vielzahl von Objekt-Metaphern beschrieben. Prozess-Metaphern sind z.B. Pipelines (Verarbeitungsketten), Flussdiagramme, Filter, die Daten in einer bestimmten Form verarbeiten oder Warteschlangen, die veranschaulichen, dass Prozesse mit begrenzten Ressourcen durchgeführt werden und daher Wartezeiten erforderlich sein können.

3.6.2 Evaluierung von Metaphern

Die Auswahl aus den zuvor identifizierten Kandidatenmetaphern hat weitreichende Konsequenzen für die *Benennung* und *grafische Darstellung* von Aktionen und muss daher mit einer Evaluierung hinsichtlich ihrer Bekanntheit und Eignung verbunden werden. Benutzer sollten dazu befragt werden,

- ob sie die Metapher kennen (z.B. Bilder, Töne, Handlungen),
- was sie mit dieser Metapher assoziieren,
- was ihnen dabei besonders wichtig erscheint (Bestimmung des Fokus der Metapher, vgl. [Averbukh, 2001]).

Wenn die Metapher bekannt ist und etliche Assoziationen übertragbar sind, ist die Metapher ein Kandidat. Wichtig ist dann, ob die besonders wichtigen Assoziationen hilfreich sind. Verständlichkeit ist das wichtigste Kriterium für die Nützlichkeit einer Metapher. Auf der anderen Seite kann ein großer Teil der Benutzer eventuell wichtige Aspekte mit einer Metapher assoziieren, deren Realisierung nicht geplant ist. In dem Fall droht, dass die Benutzer das System überschätzen. Ein Beispiel dafür haben wir bereits kennengelernt – natürlichsprachige Assistenten wecken (bisher) unerreichbar hohe Erwartungen. Ziel muss es sein, Metaphern zu entwickeln, die bei der Mehrheit der Benutzer realistische Erwartungen darüber wecken, was mit einem System erreichbar ist.

Unter mehreren infrage kommenden Metaphern sollte diejenige gewählt werden, die eine besonders reiche Struktur aufweist [Madsen, 1994]. Damit ist gemeint, dass Metaphern bevorzugt werden, mit denen Benutzer viele klare Vorstellungen verbinden. Madsen [1994] empfiehlt außerdem, dass es mindestens ein *Brückenkonzept* geben sollte, dass die Quell- und Zieldomäne verbindet; also eine besonders schlüssige naheliegende Analogie.

3.6.3 Entwicklung der Metapher

In diesem Schritt geht es darum, präzise zu definieren, welche Aspekte der Metapher nachgebildet werden sollen, welche Implikationen dies mit sich bringt und wie die Nachbildung erfolgt. Die Quelldomäne wird dabei sorgfältig daraufhin analysiert, ob es neben der ursprünglich geplanten Funktionalität weitere wichtige Aspekte gibt, die nachgebildet werden können. Madsen [1994] schlägt vor, Konzepte zu identifizieren und die Entwicklung der Metapher auf diese Schlüsselkonzepte zu fokussieren. Als Beispiel nennt er die Metapher *eines Treffpunktes* für eine digitale Bibliothek. Ausgehend von dem Schlüsselkonzept sich zu treffen und zu kommunizieren, müsste eine digitale Bibliothek in besonderer Weise den Nachrichtenaustausch unterstützen, Neuigkeiten rund um Bücher präsentieren, Diskussionen unterstützen und strukturieren, ...

Bei der Puzzle-Metapher ist das Zusammensetzen der Teile das Schlüsselkonzept (siehe Abschn. 3.7.1.3). Der Versuch, Teile zusammenzusetzen, kann nur erfolgreich sein, wenn die richtigen Teile identifiziert werden. Es ist nötig, dass Benutzer an einem Bildschirm mit konventionellen Eingabegeräten die notwendige 3D-Interaktion durchführen können. So genannte Snap-Techniken, die ein Einrasten an den Verknüpfungsstellen unterstützen, helfen, den Aufwand für die Feinpositionierung der Teile zu verringern.

Es muss gut durchdacht werden, wie die Metapher in der Zieldomäne weiterentwickelt und ggf. ergänzt werden kann. Setzt man die Puzzle-Metapher in Lernsystemen ein, damit Lernende den komplexen Aufbau von 3D-Geometrien z.B. in Fahrzeugen oder Anlagen erlernen, ist die Exploration des fertigen Modells durch freie 3D-Interaktion und Explosionsdarstellungen eine naheliegende Erweiterung. Madsen [1994] schlägt zudem vor, gezielt Varianten für die Benennung und Gruppierung von Aspekten zu durchdenken.

3.7 Metaphern für Lernsysteme in der Anatomie

In diesem Abschnitt soll eine spezielle Quelldomäne erläutert werden, die den meisten Lesern nicht vertraut ist. Diese Diskussion dient dazu, entsprechend der Quelldomäne geeignete Metaphern zu identifizieren und Varianten ihrer Umsetzung zu diskutieren. Die praktische Bedeutung dieses Beispiels liegt darin, dass es die User Interface-Entwicklung häufig mit sich bringt, eine unvertraute Domäne kennen zu lernen, um auf dieser Basis eine Computerunterstützung konzipieren zu können.

In der Anatomieausbildung erlernen Studenten den Aufbau des menschlichen Körpers. Sie lernen die Bestandteile kennen, das Zusammenwirken der Bestandteile, z.B. welche Muskeln durch welche Nerven versorgt werden und welche Blutgefäße bestimmte Regionen versorgen. Neben klassischen Lehrveranstaltungen spielt das Lernen mit Büchern und das Präparieren an Leichenteilen eine wichtige Rolle. Letzteres bedeutet, dass mit entsprechenden Instrumenten anatomische Strukturen freigelegt werden. Da dieses *Präparieren* auch bei Operationen wesentlich ist, wird damit auch eine wichtige Vorbereitung auf operative Fächer geleistet.

Die Nachteile herkömmlicher Ausbildungs- und Trainingsmethoden sind Motivation für eine Ergänzung durch computergestützte Trainingssysteme. Das Lernen mit Büchern bzw. Anatomieatlanten ist schwierig, da viele Zusammenhänge nicht intuitiv vermittelt werden können. Sichten aus unterschiedlichen Richtungen können nicht durch eine Animation vermittelt werden, sondern durch Zeichnungen aus wenigen diskreten Sichtrichtungen. Alle anatomischen Strukturen einer Region können keinesfalls gleichzeitig dargestellt werden; so muss der Student verschiedene Bilder mental überlagern. Das Präparieren an Leichenteilen ermöglicht es zwar, die räumlichen Verhältnisse direkt zu erfahren. Allerdings setzt diese Form des Lernens umfassende Vorkenntnisse voraus, denn die anatomischen Strukturen einer Leiche sind natürlich nicht beschriftet und haben sehr ähnliche Farben – im Unterschied zu den didaktisch motivierten Farben in kontrastreichen Lehrbuchzeichnungen. Außerdem unterscheiden sich die anatomischen Verhältnisse bei einer Leiche erheblich von denen eines lebenden Menschen – Weichteile schrumpfen, es fließt kein Blut, der Luft- und Wassergehalt ist stark reduziert. Ausgehend von dieser – zugegebenermaßen etwas rudimentären – Problemanalyse können Metaphern für eine Computerunterstützung entworfen werden.

3.7.1 Kandidaten für Metaphern

Kandidaten für Metaphern ergeben sich zunächst daraus, welche herkömmlichen Lernmittel und -methoden existieren.

3.7.1.1 Atlas-Metapher

Orientiert man sich an Lehrbüchern und Anatomieatlanten, erscheint die Metapher eines elektronischen Anatomieatlasses naheliegend. Im Unterschied zu herkömmlichen Lehrbüchern spielen hier Bilder die entscheidende Rolle. Textlastige Lehrbücher durch ein Computersystem ersetzen zu wollen, wäre nicht sinnvoll, da das Lesen längerer Texte am Bildschirm wenig effektiv ist. Anatomieatlanten enthalten nur solche Texte, die für das Verständnis der Bilder relevant sind. Dazu zählen Beschriftungen, Bildunterschriften und kurze – oft tabellarische – Erklärungen (z.B. [Sobotta, 1993]). Mit der Atlas-Metapher lassen sich folgende Bestandteile assoziieren:

- Hochaufgelöste didaktisch wertvolle Bilder,
- Beschriftung anatomischer Strukturen,
- Detaillierte Bildunterschriften,
- Strukturierung über anatomische Regionen (Kopf, Hals, ...) und funktionelle Aspekte (Nervenversorgung, Blutversorgung) und

- tabellarische Zusammenfassungen von anatomischen Strukturen und ihren Eigenschaften.

Hinzu kommen die allgemeinen Bestandteile von Büchern (vgl. Abschn. 3.4.4):

- Zuordnung der Inhalte zu Kapiteln und Abschnitten,
- Inhaltsverzeichnis,
- Seitenzahlen und
- Sachwortverzeichnis.

Bei der Nutzung von Atlanten ist zu beobachten, dass Studenten Notizen, Anmerkungen und Skizzen erstellen, dass sie Lesezeichen nutzen und sich teilweise mit mehreren Fingern die Seiten merken, die zusammenhängende Bilder zeigen.

Diese Metapher weist also eine reiche Struktur auf und ist umsetzbar. Als Quelle für die Bilder dienen im einfachsten Fall eingescannte Bilder aus den echten Atlanten. Es entsteht die Frage, ob es sinnvoll ist, alle Aspekte, wie z.B. handschriftliche Notizen, zu berücksichtigen. Schließlich muss überlegt werden, welche Funktionen – über die Nachbildung der Metapher hinaus – nachgebildet werden sollten.

3.7.1.2 Virtuelles Präparieren

Die zweite Metapher, die sich aus dem herkömmlichen Lernen ergibt, ist das virtuelle Präparieren. Damit sind folgende Assoziationen bzw. Bestandteile verbunden.

- Vorhandensein eines entsprechenden Leichenteils sowie von Instrumenten zum Auseinanderziehen und Schneiden,
- Unterschiedliche Reaktion des Gewebes auf den Einsatz von Instrumenten (unterschiedliche Elastizität von Knochen und Weichteilen),
- Lernziel (Freipräparieren einer bestimmten Struktur),
- Vorsichtiger Umgang mit den Leichenteilen aufgrund der Knappheit dieser Leichenteile,
- Lernprozess, der an einen bestimmten Raum und meist auch bestimmte Zeiten gebunden ist.
- Lernprozess, der überwacht wird, mit der Möglichkeit Fragen zu stellen.

Auch diese Metapher ist reichhaltig und strukturiert. Eine Nachbildung erfordert ein detailliertes geometrisches Modell des menschlichen Körpers und eine Abgrenzung der einzelnen Strukturen. Zudem müssen geometrische Modelle der Instrumente erstellt werden.

Herausfordernd ist das computergestützte Nachbilden der Schneidevorgänge bzw. der anderen Interaktionen mit dem Gewebe. Eine realistische Umsetzung der Metapher erfordert, dass die unterschiedliche Elastizität der Gewebetypen erfasst wird und ihr Verhalten bei Krafteinwirkungen simuliert wird, wobei auch das taktile Empfinden bei direkter Berührung oder Krafteinwirkung durch Instrumente nachgebildet werden müsste.

3.7.1.3 3D-Puzzle und Baukasten

Wenn man sich an den wesentlichen Lernzielen der Anatomieausbildung orientiert, kommen auch andere Metaphern in Frage. Grundsätzlich sind für die effektive Gestaltung von Lernprozessen Aufgaben wichtig, sodass die Exploration des Wissens fokussiert wird und auf der Basis von Lösungen, die Studenten eingeben, Feedback gegeben werden kann (vgl. Diskussion in Abschn. 2.1.2 über tiefe Verarbeitung als Voraussetzung für Lernprozesse). Durch Bearbeitung und Lösung von Aufgaben sind Lernende *aktiv* einbezogen und nicht nur passive Betrachter vorstrukturierter Informationen. Diesem Gedanken folgend könnte man z.B. geometrische Modelle anatomischer Strukturen bereitstellen und Studenten diese benennen lassen. Wichtig wäre außerdem, dass Studenten wissen, wo sich diese Strukturen befinden und in welchen Zusammenhängen sie stehen ($Nerv_1$ versorgt $Muskel_2$, $Arterie_1$ versorgt $Region_2$ mit Blut, $Vene_3$ führt das Blut der $Region_2$ ab). Es könnte also Aufgaben geben, die Studenten veranlassen, anatomischen Strukturen Körperregionen oder andere anatomische Strukturen, mit denen sie in Bezug stehen, zuzuordnen.

Wenn man diesen Gedanken weiterführt, tritt die Frage nach einer strukturierenden Metapher auf. Welches bekannte Konzept führt zu Aufgaben, mit denen sich der räumliche Aufbau von Gebilden erlernen lässt? Wenn man das räumliche Gebilde selbst zusammensetzt oder alternativ auseinander baut und danach zusammensetzt, wird das räumliche Verständnis sicher gefördert. Der erste Gedanke könnte eine *Baukastenmetapher* sein. Die anatomischen Strukturen einer Körperregion sind dabei die Teile, aus denen ein geometrisches Modell zusammengebaut werden soll.

Bei genauerer Betrachtung ist die Baukastenmetapher nicht optimal. Aus Teilen eines Baukastens können die verschiedensten (sinnvollen) Modelle zusammengebaut werden. Es gibt relativ wenige unterschiedliche Teile; diese aber in großer Anzahl. Bei anatomischen Strukturen ist es genau anders herum: Es gibt eine enorme Vielzahl anatomischer Strukturen und Formen, die oft nur an einer einzigen Stelle im Körper auftreten. Schließlich kann man aus einem „Baukasten" anatomischer Strukturen nur ein korrektes Modell zusammensetzen.

Günstiger ist die Metapher eines 3D-Puzzles, bei dem Studenten das 3D-Modell der relevanten Körperregion zusammensetzen sollen. Dabei treten viele Fragen auf:

- In wie viel Regionen teilt man den Körper ein und generiert entsprechende Puzzleaufgaben?
- Wie kann man Benutzer am Bildschirm in die Lage versetzen, 3D-Modelle korrekt zusammensetzen?
- Welche Unterstützung ist didaktisch sinnvoll und aus Sicht der Benutzbarkeit notwendig?

3.7.2 Umsetzung der Metaphern

Im Folgenden werden Varianten der Umsetzung beider Metaphern – Atlas und 3D-Puzzle – diskutiert.

Umsetzung der Atlas-Metapher. Der Anspruch der Atlas-Metapher wird sehr unterschiedlich in „interaktiven anatomischen Atlanten“ realisiert. Die konkreteste Umsetzung besteht darin, dieselben Informationen wie bei einem gedruckten Atlas zugrunde zu legen und diese in gewohnter Weise zu präsentieren. Insbesondere werden eingescannte Bilder des gedruckten Atlasses verwendet. Durch das Einfügen von Hypertextfunktionalität, Suchmöglichkeiten und einer Integration von Bild und Text, z.B. die Hervorhebung von Bildteilen, deren textuelle Bezeichnung selektiert wurde, kann ein Vorteil gegenüber Büchern erreicht werden. Ein Beispiel dafür ist der interaktive Atlas von SOBOTTA

Dort wurden die Nummern der Bilder und die Bildunterschriften exakt übernommen. Ein Vor- und Zurückblättern entsprechend der Abbildungsnummer ist möglich. Beschriftungen werden nur an den Stellen eingeblendet, die der Benutzer mit der Maus überfährt. Dies ist ein deutlicher Unterschied gegenüber gedruckten Atlanten, in denen ein Bild oft von mehreren Dutzend Beschriftungen eingerahmt ist. Aufgrund der geringeren Auflösung von Bildschirmen wäre es allerdings auch problematisch, viele Beschriftungen mit Beschriftungslinien auf dem Bildschirm darzustellen.

Im Gegensatz dazu nutzt der ZOOM ILLUSTRATOR 3D-Modelle [Preim et al., 1997]. Die Entwicklung orientiert sich ebenfalls an gedruckten Atlanten, z.B. bei der Einfärbung der Modellbestandteile, bei der Gestaltung des grundlegenden Layouts mit Beschriftungen links und rechts des Bildes und der Gestaltung von Beschriftungslinien. Es wird aber auch versucht, prinzipiell neue Visualisierungs- und Interaktionsmöglichkeiten zu nutzen, um alle relevanten Informationen in *einer* Ansicht zu präsentieren (siehe Abb. 3.8). Dadurch soll der prinzipielle Nachteil gedruckter Atlanten – das Blättern zwischen den unterschiedlichen Ansichten (unterschiedliche Sichtrichtungen und unterschiedliche Aspekte, wie Knochen, Muskeln, Nerven) – vermieden werden.

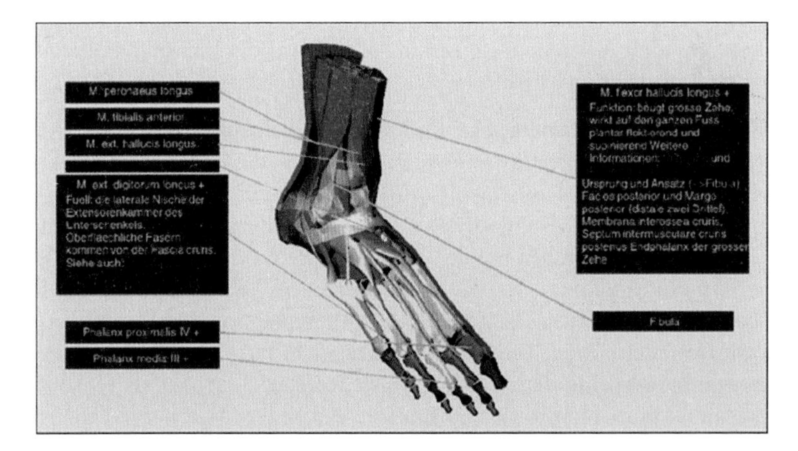

Abb. 3.8: Der ZOOM ILLUSTRATOR verknüpft 3D-Interaktion mit anatomischen Modellen und Hypertextnavigation durch die zugehörigen textuellen Erklärungen.

So ist mit dem ZOOM ILLUSTRATOR eine 3D-Interaktion mit anatomischen Modellen möglich. Dadurch sind kontinuierliche Übergänge zwischen den unterschiedlichen Sichten möglich. Auf der Seite der textuellen Erklärungen wird eine Fisheye-Technik angewendet, wobei die den Benutzer interessierenden Informationseinheiten jeweils „auf Kosten" der anderen Informationen vergrößert werden. So sind in Abb. 3.8 zwei Erklärungen links und rechts zu sehen. Dazu wurden die anderen Beschriftungen verkleinert und zur Seite gerückt bzw. mussten sogar entfernt werden.

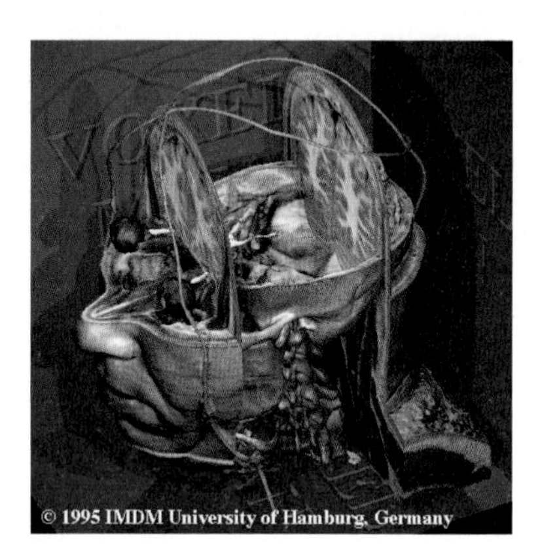

Abb. 3.9: Der VOXELMAN erlaubt Kombinationen beliebiger Querschnitte durch ein Voxelmodell (Quelle: [Tiede et al., 1996], mit freundlicher Genehmigung von Ulf Tiede, Universitätsklinikum Hamburg-Eppendorf, © IEEE 1996).

In einer Evaluierung [Pitt et al., 1999] hat sich gezeigt, dass Medizinstudenten die mit dem ZOOM ILLUSTRATOR mögliche 3D-Interaktion als natürliche Erweiterung gegenüber gedruckten Atlanten empfinden. Die schwierigere Frage nach dem Lerneffekt im Vergleich zu anderen e-Learning-Ansätzen oder konventionellem Lernen wurde allerdings nicht untersucht.

Verknüpfung von Atlasmetapher und virtueller Präparation. Der prominenteste interaktive Anatomieatlas ist der VOXELMAN, der am Universitätskrankenhaus Hamburg-Eppendorf entwickelt wurde [Tiede et al., 1996]. Der VOXELMAN basiert auf detaillierten Voxelmodellen[2] des menschlichen Körpers und ermöglicht eine Vielzahl an Interaktionen mit den Voxelmodellen. Dazu zählen beliebige Querschnitte und die Simulation von Röntgenaufnahmen. Die Bilder sind – wie beim zuvor beschriebenen ZOOM ILLUSTRATOR – komplett zur Laufzeit generiert. So ist ein Durchblättern durch vorbereitete Bilder nicht möglich. Obwohl dieses System nur wenige Aspekte der Atlas-Metapher realisiert, wird es als elektronischer Anatomieatlas erkannt (Abb. 3.9). Zusätzlich sind andere Metaphern realisiert: Der

[2] Voxelmodelle sind aus Voxeln (Volume Elements) zusammengesetzt und beinhalten Farb- bzw. Grauwertinformationen über das gesamte Volumen. Im Gegensatz dazu beinhalten Oberflächenmodelle nur Informationen über die Oberfläche der Objekte. Bei inhomogenen Strukturen, wie dem menschlichen Körper, sind Voxelmodelle sehr verbreitet.

Benutzer kann z.B. wie bei einer endoskopischen Operation den Verlauf von Gefäßen betrachten und durch den Körper „fliegen". Anstatt eine reale Kamera durch luft- oder flüssigkeitsgefüllte Räume zu bewegen, wird eine virtuelle Kamera angesteuert. Die Präparation an einer Leiche kann rudimentär nachgebildet werden, indem beliebige (schräge) Schnitte definiert werden. Allerdings wird das Gewebe nicht realistisch deformiert – die Lernenden bekommen also kein Gefühl für Gewebeeigenschaften, wie die Elastizität.

Umsetzung der 3D-Puzzle-Metapher. Bevor die Puzzle-Metapher analysiert wird, sollen die in Abschn. 3.7.1.3 gestellten Fragen diskutiert werden. In Bezug auf die Granularität ist eine Orientierung an Anatomiebüchern sinnvoll. Regionen wie Fuß, Unterschenkel, Gesicht (Muskeln, Nerven, Knochen) sind daher als separat zusammenzusetzende Modelle günstig. Daraus ergibt sich auch die Zahl der Teile. Unterstützung ist vor allem nötig, damit das Zusammensetzen von Teilen nicht zu mühsam ist – eine präzise Rotation und Translation von 3D-Objekten am Bildschirm ist schwierig; eine Schwierigkeit, die mit dem Lernziel wenig zu tun hat und daher kompensiert werden muss. Die 3D-Puzzle-Metapher umzusetzen, erfordert eine Analyse ihrer wichtigsten Aspekte:

- Puzzleteile kann man nicht beliebig zusammensetzen. Die Form der Teile vermittelt, welche Teile zusammenpassen können.
- Um ein Puzzle zusammensetzen zu können, wird ein Bild von dem korrekt zusammengesetzten Puzzle benötigt. Im Falle eines 3D-Puzzles bietet es sich an, solche Bilder aus verschiedenen Sichtrichtungen zur Verfügung zu stellen.
- Ein Puzzle aus vielen Teilen zusammenzusetzen, erfordert Platz. Man sortiert Teile und setzt diese Teile evtl. an verschiedenen Stellen zusammen; nutzt also verschiedene Ablagen.
- Bei einem 3D-Puzzle dreht man die zusammengesetzten Teile, betrachtet und evaluiert die zusammengesetzten Formen.

In [Ritter et al., 2000] ist eine Umsetzung dieser Metapher beschrieben (Abb. 3.10). Die anatomischen Strukturen bilden die Puzzleteile und sind mit kleinen Kugeln versehen, an denen sie zusammengesetzt werden können (wenn sich eine Kugel einer Struktur mit einer Kugel einer anderen Struktur überlappt, gelten diese als zusammengesetzt). Die Farben der Kugeln vermitteln, welche Zusammensetzung möglich ist. Um das fertige Puzzle zu betrachten, wird ein korrekt zusammengesetztes 3D-Modell zur Verfügung gestellt. Dieses kann der Benutzer beliebig drehen und skalieren und somit aus allen gewünschten Richtungen auch in hoher Detaillierung betrachten. Aufgrund des Platzbedarfs erfordert das 3D-Puzzle einen großen Monitor. Der Benutzer kann dort verschiedene Ablagen kreieren – dies sind separate Bildschirmfenster, in denen beliebige Teilmengen der Objekte angeordnet und zusammengesetzt werden können. Per Drag-and-Drop können die Objekte intuitiv hin- und herbewegt werden.

Um die räumlichen Verhältnisse zu veranschaulichen und das korrekte Zusammensetzen zu ermöglichen, wird eine Reihe von Funktionen angeboten, u.a. ist eine Schattenprojektion möglich, Kollisionen zwischen Objekten werden signalisiert und die 3D-Eingabe mit einer SpaceMouse (vgl. Abschn. 7.4.6) ist ebenfalls möglich.

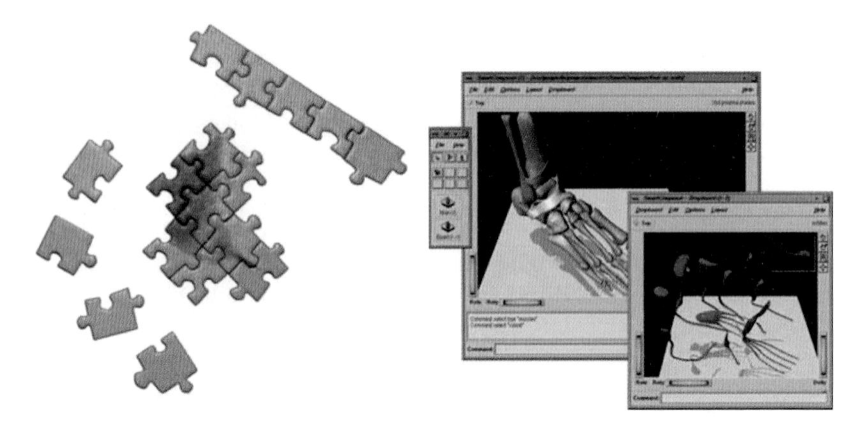

Abb. 3.10: Die Quelldomäne eines Puzzles als Metapher für ein anatomisches Lernsystem.

Erweiterungen in der Zieldomäne. Die Nachbildung der Metapher allein führt natürlich nicht zu einem überzeugenden Lernsystem. Ergänzungen und Modifikationen waren nötig, um u. a. den Interaktionsaufwand zu begrenzen und das Training in verschiedenen Schwierigkeitsgraden anzubieten. Objekte können automatisch nach bestimmten Kriterien sortiert werden. Außerdem kann das Zusammensetzen der Objekte auf Teilmengen beschränkt werden, sodass z.B. die knöchernen Strukturen bereits korrekt zusammengesetzt sind und der Lernende diese als Referenz nutzt, um Muskeln und Bänder korrekt zu platzieren. Beschriftungen stehen jederzeit zur Verfügung und kurze Erklärungen werden als Tooltips eingeblendet.

Entscheidend ist in diesem Anwendungsfeld der Lerneffekt. Gelingt es, dass Lernende durch Benutzung des Systems einen Wissenszuwachs erlangen und wird ein Wissenszuwachs schneller als mit anderen Methoden erreicht? Die Details der Befragung und deren Auswertung führen an dieser Stelle zu weit; tatsächlich wurde in einer Studie mit 12 Probanden ein deutlicher Wissenszuwachs nachgewiesen [Ritter et al., 2002]. Allerdings muss man ein solches Ergebnis vorsichtig interpretieren: Lernen in einer besonderen Testsituation kann – allein durch die motivierende Wirkung des Tests (vgl. Abschn. 2.6.4) – besser funktionieren als in Alltagssituationen.

3.8 Zusammenfassung

In diesem Kapitel wurden Chancen aber auch Gefahren der Benutzung von Metaphern diskutiert. Die Nutzung von Metaphern legt Analogieschlüsse nahe und unterstützt damit einen wesentlichen Aspekt der menschlichen Problemlösung. Die Entwicklung der vorherrschenden grafischen Benutzungsoberflächen mit ihren *Fenstern*, *Menüs* und *Icons* ist stark von Metaphern geprägt. Die Integration dieser metaphorisch genutzten Elemente in die Desktop-Metapher von modernen Betriebssystemen erleichtert die Einarbeitung in diese Systeme, kann aber auch dazu führen, dass neue Möglichkeiten unerkannt und damit ungenutzt bleiben. In Tabelle 3.1 werden die wichtigsten Interface-Metaphern mit Anwendungsbeispielen zusammengefasst.

Tabelle 3.1: Wichtige Interface-Metaphern und typische Verwendungszwecke

Metapher	Verwendung	Wichtige Bestandteile
Haus-Metapher	Informationssysteme, Spiele	Türen, Gänge, Treppen, Etagen
Raum-Metapher	Informationssysteme, Spiele	verschiedene Orte, Reisemöglichkeiten, Verkehrsmittel, 3D-Ansichten und 3D-Interaktionsmöglichkeiten
Atlas-Metapher	Lehrsysteme in Bereichen, in denen Bilder dominieren (z.B. Anatomie)	großformatige detaillierte Bilder, Einhaltung der Konventionen, Bildunterschriften, Seiten
Desktop-Metapher	Bürosysteme	Ordner, Postein- und -ausgang, Mülleimer
Buch-Metapher	Lehr- und Lernsysteme	Seiten, Kapitel, Verzeichnisse
Karten-Metapher	Geografische Informationssysteme	(rasterorientierte) Landkarten, Legenden, Darstellung der einzelnen Informationen entsprechend den Konventionen in gedruckten Dokumenten

Metaphern sind abhängig von der Sprache und Kultur, in der sie genutzt werden. Die Orientierung an Metaphern kann somit die Internationalisierung erschweren – Metaphern müssen entweder durch andere Bezeichnungen oder Darstellungen vermittelt oder gänzlich ersetzt werden. Allerdings ist die Alternative – eine Art generische Schnittstelle, die auf keine Region zugeschnitten ist – auch nicht empfehlenswert.

Die Frage, ob Metaphern gebraucht werden, wird hier mit „Ja" beantwortet. Dabei wird auf die vielen bewusst entwickelten Metaphern (vgl. Abschn. 3.4) verwiesen. Menschen denken metaphorisch, insbesondere in abstrakten Bereichen, wie dem Umgang mit Computern. Metaphern dienen nicht nur Anfängern, deren Lernaufwand verringert werden soll, sondern können zur Strukturierung der Schnittstelle auf einer hohen Ebene beitragen. Wichtig ist, dass die Umsetzung von Metaphern nicht zum Selbstzweck wird, sondern sich einbettet in das übergeordnete Ziel, eine angemessene, leistungsfähige, gut benutzbare Computerunterstützung zu entwickeln. Das Scheitern einiger spektakulärer Projekte hängt mit einer derartigen Überbetonung von Metaphern zusammen. Metaphern spielen eine wichtige Rolle bei der

Einführung neuer Interaktionstechniken. So wird in Band II mehrfach auf Metaphern Bezug genommen, u.a. bei der Diskussion von 3D-Widgets, die sich z.B. an vertrauten Konzepten der räumlichen Organisation orientieren.

Weitere Literatur. Dieses Kapitel basiert vor allem auf dem umfassenden Artikel von Blackwell [2006]. Seine sorgfältige Auswertung eines Workshops mit einer Gruppe einschlägig erfahrener Spezialisten vermittelt viel Hintergrundwissen zum Thema Metaphern. Der Softwareentwicklungsprozess auf Basis von Metaphern wird in [Keen, 1996] behandelt. Die Nutzung von Metaphern in der Wirtschaftsinformatik, speziell im Bereich Managementinformationssysteme, wird in [Kendall und Kendall, 1994] erläutert. Die Entwicklung von Informationssystemen wird dabei von Metaphern geleitet, mit denen Firmen und Organisationen charakterisiert werden können. Kulturelle Unterschiede bei der Verwendung von Metaphern diskutieren Byrne et al. [2006], wobei speziell für Südafrika passende Metaphern identifiziert werden, um Konzepte aus dem Bereich Open Source Software zu vermitteln. Hsu [2006] haben den Einfluss von Metaphern auf die Leistung von Anfängern und Experten untersucht.

Aktuelle Erweiterungen zu den Gedanken in diesem Kapitel finden sich in [Fauconnier und Turner, 2002] und [Fauconnier und Turner, 2008]. Die Relation zwischen Quell- und Zieldomäne wird dort zu „Blendings" verallgemeinert und für kreative Prozesse genutzt. Empfehlenswert ist auch der Artikel von Carroll et al. [1990], der aus Beispielen interessante Verallgemeinerungen entwickelt. Das Buch über Metaphern im täglichen Leben ist empfehlenswert, weil es die Grundlage vieler in diesem Kapitel besprochener Arbeiten darstellt [Lakoff und Johnson, 1980]. Averbukh [2001] diskutiert Metaphern für Visualisierungssysteme und beschreibt dabei das Verhältnis zwischen Metaphern, visuellen Formalismen und visuellen Sprachen. Sein Überblick beinhaltet viele Beispiele, u.a. die Nutzung von visuellen Metaphern zur Erklärung von Betriebssystemkonzepten, wie Semaphoren und parallelen Aufgaben.

Eine gute Übersicht über die Rolle von Metaphern in Kommunikationsprozessen aus psychologischer Sicht bieten Bowdle und Gentner [2005]. Eine präzise Charakterisierung der *strukturellen Abbildungen* von einer Quelldomäne in eine Zieldomäne wird in [Chandra, 2006] vorgenommen. Bederson und Hollan [1994], die sich mit flexiblen Zoom-Techniken beschäftigt haben, kritisieren, dass Metaphern selten skalierbar und nicht für den Umgang mit großen Datenmengen geeignet sind. Eine interessante Fallstudie für die Nutzung von Metaphern ist das in [Stubblefield, 1998] beschriebene Projekt, bei dem Metaphern enorm zur Motivation und Konzentration der Entwickler beigetragen haben. Metaphern in innovativen Anwendungsgebieten, vor allem für die 3D-Interaktion, werden in einem ausführlichen Kapitel in [Dachselt, 2004] diskutiert. Interessante Sichten und ausführliche Diskussionen zu mentalen Modellen finden sich in [Young, 1983] und [Payne, 1991].

Teil II
Einführung in die Mensch-Computer-Interaktion

Aufbauend auf den psychologischen Grundlagen wird in diesem Teil eine breite Einführung in die Mensch-Computer-Interaktion gegeben. Dazu wird zunächst die Interaktion mit realen Geräten erläutert (Kapitel 4). Typische Bedienelemente, Bedienkonzepte und Probleme, die sich bei der Nutzung von Alltagsgeräten ergeben, werden anhand vieler Beispiele diskutiert. Die Probleme werden anhand eines Phasen-Modells von Bedienhandlungen klassifiziert. Der Übergang zur interaktiven Nutzung von Software ist teilweise fließend, da auch Geräte mit eingebetteten Softwarekomponenten betrachtet werden.

Die Beschreibung der historischen Entwicklung der MCI (Kapitel 5) ist kein Selbstzweck. Sie dient hier dazu, viele Konzepte moderner Benutzungsschnittstellen einzuführen, den Kontext zu beschreiben, in dem sie entstanden sind, und die Ziele zu präzisieren, die mit ihrer Einführung verbunden sind. Die historische Entwicklung wird dabei bis zur Gegenwart verfolgt, beinhaltet also auch webbasierte und ubiquitäre Systeme. Kurze Biographien der wichtigsten MCI-Pioniere sollen die Beschreibungen anschaulich abrunden.

Schließlich werden in Kapitel 6 allgemeine Entwurfsprinzipien beschrieben, die auf einer hohen Ebene Orientierung bei Entwicklungsprozessen geben. Diese Prinzipien werden in Relation zu arbeitswissenschaftlichen Grundsätzen und zu gesetzlichen Normen gesetzt. Neben geradezu klassischen Entwurfsprinzipien werden dabei auch moderne Trends berücksichtigt, wie sie z.B. unter dem Stichwort User Experience diskutiert werden. Konsequent werden Beispiele für die Umsetzung dieser Prinzipien gegeben, wobei auch auf Kompromisse eingegangen wird, die häufig nötig sind, um mehreren Prinzipien gerecht zu werden.

Kapitel 4
Die Interaktion mit Alltagsgeräten

Maschinen und Geräte, und seien sie noch so einfach, besitzen Bedienelemente. Die Bedienelemente geben durch ihre Gestaltung visuelle Hinweise zur Bedienung und ermöglichen das Memorieren dieser Funktion. Die Entwicklung von Schnittstellen für Computersysteme ordnet sich in das Design von Bedienelementen für technische Geräte ein. Bei technischen Geräten bilden Funktionalität und Bedienelemente teilweise eine Einheit. Bedienhandlungen, wie das Öffnen eines Ventils oder die Betätigung eines Lautstärkereglers, verändern oft unmittelbar den Zustand eines Systems.

Zwischen Problemen bei der Benutzung technischer Geräte, wie Autos, Videorekordern, Telefonen und Küchenmaschinen, und Problemen mit der Benutzbarkeit von Computersystemen gibt es viele Parallelen. Selbst die Gestaltung vermeintlich einfachster Geräte, wie Türklinken und Lichtschalter, erfordert die sorgfältige Beachtung verschiedener Faktoren. In diesem Kapitel werden Bedienkonzepte realer Geräte bezüglich der Übertragbarkeit auf die Mensch-Computer-Interaktion (MCI) vorgestellt, analysiert und diskutiert. Dabei wird auch dem Trend zu eingebetteten Systemen Rechnung getragen; die in diesem Bereich üblichen Bedienkonzepte werden ebenfalls diskutiert.

Gliederung. In Abschn. 4.1 werden grundlegende Konzepte bei der Gestaltung von Bedienelementen erläutert. Daraufhin werden in Abschn. 4.2 typische Bedienelemente von Alltagsgeräten klassifiziert, wobei deren Gestaltung in Beziehung zu den zuvor behandelten Konzepten gesetzt wird. In Abschn. 4.3 werden verbreitete Bedienkonzepte anhand einfacher Beispiele diskutiert.

In Abschn. 4.4 wird die Bedienung komplexerer Geräte erläutert. Beispiele dafür sind Autos und eingebettete Geräte, bei denen Hard- und Software stark integriert sind. Im Ergebnis dieser Diskussion wird in Abschn. 4.5 die Theorie der Phasen einer Bedienhandlung von NORMAN erläutert. Diese Theorie ist konstruktiv, da sie Hinweise darauf gibt, in welchen Phasen Benutzer Unterstützung benötigen.

B. Preim, R. Dachselt, *Interaktive Systeme*, eXamen.press, 2nd ed.,
DOI 10.1007/978-3-642-05402-0_4, © Springer-Verlag Berlin Heidelberg 2010

4.1 Konzepte bei der Gestaltung von Bedienelementen

Da die Bedienung vieler technischer Geräte aufgrund ihrer langen Entwicklung und großen Verbreitung sehr gereift ist, ist es lehrreich, diese zu untersuchen. Das Buch von DONALD NORMAN „The Psychology of Everyday Things“ [Norman, 1988] ist diesem Thema gewidmet. Die wesentlichen Konzepte und Beispiele daraus werden kurz genannt und dann in separaten Abschnitten diskutiert.

- *Affordances.* Die wahrgenommenen Eigenschaften eines Gerätes, die einen Eindruck von der Bedienung vermitteln, werden als Affordances[1] bezeichnet. So können Knöpfe gedrückt, Hebel hin- und herbewegt und Listen von Einträgen zur Auswahl benutzt werden. Die äußere Form eines Geräts oder Werkzeugs legt also gewisse Funktionen nahe. Affordances beeinflussen, was als Bedienelement wahrgenommen wird und ob korrekt antizipiert werden kann, wie etwas bedient wird bzw. wozu etwas benutzt werden kann.
- *Constraints.* Die korrekte Nutzung von Geräten bzw. von Software kann erleichtert werden, indem die möglichen Aktionen eingeschränkt werden. Durch diese Einschränkung wird eine fehlerhafte Bedienung erschwert oder ausgeschlossen. Die physische Gestaltung von Steckverbindungen, sodass nur zueinander passende Geräte verbunden werden können, ist ein typisches Beispiel.
- *Konzeptuelles Modell.* Die Funktionsweise eines technischen Gerätes, z.B. eines Kühlschranks, einer Heizung oder eines Radios, basiert auf bestimmten Wirkprinzipien auf elementarer Ebene und einem konzeptuellen Modell auf höherer Ebene. Die Bedienung des Gerätes sollte das konzeptuelle Modell möglichst klar vermitteln.
  Dabei spielen Abbildungen (*mappings*) eine wichtige Rolle. Sie stellen Beziehungen zwischen Bedienhandlungen und dem (internen) Zustand eines Systems dar. Das Ziel besteht darin, natürliche Abbildungen zu entwickeln. Diese sind dadurch gekennzeichnet, dass sie durch Analogien zu weit verbreiteten Geräten erschlossen werden können und zu kulturellen Standards „kompatibel“ sind, z.B. bzgl. der Verwendung von Farben. Bei der Gestaltung von Abbildungen ist zudem die *Stimulus-Antwort-Kompatibilität* zu berücksichtigen. Danach soll die Bewegung eines Bedienelements in eine Richtung eine gleichartige Handlung bewirken. Ein einfaches Beispiel sind Lenkräder auf Schiffen und in Fahrzeugen, die eine Änderung der Fahrtrichtung bewirken, die der Lenkradbewegung entspricht. Ein ungünstiges Mapping ist es demnach, wenn ein Winkel durch einen Slider eingestellt wird, also eine Rotation auf eine lineare Bewegung abgebildet wird. Dem Prinzip einer guten Stimulus-Antwort-Kompatibilität entsprechend sollten Pfeile, mit denen Benutzer in einem Dokument horizontal scrollen können, nebeneinander, ggf. durch einen Scrollbar

[1] Für diesen Begriff existiert keine akzeptierte und prägnante deutsche Übersetzung. „Handlungsauffordernde Gegebenheit“ wäre ein passendes, wenn auch umständliches deutsches Pendant. Auch der Begriff „Angebotscharakter“ und seine Erklärung als vorhandene oder gegebene Gebrauchseigenschaft (Quelle: Wikipedia) ist wenig verbreitet.

getrennt, angeordnet sein. Pfeile, mit denen ein vertikales Scrollen möglich ist, sollten untereinander angeordnet sein. Ob die Bedienung eines Gerätes als *intuitiv* wahrgenommen wird, hängt vor allem davon ab, dass gute direkte Abbildungen existieren [Butler, 1996].
- In Bezug auf die Vermittlung des konzeptuellen Modells ist auch die *Sichtbarkeit (engl. visibility)* des Systemzustandes und möglicher Bedienhandlungen wichtig.
- *Rückkopplung* bezeichnet die Art und Weise, wie ein System auf eine Bedienhandlung reagiert, wie schnell es zu einer Reaktion kommt und wie der Benutzer diese Reaktion wahrnehmen und interpretieren kann. Häufig wird der englische Begriff *feedback* benutzt.

Affordances und Constraints werden im Folgenden erläutert.

4.1.1 Affordances

Der Begriff Affordance ist in der MCI stark verbreitet; seine Bedeutung ist etwas verschwommen. Norman [1999] beklagt die entstandene Verwirrung und versucht, eine Klärung herbeizuführen. Auf diesem Artikel basiert die folgende Diskussion.

Reale und wahrnehmbare Affordances. Der Begriff *Affordances* geht auf den Wahrnehmungspsychologen GIBSON zurück [Gibson, 1979]. Als Affordance bezeichnet er *Relationen* zwischen Objekten der Welt und Tieren, die die objektiv vorhandenen Möglichkeiten zu handeln, charakterisieren. Die natürliche Umgebung bietet demnach gewisse Handlungsmöglichkeiten, unabhängig davon, ob diese von den Tieren erkannt werden. Menschen (und Tiere) beurteilen die Objekte in ihrer Umgebung nach dem Potenzial für bestimmte Handlungen. Größe, Form, Beschaffenheit und Texturierung von Oberflächen werden instinktiv daraufhin analysiert, was man mit bestimmten Gegenständen „machen kann". Katzen müssen auf diese Weise entscheiden können, ob sie auf Objekte springen können. Ein Weg erscheint für Menschen begehbar, wenn er nicht zu steil ist und keine Hürden überwunden werden müssen, die im Verhältnis zur Beinlänge sehr groß sind. Wenn ein Ball passender Größe nicht zu schnell auf uns zufliegt, besteht die Affordance darin, ihn aufzufangen (vgl. [Stoffregen, 2003]).

Es ist sinnvoll, diese objektiv vorhandenen oder realen Affordances von den *wahrnehmbaren Affordances* zu unterscheiden [Norman, 1999]. Der Designer eines Gerätes oder eines interaktiven Systems definiert die Affordances, die mit dem Gerät möglichen Aktionen, und – durch die Anordnung, Form und Größe – die wahrnehmbare Affordance. Wenn die wahrnehmbaren Affordances den realen Affordances nicht entsprechen, kann man von *versteckten* oder *falschen Affordances* sprechen [Gaver, 1991]. Versteckte Affordances sind reale Affordances, die nicht erkannt werden, z.B. Bedienelemente, die unauffällig an der Rückseite eines Gerätes platziert sind (siehe auch Abb. 4.6, S. 154). Falsche Affordances legen eine Bedienung nahe, die nicht korrekt ist, die evtl. sogar dazu führt, dass ein Gerät zerstört wird, weil ein Bedienelement mit zu viel Kraft in die falsche Richtung bewegt wird. Wenn etwas so aussieht wie ein Stuhl und eine passende Größe hat, wird es als Sitzgelegenheit wahrgenommen. Daher sollte es auch so konstruiert sein, dass man sich tatsächlich ohne Risiko darauf setzen kann. Auch bestimmte Materialien legen einen gewissen Umgang mit ihnen nahe. So wird Glas viel häufiger von Randalierern zerschmettert als ähnlich stabiles Holz [Norman, 1988].

Reale und wahrnehmbare Affordances in der MCI. Wendet man die Unterscheidung zwischen realen und wahrnehmbaren Affordances auf die Bedienung interaktiver Software an, dann sind die realen Affordances wichtig für die Gestaltung von Eingabegeräten, Bedienpanels, Steckverbindungen und anderen physischen Bestandteilen, z.B. bei Spielkonsolen. Zu den realen Affordances gehören das Drücken und Loslassen von Maustasten und Tasten auf der Tastatur. Mausbewegungen führen zu Cursorbewegungen und prinzipiell kann an allen Bildschirmpositionen ein Klick ausgelöst werden. Reale Affordances in der MCI haben in den letzten Jahren an Bedeutung gewonnen in Bezug auf *tangible user interfaces*, also Benutzungsschnittstellen, die anfassbare physikalische Objekte beinhalten und mit denen Informationen direkt (physisch) manipulierbar werden. Dabei verkörpert z.B. der Zustand eines physikalischen Objekts den Zustand von digitalen Systemen.

Die Darstellung von Bedienelementen, also z.B. die Gestaltung von Icons, Buttons und Scrollbars, hat dagegen keine reale bzw. physische Affordance. Im Unterschied zu einem physischen Gerät mit bestimmten Materialien und Bedienelementen bestimmter Größe handelt es sich um abstrakte Darstellungen. Diese Darstellungen sollten aber eine wahrnehmbare Affordance haben. Ein Button soll so gestaltet sein, dass es naheliegt, ihn zu betätigen, ein Scrollbar soll es nahelegen, ihn zu bewegen und ein Link auf einer Webseite soll schließlich erkennbar als Link dargestellt werden. Dabei ist die wahrgenommene Affordance teilweise schwer von Konventionen zu trennen. Unterstrichener Text auf einer Webseite lässt erwarten, dass es sich um einen Link handelt. Dies entspricht gängigen Quasistandards, die mit der Entwicklung des WWW entstanden sind – objektiven Charakter im Sinne einer Affordance hat diese Form der Gestaltung nicht. Ebenso einzuordnen ist eine Änderung der Cursorform beim Überfahren eines Ziels mit dem Mauscursor. Dadurch wird die Selektion vorhersehbarer; der Benutzer erkennt, wann der Klick etwas bewirkt. Die Änderung der Cursorform wirkt vorrangig als Konvention, also etwas, das erlernt worden ist – nicht als etwas intuitiv Verständliches.

Das Konzept der Affordance hat in den letzten Jahren in seiner Anwendbarkeit für die MCI große Beachtung erfahren. In einer erweiterten Sichtweise erläutert Gaver [1996] z.B. die Implikationen auf soziale Bereiche – sogenannte Social Affordances. Diese beschreibt er als Möglichkeiten zu Handlungen, die Menschen einander anbieten.

4.1.2 Constraints

Constraints sind ein vielseitig nutzbares Designkonzept. Physische Constraints erleichtern die Bedienung, indem sie die Freiheitsgrade sinnvoll einschränken. Zugleich unterbinden oder erschweren sie eine falsche Bedienung. Dies ist vor allem sinnvoll, wenn die falsche Bedienung schwerwiegende Konsequenzen hätte. In der MCI ist es z.B. nicht möglich, durch eine Mausbewegung den Cursor so zu bewegen, dass er nicht mehr sichtbar ist. Bei realen Geräten werden z.B. Steckverbindungen so gestaltet, dass die Möglichkeiten des Zusammensteckens stark reduziert sind und dadurch viele „unerlaubte" Verbindungen ausgeschlossen werden (Abb. 4.1). Puzzleteile sind in der Regel ebenfalls so gestaltet, dass es zumindest schwer ist, Teile zu verbinden, die nicht zusammenpassen. Ein typisches Beispiel für die Benutzung von Constraints ist die Realisierung von Gangschaltungen in Autos. Das Einlegen des Rückwärtsgangs ist nur im Stand bzw. bei sehr langsamer Fahrt möglich. In höheren Geschwindigkeiten kann man weder in den ersten Gang noch in den Rückwärtsgang schalten – schwere Bedienfehler werden so effektiv verhindert. Tanköffnungen und Zapfpistolen sind nicht derartig aufeinander abgestimmt sind. Der folgenreiche Fehler, ein Dieselfahrzeug mit Benzin zu betanken, wird also nicht durch Constraints vermieden.

Constraints in der MCI. Die Interaktion mit Scrollbars wird so gestaltet, dass die 2D-Mausbewegung auf eine 1D-Bewegung in der Dimension des Scrollbars eingeschränkt wird, sodass der Mauscursor den Scrollbar nicht verliert. Programme, mit denen Blockschaltbilder erzeugt werden, bausteinorientierte Simulationssysteme oder datenflussorientierte Bildverarbeitungs- und Visualisierungsprogramme sind oft konzeptionell so gestaltet, dass es gewisse Primitive gibt, die Ein- und Ausgänge haben, an denen sie mit anderen Primitiven verbunden werden, z.B. um eine Sequenz von Algorithmen auf den Daten auszuführen oder ein Simulationsmodell visuell zu erstellen. Dabei passen nicht alle Primitive zusammen, sondern nur solche, bei denen Ein- und Ausgänge den gleichen Typ haben (Abb. 4.2).

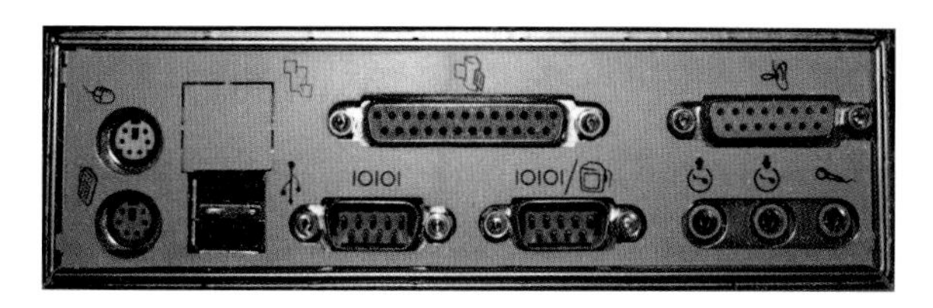

Abb. 4.1: Steckverbindungen an einem Computer werden so gestaltet, dass es physisch kaum möglich ist, einen Stecker falsch einzuführen.

Als Ergänzung zu Constraints, die bei technischen Geräten eine Formschlüssigkeit bei Steckverbindungen sicherstellen, kann auch die farbliche Gestaltung zur einfachen Bedienung beitragen. In Bezug auf Steckverbindungen und Schnittstellen wäre eine farbliche Übereinstimmung ein zusätzliches Merkmal, das die korrekte

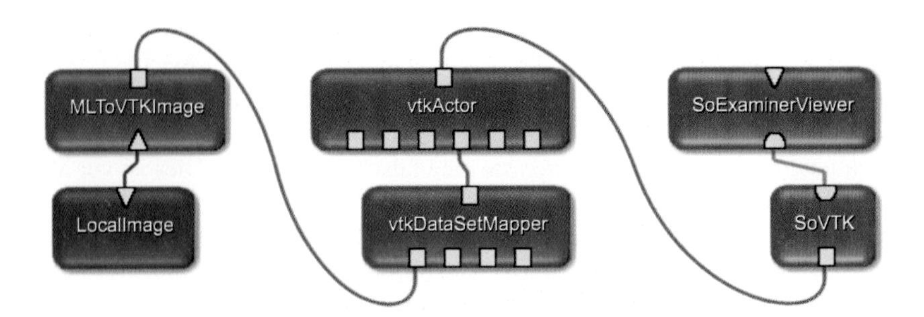

Abb. 4.2: Constraints werden in datenflussorientierten Programmen genutzt: Die Typen von Elementen werden durch unterschiedliche Symbole repräsentiert und die Verbindung wird so realisiert, dass nur Ein- und Ausgänge gleicher Typen verbunden werden können. Dargestellt ist ein Bildverarbeitungsnetzwerk, in dem Bilddaten in verschiedenen Schritten verarbeitet und an einen *Viewer* angeschlossen und dadurch dargestellt werden (Screenshot von MeVisLab, www.mevislab.de).

Zusammensetzung unterstützt. Da farbliche Unterschiede sehr schnell wahrgenommen werden (siehe Abschn. 2.2.1), ist dies von Vorteil.

Anwendung mentaler Modelle. In Abschn. 3.2 haben wir den Begriff „mentales Modell" kennengelernt. Das mentale Modelle charakterisiert demnach, wie Benutzer über die Funktionsweise eines Gerätes denken und daraus Vorhersagen ableiten, wie sich eine Bedienhandlung auswirken wird. Die Temperaturregelung eines Wasserhahns kann über einen Hebel realisiert sein. Dann ist anzunehmen, dass dessen Position kontinuierlich die Temperatur ändert. Dass sich nach dieser Einstellung die Temperatur noch ändert, z.B. weil es sich um einen Durchlauferhitzer handelt, ist bei dem durch die Bedienung nahegelegten mentalen Modell nicht offensichtlich.

4.2 Bedienelemente realer Geräte

Bei der Bedienung von Alltagsgegenständen findet man eine kleine Menge von immer wieder auftretenden Bedienelementen. Dazu gehören:

- *Druckknöpfe* und *Tasten*. Sie lösen eine Aktion aus, wenn sie gedrückt werden. Die Zifferntasten bei einem Telefon und die Tasten von Fernbedienungen sind Beispiele dafür. Diese Knöpfe haben keinen Zustand (im Gegensatz zu Schaltern). Eine Variante besteht darin, dass die Bedienhandlung nicht nur davon abhängt, wie oft ein Knopf gedrückt wird, sondern auch, wie lange er gedrückt wird. So kann bei Knöpfen zur Steuerung einer digitalen Uhr (eines digitalen Weckers) die Uhr durch einmaliges langes Drücken gestellt werden, wobei jeweils angezeigt wird, wie sich die eingestellte Zeit ändert. Beim Stellen eines Kurzzeitweckers auf 45 Minuten wären sonst 45 Betätigungen erforderlich.

- *Binäre Schalter* sind jeweils in einem von zwei Zuständen, z.B. „An" oder „Aus". Die meisten Geräte haben zumindest einen binären Schalter, mit dem ein Gerät ein- und ausgeschaltet werden kann. Dabei ist das Einschalten nur im ausgeschalteten Zustand möglich und umgekehrt.

Abb. 4.3: Die Stärke, mit der ein Ventilator (links) arbeitet, wird durch die nummerierten und farblich unterschiedlich gestalteten Knöpfe eingestellt, wobei die „0"-Stellung den Ventilator ausschaltet (rechts).

- Schalter mit mehreren Stellungen
  Teilweise werden Schalter benötigt, mit denen eine Variable gesteuert wird, die mehrere diskrete Werte einnehmen kann (siehe Abb. 4.3). Dazu wird ein Schalter so gestaltet, dass er in mehreren Positionen – möglichst gut erkennbar – einrastet. Das Umschalten zwischen verschiedenen Schleuderdrehzahlen oder von Waschprogrammen bei Waschmaschinen wird oft auf diese Weise ermöglicht (Abb. 4.4). Einrasten ist eine spezielle Form von Constraints – die Einschränkung betrifft die Möglichkeit, dass keine „ungültigen" Zwischenpositionen eingenommen werden können.
- *Regler* dienen dazu, einen kontinuierlichen Wert einzustellen, z.B. die Lautstärke oder die Empfangsfrequenz am Radio. Ein Regler kann in einem bestimmten Bereich kontinuierlich bewegt werden, z.B. indem man ihn dreht. Günstig ist es, wenn erkennbar ist, bis zu welchem Punkt der Regler bewegt werden kann. Bei drehbaren Knöpfen ist das oft nicht der Fall – man merkt plötzlich, dass es nicht weitergeht. Drehknöpfe sind spezielle Formen von Reglern; sie werden z.B. genutzt, um Zeiten an Mikrowellen einzustellen, heißes Wasser bei Kaffeemaschinen zu dosieren, . . . (Abb. 4.5).
- *Hebel* werden mit der Hand bewegt, z.B. um etwas zu verschließen. Mit Hilfe eines Hebels wird eine Aktion in Gang gesetzt, z.B. ein Ventil oder ein Zapfhahn geöffnet.
- Mit *Griffen* können Gegenstände angefasst und bewegt werden. Griffe sind – im Gegensatz zu Hebeln – starr mit dem bedienten Element verbunden. Sie sind daher oft stabiler als Hebel. Griffe sind in ihrer Größe und Form daran angepasst, dass man sie möglichst bequem greifen kann. Sie können vertikal (z.B. an Schubladen) oder horizontal (z.B. an Türen) angeordnet sein.

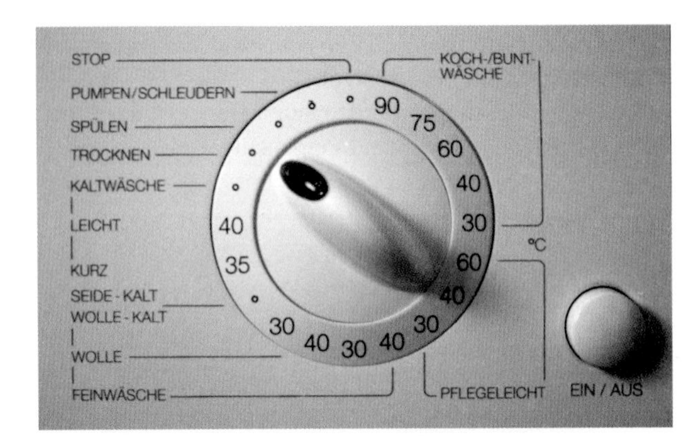

Abb. 4.4: Ein Drehknopf, der in diskreten Positionen einrastet und entsprechend der Beschriftung dazu dient, ein Waschprogramm bzw. eine Temperatur auszuwählen.

Abb. 4.5: Eine moderne Kaffeemaschine. Ein Drehknopf dient als Regler, um warmes Wasser zu dosieren.

Diese Bedienelemente können unterschiedlich realisiert sein, wovon auch ihre Erkennbarkeit abhängt. Binäre Schalter können z.B. als Kippschalter gestaltet werden, wobei entweder links oder rechts auf eine geneigte Fläche gedrückt wird, oder als Schalter, die senkrecht zur Bedienfläche in das Gerät hineingedrückt werden.

Bei der Gestaltung der genannten Bedienelemente sind die in Abschn. 4.1 diskutierten Konzepte Affordances, Mappings, Visibility und Feedback wesentlich. Griffe und Hebel, die mit der ganzen Hand bewegt werden, müssen dementsprechend dimensioniert sein (um passende Affordances darzustellen). Regler, Knöpfe und Schalter, die mit einem Finger betätigt werden, können z.B. durch eine erhabene

Oberfläche gekennzeichnet werden. Dies erschwert zum einen das Abrutschen (also auch eine Form von Constraints) und macht die Bedienelemente zugleich besser kenntlich. Das mentale Modell, das durch Regler vermittelt wird, entspricht einem kontinuierlich einstellbaren Wert, wobei Benutzer in der Regel annehmen, dass die Stellung des Reglers linear mit dem gesteuerten Wert zusammenhängt.

Die Frage, wie ein Gerät auf eine Bedienhandlung reagiert, ist entscheidend dafür, ob Benutzer ihr eventuell unpassendes mentales Modell korrigieren und das Gerät korrekt bedienen. Dabei ist wichtig, wie schnell die Rückkopplung erfolgt, wie aussagekräftig sie ist und ob sie mit den Zielen des Benutzers übereinstimmt. Die Zustände von Schaltern müssen klar unterschieden werden können. Hebel und Schalter, die in verschiedene Positionen bewegt werden können, sollten hörbar einrasten und aus dem eingerasteten Zustand nur mit etwas größerer Mühe bewegt werden können. Ein einfaches Beispiel zur Erläuterung der Rückkopplung ist eine Fußgängerampel. Diese hat häufig einen Knopf, der gedrückt werden muss, ehe die Ampel auf „grün“ schaltet. Ein gut sichtbares „Bitte warten“ auf der gegenüberliegenden Seite leuchtet als Rückkopplung auf. Teilweise ist diese Rückkopplung verzögert; dann führt dies zu weiteren überflüssigen Betätigungen des Knopfes. Noch besser wäre, wenn das „Bitte warten“ durch eine Zeitangabe ergänzt wird, wie lange gewartet werden muss (in Nordamerika ist dies üblich). Ist die Ampel grün, wäre es für einen sich nähernden Fußgänger interessant, wann das Umschalten auf „Rot“ erfolgt. Da dies in Deutschland nicht signalisiert wird, kommt es zu vergeblichen Sprints (die Ampel ließe sich keinesfalls rechtzeitig erreichen) oder zu solchen, die überflüssig sind, weil auch ein gemächliches Tempo ausgereicht hätte.

Nutzung der Bedienelemente. Anhand der in Abschn. 4.1 beschriebenen Konzepte und auf Basis der oben genannten Bedienelemente kann die Bedienung von „Alltagsgeräten“, wie Armbanduhren, Waschmaschinen, Kopierer, Videorekorder und Kameras, charakterisiert werden. Viele dieser Geräte sind schwer zu bedienen – das Ausnutzen ihrer vollen Funktionalität erfordert das Studium von Bedienungsanleitungen. Vor allem beim Auftreten von Fehlern und untypischen Situationen reichen die visuellen Hinweise der Benutzungsschnittstelle oft nicht aus, damit der Benutzer weiß, was unternommen werden muss, damit das Gerät weiter arbeitet. Oft wird nur ein Bruchteil der verfügbaren Funktionalität genutzt und selbst dann kommt es zu Fehlern. Woran liegt dies und wie kann es geändert werden?

Die Funktionalität technischer Geräte ist teilweise übertrieben; vieles wird – zumindest von den meisten Benutzern – nicht gebraucht und erschwert lediglich die Bedienung der für den Gelegenheitsbenutzer „wesentlichen“ Funktionen. In vielen Fällen sind die Probleme der Handhabung aber Designfehler.

Vermeidung von Bedienfehlern. Bevor typische Probleme und ihre Lösungen diskutiert werden können, ist es wichtig zu erkennen, dass häufige und kritische Bedienfehler ein Problem des *Designs* darstellen und nicht primär ein Problem der Benutzer. Um dies zu illustrieren, ist ein Vergleich mit den Anfängen der Massennutzung des Autos hilfreich (vgl. [Thimbleby, 2001]). Dabei ist die Autoindustrie lange Zeit davon ausgegangen, dass Unfälle von Fahrern verursacht werden und die (schweren) Folgen nicht von der Industrie zu verantworten sind. Bessere Schulung der Fahrer erschien als der Ausweg. Erst die vor allem von RALPH NADER organisierten Proteste haben zu einem Umdenken geführt, zur Einführung von sichereren Karosserien und vielen anderen Maßnahmen, die die Zahl der schweren Unfälle deutlich gesenkt haben [Nader, 1965]. In ähnlicher Weise müsste heutzutage gegen schwer benutzbare Videorekorder, Faxgeräte und Handys protestiert werden und eine sorgfältigere Abstimmung auf Zielgruppen und ihre Eigenschaften eingefordert werden ([Thimbleby, 1991] diskutiert verbreitete Probleme bei der Nutzung von Faxgeräten bzw. Videorekordern). In den 80er Jahren hat die Videorekorderprogrammierung dabei in ihrer schlechten Benutzbarkeit traurige Berühmtheit erlangt. Wie Thimbleby [1991] erklärt, ist die Bedienung teilweise selbst mit einem Handbuch kaum möglich, weil es viele zeitabhängige Bedienelemente gibt, sodass in der Zeit, in der man etwas nachliest, bereits die Zeit verstreicht, die nötig ist, um eine Bedienhandlung fortzusetzen. Während bei Videorekordern die größten Probleme längst gelöst sind, gibt es mittlerweile viele neuere Geräte (und Software), die in einem vergleichbaren Stadium sind und in Bezug auf ihre Benutzbarkeit noch deutlich reifen müssen.

Typische Probleme. Im Folgenden sind typische Bedienprobleme aufgeführt:

- *Bedienelemente werden nicht wahrgenommen.* Dieses Problem kann darauf zurückzuführen sein, dass Bedienelemente zu klein, schlecht zugänglich oder unauffällig gestaltet sind (kleine schwarze Buttons auf einem schwarzen Bedienpanel beispielsweise). In Abb. 4.6 ist ein Staubsauger dargestellt, bei dem sich die Bedienelemente farblich klar abheben und dadurch gut wahrgenommen werden. Der Einschaltknopf ist aber versteckt und schlecht zugänglich.

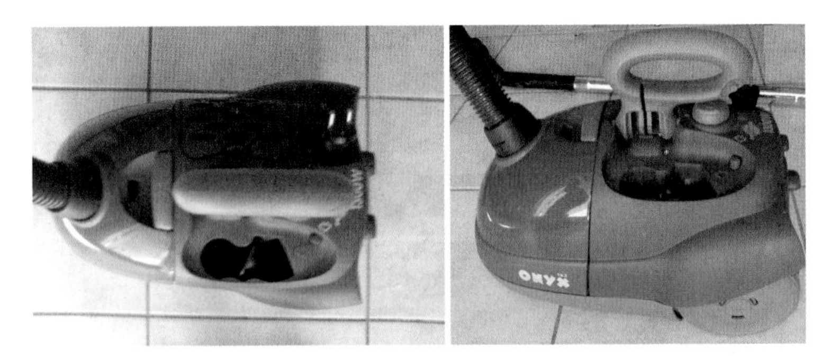

Abb. 4.6: Bei diesem Staubsauger sind viele wichtige Bedienelemente gut erkennbar und erreichbar. Allerdings ist der Einschaltknopf in der Ansicht von oben überhaupt nicht erkennbar (links). Erst die seitliche Ansicht zeigt, dass er sich unter dem Griff verbirgt, mit dem der Staubsauger transportiert wird.

- *Die Funktion von Bedienelementen wird falsch interpretiert.* Für dieses Problem gibt es viele Beispiele. So wird teilweise der Zustand eines Kippschalters falsch eingeschätzt oder bei einem Knopf vermutet, dass er eine Aktion auslöst. Tatsächlich ändert er aber nur einen internen Zustand (Abb. 4.7).

Abb. 4.7: Ohne geeignete Beschriftung oder andere Hinweise ist unklar, welcher der beiden Lichtschalter eine bestimmte Lampe steuert. Je ein Schalter ist ein- und ausgeschaltet.

- *Bedienelemente werden versehentlich falsch gehandhabt.* Dieses Problem tritt besonders häufig auf, wenn Bedienelemente sehr klein sind und nahe beieinander liegen. In diesen Fällen ist das ungünstige Verhältnis von Fingergröße zur Größe von Bedienelementen Ursache des Problems. Es kommt aber auch zu Verwechslungen zwischen ähnlichen Bedienelementen. Dazu ein Beispiel: in einem Raum mit mehreren Lichtschaltern und mehreren Neonlampen ist oft unklar, welcher Schalter sich auf welche Lampe bezieht. Sind dann einige Lichter ein- und andere ausgeschaltet, wird man beim Verlassen des Raumes wahrscheinlich zunächst versehentlich weitere Lichter anschalten, ehe klar ist, wie alle Lichter ausgeschaltet werden können. Abb. 4.7 zeigt ein typisches Beispiel von zwei integrierten Kippschaltern, die zwei Lampen steuern, wobei deren Anordnung im Raum in keiner erkennbaren Beziehung zu der Anordnung der Schalter steht.
- *Der Systemzustand wird falsch interpretiert.* Ein typisches Problem dieser Kategorie ist auf Mehrfachbelegungen von Bedienelementen zurückzuführen. Mehrfachbelegungen führen dazu, dass die Reaktion von einem Bearbeitungsmodus abhängt. Bedienfehler resultieren dann häufig daraus, dass sich das System nicht in dem *Modus* befindet, den der Benutzer erwartet [Tesler, 1981].
- *Systemanzeigen sind zu ungenau.* Welche Genauigkeit bei Systemanzeigen erforderlich ist, hängt stark davon ab, welche Entscheidungen auf dieser Basis gefällt werden. Die Tankanzeige im Auto sollte zumindest bei geringer Tankfüllung präzise sein. Bei der Tachoanzeige ist Präzision ebenfalls notwendig. Während die angezeigte Geschwindigkeit eher leicht über der tatsächlichen liegen sollte, sollte die Tankfüllung eher leicht unter dem tatsächlichen Wert liegen, damit die Reichweite nicht überschätzt wird.

Zu den oben genannten Problemen kommen weitere hinzu, die darauf zurückzuführen sind, dass die Funktionsweise von Bedienelementen kulturabhängig ist. Wann ein Kippschalter in einem Zustand ist, der „On" bzw. „Off" entspricht, unterscheidet sich z.B. in England und den USA [Oshlyansky et al., 2004]. Die Verwendung von Standardbedienelementen, wie den oben genannten, sichert zwar eine Vertrautheit der Benutzer mit diesen Elementen – nicht aber die korrekte Benutzung im Detail. Die dadurch verursachten Bedienprobleme sind auf den ersten Blick eher unwichtig: ob das Licht ein- oder ausgeschaltet wird, ist ja bei korrekter Funktion der Beleuchtung schnell ersichtlich, ebenso, ob man eine Tür tatsächlich geöffnet hat oder nicht. Nach einigen Fehlversuchen wird die falsche Annahme korrigiert und die Funktion

„umgelernt". Diese einfach erscheinenden Probleme können in sicherheitskritischen Bereichen bedeutsam sein (vgl. Abschn. 2.8.2).

Fehlerbehandlung. Oft ist ein Benutzer gerade noch imstande, ein Gerät zu bedienen, wenn es einwandfrei funktioniert. Für die Behebung von Fehlern muss man den normalen Ablauf und die dazu nötigen Voraussetzungen (z.B. Papier und eine Tonerkartusche bei einem Laserdrucker) kennen. Ein derartiges mentales Modell reicht aber noch nicht, um einen Fehler zu beheben. Man muss oftmals ein Gerät öffnen und die „richtige Stelle" finden, um etwas auszubauen, zu ersetzen oder um die benötigten Ausgangsstoffe nachzufüllen. Diese Suchprozesse können durch das Design und das „Verhalten" der Schnittstelle wesentlich erleichtert werden. Eine Visualisierung, z.B. durch Leuchtdioden, Pfeile oder kleine Anzeigefelder, kann dabei eine entscheidende Rolle spielen. Dazu ist es nötig, dass der Betrachter diese Anzeigen korrekt interpretieren kann, was z.B. durch eine Beschriftung der Anzeigeelemente unterstützt werden kann. Außerdem sollten nur die in der aktuellen Situation relevanten Anzeigemöglichkeiten genutzt werden, sodass die Aufmerksamkeit des Betrachters nicht durch nebensächliche Anzeigen abgelenkt wird.

4.3 Bedienung einfacher technischer Geräte

Die beiden folgenden Abschnitte stellen ausgewählte Beispiele vor; zunächst sehr einfache, dann komplexere. Die Beispiele werden genutzt, um die genannten Prinzipien in der Anwendung kennenzulernen. Nach diesen beiden Abschnitten werden die Erkenntnisse zusammengefasst und eine Theorie von Bedienhandlungen vorgestellt. Im folgenden Abschnitt wird gezeigt, dass schon einfache technische Geräte Fragen nach der Gestaltung der Bedienelemente aufwerfen.

4.3.1 Ein ganz einfaches Beispiel: Türen

Der Benutzer muss erkennen, auf welche Weise die Tür geöffnet bzw. geschlossen wird. Türen können geöffnet werden, indem man dagegen drückt oder die Tür heranzieht oder sie nach links oder rechts zur Seite schiebt. Viele Türen sind an einer Seite verankert; sie können jeweils nur an der anderen Seite bewegt (gezogen oder gedrückt) werden. Eine Tür ohne Griff gibt keinerlei Hinweis darauf, wie sie geöffnet werden kann. Ein Griff kann andeuten, wie die Tür bewegt wird; eine Beschriftung („Drücken", „Ziehen") kann explizit die korrekte Bedienung erleichtern. Eine gut gestaltete Tür lässt erkennen, an welcher Seite sie bewegt werden kann, z.B. indem die Scharniere angedeutet werden. Ein schmaler vertikaler Griff lässt sich gut mit der Hand erfassen und legt es nahe, die Tür heranzuziehen. Als Affordance, die das Drücken einer Tür nahelegt, ist ein breiter Balken geeignet, den man nicht umfassen kann, gegen den man aber die flache Hand lehnen kann.

Oft müssen auf einem Gang mehrere Türen in Folge benutzt werden. Wenn Benutzer an der ersten Tür ziehen müssen, werden sie dies an den folgenden auch versuchen. Daher kann nur durch eine *einheitliche Gestaltung* und Bedienung (Öffnen) von aufeinander folgenden Türen Fehlern vorgebeugt werden.

Verschließen von Türen. Türen werden verschlossen, indem ein Schlüssel in einer Drehbewegung nach links oder rechts bewegt wird. Welche Drehbewegung das Aufschließen und welche das Zuschließen bewirkt, ist landesspezifisch unterschiedlich. In jedem Fall ist diese Bedienhandlung nicht intuitiv: Um das Schließelement nach links oder rechts zu bewegen, erfolgt eine Drehbewegung. Stimulus und Reaktion sind also nicht kompatibel, sodass Konventionen wichtig werden, um eine effiziente Bedienung zu ermöglichen.

Hotelzimmer-Chipkarten. Ein moderneres Problem des Türöffnens besteht darin, Hoteltüren mit einem Hotelkey, einer Chipkarte also, zu öffnen. Dabei gibt es vier Möglichkeiten, wie die Chipkarte in einen dafür vorbereiteten Schlitz gesteckt werden kann. Je nach Gestaltung ist es mehr oder weniger offensichtlich, welche dieser Varianten die richtige ist. Unglücklicherweise ist in der Regel nur eine Variante korrekt; ein Hotelkey könnte ja durchaus so realisiert werden, dass er in allen Richtungen funktioniert. Der Hotelgast muss aber oft noch mehr probieren: teilweise muss man den Hotelkey etwas länger in den Schlitz stecken; teilweise kürzer. Relativ klar und einheitlich – im Sinne einer Konvention – ist immerhin das Feedback: ein grünes Licht symbolisiert, dass die Tür nun durch Betätigung der Klinke geöffnet werden kann, während rotes Licht den Misserfolg signalisiert.

4.3.2 Die Bedienung von Telefonen

Telefone integrieren mittlerweile eine Vielzahl von Funktionen: Sie ermöglichen es, jemanden anzurufen, Telefonnummern zu speichern, Anrufe (periodisch) zu wiederholen oder eintreffende Anrufe an andere Apparate umzuleiten, die Lautstärke einzustellen und andere Personen im Raum mithören zu lassen. Telefone in Sekretariaten können außerdem mit anderen Telefonen verbunden sein, sodass auch erkennbar ist, ob ein anderes Telefon benutzt wird (siehe Abb. 4.8). Darüber hinaus sind Telefone meist mit Anrufbeantwortern versehen.

Das folgende Beispiel ist zugegebenermaßen nicht aktuell; es bezieht sich auf ein Gerät aus dem Jahr 1996 mit einem Anrufbeantworter, der Nachrichten auf Kassette aufgezeichnet hat. Die Beschreibung ist aber hilfreich, um einige grundlegende Probleme bei der Bedienung technischer Geräte zu verstehen.

Die *Sichtbarkeit des Systemzustandes* und die *Rückkopplung* sind für das reine Telefonieren gewährleistet: Es ist erkennbar, ob die Leitung frei ist, ob das angerufene Telefon besetzt ist, wann es beim Anrufer klingelt. Für die Bedienung des konkreten Telefons gibt es neben den Nummerntasten einige Knöpfe zur Steuerung des Anrufbeantworters. Eine Leuchtdiode zeigt die Bereitschaft des Anrufbeantworters an. Das Blinken der Diode zeigt, dass noch nicht abgehörte Nachrichten einge-

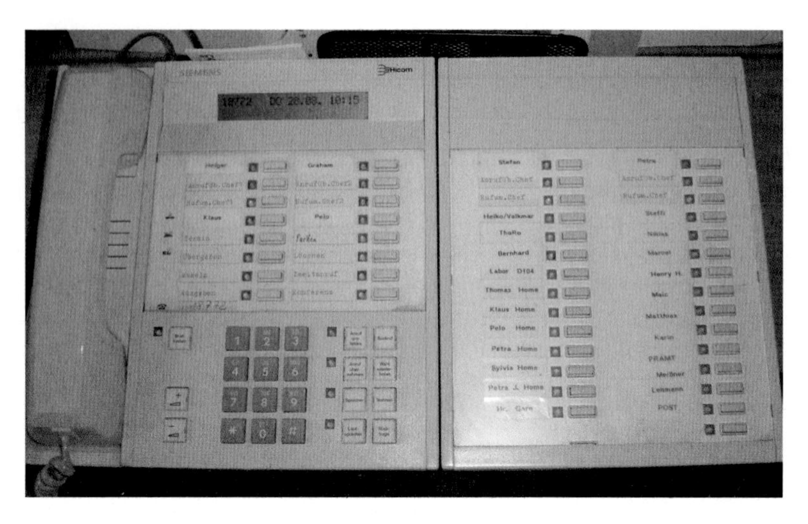

Abb. 4.8: Darstellung eines modernen Telefons. Mehrere klar abgegrenzte Bereiche strukturieren die Bedienung. Leuchtdioden stellen den Systemzustand (aktivierte Funktionen, Status anderer Telefone) gut dar.

gangen sind, wobei die Zahl der aufeinander folgenden Blinkaktionen die Zahl der Nachrichten symbolisiert. Diese Statusanzeige ist günstig, solange nicht zu viele Anrufe eingegangen sind; sonst wäre eine Zahlenangabe informativer.

Die Bedienung des Anrufbeantworters ist allerdings problematisch. Besonders die „Ansage"-Taste und die mit „Nachricht" gekennzeichnete Taste erfüllen sehr verschiedene Funktionen. Wenn die „Nachricht"-Taste kurz gedrückt wird, erfolgt ein Signalton als Reaktion. Der Anrufbeantworter wird zurückgespult und die aufgezeichneten Nachrichten werden wiedergegeben. Nochmaliges Drücken der „Nachricht"-Taste unterbricht die Wiedergabe für etwa sieben Sekunden. Wenn in dieser Zeit die „Nachricht"-Taste betätigt wird, wird die Wiedergabe fortgesetzt. Wenn die „Nachricht"-Taste gedrückt gehalten wird, wird die Kassette zurückgespult, solange bis sie wieder losgelassen wird. Wird die „Ansage"-Taste unmittelbar nach der „Nachricht"-Taste betätigt, wird eine Nachricht gelöscht. Wenn die „Nachricht"-Taste zwei Sekunden gedrückt wird, werden die Nachrichten gegen Überschreiben gesichert. Die „Ansage"-Taste ist ein ähnliches Multitalent: Sie ist u.a. für das Aufzeichnen eines Ansagetextes, für die Überprüfung des Ansagetextes und das Vorspielen der Kassette verantwortlich.

Bewertung. Neben der zu geringen Anzahl von Bedienelementen fehlt es an einer sinnvollen Rückkopplung. Warum kann das Abhören von Nachrichten höchstens sieben Sekunden unterbrochen werden, und woher weiß man, wann diese sieben Sekunden zu Ende gehen? Es ist sehr leicht, ein technisches Gerät so zu entwickeln, dass exakte Zeitvergleiche stattfinden. Das menschliche Zeitempfinden ist demgegenüber weniger exakt. Wenn zeitabhängige Zustandswechsel erfolgen, sollten diese also angemessen visualisiert werden.

4.3.3 Schlussfolgerungen

Am Beispiel von Türen in Gebäuden oder Verkehrsmitteln wurde deutlich, dass die Bedienung mehrerer Geräte, die oft nacheinander benutzt werden, konsistent sein muss. Am Beispiel des Telefons und des Diaprojektors zeigt sich, dass Mehrfachbelegungen von Tasten problematisch sind und dass dabei zeitabhängige Unterschiede besonders fehleranfällig sind. Allerdings bedeutet dies, dass eine mächtige Funktionalität auch eine mächtige Benutzungsschnittstelle erforderlich macht. Dies führt zu dem Paradoxon, dass die bessere Benutzungsschnittstelle aufwändig und abschreckend erscheint, wohingegen die einfache Schnittstelle mit wenigen Bedienelementen eine einfache Handhabung suggeriert. Bedienhandlungen, die gravierende Folgen haben können, müssen fehlertolerant entworfen werden. Das Telefonbeispiel, speziell die Steuerung des Anrufbeantworters, zeigt auch, wie wichtig gute Abbildungen (mappings) sind. Intentionen, wie Ansage überprüfen, Ansage eingeben, Nachricht löschen, Zurückspulen der Kassette, wurden nicht direkt unterstützt, sondern müssen durch willkürlich erscheinende Kombinationen von Ansage- und Nachricht-Taste realisiert werden.

4.4 Bedienung komplexer Geräte

Im Folgenden werden einige komplexere Beispiele beschrieben. Zunächst wird die Bedienung von Autos beschrieben, die auch deswegen interessant ist, weil die Nutzungskontexte (Fahrten bei Dunkelheit, bei unterschiedlichsten Wetterbedingungen, mit starker Beladung, ...) sehr unterschiedlich sind. Danach wird die Bedienung eingebetteter Geräte diskutiert, bei der Hard- und Software integriert sind.

4.4.1 Die Bedienung eines Autos

Ein modernes Auto hat über einhundert Bedienelemente: solche, die zum Steuern des Fahrzeugs dienen (Schalthebel, Kupplung, Brems- und Gaspedal) sowie Bedienelemente, die zu separaten Systemen gehören (Radio, CD-Player, Belüftung, Heizung, Türen, Fenster, Licht, Blinkanlage, Scheibenwischer, Klimaanlage, Verstellmöglichkeiten für Sitze, etc.). Obwohl Autos im täglichen Leben der meisten Menschen das komplizierteste technische Gerät darstellen, sind sie in der Regel leicht zu bedienen – ein Blick in die Bedienungsanleitung ist zumindest für die Grundfunktionen kaum erforderlich. Viele Menschen leihen sich oft ein Auto aus und können es ohne gravierende Bedienfehler benutzen. Was macht die Bedienung von Autos so effektiv?

Zum einen sind Autos den meisten Menschen vertraut – sie verbringen zunächst als Beifahrer und später auch als Fahrer viel Zeit im Auto. Das systematische Erlernen der Bedienung eines Autos unter den verschiedensten Bedingungen in der Fahrschule (Autobahnfahrten, Nachtfahrten, Fahrten im Stadtverkehr) ist ebenfalls wesentlich für die erfolgreiche Bedienung. Zum anderen sind moderne Autos sehr sorgfältig gestaltet. Für die meisten Operationen gibt es genau ein Bedienelement (siehe Abb. 4.9). Die Betätigung eines Bedienelements hat in der Regel immer die gleichen Auswirkungen – die Auswirkung von Bedienhandlungen ist somit *vorhersagbar*. Die Bedienelemente sind durch ihre Anordnung so zusammengefasst, dass Gruppen von Bedienelementen erkennbar sind, die zu einem Funktionsbereich gehören. Die räumliche Trennung von Bedienelementen macht Verwechslungen von Bedienhandlungen unwahrscheinlich. Die wichtigsten Bedienelemente und Anzeigen sind oft an besonders auffälligen Stellen präsentiert (z.B. das Symbol für die angezogene Handbremse).

Form und Platzierung von Bedienelementen. Die Bedienung eines Autos ist auch ein Beispiel dafür, dass die Form von Bedienelementen für die leichte Bedienung entscheidend ist. Der Knüppel der Gangschaltung wird bei der Fahrt betätigt – deswegen ist es wichtig, dass man den Knüppel leicht ertasten kann, ohne die visuelle Aufmerksamkeit darauf zu richten. Insbesondere wird dieser Knüppel nicht mit der Handbremse, der Sitzverstellung oder anderen Bedienelementen verwechselt.

Eindeutige Rückkopplung. Bedienhandlungen lösen eine eindeutige und unmittelbare Rückkopplung aus. Die Betätigung des Blinkers führt zu einem Blinken in dem entsprechenden Feld der Statusanzeige. Das Blinken nach links und rechts wird durch Bewegungen in unterschiedliche Richtungen ausgelöst. Allerdings ist die Abbildung der Bedienhandlung (Blinkhebel nach oben oder unten bewegen) auf die Reaktion (Blinken links oder rechts) nicht intuitiv, sodass Verwechslungen durchaus möglich sind – diese sind aber immerhin sofort zu erkennen.

Die Bedienhandlungen erfolgen möglichst nahe an dem Teil des Autos, der betroffen ist. Sitze, Kopfstützen und Fensterheber werden durch Bedienelemente in unmittelbarer räumlicher Nähe bedient. Wichtige Parameter werden deutlich sichtbar angezeigt: die aktuelle Geschwindigkeit, die Füllung des Tanks, teilweise die Drehzahl des Motors, der Zustand der Beleuchtung und der Blinkanlage.

Berücksichtigung von Fehlern. Viele Aspekte beim Design von Autos sind darauf gerichtet, dass Bedienfehler, vor allem solche mit fatalen Folgen, vermieden werden. So können die Türen von Autos gegen versehentliches Öffnen durch Kinder gesichert werden. Gangschaltungen werden so konzipiert, dass eine Verwechslung des Rückwärtsgangs mit anderen Gängen kaum möglich ist. Da typischerweise von einem Gang in den nächsthöheren oder in den nächstniederen Gang gewechselt wird, ist diese Schaltmöglichkeit besonders einfach zu realisieren.

Erstellung und Test von Prototypen. Die generell gute Benutzbarkeit von Autos ist kein Zufall. Vor der Produktion eines neuen Modells werden Designstudien und Prototypen erstellt und auch mit Blick auf die Erreichbarkeit von Bedienelementen analysiert. Neuerdings wird für die Prototyperstellung immer stärker auf Virtual Reality-Techniken zurückgegriffen, sodass die Benutzbarkeit anhand einer detaillierten Nachbildung von 3D-Modellen getestet werden kann.

In späteren Phasen werden Autos sehr aufwändig und unter Alltagsbedingungen getestet. Neben ästhetischen und funktionalen Aspekten spielt die Benutzbarkeit eine entscheidende Rolle. Diese Tests werden in auflagenstarken Zeitschriften veröffentlicht. Nachteilige Eigenschaften, wie hakelige Schaltung, unübersichtliches Armaturenbrett, zu großes Spiel in der Lenkung, schwer erreichbare Bedienelemente, sind äußerst unangenehm für Autohersteller. Viele Probleme konnten durch ausführliche Tests identifiziert werden. Dass es günstig ist, wenn sich die Lautstärke eines Autoradios automatisch an die Geschwindigkeit (und damit an den Geräuschpegel im Auto) anpasst, kann z.B. kaum von einem Designer antizipiert werden – es bedarf der Erfahrung, dass die beim Stillstand des Autos angenehme Lautstärke beim Fahren in hoher Geschwindigkeit nicht ausreicht, um etwas zu verstehen.

Die Gestaltung der Bedienelemente eines Autos stellt hohe Anforderungen an das Design, denn die Bedienhandlungen werden in der Regel bei laufendem Verkehr durchgeführt. Der Fahrer ist also oft unter Zeitdruck und kann sich nur nebenbei auf die Bedienung des Autos konzentrieren. Viele Aspekte der Bedienung von Autos sind unmittelbar sicherheitsrelevant.

Unterstützung durch automatische Anpassungen. Das Beispiel „Auto“ zeigt auch, dass Automatismen die Bedienung verbessern können. Ein optimales ABS-System und die Airbags werden automatisch aktiviert, wenn das System „Auto“ einen bestimmten Zustand hat. Selbst weniger auffällige Aspekte, wie das automatische Zurückstellen eines Blinkers nach einer durchfahrenen Kurve, entlasten den Fahrer nicht nur, sondern tragen zur Sicherheit bei. Moderne Autos passen Scheinwerfer daran an, wie stark ein Auto beladen ist, oder passen die Geschwindigkeit, mit der die Wischerblätter sich bewegen, der Stärke des Regens an. Diese automatischen Systeme sind ein wesentlicher Sicherheitsgewinn.

Wenn ein Auto verlassen wird, sollte in der Regel die Beleuchtung ausgeschaltet sein. Ein Warnton kann darauf hinweisen, wenn dies nicht der Fall ist. Wenn das Auto eine bestimmte Zeit steht, z.B. 20 Sekunden, könnte der Fahrer gefragt werden, ob er den Motor abschalten will – häufig wird dies z.B. an Bahnübergängen oder Baustellenampeln vergessen.

Dennoch ist beim Einsatz von Automatismen auch Vorsicht geboten: Benutzer müssen wissen, was automatisch abläuft, worauf sie sich verlassen können und worauf nicht. Wenn Benutzer einem System „zuviel zutrauen“ und dieses aus ihrer Sicht versagt, misstrauen sie oft den gesamten Automatismen.

Individualisierbarkeit. Autos werden häufig dahingehend beurteilt, inwiefern sich bestimmte Elemente an den Benutzer anpassen lassen. Die unterschiedliche Statur von Autofahrern und Beifahrern erfordert, dass die Position der Sitze und Spiegel sowie die Kopfstützen angepasst werden können. Unterschiedliche Einsatzzwecke, z.B. die Beförderung von vier Personen oder der Transport größerer Gegenstände, machen eine Anpassung des Kofferraums und der Rücksitze sinnvoll.

Koordinierte Nutzung von Händen und Füßen. Während für einfachere Geräte, wie das Telefon, nur die Hände und oft sogar nur eine Hand genutzt wird, basiert die Steuerung des Autos darauf, beide Hände und die Füße koordiniert einzusetzen.

Abb. 4.9: Cockpit eines VW Passat. Eine übersichtliche, symmetrische Anordnung der Bedienelemente macht die umfassende Funktionalität gut zugänglich. Ausreichende Größe von Knöpfen und Beschriftungen sowie gute Erreichbarkeit vom Fahrersitz aus tragen zu guter „Usability" wesentlich bei.

Einige Bedienelemente sind nur mit der linken bzw. rechten Hand erreichbar. Die Steuerung von Gaspedal und Bremspedal über die Füße erfolgt parallel zur Lenkung mit den Händen. Dies ist für komplexere Geräte durchaus üblich; so z.B. für Musikinstrumente aber auch für spezielle medizinische Geräte, die in Operationssälen eingesetzt werden. Die MCI wird sich weitere Anwendungsgebiete erschließen, wenn die Fähigkeiten zur koordinierten Nutzung von Händen und Füßen besser genutzt werden.

Die Bedeutung des Designs bei Autos. Die bisherige Diskussion von Geräten war stark auf die Benutzbarkeit konzentriert. Das Beispiel von Autos zeigt, wie sehr darüber hinaus Designaspekte wesentlich für die Zufriedenheit von Benutzern sind. Autos eignen sich als Beispiel für BUXTON's Behauptung, dass technische Geräte in erster Linie *Erfahrungen* ermöglichen, was zu dem Begriff der User Experience führt [Buxton, 2007]. Die Erfahrungen beim Autofahren betreffen die äußere visuelle Gestaltung, das Öffnen von Türen und Fenstern, das Beladen des Fahrzeugs, das Fahrgefühl in verschiedenen Situationen, die Geräusche des Motors und anderes. Einzelne Details, wie die verwendeten Farben oder Materialien spielen eine wichtige Rolle dafür, ob ein Auto als attraktiv angesehen wird. Autos werden für lange Urlaubsreisen genutzt, wobei auch die Bedürfnisse der Beifahrer wichtig sind, sie kommen bei Dunkelheit und Regen oder bei tiefstehender Sonne zum Einsatz und die Qualität der Straßen unterscheidet sich stark. In all diesen Situationen sollen Autos nicht nur benutzbar sein, sondern möglichst positive Erfahrungen vermitteln. Sie müssen also in all diesen Situationen gründlich erprobt werden – BUXTON würde sagen, sie müssen sich „in der Wildnis" bewähren; also in unterschiedlichen Situationen, die sich dramatisch von einer Bürosituation unterscheiden, in der sie konzipiert und konstruiert werden.

Charakterisierung von Autos anhand der Begriffe von NORMAN

1. Wahrgenommene Affordances. Obwohl Autos sehr viele Bedienelemente aufweisen, ist meist klar, wie sie benutzt werden. Die Steuerung von Belüftung und Heizung erfolgt z.B. über Schieberegler, wobei Anfang und Ende der Skala gut erkennbar sind. Für das Blinken wird ein Hebel benutzt, der es „nahelegt", dass man ihn hoch- und runterbewegt. Die Pedale zum Bremsen und Gasgeben können schon von ihrer Anordnung her nur mit den Füßen betätigt werden.
2. Abbildungen. Die Abbildungen zwischen den Intentionen des Benutzers und den Bedienhandlungen sind häufig sehr direkt. Die Intention „Frontscheibe säubern" kann z.B. durch eine Aktion ausgelöst werden, wobei zuerst Wasser auf die Frontscheibe gespritzt wird und danach automatisch die Wischerblätter einige Male auf- und abbewegt werden, ehe sie – wiederum automatisch – abgeschaltet werden.
   Das Lenkrad, bei dem eine Rotationsbewegung in eine Richtung eine Fahrzeugbewegung in diese Richtung auslöst, ist intuitiv in Bezug auf die Stimulus-Antwort-Kompatibilität. Dennoch gibt es technisch bedingt einige weniger direkte Abbildungen. So reicht es zum Wechseln des Ganges nicht aus, den Gangschaltungshebel zu betätigen, sondern zusätzlich muss die Kupplung getreten werden – eine Fehlerquelle für Anfänger und ein Grund, warum Automatikschaltungen eingeführt wurden.
3. Sichtbarkeit und Rückkopplung. In Bezug auf diese Aspekte ist die Bedienung der meisten Autos vorbildlich. Sorgfältig gestaltete Anzeigen ermöglichen es, den Zustand des Systems einzuschätzen. Die allermeisten Aktionen lösen unmittelbar eine Reaktion aus, z.B. die Betätigung des Blinkers. Die Sichtbarkeit des Systemzustandes ist bei Autos auch für andere Verkehrsteilnehmer wichtig. Bremslichter bzw. die Lichter, mit denen ein eingelegter Rückwärtsgang angezeigt wird, sind in diesem Zusammenhang nützlich.

Die generell gute Benutzbarkeit von modernen Autos basiert auch darauf, dass viele Aspekte genormt und standardisiert sind. So ist die Zuordnung von Schaltungspositionen zu Gängen zwar willkürlich, aber andererseits weitestgehend standardisiert, sodass beim Wechsel des Autos keine Probleme auftreten.

4.4.2 Benutzungsschnittstellen für eingebettete Software

Reale Geräte und Software verschmelzen mehr und mehr. Das führt dazu, dass herkömmliche Alltagsgeräte, wie Waschmaschinen mit programmierbaren, berührungssenitiven Anzeigen kombiniert werden. Die Analyse von einschlägigen Bedienkonzepten z.B. bei Kaffeemaschinen, Kopierern, Fernbedienungen und Mi-

Abb. 4.10: Die programmierbare Anzeige einer Kaffeemaschine informiert, wenn das Gerät betriebsbereit ist, wenn Bohnen oder Wasser nachgefüllt werden müssen oder das Gerät entkalkt oder gesäubert werden muss.

krowellen ist auch für Designaufgaben aus der „klassischen" Mensch-Computer-Interaktion inspirierend. Zu den verbreiteten Bedienkonzepten gehören:

- Programmierbare Anzeigen, die den Systemzustand veranschaulichen (Was tut das Gerät im Moment? Was wird vom Benutzer erwartet? Welcher Fehler ist aufgetreten?) Abb. 4.10 zeigt ein Beispiel.
- *Touchsensoren*, die auf einem berührungssensitiven Display angeordnet sind und entsprechend den Gedanken zu Affordances eine den Fingerspitzen angepasste Größe aufweisen (Abb. 4.11).
- Interaktion mittels *Softkeys*. Dabei handelt es sich um Tasten, die kontextabhängig angepasst werden und die jeweils mögliche Aktion benennen oder veranschaulichen. Als Variante davon kann auch die Taste an sich unverändert sein und die kontextabhängige Anpassung bezieht sich auf eine daneben angeordnete Beschriftung bzw. Illustration (Abb. 4.12).
- Touchscreen-basierteindexgeneralTouchscreen Interaktion auf Basis programmierbarer Displays. Bedienelemente, ggf. auch eine Tastatur, werden eingeblendet und mit den Fingern bedient. Diese Interaktion ist sehr intuitiv und wird häufig z.B. zur Steuerung von Fahrzeugnavigationsgeräten genutzt (Abb. 4.13).
- Regler werden auch bei eingebetteter Software für die Auswahl aus einem Wertebereich bzw. einer Liste verwendet. Dieses Bedienelement vieler Haushaltsgeräte ist grundsätzlich intuitiv; es kann sinnvoll sein, durch Pfeile darauf hinzuweisen, dass es sich tatsächlich um ein Bedienlement handelt. Abb. 4.14 zeigt ein Beispiel, bei dem Fahrkarten für den Nahverkehr gekauft werden können.

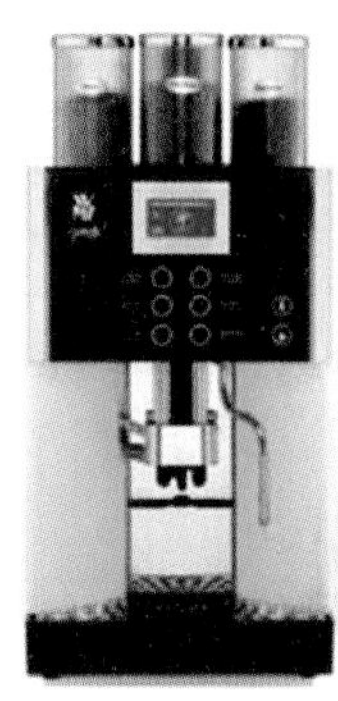

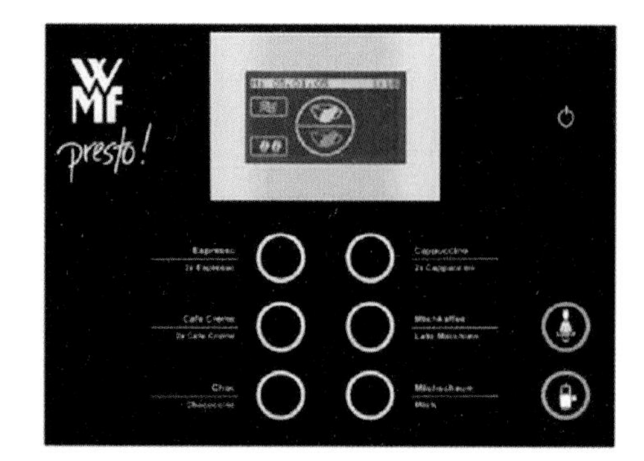

Abb. 4.11: WMF Presto. Bedienung über Touchsensoren.

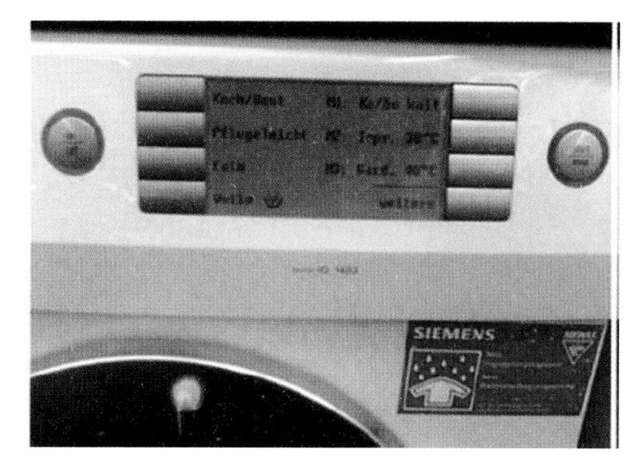

Abb. 4.12: Softkeys bei der Bedienung einer Waschmaschine, SIEMENS WIQ 163. Die Knöpfe sind real und werden durch die programmierte Anzeige flexibel eingesetzt. Dieses Konzept ist auch bei Handys sehr verbreitet.

Abb. 4.13: TomTom User Interface für die Fahrzeugnavigation, Interaktion komplett über Touchscreen, einschließlich eingeblendeter Tastatur.

Abb. 4.14: Ein Regler dient dazu, aus der Liste von Optionen auszuwählen. Der Regler weist klare Affordances auf, die das Drehen nahelegen. Zusätzlich weisen Pfeile darauf hin, dass es sich um ein drehbares Bedienelement handelt. Dargestellt ist ein Automat für Fahrkarten aus dem Nahverkehr in Bordeaux.

4.5 Phasen bei der Durchführung von Bedienhandlungen

Eine Verallgemeinerung der in diesem Kapitel erläuterten Beispiele führt zu folgenden Prinzipien:

1. Es muss in jeder Situation leicht zu erkennen sein, welche Aktionen möglich sind.
2. Der Systemzustand, das zugrunde liegende konzeptionelle Modell, mögliche Aktionen und deren Resultate müssen erkennbar sein.
3. Der Systemzustand muss leicht zu interpretieren sein. Dazu muss er nicht nur sichtbar sein, sondern in einer dem Benutzer verständlichen Form präsentiert werden, z.B. indem numerische Werte in sprachliche Kategorien überführt werden. Ein Beispiel einer solchen Überführung wäre die Einstellung der Mausgeschwindigkeit über die Begriffe „Langsam", „Mittel" und „Schnell".
4. Die Transformationen zwischen den Zielen des Benutzers und den erforderlichen Bedienhandlungen, zwischen den Handlungen und den resultierenden Effekten sowie zwischen dem angezeigten Systemzustand und der Interpretation dieses Zustandes sollen natürlich und intuitiv sein.

Diese Prinzipien lassen sich aus einem einflussreichen handlungstheoretischen Modell der MCI ableiten, das auf Donald NORMAN zurückgeht. Seine Theorie erklärt die Aktivitäten von Benutzern aus psychologischer Sicht. Demnach bestehen Bedienhandlungen aus folgenden Phasen:

1. Zielsetzung,
2. Formulierung einer Absicht,

3. Handlungsplanung,
4. Ausführen einer (Bedien-)Handlung,
5. Wahrnehmen der Reaktion des Systems,
6. Interpretation des Systemzustandes und
7. Vergleich zwischen dem interpretierten Systemzustand und dem ursprünglichen Ziel.

Diese Phasen werden in Abb. 4.15 in ihrer zeitlichen Sequenz dargestellt. Die Phasen zwei und drei bereiten auf die Ausführung einer Handlung durch das System vor. Nach der Ausführung wird das Ergebnis ausgewertet. Die letzte Phase, der Vergleich zwischen Ziel und erreichtem Ergebnis, ist damit wieder auf derselben Ebene wie die ursprüngliche Entscheidung. Da einer Handlung zumeist eine andere folgt, ergibt sich ein Zyklus, bei dem die Initiative jeweils abwechselnd beim Benutzer und beim System liegt. Die Theorie von NORMAN kann als eine Erweiterung und Verfeinerung der Diskussion über menschliches Problemlöseverhalten (Abschn. 3.2.4) angesehen werden, wobei NORMAN insbesondere die Wahrnehmung und Einschätzung der Folgen einer Handlung berücksichtigt.

NORMAN erklärt, dass ein gutes Design diese sieben Phasen unterstützt und einen bequemen Übergang zwischen den Stadien ermöglicht. So treten viele Probleme auf, wenn die Formulierung einer Absicht nur schwer in eine Bedienhandlung umgesetzt werden kann. NORMAN bezeichnet dieses Problem als „Gulf of Execution" – Kluft bei der Ausführung. Ein Beispiel für dieses Problem ist das angestrengte Nachdenken über das richtige Kommando und seine Parameter oder gar die Suche nach der Dokumentation. Eine derart problematische Umsetzung einer Absicht in eine Bedienhandlung lenkt den Benutzer eventuell so stark ab, dass er vergisst, was er eigentlich tun wollte (vgl. die Betrachtungen zum Arbeitsgedächtnis Abschn. 2.1.1). Einprägsame Piktogramme, treffende Beschriftungen und gut erkennbare Bedienelemente tragen dazu bei, diese Kluft zu verringern. Die Schwierigkeiten, Absichten in Handlungen umzusetzen, können auf verschiedenen Ebenen auftreten [Herczeg, 2009a]. Auf der semantischen Ebene gibt es möglicherweise in der Benutzungsschnittstelle keine Entsprechung für die dem Benutzer vertraute Terminologie (wie gebe ich eine Adresse ein?). Auf der lexikalen Ebene sucht der Benutzer ggf. mühsam nach den benötigten Tasten, z.B. nach Umlauten bei einer amerikanischen Tastatur.

Benutzungsschnittstellen – sowohl die von Alltagsgeräten als auch die von rechnergestützten Systemen – sind oft durch die Informationen geprägt, die für die Verarbeitung benötigt werden. Bei der Programmierung eines Videorekorders sind das z.B. Start- und Endzeit sowie der Kanal, in dem das aufzuzeichnende Programm läuft. Der Benutzer weiß dagegen, *was* er sehen will und nicht genau, *wann* die Sendung beginnt und endet. Der „Gulf of Execution" würde verringert werden, wenn der Benutzer nach Titeln oder Schlüsselwörtern suchen könnte.

Die Wahrnehmung und Interpretation des Systemzustandes sowie der Vergleich zu den Intentionen betreffen die Stadien 5 bis 7. Häufig gibt es in diesen Phasen Schwierigkeiten, die NORMAN als „Gulf of Evaluation" – Kluft bei der Evaluierung – bezeichnet. Im schlimmsten Fall führt eine Bedienhandlung des Benutzers nicht zu einer erkennbaren Reaktion des Systems. Für den Benutzer bleibt unklar, ob er

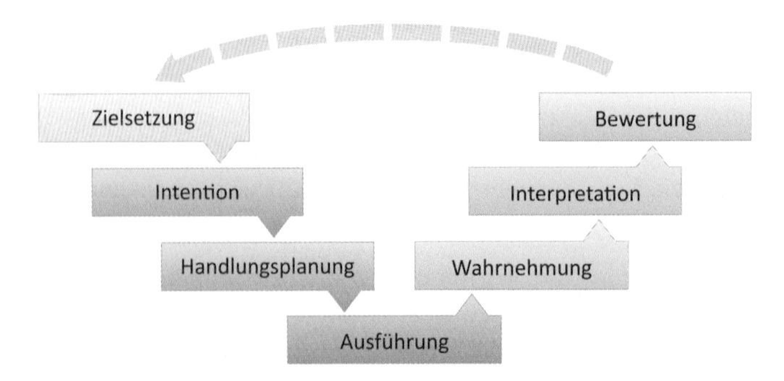

Abb. 4.15: Phasen einer Bedienhandlung entsprechend der Theorie von Norman.

sich seinem Ziel nähert oder nicht. Beispiele für eine schwer interpretierbare Rückkopplung sind Meldungen, die kaum verständlich und lang sind, bei denen kaum zu erkennen ist, ob es sich um die Bestätigung des Erfolgs einer Aktion, eine Warnung oder eine Fehlermeldung handelt. Ein weiteres Problem, das dem „Gulf of Evaluation“ zuzuordnen ist, betrifft die Platzierung und Gestaltung von Systemnachrichten, die teilweise sehr klein und unauffällig an der Peripherie des Bildschirms auftauchen, sodass sie kaum wahrgenommen werden können. Lesbare Texte und kontrastreiche Visualisierungen helfen den Benutzern, den Systemzustand wahrzunehmen und zu interpretieren. Diese Kluft zwischen einem technischen System und den Zielen seiner Benutzer wird in Abb. 4.16 veranschaulicht.

Abb. 4.16: Die Kluft zwischen Zielen der Benutzer und einem technischen System.

Einordnung von Norman's Theorie. NORMANs Theorie weist eine Reihe von Bezügen zu anderen Teilen dieses Buches auf. Die ersten Phasen, die konkrete Formulierung einer Absicht und die Auswahl von Bedienelementen kann z.B. durch die ACT-Theorie (Auswahl von Produktionen, Konfliktlösung, Abschn. 2.7) und die Überlegungen zu Affordances (Abschn. 4.1.1), Mappings und Constraints erklärt werden. Ein klarer Bezug ergibt sich auch zu den allgemeinen Überlegungen hinsichtlich der Problemlösung (Abschn. 3.2.4). Aus dieser Sicht ist zu fragen, ob Bedienhandlungen durch Analogieschlüsse möglichst leicht erkennbar sind.

Das Stadium *Wahrnehmung* umfasst alle Sinnesorgane, aber in der MCI vorrangig die visuelle und auditive Wahrnehmung (Abschn. 2.2 und 2.3). Die dort beschriebenen Erkenntnisse in Bezug auf wahrnehmbare Kontraste, Lesbarkeit, zügige Wahrnehmung (*präattentive Wahrnehmung*) ordnen sich damit in NORMANs Theorie direkt ein). Diesem Stadium und dem der Interpretation der wahrgenommenen Informationen sind u.a. auch die Überlegungen in der Dialog- und Formulargestaltung zuzuordnen (Kapitel 10), in denen es um die Umsetzung dieser Erkenntnisse geht. Das Gebiet der interaktiven Informationsvisualisierung (Kapitel 11 und 12) widmet sich der Überbrückung des Gulfs of Evaluation, da Informationen so dargestellt werden, dass sie schnell erfasst und geeignet interpretiert werden können.

Auch die späteren Phasen von NORMANs Theorie weisen einen klaren Bezug zu allgemeinen Problemlösungsstrategien auf. Aus dieser Sicht ist z.B. zu fragen, ob Benutzer den Fortschritt in Bezug auf ihr Ziel erkennen können und ob sie dieses ohne Umwege oder Rückschritte erreichen können, da nur Experten zu derart komplizierten Problemlösungen imstande sind. Von den in Abschn. 4.1 behandelten Konzepten sind Feedback und Visibility relevant, um die späteren Phasen zu erklären.

Anwendung der Theorie zur Bewertung von Benutzungsschnittstellen. Die Theorie von NORMAN ist geeignet, um Schwächen eines Designs zu analysieren und kann auch bei der Gestaltung einer Benutzungsschnittstelle genutzt werden, da sich aus diesen Stadien Fragen ableiten lassen, die quasi eine Checkliste bilden:

1. Kann die Funktion eines Gerätes leicht bestimmt werden?
2. Ist offensichtlich, welche Aktionen mit einem Gerät ausgeführt werden können?
3. Ist klar, wie eine Absicht in physische Aktionen bzw. Kommandos umgesetzt wird?
4. Ist erkennbar, wie die Aktion tatsächlich ausgeführt wird?
5. Ist es leicht zu erkennen, ob das System im gewünschten Zustand ist?
6. Kann der Benutzer den wahrgenommenen Zustand leicht interpretieren?
7. Wird der Systemzustand so dargestellt, dass ein Vergleich mit den Zielen des Benutzers leicht fällt?

Die Antwort auf diese Fragen hängt von den Benutzern und ihrer Ausbildung, ihrem Vorwissen – also auch von ihrer Kultur – ab. Daher ist es wichtig, dass die Entwickler herausfinden, welche Benutzer mit welchen Erfahrungen ein System benutzen werden. Es ist interessant und teilweise unterhaltsam, diese Fragen auf Geräte des täglichen Lebens, wie Wecker, Videorekorder und -kameras, Stereoanlagen, Geschirrspülmaschinen und ähnliches, anzuwenden.

Diskussion. Natürlich stellt auch die Theorie von NORMAN eine Vereinfachung dar und ist nicht in allen Nutzungskontexten anwendbar, die in diesem Buch betrachtet werden. Die einzelnen Phasen werden oft nicht streng sequenziell abgearbeitet. Sich Ziele zu setzen, die umgesetzt werden sollen, ist im professionellen Bereich und in Teilen unserer Freizeitgestaltung relevant – bei Software, die eher der Unterhaltung dient, spielt dies teilweise eine geringere Rolle. Oft reagieren Benutzer also mehr auf Veränderungen als gezielt Handlungspläne umzusetzen. Zudem treten auch nicht in jedem Fall alle sieben Phasen auf; einzelne Phasen werden teilweise übersprungen oder kommen mehrfach vor. So weist Wandmacher [1993] darauf hin, dass sich schon die wahrgenommene Information – teilweise ohne tiefgreifende Interpretation – auf die Planung der nächsten Aktion auswirken kann. Dies stellt den Wert der Theorie aber nicht in Frage. Die Theorie hilft Designern und Entwicklern, strukturiert darüber nachzudenken, wie Benutzer optimal darin unterstützt werden können, Pläne umzusetzen und Ergebnisse von Aktionen auszuwerten.

4.6 Zusammenfassung

Wir sind in unserem täglichen Leben von vielen technischen Geräten mit einer Vielzahl von Bedienelementen umgeben. Nur, wenn es uns möglich ist, ohne Mühe und ohne größeren Lernaufwand diese Geräte zu bedienen, können wir deren Funktionalität nutzen. Insbesondere müssen einfache Geräte sowie die wichtigsten Funktionen komplizierter Geräte ohne Lernaufwand benutzt werden können. Dies setzt voraus, dass die Gestaltung dieser Geräte auf einem tiefgründigen Verständnis der Benutzer aufbaut, wobei Kenntnisse, Fähigkeiten und Erfahrungen der Benutzer und kulturelle Besonderheiten eine wichtige Rolle spielen. Das Konzept der *wahrgenommenen Affordance* ist essenziell, um zu beurteilen, ob Bedienmöglichkeiten wahrgenommen und korrekt interpretiert werden können. Wahrnehmungs- und kognitionspsychologische Überlegungen (siehe Kapitel 2) tragen dabei zu einem vertieften Verständnis bei. Außerdem sind geeignete Constraints, also Einschränkungen der möglichen Handlungen, passende konzeptionelle Modelle und der angemessene Einsatz von Automatismen für erfolgreiches Design wesentlich. Mögliche Bedienfehler, z.B. naheliegende Verwechslungen, müssen gezielt untersucht werden, wobei abgeschätzt werden muss, ob die Folgen schwerwiegend sind. Davon abhängig muss das Design so überarbeitet werden, dass die Fehler entweder ausgeschlossen oder zumindest erschwert werden bzw. geeignete Warnsignale genutzt werden.

Für die Benutzbarkeit spielt die Platzierung von Bedienelementen eine wichtige Rolle. Zusammen gehörende Bedienelemente sollten visuell als Einheit erscheinen, indem sie nahe beieinander platziert werden – allerdings müssen sie weit genug voneinander entfernt sein, um getrennt bedient werden zu können. Zur Erleichterung des Lernens und Behaltens sollten sich unterschiedliche Bedienelemente visuell eindeutig unterscheiden. Die visuelle Gestaltung sollte sich an konventionalisierten Formen orientieren.

Das relativ erfolgreiche Beispiel Auto zeigt, dass auch komplexe Geräte auf einfache Weise bedient werden können; es zeigt aber auch, dass für diesen Erfolg aufwändige Tests nötig sind. Die 1:1-Zuordnung von Bedienelementen zu Funktionen, gute Anzeigen des Systemzustandes und geeignetes Feedback gehören zu den Erfolgsfaktoren der Gestaltung von Autos.

In vielen Bereichen gibt es eine Vielzahl von Geräten mit ähnlichen Funktionen und mit guter Benutzbarkeit. Daher gewinnen Faktoren, die die Attraktivität und Zufriedenheit betreffen, an Bedeutung. Gelungenes visuelles Design sowie ein angenehmer Einsatz von Farben, Formen und Materialien beeinflussen die *Erfahrungen*, die Benutzer mit Geräten in unterschiedlichen Situationen sammeln.

Die Theorie von NORMAN über die Durchführung von Handlungen gilt uneingeschränkt auch für die Arbeit mit interaktiven Systemen. NORMAN sieht ein großes Potenzial darin, die Beobachtungen zu Affordances in die Entwicklung interaktiver Systeme einfließen zu lassen. Ein einfaches Beispiel ist die visuelle Gestaltung von Buttons. Dabei geht es zum Beispiel darum, Buttons visuell so darzustellen, dass sie erhaben erscheinen und es nahelegen, gedrückt zu werden.

Weitere Literatur. Das Buch von D. NORMAN ist die interessanteste Quelle für weitere Informationen [Norman, 1988]. Die 7-Stadien-Theorie von NORMAN ist genutzt worden, um ein kognitives Modell der Lernphase von Benutzungsschnittstellen zu entwickeln [Polson und Lewis, 1990] und um darauf aufbauend Evaluierungsmethoden zu gestalten, die die Erlernbarkeit einer Benutzungsschnittstelle bewerten [Franzke, 1995]. Olsen [1998] erläutert an Beispielen praktische Konsequenzen aus der Theorie von NORMAN und diskutiert, wie dabei der „Gulf of Execution" und der „Gulf of Evaluation" überwunden werden können. NORMAN's Theorie der Stadien von Bedienhandlungen ist auch weiterentwickelt worden, um die Informationssuche im WWW zu charakterisieren [Marchionini und White, 2007].

Der Artikel von GAVER über Affordances ist empfehlenswert [Gaver, 1991]. Ausführliche Erläuterungen und Erklärungen zu dem Begriff *Affordance* finden sich in [McGrenere und Ho, 2000] und [Jones, 2003]. Tiefgründige Analysen der Bedienung konkreter Klassen von Geräten sind ebenfalls sehr illustrativ. Beispielhaft sei die Diskussion von Taschenrechnern [Thimbleby, 2000], Faxgeräten [Thimbleby, 1997] und Videorekordern [Thimbleby, 1991] genannt. Darüber hinaus kann das Studium von Bedienungs- und Wartungsanleitungen von Waschmaschinen, Staubsaugern, Bügeleisen und anderen Geräten empfohlen werden. Zusammen mit dem entsprechenden Gerät wird dabei oft klar, welche Intention hinter dem Design von Bedienelementen und -vorgängen steht. Die Analyse der Nutzung von realen Alltagsgeräten und daraus abgeleitete Schlussfolgerungen sind Gegenstand aktueller Forschungen [Wakkary, 2009, Wakkary und Maestri, 2008].

Kapitel 5
Historische Entwicklung

Die historische Entwicklung von Benutzungsschnittstellen ist aus verschiedenen Gründen aufschlussreich: Es wird deutlich, dass viele Interaktionsformen, die uns heute als selbstverständlich erscheinen, das Ergebnis eines Prozesses sind, in dessen Verlauf oft andere Alternativen bestanden haben. Die Geschichte zeigt auch, welche Motivation hinter verschiedenen Entwicklungen steckt. Die Auswahl der in diesem Kapitel betrachteten Aspekte ist von diesen didaktischen Überlegungen geleitet.

Zunächst sind Computersysteme von Programmierern bedient worden – Benutzungsschnittstellen waren daher primär Programmierschnittstellen. Folglich ist es nicht verwunderlich, wenn neue Programmierumgebungen einen erheblichen Einfluss auf die Entwicklung interaktiver Systeme haben. Die in den 70er Jahren begonnene Entwicklung des SMALLTALK-Systems mit einer visuell orientierten Entwicklungsumgebung und mit einer guten Integration verschiedener Teile, wie Debugger und Klassenbrowser, spielt dabei eine herausragende Rolle [Tesler, 1981, Kay, 1996]. Später hat Java als Basis vieler Webapplikationen eine ähnliche Rolle gespielt.

Konferenzen und Zeitschriften auf dem Gebiet der MCI gibt es seit dem Jahr 1982. Etwa zur gleichen Zeit gab es die ersten kommerziell erfolgreichen grafischen Benutzungsoberflächen (*Graphical User Interfaces*, GUI), den XEROX STAR und den APPLE MACINTOSH. Dieser Abriss ordnet diese Systeme ein, zeigt aber auch die Vorläufer dieser Entwicklung, die bis in die 40er Jahre zurückgehen. Ein wichtiger Aspekt ist die Entwicklung des Internets, des WWW und der sich daraus ergebenden Chancen und Herausforderungen. Die historische Entwicklung ist untrennbar mit visionären Persönlichkeiten verbunden. Daher sind Kurzbiographien dieser Personen an den passenden Stellen eingefügt. Für den interessierten Leser werden umfangreichere historische Beschreibungen zitiert.

Gliederung. Dieses Kapitel beginnt in Abschn. 5.1 mit einer Diskussion über Konzepte zur Organisation und Navigation in sehr großen Datenbeständen, die auf unserer menschlichen „Informationsverarbeitung" aufbauen. Diese Diskussion bezieht sich auf einen Artikel aus dem Jahre 1945, in dem bereits vor der „Überflutung" durch Informationen gewarnt wird. In Abschn. 5.2 werden grundsätzliche Überle-

B. Preim, R. Dachselt, *Interaktive Systeme*, eXamen.press, 2nd ed.,
DOI 10.1007/978-3-642-05402-0_5, © Springer-Verlag Berlin Heidelberg 2010

gungen zur Interaktivität in Computersystemen angestellt. Daraus wird abgeleitet, dass in den allermeisten Situationen nur durch interaktive Programme Problemlösungsprozesse wirkungsvoll unterstützt werden können.

Es folgt die Beschreibung der Entwicklung des XEROX STAR (Abschn. 5.3) und des APPLE MACINTOSH (Abschn. 5.4). Anhand dieser Systeme wird das Entstehen neuer Interaktionsideen interaktiver Systeme deutlich. Die historisch jüngeren Fenstersysteme, das X-WINDOW-System und MICROSOFT-WINDOWS, haben zwar konzeptionell weniger Neuigkeiten aufzuweisen, haben aber die Marktdurchdringung mit grafischen Benutzungsoberflächen erheblich beeinflusst. Ihnen ist der kurze Abschn. 5.5 gewidmet.

Die SMALLTALK-Entwicklungsumgebung mit ihren visuellen Komponenten und der Möglichkeit, schnell Prototypen interaktiver Systeme zu erstellen, wird in Abschn. 5.6 vorgestellt. Die Betrachtungen von SMALLTALK zeigen auch, dass Schnittstellen und die Werkzeuge, mit denen sie erstellt worden sind, nicht unabhängig voneinander sind – die von ihrer Konzeption her objektorientierten Schnittstellen moderner Systeme lassen sich am besten objektorientiert realisieren, und umgekehrt erscheinen diese Schnittstellen bei einer objektorientierten Denkweise als besonders naheliegend. In Abschn. 5.7 schließt sich der Kreis, der durch die Visionen von VANNEVAR BUSH begonnen wurde. Mit der Entstehung und Entwicklung des WWW sind viele dieser Visionen wahr geworden. Die jüngere Vergangenheit der MCI-Forschung wird besonders stark durch die Vision des allgegenwärtigen Computers, Ubiquitious Computing, geprägt. Diesem Thema ist Abschn. 5.8 gewidmet.

5.1 Wie wir denken könnten

VANNEVAR BUSH, der als Berater des damaligen amerikanischen Präsidenten ROOSEVELT Visionen für zukünftige Technologien entwickelte, hat das menschliche Denken und Wahrnehmen analysiert und beobachtet, wie stark assoziativ unser Denken ist („As we may think“, siehe Bush [1945]). Davon ausgehend hat er Probleme beim Umgang mit Informationen untersucht und eine (hypothetische) Maschine namens MEMEX entworfen, die bei der Lösung dieser Probleme behilflich ist. Die in diesem Zusammenhang entwickelten Visionen gelten als Vorläufer heutiger Hypertextsysteme.

5.1.1 Entwurf von MeMex

BUSH hat selbst als Wissenschaftler gearbeitet und schon in den 30er Jahren beobachtet, wie schwierig es bei der wachsenden Spezialisierung war, einen Überblick über wissenschaftliche Literatur zu behalten.

Davon ausgehend bestand sein Ziel darin, große Informationsmengen besser zu organisieren, sodass man bei der wachsenden Flut an Informationen den Überblick behält. Dabei ist es wichtig, dass man gezielt (inhaltsbasiert) nach Informationen suchen und so die relevanten Informationen effizient lokalisieren kann. MEMEX, seine virtuelle Maschine, kann große Mengen an Informationen speichern. Dazu zählen Artikel, Notizen und sogar ganze Bücher. MEMEX soll in dieser „personalisierten" Bibliothek so suchen können, wie der Mensch in seinem Langzeitgedächtnis nach Informationen sucht, und damit den menschlichen Speicher erheblich erweitern. MEMEX zeigt die Informationen gut lesbar an und enthält eine Oberfläche mit Bedienelementen zur Steuerung der Anzeige. MEMEX ermöglicht das gründliche Durchlesen, aber auch ein Durchblättern und ein „Diagonallesen". Bei der Suche nach Informationen muss eine flexible Eingabe möglich sein. Neben ausführlichen Titel- und Autorenangaben ist eine Stichwortsuche erforderlich. Man soll jederzeit zu beliebigen Seiten, zu Anfangs- und Endpunkten von Kapiteln, zu Verzeichnissen und Indizes springen können, sodass eine schnellere Suche möglich ist als in „realen" Büchern. Außerdem soll man Notizen und Anmerkungen machen können, die Informationen also flexibel ergänzen.

5.1.2 Individuelle Strukturierung von Informationsräumen

Prinzipiell neu war, dass mit MEMEX Informationen verbunden werden können und der Informationsraum somit selbständig strukturiert werden kann. Beliebige Informationen können durch Eingabe eines Kommandos permanent miteinander verbunden werden. Diese Aktion bewirkt, dass die Anzeige einer Information immer einen direkten Zugang zu den damit verbundenen Informationen ermöglicht. Wenn sehr viele Verweise aktiv sind, muss es eine Möglichkeit geben, mit einem „Steuerknüppel" durch diese Verweise zu navigieren. Benutzer können Informationen benennen und mit Schlüsselwörtern versehen, nach denen gesucht werden kann. MEMEX „merkt" sich, welche Informationen der Benutzer in welcher Reihenfolge besucht hat und zeigt den entstehenden Pfad an. MEMEX sollte auf einem Schreibtisch stehen, aber auch von anderen Plätzen benutzbar sein.

5.1.3 Konsequenzen für die MCI

Die MEMEX-Visionen sind sehr lehrreich. Ausgehend von einer Analyse der Vor- und Nachteile der bisherigen Art Informationen zu verwalten, wird eine neue Lösung entworfen. Diese Lösung baut auf den gesammelten Erfahrungen auf und integriert bewährte Organisations- und Navigationsmöglichkeiten, z.B. Notizen machen, durch die Seiten blättern. Zugleich sollten gezielt die Schwachpunkte der aktuellen Dokumentverarbeitung beseitigt werden.

Vannevar Bush (1890-1974). Obwohl VANNEVAR BUSH 1974 starb, lange ehe das WWW entwickelt wurde, gilt er als wichtiger Vordenker dieser Entwicklung.

Als einflussreicher Berater der amerikanischen Regierung hatte er zudem entscheidenden Anteil daran, die Forschungsförderung in den USA so zu gestalten, dass an der Verwirklichung seiner Visionen in gut ausgestatteten Labors gearbeitet werden konnte.

Abb. 5.1: Vannevar Bush (Quelle: [Griffin, 2010])

BUSH (Abb. 5.1) war ein ungeheuer vielseitiger Mann: er hatte akademische Abschlüsse in Mathematik, Physik und Psychologie und promovierte im Bereich Engineering. Schon frühzeitig verfolgte er eigene Ziele, darunter die Vermarktung eigener Erfindungen, z.B. eines verbesserten Radargerätes. Dabei war er zunächst nicht sonderlich erfolgreich, lernte aber viel darüber, wovon es abhängt, ob neue Technologien von Menschen akzeptiert und genutzt werden. So entstand ein besseres Verständnis von Innovationen. Heute würde man dieses Verständnis als *benutzerzentriert* bezeichnen. Seine besondere mathematische Begabung wird oft erwähnt und war sicher entscheidend für seine Erfolge in den 30er Jahren als er am MIT einen Analogrechner zur Lösung von Differentialgleichungen entwickelte. In dieser Zeit begann er darüber nachzudenken, wie das rapide wachsende Wissen von immer stärker spezialisierten Forschern gespeichert, organisiert und breit zugänglich gemacht werden konnte.

Er verfügte über hervorragende Kontakte zu Präsident ROOSEVELT, dem er 1940 die Gründung eines „National Defense Research Committee" vorschlug, die als koordinierte Initiative die Forschung für das Militär bündeln sollte. Diese durch den herrschenden Weltkrieg geprägte Organisation wurde ins Leben gerufen; BUSH wurde ihr Direktor und leitete später auch die Nachfolgeorganisation „Office of Scientific Research and Development". Die Tatsache, dass dabei tatsächlich Technologien entwickelt wurden, die für den Kriegsverlauf maßgeblich waren, hat einerseits den Einfluss BUSH's gestärkt und andererseits dazu beigetragen auch nach dem Krieg eine koordinierte und von der Regierung finanzierte Forschung aufzubauen. Insofern hat er – neben den visionären Gedanken – auch praktisch geholfen, die Forschungslabore zu gründen, in denen das ARPANET und später das INTERNET entstanden sind. Diese Kurzbiographie basiert auf der Vorstellung auf der Webpräsentation der Internet-Pioniere ibiblio [Griffin, 2010]).

5.2 Kooperation zwischen Mensch und Computer

Die Produktivität von Menschen im Umgang mit Computern kann wesentlich erhöht werden, wenn Computer interaktiv benutzt werden können [Licklider, 1960]. Die 1960 vorherrschende Arbeitsweise, dass vorbereitete Programme in einen Rechner eingelesen werden, in einem Batch-Prozess abgearbeitet werden und zu einer riesigen Liste von Ausgaben führen, war für viele Probleme unzureichend. Sie ist darauf beschränkt, exakt definierte Fragestellungen zu beantworten (z.B. vollständig spezifizierte Gleichungssysteme zu lösen). JOHN LICKLIDER kritisiert die Abhängigkeit von starren Programmen und strebt eine „Kooperation“ zwischen Mensch und Computer an, um in komplexen Situationen adäquat zu reagieren.

LICKLIDER schreibt: „In many cases the question: What is the answer? is not right. The question is: What is the question?“ Für diese Gestaltungs- und Problemlösungsprozesse hat er Lösungsansätze formuliert.

5.2.1 Lösung von Gestaltungsproblemen

Obwohl viele Probleme prinzipiell vorher durchdacht werden können, so ist es doch sehr schwer, sie bis ins Detail vorher zu durchdenken. Dies gilt insbesondere für Entwurfs- und Gestaltungsprobleme, bei denen viele Restriktionen erst während des Entwurfs durch eine Visualisierung der Zwischenergebnisse erkennbar werden. Zudem sind diese Probleme unterspezifiziert, und so kann zwar häufig kritisiert werden, inwiefern eine Lösung schlecht ist, aber nicht konstruktiv eine optimale Lösung angegeben werden. Diese *schlecht strukturierten* Probleme (siehe Simon [1973] für eine Diskussion dieses Begriffs) können praktisch nur gelöst werden, wenn sie in einem Trial-and-Error-Prozess bearbeitet werden, bei dem der Computer *kooperativ* ist und unmittelbar auf die Eingaben des Benutzers reagiert. Die exakte Fragestellung ist dabei oft erst am Ende dieses Prozesses erreicht. Die Argumente für eine interaktive Problembearbeitung erklären auch, warum vollautomatische Expertensysteme nur in ganz engem Umfang anwendbar sind – die vollständige Problemspezifikation ist nicht möglich.

5.2.2 Ideen für die Interaktion

Damit Problemlösungsprozesse wirkungsvoll unterstützt werden können, muss es möglich sein, effizienter mit dem Computer zu kommunizieren. Trial-and-Error-Prozesse führen häufig zu originellen, zunächst unerwarteten und schwer vorhersehbaren Lösungen. Als Vorbild für die kooperative Arbeitsweise zwischen Mensch und Maschine wird die Kommunikation zwischen Menschen angesehen. Daraus leitet LICKLIDER kurz- und langfristige Ziele ab [Licklider und Clark, 1962]. Die kurzfristigen Ziele waren eher technologisch (Fähigkeiten zum Speichern großer Datenmengen und zum effizienten Zugriff auf diese Daten, elektronische Ein- und Ausgabe von Daten), während die langfristigen Ziele, wie das Verstehen natürlicher Sprache und die Interpretation von Zeichnungen, grundlegende und bis heute nicht vollständig gelöste Fragen nach der menschlichen Informationsverarbeitung aufwerfen. LICKLIDER hat als wichtigste technische Voraussetzung für interaktive Systeme die Entwicklung von Time-Sharing-Systemen angesehen, die es ermöglichen, die (damals extrem teure) Rechenzeit auf mehrere Benutzer zu verteilen, sodass der Rechner auch dann beschäftigt ist, wenn einzelne Benutzer über eine Eingabe nachdenken.

5.2.3 Konsequenzen für die MCI

Aus LICKLIDERs Gedanken sind einige anerkannte Prinzipien der MCI entstanden. Die Kommunikation zwischen Menschen ist eine wichtige Orientierung und ein Vorbild für die Interaktion zwischen Mensch und Computer. Diese Orientierung erfordert ein grundlegendes Verständnis von menschlichen Wahrnehmungs-, Informationsverarbeitungs- und Schlussfolgerungsprozessen. Daher ist das entstehende Gebiet der MCI zu einer Triebfeder für die kognitive Psychologie geworden und profitiert seinerseits von den dort gewonnenen Erkenntnissen (siehe Kapitel 2).

Hervorzuheben an den Gedanken von LICKLIDER und BUSH ist auch, *wie* die Ideen präsentiert wurden. Beide haben nicht nur abstrakt und generell über mögliche Technologieunterstützung und Schnittstellen geschrieben, sondern in einem Erzählstil relevante Beispiele durchdacht. Derartige Beschreibungen spielen in der MCI eine wesentliche Rolle – sie werden *Szenarien* genannt. Szenarien dienen unter anderem dazu – in einer für alle Beteiligten leicht verständlichen Weise – zu charakterisieren, wie ein zu entwickelndes neues System aus Benutzersicht arbeiten soll [Carroll und Rosson, 2002]. In Band II werden wir an verschiedenen Stellen auf Szenarien zurückkommen – sie können genutzt werden, um aktuelle Varianten einer Systemnutzung zu beschreiben (Ist-Szenarien) und um geplante neue Varianten zu charakterisieren (Soll-Szenarien).

Abb. 5.2: John Licklider (Quelle: [Griffin, 2010]).

John Licklider (1915-1990). Der Beitrag von JOHN LICKLIDER (Abb. 5.2) zu der heutigen Welt vernetzter interaktiver Systeme ist ähnlich groß wie der von V. BUSH. Ähnlich zu BUSH bestand sein Beitrag mehr darin, kühne Ideen zu formulieren und Konzepte zu entwickeln, als konkrete Systeme zu realisieren. LICKLIDER hat – auch darin ähnlich zu BUSH – Technologieförderung organisiert, Förderprogramme entwickelt und so die Richtung in der Forschung vorgegeben. Dass die Beispiele für die zu lösenden komplexen Probleme überwiegend aus dem militärischen Bereich kamen und die von ihm organisierte Forschung dem Verteidigungsministerium zugeordnet war, ist typisch für die Zeit des kalten Krieges, in der mit enormen Mitteln militärisch orientierte Forschung gefördert wurde.

Besondere Tragweite hatte seine Entscheidung, DOUGLAS ENGELBART massiv darin zu unterstützen, ein kooperatives System mit neuen Interaktionstechniken und -geräten zu entwickeln. Diese Entscheidung war offenbar nicht einfach, weil ENGELBART in Palo Alto, und damit weit entfernt von den damaligen Talenteschmieden für die dringend benötigten

Fachleute war. Dass es ENGELBART doch geschafft hat, hoch talentierte Mitarbeiter zu gewinnen, muss für LICKLIDER eine große Freude gewesen sein. Als wichtigster Beitrag aus seiner Tätigkeit bei der ARPA (Advanced Research Projects Agency) gilt die Initiierung des ARPANETs, aus dem das Internet hervorging.

Auch LICKLIDER war sehr vielseitig: er besaß akademische Abschlüsse in Mathematik, Physik und Psychologie und promovierte im Bereich Psychoakustik. Sein Thema war ein damals aktuelles Problem der Mensch-Technik-Interaktion: die Kommunikation innerhalb einer Militär-Flugzeugbesatzung bei starkem Lärm. Seine Ideen zur „Symbiose" zwischen Mensch und Computer sind aus einer ausführlichen Analyse seiner eigenen Tätigkeit abgeleitet. Er hat penibel analysiert, wie lange er mit Tätigkeiten welcher Art zubringt und welche Tätigkeiten mechanistisch und prinzipiell automatisierbar sind. Er ist auch zu der Erkenntnis gelangt, dass er bei seiner Auswahl an Problemlösungsstrategien massiv davon geleitet wird, welchen Aufwand an Routinetätigkeiten die Entscheidung mit sich bringt, was er folgendermaßen ausdrückt: „My choices what to attempt and what not were determined to an embarrasingly great extent by considerations of clerical feasibility, not intellectual capability."[1] [Licklider, 1960]

Die Standardisierung von Rechnersystemen, aber auch von Software und Formaten, war ihm ein wichtiges Bedürfnis – auch dies ein Ergebnis seines Selbstversuches, der z.B. gezeigt hat, mit welchem Aufwand es oft verbunden war, Daten in eine vergleichbare Form zu bringen. Er beschrieb erstmals die Notwendigkeit von Software, die nur im Netz existierte und bei Bedarf auf einer Maschine ausgeführt wurde – eine Zielsetzung, die wesentlich später durch Java umgesetzt wurde. Auch diese Kurzbiographie basiert auf der Webpräsentation ibiblio [Griffin, 2010].

5.2.4 Interaktive 3D-Computergrafik

Nachdem das Potenzial interaktiver Anwendungen skizziert wurde, kam es in den 60er Jahren zu konkreten Anwendungen vor allem im Bereich der Computergrafik. Aufbauend auf der fundamentalen Arbeit von IVAN SUTHERLAND wurden erste CAD (Computer Aided Design)-Systeme entworfen. SUTHERLAND, dessen SKETCHPAD-System [Sutherland, 1963] als die Geburtsstunde der interaktiven Computergrafik gilt, hat dafür den Grundstein gelegt. Er hat grundlegende Algorithmen und Datenstrukturen für die effiziente Repräsentation von grafischen Informationen sowie für deren Anzeige und Manipulation entwickelt. Sein System nutzt ein Grafiktablett und einen Stift, mit dem ein Benutzer etwas skizzieren kann, das automatisch in elektronische Form überführt wird. Die gezeichneten Objekte können benannt und in Objekthierarchien zusammengefasst werden. Davon inspiriert sind weitere CAD-Systeme konzipiert worden [Stotz, 1963, Johnson, 1963] zu einer Zeit, als die technischen Voraussetzungen dafür noch lange nicht gegeben waren. Ande-

[1] Deutsch: (übersetzt von den Autoren): Meine Entscheidungen, was ich versuchen sollte und was nicht, waren in einem erstaunlichen Maße davon geprägt, was praktisch möglich war und nicht was intellektuell möglich war.

Abb. 5.3: Das Sketchpad-System auf der TX-2 war eines der ersten interaktiven Systeme. Stiftbedienung und ein Vektordisplay waren Besonderheiten der Bedienung.

re interaktive Anwendungen in der Computergrafik betreffen die Modellierung von Molekülen [Levinthal, 1966] und den Entwurf von Animationen [Knowlton, 1966]. Dabei werden Entwurfsaufgaben bearbeitet, also Aufgaben, die nicht nach einem starren Berechnungsschema Eingaben in Ausgaben transformieren, sondern Kreativität erfordern und *nur* interaktiv erfolgreich bearbeitet werden können. Direkte Manipulation, ein Begriff, der damals noch nicht existierte, wurde in diesen Systemen erstmals verwendet (eine Definition des Begriffs erfolgt auf Seite 190).

5.2.5 Die „Erfindung" von Hypertext

Browser für multimediale, durch Querverweise miteinander verbundene Dokumente, z.B. WWW-Browser, spielen heutzutage eine große Rolle. Derartige Hypermediasysteme werden benutzt, um einen *Informationsraum* zu erkunden. Hypertextbasierte Lehr- und Informationssysteme gehören zu den neueren Computersystemen, die grundsätzlich interaktiv sind, im Gegensatz z.B. zu einem Compiler, der umfangreiche Quelltexte ohne jegliche Interaktion übersetzt. Die ursprüngliche Idee für diese Anwendungen stammt von V. BUSH (vgl. Abschn. 5.1). TED NELSON hat diese Überlegungen erheblich präzisiert und den Begriff *Hypertext* geprägt ihn folgendermaßen erklärt [Nelson, 1965]:

„Let me introduce the term hypertext to mean a body of written or pictorial material interconnected in such a way that is not conveniently be presented on paper. It may contain summaries, maps of its content and annotations".[2]

[2] Deutsch (übersetzt von den Autoren): Lassen Sie mich den Begriff Hypertext als einen Stapel von geschriebenem oder bildhaftem Material erklären, dessen Bestandteile anders miteinander verbunden sind, als sie auf gedrucktem Papier präsentiert werden können. Dieser Stapel kann Zusammenfassungen, Inhaltsangaben und Anmerkungen enthalten.

Hypertexte enthalten sensitive Bereiche, die Querverweise zwischen Informationen darstellen und die unmittelbar verfolgt werden können. Dadurch können Beschreibungen verwandter Begriffe, Beispiele und Erläuterungen, die sich nicht in räumlicher Nähe platzieren lassen, „angesprungen“ werden. Diese Hypertextfunktionalität ist nützlich, um von Indizes oder Inhaltsverzeichnissen elektronischer Dokumente zu den entsprechenden Inhalten zu gelangen.

NELSON geht davon aus, dass Hypertextsysteme auf digital gespeicherten Daten basieren und auf elektronischen Anzeigegeräten gelesen werden. NELSON machte sich dabei auch um die Qualität von Benutzungsschnittstellen Gedanken: Er spricht von der *psychischen Architektur* von Computersystemen [Nelson, 1973]. Damit ist gemeint, wie Informationen organisiert werden, wie sie miteinander verbunden sind und wie die Struktur von Informationen präsentiert werden kann. Diese Designaufgabe wird damit verglichen, wie komplexe Gebäude entworfen werden, in denen Räume durch Gänge und Treppen verbunden sind, in denen eine Strukturierung z.B. durch Korridore und durch Anzeigetafeln erfolgt. So wie die Orientierung in komplexen Gebäuden von deren Strukturierung, von der Anzeige entsprechender Übersichtsinformationen abhängt, so müssen auch die Strukturen eines Computersystems geeignet dargestellt werden.

Abb. 5.4: Ted Nelson (Quelle: [Consortium, 2010]).

Ted Nelson, geb. 1937. TED NELSON ist Sohn einer Schauspielerin und eines Filmdirektors (Abb. 5.4). Seinen ersten akademischen Abschluss erwarb er in Philosophie; 1960 begann er in Harvard ein Masterstudium in Soziologie und startete ein äußerst ehrgeiziges Projekt: die Entwicklung eines Textverarbeitungsprogramms, das es erlaubt, verschiedene Versionen der Dokumente zu verwalten und die Dokumente untereinander zu vernetzen. Wie die meisten seiner Projekte, so ist auch dieses nicht zu Ende geführt worden, aber die Ideen und Konzepte, insbesondere die Hypertextidee, sind einflussreich für weitere Entwicklungen gewesen. Wie sehr seine Konzepte dabei auf denen von V. BUSH aufbauten, hat NELSON mit den Worten „Bush was right“ bestätigt.

XANADU ist das größte Projekt, dass er vorangetrieben hat. Das 1967 gestartete Projekt hatte das ehrgeizige Ziel, eine weltweite elektronische Bibliothek für die Bereiche Kunst und Literatur aufzubauen. Ein weltweites Netz, bei dem die Dateien separat und lokal verteilt gespeichert waren, und auf die unbegrenzt zugegriffen werden konnte, war das Ziel. Die Autoren bzw. Copyright-Inhaber dieser Dokumente sollten automatisch durch Zahlung kleiner Geldbeträge entschädigt werden, wenn Benutzer für sich „virtuelle Kopien“ anlegen. Dieses, nur partiell umgesetzte Projekt, kann als Vorläufer für die heutigen Digitalen Bibliotheken angesehen werden. Diese Kurzbiographie basiert ebenfalls auf der Webpräsentation ibiblio [Griffin, 2010].

5.2.6 Kooperative Arbeit zwischen Mensch und Maschine

Abb. 5.5: Das erste mausbasierte Fenstersystem, das unter der Leitung von D. Engelbart entwickelt wurde (Quelle: http://dougengelbart.org/).

Etwa zur gleichen Zeit wie NELSON und mit ähnlichen Gedanken hat eine weitere Persönlichkeit die Entwicklung interaktiver Systeme vorangetrieben: DOUGLAS ENGELBART. ENGELBART sieht das Ziel im Einsatz von Computern darin, den „menschlichen Intellekt“ zu verbessern. Dieses Ziel konkretisiert er folgendermaßen: Computer sollen eingesetzt werden, um bei komplexen Aufgaben schneller zu Lösungen zu kommen und um genauere und zuverlässigere Ergebnisse zu erhalten. Darüber hinaus strebt ENGELBART an, dass mit Computern sehr komplexe Probleme bearbeitet werden können, die bisher nicht bewältigt werden konnten. Zu diesem Zweck analysiert er, wie der Mensch Probleme löst und zieht folgende Schlüsse:

1. Der Mensch hat sich *Hilfsmittel* geschaffen, mit denen er etwas bearbeiten kann, z.B. Schreibgeräte, Hefte, Ordner und andere Büromaterialien, um Informationen zu verwalten.
2. Der Mensch benutzt eine *Sprache*, um zu kommunizieren, um Sachverhalte einzuordnen, zu definieren (und damit die Sprache zu erweitern) und zu beschreiben.
3. Der Mensch hat *Methoden, Strategien* und *Prozeduren* entwickelt, um seine Aktivitäten zielgerichtet auszuführen. Er richtet sich seine Arbeitsumgebung ein, sortiert Informationen und führt Gespräche, um Konflikte zu lösen.
4. Der Mensch wird ausgebildet, damit er Gegenstände und Hilfsmittel optimal benutzen kann. Dabei erlernt er Methoden, Strategien und Prozeduren, in welchen Situationen und in welcher Reihenfolge bestimmte Hilfsmittel einzusetzen sind, um ein *Ziel* zu erreichen.

ENGELBARTs Ziel ist es, den ausgebildeten Menschen mit seinen Hilfsmitteln, seiner Sprache und seiner Methodologie zu unterstützen. Daraus sind konkrete Teilziele und Einsichten entstanden. ENGELBART erkannte das Potenzial von elektronischen Nachrichten- und Diskussionssystemen für eine effiziente Kommunikation. Er erkannte, wie wichtig es ist, dass der Computer durchgängig *alle* Phasen einer Problemlösung unterstützt und dass die beteiligten Computerprogramme gut aufeinander abgestimmt sind. Dadurch treten Synergieeffekte auf. Die „Integration" von Menschen in Newsgruppen und Mailinglisten führt dazu, dass die Gruppe der beteiligten Menschen mehr Kompetenz entwickelt, als es der Summe der Fähigkeiten der Einzelnen entspricht. In ähnlicher Weise führt die Integration von Werkzeugen, z.B. zur Erstellung eines komplexen Dokuments, zu Synergieeffekten.

Der markanteste praktische Beitrag von ENGELBART bestand in der Konzeption und Entwicklung des NLS-Systems (OnLine-System) (Abb. 5.5) [Engelbart und English, 1968]. Es war das erste mausbasierte System, das einzelne Anwendungen in Bildschirmfenstern anordnete, damit die Bearbeitung eines Problems durch die gleichzeitige Benutzung verschiedener Werkzeuge unterstützt wird (Abb. 5.5). Das NLS-System war ein Full-Screen-System, bei dem beliebige Positionen (Pixel) auf einem grafischen Bildschirm selektiert werden konnten. Bis dahin waren textorientierte Dialogsysteme vorherrschend, bei denen z.B. eine Zeile selektiert und in der Kommandozeile manipuliert werden konnte. Das NLS-System war vernetzt und ermöglichte Online-Konferenzen. E-Mail wurde für die Zusammenarbeit genutzt und eine ausgereifte Textverarbeitung entwickelt.

Die Erfindung der Maus. Das Team um ENGELBART hatte mit verschiedenen Eingabegeräten, vor allem den bekannten Stiften und Trackballs experimentiert. Beide Geräte wurden als unpraktisch und zu teuer eingeschätzt und so wurde mit der Maus ein ganz neues Gerät entwickelt. Durch die Eingabe mit der Maus ist es möglich, Aktionen auszulösen, indem auf etwas gezeigt wird. Dadurch wird vermieden, dass Operationen über die textuelle Eingabe von Kommandos und Parametern spezifiziert werden müssen. Gegenüber den direkten Zeigegeräten, wie dem Stift, ist die Maus ein indirektes Zeigegerät, bei dem die Bewegung auf einer Unterlage in eine Bewegung eines Cursors auf dem Bildschirm abgebildet wird. Dieses indirekte Verhalten bringt zwar einen gewissen Lernaufwand mit sich, aber die Maus verdeckt keine Bildschirmfläche. Zudem ist die Bewegung mit der Maus auf die Dauer angenehmer als das ermüdende Zeigen auf einen (vertikalen) Bildschirm.

Vorstellung des NLS-Systems. Als das System nach etwa 5-jähriger Entwicklungszeit vor etwa 2000 Zuschauern auf der Joint Computer Conference in San Francisco 1968 präsentiert wurde, waren Begeisterung und ungläubiges Staunen die Reaktionen. In historischen Rückblicken wird immer wieder von der „Mutter aller Systemdemonstrationen" gesprochen.

Kurzfristig hatte diese Arbeit aber kaum Konsequenzen: die Art und Weise, wie ENGELBART den Umgang mit vernetzten Computern vorgestellt hatte, unterschied sich so radikal von der vorherrschenden Nutzung von Computern, dass diese neue Art zunächst kaum Verbreitung fand. Erst etwa 10 Jahre später wurde im XEROX PARC begonnen, die vorgestellten Konzepte in ein Produkt zu überführen.

Douglas Engelbart, geb. 1925. Douglas Engelbart wurde 1925 in der Nähe von Portland, Oregon geboren und studierte bis 1948 Elektroingenieruwesen. Inspiriert von ersten Veröffentlichungen über Computer begann er nachzudenken, wie diese den menschlichen Intellekt ergänzen können. Während seiner Promotionsphase erwarb er mehrere Patente für neue Ausgabegeräte. Nach einer Phase als Assistenzprofessor wechselte er 1957 von Berkeley an das Stanford Research Institute. Zwei Jahre arbeitete er an einem konzeptuellen Rahmen für seine weitere Forschung. Nachdem ihm 1963 die Forschungsagentur der Luftwaffe, geleitet von J. LICKLIDER, ausreichende Mittel zur Verfügung gestellt hatte, begann er sein eigenes Forschungslabor, das Augmentation Research Center, aufzubauen und das NLS-System zu entwickeln. Den Begriff „Hypertext" hat er nicht verwendet, aber das NLS-System stellte die erste erfolgreiche Implementierung dieses Konzepts dar. NLS wurde weiterentwickelt; vor allem die Komponenten zur Unterstützung der Zusammenarbeit, Computer-Supported Cooperative Work (CSCW), und zur Integration von Medien (Hypermedia) wurden verbessert und in das AUGMENT-System integriert.

Abb. 5.6: Douglas Engelbart (Quelle: [Griffin, 2010]).

Auch später hat ENGELBART intensiv weiter daran gearbeitet, Menschen in komplexen und zeitkritischen Systemen durch Computerunterstützung zu helfen. Den kollektiven IQ, so sagte er mehrfach, wolle er verbessern. Zu seinen spezifischeren Interessen gehört es, ganze Organisationen bei der Umgestaltung zu beraten, mit dem Ziel, höchst effizient zu arbeiten. Vor allem für den Bereich Groupware bzw. CSCW war er mit diesen Arbeiten ein wichtiger Vordenker [Engelbart, 1992]. ENGELBART hatte auch eine präzise Vorstellung davon, was öffentlich finanzierte Grundlagenforschung im Unterschied zu firmenfinanzierter Forschung erreichen kann. Grundlagenforschung, so sein Credo, sollte experimentell, mutig, ergebnisoffen sein und helfen, herauszufinden, *welche* Ziele erreicht werden sollten. Wenn diese Ziele klar sind und erste Prototypen entwickelt sind, dann ist es oft die Industrieforschung, die diese zur Marktreife weiterentwickelt.

Auf den Webseiten des BOOTSTRAP-Instituts (http://www.bootstrap.org/), das er seit 1989 leitet, ist seine Biographie ausführlich beschrieben und durch Online-Versionen vieler seiner Veröffentlichungen ergänzt. Diese Kurzbiographie basiert auf den Angaben des Bootstrap-Institutes, einem Interview von DAVID BENNAHUM auf http://www.memex.org/meme3-01.html (Zugriff am: 20.8. 2010) und der Vorstellung der Internet-Pioniere im WWW [Griffin, 2010].

5.2.7 Unterstützung kreativer Prozesse

Die Ideen und Konzepte von LICKLIDER und ENGELBART sind durch Software zur Unterstützung kreativer Prozesse weitergeführt worden. Einige Gedanken dazu wurden bereits in der Einleitung diskutiert (Abschn. 1.1.6). In besonderer Weise hat sich B. SHNEIDERMAN um dieses Thema verdient gemacht. Kreative Prozesse breiter zugänglich zu machen und durchgängig zu unterstützen, sind dabei seine wesentlichen Ziele [Shneiderman, 1998a,b, 2000, 2002b]. So wie die Fotografie es für viele Menschen möglich gemacht hat, Bilder zu erstellen; so sollten nach seiner Vorstellung kreative Prozesse durch Software in wesentlich besserer Weise unterstützt werden, damit mehr Menschen häufiger kreativ sein können als in der Vergangenheit. Kreativität bedeutet für ihn, dass originelle Dinge entstehen, die nicht einfach durch das bloße neue Zusammensetzen existierender Lösungen entstanden sind. Dabei sieht er vier Phasen als Kern des kreativen Prozesses an:

- *Sammlung von Informationen.* In dieser Phase wird nach Lösungen für das Problem gesucht. Durch das WWW und entsprechende Such- und Browserfunktionalität wird diese Phase unterstützt. Im Vergleich zur herkömmlichen Beschaffung von Informationen ist es heute wesentlich leichter, einen Überblick über existierende Lösungen zu bekommen und Kontakte zu denjenigen zu knüpfen, die sie entwickelt haben. Dennoch ist die Informationssuche durch Mehrdeutigkeiten von Begriffen oder häufiges Vorkommen von Namen und ineffiziente Abfragemöglichkeiten teilweise aufwändig. Vor allem ist es oft schwer, die Relevanz gefundener Informationen einzuschätzen. Effiziente Interaktionstechniken für Suchaufgaben werden in Abschn. 9.1.2 diskutiert.
- *Informationen in Beziehung setzen.* Diese Phase kann durch vielfältige Softwarelösungen unterstützt werden. SHNEIDERMAN verweist z.B. auf MindMap-Systeme. Mit diesen Systemen können Konzepte benannt und zueinander in Beziehung gesetzt werden, wobei die grafische Darstellung wesentlich ist. MindMap-Systeme dienen einerseits dem Autor der MindMap, indem die Erkenntnisse geeignet repräsentiert werden; andererseits machen sie die Erkenntnisse des Autors explizit, sodass sie diskutiert werden können (Abb. 5.7). Systeme, mit denen flexibel strukturierte Diagramme und Entscheidungsbäume erzeugt werden können, nennt SHNEIDERMAN als weitere Unterstützung für diese Phase, vor allem für ein methodisches und strukturiertes Vorgehen.
- *Kreieren neuer Lösungen.* Neue Lösungen entstehen häufig durch Weiterentwicklung, geschickte Kombination und Parametrisierung existierender Lösungen. Insofern sind Systeme, die existierende Lösungen digital repräsentieren und darin eine flexible Suche erlauben, besonders hilfreich. Solche Systeme existieren z.B. im Bereich der geometrischen Modellierung mit vielen Spezialvarianten für bestimmte Bereiche des Ingenieurwesens, aber auch in der Musik. Brainstormingsitzungen können durch Software geeignet unterstützt werden und effizienter ablaufen als klassisches Brainstorming [Hender et al., 2001]. Schließlich seien Systeme genannt, die Benutzer darin unterstützen, etwas zu skizzieren und diese zunächst mit geringer Präzision erstellten Entwürfe zu verwalten. Ähnlich wie bei Systemen zur Erstellung von Diagrammen wird hier ausgenutzt, dass grafische Darstellungen bei Problemlösungen von großer Relevanz sind, weil sie vielfältige Assoziationen auslösen. Auch Spreadsheets, in denen Eingaben für numerische Parameter nach vorgegebenen Regeln so-

fort ausgewertet werden, sind hier zu nennen, weil sie „Was wäre wenn ...“-Überlegungen direkt unterstützen.
- *Verbreitung der neuen Lösungen.* In dieser Phase geht es darum, die entstandenen Lösungen zur Verfügung zu stellen, sie damit auch zur Diskussion zu stellen und nicht zuletzt weitere kreative Prozesse anzustoßen. Online-Diskussionsforen, e-Mails an spezielle Verteiler und Newsgruppen sind hier hilfreiche Softwaretools.

Die vier Phasen sind nicht immer strikt getrennt; kreative Prozesse verlaufen nicht derart planbar. Es ist also oft nötig, in eine bereits vorläufig abgeschlossene Phase zurückzukehren. Die von SHNEIDERMAN formulierten Konzepte zur Kreativität basieren auf den zuvor geschilderten Konzepten anderer Pioniere. SHNEIDERMAN macht dies in seinem Framework GENEX deutlich, der – das soll die Namensgebung betonen – die Konzepte von MEMEX ergänzt. Das GENEX-Framework sieht eine durchgehende und weitreichende Unterstützung aller Phasen vor; so soll der Benutzer, wenn er ein unvertrautes Wort liest, per Mausklick eine Definition, eine Erklärung oder eine Skizze anfordern können. Bei einem unvertrauten Namen sollen auf ähnliche Weise die Biographie dieser Person und andere weiterführende Informationen verfügbar sein. Ähnlich umfassend sollte nicht nur die Phase der Sammlung von Informationen unterstützt werden [Shneiderman, 1998a]. Die Entwicklung wird in diesem Bereich zügig weiter voranschreiten. Dass die klassischen Faktoren der Bewertung interaktiver Systeme, wie leichte Erlernbarkeit, effiziente Benutzung und geringe Fehlerrate, für diese Systeme nicht ausreichen, betont SHNEIDERMAN.

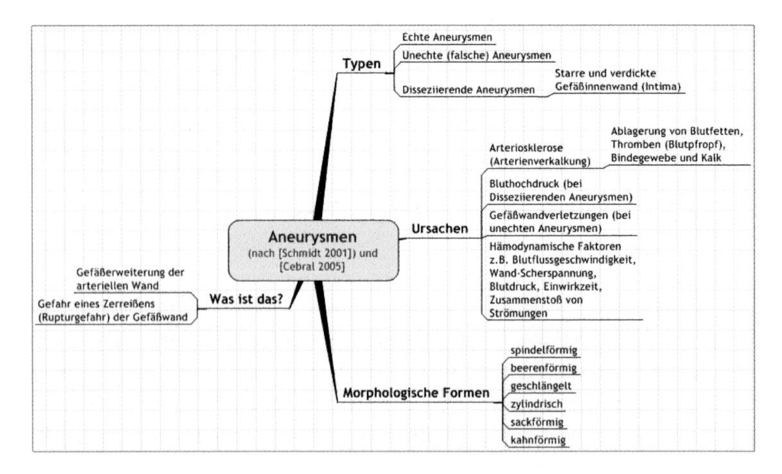

Abb. 5.7: Kreative Prozesse werden u.a. durch MindMaps unterstützt, die eine Benennung und Visualisierung von Konzepten und Relationen erlauben. Dargestellt sind Konzepte in Bezug auf eine Gefäßerkrankung (Screenshot von Rocco Gasteiger, Universität Magdeburg).

5.3 Die Entwicklung des XEROX Star

XEROX, die Firma, die mit Kopierern und Druckern ihr Geld verdiente, wollte neue Ideen ausprobieren, damit sie auch dann, wenn das Büro ohne Papier auskommen würde, erfolgreich ist. Dazu gründete sie 1963 das Palo Alto Research Center (PARC). Es kam dort zu einer enormen Konzentration von kreativen Forschern, die Pionierarbeit auf vielen Gebieten der Informatik leisteten, so z.B. bei der Entwicklung von lokalen Rechnernetzen, von Laserdruckern und Programmiersprachen und insbesondere von Interaktionstechniken. Auch die Vorstufen moderner Laptops und Tablet-PCs wurden dort entwickelt. Speziell das von ALAN KAY entwickelte DYNABOOK ist hervorzuheben [Kay und Goldberg, 1977]. Es wurde Anfang der 70er Jahre konzipiert und sollte optimal auf die visuellen und sensomotorischen Eigenschaften der Benutzer zugeschnitten sein. Der Titel seiner damaligen Veröffentlichung „personal computer for children of all ages" beschreibt seine Vision treffend [Kay, 1972]. Kinder beim Lernen mit einem *Personal Computer* zu unterstützen, war schon damals KAY's Ziel.[3]

Die Entwicklung des Dokumentverarbeitungssystems STAR von XEROX basiert stark auf den zuvor beschriebenen Konzepten [Baecker et al., 1995, Johnson et al., 1989]. Im Gegensatz zu den ersten interaktiven Systemen wird im XEROX STAR (im Folgenden kurz STAR) jedoch eine großeVielfalt an neuen Konzepten von einem kreativen Entwicklungsteam integriert. Die meisten Konzepte heutiger grafischer Benutzungsoberflächen sind durch den STAR 1981 erstmals kommerziell verfügbar gemacht worden. Dieser Abschnitt skizziert die Entwicklung, erklärt die wichtigsten Konzepte und beschreibt auch, warum dieser Entwicklung – trotz ihrer unbestrittenen Vorzüge – kein nennenswerter kommerzieller Erfolg vergönnt war.

Zur Vorgeschichte. Der XEROX STAR basierte auf dem zuvor entwickelten ALTO, der innerhalb von XEROX etwa 1000 mal installiert wurde [Teitelman, 1979]. Der ALTO wiederum basierte auf den Konzepten des bereits erwähnten DYNABOOKS. Der STAR sollte auch außerhalb von XEROX vermarktet werden [Myers, 1988a].

Zielstellung. Der STAR war als Bürosystem konzipiert, mit dem Dokumente erstellt und verwaltet werden sollten. Die zugehörige Hardware war eine Workstation, wobei davon ausgegangen wurde, dass diese mit anderen Rechnern in der Abteilung vernetzt ist (XEROX hat die Ethernet-Vernetzung entwickelt) und so auf gemeinsame Datei- und Druckserver zugegriffen werden konnte.

Der STAR sollte von Managern benutzt werden, von Menschen, die keine Computerexperten sind, oft unter Zeitdruck stehen und einen Computer nur gelegentlich benutzen. Leichte Erlernbarkeit war daher ein entscheidendes Designziel. Entsprechend der Zielgruppe sollte der STAR folgende Anwendungen ermöglichen und in-

[3] Als maßgeblicher Berater der One Laptop per Child-Initiative, auch bekannt als 100 Dollar-Laptop, engagiert er sich auch heute noch für dieses Ziel.

tegrieren: e-Mail, Textverarbeitung, Verwaltung kleiner Datenbanken, Tabellenkalkulation und Erstellung von Geschäftsgrafiken. Alle Anwendungen wurden beim Start des Rechners automatisch gestartet. Die entsprechenden Dateien wurden mit der Anwendung verknüpft, sodass die Aktivierung einer Datei zum Laden des zugehörigen Programms führte. Äußerliche Besonderheiten des STARs waren seine Oberfläche mit Fenstern und Icons und sein grafischer Bildschirm, der mit einer Maus angesteuert wurde. Der STAR wies weitere Besonderheiten auf, die im Folgenden beschrieben werden.

5.3.1 Technologische Aspekte

Innovative technologische Entwicklungen, wie Fenstersysteme, grafische Bildschirme und Zeigegeräte, waren eine wichtige Grundlage für die Entwicklung des XEROX STAR.

Grafischer Bildschirm. Der STAR hatte – wie das NLS-System – einen grafischen Bildschirm (Abb. 5.8). Dieser hatte eine horizontale und vertikale Bildschirmauflösung von 72 dpi und eine Bildschirmgröße von 8,5 $\times$ 10,5 Zoll (612 $\times$ 756 Pixel), sodass Schrift ab einer Größe von 8 Punkten lesbar dargestellt werden konnte. Da der Bildschirm nur eine reine Schwarzweißdarstellung unterstützte, war nur ein Bildwiederholspeicher von etwa 60 Kilobyte erforderlich.

Fenstersystem. Der STAR ermöglichte die gleichzeitige Ansteuerung verschiedener Anwendungen in mehreren Fenstern. Durch Fenstersysteme ist es möglich, mehrere Aufgaben parallel auszuführen und den Zustand der Anwendungen in „ihrem" Fenster zu betrachten. Gegenüber einem ausschließlich vom Computer geführten Dialog stellt diese Interaktionsform einen wesentlichen Vorteil dar, da Informationen nicht durch automatisches Scrollen verschwinden.

Schon die ersten Tests zeigten allerdings ein Problem, das bis heute nicht immer zufriedenstellend gelöst ist: Benutzer verbringen viel Zeit damit, Fenster auf dem Bildschirm anzuordnen. Daher wurde die Möglichkeit von überlappenden Fenstern für die Anwendungen nach den ersten Tests aufgehoben.

Integrierte Anwendungen. Das Design des STARs diente auch dem Ziel, die Integration von Dokumenten unterschiedlicher Anwendungen zu erleichtern. Bis weit in die 90er Jahre hinein war es mit der Integration von Anwendungen nicht zum Besten bestellt: Dokumente, die mit einer Anwendung erstellt wurden, konnten – wenn überhaupt – nur als Bitmaps in andere Dokumente integriert werden. Ein so integriertes Dokument (z.B. eine Zeichnung, ein Diagramm oder eine Tabelle) kann nicht mehr verändert werden. Eine Veränderung erfordert die Bearbeitung des ursprünglichen Dokuments in seiner Anwendung und ein erneutes Kopieren in das Zieldokument. Beim STAR dagegen konnten Grafiken und Tabellen direkt in einem

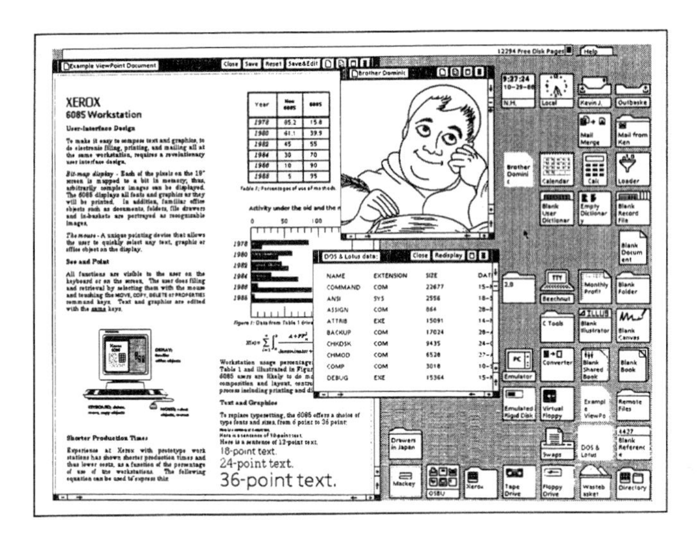

Abb. 5.8: Die Oberfläche des Star-Bildschirms mit sorgfältig ausgewählten Icons für Dokumente, die mit unterschiedlichen Anwendungen erstellt worden sind, für Anwendungsprogramme und für Ordner. Auch physische Geräte, wie Drucker und Diskettenlaufwerke, sind durch Icons symbolisiert (Quelle: [Baecker et al., 1995]).

Textfile editiert werden. Eine wichtige Voraussetzung dafür ist, dass auch die Struktur (Zusammenhang von Grafikprimitiven bzw. Wörtern und Buchstaben) gespeichert wird. Allerdings konnte aufgrund von technischen Schwierigkeiten eine derart integrierte Bearbeitung von Dokumenten nicht mit allen Programmen erfolgen. Erst Jahre später wurde das Konzept der zusammengesetzten Dokumente (*compound documents*) auf Betriebssystemebene standardisiert. Beispiele dafür sind OPENDOC von IBM und OLE von MICROSOFT (*Object Link and Embedding*).

Generische Kommandos. Um den Lernaufwand bei der Benutzung von Software gering zu halten, ist es wichtig, die Zahl möglicher Kommandos zu verringern. Der STAR hat dazu *generische Kommandos* eingeführt, die in allen Anwendungen einheitlich benannt sind und auch auf einheitliche Weise über Funktionstasten aktiviert werden können. Anstelle der Befehle „Lösche Zeichen“, „Lösche Wort“, „Lösche Absatz“ gibt es ein *Delete*-Kommando, das das aktuell selektierte Objekt löscht. Dieses Kommando gilt auch für Objekte in anderen Anwendungen und für das Betriebssystem. Andere generische Kommandos sind *Copy* (Kopieren), *Open* (Öffnen), *Move* (Bewegen von Objekten) und *Show Properties* (Anzeige eines Dialogs mit den verfügbaren Eigenschaften). Eine derart einheitliche, konsistente Terminologie senkt den Lernaufwand beträchtlich. Sie lässt sich besonders gut objektorientiert realisieren – die generischen Kommandos sind dabei die Namen von virtuellen Methoden, die in (evtl. abstrakten) Klassen weit oben in der Vererbungshierarchie definiert werden. Die Programmierumgebung der Sprache SMALLTALK, die selbst in SMALLTALK realisiert ist, macht intensiven Gebrauch von generischen Kommandos.

5.3.2 Interaktionsstile

Der STAR integriert eine Reihe von neuartigen Interaktionsstilen erstmalig in einem kommerziellen System, wobei diese Stile durchgängig in allen Anwendungen eingesetzt wurden. Auch die WYSIWYG-Darstellung bei Texteditoren – in einem Forschungsprototyp, dem BRAVA-Editor, bereits Mitte der 70er Jahre realisiert – kam erstmals kommerziell zum Einsatz [Myers, 1998].

Direkte Manipulation. Der STAR nutzt das Konzept der *direkten Manipulation.* Die direkte Manipulation setzt das Vorhandensein eines grafischen Bildschirms und eines Zeigegerätes voraus. Die direkte Manipulation ist ein Interaktionsstil, bei der Aufgaben durch direkte Zeigehandlungen auf grafische Darstellungen von Objekten und Konzepten realisiert werden. Dieser Interaktionsstil wird ausführlich in Shneiderman [1983] diskutiert, wo auch der Begriff geprägt wurde. Der offensichtliche Zusammenhang zwischen Benutzereingabe und der ausgelösten Aktion ist der wesentliche Vorteil gegenüber indirekten textuellen Eingaben.

Die Icons und andere grafische Elemente wurden vorrangig von D. C. SMITH entwickelt, der zuvor in seiner Dissertation den Begriff Icon eingeführt hatte [Smith, 1975]. Die Gestaltung der entsprechenden Bedienelemente richtete sich nach dem Charakter der Bedienhandlung; die Auswahl eines Wertes aus einem kontinuierlichen Bereich erfolgte mit kontinuierlichen Steuerelementen, wie Scrollbars.

WYSIWYG. Das WYSIWYG-Prinzip (*What you see is what you get*) ist vor allem bei Textverarbeitungsprogrammen und Web-Editoren interessant. Es besagt, dass die Ausgabe auf dem Bildschirm dem Ausdruck des entsprechenden Dokuments gleicht. Dieses Konzept kann aufgrund der unterschiedlichen Charakteristika (Auflösung, Farbwiedergabe) von Bildschirm und Druckern nur näherungsweise realisiert werden, aber es reduziert die Diskrepanz zwischen dem mit Steuerzeichen durchsetzten Text auf dem Bildschirm und dem Ausdruck auf Papier erheblich. Das WYSIWYG-Konzept hat sich nicht nur in der Textverarbeitung durchgesetzt, sondern z.B. auch für Zeichenprogramme. Es dauerte allerdings noch bis Ende der 80er Jahre, ehe die herkömmlichen Systeme, wie WORDSTAR, die dieses Konzept nicht unterstützten, abgelöst wurden.

Eigenschaftsformulare. Die Eigenschaften eines Objekts (z.B. eines Textabschnitts) wurden in einheitlichen Dialogen, in so genannten *Property Sheets*, dargestellt und editiert. Besonderer Wert wurde dabei auf eine übersichtliche Darstellung der verfügbaren Optionen gelegt. Daher wurden nur die am häufigsten benutzten Eigenschaften dargestellt, wobei jeweils ein gesondertes Feld aktiviert werden kann, was zur Darstellung spezieller, relativ selten veränderter Eigenschaften führt (Abb. 5.9). Für eine derartige Priorisierung der Informationen ist eine sorgfältige Aufgabenanalyse erforderlich. Die Gestaltung zielt darauf ab, dass die Bedienelemente von den statischen Bestandteilen (z.B. Beschriftungen) klar unterscheidbar sind.

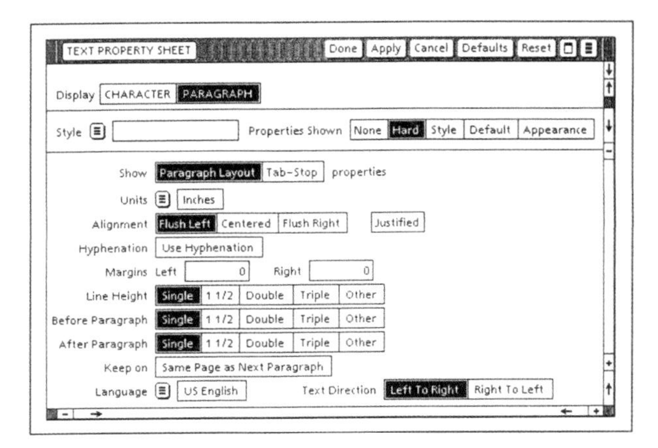

Abb. 5.9: Die Eigenschaften eines Textabschnitts werden in einem Eigenschaftsformular angeboten. Die aktuellen Werte sind hervorgehoben. Der Dialog hat eine standardisierte Button-Leiste am oberen Ende (Quelle: [Johnson et al., 1989]).

5.3.3 Desktop-Metapher

Die Gestaltung der Oberfläche des STARs orientiert sich an einem realen Schreibtisch. Auf einem Schreibtisch können Dokumente beliebig angeordnet, bewegt und in Ordnern abgelegt werden. Die Post kommt in Post-Eingangsbehältern an; ausgehende Post wird entsprechend in Post-Ausgangsbehältern abgelegt. Geräte, die auf typischen Schreibtischen liegen, wie Taschenrechner und Kalender, sind als Anwendungen realisiert. Viele Dokumente liegen auf Schreibtischen, um daran zu erinnern, dass etwas zu erledigen ist. Insbesondere Dokumente, bei denen es schwer fällt, sie zu benennen, zu kategorisieren und in Ordner einzusortieren, werden relativ unstrukturiert auf Schreibtischen in Stapeln angeordnet. Malone [1983] folgert daraus, dass Büroanwendungen auf dem Computer sowohl diese unstrukturierte als auch die strukturierte Ablage in Verzeichnissen unterstützen sollen.

Dieses Konzept erfordert die Gestaltung von Icons, die die physischen Objekte verkörpern. Es war eine Herausforderung, solche Icons unter den damaligen technologischen Möglichkeiten (reine Schwarzweiß-Darstellung in begrenzter Auflösung) zu gestalten. Besonders nützlich ist die durch Icons mögliche bildhafte Darstellung von Dateien. Dies erleichtert es Gelegenheitsbenutzern, sich in den selbst angelegten Dokumenten zurecht zu finden. Eine systematische Benennung von Dokumenten und eine angemessene Einordnung der Dokumente in das Dateisystem sind noch heute große Hürden für Einsteiger in die Bedienung von Computern. Daher ist ein schneller und direkter Zugriff auf zuletzt bearbeitete Dokumente eine wesentliche Erleichterung. Die Orientierung an bekannten Organisationsprinzipien eines Schreibtisches (*Desktop*) wird als Desktop-Metapher bezeichnet. Der metaphorische, umgangssprachliche Gebrauch von vertrauten Begriffen soll das Verstehen der Anwendung erleichtern.[4]

Als untrennbarer Bestandteil der Desktop-Metapher wird es angesehen, dass Dokumente direkt geöffnet werden können. Die (damals) gängige Methode bestand darin, dass Computer Werkzeuge in Form von Anwendungsprogrammen anbieten. Diese werden gestartet und danach können Dateien geöffnet werden. Die Desktop-Metapher führt dagegen zu einer dokumentzentrierten Arbeitsweise, bei der die Anwendungen in den Hintergrund treten. Das direkte Öffnen der Dokumente und des dazugehörigen Anwendungsprogramms ist nicht nur einfacher zu erlernen, sondern erfordert auch weniger Interaktionsschritte.

5.3.4 Evaluierung des Star

Die Entwicklung des STARs ist von aufwändigen Tests in verschiedenen Phasen begleitet worden. Dabei sind nahezu alle Aspekte der Oberfläche von 10 bis 30 Personen untersucht worden. Dazu zählen:

1. die Beschriftung von Bedienelementen,
2. die Gestaltung und Anordnung von Icons,
3. die Gestaltung von Eigenschaftsformularen und
4. die Gestaltung des Keyboards (insbesondere der Funktionstasten).

Im Ergebnis dieser Tests kam es zur Überarbeitung der betreffenden Aspekte der Schnittstelle bzw. zur Auswahl aus einer Menge von Alternativen. So wurden z.B. vier Icon-Sätze evaluiert, ehe einer von ihnen ausgewählt wurde. Bemerkenswert ist, dass für die Entwicklung der Oberfläche Grafikdesigner eingestellt worden sind, da man erkannt hatte, dass für die Gestaltung einer funktional angemessenen und optisch ansprechenden Oberfläche professionelle Designfähigkeiten erforderlich sind.

Die Entstehung des STARs war geprägt durch ein stark iteratives Vorgehen, durch Papierskizzen, Videos und andere Formen des Prototyping. Prototyping bezeichnet die relativ schnelle Erstellung von Entwürfen eines interaktiven Systems mit dem Ziel, die Vor- und Nachteile des Entwurfs zu diskutieren. Die Ergebnisse der Untersuchungen sind nicht nur in die Weiterentwicklung der Oberfläche, sondern auch in die Gestaltung der Hilfesysteme und der Handbücher eingeflossen. Die Evaluierung erfolgte in unterschiedlichen Phasen. So wurden schon in frühen Phasen Skizzen und Drehbücher (Storyboards) diskutiert, ehe später Prototypen mit einer Teilfunktionalität erprobt werden konnten.

[4] Metaphern werden ausführlich im Kapitel 3 diskutiert.

Probleme. Trotz seiner hervorragenden Benutzungsschnittstelle wurde der STAR kommerziell kein großer Erfolg. Der STAR war relativ teuer im Vergleich zum IBM PC, der im selben Jahr vorgestellt wurde. Das System war nicht offen genug und so konnten Drittanbieter kaum Software für den STAR entwickeln. In dem monolithischen Gesamtsystem wurden die Anwendungen des STARs automatisch gestartet, wobei jede Anwendung Informationen über andere Anwendungen hatte. Diese enge Verknüpfung erwies sich als zu unflexibel. Wie sich beim Erfolg des APPLE II zeigte, ist eine Tabellenkalkulation die wichtigste Anwendung für die Zielgruppe – sie fehlte beim STAR zunächst.

Die Wertschätzung der Oberfläche des STARs zeigt, wie gut die Idee der grafischen Benutzungsoberfläche den Bedürfnissen der Zielgruppe entspricht. Das Fehlen einer besonders wichtigen Anwendung, der zu hohe Preis und die fehlende Offenheit sind das Ergebnis einer unzureichenden Marktbeobachtung. Viele Probleme des STARs wurden in einer überarbeiteten Variante, dem VIEWPOINT-System, ausgemerzt. Das 1985 vorgestellte VIEWPOINT-System hatte allerdings einen schweren Stand gegen die Konkurrenz des populären APPLE MACINTOSH, der ein Jahr zuvor auf den Markt kam.

5.3.5 Schlussfolgerungen

Die frühzeitige und regelmäßige Einbindung von Benutzern hat sich als erfolgreich erwiesen. Viele neue Konzepte, wie das WYSIWYG, die darauf basierende direkte Manipulation und die Integration von Dokumenten unterschiedlicher Anwendungen, wurden im STAR realisiert. Allerdings sind diese Konzepte teilweise zu einseitig angewendet worden; in etlichen Situationen können sie besser mit anderen Interaktionstechniken kombiniert werden. So ist die Selektion eines Begriffs aus einer langen Liste wesentlich aufwändiger als die Eingabe des entsprechenden Namens.

Die im STAR realisierten Konzepte zur Integration von Anwendungen in einem Fenstersystem auf dem „Desktop" ermöglichen Synergieeffekte und Produktivitätssteigerungen, so wie ENGELBART es vorausgesehen hat. Obwohl der STAR für Gelegenheitsbenutzer gedacht ist, bietet er diesen eine solche Funktionalität und Oberfläche, sodass das System für eine Vielzahl von Anwendungen durchgängig benutzt werden kann. Der bescheidene kommerzielle Erfolg des STARs verdeutlicht, dass der Preis eines Systems und der Termin seiner Fertigstellung rechtzeitig und sorgfältig geplant werden müssen. Die Entwicklung der Benutzungsschnittstelle muss sich in diese Rahmenbedingungen einordnen.

5.4 Der Apple Macintosh

Die Entwicklung des APPLE MACINTOSH, die letztlich von größerem Erfolg geprägt war, stellt einen weiteren Meilenstein in der Entwicklung der MCI dar. Der

Erfolg des MACINTOSH war der Beweis dafür, dass sich die Anstrengungen, eine komfortable Schnittstelle zu entwickeln, lohnen.

Abb. 5.10: Der Apple Macintosh hatte Erfolg aufgrund seiner benutzerfreundlichen Gestaltung. Dies betraf alle Aspekte, auch die Gestaltung der Hardware, die Verpackung und die Installationsprozeduren (Quelle: [Wurster, 2002]).

Zur Vorgeschichte. Die Entwicklung des MACINTOSH begann 1979. Dabei sind viele Ideen aufgegriffen worden, die z.B. bei XEROX entstanden sind; es sind aber auch grundsätzlich neue Interaktionstechniken entwickelt worden. Darüber hinaus wurden einige neue Prinzipien der Realisierung von Benutzungsschnittstellen entwickelt. Als Vorläufer des MACINTOSH wurde die APPLE LISA vorgestellt [Williams, 1983]. Schon die APPLE LISA hatte eine ausgeprägte grafische Benutzungsoberfläche und ein gut entwickeltes Fenstersystem. Der APPLE MACINTOSH war schneller und billiger als die LISA und verbreitete sich daher schnell.

Direkte Manipulation mit Drag-and-Drop. Die Bewegung von Objekten auf dem grafischen Bildschirm mittels des Drag-and-Drop-Mechanismus (am Ausgangspunkt selektieren, mit gedrückter Maus bewegen und am Ziel fallenlassen durch Loslassen des Maus-Buttons) geht auf JEFF RASKIN zurück. Diese Methode ersetzte die Bewegung durch ein zweimaliges Klicken (Klicken zum Beginn und Abschluss der Bewegung). Das Konzept der direkten Manipulation wurde dadurch um eine überzeugende Idee erweitert.

Praktische Realisierung. Die Entwicklung des MACINTOSH wurde von quantitativen Evaluierungen begleitet. In Benutzertests wurde evaluiert, wie häufig bestimmte Kommandos benutzt wurden, wie viele Mausklicks bzw. Tastaturbetätigungen erforderlich sind, um eine Aufgabe zu erledigen, und wie viel Zeit dabei verstrichen ist. Die Nützlichkeit dieser Messungen führte 1983 zur Entwicklung eines stark verbreiteten Modells der MCI, des GOMS-Modells [Card et al., 1983].

Entsprechend dieses Modells werden Bedienhandlungen durch die zu erreichenden Ziele (engl. *Goals*), die dafür nötigen elementaren Operatoren (engl. *Operators*), Methoden, die Operatoren zu einer Sequenz zusammenfassen (*Methods*) und Auswahlregeln (engl. *Selection Rules*) charakterisiert. Auf diese Weise kann man Bedienhandlungen bis auf die Ebene der einzelnen Tastatur- und Mausbetätigungen zerlegen. Auf dieser Basis kann vorhergesagt werden, wie lange erfahrene Benutzer für diese Handlungen benötigen. Varianten dieser Form der Modellierung werden auch heute noch eingesetzt, vor allem um mehrere Design-Entwürfe präzise zu vergleichen.

Hervorzuheben ist, dass bei der Entwicklung der Software erstmals eine strikte Trennung zwischen der Applikation und der Bedienoberfläche stattfand. Zeichenketten für Fehlernachrichten und Layoutinformationen, für die Beschriftung von Bedienelementen, (Größe und Position von Bedienelementen) und die meisten Einstellungen für die Benutzungsoberfläche wurden in *Ressourcendateien* ausgelagert. Dadurch wurde es z.B. wesentlich erleichtert, die Software an andere Sprachen anzupassen. Im Idealfall reicht dazu der Austausch einer Ressourcendatei aus, und die (fehlerträchtige) Modifikation der anderen Programmbestandteile entfällt.

Im Zuge der Entwicklung des APPLE MACINTOSH sind Guidelines (Richtlinien) für die User-Interface-Entwicklung aufgestellt worden [Apple, 1987]. Diese Guidelines haben nicht nur zu einer Vereinheitlichung der Benutzungsoberflächen des ursprünglichen MACINTOSH beigetragen, sondern waren eine hervorragende Grundlage für die Entwicklung von Software durch Drittanbieter, die konsistent zu bestehenden Anwendungen ist. Diese Guidelines enthalten flexible Grundsätze, aber auch starre Festlegungen über den Aufbau von Menüs, die Anordnungsstrategien für Fenster, wichtige Tastaturkürzel und Piktogramme sowie die Handhabung der Maus. Die später von IBM erstellten Richtlinien, die im SAA/CUA-Standard zusammengefasst sind [IBM, 1991], sind vom Vorbild des APPLE Styleguides geprägt.

Entwicklung der Zwischenablage. Für ein Fenstersystem ist die Kommunikation zwischen mehreren Anwendungen wichtig. Dazu wurde beim MACINTOSH eine Zwischenablage entwickelt, in der Dokumente in einem neutralen Format gespeichert werden und später in andere Anwendungen integriert werden können. Als Ergänzung zu diesem Konzept wurde ein Album bereitgestellt, in dem mehrere Dokumente, Texte, Bilder und Audiosequenzen gespeichert werden können (Abb. 5.11).

Kommerzieller Erfolg durch „Benutzerfreundlichkeit“. Die angestrebte Benutzerfreundlichkeit erstreckte sich auf alle Bereiche, z.B. auf die Installation der Geräte, auf dic Gestaltung der Handbücher, auf die mit Animationen versehenen Einführungsprogramme, auf die Hardware (Integration von Audio) und auf die Ergonomie der Eingabegeräte. Der Erfolg des MACINTOSH beruht auch darauf, dass ein enger Rahmen für die zeitliche Entwicklung und für die Kosten gesetzt und eingehalten werden konnte – dazu waren Kompromisse und Abstriche bei wünschenswerten Eigenschaften erforderlich. Der MACINTOSH stellte den Beweis dar, dass sich die Investition und das Engagement, benutzerfreundliche Systeme zu entwickeln, auszahlt. Schnell wurde dieser Aspekt als Verkaufsargument erkannt und andere Firmen begannen sich diesbezüglich ebenfalls zu engagieren.

Sowohl die APPLE LISA als auch der XEROX STAR sind bis heute Vorbilder in Bezug auf die Konsistenz in den Benutzungsschnittstellen. Terminologie, Interaktionskonzepte, Platzierung von Bedienelementen, einheitliches Verhalten von Bedienelementen – diese Aspekte waren sorgfältig durchdacht und konsequent in allen Teilen der Benutzungsschnittstelle realisiert. Johnson [2000] spricht sogar davon, dass eine derartige Konsistenz später nie wieder erreicht worden ist.

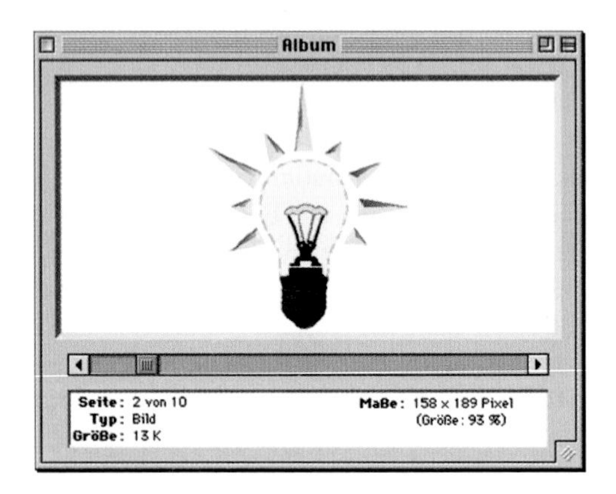

Abb. 5.11: Das Album, die erweiterte Zwischenablage des Apple Macintosh, ermöglicht es, mehrere unterschiedliche Dokumente zu speichern und zu betrachten. Die gefällige visuelle Gestaltung der Slider fällt positiv auf.

Hervorragendes Design und Beachtung der User Experience. Im einleitenden Kapitel wurde auf die besondere Bedeutung der *User Experience* hingewiesen und damit eine gegenüber der *Usability* deutlich erweiterte Sicht charakterisiert (Abschn. 1.3). APPLE hat auch diesen Trend maßgeblich geprägt. Nach der Rückkehr von STEVE JOBS zu APPLE bekam das Design einen wesentlich größeren Stellenwert; die damals (1998) neue Generation von Apple Computern, der IMAC, sollte nicht nur sehr einfach zu bedienen sein, sondern auch besonders angenehme Erfahrungen bei der Benutzung vermitteln. Kernmerkmal dieses Computers war, dass alle Bestandteile in ein Gerät integriert wurden und dass dieses Gerät optisch sehr gefällig wirkte und sich durch ein halbdurchscheinendes Gehäuse (zunächst in blaugrün, Abb. 5.12) markant von allen existierenden Geräten unterschied. Das auffällige visuelle Design, das auf JONATHAN IVE zurückging, beeinflusste das Design von Computern und verwandten Geräten maßgeblich (siehe [Buxton, 2007] für eine ausführliche Diskussion).

Abb. 5.12: Der 1998 vorgestellte Apple iMac beeinflusste maßgeblich den Trend zu einer Gestaltung, die Emotionen weckt und positive Erfahrungen zu vermitteln versucht.

5.5 MS-Windows und das X-Window-System

Seit Ende der 80er Jahre haben sich neben den Apple-Betriebssystemen das von MICROSOFT entwickelte WINDOWS-System und in der UNIX-Welt das X-WINDOW-System durchgesetzt. Während das X-WINDOW-System vor allem in Rechnernetzen zum Einsatz kommt und auf einer Client-Server-Architektur aufbaut, war das auf PCs spezialisierte MICROSOFT WINDOWS lange Zeit nur für Einzelplatzrechner konzipiert.

5.5.1 X-Window

Das verteilte X-WINDOW-System mit seiner Fähigkeit, mehrere Bildschirme anzusteuern, bot ganz neue Perspektiven [Scheiffler und Gettys, 1986]. Es ist damit möglich, dass ein (Client-)Rechner Eingaben entgegennimmt, die auf einem anderen Rechner (dem X-Server) in einem heterogenen Netz verarbeitet werden. Dabei kann auch ein entferntes Terminal angesteuert werden. Diese Möglichkeit ist z.B. in großen Leitständen und Kontrollräumen mit einer Vielzahl von Monitoren wesentlich. Auf diese Weise kann außerdem eine Diskussion von mehreren Experten unterstützt werden, die jeweils an ihren Arbeitsplätzen die Bildschirminhalte betrachten können. Abb. 5.13 veranschaulicht die Architektur des X-WINDOW-Systems.

Bemerkenswert ist, dass der Window Manager, mit dem der Anwender das Fenstersystem steuert, unabhängig vom Kern des Fenstersystems ist und somit ausgetauscht werden kann. Im Gegensatz zu allen bis dahin bestehenden Fenstersystemen ist das X-WINDOW-System kein Bestandteil des Betriebssystems und kann z.B. auch in Großrechnerumgebungen zum Einsatz kommen. Das X-WINDOWS-

System war das erste hardwareunabhängige Betriebssystem – die dem Entwickler zur Verfügung gestellten Routinen sind unabhängig davon, ob eine HP-Workstation oder eine Sun-Workstation zur Verfügung steht.

MICROSOFT WINDOWS und X-WINDOW nutzen ähnliche Konzepte wie die beim XEROX STAR und beim APPLE MACINTOSH bereits erprobten. Allerdings haben diese Systeme eine beachtliche Marktdurchdringung erreicht und damit zum Erfolg grafischer Fenstersysteme beigetragen [Klingert, 1996].

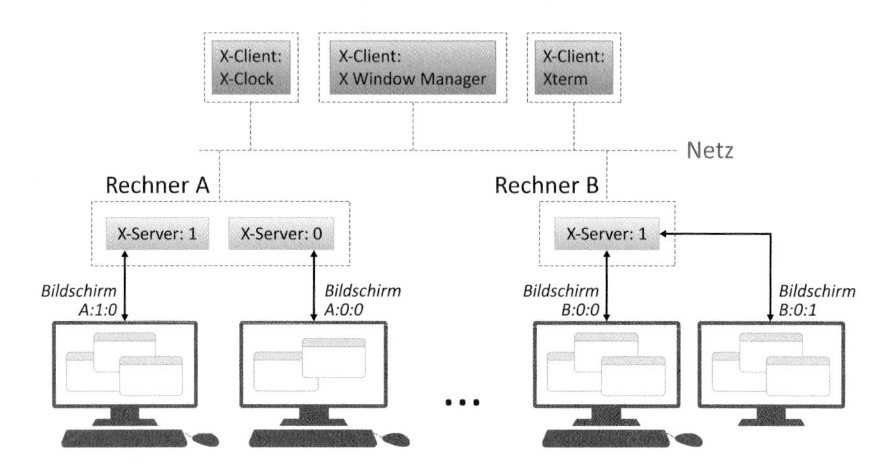

Abb. 5.13: Architektur des verteilten X-Window-Systems. Ein X-Server kann mehrere X-Clients und mehrere Bildschirme bedienen. Die Clients können mit dem Server über ein Netz kommunizieren (nach [Klingert, 1996]).

5.5.2 MS-Windows

Die erste Version von MICROSOFT WINDOWS kam 1983 auf den Markt. Größere Verbreitung erreichten die neueren Versionen (ab Version 3), die seit 1990 verfügbar sind und teilweise eine Marktdurchdringung von mehr als 90 Prozent erreicht haben. Auf den IBM PCs, für die sie entwickelt wurden, ersetzten sie die kommandobasierte Eingabe mittels MS-DOS. Viele WINDOWS-Varianten für spezielle Geräte und Zielgruppen sind in der Zwischenzeit entwickelt worden, z.B. eine Variante mit integrierter Handschrifterkennung speziell für die Bedienung mit Stift-Eingabe (MICROSOFT WINDOWS for Pen Computing), eine Variante mit besonderer Unterstützung der Zusammenarbeit von Benutzern (MICROSOFT WINDOWS 3.11, Abb. 5.14) und MICROSOFT WINDOWS CE, von dem seit 1996 drei Versionen erschienen sind. Diese WINDOWS-Variante war für kleine Geräte, sogenannte Handheld PCs, gedacht.

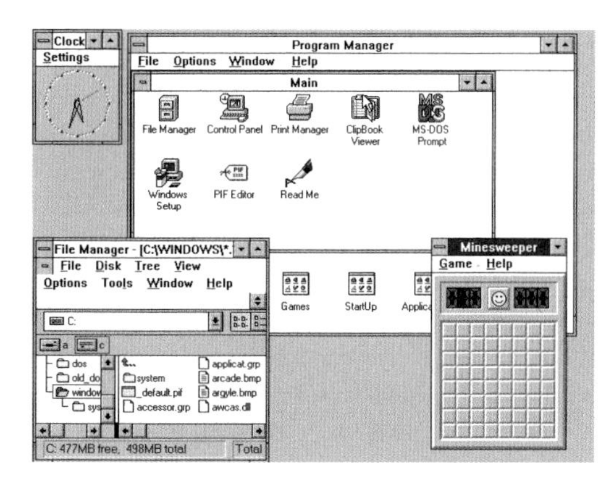

Abb. 5.14: Die 1992 erschienene Version 3.11 enthielt bereits die meisten heute üblichen Konzepte eines grafischen Fenstersystems und erreichte eine starke Verbreitung. Erstmals wurden Funktionen der Vernetzung in das Betriebssystem integriert.

Im Jahr 2009 ist das 2001 herausgegebene WINDOWS XP immer noch die am stärksten verbreitete Variante. Im Sinne der schon in der Einleitung diskutierten *User Experience* wurde dabei viel Wert auf eine überzeugende grafische Darstellung sowie frische und moderne Farben gelegt (Abb. 5.15). Die Nutzung von Transparenz, Animationen und 3D-Effekten sind Trends, die alle verbreiteten neueren Fenstersysteme aufgegriffen haben. Die Integration des Internets in das Betriebssystem ist eine wesentliche Neuerung, sodass z.B. automatisch Updates bezogen werden können.

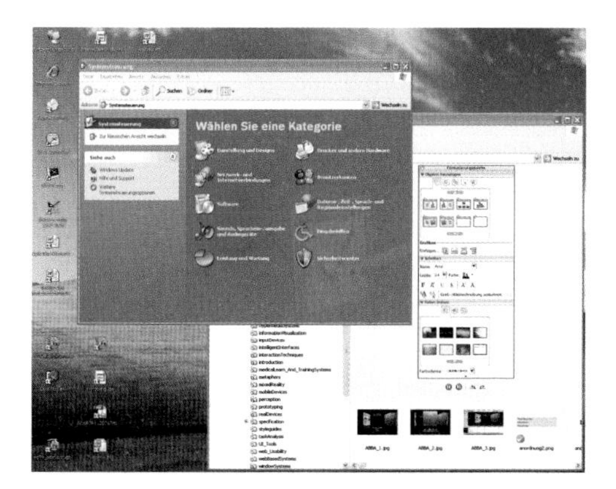

Abb. 5.15: Neuere Windows-Varianten weisen mehr visuelle Elemente auf. So können Bilddateien auch als Miniaturansicht dargestellt werden. Eine attraktive Erscheinung mit einem modernen Farbkonzept steigert die Attraktivität des Betriebssystems.

5.6 Die Rolle von Smalltalk

Die Entwicklung der MCI ist stark durch die Entwicklung von Programmiersprachen und Entwicklungsumgebungen geprägt. Die Ablösung der Stapelverarbeitung durch interaktives Programmieren, also durch Programme, die sofort übersetzt und getestet werden konnten, hat einen wichtigen Impuls gesetzt. BASIC, später oft kritisiert, weil die Sprache die strukturierte Programmierung kaum unterstützt, hat dabei eine wichtige Rolle gespielt [Kemmeny und Kurz, 1966]. Wie Pew [2003] erläutert, war der Siegeszug der interaktiven Programmierung zunächst keineswegs gewiss. Ob das dadurch geförderte Trial-and-Error-Vorgehen wirklich von Vorteil ist, ist in großen Studien untersucht und schließlich bestätigt worden.

Die Vorläufer von Smalltalk. Die Entwicklung von SMALLTALK ist durch die Haltung von ALAN KAY geprägt, der die Entwicklung initiiert und geleitet hat, und durch vorherige Entwicklungen. Insbesondere die interaktive Computergrafik, das SKETCHPAD-System hat Konzepte der objektorientierten Programmierung inspiriert (Abschn. 5.2.4). SUTHERLAND sprach von *Master-Objekten*, von denen beliebig viele *Instanzen* gebildet werden können. Auch von einer Vererbungshierarchie war bei SKETCHPAD die Rede. Beim Konstruieren mittels SKETCHPAD konnten Constraints definiert werden, für die bildhafte Symbole verwendet wurden.

Eine weitere Quelle der Inspiration für SMALLTALK war die Programmiersprache Logo, die speziell für Kinder entwickelt wurde. Es war immer schon KAY's Ziel, dass Kinder mittels Computer durch spielerisches Ausprobieren etwas lernen können und allgemeiner, dass Computer Kreativität fördern sollen. Wie sehr KAY damals durch Lernpsychologen, wie JEAN PIAGET und seinen Schüler S. SEYMOUR PAPERT beeinflusst war, beschreibt er selbst [Kay, 1996].

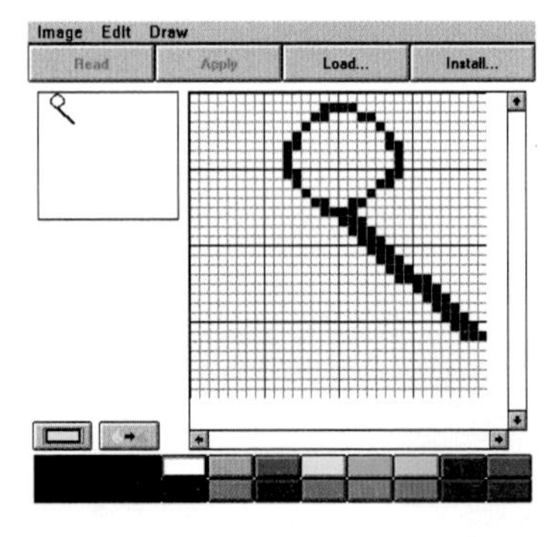

Abb. 5.16: Die Smalltalk-Umgebung beinhaltete leistungsfähige Werkzeuge. Dargestellt ist ein Bitmap- bzw. Iconeditor.

Die Smalltalk-Entwicklungsumgebung. Die Entwicklung der Programmiersprache SMALLTALK spielt nicht nur für den Siegeszug der objektorientierten Programmierung eine Schlüsselrolle, sondern hat auch die Entwicklung interaktiver Systeme maßgeblich beeinflusst. SMALLTALK ist visuell orientiert und als Entwicklungsumgebung in hohem Maße interaktiv. Bei der Gestaltung der Entwicklungsumgebung hat man erkannt, dass zu viele Eingabemodi, in denen sich das System unterschiedlich verhält, problematisch sind, und sich um die Vermeidung dieser Modi bemüht. Der SMALLTALK-Entwickler L. TESLER hat mit seinem Slogan „Don't mode me in" auf diesen wichtigen Aspekt der Benutzbarkeit aufmerksam gemacht. Die direktmanipulative Handhabung von Interaktionsobjekten macht den weitgehenden Verzicht auf Modi möglich: Zunächst wird ein Objekt selektiert und dann können die mit diesem Objekt möglichen Aktionen ausgeführt werden. In SMALLTALK können Methoden jederzeit durch eine interpretative Abarbeitung ausprobiert werden. Diese Eigenschaft ist für die schnelle Erstellung von Prototypen und damit für einen iterativen Entwurf sehr wichtig. In ähnlicher Weise arbeiten moderne *Interface Builder*, die es ermöglichen, in einer Skriptsprache die Reaktionen von Bedienelementen auf Ereignisse festzulegen und unmittelbar auszuführen. SMALLTALK-Entwicklungssysteme enthielten frühzeitig dedizierte Klassen für Dialogbausteine und spezielle Werkzeuge zum Zusammenstellen dieser Bausteine für interaktive Systeme. Zu den bereitgestellten Werkzeugen zählen Menüeditoren und Icon-Editoren (Abb. 5.16). SMALLTALK bietet nicht nur eine reichhaltige Unterstützung für die Erstellung interaktiver Systeme, sondern stellt ein – über die SMALLTALK-Umgebung hinaus anwendbares – Konzept für die Kommunikation zwischen Anwendung und Benutzungsschnittstelle zur Verfügung, das MVC (Model View Controller)-Konzept [Krasner und Pope, 1988].

Benutzungsschnittstellen spiegeln in hohem Maße die Werkzeuge wider, mit denen sie erstellt worden sind. Dieser interessante Zusammenhang wird in [Rieckert, 1993] diskutiert. Die heutigen direktmanipulativen Benutzungsschnittstellen sind *objektorientiert*, die intern gespeicherten Informationen werden als Interaktionsobjekte mit bildhaften Darstellungen in Form von Fenstern und Formularen verfügbar gemacht. In der Regel werden diese Systeme auch objektorientiert realisiert. Anders gesagt: Eine effiziente Realisierung heutiger Benutzungsoberflächen erfordert eine objektorientierte Entwicklungsumgebung – SMALLTALK war die erste Umgebung, die diesem Anspruch gerecht wurde.

5.7 Die Entwicklung des WWW

Ein wichtiger Meilenstein in der „Geschichte" von Benutzungsschnittstellen ist die Entwicklung des WORLD WIDE WEB. Das WWW, das die Infrastruktur und Dienste des Internets benutzt, ist seit 1989 unter der Leitung von TIM BERNERS-LEE am CERN in Genf entwickelt worden. BERNERS-LEE ist heute Direktor des W3-Konsortiums und koordiniert in dieser Funktion die Standardisierungsbemühungen, z.B. in Bezug auf Weiterentwicklungen von HTML und XML. Das ursprüngliche Ziel bestand darin, die Kooperation im Forschungsbereich zwischen geografisch weit voneinander entfernten Bereichen zu unterstützen [Berners-Lee et al., 1994, Simpson et al., 1996]. Wenn jeder der beteiligten Forscher – so die Idee der Entwickler – seine Forschungsergebnisse elektronisch verfügbar macht und diese auf einheitliche Weise adressiert sind, wenn Werkzeuge entwickelt werden, die diese einheitlich repräsentierten Informationen darstellen, müssen erhebliche Synergieeffekte möglich sein.

Webbrowser haben sich seit dem ersten – auf einem NEXT-Computer basierenden – Browser von T. BERNERS-LEE (Abb. 5.17) wesentlich weiterentwickelt. MARC ANDREESEN, Student am National Center for Supercomputing, entwickelte 1992 den Mosaic Browser, der erstmals Bilder und Texte auf einer Seite anzeigen konnte. Später gründete ANDREESEN die Firma NETSCAPE und verbesserte den Browser mit seinem Team weiter. Der Browser war praktisch kostenlos (kostenlose Demonstrationsversionen konnten für 90 Tage heruntergeladen werden, wobei die Frist nicht kontrolliert wurde). Für die Verbreitung des WWW war dies entscheidend. Das WWW wurde vor allem mit Blick auf Interaktionsmöglichkeiten und Dynamik entwickelt. Kommerzielle Interessen haben dagegen dazu geführt, dass das WWW eher den Charakter eines statischen Hypertextsystems hat. Der am CERN entwickelte WWW-Browser MOSAIC ermöglichte nicht nur das Verfolgen von Querverweisen, sondern auch das Erstellen von Querverweisen auf den WWW-Seiten von Kollegen. Es gab reichhaltige Editiermöglichkeiten, die für die gleichberechtigte Zusammenarbeit nützlich waren.

Bei einem Symposium anlässlich des 50. Jahrestags seit Erscheinen des MEMEX-Artikels von V. BUSH trafen sich diejenigen, die von ihm und diesem Artikel inspiriert die Entwicklung vorangetrieben hatten. Es bestand Einigkeit darin, dass das heutige WORLD WIDE WEB in wesentlichen Aspekten die Visionen von V. BUSH verkörpert. Der Bericht über dieses Symposium [Simpson et al., 1996] ist eine lesenswerte Ergänzung.

Abb. 5.17: Tim Berners-Lee und der erste Webbrowser (Quelle: [Consortium, 2010]).

Tim Berners-Lee. Der 1955 in London geborene Informatiker (Abb. 5.17) begann 1980 beim Kernforschungszentrum CERN in Genf zu arbeiten. Für seinen privaten Gebrauch entwickelte er das Hypertextsystem Enquire. Der Begriff Hypertext war ihm damals unbekannt; das System diente ihm dazu, die zahlreichen Zusammenhänge zwischen Personen und Dokumenten zu repräsentieren und „greifbar“ zu machen. Als er 1984 zum CERN zurückkehrte, hatte er größere Pläne – er wollte ein weltweites Informationsnetz aufzubauen. Das Internet mit seinen offenen Standards und das Hypertext-Konzept waren wesentliche Voraussetzungen. 1989 beantragte er offiziell beim CERN ein solches Projekt zu starten. Das HTTP-Protokoll, der erste Webbrowser, die erste Suchmaschine und ein Webserver entstanden. BERNERS-LEE hat keine dieser Innovationen patentieren lassen – für die

Verbreitung des WWW eine entscheidende Voraussetzung. Nachdem er seine Entwicklung in den einschlägigen News-Gruppen bekannt gemacht hatte, entstanden zügig weitere Webserver und Websites. Webbrowser für alle verbreiteten Plattformen entstanden erstaunlich schnell, sodass Webseiten nun tatsächlich weltweit betrachtet werden konnten. In der Anfangsphase waren es vor allem Wissenschaftler und Regierungsorganisationen, die auf diese Weise Informationen verbreiteten.

Die vielfältigen, insbesondere kommerziellen Interessen bedrohten die Entwicklung eines einheitlichen und freien Netzes. Dass eine Art Kontrollinstanz nötig würde, ein Konsortium, in dem technische Entwicklungen beraten und koordiniert wurden, war BERNERS-LEE frühzeitig bewusst. Die Gründung des WWW-Konsortiums (W3C) 1999 geht auf seine Initiative zurück. Als Direktor dieses offenen Forums für Firmen und Organisationen setzt er sich unermüdlich dafür ein, das Potenzial des WWW zu nutzen. Offene Standards, barrierefreie Gestaltung und die Neutralität des Netzes sind einige der Ziele, die er hartnäckig und mit großem politischen Geschick verfolgt.

Web2.0. Die Weiterentwicklung des WWW erfolgte vor allem unter dem Stichwort Web2.0, wobei es darum ging, nicht nur multimedial und vernetzt Informationen zu präsentieren, sondern Zusammenarbeit zwischen Benutzern zu ermöglichen [Alby, 2007]. Die Benutzer können dadurch selbst zu Datensammlungen beitragen. Aus Sicht der MCI ist interessant, wie diese Zusammenarbeit organisiert und moderiert werden kann, welche Muster der Zusammenarbeit entstehen, wie Menschen, die sich nie persönlich kennengelernt haben, Vertrauen zueinander entwickeln und effektiv kommunizieren, aber natürlich auch, welche Risiken damit verbunden sind.

Die 1995 begonnene Entwicklung von Wikis ist dabei hervorzuheben, weil auf diese Weise in vielen Firmen und Organisationen sehr effizient Wissensmanagement betrieben wird. Die Wikipedia, das verbreitete Online-Lexikon, ist das sichtbarste und herausragende Ergebnis dieser gemeinsamen Arbeit. Dass Benutzer im Web eingestellte Informationen, Waren oder Dienstleistungen kommentieren, Bewertungen und Empfehlungen abgeben, ist eine weitere neue Form der Web-Nutzung, die die Erfolge großer Webshops, wie eBay und Amazon, möglich gemacht hat. Große Mediensammlungen von Videos (YOUTUBE) oder Bildern (FLICKR) sind entstanden und so mussten Interaktionstechniken entwickelt werden, um in diesen großen Datenmengen effizient zu suchen und zu navigieren.

Schließlich stellen viele Benutzer substanzielle Informationen über sich selbst zur Verfügung, um in sozialen Netzwerken wie XING oder FACEBOOK zu kommunizieren, Kontakte aufzubauen und zu pflegen. Dass diese Entwicklungen auch Probleme mit sich bringen, insbesondere Datenschutzfragen aufwerfen, darf dabei nicht unerwähnt bleiben.

5.8 Ubiquitous Computing

Bisher konnte dieses Kapitel den Eindruck vermitteln, dass die Geschichte der MCI im Wesentlichen darin besteht, die frühen Visionen zu konkretisieren und schließlich umzusetzen. Es taucht die Frage auf, welche Visionen die MCI im 21. Jahrhundert bestimmen. Darauf gibt es eine Reihe möglicher Antworten. So werden Computer immer stärker mit Kameras, Mikrofonen, GPS-Empfängern und anderen Sensoren kombiniert, die eine Anpassung an die aktuelle Situation möglich machen. Die Anwendung dieser Ideen steht noch relativ am Anfang.

Im Folgenden soll eine besonders überzeugende Vision beschrieben werden. Sie ist unter dem Begriff UBIQUITOUS COMPUTING bekannt geworden. Der sperrige Begriff wird meist durch UBICOMP abgekürzt. Die Vision geht auf den leider früh verstorbenen MARC WEISER zurück, der mit seinem Team am XEROX PARC seit 1988 an einer neuen Art von Computerunterstützung geforscht hat. Diese Computer sollen sich in die physikalische Umgebung des Menschen integrieren, intelligente Geräte also, die miteinander (drahtlos) vernetzt sind, die ihre Umgebung „kennen" und auf diese Weise eine sehr leistungsfähige Unterstützung anbieten können. Der herausragende Artikel im *Scientific American* hat diese Ideen und erste Prototypen ihrer Umsetzung einer breiten Öffentlichkeit bekannt gemacht [Weiser, 1991]. Die Vision von UBICOMP wird besonders klar, wenn man sie mit der Vision des „Intelligenten Agenten" kontrastiert. Der Computer als intelligenter Agent ist ein autonomer Assistent, an den immer komplexere Aufgaben delegiert werden können, z.B. die webbasierte Suche nach einem geeigneten Auto oder einem Urlaubsquartier. Dabei steht im Vordergrund, dass der Mensch Aufgaben delegiert [Maes, 1997] und der Computer diese Aufgaben wie ein persönlicher Assistent erledigt. UBICOMP dagegen verbessert die Effizienz von Menschen bei ihren Aktivitäten, ohne dass sich der Charakter dieser Aktivitäten wesentlich ändert. Ein einfaches Beispiel für „unsichtbare" Technologie ist eine Brille: man guckt nicht auf die Brille, sondern sieht die Umgebung durch die Brille besser. Weiser [1994] kontrastiert UBICOMP mit anderen Visionen für die Zukunft der MCI – es wird dabei deutlich, dass UBICOMP die einzige konsequent aus Benutzersicht gedachte Vision ist.

Inspirierend ist die Motivation, die hinter UBICOMP steht: die aktuellen Computer erfordern viel Aufmerksamkeit und Konzentration. Im wahrsten Sinn des Wortes muss man sich ihnen zuwenden; sie lassen sich nicht nahtlos in alltägliche Aktivitäten integrieren. Das ultimative Ziel von UBICOMP besteht darin, dass die Computer als solche gar nicht wahrgenommen und quasi unsichtbar werden. Aus dieser Kritik können auch Lösungsansätze entwickelt werden: in Geräte aus einer typischen (Arbeits-)Umgebung werden Computer eingebettet. Weiser [1993] hat eine erste Phase vorgeschlagen, in der Geräte in drei unterschiedlichen Ausmaßen entwickelt werden sollten:

- wandgroße Geräte,
- Notizblöcke, Vorläufer der PalmTops,
- Geräte in Form und Größe von Klebezetteln (Pads)

Es ist offensichtlich, dass die Realisierung dieser Geräte vielfältige Herausforderungen mit sich bringt; technologische in Bezug auf Miniaturisierung von Bauteilen und Stromversorgung, aber auch ganz neue Möglichkeiten der MCI.

Als wandgroßes Gerät wurde das LIVEBOARD entwickelt, ein großes interaktives Display, das Notizen und Grafiken, die auf einem Whiteboard mit einem elektronischen Stift gemacht werden, speichern kann [Elrod et al., 1992]. Für ein derart großes Ausgabegerät sind bestimmte Interaktionen, wie die Selektion aus einem Pulldown-Menü unpraktisch, weil dazu eventuell mehrere Meter zurückgelegt werden müssen.

Als elektronische Notizblöcke (Pads) wurden Geräte entwickelt, die man bei einer Besprechung bequem in der Hand halten kann (*handheld devices*, Abb. 5.18). Man kann sie mittels eines Touchscreens bedienen. Noch schwieriger ist die Interaktion mit den sehr kleinen Pads. Die Pads kennen ihre räumliche Position und Orientierung und können getrackt (also in ihrer Lage verfolgt) werden und kommunizieren mit anderen Geräte. Pads und Tabs können mit einem LIVEBOARD verbunden werden, sodass in einer Besprechung sehr effektiv Informationen ausgetauscht werden können.

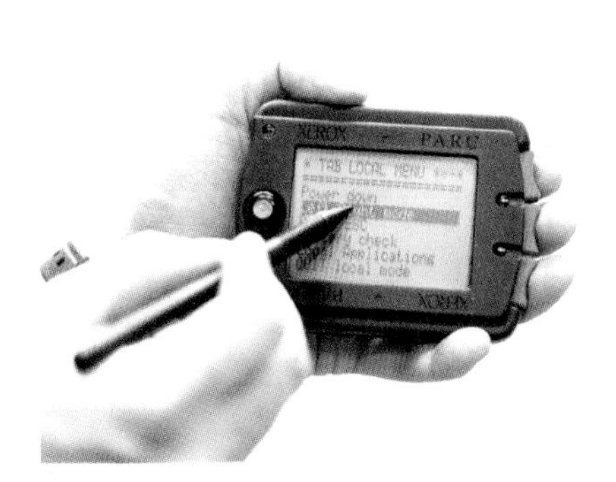

Abb. 5.18: Ein Tab-PC, das XEROX Pad.

Die Vision des UBICOMP ist mit den Geräten der ersten Generation keinesfalls umgesetzt. Diese weitreichende Vision von einer grundlegenden Veränderung der Arbeitsweise an und mit Computern wird Grundlage zahlreicher weiterer Entwicklungen sein. Effiziente Prototyping-Werkzeuge [Davies et al., 2005] und Richtlinien für die Entwicklung sind im Entstehen [Schmidt und Terrenghi, 2007] und ermöglichen eine Verbreitung von UBICOMP-Konzepten. Insbesondere das entstandene Teilgebiet der „mobilen Mensch-Computer-Interaktion" basiert auf den Ideen, Konzepten und Prototypen, die im Rahmen des UBICOMP entstanden sind.

5.9 Zusammenfassung

Bei der Schilderung wichtiger Aspekte der historischen Entwicklung sind zentrale Begriffe der MCI eingeführt und einige Grundprinzipien deutlich geworden. Die Entwicklung ist von den Fortschritten bei der Hardware und von neuen Ein- und Ausgabegeräten beeinflusst worden. Technologische Wegbereiter für die grafischen Benutzungsoberflächen sind hochauflösende Farbbildschirme und Drucker, ergonomische Mäuse, schnelle Grafikkarten mit großem Speicher und nicht zuletzt leistungsfähige Prozessoren. Trotz der enormen Hardwareentwicklung in den letzten Jahren sind auch viele heutige Benutzungsoberflächen, speziell für Büroanwendungen, noch von denselben Charakteristika geprägt wie die des XEROX STAR und der APPLE LISA. Neue Konzepte sind durch die zunehmende Nutzung von Animationssequenzen in Benutzungsoberflächen und durch den Einsatz von 3D-Grafik zu erwarten. Die Meilensteine der historischen Entwicklung sind in Tabelle 5.1 zusammengefasst. Die Betrachtungen in diesem Kapitel stellen eine sehr selektive und natürlich auch subjektive Sicht auf die Entwicklung der MCI dar. Einige Kapitel, die speziellere Themen behandeln, wie z.B. die Informationsvisualisierung und die 3D-Interaktion, beginnen ebenfalls mit einer „historisch gefärbten" Einführung.

Tabelle 5.1: Meilensteine der Entwicklung interaktiver Systeme

Wann?	Was?	Von wem?
1945	MEMEX	V. Bush
1960	Kooperatives Problemlösen	J. Licklider
1963	SKETCHPAD	I. Sutherland
1965	Hypertext	T. Nelson
1968	NLS	D. Engelbart
1971	SMALLTALK	Xerox (A. Kay et. al.)
1981	XEROX Star	Xerox (W. Verplank et. al.)
1984	Apple Macintosh	Apple (J. Raskin et. al.)
1985	X-WINDOW-SYSTEM	R. Scheiffler & J. Gettys
1985	Microsoft Windows	Microsoft
1988	Ubiquitous Computing	M. Weiser
1991	World Wide Web	T. Berners-Lee

Aus der dargestellten Entwicklung lassen sich Grundsätze für die erfolgreiche Realisierung interaktiver Systeme ableiten. Ein interaktives System muss die Probleme der Anwender zufriedenstellend lösen, und ihre Bedienung muss in einer angemessenen Zeit erlernbar sein. Zugleich ist eine effiziente Interaktion für Experten wichtig. Neben „harten" Usability-Faktoren sind gutes visuelles Design, Attraktivität und die durch ein System vermittelte Stimmung wichtig. Der APPLE MACINTOSH und seine Nachfolger werden von vielen Benutzern nicht nur genutzt, sondern regelrecht geliebt. Das Arbeiten damit wird als inspirierend und angenehm empfunden – die Benutzerführung wirkt modern und innovativ. Diese Einschätzung ist kein Zufall, keine Glückssache, sondern Ergebnis zielgerichteter Aktivitäten, bei denen Grafik- und Informationsdesigner eine wesentliche Rolle spielten.

Weitere Literatur. Viele Aspekte der historischen Entwicklung konnten hier nicht betrachtet werden, z.B. die Entwicklung der wissenschaftlichen und professionellen Community, der Einfluss der kognitiven Psychologie, die Entwicklung von Werkzeugen, wie Interface Builder und die Entstehung und Weiterentwicklung von Usability Engineering-Methoden. Diese und andere Aspekte sind ausführlicher in [Pew, 2003] behandelt. Zachary [1999] enthält eine umfassende Biographie von VANNEVAR BUSH.

Die in diesem Kapitel zitierte Originalliteratur ist durchweg interessant und gut zu lesen. Besonders hervorzuheben sind die ausführlichen Beiträge über die Entwicklung des XEROX STAR [Smith et al., 1982, Johnson et al., 1989, Verplank, 1988] und des APPLE MACINTOSH [Williams, 1984]. Einen prägnanten Überblick über Window Manager und andere technische Grundlagen der MCI gibt [Myers, 1998]. In Bezug auf die Desktop-Metapher ist Malone [1983] sehr interessant, der die Organisation und Nutzung von Büros und Schreibtischen organisiert und darauf Konsequenzen für die Gestaltung des elektronischen Schreibtisches ableitet. Goldberg [1988] und Levy [1984] erläutern die Entwicklung von Benutzungsschnittstellen und stellen die beteiligten Personen vor. Dabei wird auch die Entwicklung der Werkzeuge zur Erstellung von Benutzungsschnittstellen betrachtet. Interessant sind auch die zusammenfassenden Betrachtungen zu ausgewählten Aspekten: [Myers, 1988a] behandelt die Entstehung und Weiterentwicklung von Fenstersystemen. J. Rice und A. van Dam beleuchten die Entwicklung der ersten Texteditoren [van Dam und Rice, 1971]. Der MACINTOSH wurde in Williams [1984] vorgestellt. Jennings [1984] und Tognazzini [1986] beschreiben die Evaluierung des MACINTOSH bzw. des Dateimanagers FINDER. In Bezug auf das relativ junge Thema „Ubiquitous Computing“ ist der umfassende Artikel von Abowd und Mynatt [2000] empfehlenswert, der sowohl vergangene Entwicklungen zusammenfasst, als auch einen fundierten Ausblick gibt.

Kapitel 6
Entwurfsprinzipien

In Kapitel 4 haben wir wichtige Konzepte für die Gestaltung von Schnittstellen für reale Geräte kennengelernt. Speziell wurden in Abschn. 4.1 wahrgenommene Affordances, Constraints, konzeptionelle Modelle und die Rückkopplung der Systeme erläutert. Diese Aspekte sind auch für die Gestaltung von Benutzungsschnittstellen von Software wesentlich. Bedienelemente und ihre Funktion sollten demnach klar erkennbar sein. Constraints können genutzt werden, um bestimmte Bedienfehler auszuschließen und der Aufbau konzeptioneller bzw. mentaler Modelle sollte durch möglichst einfache und eindeutige Abbildungen von Bedienhandlungen auf den Systemzustand unterstützt werden.

Ebenso gilt die in Abschn. 4.5 erläuterte Theorie von NORMAN in Bezug auf sieben typische Phasen von Bedienhandlungen auch für die MCI. Die wesentliche Erkenntnis von NORMAN bestand darin, dass sowohl bei der Umsetzung einer Absicht in Bedienhandlungen (Gulf of Execution) als auch bei dem Vergleich der Ergebnisse einer Bedienhandlung mit der Absicht (Gulf of Evaluation) Probleme auftreten können. Die Diskussion aus Kapitel 4 wird nun dahingehend ergänzt, dass die spezifischen Möglichkeiten die Bedienung durch Software zu unterstützen, charakterisiert werden. Diese spezifischen Möglichkeiten ergeben sich z.B. dadurch, dass Informationen über bisherige Bedienhandlungen und Vorlieben des Benutzers gespeichert und für die weitere Interaktion genutzt werden können.

Die in diesem Kapitel vorgestellten Prinzipien sollen als Orientierung beim Entwurf interaktiver Systeme dienen, vor allem mit dem Ziel, den Entwurf zu strukturieren. Darüber hinaus können die Prinzipien dazu dienen, vorliegende Software zu bewerten. Dabei stehen zwei Ziele im Vordergrund: Systeme sollen leicht erlernbar sein und effizient benutzt werden können. Es ist eine Herausforderung, diesen beiden Zielen nahezukommen. Ein Programm, das zwar schwer zu erlernen, aber sehr effizient ist, wird nur von einem kleinen Personenkreis benutzt. Ein leicht zu erlernendes System, das aber keine Möglichkeiten zur schnellen Interaktion für erfahrene Benutzer bietet, ist für professionelle Anwender ungeeignet.

Um der Entwicklung der letzten Jahre – insbesondere dem verstärkten Einsatz in der Freizeit – Rechnung zu tragen, wird auch der Aspekt der Freude an der Benutzung (*joy of use*) betrachtet. Außerdem ist die barrierefreie Gestaltung, also die

B. Preim, R. Dachselt, *Interaktive Systeme*, eXamen.press, 2nd ed.,

DOI 10.1007/978-3-642-05402-0_6, © Springer-Verlag Berlin Heidelberg 2010

Beachtung möglicher Behinderungen, so wichtig geworden, dass diese explizit behandelt wird. Die gute Benutzbarkeit eines Systems muss immer auch mit anderen Zielen abgewogen werden. Passwortabfragen und andere Formen der Authentifizierung erschweren offensichtlich die Benutzung eines Systems – dennoch sind sie unbestritten nützlich. Der Entwurf von gut zu bedienenden Systemen muss immer im Kontext mit anderen Rahmenbedingungen erfolgen.

Klassifikation von Benutzern. Für die Diskussionen in diesem Kapitel ist eine Klassifikation von Benutzern notwendig. Benutzer unterscheiden sich danach, wie intensiv sie ein System nutzen bzw. wieviel Erfahrung sie bereits gesammelt haben. Anfänger haben sehr wenig Erfahrung und bedürfen besonderer Unterstützung in Bezug auf das Erlernen des Systems. Gelegenheitsbenutzer haben zwar mehr Erfahrung, nutzen ein System aber so selten, dass sie die meisten Besonderheiten der Bedienung vergessen. Erfahrene oder professionelle Benutzer sind diejenigen, die ein System häufig oder sogar dauerhaft nutzen. Benutzer eines Systems unterscheiden sich nicht nur hinsichtlich ihrer Erfahrungen, sondern auch in Bezug auf ihre allgemeinen kognitiven und motorischen Fähigkeiten. Schließlich haben Benutzer eines Systems oft verschiedene Rollen. So werden Webseiten einer Universität von den Mitarbeitern der Universität, von Studierenden, von Abiturienten und deren Eltern, von Wissenschaftlern anderer Universitäten und von Vertretern der Wirtschaft genutzt. Die Identifikation der jeweils relevanten Benutzergruppen, ihrer Fähigkeiten und Bedürfnisse ist eine wichtige Voraussetzung für den benutzergerechten Entwurf interaktiver Systeme.

Gliederung. Als Basis für die Diskussion von Prinzipien, Empfehlungen und Normen werden in Abschn. 6.1 wichtige Begriffe der Ergonomie erläutert. Darauf aufbauend werden in Abschn. 6.2 konkrete Entwurfsprinzipien genannt und erläutert, wobei deutlich wird, dass teilweise schwierige Kompromisse nötig sind, um unterschiedlichen Prinzipien gerecht zu werden. Wichtige Aspekte der Entwicklung, wie die barrierefreie Gestaltung, werden in Abschn. 6.3 erläutert. Abschn. 6.4 stellt kurz wichtige Normen vor, die die Entwicklung interaktiver Systeme betreffen und diskutiert den Zusammenhang zu den Prinzipien. Abschn. 6.5 erläutert die Rolle von Richtlinien (Guidelines) als weitere wichtige Orientierung für den Entwicklungsprozess. Dieser Abschnitt hat einen einführenden Charakter. Eine ausführliche Diskussion von Richtlinien anhand von Beispielen erfolgt in Band II.

6.1 Ergonomische Grundlagen

Die in diesem Kapitel vorgestellten Entwurfsprinzipien basieren auf ergonomischen Grundlagen. Die Arbeit mit dem Computer soll so gestaltet sein, dass die *Belastung* und die *Beanspruchung* nicht unnötig hoch sind. Diese beiden Begriffe sind in der Norm ISO 10075 definiert.

Definition 6.1. *Belastung* ist die Gesamtheit der (erfassbaren) äußeren Bedingungen und Anforderungen, die auf einen Benutzer einwirken.

Definition 6.2. Die *Beanspruchung* ist definiert als unmittelbare Auswirkung der Belastung auf einen Benutzer. Die Beanspruchung hängt von den Fähigkeiten und Fertigkeiten des Benutzers ab, bezieht also die individuellen Merkmale des Menschen ein [Heinecke, 2004].

Die Analyse von Arbeitsplätzen hinsichtlich von Belastungen und Beanspruchungen wurde lange Zeit mit Fokus auf *körperlichen* Belastungen durchgeführt und hat in der MCI vor allem Konsequenzen für die Auswahl von Monitoren, Tastaturen und Mäusen bzw. die Platzierung dieser Geräte. Beispiele sind Mindestanforderungen an Monitore und Empfehlungen zu einer ergonomischen Anordnung von Monitoren und Tastaturen.

Noch wichtiger für die MCI sind allerdings psychische Belastungen, die die Arbeit mit Computern mit sich bringen kann. Eine Vielzahl von Untersuchungen belegt, dass dauerhaft hohe psychische Belastungen am Arbeitsplatz mit einem deutlich erhöhten Risiko für psychosomatische Beschwerden und psychische Erkrankungen verbunden sind. Das erklärt, warum Entwurfsprinzipien und Normen für die Gestaltung interaktiver Systeme darauf abzielen, diese Belastungen auf ein Minimum zu begrenzen. Die Softwaregestaltung – auf der in diesem Buch der Fokus liegt – spielt dabei eine wichtige Rolle, ist aber nur eine Komponente. Die organisatorische Einbettung, die Schulung von Mitarbeitern und andere Einflüsse des Arbeitsplatzumfeldes beeinflussen die empfundenen Beanspruchungen ebenfalls.

Als psychisch belastend werden eintönige, häufig wiederkehrende und langwierige Arbeiten wahrgenommen. Daher wird versucht, derartige Tätigkeiten auf ein Mindestmaß zu reduzieren [Wickens et al., 2004]. Komplexe Darstellungen auf dem Computer, die über lange Zeit analysiert werden müssen, sind ebenfalls psychisch belastend. Dies gilt vor allem, wenn die zu treffenden Entscheidungen schwer wiegende Konsequenzen haben, wie z.B. in der Intensivmedizin oder in großen Überwachungsanlagen, z.B. zur Steuerung von Kraftwerken oder Verkehrsanlagen. Es ergeben sich folgende allgemeine – aus ergonomischen und psychologischen Erkenntnissen abgeleitete – Ziele für interaktive Systeme, die in der VDI-Richtlinie 5005 festgelegt sind. Interaktive Systeme sollten demnach:

- aufgabenangemessen,
- kompetenzförderlich und
- flexibel

sein. Diese Begriffe werden im Folgenden definiert und erläutert.

Definition 6.3. *Aufgabenangemessenheit* bedeutet, dass zur Bearbeitung einer Aufgabe alle relevanten Aspekte in ein interaktives System integriert sind und dass ein bestimmter Typ von Aufgaben *vollständig* bearbeitet werden kann.

Wenn Teile der Bearbeitung manuell durchgeführt werden müssen oder immer wieder in andere Programme gewechselt werden muss, wäre dieses Ziel nicht erreicht.

Aufgabenangemessenheit bedeutet auch, dass das interaktive System Aufgaben *direkt* unterstützt, das heißt, dass es keiner großen mentalen Anstrengung bedarf, eine bestimmte Menge an generischen Basisoperationen so zu kombinieren, dass das angestrebte Ziel erreicht wird. Schließlich soll die durch eine Software realisierte Unterstützung nicht unnötig komplex sein, in dem Sinne, dass die Funktionalität sehr viel umfassender ist, als zur Bearbeitung der für die Benutzer tatsächlich relevanten Aufgaben notwendig.

Definition 6.4. *Kompetenzförderlichkeit* bedeutet, dass die Benutzer ihre vorhandenen Kompetenzen gut einsetzen können und nicht zu Tätigkeiten „degradiert" werden, die ihren Fähigkeiten nicht entsprechen. Darüberhinaus sollen Benutzer durch die Nutzung eines interaktiven Systems ihre Kompetenzen sinnvoll erweitern.

Das heißt, dass die Dinge, die für die erfolgreiche Nutzung der Software nötig sind, auch für andere Aufgaben (im beruflichen Umfeld) nützlich sein sollen. Um die Bedeutung dieses Ziels klar zu machen, muss man etwas ausholen: Arbeitswissenschaftler haben herausgefunden, dass die Intelligenz erwachsener Menschen entscheidend von ihren beruflichen Aufgaben abhängt. Dieser Einfluss ist wesentlich ausgeprägter als ein lange zurückliegender formaler Bildungsabschluss [Ulich, 2001]. Insofern ist es bedeutsam, dass auch die computergestützte Arbeit motivations- und qualifikationsförderlich ist, dass also neue und relevante Fähigkeiten und Fertigkeiten erworben werden. Lange Zeit sind Softwarelösungen im Wesentlichen so gestaltet worden, dass alles, was mit dem verfügbaren Budget automatisiert werden konnte, tatsächlich automatisiert wurde und Benutzer lediglich die Verbindung zwischen den automatisierten Teilsystemen übernehmen. Diese Vorgehensweise ist auch heutzutage durchaus üblich; sie ist aber keineswegs kompetenzförderlich und wie Butler [1996] erläutert, vor allem bei sicherheitskritischen Systemen sehr problematisch, weil die derart degradierten Benutzer in Fehlersituationen aufgrund fehlender Übersicht nicht angemessen reagieren.

Definition 6.5. *Flexibilität* ist die Eigenschaft eines interaktiven Systems, die es dem Benutzer ermöglicht, Anpassungen vorzunehmen und das System auf die eigenen Bedürfnisse bzw. die Besonderheiten der Aufgabe zuzuschneiden.

Da Menschen sich in der Art und Weise, wie sie Aufgaben und Probleme bearbeiten, stark unterscheiden, ist Flexibilität notwendig, damit ein größeres Spektrum von Benutzern eine Software sinnvoll nutzen kann. Um ein klassisches Beispiel zur Illustration zu verwenden: Ein Fließband alter Prägung ist inflexibel. Die Menschen mussten damit in festgelegtem und unveränderlichem Tempo sowie unveränderlicher Reihenfolge ein- und dieselben Handgriffe verrichten. Menschen haben sich angepasst, weil die Maschinen dazu nicht in der Lage waren. Flexibilität sollte auf der anderen Seite auch nicht grenzenlos sein. Die meisten Menschen sind am produktivsten, wenn sie auf der einen Seite eine gewisse Orientierung und Struktur geboten bekommen und auf der anderen Seite gewisse Freiheiten haben, ihre Umgebung anzupassen.

Diese drei Ziele sind als wesentliche Aspekte von Software für Büroarbeitsplätze identifiziert worden. Dabei standen also nicht die neueren Anwendungskontexte in der Freizeit bzw. im Rahmen der mobilen Kommunikation im Vordergrund. Aber auch für die neueren Anwendungssituationen sind diese Ziele passend. Beispiele für „Aufgaben" wären dann, sich unter Nutzung des Handys über den Bahnverkehr zu informieren und Fahrkarten zu erwerben oder Auskünfte über kulturelle Veranstaltungen einzuholen. Allerdings spielt gerade im Freizeitbereich und dabei besonders bei einer jüngeren Zielgruppe der Aspekt des Erprobens vorhandener Möglichkeiten eine wichtige Rolle. Es werden also auch Funktionen genutzt, nach denen man zunächst nicht gesucht hätte, die man streng genommen auch nicht unbedingt benötigt, deren Nutzung aber interessant ist und auch dem Zeitvertreib dient. Das Ziel der *Kompetenzförderlichkeit* ist auch im Freizeitbereich wichtig, ganz besonders beim e-Learning. Um den breiteren Anforderungen an Software Rechnung zu tragen, werden im Folgenden auch Entwurfsprinzipien erläutert, die nicht aus den drei hier genannten Zielen abgeleitet werden können.

6.2 Erläuterung von Entwurfsprinzipien

Für die Entwicklung interaktiver Systeme werden Richtlinien und Prinzipien auf verschiedenen Ebenen benötigt. Die hier vorgestellten Prinzipien sind auf der höchsten Ebene angesiedelt. Sie betrachten weder die Möglichkeiten einer konkreten Plattform noch die Besonderheiten bestimmter Benutzergruppen und Anwendungsgebiete. Ähnlich dem Empfehlungscharakter der Prinzipien in diesem Kapitel wird bei der Vorstellung von Eingabegeräten (Kapitel 7), Interaktionstechniken (Kapitel 9) und Dialogen (Kapitel 10) darauf eingegangen, wie diese Bestandteile von Benutzungsschnittstellen bestmöglich eingesetzt werden können.

Entwurfsprinzipien sind allgemeiner als konkrete Styleguides, die Einzelheiten der Gestaltung und Benutzung von Bedienelementen festlegen (siehe Band II für eine ausführliche Diskussion). Aufgrund ihres allgemeinen Charakters muss das Wissen über Entwurfsprinzipien durch die Kenntnis von konkreten Methoden zu ihrer Umsetzung ergänzt werden. In der Literatur gibt es eine Vielzahl solcher „Checklisten", die teilweise lang und unstrukturiert sind. An dieser Stelle wird eine relativ kurze Liste von Entwurfsprinzipien diskutiert. Die Nummerierung dieser Prinzipien dient lediglich der Referenzierung und stellt keine Rangfolge dar – mit einer Ausnahme: das erste Prinzip steht bewusst an erster Stelle.

Die Prinzipien sind in zwei Gruppen eingeteilt. Die erste Gruppe betrifft Prinzipien, die allgemeinen und kognitiven Aspekten der MCI Rechnung tragen. Die zweite Gruppe umfasst Prinzipien, die direkt die Benutzungsschnittstelle betreffen. Prinzipien für allgemeine und kognitive Aspekte sind:

1. Kenntnis potenzieller Benutzer und ihrer Aufgaben,
2. Unterstützung beim Aufbau mentaler Modelle,
3. Terminologie der Benutzer verwenden und
4. Reduktion der kognitiven Belastung.

Prinzipien, die die Benutzungsschnittstelle betreffen:

5. Strukturierung der Benutzungsschnittstelle,
6. Kombination visueller und textueller Elemente,
7. Sichtbarkeit von Systemzuständen und möglichen Aktionen,
8. Angemessene Rückkopplung,
9. Konsistenz,
10. Abbruch und Rückgängigmachen von Aktionen,
11. Berücksichtigung von Fehlern,
12. Erwartungskonformes Verhalten und
13. Adaptierbarkeit der Schnittstelle.

Diese Prinzipien werden im Folgenden erläutert. Mit *Entwickler* sind im Folgenden immer Personen gemeint, die an der User Interface-Entwicklung beteiligt sind.

6.2.1 Kenntnis potenzieller Benutzer und ihrer Aufgaben

Das erste Prinzip besagt, dass sich die Entwickler *umfassend* über die potenziellen Benutzer und deren Aufgaben informieren sollen. Die Kenntnis der Benutzergruppe(n) ist eine Voraussetzung für die Anwendung der anderen Prinzipien und muss daher am Anfang entwickelt (und kontinuierlich ausgebaut) werden. Selbst wenn ein Programm für beliebige Anwender gedacht ist, sollten exemplarisch ausgewählte Anwender hinsichtlich ihrer Vorstellungen und Bedürfnisse befragt werden, um konkrete Nutzungskontexte zu verstehen. Die ausgewählten Anwender sollten repräsentativ sein; bei einem Fahrkartenautomaten sollten z.B. nicht nur Jugendliche und Dienstreisende mittleren Alters befragt werden.

Dass die Kenntnis von Benutzern und ihren Aufgaben entscheidend ist, wird kaum jemand ernsthaft bestreiten. Die Umsetzung dieser Erkenntnis ist aber schwierig, vor allem, wenn der direkte Kontakt zu Benutzern von Auftraggebern (oft leitende Manager) nicht gewünscht ist. Auch starke Anforderungen an die Vertraulichkeit von Informationen können zu erheblichen Einschränkungen in der nötigen Analyse von Aufgaben und Abläufen führen. Hinzu kommt, dass die Entwickler komplexe professionelle Arbeitsfelder mitunter so wenig verstehen, dass sie kaum adäquate Fragen stellen können. Aufgaben und Benutzer umfassend und treffend zu charakterisieren, wird häufig dadurch erschwert, dass verschiedene Benutzergruppen nicht „über einen Kamm geschert werden können“. Idealerweise lassen sich Aufgaben als Sequenzen bzw. Hierarchien von Teilaufgaben charakterisieren, die in bestimmter Weise voneinander abhängig sind. Ein derartiges Analyseergebnis ist aber nur für Routinetätigkeiten mit einem relativ klaren Workflow zu erwarten. Kreative, schlecht strukturierte Prozesse und auch viele Aktivitäten auf Webplattformen lassen sich kaum umfassend durch derartige Aufgabenhierarchien charakterisieren. Natürlichsprachige Szenario-Beschreibungen sind oft besser geeignet, derartige Prozesse so zu beschreiben, dass für die Entwickler relevante Informationen extrahiert werden können.

Die Kenntnis der Benutzer und ihrer Aufgaben ist Voraussetzung dafür, dass in einem interaktiven System die jeweils relevanten Informationen angezeigt werden können und passende Suchmöglichkeiten bereit gestellt werden. Entwickler müssen also *antizipieren*, was benötigt wird bzw. von Interesse ist.

Beispiele der Umsetzung. Für die Analyse von Aufgaben und Benutzern in ihrem Arbeitskontext gibt es eine Reihe bewährter Methoden. Beobachtungen ermöglichen oft einen ersten Eindruck des aktuellen Standes der Lösung von Problemen (mit und ohne Computer). Sie sollten ergänzt werden durch Befragungen, z.B. hinsichtlich der Relevanz und Häufigkeit von Aufgaben und der Reaktion auf Probleme. Interviews mit einer guten Mischung von präzisen, vordefinierten und eher offenen Fragen helfen weiter. Es ist teilweise sehr aufschlussreich, mehrere Experten gleichzeitig zu befragen (Gruppeninterviews), weil die Dynamik des Gesprächs zu unerwarteten Einsichten führen kann. Schriftliche Befragungen sind ein weiteres Mittel, insbesondere um eine größere Zahl an Benutzern in die Analyse einzubeziehen. Allerdings ist die Vorbereitung, Durchführung und Auswertung von Fragebögen aufwändig. Wie man die Benutzer zur Mitwirkung motiviert, gehört zu den praktischen Problemen, für die eine kreative Lösung gefragt ist. Wenn zu erwarten ist, dass die Aufgaben- und Benutzeranalyse schwierig wird, sollten einschlägig spezialisierte Experten damit beauftragt werden. In vielen Fällen werden dies Psychologen sein, die als *User Research*-Spezialisten arbeiten und besonderes Geschick darin haben, das oft *implizite* Expertenwissen zu erfassen. Aus der Analyse müssen konkrete Kriterien für die Akzeptanz und den Erfolg der zu entwickelnden Software abgeleitet werden.

Die Aufgaben- und Benutzeranalyse wird im zweiten Band in einem separaten Kapitel behandelt, wobei es auch darum geht, wie die Ergebnisse der Aufgaben- und Benutzeranalyse effektiv repräsentiert werden können, sodass sie in der weiteren Entwicklung auch genutzt werden können.

6.2.2 Unterstützung beim Aufbau mentaler Modelle

Die Systemgestaltung soll darauf gerichtet sein, dass Benutzer ein mentales Modell (Abschn. 3.2) aufbauen können. Die Einhaltung dieses Prinzips beeinflusst nicht nur den Lernaufwand, sondern auch die Zahl der Fehler, die Benutzern unterlaufen, und das langfristige Behalten von Bedienhandlungen. Wenn Menschen etwas lernen, versuchen sie, es zu *verstehen*, also ein Modell davon zu entwickeln, wie etwas funktioniert. Es fällt ihnen schwer, etwas zu erlernen, was ihnen willkürlich vorkommt und was sich nicht aus bekannten Prinzipien ableiten lässt. Noch schwieriger ist es, etwas zu erlernen, was sogar im Widerspruch zu bereits bekannten Prinzipien steht – es treten Interferenzeffekte auf, die das Behalten von Informationen extrem erschweren (Abschn. 2.1). Diese Tatsache hat eine Reihe von Implikationen. So ist es günstig, wenn sich interaktive Systeme an *Metaphern*, die den Benutzern vertraut sind, orientieren. Metaphern können die Entwicklung strukturieren und das Verständnis der Anwender deutlich erleichtern (Kapitel 3).

Die Unterstützung des Benutzers beim Aufbau eines mentalen Modells erfordert auch, dass die Entwickler selbst ein klares Modell von der Schnittstelle haben. Es ist günstig, dieses Modell z.B. in Form von Diagrammen für typische Bedienhandlungen explizit zu machen und den Anwendern in Handbüchern bzw. Hilfesystemen zur Verfügung zu stellen.

Beispiele der Umsetzung. Ob es den meisten Benutzern gelingt, weitestgehend zutreffende widerspruchsfreie mentale Modelle eines Systems zu entwickeln, lässt sich nur bedingt abschätzen. Daher sollten Tests durchgeführt werden, um zu analysieren, welche Assoziationen die Benutzer bei der Systemnutzung entwickeln und wie die mentalen Modelle aufgebaut sind. Die Auswertung derartiger Tests ist anspruchsvoll und sollte intensiv diskutiert werden, um falsche Konzeptionen zu erkennen.

6.2.3 Terminologie der Benutzer verwenden

Benutzungsschnittstellen sollten die *Sprache des Benutzers* sprechen. Die Verwirklichung dieses Prinzips erfordert wiederum den engen Kontakt zu Benutzern. Fachjargon der Entwickler und generell ungebräuchliches Vokabular sollte nicht verwendet werden. Unübliche Begriffe, wie „Banknote", sollten durch geläufige Begriffe wie „Geldschein" ersetzt werden, z.B. bei Verkaufsautomaten. Benutzer werden auch oft durch englische Bezeichnungen verwirrt, die Entwicklern oder Marketingexperten wahrscheinlich geläufiger sind.

Die Fachsprache der Anwender sollte konsequent (und korrekt!) verwendet werden. Die richtige Verwendung von Begriffen ist entscheidend für die effiziente Nutzung eines Systems. Umgekehrt sind Mehrdeutigkeiten, missverständliche oder falsch verwendete Begriffe ein ernstes Hindernis bei der Verwendung von Software. Dieses Prinzip muss in allen Phasen der Entwicklung beachtet werden: Es betrifft die Kommunikation mit Benutzern, die Benennung von Bedienelementen, die Formulierung von Hinweisen in Statuszeilen und Hilfesystemen, in Schulungsunterlagen und in Fragebögen, mit denen Interviews durchgeführt werden.

„Sprich die Sprache des Benutzers" – bedeutet nicht nur, auf die Verständlichkeit von Formulierungen zu achten, sondern auch inhaltlich die Denkweise der Benutzer zu antizipieren. Benutzer denken nicht in Menüpunkten, sondern in ihren Aufgaben. Sie fragen z.B.*Wie kann ich ein Inhaltsverzeichnis erstellen?* und nicht *Wofür ist der Menüpunkt Einfügen:Indexe und Verzeichnisse geeignet?*

Die „Sprache des Benutzers" sollte auch bei den visuellen Komponenten einer Benutzungsschnittstelle beachtet werden. Die Gestaltung von Icons sollte mit der gleichen Sorgfalt erfolgen, wie die Auswahl einer adäquaten Terminologie. Einfache klare Icons, die die dahinter liegende Funktion möglichst eindeutig symbolisieren, sind daher erstrebenswert. Icons und andere grafische Darstellungen sind stark domänenabhängig. In professionellen Anwendungsbereichen sind teilweise bestimmte Diagrammformen, Blockschaltbilder und Netzwerkdarstellungen üblich

– diese sollten auch in interaktiven Systemen verwendet werden. Details, wie Achsenbeschriftungen oder Skalierung von Werten, können wichtig sein. In Webplattformen wie TWITTER, die sich an ein breites, zum großen Teil jüngeres Publikum richten, muss beachtet werden, dass diese Zielgruppe durch lockere umgangssprachliche Formulierungen am besten angesprochen wird. Ähnlich ist die Situation bei Computerspielen, die oft eine vergleichbare Zielgruppe haben. Derartige zielgruppenangepasste Formulierungen sind auch für Beschriftungen und andere Bedienelemente günstiger als formale Ausdrücke.

Beispiele der Umsetzung. In der Aufgaben- und Benutzeranalyse ist auf wichtige Begriffe, Symbole und grafische Darstellungen zu achten und ggf. gezielt nachzufragen. Texte aus dem Anwendungsbereich, z.B. aus Fachzeitschriften, Aufgabenbeschreibungen oder Gesetzestexten, sollten in Bezug auf die konkrete Verwendung der relevanten Begriffe analysiert werden. Missverständliche oder unpassende Begriffe erschweren nicht nur das Verständnis, sondern untergraben die Akzeptanz der Software und ihrer Entwickler, weil sie darauf hindeuten, dass die Anwender nicht (ausreichend) ernst genommen werden. Die Terminologie der Benutzer sollte auch in Diskussionen mit ihnen verwendet werden. Für Diskussionen der Entwickler sind hingegen formale Notationen, wie Zustandsübergangsdiagramme und Entity-Relationship-Modelle wesentlich. Von dieser Denkweise und Terminologie muss man aber Abstand nehmen, wenn mit Anwendern diskutiert wird. Grafische Prototypen oder informelle Szenario-Beschreibungen [Carroll und Rosson, 2002] sind diesbezüglich wesentlich günstiger. Die Gestaltung von Fehlermeldungen entsprechend dieses Prinzips wird in Abschn. 6.2.11 diskutiert.

6.2.4 Reduktion der kognitiven Belastung

In Kapitel 2 ist deutlich geworden, dass die kognitiven Ressourcen, insbesondere Aufmerksamkeit und das Arbeitsgedächtnis, begrenzt sind. Das Arbeitsgedächtnis wird bei der Nutzung interaktiver Systeme stark belastet, wenn Benutzer sich neben ihren Zielen weitere Informationen merken müssen oder häufig zwischen verschiedenen Ansichten und Kontexten wechseln müssen. Außerdem entsteht eine hohe Belastung, wenn Benutzer mit komplexen Dialogen und Formularen konfrontiert werden. Eine aufwändige Suche nach der benötigten Information kann – aufgrund der begrenzten Fähigkeit kurzzeitig Informationen zu speichern – dazu führen, dass das ursprüngliche Ziel vergessen wird. Diesem Prinzip zufolge müssen auch Verzögerungen und Wartezeiten bei einer Systemnutzung auf ein absolutes Minimum reduziert werden, damit Benutzer ihre Ziele bzw. damit in Zusammenhang stehende Informationen nicht vergessen. Wartezeiten führen auch dazu, dass Benutzer häufiger Fehler machen, u.a. weil sie schon etwas anderes eingegeben haben, ohne, dass sie Feedback bekommen haben. Diese beiden Effekte führen dazu, dass Anfänger ängstlich werden, also nicht unbefangen etwas ausprobieren – ein Effekt, der die Interaktion ebenfalls erschwert und verlangsamt [Shneiderman und Plaisant, 2009].

Experten reagieren auf Wartezeiten ebenfalls negativ – sie werden frustriert und ärgerlich, was sich ebenfalls ungünstig auf die weitere Interaktion auswirkt.

Beispiele der Umsetzung. Aufgrund der Beschränkungen des Arbeitsgedächtnisses ist es nötig, die wichtigsten Einstellungen, Modi und Systemzustände persistent (dauerhaft) anzuzeigen. Weniger wichtige Informationen sollten nicht dargestellt werden, um das Gefühl der Überforderung zu vermeiden. Eine gute Strukturierung der Bedienelemente (Abschn. 6.2.5) unterstützt das *Chunking*, also das Zusammenfassen elementarer Informationen. Aufgaben sollten so erledigt werden können, dass möglichst wenig zwischen verschiedenen Teilen der Benutzungsschnittstelle hin- und hergesprungen werden muss. Auch andere in diesem Kapitel erläuterte Prinzipien, wie das Streben nach Konsistenz und das Vorhandensein eines aussagekräftigen Feedbacks in Bezug auf laufende Aktivitäten, reduzieren die kognitive Belastung.

Da Wartezeiten kritisch sind, müssen Benutzungsschnittstellen (vor allem Webseiten und Webserver!) gründlich dahingehend optimiert werden, dass unter realistischen Bedingungen möglichst keine wahrnehmbaren Wartezeiten auftreten. Sollten Wartezeiten unvermeidbar sein, ist das Feedback entscheidend, damit Benutzer an die Aktivität erinnert werden, die sie initiiert haben.

Um Belastungen zu reduzieren, sollte die Funktionalität sinnvoll beschränkt werden. In einem tief verschachtelten Menüsystem mit insgesamt 500 Einträgen nach Kommandos zu suchen, ist mental wesentlich aufwändiger als in einem flachen Menü mit etwa 100 Einträgen zu suchen. Häufig benötigte oder aus anderen Gründen wichtige Informationen sollten hervorgehoben werden. Eine sinnvolle Benutzerführung, in der eine komplexe Aktion in einfache kleine Schritte zerlegt wird, ist hilfreich (viele Installationsprozeduren wurden in den letzten Jahren derart vereinfacht). Dieses Prinzip sollte auch bei der Gestaltung von Systemausgaben, Hilfetexten und Fehlernachrichten beachtet werden. So ist es günstig, wenn ein gesuchtes Kommando inkrementell durch Selektion von Textteilen in einem Hilfetext zusammengestellt werden kann und der Benutzer sich nicht Kommandonamen und mehrere benötigte Parameter merken muss. In Fenstersystemen werden mehrere Aufgaben parallel erledigt. Daher sollte in den dazugehörigen Fenstern der Bearbeitungszustand klar erkennbar sein, damit sich Benutzer diesen nicht merken müssen.

Belastung ist gemäß der Definition der ISO-Norm (Abschn. 6.1) subjektiv. Entwickler können also nur bedingt vorhersagen, wie die Belastung von Benutzern wahrgenommen wird. Die wahrgenommene Belastung hängt stark von Vorerfahrungen der Benutzer ab und vom Kontext, in dem ein System benutzt wird – in einer lauten Umgebung mit diversen Störgeräuschen ist die Belastung natürlich höher als in ruhigen Situationen und ohne Ablenkungen. Tests sind notwendig, um reale Nutzungskontexte zu verstehen und die wahrgenommene Belastung korrekt einzuschätzen. Bei der Umsetzung dieses Prinzips sind schwierige Kompromisse typisch. Einer zu stark vereinfachten, reduzierten Schnittstelle fehlen evtl. Möglichkeiten, die ein professioneller Benutzer effizient einsetzen würde.

6.2.5 Strukturierung der Benutzungsschnittstelle

Die Strukturierung betrifft das Zusammenfassen von Bedienelementen in Gruppen und die Visualisierung dieser Organisation. Eine derartige Strukturierung ist wichtig, weil die visuelle Wahrnehmung des Menschen so angelegt ist, dass zusammengehörige Informationen (*Chunks*) besonders effizient verarbeitet werden können [Miller, 1956, Cowan, 1991]. Um diesen Aspekt zu veranschaulichen, sei kurz an die Wahrnehmung und Interpretation von Texten erinnert. Texte sind hierarchisch in Wörter, Sätze, Absätze und eventuell in Abschnitte und Kapitel gegliedert. Die optische Trennung von Wörtern durch Leerzeichen, von Sätzen durch Punkte etc. ist entscheidend für unsere Fähigkeit, Texte zügig zu lesen. Sehr lange Wörter oder Sätze, die sich über viele Zeilen erstrecken, sind schwer zu erfassen. Eine angemessene Strukturierung ist für alle Aspekte einer Benutzungsschnittstelle bedeutsam.

Die Bedeutung der Strukturierung wurde bereits für herkömmliche technische Geräte erläutert (Kapitel 4). Eine geeignete (visuelle) Strukturierung wird durch das generelle Layout einer Applikation oder einer Webseite und durch die Detailgestaltung von Dialogen, Menüs und Werkzeugleisten bewirkt. In den Kapiteln 8 und 10 wird daher beschrieben, wie mit diesen Interaktionsbausteinen eine gute Strukturierung erreichbar ist.

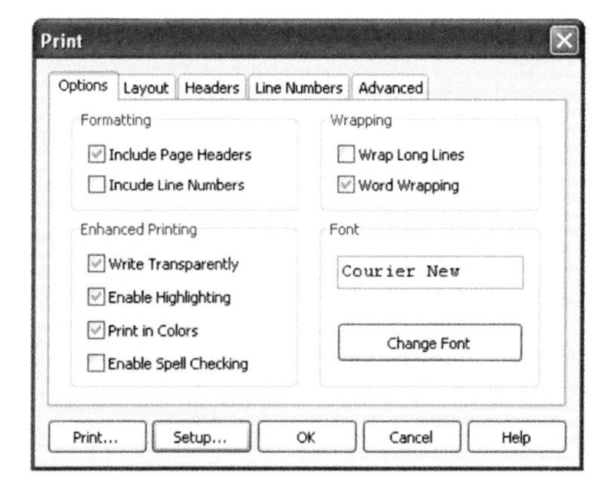

Abb. 6.1: Dialog zur Druckeinstellung im Editor WinEdt. Die Bedienelemente sind durch Zwischenüberschriften, Rahmen und gemeinsame Trägerflächen strukturiert. Nicht mehr als fünf Elemente bilden dabei eine Gruppe (Screenshot von WinEdt™).

Beispiele der Umsetzung. Wenn die High-Level-Entscheidungen bzgl. der Strukturierung in Dialoge und Toolbars getroffen sind, kann eine Strukturierung auf der Detailebene z.B. durch die Auswahl und Anordnung von Bedienelementen, die Wahl von Farben und die Platzierung von Linien und Dialogelementen erreicht werden. Für die Strukturierung sind z.B. Trennstriche in Dialogen und Formularen hilfreich. Zusammengehörende Bedienelemente sind von einem Rahmen umgeben; sie sind übersichtlich angeordnet (direkt untereinander oder nebeneinander, siehe Abb. 6.1). Die Zusammengehörigkeit von Bedienelementen zu einer Gruppe kann vermittelt werden, indem ein geeigneter Name als Beschriftung der Gruppe eingesetzt wird. Die räumliche Nähe ist ein wichtiges Indiz für Zusammengehörigkeit (Gesetz der Nähe, Abschn. 2.2.4).

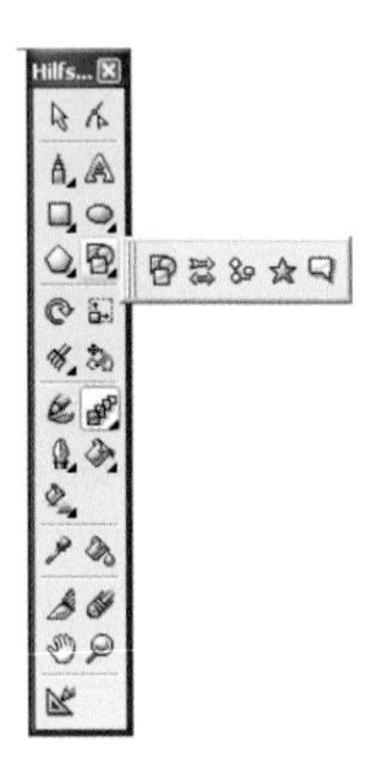

Abb. 6.2: Hierarchie von Icons, die in Werkzeugleisten angeordnet wurden. (Screenshot von Corel Draw™).

Die Strukturierung von Bedienelementen ist in Menüs leicht ersichtlich; die Menüeinträge, die gleichzeitig sichtbar sind, stehen auf einer Ebene und gehören (mit Ausnahme der obersten Ebene) inhaltlich zusammen. Menüs führen zu einer hierarchischen Struktur von Kommandos. Das Prinzip der Strukturierung betrifft auch die Anordnung von Icons bzw. ihre Zusammenfassung in Werkzeugleisten (siehe Abb. 6.2). Die Strukturierung von Dialogelementen sollte auch unter ästhetischen Gesichtspunkten erfolgen. In diesem Zusammenhang müssen die Gestaltgesetze beachtet werden (siehe z.B. [Wertheimer, 1939, Zimbardo, 1983]). Den Gestaltgesetzen zufolge werden markante, symmetrische Formen und eine ausgewogene Verteilung von Dialogelementenwerden als angenehm wahrgenommen (Abb. 6.1).

Es entspricht den Gestaltgesetzen, dass Objekte, die in gleicher Form (Schrift, Farbe) dargestellt werden, als gleichrangig wahrgenommen werden (Abschn. 2.2.4). Gestaltgesetze „verbieten“ es, häufig benutzte Menüeinträge viel größer als andere Einträge darzustellen. Die Gestaltgesetze sind beim Entwurf von Dialogen und Formularen eine nützliche Orientierung (Kapitel 10). Wie eine komplexe Benutzungsschnittstelle bestmöglich strukturiert werden kann, ist eine Frage, die ein Informatiker allein in der Regel nicht beantworten kann. Für diese Aufgabe ist Kompetenz im Grafikdesign erforderlich. Grafikdesigner wissen auch, dass *eine* ideale Lösung in der Regel nicht zu finden ist. Sie erstellen Entwürfe und nutzen diese als Grundlage für Diskussionen mit den Entwicklern bzw. Auftraggebern.

6.2.6 Kombination visueller und textueller Elemente

Dieses Prinzip betont, dass bildhafte *und* textuelle Bestandteile einer Schnittstelle wichtig sind. Bestimmte Konzepte lassen sich mit Bildern besser veranschaulichen, andere erfordern textuelle Beschreibungen; in vielen Fällen ist eine Kombination in Form von beschrifteten und kommentierten Bildern am Effektivsten. Das noch vor wenigen Jahren vorherrschende Prinzip, wonach die bildhafte Kommunikation wann immer möglich eingesetzt werden sollte, erscheint dem unangemessen. Häufig ist die (redundante) Kombination von bildhaften und textuellen Elementen erfolgreich.

Beispiele der Umsetzung. Menüeinträge, die durch ein einprägsames Icon ergänzt werden, und das Einblenden einer kurzen textuellen Beschreibung eines Icons beim Überfahren mit der Maus (*Tooltip*) sind günstige Kombinationen von Bild und Text. Solche Icons werden besser behalten (siehe [Norman, 1991]). Dabei wird der erläuternde Text typischerweise nach einer kurzen Zeitspanne (z.B. 0,25 Sekunden) unmittelbar neben dem Icon präsentiert.

Die Kombination von Bild und Text in den neu entwickelten Multifunktionsleisten (engl. *Ribbons*) (siehe Abb. 6.3) beschleunigt die Selektion von Kommandos, die zuvor in teils tief verschachtelten Menüs dargestellt wurden. Ein alltägliches Beispiel für die redundante Verwendung von Bild und Text sind Uhren mit einer Analog- und Digitalanzeige. Die digitale Anzeige ist genauer, was z.B. in Bezug auf exakte Abfahrtszeiten von Verkehrsmitteln günstig ist. Für die Verbalisierung der Uhrzeit ist oft die analoge Anzeige günstiger, da die räumliche Nähe von Zeigern zu bestimmten Teilen der Skala beschrieben wird (kurz nach halb vier).

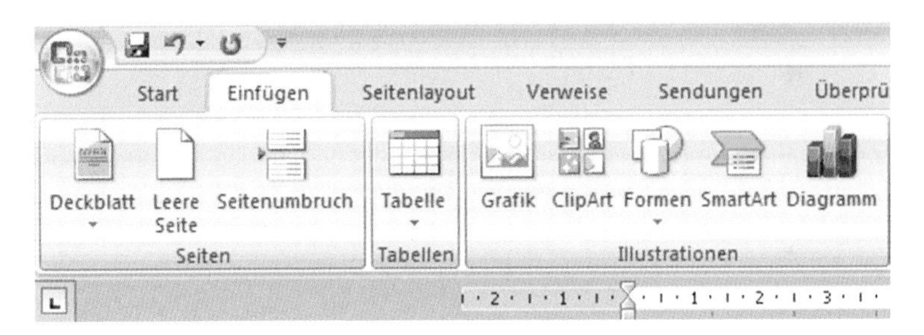

Abb. 6.3: Das für Microsoft Office 2007 neu entwickelte Ribbons-Konzept verbindet visuelle Komponenten mit passenden Beschriftungen. Die „textlastigen" Menüs werden dadurch ersetzt und der Zugang zu den Funktionen tendenziell erleichtert (im Sinne einer Beschleunigung und besseren Behaltensleistung) (Screenshot von Microsoft™ Office Word).

6.2.7 Sichtbarkeit von Systemzuständen und möglichen Aktionen

Systemzustände und die im jeweiligen Systemzustand möglichen Handlungen sollten sichtbar und erkennbar sein. Dieses Prinzip trägt wiederum zur Modellbildung des Benutzers bei und hilft, fehlerhafte Bedienungen zu vermeiden. Ungünstig ist das Beispiel in Abb. 6.4, bei dem eine wichtige Einstellmöglichkeit vorhanden ist, die weder durch eine Beschriftung noch eine gesonderte Grafikgestaltung erkennbar ist. Für einen Benutzer existieren zunächst nur die Interaktionsmöglichkeiten, die sichtbar sind. Dies erklärt den Vorteil von grafischen Benutzungsoberflächen, bei denen der Benutzer „nur" etwas erkennen und sich nicht im Detail an etwas erinnern muss. Aktionen, die sich hinter kryptischen Tastaturkürzeln verbergen, werden allenfalls zufällig „entdeckt".

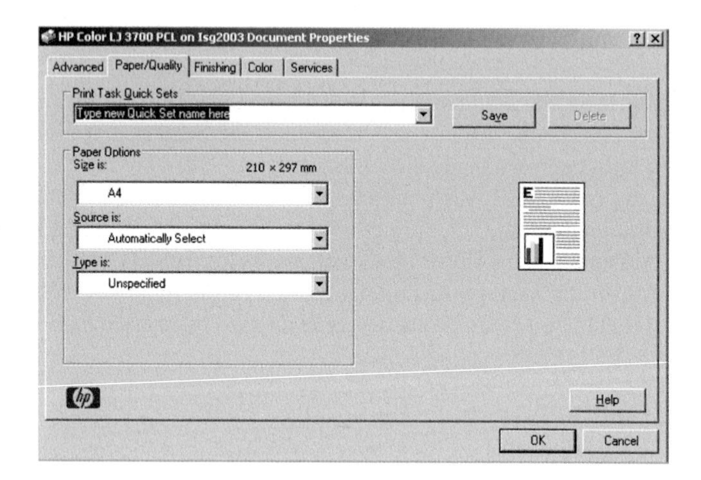

Abb. 6.4: Dialog zum Einstellen eines Farbdruckers. Um den Ausdruck von Hoch- bzw. Querformat einzustellen, muss der Benutzer in die Grafik im rechten Bildteil klicken. Diese Einstellmöglichkeit ist nicht offensichtlich. Im Unterschied zu den Buttons in diesem Dialog erfolgt auch keine 3D-Darstellung (Screenshot von Hewlett Packard™).

Beispiele der Umsetzung. Interaktive Systeme arbeiten oft in unterschiedlichen Modi – d.h. die Verfügbarkeit und die Semantik von Kommandos hängen vom aktuellen Modus ab. Wenn unterschiedliche Modi nicht vermeidbar sind, so sollten sie zumindest klar erkennbar sein. Der Einfüge- und Überschreibmodus in einer Textverarbeitung kann als negatives Beispiel dienen: er wird meist versehentlich aktiviert. Anfänger sind dann regelrecht hilflos; fortgeschrittene Benutzer bemerken den falschen Modus oft erst nach einiger Zeit, in der u.U. schon ganze Sätze überschrieben sind.

Wenn der Benutzer bestimmte Werte für wichtige Parameter eingestellt hat, sollte dies angezeigt werden. Dabei müssen die Zustandsvariablen so priorisiert werden, dass die wichtigsten auf einen Blick zu sehen sind. Bei Nutzung eines Textverarbeitungssystems sind dies beispielsweise die Schriftgröße, der Schrifttyp (Font) und der Seitenrand. Statuszeilen können auch genutzt werden, um zu erklären, wie die aktuell gewählte Aktion exakt durchgeführt wird (Abb. 6.5). Auch die in Abb. 6.6 dargestellte Statuszeile charakterisiert einige Merkmale des Systemzustandes; sie ist aber aufgrund der Abkürzungen schwer zu interpretieren. Statuszeilen sind tendenziell zu klein und aufgrund ihrer Platzierung am Rand wird der Inhalt nur bei bewusster Fokussierung dieses Randbereichs sichtbar. Die Visualisierung von Zuständen sollte frühzeitig beachtet werden, damit im grundlegenden Layout ausreichend Platz für Statusanzeigen vorhanden ist.

Klicken und ziehen Sie, um zu löschen. Klicken Sie mit der rechten Maustaste, um ...

Abb. 6.5: Die Statuszeile von Paintshop Pro enthält lange Texte (hier nachgezeichnet und stark abgekürzt), die die Nutzung des selektierten Kommandos beschreiben.

Abb. 6.6: Die Statuszeile von Microsoft Word enthält eine Reihe von Feldern. So wird angezeigt, wo sich der Cursor befindet (Seite, Zeile, Spalte). Der Überschreibmodus ist aktiviert, was durch das fett gedruckte ÜB gekennzeichnet wird. Ein Anfänger wird dies nicht deuten können (Screenshot von Microsoft Office Word™).

Aktionen, die in einem bestimmten Zustand nicht sinnvoll sind, sollten gar nicht aktiviert werden können. In vielen Programmen (z.B. Grafik- und Textverarbeitungsprogrammen) werden Aktionen nach der Selektion eines Objekts ausgeführt und auf dieses Objekt angewendet. Dementsprechend sollten die Kommandos auch erst nach der Selektion eines Objekts aktivierbar sein. Allerdings hat diese Empfehlung eine Schwachstelle: Benutzer *wollen* häufig ein Kommando ausführen. Die temporäre Sperrung von Kommandos verhindert das ungewollte Aktivieren einer Aktion, aber erklärt nicht, warum das Kommando gesperrt ist und was getan werden muss, damit es aktiviert werden kann. Bei der Eingabe von Werten muss der zulässige Wertebereich und die Struktur der Eingabe erkennbar sein.

Das Prinzip der Sichtbarkeit von möglichen Aktionen ist besonders beim Design von Webseiten wichtig. Dort kommt es häufig vor, dass einige Bilder oder Buttons als Links genutzt werden und andere nicht. Dies ist kritisch, wenn die Elemente, die mit einem Link verbunden sind, nicht klar als solche hervorgehoben werden.

6.2.8 Angemessene Rückkopplung

Wenn Benutzer eine Bedienhandlung initiieren, sollte das System in einer erkennbaren Weise reagieren; also ein passendes *Feedback* geben. Es ist wichtig, dass es zu einer unmittelbaren Reaktion kommt, damit dem Benutzer klar ist, dass das System das Kommando entgegengenommen hat. Wenn mehrere Aktionen initiiert werden, ist es wichtig, dass das Feedback in der Reihenfolge präsentiert und wahrgenommen wird, in der die Aktionen gestartet wurden.

Beispiele der Umsetzung. Buttons sollten ihr Aussehen verändern, wenn sie aktiviert werden und selektierte Menüeinträge sollten hervorgehoben werden. Auch wenn in einer Grafik oder einem Text etwas selektiert wird, sollte dies als Rückkopplung hervorgehoben werden. Neben der unmittelbaren Reaktion an der Schnittstelle muss auch die Anwendung sichtbar reagieren. Wenn das aktivierte Kommando nicht unmittelbar (in Sekundenbruchteilen) umgesetzt werden kann, sollte der Benutzer darüber informiert werden, was passiert. Dazu kann z.B. in einer Statuszeile ein Text erscheinen, der über den Stand der Abarbeitung informiert. Das Umschalten des Mauscursors in die Form einer Sanduhr sollte bei allen Aktionen erfolgen, die nicht extrem schnell erledigt sind (langsamer als 0,1 Sekunden) [Johnson, 2000].

Wenn eine Aktion langwierig ist (länger als 5 Sekunden), sollte eine quantitative Anzeige darüber informieren, welcher Anteil einer Aktion bereits erfolgt ist und wie viel Zeit die Abarbeitung wahrscheinlich noch in Anspruch nimmt [Johnson, 2000]. Diese Rückkopplung erfordert eine Kommunikation zwischen der Oberfläche und der Anwendung. Wenn eine komplexe Aktion aus mehreren Teilen besteht, wie das Kopieren eines Astes der Verzeichnishierarchie, ist eine Rückkopplung günstig, die den Fortschritt des Gesamtvorgangs und den Fortschritt des momentan bearbeiteten Einzelvorgangs darstellt (Abb. 6.7).

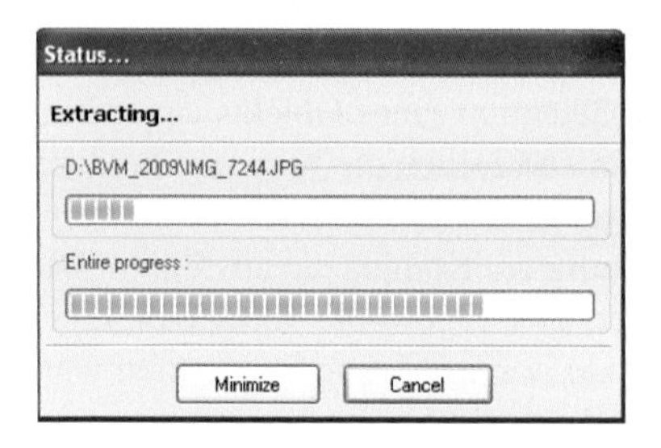

Abb. 6.7: Das langwierige Extrahieren eines Verzeichnisses komprimierter Dateien wird durch Fortschrittsbalken veranschaulicht. Sichtbar ist der Gesamtfortschritt und der Fortschritt bei der aktuellen Datei (Screenshot von Filzip™).

Skalierbare Rückkopplung. Noch vor einigen Jahren ging man davon aus, dass der Benutzer umfassend über den Fortschritt einer Aktion informiert werden sollte. Allerdings kann dies dazu führen, dass dabei der Benutzer mit unüberschaubar vielen Rückmeldungen konfrontiert ist – die kognitive Belastung wäre also sehr hoch. Gentner und Grudin [1996] argumentieren, dass dies noch akzeptabel ist, wenn der Benutzer eine derartige Aufgabe erstmalig erledigt. Allerdings vertraut der fortgeschrittene Benutzer eventuell darauf, dass die komplexe Aktion zu seiner Zufriedenheit abläuft; in einer Multitasking-Umgebung möchte er oder sie sich in der Zwischenzeit ohnehin einer anderen Aufgabe widmen. Daher ist nur eine Meldung über kritische Fehler bzw. den erfolgreichen Abschluss der Aktion notwendig. Insofern ist eine *skalierbare Rückkopplung* wünschenswert. Gentner und Grudin [1996] vergleichen dies anschaulich mit dem Verhältnis eines Chefs zu einem neu eingestellten Mitarbeiter. Zunächst ist der Chef an einer kontinuierlichen und detaillierten Rückkopplung über die Arbeitsergebnisse des neuen Mitarbeiters interessiert. Später wird er aber – schon aus Zeitgründen – das Maß an Rückkopplung einschränken wollen und davon ausgehen, dass er nur im Krisenfall benachrichtigt wird (*No news is good news*). Dahm [2005] schreibt dazu: „Der Umfang von Erläuterungen (z.B. Details in Fehlermeldungen, Hilfeinformationen) sollte entsprechend dem individuellen Kenntnisstand des Benutzers veränderbar sein."

Beispiele der Umsetzung. Unzureichende Rückkopplung kommt oft dadurch zustande, dass die Entwickler die allerneuesten Rechner benutzen und Aktionen auf ihren Rechnern so zügig durchgeführt werden, dass der Sanduhrzeiger als Rückkopplung reicht. Anwender haben oft deutlich ältere und langsamere Rechner. Es ist also entscheidend, eher auf den schwächeren Rechnern der Benutzer zu testen.

6.2.9 Konsistenz in Benutzungsschnittstellen

Ein wichtiges Prinzip besteht darin, *Konsistenz* in der Bedienung anzustreben. Wie etwas benannt ist, wie aus Bezeichnungen Abkürzungen gebildet werden, wie die Maus bei der Betätigung von Buttons reagiert, wie Icons aussehen, wo in einem Dialog bestimmte Elemente erscheinen, welche Aktion durch eine Funktionstaste aktiviert wird (Shortcut), muss gewissen Regeln folgen. Zahlreiche Untersuchungen haben gezeigt, dass mobile Geräte oft schwer zu bedienen sind. Inkonsistenzen in der Bedienung (zwischen mehreren Geräten) waren dabei häufig eine Ursache [Dahm et al., 2004]. Geis und Hartwig [1998] fanden in einer großen Studie heraus, dass etwa 15% aller Bedienprobleme auf Inkonsistenzen zurückzuführen sind.

So wichtig es ist, Konsistenz zwischen gleichartigen Bedienelementen zu erreichen, so wichtig ist es, dass nicht gleichartige Bedienelemente sich erkennbar unterscheiden. Selektierbare und nicht selektierbare Teile einer grafischen Darstellung müssen sich entweder in der Darstellung oder zumindest im Feedback beim Überfahren mit der Maus unterscheiden. Bei inkonsistenter Gestaltung muss ein Benutzer bei jeder Interaktionsaufgabe lange suchen und Aktionen ausprobieren.

Allerdings ist Konsistenz kein Dogma. Menschen sind es durchaus gewöhnt, dass Geräte, mit denen man bestimmte Aufgaben erledigen kann, z.B. Schreibgeräte, unterschiedlich aussehen und funktionieren – sie können sie trotzdem effizient benutzen. Exakte Gleichheit, z.B. von Icons, macht Anwendungen schwer unterscheidbar und kann sehr langweilig wirken. Als Fazit lässt sich festhalten, dass *willkürliche Inkonsistenz* vermieden werden soll, also Inkonsistenzen, die eher ungewollt entstehen. Dies passiert besonders oft, wenn mehrere Entwickler(teams) sich nicht abgestimmt haben oder wenn eine Änderung, z.B. von Begriffen, nicht konsequent für das gesamte Projekt durchgeführt wurde. In Bezug auf Konsistenz sind verschiedene Ebenen zu betrachten:

- *Sprachliche Konsistenz* betrifft die verwendete Terminologie, z.B. die Benennung von Buttons, Menüeinträgen oder Dialogelementen und Formulierungen in Tooltips und Nachrichtenfenstern. Wenn ein und dasselbe Konzept in Dialogen oder Menüs z.B. mit „Einstellungen", „Parameter" oder „Attribute" bezeichnet wird, muss der Benutzer dies mühsam interpretieren, um dann festzustellen, dass dies Synonyme sind.

- *Strukturelle Konsistenz* betrifft die Anordnung von Bedienelementen, z.B. von Einträgen in Menüs, von Buttons in Dialogen und Toolbars.
- *Grafische Konsistenz* betrifft die Nutzung von Farben (Ränder von Icons, Titel von Fenstern, Schriftfarbe, ...) und die Nutzung von visuellen Effekten, wie Schatten oder Linienstärken. Auch der Einsatz von Icons und anderen grafischen Symbolen sollte nach einheitlichen Regeln erfolgen.
- *Interaktionskonsistenz* betrifft das Verhalten eines Systems. Einheitliche Reaktionen auf die Betätigung bestimmter Funktionstasten, Maustasten etc. spielen dabei eine wichtige Rolle. Bei mobilen Geräten gibt es oft einen Button, mit dem man von jeder beliebigen Position eines tief verschachtelten Menüs auf die obere Ebene zurückkehren kann.

Jede dieser Formen der Konsistenz hat einen signifikanten Einfluss auf die Usability. Shneiderman und Plaisant [2009] beschreiben beispielsweise, dass die inkonsistente Verwendung von Verben bei Buttons den Lernaufwand, die Behaltensleistung und die Fehlerrate negativ beeinflusst.

Konsistenz zwischen Programmen. Die Forderung nach Konsistenz gilt, wie oben erläutert, innerhalb eines Programms, aber auch zwischen Programmen bzw. Geräten. Benutzer werden versuchen, ihre Erfahrungen mit anderen Programmen, die auf der selben Betriebssystemplattform laufen oder inhaltlich ähnlich sind, auf ein neues Programm zu übertragen. Konsistenz ist wichtig, damit diese Übertragung effizient möglich ist. Sie betrifft u.a. Teile von Menüs (Datei- und Fenstermenü), die Bedeutung von Funktionstasten (z.B. F1 für Hilfe, Ctrl+C für Kopieren, Ctrl+V für Einfügen) und die Semantik bestimmter Aktionen, die mit der Maus ausgelöst werden. Wichtig ist, dass Bezeichnungen exakt übereinstimmen. Kommandos wie „Datei schließen", „Speichern unter ...", „Alles auswählen" sollten exakt so heißen. Ein anderer Name wäre verwirrend, weil Benutzer evtl. annehmen, dass das, was anders benannt wird, tatsächlich etwas anderes ist. In der schon angesprochenen Studie zur Benutzbarkeit von Handys von Dahm et al. [2004] heißt es dazu u.a.:„Bereits für ein Handy erworbenes Wissen ist oft nicht auf ein Modell mit einer anderen Dialogstruktur übertragbar. ... Ein Ansatz für einen erleichterten Transfer von erworbenem Wissen und damit eine Verbesserung von Konsistenz ... wäre ein einheitlicher Gebrauch von Bezeichnungen von Funktionen oder Elementen vor allem bei allgemein üblichen Begriffen wie *SMS* statt *Mitteilung* oder *Meldung*".

Beispiele der Umsetzung. Um Inkonsistenzen zu vermeiden, ist eine sorgfältige Diskussion aller relevanten Aspekte in einem frühen Entwicklungsstadium nötig. Die getroffenen Entscheidungen müssen sorgfältig dokumentiert werden und alle Entwickler müssen diese Entscheidungen kennen. Viele Aspekte, die die Konsistenz betreffen, können durch vordefinierte Bedienelemente, Basisklassen oder andere Softwarekomponenten realisiert werden. So wird Konsistenz dadurch erreicht, dass diese Komponenten verwendet werden – ein Vorgehen, dass weniger fehlerträchtig ist, als wenn jeder Entwickler alle Aspekte der Konsistenz durchgängig beachten müsste. Allerdings helfen diese Werkzeuge nicht in allen Fällen; ein Bewusstsein für die Bedeutung von Konsistenz muss also bei allen an der Entwicklung beteiligten Personen vorhanden sein. Die Evaluierung von Prototypen sollte auch darauf gerichtet sein, willkürliche Inkonsistenzen zu entdecken.

6.2.10 Abbruch und Rückgängigmachen von Aktionen

Interaktive Systeme sollen Problemlösungsprozesse unterstützen und Benutzer etwas ausprobieren lassen. Für solche Trial-and-Error-Prozesse ist es entscheidend, dass Aktionen abgebrochen und rückgängig gemacht werden können, damit etwas unbefangen ausprobiert werden kann. Die Möglichkeit des Abbrechens ist vor allem bei zeitaufwändigen Aktionen wichtig.

Problematisch sind systemgesteuerte Dialoge, die eine Vielzahl von Eingaben erforderlich machen und deren Bearbeitung nicht unterbrochen werden kann. Direktmanipulative Systeme, in denen ein versehentlich selektiertes Objekt durch eine neue Selektion ersetzt werden kann, ohne dass eine Aktion ausgelöst werden muss, bieten diesbezüglich mehr Freiheit.

Das Rückgängigmachen (*Undo*) sollte für mehrere Aktionen möglich sein – am besten ist es, wenn alle Aktionen einer Sitzung rückgängig gemacht werden können. Wenn ein *Undo* nicht möglich ist, sollten Benutzer gewarnt werden. Dies gilt insbesondere für das Überschreiben oder Löschen von Dateien.

Benutzer können häufig nicht einschätzen, welche Kommandos mit einem *Undo* rückgängig gemacht werden können. Zumeist können Aktionen, die das Fenstersystem betreffen, z.B. das Scrollen in einem Dokument, nicht rückgängig gemacht werden. Dies wird teilweise sehr kritisch diskutiert, siehe z.B. [Raskin, 2000], da die Navigation in einem langen Dokument sehr aufwändig sein kann. Ebenso können Einstellungen am System (vgl. Prinzip 13), z.B. Änderungen an Toolbarleisten, nicht rückgängig gemacht werden, sondern nur Kommandos, die ein zu bearbeitendes Dokument betreffen. Was rückgängig gemacht werden kann, kann dadurch angezeigt werden, dass die Beschriftung von Undo um das aktuelle Kommando ergänzt wird, z.B. *Undo*-Format.

Redo ist ebenfalls ein wichtiges Kommando und erlaubt es, das Undo rückgängig zu machen. Diese Möglichkeit sollte gewährt werden; sie wird relativ selten benutzt – in diesen Fällen aber oft als wichtig angesehen. Ein wichtiger Aspekt des Rückgängigmachens von Aktionen besteht darin, dass jederzeit auf Standardwerte zurückgesetzt werden kann, unabhängig davon, wie oft diese Werte bereits verändert worden sind. Bei der Evaluierung eines Prototypen ist es aufschlussreich, zu beobachten, wie oft Aktionen mittels Escape abgebrochen oder rückgängig gemacht werden. Wenn dies allzu oft passiert, ist dies kein gutes Zeichen – offenbar verhält sich das System nicht erwartungskonform (Prinzip 12, siehe auch [Akers et al., 2009]).

Beispiele der Umsetzung. Während das Abbrechen einer Aktion (*Escape*) in der Regel leicht zu realisieren ist, stellt die *Undo*-Funktionalität einige Anforderungen an die Implementierung. Das System muss dazu die Interaktionsgeschichte (engl.

history) und den Zustand des Systems erfassen. Dabei ist teilweise nicht offensichtlich, was ein Interaktionsschritt ist, z.B. das Löschen eines Buchstabens oder eines Wortes (dessen Buchstaben sukzessive gelöscht wurden). Möchte man sehr viele Aktionen rückgängig machen, ist es nützlich, wenn die Aktionen hierarchisch zusammengefasst sind, z.B. alle Aktionen, die Erstellung eines Absatzes oder eines grafischen Objekts betreffen. Dadurch wäre es möglich, auf einmal all diese Aktionen rückgängig zu machen. Dies wirft die Frage nach einer geeigneten Visualisierung der Dialoghistorie auf, die eine Voraussetzung für derartige Interaktionen ist. Eine interessante Idee, die Interaktionsgeschichte transparent zu machen, ist ihre grafische Darstellung, die für das Zurückspringen genutzt werden kann [Kurlander und Feiner, 1989]. Diese Idee ist z.B. in ADOBE ™ PHOTOSHOP realisiert (Abb. 6.8).

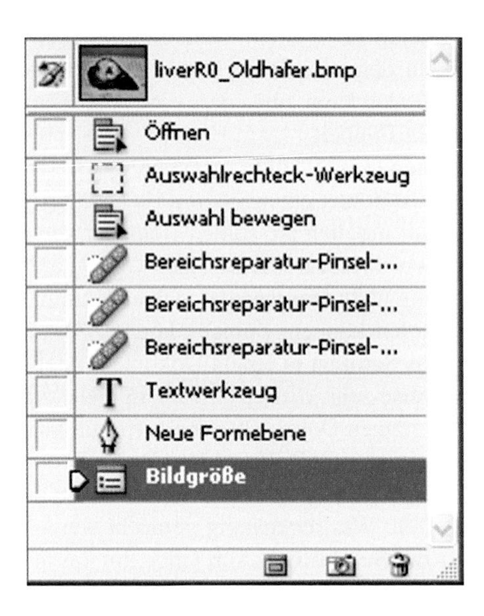

Abb. 6.8: Die Interaktionsgeschichte wird grafisch dargestellt. Zu jedem Schritt des Protokolls werden passende Werkzeuge angeboten, um Parameter zu ändern. Das Protokoll kann zusammen mit dem aktuellen Zustand eines Bildes gespeichert werden, sodass (Screenshot von Adobe™ Photoshop).

6.2.11 Berücksichtigung von Fehlern

Fehler bei Bedienhandlungen sind unvermeidbar; sie treten auf, weil ein System (noch) nicht ausreichend beherrscht wird, auch bei routinierter Benutzung, z.B. weil versehentlich eine Taste betätigt wird (Abschn. 2.8). Fehlerhafte Zustände können aber auch durch die Software selbst verursacht sein bzw. durch andere Hard- und Software, die vom aktuellen Programm genutzt wird. Das Stadien-Modell von NORMAN 4.5 erklärt, wodurch Probleme und Fehler in der Bedienung auftreten:

- Benutzer formulieren ungeeignete Ziele,
- sie finden nicht die passenden Interface-Objekte,
- sie wissen nicht, wie sie eine Aktion auslösen können und
- sie erhalten nicht ausreichendes oder irreführendes Feedback [Polson und Lewis, 1990].

Mit Ausnahme der ersten Problemgruppe sind diese Probleme durch geeignete Gestaltung vermeidbar. Das zweite Problem hängt beispielsweise besonders oft mit ungeeigneten Beschriftungen in Dialogen, Formularen und Menüs zusammen. In Bezug auf die besonderen Möglichkeiten von Software gibt es weitere Strategien zur Vermeidung von Fehlern. Eine völlig freie, ungeführte Interaktion führt zu wesentlich mehr Fehlern als eine stark geführte Interaktion, z.B. durch Wizards, die als Assistenten den Benutzer durch eine komplexe Aufgabe *führen.* Die Zerlegung komplexer Aufgaben in einzelne übersichtliche Aufgaben hilft, Fehler zu vermeiden. Das Starten eines Autos ist heutzutage viel einfacher als vor 50 Jahren, wird daher leicht erlernt und führt selten zu Fehlern. Handys stehen diese Vereinfachungen teilweise noch bevor: ein simpler Vorgang wie das Abfragen des Guthabenkontos ist dort teilweise noch sehr aufwändig realisiert (siehe Abb. 6.9).

Abb. 6.9: Um das Gutachten dieses Handys zu erfragen, muss man *100# wählen. Dann erscheint das dargestellte Menü. Daraufhin soll der Benutzer die Antwort-Taste drücken und eine SMS mit dem Inhalt 1 schreiben und senden. Tritt ein Fehler auf, wird die gesamte Aktion abgebrochen.

Wenn Fehler trotz möglichst einfacher Gestaltung auftreten, sollten Benutzer also dabei unterstützt werden, Fehler zu bemerken, ihre Ursache zu verstehen und sie zu beheben. Dafür muss verstanden werden, welche Bedienfehler häufig vorkommen können oder besonders kritisch sind. In sicherheitskritischen Bereichen der Softwareentwicklung wird dazu formal eine Risikoanalyse durchgeführt, die auch

Bestandteil einer Zulassung bzw. Zertifzierung ist. In anderen Bereichen, z.B. bei Lernsoftware oder im Unterhaltungsbereich, gibt es zwar keinen derartigen formalen Prozess. Dennoch spielt auch in diesen Bereichen die Reaktion auf Fehler eine wichtige Rolle für die Akzeptanz der Software.

Besonders wichtig ist es, dass die Benutzungsschnittstelle nie in einen Zustand geraten kann, in dem der Benutzer überhaupt keine Möglichkeit sieht, die Arbeit sinnvoll fortzusetzen, wenn ihm z.B. keine umsetzbare Option angeboten wird. Wenn ein Benutzer sich derart „in der Falle“ sitzen sieht, wird er die Nutzung des Systems in Zukunft eventuell völlig vermeiden. Ähnlich wichtig ist es, dass Benutzer keinesfalls, auch nicht durch einen eigenen Fehler, ihre Arbeitsergebnisse verlieren sollten. Webformulare, in denen lange Texte eingetragen werden und die bei einer kurzen Verbindungsunterbrechung neu eingegeben werden müssen, sind ein leider häufiges Beispiel für derartige Fehlersituationen.

Wie das vorher diskutierte Prinzip ist diese Empfehlung wichtig, damit Benutzer unbefangen und explorativ mit einem System arbeiten können. Auch wenn die jeweils nicht ausführbaren Aktionen inaktiviert sind, sind damit nicht alle Möglichkeiten fehlerhafter Eingaben ausgeschlossen. Diese sollten möglichst einfach behoben werden können, ohne den Benutzer von seinem eigentlichen Ziel abzulenken. Dies betrifft insbesondere die Formulierung von Warnungen und Fehlernachrichten. Dafür muss das Problem exakt und verständlich („Sprich die Sprache des Benutzers“) formuliert werden, sodass Benutzer erkennen, was die Ursache des Problems ist (siehe Tabelle 6.1).

Beispiele der Umsetzung. Die wichtigste Strategie betrifft die Vermeidung von Fehlern, z.B. indem syntaktisch korrekte Eingaben „erzwungen“ werden oder indem Eingaben, sowie sie eindeutig sind, automatisch vervollständigt werden, z.B. Stadt- und Straßennamen in Navigationssystemen. Die Umsetzung dieser Strategie wird ausführlich bei der Gestaltung von Dialogen und Formularen diskutiert (Kapitel 10). Ein „weiches“ Auffangen der Benutzer kann auch dadurch erreicht werden, dass bestimmte Sicherheitsvorkehrungen getroffen werden. Das automatische Speichern von Sicherheitskopien von Dokumenten ist sowohl bei Systemabstürzen als auch bei bestimmten Fehlern der Benutzer hilfreich. Ähnlich ist das Wiederherstellen eines Applikationszustandes, z.B. einer Sitzung mit einem Webbrowser hilfreich, um die Wiederaufnahme der Arbeit zu erleichtern.

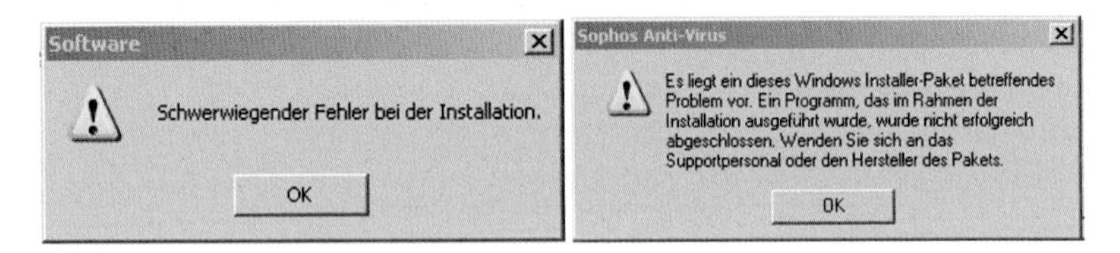

Abb. 6.10: Nutzlose Fehlermeldungen gibt es auch in professioneller Software nach wie vor. Wenn man die inhaltsarme linke Fehlermeldung mit „Ok“ bestätigt, wird eine zweite Fehlermeldung präsentiert (rechts), die den Benutzer auch nicht weiter bringt.

Fehlermeldungen sollten so spezifisch wie möglich sein. „Syntaxfehler“, „Unbekannter Fehler Nummer“, „Fataler Fehler“ sind viel zu unspezifisch. Damit Fehlermeldungen nicht unübersichtlich werden, kann eine kurze Meldung bei Bedarf (z.B. durch Aktivierung eines Hilfe-Buttons) durch eine ausführlichere Diagnose bzw. durch den Verweis auf andere Informationen ergänzt werden. Die Formulierungen und Abkürzungen in Systemnachrichten sollten konsistent sein. Außerdem sollte die Platzierung dieser Nachrichten vorhersehbar sein – günstig ist es daher, wenn ein fester Bereich für diese Meldungen reserviert wird oder wenn bei ernsthaften Fehlern ein Nachrichtenfenster geöffnet wird.

Tabelle 6.1: Beispiele für präzise und unspezifische Fehlermeldungen

Unspezifische Fehlermeldungen	Präzise Fehlermeldungen
Syntaxfehler	Fehlende rechte Klammer
Illegale Eingabe	Geben Sie den Anfangsbuchstaben ein: Abbrechen, Ignorieren, Wiederholen
Unzulässige Option	Folgende Optionen sind zulässig: <Option$_1$> <Erklärung$_1$> ... <Option$_n$> <Erklärung$_n$>
Ungültiges Datum	Tagesangaben müssen zwischen 0 und 31 liegen
Falscher Dateiname	Dateinamen müssen mit einem Buchstaben beginnen

Von der Platzierung und Gestaltung einer Nachricht bzw. einer eventuellen akustischen Rückkopplung hängt die Aufmerksamkeit des Benutzers ab. Je nach Schwere des Fehlers bzw. der Konsequenzen muss die Präsentation dem angemessen sein. Insbesondere sollte vermieden werden, dass eine schwere Fehlermeldung gedankenlos (routiniert) „weggeklickt“ wird.

Neben der präzisen inhaltlichen Beschreibung ist der Ton wichtig. Fehlermeldungen sollten konstruktiv und positiv formuliert werden. Daher sollten Worte wie „falsch, Fehler, illegal, unzulässig“ oder „katastrophal“ tabu sein, insbesondere wenn die Software dafür verantwortlich ist. Übertrieben höfliche Meldungen, die Wörter wie „bedauerlicherweise“ oder „unglücklicherweise“ enthalten, sind ebenfalls unpassend. Ein sachlicher Stil ist im deutschen Sprachraum zu bevorzugen. In anderen Kuturkreisen, vor allem in Asien, wird es durchaus als angemessen angesehen, dass Softwaresysteme um Entschuldigung bitten. Bei der Eingabe von Kommandos kann es leicht zu Schreibfehlern oder zu einer Verwechslung kommen. Gibt es ein ganz ähnliches Kommando? Dann sollte dieses vorgeschlagen werden. Wenn für die Aktivierung einer Aktion eine Voraussetzung erfüllt werden muss, sollte dies ersichtlich sein („Dieses Kommando kann nur in der Gliederungsansicht aktiviert werden. In die Gliederungsansicht wechseln? (J/N)“). Gerade für Anfänger ist es wichtig, dass Auswege angeboten werden.

Die Gestaltung von Systemnachrichten spielt eine entscheidende Rolle bei dem Versuch, *benutzerzentrierte* Systeme zu entwickeln. Ausgangspunkt der Formulierung sollte nicht der interne Algorithmus sein, sondern der Benutzer und sein Problem. Nicht der *Computer* wartet auf irgendwelche Eingaben, sondern der Benutzer macht eine Eingabe, wobei er oder sie bestimmt, wann etwas eingegeben wird und wie ausführlich die Eingabe ist.

6.2.12 Erwartungskonformes Verhalten

Diese Empfehlung – oft als Prinzip des „minimalen Erstaunens“ (*Principle of Least Astonishment*) – umschrieben, zielt wiederum darauf, dass eine Anwendung ohne Furcht vor Bedienfehlern ausprobiert werden kann. In der ISO-Norm ist Erwartungskonformität folgendermaßen definiert:

Definition 6.6. „Ein Dialog ist *erwartungskonform*, wenn er konsistent ist und den Fähigkeiten des Benutzers entspricht.“ Es wird empfohlen, dass sowohl die Darstellung als auch die Interaktion einheitlich sein sollen.

Erwartungskonformität ist ein Prinzip, von dessen Einhaltung vor allem erfahrene Benutzer profitieren. Aufgrund ihrer Erfahrung haben diese eine Erwartungshaltung an die Art und Weise, wie Funktionen realisiert sind und können daher stark verwirrt werden, wenn diese Erwartungshaltung nicht zutrifft. Erwartungskonformität steht in engem Zusammenhang mit dem Ziel, das mentale Modell einer Anwendung verständlich zu machen (Prinzip 2). Benutzer, die ein System „verstehen“, können es bedienen, ohne dass es zu unerwarteten, überraschenden Reaktionen kommt. Außerdem ist zu erwarten, dass erwartungskonformes Verhalten dazu führt, dass Benutzer Gewohnheiten bilden und dadurch schneller und mit geringerem mentalen Aufwand Aufgaben erledigen können.

Überraschungen, die in Computerspielen oft den Reiz ausmachen, sind im Arbeitsalltag zu vermeiden. Bei der zielgerichteten Erledigung von Aufgaben – oft auch noch unter Zeitdruck – sollte sich eine Anwendung vorhersehbar verhalten. Dieses Ziel korreliert stark mit dem Prinzip 9 (Konsistenz). Konsistenz kann als notwendige Voraussetzung für erwartungskonformes Verhalten angesehen werden. Konsistenz und erwartungskonformes Verhalten sind wichtige Kriterien für das Ziel der *Selbsterklärungsfähigkeit*, siehe z.B. Dahm et al. [2004].

Beispiele der Umsetzung. Um Benutzer nicht zu überraschen und ihnen frühzeitig die Auswirkungen einer Aktion zu veranschaulichen, sind Vorschau (*Preview*)-Bereiche sinnvoll. Die Vorschau wird dabei entweder automatisch aktualisiert oder – falls die Vorschau zeitaufwändig ist – durch einen entsprechenden Button (Anwenden bzw. *Apply*). Der Vorteil dieser Methoden liegt darin, dass experimentiert werden kann, während ein Dialog geöffnet ist, und dieser erst dann beendet wird, wenn ein befriedigendes Ergebnis erreicht ist. Benutzer sollten auch vorhersehen können, wie lange etwas dauern wird. Vor der Aktivierung einer Aktion sollte ggf. darauf hingewiesen werden, dass diese langwierig ist (siehe auch Prinzip 11).

Selbst bei sorgfältiger Planung lässt sich erwartungskonformes Verhalten nur durch gezielte Tests sicherstellen. Günstig ist dabei folgendes Vorgehen: Benutzer sollen anhand einer Testversion typische Aufgaben erledigen und dabei „laut" denken; also kommentieren, was in welcher Absicht bzw. mit welchen Überlegungen sie bestimmte Bedienhandlungen initiieren. Sie äußern dabei teilweise explizit ihre Überraschung. „Ich hätte gedacht, dass ...".

6.2.13 Adaptierbarkeit und Adaptivität

Interaktive Systeme sollen adaptierbar sein.

Definition 6.7. *Adaptierbarkeit* bedeutet, dass Benutzer – in gewissen Grenzen – eine Benutzungsschnittstelle an ihre Fähigkeiten, Denk- und Suchstrategien, Bedürfnisse und Präferenzen anpassen können.

Synonym dazu wird teilweise auch der Begriff *Konfigurierbarkeit* verwendet. Einige Autoren verstehen den Begriff *Adaptierbarkeit* noch weitergehender, sodass damit auch die automatische Anpassung des Systems an den Benutzer gemeint ist. Wir nennen diese automatische Anpassung *Adaptivität* und orientieren uns dabei u.a. an [Schneider-Hufschmidt et al., 1993].

So wie es in einem Auto wichtig ist, die Position der Sitze, die Spiegel und die Temperatur einstellen zu können, sollte vor allem die langfristige Nutzung von Software durch individuelle Einstellmöglichkeiten erleichtert werden. Adaptierbarkeit ist auch wichtig, um barrierefreies Design zu ermöglichen (Abschn. 6.3.2). Adaptierbarkeit zu erreichen, trägt auch zur gewünschten Flexibilität bei (Abschn. 6.1). Dieses sehr allgemeine Prinzip muss durch einige konkrete Grundsätze untersetzt werden:

Würden Benutzer optimal und effizient alle vorhandenen Einstellmöglichkeiten nutzen, wäre eine Adaptivität, bei der das System die Interaktion des Benutzers analysiert, um Einstellungen zu ändern oder dies zumindest vorzuschlagen, nicht nötig. Offensichtlich ist dies nicht der Fall und insofern wird auch Adaptivitität als Entwurfsprinzip vorgeschlagen. Allerdings ist dieses Prinzip nicht in allen Entwicklungen bedeutsam.

(a) Adaptierbarkeit in Bezug auf gelegentliche und erfahrene Benutzer. Ein Programm, das von einer heterogenen Nutzergruppe über lange Zeit benutzt wird, sollte sowohl einen *einfachen* Zugriff auf Funktionen ermöglichen (z.B. über Menüs) als auch einen *effizienten* Zugriff, z.B. über Tastaturkürzel oder entsprechende Icons in einer sichtbaren Werkzeugleiste. Profis müssen schneller zum Ziel kommen können, insbesondere muss es für die häufigsten Aktionen einen schnellen Zugriff geben. Eine wichtige Rolle spielt dabei die Zusammenfassung von im Zusammenhang benötigten Kommandos in Makros. Kurlander und Feiner [1992] beschreiben, wie Benutzer bei der Makrobildung gezielt unterstützt werden können.

Anfänger benötigen mehr Hilfestellung, z.B. Assistenten für die Erledigung wichtiger Aufgaben. Bestimmte Interaktionen, wie der schnelle Doppelklick zum

Öffnen eines Dokuments oder zum Starten eines Programms, sind für erfahrene Benutzer selbstverständlich. Anfänger haben mitunter große Schwierigkeiten mit dieser Interaktion. Daher sollte es eine Alternative zu dieser Interaktionstechnik geben.

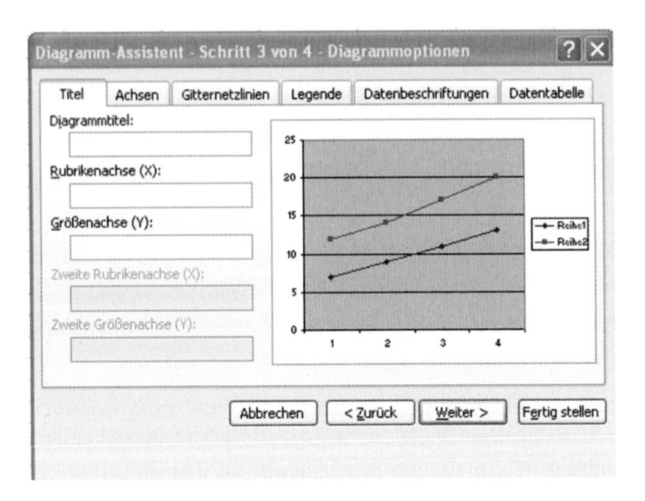

Abb. 6.11: Die Erstellung eines Diagramms aus einer Tabelle wird durch einen Assistenten vereinfacht. Diese Hilfestellung ist vor allem für Anfänger und gelegentliche Benutzer gedacht (Screenshot von Microsoft Excel).

Als Beispiel für die Unterstützung von Anfängern wird in Abb. 6.11 ein Schritt aus der Erstellung eines Diagramms gezeigt. Um ein Diagramm aus einer Tabelle zu erzeugen, muss ein Bereich in der Tabelle markiert, eine Diagrammform, Achsenbeschriftungen und Skaleneinteilungen gewählt werden. Schließlich wird eine Legende benötigt. Der Anwender wird durch einen Assistenten schrittweise zu einem Diagramm geführt, wobei ein Zurückgehen zu vorherigen Interaktionsschritten möglich ist. Obwohl primär für weniger erfahrene Benutzer gedacht, ist die Benutzerführung effizient und ausreichend flexibel, damit auch erfahrene Benutzer ihre Ziele umsetzen können.

(b) Adaptierbarkeit in Bezug auf Wahrnehmungsfähigkeiten. Die Fähigkeiten von Benutzern, etwas wahrzunehmen, unterscheiden sich. Für die Gestaltung grafischer Benutzungsoberflächen sind vor allem die Sehfähigkeiten entscheidend. Die Möglichkeit der Anpassung von Schriftgrößen und die Auswahl von Farben stellen einen ersten Schritt dar, damit auch Benutzer mit einer Leseschwäche oder farbenblinde Benutzer ein System benutzen können. Auch ältere Menschen bevorzugen in der Regel größere Fonts. Weitere Aspekte der Anpassung an Wahrnehmungsfähigkeiten werden in Bezug auf die barrierefreie Gestaltung (Abschn. 6.3.2) diskutiert.

(c) Adaptierbarkeit in Bezug auf unterschiedliche Umgebungen und Hardwarevoraussetzungen. Ein wesentlicher Aspekt der Adaptierbarkeit besteht darin, dass Anwender die Anzeige von Bedienelementen unterdrücken oder initiieren können. Dabei ist es auch wichtig, dass die Bedienelemente (wie bestimmte Icon-Listen) auf dem Bildschirm beliebig platziert werden können und dass eine flexible Skalierung von Bereichen einer Anwendung möglich ist. Diese Form der Adaptierbarkeit ist schon deswegen erforderlich, weil eine Anwendung oft auf Bildschirmen sehr verschiedener Größen benutzt wird (ein Bildschirm mit 24 Zoll-Diagonale hat etwa die doppelte Fläche wie ein 17 Zoll-Monitor).

Die unterschiedliche Leistungsfähigkeit der Hardware, auf denen ein interaktives System eingesetzt wird, erfordert ebenfalls Anpassungsmöglichkeiten in der Benutzungsschnittstelle. So werden z.B. in der Computergrafik häufig Kompromisse zwischen Qualität und Darstellungsgeschwindigkeit gemacht. Es ist günstig, wenn der Anwender diese Kompromisse, z.B. die Auswahl eines Rendering-Verfahrens, an die Leistungsfähigkeit seiner Hardware anpassen kann und noch besser, wenn die Software die Hardware des Anwenders analysieren und einen passenden Vorschlag machen kann.

Die Adaptierbarkeit einer Benutzungsschnittstelle ist außerdem die Voraussetzung dafür, dass unterschiedliche Bedienrechte vergeben werden können. Test- und Schulungsversionen mit einer eingeschränkten Funktionalität sollten auch an der Oberfläche „anders aussehen". Bei Anwendungen, in denen Benutzer unterschiedliche Rechte haben (z.B. Administratoren und normale Anwender), sollte ebenfalls eine angepasste Oberfläche vorhanden sein.

Schließlich haben Benutzer einfach einen unterschiedlichen Geschmack und *möchten* eine Schnittstelle individuell gestalten. Dies ist also auch als Aspekt der *User Experience* zu sehen (Abschn. 6.3.1). Wenn ein Benutzertest ergibt, dass die Meinungen über eine Design-Entscheidung stark geteilt sind, sollten mehrere Möglichkeiten angeboten werden und eine Anpassung durch den Benutzer möglich sein. Schneider-Hufschmidt et al. [1993] diskutieren ausführlich adaptive, sich automatisch anpassende und adaptierbare Schnittstellen. Einige Aspekte der Adaptierbarkeit, wie die Berücksichtigung von Tastaturkürzeln und andere Mechanismen der effizienten Interaktion für Fortgeschrittene, können in die späten Phasen der Entwicklung verschoben werden. Wichtig ist, dass alle Adaptationen, die Benutzer vornehmen können, in sogenannten Profilen (*User Profiles*) abgespeichert werden können und nicht nur temporär verfügbar sind. Möglichkeiten der Flexibilisierung (*Customization*) werden von Benutzern genutzt. Zwar machen Programmierer wesentlich mehr Gebrauch von derartigen Möglichkeiten als andere Benutzer, wie z.B. Sekretärinnen. Aber auch diese versuchen häufig, eine Schnittstelle anzupassen.

Page et al. [1996] beschreiben eine Studie über die Anpassungen, die Benutzer vorgenommen haben. 92 Prozent der Probanden hatten ihr Textverarbeitungssystem adaptiert. Die Adaptation betrifft vor allem die Gestaltung der Button-Leisten und dient dem Ziel, die am häufigsten gebrauchten Kommandos am besten verfügbar zu machen. Adaptiert werden aber auch andere Systemeinstellungen, z.B. das Aussehen der Oberfläche (Ein- und Ausblenden von Statuszeilen und Aussehen von Icons) und die Optionen der Rechtschreibprüfung.

(d) Adaptivität. Eine vom System initiierte Anpassung (Adaptivität) setzt voraus, dass die Interaktion des Benutzers analysiert wird und auf dieser Basis nach Mustern gesucht wird, z.B. indem Häufigkeiten von wiederkehrenden Aktionen erkannt werden. Diese Informationen werden in einem Benutzermodell gespeichert [Wahlster, 1991]. Prinzipiell ist dadurch eine weitreichende Unterstützung möglich; es könnten z.B. nur die wahrscheinlich benötigten Optionen, Kommandos oder Menüeinträge dargestellt werden. Praktisch ist eine derartige Anpassung aber problematisch, da der Benutzer sich bemüht, das System zu erlernen und sich daran anzupassen, was durch veränderte Reaktionen des Systems deutlich erschwert werden kann. Bewährt hat sich eine Anpassung an den Benutzer unter anderem bei e-Commerce-Anwendungen, wie eBay und Amazon. Dabei werden den Benutzern auf Basis ihrer Profile (ein Synonym für Benutzermodell) Vorschläge für evtl. interessierende Artikel gemacht. Bei Hypertext- und Hypermediasystemen, insbesondere webbasierten Anwendungen, kann es sinnvoll sein, die dargestellten Querverweise auf Basis der analysierten Interessen des Benutzers sinnvoll einzuschränken.

Kritische Diskussion zur Adaptierbarkeit. In diesem Buch ist mehrfach darauf hingewiesen worden, dass es keine einfachen Wahrheiten gibt und es daher darum geht, Kompromisse zwischen widerstrebenden Zielen zu finden. Dies gilt auch für das Nachdenken über die Möglichkeit der Adaptierbarkeit. Folgende Einwände werden in der Literatur diskutiert (siehe vor allem [Raskin, 2000, Dahm, 2005]):

1. Benutzer verbringen viel Zeit damit, auszuprobieren, was sie auf welche Weise einstellen können und sind dabei unproduktiv.
2. Benutzer stellen etwas ein, was ihnen zwar gefällt, ihre Produktivität u. U. aber verringert.
3. Benutzer geraten durch versehentliche Einstellungen in einen ungünstigen User-Interface-Zustand. Dieser lässt sich durch Fernwartung (Hotline) kaum rekonstruieren bzw. verbessern.
4. Wenn sich mehrere Benutzer einen Account teilen, ist ein Benutzer mit den Spezialeinstellungen eines anderen konfrontiert und damit unter Umständen extrem unzufrieden.
5. Entwickler konzentrieren sich darauf, eine Vielzahl von Möglichkeiten zur Individualisierung bereit zu stellen, statt eine ergonomisch gestaltete Schnittstelle zu entwerfen. Damit würde man den Benutzern Teile der Gestaltungsaufgabe überlassen.

Die ersten beiden Einwände sind im Grundsatz berechtigt, allerdings sind auch positive Aspekte zu berücksichtigen. Die gründliche Beschäftigung mit einem System führt dazu, dass man dieses deutlich besser kennenlernt und evtl. dadurch auch effizienter benutzt. Einstellmöglichkeiten zu finden, ist dann ein Anreiz, das System besser zu verstehen. Die Produktivität von Benutzern ist entscheidend, wenn diese bestimmte Aufgaben sehr oft erledigen – Einstellmöglichkeiten, die zu einer Verlangsamung bei diesen Vorgängen führen würden, sollte es nicht geben. Veränderungen am Erscheinungsbild, Fonts, Farben etc. tragen oft zu einer höheren Zufriedenheit bei und verbessern die Motivation der Benutzer (Abschn. 6.3.1) – diese Effekte können sogar kleine Produktivitätsnachteile kompensieren.

Der dritte Einwand ist bedeutsam, vor allem wenn die Einstellmöglichkeiten nicht nur das Erscheinungsbild betreffen. Solche Einstellmöglichkeiten sind oft besonders wichtig, um Abläufe zu standardisieren und zu beschleunigen. In der Praxis wird man derartige Einstellungen oft nicht dem Endbenutzer überlassen, sondern entweder einem spezialisierten Techniker oder Außendienstmitarbeiter, der im Dialog mit dem Endbenutzer derartige Einstellungen vornimmt. Diese Einstellungen betreffen normalerweise Gruppen von Benutzern, z.B. die Konfiguration eines SAP-Produktes für die Einkaufsabteilung eines Unternehmens. Teilweise erfolgt auch eine Anpassung an einzelne Benutzer. Als Beispiel sei die radiologische Befundung mittels spezieller Workstations genannt. Hier haben Radiologen unterschiedliche Gewohnheiten, wie sie digitale Bilder anordnen, wie sie verschiedene Sichten auf die Daten synchronisieren oder wie Helligkeit und Kontrast standardmäßig eingestellt sein sollten – diese Konfiguration wird idealerweise im Dialog zwischen Radiologen und einem Außendienstmitarbeiter vorgenommen.

Die Situation, in der sich Benutzer einen Account teilen, ist grundsätzlich für eine *Individualisierbarkeit* problematisch. In dieser Situation ist es entscheidend, auf alle Standardeinstellungen zurücksetzen zu können, oder ein Profil laden zu können, das alle Einstellungen eines Benutzers im Zusammenhang wieder herstellt.

Der letzte Aspekt verdient Beachtung: Der Benutzer sollte eine sorgfältig gestaltete Schnittstelle vorfinden, die er durch Möglichkeiten der Individualisierung noch optimieren kann. Keinesfalls sollte aber die Bedeutung der Standardschnittstelle unterschätzt werden, mit dem Argument, dass der Benutzer diese ohnehin verändern kann. Zusammenfassend lässt sich sagen, dass Adaptierbarkeit ein wichtiger Aspekt interaktiver Systeme ist. Sie sollte darauf gerichtet sein, dass Benutzer

- Aufgaben beschleunigen können (Makros, Funktionstasten, Einblenden von Werkzeugleisten, ...),
- individuelle Denk- und Suchstrategien umsetzen können,
- das Erscheinungsbild an ihre Vorlieben anpassen können und dass
- individuelle Sicherheitsbedürfnisse, z.B. bei Mailsystemen oder Webbrowsern, berücksichtigt werden.

Problematisch ist es, wenn Benutzer Menüs und Dialoge umstrukturieren können, Funktionalität anders zusammenfassen und anderweitig eine Schnittstelle so stark ändern, dass eine ergonomische Gestaltung durch die Entwickler nicht sichergestellt werden kann. Adaptivität, die über die Adaptierbarkeit hinausgeht, ist in einigen Anwendungen sehr erfolgreich – sollte aber tendenziell vorsichtig eingesetzt und besonders gründlich erprobt werden.

6.3 Aspekte der Entwicklung

Im Folgenden werden Querschnittsaspekte erläutert, die die gesamte Entwicklung, also auch die frühen Phasen der Analyse und Festlegung von Anforderungen betreffen. Es handelt sich um folgende Aspekte:

1. Bewusste Gestaltung der User Experience,

2. Barrierefreie Gestaltung,
3. Fokussierung bei der Interface-Entwicklung und
4. Nutzung von Beispielen zur Erklärung der Bedienung.

Die im Folgenden erläuterten Aspekte sind nicht unabhängig von den zuvor erklärten Prinzipien. Um beispielsweise eine angenehme User Experience zu gestalten, sind alle in Abschn. 6.2 erläuterten Prinzipien relevant. Die Einhaltung dieser Prinzipien sichert jedoch nicht automatisch eine angenehme User Experience.

6.3.1 Bewusste Gestaltung der User Experience

Von Software im Freizeitbereich aber auch in professionellen Anwendungen wird eine attraktive Gestaltung und eine angenehme Benutzung erwartet (*joy of use*). Man denkt verstärkt darüber nach, inwiefern interaktive Produkte ein bestimmtes *Erlebnis* vermitteln, geprägt durch Emotionen und Gefühle, die einprägsam sind. Das Buch von McCarthy und Wright [2004] bündelt derartige Diskussionen. Das Erlebnis wird dabei als etwas Sinnliches, Emotionales, Räumlich-Zeitliches angesehen, das aus bestimmten Teilen zusammengesetzt ist. Ein Nutzungserlebnis hat mit wichtigen Bedürfnissen von Benutzern unmittelbar zu tun. Hassenzahl et al. [2009] schreibt: „Ein Mobiltelefon, beispielsweise, macht uns unabhängig, verbindet uns mit unseren Liebsten, demonstriert Stil oder kann Leben retten. Es sind solche Erlebnisse, die ein Produkt bedeutungsvoll erscheinen lassen, es attraktiv machen und Bindung erzeugen." Positive Erfahrungen sind subjektiv; als Entwickler können wir nicht sicherstellen, dass sie sich bei jedem Benutzer einstellen. Was wir aber tun können, ist, das Nutzungserlebnis bewusst zu gestalten, sodass positive Erfahrungen möglich werden. In diesem Sinne ist die Gestaltung der User Experience hier bewusst als Design-Ziel formuliert.

Die Erwartungen an eine attraktive Gestaltung und positive Erfahrungen gehen weit über das hinaus, was im klassischen Usability Engineering als „Zufriedenheit" bezeichnet wird. Eine gute Usability (im Sinne einer effizienten, weitgehend fehlerfreien Nutzung von Software) und eine angenehme User Experience korrelieren nur schwach miteinander. Software kann durchaus sehr gut benutzbar sein (mit Dialogen im Einheitsgrau), aber als ausgesprochen langweilig empfunden werden. Umgekehrt kann die Nutzung von Software als interessant und herausfordernd empfunden werden, obwohl sie relativ schlecht zu bedienen ist. Die zweite Aussage trifft auf relativ viele Computerspiele zu. Die Entwicklung von Handys, insbesondere des iPhones, und die Entwicklungen im WWW, speziell die sozialen Netzwerke, haben zu einem stärkeren Bewusstsein für das Nutzungserlebnis geführt. Wartezeiten sind generell negativ. Allerdings hängt die Wahrnehmung von Wartezeiten stark davon ab, was passiert, so lange der Rechner „beschäftigt" ist. Das heißt, durch Präsentation von interessanten Informationen kann die empfundene Wartezeit deutlich verkürzt werden. Im Sinne der User Experience ist dies wichtig.

Nun könnte man einwenden, „Attraktivität sei Geschmackssache", „Schönheit liegt im Auge des Betrachters" und „Spontane emotionale Reaktionen sind individuell sehr unterschiedlich" – eine vertiefte Beschäftigung sei daher also nicht erforderlich. Dies ist jedoch nicht der Fall, wie viele Untersuchungen auch bei interaktiven Produkten zeigen [Thielsch und Hassenzahl, 2008]. Menschen haben eine sehr ähnliche (visuelle) Wahrnehmung und auch die ablaufenden kognitiven und emotionalen Prozesse sind ähnlich. Sie sind teilweise sehr gut untersucht und belegen unter anderem, dass eine symmetrische und ausgewogene Gestaltung entsprechend der Gestaltgesetze (Abschn. 2.2.4) einen vorhersehbaren positiven Effekt hat.

Die Motivation des Benutzers ist für den Erfolg von Spielen, mobilen Geräten, e-Learning-Angeboten und generell bei der Software für Kinder entscheidend. Außergewöhnlich gute visuelle Gestaltung und innovative Bedienkonzepte erklären den Erfolg von APPLE Computern und dem iPhone. Es mag erstaunlich sein, dass auch in ernsthaften professionellen Gebieten die User Experience von großer Bedeutung ist. So haben Hersteller von Software für die medizinische Diagnostik und Therapieunterstützung, wie BRAINLAB, äußerst attraktive Benutzungsschnittstellen, bei denen visuelle Elemente dominieren, Farben intensiv und geschickt eingesetzt werden und die Bedienung konsequent so vereinfacht wird, dass beim Benutzer nicht das Gefühl der Überlastung aufkommt (Abb. 6.12). In Abb. 6.13 ist ein Teil eines Trainingssystems für Chirurgen dargestellt. Diese Version ist das Ergebnis einer gründlichen Überarbeitung, nachdem Chirurgen die originale Version mit Standardbedienelementen kritisiert hatten.

Die Bedeutung der *User Experience* liegt auch darin, dass Benutzer einem als attraktiv wahrgenommenen Produkt intuitiv auch andere positive Eigenschaften zuschreiben. Die wahrgenommene Attraktivität eines iPhone steht also stellvertretend für die Qualität des Produkts, für die Sorgfalt, mit der es entwickelt wurde und umgekehrt wird ein als schwach empfundenes visuelles Design mit niedriger Qualität assoziiert.

Beispiele der Umsetzung. Für das Nutzungserlebnis, die *User Experience* ist der erste Eindruck besonders wichtig. Insofern sollte diese initiale Erfahrung besonders positiv sein. Benutzer sollten möglichst zügig mit dem Programm starten können, ohne viele Fragen beantworten oder Tutorials lesen zu müssen. Ein Programm sollte dabei möglichst einfach erscheinen, um keine Einstiegshürden aufzubauen. Über eine angenehme User Experience muss auf verschiedenen Ebenen nachgedacht werden:

- statisches Design,
- Design dynamischer Effekte,
- nicht-visuelle Effekte und
- Interaktionsdesign.

Diese werden im Folgenden erläutert. Als genereller Hinweis sei auf Erfahrungen aus dem Bereich Entertainment und Computerspiele verwiesen. Dass auch bei der Gestaltung professioneller Software von diesem Bereich gelernt werden kann, speziell wie eine hohe Motivation von Benutzern erreicht werden kann, wird seit langem intensiv diskutiert [Malone, 1982].

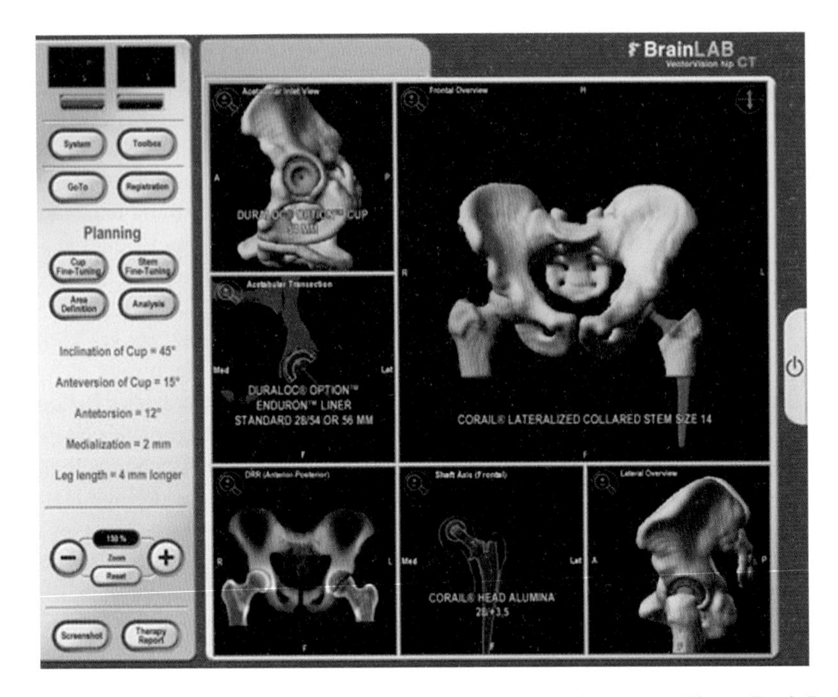

Abb. 6.12: Software zur Planung von Hüftersatzoperationen der Firma BrainLab. Ein einheitliches und attraktives Layout mit einer metallisch anmutenden Oberfläche trägt wesentlich zur Zufriedenheit der Benutzer (Orthopäden bzw. Unfallchirurgen) bei.

Statisches Design. Dezente Farbverläufe und leichtes metallisches Glänzen wirken angenehmer als eine konstante (graue) Hintergrundfarbe. Eine allzu spartanische Gestaltung ist genau so wenig geeignet wie eine grelle Anmutung, bei der zu viele stark gesättigte Farben eingesetzt werden. Im Spielebereich ist es wichtig, Spannung zu erzeugen und zu halten. Dazu müssen attraktive Anreize gesetzt werden. Bei e-Learning-Angeboten ist die Motivation ähnlich wichtig; muss allerdings auf andere Weise erreicht werden, z.B. indem interessante und relevante Aufgaben gestellt werden.

Design dynamischer Effekte. Dynamische Effekte ermöglichen es, Veränderungen leicht nachvollziehbar darzustellen, sodass Betrachter sie beobachten können. Beim Öffnen oder Schließen von Fenstern, beim Ausklappen von Dialogen und Menüs ist dies günstig. Nachrichten, die nicht unbedingt eine Reaktion des Benutzers erfordern, können kurz (animiert) eingeblendet und dann auch wieder ausgeblendet werden, z.B. um über das Eintreffen einer Mail zu informieren. Dynamische Effekte können auch beim Scrollen eingesetzt werden, um eine angenehm flüssige Änderung des dargestellten Inhaltes zu erreichen.

Nicht-visuelle Effekte. Gerade in Bezug auf eine angenehme User Experience ist es wichtig, nicht nur den visuellen Informationskanal zu betrachten. Wie sich etwas anfühlt und wie Geräusche eingesetzt werden, spielt für den Gesamteindruck ebenfalls eine wichtige Rolle.

Interaktionsdesign. Relativ langweilig und wenig angenehm ist eine Interaktion, bei der im Wesentlichen Mausklicks und Tastaturbetätigungen nötig sind. Wenn Aktionen überwiegend durch Überfahren mit der Maus oder durch Handgesten durchgeführt werden können, wird dies meist als angenehmer wahrgenommen, wie die Beispiele in Abb. 6.14 illustrieren sollen. Man spricht bei einer Interaktion, die im Wesentlichen aus kontinuierlichen Bewegungen besteht, auch von *fluid interaction*, deutsch also etwa von einem flüssigen Arbeiten oder von fließenden Übergängen. Gleiche Wartezeiten werden unterschiedlich empfunden, abhängig davon, mit welchem Feedback die Anwendung reagiert und ob die Zeit produktiv verwendet werden kann. Bei Setup-Prozeduren ist es interessant, auf die Neuigkeiten der aktuellen Version hinzuweisen und so die Wartezeit (etwa 1-2 Minuten) zu überbrücken.

Die Rolle von Designern. Um dieses Prinzip umzusetzen, ist es wichtig, einschlägige Experten – also Spezialisten mit Design-Erfahrung und -ausbildung – zu beteiligen und diesen ausreichend Zeit und Spielraum zu geben, sodass auch ungewöhnliche Designvorschläge durchdacht und realisiert werden können. Dieser Aspekt der User Interface-Entwicklung erfordert viel Kreativität – spezielle Kreativitätstechniken sollten genutzt werden, um den Raum möglicher Lösungen zu explorieren.

Fazit. Die Diskussion in diesem Kapitel darf nicht den Eindruck erwecken, als wäre der Prozess der bewussten Gestaltung eines Nutzungserlebnis bereits tiefgreifend verstanden und könnte direkt angewendet werden. Weitgehender Konsens herrscht mittlerweile über die Bedeutung des Nutzungserlebnisses für die Akzeptanz interaktiver Produkte. Einige gut dokumentierte Fallbeispiele, darunter das iPhone, geben Orientierung und es entstehen konkrete Vorschläge, wie das Nutzungserlebnis (und nicht die Produkteigenschaften!) aussagekräftig bewertet werden können.

6.3.2 Barrierefreie Gestaltung

Dieses Entwurfsprinzip zielt darauf ab, möglichst großen Gruppen von Benutzern den Zugang zu einer Software bzw. Website zu ermöglichen bzw. auch Benutzern mit unterschiedlichen körperlichen und geistigen Einschränkungen eine effiziente Nutzung zu ermöglichen. Dabei sind Einschränkungen unter anderem in Bezug auf

- sprachliche Fähigkeiten (z.B. schlechte Kenntnis der Landessprache, Leseschwäche),
- das Sehvermögen (z.B. Farbenblindheit) und
- die Feinmotorik (z.B. Zittern durch eine Parkinson-Erkrankung)

zu berücksichtigen.

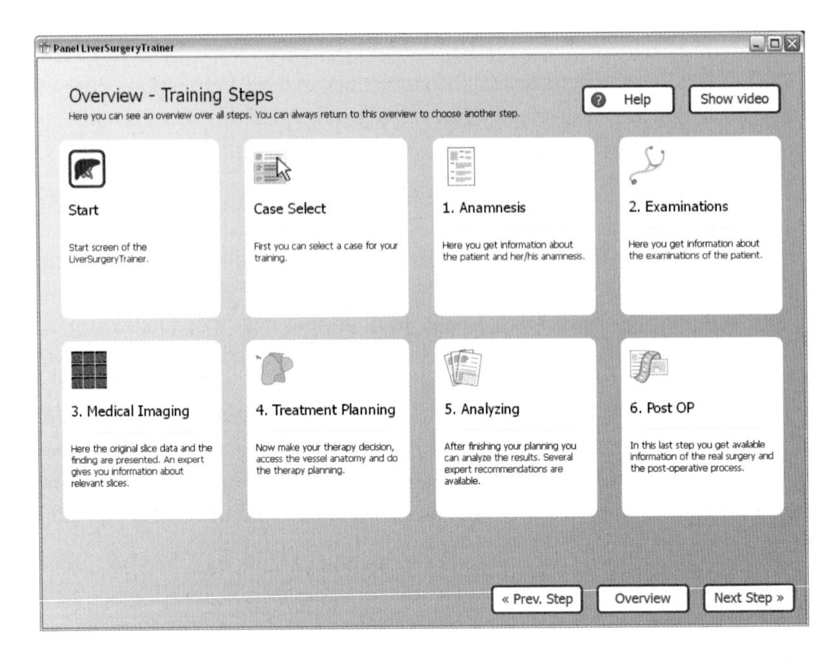

Abb. 6.13: Der Startbildschirm eines Trainingssystems für Chirurgen. Die dargestellte Version enthält viele visuelle Elemente. Chirurgen haben diese Version als wesentlich besser eingeschätzt als die Vorgängerversion, die im Wesentlichen Standardbedienelemente genutzt hat (Screenshot von Konrad Mühler, Otto-von-Guericke-Universität Magdeburg).

Abb. 6.14: Hinzufügen eines neuen Kalendereintrags mit dem iPhone von Apple. Zur User Experience trägt nicht nur die lockere Fingerbewegung über den einzelnen Rädern bei, sondern auch deren simulierte physikalische Eigenschaften (das Langsamer werden nach dem „Anschubsen“ und das Einrasten auf einer gültigen Position). Auch das akustische Feedback trägt zum angenehmen Gesamteindruck bei.

Eng verwandt zu dem deutschen Begriff *Barrierefreie Gestaltung* ist der englische Begriff *Accessability*, der u.a. im Lehrbuch von Benyon et al. [2005] ausführlich diskutiert wird. Unter dem Begriff *Accessability* (dt. etwa Zugänglichkeit) wird zusätzlich noch betrachtet, dass Benutzer auch aus kulturellen Gründen ausgeschlossen werden könnten, z.B. durch Wahl von Metaphern und Symbolen, die nur lokal bekannt und relevant sind. Zugänglichkeit bedeutet auch, dass wichtige Nutzungskontexte berücksichtigt werden, so z.B. die Situation, in der Benutzer entweder keine Hand frei haben oder nur eine Hand, wie beim Telefonieren ohne Freisprechanlage.

Beispiele der Umsetzung. Um Benutzer mit Einschränkungen zu unterstützen, ist es wesentlich, Informationen redundant auf unterschiedliche Weise zu präsentieren, sodass Probleme in einem Wahrnehmungskanal durch Nutzung eines anderen behoben werden können. Bildhaft dargestellte Information bzw. Inhalte von Video- und Audiosequenzen sollten durch eine textuelle Alternative ergänzt werden, die sich ein blinder Benutzer z.B. durch Nutzung eines Sprachsynthesizers vorlesen lassen kann (*text-to-speech*-Transformation). Umgekehrt wäre die alleinige textuelle Informationspräsentation vor allem für Benutzer mit geringen sprachlichen Fähigkeiten problematisch. Informationen allein über Farbe zu differenzieren, widerspricht dem Grundsatz der barrierefreien Gestaltung, da relativ viele Menschen Farbsehschwächen haben. Farbskalen so zu modifizieren, dass auch Helligkeitsunterschiede die wesentliche Information vermitteln, ist ein praktikabler Ausweg. Auch die Textverständlichkeit ist zu beachten, um auch Benutzern mit einer Schwäche beim Verstehen von Texten (Dyslexie) eine Nutzung zu ermöglichen. Viele aktuelle Tools für die Softwareentwicklung unterstützen die barrierefreie Gestaltung [Shneiderman und Plaisant, 2009].

Das Prinzip der barrierefreien Gestaltung ist sehr umfassend und bzgl. der Umsetzung ist vieles zu beachten. Die „Web Content Accessibility Guidelines" des W3-Konsortiums geben viele konstruktive Hinweise speziell für die barrierefreie Gestaltung von Websites. Die erste Version wurde 2001 verabschiedet und in der Zeitschrift *interactions* veröffentlicht [Chisholm et al., 2001]; die zweite Version wurde im Dezember 2008 fertig gestellt und ist elektronisch verfügbar.[1] Die Hinweise sind in 66 Richtlinien zusammengefasst und in drei Prioritätsstufen geordnet. Die höchste Prioritätsstufe 1 haben dabei Richtlinien, deren Verletzung zu einer unüberwindlichen Barriere für eine Nutzergruppe wird.

Schwierig ist die Frage, wie viel Aufwand investiert wird, um bestimmte Benutzergruppen adäquat zu berücksichtigen. Benyon et al. [2000] haben dazu einen Entscheidungsbaum entwickelt, der zum einen berücksichtigt, wie häufig eine Einschränkung vorkommt und zum anderen, wie groß der Aufwand geschätzt wird, um Software für diesen Personenkreis zugänglich zu machen. Die Konsequenz daraus ist naheliegenderweise, dass alles, was mit relativ geringem Aufwand erreicht werden kann, in jedem Fall angestrebt werden sollte und alles, was mit großem Aufwand verbunden wäre, empfehlenswert ist, wenn ein größerer Personenkreis betroffen ist. Das Fazit vieler Arbeiten zu diesem Thema ist, dass letztlich nicht nur

[1] www.w3.org/TR/WCAG20/

die Personenkreise profitieren, für die bestimmte Ergänzungen und Erweiterungen vorgenommen wurden, sondern oft eine bessere Benutzbarkeit für breite Benutzergruppen erreicht wird.

Wer sich näher mit dem Thema Barrierefreiheit beschäftigen möchte, dem sei die Webseite: http://www.biene-award.de empfohlen. Die „Aktion Mensch" und die „stiftung digitale-chancen" zeichnen dabei in fünf Kategorien Webangebote aus, die vorbildlich sind in Bezug auf Barrierefreiheit. Die Webpräsentation enthält Links zu den ausgezeichneten Webseiten und zu den nominierten Webseiten.

Konzepte zur barrierefreien Gestaltung auf Betriebssystemebene. Aufgrund der gestiegenen Bedeutung dieses Prinzips sind in modernen Betriebssystemen bereits einige Vorkehrungen getroffen, die eine Anpassung an Sehgewohnheiten, Sehschwächen und andere Behinderungen ermöglicht. So kann in MICROSOFT WINDOWS 2007 eine Bildschirmlupe aktiviert werden (Abb. 6.15), das Farbschema so angepasst werden, dass die Kontraste wesentlich verstärkt werden (Abb. 6.16) oder Mauscursor ausgewählt werden, die bei bestimmten Sehschwächen besser erkannt werden können (Abb. 6.17). Eine Sprachausgabe kann ebenfalls aktiviert werden und betrifft z.B. Systemmeldungen und die Wiederholung von Texteingaben des Benutzers. Diese und andere Einstellmöglichkeiten sind in einem „Center für erleichterte Bedienung" integriert und gut zugänglich.

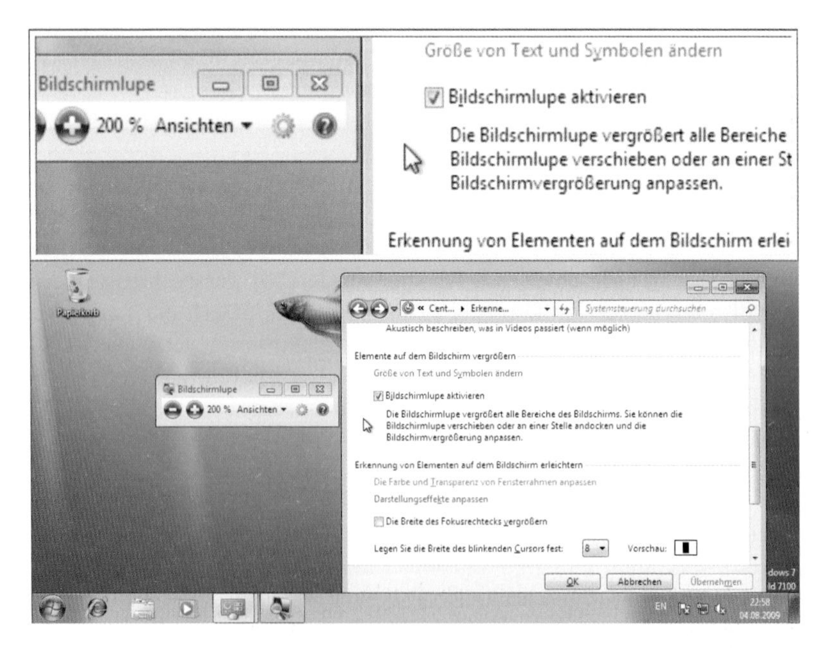

Abb. 6.15: Die Bildschirmlupe vergrößert die gesamte Darstellung und unterstützt dadurch Benutzer mit Sehbehinderungen. Der Vergrößerungsfaktor ist frei wählbar (Screenshot von Microsoft Windows).

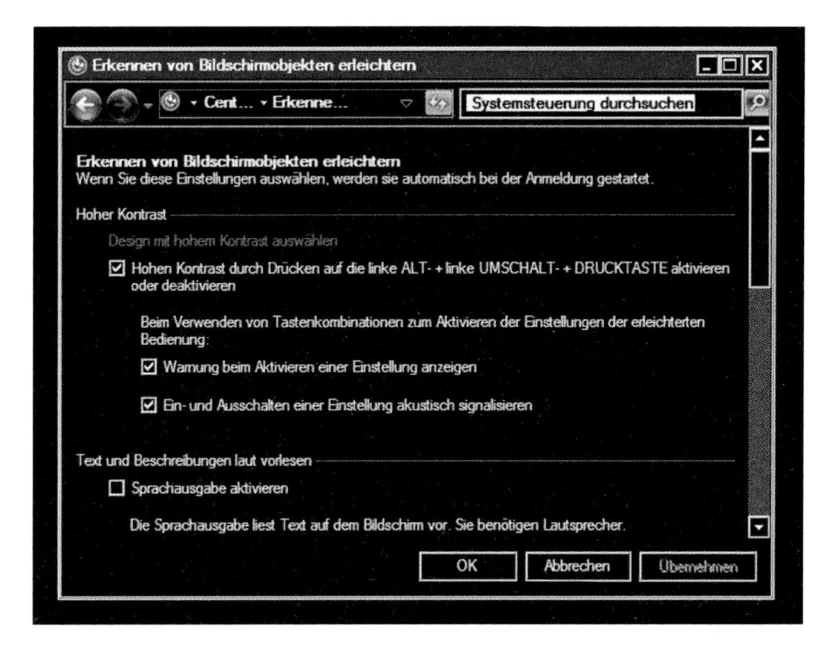

Abb. 6.16: Um Benutzer mit Farbsehschwächen zu unterstützen, kann eine Darstellung mit hohem Kontrast gewählt werden, die überwiegend durch starke Hell-/Dunkelunterschiede realisiert ist (Screenshot von Microsoft Windows).

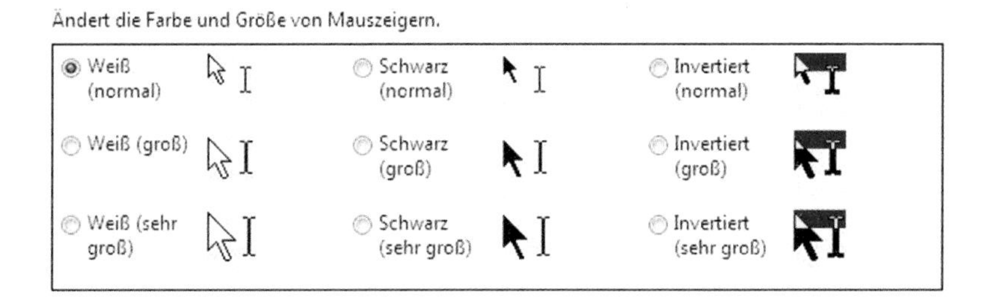

Abb. 6.17: Auch die Standardcursordarstellung ist für Benutzer mit Sehschwächen problematisch. Verschiedene Cursorgrößen und -farben stehen für eine individuelle Anpassung zur Verfügung (Screenshot von Microsoft Windows).

Den Fahrkartenautomaten der Deutschen Bahn haben wir bereits im einleitenden Kapitel kurz angesprochen. Er wurde mittlerweile grundlegend überarbeitet unter dem Aspekt der Barrierefreiheit. Die Anzeige ist niedriger, sie ist zudem leicht geneigt und dadurch wird man beim Lesen der Anzeige nicht mehr geblendet. Die Bezahlung mit einer Geldkarte und damit ohne PIN-Eingabe ist nun möglich. Neben der neuen Gestaltung wurde auch die Organisation verbessert. Mitarbeiter der Bahn helfen verstärkt als *Automaten-Guides* bei Bedienproblemen.

Abb. 6.18: Neuere Fahrkartenautomaten der Deutschen Bahn sind in Bezug auf die Barrierefreiheit deutlich verbessert. Die Neigung der Anzeige und ihre tiefere Platzierung sind für sehr kleine Menschen und Rollstuhlfahrer besonders vorteilhaft.

6.3.3 Fokussierung bei der Interface-Entwicklung

Eine Benutzungsschnittstelle stellt Eingabemöglichkeiten für die verschiedensten Funktionen bereit. Einige Interaktionsaufgaben werden häufig durchgeführt; andere dagegen nur gelegentlich. Bei einem gegebenen Zeitfonds für die Realisierung einer Benutzungsschnittstelle besteht daher die Alternative, viele Interaktionen mit mäßigem Aufwand zu realisieren oder wichtige Interaktionen besonders zu durchdenken, frühzeitig zu entwickeln, mehrfach zu testen und entsprechend zu verfeinern, was natürlich auf Kosten anderer Interaktionen geht.

In [Thimbleby, 1990] wird die Konzentration auf wichtige Interaktionsaufgaben treffend mit der besonders effizienten Implementierung von Befehlen in RISC-Prozessoren verglichen. Ähnlich wie für die Befehlssätze eines herkömmlichen CISC-Prozessors gilt für die Interaktionsmöglichkeiten die 80:20-Regel, wonach in 80 Prozent aller Anwendungsfälle nur eine Teilmenge von 20 Prozent der Interaktionsmöglichkeiten genutzt wird.

Die Konzentration auf wichtige Interaktionen ist eindeutig vorzuziehen. Dies bedeutet, dass diese Interaktionen gründlich analysiert und verschiedene Alternativen realisiert und getestet werden. Zusätzlich werden Möglichkeiten der Anzeige von Ergebnissen realisiert; mögliche Bedienfehler werden durchdacht und Möglichkeiten zur Verfügung gestellt, wie der Benutzer aus diesen Situationen zurückkehren kann. Voraussetzung für diese Fokussierung ist eine gründliche und zuverlässige Aufgaben- und Benutzeranalyse (Prinzip 1). Daher muss es in der Analysephase darum gehen, nicht nur zu erkennen, was gebraucht wird, sondern auch Prioritäten zu erfassen.

6.3.4 Nutzung von Beispielen zur Erklärung der Bedienung

Dieses Prinzip bezieht sich z.B. auf die Gestaltung von Hilfesystemen und Bedienungsanleitungen. Um die Benutzung eines Kommandos zu erklären, ist es wichtiger, für typische Anwendungsfälle Beispiele zu geben und zu erläutern, als formal alle Parameter zu erklären. Die Bedienung sollte möglichst anschaulich und realistisch erklärt werden, z.B. durch kurze Animationen, in denen gezeigt wird, welche Menüpunkte oder Dialoge aktiviert werden. Idealerweise kann das in einem Beispiel Vermittelte sofort ausprobiert werden; also aus dem Hilfesystem zur Programmbedienung gewechselt werden.

Eine Form von Beispielen ist auch die Anzeige von Standardwerten in den Feldern von Formularen. Eine Kombination aus einer formalen Beschreibung der wichtigsten Parameter und der Erläuterung von typischen Beispielen ist oft ein guter Kompromiss, um auch formal geschulte Benutzer adäquat anzusprechen. Dieses Prinzip steht in engem Zusammenhang mit dem Prinzip 2, bei dem es darum geht, dass Benutzer Systeme tatsächlich verstehen.

6.4 Entwurfsprinzipien und Normen

Im Unterschied zu technischen Normen, in denen präzise Messwerte und zulässige Toleranzen angegeben werden, sind Normen in der MCI relativ allgemein und stark interpretierbar. Sie stellen den gesicherten Stand des Wissens und Erfahrungen aus langjähriger Beobachtung in realen Systemen dar. Normen in der MCI beziehen sich auf die Prozesse, in denen Benutzungsschnittstellen entwickelt werden und auf Eigenschaften, die diese Schnittstellen aufweisen sollen. Verständlicherweise hat es erhebliche Widerstände gegeben, derart allgemeine Normen einzuführen und für verbindlich zu erklären. Mittlerweile sind aber ergonomische Normen weltweit akzeptiert.

Die in Abschn. 6.2 dargestellten Prinzipien tragen maßgeblich dazu bei, dass interaktive Systeme die in den Normen geforderten Eigenschaften haben. So wird in der DIN 66234 (siehe DIN [1988]) vorgeschrieben, dass interaktive Systeme

1. aufgabenangemessen,
2. selbsterklärend,
3. steuerbar,
4. erwartungskonform und

5. fehlerrobust

sind. Vergleicht man diese Eigenschaften mit den in Abschn. 6.1 genannten Zielen (entsprechend der VDI-Richtlinie 5005), ergibt sich eine exakte Übereinstimmung in Bezug auf *Aufgabenangemessenheit*. Die anderen Eigenschaften unterscheiden sich. Im Folgenden wird der Bezug zwischen den in der DIN-Norm genannten Eigenschaften und den in Abschn. 6.2 genannten Prinzipien erläutert.

Aufgabenangemessenheit korreliert mit dem ersten Prinzip, der Kenntnis von Benutzern und Aufgaben sowie der Konzentration auf die wichtigsten Aufgaben (Abschn. 6.3.3). *Selbsterklärungsfähigkeit* steht im Zusammenhang mit der Sichtbarkeit von Systemzuständen (7. Prinzip). *Steuerbarkeit* hat etwas damit zu tun, dass die Schnittstelle adaptierbar ist (Prinzip 13) und sich in ihrer Gestaltung und in der Verfügbarkeit von Aktionen anpassen lässt. Eine wichtige Steuerungsmöglichkeit ist der Abbruch von Aktionen (Prinzip 10). Dass diese Möglichkeiten wahrgenommen werden, ist daran geknüpft, dass das System die „Sprache des Benutzers spricht" (Prinzip 3) und die Oberfläche gut strukturiert ist. *Erwartungskonformität* ist eine Umschreibung des 12. Prinzips, wonach das „Erstaunen des Benutzers" minimiert werden soll. Fehlerrobustheit ist eine Eigenschaft der Anwendung; im weiteren Sinne ist die Möglichkeit, Fehler zu beheben, eine Eigenschaft der Oberfläche und korreliert mit dem 11. Prinzip.

Neben der DIN-Norm gibt es auch internationale Normen, die die Gestaltung interaktiver Systeme regeln. Dazu gehört die Ergonomienormenreihe ISO-Norm 924 „Grundsätze der Dialoggestaltung". In Teil 10 dieser Normenreihe werden Eigenschaften diskutiert, die teilweise über die in der DIN-Norm angeführten Eigenschaften hinausgehen. Zusätzlich wird *Individualisierbarkeit* und *Erlernbarkeit* gefordert. Auch diese Eigenschaften sind erfüllt, wenn die beschriebenen Prinzipien berücksichtigt werden. So entspricht die im Prinzip 13 diskutierte Adaptierbarkeit der Individualisierbarkeit. Erlernbarkeit korrespondiert zu mehreren Prinzipien; so ist es für die Erlernbarkeit wichtig, dass verfügbare Optionen leicht erkennbar sind, dass das System eine ausreichende Rückkopplung gibt und Fehler leicht interpretiert werden können. In den Teilen 12 bis 17 dieser Norm werden Gestaltungsregeln für die Informationsdarstellung, die Benutzerführung, die Menügestaltung und weitere Aspekte erläutert.

Die DIN-ISO-Norm 13407 enthält nicht nur eine Erläuterung von geforderten Eigenschaften interaktiver Systeme, sondern zeigt Wege auf, wie diese Eigenschaften realisiert werden können. Es wird ein benutzer- und aufgabengerechter Entwurf gefordert, der eine intensive Auseinandersetzung mit den Benutzern, deren Arbeitsaufgaben und -umfeld einschließt. Konkret wird gefordert,

- dass bei der gesamten Entwicklung Benutzer einbezogen werden,
- dass die Software mit ihnen getestet wird und
- dass auf die festgestellten Probleme angemessen reagiert wird.

6.5 Richtlinien und Styleguides

Der Begriff Richtlinien (engl. *Guidelines*) bezeichnet eine breite Palette unterschiedlicher Dokumente mit sehr verschiedenen Inhalten. Die Gemeinsamkeit von *Richtlinien* besteht darin, dass sie Lösungsvorschläge für häufig wiederkehrende Aufgaben enthalten, die wesentlich präziser und direkter anwendbar sind als Entwurfsprinzipien und Normen. Richtlinien werden in Styleguides zusammengefasst; wobei die Richtlinien um einleitende und motivierende Komponenten, Beispiele und Begründungen ergänzt werden.

Ähnlich wie Entwurfsprinzipien sollten auch Richtlinien gut begründet sein, Erfahrungen und insbesondere *best practices* dokumentieren. Richtlinien beziehen sich auf die Auswahl von Bedienelementen und ihren konkreten Einsatz. Die Orientierung an Richtlinien führt quasi automatisch dazu, dass bestimmte Aspekte der Konsistenz in und zwischen Benutzungsschnittstellen berücksichtigt werden. Zudem erleichtern Richtlinien den Entwicklungsprozess, weil die Notwendigkeit, Entscheidungen zu treffen, reduziert wird.

Die Unterschiede betreffen vor allem die Breite der Anwendbarkeit. Am weitesten anwendbar sind Richtlinien, die sich auf alle Softwaresysteme beziehen, die auf einer bestimmten Betriebssystemplattform laufen. Beispiele dafür sind die *Apple Human Interface Guidelines*[2], die *Windows User Experience Guidelines*[3] und die *Java Look and Feel Design Guidelines* von SUN MICROSYSTEMS.[4] Die Richtlinien der einzelnen Hersteller haben große Überschneidungen, was nicht verwunderlich ist, weil die grundsätzlich zur Verfügung stehenden Bedienelemente größtenteils prinzipiell gleich sind. Beispiele für Richtlinien sind:

- Checkboxen sollten für die Einstellung von binären Werten verendet werden.
- Bedienelemente, die den Eingabefokus haben, sollten nicht deaktiviert werden.
- Namen von Menüeinträgen sollten nicht geändert werden, es sei denn, dass es sich um dynamische Einträge handelt, z.B. die zuletzt geöffneten Dateien.
- Pulldown-Menüs sollten nicht mehr als 10 Einträge haben.
- Menüs von Programmen, die Dokumente bearbeiten, sollten die Standardeinträge *Datei*, *Bearbeiten* und *Ansicht* beinhalten.

Die Beispiele sind alle aus den *Windows User Experience Guidelines* entnommen; sind aber nicht plattformspezifisch und in ähnlicher Form auch Bestandteil der anderen Richtlinien. Die plattformspezifischen Besonderheiten beziehen sich auf das Look-and-Feel der jeweiligen Plattformen, z.B. die Bedeutung von Funktionstasten, und auf (wenige) spezielle Bedienkonzepte, die in der jeweiligen Plattform neu eingeführt wurden. Richtlinien sind teilweise sehr präzise und haben Aufforderungscharakter. Teilweise sind sie so formuliert, dass etwas bedacht werden sollte. Beispiel für diese zweite Form von Richtlinien, wiederum orientiert, an den *Windows User Experience Guidelines* sind:

---

[2] http://developer.apple.com/documentation/userexperience/Conceptual/AppleHIGuidelines/XHIGIntro/XHIGIntro.html, 21. April 2009

[3] http://msdn.microsoft.com/en-us/library/aa511258.aspx

[4] http://java.sun.com/products/jlf/ed1/guidelines.html

- Überlege, die Menüleiste standardmäßig auszublenden, wenn die meisten Kommandos, die die Mehrzahl der Benutzer benötigt, in Toolbars verfügbar sind.
- Überlege, ob Menüs mit drei oder weniger Einträgen mit anderen zusammengefasst werden können.
- Überlege, ob der vertikale Abstand von Menüeinträgen, zusammengehörigen Checkboxen oder Buttons erhöht werden kann, um die Differenzierung zu erleichtern.

Die Richtlinien der führenden Hersteller sind informative und umfassende Dokumente; die *Windows User Experience Guidelines* haben zur Zeit einen Umfang von 852 Seiten.

Spezielle Richtlinien. Richtlinien beziehen sich auch auf spezielle Benutzergruppen und Anwendungsgebiete. Beispiele sind die Nutzung von Landmarken in virtuellen Umgebungen [Vinson, 1999], die Gestaltung von DVD-Menüs [Kappel et al., 2006]) oder Nutzungskontexte [Häkkilä und Mäntyjärvi, 2006]. Auch die allgemeinen Guidelines der Hersteller beinhalten spezielle Aspekte. So werden in den *Windows User Experience Guidelines* auch Richtlinien für Benutzungsschnittstellen erläutert, bei denen eine Touchscreeneingabe erfolgt (diese beziehen sich u.a. auf Mindestgrößen und empfohlene Größen für Bedienelemente, die der Benutzer mit den Fingern selektieren soll). Speziell die relativ neuen Anforderungen an die behindertengerechte Gestaltung von Software haben zur Formulierung von Richtlinien geführt, die bei der Umsetzung der Anforderungen Hilfe geben sollen [Sloan et al., 2006].

Ein wichtiges Kriterium für die Qualität von Richtlinien ist die theoretische Fundierung, die durch Experimente bzw. durch Bezug zu Theorien aus der Psychologie erreicht werden kann. Die Präsentation und Formulierung von Richtlinien ist dabei sehr unterschiedlich. Richtlinien können primär beschreiben, *wie* man etwas tun soll. Effektiver ist es, zu charakterisieren, was unbedingt vermieden werden muss. Populäre Beispiele sind die „Top Ten Mistakes in Web Design", die JAKOB NIELSEN 1997 beschrieben und seitdem mehrfach aktualisiert hat.[5] Die Verwendung von Nicht-Standard-Farben für Links, die Verwendung von Frames, die Nutzung komplexer URLs und die Präsentation veralteter Inhalte sind als derartige Fehler genannt. Johnson [2000] diskutiert sowohl zu vermeidende Fehler („GUI Bloopers") als auch empfehlenswerte Lösungen. Positive Empfehlungen sollten jedoch nicht so missverstanden werden, dass im Wesentlichen derartige Empfehlungen zu befolgen sind und die resultierende Benutzungsschnittstelle dann gut sein *muss*.

Darüber hinaus gibt es in Firmen Richtlinien, die alle von ihr entwickelten Softwareprodukte betreffen. Dabei werden vor allem visuelle Aspekte der Softwareentwicklung (Verwendung von Farben, Symbolen und Fonts) in einen größeren Kontext eingeordnet. Die Software soll die *Corporate Identity* einer Firma widerspiegeln und mitprägen. Ähnlich zu anderen Arten von Richtlinien basieren auch die firmenspezifischen und oft firmeninternen Richtlinien auf langjährigen Erfahrungen und dokumentieren damit erworbenes Wissen. Schließlich sind Richtliniendokumente

[5] www.useit.com, Jakob Nielsen's Website

auch geeignet, um allgemeine Prinzipien, Konzepte und häufig verwendete Begriffe innerhalb eines größeren Softwareprojektes festzuhalten. Diese Form von Richtlinien ist wesentlich häufiger durch Änderungen geprägt; neue Entscheidungen führen dann zu einer Anpassung. Wie Richtlinien und Styleguides im Entwicklungsprozess konkret eingesetzt, weiterentwickelt, kommuniziert und evaluiert werden, wird in Band II als Teil des User Interface Engineerings erläutert. Außerdem wird das Thema Richtlinien in mehreren Kapiteln aufgegriffen, wobei dann die für dieses Thema relevanten Richtlinien behandelt werden.

Qualität von Richtlinien. Für den Leser ist wichtig, dass es eine Vielzahl von Richtlinien gibt, an denen man sich bei der Entwicklung orientieren kann. Aufgrund der Vielzahl von Richtlinien ist es wichtig, die Qualität zu beurteilen. Indizien für eine gute Richtliniensammlung sind klare Strukturen, plausible Begründungen und auch der Entstehungsprozess, der im Idealfall über mehrere Stadien und entsprechend sorgfältig erfolgt ist. Firmenspezifische Richtlinien sind insofern kritisch zu betrachten, als dass Firmeninteressen eine wesentliche Rolle spielen und evtl. die Nutzung gewisser Dialogelemente propagiert wird, ohne dass die Vorteile davon tatsächlich belegt wurden. Als positives Beispiel seien die Web Content Accessibility Guidelines genannt [Chisholm et al., 2001], von denen mehrere Entwurfsversionen auf Konferenzen diskutiert wurden, ehe die Richtlinien offiziell als Dokument des W3-Konsortiums verabschiedet wurden. Ein prinzipielles Problem dieses Richtlinienentstehungsprozesses wird dabei deutlich: er ist langwierig und muss daher auf Aspekte fokussieren, die nicht zu stark von einer schnellen technologischen Entwicklung abhängig sind.

6.6 Zusammenfassung

Sich über Benutzer zu informieren, ihnen zu helfen, ein Modell von der Anwendung zu entwickeln und in ihrer Sprache zu sprechen, sind leicht formulierte Grundsätze. In den folgenden Kapiteln werden konkrete Methoden aufgezeigt, die helfen, diese Prinzipien umzusetzen. Die meisten der oben genannten Prinzipien gelten allgemein für den Entwurf von Schnittstellen für technische Geräte. Nur wenige Prinzipien, wie das Rückgängigmachen von Aktionen (Prinzip 10) und die Adaptierbarkeit von Schnittstellen (Prinzip 13) erfordern eine hohe Flexibilität des Systems und die Fähigkeit, Informationen zu speichern – sie sind spezifisch für Computersysteme. Viele der genannten Empfehlungen gelten auch für die Gestaltung von herkömmlichen technischen Geräten. Daraus erklären sich Ähnlichkeiten zwischen den Prinzipien für die Gestaltung technischer Geräte (Kapitel 4) und den betrachteten Prinzipien für interaktive Computersysteme.

Es gibt vielfältige Zusammenhänge zwischen den hier beschriebenen Prinzipien und der Theorie von NORMAN (vgl. Abschn. 4.5) . Geeignete Eingabemöglichkeiten unterstützen den Benutzer bei der Spezifikation und Ausführung von Bedienhandlungen (Überwindung des „Gulf of Execution“); geeignete Ausgaben erleichtern es, den Systemzustand wahrzunehmen und zu interpretieren (Überwindung des „Gulf of Evaluation“).

Weitere Literatur. Viele Autoren haben versucht, „Goldene Regeln“ für die Entwicklung von Benutzungsschnittstellen aufzustellen. Zwei komplette Bücher erläutern Entwurfsprinzipien ausführlich. Zunächst präsentierten Rubinstein und Hersh [1984] 93 Design-Prinzipien. Später hat Heckel [1991] ein Buch verfasst, dessen zentrales Anliegen die Vermittlung von 30 Design-Prinzipien ist. Kurz und knapp sind dagegen die acht „goldenen Regeln“ in [Shneiderman, 1997a]. Erfreulich starke Beachtung findet aktuell das Thema „Barrierefreiheit“, speziell bei Web-Angeboten. Beispielhaft sei auf [Ruth-Jannek, 2009] verwiesen; dort wird deutlich, wie intensiv Menschen mit Behinderungen Web2.0-Angebote nutzen. Stärker auf die Entwicklung barrierefreier Angebote orientiert sind de Piotrowski und Tauber [2009], die Profile von Benutzern mit Beeinträchtigungen erstellt haben und [Jeschke et al., 2009], die eine konkrete Vorgehensweise präsentieren und diskutieren. Weber et al. [2008] haben in einer Studie gezeigt, wie elektronische Fahrplananzeigen Menschen mit verschiedenen Behinderungen zugänglich gemacht werden können.

Als neueres Entwurfsprinzip ist die bewusste Gestaltung des Nutzungserlebnisses (User Experience) diskutiert worden. Grundlegend dafür sind das Buch von Kahneman und Diener [1999] sowie die Forschungsagenda von Hassenzahl und Tractinsky [2006]. In Kapitel 2 wurde diskutiert, inwiefern kognitive Theorien mit bildgebenden neurowissenschaftlichen Verfahren untersucht werden können. Dies ist auch für die emotionalen Prozesse möglich, die im Rahmen des Experience Design bewusst gestaltet werden. Eine Übersicht darüber liefern Sproll und Peissner [2009]. Aktuelle und praxisrelevante Veröffentlichungen dazu untersuchen die User Experience von sozialer Software, z.B. studiVZ [Ilmberger et al., 2009], von Online-Katalogen [Schulte et al., 2009] und von mobilen Internet-Anwendungen [Buff und Loetscher, 2009].

Tognazzini [1991] hat sein Buch mit einem Anhang abgerundet, in dem Entwurfsprinzipien genannt und kategorisiert werden. Diese sind teilweise auf einer sehr hohen Ebene formuliert, teilweise sehr detailliert, z.B. bzgl. der Gestaltung von Icons und Menüs. Im Internet ist eine aktuelle Version dieser Entwurfsprinzipien mit interessanten Erläuterungen verfügbar.[6] TOGNAZZINI hat maßgeblich an der Gestaltung der Oberfläche des MACINTOSH-Betriebssystems mitgewirkt. Dadurch wird dieses Buch besonders interessant, denn es „verrät“ die Regeln, die hinter den Oberflächen dieser Programme stehen. Zu empfehlen sind die umfassenden Styleguides von APPLE [Incorporation, 1992] und OSF/MOTIF [Foundation, 1992], die viele Erläuterungen und Begründungen beinhalten.

[6] http://www.asktog.com/basics/firstPrinciples.html, 24. August 2009

Teil III
Interaktion mit grafischen Benutzungsschnittstellen

Nachdem in den ersten beiden Teilen des Buches wesentliche Grundlagen, Konzepte und Entwicklungsprinzipien von Benutzungsschnittstellen vorgestellt wurden, widmet sich der dritte Teil praktischen Themen der Mensch-Computer-Interaktion. Für die heutzutage allgegenwärtigen fensterbasierten User Interfaces werden wesentliche technologische Grundlagen und Prinzipien zur Lösung häufig wiederkehrender Aufgaben diskutiert. Das 7. Kapitel gibt einen strukturierten Überblick über aktuelle *Eingabegeräte*, die eine wesentliche Voraussetzung für die Interaktion mit Computern darstellen. Dabei wird deutlich, dass neben den genauer betrachteten Tastaturvarianten zur Texteingabe und der Maus inzwischen eine Vielfalt von Zeigegeräten existiert. Für diese wird eine Klassifikation vorgestellt, und deren Eignung und Anwendung werden untersucht.

Grafische Fenstersysteme als dominante Benutzungsschnittstelle heutiger Computer sind der Fokus des 8. Kapitels und werden mit ihren Bestandteilen vorgestellt und charakterisiert. Die ereignisgesteuerte Verarbeitung von Nutzereingaben und die Generierung von Ausgaben werden neben anderen technischen Aspekten diskutiert. *Window Manager*, mit denen die Anordnung und Verwaltung von Bildschirmfenstern gesteuert wird, werden ebenso behandelt wie Navigationskonzepte, die Nutzung mehrerer Fenster und das Konzept virtueller Desktops. Icons sind ein wichtiger Bestandteil moderner Benutzungsoberflächen und werden daher gesondert betrachtet.

In Kapitel 9 werden verschiedene *Interaktionstechniken* und *Interaktionsstile* vorgestellt. Interaktionstechniken, mit denen eine konkrete Aufgabe auf unterschiedliche Weise gelöst werden kann, lassen sich bestimmten Stilen zuordnen. Nach einer Einführung in sprachbasierte Interaktionsstile wird der Einsatz von Menüs detailliert diskutiert. Der für Desktop-PCs prägende Stil der direkten Manipulation und das dafür wichtige WYSIWYG (What you see is what you get)-Prinzip werden ausführlicher erläutert. Agentenbasierte Interaktion und ein Vergleich von Interaktionsstilen hinsichtlich zentraler Usability-Faktoren runden das Kapitel ab.

Im 10. Kapitel wird dieser Teil durch eine detaillierte Diskussion der *Dialog- und Formulargestaltung* abgeschlossen. Da die Gestaltung effizienter und angenehm zu benutzender Dialoge eine Herausforderung darstellt, werden in diesem Kapitel Grundlagen für ein tiefgründiges Verständnis von Bedienelementen (sogenannter Widgets), ihren Eigenschaften sowie Einsatz- und Kombinationsmöglichkeiten gelegt, wobei die visuelle Gestaltung im Vordergrund steht. Prinzipien des Dialogentwurfs, dynamische Aspekte, zusammengesetzte Dialoge und Besonderheiten bei der Interaktion mit Formularen sind die Hauptthemen dieses Kapitels.

Kapitel 7
Eingabegeräte

Das Design und die Funktion von Eingabegeräten spielen eine entscheidende Rolle in der Interaktion mit Computern. Dabei ist die Auswahl geeigneter Eingabegeräte teilweise durch äußere Umstände stark eingeschränkt. Für das Informationsterminal an einem Bahnhof kommen z.B. am ehesten eine vandalismussichere Tastatur und eine Touchscreeneingabe in Frage. Konstruktionsarbeitsplätze werden dagegen oft mit Grafiktabletts ausgestattet, die eine sehr präzise Eingabe ermöglichen. Bei kleinen mobilen Geräten ist oft eine Stifteingabe sinnvoll. Selbst bei den herkömmlichen Eingabegeräten eines Büroarbeitsplatzes gibt es erhebliche Unterschiede, die sich z.B. auf die Präzision und Schnelligkeit der Eingabe auswirken. Die Vielfalt der Eingabegeräte ist in den letzten Jahren deutlich gewachsen. Insbesondere in der Unterhaltungsindustrie und bei Anwendungen der virtuellen Realität ist eine Vielzahl spezieller Eingabegeräte entwickelt worden, wie z.B. 3D-Mäuse, Datenhandschuhe und Joysticks. In den letzten Jahren ist auch intensiv erforscht worden, wie Blickbewegungen verfolgt und als Eingabe genutzt werden können und wie Gesten verarbeitet und als Eingaben interpretiert werden können. Dieses Kapitel ist auf die klassischen Eingabegeräte fokussiert und zeigt dabei, dass auch deren Gestaltung und adäquate Nutzung eine Vielzahl von Fragen aufwirft.

Dieses Kapitel gibt einen Überblick über Eingabegeräte, wobei versucht wird, „Ordnung" in die Vielfalt der Geräte zu bringen und die Eignung der Geräte für bestimmte Aufgaben zu diskutieren. Die Selektion von Objekten, die Verfolgung eines Pfads und das Verschieben eines selektierten Objekts sind typische Aufgaben, die mit Zeigegeräten bearbeitet werden. Hierzu werden ausgewählte Benutzerstudien beschrieben. Dadurch soll auch deutlich werden, auf welcher Grundlage die beschriebenen Erkenntnisse gewonnen wurden. Außerdem soll der Leser in die Lage versetzt werden, ähnliche Studien für „eigene" Probleme zu konzipieren. Die verbreiteten Eingabegeräte werden ausführlich vorgestellt, wobei auch Varianten betrachtet werden. Mögliche Einsatzszenarien spielen dabei eine wichtige Rolle.

Gliederung. Ehe die einzelnen Eingabegeräte beschrieben werden, erfolgt eine Diskussion der Selektion von Zielen (Abschn. 7.1). Diese Diskussion ist eine Voraussetzung für die Charakterisierung der Tastatureingabe und die Eingabe mittels

B. Preim, R. Dachselt, *Interaktive Systeme*, eXamen.press, 2nd ed.,
DOI 10.1007/978-3-642-05402-0_7, © Springer-Verlag Berlin Heidelberg 2010

Zeigegeräten. In Abschn. 7.2 werden Varianten der Tastatureingabe behandelt, wobei neben der Tastaturform auch das Layout in Bezug auf die Tastenanordnung diskutiert wird. Es schließt sich eine Klassifikation von Zeigegeräten an (Abschn. 7.3). Indirekte und direkte Zeigegeräte werden anschließend vorgestellt und in Bezug auf Eigenschaften und resultierende Anwendungsgebiete verglichen (Abschn. 7.4 und 7.5).

7.1 Selektion von Zielen

In Abschn. 2.4 wurde bei der Diskussion des Arm-Hand-Finger-Systems das Gesetz von FITTS beschrieben, wonach die Zeit für die Selektion eines Ziels von der Größe des Ziels und dem Abstand von der Cursorposition zum Ziel abhängt. Diese beiden Parameter, die den Logarithmus in Fitts' Law bilden, werden als Schwierigkeitsmaß (engl. *index of difficulty*) zusammengefasst. Dieses Gesetz ist speziell bei Zeigegeräten relevant – auf Basis von entsprechenden Tests können die geräteabhängigen Parameter a und b aus Fitts' Law bestimmt werden. Eine Vielzahl an Studien zeigt, dass die Performance der Benutzer damit gut vorhergesagt werden kann. Im Folgenden wird die Erweiterung von Fitts' Law auf zweidimensionale Ziele beschrieben und als Spezialfall diskutiert, ob eine temporäre Vergrößerung möglicher Ziele die Selektionszeiten verringert.

7.1.1 Selektion zweidimensionaler Ziele

Fitts' Law beschreibt nur den Fall einer eindimensionalen Selektion – das heißt, es werden nur senkrechte oder waagerechte Bewegungen betrachtet. Die Selektionszeiten hängen damit nur von der horizontalen und vertikalen Ausdehnung des Objekts ab. Die meisten Selektionsaufgaben sind aber komplexer: so muss bei der Tastatureingabe ausgehend von der zuletzt betätigten Taste eine andere gewählt werden, die sich in beliebigem Winkel α zur ersten befindet. In einem Dialog oder einem Formular erfordert der Wechsel zu einem anderen Eingabefeld auch schräge Bewegungen. Die Positionierung ist also zweidimensional. Abb. 7.1 zeigt Beispiele für Paare unterschiedlich schwieriger Selektionsaufgaben, bei denen eine einfache Fitts' Law-Abschätzung (fälschlicherweise) zum gleichen Ergebnis kommen würde.

Bei der zweidimensionalen Selektion spielen mehrere Faktoren eine Rolle. Einerseits sind Höhe h und Breite b des Ziels wichtig, andererseits spielt der Winkel α, in dem das Ziel angesteuert wird, eine wichtige Rolle. Aus diesen Parametern kann eine scheinbare Länge w (engl. *apparent width*) bestimmt werden – der Abstand zwischen der aktuellen Cursorposition und dem Mittelpunkt des Ziels (siehe Abb. 7.2). Damit ergibt sich für den geräteunabhängigen Teil von Fitts' Law der *in-*

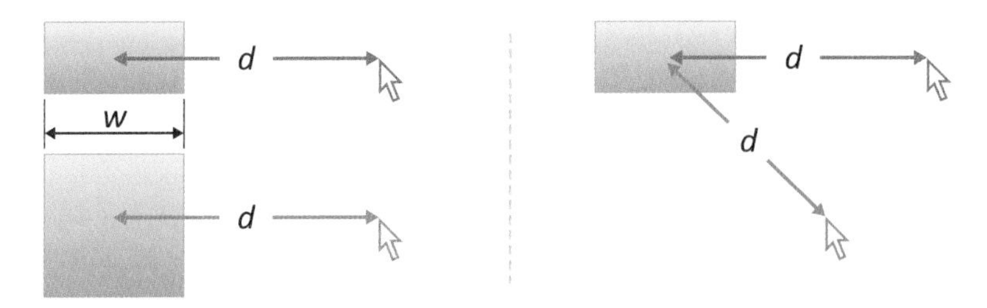

Abb. 7.1: Vereinfachungen entsprechend Fitts' Law. Im linken Bild würde für beide Ziele die gleiche Selektionszeit geschätzt werden, da die Distanzen d gleich sind und bzgl. der Zielgröße nur die (gleiche) Breite w berücksichtigt wird. Im rechten Bild würde ebenfalls für beide Selektionsaufgaben aufgrund der gleichen Distanz d die gleiche Zeit geschätzt, obwohl die schräge Bewegung eine wesentlich höhere Genauigkeit erfordert, da die Ausdehnung in Bewegungsrichtung deutlich geringer ist (nach [Grossman und Balakrishnan, 2005b]).

dex of difficulty entsprechend der Gleichung 7.1. Diese Formulierung geht auf Accot und Zhai [2003] zurück.

$$ID = \log_2(\sqrt{(d/w)^2 + \alpha(d/h)^2 + 1}) \tag{7.1}$$

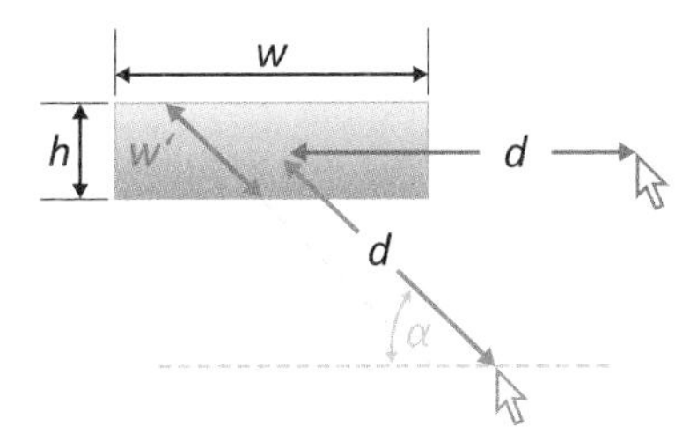

Abb. 7.2: Die scheinbare Breite (*apparent width* w') ergibt sich aus Höhe h, Breite w und dem Winkel α, in dem das Ziel angesteuert wird. Der Wert von w' ist aussagekräftiger für die Schwierigkeit einer Selektionsaufgabe als die achsenorientierte Breite w (nach [Grossman und Balakrishnan, 2005b]).

Die Höhe eines Ziels, das durch eine horizontale Bewegung selektiert werden soll, beeinflusst, wie stark die Richtung von einer exakt horizontalen Bewegung abweichen darf. Intuitiv ist einzusehen, dass eine größere „erlaubte" Abweichung die Selektionsaufgabe erleichtert und dazu führt, dass sie schneller und mit höherer Sicherheit fehlerfrei durchgeführt wird. Grossman und Balakrishnan [2005b] vergleichen dies anschaulich mit dem Werfen von Pfeilen auf eine Dartscheibe. Bei gegebenem Abstand zum Ziel ist es wesentlich leichter, die Dartscheibe als Ganzes zu treffen als einen der inneren Kreise. Berücksichtigt man den Winkel α, in dem der Benutzer sich dem Ziel nähert, so ergibt sich im Extremfall, dass die scheinbare Breite w' gleich der Höhe h ist. Das macht klar, dass bei diesen Winkeln die Höhe h das Schwierigkeitsmaß entscheidend beeinflusst.

Selektion, Navigation und Skalierung. Die bisherigen Betrachtungen gingen davon aus, dass das zu selektierende Ziel *sichtbar* ist. Diese Voraussetzung ist häufig nicht gegeben, so dass zunächst Darstellungen *skaliert* oder durch Scrollen (Navigation in eine Richtung) bzw. *Panning* (Verschieben eines Ausschnitts in zwei Richtungen) manipuliert werden müssen, um das Ziel sichtbar zu machen. Die Auswahl einer geeigneten Sicht auf ein eventuell sehr großes Dokument, z.B. eine Weltkarte, ist dabei die globale Aufgabe und die Selektion in dieser Sicht die untergeordnete lokale Aufgabe. Guiard et al. [2004] zeigen, dass auch in diesen Fällen mittels Fitts' Law die Selektionszeiten vorhergesagt werden können. Dies ist dadurch möglich, dass die Auswahl einer Sicht, also z.B. eines Kartenausschnitts, ganz ähnlich zu der späteren (lokalen) Selektionsaufgabe ist und wiederum von der Größe dieses Ausschnitts und der Entfernung zur Cursorposition abhängt. Ein punktförmiges Ziel in einer Übersichtsdarstellung auszuwählen, so dass es in einer lokalen Darstellung erscheint, bedeutet, dass ein Intervall so bewegt wird, dass es das Ziel enthält. Dies ist entgegengesetzt zu der klassischen Selektionsaufgabe, bei der der punktförmige Cursor in ein Intervall, der Ausdehnung des Zielobjekts entsprechend, bewegt wird.

Guiard et al. [2004] haben Experimente durchgeführt, um die Anwendbarkeit von Fitts' Law zu untersuchen. Sie nutzen dabei ein Interface, mit dem eine grafische Darstellung stufenlos skaliert werden kann, ein sog. *Zoomable User Interface* [Perlin und Fox, 1993]. Guiard et al. [2004] zeigen (erwartungsgemäß), dass die Schwierigkeit einer solchen Aufgabe von der Größe des Displays abhängt – je kleiner das Display, desto schwieriger ist es, das Ziel durch Skalierung und Panning zu lokalisieren. Dieser Effekt ist linear, allerdings schwächt er sich ab einer gewissen Displaygröße stark ab.

7.1.2 Selektion expandierender Ziele

Die zunehmende Dichte von Symbolen und Bedienelementen in modernen Benutzungsschnittstellen führt zu der drängenden Frage, wie der Bildschirmplatz effektiv genutzt werden kann. Diese Frage ist besonders wichtig, wenn die Bildschirmfläche relativ klein ist, wie bei Laptops oder anderen mobilen Geräten. Die Symbole sehr klein darzustellen, ist ungünstig, weil die Erkennbarkeit schwindet und die Symbole schwer selektierbar sind. Entsprechend Fitts' Law (Abschn. 2.4) verlängern sich Selektionszeiten bei kleineren Zielen. Gute Kompromisse zwischen Selektionszeiten und einer relativ hohen Symboldichte ließen sich erreichen, wenn die zu selektierenden Ziele temporär vergrößert werden würden. Die Umsetzung dieser Idee wirft eine Reihe von Fragen auf:

- Wie kann das System entscheiden, welche Symbole aktuell wahrscheinliche Ziele sind, deren Vergrößerung die Selektion begünstigt?

- Wie ist der genaue Ablauf bei der Selektion eines Ziels?
- Zu welchem Zeitpunkt muss das zu selektierende Ziel vergrößert sein, damit die Selektion tatsächlich beschleunigt wird?

Dass die Antwort auf diese Fragen entscheidend ist, macht eine einfache Überlegung klar: Wenn die Selektion im Wesentlichen so abläuft, dass der Benutzer eine Bewegung initiiert, die quasi unmittelbar zur Selektion des Ziels führt, ist jede Positionsveränderung bzw. Skalierung, die danach erfolgt, nicht hilfreich, sondern sogar kontraproduktiv – der Benutzer verfehlt dadurch evtl. sogar das Ziel. Kontrollierte Studien zeigen aber, dass eine Selektion aus mehreren Subbewegungen besteht, bei denen spätere Bewegungen ein geringeres Ausmaß haben und die Ergebnisse der ersten Bewegung korrigieren, wobei sowohl eine zu große Bewegung (engl. *over=shooting*) als auch zu kleine initiale Bewegungen (engl. *undershooting*) korrigiert werden. Beide Korrekturbewegungen werden in Abb. 7.3 veranschaulicht.

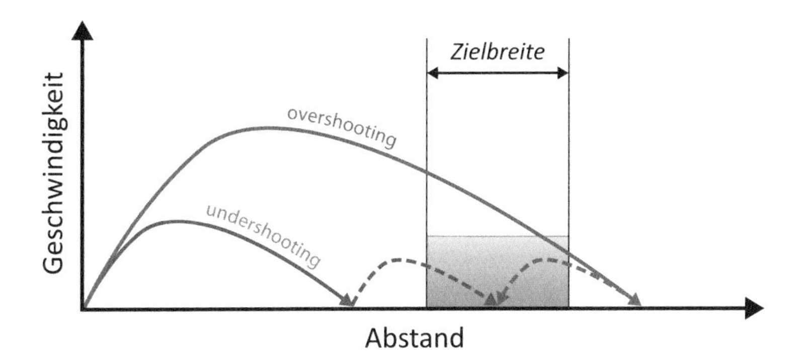

Abb. 7.3: Die Positionsveränderung zur Selektion eines Ziels erfolgt iterativ. Eine erste schnelle Bewegung muss (mehrfach) in kleinen Schritten korrigiert werden, indem entweder die erste Bewegung teilweise zurückgenommen wird oder um eine zweite kleine Bewegung ergänzt wird (nach [McGuffin und Balakrishnan, 2002]).

Obwohl der größte Teil der nötigen Positionsveränderung in einer großen, schnellen Bewegung erreicht wird, nehmen diese Korrekturbewegungen zeitlich den größten Teil in Anspruch. Das bedeutet, dass eine Vergrößerung des Zielobjekts auch in einem relativ späten Stadium sinnvoll ist, wenn der Mauscursor bereits sehr nahe am Ziel ist. Diese Beobachtung hilft auch bei der Beantwortung der ersten Frage: Wenn die späte Vergrößerung möglicher Ziele in (unmittelbarer) Cursornähe sinnvoll ist, kommen nur wenige Ziele in Frage [McGuffin und Balakrishnan, 2002].

Im Detail sind weitere Fragen zu klären, insbesondere wie das Layout auch bei expandierenden Zielen ausgewogen gestaltet werden kann und Überdeckungen vermieden werden. Expandierende Ziele zu nutzen, ist mittlerweile eine verbreitete Strategie, die u.a. in etlichen APPLE MACINTOSH-Programmen zum Einsatz kommt (siehe Abb. 7.4). Die Vergrößerung erfolgt stufenweise, wobei die Skalierungsfaktoren zwischen 1 und 2 liegen.

Abb. 7.4: Das *Dock* mit verbreiteten Programmen beim Betriebssystem Apple Mac OS X. Ausgehend von der Situation (oben) wird der Cursor bewegt und die in der Nähe befindlichen Ziele werden in mehreren Stufen vergrößert, um die Selektion zu begünstigen. Zusätzlich werden die nächsten Ziele beschriftet (Screenshot von Apple Macintosh™).

7.2 Tastaturen

Die Tastatureingabe ist der Standard, um textuelle und numerische Informationen einzugeben. Die heutigen Computertastaturen weisen viele Ähnlichkeiten zu Schreibmaschinen auf, die im 19. Jahrhundert entstanden sind. Die erste kommerziell erfolgreiche Schreibmaschine wurde etwa 1870 vom Herausgeber und Erfinder CHRISTOPHER L. SHOLES, entwickelt. Auf ihn geht auch das heute noch verbreitete Layout zurück, das entsprechend der Reihenfolge der Buchstaben in der obersten Buchstabenzeile QWERTY bzw. QWERTZ benannt wird. Seitdem gab es zahlreiche Verbesserungen, die dazu dienten, die Performance zu verbessern und breiteren Benutzerschichten, insbesondere auch solchen mit motorischen Einschränkungen, gerecht zu werden.

Die Tasten weisen dabei eine leicht konkave Form auf, die ein Abrutschen erschwert, und sie geben ein dezentes Feedback, wenn sie so weit gedrückt sind, dass die Tasteneingabe registriert wurde. Dieses Feedback ist vor allem wichtig, um „blind" zu schreiben, also zu schreiben, ohne das Display zu betrachten, auf dem die Buchstaben erscheinen. Funktionstasten dienen dazu, häufig benötigte Kommandos schnell zu aktivieren. Schließlich ist es durch die Nutzung von Cursortasten, Tabtasten und der Tasten „PageUp" und „PageDown" möglich, in Dokumenten und Dialogen zu navigieren. Insofern sind Tastaturen sehr mächtige Eingabegeräte – viele Programme lassen sich im Wesentlichen mit der Tastatur bedienen. Die Eingabemöglichkeiten auf Basis der Tastatur sind teilweise redundant zu denen, die mit einem Zeigegerät möglich sind. Dies betrifft z.B. die Positionierung und Verschiebung mittels Cursortasten. Diese Redundanz der Eingabemöglichkeiten könnte überflüssig und unnötig erscheinen. Tatsächlich gibt es zwei wichtige Gründe, die dafür sprechen, die Tastatur mit derart vielen Möglichkeiten auszustatten:

- *Unabhängigkeit von Zeigegeräten.* Es ist von Vorteil, z.B. bei der mobilen Nutzung von Notebooks, wenn auf ein Zeigegerät verzichtet werden kann. Zudem gibt es Benutzergruppen mit motorischen Einschränkungen, wie z.B. Parkinson-Patienten, für die die Feinpositionierung mit einem Zeigegerät nicht möglich ist.
- *Reduktion von Umschaltzeiten.* Die durchgängige Nutzung der Tastatur erlaubt es teilweise, Bedienhandlungen deutlich schneller durchzuführen, weil der Wechsel des Eingabegerätes vermieden werden kann.

Die Reduktion der Umschaltzeiten, die beim Wechsel des Eingabegerätes entstehen, ist ein Grund, in Notebook-Tastaturen einen kleinen isometrischen Joystick einzubauen (dieses Zeigegerät wird Trackpoint genannt und wird in Abschn. 7.4.4 beschrieben).

7.2.1 Tastaturgestaltung

Im Detail unterscheiden sich Tastaturen in ihrer äußeren Erscheinung, aber auch in ihrer Funktion. Laptops und andere mobile Geräte haben relativ kleine Tastaturen. Die versehentliche Aktivierung benachbarter Tasten tritt dadurch häufiger auf, und die dauerhafte Nutzung ist eher unangenehm. Tastaturen für Büroarbeitsplätze sollten besonders ergonomisch sein, da sie oft viele Stunden täglich benutzt werden. Die abgewinkelte Stellung der Handgelenke, die bei normalen Tastaturen mit strikt zeilenorientiertem Layout entsteht, ist dabei ungünstig. Besonders ergonomisch sind Tastaturen, bei denen die Tasten so angeordnet sind, dass die Finger des Benutzers etwa senkrecht zu den Tasten orientiert sind. Weniger durchgesetzt haben sich zweigeteilte Tastaturen, die wie ein V geformt sind und dadurch noch stärker der üblichen Handgelenkshaltung angepasst sind. Ungünstig ist dabei, dass die Tasten in den beiden Hälften strikt getrennt sind und in der Nähe der Trennstelle auch relativ weit auseinander liegen. Daher haben sich in den letzten Jahren vor allem Tastaturen mit einem geschwungenen Layout durchgesetzt (Abb. 7.5).

Vandalismussichere Tastaturen sind nicht auf eine Dauernutzung ausgelegt. Hier steht im Vordergrund, dass durch robustes Design Schäden vermieden werden. Diese Tastaturen kommen vor allem im öffentlichen Raum zum Einsatz (Abb. 7.6).

Tastaturen sind generell feuchtigkeitsempfindlich. Tastaturen mit einem Folienüberzug werden genutzt, falls Feuchtigkeit nicht zu vermeiden ist, z.B. in Werkhallen. Das Feedback der Tasten ist in der Regel nicht so günstig; Folientastaturen gelten als schwieriger zu bedienen [Heinecke, 2004]. Gefertigt sind sie aus Stahl und sind damit sowohl gegen Feuchtigkeit als auch gegen Beschädigungen robust.

Abb. 7.5: Geschwungene Anordnung der Tasten (Bild: Hersteller Microsoft).

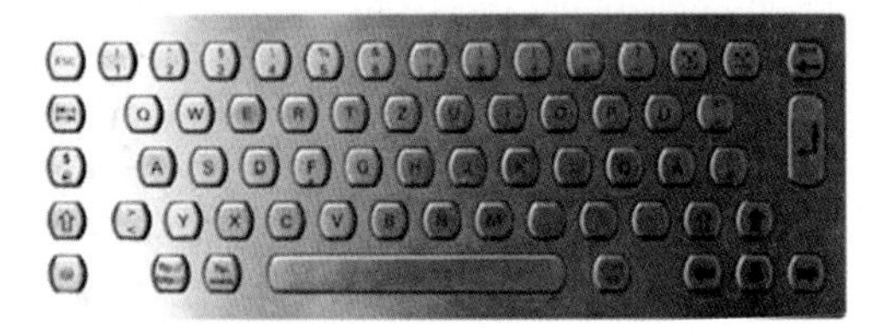

Abb. 7.6: Vandalismussichere Tastatur aus Metall (Bild: Hersteller Rafi) .

7.2.2 Tastenlayout

Das Layout der Tasten ist im Unterschied zur äußeren Form zumindest für Büroarbeitsplätze stark standardisiert, wobei sich das bereits erwähnte (QWERTY bzw. QWERTZ)-Layout von SHOLES für lateinische Sprachen durchgesetzt hat. Lediglich Details, wie die Position von „y“ und „z“, unterscheiden sich zwischen deutschen und englischen Tastaturen. Die Leertaste ist sehr groß; ebenso die Entertaste. Beide werden relativ häufig benötigt und können durch ihre Größe und ihre markante Position (jeweils in einem Randbereich) besonders leicht selektiert werden.

Die Gewöhnung betrifft dabei sowohl Reihenfolge und Anordnung der Tasten als auch das motorische (Muskel-) Gedächtnis. Dieses Gedächtnis erfasst, welche Bewegungen notwendig sind, um bestimmte Tastenkombinationen zu realisieren. Eine deutliche Verkleinerung der Tastatur, z.B. für mobile Geräte, würde also trotz gleicher Anordnung der Tasten dazu führen, dass die gewohnten Bewegungen nicht korrekt sind [Bowman et al., 2004].

Bei mobilen Geräten gibt es eine Vielzahl von Tastenanordnungen; das QWERTZ-Layout spielt auch dort eine große Rolle (Abb. 7.7). Im Beispiel handelt es sich um eine virtuelle Tastatur, deren Anordnung von der Orientierung des Gerätes abhängt. Der separate Ziffernblock unterstützt die Eingabe längerer Zahlenfolgen – die Wege zwischen den Tasten sind dort im Durchschnitt kürzer als in der Ziffernzeile oberhalb der Buchstaben. Etwas kurios ist, dass der Ziffernblock die Ziffern 7, 8 und 9 in der oberen Zeile beinhaltet. Dies ist inkonsistent zu Telefonen, bei denen dort die Ziffern 1, 2 und 3 angeordnet sind, stimmt aber dafür mit dem gängigen Layout von

Taschenrechnern überein. Benutzer, die häufig Zifferneingaben mittels Tastatur und Telefon durchführen, machen daher bei der Zahleneingabe leicht Fehler.

Die Ctrl- bzw. Strg-Taste ist redundant an zwei Stellen angeordnet, so dass sie leicht zusammen mit verschiedenen Buchstaben aktiviert werden kann. Wichtige Tasten, wie das Umschalten zwischen Groß- und Kleinbuchstaben, sind am linken Rand angeordnet.

Abb. 7.7: Tastatur des iPhone. Die Texteingabe ist mit einem Wörterbuch kombiniert. So können viele Tippfehler automatisch korrigiert werden. Leerzeichen und Enter-Taste sind vergrößert. Im vertikalen Layout (links) sind die Tasten schwerer zu treffen als im horizontalen (rechts). Links werden drei Möglichkeiten für den zu wählenden Buchstaben eingeblendet.

Man könnte annehmen, dass das Tastenlayout optimal ist in Bezug auf die Fehlerrate der Benutzer und die Geschwindigkeit, mit der geschrieben wird. Das ist allerdings nicht zutreffend. Bei einem optimalen Tastaturlayout sollten die am häufigsten verwendeten Buchstaben gut erreichbar (nicht in der unteren Reihe angeordnet) und eher rechts angeordnet sein, da die Mehrheit überwiegend rechts schreibt.

Im 20. Jahrhundert wurden zahlreiche Alternativen zur QWERTY-Tastatur entwickelt. Die bekannteste ist die schon in den 30er Jahren entwickelte Dvorak-Tastatur [Yamada, 1980, Norman und Fisher, 1982], deren bessere Effizienz für trainierte Nutzer nachgewiesen werden konnte (200 Wörter pro Minute im Vergleich zu 150 Wörtern mit dem QWERTZ-Layout). Dennoch konnte sich die Dvorak-Tastatur (siehe Abb. 7.8) nicht in größerem Stil durchsetzen. Zwar ist es in einigen Betriebssystemen möglich, auf das Dvorak-Layout umzuschalten, aber dann verbleibt die Aufgabe, die Tastatur entsprechend umzubauen oder mittels einer Tastaturschablone die geänderte Zuordnung deutlich zu machen.

Nun könnte man die Diskussion aus praktischer Sicht an dieser Stelle beenden – es gibt ein Tastaturlayout, dass zwar nicht optimal, aber so breit akzeptiert ist, dass Veränderungen sich nicht durchsetzen. Aus Sicht der Desktop-PCs kann die Diskussion wohl tatsächlich vorerst für abgeschlossen gehalten werden. Bei den vielen neueren Geräten und Nutzungsszenarien, die sich noch stärker von der Schreibmaschinensituation unterscheiden, für die das ursprüngliche Tastaturlayout entwickelt wurde, ist die Diskussion aber noch relativ offen. Zudem ist es möglich und sinnvoll, das „klassische" Tastaturlayout für spezielle Anwendungen so zu modifizieren, dass spezielle Funktionen leichter gefunden werden. So ist in Abb. 7.9 eine Tastatur dargestellt, die für ein spezielles Videoschnittprogramm entwickelt wurde. Die Bedeutung der Funktionstasten muss dabei nicht erlernt werden, sondern ist durch zusätzliche Symbole auf der Tastatur integriert. Auf diese Weise ist eine Tastatur einerseits für die Nutzung eines speziellen Programms angepasst; andererseits können auch andere Programme dadurch gesteuert werden, ohne dass die Bedeutung „normaler" Tasten neu gelernt werden muss.

Abb. 7.8: Das Dvorak-Layout ist für rechtshändige Benutzer und die englische Sprache optimiert (Quelle: Wikipedia, Johannes Barre).

Alternative Tastaturlayouts. Aufgrund der Notwendigkeit, neue Tastaturen bei mobilen Geräten zu entwickeln, wollen wir hier kurz erklären, wie ein günstiges Tastaturlayout erreichbar ist und wie dieses bewertet werden kann. Vertieft wird das Thema später im Zusammenhang mit mobilen Eingabegeräten, bei denen die Text- und Zahleneingabe ein großes Problem darstellt.

Im Folgenden werden alternative und bezüglich der erreichbaren Performance verbesserte Tastaturlayouts genauer behandelt. Diese Diskussion basiert auf einer Fitts' Law-Analyse, also einer theoretischen Abschätzung der erreichbaren Schreibgeschwindigkeit. Diese Form der theoretischen Analyse von Tastaturlayouts geht auf Soukoreff und MacKenzie [1995] zurück und basiert auf den Abständen der Tasten und der relativen Häufigkeit, mit der eine bestimmte Zeichenfolge auftritt. Daraus ergibt sich, dass ein optimales Layout an eine konkrete Sprache angepasst

Abb. 7.9: Klassisches Tastaturlayout angereichert mit der Bedeutung von Funktionstasten des Videoschnittprogramms Adobe Premiere. Die Tasten, die zu zusammengehörigen Funktionen korrespondieren, sind zudem farblich entsprechend gekennzeichnet.

ist. Kombinationen wie „th" kommen im Englischen besonders häufig vor und sollten daher nahe beieinander liegen. Die Bestimmung der relativen Häufigkeit von Buchstabenkombinationen ist dabei entscheidend. Zhai et al. [2000] haben dazu sowohl eine Vielzahl von Zeitungsartikeln als auch Texte aus Chaträumen genutzt. Die relative Häufigkeit, mit der zwei Buchstaben aufeinander folgen, wird in *Digraphs* repräsentiert. Besonders oft wird die Leertaste benutzt (17 % aller Tastenbetätigungen). Sie wird etwa doppelt so häufig betätigt wie das „t" – der im Englischen am häufigsten vorkommende Buchstabe. Aufgrund dieser Besonderheit sind auch *Trigraphs* – Häufigkeiten von Kombinationen bestehend aus einem Buchstaben, der Leertaste und einem weiteren Buchstaben – analysiert worden.

Dies führte zu dem Vorschlag, vier Leertasten in das Tastaturlayout zu integrieren und diese „nur" doppelt so groß wie eine normale Buchstabentaste zu dimensionieren (siehe Abb. 7.10) [MacKenzie und Zhang, 1999]. Theoretisch ist dadurch eine deutliche Verbesserung möglich. Allerdings wird diese Verbesserung nur erreicht, wenn die Benutzer tatsächlich immer die optimal platzierte Leertaste auswählen. Immerhin erreichte die derart verbesserte *Opti II*-Tastatur in einer Evaluierung (nach 20 Übungen von 45 Minuten Dauer) eine Effizienz von 44 Wörtern pro Minute (fast 50 % über den Werten, die mit der QWERTY-Tastatur erreicht werden) [MacKenzie und Zhang, 1999]. Auf Basis einer konservativen Fitts' Law-Analyse wurde eine Leistung von 38 Wörtern pro Minute bei einem erfahrenen Benutzer vorhergesagt.

Größe der Tasten. Der Sonderfall der Leertaste kann verallgemeinert werden. Neben der Distanz ist die Größe des Ziels wesentlich für die Selektionszeit. Sollte man nicht auch andere überdurchschnittlich häufig verwendete Tasten vergrößern? Zhai et al. [2000] argumentieren gegen derartige Lösungen. Zum einen erschwert die selektive Vergrößerung einzelner Tasten die Gestaltung eines kompakten Layouts. Zum anderen werden natürlich alle Wege, bei denen diese vergrößerten Tasten gekreuzt werden, verlängert, sodass der Einspareffekt teilweise kompensiert wird.

Q	F	U	M	C	K	Z
		O	T	H		F1
B	S	R	E	A	W	X
		I	N	D		
J	P	V	G	L	Y	

Abb. 7.10: Die OptiI-Tastatur ist für die englische Sprache optimiert. Vier Leertasten sollen die Betätigung dieser Taste beschleunigen (nach [MacKenzie und Zhang, 1999]).

Spezielle Anwendungsgebiete. Die Gestaltung von Tastaturen ist besonders wichtig, wenn es um häufig vorkommende Spezialaufgaben geht, bei denen (noch) keine tiefe Prägung der Anwender durch ein *konkretes* Layout gegeben ist. Ein Beispiel sind Kassen in Supermärkten, bei denen neben der reinen Zahleneingabe eine Reihe von Funktionen genutzt wird. Das Tastaturlayout in Abb. 7.11 ist auf diese Anwendung zugeschnitten. Es gibt aber auch eine Vielzahl anderer Tastaturlayouts für ähnliche Aufgaben. Aufgrund der Häufigkeit, mit der eine Kassiererin diese Form der Eingabe nutzt, ist ein sorgfältig gestaltetes Layout essenziell, um Bearbeitungszeiten und fehlerhafte Eingaben zu reduzieren.

Virtuelle Tastaturen. Zhai et al. [2000] haben im Unterschied zur Opti-Tastatur nur eine Leertaste verwendet. Dies begründen sie damit, dass die theoretische Einsparung durch mehrere Leertasten praktisch nicht erreicht wird. Das Ziel ihres Designs ist es, eine Tastatur zu entwickeln, die auf eine Unterlage projiziert wird (eine virtuelle Tastatur) und mit einem Stift bedient wird. Es gibt dabei also keine „echten“ Tasten, die erfühlt werden und haptisches Feedback geben. Insofern ist dies ähnlich zu „emph“ Softkeys, die in Abschn. 4.4.2 als Bedienkonzept bei eingebetteten Geräten, wie Kaffeemaschinen vorgestellt worden sind. Bei diesem Szenario ist es noch wichtiger, dass Buchstabenfolgen möglichst nebeneinander platziert sind. Dadurch kann der Stift mit einer Linie mehrere Buchstaben oder kurze Wörter definieren, ohne dass er ab- und aufgesetzt werden muss.

Schließlich wurde für das neue sogenannte Metropolis-Layout eine Performance von 43 Wörtern pro Minute vorausgesagt (gegenüber 30 Wörtern pro Minute bei der QWERTY-Tastatur und 38 bei der Opti-Tastatur). Natürlich reicht es nicht aus, auf Basis von relativen Häufigkeiten bestimmter Buchstabenkombinationen und Abständen zwischen Tasten theoretisch mögliche Schreibgeschwindigkeiten vorauszusagen. Diese müssen in Tests überprüft werden, wobei auch der erforderliche Lernaufwand beurteilt werden muss, um in die Nähe der erreichbaren Geschwindigkeit zu gelangen. In Abb. 7.12 ist eine virtuelle Tastatur dargestellt. Nachteilig ist daran allerdings, dass die taktile Rückkopplung fehlt, die Benutzer von realen Tastaturen

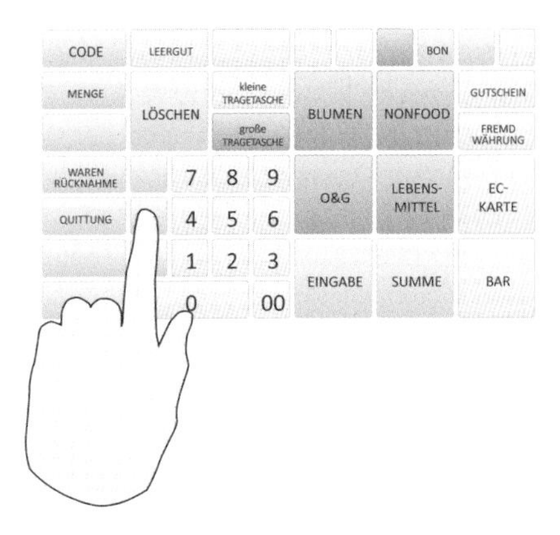

Abb. 7.11: Das Tastaturlayout einer Supermarktkasse ist ausgewogen und optisch ansprechend. Die Anordnung und Strukturierung der Tasten entspricht der Aufgabe. Die Bearbeitung von Aufgaben durch Betätigung von Bedienelementen, die von links nach rechts angeordnet sind, ist kompatibel zur Lesereihenfolge von links nach rechts. Tasten für Bezahlvorgänge sind am rechten Rand zusammengefasst, da die Bezahlung jeweils am Ende erfolgt.

gewohnt sind. Wichtig ist, dass virtuelle Tastaturen auf physische Oberflächen (und nicht in die Luft) projiziert werden [Bowman et al., 2004].

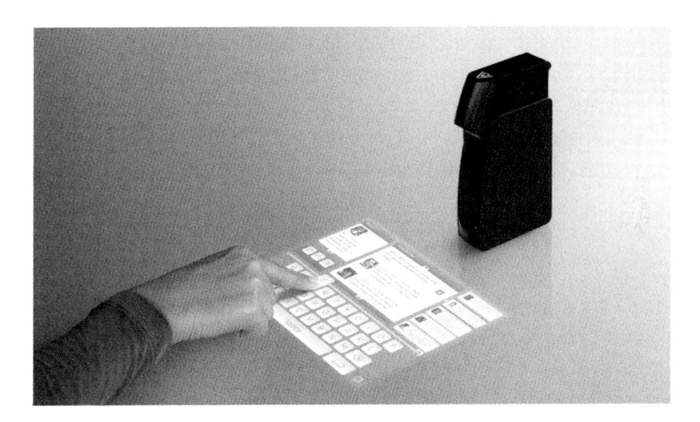

Abb. 7.12: Eine virtuelle Tastatur wird auf eine physische Unterlage projiziert und mittels Stift oder Fingern bedient.

Spezielle Function Pads. Tastaturen auf spezielle, sehr häufig genutzte Anwendungen zuzuschneiden, sodass die wichtigsten Funktionen besonders schnell erreichbar sind, ist ein lohnendes Ziel, dem allerdings die Gewöhnung an die „Standardtastatur" im Wege steht. Ein möglicher Kompromiss besteht darin, die normale

Tastatur um ein spezielles *Function Pad* zu ergänzen, das diese besonders wichtigen Kommandos verfügbar macht. Zu diesem Zweck können industriell vorgefertigte Function Pads genutzt und die Beschriftungen der Tasten angepasst werden (Abb. 7.13, links). Diese Variante ist natürlich wesentlich preiswerter als die Entwicklung eines völlig neuen Eingabegerätes (Abb. 7.13, rechts); allerdings ist die Flexibilität bzgl. Anzahl und Anordnung der Tasten reduziert. Das rechte Bild in Abb. 7.13 zeigt eine solche Spezialentwicklung, die in verschiedenen Iterationen überarbeitet wurde, ehe sie in ein Produkt integriert wurde.

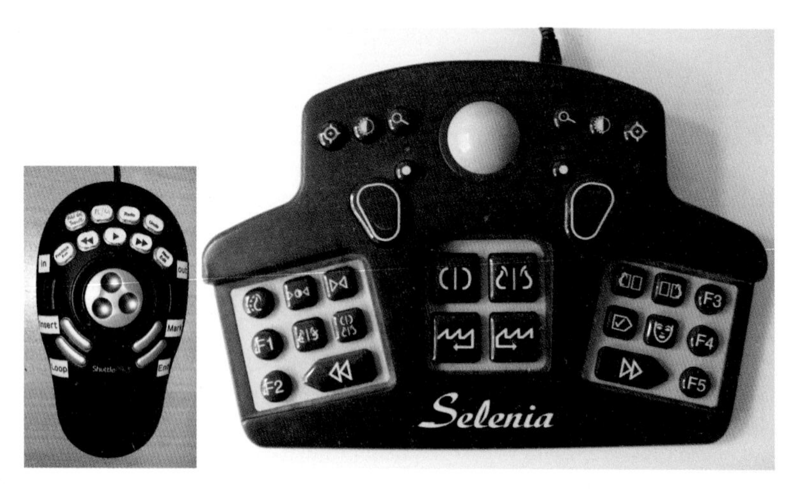

Abb. 7.13: Links: Ein Function Pad integriert die für eine Spezialapplikation wichtigen Kommandos. Diese werden geeignet beschriftet, sodass effizient darauf zugegriffen werden kann. Rechts: Ein speziell gestaltetes Function Pad für die Befundung von Mammographien. Das Umschalten zwischen den einzelnen Bildern, z.B. Voraufnahmen und aktuellen Aufnahmen, wird dadurch unterstützt (Quelle: MeVis Breastcare).

Fazit. Entwurf und Bewertung des Tastaturlayouts basieren auf psychologischen Erkenntnissen über das Arm-Hand-Finger-System (Abschn. 2.4) und auf Häufigkeiten, mit denen Tasten und Tastenkombinationen aktiviert werden. Position, Größe und Farben von Tasten beeinflussen die Effizienz der Benutzer. Analysen in Bezug auf die Häufigkeit der Benutzung sind besonders wichtig, um Funktionstasten effizient einzusetzen. Die Experimente werfen eine Reihe von neuen Forschungsfragen auf. Offen sind z.B. Fragen wie:

- Wie erfolgt das Lernen eines neuen Tastaturlayouts in der Anfangsphase, wenn die Tasten gesucht werden müssen – ist dieser Prozess sehr systematisch oder eher zufällig?
- Werden eher Positionen der Tasten oder Pfade auf der Tastatur, mit denen relativ häufig genutzte Wörter geschrieben werden, memoriert?

7.3 Klassifikation von Zeigegeräten

Zeigegeräte werden benötigt, um auf einem grafischen Bildschirm Objekte oder Regionen zu selektieren, zu aktivieren bzw. zu manipulieren. Die Bewegung eines Zeigegerätes kann in einem Anwendungsprogramm als Folge von Bildschirmkoordinaten erfasst werden. Jedes Zeigegerät verfügt über einen Knopf, um eine Aktion auszulösen. Ein Anwendungsprogramm wird davon in Kenntnis gesetzt, dass ein Knopf betätigt oder losgelassen wurde. Mit allen im Folgenden aufgeführten Zeigegeräten ist auch ein Doppelklick möglich. Dabei dient der erste Klick der Selektion eines Objekts und der zweite der Ausführung eines Kommandos für dieses Objekt (z.B. das Ausführen eines Programms oder die Anzeige eines Dokuments). Aufgrund dieser vielen Gemeinsamkeiten zwischen unterschiedlichen Zeigegeräten können Anwendungen häufig so realisiert werden, dass von einem *logischen Zeigegerät* ausgegangen wird. Welches *physische Zeigegerät* sich dahinter verbirgt, muss zunächst nicht festgelegt werden. Dennoch haben physische Zeigegeräte im Detail unterschiedliche Charakteristika, die die Anwendungsmöglichkeiten beeinflussen und die es sinnvoll erscheinen lassen, Anpassungen in der Benutzungsschnittstelle für konkrete Zeigegeräte vorzunehmen. Die Unterscheidung in physische und logische Zeigegeräte geht bereits auf Foley und Wallace [1974] zurück. Sie ist mehrfach ergänzt worden, wobei die Zuordnung von Eingabegeräten zu Interaktionsaufgaben betrachtet wurde. Interaktionsaufgaben werden ausführlich in Kapitel 9 behandelt. Hier seien nur einige Beispiele genannt, wie die Texteingabe, die Selektion eines Objekts, die Eingabe einer Folge von Positionen (Pfadeingabe). Die Texteingabe ist offensichtlich eine Interaktionsaufgabe, die vorrangig mit der Tastatur realisiert werden kann; die meisten anderen Interaktionsaufgaben können prinzipiell mit allen Zeigegeräten realisiert werden, wobei sich die Genauigkeit und Geschwindigkeit der Eingabe deutlich unterscheidet. Es gibt deutlich ausgefeiltere Klassifikationen von Zeigegeräten als die hier vorgestellte; diese berücksichtigen insbesondere 3D-Eingabegeräte und speziellere Interaktionsaufgaben [Mackinlay et al., 1990, Buxton, 1983].

7.3.1 Konzeptionelle Charakterisierung von Zeigegeräten

Zeigegeräte haben physische Merkmale und solche, die mit der Art ihrer Nutzung zusammenhängen. Diese konzeptionellen Nutzungsmerkmale werden in diesem Abschnitt erläutert.

Direkte und indirekte Zeigegeräte. Generell kann man Zeigegeräte in zwei Klassen einteilen: direkte und indirekte Zeigegeräte. Mit direkten Zeigegeräten wird unmittelbar auf den grafischen Bildschirm gezeigt. Diese Interaktionsform hat in den letzten Jahren eine große Verbreitung erfahren. Die stiftbasierte Eingabe wird vor allem in mobilen Kontexten, z.B. im Zusammenhang mit Tablet-PCs, Smartphones und PDAs eingesetzt. Das direkte Zeigen ist intuitiv und damit leicht erlernbar;

allerdings wird dadurch ein Teil des Bildschirms verdeckt. Wenn der Bildschirm senkrecht steht, kommt es zudem schnell zu Ermüdungserscheinungen aufgrund der ungewohnten Armhaltung.

Indirekte Zeigegeräte werden dagegen nicht in direkten Kontakt zum Bildschirm gebracht. Stattdessen wird eine Bewegung an anderer Stelle auf den Bildschirm transformiert, sodass ein Cursor auf dem Bildschirm gesteuert wird. Die Bedienung von indirekten Zeigegeräten, wie der Maus, muss erst erlernt werden. Die Koordination von Auge und Hand bereitet Anfängern oft Schwierigkeiten. Auf der anderen Seite bietet die Transformation zwischen der Bewegung des Zeigegerätes und der Bewegung eines Cursors auf dem Bildschirm einen zusätzlichen Freiheitsgrad, z.B. bzgl. der Geschwindigkeit, mit der der Cursor bei einer bestimmten Bewegung seine Position verändert.

Absolute und relative Positionierung. Zeigegeräte werden auch danach unterschieden, ob die Positionierung absolut ist, in Bezug auf einen Ursprung oder relativ. Die Positionierung auf einem Grafiktablett ist z.B. absolut, d.h. einer bestimmten Position auf dem Grafiktablett ist eindeutig eine Position auf dem Bildschirm zugeordnet. Die Positionierung mit der Maus ist dagegen relativ. Bei der relativen Positionierung spielt die Position keine Rolle, sondern lediglich die Bewegung. Daher kann eine Cursorbewegung mit der Maus realisiert werden, indem die Maus bewegt, angehoben, zurückgesetzt und wieder bewegt wird.

Relation zwischen Bewegung eines Zeigegerätes und Cursorbewegung. Das Verhältnis zwischen der Bewegung eines indirekten Zeigegerätes und der resultierenden Bewegung des Cursors wird Control-Display-Ratio oder kurz C/D-Ratio genannt [Chapanis und Kinkade, 1972]. Ein großer C/D-Wert bedeutet, dass die resultierende Bewegung langsam ist. Dadurch ist eine exakte Positionierung möglich. Ein kleiner Wert führt dagegen dazu, dass schon eine kleine Bewegung eine gravierende Veränderung nach sich zieht – dadurch ist eine sehr schnelle Positionierung möglich, Geschwindigkeitsgewinne gehen oft zu Lasten der Genauigkeit und führen zu einer höheren Fehlerrate bei der Selektion. Eine Bewegung zur Auswahl eines Ziels besteht in der Regel (wenn das Ziel nicht sehr groß ist) aus einer Grobpositionierung und kleineren Korrekturen in der Feinpositionierung (vgl. Abb. 7.3, S. 259). Den Effekt des C/D-Wertes auf die Zeiten für die Grob- und spätere Feinpositionierung veranschaulicht Abb. 7.14.

Günstig erscheint eine Kombination, bei der der C/D-Wert bei einer schnellen Bewegung zur Unterstützung einer schnellen Selektion erhöht, bei einer langsamen Bewegung dagegen verringert wird. Studien konnten allerdings überwiegend keine Verbesserung in den Selektionszeiten bzw. den auftretenden Fehlern feststellen [Jellinek und Card, 1990]. Unzweifelhaft ist, dass eine derartige Anpassung den Platzbedarf für die Maus deutlich verringern kann, ohne dass sich Selektionszeiten erhöhen. In einigen Nutzungskontexten ist dieser Aspekt bedeutsam. Der C/D-Wert ist keine Eigenschaft eines Gerätes, sondern eine Einstellung, die in der Regel systemweit auf dem Computer des Benutzers vorgenommen wird (der Anwendungsprogrammierer sollte normalerweise diese Einstellung nicht verändern).

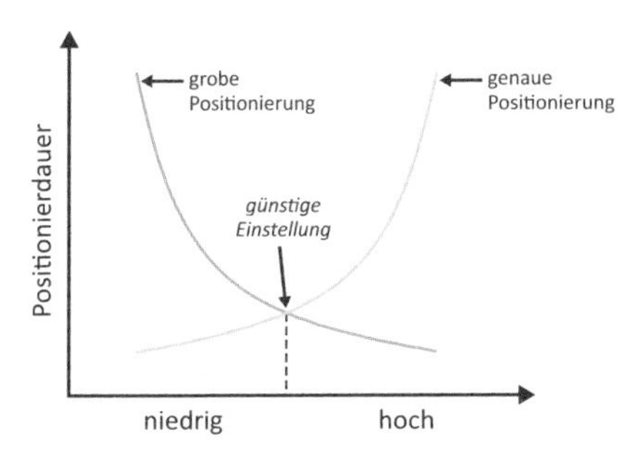

Abb. 7.14: Die Grobpositionierung wird durch einen hohen C/D-Wert beschleunigt; die Feinpositionierung ist dann zeitaufwändiger. Bei niedrigen C/D-Werten verhält es sich umgekehrt (nach [MacKenzie, 1995]).

Einfluss des C/D-Wertes auf das Design von Studien. Dass der aktuelle C/D-Wert Selektionszeiten und Fehler bei einzelnen Aufgaben stark beeinflussen kann, ist deutlich geworden. Dies erschwert die Gestaltung von Studien, die diese Parameter messen. Teilweise wird gefordert, dass die Experimente mit variierenden C/D-Werten durchgeführt werden, was ihren Aufwand allerdings deutlich erhöhen würde. Bei einem angemessenen Aufgabenmix, bei dem Fein- und Grobpositionierung wesentlich sind, reduziert sich der Einfluss des C/D-Wertes. Alle in diesem Abschnitt genannten Studien sind mit einem konstanten C/D-Wert durchgeführt worden.

7.3.2 Physische Charakterisierung von Zeigegeräten

Neben den konzeptionellen Eigenschaften sind auch die physikalischen Eigenschaften relevant. In Anlehnung an [Hinckley et al., 2002] werden diese im Folgenden beschrieben.

Abtastrate. Der Zustand eines Zeigegerätes wird zu diskreten Zeitpunkten abgetastet, das heißt, mit einer bestimmten Frequenz wird erfasst, wo sich das Zeigegerät befindet und in welchem Zustand die Knöpfe sind. Optische Mäuse haben dabei eine Abtastrate von mehr als 400 Hz. Besonders hohe Anforderungen an die Abtastrate gibt es bei bestimmten Computerspielen. Dafür gibt es mittlerweile Mäuse mit einer Abtastrate zwischen 1000 und 4000 Hz. Diese Abtastrate beeinflusst daher, ob auch bei einer schnellen Bewegung eine genaue Erfassung möglich ist. Abb. 7.15 zeigt, wie grob die Erfassung von schnellen Bewegungen aufgrund der Abtastrate mitunter ist.

Verzögerung. Eine weitere Eigenschaft, die das zeitliche Verhalten charakterisiert, ist die Verzögerung (engl. *latency*). Damit ist die Zeit gemeint, die zwischen dem Abtasten und dem Feedback (Änderung von Cursorposition oder Cursorform) ver-

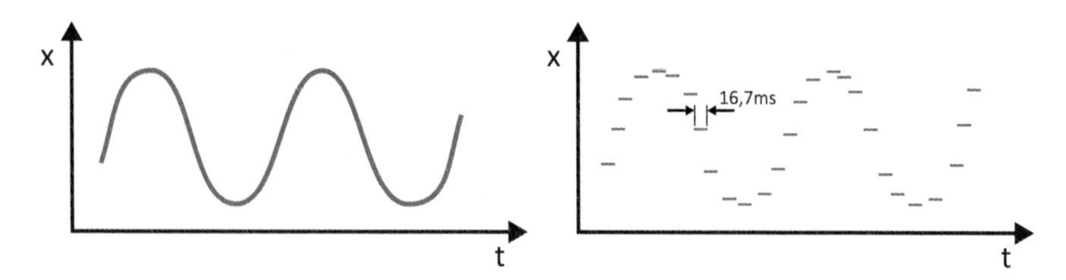

Abb. 7.15: Ein Sinusmuster mit 6 Hz (links) wird mit 60 Hz abgetastet (rechts), wobei das Originalsignal nur ungenau rekonstruiert wird (nach [MacKenzie, 1995]).

geht. Idealerweise ist die Verzögerung geringer als die Hälfte der Abtastrate (also z.B. 5 ms bei 100 Hz).

Schon eine relativ geringe Verzögerung bewirkt eine deutliche Erhöhung der Fehlerrate und der Selektionszeiten. MacKenzie und Buxton [1993] haben beobachtet, dass eine Verzögerung um 0,225 s bereits eine Verlängerung der Selektionszeit um etwa 50 % und eine Verdreifachung der Fehlerrate (von 3,6 % auf 11,3 %) gegenüber einer Verzögerung um 0,008 s bewirkt. Die Effekte der begrenzten Genauigkeit und der Verzögerung sind in Abb. 7.16 veranschaulicht. Moderne Betriebssysteme nutzen präemptives Multitasking und können dadurch sicherstellen, dass die Mausbewegung ausreichend genau abgetastet wird; die in Abb. 7.16, rechts dargestellte Situation ist also nicht mehr typisch.

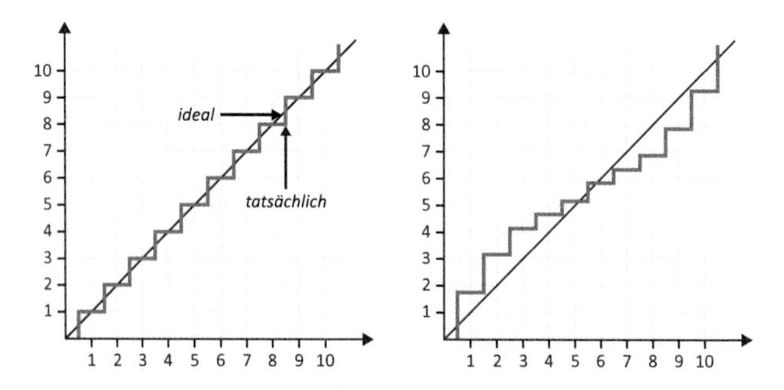

Abb. 7.16: Eine gerade Linie wird aufgrund der begrenzten Genauigkeit in diskreten Sprüngen erfasst (links). Zusätzlich kommt es evtl. zu Verzögerungen, z.B. weil der Rechner stark ausgelastet ist. Die Abweichungen zu der eingegebenen Linie vergrößern sich weiter, wie rechts dargestellt (nach [MacKenzie, 1995]).

Genauigkeit. Die Genauigkeit von Zeigegeräten beeinflusst, welche Ziele Benutzer selektieren können. Die Genauigkeit hängt davon ab, wie genau das Gerät eine Position erfassen kann. Eine Obergrenze für diese Genauigkeit liefert die räumliche Auflösung. Genauigkeit und Abtastrate können nicht gleichzeitig optimiert werden. Eine sehr hohe Abtastrate wird also mit einer verringerten Genauigkeit „erkauft".

Auflösung und Genauigkeit. Die Sensoren eines Zeigegerätes haben eine bestimmte Auflösung, z.B. in Bezug auf die Kraft, die auf einen Joystick wirkt. Dieses analoge Signal wird mit einer bestimmten Bittiefe in ein digitales Signal umgewandelt. Diese Bittiefe stellt eine obere Grenze für die Genauigkeit dar. Die tatsächliche Genauigkeit ist oft geringer, weil die Messung meist mit Rauschen behaftet ist.

Computerspiele, bei denen in komplexen virtuellen Welten interagiert wird, haben besonders hohe Anforderungen an Eingabegeräte – der Vergleich von Eingabegeräten hinsichtlich der hier genannten Kriterien ist in diesem Bereich besonders aktuell.

7.4 Indirekte Zeigegeräte

Die folgende Diskussion konzentriert sich auf indirekte Zeigegeräte für die 2D-Eingabe. Diese Zeigegeräte können in x- und y-Richtung vor- und zurückbewegt werden, aber nicht in z-Richtung – sie haben also vier Freiheitsgrade. 3D-Eingabegeräte (mit sechs Freiheitsgraden) spielen eine wichtige Rolle bei der 3D-Interaktion, die in Band II behandelt wird.

7.4.1 Maus-Eingabe

Das am weitesten verbreitete Zeigegerät ist die Maus, die auf einer entsprechenden Unterlage bewegt wird. Sie ist in den 60er Jahren als preiswerte Alternative zu Stiften entwickelt worden [Engelbart und English, 1968]. Seitdem hat es viele Verbesserungen gegeben. Die Ergonomie spielt dabei eine wichtige Rolle und hat zu Änderungen der äußeren Form geführt, sodass die Maus „gut in der Hand liegt“. Die Arbeit mit der Maus ist relativ ermüdungsfrei, da die Hand auf einer Unterlage bequem bewegt werden kann. Die Positionierung mit der Maus ist aufgrund des indirekten Charakters nicht besonders schnell; allerdings kann relativ genau positioniert werden. Anzahl und Anordnung von Mausknöpfen haben sich immer wieder verändert. Zumindest zwei Maustasten sind heutzutage gebräuchlich – die linke Maustaste, um Aktionen auszulösen und die rechte Maustaste, um kontextabhängige Menüs zu aktivieren. Üblich sind große drucksensitive Bereiche, sodass Maustasten gedrückt werden können, ohne dass bewusste visuelle Aufmerksamkeit nötig ist.

Mäuse arbeiten in der Regel mit *optischen Sensoren* oder mit *Lasersensoren*. Mäuse mit Lasersensoren erreichen dabei eine deutlich höhere räumliche Auflösung. Diese höhere Auflösung ist vor allem für Spiele vorteilhaft. Auch bei hoher Bewegungsgeschwindigkeit sind Auflösungen bis zu 5000 dpi erreichbar. Bzgl. der Geschwindigkeit (C/D-Ratio), der Zeit zwischen zwei Mausklicks, die als Doppelklick interpretiert wird, und der Erscheinung des Mauscursors gibt es unterschiedliche Präferenzen. Insofern ist es günstig, dass diese Werte individuell eingestellt werden können (Abb. 7.17).

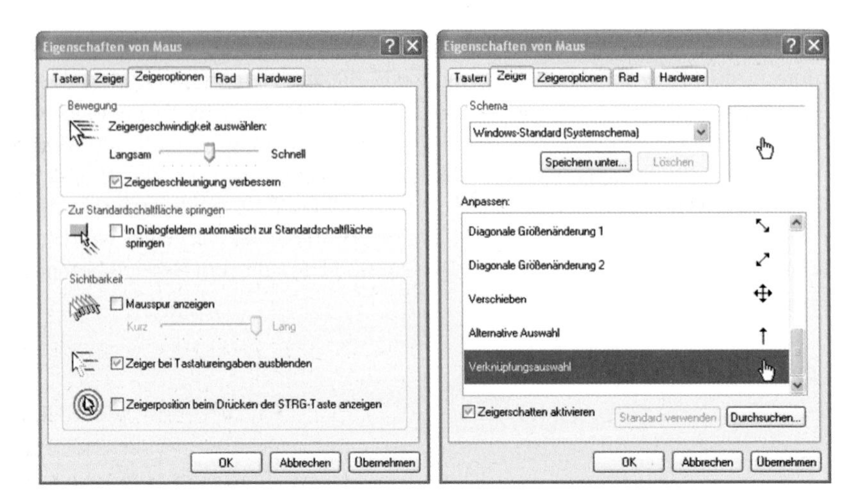

Abb. 7.17: Die Funktionsweise der Maus kann durch Betriebssystemeinstellungen konfiguriert werden. Dies betrifft z.B. die Mausgeschwindigkeit (den C/D-Wert, links) und die Cursorformen (rechts) (Screenshot von Microsoft™ Windows XP).

Eine wichtige Weiterentwicklung der letzten Jahre betrifft die Integration eines Scrollrades (Rändelrad) in die Maus. Dieses Rad wird in der Regel mit dem Zeigefinger durch eine senkrechte Bewegung manipuliert. Ohne diese Innovation bedurfte es der Selektion eines relativ schmalen Sliders am Bildschirmrand, um den sichtbaren Ausschnitt des Dokuments vertikal zu verschieben – eine Aufgabe, die es erfordert, den Slider zu fixieren und damit den bisherigen Fokus auf Dokumentinhalte aufzugeben. Das Mausrad kann bequem ertastet und das Scrollen somit aktiviert werden, ohne dass die Aufmerksamkeit auf den Slider gerichtet werden muss. Dies ist ähnlich wie der markant geformte Gangschaltungshebel in Autos, der während des Fahrens benutzt wird, ohne dass der Blick auf den Hebel fällt. Die Einführung des Scrollrades war erst sinnvoll, als eine hohe Abtastrate und geringe Verzögerungen erreichbar waren, da sonst eine kontinuierliche Interaktion nicht möglich ist. Dass das Scrollrad nur vertikales Scrollen unterstützt, ist ein Grund Informationen möglichst so zu präsentieren, dass horizontales Scrollen vermieden wird. Dies betrifft z.B. die Gestaltung von Webseiten.

Aufgrund der Verbreitung der Maus werden viele Programme auf die Mausnutzung abgestimmt und dafür optimiert. Die hohe Verbreitung ist auf eine relativ leichte Erlernbarkeit und Benutzbarkeit zurückzuführen. Einzelne Benutzergruppen haben allerdings mit der Standardmaus Schwierigkeiten, z.B. kleinere Kinder, für deren Hände das Gerät zu groß ist.

Zusatzinformation: Fußinteraktion Die Interaktion mit den Füßen ist hilfreich, um sekundäre Aufgaben durchzuführen, wenn die Hände bereits mit einer wichtigeren Aufgabe beschäftigt sind. Im Sinne des barrierefreien Designs kann die Fußinteraktion auch eine Alternative zur Nutzung der Hände sein, falls diese aufgrund einer Behinderung nicht genutzt werden können. Natürlich ist die Motorik der Füße weniger ausgeprägt als die der Hände, so dass nicht alle Aufgaben effizient und bequem durch eine Fußinteraktion bearbeitet werden können. Die Nutzung der Füße zur Interaktion ist den meisten Menschen vom Auto her vertraut; in mehreren eher professionellen Anwendungen kommt sie auch zum Einsatz, z.B. zur Steuerung von OP-Tischen und medizinischen Behandlungsstühlen oder beim Klavier und Orgelspielen.

Eingabegeräte für die Fußinteraktion wurden bereits in den 80er Jahren entwickelt und erprobt [Pearson und Weiser, 1986]. Mittlerweile sind sie weit verbreitet und entsprechend kostengünstig. Ein Beispiel ist das WII BALANCE BOARD (Abb. 7.18). Dieses Gerät hat vier sensitive Bereiche, die mit den beiden Füßen betätigt werden können (jeweils vorn und hinten). Hauptanwendung der Fußinteraktion sind sicherlich Computerspiele, bei denen dadurch verstärkt körperliche Aktivitäten möglich werden. Darüber hinaus sind aber auch vielfältige Anwendungen in professionellen Domänen vorstellbar; es ist zu erwarten, dass derartige Interaktionsformen in den nächsten Jahren intensiv erprobt werden. Unter den vielen möglichen Fußbewegungen, die für die Interaktion genutzt werden können, werden sich wohl diejenigen durchsetzen, die auch bei wiederholter Durchführung bequem sind. Die Nachbildung von Pedalen, so wie sie im Auto genutzt werden, ist daher viel versprechend. Für eine Einführung in die Konzepte und Anwendungen der Fußinteraktion siehe [Pakkanen und Raisamo, 2004] und [Schöning et al., 2009].

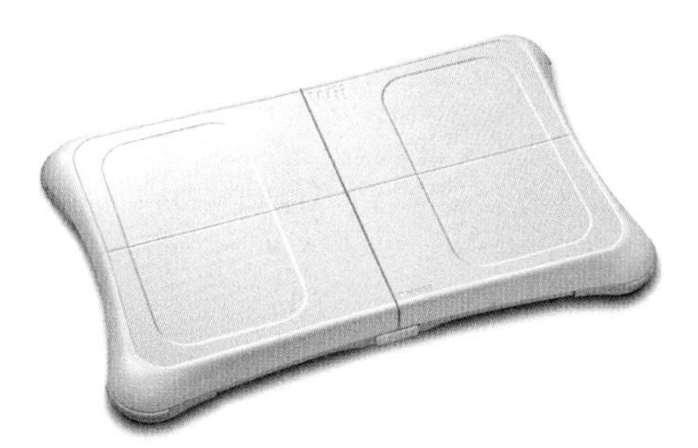

Abb. 7.18: Das Wii Balance-Board ist ein verbreitetes Fußeingabegerät. Dabei sind Eingaben beider Füße in vier sensitiven Bereichen möglich. Betätigungen dieser Bereiche können wie diskrete Mausklicks ausgewertet werden. Der Druck, der ausgeübt wird, kann aber auch für eine kontinuierliche Steuerung genutzt werden.

Beispiel 1: Die MAGIC MOUSE von APPLE wurde 2009 vorgestellt. Die Oberseite der Maus ist berührungssensitiv, so dass beliebige Bewegungen mit einem oder mit zwei Fingern verarbeitet werden können (Multitouch). So kann ein Doppelklick durch kurze Berührungen mit beiden Fingern veranlasst werden. Scrollen, Zoomen und Rotieren sind durch entsprechende Gesten möglich. Die C/D-Ratio wird beim Scrollen dynamisch angepasst. In Abb. 7.19 sind einige Gesten dargestellt.

Beispiel 2: Mäuse für den Spielebereich müssen eine Reihe spezieller Anforderungen zu erfüllen. Sie sollen gut anpassbar und sehr schnell sein, bei möglichst hoher Genauigkeit. Von Vorteil ist es, wenn das Gewicht individuell angepasst werden kann. Teilweise kann auch die C/D-Ratio on-the-fly eingestellt werden. Eine Auflösung bis zu 5000 dpi ist bei hochwertigen Geräten möglich. LOGITECH ist ein Anbieter derartiger *Gamer*-Mäuse.

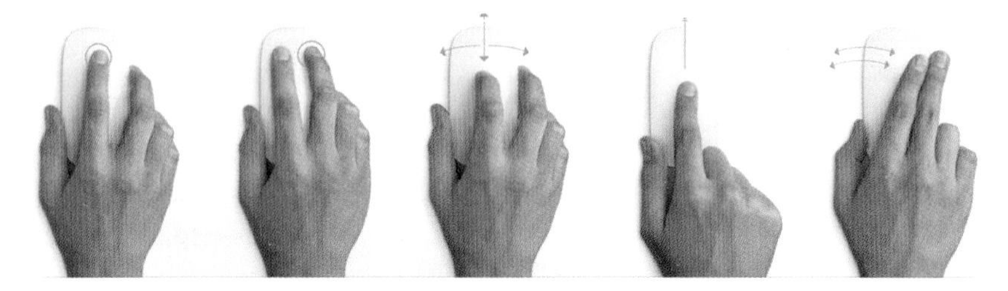

Abb. 7.19: Mit der Apple Magic Mouse können Gesten mit einem oder zwei Fingern verarbeitet werden. So können einfache Klicks, Doppelklicks (mit zwei Fingern) und das Scrollen aktiviert werden. (Foto: Apple Macintosh)

7.4.2 Rollkugel

Rollkugeln (engl. *Trackball*) sind in die Tastatur von Laptops integriert. Sie sind ähnlich zu einer auf dem Kopf stehenden Maus. Rollkugeln werden vertikal oder horizontal gedreht, um einen Cursor auf dem Bildschirm zu bewegen. Diese Interaktion ist gewöhnungsbedürftiger als die mit der Maus. Es wird – im Gegensatz zur Bedienung der Maus – keine Fläche für die Bewegung des Zeigegerätes benötigt. Dieser Vorteil ist auch bei Informationssystemen im öffentlichen Raum wesentlich. Dabei kommt meist eine robuste, vandalismussichere Variante zum Einsatz (Abb. 7.20). Die Interaktionen, für die die Rollkugeln eingesetzt werden, sind dabei relativ einfach – vor allem werden sie zur Auswahl von Werten und zur Positionierung eingesetzt. Komplexere Interaktionen, wie das Ziehen und Fallenlassen,

Abb. 7.20: Trackballs werden bei Geräten im öffentlichen Raum genutzt. Dabei ist eine robuste Konstruktion notwendig.

sind mit Rollkugeln schwer zu bewerkstelligen. Rollkugeln sind mit einem Schalter versehen, sodass Aktionen initiiert werden können. Allerdings ist diese Interaktion relativ schwierig zu bewerkstelligen. Die Geschwindigkeit und die Genauigkeit der Selektion sind bei routinierten Benutzern ähnlich wie mit der Maus.

7.4.3 Touchpad

Abb. 7.21: Ein Touchpad integriert in einen Laptop. Bei modernen Apple Notebooks können damit auch Gesten verarbeitet werden, die auf Mehrfachberührungen basieren.

Touchpads sind berührungssensitive Flächen, bei denen in der Regel die Bewegung mit dem Finger abgetastet wird. Sie werden vor allem bei Notebooks genutzt; entsprechend klein sind diese Flächen. Typisch sind 5×8 cm. Die Interaktion ist ähnlich zu Touchscreens (Abschn. 7.5.2); allerdings wird hier indirekt gezeigt und die Verdeckungen des Bildschirminhalts durch das Zeigen werden vermieden. Im Unterschied zur Maus- oder Stiftbedienung muss kein Gerät aufgenommen bzw. abgelegt werden. Das Touchpad ist direkt unter der Tastatur positioniert und damit schnell erreichbar.

Es gibt *kapazitative* und *resistive* Touchpads [Heinecke, 2004]. Bei der kapazitativen Variante sind elektrische Ladungen auf das berührungssensitive Feld aufgebracht und die Leitfähigkeit der Hand wird genutzt, um Bewegungen abzutasten. Würde man Handschuhe oder andere (nichtleitende) Gegenstände benutzen, würde dies nicht funktionieren. Bei *resistiven* Touchpads wird ein Feld von Widerständen genutzt, um Bewegungen abzutasten. Bei dieser Touchpad-Variante ist also nicht die Leitfähigkeit der Haut erforderlich. Der geringe Platzbedarf ist der Hauptvorteil von Touchpads. Auch die Aktivierung der Schalter (Abb. 7.21) stellt kein Problem dar.

7.4.4 Trackpoints

Trackpoints sind ähnlich wie Touchpads indirekte Zeigegeräte für Notebooks. Sie sind in deren Tastatur zwischen den Buchstaben „b", „g" und „h" integriert (Abb. 7.22, S. 278). Trackpoints lassen sich wie sehr kleine Joysticks bewegen. Der Abstand zur Tastatur ist noch kleiner als beim Touchpad; insofern würde eine Fitts' Law-Analyse sehr kleine Werte für die Aufnahmezeit a ergeben.

Die Integration eines Trackpoints in die Tastatur geht auf Rutledge und Selker [1990] zurück. Der erreichte Einspareffekt ist in einer kontrollierten Studie untersucht worden und beträgt im Durchschnitt 22 % gegenüber der Benutzung von Maus und Tastatur. Dabei hatten die sechs Benutzer die Aufgabe, kreisförmige Ziele unterschiedlicher Größe zu selektieren, wobei vor und nach der Selektion eine (einzelne) Tastaturbetätigung nötig war. Der Unterschied kam vor allem dadurch zustande, dass bei der Rückkehr zur Tastatureingabe am Abschluss der Eingabe sehr viel mehr Zeit nötig war (720 ms statt 90 ms bei der integrierten Joysticknutzung). Bei der Interpretation der Ergebnisse ist zu berücksichtigen, dass die Benutzer erstmals mit dem neuen Eingabegerät konfrontiert wurden, während sie mit der Maus bereits sehr erfahren waren – der tatsächliche Unterschied ist bei routinehafter Nutzung wahrscheinlich größer (siehe [MacKenzie, 1995] für eine Diskussion dieses Experiments). Nachteilig ist allerdings, dass dieser kleine Joystick oft versehentlich aktiviert wird, wenn eine der umgebenden Tasten betätigt werden sollte. Da eine genaue Platzierung mittels Trackpoints schwierig ist, werden Notepads heutzutage oft mit Touchpad und Trackpoints ausgestattet.

Abb. 7.22: Ein kleiner Joystick (Trackpoint) ist in eine Notebooktastatur eingebettet und dient als Mausersatz. Durch die Nähe zu einigen Buchstaben kann es aber auch zu Fehlbedienungen kommen.

7.4.5 Joysticks

Joysticks sind Hebel, die vor allem im Zusammenhang mit Computerspielen sowie Fahr- und Flugsimulationen eingesetzt werden (daher der Name, der deutsch etwa Spielhebel bedeutet). Auch CAD/CAM-Arbeitsplätze sind teilweise mit Joysticks ausgestattet. Sie sind besonders geeignet, um Objekte zu steuern und zu verfolgen. Sie sind den Steuerknüppeln nachempfunden, mit denen Flugzeuge gesteuert wer-

Abb. 7.23: Ein Joystick wird vor allem für Spiele genutzt. Er bietet viel Platz für Spezialknöpfe. Bei Spielen ist vor allem der Feuerknopf bekannt. Hier ist zusätzlich eine Steuerung am oberen Rand, die mit dem Daumen bedient werden kann; sie ist der Flugzeugsteuerung nachempfunden.

den. Die vertikale Position stellt die Ausgangslage dar (Abb. 7.23). Die Cursorbewegung entsteht meist dadurch, dass die Stellung des Hebels ausgewertet wird und der Cursor so lange in die entsprechende Richtung bewegt wird, bis der Hebel wieder in die zentrale Position zurückgesetzt wird. Es gibt digitale und analoge Joysticks. Mit analogen Joysticks ist keine sehr schnelle Positionierung möglich – allerdings kann relativ genau positioniert werden. Digitale Joysticks sind sehr schnell.

Die digitalen Joysticks können nur in vordefinierte Richtungen bewegt werden (oft in acht Richtungen, vier orthogonale und vier diagonale), während die analogen in beliebige Richtungen bewegt werden können. Analoge Joysticks sind vor allem für die Simulation von Fahrverhalten (z.B. Flugzeugsimulator) geeignet, wo die diskreten Richtungen den Benutzer unangemessen einschränken. Der Hebel kann mehr oder weniger stark geneigt werden, sodass bei kraftaufnehmenden Sensoren neben der Richtung noch ein Vektor, z.B. eine Geschwindigkeit, angegeben werden kann.

Moderne Spielkonsolen, wie die XBOX von MICROSOFT, enthalten mehrere Joysticks. So kann in der virtuellen Welt eines Computerspiels ein Joystick benutzt werden, um die Spielfigur zu bewegen, während ein zweiter Joystick (gleichzeitig) genutzt werden kann, um die Blickrichtung der Spielfigur zu verändern.

7.4.6 Ausblick: 3D-Interaktion

Auch 2D-Eingabegeräte können für die Interaktion in 3D (z.B. Rotieren eines 3D-Objekts) genutzt werden, z.B. indem eine virtuelle Kugel um die Szene definiert wird [Chen et al., 1988]. Der Benutzer kann dann entlang dieser Kugel in horizontaler und vertikaler Richtung rotieren. Diese Möglichkeit besteht auch, ohne dass eine Kugel dargestellt ist – Bewegungen in eine bestimmte Richtung werden entsprechend der Höhen- und Breitengrade einer Kugel räumlich interpretiert (Abb. 7.24). Die Interaktion ist allerdings nicht intuitiv, so bewirkt eine Cursorbewegung um die Länge d nicht in jedem Fall die gleiche Winkeländerung α. Ein Vergleich von derartigen mausbasierten 3D-Rotationstechniken ist in [Bade et al., 2005] beschrieben.

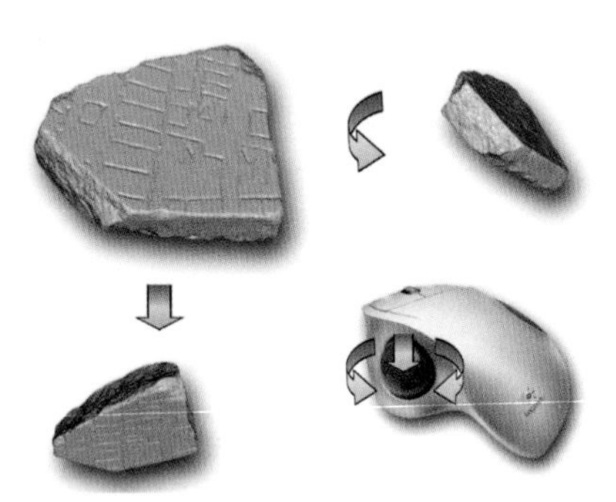

Abb. 7.24: Rotation eines dreidimensionalen Objekts in verschiedenen Richtungen mit einem 2D-Eingabegerät.

3D-Eingabegeräte. 3D-Eingabegeräte sind prinzipiell günstiger für Manipulationen an 3D-Daten. Allerdings sind sie teurer, relativ gering verbreitet und daher ungewohnt. Sie haben ihren Ursprung in der Raumfahrt; teilweise wurden sie in Deutschland bei der DLR (Deutsches Zentrums für Luft- und Raumfahrt) entwickelt. Bekannte Beispiele sind die SPACEMOUSE und der SPACENAVIGATOR (siehe Abb. 7.25). Die Steuerung von GOOGLE EARTH mit dem SpaceNavigator ist relativ naheliegend und verbreitet. Auch echte 3D-Mäuse, die der Benutzer frei im Raum bewegen kann und die z.B. durch akustisches Tracking lokalisiert wurden, sind entwickelt worden [Ware und Jessome, 1988]. Im Vergleich zu den in Abb. 7.25 dargestellten Geräten haben sie sich aber kaum durchgesetzt. Nachteilig ist bei echten 3D-Mäusen vor allem, dass Benutzer schnell ermüden (es fehlt die bequeme Unterlage).

3D-Eingabegeräte dienen vor allem der Navigation in virtuellen Welten – also in 3D-Darstellungen, die mit speziellen Techniken präsentiert werden. Die Robotik ist ein weiteres Hauptanwendungsgebiet von 3D-Eingabegeräten. Für eine genauere Diskussion dieser Eingabegeräte und ihrer Einsatzmöglichkeiten wird auf Band II verwiesen.

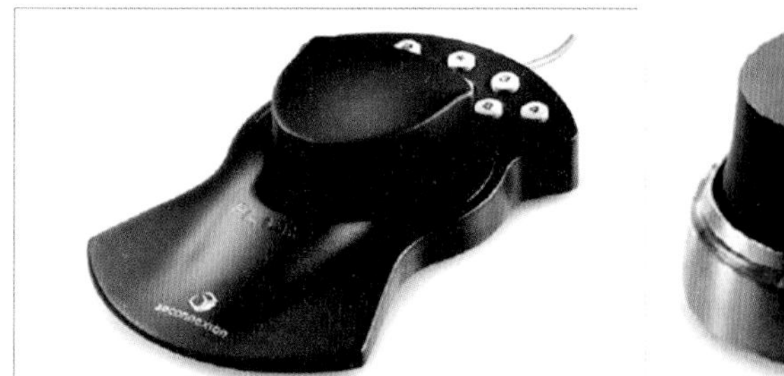

Abb. 7.25: Beispiele für bekannte 3D-Eingabegeräte. Links: Die SpaceMouse, deren Kappe sich in alle Richtungen um einige Millimeter ziehen und drehen lässt. Rechts: Der SpaceNavigator von der Firma Connexion. Dargestellt ist die kleinere Variante ohne Knöpfe.

7.5 Direkte Zeigegeräte

Als wichtige Beispiele für direkte Zeigegeräte werden im Folgenden die Stift-Eingabe und die touchscreen-basierte Eingabe erläutert, wobei wiederum die Vor- und Nachteile der dadurch möglichen Eingabeformen und die sich ergebenden Anwendungsgebiete im Mittelpunkt stehen.

7.5.1 Stift-Eingabe

Der *Stift* ist ein direktes Zeigegerät, das absolut positioniert. Der Stift ist zugleich das älteste Zeigegerät [Sutherland, 1963]. Mit dem Stift kann auf ein Grafiktablett oder einen Bildschirm gezeigt werden. Die Eingabe von Koordinaten mit einem Stift ist vor allem für CAD-Anwendungen, also für das Erstellen von detaillierten und genauen Zeichnungen und Modellen, verbreitet. Eine Kreuzlupe unterstützt dabei die präzise Platzierung (Abb. 7.26). Die Stifteingabe auf normalen (TFT-) Bildschirmen ist vor allem bei Illustratoren, Designern und Grafikern weit verbreitet, weil deren typische Arbeitsaufgaben dadurch gut unterstützt werden. Auch die Bearbeitung digitaler Fotos ist damit sehr natürlich. Eine flexible Neigung des Bildschirms ist nötig, damit die Arbeit an die individuellen Bedürfnisse angepasst werden kann.

Stifte eignen sich sehr gut zur Eingabe handschriftlicher Notizen und sind daher auch in sehr kleinen Computern, wie Personal Digital Assistants (PDAs), verbreitet. Die Nutzung eines Stifts im Zusammenhang mit einem kleinen Gerät, das in der Hand gehalten wird, ist intuitiv, weil sie der Nutzung von Stift und Papier, z.B. einem Notizblock, stark ähnelt. Man spricht auch von der *Stift-und-Block Metapher*.

Die automatische Erkennung der Handschrift erhöht die Einsatzmöglichkeiten von PDAs. Bei der Benutzung von PDAs ist wiederum von Vorteil, dass die Anzeige horizontal ist, sodass der Stift ermüdungsfrei bewegt werden kann. Für die

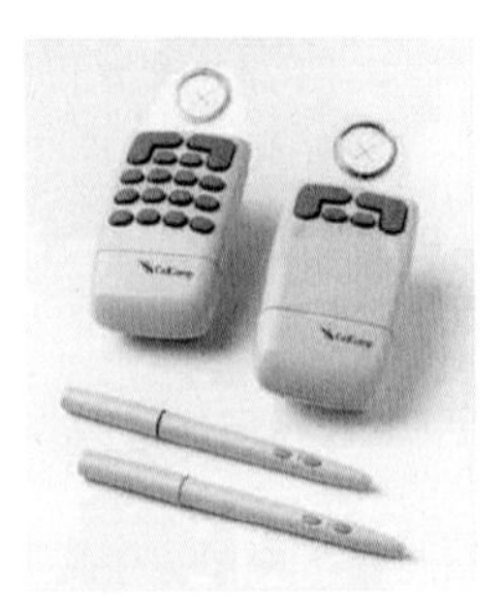

Abb. 7.26: Beispiele für Kreuzlupen und Stifte zur Verwendung für die Digitalisierung mittels Grafiktabletts.

praktische Nutzung ist wichtig, dass die Stifte ohne Kabel benutzt werden. Moderne Stifte basieren auf einem integrierten Funksender und benötigen keine Batterien.[1] Wenn ein Stift zum Skizzieren und Zeichnen verwendet wird, ist es nützlich, wenn nicht nur die Position des Zeigegerätes, sondern auch der Druck auf die Oberfläche ausgewertet wird. Seit Mitte der 90er Jahre gibt es derart *drucksensitive Stifte.*

Die Positionierung mit einem Stift ist sehr schnell, aber teilweise weniger präzise als mit einer Maus, da der Bereich, der selektiert werden soll, durch das Zeigegerät verdeckt wird. Um eine hohe Genauigkeit zu erreichen, wie bei CAD-Anwendungen erforderlich, wird auf ein Grafiktablett gezeigt, auf das die Zeichnung – genauso wie auf den Bildschirm – projiziert wird.

Weitere Eingaben. Die Berührung des Displays durch einen Stift wird wie ein Klick mit der linken Maustaste verarbeitet. Um die Funktionalität eines Rechtsklicks nachzubilden, wird ein zusätzlicher Knopf benötigt – insbesondere das Einblenden von Kontextmenüs wird dadurch möglich. Als Alternative kann auch ein längeres Berühren (ohne Bewegung) als Rechtsklick interpretiert werden (Abb. 7.27).

Grafiktablett. Bei der Nutzung von Grafiktabletts ist die Stifteingabe weit verbreitet. Schon seit Mitte der 90er Jahre werden Grafiktabletts mit Displays versehen, sodass z.B. die komplette Bedienung eines Betriebssystems über das Grafiktablett möglich ist. Neben der Stifteingabe ist auch eine Lupe mit Fadenkreuz für die genaue Erfassung von Positionen, z.B. bei der Digitalisierung von Landkarten oder Zeichnungen, üblich. Die Nutzung von Grafiktabletts ist vorteilhaft, wenn diese über längere Zeit durchgängig genutzt werden und aufwändige Wechsel des Gerätes nur selten vorkommen.

Abb. 7.28(links) zeigt ein Grafiktablett der Firma WACOM. Dieses Tablett ist relativ groß (Format A3) und erlaubt eine präzise Selektion. Der Druck auf den drucksensitiven Stift wird mit 10 Bit aufgelöst (1024 Druckstufen werden unterschieden).

[1] Diese Vorgehensweise ist von WACOM patentiert, was die breite Durchsetzung erschwert.

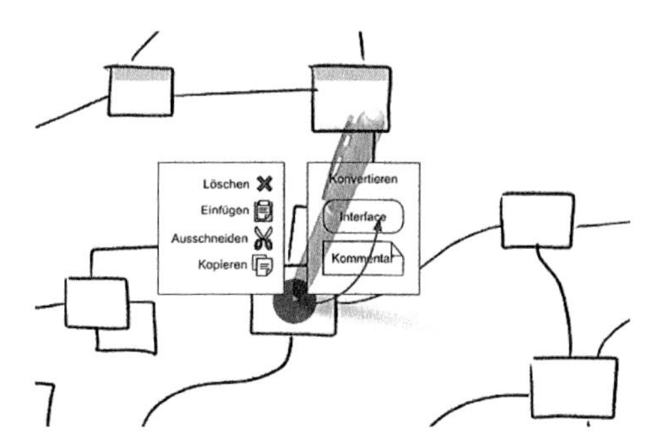

Abb. 7.27: Stifteingabe für die Erstellung und Manipulation von Diagrammen. Kontextabhängige Popup-Menüs werden nach längerem Drücken auf das Display eingeblendet (mit freundlicher Genehmigung von Eike Decker, Otto-von-Guericke Universität Magdeburg).

Der Stift kann auch geneigt und rotiert werden – diese Manipulationen können ebenfalls in einem Anwendungsprogramm ausgewertet werden. Bi et al. [2008] haben diese Interaktionsform untersucht und herausgefunden, wie sich geringfügiges versehentliches Drehen bei der Stifteingabe von der beabsichtigten zielgerichteten Rotation sicher unterscheiden lässt.

Nachteilig ist, dass die Aufnahme und das Ablegen des Stifts relativ viel Zeit in Anspruch nehmen. Interaktionen, bei denen der Stift häufig benutzt und dann wieder abgelegt wird, sind also noch langsamer als solche, bei denen Maus- und Tastaturbenutzung sich häufig abwechseln. Bei aktuellen Stiften beträgt die räumliche Auflösung mindestens 150 dpi – das entspricht etwa der Pixelauflösung guter Monitore.

Abb. 7.28: Das Wacom Bamboo Grafiktablett mit dem dazugehörigen Stift ermöglicht bequeme und präzise Eingaben, wobei in der Regel absolut positioniert wird.

Direkte und indirekte Eingabe bei Grafiktabletts. Während die Eingabe über das Grafiktablett in den ersten Jahren indirekt erfolgte (die Eingabe auf dem Tablett wurde an den Bildschirm übertragen und führte dort zu bestimmten Veränderungen, siehe Abb. 7.29), ist sie heutzutage meist direkt, das heißt, das Grafiktablett dient auch der Ausgabe. Die indirekte Lösung ist mental sehr anstrengend, weil der Fokus der visuellen Aufmerksamkeit häufig zwischen Bildschirm und Grafiktablett geändert werden muss.

Anwendungen von Grafiktabletts. Ein Grafiktablett ist ein typischer Bestandteil von Konstruktionsarbeitsplätzen. Darüber hinaus werden sie oft genutzt, um geografische Informationssysteme zu entwickeln. Dabei wird die indirekte Arbeitsweise genutzt, um Karten einzuscannen bzw. vor dem Hintergrund der gescannten Karten Symbole zu platzieren. Grafiktabletts werden auch eingesetzt, um präzise Interaktionen mit medizinischen Bilddaten durchzuführen (Abb. 7.29 und Abb. 7.30).

Abb. 7.29: Einsatz eines Grafiktabletts bei der Operationsplanung. Obwohl es sich um ein 2D-Eingabegerät handelt, ist auch eine Interaktion mit 3D-Daten möglich und zumindest effizienter als mit einer herkömmlichen Maus (Quelle: [Krüger et al., 2008]).

Stiftbedienung von Whiteboards. Stifteingabe ist die vorherrschende Interaktionsform bei wandgroßen Displays, sogenannten elektronischen Whiteboards. Whiteboards unterstützen Gruppendiskussionen und Zusammenarbeit, wobei die elektronische Variante die Diskussionsergebnisse (gemeinsam erstellte Kommentare, Notizen, Skizzen, Diagramme) digital repräsentiert und damit archiviert. Die direkte Eingabe mittels Stift ist hier jeder indirekten Eingabe eindeutig vorzuziehen. Dabei überdeckt aber der Benutzer nicht nur mit der Hand einen Teil des Bildschirms, sondern er steht für die anderen Teilnehmer der Diskussion zumindest zeitweise im Bild. Probleme haben eventuell kleine Benutzer, wenn sie das obere Ende des Whiteboard nur mit Mühe erreichen. Diese Probleme treten verstärkt auf, wenn häufig das Menü am oberen Bildschirmrand benutzt werden muss. Insofern sind Ermüdungserscheinungen bei diesem Nutzungskontext durchaus typisch.

Abb. 7.30: Eine Medizinisch-technische Assistentin bearbeitet radiologische Bilddaten und markiert dabei relevante Bereiche, um eine spezielle Auswertung zu unterstützen. Die Stifteingabe ist besonders gut geeignet, um die Organgrenzen einzuzeichnen (Foto: MeVis Medical Solutions).

7.5.2 Touchscreen-basierte Systeme

Die direkteste und jedermann vertraute Form des Zeigens besteht darin, mit den Fingern unmittelbar auf den Bildschirm zu zeigen. Eine derartige Interaktion wird Touchscreen-basiert genannt. Voraussetzung dafür ist ein Bildschirm, der auf mechanischen Druck reagiert – ein Bildschirm, der Ein- und Ausgabegerät zugleich darstellt. Auch Touchscreens haben sich wesentlich weiter entwickelt. Insbesondere ist die Auflösung sehr viel höher geworden (bis zu $1600 \times 1200 Pixel$), mehrere gleichzeitige Berührungen können verarbeitet werden (engl. *multi-touch*), und neuere Geräte erfassen auch die Stärke der Berührung, sodass subtilere Interaktionen möglich sind. Multitouch-Anwendungen basieren auf Gesten, die mit den Fingern beschrieben werden und ermöglichen eine als intuitiv und attraktiv wahrgenommene Interaktion – besonders populär geworden ist sie durch das iPhone von APPLE.

Systeme, die durch Zeigen mit den Fingern bedient werden, findet man vor allem außerhalb geschlossener Räume bzw. in öffentlich zugänglichen Gebäuden, z.B. in Bahnhöfen, Behörden oder Banken. Dabei handelt es sich in der Regel um reine Informationssysteme, wobei z.B. über Quartiere oder Sehenswürdigkeiten informiert wird. Die Interaktion muss dabei besonders einfach zu bewerkstelligen sein, da die Benutzer ein solches System oft nur einmal benutzen.

Die Selektion mittels Touchscreen ist sehr schnell; allerdings ermüdet man aufgrund der unbequemen Armhaltung dabei wesentlich schneller als z.B. mit der Maus. Touchscreen-basierte Systeme werden daher selten über mehrere Stunden hinweg bedient. Da die menschlichen Finger relativ groß sind, ist die Genauigkeit der Selektion gering. Die zu selektierenden Symbole müssen also groß (mindestens 2,5 cm) dargestellt werden [Maguire, 1999]. Interaktionsaufgaben, die eine hohe

Präzision erfordern, wie das Erstellen von Zeichnungen und 3D-Modellen, können so nicht realisiert werden. Typische Anwendungen von Touchscreens sind:

- Verkaufsautomaten (engl. *point of sales*), z.B. für die Bahn und den Nahverkehr (siehe z.B. Abb. 7.31) und
- Auskunftssysteme, z.B. in Behörden oder im Rahmen der Touristeninformation

Diese typischen Anwendungen sind dadurch charakterisiert, dass die Interaktion sehr einfach ist. Sie ist in der Regel darauf beschränkt, aus dargestellten Alternativen mit einer Berührung etwas auszuwählen. Komplexere Interaktionen, wie z.B. Drag-and-Drop, sind nicht möglich.

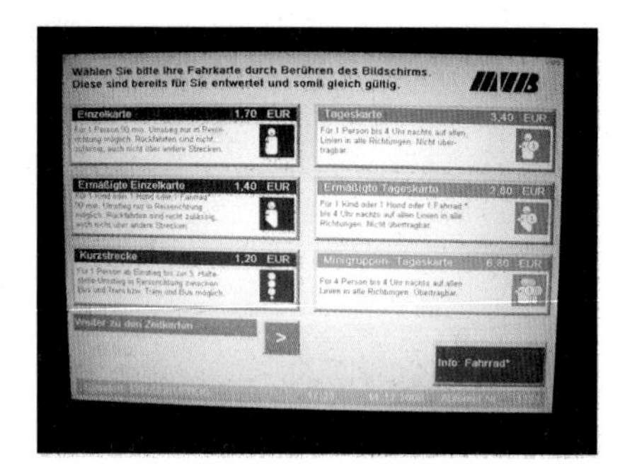

Abb. 7.31: Touchscreen-basierte Eingabe beim Kauf von Tickets für den Nahverkehr.

Touchscreen und Stifteingabe. Die Eingabe mit den Fingern und mittels Stift kann auch kombiniert werden. So ist es möglich, die Stifteingabe zu nutzen, wenn eine höhere Präzision nötig ist, und in anderen Fällen auf den Stift zu verzichten, um die Zeit für das Aufnehmen bzw. Ablegen des Stifts zu sparen [Vogel und Baudisch, 2007]. Bei mobilen Geräten erfordert die Stift-Nutzung zudem beide Hände, was in bestimmten Nutzungskontexten problematisch ist. Vogel und Baudisch [2007] schlagen vor, die Touchscreen-Nutzung dadurch zu verbessern, dass der durch den Finger verdeckte Bereich identifiziert und an einen anderen Bereich (direkt oberhalb des Fingers) kopiert wird. Dies ist sinnvoll, da gerade der verdeckte Bereich im Zentrum des Interesses steht.

Zusatzinformationen: Zeigegeräte für den Einsatz im Operationssaal
Da die Touchscreen-Bedienung kein zusätzliches Eingabegerät erfordert, erschließt sie sich einige Spezialanwendungen. So werden seit einigen Jahren Prototypen entwickelt, die in einem Operationssaal eingesetzt werden sollen. Die besondere Situation besteht dabei darin, dass alle Geräte steril sein müssen. Ein in Folie eingeschweißter touchscreenfähiger Monitor ist daher eines der wenigen in Frage kommenden Eingabegeräte. Die Computerunterstützung

dient z.B. dem Anästhesisten, der auf diese Weise die Narkose überwachen kann und dem operierenden Arzt, der relevante Informationen über die Patientenanatomie während des Eingriffs abrufen kann, um sich ggf. besser zu orientieren.

Abb. 7.32: Mehrere Benutzer interagieren mit der Powerwall, wobei sie unterschiedliche Geräte nutzen, um Objekte der hochauflösenden Darstellung zu selektieren. Die Benutzer sind dabei in ihren Bewegungen nicht limitiert (mit freundlicher Genehmigung von Harald Reiterer, Universität Konstanz).

Zusatzinformationen: Zeigegeräte für sehr große hochaufgelöste Displays. Neben der zunehmenden Miniaturisierung von Displays, speziell im Bereich von Handys, gibt es auch einen Trend zu besonders großen Displays. Wissenschaftliche Anwendungen, z.B. im Bereich der Biologie (Genomforschung), der Geologie bzw. der Geografie, profitieren von der gleichzeitigen Darstellung großer Informationsmengen. Durch hochaufgelöste und sehr große Displays ist es zudem möglich, dass mehrere Benutzer gemeinsam diese großen Datenmengen auswerten – ein Trend, der in dem relativ neuen Gebiet *Visual Analytics* eine wichtige Rolle spielt. Die bisher beschriebenen Eingabemöglichkeiten, z.B. mittels Stift oder Touchscreenbedienung, sind unzureichend für Displays, wie die POWERWALL an der Universität Konstanz, die eine Größe von $5,20\ m \times 2,15\ m$ aufweist und dabei eine Auflösung von 4640×1920 Pixeln besitzt (Abb. 7.32). Da Teile dieser Darstellung für einen Benutzer physisch nicht erreichbar sind, muss die Interaktion mit grafischen Darstellungen auf einem solchen Display aus einer räumlichen Distanz vorgenommen werden. Die Interaktion betrifft insbesondere die Positionierung und das Auslösen von Zeigeaktionen.

Verschiedene Eingabegeräte kommen dafür in Betracht. Bereits 1999 wurden Laserpointer vorgeschlagen [Winograd und Guimbretière, 1999] und haben sich seitdem stark verbreitet. Dabei handelt es sich um die gleichen Laserpointer, wie sie von Referenten im Rahmen von Präsentationen eingesetzt werden, um in einem projizierten Bild bestimmte Bereiche zu markieren. Der stark fokussierte Lichtstrahl eines Lasers kann technisch sehr genau Positionen lokalisieren und mit modernen Kameras kann diese Position präzise erfasst, man sagt *getrackt*, werden. Das Auslösen der Zeigeaktion erfolgt z.B., indem die Position für eine gewisse Zeit höchstens minimal verändert wird. Ein schnelles Feedback (Anpassung der Cursorposition) ist dafür erforderlich. Die Kamerabilder müssen also sehr schnell und präzise ausgewertet werden. Mittlerweile ist dies mit einer ausreichenden Frequenz von 80 Bildern pro Sekunde möglich. Allerdings steht dieser hohen technischen Genauigkeit die begrenzte Präzision des Menschen gegenüber – die Hand zittert und ermüdet leicht. Sportschützen wissen, wie schwer es ist, ohne Auflage präzise zu zielen. Myers et al. [2002] charakterisiert die Interaktion mit Laserpointern als langsam, fehleranfällig und ungenau.

Verschiedene Strategien wurden erprobt, um die Präzision der Eingabe zu verbessern. So kann man mit Methoden der Bildverarbeitung, speziell der Bewegtbildverarbeitung, das Zittern der Bewegung deutlich reduzieren (um Faktoren zwischen 2 und 4) [Myers et al., 2002]. Konkret werden Kalman-Filter oder Moving-Average-Filter dafür eingesetzt. Die Form und das Gewicht des Laserpointers beeinflussen die erreichbare Genauigkeit ebenfalls. Außerdem kann eine adaptive Anpassung der Control-to-Display-Ratio (Abschn. 7.3.1) genutzt werden.

Da der Laserpointer ein direktes Zeigegerät darstellt, ist scheinbar keine Anpassung möglich. In jedem Fall wäre es sehr verwirrend, wenn die Position des Laserlichts auf dem Display sich von der Cursorposition unterscheidet. Daher haben König et al. [2007] ein System entwickelt, das Laser im Infrarot-Bereich verwendet, sodass die Position des Laserlichts für den Menschen nicht sichtbar ist. Für die Kamera ist die Position erkennbar und wird in gleicher Weise ausgewertet, wie in den beschriebenen Systemen. Dadurch kann eine Anpassung realisiert werden, die nicht verwirrt.

Eine Anpassung des C/D-Wertes ist hier besonders wichtig, um einerseits die großen Distanzen auf dem Gerät schnell überwinden zu können (hohe C/D-Werte), andererseits aber in interessierenden Bereichen die Präzision zu erhöhen (niedrige C/D-Werte). Um eine flüssige Interaktion zu ermöglichen, ist es wünschenswert, dass eine solche Anpassung automatisch vorgenommen wird. Damit die Interaktion gut steuerbar ist, muss die Anpassung graduell, also ohne abrupte Änderungen des C/D-Wertes, vorgenommen werden. Diese *Adaptive Pointing*-Strategie hat sich in ersten Tests als praktikabel und erfolgreich erwiesen [König et al., 2009]. Neben der Laserpointer-Interaktion werden auch andere Eingabemöglichkeiten erforscht, z.B. auf Basis von Eye-Tracking. Dabei werden die Pupillen detektiert und Objekte auf Basis der Blickbewegungen selektiert bzw. hervorgehoben. In diesem jungen Teilgebiet sind weitere Forschungsarbeiten und umfassendere Tests nötig.

7.6 Beidhändige Eingabe

Menschen sind es gewohnt, ihre beiden Hände koordiniert zu verwenden, um Objekte zu selektieren und zu manipulieren. Selbst einfache Vorgänge, wie das Lesen eines Buches, werden so durchgeführt, dass eine Hand das Buch hält und die andere Seiten umblättert oder die Zeilen verfolgt. Komplexere Vorgänge, wie das Zusammensetzen von Bausteinen oder das Einführen eines Fadens in eine Nadel erfordern eine koordinierte Handlung beider Hände. Bei dieser Arbeitsteilung ist zu beobachten, dass die schwierigere Aufgabe durch die dominierende Hand (bei Rechtshändern die rechte) und die leichtere Aufgabe, z.B. das Halten der Nadel, durch die nichtdominierende Hand vorgenommen wird [Guiard, 1987].

Basierend auf diesen Beobachtungen liegt es nahe, auch für die Arbeit mit Computersystemen die beidhändige Eingabe zu unterstützen. So kann es vorteilhaft sein, eine 3D-Maus und eine 2D-Maus gleichzeitig zu benutzen, um komplexe 3D-Transformationen, wie Kamerasteuerung und Skalierung eines 3D-Modells, gleichzeitig durchzuführen. Balakrishnan und Kurtenbach [1999] haben die beidhändige Benutzung von zwei 2D-Mäusen untersucht, wobei die nichtdominierende Hand vor allem verwendet wurde, um die Szene zu rotieren. Aufgaben, wie das Selektieren von 3D-Objekten und das Zusammensetzen von 3D-Objekten, wurden dadurch deutlich beschleunigt, wobei bei komplexeren Aufgaben diese Beschleunigung erst nach einer kurzen Einarbeitungszeit erreicht wurde.

Komplexe Manipulationen von 3D-Modellen, wie die Modifikation der Modelle durch Deformation eines Kontrollgitters, profitieren von einer beidhändigen Eingabe. In diesem einführenden Band soll dieses Thema nur angerissen werden; eine vertiefte Beschäftigung erfolgt im Band II im Zusammenhang mit der 3D-Interaktion.

7.7 Vergleich von Zeigegeräten

Zeigegeräte lassen sich qualitativ und quantitativ miteinander vergleichen. Der quantitative Vergleich ist vor allem auf die Kriterien Genauigkeit, Geschwindigkeit und die Fehlerrate fokussiert und setzt voraus, dass präzise Aufgaben gestellt werden. Für einen qualitativen Vergleich sind auch der Platzbedarf und der Lernaufwand wichtige Kriterien. Tabelle 7.1 fasst die qualitativen Charakteristika von

Zeigegeräten zusammen, wobei die Bewertungen insofern schwierig sind, da es innerhalb einer Klasse von Zeigegeräten große Unterschiede gibt. Dies betrifft z.B. die mit Joysticks erreichbare Genauigkeit.

Tabelle 7.1: Charakteristika von Zeigegeräten

Zeigegerät	Genauigkeit	Geschwindigkeit	Lernaufwand	Platzbedarf
Maus	hoch	mittel-hoch	mittel	hoch
Stift	mittel-hoch	hoch	gering	gering
Touchscreen	gering	hoch	gering	gering
Rollkugel	mittel-hoch	mittel	hoch	gering
Joystick	mittel	gering	mittel	mittel

Im Folgenden wird eine empirische Untersuchung der Effektivität von Zeigegeräten (Stift auf einem Grafiktablett, Maus und Rollkugel) vorgestellt [MacKenzie et al., 1991]. Die konkreten Ergebnisse dieser Untersuchung sind hier nur von untergeordneter Bedeutung. Interessant ist, wie der Vergleich durchgeführt wurde, weil auf ähnliche Weise andere (neuere) Geräte verglichen werden können. Bei der Untersuchung wurden Bearbeitungszeiten und Fehler erfasst. Zu den betrachteten Aufgaben gehörte das Selektieren eines Grafikprimitivs und das Drag-and-Drop. Dabei traten erhebliche Geschwindigkeitsunterschiede bei beiden Aufgaben auf. Die Fehlerrate war beim normalen Selektieren relativ gering und ziemlich konstant – beim Drag-and-Drop dagegen viel höher und breiter gestreut. Die Ergebnisse erscheinen als zuverlässig – sie bestätigen ältere empirische Untersuchungen [Card et al., 1978] und theoretische Untersuchungen [Fitts, 1954]. Die Ergebnisse sind in Tabelle 7.2 zusammengefasst.

Tabelle 7.2: Vergleich von Zeigegeräten anhand von typischen Interaktionsaufgaben nach [MacKenzie et al., 1991]

	Zeit für das Selektieren	Zeit für das Drag-and-Drop	Fehlerrate beim Selektieren	Fehlerrate beim Drag-and-Drop
Maus	0,674s	0,916s	3,5%	10,8%
Stift mit Grafiktablet	0,665s	0,802s	4,0%	13,6 %
Rollkugel	1,101s	1,284s	3,9%	17,8 %

Das direkt-manipulative Zeigen kann ergänzt werden durch eine Navigation mit den Cursor-Tasten. Auf diese Weise erfolgt bei jeder Betätigung einer Cursortaste eine Bewegung um einen konstanten Faktor in die entsprechende Richtung. Diese Ergänzung ist z.B. in Zeichenprogrammen nützlich, um ohne numerische Eingaben Grafikprimitive exakt untereinander oder nebeneinander zu platzieren. Allerdings können Cursortasten kaum für die Selektion, sondern lediglich für die Bewegung verwendet werden. Weitere Vergleichskriterien sind:

- Unterstützung für rechts- und linkshändige Benutzung
- Anordnung der Tasten und resultierende Effizienz der Bedienung
- Bei Tablett bzw. Stifteingabe: Rutschsicherheit

Die DIN-ISO Norm 9241-410, Anhänge D, F, G enthält weitere Orientierung für den Einsatz von Zeigegeräten.

7.8 Zusammenfassung

In diesem Kapitel sind Eingabegeräte vorgestellt worden, wobei der Fokus auf der Eingabe von textuellen und numerischen Informationen sowie von Positionen lag. Es hat sich gezeigt, dass die „traditionellen“ Geräte Maus und Tastatur in unterschiedlichen Varianten an spezielle Nutzungskontexte angepasst werden können. Darüber hinaus hat die Stifteingabe und die Nutzung von Touchscreens wesentlich an Bedeutung gewonnen, vor allem für Anwendungen außerhalb der klassischen Bürosituation.

Die Geräte sind dabei in Bezug auf ihre Eigenschaften und ihre Vor- und Nachteile für ausgewählte Anwendungsgebiete diskutiert worden. Zeiten für die Eingabe, Präzisionsangaben und Fehlerrate sind die wesentlichen quantitativen Merkmale, die jeweils für die typischen Aufgaben einer Applikation betrachtet werden müssten. Die Kenntnisse über das motorische System dienen dazu, konkrete Eingabegeräte einzuordnen und ihre Leistung zu bewerten. Aufgrund der gewachsenen Vielfalt an Eingabegeräten war in diesem Kapitel nur eine Einführung möglich. Diese Einführung wird später bei der Vorstellung mobiler Geräte sowie bei der Beschreibung von 3D-Interaktionen und neuartigen Interaktionsformen im zweiten Band ausgebaut. Dabei wird u.a. auch die Nutzung haptischer Eingabegeräte, bei der als Rückkopplung Druck auf die Finger genutzt wird, die beidhändige Eingabe und die Eingabe mittels Fußpedalen betrachtet.

Weitere Literatur. Eine wichtige Ergänzung zu diesem Kapitel stellt das Kapitel 6 in [Heinecke, 2004] dar. Dort sind technische Realisierungen und ergonomische Kriterien für Eingabegeräte ausführlicher dargestellt. Hinckley et al. [2002] diskutieren viele Merkmale von Eingabegeräten und sich ergebende Anwendungsgebiete. Das umfassende Buchkapitel [MacKenzie, 1995] ergänzt dieses Kapitel ebenfalls an mehreren Stellen, u.a. durch eine detaillierte Diskussion physischer Prinzipien.

Zeigegeräte werden ausführlich in [Shneiderman und Plaisant, 2009] und [Foley et al., 1990] behandelt. Interessant sind auch einige speziellere Beiträge: Buxton und Myers [1986] diskutierten ergonomische Unterschiede der Hardware, z.B. in der Handhabung unterschiedlich geformter Mäuse. Eye-Tracker, Systeme, die die Augenbewegung des Menschen erfassen und die Ausgabe daran anpassen, werden in [Ware et al., 1993] behandelt. Card et al. [1978] haben die Effizienz der Benutzung verschiedener Zeigegeräte (z.B. bei der Selektion) untersucht und dabei die Effizienz von Anfängern sowie die Lernkurve bei zunehmender Routine betrachtet.

Balakrishnan und MacKenzie [1997] haben die Effizienz von Eingabegeräten in Abhängigkeit von den hauptsächlich belasteten Muskelgruppen (Finger, Handgelenk und Unterarm) für typische Aufgaben untersucht. Eine Reihe aktueller Forschungsarbeiten befasst sich mit Weiterentwicklungen der Maus. Beispielhaft sei [Cechanowicz et al., 2007] genannt – eine Studie zur Kombination von Maus mit drucksensitivem Sensor, bei der untersucht wurde, wo ein solcher Sensor idealerweise zu platzieren ist, mit welchen Fingern er bedient wird und welche Interaktionen begünstigt werden. Anpassungen des C/D-Wertes für indirekte Zeigegeräte in Abhängigkeit von der Mausbewegung wurden in [Casiez und Vogel, 2008] untersucht. Maguire [1999] gibt einen Überblick über Richtlinien für die Nutzung von Eingabegeräten bei Kiosksystemen (Verkaufsautomaten bzw. öffentlich zugänglichen Informationssystemen).

In Bezug auf die Tastatureingabe ist die Untersuchung von Isokoski [2004] interessant, bei der die Eingabe mittels einer virtuellen Tastatur durch Einsatz von kontextabhängigen (kreisförmigen) Pie-Menüs (Abschn. 9.2.5) beschleunigt wird. Krüger et al. [2008] erläutern eine Studie, in der die Eignung verschiedener Eingabegeräte (Maus, 3D-Maus, Grafiktablett) für die Verfolgung von Pfaden in 3D-Modellen erprobt wurde.

Einen Überblick über Multi-Touch-Gesten liefern [Wu und Balakrishnan, 2003]. Die softwaretechnische Integration wird in [Echtler und Klinker, 2008] erläutert. Eine umfassende Diskussion von Prinzipien und Anwendungen findet sich in [Moscovich, 2007]. Die multimodale Eingabe kombiniert verschiedene Kanäle, z.B. Spracheingabe und Zeigen. Sie gilt als besonders natürlich, z.B. wenn auf eine Landkarte gezeigt und Aktionen akustisch initiiert werden. Allerdings ist die Entwicklung multimodaler Schnittstellen sehr aufwändig und muss oft sehr speziell an ein Anwendungsgebiet angepasst werden. Wechsung et al. [2009]. beschreiben eine aktuelle Studie multimodaler Eingaben (Touch-Eingabe und Spracheingabe) und geben einen guten Überblick über die Forschung in diesem Bereich.

Kapitel 8
Fenstersysteme

Grafische Fenstersysteme sind heute auf den meisten Computersystemen aller Größenordnungen zu finden. Fenstersysteme ermöglichen eine gute Abbildung computergestützter Prozesse in die menschliche Gedankenwelt. Vor allem ist es mit Fenstersystemen möglich, an mehreren Aufgaben *gleichzeitig* zu arbeiten. Es gibt viele Beispiele für die Notwendigkeit, parallel an mehreren Programmen zu arbeiten. So wird häufig ein Mail-Tool genutzt, um Teile aus einer Mail in ein Dokument zu integrieren. Datenbanken und Tabellenkalkulationsprogramme werden parallel genutzt, um Diagramme zu erstellen. Die Erstellung von Dokumenten erfordert oft die Integration von Bildern oder die Recherche nach Informationen im Internet. Die parallele Abarbeitung ermöglicht eine flexible Arbeitsorganisation. Insofern sind Fenstersysteme eine Voraussetzung für die computergestützte Bearbeitung vieler Probleme.

Gliederung. Dieses Kapitel beginnt in Abschn. 8.1 mit einer Charakterisierung von Fenstersystemen. Wichtige technische Aspekte von Fenstersystemen werden in Abschn. 8.2 vorgestellt, wobei die ereignisgesteuerte Verarbeitung von Eingaben und die Generierung von Ausgaben in Fenster erläutert werden. Diese Kernfunktionalität wird in Anlehnung an [Klingert, 1996] auf Basis von *Eingabemodellen* und *Ausgabemodellen* beschrieben. Danach werden in Abschn. 8.3 Window Manager behandelt. Window Manager sind Softwaresysteme zur Anordnung und Verwaltung von Bildschirmfenstern – sie basieren auf den zuvor beschriebenen Ein- und Ausgabemodellen. Die Navigation in Fenstern, die Verschiebung des sichtbaren Ausschnitts in horizontale oder vertikale Richtung durch Scrolling, und die Veränderung eines rechteckigen Ausschnitts (Panning) werden in Abschn. 8.4 behandelt.

Da häufig mehrere Fenster im Zusammenhang benutzt werden, werden in Abschn. 8.5 Strategien behandelt, mit denen Fensterinhalte koordiniert werden. Paned Windows, bei denen Benutzer die relative Größe von Bildschirmfenstern einstellen können, werden in Abschn. 8.6 behandelt. In Abschn. 8.7 wird der Einsatz von Toolbars, untergeordneten Fenstern mit zusammenhängenden Eingabemöglichkeiten, diskutiert. Der Darstellung von mehreren Fenstern auf einem Bildschirm sind enge Grenzen gesetzt. Das Konzept der virtuellen Desktops, das in Abschn. 8.8 eingeführt wird, trägt wesentlich zur Lösung dieses Problems bei. Als wichtiger Be-

B. Preim, R. Dachselt, *Interaktive Systeme*, eXamen.press, 2nd ed.,
DOI 10.1007/978-3-642-05402-0_8,

standteil von Fenstersystemen werden Icons vorgestellt. Insbesondere der Stellenwert von Icons und praktische Aspekte bei ihrem Entwurf werden in Abschn. 8.9 behandelt.

8.1 Charakteristika von Fenstersystemen

Im Folgenden werden Fenster definiert und anhand der mit ihren möglichen Interaktionen charakterisiert.

Definition 8.1. Fenster sind rechteckige Bereiche, die Benutzerinteraktionen verarbeiten können – also ein Verhalten implementieren. Fenster sind die zentralen Elemente in Fenstersystemen. Fenster sind hierarchisch organisiert. Fenster können also untergeordnete Fenster und schließlich elementare Fenster enthalten. Applikationsfenster sind die Fenster, die an der Spitze der Fensterhierarchie für ein Anwendungsprogramm stehen. Elementare Fenster sind vor allem die Bedienelemente, wie Buttons und Scrollbars.

Während elementare Fenster in der Regel fix platziert werden und in ihrer Größe nicht verändert werden, können sich Applikationsfenster beliebig überlappen, so dass man von mehreren Fenstern einen selbst gewählten Teil sieht. Dies führt zu einem 3D-Effekt, da man einen Tiefeneindruck am Bildschirm gewinnt. Wegen der Einschränkung gegenüber echter 3D-Interaktion wird dies als 2 1/2-dimensional bezeichnet. Die Möglichkeit des Überlappens von Fenstern zudem die Assoziation mit einem Schreibtisch (Papier-Schreibtisch-Metapher).

Fenster können beliebig skaliert und positioniert werden. Die uneingeschränkte Freiheit des Benutzers ist teilweise nicht sinnvoll. Daher kann der Entwickler minimale und maximale Größen für Fenster festlegen sowie das Verhalten eines Fensters beim Vergrößern des übergeordneten Fensters bestimmen. Wesentliche Operationen in grafischen Fenstersystemen sind (siehe auch Abb. 8.1):

- Verschieben und Skalieren von Fenstern,
- Ikonifizieren bzw. minimieren,
- Vergrößern auf Originalgröße,
- Fenster in den Vordergrund bzw. Hintergrund setzen,
- Ausschnittsauswahl in Fenstern und
- Interprozesskommunikation.

Diese Operationen werden im Folgenden erläutert.

Ikonifizieren von Fenstern. Fenster können auf Icon-Größe verkleinert werden, wobei die Darstellung dann dem Icon der zugehörigen Anwendung entspricht. So kann eine Vielzahl von Fenstern offengehalten werden, ohne dass diese viel Platz beanspruchen. Die ikonifizierten Fenster werden oft an einem Bildschirmrand platziert.

Das Ikonifizieren und die Umkehroperation, das Vergrößern eines ikonifizierten Fensters auf seine Originalgröße, verändern das Bildschirmlayout allerdings abrupt.

Abb. 8.1: Fenster können mit den Icons am rechten oberen Rand minimiert, maximiert und geschlossen werden. Der deaktivierte Eintrag „Wiederherstellen" wird nach dem Maximieren aktiviert und führt dazu, dass das Fenster die ursprüngliche Größe einnimmt. Fenster können an den Rändern angefasst und skaliert werden (Screenshot von Microsoft Windows™).

Eventuell werden mehrere andere Fenster plötzlich sichtbar bzw. verdeckt. Daher wird dieser Vorgang in modernen Fenstersystemen animiert, so dass der Benutzer eine kontinuierliche Bewegung beobachten kann, statt plötzlich mit einem gänzlich neuen Layout konfrontiert zu werden.

Fenster in den Vordergrund oder Hintergrund setzen. Entsprechend der Desktop-Metapher kann z.B. in X-WINDOWS ein Dokument explizit in den Vordergrund gebracht oder in den Hintergrund gesetzt werden. Fenster im Vordergrund sind komplett sichtbar, wohingegen solche im Hintergrund nur ausschnittsweise oder gar nicht sichtbar sind. Dies entspricht den Möglichkeiten, Dokumente auf einem Schreibtisch in Stapeln zu verwalten. Dabei können wichtige oder häufig benutzte Dokumente nach oben gelegt werden. Andere Dokumente, die sich auf bereits erledigte oder zurückgestellte Aufgaben beziehen, können entsprechend nach unten gelegt werden.

Ausschnittswahl innerhalb der Fenster. Das Fenster kann als „Guckloch" auf die Daten benutzt werden. Der sichtbare Bereich wird dazu mit Rollbalken *(scrollbars)* verschoben.

Interprozesskommunikation. Fenstersysteme stellen Mechanismen bereit, damit Daten zwischen Anwendungen ausgetauscht werden können. Solche Mechanismen sind nötig, um z.B. Bilder, Tabellen und Diagramme in Texte zu integrieren bzw. um Texte in Bilder zu übernehmen. Dies erfolgt entweder über ein neutrales Zwischenformat, durch das Kopieren und Einfügen in die Zwischenablage *(Clipboard)* oder über einen OLE-Mechanismus *(Object Link and Embed).*

Der Clipboard-Mechanismus erlaubt es zwar, Daten aus einer Anwendung in eine andere einzufügen. Diese Daten werden aber mehrfach gespeichert, und es erfolgt keine Aktualisierung im Empfängerdokument, wenn das eingefügte Objekt modifiziert wird. Der OLE-Mechanismus beseitigt diese Nachteile und macht es möglich, in einem Dokument Verweise auf andere Objekte zu speichern.

Potenzielle Quellen von Problemen bei der Benutzung von Fenstersystemen sind:

- Die Vielzahl der Fenster kann unübersichtlich sein, besonders wenn für untergeordnete Bearbeitungsaufgaben jeweils neue Fenster geöffnet werden.
- Die Überlappung und Verschiebbarkeit von Fenstern kann die feste Einteilung der Oberfläche (zer)stören. Der Benutzer hat zu viele Freiheiten.
- Die Aufteilung einer Bedienhandlung auf mehrere Fenster kann verwirren. Um dies zu verhindern, müssen sorgfältig Arbeitsabläufe und Zusammenhänge analysiert und eingeteilt werden.

Trotz dieser Probleme sind die Vorteile von Fenstersystemen unumstritten, und die Probleme lassen sich bei sorgfältiger Entwicklung teilweise vermeiden.

8.2 Technische Aspekte von Fenstersystemen

Fenstersysteme verwalten einen Grafikbildschirm als Menge von rechteckigen Bereichen, den so genannten Fenstern. Fenster sind dabei einerseits die in Abschn. 8.1 beschriebenen Applikationsfenster, die flexibel skaliert, platziert und minimiert werden können. Andererseits gibt es auch temporär eingeblendete Dialogfenster. Innerhalb von Dialogen (Kapitel 10) gibt es eine Vielzahl von Bedienelementen, z.B. Texteingabefelder, Listen, Buttons und Slider.[1] Jedes dieser Bedienelemente ist ein elementares Fenster. Der englische Begriff Widget (zusammengesetzt aus *Window* und *Gadget*) charakterisiert Bedienelemente als Einheit aus einer (rechteckigen) geometrischen Form und einem Verhalten. Achsenparallele Rechtecke sind relativ einfach zu verwalten (der Test, ob ein Punkt innerhalb eines Rechteckes liegt, ist besonders einfach). Der Begriff Widget wird in diesem und den folgenden Kapiteln häufig verwendet und ist synonym zu Bedienelementen bzw. Eingabefeldern in interaktiven Systemen.

Fenstersysteme stellen einen geräteunabhängigen Zugriff auf die Ein- und Ausgabegeräte, z.B. Drucker und Zeigegeräte, zur Verfügung. Zu diesem Zweck beinhaltet ein Fenstersystem eine bestimmte Menge an gängigen Treibern für Ein- und Ausgabegeräte, die z.B. die geräteunabhängigen (logischen) Ausgabebefehle in Kommandos an die physischen Geräte, z.B. Drucker, umsetzen. Diese Funktionen sind in einem API, dem *Application Programming Interface*, gekapselt. Das API bildet die Grundlage für die Entwicklung grafischer Benutzungsschnittstellen.

---

[1] Hier werden die englischen Begriffe Slider und Buttons verwendet, für die sich keine deutschsprachigen Bezeichnungen etabliert haben.

Außerdem verwaltet ein Fenstersystem *Ressourcen*, wie z.B. Farbtabellen und Zeichensätze. Fenstersysteme stellen Ausgaberoutinen bereit, mit denen eine Darstellung in einem Fenster erfolgen kann, wobei der Inhalt automatisch an den Fenstergrenzen abgeschnitten wird. Dabei werden verschiedene Koordinatensysteme (Bildschirmkoordinaten, geräteunabhängige Koordinaten) und Maßeinheiten angeboten, so dass die Positionsangabe sehr flexibel ist.

In diesem Abschnitt wird eine Einführung in technische Aspekte von Fenstersystemen gegeben. Diese Einführung orientiert sich an [Myers, 1988b, Foley et al., 1990, Klingert, 1996, Olsen, 1998]. Dabei wird zunächst auf die hierarchische Organisation von Fenstern eingegangen. Im Folgenden wird das *Eingabemodell* – ein Mechanismus, wie das Fenstersystem auf Eingaben des Benutzers mit Zeigegeräten bzw. der Tastatur reagiert beschrieben. Schließlich wird das *Ausgabemodell* erklärt – eine Menge von Funktionen, mit dem Fenstersysteme die Anzeige der Fensterinhalte realisieren bzw. initiieren.

8.2.1 Hierarchische Struktur von Fenstern

Jede Anwendung in einem Fenstersystem hat mehrere Fenster, die eine Hierarchie bilden. An der Spitze der Hierarchie steht ein so genanntes *Top Level Window* (auch *root window* genannt). Diesem sind andere Fenster untergeordnet, die von dem jeweiligen Hauptfenster aus aktiviert werden, z.B. temporäre Dialogfenster, die wiederum mit untergeordneten Fenster assoziiert werden können. Innerhalb eines Fensters bilden die Elemente der Titelleiste und des Clientbereichs ebenfalls eine Hierarchie. In Abb. 8.2 ist eine solche Hierarchie dargestellt. Auch tiefere Hierarchien sind möglich, z.B. in Formularfenstern, in denen stark von Gruppierungskomponenten Gebrauch gemacht wird, die dann individuellen Buttons oder Eingabefeldern übergeordnet sind.

In der Regel kontrolliert eine Anwendung alle einem Top Level Window untergeordneten Bereiche. Eine Ausnahme davon kann durch die Verwendung einer OLE-Steuerung entstehen. Auf diese Weise kann ein Teil einer Anwendung, z.B. ein Diagramm oder eine Grafik innerhalb einer Textverarbeitung, von einer anderen Anwendung gesteuert werden. Dabei werden also Eingaben in dem fremdgesteuerten Bereich nicht an das Top Level Window der Textverarbeitung weitergeleitet.

In den meisten Fenstersystemen (X-WINDOWS, MACINTOSH OS, MICROSOFT WINDOWS) ist jedes Widget ein Fenster [Olsen, 1998].

8.2.2 Eingabemodell von Fenstersystemen

Die Verarbeitung von Eingaben bei einem Fenstersystem ist ein komplizierter Prozess. Die Komplexität beruht darauf, dass der Benutzer zu jedem Zeitpunkt eine Vielzahl von Eingaben in beliebiger Reihenfolge vornehmen kann. Fenstersyste-

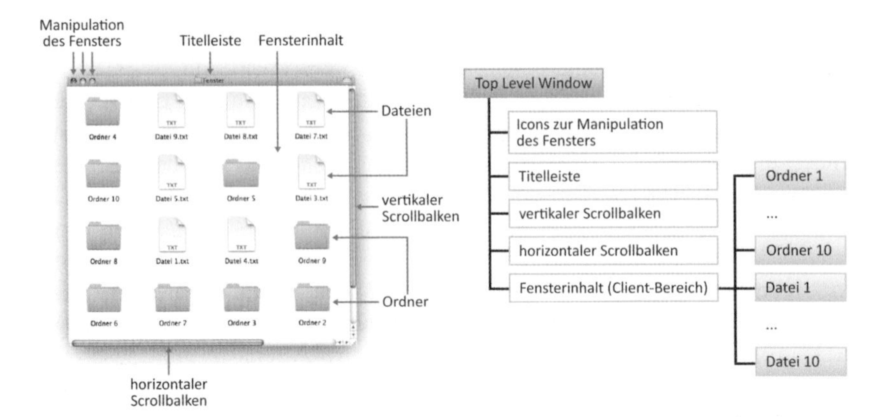

Abb. 8.2: Bestandteile eines Fenstersystems und die daraus resultierende Fensterhierarchie.

me arbeiten in der Regel asynchron. Sie fragen die Eingabegeräte nicht regelmäßig ab, sondern „warten", bis diese ein Ereignis auslösen – Fenstersysteme arbeiten *ereignisgesteuert*. Die asynchrone Arbeitsweise ist effektiv, da zu einem bestimmten Zeitpunkt die meisten Bedienelemente nicht selektiert bzw. verändert worden sind. Ein zentraler Begriff für die Erklärung des Eingabemodells ist ein *Event*, das vom Fenstersystem generiert wird, wenn der Benutzer bestimmte Aktionen durchführt.

Definition 8.2. Ein Event ist eine Datenstruktur, die einen *Eventtyp* und weitere Parameter besitzt, die die Aktion des Benutzers charakterisieren. Das Widget, in dem sich die Maus befindet bzw. das den Mausfokus hat und die Systemzeit sowie der Zustand von bestimmten Tasten (Alt, Strg, ...) gehören zu diesen Parametern.

Typen und Parameter von Events. Input-Events werden generiert, wenn der Benutzer einen Maus-Button betätigt und loslässt bzw. wenn die Tasten auf der Tastatur gedrückt werden. Auch jede Mausbewegung löst ein Input-Event aus, bei dessen Auswertung x- und y-Koordinate der Position und die Zeit erfragt werden können. Diese Events müssten z.B. ausgewertet werden, um in einem Zeichenprogramm die Mausbewegung zu nutzen, um ein Polygon zu zeichnen, wobei jeweils die aktuelle Mausposition mit der zuletzt registrierten durch eine gerade Linie verbunden wird.

Window-Events, also Ereignisse des Fenstersystems, werden außerdem generiert, wenn der Maus-Cursor in ein Fenster hineinbewegt wird (`Enter`-Event) bzw. dieses verlässt (`Leave`-Event). Auf ein `Enter`-Event kann z.B. durch Einblenden eines Tooltips oder die Veränderung der Cursorform reagiert werden. Die in Abb. 8.1 gezeigten Operationen generieren ebenfalls Window-Events. So wird ein `Resize`-Event erzeugt, wenn ein Fenster skaliert wird und ein `Expose`-Event, wenn ein Fenster in den Vordergrund gebracht bzw. erstmalig erstellt wird. Als Reaktion auf diese beiden Events würde das Fenster seinen Inhalt, also die untergeordneten Fenster darstellen.

8.2.2.1 Verarbeitung von Events

Wenn eine Eingabe erfolgt, wird ein Ereignis (ein *Event*) generiert, das von einer Anwendung verarbeitet werden kann. Zwei Mechanismen sind gebräuchlich, um diese Ereignisse zu verarbeiten.

- Eventhandler und
- Callback-Routinen

Eventhandling und Callback-Routinen. Fenstersysteme stellen einen Eventhandling-Mechanismus zur Verfügung, der es ermöglicht, auf Basis von Event-Typen und Parametern Callback-Routinen „anzuspringen". Die Programmierung auf dieser Ebene ist aber umständlich. Daher stellen User Interface-Programmierwerkzeuge eine Unterstützung auf höherer Ebene zur Verfügung. Dabei werden Widgets direkt mit Callback-Routinen verbunden, die für dieses Widget spezifisch sind. Solche Callback-Routinen können darauf reagieren, dass eine Checkbox selektiert oder deselektiert wurde oder in einer Liste der selektierte Eintrag gewechselt hat. Das aufwändige Auswerten eines Events entfällt dabei. Um beim Beispiel der Auswahl in Listen zu bleiben: eine Callback-Routine würde als Parameter den Index des aktuell selektierten Eintrags enthalten. Ein Eventhandler müsste dagegen auf Basis der Mausposition erst „errechnen", welchem Listeneintrag diese Mausposition entspricht. Insofern kommt ein Anwendungsprogrammierer heutzutage nur relativ selten mit dem „rohen" Eventhandling in Verbindung.

Auch im Folgenden werden in Klammern X-WINDOWS-Bezeichnungen für Ereignisse angegeben; diese sollen dazu dienen, die Programmierung vorstellbar zu machen. Callback-Routinen werden vom Fenstersystem automatisch aus einer Ereignisschleife angesprungen und lösen eine Aktion aus, die sich entweder an der Oberfläche und/oder in den Daten der Anwendung auswirkt. Die Verteilung der Events ist Bestandteil des Fenstersystems und eine wesentliche Entlastung für den Anwendungsprogrammierer. So kann als Reaktion auf ein Event ein Teil des Bildschirmes neu gezeichnet werden, z.B. weil ein Fenster vom Hintergrund in den Vordergrund geholt wurde.

Nachdem die Callback-Routine abgearbeitet wurde, wird die Ereignisschleife wieder durchlaufen. Eventuell sind in der Zwischenzeit andere Events eingetreten, die an die entsprechenden Callback-Routinen weitergeleitet und behandelt werden. Die Ereignisschleife wird in den meisten Anwendungsprogrammen so realisiert, dass Ereignisse an die „zuständigen" Callback-Routinen bzw. Eventhandler verteilt werden, so lange bis durch das Beenden des Programms ein entsprechendes Signal ausgelöst wird. Das heißt, eine Tastenkombination oder die Betätigung eines Buttons wird durch eine entsprechende Callback-Prozedur als Signal zur Beendigung des Programms interpretiert. Eine Anwendung beginnt also in einer Initialisierungsphase damit, die Benutzungsoberfläche aufzubauen, wobei die entsprechenden Widgets erzeugt werden. Danach können Events entgegengenommen werden. Diese werden an die einzelnen Widgets verteilt, so lange bis in einer speziellen Callback-Routine die Beendigung der Applikation initiiert wird.

Bottom-Up Verarbeitung von Events. Jedes Event hat einen Typ, durch den die Anwendung „erfährt", was passiert ist. Außerdem wird registriert, welches Widget sich an der Stelle befindet, wo das Event stattgefunden hat. Nur dadurch können die für dieses Widget spezifizierten Callback-Routinen aufgerufen werden. Wenn der Entwickler keine Reaktion für ein bestimmtes Widget festgelegt hat, wird das Event in der Hierarchie der Widgets (siehe Abb. 8.2) nach oben durchgereicht, so lange bis es zu einer Reaktion führt. Dieses Weiterreichen eines Events „nach oben" (Bottom-Up) ist sinnvoll, weil die Reaktion auf ein Event oft Konsequenzen für andere Widgets hat. Wenn z.B. einer der beiden in Abb. 8.2 dargestellten Scrollbars verändert wird, muss nicht nur eine unmittelbare Reaktion an dieser Stelle stattfinden, sondern auch der dargestellte Inhalt angepasst werden. Zu diesem Zweck muss also das übergeordnete Fenster informiert werden, das seinerseits andere untergeordnete Widgets dazu veranlasst, eine Aktualisierung vorzunehmen.

Wenn von der Anwendung keine Reaktion vorgesehen ist, findet eine standardmäßige Reaktion statt, die vom Fenstersystem vorgegeben ist. So wird beim Betätigen einer Taste in der Regel das entsprechende Zeichen als Rückkopplung dargestellt und der Texteingabecursor weitergesetzt. Dieses standardmäßige Verhalten kann überschrieben werden, wenn z.B. bei einer Passworteingabe die Standardreaktion unpassend ist.

8.2.2.2 Verarbeitung von Eingaben mit einem Zeigegerät

In diesem Abschnitt wird die softwaretechnische Verarbeitung von Eingaben mit einem Zeigegerät (Abschn. 7.3) behandelt. Dabei können zumindest alle Zeigegeräte für die 2D-Eingabe einheitlich behandelt werden. Die jeweiligen Gerätetreiber stellen eine einheitliche Sicht zur Verfügung, bei der der Anwendungsprogrammierer nicht wissen muss, um welches Eingabegerät es sich handelt. Im Folgenden wird von *Maus-Events* gesprochen; gemeint ist damit die Verarbeitung von Eingaben aller derartigen Zeigegeräte.

Bei Eingaben mit einem Zeigegerät wird jede Änderung der Position erfasst (`Move`-Event) sowie das Drücken und Loslassen von Buttons (`Button Pressed`- und `Button Release`- Event). Wenn das Zeigegerät den Bereich eines Fensters bzw. Widgets betritt und verlässt, werden ebenfalls Events erzeugt (`Enter`- und `Leave`-Event). Bei (herkömmlichen) Touchscreensystemen entspricht die Berührung des Bildschirms dem Drücken einer Taste. Bei neueren Multitouch-Systemen ist eine gesonderte Verarbeitung erforderlich.

Der Doppelklick ist ein besonderes Event, um mit einem selektierten Objekt eine Aktion auszulösen. Die Zeitspanne, die zwischen zwei Mausbetätigungen vergehen darf, damit diese als ein Doppelklick interpretiert werden, kann in allen Fenstersystemen eingestellt werden. Da es in vielen Anwendungen mehrere Aktionen gibt, die unmittelbar mit einem grafisch dargestellten Objekt ausgeführt werden können, reichen die zwei oder drei Knöpfe bzw. das Scrollrad der Maus oft nicht aus. Daher interpretieren diese Anwendungen ein Maus-Event im Zusammenhang mit einer gedrückten Taste, wie der CTRL-, ALT- oder SHIFT-Taste. Zu diesem Zweck wird bei einem gedrückten oder losgelassenen Maus-Button der Zustand dieser besonderen Tasten an die Callback-Routine weitergeleitet.

Bindung der Maus an ein Fenster. Maus-Events werden in der Regel Bottom-Up dem Fenster zugeordnet, in dem sich der Maus-Cursor befindet. Diese Zuordnung ist nicht immer wünschenswert. Mit der Maus werden häufig Aktionen durchgeführt, bei denen die Maus gedrückt, bewegt und anschließend wieder losgelassen wird. Auf diese Weise wird z.B. ein Scrollbar kontrolliert: der Benutzer selektiert den Scrollbar, hält die Maus gedrückt und lässt sie an anderer Stelle wieder los. Wenn dabei der Bereich des Scrollbars kurzzeitig verlassen wird – was bei der geringen Ausdehnung dieser Widgets häufig passiert – würde die Kontrolle an ein anderes Dialogelement übergehen, was in der Regel nicht erwünscht ist. Aus diesem Grunde kann ein Fenster die Maus an sich binden (*mouse grabbing*) und veranlassen, dass folgende Events an dieses Fenster weitergeleitet werden. In dem beschriebenen Beispiel würde der Scrollbar die Maus binden, wenn der Maus-Button auf dem Scrollbar gedrückt wird, und die Bindung wieder aufgeben, wenn der Scrollbar losgelassen wird.

8.2.2.3 Verarbeitung von Tastatureingaben

Bei Tastatureingaben werden die gedrückten Tasten erfasst, wobei das gleichzeitige Drücken von Steuertasten (wie ALT, ALT GR) berücksichtigt werden muss. Einige Tastatur-Events, wie die Betätigung von Funktionstasten und Cursortasten, werden gesondert behandelt. Funktionstasten, wie die F1-Taste für den Aufruf des Hilfesystems, dienen dazu, bestimmte Kommandos auszulösen. Jedes Event wird mit einem Zeitstempel versehen, so dass die Reihenfolge und der zeitliche Abstand von Events repräsentiert sind. Während bei Eingaben mit einem Zeigegerät die Position des Events ausschlaggebend ist, um das Event in dem beschriebenen Bottom-Up-Verfahren einem Fenster zuzuordnen, haben Tastatureingaben keinen derartigen geometrischen Bezug. Eingaben mit der Tastatur werden daher einem Fenster zugeordnet, das den *Eingabefokus* besitzt. Dieser Fokus kann durch das Zeigegerät verändert werden. Dabei sind zwei Varianten üblich:

- das Fenster, in dem sich der Maus-Cursor befindet, hat den Eingabefokus solange, bis die Maus aus dem Fenster herausbewegt wird *(move-to-type)* oder
- ein Fenster erhält den Eingabefokus erst dann, wenn der Maus-Cursor in diesem Fenster ist und explizit ein Maus-Button gedrückt wird *(click-to-type).*

Die erste Variante ist bequemer, führt aber häufiger dazu, dass durch eine versehentliche Bewegung mit der Maus eine Eingabe an ein falsches Fenster weitergeleitet wird, so dass ein eingegebener Text entweder ignoriert wird (weil das andere Fenster keine Texteingabe zulässt) oder in einen falschen Kontext gerät (z.B. in eine e-Mail und nicht in das bearbeitete Textdokument).

Bindung der Tastatur an ein Fenster. Neben den beschriebenen Varianten der Steuerung des Eingabefokus kann ein Fenster die Eingabe der Tastatur auch an sich binden – völlig analog zur Bindung der Maus an ein Fenster. Eine solche Bindung der Tastatur ist z.B. bei der Passworteingabe sinnvoll, denn sie schützt den Benutzer davor, dass sein Passwort in Klartext in einem anderen Fenster erscheint.

8.2.2.4 Verarbeitung von Events des Fenstersystems

Die dritte Klasse von Events wird bei der Manipulation der Fenster erzeugt. Dazu gehört das Öffnen und Schließen von Fenstern. Die dabei an die Anwendung weitergeleiteten Events werden genutzt, um Initialisierungen vorzunehmen bzw. beim Schließen eines Fensters den Code wieder aufzuräumen. Weitere Events sind das Vergrößern, Verschieben oder Minimieren von Fenstern (vgl. Abschn. 8.1). Beim Vergrößern eines Fensters muss z.B. in der entsprechenden Callback-Routine der dargestellte Fensterinhalt an den zur Verfügung stehenden Platz angepasst werden.

Zu den wichtigsten Ereignissen gehört die Benachrichtigung einer Anwendung, wenn ein Fenster neu gezeichnet werden muss (`Expose`-Event). Dieses Neuzeichnen wird z.B. notwendig, wenn ein Teil des entsprechenden Fensters sichtbar wird, weil ein anderes Fenster geschlossen oder in den Hintergrund bewegt wurde. Die Anwendung kann auch selbst dieses Ereignis auslösen und damit den Aufruf der Callback-Routine erzwingen. Auf diese Weise kann das Neuzeichnen nach der Veränderung von Daten der Anwendung veranlasst werden. Buttons müssen z.B. neu gezeichnet werden, um zu kennzeichnen, dass sie temporär nicht verfügbar sind oder um zu veranschaulichen, dass sie in den gedrückten Zustand übergegangen sind. Wenn ein großes Fenster mit einer hoch aufgelösten Grafik neu gezeichnet werden muss, kann dies sehr aufwändig sein. Da oft nur ein kleiner Teil der Grafik betroffen ist, wird der betroffene rechteckige Bereich als Parameter übergeben. Das macht es der Anwendung möglich, nur diesen Teil zu aktualisieren.

Probleme. Ein großes Problem bei diesem Eingabemodell besteht darin, dass die Anwendungsentwickler sicherstellen müssen, dass das Fenstersystem Eingaben entgegennehmen kann und nicht durch die Ausführung eines langwierigen Kommandos blockiert ist. Daher müssen für Aktionen, die langwierig sein können, wie das Drucken einer Datei, separate Prozesse gestartet werden.

Ein weiteres Problem liegt darin, dass das beschriebene Eingabemodell von den Eingabegeräten abhängig ist. So enthalten Maus-Events nur die $x-$ und $y-$Position und können so nicht zur Verarbeitung von 3D-Eingaben genutzt werden.

8.2.3 Ausgabemodell von Fenstersystemen

Die Funktionalität von Fenstersystemen wird dem Entwickler über so genannte *Application Programming Interfaces* (APIs) zur Verfügung gestellt. Dabei existieren Funktionen zum Erzeugen, Verwalten und Löschen von Fenstern. Allerdings ist die Schnittstellen-Entwicklung auf dieser Grundlage äußerst aufwändig, was zu einer

Vielzahl an Werkzeugen führte, die den Entwickler auf einer höheren Ebene unterstützen. Dabei wird vor allem ausgenutzt, dass viele Aufgaben, wie die Gestaltung eines Dialogs zum Öffnen oder Speichern einer Datei, häufig in ähnlicher Form realisiert werden.

8.2.3.1 Koordinatensysteme

Die APIs von Fenstersystemen unterstützen den Entwickler in der Regel darin, Koordinaten in verschiedenen Maßstäben anzugeben und diese ineinander umzuwandeln. Für die Ausgabe werden die Koordinaten der Grafikprimitive in positiven ganzen Zahlen angegeben. Der Koordinatenursprung ist bei diesen APIs links oben (siehe Abb. 8.3). In vielen Fällen entsprechen diese Angaben aber nicht den Daten der Anwendung. Daher ist es nötig, Koordinaten ineinander umzuwandeln.

Pixelkoordinaten und geräteunabhängige Koordinaten. Wie lang eine Linie von 20 Pixeln ist, hängt vom verwendeten Bildschirm und seiner Auflösung (angegeben in Pixel pro Zoll, *dots per inch,* kurz: dpi) ab. Während ein Bildschirm oft eine Auflösung von weniger als 150 dpi hat, haben Drucker typischerweise eine Auflösung von 600 dpi oder sogar 1200 dpi – die Spezifikation einer Grafik in Pixeln ist also nicht sinnvoll für diese unterschiedlichen Geräte. Daher können Angaben auch in metrischen Einheiten, z.B. in *mm* oder in *Zoll* gemacht werden. Diese geräteunabhängigen Koordinaten werden intern in Bildschirmkoordinaten umgewandelt.

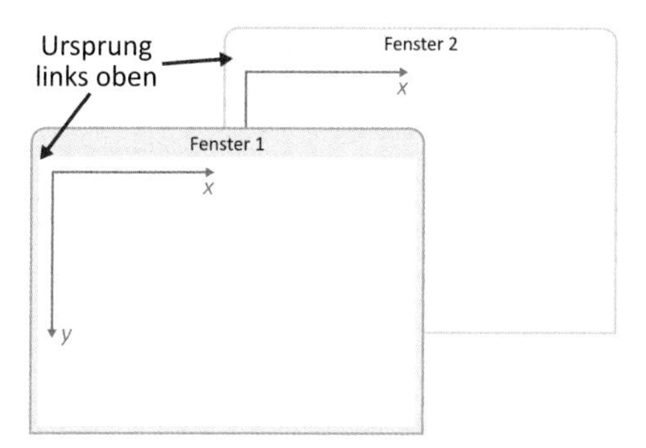

Abb. 8.3: Pixelkoordinaten in einem Fenster sind relativ zur oberen linken Ecke des Fensters, wobei die y-Koordinaten nach unten wachsen.

Weltkoordinaten. Die Größe von Bildschirmen entspricht nur bei wenigen Anwendungen den vorkommenden Größenverhältnissen. Geografische Daten repräsentieren viele Kilometer eines Territoriums, wohingegen Daten über Molekülstrukturen in kleinsten Bruchteilen eines Millimeters angegeben werden. Diese Daten aus der Welt der Anwendung werden als *Weltkoordinaten* bezeichnet. Offensichtlich ist in diesen Fällen eine Skalierung der Daten der Anwendung in geräteunabhängige

Koordinaten notwendig. Diese Transformation von einem Ausschnitt aus der realen Welt in einen Sichtbereich wird *Window-To-Viewport-Transformation* genannt.

Berücksichtigung von Koordinatensystemen bei der Eingabe. Koordinatensysteme werden vor allem unter dem Blickpunkt betrachtet, wie die Maße der Anwendung flexibel in die Koordinaten von Ausgabegeräten umgewandelt werden können. Die dabei vorgenommenen Transformationen spielen allerdings auch für die Interpretation von Benutzereingaben eine wichtige Rolle. Wenn der Benutzer mit einem Zeigegerät etwas selektiert, wird ein Maus-Event erzeugt, das die Position des Cursors in Pixelkoordinaten angibt. Um eine derartige Eingabe zu interpretieren, muss die umgekehrte Transformation vorgenommen werden – die Koordinaten müssen in ein metrisches Maß umgerechnet und eventuell zusätzlich skaliert werden. Dadurch werden die Pixelkoordinaten in Relation zu den Objekten in der modellierten Welt gesetzt. Abb. 8.4 fasst Koordinatentransformationen in Fenstersystemen zusammen.

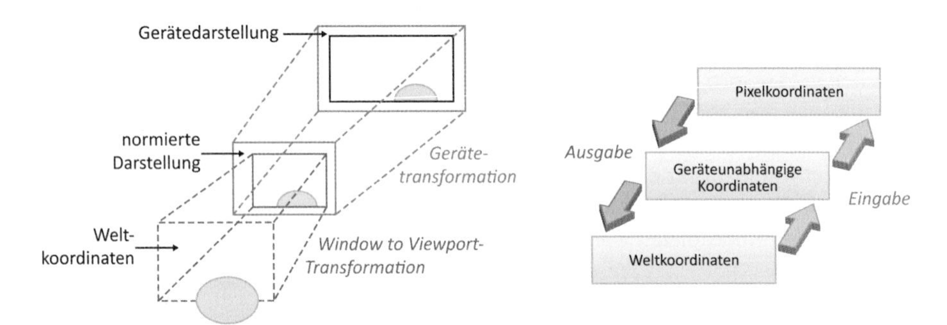

Abb. 8.4: Koordinatentransformationen bei der Ausgabe und bei der Interpretation einer Benutzereingabe.

8.2.3.2 Ausgabe in Rastergrafik

Das Ausgabemodell von Fenstersystemen stellt Routinen zum Zeichnen in ein Fenster zur Verfügung. Dazu zählen Routinen zum Zeichnen und Füllen von Polygonen, Ellipsen und Rechtecken sowie zur Textdarstellung. Zusätzlich zu diesen Vektorgrafik-Operationen können rechteckige Blöcke von Pixeln kopiert und manipuliert werden. Das Fenstersystem schneidet die Inhalte an den Grenzen des jeweiligen Fensters ab (engl. *clipping*), so dass nicht versehentlich der Inhalt anderer Fenster verdeckt werden kann.

Die Vektoren, die bei der Anwendung von Vektorgrafikoperationen entstehen, werden in Bitmaps umgewandelt, die direkt in den Framebuffer kopiert und dargestellt werden. Bei dieser Umwandlung werden die Vektorgrafiken entsprechend dem Pixel-Raster diskretisiert. Dabei können die Diskretisierungsschritte zu sichtbaren

Fehlern (so genannten Alias-Effekten) führen, so dass z.B. bei der Darstellung von Linien so genannte Treppenstufen entstehen. Dieser Effekt kann abgemildert werden, wenn nicht nur Pixel in der Vordergrund- und Hintergrundfarbe gesetzt werden, sondern auch Zwischenfarben für Pixel verwendet werden, die zu einem gewissen Prozentsatz von der Linie berührt werden. Diese Verfahren werden Antialiasing-Verfahren genannt.

Die Bitmaps unterscheiden sich hinsichtlich der Zahl der verwendeten Grautöne bzw. Farben und damit auch in ihrem Speicherbedarf. Reine Schwarz-Weiß-Bitmaps enthalten für jedes Pixel im Framebuffer nur ein Bit. Bitmaps mit 8 Bit pro Pixel ermöglichen 256 Grauwerte und damit die Anwendung von Antialiasing-Verfahren für die Darstellung von Texten und Vektorgrafiken. Farben werden im RGB-Modell angegeben, da dieses Modell direkt für die Ansteuerung des Bildschirms verwendet werden kann. Beim RGB-Modell erfolgt eine Farbangabe als Tripel von Rot-, Grün- und Blauwerten. Dabei werden in der Regel 8 Bit für jeden Farbkanal verwendet, so dass pro Pixel 24 Bit benötigt werden. Bei der Verwendung von Farbe gibt es zwei Varianten:

- die Nutzung von Farbtabellen und
- die direkte Speicherung der Farben.

Während früher die Verwendung von Farbtabellen, z.B. mit 256 Einträgen nötig war, werden Farbwerte heutzutage selbst auf mobilen Geräten als Echtfarben spezifiziert. Dies bedeutet, dass sie als Tripel aus Rot-, Grün- und Blaukomponente (je ein Byte) zusammengesetzt sind. Damit lassen sich etwa 16 Millionen verschiedene Farben darstellen. Man spricht von TrueColor oder Echtfarben, da diese Farbtiefe beim Betrachter einen natürlichen Eindruck ermöglicht.

8.2.4 Zusammenfassung

In diesem Abschnitt wurden technische Aspekte von Fenstersystemen behandelt. Fenstersysteme arbeiten asynchron – Eingaben erzeugen Ereignisse (events) und werden an die Anwendung weitergeleitet. Diese kann mit entsprechenden Callback-Routinen reagieren, die Parameter auswerten und Aktualisierungen an den internen Daten aber auch an anderen Fenstern der Oberfläche vornehmen. Das Eingabemodell basiert auf der Organisation einer grafischen Benutzungsschnittstelle als Hierarchie von Fenstern. Zeigeaktionen werden auf dieser Basis Bottom-Up an die betroffenen Fenster weitergeleitet. Bei der Verarbeitung von Tastatureingaben wird stattdessen ein Eingabefokus genutzt, der unter Nutzung eines Zeigegerätes an ein bestimmtes Fenster geleitet werden kann.

Das Ausgabemodell ist geprägt durch die Rastergrafik – alle Grafiken werden letztlich in Bildschirmkoordinaten umgewandelt. Fenstersysteme unterstützen die Diskretisierung durch eine entsprechende Grafikbasis, die Algorithmen zur Darstellung von Grafikprimitiven enthält.

Die technischen Grundlagen von Fenstersystemen sind in den letzten 15-20 Jahren im Wesentlichen gleich geblieben. Einige neuere Konzepte, wie der Einsatz von transparenten Fenstern, erfordern aber eine Anpassung im Kern von Fenstersystemen. Fenstersysteme für sehr kleine, mobile Geräte haben teilweise grundlegend andere Anforderungen und Nutzungskonzepte, wie z.B. die Verarbeitung von Handschrift mit einem Stift. Insofern sind die Kernfunktionen derartiger Fenstersysteme teilweise stark verändert gegenüber den älteren Systemen, die im Wesentlichen für Büroanwendungen entwickelt wurden.

8.3 Window Manager

Aufbauend auf der im vorigen Abschnitt beschriebenen Kernfunktionalität werden die Bildschirmfenster durch *Window Manager* verwaltet. Die Window Manager realisieren die in Abschn. 8.1 erläuterten Fenster-Operationen, wie die Skalierung und Verschiebung sowie das Öffnen und Schließen von Fenstern. Window Manager steuern das Aussehen der Fenster, z.B. die Gestaltung der Titelzeile und der Scrollbars. Außerdem stellen die Methoden zur Verfügung, mit denen die Fenster angeordnet werden, sogenannte Fensterplatzierungsstrategien.

Window Manager müssen nicht unmittelbar in das Fenstersystem integriert sein – wie dies beim MACINTOSH-Betriebssystem und bei MICROSOFT WINDOWS der Fall ist. So gibt es mehrere Window Manager, die auf X-WINDOWS aufsetzen.

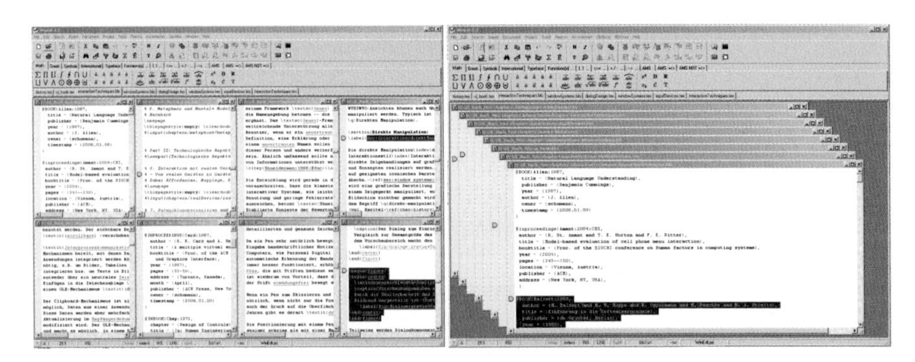

Abb. 8.5: Zwei verbreitete Fensteranordnungsstrategien: Die gekachelte Anordnung der Fenster nebeneinander (links) und die kaskadierende Darstellung (rechts) (Screenshot von WinEdt ™).

Fensterplatzierungsstrategien. Um die Anordnung von Fenstern zu erleichtern, wurden Fensterplatzierungsstrategien als Teil von Window Managern entwickelt. Dabei kann das Wachstum einzelner Fenster auf horizontale oder vertikale Veränderungen beschränkt sein. Eine andere Variante besteht darin, dass ein Fenster nur auf

Kosten anderer Fenster wachsen kann, so dass Überlappungen vermieden werden. Diese Variante, die so genannten *Paned Windows*, werden in Abschn. 8.6 behandelt.

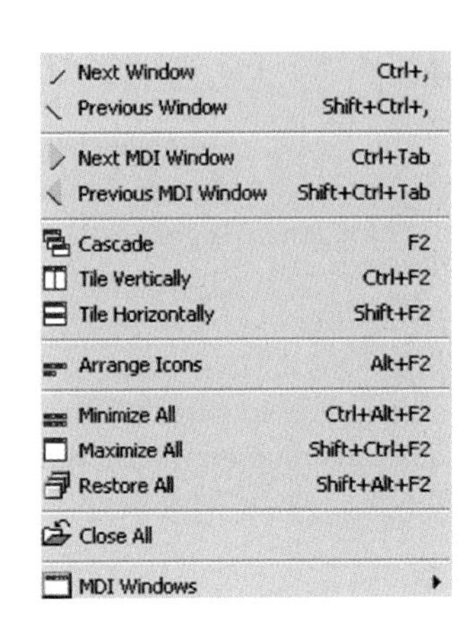

Abb. 8.6: Ein Window-Menü eines Texteditors mit umfangreichen Funktionen zur Platzierung von Fenstern bzw. zur Navigation in Fenstern (Screenshot von WinEdt ™).

Als Alternative dazu werden häufig Kommandos zum Anordnen aller Fenster einer Anwendung angeboten. Diese Kommandos befinden sich z.B. in WINDOWS-Anwendungen in einem standardisierten Menü *Fenster* am linken Rand der Menüleiste eines Hauptfensters. So können alle Fenster überlappend (kaskadierend) angeordnet werden oder zeilen- und spaltenweise in einer entsprechenden Größe dargestellt werden, wobei der verfügbare Platz vollständig ausgenutzt wird (kacheln (engl. *tiling*). Abb. 8.5 zeigt die Auswirkung dieser Kommandos. Im Unterschied zu den später behandelten Paned Windows sind die Fenster aber nach wie vor unabhängig und können innerhalb des der Applikation zur Verfügung stehenden Platzes frei angeordnet werden. Bly und Rosenberg [1986] beschreiben, für welche Aufgaben eine gekachelte Darstellung von Fenstern vorteilhaft ist, wobei in der Regel nur wenige Fenster auf diese Weise angeordnet werden.

Teilweise wird das Kacheln in einer eher horizontalen und einer eher vertikalen Ausrichtung ermöglicht. So sind die acht Fenster in Abb. 8.5, links in zwei Zeilen angeordnet. Ein vertikales Kacheln würde die Darstellung in vier Zeilen mit je zwei Fenstern bewirken. Teilweise ist es auch möglich, alle Fenster zu minimieren, so dass nur eine Zeile pro Fenster sichtbar ist bzw. alle Fenster wieder auf ihre ursprüngliche Größe zurückzusetzen. Diese Operationen werden in einem Fenster- bzw. Window-Menü als Teil der Menüleiste zur Verfügung gestellt. Durch diese Kommandos ist es möglich, *alle* vorhandenen Fenster zu sehen. Abb. 8.6 zeigt ein solches Menü am Beispiel eines Editors, der auf die Verwaltung einer Vielzahl von Dateien spezialisiert ist. Das Menü bietet auch Möglichkeiten, sequenziell durch die Fenster zu navigieren.

Probleme des Window Managements. Die beschriebenen Strategien sind insofern unzureichend, als dass der Benutzer keine Möglichkeit hat, eine Menge von – für die konkrete Aufgabe – zusammengehörenden Fenstern einheitlich zu handhaben. Die Kopplung von Fenstern, so dass ein Fenster nur auf Kosten eines anderen wachsen kann, ist zwar eine derartige Zusammenfassung – allerdings wird diese vom Entwickler fest vorgegeben und ist dem Benutzer in der Regel unzugänglich.

Ebenen des Windows Managements. Ein Window Management findet zum einen innerhalb einer Anwendung als auch auf übergeordneter Ebene zwischen den einzelnen Anwendungen statt. Das Window Management innerhalb einer Anwendung wird in der Regel durch Aufrufe des Window Managements des Fenstersystems realisiert. Dabei wird „bestimmt", wo und in welcher Größe (evtl. auch in welcher Ausstattung) Fenster erscheinen. Das Window Management stützt sich auf die *Grafikbasis,* die das Zeichnen der Fensterinhalte übernimmt, und die *Ressourcenverwaltung,* die die Datenstrukturen (z.B. Zahl und Beziehung von Fenstern, aber auch Paletten und Zeichensätze) des Fenstersystems verwaltet.

Fortgeschrittene Techniken. Ein wichtiger Aspekt beim Einblenden neuer Fenster, z.B. Toolbars, ist die optimale Platzierung und Skalierung. In diesem Zusammenhang beschreiben [Kandogan und Shneiderman, 1996] eine Vorgehensweise, bei der Benutzer mit dem Ziel „beobachtet" werden, diejenigen Fenster, mit denen häufig interagiert wurde, auf Kosten selten genutzter Fenster zu vergrößern. Ein anderer Ansatz zur automatischen Fensterplatzierung wird in [Bell et al., 2001] beschrieben. Bisher hat sich aber kein Ansatz zur automatischen adaptiven Fensterplatzierung durchsetzen können. Die automatische, quasi intelligente Fensterplatzierung ist zwar im Einzelfall gut an die Situation angepasst – sie ist aber auch sehr überraschend, weil der Benutzer nicht vorhersehen kann, wo ein Fenster erscheint. Das Prinzip der Erwartungskonformität (Abschn. 6.2.12) ist damit verletzt.

8.4 Navigation in Bildschirmfenstern

Bildschirmfenster stellen ein Dokument oder einen Informationsraum in der Regel nur ausschnittsweise dar. So wird in einem Fenster der Inhalt eines Verzeichnisses mit vielen digitalen Bildern (in Miniaturansicht) dargestellt, eine kartografische Darstellung oder ein Ausschnitt eines langen Textdokuments präsentiert. Navigationsmöglichkeiten sind in diesen Fällen erforderlich, damit der Benutzer den dargestellten Ausschnitt verändern kann. Abhängig von Art und Umfang der dargestellten Information kann dies aufwändig und auch mental schwierig sein. Im Fall von Dokumenten, die entsprechend der Fensterbreite skaliert sind, muss sich der Benutzer „nur" auf und ab bewegen. Schon das kann schwierig sein, wenn man nicht weiß, ob man sich in dem Dokument vor oder hinter der gesuchten Textpassage befindet. Bei der Darstellung von Bildern, digitalen Landkarten oder anderen inhärent zweidimensionalen Daten muss der Bildausschnitt sowohl horizontal als auch vertikal verändert werden. Oft gelingt die Lokalisation des relevanten Ausschnitts nur, wenn dabei der Ausschnitt skaliert (gezoomt) wird. Durch diese Maßstabsveränderung kann ein besserer Überblick erreicht werden. Wenn die interessierende Region gefunden ist, kann durch nochmaliges Zoomen eine Detailansicht generiert werden, die die relevante Information in ausreichender Größe darstellt. In diesem Abschnitt wird zunächst die Navigation in eine Richtung (Scrolling) und dann in zwei Dimensionen (Panning) erläutert.

8.4.1 Scrolling: Navigation in einer Dimension

Rollbalken (Scrollbars) dienen dazu, den sichtbaren Bereich innerhalb eines Bildschirmfensters zu verschieben, also zu *scrollen*. Sie werden mit der Maus selektiert und dabei bewegt, wobei gleichzeitig die Anzeige aktualisiert wird. Die Entfernung des Scrollbars zu den Rändern veranschaulicht die Position des sichtbaren Bereichs innerhalb des gesamten Dokuments. Die Höhe eines vertikalen Scrollbars ist abhängig vom Verhältnis des sichtbaren Ausschnitts zur Größe des Gesamtdokuments. Die Abbildung ist nicht strikt linear. So ist in Abb. 8.7 ein Scrollbar dargestellt, wobei eine halbe Seite eines 300-seitigen Dokuments sichtbar ist – der Scrollbar dürfte nur ein bis zwei Pixel hoch sein. Stattdessen ist der Scrollbar so dimensioniert, dass eine gewisse Mindesthöhe nicht unterschritten wird, damit er bequem selektiert werden kann.

Die Selektion des Scrollbars kann zu einer textuellen Anzeige führen, die exakt verdeutlicht, auf welcher Seite man sich befindet. Dies ist vor allem bei der Navigation in größeren Dokumenten von Vorteil, da die Position des Scrollbars nur grob verdeutlichen kann, in welchem Bereich sich der Benutzer befindet (Abb. 8.7). Allerdings hilft dies dem Benutzer nur, wenn er gezielt nach bestimmten Seiten *sucht* und nicht durch das Dokument *browst*, um ein Verständnis für Aufbau und Inhalt des Dokumentes zu erlangen.

Aufmerksamkeitswechsel beim Scrollen. Die Navigation durch Bewegung eines Scrollbars ist ein Beispiel für die direkte Manipulation – ein Interaktionsstil, der für seine leichte Erlernbarkeit bekannt ist (Abschn. 9.4). Allerdings weist diese intuitive Interaktion Probleme auf, die sie im Einzelfall ungeeignet erscheinen lassen. So muss der Benutzer in einigen Situationen häufig zwischen der Betrachtung der dargestellten Information und der Ausschnittsveränderung wechseln. Dazu muss er jeweils den Maus-Cursor, z.B. von der Fenstermitte, zum Scrollbar bewegen – damit verändert er auch den Bereich seines fovealen Sehens (Abschn. 2.2.1); seine Aufmerksamkeit ist abgelenkt von dem Fensterinhalt. Daher ist die Einführung des Mausrades eine wesentliche Verbesserung. Damit kann der Benutzer scrollen, *ohne* die Position des Maus-Cursors zu verändern. Einige Tastaturen enthalten auch kleine joystickartige Knüppel, die das Scrollen ermöglichen [Zhai et al., 1997, Hinckley et al., 2002].

Verbesserte Navigation. In großen Dokumenten ist es schwierig, Positionen zu finden bzw. wiederzufinden. Vertikale Scrollbars können genutzt werden, um durch Markierungen, z.B. farbige Linien, Positionen zu kennzeichnen, die kürzlich besucht worden sind. Benutzer suchen in längeren Dokumenten häufig Positionen wieder auf, die sie bereits betrachtet haben, wie Alexander et al. [2009] in einer größeren Studie festgestellt haben. Sie haben dazu die Log-Protokolle ausgewertet, die bei der Nutzung von MICROSOFT WORD und ADOBE ACROBAT entstanden sind und dokumentiert, wie häufig Benutzer Positionen in einem Dokument wiederfinden wollen. Neben einfachen Markierungen auf dem Scrollbar haben sie auch kleine Thumbnail-Bilder der betreffenden Dokumentposition verfügbar gemacht, um die zielgerichtete Navigation weiter zu verbessern.

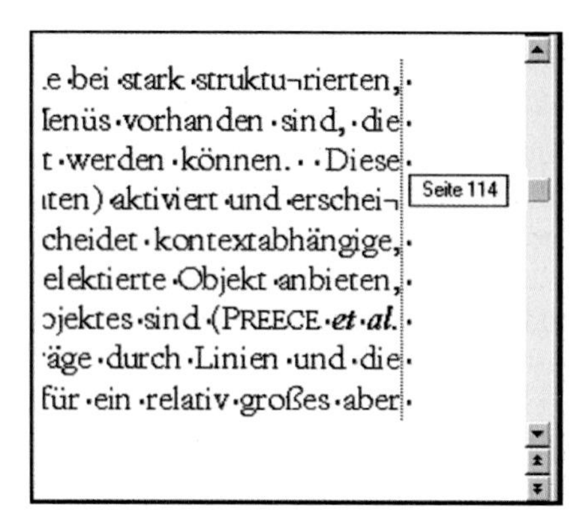

Abb. 8.7: Darstellung eines Scrollbars. Die Aktivierung der Doppelpfeile am unteren Rand führt zu einem seitenweisen Durchblättern des Dokuments. Die einfachen Pfeile verschieben den sichtbaren Ausschnitt zeilenweise (Screenshot von Microsoft™ Office Word).

Wichtige Positionen im Text, z.B. Kapitelanfänge in einem Buch oder Positionen, die einem Suchergebnis entsprechen, können ebenfalls derartig hervorgehoben werden und so das gezielte Anspringen ermöglichen [Byrd, 1999]. Vor allem in den Umgebungen für die Softwareentwicklung werden solche Techniken genutzt, um z.B. in einem längeren Quelltext schnell die Abbrech-Punkte zu finden, die im Rahmen der Fehlerkontrolle gesetzt wurden.

Geschwindigkeitsanpassung beim Scrollen. Wenn beim Scrollen ein weit entfernter Ausschnitt selektiert werden soll, dauert der Scroll-Vorgang relativ lange. Eine hohe Geschwindigkeit würde den Scroll-Vorgang beschleunigen, führt aber dazu, dass der Benutzer sich kaum orientieren kann – die Informationen fliegen geradezu an ihm vorbei und es ist wenig wahrscheinlich, dass er bei einer hohen Geschwindigkeit exakt an der gewünschten Stelle „anhalten" kann. Diese Situation gibt Anlass zu Überlegungen, die Geschwindigkeit anzupassen. Auch dafür können spezielle Eingabegeräte genutzt werden. Der ausgeübte Druck wird auf die Geschwindigkeit abgebildet, so dass der Benutzer die Geschwindigkeit gut kontrollieren kann (Igarashi und Hinckley [2000] geben einen Überblick über Ansätze zur Geschwindigkeitsanpassung beim Scrollen).

Allerdings bleibt das Problem, dass bei hoher Geschwindigkeit die Information am Benutzer regelrecht „vorbei fliegt". Igarashi und Hinckley [2000] schlagen zur Lösung dieses Problems vor, bei Geschwindigkeitsänderungen zu zoomen, so dass für eine schnellere Veränderung des sichtbaren Bereichs die Information in größerem Maßstab dargestellt wird. Dadurch bleibt die Geschwindigkeit gleich. Dieses Konzept ist erfolgreich in einer Reihe spezieller Anwendungen genutzt und auch abgewandelt worden. Es wird als *Speed-dependent Automatic Zooming* bezeichnet.

Animiertes Scrollen. Häufig erfolgt das vertikale Scrollen durch Betätigung der Tasten „PageUp" bzw. „PageDown". Diese Form der Interaktion ist nicht unproblematisch, weil für den Benutzer nicht offensichtlich ist, wie weit sich der dargestellte Bereich verändert. Von Applikation zu Applikation unterscheidet sich dieser Wert; er kann wenige Zeilen betragen oder eine ganze Bildschirmseite. Es bedarf für den Benutzer daher einiger Erfahrung, um vorherzusagen, wohin sich der ausgewählte Bereich verschiebt. Insofern muss der Benutzer nach der Aktion interpretieren, wie sich die Darstellung verändert hat. Diese Aufgabe kann erleichtert werden, wenn das Scrollen animiert wird. Anstatt dem Benutzer ohne Übergang eine neue Darstellung zu präsentieren, wird der Übergang animiert (etwa 0,5 Sekunden sind dafür ein günstiger Wert [Klein und Bederson, 2005]).

Klein und Bederson [2005] zeigen, dass Benutzer von derartigen Animationen besonders stark profitieren, wenn der dargestellte Inhalt nur wenige Landmarken enthält, z.B. bei relativ unstrukturiertem Text. Aber auch bei strukturiertem Text oder Tabellen sind Benutzer schneller und zufriedener, wenn der Übergang zwischen den Ansichten Vor-Scrollen/Nach-Scrollen animiert wird. Dies erklärt auch, warum die Benutzung des Mausrades für das Scrollen so beliebt ist; hier erfolgt eine kontinuierliche Bewegung, die zu einer kontinuierlichen Veränderung des dargestellten Textes führt.

8.4.2 Panning und Zooming: Navigation in zwei Dimensionen

Für die Interaktion in sehr großen zweidimensionalen Daten, z.B. in kartografischen Darstellungen oder detailreichen symbolischen Darstellungen von Anlagen, ist die Ausschnittsauswahl mittels Scrollbars nicht ausreichend. Dies liegt daran, dass mit Scrollbars eine gewünschte Veränderung des sichtbaren Bereichs durch eine Sequenz an horizontalen und vertikalen Veränderungen erreicht werden muss. Intuitiver und wesentlich schneller wäre es, direkt durch eine schräge Bewegung den Ausschnitt zu verändern. Diese Interaktion wird *panning* genannt. Der Benutzer startet das Panning durch Drücken einer Maustaste innerhalb des Dokuments und versetzt das System dadurch in einen Modus, in dem jede Mausbewegung den sichtbaren Bereich verschiebt. Ähnlich wie beim Scrollen wird die Mausbewegung auf eine Änderung des sichtbaren Ausschnitts abgebildet – im einfachsten und häufigsten Fall durch eine lineare Abbildung. Wenn die Darstellung entsprechend schnell aktualisiert werden kann, kann sich der Benutzer gut mit den zugrunde liegenden Daten vertraut machen. Eine schnelle Reaktion ist dabei wichtiger als die perfekte Darstellung der Daten. Daher ist die progressive Verfeinerung einer groben initialen Darstellung ein probates Mittel, um das schnelle Feedback zu erreichen. Die Kombination der Detailansicht mit einer Übersichtsdarstellung kann die Navigation oft wesentlich unterstützen (Abb. 8.8).

Panning und Zooming. Ähnlich wie bei der Navigation in einer Dimension wird das Panning oft mit einem Zoom verbunden, z.B. um in einer digitalen Landkarte die gewünschte Detailliertheit zu erreichen. Wiederum ist eine schnelle grobe Veränderung des Ausschnitts gewünscht (hoher C/D-Wert, Abschn. 7.3.1), während die

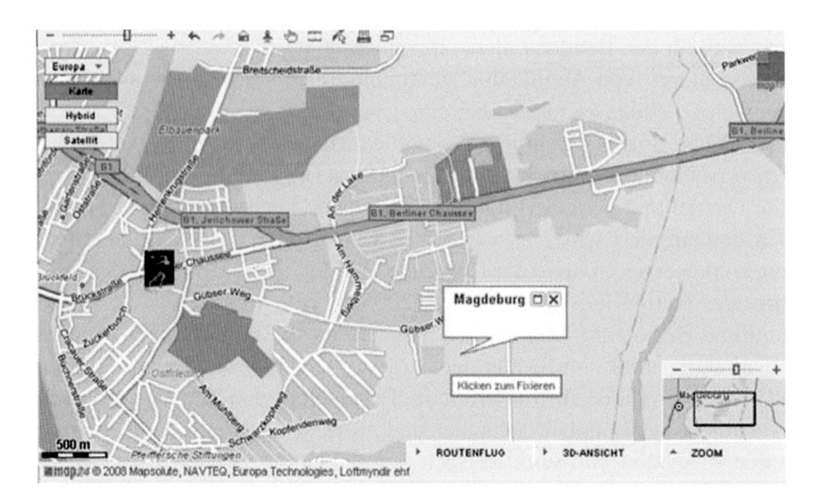

Abb. 8.8: Der Bildschirmausschnitt kann frei in x- und y-Richtung durch Bewegung mit der Maus bei gedrückter Maustaste verändert werden. Sofortiges Feedback ist entscheidend für den Einsatz dieser Interaktion. Das Rechteck in der Übersichtsdarstellung (rechts unten) verdeutlicht dabei, wie sich der aktuelle Ausschnitt in die Umgebung einordnet (Screenshot von Map24).

Feinabstimmung z.B. für den Ausdruck eines Kartenauschnittes mit geringer Geschwindigkeit durchgeführt werden sollte. Das Konzept des Speed-dependent Automatic Zooming ist daher auch bei der Navigation in 2D-Daten relevant. Als Beispiel wird ein System zur Analyse extrem hochaufgelöster mikroskopischer Bilddaten genannt [Schoor et al., 2008] (Abb. 8.9), in dem diese Panning-Technik eingebettet ist. Dabei werden ausgewählte Strukturen durch den Benutzer eingezeichnet, wobei dieses Einzeichnen in unterschiedlichen Auflösungsstufen und damit unterschiedlichen Detaillierungsgraden erfolgen kann. Die Auflösungsstufe wird dabei automatisch an die Geschwindigkeit angepasst, mit der der Benutzer die Konturen einzeichnet: je langsamer und gründlicher gezeichnet wird, desto höher aufgelöst ist die grafische Darstellung. Dieses Thema wird im Kapitel „Informationsvisualisierung" noch einmal vertieft (Abschn. 12.2).

8.5 Koordination mehrerer Fenster

Eine Vielzahl von Applikationen ermöglicht oder erfordert die Arbeit mit mehreren Fenstern. Eine Koordinierung der Fensterinhalte ist teilweise notwendig, um Inkonsistenzen zwischen verschiedenen Ansichten zu vermeiden und oft hilfreich, um Zusammenhänge in unterschiedlichen Ansichten zu veranschaulichen. Solche Zusammenhänge ergeben sich zum Teil daraus, dass

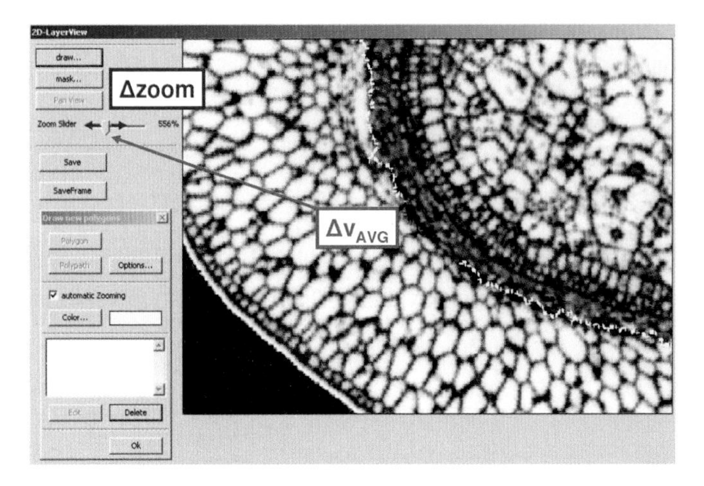

Abb. 8.9: Das sehr hoch aufgelöste mikroskopische Bild eines Gerstenkorns ist dargestellt. Das Zoom-Level wird automatisch an die Geschwindigkeit angepasst, mit der ein Benutzer die Konturen einzeichnet (Quelle [Schoor et al., 2008]).

- Daten in verschiedenen Maßstäben und Detaillierungsgraden dargestellt sind, z.B. Detail- und Kontextansichten oder
- unterschiedliche Aspekte der Daten in unterschiedlichen Fenstern dargestellt werden.

Diese Situation ist generell typisch für komplexe Anwendungen, z.B. die Exploration hochdimensionaler (geografischer) Daten und Anwendungen auf Basis von 3D-Darstellungen, z.B. aus dem Modellierungsbereich. Unter dem Stichwort *Multiple Coordinated Views* findet man eine Vielzahl von Arbeiten, die diese Koordinierungsprobleme thematisieren. Ausgewählte Aspekte werden im Folgenden beschrieben (vgl. [Shneiderman, 1997a], Kapitel 13):

Konsistenzerhaltung. Wenn mehrere Fenster unterschiedliche Sichten auf ein und dasselbe Modell darstellen, ist es wichtig, dass Änderungen, die in einem Fenster gemacht werden, an die anderen Sichten propagiert werden, damit auch dort eine entsprechende Änderung erfolgt.

Hierarchisches Browsen. Hierarchisches Browsen wird z.B. bei Dateimanagern angewendet, die die Navigation in einem hierarchischen Dateisystem ermöglichen. Dabei werden oft zwei Fenster dargestellt, wobei das eine die Verzeichnishierarchie darstellt und das andere den Inhalt des in der Hierarchie ausgewählten Verzeichnisses. Die eine Ansicht stellt also einen Überblick über die Daten bereit, während in der anderen Ansicht Details (einzelne Dateien) zu sehen sind. Ein anderes Beispiel für das hierarchische Browsen ist die Navigation durch Inhaltsverzeichnisse elektronischer Bücher. Dabei löst die Selektion eines Kapitels in der Übersichtsdarstellung die Anzeige der dazugehörigen Unterkapitel in dem Fenster mit der Detaildarstellung aus. Abb. 8.10 illustriert das hierarchische Browsen, wobei die Inhalte von Listen synchronisiert werden (alle Listen sind in einem Fenster angeordnet).

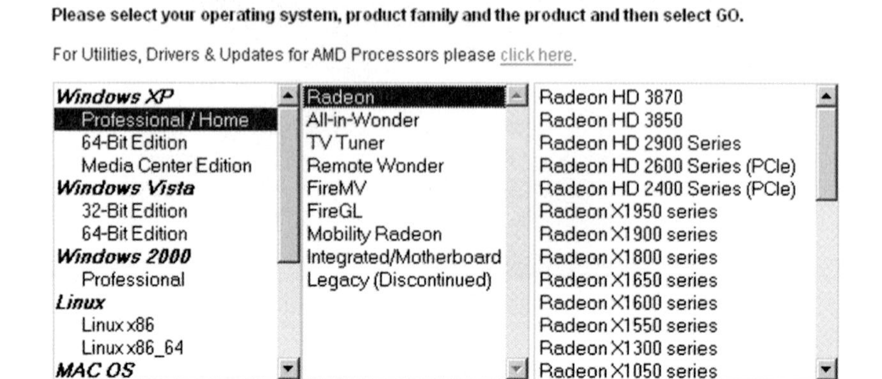

Abb. 8.10: Hierarchisches Browsen auf drei Ebenen bei der Auswahl eines Bildschirmtreibers von ATI. Die Selektion in einer Liste wirkt sich jeweils auf alle rechts davon befindlichen Listen aus (Screenshot von www.ati.com).

Synchronisiertes Scrollen. Synchronisiertes Scrollen bedeutet, dass die Veränderung eines Scrollbars ein Scrollen in einem anderen Fenster veranlasst. Diese Synchronisation ist sehr nützlich, um zwei Dokumente miteinander zu vergleichen oder einfach zwei Dokumente gleichzeitig zu lesen. Die Fenster werden dazu in der Regel nebeneinander angeordnet, weil Links-Rechts-Vergleiche mental einfacher sind als Vergleiche zwischen vertikal angeordneten Fenstern (Abb. 8.11). Debug-Werkzeuge für die Softwareentwicklung bieten diese Möglichkeit häufig, z.B. um bei der Suche nach einem Fehler, verschiedene Versionen eines Quelltextes zu vergleichen.

Direkte Selektion. Die Selektion eines Objekts führt zum Einblenden eines Fensters mit Detailinformationen. Beispiele sind Software-Entwicklungsumgebungen, in denen die Selektion einer Methode in einer grafischen Ansicht das Einblenden des Codes dieser Methode in einem separaten Fenster bewirkt [Shneiderman, 1997a].

Synchronisierte Hervorhebung. Neben mehreren Fenstern, die einen Inhalt in unterschiedlichen Maßstäben präsentieren, ist eine Koordination auch erforderlich, wenn der gleiche Inhalt unter verschiedenen Aspekten betrachtet wird. Bei Zeichnungen und geometrischen Modellen, so wie sie beim Konstruieren entstehen, ist es sinnvoll, separate Darstellungen der Struktur und der Geometrie anzubieten. Die Strukturansicht visualisiert die Zusammenbauhierarchie des (2D- oder 3D-) Modells und die Geometrieansicht zeigt das gerenderte Modell.

Während einige Interaktionen direktmanipulativ am 3D-Modell durchgeführt werden können, ist für andere Aktionen, wie das „Umhängen“, Duplizieren oder

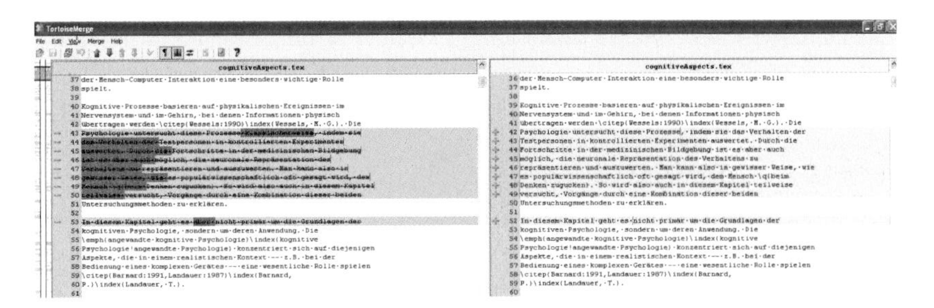

Abb. 8.11: Zwei Versionen eines Textdokuments werden mit einem Merge-Editor verglichen und zusammengeführt. Das bidirektional synchronisierte Scrollen und die Hervorhebung der Unterschiede unterstützen die Aufgabe wirkungsvoll.

Löschen von Modellbestandteilen, die Strukturansicht besser geeignet. Auch die exakte Eingabe von Maßen, das Zuweisen von Stilen und die Zusammenfassung von Objekten in Ebenen kann anhand einer Strukturansicht oft besser erledigt werden. Wiederum ist eine Koordinierung erforderlich, damit beide Ansichten konsistent zueinander sind. Außerdem ist es wichtig, dass die in einem Fenster selektierten Bestandteile in den jeweils anderen auch hervorgehoben werden (Abb. 8.12).

Die gleichzeitige Betrachtung einer Geometrieansicht und einer Strukturansicht ist auch für die Textverarbeitung vorteilhaft. Hier gibt es Strukturinformationen, die durch die Verwendung von Druckformaten, Querverweisen und durch eine Hierarchie von Überschriften entstehen. Eine Gliederungsansicht visualisiert Teile dieser Struktur (Abb. 8.13). Ähnlich wie in einem Grafikprogramm ist es oft möglich, durch „Umhängen" von Überschriften in der Gliederungsansicht die Struktur des Dokuments zu ändern, wobei die entsprechenden Inhalte transformiert werden. Zudem kann eine Gliederungsansicht genutzt werden, um gezielt bestimmte Abschnitte zu lokalisieren. Dies ist in langen Dokumenten effizienter als die Navigation mittels Scrollbars (Abschn. 8.4.1).

Bei der Bearbeitung von 3D-Modellen ist es sinnvoll, neben einer frei rotierbaren 3D-Ansicht orthogonale Sichten darzustellen. Diese gleichzeitige Darstellung kann unter anderem genutzt werden, um Positionen präzise in den orthogonalen Schichten zu selektieren und diese in der 3D-Ansicht ebenfalls darzustellen. Abb. 8.14 zeigt ein Bild des Modellierwerkzeugs 3D STUDIO MAX, das eine synchronisierte Hervorhebung zwischen den einzelnen Fenstern realisiert.

Zusammenfassung. Die Aufzählung von Möglichkeiten der Koordination ist bei weitem nicht vollständig: das Öffnen und Schließen bzw. das Bewegen und Vergrößern von Fenstern kann ebenfalls koordiniert werden. Eine Koordination mehrerer Fenster schränkt die Freiheit des Benutzers nicht ein: nach wie vor können beliebige Operationen auf den Fenstern ausgeführt werden. Der Benutzer wird aber bei komplexen Navigationsaufgaben unterstützt, indem eine sinnvoll erscheinende Anpassung von Fenstergrößen und -inhalten als Default-Wert realisiert wird. Die Nutzung und Koordinierung mehrerer Bildschirmfenster, speziell mehrerer Visualisierungen

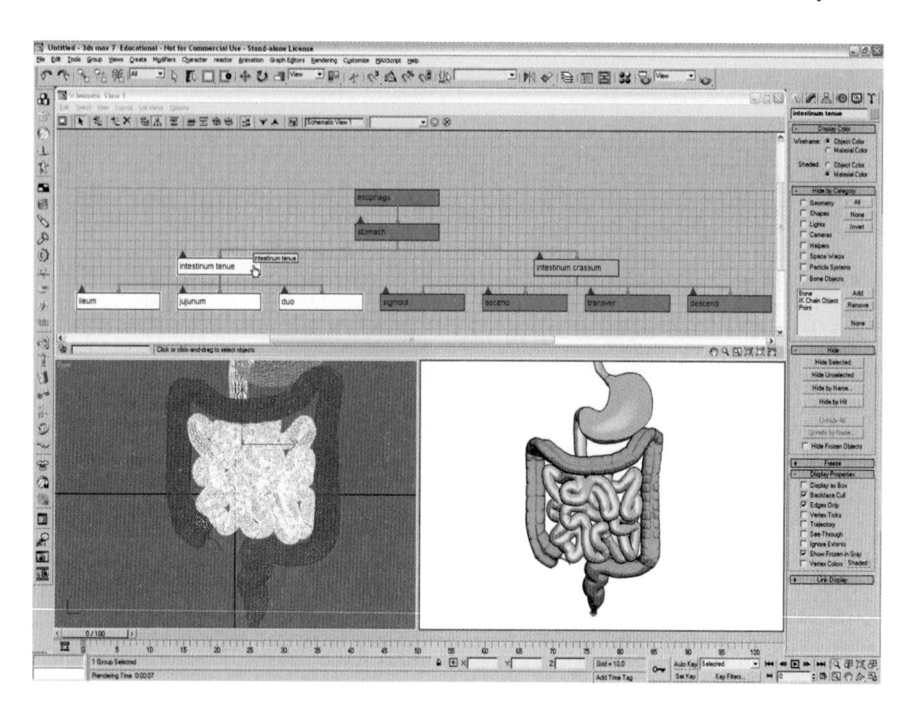

Abb. 8.12: Die Strukturansicht eines 3D-Modells sowie zwei 3D-Ansichten (mit und ohne Beleuchtungseffekte) sind dargestellt. Veränderungen am geometrischen Modell können sowohl in der Strukturansicht (oben) als auch in den beiden Geometrieansichten durchgeführt werden (Screenshot von Autodesk™ 3D Studio Max).

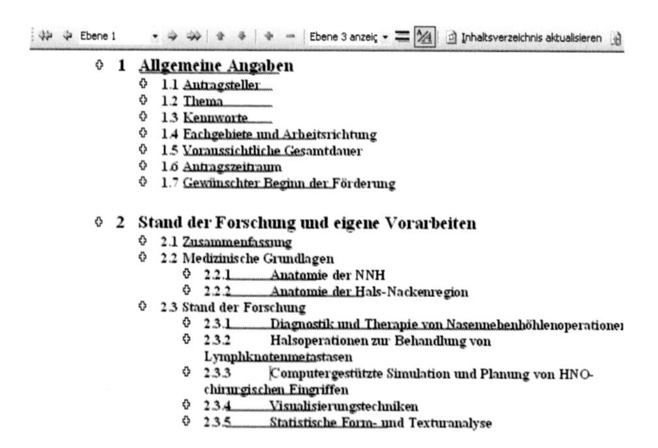

Abb. 8.13: Die Strukturansicht eines größeren Textdokuments kann genutzt werden, um Abschnitte und Kapitel in ihrer Reihenfolge zu ändern (Screenshot von Microsoft Office™ Word).

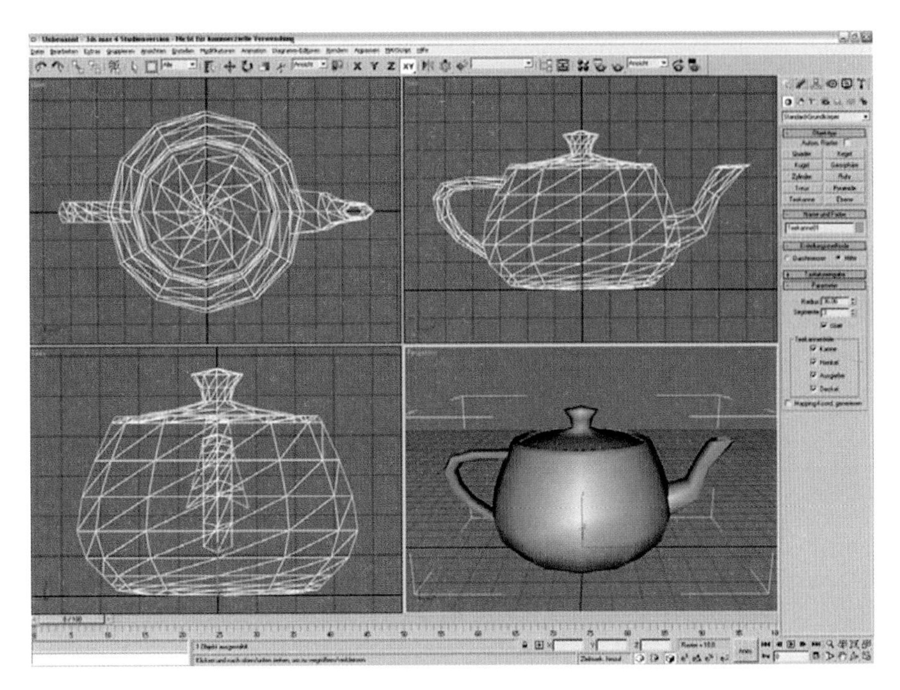

Abb. 8.14: Ein 3D-Modell ist gleichzeitig in vier Ansichten dargestellt: neben den Drahtgitterdarstellungen in den drei orthogonalen Richtungen gibt es eine flächenhafte 3D-Darstellung. Änderungen an der Geometrie werden an alle Ansichten propagiert (Screenshot von Autodesk 3D Studio Max™).

(Diagramme, Graphen, Netzwerke, ...) ist auch eine wichtige Aufgabe im Rahmen der Informationsvisualisierung und wird daher im Kapitel 12 noch einmal vertieft.

8.6 Paned Windows

Paned Windows werden genutzt, um einerseits Flexibilität in Bezug auf die Skalierung von Fenstern zu ermöglichen, und andererseits den Aufwand zur manuellen Parametrisierung von Fenstern zu verringern. Paned Windows basieren darauf, dass mehrere untergeordnete Fenster einer Applikation von einem übergeordneten Fenster verwaltet werden. Ausgehend von einer initialen Platzierung und Skalierung der untergeordneten Bildschirmfenster hat der Benutzer die Möglichkeit, untergeordnete Fenster horizontal oder vertikal in der Größe zu verändern, wobei andere Fenster automatisch in ihrer Größe angepasst werden. Der Benutzer kontrolliert damit die relative Größe von Fenstern bei konstanter Gesamtgröße. Sowohl in der initialen

Anordnung der Fenster als auch nach benutzergesteuerten Veränderungen überlappen die Fenster nicht.

Gegenüber einer freien Anordnung der Fenster ist die Flexibilität eingeschränkt: die relative Lage eines Fensters zu anderen Fenstern kann nicht verändert werden (Abb. 8.15). Auch die Größenänderung ist begrenzt – ein Fenster kann in der Regel entweder in seiner horizontalen oder in seiner vertikalen Ausdehnung verändert werden, aber nicht in beide Richtungen. Diese eingeschränkte Flexibilität erfordert, dass die initiale Anordnung der Fenster und die Einstellmöglichkeiten mit Benutzern sorgfältig getestet werden.

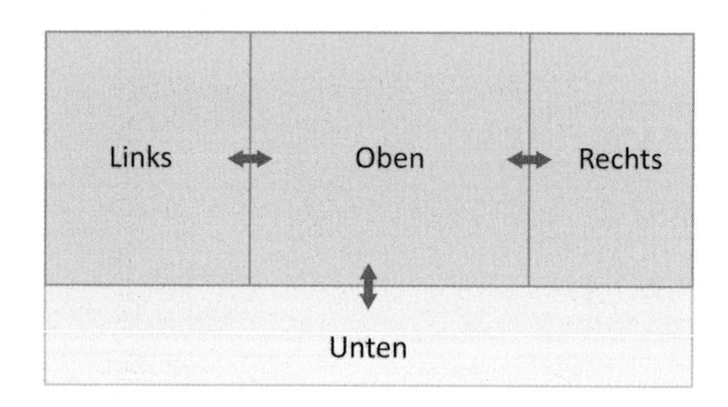

Abb. 8.15: Eine typische Konfiguration beim Einsatz von Paned Windows. Die oberen drei Fenster teilen sich den horizontal verfügbaren Platz. Das untere Fenster hat die gesamte Breite des übergeordneten Fensters zur Verfügung und kann sich vertikal auf Kosten der drei anderen Fenster ausdehnen.

In Abb. 8.16 ist MICROSOFT POWERPOINT als reales Beispiel dargestellt. Initial gibt es ein großes Fenster, in dem Vortragsfolien gestaltet werden. Wenn dabei Animationseffekte eingestellt werden, wird rechts von diesem Fenster ein weiteres Fenster eingeblendet. Links vom Hauptfenster kann ein Fenster eingefügt werden, das einen Überblick über die Folien ermöglicht. Für das Hinzufügen von Kommentaren ist unterhalb des ersten Fensters ein weiteres vorgesehen, das initial aber extrem klein ist. Die vier Fenster werden als *Paned Windows* verwaltet. Das Fenster zur Definition von Animationseffekten kann auch explizit geschlossen werden; das Kommentarfenster dagegen ist permanent vorhanden. Somit ergeben sich für den Benutzer folgende Aufgaben bei der Nutzung von Paned Windows:

- Definition der benötigten Fenster,
- Festlegung, welche der benötigten Fenster initial sichtbar sind,
- Definition der initialen Lage und Größe der sichtbaren Fenster,
- Festlegung, durch welche Aktionen zusätzliche Fenster eingeblendet werden und
- Definition der Position und Größe zusätzlicher Fenster.

Diese Aufgaben sind schwierig, vor allem, wenn mehrere initial nicht sichtbare Fenster eingeblendet werden können und somit eine größere Menge an möglichen

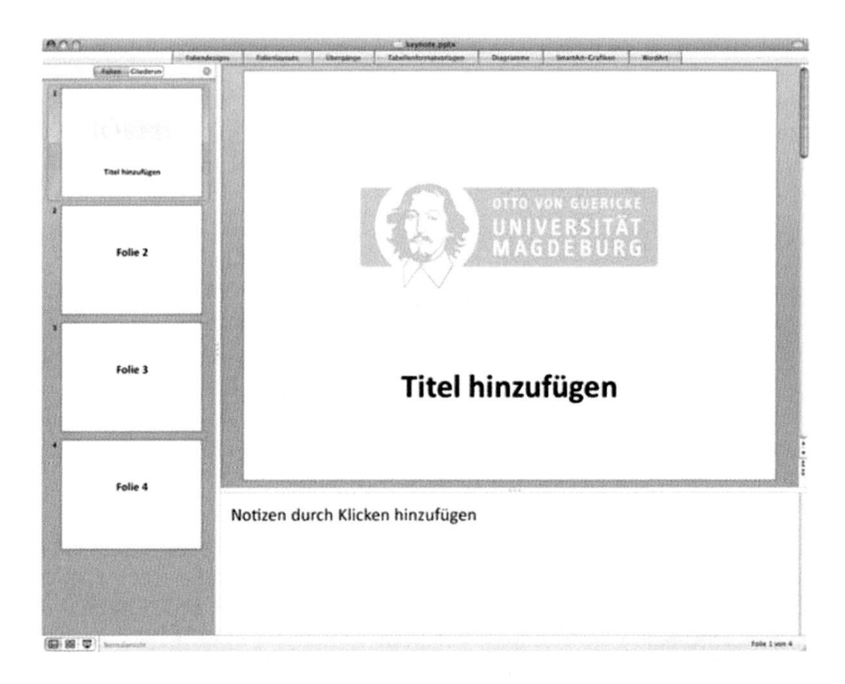

Abb. 8.16: Vier Fenster werden als Paned-Windows verwaltet. Die Hauptansicht in der Mitte und die Notizenansicht (unten) sind permanent sichtbar. Die beiden Fenster am linken bzw. rechten Rand können dagegen geschlossen werden (Screenshot von Microsoft™ Office Powerpoint).

Konfigurationen beachtet werden muss. Wichtig ist, dass beim Überfahren der Fenstergrenzen mit der Maus die Cursorform geändert wird, so dass der Benutzer auf die Möglichkeiten zur Veränderung der Fenstergröße hingewiesen wird. Da die Fenster nicht die volle Dekoration unabhängiger Bildschirmfenster haben, ist es für Benutzer nicht offensichtlich, dass einzelne Bereiche skalierbar sind. Generell ist der Einsatz von *Paned Windows* empfehlenswert und in vielen Fällen günstiger als neue Fenster einzublenden, die bisher sichtbaren Fenster überlappen und für den Benutzer eine manuelle Platzierung erfordern.

Flexible Paned Windows. In einigen modernen Anwendungen kann der Benutzer die initiale Anordnung der Fenster verändern. Dazu zieht er die Fenster direktmanipulativ an die gewünschte Position. Auch in solchen Anwendungen sollte das initiale Layout gut durchdacht sein, zumal nicht alle Benutzer diese Möglichkeiten kennen und nutzen.

8.7 Toolbars

Im Unterschied zu dem relativ fixen Layout bei der Verwendung von Paned Windows werden *Toolbars* (auch *Palette windows* oder deutsch: Werkzeugleisten) verwendet, um Eingabemöglichkeiten zur Verfügung zu stellen und die dazugehörigen Fenster flexibel anzuordnen. Toolbars werden häufig in Grafik- und Bildverarbeitungsprogrammen, aber auch in Textverarbeitungsprogrammen verwendet. Sie stellen untergeordnete Fenster dar, die im Unterschied zu Dialogen längere Zeit, u. U. permanent sichtbar sind. Während in der Regel in einer Applikation nur ein Dialog bzw. diesem untergeordnete Dialoge geöffnet sind, können prinzipiell viele Toolbars geöffnet sein. Begrenzt wird dies naturgemäß durch den limitierten Bildschirmplatz, um den die Toolbars mit den Daten der eigentlichen Applikation konkurrieren. Im Unterschied zu Dialogen mit ihren Standard-Buttons, die das Schließen des Dialogs mit oder ohne Anwenden der Werte bewirken (OK, Abbrechen) haben Toolbars eine Fensterdekoration, über die sie reduziert bzw. geschlossen werden können. Toolbars enthalten teilweise eine bestimmte Menge an Icons und bieten damit Zugang zu den durch sie repräsentierten Funktionen. In vielen Fällen ermöglichen sie aber auch die Definition von Einstellungen, die Auswahl aus Listen und andere Bedienhandlungen, die mit Dialogen möglich sind (siehe z.B. Abb. 8.17). In der Regel können Toolbars vom Benutzer frei konfiguriert werden; Einträge können also hinzugefügt oder entfernt werden und auch in ihrer räumlichen Anordnung verändert werden.

Abb. 8.17: Im Clientbereich eines Bildbearbeitungsprogramms ist ein Bild zusammen mit vier Toolbars angeordnet, so dass alle wichtigen Interaktionsmöglichkeiten auf einen Blick erreichbar sind (Screenshot von Adobe Photoshop™).

Während es bei älteren Systeme erforderlich war, die Anordnung der Toolbars zu übernehmen, machen neuere Systeme in der Regel sinnvolle Anordnungsvorschläge. Sie ermöglichen dafür ein flexibles, der aktuellen Situation optimal angepasstes Layout. In Abb. 8.17 sind alle wichtigen Einstellmöglichkeiten zusammen mit dem zu bearbeitenden Bild sichtbar. Der UI-Entwickler muss zunächst überlegen, ob bestimmte Interaktionen so wichtig sind, dass die permanente Sichtbarkeit in einer Toolbar angemessen ist. Wenn dies der Fall ist, muss die initiale Platzierung und Größe der Toolbar bedacht werden und die einzelnen Bedienelemente platziert werden, wobei ggf. eine Aufteilung in solche Bedienelemente müssen sinnvoll ist, die in der minimierten Version der Toolbar sichtbar sind und solche, die „nur" in der maximierten Version erscheinen (Abb. 8.18). Darüber hinaus müssen beim Design einer Toolbar alle Aspekte beachtet werden, die auch für den Dialogentwurf wichtig sind (Kapitel 10).

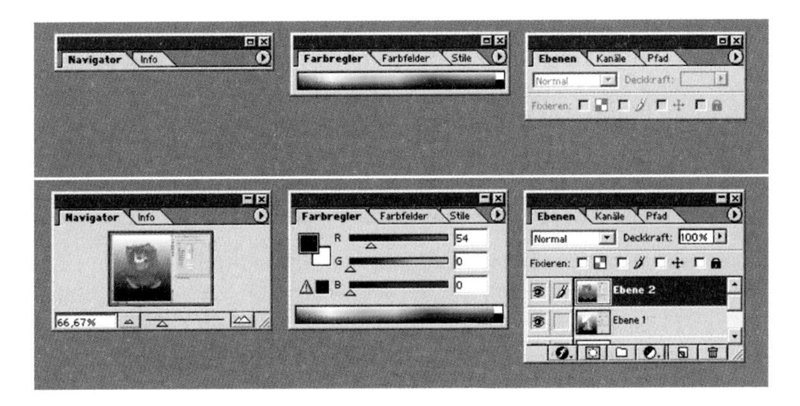

Abb. 8.18: Minimierte und maximierte Version von drei Toolbars. Die Icons am oberen Bildrand ändern sich in Abhängigkeit vom Zustand der Toolbar (Screenshot von Adobe Photoshop™).

Semi-Transparente Toolbars. Toolbars überlappen häufig mit den Applikationsdaten, die durch die Interaktion mit Toolbars verändert werden sollen. Insofern liegt der Gedanke nahe, den Bildschirmplatz effektiver zu nutzen, indem die Toolbars nicht 100 % opak dargestellt werden, sondern semi-transparent, so dass die dahinter liegenden Applikationsdaten auch sichtbar sind. Die schwierige Frage ist, wie der Transparenzwert gewählt werden sollte, damit einerseits die Applikationsdaten erkennbar sind und andererseits die Toolbareinträge lesbar und erkennbar sind. Die Antwort darauf hängt stark vom Inhalt der Toolbar und der Applikationsdaten ab, wie Baudisch und Gutwin [2004] sorgfältig diskutieren. Bilddaten mit vielen kleinen Änderungen – man spricht von hochfrequenten Details – sind nur erkennbar, wenn eine darüber liegende Toolbar fast durchsichtig ist, wohingegen bei einem nahezu homogenen Hintergrund eine fast opake Toolbar noch genügend Informationen erkennen lässt. Sie nutzen verschiedene Funktionen für das Überblenden von Vorder- und Hintergrund, die an den jeweiligen Inhalt angepasst sind. Die Nutzung semi-transparenter Elemente in Benutzungsschnittstellen wird durch die APIs moderner Fenstersysteme, z.B. MAC OS X und Linux KDE, direkt unterstützt.

8.8 Virtuelle Desktops

Schon frühzeitig wurde festgestellt, dass bei der Arbeit mit Fenstersystemen viel Zeit mit der Verwaltung, dem Platzieren und Skalieren von Fenstern, verbracht wird. Für verschiedene Aufgaben wird jeweils eine bestimmte Menge von Fenstern benötigt. Die Effizienz der Benutzung nimmt stark ab, wenn die zur Erledigung einer Aufgabe nötigen Fenster nicht gleichzeitig sichtbar sind. Hinzu kommt, dass auf einem Computer-Desktop – ähnlich wie bei einem „realen" Schreibtisch – viele Dokumente liegen, die vor allem dazu dienen, den Benutzer an etwas zu erinnern [Malone, 1983]. Bury und Darnell [1986] fanden in einer empirischen Untersuchung heraus, dass die Probanden zwei Drittel ihrer Zeit mit der Fensterverwaltung verbrachten. Dieser Anteil hat sich in modernen Bürosystemen nicht zuletzt durch den verbreiteten Einsatz großer Bildschirme deutlich verringert. Das grundsätzliche Problem besteht aber weiterhin und ist z.B. auf mobilen Geräten relevant.

Raum-Metapher. Um die Navigation zwischen Bildschirmfenstern zu erleichtern, wurde in [Henderson und Card, 1986] eine *Raum-Metapher* eingeführt, wobei der Benutzer Fenster in Gruppen zusammenfassen kann, die einen Raum bilden. Zwischen diesen Räumen, die jeweils bildschirmfüllend präsentiert werden, kann der Benutzer hin- und herwechseln. Die ursprüngliche Idee von HENDERSON und CARD bestand darin, dass man durch *Türen* sequenziell zwischen den *Räumen* wechseln kann, z.B. zwischen einem Programmierraum und einem e-Mail-Raum. Wesentlich verbreiteter ist aber eine Variante, bei der der Benutzer anhand einer Überblicksdarstellung beliebig zwischen den Fenstern wechseln kann. In den heute üblichen Varianten gehört jedes Fenster dabei zu genau einem Raum. Die Zugehörigkeit eines Fensters zu mehreren Räumen hätte durchaus Vorteile; ein wichtiges kleines Fenster, z.B. ein Kalender, könnte dann überall sichtbar sein. Allerdings wirft dies Konsistenzprobleme auf, z.B. wenn dieses Fenster in einem Raum verschoben wird, ist die Frage, ob und wie sich dies auf die anderen Räume auswirkt.

Card und Henderson [1987] haben ihre Entwicklung dahingehend ausgebaut, dass sie den Benutzer „beobachten" und darin unterstützen, Fenster in Räumen zu gruppieren. Da die meisten Benutzer häufig ähnliche Konstellationen von Fenstern im Zusammenhang betrachten, ist dies sinnvoll. Die Räume können auch in einem Gebäude angeordnet werden, so dass ein Überblick über viele Anwendungen möglich ist.

Die Raummetapher wird unter verschiedenen Namen und mit unterschiedlichen Detailkonzepten umgesetzt. Verbreitet ist der Begriff *virtueller Desktop*. Wesentlich ist eine Übersichtsdarstellung der einzelnen Desktops und der darin aktiven (nicht ikonifizierten) Fenster. Um in einen neuen Raum zu wechseln, wird ein Doppelklick auf den jeweiligen virtuellen Bildschirm veranlasst. Eine moderne Realisierung dieses Konzeptes ist Bestandteil aktueller APPLE MACINTOSH-Rechner und unter dem Begriff *Spaces* bekannt. In Abb. 8.19 ist dargestellt, wie der Benutzer – ausgehend von initial vier virtuellen Bildschirmen – modifziert werden kann. Abb. 8.19 zeigt auch, wie der Benutzer zwischen diesen virtuellen Bildschirmen sequenziell (durch Pfeiltassten) oder direkt wechseln kann. Abb. 8.20 zeigt eine Übersichtsdarstellung von vier virtuellen Bildschirmen.

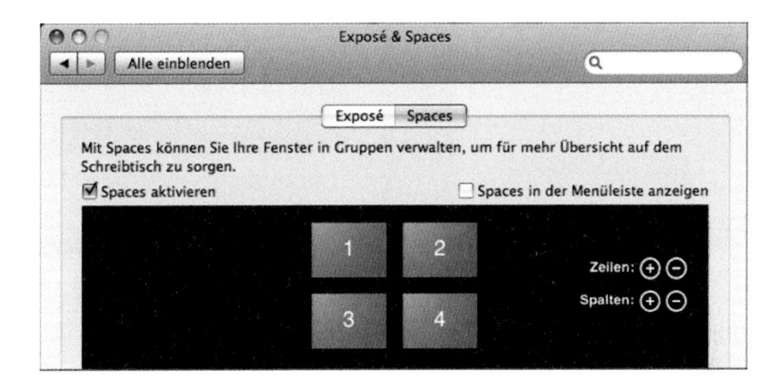

Abb. 8.19: Moderne Realisierung des Konzepts virtueller Desktops unter dem Begriff *Spaces*. Der Benutzer kann Anzahl und Anordnung der Spaces definieren und sowohl sequenziell als auch direkt zu einem Space wechseln. Im unteren Bildbereich sind verschiedene Optionen sichtbar, mit denen das Umschalten zwischen den Spaces effizient realisiert werden kann (Screenshot von Apple Mac OS X™).

8.9 Icons

Icons (auch Piktogramme genannt) sind Grundbestandteile grafischer Fenstersysteme. Sie stellen in einem kleinen Symbol (typisch sind 64×64 bzw. 32×32 Zeichen) ein Konzept, eine Aktion oder ein Objekt dar. Mit Icons können Bedienaktionen unmittelbar an den betroffenen Objekten durchgeführt werden. Dazu werden die Icons selektiert und bewegt *(Drag-and-Drop*, z.B. beim Verschieben oder Löschen von Dateien). Eine andere Variante besteht darin, dass nach der Selektion eines Icons ein Popup-Menü aktiviert wird, das temporär an der entsprechenden Position erscheint und die mit dem selektierten Objekt möglichen Operationen enthält. Die mentalen Modelle (Abschn. 3.2), die Benutzer entwickeln, hängen stark mit den bildhaften Komponenten einer Benutzungsschnittstelle zusammen. Insofern können geeignete Icons maßgeblich dazu beitragen, dass zweckmäßige mentale Modelle entstehen.

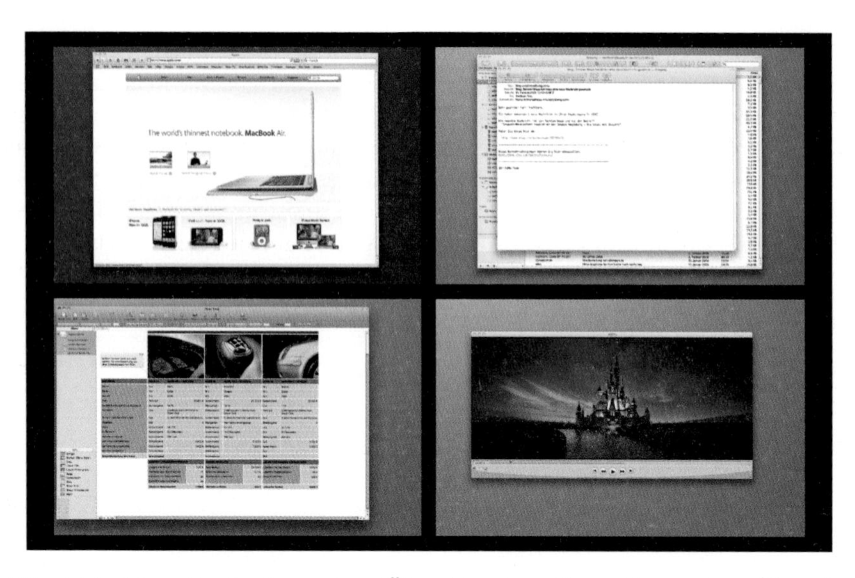

Abb. 8.20: Virtuelle Desktops: Die Übersichtsdarstellung bietet einen Überblick über den Inhalt von vier Displays und kann zum Umschalten zwischen den Displays genutzt werden (Screenshot von Apple Mac OS X).

Icons als bildhafte Komponenten von Benutzungsschnittstellen weisen eine gewisse Unabhängigkeit von einer Sprache auf. Sie nutzen die Fähigkeiten des Menschen, sehr effizient Muster zu erkennen, zu klassifizieren und zu unterscheiden. Schließlich sind sie ausgesprochen platzsparend im Vergleich zu textuell präsentierten Kommandos. Diese Eigenschaft führt u.a. dazu, dass Icons bei Handys häufig genutzt werden [Everett und Byrne, 2004].

8.9.1 Charakterisierung von Icons

Icons sind abstrahierte bildhafte Darstellungen, deren Gestaltung von Konventionen geprägt ist. Die Bedeutung gut gestalteter Icons wird leicht behalten. Außerdem fallen Icons in einer Umgebung von Text (z.B. in einer Textverarbeitung) leicht auf. Ein stilisiertes Fragezeichen kann z.B. eine Hilfemöglichkeit für den Benutzer andeuten. Allerdings ist der Entwurf und Test von Icons sehr aufwändig und die Reduktion auf ein grafisches Symbol oft alles andere als naheliegend.

Icons sind keine „Erfindung“ der MCI, und so orientiert sich die Gestaltung von Icons an bereits benutzten bildhaften Darstellungen in anderen Bereichen der Kommunikation. Beispiele für die Verwendung von Icons sind Verkehrszeichen, Beschilderungen von Bahnhöfen und Flughäfen (z.B. Icons für Gaststätten, Toiletten und Gepäckaufbewahrungen). Bei internationalen Sportveranstaltungen werden

Icons genutzt, die die einzelnen Sportarten symbolisieren, um die Orientierung für Sportler und Zuschauer zu erleichtern.

Der bildhafte Charakter von Icons ermöglicht es, dass diese in verschiedenen Kulturkreisen verstanden werden. Daher tragen Icons zur Internationalisierung von Software bei [Strothotte und Strothotte, 1997]. Allerdings ist auch die Bedeutung von bildhaften Komponenten, z.B. von Farben, nicht in allen Ländern gleich. In [Strothotte und Strothotte, 1997] werden Icons ausführlich charakterisiert und es wird untersucht, welche Gemeinsamkeiten Icons und Bilder haben, aber auch was Icons mit dem symbolhaften Charakter von Sprachen gemein haben. Es zeigt sich, dass Icons nicht so anschaulich sind, wie Fotos, dass ihre Bedeutung aber gerade durch die abstrakte, sprachnahe Darstellung besser behalten wird.

8.9.2 Repräsentative und abstrakte Icons

Eine grundlegende Differenzierung von Icons ergibt sich daraus [Marcus, 1984],

- ob Icons einen realen Gegenstand oder eine reale Aktion abbilden (*repräsentative Icons*) oder
- ob sie *abstrakt* sind und ohne reales Vorbild erstellt wurden (Abb. 8.21).

Beispiele für repräsentative Icons sind die Symbole für Disketten, Drucker, Mülleimer und Briefkästen in modernen Fenstersystemen. Auch Icons, die die Ergebnisse einer Bildverarbeitungsoperation andeuten, sind repräsentativ. Teilweise sind repräsentative Icons eng mit einer Metapher verbunden. Als Beispiel seien die Icons für die Funktionen „Ausschneiden" und „Einkleben" genannt – *Schere* und *Klebstoff* werden bei der manuellen Dokumentenerstellung verwendet und an dieser Quelldomäne orientieren sich die Funktionsnamen und die zugeordneten Icons.

Abstrakte Icons sind solche, die z.B. aus Pfeilen bestehen und ein abstraktes Konzept darstellen. Auch hybride Varianten sind möglich, z.B. indem ein repräsentatives Icon mit Pfeilen angereichert wird. So kann ein Disketten-Icon mit unterschiedlichen Pfeilen versehen werden, um das Speichern und das Lesen einer Datei darzustellen. Die Bedeutung abstrakter Icons muss erlernt werden; dabei spielen Konventionen eine wichtige Rolle.

Abb. 8.21: Abstrakte, semi-abstrakte und repräsentative Icons (von links nach rechts): Ausschneiden bzw. Suche von Objekten (repräsentativ), Laden einer Datei (semi-abstrakt), abstrakte Icons für die Funktionen Undo und Redo.

8.9.3 Entwurf von Icons

Dieser Abschnitt erläutert zunächst Kriterien für den Icon-Entwurf, die gewissermaßen Randbedingungen darstellen und beschreibt danach kurz eine Vorgehensweise für den Entwurf, die auf der intensiven Beteiligung von Domänenexperten beruht.

Entwurfskriterien. An dieser Stelle erfolgt keine gründliche Diskussion aller Aspekte beim Entwurf von Icons. Eine kurze Erläuterung, basierend auf den Arbeiten von EVERETT, BYRNE und HORTON soll aber andeuten, worauf es ankommt [Everett und Byrne, 2004, Byrne, 1993]. Eine Checkliste zum Einsatz von Icons, die HORTON in einem Tutorial präsentiert hat, wird in [Benyon et al., 2005] erläutert. Diesen Quellen entsprechend sollten Icons:

- einfach und klar sein,
- verständlich sein,
- einprägsam sein,
- einen klaren Kontrast zum Hintergrund haben (dazu ist eine eigene Hintergrundfarbe erforderlich),
- leicht unterscheidbar sein und
- sich im selektierten Zustand klar von anderen Icons abheben.

Einfachheit und Klarheit werden erreicht, indem komplexe Formen oder eine Vielzahl von Linien vermieden werden. In HORTON's Checkliste wird gefragt, ob jedes Pixel und jede Linie des Icons tatsächlich notwendig sind.

Verständlichkeit muss in Relation zu den Vorkenntnissen von Benutzern bewertet werden. Einprägsamkeit hängt mit Einfachheit und Klarheit eng zusammen; bedeutet aber auch, dass die repräsentierte Funktion möglichst direkt dargestellt wird. Leichte Unterscheidbarkeit bezieht sich auf die präattentive Wahrnehmung (Abschn. 2.2.2). In einer Menge von Icons sollen einzelne Icons durch ein visuelles Attribut herausstechen, damit der Benutzer ohne bewusste Aufmerksamkeit Icons unterscheiden kann. Die Unterscheidbarkeit ist besonders wichtig, wenn ein User Interface evtl. auch unter ungünstigen Bedingungen, z.B. schlechter Beleuchtung oder bei mobilen Geräten bei Sonnenschein, benutzt wird.

Zusammengehörende Icons sollten durch gemeinsame Merkmale als zusammengehörig erkannt werden. So wie beim Entwurf eines Fonts das Aussehen aller Zeichen gewisse Ähnlichkeiten hat (Serifen, Größe, Ligaturen), so sollte auch der Entwurf eines Icon-Satzes – einer Familie von bildhaften Zeichen – von einer erkennbaren Konsistenz der Zeichen geprägt sein (vgl. [Marcus, 1991]). Dazu gehört eine einheitliche Verwendung:

- von Farben,
- Symbolgrößen,
- Rändern (in Bezug auf Größe und Randfarbe),
- Linienstärken und
- Attributen der Erscheinung, z.B. 3D-Erscheinung durch entsprechende Schatten.

Zwischen leichter Unterscheidbarkeit und Konsistenz in einer Icon-Familie besteht ein Zielkonflikt; leichte Unterscheidbarkeit wäre eher erreichbar, wenn dazu möglichst alle visuellen Attribute variiert werden könnten. Abb. 8.22 zeigt eine Icon-Familie, die in Bezug auf Konsistenz und Klarheit vorbildlich gestaltet ist. Allerdings ist das Kriterium der leichten Unterscheidbarkeit nicht in allen Fällen erfüllt. Abb. 8.23 zeigt eine Menge an Icons, die sich stärker unterscheiden, aber weniger als Icon-Familie wahrgenommen werden. Dass die Unterscheidbarkeit die Suchzeiten maßgeblich beeinflusst, ist in einer Serie von Experimenten gezeigt worden [Fleetwood und Byrne, 2006]. Dabei wurden Icon-Sätze bewusst so modifiziert, dass das Ausmaß der Überlappung visueller Attribute, z.B. Farbe, gesteigert wurde.

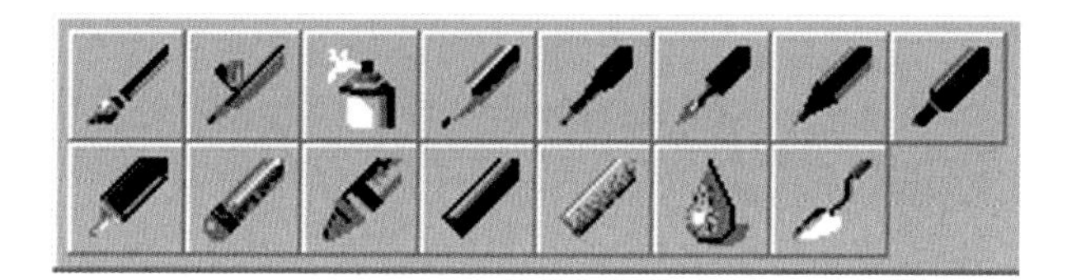

Abb. 8.22: Beispiele für einen konsistenten Icon-Satz von Corel Photo Paint™. Die Icons symbolisieren Pinsel und andere Zeichenwerkzeuge. Auffällig ist dabei die gleiche Neigung.

Abb. 8.23: Bei diesen Icon-Satz unterscheiden sich die einzelnen Icons stärker. Insbesondere die Formen sind sehr unterschiedlich (Screenshot von Squirrel Mail).

Während auf mobilen Geräten in Bezug auf den zur Verfügung stehenden Platz starke Restriktionen zu beachten sind, gibt es bei PC-Anwendungen mittlerweile erhebliche Freiheitsgrade bei der Icon-Gestaltung. Diese werden oft genutzt, um sehr realistische Icons zu gestalten. Wie sehr sich diesbezüglich die Möglichkeiten geändert haben, zeigt Abb. 8.24. Abb. 8.25 zeigt weitere Beispiele für Icons, die aktuell und modern sind.

Textuelle Erklärung. Da die Bedeutung von Icons erlernt werden muss, sind textuelle Erklärungen wichtig. In Abb. 8.23 sind daher Beschriftungen unter den Icons platziert. Diese Variante dient dem Erlernen; ist allerdings mit einem erhöhten Platzbedarf verbunden. Insofern wird sie häufig nicht empfohlen (siehe z.B. [Benyon et al., 2005]). Günstiger sind Tooltips, die beim Überfahren eines Icons eingeblendet werden oder eine Sprechblase (Balloonhelp), um einen etwas längeren erklärenden Text zu präsentieren.

Abb. 8.24: Programm-Icons eines Texteditors beim Apple Macintosh-Betriebssystem. Die rudimentäre vor allem in der Auflösung stark limitierte Darstellung älterer Systeme (links) wurde durch ein optisch ansprechendes realistisches Design ersetzt (nach [Rogers et al., 2007]).

Abb. 8.25: Beispiele für moderne, attraktive Icons (nach [Rogers et al., 2007]).

Vorgehensweise beim Entwurf. Für den Icon-Entwurf sind die genannten Kriterien wesentlich, aber keinesfalls ausreichend. Wie kommt man zu den Ideen, zu den grafischen Konzepten, aus denen die Icons letztlich entstehen? Hängt dies nur von (spontanen) kreativen Einfällen ab oder ist eine systematische Vorgehensweise vorstellbar? Diese Frage haben Payne und Starren [2006] ausführlich behandelt. Sie stellen dabei eine Strategie vor, bei der Domänenexperten befragt werden – eine Strategie, die vor allem für sehr spezialisierte Anwendungen bzw. Berufsgruppen sinnvoll ist. Die Vorgehensweise kann folgendermaßen zusammengefasst werden:

- Identifikation wichtiger Konzepte der Domäne,
- Zuordnung von Kandidaten-Grafiken zu diesen Konzepten durch mehrere Experten,
- Kategorisierung der Grafiken anhand visueller Merkmale und
- Generierung von repräsentativen Prototypen der Icons auf Basis der sortierten Kandidatengrafiken.

Payne und Starren [2006] haben dies an einem medizinischen Beispiel demonstriert. Dabei haben sieben Radiologen wichtige Konzepte der Diagnostik von Mammographien, einer speziellen Art von Röntgenbildern, grafisch dargestellt. Obwohl sich nicht jeder Radiologe imstande sah, zu allen 50 Konzepten eine Grafik zu erstellen, war dies eine hervorragende Grundlage für den Icon-Entwurf. Der Icon-Entwurf, die Diskussion über mögliche Kandidaten und die schrittweise Verfeinerung eines ersten Entwurfs ist grob vergleichbar zu dem in Abschn. 3.6 erläuterten Entwurf von Metaphern für die Interaktion und hängt damit natürlich auch zusammen, da eine Metapher über geeignete visuelle Repräsentationen untersetzt werden muss.

8.9.4 Spezielle Aspekte beim Entwurf von Icons

Im Folgenden wird auf ausgewählte Details des Icon Entwurfs eingegangen. Konkret wird erläutert, wie Abstände zwischen Icons zu wählen sind, wie Dokument- und Programm-Icons unterschieden können, wie unterschiedliche Zustände eines Icons dargestellt werden und inwiefern die Ausgabegeräte beachtet werden sollten.

Abstand von Icons. Zeiten für die Suche und Selektion von Icons hängen auch davon ab, wie groß ihr Abstand voneinander ist. Große Abstände machen tendenziell längere Wege des Maus-Cursors erforderlich; sehr kleine Abstände führen andererseits dazu, dass Benutzer bei der Selektion sehr vorsichtig sind, um nicht ein benachbartes Icon zu selektieren. Insofern ist es günstig, wenn Icons nicht direkt aneinander grenzen, sondern einen kleinen Zwischenraum aufweisen, so wie dies z.B. bei Dokument-Icons in Datei-Browsern der Fall ist. Separatoren – gerade Linien, die eine Icon-Leiste trennen – beschleunigen die Selektion in Fällen, wo Icons sehr dicht platziert sind. Everett und Byrne [2004] haben den Einfluss des Abstandes von Icons auf Selektionszeiten anhand von kognitiven Modellen vorhergesagt und anhand von Experimenten überprüft.

Entwurf von Dokument- und Programm-Icons. Besonders häufig werden Icons, die Programme symbolisieren und Icons, die Dokumente symbolisieren, verwendet. Wichtig ist, dass jedes Icon eindeutig entweder als Programm oder als Dokument-Icon zu erkennen ist, so dass offensichtlich ist, was bei der Selektion des Icons zu erwarten ist. Sehr verbreitet ist die Gestaltung von Dokument-Icons als Rechtecke mit einer abgeknickten Ecke links oben. Der Entwickler hat bei der Einhaltung dieser „Konvention" immer noch viele Freiheitsgrade, um den Inhalt dieses Rechtecks individuell zu gestalten. Programm-Icons werden häufig ähnlich wie Logos gestaltet, so dass sie sehr markant sind. Abb. 8.26 enthält aktuelle Beispiele.

Abb. 8.26: Programm-Icons von Microsoft und Adobe, die sehr gut unterscheidbar und leicht wiedererkennbar sind (nach [Rogers et al., 2007]).

Zustände von Icons. Eine Besonderheit von Icons in interaktiven Systemen besteht darin, dass sie ihr Aussehen ändern können und so über ein Konzept hinaus den Zustand einer Variable symbolisieren können. Typisch ist das Wechseln zwischen zwei Zuständen, das durch die Aktivierung eines Icons ausgelöst wird. Möglich sind auch (quasi) kontinuierliche Übergänge zwischen zwei diskreten Zuständen. So können die Symbole für Aktenordner in Abhängigkeit von der Zahl der enthaltenen Dateien unterschiedlich dick sein. Icons besitzen eine bildhafte Darstellung der repräsentierten Aktion. Oft wird die bildhafte Darstellung eines Icons durch eine

Beschriftung ergänzt. Es wird versucht, den repräsentierten Inhalt optisch einprägsam darzustellen. Diese Darstellung ist eine wichtige Voraussetzung für die „direkte Manipulation“ von Applikationsobjekten (Abschn. 9.4).

Eigenschaften der Ausgabegeräte. Schließlich muss bei der Gestaltung von Icons die Hardware berücksichtigt werden, auf der diese eingesetzt werden. Besonders wichtig ist die Bildschirmauflösung, denn davon hängt ab, wie groß ein $n \times n$-Icon erscheint und damit, ob Details erkennbar sind. Speziell auf kleinen mobilen Geräten ist diesbezüglich mit Einschränkungen zu rechnen.

Zusammenfassung. Die in diesem Abschnitt vorgestellten Gestaltungsgrundsätze sind keine Geschmackssache: ihre Einhaltung beeinflusst die Suchzeiten von Benutzern und die Häufigkeit, mit der Icons verwechselt werden. Die Erkenntnisse in Bezug auf das Design von Icons haben ihren Ursprung teilweise in sicherheitskritischen Anwendungen, z.B. in Informationssystemen in Krankenhäusern und Benutzungsschnittstellen in Autos. In diesen Anwendungen sind schon geringfügige Verlängerungen von Suchzeiten bzw. wenige fehlerhafte Bedienungen kritisch.

Neben der reinen Usability sind bei Icons Fragen der wahrgenommenen Attraktivität von besonderem Interesse. Moderne frische Farben und visuell gut gestaltete Icons können wesentlich zu einem angenehmen Gesamteindruck beitragen. Daher ist es nicht verwunderlich, dass der Icon-Entwurf im Vergleich zu anderen Bestandteilen interaktiver Systeme an Bedeutung gewinnt.

8.9.5 Interaktion mit Icons

Bei der Verwendung von Icons muss auch die Interaktion bedacht werden. Icons können genutzt werden, um Programme zu starten, Dateien zu öffnen, um etwas zu selektieren und das selektierte Objekt zu verändern. Dazu werden verschiedene Ereignisse (Abschn. 8.2) ausgewertet. Beim Überfahren eines Icons wird in der Regel ein erklärender Text (Tooltip) eingeblendet. Ein einfacher Mausklick selektiert normalerweise ein Objekt, ein Doppelklick führt dazu, dass zusätzlich zur Selektion ein Kommando ausgelöst wird, z.B. das Öffnen einer selektierten Datei. Aus Gründen der Konsistenz ist eine möglichst einheitliche Reaktion auf derartige Ereignisse. Tognazzini [1991] empfiehlt, dass grundsätzlich jedes Icon auf einen Doppelklick reagieren sollte, notfalls indem die gleiche Aktion ausgelöst wird wie bei einem einfachen Klick. Je nach ihrer Funktionalität lassen sich verschiedene Typen von Icons unterscheiden:

- Auslösen einer Aktion (z.B. Drucken, Starten, Speichern, ...). In diesem Fall haben Icons die Funktion eines Pushbuttons (Abschn. 10.1.7).
- Repräsentation und Änderung von Zuständen (z.B. Steuerzeichen sichtbar/ unsichtbar. Dies entspricht der Funktion von Checkboxen (Abschn. 10.1.2.1).
- Mehrere im Zusammenhang stehende Icons können eine 1-aus-n-Auswahl ermöglichen. In diesem Fall haben Icons die Funktion von Radiobuttons (Abschn. 10.1.2.1), wobei klar erkennbar sein muss, welches Icon die aktuelle Aus-

wahl repräsentiert. In Textverarbeitungsprogrammen wird auf diese Weise häufig die Ausrichtung des Textes (links- oder rechtsbündig, zentriert oder Blocksatz) eingestellt.

Die visuelle Gestaltung von Buttons und ihren unterschiedlichen Zuständen wird in Abschn. 10.1.7 behandelt.

8.9.6 Icons und Normen

Die Gestaltung von Icons sollte sich an verbreiteten Standards und Normen orientieren. Einschlägig ist dabei die DIN-ISO/IEC-Norm 11581-1, die die Nutzung bildhafter Symbole in Benutzungsschnittstellen regelt. Eine gute Orientierung können auch andere Normen sein, in denen anwendungsspezifische Zeichen und ihre Bedeutung definiert sind. So wird in der DIN-Norm 24900-10 die Verwendung von Bildzeichen im Maschinenbau geregelt – eine wertvolle Hilfe für die Erstellung interaktiver Systeme in diesem Bereich.

8.10 Zusammenfassung

Grafische Fenstersysteme sind eine wichtige Grundlage der modernen Mensch-Computer-Interaktion. Sie basieren auf einer ereignisorientierten Verarbeitung von Benutzereingaben und einem Ausgabemodell, das vielfältige Grafikroutinen bereitstellt, um Fensterinhalte adäquat darzustellen. Window Manager verwalten die Bildschirmfenster und ermöglichen die Koordinierung bzw. Synchronisierung von dargestellten Informationen. Die gleichzeitige Darstellung unterschiedlicher Sichten auf die gleichen Daten in verschiedenen Fenstern ist für viele Anwendungen angemessen und erfordert eine geeignete Koordinierung. Icons sind ein unverzichtbarer Bestandteil grafischer Benutzungsschnittstellen. Sie sollen ein bestimmtes Konzept bzw. eine Bedienhandlung möglichst klar vermitteln. Wenn dies gut gelingt, tragen Icons wesentlich zu einem verringerten „Gulf of Execution“ (Abschn. 4.5) bei. Icons und andere Elemente moderner Fenstersysteme tragen wesentlich zum Nutzungserlebnis bei. Sorgfältige visuelle Gestaltung, der angemessene Einsatz von Animationen und Geräuschen sind daher wesentlich.

Konventionelle grafische Fenstersysteme sind aber nicht für alle Anwendungen und Benutzergruppen geeignet. Es gibt Benutzergruppen, für die gänzlich andere Interaktionsformen nötig sind. Für blinde Rechnerbenutzer sind akustische Ausgaben oder taktile (tastbare) Ausgaben wesentlich. Anwendungen, in denen 3D-Daten eine wesentliche Rolle spielen, erfordern andere Darstellungen, Widgets und Eingabegeräte, z.B. virtuelle Welten, 3D-Widgets und 3D-Eingabegeräte.

Weitere Literatur. Die Behandlung allgemeiner Konzepte von Fenstersystemen wird sehr gut durch Klingert [1996] und Olsen [1998] ergänzt. Die Beschäftigung mit speziellen Fenstersystemen, wie X-WINDOWS, ist empfehlenswert [Josuttis et al., 1995]. Mehrere interessante Aspekte, wie die Gestaltung animierter Icons [Baecker et al., 1991], sind gar nicht erwähnt worden. Das Buch „Seeing Between the Pixels" [Strothotte und Strothotte, 1997], das sich mit Grafiken in der MCI beschäftigt, ist eine nützliche Ergänzung zu diesem Thema. Ein praxistaugliches Buch für die Gestaltung von Icons ist das „Icon-Book" [Horton, 1994]. Das Buch „Grafikdesign für elektronische Dokumente und Benutzungsschnittstellen" [Marcus, 1991] enthält ein Kapitel über Icons, das den Entwurf von Icons beschreibt.

Der Einsatz von Transparenz in Fenstersystemen, z.B. für Toolbars und Popup-Menüs wird in [Baudisch und Gutwin, 2004, Harrison und Vicente, 1996, Wong et al., 2005] diskutiert. Tan et al. [2004] beschreiben, wie (kleine) Ausschnitte existierender Fenster definiert und flexibel angeordnet werden können. Dadurch können Aufgaben unterstützt werden, bei denen es wichtig ist, bestimmte Inhalte von mehreren Fenstern in räumlicher Nähe anzuordnen. Ishak und Feiner [2004] haben einen Window-Manager entwickelt, der das Transparenzniveau in unterschiedlichen Teilen eines Fensters an den Inhalt anpassen kann, so dass unwichtige Teile stärker transparent sind als wichtige. Drewes und Schmidt [2005] erläutern, wie Tooltips durch Transparenz verbessert werden können.

Obwohl Fenstersysteme seit mehr als 20 Jahren sehr verbreitet sind, sind sie immer noch Gegenstand aktueller Forschungen. Innovative Lösungen zielen z.B. darauf ab, Bildschirmfenster dreidimensional anzuordnen. Allerdings ist auch eine gesunde Portion Skepsis angebracht; vieles, was zunächst beeindruckt, ist im Dauerbetrieb nicht von Vorteil [Weiss, 2007]. Neue kreative Lösungen für Detailprobleme beim Window-Management auf normalen, sehr kleinen oder auch besonders großen Monitoren sind in den letzten Jahren häufig Thema bei den führenden Konferenzen ACM UIST und ACM SIGCHI gewesen. Anstelle aus der Vielzahl dieser Beiträge einzelne herauszugreifen, sei der interessierte Leser auf diese online verfügbaren Tagungsbände verwiesen.

Kapitel 9
Interaktionstechniken und Interaktionsstile

Bestimmte Aktionen, wie die Auswahl und Transformation von Objekten, die Eingabe von Texten oder numerischen Werten, sind in vielen Programmen von Bedeutung. Diese Aktionen werden *Interaktionsaufgaben* genannt (vgl. [Foley et al., 1990]). Interaktionsaufgaben, wie z.B. die Objektauswahl, können auf unterschiedliche Weise erledigt werden. So kann ein Objekt durch Zeigen mit einem Zeigegerät, durch die Eingabe eines Namens oder durch die Auswahl eines Eintrags aus einer Liste selektiert werden. Diese unterschiedlichen Realisierungen einer Interaktionsaufgabe werden *Interaktionstechniken* genannt. Der Begriff Interaktionsaufgabe (Was wird gemacht?) ist also näher an der Denkweise des Benutzers, während die angebotenen Interaktionstechniken (Wie wird es realisiert?) die Umsetzung der Intentionen des Benutzers ermöglichen.

Interaktionstechniken werden dadurch charakterisiert, welche Aufgabe sie lösen und zu welchem *Interaktionsstil* sie gehören. Ein Interaktionsstil ist eine Form der Interaktion. Auf der höchsten Ebene unterscheidet man sprachbasierte Interaktionen von direkter Manipulation, Formulareingabe und Menüauswahl. Man kann Interaktionsstile weiter differenzieren, z.B. in Bezug auf die Verwendung von natürlicher Sprache oder Kommandosprache bei der sprachbasierten Interaktion oder hinsichtlich des vorherrschenden Eingabegerätes bei der direkten Manipulation (Stifteingabe, Touchscreen, ...). Interaktionsstile sind unabhängig von Interaktionsaufgaben.

Die Selektion eines Objekts durch Zeigen auf eine grafische Repräsentation ist eine Interaktionstechnik, bei der der Interaktionsstil der direkten Manipulation genutzt wird. Andere Interaktionsstile sind z.B. die Menüauswahl und die Interaktion mittels Kommandosprachen. In diesem Kapitel werden die wichtigsten Interaktionsstile erläutert und beschrieben, wie häufig auftretende Interaktionsaufgaben mit ihrer Hilfe bearbeitet werden. Die Eignung von Interaktionstechniken und -stilen hängt dabei sowohl von den Anforderungen an die zu erledigenden Aufgaben, z.B. der erforderlichen Genauigkeit, als auch von den Benutzern, z.B. ihren Fähigkeiten, ihrer Qualifikation und ihrer Motivation, ab.

Gliederung. In diesem Kapitel werden weit verbreitete Interaktionsstile vorgestellt. In Abschn. 9.1 werden sprachbasierte Interaktionsstile diskutiert. Danach

B. Preim, R. Dachselt, *Interaktive Systeme*, eXamen.press, 2nd ed.,
DOI 10.1007/978-3-642-05402-0_9, © Springer-Verlag Berlin Heidelberg 2010

wird in Abschn. 9.2 die Menüauswahl erläutert, wobei neben generellen Merkmalen dieses Interaktionsstils detailliert auf die einzelnen Varianten (Pulldown-, Popupmenü, etc.) eingegangen wird. Die benutzergerechte Benennung und Strukturierung der Menüeinträge sind die wesentlichen Aufgaben des User Interface-Entwicklers. Anschließend wird das WYSIWYG (What you see is what you get)-Prinzip erläutert, welches das Erlernen von Büroanwendungen wesentlich erleichtert hat (Abschn. 9.3). Eine grafische Repräsentation von Objekten, wie beim WYSIWYG-Prinzip, ist vorrangig für den Interaktionsstil der direkten Manipulation wichtig. Dieser Interaktionsstil wird in Abschn. 9.4 behandelt. Aufgrund der Bedeutung dieses Interaktionsstils und der vielen Detailprobleme bei dessen Implementierung und Nutzung ist dieser Abschnitt ausführlich. Da alle Interaktionsstile Vor- und Nachteile haben, werden auch Kombinationsmöglichkeiten betrachtet. In Abschn. 9.5 wird die *agentenbasierte Interaktion* erläutert; ein Interaktionsstil, der dadurch gekennzeichnet ist, dass der Benutzer keine Feineinstellungen vornimmt, sondern Arbeit „delegiert“. Zum Abschluss wird kurz auf die geführte Interaktion mit Wizards eingegangen (Abschn. 9.6).

Ein Vergleich von Interaktionsstilen hinsichtlich wichtiger Usability-Faktoren (Abschn. 9.7) rundet das Kapitel ab. Ein wesentlicher Interaktionsstil wird in diesem Kapitel nicht behandelt: die Interaktion mit Formularen, bei denen häufig eine Vielzahl von Informationen im Zusammenhang verarbeitet wird. Dieser Interaktionsstil wird zusammen mit der Gestaltung von Dialogen in Kapitel 10 behandelt, wobei der Fokus auf der visuellen Gestaltung liegt.

9.1 Sprachbasierte Interaktion

Die sprachbasierte Interaktion nutzt die enormen sprachlichen Fähigkeiten von Menschen für die Kommunikation und Problemlösung. Es gibt zwei grundsätzlich unterschiedliche Varianten sprachbasierter Interaktion:

1. Kommandosprachen und
2. Interaktion über natürliche Sprache.

Die Interaktion mittels einer Kommandosprache setzt voraus, dass der Benutzer eine synthetische Sprache erlernt, um eine Anwendung zu steuern. Diese Sprache ist dahingehend optimiert, dass die Interpretation von Benutzereingaben eindeutig ist und dass die Eingaben sehr effizient verarbeitet werden können. Dazu werden kontextfreie Grammatiken entwickelt und die Schlüsselwörter der Sprache so benannt, dass möglichst wenige Buchstaben ausreichen, um die Kommandos eindeutig zu interpretieren.

Die Interaktion über natürliche Sprache, geht dagegen von der gewohnten Sprache der Menschen aus. Es wird angestrebt, dass diese Sprache automatisch interpretiert wird und so ein natürlicher Dialog zwischen Mensch und Computer geführt werden kann. Dabei ist noch einmal zu unterscheiden zwischen natürlicher Sprache, die über die Tastatur eingegeben wird und der akustischen Spracheingabe, bei der

der Computer eine noch anspruchsvollere Erkennungsaufgabe lösen muss, in dem er das akustische Signal zerlegen und interpretieren muss. Letzteres ist schwierig, wenn das System nicht durch ein Training an den konkreten Sprecher angepasst wurde bzw. wenn andere Geräusche aus der Umgebung stören. Die Interaktion mittels getippter natürlicher Sprache wird seit den 60er Jahren des 20. Jahrhunderts erforscht; die akustische Sprachverarbeitung ist erst wesentlich später untersucht worden, u.a. weil sie eine sehr hohe Rechenleistung erfordert.

Beide Interaktionsformen haben spezifische Einsatzgebiete und Zielgruppen. Obwohl die sprachbasierte Interaktion durch das Aufkommen grafischer Benutzungsoberflächen viel von ihrer Attraktivität verloren hat, ist sie nach wie vor nicht wegzudenken. Gentner und Grudin [1996] und jüngst auch Norman [2007] gehen sogar davon aus, dass die Bedeutung sprachbasierter Interaktionen wieder wachsen wird, weil sprachlich mächtige Aktionen ausgelöst werden können. Insbesondere wird es mit Sprache mehr und mehr möglich, Computer ohne eine Tastatur zu bedienen, was z.B. für die Fahrzeugnavigation von Bedeutung ist. Wie effizient diese Interaktionstechniken sind, hängt maßgeblich von der konkreten Gestaltung und Einbettung der Sprache in andere Interaktionsstile ab. Die Eingabe von Sprache über die Tastatur ist vor allem für Experten attraktiv, da diese schneller 6-8 Zeichen eingeben als ein Zeigegerät aufzunehmen [Shneiderman und Plaisant, 2009].

9.1.1 Kommandosprachen

Die Nutzung von Kommandosprachen in der Mensch-Computer-Interaktion (MCI) ist ein Beispiel für die Entwicklung formaler Sprachen. Eine derartige Entwicklung ist immer darauf gerichtet, dass Experten sich möglichst effizient und präzise ausdrücken und dadurch mit anderen Experten kommunizieren können. Die mathematische Formelsprache, die Noten in der Musik und die symbolische Beschreibung chemischer Reaktionen sind Beispiele für die lange Tradition und den Erfolg derartiger Sprachen. Innerhalb der Informatik spielen formale Sprachen eine wichtige Rolle als Programmiersprachen. Diese sind vorrangig darauf gerichtet, die Logik eines Programmablaufs auf hoher Ebene zu beschreiben und werden durch einen Compiler in Maschinencode oder zumindest maschinennahen Code umgewandelt. Kommandosprachen in der MCI werden dagegen inkrementell interpretiert und dienen in der Regel nicht dazu, große Programme zu erstellen. Besonders bekannt sind Kommandosprachen zur Betriebssystemsteuerung, z.B. die verschiedenen Unix-Kommandosprachen. Allen formalen Sprachen – innerhalb und außerhalb der Informatik – ist gemeinsam, dass eine präzise, eindeutige und knappe Darstellung möglich sein soll und zugleich eine große Ausdrucksstärke gewünscht wird, sodass die Sprache flexibel eingesetzt werden kann.

Wie andere formale Sprachen haben Kommandosprachen eine Syntax, die erlernt werden muss. Sie sind nicht selbsterklärend und können kaum durch Ausprobieren erlernt werden. Zugleich ist die Interaktion äußerst effizient. Mit wenigen Tastaturbetätigungen können z.B. komplette Dateiverzeichnisse durchsucht und manipuliert werden. Der hohe Lernaufwand prädestiniert Kommandosprachen für professionelle Benutzer, wie Programmierer, Netzwerk- oder Web-Administratoren. Auch die professionellen Benutzer machen häufig Fehler, allein durch die Verwechslung eines Parameters oder dadurch, dass sie sich vertippen. Effizienz – in der Implementierung und in der Benutzung – ist der entscheidende Vorteil von Kommandosprachen.

Bei der Definition einer Kommandosprache sind viele Aspekte zu beachten. Besonders wichtig ist die Benennung der Kommandos und Parameter. Ähnlich wie bei der Benennung von Menü- und Listeneinträgen ist es wichtig, dass die Namen gut verstanden werden und leicht behalten werden können. Das Prinzip der *Konsistenz* (Kapitel 6) ist von großer Bedeutung; gleiche Aktionen, die auf unterschiedlichen Objekten angewendet werden können, sollten exakt gleich benannt sein. Andernfalls fällt das Lernen schwerer, es treten mehr Fehler auf und die Interaktion wird verlangsamt [Shneiderman und Plaisant, 2009]. Dies ist leicht erklärlich, da der Benutzer sich an die Kommandos exakt erinnern und sie nicht nur wieder erkennen muss (Abschn. 2.1.2, speziell die Diskussion „Erinnern und Erkennen“).

Beim Entwurf von Kommandosprachen haben sich grafische Notationen bewährt, die darstellen, in welchen Zuständen welche Kommandos möglich sind bzw. welche Objekte oder andere Parameter einem Kommando folgen können [Shneiderman und Plaisant, 2009]. Zustandsübergangsdiagramme sind ein Beispiel für eine derartige Notation, die auch in Dokumentationen verwendet werden und so das Erlernen unterstützen können.

„Benutzerfreundliche“ Varianten. Wie erfolgreich Benutzer eine Kommandosprache nutzen, hängt vor allem davon ab, dass die Schlüsselwörter und die Syntax anhand einfacher Regeln erlernt werden können. Die Bedeutung von Parametern und die Abkürzung von Wörtern sollte einheitlich sein.

Sehr kryptische, kurze Kommandos sind schwerer zu merken als solche mit einer erkennbaren Ähnlichkeit zur natürlichen Sprache. Hier gibt es also einen erkennbaren Widerspruch zwischen dem Wunsch nach kurzen Kommandos (reduzierter Schreibaufwand) und Lesbarkeit bzw. Verständlichkeit. Softwareentwicklern sind solche Kompromisse vertraut; sie sind ähnlich zu denen, die bei der Benennung von Variablen und Typen gemacht werden. In der professionellen Softwareentwicklung gibt es Kodierungsrichtlinien, die diese Entscheidung erleichtern. Ähnlich konsistent ist bei der Abkürzung von Kommandos vorzugehen. Shneiderman und Plaisant [2009] erläutern z.B. sechs gängige Regeln für derartige Abkürzungen (die ersten *n* Buchstaben, der erste und der letzte Buchstabe, ...). Die Eingabe längerer Kommandos kann durch eine *AutoComplete*-Funktion, die die Namen automatisch expandiert, sobald sie eindeutig sind, unterstützt werden. So reicht es aus, „cho[tab]“ einzugeben, damit das Kommando „chowner“ (Veränderung des Besitzers einer Datei im Unix-Dateisystem, engl. *change owner*) eindeutig erkannt wird. Dadurch wird die Zahl der Tastaturbetätigungen von sieben auf vier reduziert.

Die redundante Verwendung von Kurzformen und ausführlichen Kommandos ist ebenfalls günstig (*md* und *mkdir* für *make directory* – Anlegen eines Verzeichnisses). Die in den Unix-Kommandosprachen angebotene Möglichkeit, durch Alias-

Namen beliebige Synonyme für Kommandos und Parameter zu definieren, ist in diesem Sinne benutzerfreundlich. Diese Form der Individualisierung verbessert die Effizienz weiter.

Die Nutzung einer Kommandosprache kann durch ein Hilfesystem wirksam unterstützt werden. Die Erklärung der Kommandos und ihrer Parameter durch typische Beispiele und die Verbindung der Erklärungen durch Querverweise sind Kennzeichen guter Hilfesysteme. Eine kontextbezogene Hilfe, die die Eingabe z.B. daraufhin analysiert, ob ein Verwechslungsfehler vorliegen könnte, ist hilfreich. So können bei Eingabe eines nicht existierenden Kommandonamens lexikalisch benachbarte Namen zur Auswahl angeboten werden. Eine wichtige Rolle spielt die Reaktion auf Fehler. Meist wird der Benutzer mit einer Nachricht abgespeist, die besagt, dass ein eingegebenes Kommando oder ein Parameter nicht existiert und bestenfalls eine Übersicht über alle Parameter angeboten. Wichtig ist, dass die versehentliche Eingabe von Kommandos, die schwerwiegende Folgen haben können, beachtet wird. So sollten sich alle Kommandos nicht nur um ein (auf der Tastatur vielleicht sogar benachbartes) Zeichen von einem kritischen Kommando unterscheiden.

Nutzung eines History-Mechanismus. Greenberg und Witten [1988] diskutieren Richtlinien, wie ein History-Mechanismus für Kommandosprachen gestaltet werden kann, sodass möglichst häufig Kommandos korrekt eingegeben werden können, in dem auf die Interaktionsgeschichte zurückgegriffen wird. Dies beschleunigt die Interaktion, da einige Kommandos bzw. Kombinationen aus Kommandonamen und Parametern besonders häufig genutzt werden. Insofern kann der Zugriff auf diese Kommandos deutlich beschleunigt werden, wenn effektiv diese häufig benutzten Kommandos durchgesehen werden können, z.B. durch Nutzung der Tab-Taste.

Diskussion. Die Interaktion mittels Kommandosprachen ist nach wie vor in der Systemadministration weit verbreitet: Obwohl die Aufgaben von Systemadministratoren, insbesondere im Bereich der Sicherheit (Vorbeugen, Entdecken und Reaktion auf Attacken bzw. Viren) stark gestiegen sind, werden überwiegend Perl-Skripte, Unix-Kommandos und andere Kommandosprachenvarianten genutzt. Dass der Lernaufwand dafür hoch ist und durchaus ein Bedarf für stärker visuell orientierte Interaktionsstile existiert, ist gut untersucht; aber die Akzeptanz für diese Interaktionsstile ist bei Systemadministratoren relativ gering [Yurcik et al., 2007]. Weitere Anwendungen betreffen Mail-Steuerung, Reservierungssysteme für Hotels und Anfragen an digitale Bibliotheken bzw. andere Datenbanken (diese Anwendungen erfordern die textuelle Suche, die im folgenden Abschnitt behandelt wird.)

9.1.2 Textuelle Suche

Während die „alten" Kommandosprachen mit ihren kryptischen Namen und Parametern („tar -xfvz" zum Auspacken einer komprimierten Datei unter Unix) an Bedeutung verlieren, entwickeln sich neue Formen der sprachbasierten Eingabe. Diese sind dadurch motiviert, dass alternative Interaktionsstile, wie die Menüauswahl

(Abschn. 9.2) an ihre Grenzen stoßen, wenn die Zahl der Optionen zu groß wird. Ein Beispiel ist die Routensuche mit GOOGLE™ Maps, bei der die Zahl möglicher Ziele offenbar zu groß ist, um sie in einem Menü darzustellen. Suchmaschinen, wie GOOGLE™ und YAHOO™, haben eine sehr einfache Syntax. Der Benutzer schreibt die interessierenden Ausdrücke einfach hintereinander; er muss nicht reguläre Ausdrücke kombinieren – die Wörter definieren eine kombinierte Suche nach Webseiten, in denen möglichst alle Begriffe vorkommen. Suchbegriffe, die schon einmal verwendet wurden, werden gespeichert und können für eine AutoComplete-Funktion genutzt werden. Liefert die Suche keine Treffer, wird nach Wörtern gesucht, die orthografisch ähnlich sind und wenn diese Suche zu Ergebnissen führt, wird einer dieser ähnlichen Begriffe vorgeschlagen.

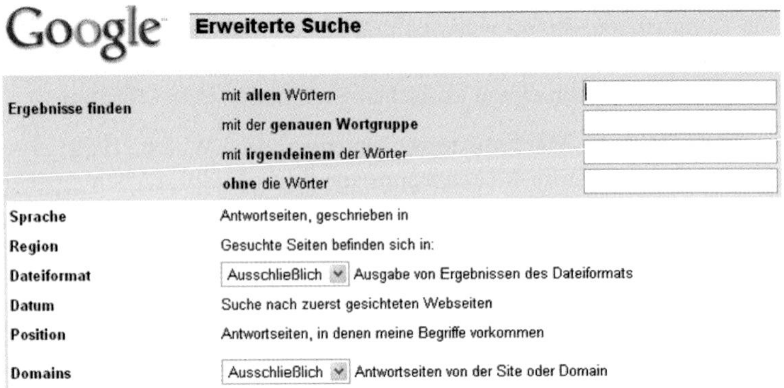

Abb. 9.1: Ein komplexer Suchausdruck wird durch formularartige Eingabe bequem zusammengesetzt, ohne dass Parameternamen und Kombinationsmöglichkeiten erlernt werden müssen (Screenshot von Google™).

Die erweiterten Eingabemöglichkeiten von GOOGLE (Abb. 9.1) ermöglichen ausdrucksmächtige Eingaben, ohne dass komplexe formale Notationen und logische Ausdrucksformen beherrscht werden müssen. Die textuelle Eingabe von Suchbegriffen wird auch für die Arbeit auf dem heimischen PC immer wichtiger. Tausende von Bildern, die mit der Digitalkamera aufgenommen wurden, viele Musikstücke und ähnliches lassen sich mit herkömmlichen Mitteln kaum verwalten. Leistungsfähige Suchfunktionen, wie bei Desktop-Suchprogrammen neuester Betriebssysteme, schaffen hier Abhilfe. Schließlich spielt die textuelle Eingabe eine wichtige Rolle für die Steuerung von Navigationssystemen und geografischen Informationssystemen. Wie bei Suchmaschinen werden Stadtnamen, Straßen und Hausnummern bzw. Stadtnamen und Namen interessanter Objekte dabei einfach hintereinander geschrieben (Abb. 9.2), anstelle dem Benutzer eine komplexe Syntax aufzuzwingen, wie z.B. die intern für die Datenbank verwendeten Attributnamen („Select Stadt = Berlin und Ort = Reichstag"). Die kartografische Darstellung ist dabei eine mögliche Ergebnispräsentation.

Abb. 9.2: Die textuelle Eingabe von Ort und Sehenswürdigkeit ist sehr bequem und führt zu einer passenden kartografischen Darstellung mit Hervorhebung und kurzer Beschreibung des gesuchten Ortes (Screenshot von Google™ Maps).

Einfachheit bei der Eingabe und eine gute Sortierung der Ergebnisse nach Relevanz sind entscheidende Merkmale für die Benutzbarkeit textbasierter Suchfunktionen. DONALD NORMAN sieht in Kommandosprachen sogar den nächsten Durchbruch in der Gestaltung von Benutzungsschnittstellen [Norman, 2007], und kürzlich hat auch Raskin [2008] vorgeschlagen, bei wachsendem Umfang von Benutzungsschnittstellen eine textuelle Eingabe von Kommandos bereitzustellen. In Tabelle 9.1 werden Betrachtungen zu Kommandosprachen zusammengefasst.

9.1.3 Natürlichsprachige Systeme

Die Eingabe von natürlicher Sprache ist von dem alten Traum geprägt, dass man mit Computern so interagieren kann, wie Menschen miteinander kommunizieren. Die Möglichkeiten, diesen Traum zu realisieren, haben sich durch Fortschritte in Hard- und Software in den letzten 15-20 Jahren enorm verbessert. Dennoch weisen natürlichsprachige Systeme weiterhin keine große Verbreitung auf, unter anderem da die Alternativen oft erfolgreicher sind. Insbesondere wenn große hochaufgelöste Displays genutzt werden können, erweist sich die Interaktion mit ihnen oft als

Tabelle 9.1: Wichtige Aspekte der Benutzbarkeit von Kommandosprachen

Aspekte der Entwicklung von Kommandosprachen	Auswirkung auf die Benutzbarkeit
AutoComplete-Funktion	steigert Effizienz, verringert Fehlerrate
Alias-Namen	steigert Effizienz
Konsistenz bei Namen für Kommandos und Parameter	verringert den Lernaufwand und verbessert die Behaltensleistung
Vorschläge für Korrekturen	verkürzt die Zeit zur Behebung von Fehlern

effektiver. Dies ist auch erklärbar, da die menschlichen Fähigkeiten der visuellen Wahrnehmung und Verarbeitung derartiger Informationen (Abschn. 2.2) auf diese Weise sehr gut ausgenutzt werden. Hinzu kommt, dass die hochgradig kontextabhängige natürliche Sprache, die in der zwischen-menschlichen Kommunikation von Gesten begleitet wird und auch emotionale Aspekte aufweist, nach wie vor nicht komplett und vollautomatisch erfasst werden kann. Daher ist natürlich-sprachigen Interaktionen nur ein relativ kleiner Abschnitt gewidmet, der deutlich machen soll, dass es durchaus attraktive Spezialanwendungen gibt.

Die Erkennung und Erzeugung natürlicher Sprache ist Gegenstand der *Computerlinguistik*, eines Teilgebiets der Informatik, das starke interdisziplinäre Bezüge zur Sprachwissenschaft aufweist. Die Informationssuche in Dokumenten unter Beachtung der vielfältigen Ausdrucksformen natürlicher Sprachen, die Umwandlung gesprochener in geschriebene Sprache und die natürlichsprachige Steuerung von Maschinen sind die für die MCI wichtigsten Teilgebiete der Computerlinguistik. Die Eingabe von natürlicher Sprache erfordert weniger Lernaufwand als die Kommandospracheneingabe. Natürlichsprachige Systeme waren zunächst vor allem für Gelegenheitsbenutzer bzw. Anfänger gedacht. Die Tastatureingabe natürlicher Sprache ist aufwändig. Relativ geringer Lernaufwand wird also mit geringerer Effizienz „erkauft“. Wenn der Benutzer geschickt im Umgang mit der Tastatur ist, ist die Effizienz natürlich höher.[1]

Bei einer akustischen Spracheingabe, die in ausgewählten Anwendungen ihre Praxistauglichkeit bewiesen hat, erfolgt die Eingabe wesentlich schneller. Allerdings ist die natürliche Sprache mehrdeutig; sodass selbst bei korrekter Erkennung oft mehrere Eingaben möglich sind. Computergestützte Systeme müssen in solchen Fällen Klärungsdialoge initiieren, um die Mehrdeutigkeit aufzulösen, was wiederum dazu führt, dass die Interaktion langwierig wird. Sprachliche Eingaben sind außerdem ungenau. Die numerische Bedeutung einer verbalen Angabe (wie z.B. früh,

[1] In Nordamerika können sehr viele Personen mit zehn Fingern Schreibmaschine schreiben, wohingegen in Europa nur eine kleine Minderheit über diese Fähigkeit verfügt.

spät, groß oder klein) ist nicht klar. Hinzu kommt, dass eine effiziente sprachbasierte Kommunikation präzise Kenntnis der Domäne und der dort verwendeten Begriffe voraussetzt – eine Voraussetzung, die eher von Experten als von Gelegenheitsbenutzern bzw. Anfängern erwartet werden kann. Insofern bestätigt sich die Hoffnung, natürlichsprachige Interfaces könnten Anfänger unterstützen, kaum. Stattdessen sind sie für mindestens fortgeschrittene Benutzer gedacht, die aber mit einer Kommandosprache effizienter sind [Shneiderman und Plaisant, 2009].

Interaktive Systeme können nur einen Teil der natürlichen Sprache verarbeiten. Allein das Vokabular einer natürlichen Sprache umfasst 40 000 bis 300 000 Wörter, die auf unterschiedlichste (aber nicht beliebige Weise) miteinander verknüpft werden können. Insofern besteht eine Herausforderung darin, dem Benutzer effizient zu verdeutlichen, was das System versteht (Wortschatz und zulässige syntaktische Strukturen). Anwendungsgebiete sind z.B. Datenbankabfragen, Schnittstellen zu Suchmaschinen und anderen Informationssystemen.

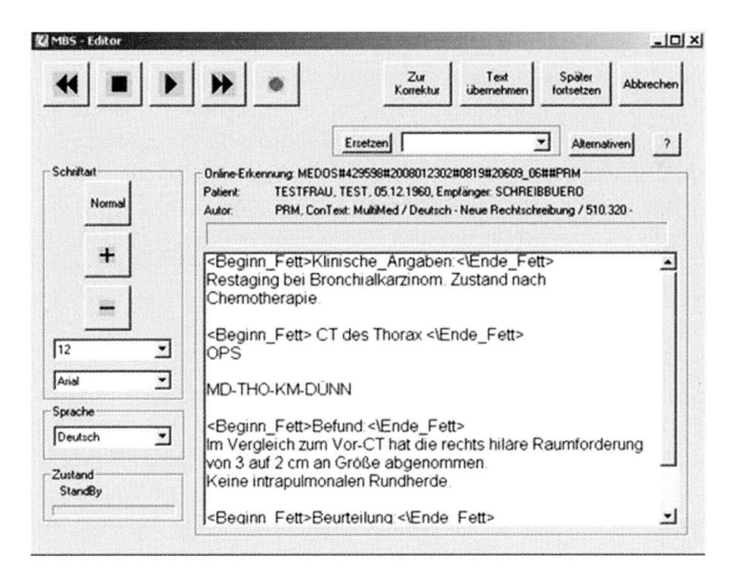

Abb. 9.3: Die Verarbeitung der Spracheingabe wird mit einer rekorderähnlichen Funktionalität gesteuert (Vor- und Zurückspulen, . . .). Die Korrektur von Wörtern wird durch Vorschläge von Alternativen unterstützt. Schließlich werden Tags für die Formatierung eingefügt und der Font festgelegt. Das Ergebnis wird dann in ein Textverarbeitungsprogramm übernommen (Screenshot von MBS).

Neben den Problemen der Verarbeitung sind beim Einsatz akustischer Spracheingabe praktische Probleme zu nutzen. Die Platzierung eines Mikrofons ist kritisch; sie soll den Benutzer nicht unnötig einschränken, aber andererseits sicherstellen, dass die Sprachsignale in guter Qualität erfasst werden. Andere Geräusche, die das zu verarbeitende Sprachsignal überlagern, können die Interpretation erheblich behindern. Schließlich ist festzulegen, wann der Computer Sprachsignale verarbeiten soll, denn typischerweise ist dies nicht durchgehend der Fall. Technisch einfach zu realisieren ist es, wenn der Benutzer die Sprachverarbeitung durch entsprechende Aktionen explizit startet und beendet. Aus Benutzersicht ist es günstiger, wenn keine expliziten Bedienhandlungen nötig sind, die evtl. vergessen werden [Bowman et al., 2004]. Dies erfordert allerdings einen intelligenten Mechanismus, der akustische Signale daraufhin analysiert, ob sie (wahrscheinlich) der Eingabe dienen.

Anwendungen. Wichtigstes Anwendungsgebiet für die natürlichsprachige Interaktion sind Telefonsysteme, bei denen computergestützt Informationen vermittelt oder Bestellungen ausgelöst werden. Eine wichtige Rolle spielen dabei akustische Menüs (Abschn. 9.2.8).

In den letzten Jahren sind Diktiersysteme für spezielle Anwendungen entwickelt worden. So diktieren viele Radiologen ihren Befund mit einem digitalen Diktiergerät. Der digital gespeicherte Befund wird mit Informationen zur Weiterverarbeitung versehen und an einem so genannten Transkriptionsarbeitsplatz mit Methoden der Spracherkennung in einen Arztbrief umgewandelt (Abb. 9.3). Der Vorteil liegt darin, dass die entsprechenden Briefe effizienter erstellt werden.

Vorteilhaft bei diesen und anderen hochprofessionellen Anwendungen, z.B. in Anwaltskanzleien, ist, dass das benötigte Vokabular relativ begrenzt ist und zudem viele längere (und damit leichter unterscheidbare) Wörter enthält. Allerdings dominiert nach wie vor die sprecherabhängige Verarbeitung. Dabei muss der Benutzer das System durch Vorlesen bestimmter Textabschnitte trainieren. Falsche Interpretationen sind dennoch nicht selten; die menschliche Stimme variiert auch leicht und so ist diese Interaktion ohne gründliche Kontrolle und Korrektur des erfassten Textes nicht möglich.

Durch die Verbreitung des WWW sind Suchmaschinen bedeutsam. Natürlichsprachige Eingaben sind gründlich erprobt worden, scheitern aber oft an den schlecht strukturierten und formulierten Fragen, die die (realen) Benutzer eingeben. Außerdem sind Systeme entwickelt worden, die natürlichsprachige Zusammenfassungen erzeugen, bei denen natürliche Sprache also als Ausgabemedium genutzt wird. Shneiderman und Plaisant [2009] nennen als Beispiele Wetterberichte [Reiter et al., 2005]. Automatische Übersetzungssysteme haben sich ebenfalls weiter entwickelt, erfordern aber nach wie vor oft Fehlerkorrekturen durch einen menschlichen Experten. Shneiderman und Plaisant [2009] stellen weitere Anwendungen vor, darunter vorrangig solche, die sich als nicht erfolgreich erwiesen haben und vom Markt verschwunden sind.

9.2 Menüauswahl

Die meisten Menschen sind mit Taxonomien und Hierarchien vertraut; diese sind Bestandteil einer Vielzahl mentaler Modelle, auf denen unser Verständnis aufbaut (Abschn. 3.2). Dies macht man sich bei der Gestaltung von Interaktionen mittels

Menüs zunutze. Eine unmittelbare Analogie besteht zu Menüs, die wir aus Gaststätten kennen. Da der Platz auf einem Bildschirm stärker begrenzt ist, als der in einer Menükarte und zudem oft mehr Optionen zur Verfügung stehen, ist die Gestaltungsaufgabe in interaktiven Systemen schwieriger [Shneiderman und Plaisant, 2009].

Menüs dienen der Auswahl von Kommandos und haben bei ihrer Einführung häufig Kommandosprachen als Schnittstelle ersetzt. Benutzer konnten nun Kommandos wählen, indem sie sie *selektieren*, anstelle sich an einen Kommandonamen *erinnern* zu müssen. In einer der ersten Veröffentlichungen, in der die Benennung und Strukturierung von Menüs diskutiert wurde [Tullis, 1985], wurde dieser Vorteil deutlich. Dabei wurde ein menübasiertes System für die Zielgruppe der Systemadministratoren entwickelt, das etwa 500 Kommandos zur Verwaltung von Benutzerrechten, Dateien, Druckern und anderen Geräten ermöglicht.

Die ersten Formen von Menüs waren sogenannte Kommandomenüs. Diese präsentierten die Optionen textuell, gefolgt von einer Zahl oder einem Buchstaben, die die Option eindeutig identifiziert (Abb. 9.4). Der Benutzer hatte dieses Zeichen textuell einzugeben. Schon diese frühen Menüs erleichterten die Bedienung, da die Kommandos nicht mehr korrekt memoriert werden mussten. Heutzutage werden Menüeinträge dagegen direkt durch eine Zeigeaktion selektiert.

Abb. 9.4: Ein Kommandomenü stellt die Kommandos so zur Verfügung, dass sie wieder erkannt werden können (Quelle: https://trex.rtpnc.epa.gov/).

Menüs bestehen meist aus textuellen Kommandos, die gruppiert, hierarchisch sortiert und mit der Maus durch sukzessives Auswählen und Einblenden (Pulldown) von Untermenüs selektiert werden. Menüs beinhalten genau diejenigen Optionen, die als Eingabemöglichkeit zur Verfügung stehen – der Benutzer wählt durch eine Selektion eine der angebotenen Alternativen.

Die wichtigsten Aufgaben bei der Gestaltung von Menüs bestehen darin, die verfügbaren Aktionen zu benennen, in einer für den Benutzer nachvollziehbaren Weise zu klassifizieren und auf dieser Basis eine Menühierarchie zu entwerfen. Tullis [1985] hatte dazu eine Vielzahl von Systemadministratoren befragt, um ihre Vorschläge für eine Kategorisierung gebeten und mit aufwändigen Methoden der Clusteranalyse bestimmt, welche Kategorisierungen von vielen Benutzern als sinnvoll angesehen wurden.

Ein grundlegendes Problem von Menüs besteht darin, dass jeweils nur eine atomare Aktion ausgelöst werden kann. Wenn die Eingabe mehrerer Werte im Zusammenhang notwendig ist, sind entsprechende Dialoge und Formulare geeignet. Daher wird die Interaktion über Menüs häufig genutzt, um einen Dialog zu aktivieren.

Temporär nicht verfügbare Optionen. Kommandos, die in einem bestimmten Zustand nicht ausführbar sind, sollten deaktiviert werden. Die Deaktivierung ist die wesentlich bessere Lösung im Vergleich zu einem Entfernen und späteren Einfügen der Optionen. Dies ist dadurch begründet, dass räumliche Positionen und Nachbarschaften für unser Verständnis und unsere Erinnerung an eine Menühierarchie am wichtigsten sind.

Die Deaktivierung führt dazu, dass der Kontrast zwischen Beschriftung und Hintergrund deutlich verringert wird. Dadurch wird die Aufmerksamkeit auf die aktiven (gut kontrastierten) Objekte gelegt. Wichtig ist, dass alle Komponenten eines Menüeintrags auf diese Weise abgeschwächt dargestellt werden. Dies betrifft auch die Tastaturkürzel und die in ein Menü integrierten Icons. Beim flüchtigen Betrachten eines Menüeintrags werden kontrastreiche bunte Icons als aktiv wahrgenommen. In Abb. 9.5 sind zwei Beispiele dargestellt, wobei die Icons der nicht verfügbaren Optionen im linken Bild angepasst sind, im rechten jedoch nicht.

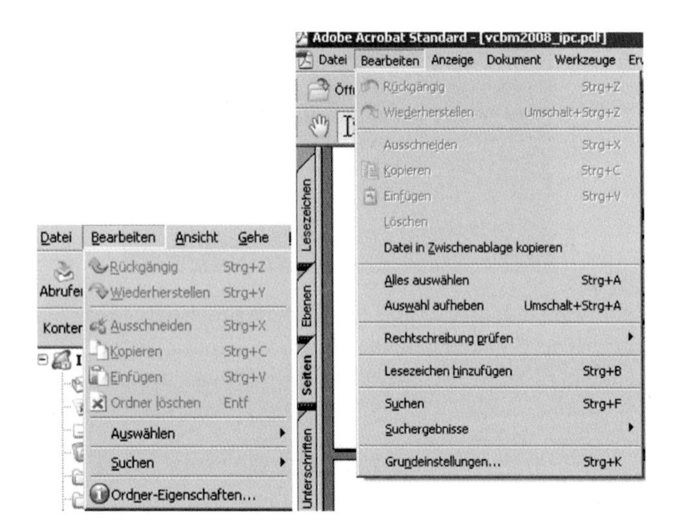

Abb. 9.5: Temporär nicht aktivierbare Kommandos in den jeweiligen Bearbeiten-Menüs wurden ausgeblendet. Im linken Bild sind die beiden oberen Icons dabei unverändert und kontrastreich. Günstiger ist es, die Icons von inaktiven Einträgen durch eine Variante mit Grauwerten zu ersetzen (rechts) (Screenshots von Mozilla™ Thunderbird und Adobe™ Acrobat).

9.2.1 Pulldown-Menüs

Pulldown-Menüs stellen eine Hierarchie von Kommandos dar. Im Unterschied zu einer „normalen" Hierarchie hat diese aber keinen (relevanten) Wurzelknoten. Interessant ist erst die Ebene darunter, die sogenannte *Menüleiste*, die die Kategorien von Kommandos enthält und permanent sichtbar ist. Die Selektion von Einträgen bewirkt das Einblenden von Untermenüs. Den Einträgen dieser Untermenüs sind ggf. weitere Untermenüs untergeordnet. Von der Ebene Menüleiste ist immer genau ein Pfad zum aktuell selektierten Untermenü sichtbar, man spricht von der *Pfadsichtbarkeit*. Abb. 9.6 veranschaulicht dies, wobei die Menüleiste der dortigen Menüebene 1 entspricht.

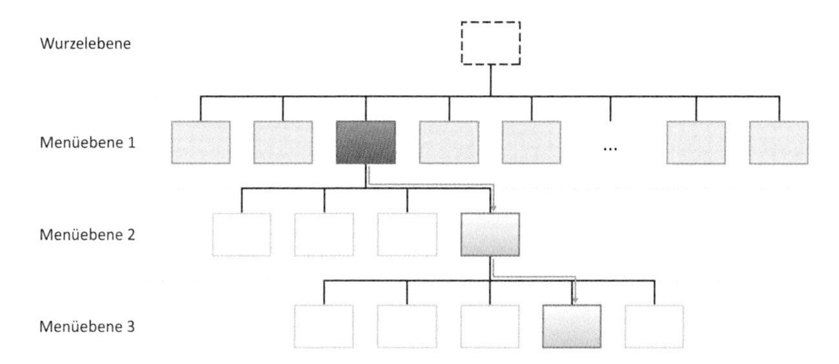

Abb. 9.6: Die Pfeile repräsentieren den aktuellen Pfad in dieser abstrakten Repräsentation eines hierarchischen Menüs, wobei die Menüebene 1 und die Knoten auf dem Pfad aktuell sichtbar sind. Der Wurzelknoten ist nicht sichtbar.

Pulldown-Menüs befinden sich oft als globale Menüs am (oberen) Rand der Benutzungsschnittstelle, sie können aber auch auf andere Komponenten innerhalb der Oberfläche referenzieren und als Popup-Menüs bei deren Selektion aktiviert werden. Pulldown-Menüs können auch Kommandos auslösen, mit denen ein binärer Wert gesetzt wird. Dies entspricht einer Checkbox (Abb. 9.7, links); teilweise werden sie auch genutzt, um mittels Radiobuttons eine 1-aus-N-Auswahl zu treffen (Abb. 9.7, rechts). Die Nutzung von Radiobuttons und Checkboxen in Dialogen und Formularen wird in Abschn. 10.1.2 diskutiert. Die Alternative zur Verwendung von Radiobuttons in einem Menü wäre es, einen (einfachen) Dialog zu öffnen, in dem diese Radiobuttons mit entsprechender Beschriftung integriert wären.

Vor- und Nachteile von Menüs. Folgende Merkmale von Menüs sind vorteilhaft:

- Sortierte Präsentation vieler Aktionen. Nach anwendungsspezifischen oder lexikalischen Kriterien wird eine relativ große Anzahl an Kommandos verfügbar gemacht (bis zu 400 sind typisch).

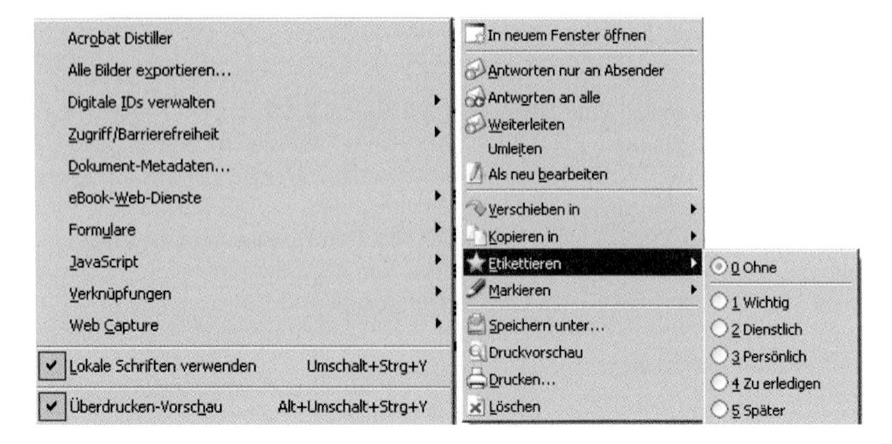

Abb. 9.7: Ein Menü kann auch Checkboxen (links) und Radiobuttons enthalten (rechts). Die Checkbox-Verwendung ist insofern problematisch, als das entsprechende Häkchen nur im aktivierten Zustand sichtbar ist. Das linke Menü ist sehr breit, weil der letzte Eintrag ein sehr kompliziertes Kürzel bestehend aus 4 (!) Tasten hat (Screenshots von Adobe Acrobat und Mozilla Thunderbird).

- Unter der großen Menge möglicher Aktionen ist jeweils nur ein Ast im Menübaum sichtbar.
- Die Auswahl der Kommandos erfolgt einheitlich und erfordert keinen Schreibaufwand.
- Es müssen keine Kommandonamen erlernt werden und es ist prinzipiell keine fehlerhafte Bedienung möglich.

Die Pfadsichtbarkeit kann als Vor- und Nachteil angesehen werden. Der Benutzer kann sich auf die Aktionen konzentrieren, die in einem Untermenü angeboten werden und die in einem inhaltlichen Zusammenhang stehen. Andererseits ist es schwierig, Querbezüge zwischen Aktionen verschiedener Menüpunkte herzustellen. Als Nachteile sind zu nennen:

- Aktionen, die in Verbindung miteinander stehen, können nicht direkt initiiert werden,
- fehlende Übersicht bei einer sehr großen Anzahl an Menüeinträgen,
- langsame Interaktion für fortgeschrittene Benutzer,
- hohe Sprachabhängigkeit.
- Viele Funktionen sind nur in einem bestimmten Zustand verfügbar. Selbst wenn diese durch das „Ausgrauen" momentan nicht aktivierbarer Funktionen gekennzeichnet werden, erschweren sie die Suche nach dem richtigen Kommando.
- Mehrdeutigkeit der Zuordnung. Die Zuordnung von Menüeinträgen in genau eine Kategorie wird teilweise als willkürlich empfunden. Benutzer denken oft in anderen Ordnungsbegriffen als Entwickler.

Diese prinzipiellen Nachteile können durch Kombination mit anderen Interaktionsstilen umgangen werden. Das zweite Problem der fehlenden Übersicht über das Gesamtsystem hat in den letzten Jahren an Bedeutung gewonnen, da Anwendungen immer mehr Funktionen integrieren. Bei großen hochaufgelösten Bildschirmen hat die Nutzung von Pulldown-Menüs den Nachteil, dass der Benutzer mit dem Zeigegerät einen weiten Weg zurücklegen muss, ehe er das Menü erreicht hat. Geht man davon aus, dass der Benutzer etwa in der Bildschirmmitte agiert, etwas betrachtet und verändert, dann ist einerseits die Mausbewegung zum Menü relativ lang. Andererseits muss der Benutzer einen Bereich fixieren, der bisher außerhalb seiner fovealen Wahrnehmung lag (Abschn. 2.2.2. Nach der Betätigung des Menüs muss sowohl seine Wahrnehmung wieder auf die Bildschirmmitte gerichtet werden, als auch der Mauszeiger zurückbewegt werden. Insofern ist die Betätigung von Pulldown-Menüs teilweise mit einem erheblichen kognitiven Aufwand verbunden.

Bei großen Mengen an Menüeinträgen wird teilweise die Funktionalität auf mehrere Menübäume aufgeteilt, zwischen denen der Benutzer umschalten muss. Wichtige Kommandos werden dann als gemeinsame Menüs in jedem Menübaum angeboten. Auf diese Weise werden z.B. die etwa 1200 Kommandos des geometrischen Modellierungssystems MAYA zur Verfügung gestellt [Kurtenbach et al., 1999].

9.2.2 Strukturierung von Menüs

Bei der Gestaltung eines Menüsystems muss der User Interface Entwickler eine Menge an Kommandos benennen und hierarchisch strukturieren. Die Benennung soll knapp sein; das erste Wort soll möglichst ausreichen, damit Benutzer entscheiden können, ob das richtige Kommando gemeint ist. Die Benennung erfolgt oft als Verb (Kopieren, Einfügen, Speichern, Ersetzen, ...) oder als Kombination aus Verb und Substantiv (Datei öffnen, Adresse öffnen, ...). Im englischen steht entsprechend das Verb vor dem Substantiv (Play macro, insert macro, ...).

Bei der Strukturierung hat die inhaltliche Zusammengehörigkeit die höchste Priorität. Möglich ist auch eine alphabetische Sortierung von Menüeinträgen – viele Benutzer sind es gewohnt, schnell in alphabetisch sortierten Listen zu suchen. Allerdings kann diese Fähigkeit nur genutzt werden, wenn Benutzer genau wissen, wie das gesuchte Kommando heißt – eine erhebliche Einschränkung, die dazu führt, dass man meist auf diese Kategorisierung verzichtet. Solange man sich in der Testphase befindet und dabei, Feedback von Benutzern sammelt, kann es sinnvoll sein, einzelne Menüeinträge in mehreren Teilen des Menüs anzubieten. Wenn eine Anwendung fertig gestellt ist, ist eine strikte Hierarchie einzuhalten – Menüeinträge sollten nicht mehrfach in einem Menüsystem auftauchen, weil dies das Erlernen erschwert. Johnson [2000] diskutiert dies ausführlich; das mehrfache Auftauchen *eines* Kommandos in einem Menübaum unter unterschiedlichem Namen ist demnach der größte Fauxpas, der bei der Strukturierung unterlaufen kann.

Tests der Benennung und Strukturierung von Menüs. Wie Prototypen von Benutzungsschnittstellen getestet werden können, wird ausführlich in Band II behandelt. Hier sei nur erwähnt, was diesbezüglich bei der Menügestaltung getestet wird: Benutzer sollen sowohl die Benennung als auch die Strukturierung kritisch kommentieren. Günstig ist es, wenn sie dabei mehrere Varianten vergleichen können, weil dieser Vergleich das kritische Nachdenken fördert. Noch besser als das Menüsystem nach Tests anzupassen, ist es, dieses von vornherein mit ausgewählten Benutzern zu entwickeln. Eine etablierte Vorgehensweise dafür ist das *Card Sorting*. Dabei bekommen Benutzer Karteikarten für jedes zu benennende Kommando; sie können die Kommandos selbst benennen und – daher der Name Card Sorting – durch Sortieren der Karten eine Struktur vorschlagen. Mehrere Benutzer werden nicht für alle Kommandos exakt gleiche Namen und Strukturen vorschlagen, aber dennoch kann von diesem Vorgehen erwartet werden, dass es zu einer benutzergerechten Menügestaltung führt. Card Sorting ist eine etablierte Methode, um eine Informationsarchitektur zu definieren und spielt daher auch eine wichtige Rolle beim Design von Webseiten [Nakhimovsky et al., 2006, Tullis und Wood, 2004].

Tiefe und breite Menüs. Bestimmte Formen der Hierarchie führen zu einer aufwändigeren Suche. Generell ist die Suche in einer flachen (und dementsprechend) breiten Hierarchie schneller möglich als in einer schmalen und tiefen Hierarchie [Miller, 1981, Shneiderman, 1997a]. Der Zielkonflikt besteht darin, einerseits möglichst viele Menüeinträge in einem Untermenü zu integrieren, andererseits aber keine unzusammenhängenden Menüeinträge scheinbar willkürlich zusammen zu werfen. Die Strukturierung von Menüs ist ein gut untersuchter Aspekt der Gestaltung von Fenstersystemen (siehe [Shneiderman, 1997a], Kapitel 7). In Anlehnung daran können einige Faustregeln formuliert werden:

In einem Untermenü sollten mindestens drei Einträge sein; günstiger sind etwa zehn Einträge. Wesentlich mehr Einträge (z.B. mehr als 20) können kaum gleichzeitig angezeigt werden. Ein häufiges Missverständnis, das sich in Guidelines und anderen Empfehlungen niederschlägt, besteht darin, die Anzahl der Menüeinträge in einem Ast aus der Beschränkung des Arbeitsgedächtnisses (Abschn. 2.1.1) abzuleiten und somit auf vier bis sieben Einträge zu begrenzen. Der Denkfehler besteht darin, dass der Benutzer sich die Menüeinträge ja nicht merken muss, sondern sie alle sehen kann. Anders ist die Situation bei akustischen Menüs, bei denen die Menüeinträge vorgelesen und nicht angezeigt werden (Abschn. 9.2.8).

Bei der Verwendung von relativ vielen Menüeinträgen ist eine Strukturierung durch entsprechende horizontale Linien (Separatoren) nützlich – sie beeinflusst die Zeit für die Suche positiv. Separatoren strukturieren die Menüeinträge und machen deutlich, welche Einträge inhaltlich stärker zusammenhängen (diejenigen zwischen zwei benachbarten Separatoren). Zwischen zwei Separatoren sollten nicht mehr als fünf Menüeinträge angeordnet sein.

Die durchschnittliche Tiefe der Menühierarchie sollte zwischen zwei und drei liegen, sodass beim Einblenden eines Untermenüs der Menüleiste höchstens noch eine tiefere Ebene existiert. Das Hinzukommen einer vierten oder gar fünften Ebene erhöht die Gefahr der Desorientierung für Benutzer stark. Eine empirische Untersuchung über die Strukturierung von 64 Kommandos ergab einen klaren Vorteil für ein Hauptmenü mit acht Einträgen, wobei jedes Untermenü wiederum acht Einträge hatte [Kiger, 1984]. Am schlechtesten schnitt ein tiefes Menü mit sechs Ebenen und jeweils zwei Einträgen pro Ebene ab. Bewertet wurde neben der Geschwindigkeit der Selektion auch die Fehlerrate und der subjektive Eindruck. Die Erkenntnisse über den Vorteil flacher Hierarchien werden auch im Webdesign angewendet – insbesondere kommerziell orientierte Websites enthalten eine Vielzahl von Links. Untersuchungen bestätigen, dass auch bei Websites flache Hierarchien Suchzeiten verringern und die Wahrscheinlichkeit erhöhen, dass die Benutzer die gewünschten Informationen überhaupt finden.

Beispiele für die Strukturierung. Menüsysteme moderner Programme, weisen in der Regel zwischen 100 und 400 Einträge auf. Die Anzahl hängt teilweise von der Zahl offener Fenster, zuletzt benutzter Dateien oder gesetzter Bookmarks ab; die Menüs haben also keine konstante Größe. Die Tiefe der Menüs liegt praktisch immer zwischen 2 und 3, wobei meist wenige Teile des Menüsystems eine Tiefe größer 2 haben. Extensiv wird von Separatoren Gebrauch gemacht. So besteht die Menüleiste des Editors WINEDT, mit dem dieses Buch geschrieben ist, aus 12 Einträgen. Das Ausklappen dieser Einträge bewirkt die Anzeige von 159 Einträgen (durchschnittlich 13 pro Eintrag in der Menüleiste, Minimum: 10, Maximum: 17) wobei 71 Separatoren (etwa sechs in jedem Untermenü) genutzt werden. Nur 24 Einträge können weiter ausgeklappt werden.

Die Entscheidung über die Anordnung von Einträgen in Menüs wird zusätzlich erschwert, wenn die Anzahl der Einträge dem Entwickler nicht bekannt ist. Dies ist z.B. der Fall, wenn über das Menü zwischen offenen Fenstern hin- und hergeschaltet werden soll, Bookmarks oder Fonts selektiert werden. Hier muss in der Regel eine Obergrenze festgelegt werden, die davon abhängt, was noch sinnvoll dargestellt werden kann und dann ein Untermenü gestartet werden, das über „Weitere ...“ erreichbar ist. Eine ähnliche Situation tritt auch bei der Dialoggestaltung auf, wenn Listen für Auswahlzwecke genutzt werden (Abschn. 10.1.2).

Exzessive Funktionalität in Menüs. Generell hat sich in den letzten zehn Jahren sowohl die Breite als auch die Tiefe der Menüs erhöht – ein Trend, der die Bedienung erschwert und in Zukunft nicht fortgesetzt werden kann. So sind bei MICROSOFT WINDOWS WORD 2003 viele Funktionen eine Ebene tiefer angeordnet und damit erhöhen sich der mentale Aufwand und die Suchzeiten im Vergleich zu MICROSOFT WORD, OFFICE 97 (die Version von 1997). Das Einfügen einer Beschriftung bzw. einer Fußnote erfolgt nicht mehr über „Einfügen:Beschriftung“ oder „Einfügen:Fußnote“, sondern über „Einfügen:Querverweis:Beschriftung“ bzw. „Einfügen:Querverweis:Fußnote“ – das ist nicht intuitiv, denn der Benutzer muss nun wissen, dass eine Beschriftung und eine Fußnote als Spezialfall des abstrakteren Konzeptes „Querverweis“ aufzufassen ist. Insgesamt ist in sechs Jahren zwischen den beiden Versionen der Umfang von 105 Menüeinträgen auf 243 gewachsen (Abb. 9.8).

Interessant ist, wer die gewachsene Funktionalität der OFFICE-Programme nutzt, wer sie häufig nutzt und damit evtl. trotz der gestiegenen Komplexität zufriedener

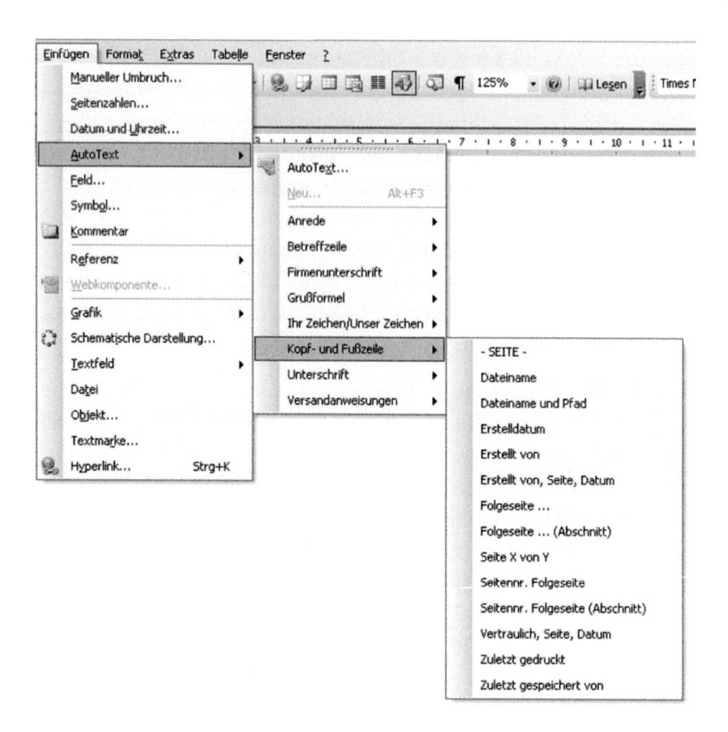

Abb. 9.8: Während in älteren Versionen von Microsoft Office Word alle Kommandos direkt aus der Menüleiste erreichbar waren, ist in der Version von 2003 teilweise ein Ausklappen bis in die vierte Ebene nötig. Die Vielzahl zusätzlicher Optionen hat eine größere Tiefe erforderlich gemacht (Screenshots von Microsoft™ Office Word).

mit der neueren Lösung ist. Dieser Frage sind McGrenere und Moore [2000] nachgegangen: sie haben in einer Studie mit 53 Teilnehmern herausgefunden, dass nur 3,3 % der Funktionen von MICROSOFT WORD, OFFICE 97 von den meisten Benutzern (3/4 aller Befragten) regelmäßig benutzt werden; etwa 8% der Funktionen werden von den meisten Benutzern zumindest von Zeit zu Zeit benutzt. Selbst wenn man nicht die Mehrheit der Benutzer zugrunde legt, sondern alle Funktionen zur Verfügung stellt, die zumindest von 1/4 der Benutzer von Zeit zu Zeit benutzt wird, zeigt sich, dass 44 % der angebotenen Funktionen nicht genutzt werden. Diese Aussage bezog sich auf die Version von 1997; der Anteil der extrem selten genutzten Funktionen ist seitdem wahrscheinlich stark gestiegen.

Auf die Frage, ob sich die Benutzer von der Vielzahl der Funktionen überfordert fühlen, haben 27,5 % mit „Ja“ geantwortet; 33,3 % mit „Nein“. Kritischer ist, dass 58,5 % der Aussage, „Es ist schwer, die benötigten Funktionen zu finden, es sei denn, man benutzt sie sehr oft“ zustimmen. Noch deutlicher ist, dass nur 20,8 % der Aussage widersprechen „Es ist frustrierend, sich durch unbekannte Funktionen durchzusuchen" (62,3 % haben der Aussage zugestimmt). Im Englischen gibt es den Begriff „bloated", um technische Systeme mit einer überbordenden Funktionalität zu kennzeichnen. Die getesteten Office-Programme, so zeigen die Autoren eindrucksvoll anhand objektiv erfasster Werte und subjektiver Einschätzungen, sind „bloated". In neueren Versionen der Software existieren bessere Konzepte, um die gewachsene Funktionalität beherrschbar zu machen.

Als Variante, die Bedienung großer Menüsysteme zu erleichtern, ist das Ausklappen längerer Menüs anzusehen, bei denen zunächst nur ein Teil des Menüs mit den wichtigsten Funktionen dargestellt ist und erst beim Überfahren eines entsprechenden Eintrags am unteren Rand das gesamte Menü eingeblendet wird. Allerdings hat diese Variante auch den Nachteil, dass gerade Anfänger evtl. eine Funktion suchen und diese nicht finden, weil ihnen nicht bewusst ist, dass zunächst nur ein Teil der angebotenen Menüeinträge dargestellt ist. Insofern ist verständlich, dass diese Variante – vor einigen Jahren relativ weit verbreitet – selten verwendet wird.

MICROSOFT selbst hat das RIBBON-Konzept weiterentwickelt und in den neuesten Versionen ihrer Software vermarktet. Damit werden herkömmliche Pulldown-Menüs abgelöst.[2] Dabei handelt es sich um eine hybride Interaktionsform, bei der Aspekte der Interaktion mit Toolbars, Dialogen und Menüs kombiniert werden (siehe Abb. 6.3, S. 221). Ribbons werden in Abschn. 10.4.3 illustriert und erläutert.

9.2.3 Einfache und effiziente Nutzung von Menüs

Die konkrete Gestaltung von Menüs beeinflusst einerseits die Erlernbarkeit und die Behaltensleistung sowie andererseits die Effizienz bei der Benutzung. Neben den bereits diskutierten Aspekten einer aus Benutzersicht aussagekräftigen Benennung und Strukturierung spielt die Einhaltung von Konventionen eine wichtige Rolle. In Bezug auf die Effizienz sind vor allem Tastaturkürzel wesentlich. Außerdem kann die Reihenfolge der Menüeinträge an die Häufigkeit der Selektion angepasst werden. Diese Aspekte werden in den folgenden Unterabschnitten erläutert.

9.2.3.1 Einhalten von Konventionen

Bei der Zuordnung von Menüeinträgen zu Oberbegriffen und bei der Anordnung von Menüeinträgen ist die Einhaltung von verbreiteten Konventionen wichtig, um Konsistenz über die Grenzen eines Programms zu ermöglichen. Ein Datei-Menü, das alle Operationen zum Öffnen, Exportieren, Importieren und Speichern einer Datei enthält, ist jeweils links angeordnet. Ein Bearbeiten-Menü wird jeweils rechts davon in der Menüleiste angeordnet und sollte zumindest die Einträge zur Arbeit mit der Zwischenablage (Kopieren, Ausschneiden, Einfügen, ...) enthalten. Ein Ansicht-Menü, in dem mindestens die Darstellungsgröße skaliert werden kann, hat ebenfalls

[2] Als deutsche Übersetzung ist Multifunktionsleiste üblich.

eine feste Position rechts vom Bearbeiten-Menü. Hilfefunktionen sind am rechten Rand der Menüleiste zu finden. Zu den wenigen – überall vorkommenden – Funktionen, die keinen „festen Platz" haben, zählen die Optionen, mit denen der Benutzer die Benutzungsschnittstelle konfigurieren kann. Dies führt leider oft dazu, dass diese wichtige Funktion aufwändig gesucht werden muss.

9.2.3.2 Beschleunigung durch Tastaturkürzel

Wie mehrfach angesprochen, werden Bedienelemente bzw. Kommandos nicht in gleicher Häufigkeit benutzt, sondern einige Bedienelemente werden viel öfter benutzt als andere. Dies trifft auch auf Menüeinträge zu und daher kann die Interaktion mit Menüs durch Tastaturkürzel, die den jeweiligen Menüeintrag aktivieren, wesentlich beschleunigt werden. Dabei kann ein Menüeintrag auch dann aktiviert werden, wenn das entsprechende Menü gar nicht sichtbar ist, und es können eventuell mehrere Interaktionsschritte eingespart werden. Im Unterschied zu dem History-Mechanismus, der für Kommandosprachen diskutiert wurde (Abschn. 9.1.1), sind Tastaturkürzel vorgegeben – berücksichtigen also nicht die individuelle Häufigkeit, mit der Menüeinträge verwendet werden. Teilweise kann der Benutzer Tastaturkürzel selbst definieren; er muss dann aber vorhersehen, wie oft er einen Menüeintrag nutzen wird, um abzuschätzen, ob das Tastaturkürzel lohnend ist. Diese Abschätzung ist ähnlich zu der Frage, ob ein Bookmark auf eine Webseite gesetzt werden soll.

Das Tastaturkürzel sollte jeweils direkt hinter dem Menüeintrag stehen, damit der Benutzer auf das Kürzel aufmerksam wird. Eine Schwierigkeit besteht darin, dass Tastaturkürzel über viele Applikationen hinweg nicht einheitlich verwendet werden. In Webbrowsern wird mit Ctrl+D ein Lesezeichen hinzugefügt, während in MICROSOFT WORD dieses Kürzel den Format-Zeichen-Dialog öffnet. Zumindest sollte man sich bemühen, gängige Tastaturkürzel, wie Ctrl+S für das Speichern von Daten so zu verwenden, wie dies üblich ist.

Häufig werden Tastaturkürzel verwendet, die aus drei Bestandteilen bestehen (z.B. Ctrl+Num+ „-") – der Aufwand zum Erlernen derartiger Kürzel ist sehr hoch und sie sind zudem schwer zu aktivieren. Gute menüorientierte Systeme erlauben es dem Benutzer, häufig benutzten Kommandos Tastaturkürzel zuzuordnen. Tastaturkürzel aus vier Bestandteilen (Abb. 9.7) sollten unbedingt vermieden werden. Neben den Schwierigkeiten, derart lange Kürzel zu nutzen, verursacht ihre Darstellung im Menü erhebliche Layoutprobleme. Wendet man das Prinzip der Konzentration auf wichtige Interaktionen (vgl. Kapitel 6) auf die Gestaltung von Menüs an, so sollten die am häufigsten benutzten Kommandos beim Ausklappen eines Menüpunktes aus dem Hauptmenü erreichbar sein. Außerdem sollte ein kurzes und einprägsames Tastaturkürzel dafür vorgesehen sein, z.B. eine Funktionstaste. Kritische Funktionen, wie das Löschen von Daten, sollten nicht ohne Nachfrage mit einem Tastaturkürzel aktivierbar sein.

9.2.3.3 Modifikation und Split-Menüs

Viel diskutiert wurde die dynamische Modifikation von langen Menüs (> 10 Einträge) in der Weise, dass die Position von Menüeinträgen automatisch an die Häufigkeit der Verwendung angepasst wird [Sears und Shneiderman, 1994]. Dies erscheint sinnvoll, denn die Selektion eines Menüeintrags, der sehr weit oben steht, erfordert nur eine kurze Bewegung mit der Maus und ist daher schneller als die Selektion eines weiter unten stehenden Eintrags. Dies führte zu der Empfehlung, Menüeinträge nach Häufigkeit der Benutzung anzuordnen und ggf. bei verändertem Nutzungsverhalten die Anordnung anzupassen. Allerdings wird der prinzipielle Vorteil der schnelleren Selektion oft dadurch kompensiert, dass der Benutzer durch diese Adaptation überrascht wird und sich neu orientieren muss, sodass eine dynamische Modifikation generell nicht empfehlenswert ist [Johnson, 2000].

Sears und Shneiderman [1994] haben eine Variante konzipiert, die die Vorteile eines traditionellen Menüs mit denen einer Anordnung auf Basis des Nutzungsverhaltens verbindet. Das „Split-Menü" wird geteilt in einen oberen Bereich mit wenigen sehr häufig benutzten Einträgen. Dieser wird durch einen Separator von dem unten angeordneten – traditionell organisierten Menü – abgetrennt. Bei dieser Variante ist für den Benutzer leicht erkennbar, welche Bereiche sich tatsächlich ändern. Alle anderen sind in der gewohnten Weise dargestellt. Dieses Prinzip ist übertragbar auf andere Formen der Auswahl von Optionen oder Kommandos; so wird in Abschn. 10.1.2.3 gezeigt, dass die Auswahl in Listen ebenfalls von diesem Prinzip profitieren kann. Sears und Shneiderman [1994] haben Richtlinien aufgestellt, die Hinweise geben, *wie* und in welchen Fällen Split-Menüs genutzt werden sollten.

Zusammenfassung: Pull-Down-Menüs. Zusammenfassend lassen sich folgende Empfehlungen festhalten:

- die Benennung und Anordnung von Menüeinträgen soll sich an Konventionen orientieren,
- für Einträge, deren Benennung sich nicht aus Konventionen ergibt, sind vertraute Begriffe aus der Welt der Benutzer zu wählen,
- häufig benötigte Kommandos sollten auf der obersten Menüebene verfügbar sein,
- Benennung und Strukturierung von Menüs sollte mit Benutzern evaluiert werden, z.B. mittels Card Sorting,
- für lange Menüs können Split-Menüs genutzt werden,
- Tastaturkürzel sollten konsistent (auch zu anderen Programmen) verwenden,
- Kürzel aus einem Zeichen sollten für häufig benötigte Kommandos genutzt werden und
- es sollten keine Kürzel verwendet werden, die aus mehr als zwei Tasten bestehen.

9.2.4 Popup-Menüs

Während Pulldown-Menüs global für eine Anwendung sind, ist es bei stark strukturierten, grafischen Benutzungsoberflächen sinnvoll, wenn zusätzlich lokale Menüs vorhanden sind, die beim „Überfahren" eines bestimmten Bereichs der Oberfläche aktiviert werden können. Diese Popup-Menüs werden mit einer bestimmten Maustaste (oft mit der rechten) aktiviert und erscheinen an der Position, an der die Maus betätigt wurde. Die Selektion von Kommandos in Popup-Menüs ist sehr schnell, da der Mauscursor sich in unmittelbarer Nähe befindet (eine Abschätzung der Selektionszeiten wäre wiederum mit Fitts' Law möglich.)

Im Unterschied zur Arbeit mit Pulldown-Menüs muss der Benutzer die fixierte Region des Bildschirms nicht verlassen; in der Regel muss er seinen Blickwinkel nur minimal ändern, um die Menüeinträge zu lesen und den gewünschten Eintrag zu selektieren. Sowohl der Aufwand zur Platzierung des Zeigegerätes als auch der kognitive Aufwand, der mit der Fixation eines anderen Bildschirmbereiches verbunden ist, ist dabei geringer.

Man unterscheidet kontextabhängige, *explizite* Popup-Menüs, die die möglichen Bedienhandlungen für das selektierte Objekt anbieten, und *implizite* Popup-Menüs, die unabhängig von der Selektion eines Objekts sind [Preece et al., 1994]. So wie bei Pulldown-Menüs ist eine Strukturierung der Einträge durch Linien und die Aktivierung von Dialogen möglich. Die Abbildungen 9.9 und 9.10 zeigen Beispiele.

Relation zwischen Popup-Menüs und Pulldown-Menüs. In der Regel kann man mittels Popup-Menüs eine Teilmenge der Kommandos aktivieren, die in Pulldown-Menüs zur Verfügung gestellt werden. Entscheidend für das Erlernen dieser Kommandos ist, dass die Namen der Kommandos; in Popup- und Pulldown-Menüs und die Anordnung der Einträge exakt übereinstimmen. Popup-Menüs können andere Formen der Benutzerinteraktion, insbesondere Pulldown-Menüs, nicht ersetzen.

Popup-Menüs sind für Anfänger problematisch, weil sie nicht sichtbar sind. Es ist daher unklar, an welchen Teilen der Oberfläche ein Popup-Menü erscheinen wird und welche Bedienhandlungen damit möglich sind. Daher ist es wichtig, dass die Aktivierung von Popup-Menüs einheitlich erfolgt (z.B. Aktivierung mit der rechten Maustaste unter MICROSOFT WINDOWS XP bzw. WINDOWS VISTA). Außerdem sollten die im Popup-Menü möglichen Aktionen auch anderweitig erreichbar sein.

9.2.5 Kreisförmige Menüs

Das vorherrschende Aussehen von Menüs mit achsenparallel angeordneten Menüeinträgen ist nicht ohne Alternative. Insbesondere kreisförmige Menüs *(Pie Menüs)* sind in Bezug auf die Zeit zur Selektion eines Eintrags überlegen. Bei Kreismenüs sind alle Einträge gleich weit vom Mittelpunkt entfernt und man kann mit einer Fitts'-Law-Analyse zeigen, dass die kürzeren Selektionswege zu kürzeren Selektionszeiten führen. Hinzu kommt, dass es leichter ist, sich eine Richtung zu merken

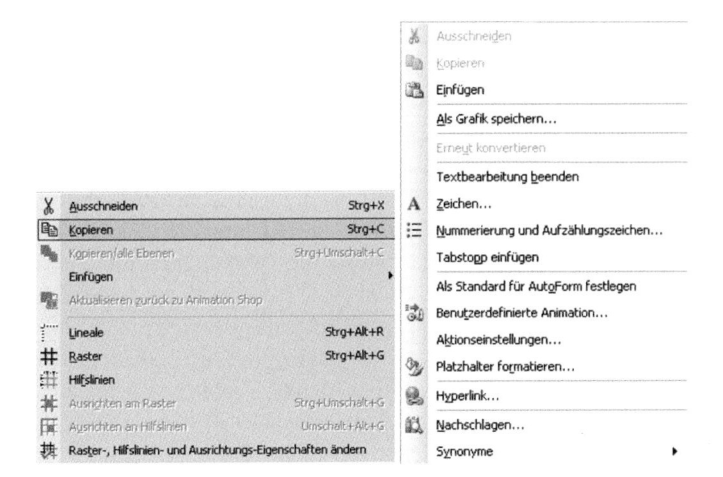

Abb. 9.9: Bei der Gestaltung von Popup-Menüs gibt es die gleichen Freiheitsgrade wie bei Pulldown-Menüs: Icons können die Namen ergänzen, Shortcuts werden rechts dargestellt. Einzelne Einträge sind inaktiv und auch eine hierarchische Strukturierung ist möglich. In den beiden Beispielen ist der Bereich für die Icons farblich abgesetzt – eine mittlerweile typische Variante (Screenshots von Jasc™ PaintShop bzw. Microsoft™ Office Powerpoint).

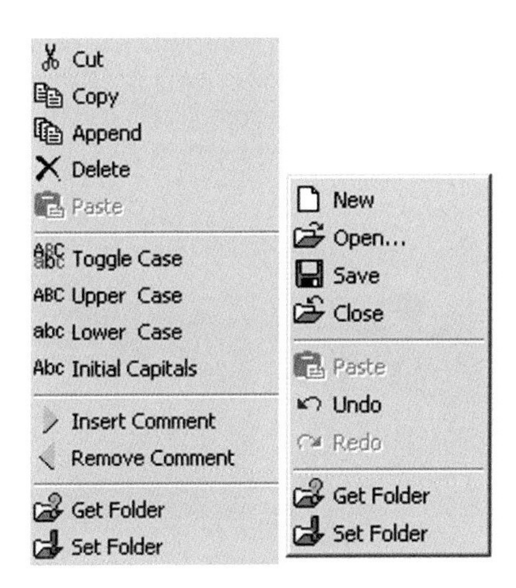

Abb. 9.10: Kontextabhängige Popup-Menüs. Die beiden dargestellten Popup-Menüs zeigen, wie sehr sich die zur Verfügung stehenden Optionen eines Texteditors dahingehend unterscheiden, ob eine aktuelle Auswahl existiert (links) oder nicht (rechts). Alle Optionen sind sowohl textuell als auch durch ein Icon repräsentiert (Screenshots von WinEdt™).

(der Eintrag in Richtung Nordost) als eine Position (der sechste Eintrag). Kreisförmige Menüs wurden von Callahan [1988] eingeführt und in einer empirischen Untersuchung mit linearen Menüs verglichen.

Bei der Erstellung eines kreisförmigen Menüs werden die Menüeinträge auf einer Ebene in Kreissegmenten angeordnet (siehe Abb. 9.11). Die Schnelligkeit der Selektion wird mit dem Nachteil erkauft, dass ein größerer Bildschirmbereich benötigt wird, um die gleiche Menge an Menüeinträgen in der gleichen Fontgröße zu präsentieren. Kreisförmige Bereiche sind für die Textpräsentation schlechter geeignet als rechteckige Bereiche. Insofern ist Abb. 9.11 durchaus typisch; hier besteht das Menü ausschließlich aus (platzsparenden) Icons. Diese Form der Interaktion ist allerdings nur für professionelle Anwender sinnvoll, da die Bedeutung der Menüeinträge gelernt werden muss. Kreisförmige Menüs werden vermehrt auf Webseiten bzw. beim Entwurf visueller Schnittstellen verwendet.

9.2.6 Marking Menus

Kreisförmige Menüs haben relativ selten kommerzielle Anwendung gefunden. Dafür wurde eine Variante von Menüs entwickelt, die die schnelle Selektion einer Richtung mit der Textanzeige in Rechtecken kombiniert – die so genannten *Marking Menus*. Bei diesen Menüs rotiert der Benutzer einen Zeiger und der in dieser Richtung liegende Menüeintrag wird jeweils selektiert. Wie bei einem herkömmlichen Menü führt erst das Loslassen des Zeigegerätes zur Aktivierung der entsprechenden Aktion. Marking Menus wurden von Kurtenbach und Buxton [1993] eingeführt und werden im Modellierwerkzeug MAYA von ALIAS SYSTEMS CORPORATION eingesetzt (Abb. 9.12).

Abb. 9.11: In speziellen Anwendungen, z.B. für geometrisches Modellieren und Skizzieren, werden kreisförmige Marking Menus eingesetzt. Die Menüeinträge sind über Icons repräsentiert – sie dienen der Farbauswahl (links) bzw. der Auswahl eines Zeichenstiftes (rechts) (Screenshots von Alias™ Sketchbook).

Die Größe und Position der Menüeinträge ist so gewählt, dass eine symmetrische Anordnung entsteht. Wichtige Menüeinträge sollten direkt in den orthogonalen

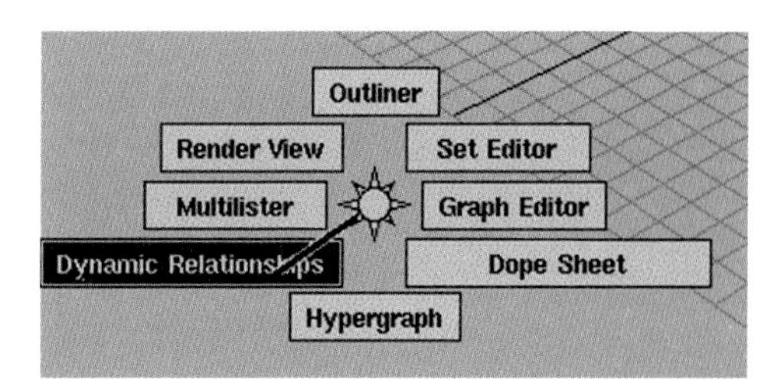

Abb. 9.12: Selektion in *Marking Menus* (Screenshot von Maya™).

Richtungen platziert werden, da diese besonders schnell selektiert werden können. Die Konfiguration und Erstellung solcher Menüs durch den Benutzer ist ebenfalls möglich. Das Einblenden eines Untermenüs wird so realisiert, dass ein neues Marking Menu kreiert wird (und nicht eine weitere Schale um das bisherige Menü gelegt wird). Dieses neue Marking Menu wird neben dem selektierten Eintrag platziert, wobei es direkt unter dem Eintrag steht, sodass offensichtlich wird, wie die beiden Menüs zusammenhängen.

Beschleunigung der Interaktion über Gesten. Einträge aus Marking Menus können auch genutzt werden, indem nach dem Drücken der rechten Maustaste unmittelbar eine Bewegung in die entsprechende Richtung ausgeführt wird – es muss nicht gewartet werden, bis das Menü erscheint. Diese Beschleunigung ist für professionelle Benutzer gedacht, die einige Funktionen sehr häufig benutzen. Diese Interaktionstechnik wird schneller erlernt als die herkömmliche Beschleunigung über Funktionstasten [Kurtenbach und Buxton, 1993]. Dies liegt daran, dass die „normale" Selektion über die gleiche Bewegung mit einem Zeigegerät erfolgt wie die beschleunigte Sektion, bei der das Einblenden nicht abgewartet wird. Der dadurch erreichte Geschwindigkeitsvorteil ist erheblich (Kurtenbach und Buxton [1993].

Zusatzinformation: Marking Menus. Die Entwicklung von Marking Menus hat sich in den letzten Jahren weiter fortgesetzt. Dabei wurde mit ausgefeilten Gesten experimentiert, bei denen die Benutzer das Zeigegerät jeweils abgesetzt und wieder aufgesetzt haben, um in einer tieferen Menüebene zu wählen. Auf diese Weise konnte auch in Menüs der Tiefe drei (maximal 512 Einträge) schnell und genau selektiert werden [Zhao und Balakrishnan, 2004]. Wie diese Menüeinträge angeordnet werden sollten, ist ebenfalls intensiv untersucht worden – eine zeilenweise Anordnung hat sich als vorteilhaft erwiesen (siehe Abbildung 9.13). Allerdings war auch damit die Zahl der Menüeinträge in einer Ebene immer noch auf 8 begrenzt (Benutzer machen deutlich mehr Fehler, wenn sie aus einer größeren Zahl an Richtungen schnell eine selektieren sollen). Zhao et al. [2006] haben neben der Orientierung eines Striches auch die aktuelle Position ausgewertet. Dadurch war es möglich, (deutlich) mehr als acht Einträge in einem Menü sicher zu selektieren.

9.2.7 Transparente Menüs

Die Nutzung transparenter Bedienelemente wird gegenwärtig stark diskutiert. Dabei geht es darum, den Platz effizient zu nutzen, aber auch darum, die Trennung zwischen Bedienelementen und Anwendung zu verringern. Ein Beispiel dafür ist die Nutzung semi-transparenter Popup-Menüs, die dadurch motiviert ist, dass diese Menüs einen erheblichen Teil der Anwendung verdecken und damit die Interaktion erschweren. Semi-transparente Menüs ermöglichen es, durch die Menüs hindurch zu schauen [Harrison und Vicente, 1996]. Allerdings ist dieser Durchblick oft mit einer etwas schlechteren Lesbarkeit der Menüeinträge erkauft. Grundsätzlich sind die Vor- und Nachteile von Transparenz dabei ähnlich zu der Situation bei Toolbars (vgl. Abschn. 8.7). Generell ist eine semi-transparente Überlagerung von Text nicht empfehlenswert – günstiger ist die Situation bei der Überlagerung von Grafiken.

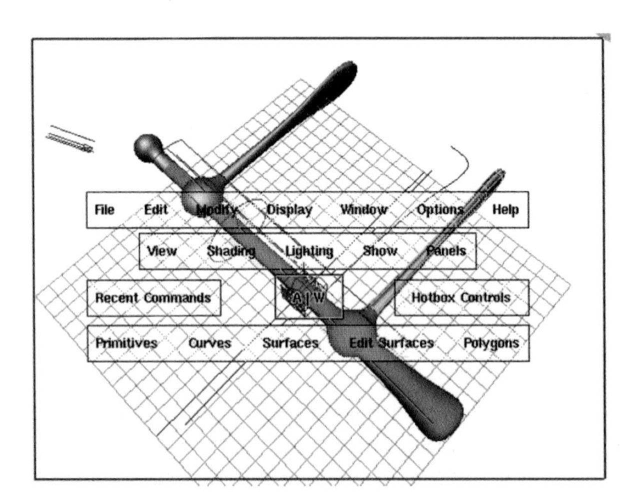

Abb. 9.13: Vollständig transparente Marking Menus in Maya™. Die Selektion der Einträge führt jeweils zum Einblenden von Untermenüs bzw. Dialogen, die ihrerseits transparent sind.

Transparente Menüs werden auch in kommerziellen Systemen eingesetzt. So bietet das Modellierwerkzeug MAYA von ALIAS SYSTEMS CORPORATION transparente Menüs an, wobei der Benutzer den Transparenzwert beliebig steuern kann

(Abb. 9.13). Interessant ist auch, dass das Menü horizontal angeordnet ist und damit einem Pulldown-Menü ähnelt.

9.2.8 Akustische Menüs

Menüs sind normalerweise Bestandteile grafischer Benutzungsoberflächen. In der MCI spielen aber auch akustische Menüs eine wachsende Rolle. Diese werden beim Telefonbanking und im Rahmen von Call Centern genutzt, wo insbesondere große Firmen Anrufe von Computern annehmen und weiterleiten lassen. Dem Benutzer werden dabei jeweils Menüeinträge vorgelesen, wobei er durch Drücken einer Taste auf dem Telefon eine Auswahl treffen kann. Beim Telefonbanking ist die folgende Auswahl typisch: „Für Kontostandsabfrage drücken Sie 1, für Überweisungen drücken Sie 2, zur Kartensperre drücken Sie 3, ...“. Die Gestaltung der Optionen ist günstig; sie beginnt jeweils mit der Nennung des Ziels. Die notwendige Option folgt darauf, sodass es leicht fällt, sich die richtige Option zu merken, weil die Optionen, die zu irrelevanten Zielen gehören, einfach überhört werden können [Maguire, 1999]. Wichtig ist auch, dass die Ansage der Optionen durch eine Eingabe unterbrochen werden kann. Dadurch wird Zeit gespart und der Benutzer muss sich die für ihn relevante Option nicht länger als nötig merken.

Akustische Menüs können auch eingesetzt werden, um einen blinden Benutzer an einem PC zu unterstützen. Friedlander et al. [1998] beschreiben, wie herkömmliche Menüs in akustische Menüs umgewandelt werden und wie effizient Benutzer mit diesen gesprochenen Menüeinträgen umgehen können. Generell muss die Zahl der Optionen bei akustischen Menüs kleiner sein als bei klassischen Pulldown-Menüs, da der Benutzer zuerst alle Einträge hören muss, ehe er eine Auswahl treffen kann. Zudem muss er sich die Einträge merken können – die im Abschn. 2.1.1 diskutierten Begrenzungen des Arbeitsgedächtnisses sind hier also unmittelbar relevant. Da der Benutzer die Menüeinträge sequenziell hört, ist die Reihenfolge besonders wichtig. Dass die am häufigsten benötigten Optionen zuerst genannt werden, beschleunigt die Interaktion, wenn es möglich ist, das Vorlesen der Optionen durch Auswahl einer Option abzubrechen.

Daher sind die Aussagen zur Breite und Tiefe von Menüs für akustische Varianten *nicht* anwendbar; hier sind tiefere Menüs mit wenigen Optionen vorzuziehen, um das Arbeitsgedächtnis nicht zu überlasten. Die gängige Empfehlung besteht darin, nicht mehr als drei Einträge zu verwenden [Pelton, 1989]. Günstig ist es, wenn es generell die Möglichkeit gibt, die aktuellen Optionen noch einmal ansagen zu lassen. Eine gute Übersicht über akustische Interaktion, akustische Menüs und Grenzen der kognitiven Verarbeitung findet sich in [Huguenard et al., 1997].

9.3 Das WYSIWYG-Prinzip

Das WYSIWYG-Prinzip (*What you see is what you get*) wurde bereits im Zusammenhang mit der Entwicklung des XEROX STAR (Abschn. 5.3) eingeführt und besagt, dass Benutzereingaben so dargestellt werden, wie sie bei einer Ausgabe auf einem Drucker erscheinen würden. Die Bildschirmausgabe sieht dadurch vertraut aus; sie ist nicht mit Steuerzeichen durchsetzt. Insofern ist die Abbildung der Denkweise des Benutzers auf die Repräsentation der Software direkt und einfach oder – um es in der Theorie von NORMAN zu sagen – der *Gulf of Execution* ist gering (Abschn. 4.5). Das WYSIWYG-Prinzip ist vor allem bei Textverarbeitungs- und Grafikprogrammen wichtig, da es mit einem geringen Lernaufwand verbunden ist.

WYSIWYG verlangt eine sofortige Reaktion des Rechners; die Eingaben des Benutzers müssen dazu auf der atomaren Ebene von Zeichen interpretiert werden. Dies hat gegenüber Nicht-WYSIWYG-Systemen den Vorteil, dass Fehler – wenn sie vom System entdeckt werden können – sofort offensichtlich sind. Das Ergebnis des Versuchs, ein Dokument oder einen Querverweis einzufügen, ist unmittelbar ersichtlich und nicht erst nach einem späteren Übersetzungsvorgang. Außerdem ist ein Dokument übersichtlicher und besser lesbar, wenn die Überschriften klar hervortreten und der Text nicht durch Steuerzeichen unterbrochen ist. Neben den genannten Vorteilen ist das WYSIWYG-Prinzip mit folgenden Problemen verbunden:

1. *Keine exakte Übereinstimmung zwischen Bildschirmausgabe und Ausdruck.* Aufgrund unterschiedlicher Charakteristika der physischen Geräte ist eine exakte Übereinstimmung nicht möglich (Unterschiede in der Auflösung und der Farbwiedergabe). So muss z.B. für eine hochwertige Ausgabe von farbigen Grafiken eine aufwändige Kalibrierung vorgenommen werden.
2. *Überbetonung des Grafischen.* Sowohl für Textverarbeitung als auch für Präsentationen und Grafiken im großen Umfang sind Formatvorlagen und Strukturen wichtig. Nicht-WYSIWYG-Systeme wie LaTeX werden bei diesen Anwendungen oft bevorzugt, da ein lesbares Textformat vorliegt, in dem z.B. Querverweise repräsentiert sind. Die Beschreibung der Struktur (Kapitel, Abschnitte) erfolgt bei WYSIWYG-Systemen implizit, z.B. durch manuelle Formatierung und Nummerierung. Die explizite Repräsentation ist wesentlich günstiger, wenn umfangreiche Änderungen anstehen, z.B. eine andere Formatierung gewählt werden soll oder Abschnitte eingefügt werden sollen. WYSIWYG verleitet also zu unstrukturiertem Arbeiten, was in großen Dokumenten häufig zu erheblichen Problemen führt.

Grundsätzlich kann ein und dasselbe visuelle Resultat auf verschiedene Weise erzeugt werden und diese Mehrdeutigkeit führt oft zu Problemen. Die WYSIWYG-Ansicht sollte also nur eine von mehreren Sichten auf ein Dokument sein. Die WYSIWYG-Ansicht kann durch die Anzeige von Formatinformationen, z.B. am Seitenrand, „angereichert" werden. Zusätzlich sind andere Sichten, z.B. eine Gliederungsansicht auf die Überschriftenstruktur eines Dokuments, sinnvoll. Ähnliches gilt für Grafikprogramme, in denen Objekte klassifiziert werden. So können z.B.

Gasleitungen und Telefonleitungen zu unterschiedlichen Schichten in einem CAD-Modell gehören. Bei der Konstruktion eines Motors ergibt sich eine hierarchische Struktur der Bauteile – die Zusammenbauhierarchie. Dedizierte Ansichten für diese Informationen erleichtern eine strukturorientierte Visualisierung und darauf aufbauende Interaktionen. So ist das Löschen eines 20-seitigen Kapitels durch Selektion der betreffenden Textabschnitte in einer WYSIWYG-Ansicht äußerst mühsam, das Löschen der Kapitelüberschrift in der Gliederungsansicht dagegen einfach. Wie in Abschn. 8.5 diskutiert wurde, ist es in vielen Fällen sinnvoll, Strukturdarstellung und WYSIWYG-Darstellung gemeinsam zu präsentieren. Die Ansichten müssen dabei so koordiniert werden, dass sich Veränderungen unmittelbar in allen Ansichten auswirken. Das WYSIWYG-Prinzip ist streng genommen kein Interaktionsstil sondern eine reine Visualisierung. WYSIWYG-Ansichten können auch über sprachliche Kommandos manipuliert werden. Typisch ist allerdings die Verknüpfung mit der „Direkten Manipulation".

9.4 Direkte Manipulation

Die direkte Manipulation basiert auf geeigneten grafischen Repräsentationen, so wie sie in Abschn. 8.9 erläutert wurden. Dabei wird eine grafische Darstellung des zu bearbeitenden Objekts mit einem Zeigegerät manipuliert, wobei die Veränderung sofort am Bildschirm sichtbar gemacht wird. Diese Vorgehensweise wird mit dem Begriff „direktmanipulative Benutzungsschnittstelle" bezeichnet und hat sich seitdem schnell verbreitet, u.a. im Rahmen der Vermarktung des APPLE MACINTOSH (vgl. Kapitel 5 und [Shneiderman, 1983]).

Definition 9.1. *Direkte Manipulation.* Die Aktivierung von Kommandos orientiert sich am physischen Zeigen und Bewegen. Benutzer selektieren Icons, grafische Repräsentationen, die ihre Daten, Anwendungen oder den Systemzustand darstellen. Das System liefert *unmittelbar* eine klar erkennbare Rückkopplung (z.B. durch Hervorhebung eines selektierten Buttons, Icons oder Menüeintrags).

Die direktmanipulative Handhabung – stark vom Vorbild der Interaktion in der „realen" Welt geprägt – orientiert sich an Fähigkeiten und Fertigkeiten der Benutzer. Gut gestaltete grafische Darstellungen von Objekten legen es nahe, diese zu selektieren. Erfolgreiche Beispiele der direkten Manipulation sind dadurch gekennzeichnet, dass die *Affordances* (vgl. Kapitel 4) korrekt wahrgenommen werden. Das Drag-and-Drop (Ziehen und Fallenlassen auf Symbole) ist dafür ein gelungenes Beispiel. Die direktmanipulative Arbeitsweise ist inkrementell und elementare Interaktionen können leicht rückgängig gemacht werden. Wenn Kommandos direktmanipulativ ausgelöst werden, sind selten fehlerhafte Bedienungen möglich – Fehlermeldungen entfallen damit. Schließlich stehen bei der direkten Manipulation die initiierte Aktion und die dadurch ausgelöste Veränderung der Repräsentation in einem unmittelbar verständlichen Verhältnis (man spricht von *Stimulus-Antwort-Kompatibilität*, siehe Abschn. 4.1).

Evaluierungen zeigen, dass gut gestaltete direktmanipulative Schnittstellen nicht nur die oben genannten objektiven Vorteile aufweisen, sondern auch als angenehm empfunden werden. Shneiderman [1997b] beschreibt, dass Benutzer das Gefühl haben, ein direktmanipulatives System besser zu beherrschen, sie zeigen es gern anderen und nutzen es selbst mit Freude – ein gutes Nutzungserlebnis ist also häufig erreichbar.

Vor- und Nachteile direktmanipulativer Benutzungsschnittstellen. Direktmanipulative Benutzungsschnittstellen bieten große Vorteile (vgl. [Shneiderman und Plaisant, 2009, Shneiderman, 1997b]):

- Es existiert eine grafische Repräsentation der Applikation (Modell), also der Aufgaben und Objekte, die mit der Oberfläche bearbeitet werden sollen. Die Stärke des visuellen Verstehens des Menschen kann ausgenutzt werden; oft trägt die Visualisierung wesentlich zum Verständnis bei.
- Die Bearbeitungsschritte werden durch Manipulation dieser Repräsentationen mittels geeigneter Eingabegeräte durchgeführt.
- Die Assoziation mit bereits bekannten Darstellungen und Metaphern wird unterstützt.
- Das Ergebnis dieser Bearbeitung ist sofort am Bildschirm sichtbar.
- An einmal erlernte Aktionen, die direktmanipulativ durchgeführt werden, kann man sich leicht erinnern.
- Die Oberfläche ist durch die Verwendung eines grafischen Modells relativ sprachunabhängig .
- Es sind keine Schreibfähigkeiten erforderlich, u.a. aus diesem Grund ist diese Interaktion auch für Kinder geeignet.

Aus diesen Gründen ist die direkte Manipulation der vorherrschende Interaktionsstil in modernen Betriebssystemschnittstellen. Dennoch sind damit auch Nachteile verbunden:

- Es entsteht ein hoher Realisierungsaufwand. Teilweise lässt sich dieser durch vorhandene Programmierwerkzeuge bzw. -bibliotheken mit vorgefertigten Elementen deutlich reduzieren.
- Eine schnelle Rückmeldung ist zumindest bei der Manipulation von komplexen visuellen Modellen nicht immer erreichbar. Vor allem bei webbasierten Anwendungen besteht dieses Problem.
- Direktmanipulative Handhabung ist zwar schnell, aber ungenau. Sie muss häufig durch die Möglichkeit exakter numerischer Angaben ergänzt werden.
- Der Platzverbrauch am Bildschirm kann sich erheblich erhöhen. Teilweise nehmen die Symbole so viel Platz ein, dass häufiges Scrollen erforderlich ist (die Darstellung von Dateisystemen mit Icons für jede Datei ist dafür ein Beispiel).
- Es können nur diejenigen Objekte direktmanipulativ gehandhabt werden, die sichtbar sind – bei den immer komplexeren Anwendungen eine erhebliche Einschränkung.
- Direkte Manipulation ist bei komplexen Aktionen langwierig im Vergleich zur Eingabe eines Kommandos. So kann der Befehl *Kopiere alle Dateien aus dem*

aktuellen Verzeichnis, die nicht älter als eine Woche sind – einschließlich der Unterverzeichnisse durch das direktmanipulative Markieren, Anfassen und Fallenlassen nur mühsam umgesetzt werden.
- Für routinierte Benutzer entsteht kein Effizienzgewinn.

Der provozierende Artikel von Gentner und Grudin [1996] „The Anti-Mac Interface" setzt sich kritisch mit der direkten Manipulation auseinander. Dabei werden die Vorzüge der direkten Manipulation nicht bestritten, aber auch erhebliche Nachteile für bestimmte Anwendergruppen und Szenarien diskutiert.

Die Interaktion durch Zeigen und Bewegen ist zwar einfach, aber eben auch primitiv. Menschen benutzen sie untereinander vor allem, wenn sie sich sprachlich nicht verständigen können. Während textuelle Kommandos auf verschiedenen Ebenen möglich sind, sind direktmanipulative Aktionen atomar: z.B. muss jede Datei, die kopiert werden soll, markiert werden. Um große Datenmengen mit einer sprachlich leicht auszudrückenden Charakteristik zu bewegen, ist ein entsprechendes Kommando viel schneller auszuführen. Die Mächtigkeit dessen, was durch direkte Manipulation ausgedrückt werden kann, ist sehr begrenzt. Die Umwandlung einer Menge von Dateien von einem Grafikformat in ein anderes und die Modifikation großer Mengen von Dateinamen sind so nicht zu realisieren.

Direktmanipulative Techniken zur Manipulation von Grafiken. Direktmanipulative Benutzungsschnittstellen finden sich heute in vielen Anwendungsbereichen. Einige typische werden hier vorgestellt. Zunächst wird die direkte Manipulation zur Lösung einfacher Interaktionsaufgaben eingesetzt – zur Erstellung, Selektion und Bewegung von Grafikprimitiven. In diesem Zusammenhang werden verschiedene Interaktionstechniken beschrieben. Dabei wird ausführlich über den wichtigen Aspekt der Rückkopplung diskutiert. Die folgenden Betrachtungen stützen sich insbesondere auf das 8. Kapitel von [Foley et al., 1990] und erläutern die Lösung der folgenden Interaktionsaufgaben:

1. Erstellung von Grafikprimitiven,
2. Selektion von Grafikprimitiven und
3. Transformation von Grafikprimitiven.

Aufbauend auf der Selektion von Objekten können diese bewegt werden. Diese zentralen Aufgaben werden in den Abschnitten 9.4.1 bis 9.4.3 näher erläutert.

9.4.1 Erstellung von Grafikprimitiven

Aus Gründen der Konsistenz und damit der Erlernbarkeit ist man bestrebt, ein gemeinsames Konzept für das Erstellen einfacher Grafikprimitive, wie Linien, gleichseitige Dreiecke und achsenparallele Ellipsen, zu finden. Die Gemeinsamkeit aller Primitive besteht darin, dass sie durch zwei Punkte definiert sind, die das kleinste umschließende achsenparallele Rechteck des Primitivs bilden.

Als einfache Möglichkeit kann man den Benutzer beide Punkte eingeben lassen und danach das Ergebnis anzeigen. Problematisch daran ist, dass die Aktion nicht ausprobiert werden kann, sondern erst nach ihrer Beendigung das Ergebnis betrachtet werden kann und gegebenenfalls die Aktion rückgängig gemacht werden muss. Um erwartungskonformes Verhalten zu erreichen, sollten Benutzer vorhersehen können, wie das Primitiv aussieht. Es müsste also zu jedem Zeitpunkt erkennbar sein, wie das Primitiv aussehen würde, wenn die Aktion durch Loslassen beendet wird. Diese Variante wird durch das *Rubberbanding* (etwa „Gummiband ziehen") realisiert. Die Vorgehensweise beim Rubberbanding ist wie folgt:

1. Benutzer selektiert den Typ des zu erstellenden Primitivs.
2. Benutzer drückt Button des Zeigegerätes und spezifiziert so den ersten Punkt, Rubberbanding beginnt.
3. Cursor wird (bei gedrücktem Button) bewegt, wobei das Primitiv so gezeichnet wird, als wenn der Button an dieser Stelle losgelassen wird.
4. Tatsächliches Loslassen führt zur Erstellung des Primitivs. Der Cursor kontrolliert das Objekt nicht mehr.

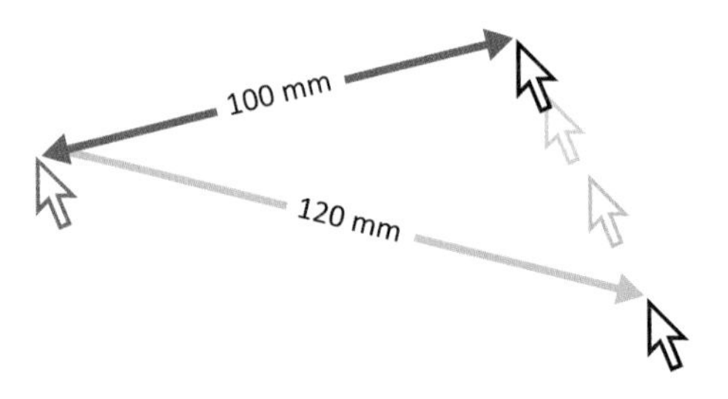

Abb. 9.14: Eine Linie zur Vermessung, z.B. von Konstruktionszeichnungen, wird direkt-manipulativ transformiert. Das Rubberbanding macht jederzeit erkennbar, wie die Linie platziert wird und welches Maß damit verbunden ist.

Abb. 9.14 zeigt ein Beispiel. Diese direktmanipulative Technik wird in den meisten Grafikprogrammen angewendet. Sie wird allerdings durch exakte textuelle Informationen ergänzt. So wird bei der Bewegung des Cursors nicht nur das grafische Objekt aktualisiert, sondern auch eine textuelle Angabe der Koordinaten des Cursors sowie der Parameter des erstellten Objekts dargestellt (z.B. bei einem Kreis die Koordinaten des Mittelpunkts und der Radius).

9.4.2 Selektion von Grafikprimitiven

Die Selektion eines Primitivs ist die Voraussetzung für Manipulationen und geometrische Transformationen. Selektionen laufen nach einem einheitlichen Schema ab [Bowman et al., 2004]:

- Benutzer wählen Objekte für die Selektion aus,
- bestätigen die Selektion und
- werden dabei durch geeignetes visuelles, akustisches oder haptisches Feedback unterstützt.

Die Selektion linienhafter Grafikprimitive, wie Polygone und Text, ist schwierig, da diese schwer exakt zu treffen sind. Daher generiert man häufig maussensitive Bereiche in der Umgebung des Primitivs (Abb. 9.15). Eine einfache Möglichkeit ist, das umschließende Rechteck maussensitiv zu machen, was z.B. bei achsenparallelem Text günstig ist. Bei Primitiven, die sich weniger gut durch ein Rechteck annähern lassen, ist dies allerdings unangemessen. Linien sollten durch Parallelogramme umgeben werden. Wenn er zu groß gewählt ist, steigt die Zahl von Mehrdeutigkeiten durch das Überlappen sensitiver Bereiche. Günstig ist es, wenn sich als Form der Rückkopplung der Mauscursor beim Erreichen eines maussensitiven Bereichs ändert und zusätzlich das zugehörige Primitiv in einen hervorgehobenen Zustand versetzt wird.

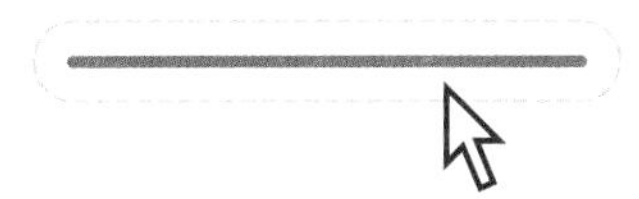

Abb. 9.15: Generierung eines sensitiven Bereichs um eine Linie zur Erleichterung der Selektion.

Diese Hervorhebung kann durch eine textuelle Angabe, z.B. in der Statuszeile, ergänzt werden. Sie enthält eine Beschreibung des selektierten Objekts (z.B. *Linie mit Position (47;83) und Ausdehnung (40; 0) auf Ebene 1*). Die direktmanipulative Selektion grafischer Objekte (oft als *Picking* bezeichnet) ist auf sichtbare Objekte einer bestimmten Größe beschränkt. Bei 3D-Modellen kann ein Objekt weit von der Kamera entfernt sein und dadurch so klein dargestellt werden, dass es kaum selektiert werden kann. Die Selektion wird gänzlich unmöglich, wenn das Objekt verdeckt ist oder sich gar vollständig im Inneren eines größeren Objekts, z.B. eines Motorgehäuses, befindet. In diesen Fällen ist nur eine Selektion über den Namen oder Typ des Objekts möglich, wobei dann idealerweise das selektierte Objekt in der Geometrieansicht automatisch sichtbar gemacht wird.

Hierarchische Selektion. Grafikprimitive in komplexen Zeichnungen bzw. 3D-Modellen sind teilweise so strukturiert, dass einzelne Objekte völlig inmitten anderer eingebettet sind. Damit sind auch die maussensitiven Bereiche eines enthaltenen Objekts ein Teilbereich eines größeren Objekts (siehe Abb. 9.16). Dies wirft die Frage auf, wie diese Objekte selektiert werden sollen.

Eine Variante besteht darin, dass ein Mausklick immer dem kleinsten Objekt zugeordnet wird, zu dessen Bereich es gehört. Damit können sowohl die kleinen inneren Objekte als auch die umschließenden Objekte selektiert werden. Der maussensitive Bereich des umschließenden Objekts ist dann die Differenz aus dem eigenen maussensitiven Bereich und den maussensitiven Bereichen der enthaltenen Objekte. Die Selektion des umschließenden Objekts wird allerdings unmöglich, wenn die Fläche des umschließenden Objekts vollständig in maussensitive Bereiche untergeordneter Bereiche zerlegt wird, z.B. bei einem Tortendiagramm, wo die umschließende Kreisfläche vollständig in Segmente unterteilt wird.

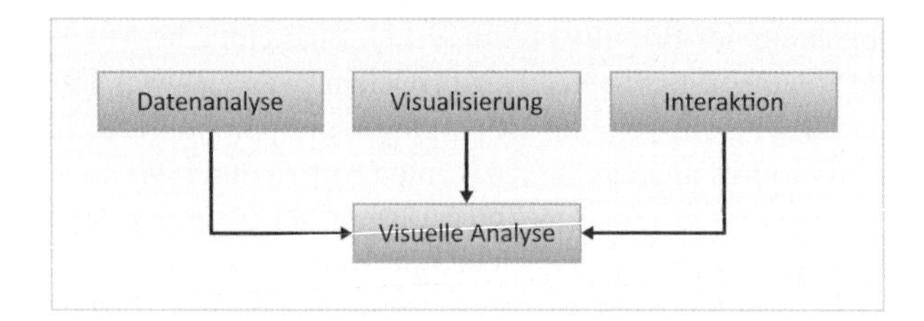

Abb. 9.16: Ein Blockdiagramm, in dem mehrere Objekte in anderen vollständig enthalten sind. Aus den Objekten wird intern eine Trägerhierarchie gebildet. Ein Mausklick wird dabei dem jeweils kleinsten an dieser Stelle befindlichen Objekt zugeordnet.

Günstiger ist daher eine Variante, die auch als *hierarchisches Picken* bezeichnet wird: Dazu wird aus der Enthaltensrelation der maussensitiven Bereiche eine *Trägerhierarchie* gebildet, wobei an der Spitze Objekte stehen, die andere vollständig enthalten. Ein Mausklick wird zunächst wiederum dem kleinsten enthaltenen Objekt zugeordnet. Ein darauffolgender Mausklick wird dem umschließenden Objekt zugeordnet und ein eventuell folgender Mausklick einem in der Trägerhierarchie noch weiter oben befindlichen Objekt. Eine vergleichbare hierarchische Selektion findet man häufig auch in Textverarbeitungsprogrammen, wobei die Hierarchie eines Textes aus Absätzen, Sätzen, Wörtern und Buchstaben genutzt werden kann, um unterschiedlich große Bereiche durch mehrere Mausklicks zu markieren (hier wird oft auch der Dreifachklick ausgewertet).

Rückkopplung bei der Selektion. Bei komplexen Zeichnungen mit einer Vielzahl unregelmäßiger, sich überlappender Objekte ist die Rückkopplung – die visuelle Darstellung des selektierten Objekts – wichtig. Das Einblenden von Griffen entlang des umschließenden Rechtecks, mit denen das Objekt manipuliert werden kann, reicht häufig nicht aus, um zu erkennen, *welches* Objekt getroffen wurde. Im Extremfall können mehrere Objekte exakt das gleiche umschließende Rechteck haben. Daher ist es günstig, wenn das getroffene Objekt zusätzlich eingefärbt oder texturiert wird. Besonders wichtig ist diese Form der Hervorhebung im 3D-Fall.

Mehrfache Selektion. Häufig will man mehrere Objekte selektieren, um eine Operation auf dieser Menge durchzuführen. Dafür sind verschiedene Varianten möglich:

- mehrfache Einzelselektion, wobei ein Modus aktiviert wird, in dem eine solche Mehrfachselektion möglich ist oder
- Bereichsauswahl. Dabei wird ein Bereich markiert, in dem alle darin befindlichen Objekte selektiert werden.

Die Bereichsauswahl wird im eindimensionalen Fall, z.B. in einem Dateimanager, durchgeführt, in dem das erste und letzte Objekt markiert werden. Im 2D-Fall kann dazu ein Rechteck oder ein beliebiges Polygon gezeichnet werden. Allerdings ist es durch „Aufziehen" eines Bereichs oft nicht möglich, genau die interessierenden Objekte, z.B. alle Dateien mit bestimmten Eigenschaften zu selektieren. In solchen Fällen müssen die Objekte einzeln selektiert werden (Abb. 9.17). Ausgesprochen problematisch ist, dass der Benutzer leicht – durch einen versehentlichen Klick – die gesamte Auswahl verliert. Daher wäre es sinnvoll, dass es eine Art „Undo" auch für Selektionen gibt, idealerweise sogar mehrstufig, sodass ein Zurücksetzen zu mehreren „alten" Selektionen möglich ist [Raskin, 2000].

Abb. 9.17: Mehrfachauswahl von Objekten im Dateimanager. Durch einen versehentlichen Klick würde der Benutzer die gesamte Auswahl verlieren.

Oft ist die mehrfache Selektion auf der Strukturebene (Zusammenbauhierarchie der Teile) effektiver. So kann z.B. mit einer Selektion in der Strukturansicht ein Teil mit seiner Unterstruktur selektiert werden. Die Selektion auf der Strukturebene und das Picken in einer Zeichnung können auch kombiniert werden. So kann als Reaktion auf eine Bereichsauswahl ein Popup-Menü eingeblendet werden, in dem die Namen der enthaltenen Objekte stehen, sodass der Benutzer noch eine Auswahl treffen kann. Dadurch kann verhindert werden, dass eine Aktion auf ein Objekt angewendet wird, das nur versehentlich „eingekreist" wurde. Dabei werden zwei Interaktionsstile – die direkte Manipulation und die Menüauswahl – kombiniert. Häufig ist die Selektion aller Objekte erforderlich, z.B. um eine Zeichnung oder einen Text in die Zwischenablage zu kopieren. Obwohl dies prinzipiell auch direktmanipulativ durch Picken aller Objekte möglich ist, sollte es hierfür ein separates Kommando geben, da dessen Benutzung viel effizienter ist. Für die Selektion in 3D-Daten sind vie-

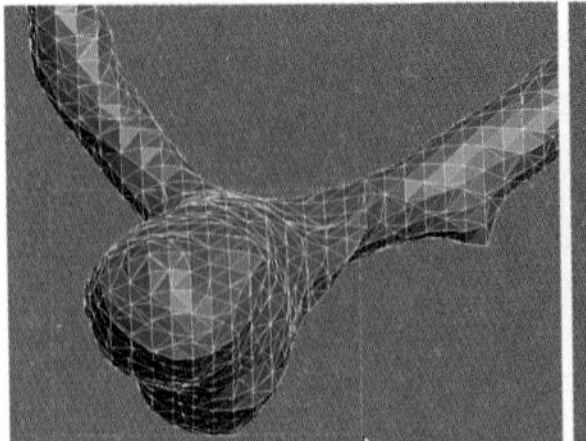
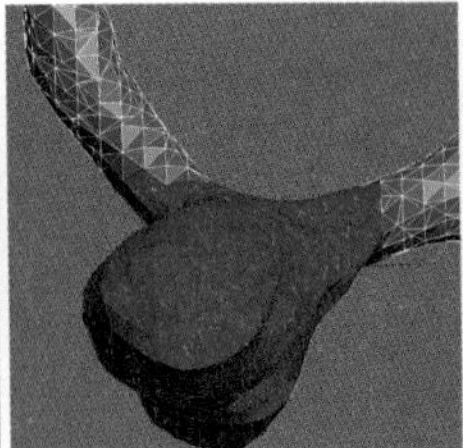
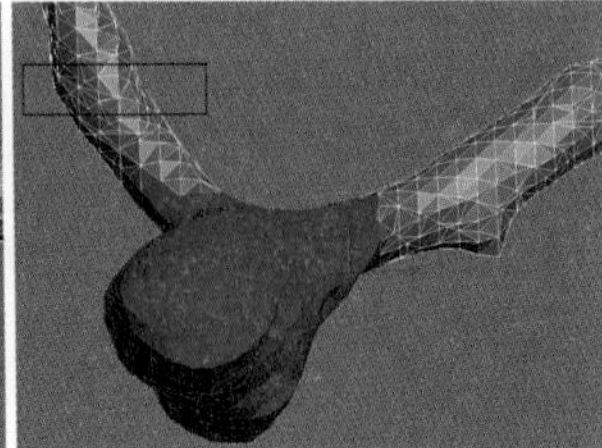

Abb. 9.18: In einem geometrischen Modell wird durch „Aufziehen" eines Rechtecks eine Teilmenge ausgewählt (links). Diese Teilmenge wird farblich hervorgehoben (Mitte). Die Selektion kann durch „Aufziehen" von weiteren Rechtecken (rechts) ergänzt werden (Screenshot von Autodesk™ 3D Studio Max).

le spezielle Techniken entwickelt worden, die auch bei größeren 3D-Modellen mit vielen teils verdeckten Objekten anwendbar sind. Teilweise wird beidhändige Interaktion dabei genutzt. Bowman et al. [2004] gibt einen guten Überblick über diese Selektionstechniken und vergleicht sie in Bezug auf die Präzision und Schnelligkeit der Selektion.

Zusatzinformation: Selektion mittels Flächencursors. Normalerweise wird für die Selektion ein punktförmiger Cursor genutzt – das heißt, die effektive Fläche für eine Selektion ist ein Pixel entsprechend der Position der Cursorspitze. Relativ naheliegend ist die Idee, Selektionen mit Zeigegeräten zu beschleunigen, in dem größere Cursor benutzt werden, sogenannte Flächencursor [Kabbash und Buxton, 1995]. Ursprünglich wurde eine quadratische Form genutzt. Dies hat sich aber als ungünstig erwiesen, da ein Zielobjekt innerhalb der Fläche liegen kann (nahe der Ecken) während ein anderes, näher zum Zentrum liegendes Objekt außerhalb liegt. Die Form eines Kreises ist daher optimal, da alle Zielobjekte, die innerhalb eines Kreises liegen, dem Zentrum tatsächlich näher liegen als die weiter entfernten.

Allerdings ist die Selektion mittels eines Flächencursors auch bei der Kreisform schwierig, wenn relativ viele mögliche Ziele selektiert werden können und diese teilweise nahe beieinander liegen. Dann wird es häufig vorkommen, dass der Flächencursor mehrere Objekte umfasst und es schwer fällt, dass gewünschte Zielobjekt zu selektieren. Als Verbesserung schlagen Grossman und Balakrishnan [2005a] vor, die Größe des Cursors dynamisch zu ändern; sie also davon abhängig zu machen, wie weit der Cursor von unterschiedlichen Zielen entfernt ist. Die konkrete Skalierung erfolgt so, dass jeweils höchstens ein Objekt selektiert ist. Unter dem Namen *Bubble Cursor* ist dieses Konzept bekannt geworden. In mehreren Experimenten, einschließlich solcher mit komplexen Layouts und vielen nahe beieinander liegende Zielen konnte eine Reduktion der Selektionszeiten gegenüber einem Punktcursor von 25-30 % erreicht werden [Grossman und Balakrishnan, 2005a].

Effiziente Implementierung der Selektion. Die Selektion von Objekten erfordert es, dass „errechnet“ wird, welches Objekt von einer Zeige-Aktion getroffen wurde. Ob ein Punkt in einem beliebigen Polygon oder in einem Bereich, der durch Kurven begrenzt ist, liegt, ist schwer zu bestimmen. Bei komplexen Zeichnungen und Diagrammen mit mehreren hundert Objekten kann die Bestimmung des getroffenen Objekts sehr aufwändig werden. Für Rechtecke ist es besonders leicht festzustellen, ob ein gegebener Punkt innerhalb liegt. Daher ist es nützlich, wenn zu jedem Objekt zumindest das umschließende Rechteck (Minima und Maxima der $x-$ bzw. $y-$Koordinaten) gespeichert wird. Auf diese Weise kann schnell entschieden werden, ob ein Punkt außerhalb des umschließenden Rechtecks (und damit garantiert außerhalb des zu testenden Objekts) liegt. Der zeitaufwändige Test muss damit nur stattfinden, wenn die Zeigeaktion zumindest im umschließenden Rechteck liegt. Das Verfahren kann weiter beschleunigt werden, wenn benachbarte Rechtecke zusammengefasst werden, sodass eine Hierarchie entsteht. Dadurch kann möglichst schnell entschieden werden, ob überhaupt ein Objekt getroffen wurde bzw. welche Gruppe von Objekten betroffen wurde. Diese Hierarchie wird entsprechend der Nähe von Objekten berechnet.

9.4.3 Transformationen von Grafikprimitiven

Eine wichtige Interaktionsaufgabe bei Grafiksystemen ist die Transformation eines zuvor selektierten Grafikprimitivs. Dazu zählen Bewegungen, Skalierungen, Scherungen und Rotationen. Bewegungen, die ein Objekt unverändert lassen, stellen die einfachsten Aktionen dar. Bei Skalierungen und Scherungen muss eine Richtung angegeben werden. Bei der Rotation sind Rotationswinkel und ein Rotationszentrum anzugeben.

Die grundlegende Vorgehensweise besteht darin, Widgets zu nutzen, die direkt in die Grafikdarstellung integriert sind. Diese werden sichtbar, wenn eine Transformation ausgeführt werden soll und beinhalten spezielle Griffe (Handles), die jeweils einen Freiheitsgrad der entsprechenden Transformation ermöglichen. In 3D-Grafiken sind diese Widgets dreidimensional; in 2D-Grafiken entsprechend zweidimensional.

Bewegung (Translation). Die Bewegung ist die einfachste Transformation, weil sich die Aktion auf das Objekt als Ganzes bezieht. Sie kann folgendermaßen realisiert werden:

1. Objekt wird durch den Benutzer selektiert und vom System hervorgehoben.
2. Objekt wird bei gedrücktem Button verschoben.
3. Selektion wird aufgehoben, Cursor kontrolliert das Objekt nicht mehr, Hervorhebung wird rückgängig gemacht.

Skalierung. Um ein Objekt zu skalieren, wird es wiederum zunächst selektiert. Zusätzlich werden Griffe (*Handles*) angezeigt, mit denen das Objekt in unterschiedliche Richtungen skaliert werden kann. Ein Handle entspricht einer Manipulationsmöglichkeit, einem Freiheitsgrad (*Degree of Freedom*). Beim Überfahren eines Handles ändert sich die Form des Mauscursors. Die Griffe an den vier Ecken ermöglichen eine Skalierung unter Beibehaltung der Proportionen, während die anderen Griffe für eine Skalierung in einer Richtung (horizontal oder vertikal) verwendet werden (Abb. 9.19).

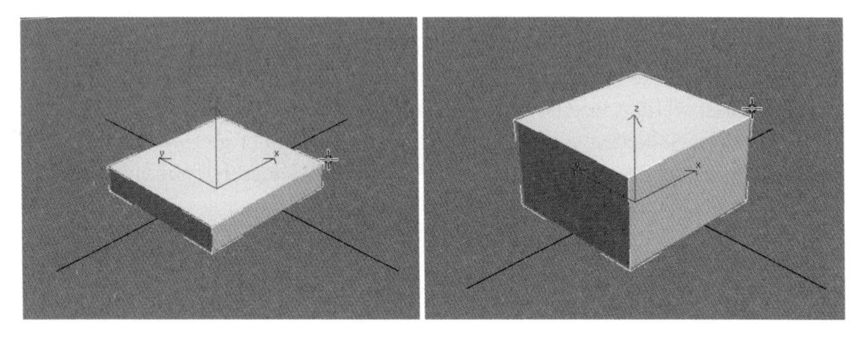

Abb. 9.19: Ein Objekt wird zur Skalierung selektiert. Unterschiedliche Stadien der Skalierung (Screenshot von Autodesk™ 3D Studio Max).

Rotation und Scherung. Rotationen und Scherungen setzen wiederum eine Selektion des zu behandelnden Objekts voraus. Daraufhin werden – wie bei der Skalierung – geeignete Griffe eingeblendet. Für die Rotation werden dazu Rotationspfeile eingeblendet, an denen jeweils in zwei Richtungen gedreht werden kann. Zusätzlich wird initial in der Mitte des selektierten Objekts das Rotationszentrum dargestellt. Es kann durch Anfassen und Ziehen verschoben werden. Bei der Rotation ist es günstig, die aktuelle Darstellung mit der Ausgangsposition zu überlagern. Außerdem ist es hilfreich, wenn das umschließende Rechteck eingeblendet wird, sodass die Ausrichtung des rotierten Objekts erkennbar wird. Diese Interaktion wird in Abb. 9.20 dargestellt. Auch die Scherung (Abb. 9.21) kann mit einem umschließenden Rechteck und entsprechenden Griffen ausgeführt werden.

Abb. 9.20: Direkte Manipulation in einer Multiuser-Fotoanwendung auf einem stiftbasierten Tabletop. Durch Bedienung des eingeblendeten Rotationswidgets mit einem Stift kann ein Bild gedreht werden, im mittleren Bereich wird das Bild verschoben. Skaliert werden kann es durch direkte Interaktion mit den Pfeilen in den Ecken.

Abb. 9.21: Direkt manipulative Skalierung. Ein spezielles Widget ermöglicht die Streckung und Stauchung in alle drei Raumrichtungen (Screenshot von Autodesk™ 3D Studio Max).

9.4.4 Ergänzung der direktmanipulativen Handhabung

Es ist deutlich geworden, dass die direkte Manipulation für einige Interaktionsaufgaben und Benutzergruppen sehr gut geeignet, für andere weniger gut, und für bestimmte Interaktionsaufgaben gänzlich ungeeignet ist. Insbesondere ist direkte Manipulation eher für kleinere Objektmengen geeignet und für Eingaben, bei denen keine hohe Präzision erforderlich ist. Sie muss daher mit anderen Interaktionsstilen verknüpft werden. Die Verknüpfung mit der Auswahl aus Menüs ist oft zur Aktivierung von Kommandos für ein (grafisch) selektiertes Objekt nötig. Zur Beschleunigung der Interaktion können häufig benutzte Aktionen durch einen Doppelklick mit der Maus ausgelöst werden (erster Klick für die Selektion, zweiter Klick für die Ausführung eines Kommandos). Diese Form der Interaktion, z.B. zum Öffnen von Dokumenten oder zum Starten von Programmen, liegt ebenfalls außerhalb des Paradigmas der direkten Manipulation. Sie ist aber für erfahrene Benutzer sehr effizient (Anfänger haben oft erhebliche Schwierigkeiten damit). Die direktmanipulative Handhabung von Dateien wird oft durch eine tabellarische Darstellung, einschließlich wichtiger Attribute, wie Erstellungs- und Modifikationsdatum, ergänzt, die für erfahrene Benutzer oft günstiger ist [Shneiderman und Plaisant, 2009].

Beim Entwurf von Grafiken sind häufig exakte Maße nötig. Dazu können Maße direkt textuell eingegeben werden oder die aktuellen Maße werden nach der direktmanipulativen Handhabung ausgegeben (z.B. in einer Statuszeile). Exakte Spezifikationen sind auch bei der Erstellung von Dialogboxen für interaktive Systeme wichtig. Dabei geht es oft darum, Objekte exakt aneinander auszurichten – eine Aufgabe, die mit den Mitteln der direkten Manipulation sehr aufwändig ist. Zu diesem Zweck kann in der Regel ein benutzerdefiniertes Gitter über das zu bearbeitende Dialogfeld gelegt werden. Dieses Gitter kann zur Orientierung und zur automatischen Ausrichtung genutzt werden (Snap-Funktion Abb. 9.22).

9.4.5 Weitere Anwendungen

Direktmanipulative Techniken werden z.B. in Zeichen- und Modellierprogrammen, geografischen Anwendungen (direkte Manipulation kartografischer Darstellungen), beim Schaltkreisentwurf (Manipulation der elektrischen Symbole), in Tabellenkalkulationsprogrammen und bei Taschenrechnern eingesetzt. Direkte Manipulation wird sehr erfolgreich in Computerspielen eingesetzt. Die Simulation des Verhaltens von Autos und Flugzeugen ist ebenfalls eine Domäne direktmanipulativer Techniken. Schließlich ist die direkte Manipulation in der Virtuellen Realität die zentrale Interaktion – der Benutzer bewegt sich durch das Bewegen des Kopfes oder interagiert durch Bewegung eines Datenhandschuhs, wobei auf sprachbasierte Interaktionen weitestgehend verzichtet wird. Dabei werden allerdings auch andere Eingabegeräte benutzt als im Zusammenhang mit herkömmlichen Desktop-Systemen.

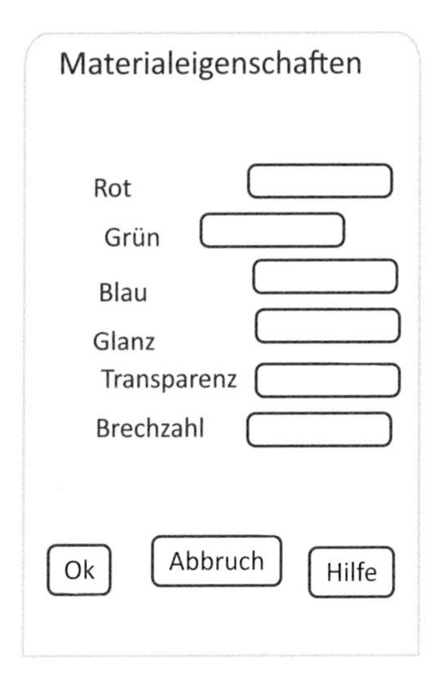

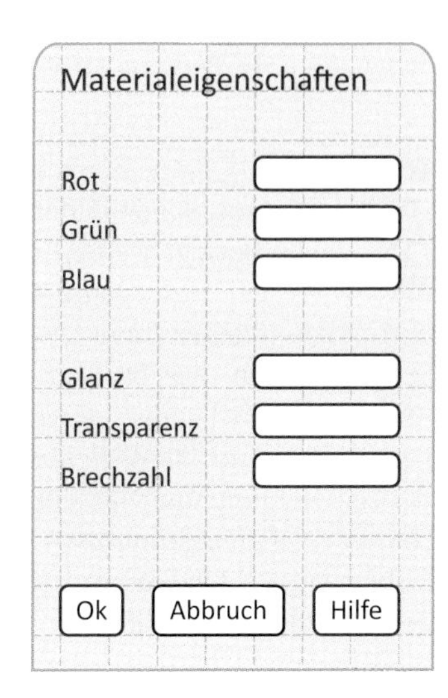

Abb. 9.22: Der direktmanipulativ erstellte Entwurf einer Dialogbox (links) wurde automatisch an einem Gitter ausgerichtet (rechts).

Im Folgenden wird ein kurzer Abriss weiterer Anwendungen der direktmanipulativen Handhabung gegeben. Die direktmanipulative Handhabung von 3D-Modellen werden in Band II behandelt.

Textverarbeitungssysteme. Die meisten Systeme zur Dokumentverarbeitung stellen eine WYSIWYG-Ansicht des zu erstellenden Dokuments dar. Auf diesem können Operationen, wie z.B. die Änderung des Randeinzugs und der Spaltenbreiten, durch direkte Manipulation (Verschiebung eines Zeilenbeginn-Symbols) durchgeführt werden. Ebenso können die Positionen von Tabulatoren, die Ausrichtung des Textes und Aspekte der Formatierung, wie Textstile, manipuliert werden. Textverarbeitungsprogramme zeigen aber auch die Grenzen der direktmanipulativen Handhabung (vgl. die Diskussion in Abschn. 9.3).

CAD-Systeme. Mit CAD-Systemen wird ein geometrisches Modell des entstehenden Werkstücks dargestellt und bearbeitet. Die Umsetzung in die Konstruktion durch NC-Maschinen interessiert den Designer oft kaum; er bearbeitet ausschließlich das Modell. Dieses wird durch Manipulation seiner Darstellung verändert. So werden z.B. Ecken abgerundet oder „Löcher gebohrt“. Die optische Rückmeldung durch Veränderung der Abbildung findet (nahezu) sofort statt.

Moderne CAD-Systeme zeigen auch die Notwendigkeit der Ergänzung der direktmanipulativen Handhabung: CAD-Systeme enthalten viele Automatismen, die die Einhaltung bestimmter Constraints steuern und so z.B. Abhängigkeiten und Zusammenhänge zwischen der Gestalt einzelner Objekte aufrechterhalten bzw. eine praktikable Konstruktion direkt unterstützen. In vielen CAD-Systemen ist die direkte Manipulation auf 2D-Zeichnungen beschränkt. Für die direkte Manipulation von

3D-Modellen sind 3D-Widgets erforderlich, die üblicherweise nicht zur Verfügung stehen.

Computerspiele. In Computerspielen ist die direkte Manipulation der vorherrschende Interaktionsstil. Schon in den frühen Videospielen, wie PONG™, bei denen schmale Rechtecke bewegt werden mussten, um Kreise (Bälle) abzuwehren oder anzustoßen, wurde auf diese Weise interagiert. Viele Weiterentwicklungen der direkten Manipulation haben ihren Ursprung in modernen Computerspielen, speziell in den Spielekonsolen, wie NINTENDO WII™, SONY PLAYSTATION™ und MICROSOFT XBOX™. Besonders der Wii-Remote-Controller, der eine gestenbasierte Eingabe ermöglicht, um 3D-Welten zu steuern, erfreut sich großer Beliebtheit, nicht nur bei der Entwicklung und Nutzung im Spielebereich [Shneiderman und Plaisant, 2009]. Die oft sehr gute Stimulus-Antwort-Kompatibilität, z.B. wenn die WII wie ein Golfschläger geschleudert wird, um tatsächlich einen virtuellen Golfschläger zu kontrollieren, ist dabei vorteilhaft.

Programmierungsaufgaben. Direktmanipulative Handhabung kann auch genutzt werden, um Vorgänge interaktiv durchzuführen, aufzuzeichnen und dadurch etwas zu programmieren. So kann direktmanipulativ ein grafisch dargestellter Roboterarm geführt und dadurch ein Programm zu dessen Steuerung erstellt werden. Diese Form der Programmierung ist wesentlich intuitiver als die übliche Angabe textueller Befehle. Shneiderman [1997b] und Shneiderman und Plaisant [2009] diskutieren dieses und andere verwandte Beispiele, wie Makroprogrammierung in Spreadsheets.

Viele Programmierumgebungen basieren auf einer Datenflussmetapher: Benutzer kreieren Module direktmanipulativ auf Basis einer entsprechenden Toolbox; sie parametrisieren diese Module geeignet und platzieren sie direktmanipulativ in einem Netzwerk. Wiederum auf Basis der direkten Manipulation werden zwischen den Modulen Verbindungen definiert. Diese spezifizieren den Datenfluss; die Ausgänge eines Moduls können mit den „passenden" Eingängen eines anderen Moduls verbunden werden. Abb. 9.23 zeigt ein einfaches Beispiel.

9.4.6 Zusammenfassung und Diskussion

Die direkte Manipulation ist ein Interaktionsstil, mit dem viele Aufgaben einfach und natürlich gelöst werden können. Räumliche Metaphern, die in vielen Anwendungen erfolgreich sind, weil die räumliche Vorstellung bei Menschen besonders gut entwickelt sind, sind oft wesentlich dafür (Abschn. 3.2.3). Die visuelle Darstellung der Komponenten eines Systems macht es für die meisten Benutzer leichter, sich wichtige Konzepte zu merken bzw. sich an sie zu erinnern. Die räumliche Organisation von Interaktionsobjekten auf dem Bildschirm kann oft „auf einen Blick" erfasst werden. Die Vorteile der direkten Manipulation waren einige Jahre weitestgehend auf die klassische Desktop-Software beschränkt und im WWW kaum nutzbar. Durch die stark verbesserte Bandbreite von Internetverbindungen und neue-

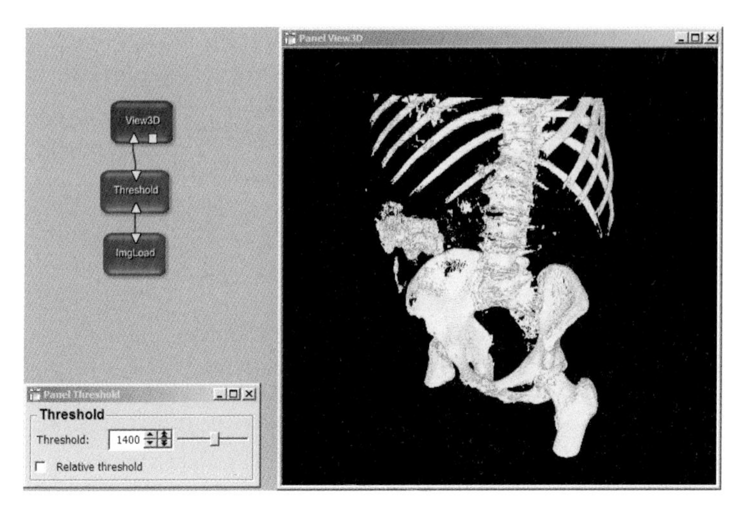

Abb. 9.23: Ein einfaches Netzwerk aus direktmanipulativ erstellten Modulen. Ein Datensatz wird eingelesen, mittels eines Bildverarbeitungsfilters wird die Datenqualität verbessert und der modifizierte Datensatz wird dreidimensional dargestellt (Screenshot von MeVisLab).

re, sehr leistungsfähige Programmierwerkzeuge, wie AJAX und FLASH sind diese Möglichkeiten mittlerweile auch im WWW nutzbar.

Es gibt viele Erklärungsversuche für die Vorteile der direkten Manipulation. Dazu zählen lernpsychologische Erklärungen, in denen erläutert wird, wie viel besser z.B. geometrische Sachverhalte, die anhand von Skizzen präsentiert werden, verarbeitet werden im Vergleich zu inhaltlich gleichen symbolischen Informationen. Interessant ist, dass direktmanipulative Systeme Kindern von etwa sieben bis elf Jahren besonders gut vermittelt werden können [Shneiderman und Maes, 1997]. Die direktmanipulative Handhabung ist intuitiv und direkt, aber sie ist nicht präzise. Numerische und andere sprachliche Interaktionen sind daher in vielen Fällen eine notwendige Ergänzung.

Zusatzinformationen. Eine natürliche Weiterentwicklung direktmanipulativer Konzepte ist die beidhändige Interaktion, bei der mehrere Zeigegeräte (oder mehrere Finger) genutzt werden, um komplexere Interaktion effizient durchzuführen. Dabei wird die menschliche Fähigkeit, die Bewegungen beider Hände zu koordinieren, ausgenutzt. Eine kurze Diskussion dazu findet sich in [Shneiderman und Plaisant, 2009] und konkrete Anwendungsbeispiele sind ein 3D-Puzzle [Ritter et al., 2001] und eine chirurgische Operationsplanungssoftware [Hinckley et al., 1994]. Neuere Entwicklungen betreffen die gleichzeitige Nutzung von mehreren Fingern einer Hand, z.B. um Fenster zu skalieren [Moscovich und Hughes, 2008]. Dafür werden berührungssensitive Multitouch-Displays, wie das APPLE iPhone, genutzt.

9.5 Agentenbasierte Interaktion

Die Interaktion auf Basis von „Agenten" ist in vielerlei Hinsicht das Gegenteil der direktmanipulativen Interaktion. Bei diesem Interaktionsstil delegiert der Benutzer komplexe Aufgaben an ein System, das mit komplexen Regeln ausgestattet ist und nimmt im Wesentlichen das Ergebnis zur Kenntnis. Direktes visuelles Feedback – ein Kernmerkmal der direkten Manipulation – ist hier nicht vorhanden. Vorbilder für derartige Agenten sind u.a. Reisebüromitarbeiter, die auf Basis einer (kurzen) Beschreibung von Reisezielen konkrete Vorschläge für Quartiere machen oder Immobilienmakler, die zu den eigenen Wünschen passende Wohnungen vorschlagen. Beispiele für Software-Agenten sind e-Mail-Filter, die mehr oder weniger automatisch e-Mails klassifizieren, in bestimmten Fällen Benutzer von eingehenden Mails benachrichtigen, diese evtl. automatisch sortieren, weiterleiten oder sogar löschen.

Etwas präziser kann ein Software-Agent als eine Software aufgefasst werden, die Möglichkeiten zum Lernen beinhaltet und sich dadurch an neue Situationen anpassen kann – *Adaptivität* ist dabei ein wichtiges Stichwort. Die Adaptivität kann sich z.B. auf die Größe und Auflösung von Bildschirmen, die Bandbreite einer Internetverbindung, auf den darzustellenden Inhalt, auf Strategien zur Suche nach Informationen oder Präferenzen des Benutzers beziehen. Agenten treffen selbständig Entscheidungen. Um dies zu erreichen, müssen sie auf vielfältige Weise die aktuelle Situation analysieren können. Man spricht von *Sensoren*, die genutzt werden, um die eigene Umgebung wahrzunehmen. Dies betrifft im einfachsten Fall nur die Analyse von Merkmalen der Ein- und Ausgabegeräte des Benutzers bzw. des Prozessors; kann aber so weit reichen, dass auf Basis einer Kamera tatsächlich auch die Umgebung im mobilen Einsatz untersucht wird.

Agentenbasierte Systeme enthalten in der Regel ein *Benutzermodell* – eine explizite Repräsentation von Eigenschaften des aktuellen Benutzers, die für die Interaktion relevant sind. So kann z.B. ausgehend davon, was ein Benutzer zuvor in einem webbasierten System bestellt hat, abgeleitet werden, was ihn oder sie interessiert und gezielt Werbung gemacht werden. AMAZON praktiziert das sehr erfolgreich, in dem bei Büchern darauf hingewiesen wird, welche anderen Bücher häufig von den gleichen Lesern gekauft wurden. Hier wird also nicht die Funktionalität des Systems, sondern die dargestellten Inhalte an den Benutzer angepasst. Diese Art der Benutzermodellierung ist in der Regel erfolgreicher [Shneiderman und Plaisant, 2009, Kobsa, 2004].

Ein *Aufgabenmodell* ist eine explizite Repräsentation wichtiger Aufgaben, die ein interaktives System unterstützt. Dieses Modell wird in der agentenbasierten Interaktion genutzt, um anhand der Interaktion des Benutzers zu analysieren, was dieser vorhaben könnte, um Vorschläge für das weitere Vorgehen zu machen – oder in einer passiveren Variante – weiter zu „beobachten", was der Benutzer tut, um diesen zu unterstützen, falls er offensichtlich „nicht weiter kommt". Agentenbasierte Systeme protokollieren die Interaktion des Benutzers und werten die Interaktionshistorie aus, um das Benutzermodell und das Aufgabenmodell zu aktualisieren. Das *Interaktionsmodell* besteht daher aus zwei Komponenten: einer abstrahierten Aufzeichnung der Interaktion und einer Interferenz-Komponente, die aus der abstrahierten Interaktionshistorie Schlussfolgerungen zieht. Abstraktion bedeutet hier, dass nur ausgewählte Eingaben gespeichert werden (z.B. nicht jede Mausbewegung) und dass die Eingaben nicht in roher Form gespeichert werden. So sind in der Regel nicht die Koordinaten einer Zeigeaktion interessant, sondern eher die dadurch selektierten bzw. manipulierten Objekte. Abb. 9.24 stellt ein Modell der agentenbasierten Interaktion dar.

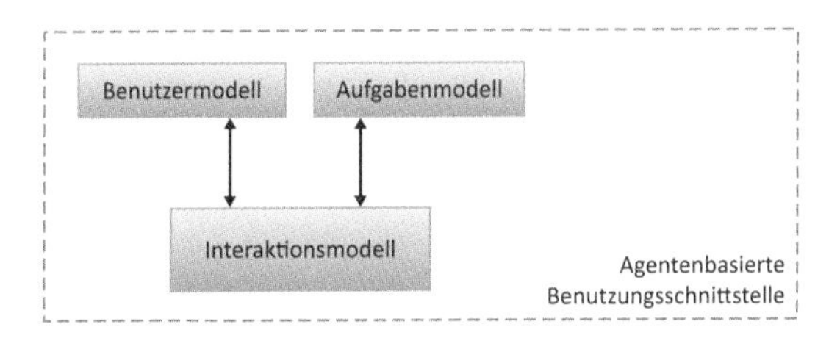

Abb. 9.24: Grundprinzip der agentenbasierten Interaktion

Bei der Gestaltung einer agentenbasierten Interaktion muss sehr gut durchdacht werden, *wie* die Arbeitsteilung zwischen Benutzer und Computer erfolgt. Einige Fragen in diesem Zusammenhang sind:

- Ergreift das System die Initiative und weist den Benutzer auf etwas hin oder kann der Benutzer Unterstützung aktivieren?
- Macht das System lediglich einen Vorschlag, z.B. zur Klassifikation von e-Mails, oder setzt es diesen Vorschlag auch um?
- Falls das System selbständig agiert, tritt die Frage auf, wie der Benutzer dies kontrollieren, bestätigen bzw. rückgängig machen kann.

Ein Beispiel für die Aktivierung durch den Benutzer ist die Rechtschreibkontrolle. Agenten können Vorschläge machen, z.B. ein bestimmtes Wort durch ein anderes – wahrscheinlich korrektes – zu ersetzen oder sie können diesen Vorschlag selbst umsetzen. Moderne Routensuchprogramme oder Fahrzeugnavigationssysteme bestimmen selbständig Routen, wobei Benutzer durch gewisse Eingaben ihre Präferenzen eingeben können. Eine grafische Darstellung der Routen und Hinweise auf Besonderheiten (Grenzübergänge, Gebührenpflicht, hohe Anforderungen an Fahrer und Fahrzeug, z.B. bei Alpenstraßen) sind hilfreich. Die rein agentenbasierte Interaktion ist nicht optimal; Benutzer sollten die gefundenen Routen verändern können. Das Fahrzeugnavigationssystem des Erstautors ist eher ein schlechtes Beispiel: die

Navigation wird ohne Gesamtdarstellung und Rückfrage gestartet. So führte eine Fahrt zwischen den deutschen Orten Görlitz und Zittau (direkt durch eine Fernverkehrsstraße verbunden) überraschend durch Polen, sodass der Fahrer unerwartet mit unbekannten Verkehrszeichen und teilweise neuen Regeln konfrontiert wird.

Teilweise kommen agentenbasierte Interaktionen auch bei sicherheitskritischen Anwendungen zum Einsatz. Ein Beispiel ist der Autopilot in Flugzeugen. Automatisierung in sicherheitskritischen Bereichen hat ein großes Potenzial darin, Fehler zu vermeiden, kann aber auch wesentlich zu Fehlern beitragen. In solchen Anwendungen ist es wichtig, dass der Benutzer immer genügend einbezogen wird, um jederzeit eingreifen zu können. Dazu müssen ausreichende Informationen über den aktuellen Zustand und die laufenden Aktivitäten dargestellt werden, und ggf. Bestätigungen erfragt werden. Ein „Übervertrauen" der Benutzer muss durch geeignete Gestaltung vermieden werden, unter anderem weil ein Übervertrauen auch zum Abbau von Kompetenzen beiträgt.

Anwendungsbeispiele. Die agentenbasierte Interaktion ist z.B. in Situationen vorteilhaft, in denen große unübersichtliche heterogene Datenbestände durchsucht werden müssen, um ein Problem zu lösen [Maes, 1994, 1995]. Die Darstellung und manuelle Suche in allen relevanten Daten ist teilweise kaum möglich. Anwendungsbeispiele sind webbasierte Agenten, die das WWW nach bestimmten Angeboten (Übernachtungs- und Flugmöglichkeiten) durchsuchen. Eine übersichtliche Präsentation der Ergebnisse mit der Möglichkeit, Detailinformationen anzufordern, ist hier besonders wichtig. Agenten sind auch zur Unterstützung von Benutzern bei der Verwaltung von e-Mails (Filtern, Sortieren, Löschen von eingehenden Mails) entwickelt worden [Maes, 1994].

Die Idee von Agenten steckt auch hinter einigen automatischen Lösungen in verbreiteten Office-Programmen. Der Agent, visuell z.B. als Büroklammer dargestellt, beobachtet, was der Benutzer tut, nutzt seine eingebauten Regeln, um die Intention zu verstehen und bietet daraufhin Hilfe an. So werden Floskeln für die Beendigung von Briefen vorgeschlagen, wenn der Agent glaubt, dass der Benutzer einen Brief schreibt oder es werden Formatierungsvorschläge gemacht, teilweise auch selbständig umgesetzt, wenn der Agent eine Regelmäßigkeit in den Eingaben erkennt. Sollte eine solche Änderung ungewünscht sein, entsteht Korrekturbedarf und die Benutzer sind auch unzufrieden. Da dies nicht relativ häufig vorkommt, überwiegen kritische Kommentare.

Schließlich spielt agentenbasierte Interaktion eine wesentliche Rolle in Computersystemen, die der Unterhaltung dienen bzw. in Computerspielen. Ausgehend von Playlisten für MP-3-Player können dem Benutzer Vorschläge gemacht werden, welche anderen Musiktitel interessant sein können, in Computerspielen kann das System seine Strategie an die bisherigen Eingaben und das Benutzermodell angepasst werden. Im Gegensatz zu professionellen Anwendungen ist es im Unterhaltungsbereich eher von Vorteil, den Benutzer zu überraschen.

Für den praktischen Einsatz ist wichtig, dass die Benutzer *Vertrauen* in diese Art der Unterstützung entwickeln. Vertrauen entsteht in der MCI ähnlich wie in der zwischenmenschlichen Interaktion; so wie man einem neuen Mitarbeiter nicht am

Anfang komplexe Aufgaben überträgt, ohne ihn irgendwie zu beaufsichtigen, ist es auch hier wünschenswert, dass zunächst nur kleine Teilaufgaben automatisiert bearbeitet werden.

Möglichkeiten und Grenzen der agentenbasierten Interaktion. Dass die von einem Agenten bereitgestellten Automatismen nicht immer so funktionieren, wie Benutzer es erwarten und dass viele Benutzer generell die Idee derartiger Automatismen nicht mögen, muss wahrscheinlich kaum gesagt werden. Dinge, die der Benutzer leicht selbst erledigen kann, möchte er normalerweise unter Kontrolle behalten. Insbesondere zeigen einige größere und erfolglose Projekte, dass Benutzer in der Regel keine „menschenähnlichen" Agentenrepräsentationen wünschen. Automatisch generierte Sprache, die etwas erklärt, ist oft nützlich, aber es gibt wenig Evidenz für die Annahme, dass sprechende Gesichter vorteilhaft sind [Shneiderman und Plaisant, 2009]. Da der Begriff *Agent* metaphorisch verwendet wird, ist diese Diskussion im Zusammenhang mit den Chancen und Risiken des metaphernbasierten Entwurfs zu sehen (Abschn. 3.3).

Die Tatsache, dass Grundzüge der agentenbasierten Interaktion bereits vor mehr als 15 Jahren bekannt waren und diese sich dennoch relativ wenig durchgesetzt haben, spricht dafür, dass dies Interaktionen oft eher aus der Sicht des technisch Machbaren gedacht waren als aus der Sicht von Benutzern. Neuere Entwicklungen, z.B. im Bereich e-Learning und e-Commerce, sind teilweise weniger ambitioniert, aber erfolgversprechender.

9.6 Geführte Interaktion mit Wizards

Während die direkte Manipulation dem Benutzer „alle Freiheiten lässt" und die agentenbasierte Interaktion die Automatisierung von Vorgängen im Fokus hat, ist die geführte Interaktion mit sogenannten Assistenten oder Wizards (dieser Begriff stammt von MICROSOFT) in der Mitte zwischen diesen Extremen einzuordnen. Der Benutzer hat hier alle Freiheiten, etwas einzustellen; es wird ihm aber jeweils nur ein relativ kleiner Teil der Einstellmöglichkeiten präsentiert und er wird durch die einzelnen Schritte *geführt*. Dieser Interaktionsstil bietet sich bei Vorgängen an, die sich gut in eine lineare Reihenfolge von Teilschritten zerlegen lassen und bei Vorgängen, die relativ selten ausgeführt werden, sodass die meisten Benutzer von der Hilfestellung profitieren.

Am häufigsten werden Wizards zur Unterstützung von Installationsvorgängen verwendet. Da die Installation in der Regel nur einmalig durchgeführt wird, ist dies angemessen. Abb. 9.25 zeigt ein Beispiel, bei dem ein Wizard für die Erstellung von Diagrammen verwendet wird. Festlegung von Diagrammtyp, Legende, Achsenbeschriftungen und Skaleneinteilung sind dabei Teilaufgaben, die auf vier Schritte aufgeteilt werden. Wichtig ist, dass der Benutzer auch vom aktuellen Schritt ausgehend zurückgehen kann und somit von der vorgeschlagenen Reihenfolge abgewichen werden kann. In der Regel gibt es einen „Fertigstellen"-Button, dessen Betätigung bewirkt, dass die weiteren Schritte unter Nutzung von Standardwerten automatisch durchgeführt werden. Der Benutzer verzichtet damit bewusst, auf Möglichkeiten der Feineinstellung. In jedem Schritt des Wizards wird ein einfacher Dialog präsentiert, der alle gängigen Dialogelemente beinhalten kann. Die Dialoggestaltung wird an anderer Stelle (Kapitel 10) ausführlich behandelt.

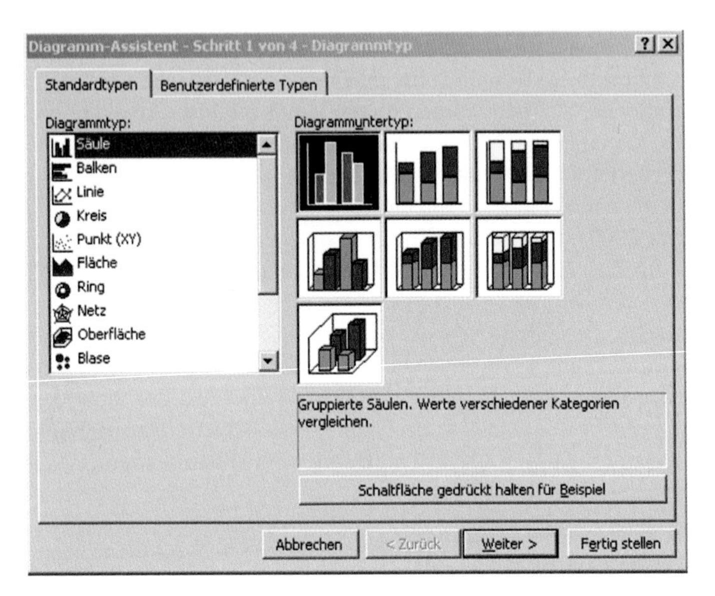

Abb. 9.25: Bei der Erstellung eines Diagramms aus den Zahlen einer Tabelle gibt es viele Auswahlmöglichkeiten. Der Benutzer wird durch einen *Wizard* effizient durch diese Möglichkeiten geführt (Screenshot von Microsoft™ Office Excel).

9.7 Zusammenfassung

Die in diesem Kapitel behandelten Interaktionsstile haben es ermöglicht, dass nicht nur Computerexperten sondern sogar Kinder, die kaum schreiben können, Computer benutzen können. Vor allem grafisch orientierte Interaktionsstile haben dazu beigetragen, dass viele Berufsgruppen Computersysteme erfolgreich einsetzen. Bei der Gestaltung interaktiver Systeme kommt es auf die richtige Mischung, die optimale Kombination von Interaktionsstilen und -techniken an. Dabei muss neben der leichten Erlernbarkeit auch die Effizienz für erfahrene Benutzer berücksichtigt werden. Interaktionstechniken, die es ermöglichen, dass der Anfänger zum Experten wird und dabei effizienter interagiert, sind diesbezüglich besonders günstig. Die Komplexität moderner Anwendungen führt dazu, dass über die Eignung von Interaktionsstilen teilweise neu nachgedacht werden muss. van Dam [1997] schrieb schon 1997, dass Benutzer häufig den Umstieg auf neuere Versionen ihrer Software vermeiden, weil sie vermuten, dass diese ihnen im Wesentlichen zusätzliche Komplexität beschert. Am Beispiel von Menüs (erhöhte Anzahl von Kommandos und Tiefe von Menübäumen) ist dieses Problem diskutiert worden.

Die vorherrschenden Interaktionsstile, wie die direkte Manipulation, führen teilweise dazu, dass die Interaktion über sprachliche Kommandos vernachlässigt wird. Da mit sprachlichen Kommandos effizient und präzise interagiert werden kann, ist eine gelungene Kombination der sprachorientierten Interaktionsstile mit visuellen Interaktionsstilen erstrebenswert. Die Auswahl in Menüs und die direkte Manipulation grafischer Darstellungen ist eine weitere verbreitete Kombination. Bei der Bearbeitung grafischer Objekte ist die Kombination aus direktmanipulativer Erstellung und Manipulation mit der Eingabe numerischer Werte für die Feinabstimmung hilfreich. Die Entscheidung darüber, welche Interaktionsstile eine Anwendung unterstützt, ist so grundlegend, dass sie frühzeitig fallen sollte.

Eine Vielzahl neuer Interaktionsstile und Interaktionstechniken ist im Entstehen. Vor allem Nutzungskontexte, die stark von der klassischen Bürosituation abweichen, erfordern andere Interaktionsformen, als diejenigen, die in diesem Kapitel diskutiert wurden. Ein wichtiger Trend in diesem Zusammenhang sind realitätsbezogene Interaktionen. Der Begriff „Reality Based Interaction (RBI)“ wurde von Jacob et al. [2008] vorgeschlagen und umfasst eine Vielzahl neuer Interaktionsstile. Dazu zählen multimodale und sprachbasierte Benutzungsschnittstellen ebenso wie Virtual Reality, Augmented Reality, mobile Interaktionstechniken, Ansätze für Ubiquitous & Pervasive Computing. Dabei betont der Sammelbegriff RBI die zugrundeliegenden gemeinsamen Interaktionsprinzipien dieser Interaktionsstile, primär die Nutzung von Wissen als Ergebnis menschlicher Interaktionen und Verhaltensweisen in der realen Welt. RBI stellt ein Rahmenwerk dar, in dem gemeinsame Prinzipien definiert sind und mit dem sowohl Einordnung als auch Vergleich dieser neuartigen Interaktionsmethoden möglich werden. In Band II werden diese neueren Interaktionsformen ausführlich behandelt. Hier sei auf die inspirierende Veröffentlichung von R. Jacob verwiesen, der diesen Begriff geprägt hat [Jacob et al., 2008].

Vergleich der Interaktionsstile. Die betrachteten Interaktionsstile werden in Tabelle 9.2 hinsichtlich wichtiger Eigenschaften für die Benutzbarkeit verglichen. Diese Tabelle orientiert sich an einer Darstellung aus Foley et al. [1990]. Die Spalte „WYSIWYG“ ist nicht vollständig gefüllt, da dieses Konzept keine Eingabemöglichkeit beinhaltet. Es zeigt sich, dass kein Interaktionsstil alle wünschenswerten Eigenschaften aufweist. Geringer Lernaufwand und eine geringe Wahrscheinlichkeit für das Auftreten von Fehlern sind bei der direkten Manipulation gegeben, was diesen Interaktionsstil für Anfänger prädestiniert. Gute Erweiterbarkeit und hohe Effizienz – für routinierte Benutzer entscheidende Kriterien – sind dagegen bei Kommandosprachen zu erwarten. Als Konsequenz daraus sollten Interaktionsstile miteinander kombiniert werden, die den Übergang von einer einfachen aber oft ineffizienten Interaktion zu der zügigen Interaktion erleichtern.

Tabelle 9.2: Vergleich von Interaktionsstilen

	WYSIWYG	Direkte Manipulation	Menü-Auswahl	Kommando-sprachen	Natürliche Sprache
Lernaufwand	gering	gering	mittel	hoch	gering
Effizienz		mittel	mittel	hoch	mittel
Wahrscheinlichkeit von Fehlern	gering	gering	gering	hoch	hoch
Erweiterbarkeit	gering	gering	mittel	hoch	hoch
Erforderliche Schreibfähigkeit		keine	keine	hoch	hoch

Weitere Literatur. Die Realisierung natürlichsprachiger Benutzungsschnittstellen einschließlich der Durchführung von Klärungsdialogen ist in [Fehrle, 1989] ausführlich beschrieben worden. Allen [1987] sowie Pereira und Shiber [1987] führen in die linguistischen Grundlagen der Sprachverarbeitung ein. Die Theorien werden dabei anhand von Prolog-Beispielen erläutert. Die Verarbeitung natürlicher Sprache ist ein wichtiges Ziel des Cyc-Projektes (Cyc steht für Cyclopedia). Dabei wurde eine enorme Zahl an Regeln des „gesunden Menschenverstandes" kodiert, um das Verständnis von natürlicher Sprache zu ermöglichen. Matuszek et al. [2005] geben einen guten Überblick über das Cyc-Projekt. Seit Juli 2006 gibt es eine frei verfügbare Version unter dem Namen OpenCyc. Neuere Veröffentlichungen beziehen sich vor allem auf Anwendungen, z.B. in der Analyse von Geheimdienstinformationen bzw. für andere Sicherheitsaspekte [Shepard et al., 2005, Schneider et al., 2005].

Im Bereich der akustischen Sprachverarbeitung konzentriert sich die aktuelle Forschung unter anderem auf die adäquate Berücksichtigung von Emotionen, um Äußerungen in verschiedenen emotionalen Zuständen zu verstehen und Dialogstrategien an emotionale Zustände anzupassen [Gnjatovic und Rösner, 2007]. Dafür ist eine Datenbasis nötig, die diese emotionalen Zustände erfasst [Douglas-Cowie et al., 2000, 2007].

In Bezug auf die Menügestaltung sind die Originalarbeiten von Miller [1981] zur Diskussion der Tiefe von Menüs, von Callahan [1988] zur Evaluierung kreisförmiger Menüs und von Kurtenbach und Buxton [1993] zur Evaluierung von Marking Menus empfehlenswert. Zusammenfassende Betrachtungen findet man in etlichen Büchern über die MCI – z.B. in [Shneiderman und Plaisant, 2009] und [Preece et al., 1994].

Eine Reihe von neueren Menükonzepten ist in den letzten Jahren eingeführt worden, insbesondere zur Kombination von Kommandoauswahl und direkter Manipulation: FLOWMENUS [Guimbretiére und Winograd, 2000] und CONTROLMENUS [Pook et al., 2000]. Beide Varianten sind kontextabhängige Popup-Menüs ähnlich zu Marking Menus und richten sich an erfahrene Benutzer. Hauptziel dieser Entwicklungen ist es, Menüs so zu ergänzen, dass der Benutzer seine Aufmerksamkeit auf einen Bildschirmbereich richten und dabei zugleich Menüeinträge selektieren und Aktionen initiieren kann (siehe [Guimbretière et al., 2005]). In Bezug auf die schnelle Selektion häufig benutzter Menüeinträge gibt es neue Überlegungen, bei denen die Menüeinträge nicht anders sortiert werden, sondern durch Vergrößerung und Hervorhebung die Selektion häufig benutzter Einträge vereinfacht und damit beschleunigt werden soll [Tsandilas und Schraefel, 2007].

Menüs von Handys haben ähnlich viele Funktionen wie Office-Anwendungen, wobei die Benutzungsprobleme durch geringe Standardisierung und den stark begrenzten Anzeigebereich wesentlich größer sind [Amant et al., 2004]. Schließlich ist eine Vielzahl von Menükonzepten entwickelt worden, die speziell für 3D-Anwendungen gedacht sind (siehe Dachselt und Hübner [2007] für einen Überblick).

Die direkte Manipulation wird in nahezu allen Lehrbüchern der MCI diskutiert. Besonders empfehlenswert ist die Darstellung in [Shneiderman und Plaisant, 2009]. Eine aufschlussreiche Diskussion über die Vor- und Nachteile der direkten Manipulation im Vergleich zu agentenbasierten Interaktionen findet sich in [Maes, 1997]. Eine sehr praxisnahe Diskussion von agentenbasierter Interaktion findet sich in Kapitel 26 von Benyon et al. [2005]. Ein ausführlicher Vergleich von Interaktionsstilen wird in [Newman und Lamming, 1995] gegeben. Dabei wird auch die akustische Spracheingabe als separater Interaktionsstil behandelt. Außerdem wird in einem vergleichenden Abschnitt diskutiert, welche Kombinationen von Interaktionsstilen nützlich sind. Die direktmanipulative Handhabung von Grafiken wird in [Foley et al., 1990], Kapitel 8, ausführlich behandelt.

Abschließend sei angemerkt, dass sich dieses Kapitel vorrangig auf Interaktionsstile für klassische Anwendungen im Bürobereich konzentriert. Mobile Nutzungskontexte und spezielle Benutzergruppen, aber auch besondere Situationen, wie große Ausgabegeräte und sicherheitskritische Anwendungen erfordern ergänzende Interaktionsmöglichkeiten. Wesentliche Gedanken dazu sind in [van Dam, 1997] formuliert; u.a. wird dort die Rolle gestenbasierter Interaktion erläutert. Diese wiederum ist ein Spezialfall von *erkennungsbasierten Interaktionsstilen*, bei denen Benutzereingaben interpretiert werden müssen [Rhyne und Wolf, 1993]. Die gestenbasierte Interaktion und andere *natürliche* Interaktionsstile, die der zwischenmenschlichen Interaktion nachempfunden sind, sind zur Zeit ein besonders aktives Feld in Forschung und Entwicklung. Grundlegende und auch kritische Überlegungen dazu stellt Norman [2010] an.

Kapitel 10
Dialog- und Formulargestaltung

Dialoge und Formulare sind ein wichtiger Bestandteil der meisten interaktiven Systeme. Sie ermöglichen eine strukturierte Eingabe zusammengehöriger Informationen. Dazu wird temporär ein entsprechendes Fenster eingeblendet. Dieses Dialogfenster ist kein *primary window*, sondern ein untergeordnetes Fenster mit zumeist festgelegter und unveränderlicher Größe.

Während durch die Auswahl eines Menüeintrags oder die Betätigung eines Buttons einer Werkzeugleiste nur elementare Aktionen ausgelöst werden können, erlaubt ein Dialog die Eingabe von Parametern, das Setzen von Zustandsvariablen, die Eingabe von Text und numerischen Werten *und* das Auslösen von Aktionen. Häufig ist es möglich, die entsprechende Aktion mehrfach auszulösen, ohne dass der Dialog ausgeblendet (und damit der Kontext verloren) wird.

Effiziente und angenehm zu benutzende Dialoge zu gestalten, ist eine Herausforderung. Einerseits ist ein tiefgründiges Verständnis von Bedienelementen, ihren Eigenschaften, Einsatz- und Kombinationsmöglichkeiten erforderlich. Andererseits muss das zugrundeliegende Problem sehr detailliert analysiert werden, um Anforderungen und Randbedingungen für die Dialoggestaltung abzuleiten. Dabei müssen unter anderem folgende Fragen geklärt werden:

- Welche Eingaben sind notwendig und welche sind optional?
- Welche Eingaben stehen in einem logischen Zusammenhang?
- Welche Wertebereiche numerischer Eingaben sind zu beachten?
- Welche Anforderungen an die Genauigkeit bestehen?
- Welche Eingaben stehen im Zusammenhang?
- Welche Abhängigkeiten zwischen den Eingaben existieren?
- In welchem Format sollen bzw. können Eingaben gemacht werden?
- Wie können Aufgaben auf verschiedene Dialoge aufgeteilt werden?

Schließlich ist die Gestaltung von Dialogen tatsächlich eine *Gestaltungsaufgabe*, die Kenntnisse und Erfahrungen im visuellen Design erfordert. Ein Verständnis von Dialog- und Formulargestaltung lässt sich nur entwickeln, wenn man sich intensiv mit Beispielen beschäftigt und eigene Entwürfe erstellt, zur Diskussion stellt und

B. Preim, R. Dachselt, *Interaktive Systeme*, eXamen.press, 2nd ed.,
DOI 10.1007/978-3-642-05402-0_10,

entsprechend verfeinert. Zumindest den ersten Aspekt kann dieses Kapitel unterstützen; es enthält eine Vielzahl von Beispielen. Diese sind bewusst so gewählt, dass sie verschiedene Plattformen (WINDOWS PC, MAC, Unix) repräsentieren. Bei der Dialoggestaltung sind viele, teilweise im Konflikt miteinander stehende Prinzipien wesentlich. Die Diskussion der Beispiele spiegelt die Meinung der Autoren wider – bei anderer Wichtung von Prinzipien sind abweichende Interpretationen möglich. Wichtig ist, dass der Leser angeregt wird, über Dialoge und Formulare nachzudenken und sich bewusst wird, was ihm oder ihr die Bearbeitung erleichtert, erschwert bzw. was als attraktiv oder unangenehm wahrgenommen wird.

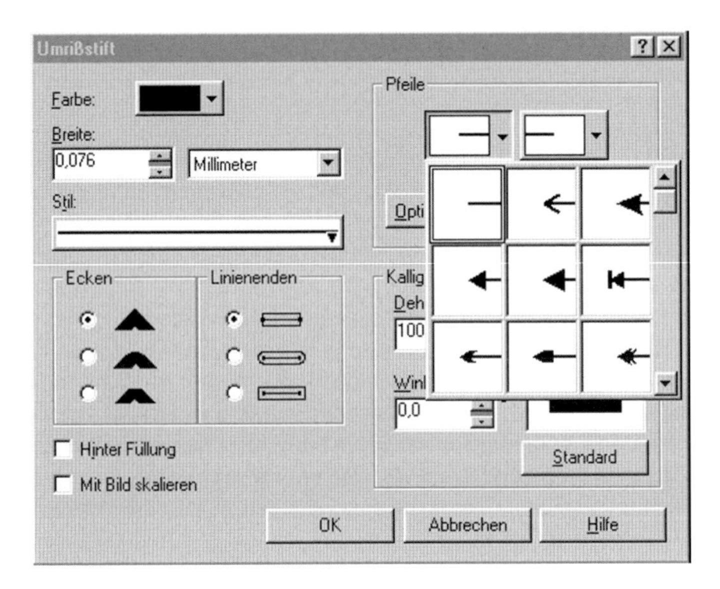

Abb. 10.1: Visuell klar strukturierter Dialog zum Einstellen einer Linie (Stand 1997). Die grafischen Attribute sind angemessen veranschaulicht und die unterschiedlichen Aspekte klar voneinander getrennt (Screenshot von Corel Draw™).

In diesem Kapitel wird eine große Bandbreite an Dialogformen diskutiert. Der in Abb. 10.1 dargestellte Dialog ist gut strukturiert, aber vom Design her nicht auf dem neuesten Stand. Insbesondere ist die gezielte Verwendung von Farbe mittlerweile üblich. Neuere Dialogformen sind teilweise in Menüs integriert, so wie in Abb. 10.2.

Dialoge, Formulare und andere Anwendungsgebiete. Dialoge und Formulare dienen der Lösung *zusammengesetzter Interaktionsaufgaben*, also Aufgaben, in denen mehrere elementare Interaktionsaufgaben zusammengefasst werden. Inhaltliche Zusammengehörigkeit ist dabei das entscheidende Kriterium für die Zusammenfassung von Bedienelementen. Während in Formularen die Eingabe von Texten und das (komplette) Ausfüllen von entsprechenden Bereichen überwiegt, sind Dialoge

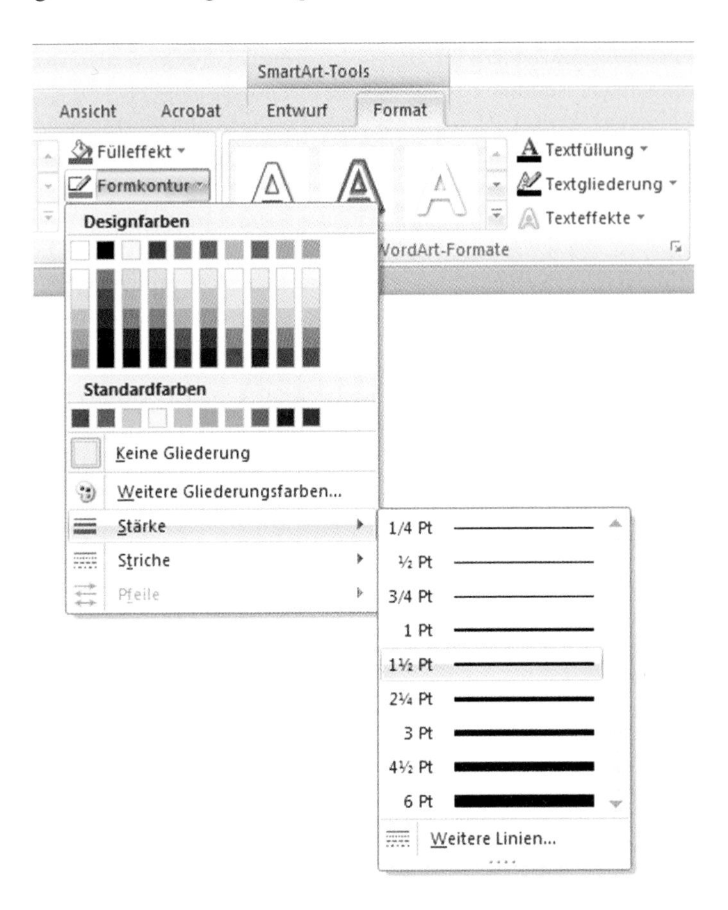

Abb. 10.2: Formen und Farben werden in einer modernen Dialogform eingestellt, der ähnlich wie ein Pulldown-Menü ein Ausklappen und damit Detaileinstellungen ermöglicht (Screenshot von Microsoft Office™).

dazu geeignet, Eigenschaften eines Objekts darzustellen, wobei evtl. nur einzelne Eigenschaften verändert werden.

Das Parametrisieren einer Linie in einem Zeichenprogramm (Größe und Position, Linienstil und Linienstärke, Verlauf des Linienstils, Auswahl von Pfeilspitzen) ist ein typisches Beispiel einer zusammengesetzten Interaktionsaufgabe, die in einem Dialog erledigt werden kann (Abb. 10.1). Das Ausfüllen eines Formulars zur Steuererklärung ist dagegen stärker von der Eingabe von Texten gekennzeichnet. Formulare sind Masken mit entsprechenden Feldern, die mit Informationen gefüllt werden müssen.

Während Dialoge, in denen vorwiegend Werte selektiert werden, oft ausschließlich mit der Maus bedient werden können, ist bei der Eingabe von Formularen die Tastaturbenutzung vorherrschend. Daher ist es wünschenswert, dass auch die Navigation zwischen den Feldern mit der Tastatur durchgeführt werden kann. Grundsätzlich sollte eine Tastatursteuerung auch bei Dialogen möglich sein – es gibt eine Reihe von Nutzungskontexten, in denen eine Mausbenutzung unangenehm oder sogar unmöglich ist [Johnson, 2000]. Die Grenze zwischen Dialogen und Formularen ist fließend. Bezüglich der visuellen Gestaltung gelten sehr ähnliche Grundsätze. Daher werden Dialoge und Formulare in einem Kapitel behandelt.

Die Aufgaben, die in Dialogen und Formularen bearbeitet werden können, werden verstärkt auch im Web bearbeitet, wobei es sich dabei oft um permanent sichtbare Bildschirmbereiche handelt. Es kommen grundsätzlich die gleichen Dialogbausteine (engl. *Widgets*) zum Einsatz. Die Gestaltungsgrundsätze, die in diesem Kapitel erläutert werden, gelten auch für diese Situationen.

Gliederung. Dieses Kapitel beginnt in Abschn. 10.1 mit einer Erläuterung der wichtigsten Dialogbausteine und ihrer Einsatzmöglichkeiten. In Abschn. 10.2 wird erklärt, wie der Dialogentwurf in verschiedene Ebenen strukturiert werden kann und welche Prinzipien den Dialogentwurf leiten sollen. Abschn. 10.3 behandelt statische und dynamische Aspekte des Dialogentwurfs im Detail. Zu den dynamischen Aspekten gehört z.B. das „Ausklappen" von Listboxen, wenn diese selektiert werden, sodass andere Widgets temporär verdeckt werden. Die Abhängigkeiten zwischen den Daten erfordern ebenfalls dynamische Anpassungen, sodass z.B. einzelne Widgets in Abhängigkeit von anderen Eingaben deaktiviert werden. Die strukturierte Eingabe einer Vielzahl von Parametern erfordert es häufig, zusammengesetzte Dialoge zu verwenden. Die Herausforderungen und Möglichkeiten, die mit der Gestaltung dieser Dialoge verbunden sind, werden in Abschn. 10.4 behandelt. Besonderheiten bei der Interaktion mit Formularen werden in Abschn. 10.5 erläutert.

10.1 Dialogbausteine

Dialoge haben folgende Bestandteile: einen Dialogkopf, Eingabefelder bzw. Buttons, statische Anzeigen und Gruppierungskomponenten. Diese Bestandteile werden im Folgenden anhand der möglichen Interaktionsaufgaben beschrieben. Ein generell wichtiger Aspekt bei der Dialoggestaltung ist die *Dimensionierung*, also der zur Verfügung gestellte Platz für die Eingabe von Texten oder Zahlen, die Darstellung von Anzeigeelementen und Listboxen. Weitere Aspekte, die bei der Vorstellung der Dialogbausteine betrachtet werden, sind:

- die Platzierung,
- die Beschriftung,
- die visuelle Gestaltung sowie
- Standardwerte.

10.1.1 Dialogkopf

Der Dialogkopf – der Bereich am oberen Ende des Dialogs – dient dazu, den Dialog zu benennen. Dieser Name sollte in der Regel erkennbar machen, wie es zum Erscheinen dieses Dialogs gekommen ist. Falls der Dialog aus einem Menü heraus gestartet wurde, sollte der Name des Dialogs mit dem Menüeintrag übereinstimmen. Oft wird ein Dialog aus einem anderen heraus gestartet, dem er untergeordnet ist. Auch dies sollte am Namen erkennbar sein, z.B. „Drucken-Optionen", um zu kennzeichnen, dass aus dem Druck-Dialog ein weiterer Dialog zum Einstellen von Optionen gestartet wurde. Dialoge sollten *eindeutig* benannt werden. Selbst wenn ein bestimmter Dialogtitel für mehrere Dialoge als geeignet erscheint, sollten jeweils unterschiedliche Namen gewählt werden.

10.1.2 Bedienelemente zur Auswahl von Optionen

Mit der Auswahl von Optionen bzw. Kommandos haben wir uns bereits im Rahmen der Menüauswahl (Abschn. 9.2) beschäftigt. Hier werden die verschiedenen Bedienelemente für die Auswahl von Optionen innerhalb von Dialogen behandelt. Die Eigenschaften dieser Bedienelemente und damit auch ihre Eignung hängt dabei vor allem davon ab, wie groß die Menge der Optionen bzw. Einträge ist. Folgende Bedienelemente sind dabei wesentlich:

- Checkboxen steuern binäre Variablen, die Wahrheitswerte darstellen.
- Radiobuttons ermöglichen eine 1-aus-n-Auswahl, wobei die Anzahl klein ist.
- Listboxen, die eventuell mit Scrollbars versehen sind, ermöglichen die Auswahl in größeren Mengen von Optionen.

Diese Bedienelemente werden in den folgenden Abschnitten erläutert. Dabei gibt es Parallelen zu den Überlegungen bei der Menügestaltung: Shneiderman und Plaisant [2009] betrachten Felder von Checkboxen und Radiobuttons sogar als eine Form von Menüs. Die Parallelen betreffen z.B. die Benennung der Bedienelemente und die Strukturierung (welche Radiobuttons bilden eine Gruppe?). Dabei gelten die gleichen Überlegungen wie im Rahmen der Menüauswahl besprochen.

10.1.2.1 Checkboxen

Checkboxen (teilweise auch *Togglebuttons* genannt) sind Widgets, mit denen ein Zustand gesetzt/zurückgesetzt wird. Sie dienen damit der Steuerung einer binären Variablen (Selektion von 1 aus 2) oder anders gesagt: Checkboxen repräsentieren Schalter. Sie werden meist so dargestellt, dass neben einer Beschriftung ein kleines quadratisches Feld auftaucht, in dem beim Setzen ein Häkchen erscheint, das bei nochmaliger Selektion wieder verschwindet. Checkboxen können auch in Menüs integriert werden (Abschn. 9.2). Oft werden mehrere Checkboxen in einem Dialog benötigt. Wenn diese im Zusammenhang stehen, ist eine spaltenweise, zeilenweise oder tabellenartige Anordnung sinnvoll (siehe Abb. 10.3). Wichtig ist, dass Checkboxen nur angewendet werden, wenn für den Benutzer klar ist, was die Selektion und die Deselektion bedeutet; wenn also das Attribut wahr oder falsch ist, Beispiele sind „Zeichen hochgestellt", „unterstrichen". Wenn ein Attribut zwar zwei Werte hat, diese aber *nicht* als Wahrheitswerte interpretiert werden können (z.B. Auswahl aus zwei vordefinierten Schriftarten), dann sind zwei geeignet beschriftete Radiobuttons erforderlich. Keinesfalls sollten mehrere Checkboxen verwendet werden, wenn die Aktivierung einer Checkbox automatisch die Deaktivierung einer anderen nach sich zieht – das ist das Verhalten, das von Radiobuttons (und nur von diesen) erwartet wird. Ausgesprochen ungünstig ist die in Abb. 10.4 dargestellte Situation, bei der es mehrere Paare abhängiger Attribute gibt, bei denen sich mehrere Paare von Checkboxen wie Radiobuttons verhalten.

Schwierig ist die Gestaltung, wenn von n Checkboxen maximal m aktiviert werden dürfen (z.B. bei Befragungen: „Nennen Sie bis zu drei wichtige Gründe, elektronische Bücher zu verwenden", wobei es wesentlich mehr als drei mögliche Gründe gibt). In diesem Fall sollten tatsächlich Checkboxen verwendet werden. Hier hat der Entwickler verschiedene Möglichkeiten. Es könnte automatisch bei Überschreiten der Maximalzahl gesetzter Checkboxen:

- ein Eintrag zurückgesetzt werden,
- der Benutzer auf das Überschreiten dieser Maximalzahl hingewiesen werden und ggf. die weitere Eingabe solange gesperrt werden, bis die Zahl gesetzter Checkboxen wieder im zulässigen Bereich liegt.
- der Benutzer informiert werden, dass er ggf. beim Absenden eines Formulars Einträge zurücksetzen muss.

Die zweite Variante ist dabei der ersten eindeutig vorzuziehen, weil sie für den Benutzer nachvollziehbarer ist. Bei der ersten Variante müsste eine Entscheidung getroffen werden, welche Checkbox zurückgesetzt wird, z.B. die zuerst selektierte. Ob dies den Intentionen des Benutzers entspricht, ist aber unklar. Die dritte Variante ist günstig bei sehr großen Optionsfeldern (treten bei webbasierten Formularen häufig auf), bei denen nicht alle Optionen gleichzeitig sichtbar sind.

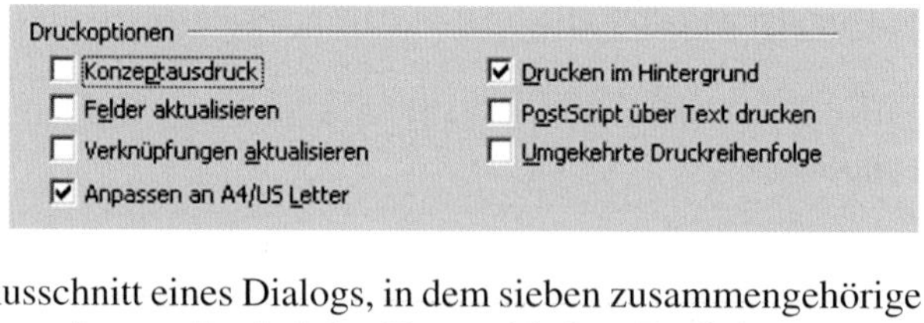

Abb. 10.3: Ausschnitt eines Dialogs, in dem sieben zusammengehörige Checkboxen in zwei Spalten dargestellt sind. Im Unterschied zu Radiobuttons ist die Selektion der Checkboxen unabhängig voneinander möglich. Die unterstrichenen Buchstaben repräsentieren Shortcuts, mit denen eine Tastatursteuerung möglich ist (Screenshot von Microsoft™ Office Word).

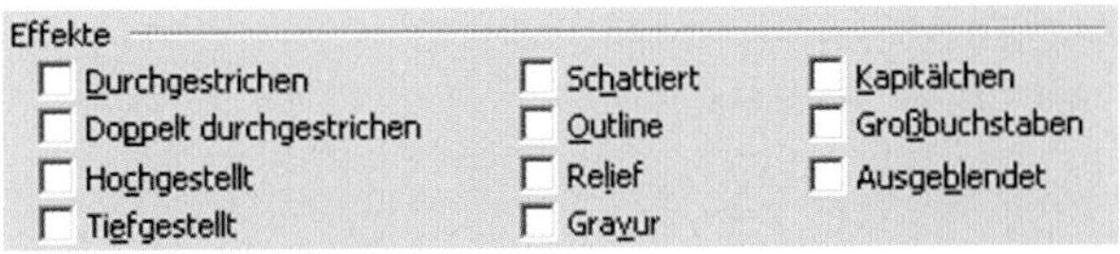

Effekte
Durchgestrichen
Doppelt durchgestrichen
Hochgestellt
Tiefgestellt
Schattiert
Outline
Relief
Gravur
Kapitälchen
Großbuchstaben
Ausgeblendet

Abb. 10.4: In diesem Ausschnitt aus dem „Format Zeichen"-Dialog werden Checkboxen teilweise für abhängige Attribute verwendet. Die Attributpaare „Durchgestrichen" und „Doppelt durchgestrichen", „Hochgestellt", „Tiefgestellt" sowie „Kapitälchen" und „Großbuchstaben" schließen sich gegenseitig aus. Für diese Attribute hätten Radiobuttons verwendet werden müssen, wobei als zusätzliches Feld jeweils ein Button „normal" bereitgestellt werden müsste (Screenshot von Microsoft™ Office Word).

10.1.2.2 Radiobuttons

Radiobuttons sind Widgets, mit denen genau eine Option aus mehreren ausgewählt werden kann (1-aus-*n*-Selektion). Dabei ist *n* relativ klein; typische Werte sind drei bis sechs. Der Name ist in Analogie an die Senderwahl bei einem Radio gewählt. Auch dort kann jeweils nur *ein* Sender gleichzeitig gewählt werden. Jede mögliche Option wird durch einen Radiobutton (kleiner Kreis mit heller Füllung) visualisiert. Dabei löst die Selektion einer Option immer die Deselektion der vorher aktiven Selektion aus. Die Zusammengehörigkeit von Radiobuttons wird durch eine einheitliche Anordnung und evtl. zusätzlich durch eine Umrandung gekennzeichnet.

Wichtig ist bei Radiobuttons, dass erkennbar ist, welche Buttons zusammengehören. Radiobuttons sollten dabei am besten vertikal in einer Spalte angeordnet sein. Um die Höhe des Dialogs zu begrenzen, werden aber auch horizontale Anordnungen gewählt. Eine tabellarische Anordnung mit Zeilen und Spalten ist weniger gut erkennbar und sollte eher bei einer relativ großen Zahl an Radiobuttons eingesetzt werden. Alle drei Varianten tauchen in den Screenshots in Abb. 10.5 auf.

Ausgesprochen ungünstig ist es, wenn ein Radiobutton nicht mit den anderen in einer Spalte/Zeile angeordnet ist und damit nicht direkt ersichtlich ist, welche Radiobuttons eine zusammengehörige Gruppe bilden. Von einer Liste von Radiobuttons sollte es immer eine aktuelle Auswahl geben – auch beim Start des Dialogs! Eine Gruppe von Radiobuttons, in der keiner selektiert ist, verwirrt Benutzer [Johnson, 2000]. Bei Online-Fragebögen, bei denen den Testpersonen keine Antwort nahegelegt werden soll, ist es z.B. sinnvoll, einen Radiobutton „Keine Auswahl" hinzuzufügen und diesen initial zu selektieren.

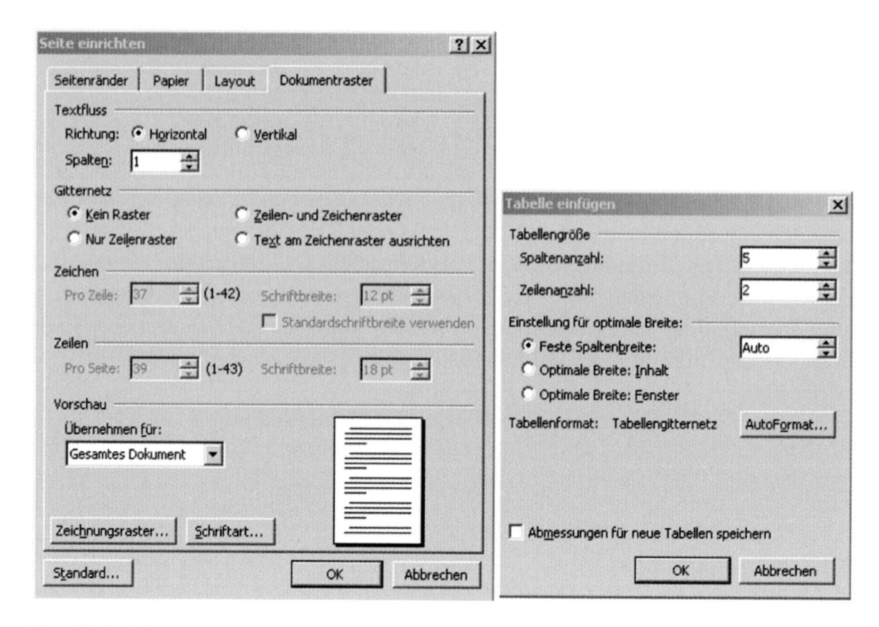

Abb. 10.5: Links: Ein Dialog mit zwei horizontal angeordneten Radiobuttons („Horizontal" und „Vertikal") und einer zweiten Gruppe von Radiobuttons, die tabellenartig (zwei Spalten und Zeilen) angeordnet sind. Rechts: Ein einfacher Dialog mit mehreren vertikal angeordneten Radiobuttons (Screenshot von Microsoft™ Office Word).

10.1.2.3 Auswahl mit Listboxen

Die im vorangegangenen Abschnitt erläuterten Dialogbausteine sind für die Auswahl aus einer kleinen Menge (etwa zwei bis sechs Elemente) geeignet. Listboxen werden für die Auswahl aus größeren Mengen verwendet und im Folgenden erläutert. Der Übergang ist allerdings fließend. So kann aus Gründen der Konsistenz auch die Auswahl aus drei oder vier Elementen in einer Listbox erfolgen, die dann eventuell neben einer anderen Listbox platziert wird und zu einem ausgewogenen Layout führt (siehe Abb. 10.6). Listboxen sind meist so dimensioniert, dass nicht alle Einträge gleichzeitig sichtbar sind – in diesen Fällen wird ein Scrollbar hinzugefügt. Scrollbars dienen der Navigation in Fenstern und in Listboxen. Aspekte der Interaktion, wie das Feedback beim Scrollen, wurden in Abschn. 8.4 diskutiert.

Arten von Listboxen. Folgende Arten von Listboxen sind zu unterscheiden:

- Mit *Listboxen* kann ein Wert aus einer größeren Menge von Werten selektiert werden. Dabei ist oft nur ein Ausschnitt aus der Liste sichtbar. Daher ist ein Scrollbar erforderlich, mit dem in der Listbox navigiert werden kann.
- Eine Variante von Listboxen sind *Dropdown-Listbox*, die nur ein sichtbares Feld enthalten. Neben der Dropdown-Liste ist ein nach unten gerichtetes Dreieck an-

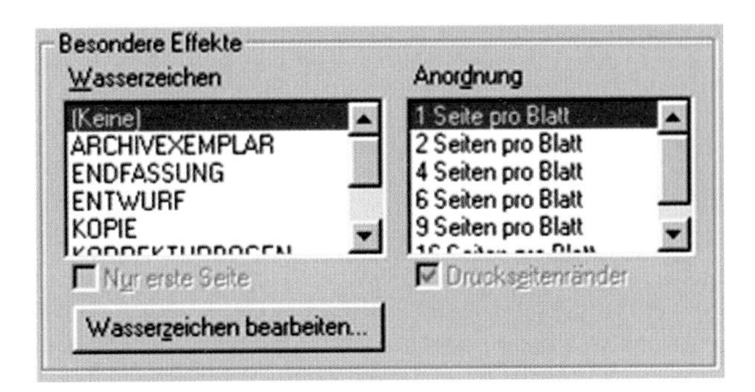

Abb. 10.6: Zwei Listboxen in einem Dialog, deren vertikale Anordnung konsistent ist. Die rechte Listbox allein wäre wahrscheinlich etwas höher dimensioniert worden, damit auch der einzige nicht sichtbare Eintrag sofort sichtbar wird (Screenshot von Microsoft™ Office Word).

geordnet, damit eine Listbox als solche für den Benutzer erkennbar ist. Die Selektion des Dreiecks bewirkt die Anzeige der Listbox. Auch dabei ist der sichtbare Ausschnitt in der Regel so dimensioniert, dass nicht alle Einträge sichtbar sind und wiederum ein Scrollbar für die Navigation erforderlich ist. Die Listbox wird dabei so lange angezeigt, bis eine Auswahl getroffen wurde. Die Verwendung von Dropdown-Listboxen mit nur zwei Einträgen sollte allerdings vermieden werden – der eingesparte Platz steht dabei in keinem Verhältnis zu dem Mehraufwand bei der Interaktion. Zu berücksichtigen ist auch, dass Benutzer häufig diese Listboxen nicht selektieren und sich gar nicht bewusst sind, dass der entsprechende Standardwert verändert werden kann (Abb. 10.7).

- Ähnlich wie bei Dropdown-Listboxen ist bei Popup-Listboxen zunächst auch nur ein Eintrag sichtbar. Erst bei der Selektion dieses Eintrags wird die Listbox eingeblendet, wobei sich diese nach oben und unten ausdehnt. Zwei kleine Dreiecke, die nach oben und unten gerichtet sind, symbolisieren eine Popup-Listbox (Abb. 10.8).

Listboxen sind teilweise mit einer Texteingabe kombiniert. Diese Variante wird auch als Combobox bezeichnet. Dadurch wird die Auswahl aus einer vorgegebenen Menge mit der Eingabe eines (beliebigen) Wertes verknüpft. Ein Beispiel dafür ist das Eingeben von Skalierungen, wo typischerweise einige Skalierungen (wie 1:2, 1:1 und 2:1 oder Skalierung auf Seitenbreite) vorgeschlagen werden, aber auch die Eingabe eines beliebigen Skalierungsfaktors möglich ist. Weitere Beispiele für Listboxen finden sich in Abb. 10.9 und 10.10.

Mehrspaltige Listboxen. Listboxen können Einträge enthalten, die aus mehreren Bestandteilen bestehen. So kann neben einem textuellen Eintrag ein Buchstabe oder ein Icon erscheinen, das ein wichtiges Attribut dieses Eintrags anzeigt. In einer Liste von Dateien kann der Typ der Datei oder das Erstellungsdatum neben dem Namen angegeben werden. Abb. 10.13, S. 399 zeigt ein Beispiel aus der Textverarbeitung:

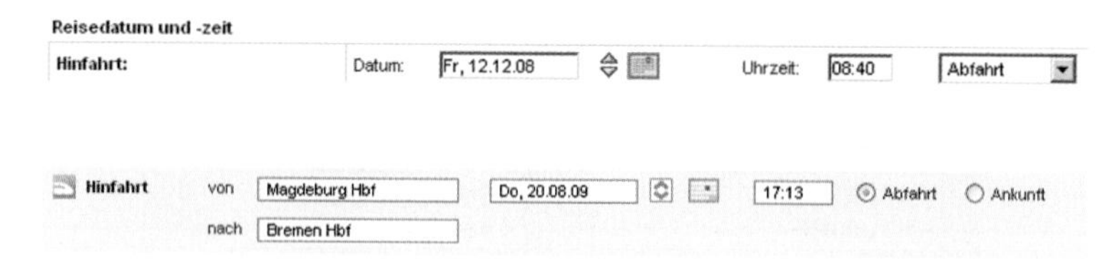

Abb. 10.7: Oberes Bild: Bei der Wahl einer Bahnverbindung kann man sinnvollerweise sowohl die Abfahrtszeit (Standard) als auch die Ankunftszeit festlegen. Dazu dient die Dropdown-Listbox am rechten Rand. Durch zwei Radiobuttons wäre dies wesentlich leichter ersichtlich (Stand 2008). In der Version von 2009 (unteres Bild) wurden Radiobuttons genutzt (Screenshot der Reiseauskunft der Deutschen Bahn).

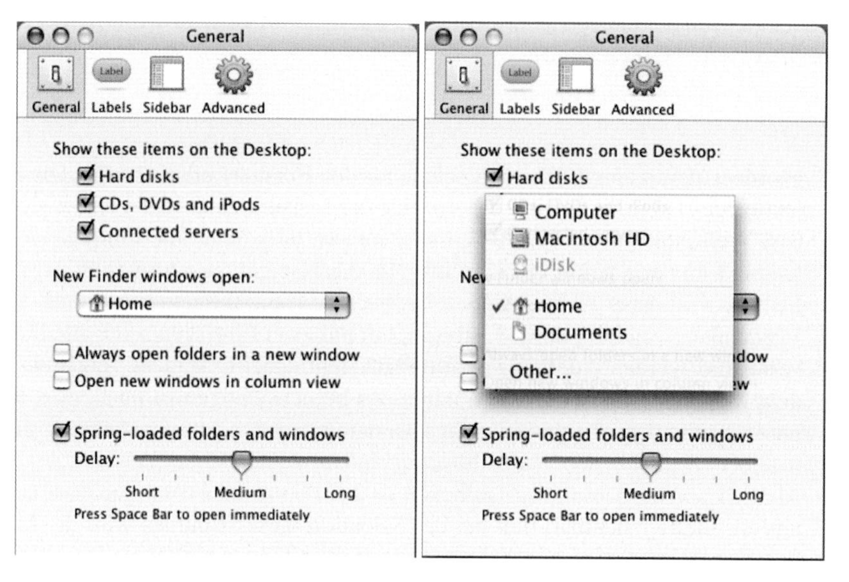

Abb. 10.8: Das Aktivieren einer Popup-Listbox im linken Bild führt dazu, dass diese temporär eingeblendet wird, wobei erhebliche Teile des Dialogs verdeckt werden. Der moderate Einsatz von Farben und Farbverläufen (in der oberen Leiste), von Schatten und 3D-Effekten führt zu einer angenehmen modernen Gestaltung (Screenshot des Betriebssystems Mac OS X von Apple™).

Bei der Auswahl einer Schriftart erscheint vor jedem Eintrag ein Symbol, das anzeigt, ob es sich um einen TrueType-Font handelt oder nicht. Wenn eine Listbox der Auswahl von Schriftarten dient, ist es auch möglich, die Einträge jeweils in der entsprechenden Schriftart darzustellen, um dem Benutzer vor der Auswahl eines solchen Elementes ein Gefühl für das Aussehen zu geben. Dies entspricht dem Grundgedanken von WYSIWYG (Abschn. 9.3).

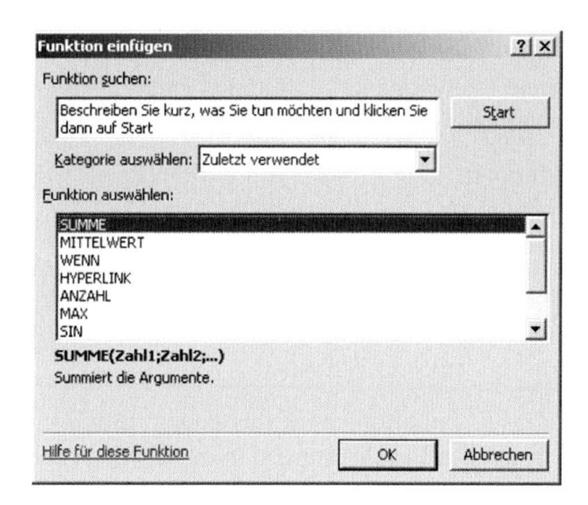

Abb. 10.9: Eine einfache Liste, mit der *eine* mathematische Funktion ausgewählt werden kann. Unter der Liste wird die Bedeutung des jeweils aktivierten Eintrags beschrieben (Screenshot von Microsoft™ Office Excel).

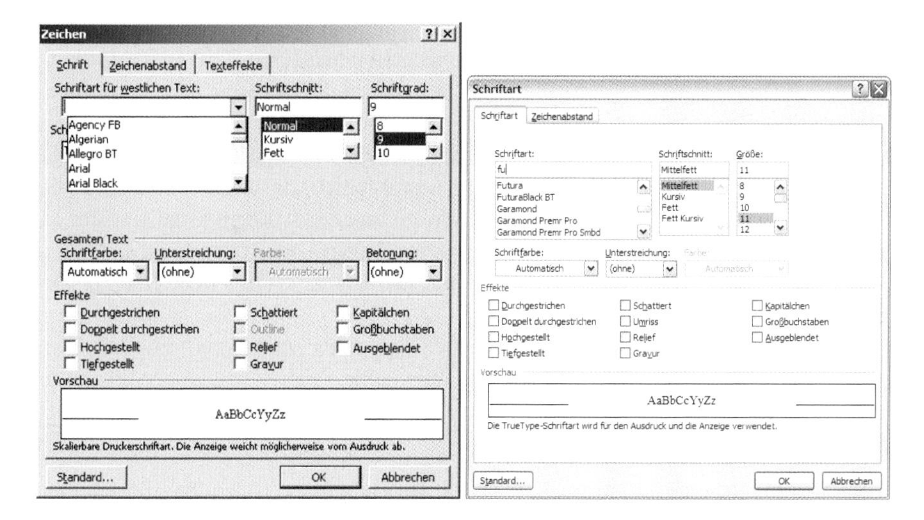

Abb. 10.10: Dialog zum Formatieren von Zeichen (links von 1997, rechts von 2007). Diverse Listboxen sind in der oberen Bildhälfte angeordnet. Die Auswahl einer Schriftart wird durch eine AutoComplete-Funktion unterstützt. Bei den anderen beiden Listboxen sind in der älteren Version nur drei Einträge sichtbar und damit ist kein Platz für einen vertikalen Scrollbar. Beim Schriftschnitt ist der Scrollbar überflüssig: es gibt nur vier Optionen – Platz für die Anzeige eines vierten Listeneintrags wäre ausreichend vorhanden. In der älteren Version ist das Design in der unteren Dialoghälfte sehr gedrängt, während in der oberen Dialoghälfte viel Platz ungenutzt bleibt. Das neuere Layout ist in allen Aspekten wesentlich günstiger (Screenshot von Microsoft™ Office Word).

Ähnlich wie bei der Auswahl von Schriftarten wird auch bei der Farbauswahl oft eine mehrsprachige Listbox generiert, die den Farbnamen und ein entsprechend gefärbtes Rechteck enthält.

Entwurfsentscheidungen. Der Einsatz von Listboxen erfordert eine Reihe von Entwurfsentscheidungen. Die wichtigsten davon betreffen:

- Beschriftung der Listbox,
- Festlegung der Art der Listbox,
- Dimensionierung der Listbox und die
- Ordnung der Einträge in den Listboxen.

Beschriftung. Listboxen bedürfen einer passenden Beschriftung. So selbstverständlich dies klingt, werden Beschriftungen nicht selten vergessen. Entwickler erklären dies teilweise damit, dass durch die dargestellten Listeneinträge „klar“ sei, was in dieser Listbox ausgewählt werden kann [Johnson, 2000]. Das erweist sich oft als Fehleinschätzung.

Festlegung der Art der Listbox. Listboxen, die bei der Bearbeitung eines Dialogs permanent sichtbar und ausreichend groß sind, sind für den Benutzer leichter zu erfassen als solche, die nur temporär eingeblendet werden. Für Eingaben, die oft gemacht werden müssen, sollte möglichst eine permanent sichtbare Listbox gewählt werden. Häufig ist es aus Platzgründen aber nicht zu vermeiden, Popup- und Dropdown-Listboxen einzusetzen. Bei der Gestaltung dieser temporär eingeblendeten Listboxen muss berücksichtigt werden, dass dabei andere Widgets durch das Ausklappen verdeckt werden. Dies ist dann problematisch, wenn die Anzeige der verdeckten Werte als Kontext für die Selektion aus der Listbox wichtig wäre. Eine generelle Empfehlung für eine Präferenz von Popup- oder Dropdown-Listboxen kann nicht gegeben werden. Konsistenz innerhalb eines Dialogs bzw. einer gesamten Applikation ist anzustreben.

Dropdown-Listboxen sind bei WINDOWS-Systemen stärker verbreitet als beim APPLE MACINTOSH, was man z.B. daran erkennt, dass bei gleichen Programmen die korrespondierenden Eingaben mit unterschiedlichen Listenformen realisiert sind.

Dimensionierung der Listbox. Eine wichtige Entwurfsentscheidung besteht darin, festzulegen, wie viele Einträge zunächst sichtbar sind. Die Zeit für die Selektion vergrößert sich, wenn zuerst die Liste ausgeklappt wird und dann aufwändig gescrollt werden muss. Allerdings ist der Platzbedarf für die Anzeige einer größeren Menge an Optionen sehr groß, sodass die Anzeige der gesamten Liste angebracht ist, wenn diese Selektion häufig vorgenommen wird. Wenn mehrere Listboxen in einem Dialog benötigt werden, sollten diese aneinander ausgerichtet sein, und wenn möglich, auch von der Größe her übereinstimmen.

Auch die horizontale Dimensionierung einer Listbox muss sorgfältig durchdacht werden. Wenn möglich, sollten alle Einträge vollständig lesbar sein. Allerdings ist es auch nicht wünschenswert, wenn eine Listbox wegen eines einzelnen, besonders langen Eintrags wesentlich verbreitert werden muss, weil so zu viel Platz „verschenkt“ wird. Eventuell sollte der entsprechende Eintrag abgekürzt werden – eine

Variante, die in CAD-Systemen häufig anzutreffen ist. Horizontale Scrollbars sollten nur ausnahmsweise benutzt werden. Teilweise kommt es zu solchen Problemen durch die Übertragung einer Schnittstelle in eine andere Sprache, bei der der entsprechende Begriff länger ist und der Platz dann nicht ausreicht. In neueren Systemen werden teilweise Tooltips eingesetzt, um die aktuelle Zeile (temporär) komplett darzustellen, sodass die Inhalte auch ohne Scrollbar erkennbar sind.

Dimensionierung bei dynamisch generierten Listboxen. Besonders schwierig wird die Layoutgestaltung, wenn die Listeneinträge dynamisch generiert werden und der Platzbedarf damit nicht offensichtlich ist. Listboxen, die zur Auswahl einer Schriftart oder eines Druckers dienen, sind auch Beispiele, in denen es von der Umgebung des Benutzers (installierte Schriftarten und Drucker) abhängt, wie groß die darzustellende Menge an Informationen ist. E-Mail- und Terminverwaltungsprogramme beinhalten Adressbücher des Benutzers – der Umfang dieser Daten kann sich stark unterscheiden. Das Testen mit Benutzern in deren Arbeitsumgebung ist in solchen Fällen erforderlich, um ein Gefühl für typische Werte zu bekommen.

Listboxen mit erweiterter Funktionalität. Eine neuere Variante von Listboxen erlaubt es, den aktuell selektierten Eintrag zu vergrößern, um – zu diesem Eintrag passende – Zusatzinformationen einzublenden bzw. um eine Aktion auszulösen. Diese Variante bietet eine Reihe von Vorteilen: der Benutzer kann den entsprechenden Bildschirmabschnitt weiterhin fixieren und ggf. die gewünschte Aktion auslösen, ohne seine Aufmerksamkeit auf einen anderen Bildschirmbereich zu richten. Dass sich dabei die Darstellung der Liste deutlich ändert, kann man als Nachteil ansehen. Solange relativ wenige Informationen eingeblendet werden und sich das Layout nicht zu stark ändert, überwiegen die Vorteile. Abb. 10.11 zeigt ein gelungenes Beispiel. Es handelt sich um eine sogenannte Fokus-und-Kontext-Darstellung; derartige Darstellungen werden in Abschn. 12.4 näher erläutert.

Ordnung in den Listboxen. Wie bei Menüeinträgen spielt die Ordnung der Listeneinträge eine wichtige Rolle. Meistens werden Listeneinträge alphabetisch geordnet. Dies ist, da Listeneinträge mehr Gemeinsamkeiten haben sinnvoll als Kommandonamen, die durch Menüeinträge repräsentiert werden. Teilweise gibt es mehrere geeignete Kriterien für die Sortierung; zumindest bei langen Listen ist es in diesen Fällen sinnvoll, die Sortierkriterien wählbar zu machen. So können in einem Dateimanager Dateien nach Name, Datum und Typ geordnet werden. Bei sehr langen Listen ist es teilweise sinnvoll, die Einträge zu kategorisieren und auf dieser Basis nur eine Teilmenge der Einträge anzuzeigen (Abb. 10.12). Als Variante können die zuletzt besonders häufig selektierten Einträge an den Anfang der Liste gesetzt werden, wobei dann nach einem entsprechenden Trennstrich wieder eine alphabetische Reihenfolge erscheint (siehe Abb. 10.13). Dies entspricht dem Konzept von Split-Menüs (Abschn. 9.2.3.3).

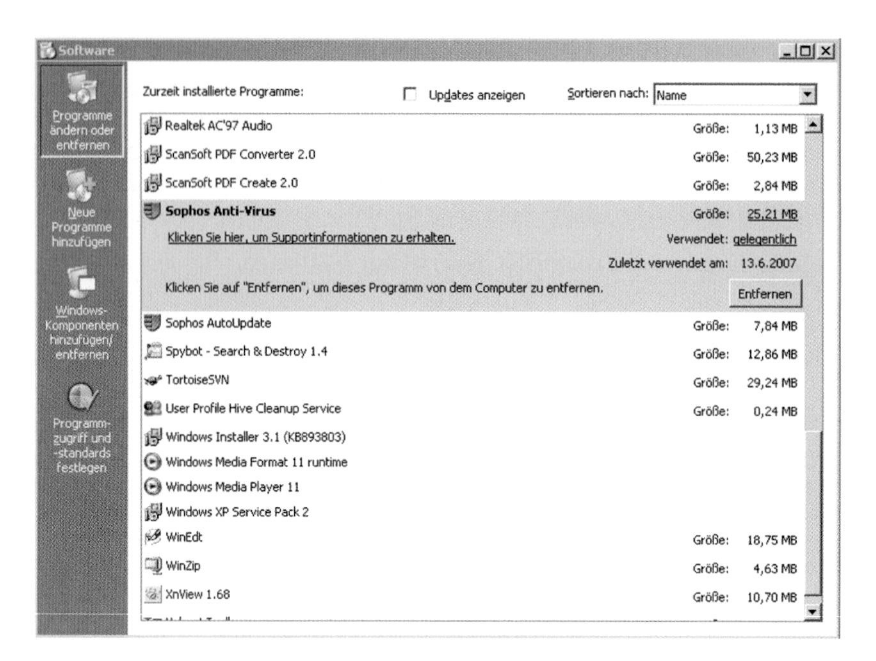

Abb. 10.11: In einer Listbox wird für den selektierten Eintrag zusätzlicher Platz zur Verfügung gestellt und zur Anzeige relevanter Information genutzt. Außerdem wird es ermöglicht, eine Aktion („Entfernen") auszulösen (Screenshot von Microsoft™ Windows).

10.1.2.4 Listboxen mit Mehrfachauswahl

Listboxen zur Mehrfachauswahl stellen eine besondere Herausforderung dar. Grundsätzlich benötigen derartige Listboxen mehr Platz; die platzsparenden Varianten der DropDown- und Popup-Listboxen sind hier nicht sinnvoll. Idealerweise sind bei diesen Listboxen alle Einträge sichtbar. Ungünstig ist es, wenn der Benutzer nicht alle von ihm aktivierten Einträge gleichzeitig sehen kann. Ähnlich wie bei der Mehrfachselektion in grafischen Darstellungen (S. 366) ist es oft sinnvoll, alle Einträge zu selektieren bzw. Selektionen komplett aufzuheben. Daher ist es empfehlenswert, die Liste um die Buttons „Alle auswählen" und „Auswahl aufheben" zu ergänzen. Die Zusammengehörigkeit der Liste mit diesen Buttons muss durch Gruppierungskomponenten visuell repräsentiert werden (siehe Abschn. 10.1.9).

10.1.3 Auswahl von Einträgen aus einer Hierarchie

Bei den bisher diskutierten Varianten der Auswahl von Optionen bzw. Elementen wurde davon ausgegangen, dass diese quasi „gleichberechtigt" sind. Unter dieser

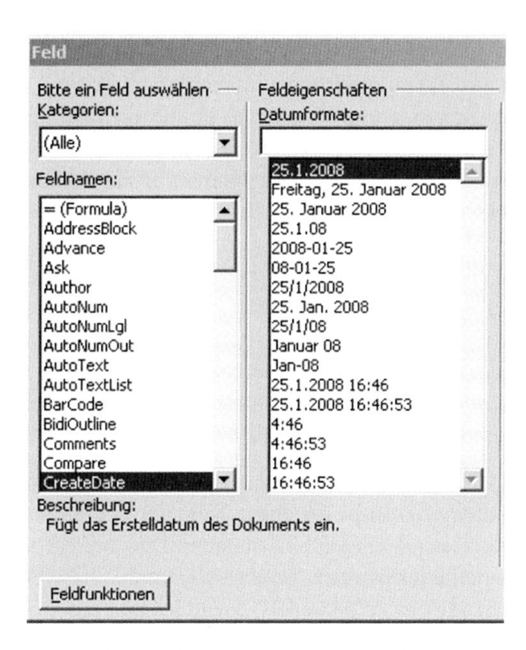

Abb. 10.12: Die obere linke Listbox dient dazu, ein Kriterium zu selektieren, das die Auswahlmöglichkeiten in der unteren Liste einschränkt. Zu dem selektierten Listeneintrag werden rechts passende Eingabemöglichkeiten dargestellt (Screenshot von Microsoft™ Office Word).

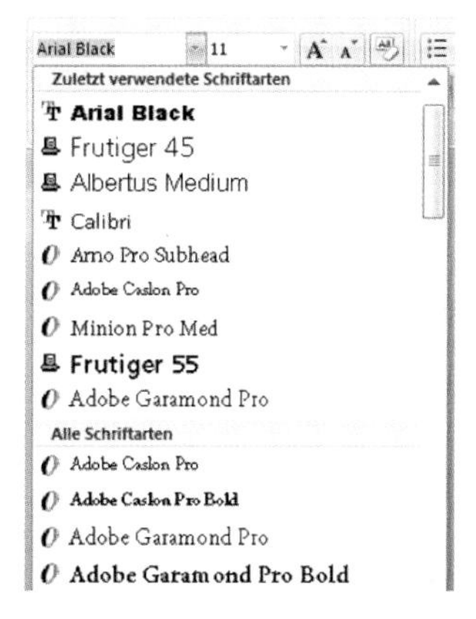

Abb. 10.13: Um die Auswahl aus einer langen Liste zu unterstützen, sind die am häufigsten verwendeten Einträge vorangestellt. Die anderen Einträge sind in alphabetischer Reihenfolge dargestellt. Die Icons zeigen, ob es sich um einen TrueType-Font handelt (Screenshot von Microsoft™ Office Word).

Annahmen ist die lineare Präsentation in einer Liste von Radiobuttons oder Listeneinträgen angemessen. Wenn die Elemente stattdessen in einer hierarchischen Beziehung zueinander stehen, ist zu überlegen, ob die Hierarchie explizit dargestellt werden kann, um so eine Navigation darin zu ermöglichen. Das Ein- und Ausblenden von Teilbäumen ist dabei wichtig. Eine Hierarchie kann auch eingeführt werden, wenn ein prinzipiell linearer Suchraum sehr groß wird. So wird in umfangreichen Verzeichnissen von Namen, z.B. Mitarbeiter in einem sehr großen Forschungsinstitut, eine einstufige Hierarchie aufgebaut, bei der der Anfangsbuchstabe des Nachnamens für den Aufbau der Hierarchie genutzt wird.

Für diese Selektion in Hierarchien existieren mittlerweile vorgefertigte Komponenten, die meist als TreeView bezeichnet werden. Für das Ein- und Ausklappen sind die Symbole „+" und „-" üblich. Einträge, die nicht mit einem dieser beiden Zeichen versehen sind, repräsentieren die Blätter in der Hierarchie.

Dimensionierung. Auch beim Einsatz von TreeViews ist wiederum die Dimensionierung wichtig. Da der Benutzer beliebige Teile der Hierarchie ein- und ausklappen kann, ist der Platzbedarf schwer einschätzbar. Dies betrifft sowohl die vertikale Ausdehnung als auch die horizontale. TreeViews, für die nur wenig Platz zur Verfügung steht, sind sehr schwer zu bedienen – insofern ist eine großzügige Dimensionierung empfehlenswert. Der in Abb. 10.14 gezeigte Dialog zur Auswahl von Laufwerken ist diesbezüglich vorbildlich. Es kann aber Arbeitsplätze geben, bei denen die Anzahl der Laufwerke oder die Tiefe der Hierarchie so groß ist, dass der initiale Platz nicht mehr als angemessen empfunden wird. Insofern sollten derartige Dialoge grundsätzlich skalierbar sein und bei einer Vergrößerung den zusätzlichen Platz für die TreeView-Anzeige nutzen (Skalierbarkeit von Dialogen wird in Abschn. 10.3.2 diskutiert). Für den horizontalen Platzbedarf ist die Darstellung des Wurzelknotens wesentlich; hier wird in einschlägigen Empfehlungen darauf hingewiesen, dass der Wurzelknoten weggelassen werden kann (ähnlich wie bei Pulldown-Menüs, Abschn. 9.2.1) [Johnson, 2000].

Anwendungen. TreeViews können in einer Applikation natürlich auch außerhalb von Dialogen genutzt werden, z.B. um durch hierarchisch strukturierte Inhalte zu navigieren. In Abb. 10.15 ist eine TreeView-Darstellung eines Hilfesystems zu sehen. Interessant ist, dass hier die Einträge automatisch so umgebrochen werden, dass horizontales Scrollen vermieden wird. Der Wortumbruch entspricht nicht den deutschen Trennregeln; dennoch ist dies ein angemessener Kompromiss.

Grenzen. Die Grenzen beim Einsatz von TreeViews liegen in der Größe und Tiefe des hierarchischen Informationsraums und der Fähigkeit und Gewohnheit der Benutzer, in Hierarchien zu denken. Bei großen Informationsmengen ist eine Suchfunktion unumgänglich, um Elemente zu lokalisieren. Je nach Benutzergruppe ist eine gewisse Tiefe der Hierarchie kritisch; teilweise wird diskutiert, für „normale" Benutzer keine Hierarchien darzustellen, die tiefer sind als zwei. Als Alternative für tiefere Hierarchien eignen sich Baumdarstellungen (Abschn. 11.3).

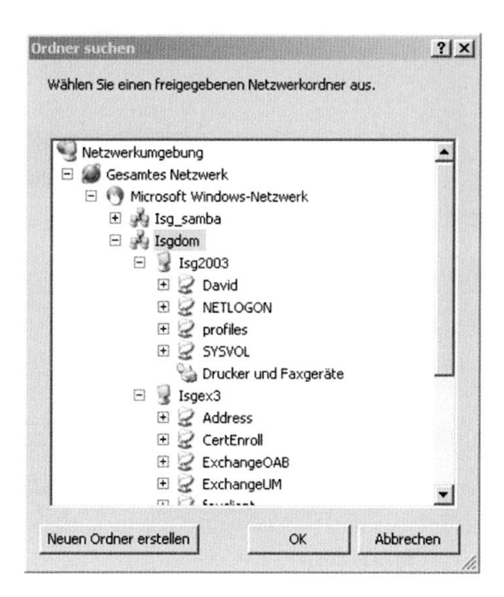

Abb. 10.14: Beispiel eines Dialogs mit integrierter Baumansicht (TreeView). Der Dialog dient dazu, einen Laufwerksbuchstaben mit einem (Netzwerk-)Verzeichnis zu assoziieren. Der TreeView unterstützt die Navigation in der Verzeichnishierarchie. Bei Bedarf kann der Dialog (dargestellt ist die Ausgangsgröße) weiter vergrößert werden (Screenshot von Microsoft™ Windows XP).

10.1.4 Texteingabe

Viele Dialoge und Formulare enthalten Texteingabefelder. Oft wird die Texteingabe dadurch unterstützt, dass die Cursortasten wie in einem Texteditor zur Positionierung benutzt werden können und dass die Funktionalität zum Ausschneiden, Kopieren und Löschen von Textbereichen angeboten wird. Als Rückkopplung wird der eingegebene Text in der Regel angezeigt. Eine Ausnahme bildet die Passworteingabe, bei der diese Form der Rückkopplung unerwünscht ist.

Texteingabefelder müssen geeignet dimensioniert werden. Dabei sollte kein Platz verschwendet werden – allerdings sollte der eingegebene Text auch möglichst vollständig sichtbar sein. Für die Eingabe von Kommentaren, deren Länge der Entwickler schwer abschätzen kann, muss dies relativiert werden. Die dafür bereitgestellten Texteingabefelder sind in der Regel mehrzeilig. Oft kann eine Texteingabe durch eine AutoComplete-Funktion unterstützt werden. Dabei wird versucht, entsprechend einer eventuell zuvor (oder in einer früheren Sitzung) gemachten Eingabe die eingegebene Zeichenkette zu expandieren. Dies wird z.B. bei Webbrowsern genutzt, um die Eingabe schon einmal besuchter WWW-Adressen zu unterstützen. AutoComplete-Funktionen sind bereits bei der Eingabe von Kommandosprachen (Abschn. 9.1.1) diskutiert worden. Sie werden dort genutzt, um die Eingabe der Schlüsselwörter zu erleichtern.

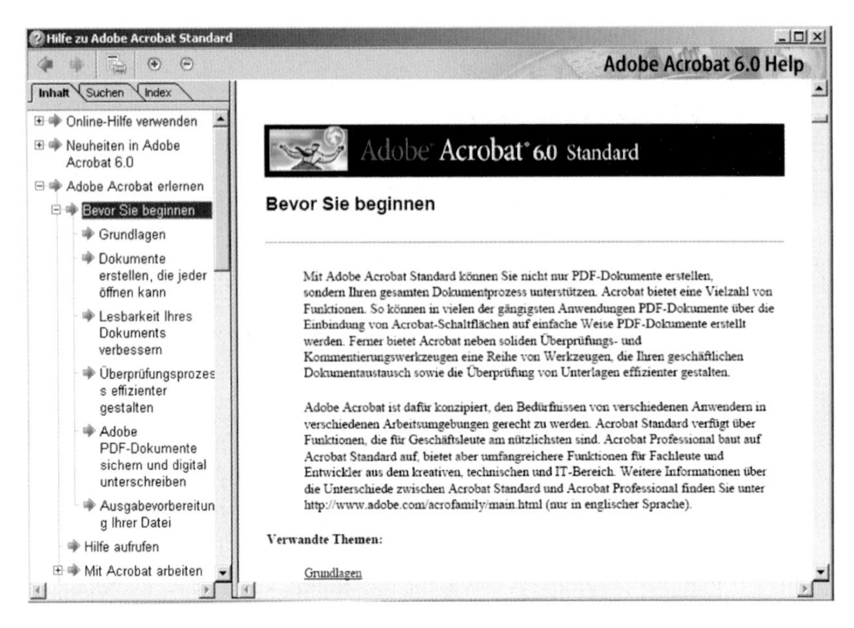

Abb. 10.15: Ein TreeView zur Navigation in einem Hilfesystem. Der TreeView kann horizontal vergrößert werden. Der Wortumbruch passt sich automatisch an den zur Verfügung stehenden Platz an, sodass horizontales Scrollen vermieden wird (Screenshot von Adobe™ Acrobat).

Nutzung von Standardwerten. Wenn der eingegebene Text einer gewissen Struktur folgen muss, z.B. bei Währungen oder Daten, ist es besonders wichtig, dass das Format beschrieben wird oder initial ein Standardwert als Beispiel für eine korrekte Eingabe vorhanden ist. Bei der Vorgabe von Standardwerten gibt es zwei Varianten:

- der Standardwert ist ein häufig vorkommender Wert und der Benutzer akzeptiert ihn in vielen Fällen, oder
- der vorgegebene Wert ist lediglich ein Beispiel, das veranschaulichen soll, welche Eingabe an dieser Stelle möglich ist. So steht im Feld „Name" häufig „Mustermann" – eine Strategie, die auch bei herkömmlichen Papierformularen gebräuchlich ist und die Verwechslungen z.B. zwischen Vor- und Nachnamen unwahrscheinlicher macht.

Im zweiten Fall wird der Benutzer den Wert höchstwahrscheinlich überschreiben. Damit dies nahe liegt und der vorgegebene Wert nicht versehentlich akzeptiert wird, kann der Wert automatisch selektiert werden, wenn das Feld den Eingabefokus enthält, sodass jede Eingabe zum Überschreiben des vorgegebenen Wertes führt.

Hilfestellung für korrekte Texteingaben. Wenn eine Datumseingabe in dem in Nordamerika üblichen Format verlangt wird, kann dies durch die Beschreibung (YY/MM/DD) gekennzeichnet werden, wobei *Y* für *Year*, *M* für *Month* und *D* für

Day steht und zugleich angezeigt wird, dass jede Eingabe zweistellig ist. Mittlerweile stehen in User Interface Toolkits Möglichkeiten zur Eingabe von strukturiertem Text zur Verfügung. Diese „erzwingen" quasi, dass die Eingabe der vorgegebenen Struktur folgt (siehe Abb. 10.16 für ein Beispiel). Generell ist es ungünstig, eine strukturierte Eingabe numerischer Werte wie eine Texteingabe zu behandeln; im nächsten Abschnitt 10.1.5 werden günstigere Varianten vorgestellt.

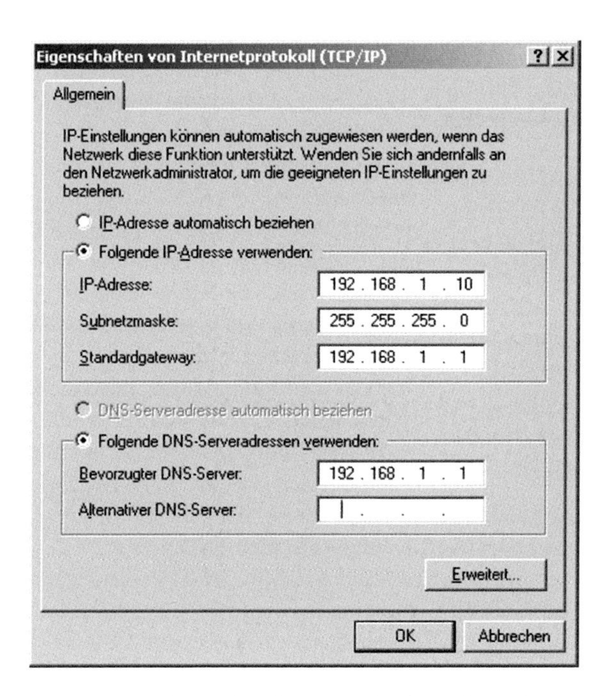

Abb. 10.16: Die formatierte Texteingabe unterstützt die Eingabe von IP-Adressen. Die Punkte an den richtigen Stellen müssen nicht eingegeben werden, und bei jeder einzelnen Zahleneingabe wird überprüft, ob die Ziffern plausibel sind.

Bezug zur Formulareingabe. Die hier genannten Empfehlungen sind besonders für die Formulareingabe (Abschn. 10.5) relevant, weil die Texteingabe dort die vorherrschende Form ist. Dort werden weitere Beispiele zur Texteingabe vorgestellt.

10.1.5 Eingabe numerischer Werte

Die Eingabe numerischer Werte erfolgt in der Regel in Texteingabefeldern. Sie sollte dadurch unterstützt werden, dass der zulässige Wertebereich klar erkennbar ist. Bei der Beschriftung sollten Maßeinheiten angegeben werden. Wenn verschiedene

Maßeinheiten sinnvoll erscheinen, sollte ein Umschalten möglich sein (z.B. Millimeter, Zentimeter, Zoll).

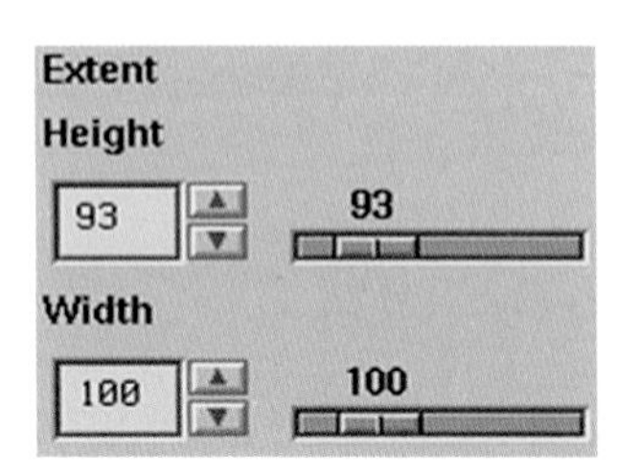

Abb. 10.17: Beispiel für die Kombination verschiedener Varianten der Eingabe numerischer Werte: Die Arrow Buttons dienen der inkrementellen Änderung der eingegebenen Zahl und die Slider der direktmanipulativen Änderung. Dieses Beispiel ist mit OSF/Motif erstellt.

Buttons mit Pfeilen nach oben und unten (engl. *arrow buttons*), die neben dem Texteingabefeld platziert werden, dienen dazu einen eingestellten Standardwert inkrementell zu verändern. Die Schrittweite, um die der numerische Wert dabei erhöht oder verringert wird, muss in einem vernünftigen Verhältnis zum Wertebereich stehen. Bei einem Wertebereich von 0 ... 50 ist die Schrittweite 1 vertretbar, bei einem Wertebereich von 0 ... 500 sollte die Schrittweite dagegen größer sein. Bei längerem Drücken eines Arrow Buttons kann die Geschwindigkeit, in der die Werte verändert werden, erhöht werden, um das Überbrücken längerer Intervalle zu erleichtern. Dennoch sind die Arrow Buttons vor allem für die inkrementelle Veränderung eines Wertes gedacht – bei einer starken Veränderung ist die textuelle Eingabe oder die Manipulation eines Reglers (engl. *slider*) vorzuziehen. Regler sind für die direktmanipulative Grobeinstellung eines Wertes in einem kontinuierlichen Bereich geeignet (vgl. Abschn. 4.1).

Wichtig ist, dass alle Bedienelemente für die numerische Eingabe koordiniert werden. So muss eine Selektion der Arrow Buttons zur Anpassung der Werte im Textfeld und der Position der Regler führen. Abb. 10.17 stellt Möglichkeiten zur Eingabe numerischer Werte dar, wobei in der Anzeige im rechten Teil der Wertebereich erkennbar ist. Eine bessere Unterstützung wäre möglich, wenn die Grenzen des Wertebereichs explizit beschriftet werden und eine Skaleneinteilung hinzugefügt wird (etwa 3-4 Striche zwischen zwei beschrifteten Werten, z.B. 100 und 200 erlauben ein leichtes Abschätzen der dazwischenliegenden Werte).

Beschriftung von Slidern. Numerische Eingaben müssen in einer für den Benutzer verständlichen Form vorgenommen werden. Das bedeutet, dass der Benutzer zumindest grob abschätzen kann, was er bei einer bestimmten Eingabe zu erwarten hat. Für dieses Ziel kann es günstiger sein, einen Regler mit verbalen Beschriftungen zu versehen. So kann sich der Benutzer unter absoluten Werten für die Mausgeschwindigkeit wenig vorstellen; Beschriftungen mit „Langsam“, „Moderat“, „Schnell“ sind daher günstiger. In Abb. 10.18 sind derartig beschriftete Slider dargestellt. Auffällig ist hier, dass eine exakte Zahleneingabe und Buttons für die inkrementelle Veränderung gar nicht vorgesehen sind; es geht hier nur um eine ungefähre Einstellung.

Temporär eingeblendete Slider. Slider für die numerische Eingabe nehmen relativ viel Platz ein. Bei einem Dialog mit einer Vielzahl numerischer Eingaben führt dies zu Layoutproblemen und nicht selten dazu, dass auf Slider verzichtet wird. Eine Alternative dazu besteht darin, nur für die gerade aktive numerische Eingabe

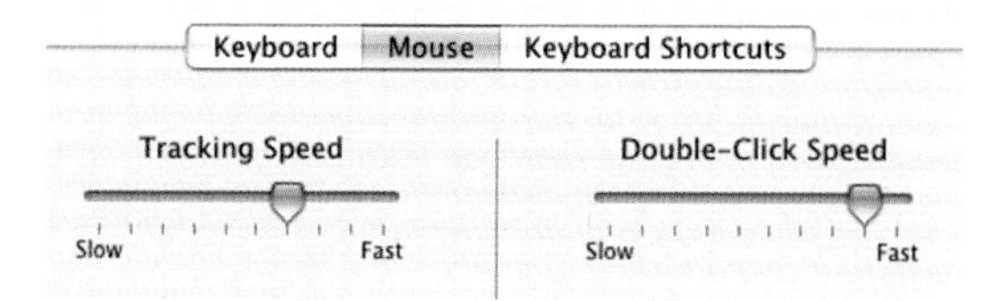

Abb. 10.18: Ein Slider zur Einstellung der Mausgeschwindigkeit ist mit verbalen Beschriftungen versehen, da konkrete Zahleneingaben für den Benutzer bedeutungslos wären (Screenshot von Apple™, OS X).

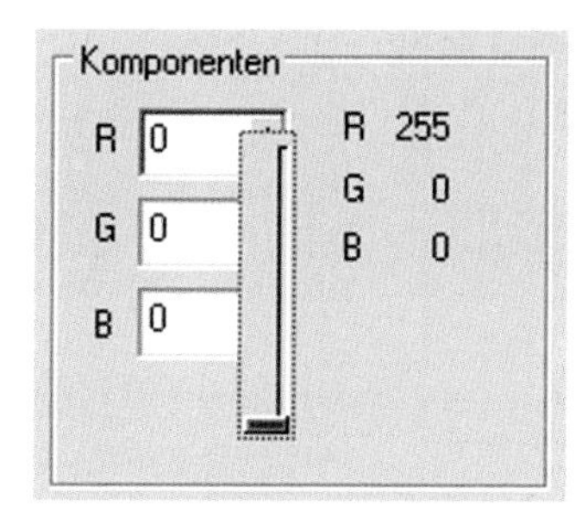

Abb. 10.19: Ein vertikaler Slider wird temporär nur für den gerade aktuellen Farbkanal eingeblendet (Screenshot von CorelDraw™).

beim „Betreten" des jeweiligen Texteingabefelds einen Slider einzublenden. Diese Variante ist in Abb. 10.19 dargestellt. In Abb. 10.20 wird durch den kleinen Balken unterhalb der textuellen Eingabe repräsentiert, wo sich der aktuelle Wert innerhalb des Wertebereichs befindet. Es bedarf einer gewissen Erfahrung, um diese Variante effektiv zu benutzen; für erfahrene Benutzer ist sie aber tatsächlich vorteilhaft.

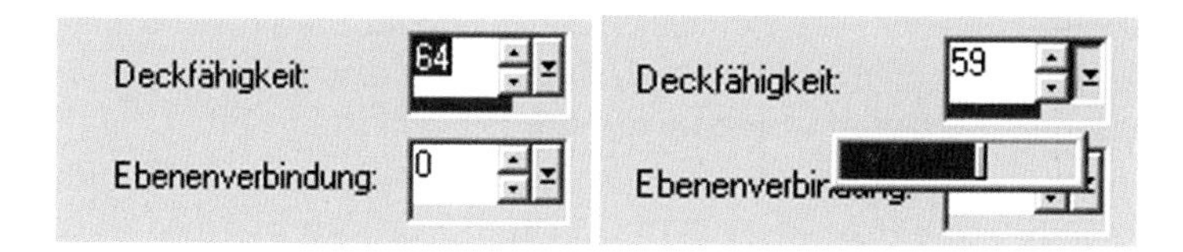

Abb. 10.20: Eher für professionelle Benutzer ist diese platzsparende Form der numerischen Eingabe gedacht. Bei Betätigung des Dreiecks rechts von der Zahleneingabe und den Pfeilen wird temporär ein kleiner Slider eingeblendet (rechtes Bild) (Screenshot von Jasc™ PaintShop Pro).

10.1.6 Spezielle numerische Eingaben

Für spezielle numerische Eingaben bzw. im Zusammenhang stehende numerische Eingaben ist die Nutzung einer Kombination aus Texteingabe, Slider und Arrow Buttons nicht optimal.

Abb. 10.21: Festlegung eines Termins mit einem Kalender-Widget. Die Zuordnung von Daten zu Wochentagen erleichtert die Datumseingabe (Screenshot von Microsoft™ Outlook).

Häufig werden mehrere numerische Eingaben im Zusammenhang benötigt. Geldbeträge setzen sich z.B aus €und Cent zusammen, Zeitangaben aus Datum und Uhrzeit. In Abschn. 10.1.4 wurde darauf hingewiesen, dass zumindest eine klare Beschreibung des erforderlichen Formats erfolgen sollte. Besser ist es aber, die elementaren Eingaben (z.B. Tag, Monat, Jahr) separat durchzuführen. Speziell bei Datumseingaben ist es bequem, wenn ein Kalender genutzt werden kann. Da Benutzer manchmal eher an „den nächsten Sonntag" als an ein spezielles numerisches Datum denken, erleichtert es eine wochenweise Darstellung, die eigenen Vorstellungen umzusetzen. Insofern zeigt Abb. 10.21 die günstigste Form für diese häufige Art der Eingaben, zumal dabei keine syntaktisch fehlerhaften Eingaben möglich sind. Dass die Abkürzung von Wochentagen durch den Anfangsbuchstaben mehrere Mehrdeutigkeiten aufweist, ist nicht optimal.

Winkeleingaben. Für Winkeleingaben ist ein kreisförmiges Widget günstig, wobei – ähnlich der Wahl mit einem alten Telefon – die Winkeleingabe durch Festlegung einer Richtung erfolgt. Dial-Widget (*to dial* - wählen) ist eine verbreitete Bezeichnung für diese Form der Winkeleingabe. Die Abbildung dieser Bedienhandlung auf die Reaktion ist sehr offensichtlich (vgl. Kapitel 4, in dem Abbildungen, *mappings*, bei Alltagsgeräten erläutert worden sind). Ein Beispiel ist in Abb. 10.22 (links) dargestellt. Kritisch ist anzumerken, dass die Skaleneinteilung des Dial-Widgets nicht durch Beschriftungen unterstützt wird (es ist also für den Benutzer schwer abzuschätzen, welche Winkeldifferenz dem Abstand zwischen zwei Strichen entspricht). Während der in Abb. 10.22 dargestellte Dialog aus dem Jahr 2000 große Dial-Widgets nutzt, sind heutzutage kleinere Widgets üblich, die sich besser in einen Dialog integrieren lassen. Neuere Beispiele mit einem visuell angenehmen Layout sind in Abb. 10.23 dargestellt.

Intervallangaben. Intervallangaben sind prinzipiell durch zwei konventionelle numerische Eingaben möglich. Allerdings ist der inhärente Zusammenhang der beiden einzugebenden Werte, von denen einer eine Untergrenze, der andere eine Obergrenze darstellt, damit nicht direkt repräsentiert. Der Benutzer könnte fälschlicherweise einen Wert für die Obergrenze angeben, der unter dem liegt, der für die Untergrenze eingegeben wurde. Diese Probleme können durch ein spezielles Widget vermieden werden, das zwei Slider integriert und so gestaltet ist, dass deren Reihenfolge (links – rechts bzw. oben – unten) nicht durch den Benutzer verändert werden kann. Für derartige Slider sind die Begriffe *double slider* und *range slider* üblich.

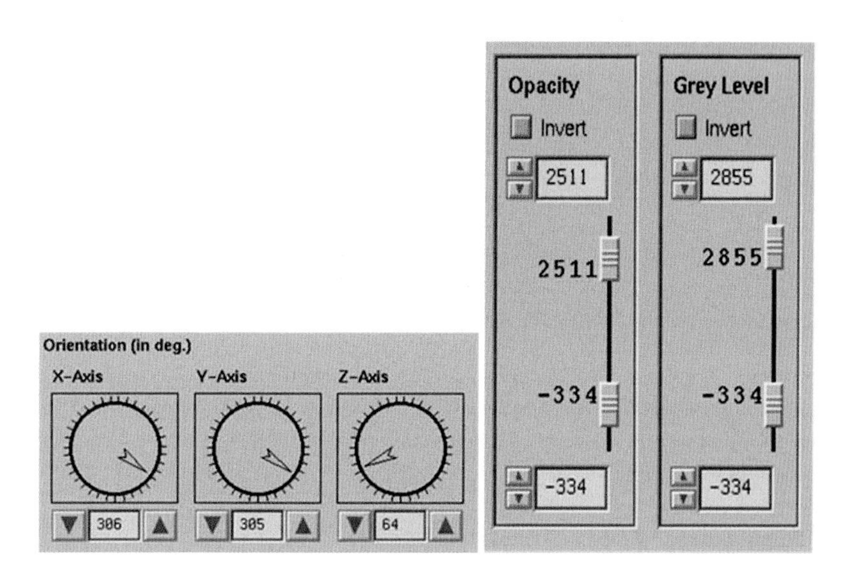

Abb. 10.22: Links: Dial-Widgets ermöglichen eine intuitive Winkeleingabe. Rechts: Die Eingabe von Intervallen wird durch ein Double-Slider-Widget unterstützt. Die Eingabe ist nicht nur intuitiver; es wird auch Platz gespart und bestimmte Fehler (Untergrenze ist größer als Obergrenze) werden vermieden. Das Double-Slider-Widget kann – wie ein konventioneller Slider – horizontal oder vertikal angeordnet werden. Ungünstig ist, dass jegliche Skaleneinteilung fehlt.

Affordances bei speziellen numerischen Eingaben. Interessant ist die visuelle Gestaltung der eigentlichen interaktiven Komponente. Beim in Abb. 10.22 (links) dargestellten Dial-Widget ist dies ein sehr spitzes Viereck, das einem Uhrzeiger ähnelt. Beim (vertikalen) Double-Slider-Widget sind es Rechtecke, die durch horizontale Linien strukturiert sind und die damit realen Bedienelementen visuell ähnlich sind. Die horizontalen Linien machen das dargestellte Interaktionselement griffig; man würde dieses Element mit dem Finger gut kontrollieren können – eine klar gestaltete *Affordance*.

Fehlerbehandlung. Bei der Eingabe von Texten und numerischen Werten können Fehler auftreten. Bei der Fehlermeldung muss zwischen der Eingabe unzulässiger Zeichen und einer Verletzung des Wertebereichs unterschieden werden. Günstig ist es, wenn die Eingabe daher schnellstmöglich überprüft wird und der Benutzer auf Fehler aufmerksam gemacht wird. Diese Überprüfung ist möglich, wenn das ent-

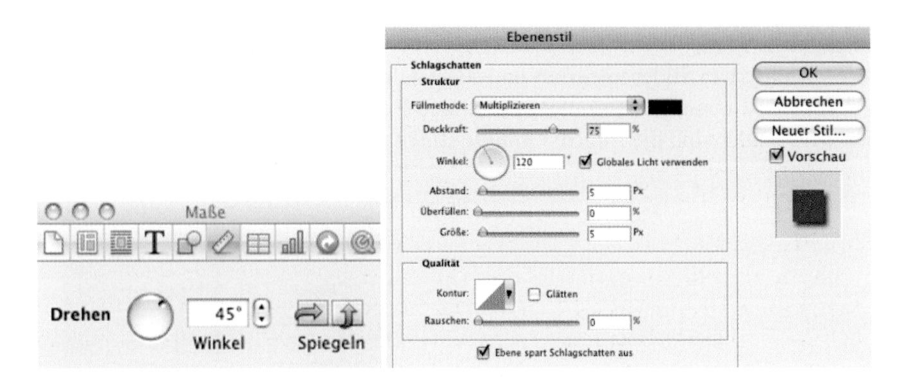

Abb. 10.23: Modernere platzsparende Varianten der Winkeleinstellung. Links: Winkeleinstellung aus Photoshop CS, rechts Winkeleinstellung aus Apples Pages ’09.

sprechende Eingabefeld verlassen wird. Oft werden erst beim Schließen des Dialogs alle Werte überprüft. Der größere zeitliche Abstand und die Tatsache, dass für den Benutzer zunächst nicht klar ist, in welchem Feld der Fehler passiert ist, erschweren die Handhabung.

10.1.7 Buttons

Neben den Eingabe- und Gruppierungskomponenten beinhaltet ein Dialog Buttons zum Auslösen von Aktionen. Dabei sind Buttons zu unterscheiden, die in den meisten Dialogen auftauchen und einheitlich platziert und beschriftet werden sollten und solche Buttons, mit denen eine – nur in einem spezifischen Zusammenhang sinnvolle – Aktion ausgelöst werden soll. Buttons sollten möglichst *mit Verben* beschriftet werden. Diese Verben beschreiben die mit den Buttons assoziierten Funktionen. Dies lässt sich an MessageBoxen erklären, die den Benutzer über etwas informieren bzw. ihn warnen, z.B. vor Datenverlust, falls es noch nicht gespeicherte Daten gibt. Naheliegend wäre es, eine entsprechende Frage zu formulieren und die Buttons mit „Ja“ oder „Nein“ zu beschriften. Diese Variante führt aber dazu, dass der Benutzer für seine Auswahl die Frage genau lesen muss, um „Ja“ oder „Nein“ korrekt zu interpretieren. „Beenden“ bzw. „Nicht beenden“ sind günstigere Beschriftungen, die eine schnellere und sichere Auswahl ermöglichen. Auf die Frage, ob Benutzer Änderungen speichern oder Dateien überschreiben wollen, ist die Beschriftung „Nicht speichern“ bzw. „Überschreiben“ der generischen Beschriftung „Ja“ auch deshalb vorzuziehen, weil sie präzise die Konsequenzen beschreibt – eine versehentliche Aktivierung wird dadurch zumindest etwas unwahrscheinlicher. Beispiele für derartige Dialoge sind in Abb. 10.24 dargestellt. Der Leser möge auch die anderen in diesem Kapitel dargestellten Dialoge in Bezug auf Beschriftungen der Buttons analysieren und findet dabei viele gute Beispiele.

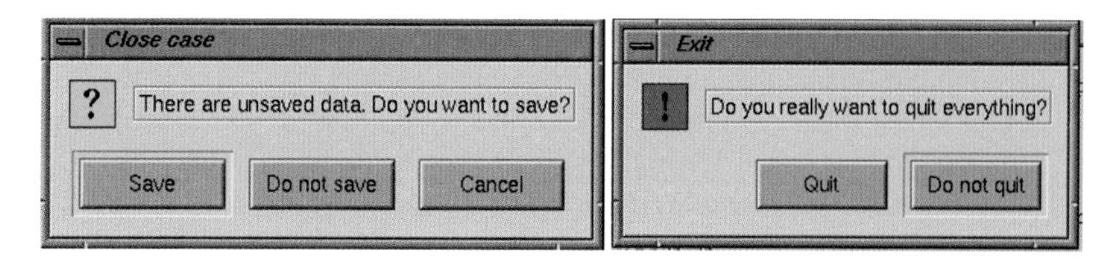

Abb. 10.24: Einfache Dialoge, bei denen Verben und deren Verneinung für die Beschriftung genutzt werden, um die ausgelösten Aktionen möglichst auf einen Blick zu vermitteln. Beide Screenshots stammen von einer OSF/Motif Applikation. Zum Look and Feel dieses User Interface Toolkits gehören die sehr gut erkennbaren (umrandeten) Default-Buttons.

Standard-Buttons Zu den häufig genutzten Standard-Buttons zählen:

- *OK*. Anwenden der Werte und Beenden des Dialogs (OK besteht aus zwei Großbuchstaben; Ok ist falsch!)
- Abbrechen des Dialogs ohne Anwendung der Werte (*Cancel*)
- Anwenden der Werte ohne Beendigung (*Apply*). Mit diesem Button ist ein Ausprobieren der aktuellen Einstellungen möglich. Als Alternative dazu kann ein spezieller Vorschau-Bereich im Dialog an die jeweils aktuellen Werte automatisch angepasst werden (so als ob der Benutzer nach jeder Veränderung *Apply* aktiviert).
  Irritierend ist für viele Benutzer, dass die durch *Apply* ausprobierten Werte durch das Abbrechen des Dialogs (*Cancel*) nicht rückgängig gemacht werden. Unmittelbar nach einem *Apply* ist die Semantik von *Cancel*- und *OK*-Button also gleich. Um die korrekte Funktionalität eines *Cancel*-Buttons zu gewährleisten, ist es notwendig, dass der Dialog eine *Kopie* der Anwendungsdaten manipuliert, sodass beim Betätigen von *Cancel* auf das entsprechende Original zurückgesetzt werden kann.
- Vorschau (*Preview*). Das Anwenden und Ausprobieren der aktuellen Einstellungen kann langwierig sein. Dies gilt z.B. für die Anwendung von Bildverarbeitungsfiltern, Renderingparametern oder Formatierungen langer Texte. In diesen Fällen ist es hilfreich, in einem Vorschaubereich das Ergebnis der Anwendung darzustellen. Im Gegensatz zur Aktivierung von *Apply* sind die Werte im Datenmodell noch nicht geändert. Somit bleiben beim Verlassen des Dialogs durch *Cancel* die alten Werte erhalten.
- Standardwerte (*Default*). Mit einem Default-Button können alle Eingaben in einem Dialog auf die vom System eingestellten Standardwerte zurückgesetzt werden. Wenn der Dialog nach dem Drücken dieses Buttons mit *OK* beendet wird, werden alle Veränderungen rückgängig gemacht. Wenn der Benutzer z.B. mehrfach mittels des Apply-Buttons neue Werte ausprobiert und merkt, dass die Einstellungen unbefriedigend sind, ist das Zurücksetzen nützlich.

- Hilfe (*Help*). Aktivierung von kontextbezogener Hilfe zur Bedienung des Dialogs und zur Bedeutung der einzelnen Komponenten.
- Zurücksetzen (*Reset*). Zurücksetzen der Werte zu den Werten, die beim Starten des Dialogs bzw. beim letzten Betätigen von Reset gültig waren. Ein Reset-Button ist hilfreich, wenn Werte mehrfach geändert wurden und der Benutzer feststellt, dass die zuvor eingestellten Werte doch günstiger sind als alle ausprobierten Varianten. Im Gegensatz zum Default-Button, der zu den Initialwerten zurücksetzt, die der Entwickler vorgegeben hat, wird hier zu Werten zurückgesetzt, die der Benutzer eingestellt hat.

Die Buttons werden optisch, z.B. durch eine Linie, von den anderen Komponenten des Dialogs getrennt und aufgrund ihrer Zusammengehörigkeit als Gruppe gekennzeichnet. Insofern ist das Beispiel in Abb. 10.25 nicht optimal. Einer der Buttons ist der standardmäßig hervorgehobene Default-Button, der beim Drücken der Enter-Taste aktiviert wird. Der Begriff Default-Button ist hier missverständlich: gemeint ist hier nicht ein Button, mit dem auf Standardwerte zurückgesetzt wird, sondern der Button, der standardmäßig aktiviert wird, wenn die Enter-Taste betätigt wird. Da diese Begriffsbildung weit verbreitet ist und sich in entsprechenden User Interface-Toolkits widerspiegelt, haben wir sie hier übernommen.

In der Regel ist der *OK*-Button der standardmäßig hervorgehobene Default-Button. Da ein *OK* ohne vorherige Werteeingabe oft keinen Sinn macht, wird der *OK*-Button teilweise solange deaktiviert, bis eine Werteeingabe erfolgt ist. Bei der Reihenfolge der Buttons sind Konventionen zu beachten. Der *Abbrechen*- bzw. *Cancel*- Button ist bei Windows- und Unix-Systemen ganz rechts angeordnet; der *OK*-Button links daneben. Bei Software für APPLE-Rechner ist es anders herum. Diese quasi standardisierte Platzierung ist wichtig, weil viele Benutzer sie verinnerlicht haben und daher Verwirrung und Verwechslungsfehler absehbare Folgen wären, wenn diese Buttons anders angeordnet werden.

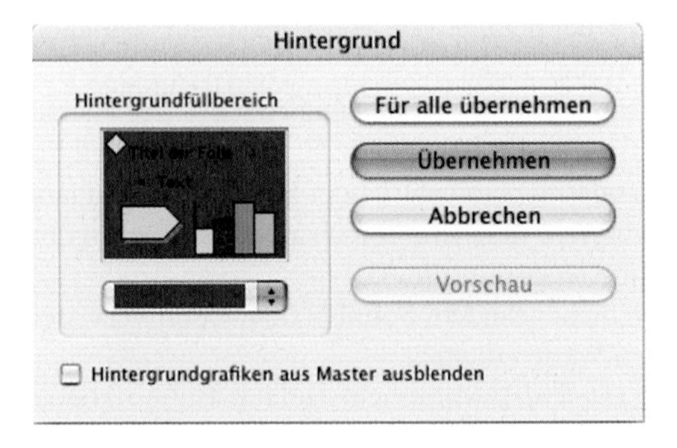

Abb. 10.25: Der in praktisch allen Dialogen vorkommende *Abbrechen*-Button ist in eine Spalte mit anderen Buttons integriert und befindet sich damit nicht an der leicht erkennbaren (Rand)Position, die er in anderen Dialogen innehat (Screenshot von Microsoft™ Office Powerpoint).

Verwendung von „...“ bei Buttons in Dialogen. Um zu veranschaulichen, dass das Drücken eines Buttons zum Einblenden eines neuen Dialogs führt, kann dessen Aufschrift durch drei Punkte (...) ergänzt werden, wie dies auch für Menüeinträge, deren Aktivierung zum Einblenden eines Dialogs führt, üblich ist. In Abb. 10.26 ist ein Dialog dargestellt, in dem zwei Subdialoge aktiviert werden können. Durch das „...“-Zeichen wird klar unterschieden in Kommandos, die sofort ausgeführt werden und solche, bei denen weitere Eingaben erfolgen müssen.

Auch die zu häufige Verwendung des ...-Zeichens, ist problematisch. Dieses Zeichen sollte nur genutzt werden, wenn sich ein neues Fenster öffnet *und* in diesem Eingaben nötig sind. Wenn das mit einem Button verbundene Kommando dadurch erledigt wird, dass ein Fenster geöffnet wird, ist kein ...-Zeichen anzuwenden. Wie viele andere Konventionen, ist diese beim APPLE MACINTOSH eingeführt worden und hat sich auch auf anderen Plattformen durchgesetzt.

Fehlerhafte Verwendung von Buttons. Buttons dienen dazu, Aktionen auszulösen; diese Aktion sollte in keiner Weise kontextabhängig sein. Insofern darf sich auch die Beschriftung des Buttons nicht ändern. Häufig werden Buttons fälschlicherweise anstelle von Checkboxen eingesetzt (z.B. ändert ein Button seine Beschriftung von „Information einblenden“ in „Information ausblenden“). Diese Verwendung von Buttons ist verwirrend und läuft den Konventionen zuwider. Eine Checkbox beschriftet mit „Information einblenden“ ist hier die korrekte Lösung [Johnson, 2000].

Buttons mit visuellen Komponenten. Buttons können mit einer verbalen Beschreibung, einem Bild oder einer Kombination aus beiden versehen sein. Wenn die verbale Beschreibung durch repräsentative Bilder ersetzt werden kann, ist dies eine sinnvolle Alternative. Die Eignung von visuellen Buttons hängt auch von der Zielgruppe ab; z.B. für Kinder sind diese oft zu bevorzugen. Auch für professionelle Berufsgruppen sind visuelle Buttons eine denkbare Variante; besonders attraktiv ist dies, wenn vertraute Symbole eingesetzt werden können. Buttons mit Bildern ohne textuelle Erläuterung bergen jedoch die Gefahr, dass die Bedeutung nicht verstanden wird (Abb. 10.26). Zumindest Tooltips, die beim Überfahren des Buttons eingeblendet werden, sind dann notwendig.

Die Gestaltung von Buttons mit visuellen Komponenten ist aufwändig. Ein „normaler“ Button hat vier mögliche Zustände; er kann aktiv oder inaktiv sein, er kann mit der Maus überfahren werden (engl. *hover*) oder gedrückt sein. Nutzt man die Standard-Buttons des Systems, gibt es sinnvolle Voreinstellungen, wie sich das Aussehen des Buttons in diesen Zuständen ändert. Wenn man dagegen ein eigenes Aussehen definieren will, müssen alle vier Zustände gestaltet werden Abb. 10.27. Visuelle Buttons für einzelne Aspekte einer Benutzungsschnittstelle einzusetzen und für andere dagegen die Standard-Buttons, führt meist zu einer inkonsistenten visuellen Gestaltung. Insofern ist es oft günstig, auch für Standardaktionen, wie *OK* und *Abbrechen*, visuelle Buttons zu gestalten.

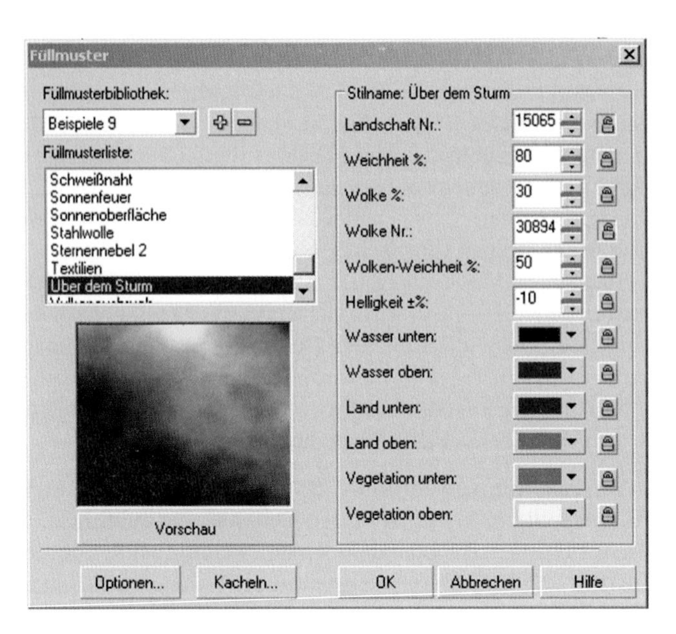

Abb. 10.26: Die Buttons mit einem „+" und „-" dienen dazu, die Liste zu manipulieren. Die Betätigung des „-" Buttons bewirkt das Löschen eines Eintrags in der Liste. Es hängt stark von der Zielgruppe ab, ob die Bedeutung dieser Buttons verstanden und behalten wird. Eine Kombination aus Beschriftung und grafischem Symbol wäre vorzuziehen (Screenshot von CorelDraw™).

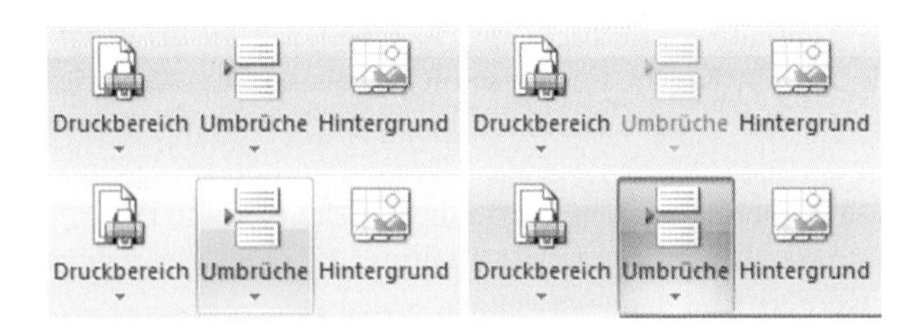

Abb. 10.27: Der Button „Umbrüche" ist in den Zuständen „aktiv", „passiv", „überfahren mit der Maus" und „gedrückt" dargestellt (Screenshot von Microsoft Office Powerpoint™).

10.1.8 Anzeigeelemente

Dialoge können auch Elemente enthalten, in denen der Status von bestimmten Parametern dargestellt ist oder eine Vorschau gegeben wird. Diese Anzeigeelemente sollten so platziert werden, dass der Zusammenhang zu Eingabeelementen deutlich wird. Die Beispiele in Abb. 10.28 und Abb. 10.29 sind diesbezüglich günstig.

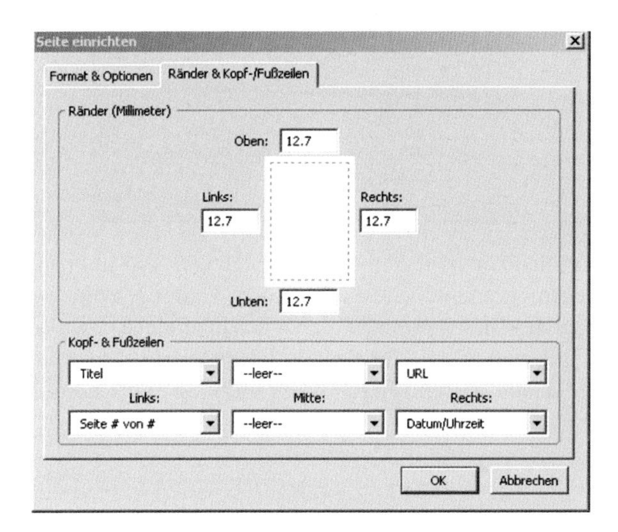

Abb. 10.28: Der Dialog zum Einrichten einer Seite (Bestimmung der Seitenränder) enthält eine Vorschau, wie groß der bedruckte Bereich im Vergleich zur Gesamtgröße des Papiers bei den aktuellen Randeinstellungen ist. Die räumliche Nähe zwischen den Einstellungen und dem Vorschaubereich macht den Zusammenhang offensichtlich (Screenshot von Mozilla™ Thunderbird).

Teilweise werden Dialogkomponenten sowohl zur Darstellung eines Zustandes genutzt als auch dazu, diesen Zustand interaktiv zu verändern. In solchen Fällen besteht die Gefahr, dass die Dialogkomponente als reine Anzeige ohne Interaktionsmöglichkeit wahrgenommen wird. Daher ist eine geeignete Beschriftung wichtig bzw. eine Kennzeichnung als Dialogelement, z.B. indem dieses Element wie ein klickbarer Button gestaltet wird. Abb. 10.30 zeigt moderne Beispiele für den Einsatz von Vorschaukomponenten. Dabei kommt häufig eine Matrixdarstellung zum Einsatz, die das Aussehen von typischen Kombinationen aus zwei Parametern darstellt. Auf diese Weise können mehrere Interaktionsschritte eingespart werden; evtl. wird diese Voreinstellung durch eine Feinjustierung in spezialisierten Dialogen ergänzt. In Abb. 10.30 ist interessant, dass abstrakte Symbole und keine echten Previews verwendet werden. Die kognitive Distanz wird jedoch durch diese Art der visuellen Vorschau bereits im Auswahlmenü erheblich reduziert. Zusätzlich wird beim Rollover auch im Originaldokument die gezeichnete Hierarchie dynamisch eingefärbt,

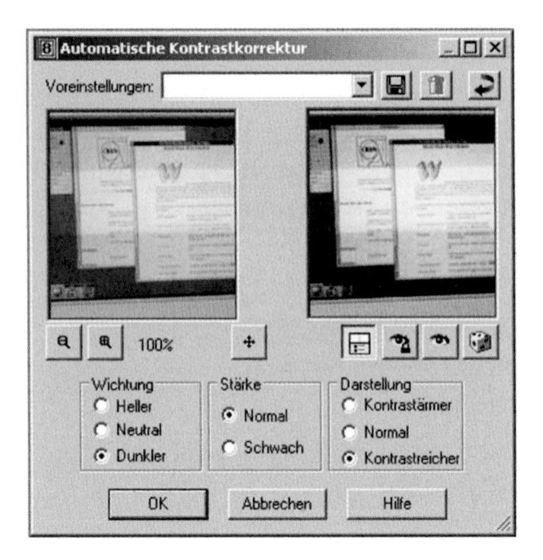

Abb. 10.29: Vorschaukomponenten sind ein wichtiger Teil in vielen Dialogen von Bildverarbeitungsprogrammen. Sie dienen einem Vorher-Nachher-Vergleich. Durch die Skalierbarkeit des Dialogs können die Vorschaubereiche vergrößert werden. Ungünstig ist die ungewöhnliche Gestaltung und Platzierung des Reset-Buttons, der hier visuell am rechten oberen Bildrand dargestellt ist (Button mit Pfeil) (Screenshot von Jasc™ PaintShop Pro).

sodass man die Auswirkungen des Effekts noch begutachten kann, auch wenn keine endgültige Auswahl getroffen wurde.

10.1.9 Gruppierungskomponenten

Dass eine visuelle Strukturierung hilfreich ist, wurde bereits bei der Diskussion kognitiver Grundlagen und der Bedienung von Alltagsgeräten erläutert: Benutzer profitieren von der Zusammenfassung individueller Informationseinheiten und bilden so genannte *Chunks* – Gruppen zusammengehörender Informationen, die sich leicht (präattentiv) verarbeiten lassen (Abschn. 2.2.2). Insbesondere ist es ohne angemessene Strukturierung sehr schwer, die Aufmerksamkeit auf einen Dialog zu lenken und zu halten. Konsequenterweise ist *Strukturierung* als wichtiges Entwurfsprinzip für interaktive Systeme genannt worden (Abschn. 6.2.5). Mit Gruppierungskomponenten werden Teilbereiche eines Dialogs zusammengefasst. Dies kann optisch durch

- Rahmen,
- Linien,
- gemeinsame Trägerbereiche oder
- gezielte Farbgestaltung

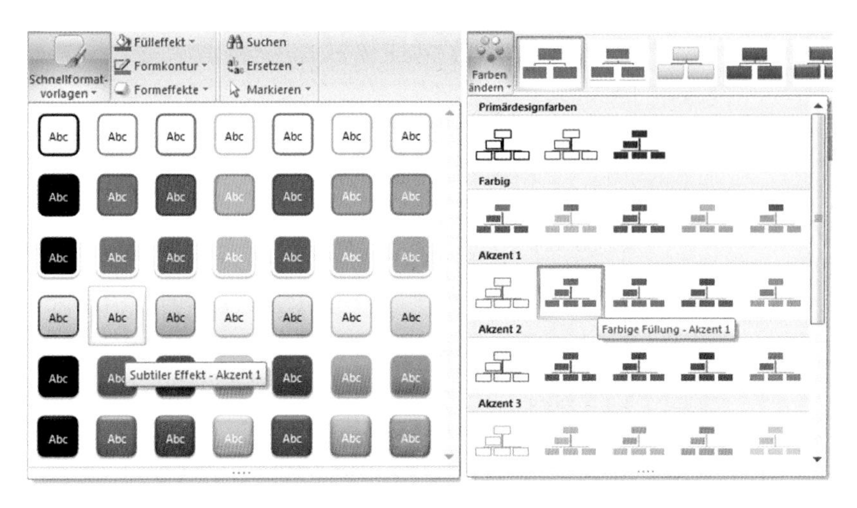

Abb. 10.30: Links: hochvisuelles Vorschaumenü für Schnellformatvorlagen, die verschiedensten Objekten zugewiesen werden können. Durch das Matrixprinzip kann man die beiden Designdimensionen Farbe (horizontal) und Stil (vertikal) unterscheiden. Die gewählten Objekte im PPT-Dokument werden beim Überfahren mit der Maus als Preview entsprechend der Auswahl eingefärbt. Rechts: Vorschaumenü für die Einfärbung von SmartObjects, wobei in der Multifunktionsleiste auch der Stil dargestellt ist. Zu bemerken ist, dass je nach Auswahl des SmartObjekt-Typs (hier eine Hierarchie) auch die Symbole geändert werden (während die Farben gleich bleiben). Dabei handelt es sich nicht um echte Previews, sondern um abstrakte Symbole (Screenshot von Microsoft Office ™).

geschehen (siehe Abb. 10.31 und Abb. 10.32). Zusätzlich sind geeignete Überschriften für Gruppen günstig. Hornof [2001] konnte zeigen, dass die Suche in visuellen Hierarchien, z.B. in gruppierten Dialogelementen, beschleunigt wird, wenn die Gruppen beschriftet sind. Horizontale Linien (Separatoren), die evtl. für eine Beschriftung unterbrochen werden, sind das günstigste Strukturierungsmittel bei einem Dialog, bei dem alle Bedienelemente untereinander angeordnet sind. Rahmen werden dagegen eingesetzt, wenn eine Gruppe von Bedienelementen auch gegen andere horizontal benachbarte Bedienelemente abgegrenzt werden soll.

Konsistente Nutzung von Gruppierungskomponenten. Es gibt eine Vielzahl an Parametern, die das Aussehen von Gruppierungskomponenten beeinflussen. Rahmen können viereckig oder abgerundet sein. Außerdem sind verschiedene 3D-Effekte, Linienbreiten und -farben einstellbar. In einer Applikation sollte es keine bunte Mischung dieser Stile geben, sondern *eine* Variante. Idealerweise ist dies die Standardgestaltung, die das benutzte GUI-Toolkit zur Verfügung stellt. Andernfalls müssten alle beteiligten Entwickler bei jedem Einsatz einer Gruppierungskomponente manuell die gewählte Variante realisieren – die Wahrscheinlichkeit, dass dies konsequent umgesetzt wird, ist nicht sehr groß. Man muss sich vor Augen hal-

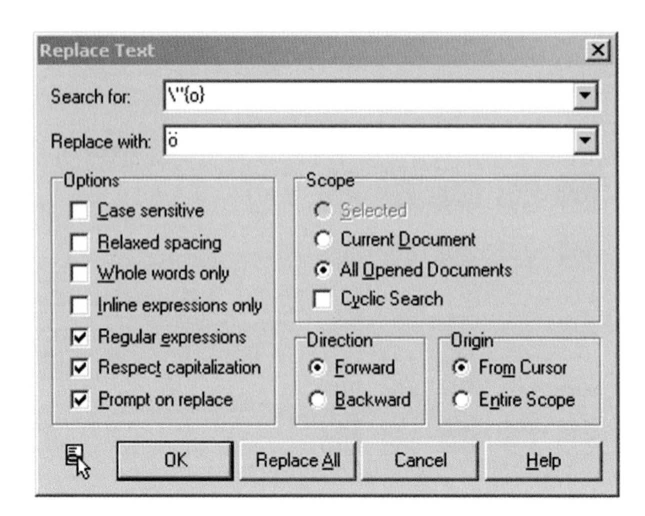

Abb. 10.31: Beschriftete Rahmen werden zur Strukturierung der Eingabeelemente genutzt. In jedem der vier Rahmen sind die einzelnen Eingabeelemente spaltenweise angeordnet (Screenshot von WinEdt von WinEdtInc™).

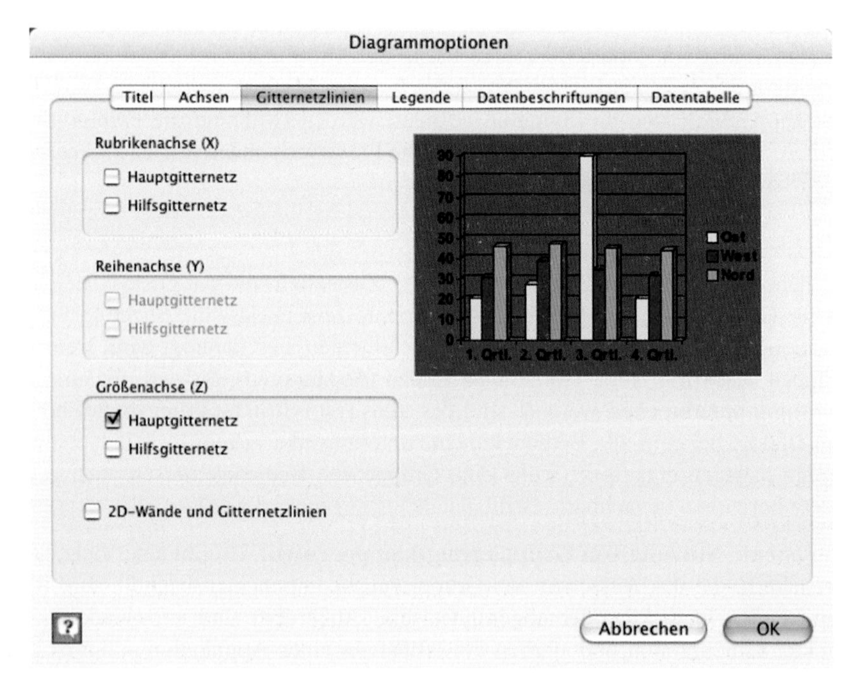

Abb. 10.32: Auch in diesem Dialog kommen beschriftete Rahmen zum Einsatz, um eine Strukturierung zu erreichen. Zusätzlich befinden sich die zusammengehörigen Bedienelemente optisch durch einen leichten 3D-Effekt scheinbar in einer anderen Ebene als die Dialogfläche (Screenshot von Microsoft Excel für Apple™).

ten, dass eine willkürliche Inkonsistenz von erfahrenen Benutzern als offensichtlich amateurhafte Gestaltung angesehen wird.

Fehlerhafte Verwendung. Zu den häufigen Fehlern im Zusammenhang mit Gruppierungskomponenten gehört es, ein einzelnes Bedienelement mit einem Rahmen zu versehen. Selbst wenn alle anderen Dialogelemente in irgendeiner Form gruppiert sind, ist es günstiger, das einzelne Element nicht in einen Rahmen zu integrieren [Johnson, 2000]. Rahmen innerhalb von Rahmen und damit die visuelle Repräsentation einer mehrstufigen Hierarchie von Bedienelementen ist auch nicht sinnvoll. Wenn ein Dialog aus derart vielen Bedienelementen besteht, sollte er in Unterdialoge aufgeteilt werden (Abschn. 10.4).

10.1.10 Darstellung und Schreibweise von Beschriftungen

Bei der Dialoggestaltung ist neben der Auswahl der „richtigen" Dialogelemente und deren Platzierung und Dimensionierung auch auf Beschriftungen zu achten. Dieses Thema hat eine ganze Reihe von Facetten, die hier zumindest angerissen werden sollen. Serifenlose Schriftarten, z.B. Arial und Helvetica, sollten verwendet werden, da sie besser lesbar sind. Der Vorteil von Serifen, die bessere Führung des Auges, kommt bei den kurzen Beschriftungen in Dialogen nicht zum Tragen. Es ist unüblich und nicht empfehlenswert, einzelne Dialogbestandteile durch Fett- und Kursivschreibung, farbliche Änderungen oder Änderungen der Schriftgröße hervorzuheben. Normalerweise sollte die voreingestellte Schriftart des Betriebssystems verwendet werden.

Groß-/Kleinschreibung. Ein wichtiger Aspekt ist die Groß- Kleinschreibung. Dabei gilt eine einfache Regel: Alle Wörter, die am Anfang stehen, werden groß geschrieben. Dies betrifft die Beschriftungen von Buttons, Checkboxen, Radiobuttons, Überschriften, Listeneinträge und gilt auch für Wörter, die normalerweise klein geschrieben werden, z.B. Adjektive. Die normale Kleinschreibung kommt also erst ab dem zweiten Wort zum Tragen, z.B. „Farben und Linien" [Galitz, 2007]. Um ein Gefühl für diesen Aspekt zu bekommen, ist es hilfreich, die Beispiele in diesem Kapitel auf die Groß- und Kleinschreibung zu analysieren.

Einstellung der Schriftgröße. Die Einstellung der Schriftgröße ist scheinbar nur ein kleines Detail bei der Dialog- und Formulargestaltung. Allerdings ist dieses Detail oft für Probleme in der Benutzung verantwortlich. Entscheidend ist, dass auch Benutzer, die nicht mehr im jugendlichen Alter sind, alle Beschriftungen bequem lesen können und zwar auch, wenn sie einen hochaufgelösten Monitor haben, bei dem Text normalerweise relativ klein erscheint. Probleme in diesem Bereich sind häufig und schwerwiegend: Programmierer, meist jünger als 35 Jahre, arbeiten mit vielen Tools, teilweise vielen offenen Fenstern und profitieren davon, dass große Quelltextbestandteile gleichzeitig sichtbar sind. Programmierer sind also an kleine Schriftarten gewöhnt und im Vergleich zur älter werdenden Normalbevölkerung wesentlich besser in der Lage, kleine Schrift schnell zu lesen. Mehrere Diskussionen des Erstautors mit Radiologen haben beispielsweise ergeben, dass sie das Hauptproblem bei der Benutzung komplexer radiologischer Workstations in zu kleinen Beschriftungen sehen. Die Benutzer haben verärgert hinzugefügt, dass Anrufe beim Hersteller ergeben haben, dass die Schriftgröße auch nicht einstellbar sei.

Was ist zu tun? Normalerweise sollte die Schriftgröße nicht manuell gesetzt werden, sodass auf die Betriebssystemeinstellungen des Benutzers zurückgegriffen wird. Wenn manuell eine Schriftgröße festgelegt wird, sollte mindestens eine 10-Punkt-Größe verwendet werden. Für die Verwendung auf hochaufgelösten Monitoren ist 12-Punkt-Schrift besser geeignet.

Verwendung von Doppelpunkten. Wenn man die Beispiele in diesem Kapitel betrachtet, dann finden sich relativ viele Doppelpunkte nach Beschriftungen. Doppelpunkte sollen auf eine Eingabemöglichkeit hinweisen. Aus der Leseforschung weiß man, dass Eingabemöglichkeiten dadurch besser und schneller wahrgenommen werden [Galitz, 2007]. Daraus folgt, wie Doppelpunkte einzusetzen sind. Nach der Beschriftung für Texteingaben und numerische Eingaben folgt ein Doppelpunkt. Beschriftungen einer Liste („Schriftart:“, „Schriftgrad:“, ...) enden ebenfalls mit einem Doppelpunkt. Doppelpunkte kommen auch bei Anzeigen zum Einsatz, wenn z.B. verschiedene Aspekte des Systemzustandes präsentiert werden.

Genauso wichtig ist es, Doppelpunkte dort wegzulassen, wo keine hingehören: bei Beschriftungen von Checkboxen, Radiobuttons, bei Pushbuttons und bei allgemeinen Überschriften, z.B. von Gruppierungskomponenten. Der in Abb. 10.33 dargestellte Dialog setzt alle derartigen Empfehlungen um.

10.2 Entwurf von Dialogen und Formularen

Der Dialogentwurf hängt mit der Gestaltung von Toolbars und Menüs (Abschn. 9.2) zusammen, da Dialoge aus diesen heraus gestartet werden. Da Dialoge meist relativ kurzfristig sichtbare Teile der Benutzungsschnittstelle sind, geht dem Dialogentwurf die Entscheidung voraus, welche Funktionen nur kurzfristig sichtbar sein sollten. Aufgrund der mittlerweile deutlich größeren Bildschirme hat sich die Entscheidung in den letzten Jahren dahingehend verändert, dass es häufiger möglich ist, Dialoge geöffnet zu lassen, sodass eine häufige Nutzung erleichtert wird. Dialoge, Formulare und Webseiten zu entwerfen, sind komplexe Aufgaben, die eine Vielzahl von Entscheidungen, z.B. in Bezug auf das Layout, die Wahl von Farben, Schriften, Linienstärken. erfordern. Diese Fragen werden im Folgenden erläutert. Für eine ausführliche Behandlung sind spezielle Lehrbücher verfügbar, z.B. [Galitz, 2007].

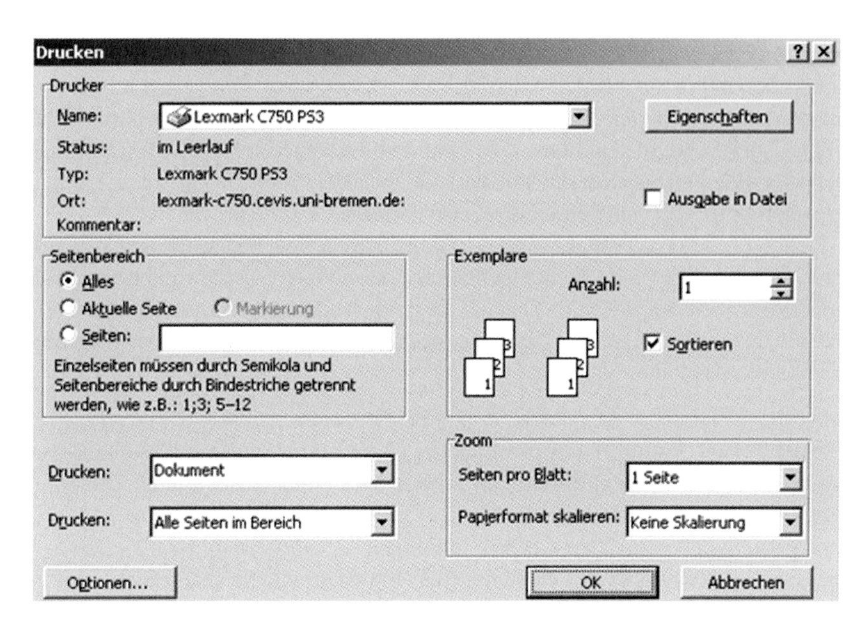

Abb. 10.33: Doppelpunkte in den Ausgabebereichen (oberer Dialogteil) und als Eingabeaufforderung für Dropdown-Listboxen und numerische Eingaben (Screenshot von Microsoft™ Office Word).

10.2.1 Ebenen des Entwurfs

Grundsätzlich ist eine Top-Down-Vorgehensweise empfehlenswert. Dabei sollte zunächst überlegt werden, wie die Funktionalität strukturiert werden kann, welche Bedienelemente verwendet werden, wie sie beschriftet werden und schließlich das Layout in Bezug auf die exakte Ausdehnung, Anordnung, Farben und anderes präzisiert werden. Zur Orientierung wird ein Prozess für den Dialogentwurf beschrieben, der sich an [Foley et al., 1990] orientiert und folgende Ebenen unterscheidet:

- Konzeptionelle Ebene,
- Funktionale (semantische) Ebene,
- Syntaktische Ebene und
- Lexikalische Ebene.

In der *konzeptionellen Ebene* werden die zu verändernden Objekte sowie ihre Eigenschaften und Beziehungen definiert. Diese Ebene entspricht dem mentalen Modell, das der Entwickler dem Benutzer vermitteln will. Es sollte möglichst viele Anknüpfungspunkte zu den Vorstellungen der Benutzer geben. Eine erste und oft schwierige Entscheidung betrifft die Frage, welche Teile der benötigten Funktionalität in welchen Dialogen zusammengefasst werden sollen.

Auf der konzeptionellen Ebene wird auch festgelegt, wie die einzelnen Widgets beschriftet werden. Ähnlich wie bei der Bezeichnung von Kommandos, die in

Menüs erscheinen, ist dies ein schwieriger Vorgang. Die einfachste Lösung – den Namen der intern verwendeten Variablen zu verwenden – ist selten angemessen. Auf der konzeptionellen Ebene werden Objekte auch gruppiert. Die Art und weise der visuellen Repräsentation, wird dann auf den unteren Ebenen festgelegt. Auf allen vier Ebenen müssen sowohl die Eingaben der Benutzer als auch eventuelle Ausgaben, z.B. Vorschaubereiche beachtet werden.

Bezüglich des Layouts muss auf der konzeptionellen Ebene festgelegt werden, welche Objekte im *Fokus* stehen sollen, also so platziert werden müssen, dass die Aufmerksamkeit auf sie fällt. Danach ist zu durchdenken, wie die Interaktion typischerweise erfolgen soll, sodass eine geeignete Reihenfolge bei der Platzierung beachtet werden kann.

Beispiel 1. Ein Grafikprogramm beinhaltet als Objekte Grafikprimitive (z.B. Linien, Rechtecke und Ellipsen) mit Farben und einer Ausdehnung. Diese Primitive können erstellt, miteinander bzw. gruppiert werden. Sie können bewegt, gedreht und vergrößert werden. Füllungen mit Mustern und Farbverläufen, Umrissgestaltungen mit verschiedenen Linien sowie die Integration von Bitmaps sind weitere Teile der Funktionalität. Die Festlegung, welche dieser Objekte in welchen Dialogen bearbeitet werden sollen sowie die Beschriftung der einzelnen Attribute sind Aufgaben des konzeptionellen Entwurfs.

Beispiel 2. In Textverarbeitungsprogrammen gibt es Buchstaben, Wörter und Absätze. Diese Objekte haben Attribute, wie Schriftart und -größe, und werden einheitlich über Druckformate zugewiesen oder speziell für einen markierten Bereich eingefügt. Textabschnitte können durch Querverweise miteinander verbunden sein; Texte können andere Objekte z.B. Bilder enthalten. Die entstehenden Textdokumente können mit Seitennummern versehen werden, ausgedruckt werden, usw. Auch hier muss auf der konzeptionellen Ebene strukturiert werden und es müssen geeignete Bezeichnungen für alle relevanten Ein- und Ausgaben definiert werden.

Semantische Ebene. Die detaillierte Spezifikation der Funktionalität erfolgt in der *semantischen Ebene*. Dabei wird z.B. für numerische Eingaben der Wertebereich bzw. das Format festgelegt. Daraus ergeben sich die Anforderungen an die Dimensionierung der Eingabeelemente und Vorschaubereiche bzw. an die Gestaltung von Systemnachrichten.

Syntaktische Ebene. Die *syntaktische Ebene* wird genutzt, um die Reihenfolge von Aktionen (Eingabeseite) bzw. die Rückkopplung durch das System (Ausgabeseite) festzulegen. Dabei wird das Layout grob definiert, also festgelegt, in welchen Bildbereichen Widgets platziert werden.

Lexikalische Ebene. In der *lexikalischen Ebene* erfolgt die Umsetzung des Entwurfs der höheren Ebenen unter Berücksichtigung konkreter Ein- und Ausgabegeräte und deren Parameter (Auflösung, Farben, Schriftarten). Auf der Eingabeseite betrifft diese Ebene die Zuordnung von physischen Eingabegeräten für die Erledigung von Interaktionsaufgaben. Auf der Ausgabeseite betrifft dies die genutzten Grafikprimitive und die Gestaltung visueller Widgets. Die lexikalische Ebene ist von Bedeutung, wenn die Angaben zur Platzierung von Widgets relativ zueinander sind ($Objekt_1$ ist links von $Objekt_2$ und seine Größe entspricht der Größe der Beschriftung in der aktuellen Schriftart). In diesem Fall muss errechnet werden, welche Platzierung sich in Pixelkoordinaten ergibt.

Ausrichtung von Beschriftungen und Eingabefeldern. Bei der Platzierung der Dialogelemente ist eine exakte Ausrichtung wesentlich, um eine effiziente visuelle Suche zu unterstützen. Nicht ausgerichtete Bedienelemente wirken störend und der Benutzer wird leicht abgelenkt. Abb. 10.34 vergleicht diesbezüglich drei Varianten der Anordnung von Beschriftungen und zugehörigen Texteingabefeldern. Sowohl für eine linksbündige als auch für eine rechtsbündige Anordnung gibt es gute Argumente. Einige der herstellerspezifischen Styleguides sprechen eine Empfehlung für die linksbündige Anordnung aus aufgrund der einheitlichen linken Begrenzung. Johnson [2000] argumentiert dagegen, dass der geringere Abstand zwischen Beschriftungen und Eingabefeld bei der rechtsbündigen Ausrichtung schwerer wiegt.

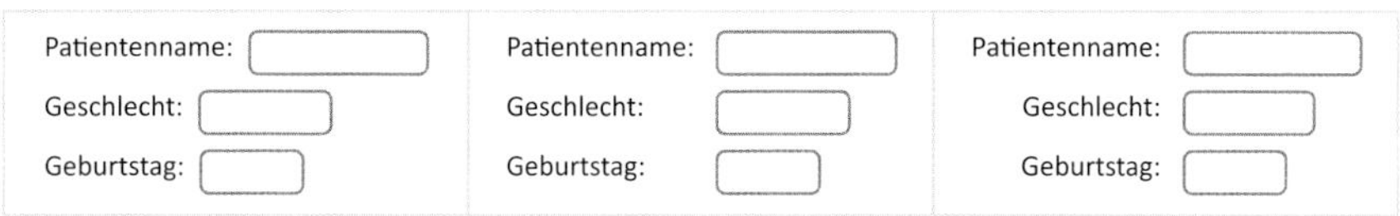

Abb. 10.34: Anordnung von Beschriftungen und Texteingabefeldern. Im linken Bild sind Beschriftungen linksbündig und Textfelder direkt daneben angeordnet. Dadurch sind die Texteingabefelder nicht ausgerichtet – eine unruhig wirkende ungünstige Variante. Im mittleren Bild sind Beschriftungen *und* Texteingabefelder linksbündig und exakt untereinander angeordnet. Im rechten Bild sind die Beschriftungen rechtsbündig angeordnet; dadurch sind kurze Abstände zwischen Beschriftung und Texteingabe bei Ausrichtung der Eingabefelder möglich. Die mittlere und die rechte Variante sind akzeptabel.

Zusammenfassung. Die konzeptionelle und die semantische Ebene ergeben sich vor allem aus der geforderten Funktionalität; sie sind also Aspekte der Anwendung. Die lexikalische Ebene wird in der Regel durch ein User Interface-Werkzeug realisiert, das die entsprechenden Anpassungen und Umrechnungen automatisch vornimmt. Aus der Sicht des User Interface-Entwicklers sind vor allem die syntaktische Ebene, die visuelle Gestaltung und die Gestaltung der dynamischen Aspekte eines funktional bereits spezifizierten Dialogs wesentlich. Darauf konzentrieren sich die folgenden Ausführungen.

10.2.2 Entwurfsprinzipien

Beim Entwurf von Dialogen und Formularen ist eine Reihe von Prinzipien zu beachten. Diese sind im Wesentlichen bereits in Abschn. 6.2 genannt worden. Speziell das Prinzip der *Konsistenz* in Bezug auf die visuelle Gestaltung, die Terminologie und die Interaktion spielt bei der Dialoggestaltung eine wichtige Rolle. Im Folgenden wird die Diskussion aus Abschn. 6.2 präzisiert.

- *Konsistenz bei der visuellen Gestaltung* betrifft innerhalb von Dialogen die Dimensionierung von Listboxen, Radiobuttons und Texteingabefeldern. Wenn möglich, sollten diese Eingabeelemente gleich groß dimensioniert und einheitlich angeordnet werden. In unterschiedlichen Dialogen sollte die Position der wiederkehrenden Elemente, vor allem der Buttons, einheitlich sein.
- *Konsistenz in der Terminologie.* Dieses Prinzip bedeutet, dass Beschriftungen in *allen* Komponenten die gleiche Bedeutung haben sollten bzw. dass ein- und dasselbe Konzept der Anwendung immer mit exakt dem gleichen Begriff bezeichnet werden sollte.
  Um Konsistenz in der Terminologie zu erreichen, ist es günstig, für wichtige, häufig wiederkehrende Konzepte ein kleines *Lexikon* anzulegen, in dem festgelegt wird, wie diese bezeichnet werden. Idealerweise werden diese wiederkehrenden Begriffe in Dialogen und Menüs nicht „hart verdrahtet“; stattdessen sollten die Konzepte aus dem Lexikon, z.B. in Form von *Stringkonstanten* verwendet werden. Dies hat den Vorteil, dass eine Änderung einer solchen Bezeichnung, die z.B. nach einem Benutzertest notwendig wurde, nur an *einer* Stelle durchgeführt werden muss. Viele Inkonsistenzen in größeren Benutzungsschnittstellen sind darauf zurückzuführen, dass zu einem bestimmten Zeitpunkt eine Bezeichnung geändert wurde und diese Änderung nicht konsequent in allen schon erstellten Komponenten durchgeführt wurde.
- *Orientierung der Reihenfolge von Aktionen an den Arbeitsabläufen.* Die Benennung und Reihenfolge von Aktionen sollte sich nicht an Algorithmen und Datenstrukturen orientieren, sondern an den Aufgaben, die Benutzer erledigen. Es ist günstig, eine „Standardreihenfolge“ vorzuschlagen bzw. durch die Gestaltung nahezulegen, aber den Benutzer möglichst nicht einzuschränken. Dieser Gedanke wird bei der Formulareingabe (Abschn 10.5) präzisiert.
- *Benutzung von Standardwerten.* Für die Effizienz der Benutzung ist es wichtig, dass, wann immer möglich, Standardwerte angenommen (und angezeigt) werden, sodass die Zahl der Benutzereingaben minimiert wird. Mehrfaches Eingeben von gleichen Werten muss verhindert werden So sollte z.B. nicht bei jedem Druckbefehl die Druckerkonfiguration neu festgelegt werden. In engem Zusammenhang damit steht das Abspeichern von Eingaben des Benutzers für eine spätere Verwendung als Standardwerte.
- *Vollständigkeit gewährleisten.* Eine bestimmte Aufgabe sollte vollständig in einem Dialog repräsentiert werden. Wenn dazu viele Eingaben erforderlich sind, ist eine Strukturierung möglich, in der z.B. aus einem Dialog heraus spezialisierte Dialoge aktiviert werden können (Abschn. 10.4). Wichtig ist, dass aus-

gehend von einem Dialog alle Eingaben, z.B. zum Einrichten des Druckers, erfolgen können.

Beim Dialogentwurf muss darauf geachtet werden, dass erkennbar ist, welche Dialogbestandteile selektiert und manipuliert werden können und welche Bestandteile lediglich der Anzeige bzw. Strukturierung dienen. In der Terminologie von NORMAN handelt es sich dabei um die Präsentation der *Affordances* (vgl. Kapitel 4). Außerdem muss offensichtlich sein, welches Eingabefeld bzw. welche Gruppe von Eingabefeldern aktiv ist. Dazu ist eine entsprechende Hervorhebung erforderlich. Schließlich muss erkennbar sein, welche Aktionen möglich sind und wie diese initiiert werden können.

10.3 Wesentliche Aspekte des Dialogentwurfs

Bei der Dialoggestaltung ist es hilfreich, statische und dynamische Aspekte des Layouts zu unterscheiden.

- *Statische Aspekte.* Dazu zählen Anordnung, Größe, farbliche Gestaltung, Beschriftung von einzelnen Widgets bzw. Gruppen von Widgets – der statische Aufbau eines Dialogs. Die Wahl von Schriftarten und Farben, die Dimensionierung von Widgets sowie Fragen der Ausrichtung von Bedienelementen gehören zu diesen statischen Aspekten.
- *Dynamische Aspekte.* Diese Aspekte beinhalten das Verhalten des Dialogs bei der Skalierung, die Festlegung einer Reihenfolge, in der Interaktionen erfolgen sowie die Definition von Restriktionen, aus denen sich ergibt, welche Eingabemöglichkeiten in gewissen Zuständen zur Verfügung stehen oder gesperrt sind.

Der Dialogentwurf beginnt in der Regel mit der Diskussion der statischen Aspekte, wobei eine Top-Down-Vorgehensweise entsprechend der vorgestellten Ebenen sinnvoll ist. Dynamische Aspekte werden später berücksichtigt; allerdings können Festlegungen auf dieser Ebene auch noch (in der Regel kleinere) Änderungen am statischen Layout erforderlich machen.

10.3.1 Statische Aspekte des Dialogentwurfs

Dialoge haben einen relativ festen Aufbau. Sie bestehen aus einem Dialogkopf, der sich am oberen Rand befindet und einem Block mit Eingabefeldern bzw. Anzeigebereichen. Dieser Block ist eindeutig separiert von den Standard-Buttons, die sich meistens am unteren oder rechten Rand befinden. Abb. 10.35 zeigt, wie die Eingabefelder von den statischen Dialogbestandteilen optisch getrennt werden können. Die Benutzung von weißen Flächen zur Eingabe und von grauen Bestandteilen für

Beschriftungen und Instruktionen ist weit verbreitet. Die Standard-Buttons sind optisch klar getrennt am unteren Bildrand, wobei der Default-Button (*OK*) durch eine Umrandung hervorgehoben ist. Die statische Gestaltung der Eingabefelder bzw. Anzeigebereiche soll inhaltlich zusammengehörende Bedienelemente deutlich machen und den Dialog dadurch strukturieren. Umsetzungsmöglichkeiten dafür wurden in Abschn. 10.1 diskutiert.

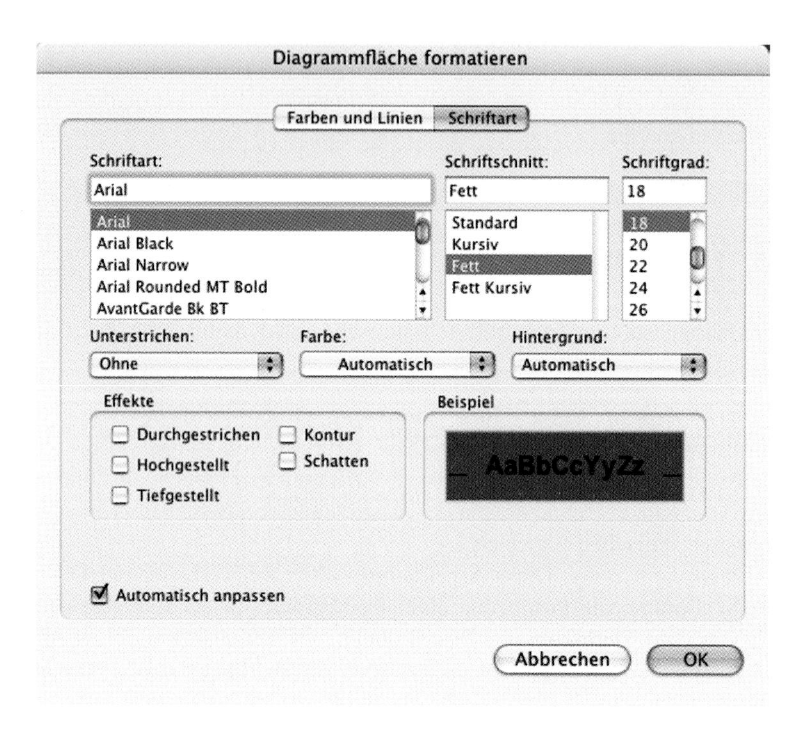

Abb. 10.35: Im oberen Dialogteil sind drei Listboxen platziert und einheitlich (vertikal) dimensioniert. Drei Dropdown-Listboxen bilden den mittleren Teil des Dialogs. Zwei gerahmte Bereiche nehmen den unteren Bereich ein. Bei den Aktion-Buttons (rechts unten) ist die Reihenfolge (*Abbrechen*, *OK*) gegenüber der Windows-Variante vertauscht. Beim Vergleich mit der Windows-Variante (Abb. 10.9, S. 395) fällt die bessere optische Gestaltung auf – der Platz ist gleichmäßiger ausgenutzt (Screenshot von Microsoft™ Office Word, Version für den Apple Macintosh).

10.3.2 Dynamische Aspekte

Bei der Dialoggestaltung müssen auch dynamische Aspekte bedacht werden, die sich aus der Interaktion ergeben. So gibt es Eingaben, die sich gegenseitig beeinflussen, Elemente, die temporär eingeblendet werden, und Dialogvarianten, bei denen sich Größe und Inhalt des Dialogfensters dynamisch anpassen. Folgende Aspekte sollten betrachtet werden:

- Steuerung des Eingabefokus,
- Abhängigkeiten der Eingabe,
- Skalierbarkeit von Dialogen und
- Ein- und Ausklappen von Dialogen.

Steuerung des Eingabefokus. Zu einem bestimmten Zeitpunkt hat jeweils ein Bedienelement den Eingabefokus – d.h. die Eingabe wirkt sich auf dieses Element aus. Der Eingabefokus kann mit der Maus durch Selektion eines Bedienelements oder seiner Beschriftung verschoben werden. Allerdings ist diese Interaktion ineffizient im Vergleich zu einer automatischen Weiterleitung des Eingabefokus nach erfolgter Eingabe. Dabei hat es sich bewährt, dass eine Reihenfolge der Bedienelemente vorgegeben wird und der Eingabefokus durch eine Tastaturbetätigung zum jeweils nächsten Bedienelement verschoben werden kann. In der Regel wird dazu die Tab-Taste genutzt. Auch das Zurückgehen in dieser Bearbeitungsreihenfolge sollte möglich sein. Dazu wird in vielen Toolkits standardmäßig die Tastenkombination „Shift“+Tab-Taste genutzt.

Diese Reihenfolge muss mit der visuellen Darstellung insofern kompatibel sein, als dass die räumlich benachbarten Bedienelemente auch im Sinne der Reihenfolge benachbart sind. Schließlich kann der Eingabefokus durch die Eingabe von Shortcuts – Tastaturkürzeln, die auch bei der Menüauswahl verwendet werden – gesteuert werden. Diese Shortcuts werden durch einen unterstrichenen Buchstaben der Beschriftung eines Dialogfelds veranschaulicht; die Betrachtung der Bilder in diesem Kapitel bietet dafür viele Beispiele. Das Weiterleiten der Eingabe durch die Tab-Taste und die Verwendung von Shortcuts tragen dazu bei, dass Dialoge auch ohne Zeigegerät benutzt werden können.

Abhängigkeiten der Eingabe. Eine wichtige Rolle bei Überlegungen zur Reihenfolge von Dialogschritten spielen die Abhängigkeiten zwischen den Eingaben. So sind bestimmte Eingaben erst sinnvoll, wenn andere erfolgt sind. Wenn auf einem Formular der Familienstand ledig angegeben wird, sind die Angaben zum Ehepartner überflüssig. Häufig ist nur eine Teilmenge der Eingabefelder relevant. Um dies zu verdeutlichen, sollten die jeweils anderen Felder deaktiviert werden – so wie bei Menüeinträgen, deren Auswahl aktuell unmöglich ist. Diese deaktivierten Dialogelemente werden standardmäßig mit deutlich verringertem Kontrast dargestellt, sodass die Aufmerksamkeit auf die anderen Eingabefelder gelenkt wird.

Skalierbarkeit von Dialogen. Ein wichtiger Aspekt bei der Dialoggestaltung betrifft die Frage, ob ein Dialog skalierbar ist und ggf. wie ein Dialog auf eine Veränderung seiner Größe reagieren soll. Grundsätzlich ist eine Größenänderung problematisch, da auf diese Weise das sorgsam festgelegte Dialoglayout verändert wird. Eine Verringerung der initialen Dialoggröße ist meist nicht sinnvoll und wird daher auch unterbunden. Eine Vergrößerung kann aber sehr nützlich sein, wenn der Dialog scrollbare Listboxen oder TreeViews enthält – also Bestandteile, die nur einen Teil der verfügbaren Information darstellen können. Eine Vergrößerung ist auch sinnvoll, wenn Texteingaben, z.B. sehr lange Dateinamen und Kommentare, so groß werden können, dass der dafür vorgesehene Platz nicht ausreicht. In solchen Fällen würde also der durch eine Dialogvergrößerung hinzukommende Platz genutzt, um diese Dialogelemente zu vergrößern. Für den Entwickler bedeutet dies, dass er das Verhalten des Dialogs bei einer Vergrößerung sehr gut testen muss. In der Regel erfolgt eine Vergrößerung ausschließlich am rechten unteren Rand (Abb. 10.36). Keinesfalls sollten alle Dialogelemente proportional vergrößert werden. Viel zu große Pushbuttons beispielsweise sind visuell nicht ansprechend und fast immer ein Zeichen dafür, dass diese Reaktion nicht durchdacht wurde.

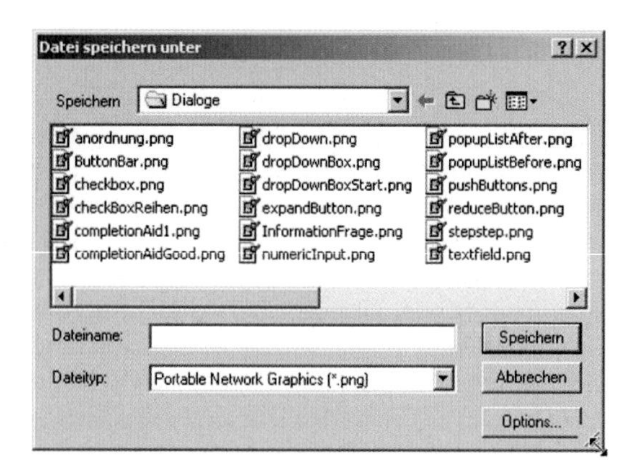

Abb. 10.36: Dialoge können häufig ausgehend von der rechten unteren Ecke vergrößert werden. Die Vergrößerung ist vertikal und horizontal möglich und dient dazu, zusätzlichen Platz für Listboxen zu schaffen. Eine Verkleinerung des Dialogs ist nicht möglich. Die Vergrößerung in horizontale Richtung führt zu einer Verbreiterung der Felder „Dateiname:“ und „Dateityp:“ sowie der Dateiliste. Eine vertikale Vergrößerung kommt ausschließlich der Dateiliste zu Gute; alle anderen Dialogelemente behalten ihre Größe und relative Position zum oberen bzw. unteren Bildrand.

Ein- und Ausklappen von Dialogen. Neben der Größe eines Dialogs kann im Prinzip auch der Dialoginhalt angepasst werden. Eine Größenänderung kann verknüpft werden mit der Erweiterung bzw. Reduktion der dargestellten Bedienelemente (Abb. 10.37). Das Ein- und Ausklappen von Dialogen findet man allerdings relativ selten. Häufiger wird aus einem ersten Dialog ein zweiter Dialog mit weiteren Eingabemöglichkeiten gestartet, z.B. mittels eines Buttons „Eigenschaften …“ oder „Weitere Optionen …“.

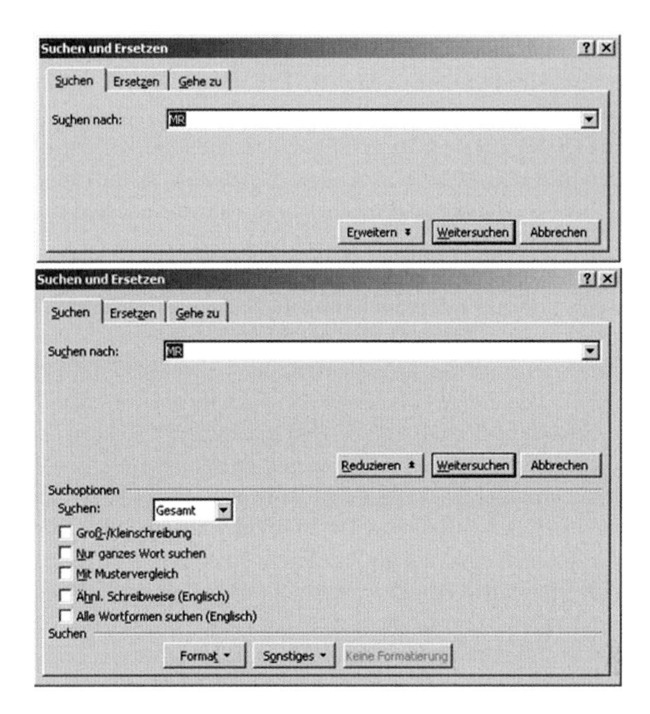

Abb. 10.37: Das Erweitern/Reduzieren von Dialogen kann genutzt werden, um eine übersichtliche Standardvariante eines Dialogs einzublenden (oben), die nur bei Bedarf um andere Optionen erweitert wird (unten). Die konkrete Gestaltung ist nicht optimal; es wird in beiden Varianten viel Platz „verschenkt" (Screenshot von Microsoft Office Word™).

10.3.3 Modale und nichtmodale Dialoge

Eine wichtige Entscheidung besteht darin, festzulegen, ob ein Dialog *modal* oder *nichtmodal* ist. Modale Dialoge verlangen, dass Benutzer den Dialog beenden, ehe etwas anderes getan wird, wohingegen die Bearbeitung nichtmodaler Dialoge jederzeit unterbrochen werden kann. In einer Multitasking-Umgebung mit mehreren Anwendungen ist zudem die Frage, ob ein Dialog *applikationsmodal* ist (die Modalität bezieht sich nur auf die aktuelle Anwendung) oder ob er sogar *systemmodal* ist und damit auch in anderen Anwendungen keine Eingabe zulässt.

Nichtmodale Dialoge sind insofern vorteilhaft, als dass die Freiheit von Benutzern nicht eingeschränkt wird. Allerdings ist fraglich, ob diese Freiheit immer den Interessen des Anwenders entspricht. Eine schwerwiegende Fehlermeldung sollte vom Anwender zur Kenntnis genommen werden, ggf. ist auch eine Reaktion erforderlich. In diesem Fall ist es angemessen, den Dialog (applikations-)modal zu gestalten. Systemmodale Dialoge sollten dagegen eine echte Ausnahme sein; nur wenn eine Situation eingetreten ist, die das Arbeiten mit dem System generell betrifft, ist dies gerechtfertigt. Dies kann der Fall sein, wenn Fehlermeldungen von einem externen Gerät, z.B. einem Drucker auftreten.

Nichtmodale Dialoge können dazu führen, dass mehrere geöffnete Dialoge einen großen Teil der Bildschirmfläche in Anspruch nehmen. Beim Entwurf sollte sich der User Interface Entwickler überlegen, ob es sinnvoll erscheint, die Arbeit mit einem Dialog zu unterbrechen. Bei einem Dialog zum Öffnen oder Speichern einer Datei beispielsweise ist nur ein Name und ein Verzeichnis anzugeben. Ein derart einfacher Dialog sollte entweder durch Eingabe dieser Informationen abgeschlossen oder abgebrochen werden – er kann modal realisiert werden.

Praktisch realisiert wird die Entscheidung über die Modalität eines Dialogs in der Regel dadurch, dass ein bestimmter Wert in der Ressourcendatei für den Dialog gesetzt wird – der User Interface Entwickler spezifiziert also lediglich, ob ein Dialog modal ist. Realisiert wird dieses Verhalten vom Fenstersystem. Allerdings ist für den User Interface Entwickler die Handhabung von nichtmodalen Dialogen oftmals schwieriger, weil sich der Zustand der Daten seit der Öffnung des Dialogs durch anderweitige Interaktionen ändern kann. Im Sinne einer benutzerzentrierten Entwicklung kann dieser Mehraufwand allerdings nicht das alleinige Entscheidungskriterium sein.

Wenn ein Dialog nichtmodal ist, kann ein anderer Dialog gestartet werden, solange der erste noch offen ist. Dies wirft wiederum die Frage nach der Platzierung von Dialogen auf, die bereits in Abschn. 10.4 diskutiert wurde. Auch in der hier beschriebenen Situation sollte darauf geachtet werden, dass die Verdeckung von Dialogköpfen vermieden wird. Shneiderman und Plaisant [2009] schreiben dazu: „Dialoge sollen in der Nähe des Fensters erscheinen, auf das sie sich beziehen, aber nicht direkt auf diesem Fenster“

10.4 Zusammengesetzte Dialoge

In vielen Fällen ist die Menge der einzustellenden Optionen und Parameter zu groß für einen Dialog. In dieser Situation gibt es zwei Möglichkeiten:

- Einblenden einer Kernfunktionalität in einem ersten Dialog, von dem aus weitere untergeordnete Dialoge gestartet werden können, und
- Einsatz von Tab-Dialogen (*tabbed dialog*), bei denen die dargestellten Inhalte ausgetauscht werden in Abhängigkeit von einer selektierten „Karteikarte“.

Diese beiden Varianten weisen einen semantischen Unterschied auf: in der ersten Variante entsteht eine Hierarchie der Bedienelemente; sie werden nach Wichtigkeit aufgeteilt, während bei der zweiten Variante alle Bedienelemente „gleichberechtigt“ sind. Aus Benutzersicht ergeben sich folgende Vor- und Nachteile: die erste Variante verbirgt die Komplexität fortgeschrittener Einstellmöglichkeiten sehr gut. Tab-Dialoge können weniger gut repräsentieren, dass bestimmte Einstellungen wichtiger sind als andere. Der Vorteil von Tab-Dialogen liegt aber darin, dass kein separates

Dialogfenster eingeblendet werden muss, das evtl. wichtige Teile der Applikation verdeckt.

10.4.1 Untergeordnete Dialoge

Beim Einsatz untergeordneter Dialoge sind mehrere Aspekte zu beachten: Es muss im übergeordneten Dialog eine passende Bezeichnung gefunden werden, die den Benutzer darüber informiert, *welche* Einstellmöglichkeiten in dem untergeordneten Dialog zur Verfügung stehen. Zu oft wird – aufgrund einer unklaren Beschriftung – ein untergeordneter Dialog geöffnet und festgestellt, dass dieser keine für die aktuelle Aufgabe relevanten Einstellungen enthält. Dies ist kritisch, da mit dem Einblenden und Schließen eines Dialogfensters eine beträchtliche Ablenkung einhergeht; eine stärkere Ablenkung als beim Einblenden eines Untermenüs.

Der zweite Aspekt betrifft die Platzierung. Den untergeordneten Dialog so zu platzieren, dass der übergeordnete Dialog nicht überlappt wird, wird kaum möglich sein. Wie bei nichtmodalen Dialogen wäre es allerdings kritisch, wenn der untergeordnete Dialog den übergeordneten komplett verdeckt.

Korrektes Verhalten von Buttons. Schließlich besteht ein Problem darin, den Buttons *OK* und *Abbrechen* die „richtige" Semantik zuzuordnen. Was passiert z.B., wenn der Benutzer im untergeordneten Dialog eine Einstellung ändert und durch *OK* bestätigt; daraufhin aber den übergeordneten Dialog durch „Abbrechen" beendet. Johnson [2000] diskutiert diese Frage anhand von Usability-Tests. Korrekt und erwartungskonform ist es demnach, wenn die Betätigung von „Abbrechen" in einem übergeordneten Dialog alle – auch mit *OK* bestätigten – Änderungen in untergeordneten Dialogen rückgängig macht. Wesentliches Argument dafür ist, dass die Frage, ob die Bedienelemente in einem großen Dialog oder in mehreren kleinen Dialogen angeordnet werden, nur eine Detailfrage ist. Diese sollte logisch – für den Anwender – keine Bedeutung haben. Der in Abb. 10.38 dargestellte Dialog verhält sich nicht entsprechend. Diese Probleme treten bei Tab-Dialogen nicht auf – insofern ist dort das Verhalten für Benutzer klarer.

Vermeidung von tiefen Dialoghierarchien. Dass aus einem Dialog heraus ein untergeordneter Dialog aktiviert wird, ist üblich. Kritisch wird es aber, wenn die Dialoge in einer tiefen Hierarchie geschachtelt sind und aus den untergeordneten Dialogen weitere gestartet werden können. Dies bedeutet, dass weitere Fenster geöffnet und verwaltet werden müssen und dies ist mit einer hohen kognitiven Belastung verbunden. Wenn diese untergeordneten Dialoge mehrere Entscheidungen erfordern, also nicht nur die Bestätigung einer Nachricht oder die Auswahl einer Datei, in der ein Ergebnis gespeichert wird, wächst die kognitive Belastung weiter. Die von Johnson [2000] ausgesprochene Empfehlung, wonach die Tiefe von Dialoghierarchien generell nicht größer als zwei sein sollte, ist daher plausibel. Diese Empfehlung ist im Zusammenhang zu sehen mit der Diskussion über die Tiefe von Menüstrukturen

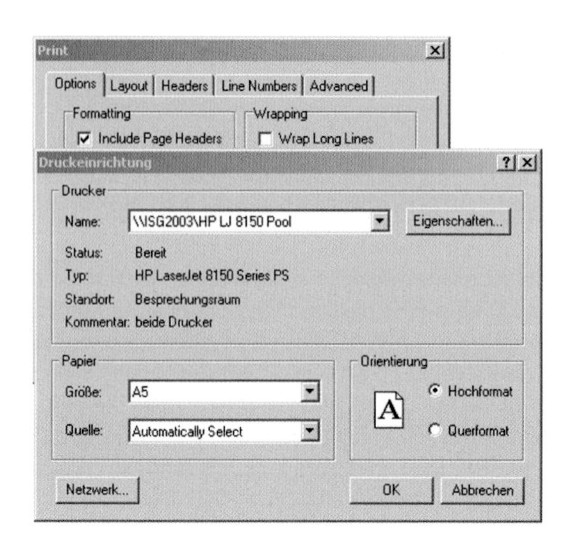

Abb. 10.38: Eine Änderung im untergeordneten Dialog, z.B. beim Papierformat, wird übernommen, auch wenn der übergeordnete Dialog mit „Abbrechen“ beendet wird. Bemerkenswert ist, dass der untergeordnete Dialog deutsch ist, während der übergeordnete Dialog englisch ist. Es handelt sich um einen Systemdialog, den der Anwendungsentwickler kaum beeinflussen kann (Screenshot von WinEdt von WinEdtInc™).

(Abschn. 9.2.2) – viele Benutzer haben Schwierigkeiten, in tiefen hierarchischen Strukturen den Überblick zu behalten.

Transparente Dialoge. Eine prinzipelle Lösungsmöglichkeit für die Layoutprobleme bei Dialoghierarchien besteht in der Nutzung von Transparenz. Dabei wird ein übergeordneter Dialog mehr oder weniger transparent dargestellt, wenn ein untergeordneter Dialog aktiviert wird, der auf dem übergeordneten Dialog platziert wird. Ähnlich wie bei transparenten Menüs (Abschn. 9.2.7) sind damit Lesbarkeitsprobleme verbunden und insofern ist dies nicht für alle Benutzer hilfreich. Günstig ist es daher, wenn die Transparenz vom Benutzer gesteuert werden kann. In Abb. 10.39 ist kritisch, dass Vordergrund- und Hintergrundtexte semitransparent überlagert werden. Die semitransparente Überlagerung eines textuellen Menüs über eine Grafik wird eher als angenehm empfunden.

10.4.2 Tab-Dialoge

Tab-Dialoge sind die Alternative zu über- und untergeordneten Dialogen und ermöglichen es in der Regel, auf tiefe Dialoghierarchien zu verzichten. Die Zerlegung der Eingabemöglichkeiten in übersichtliche Teile unterstützt – ähnlich wie Grup-

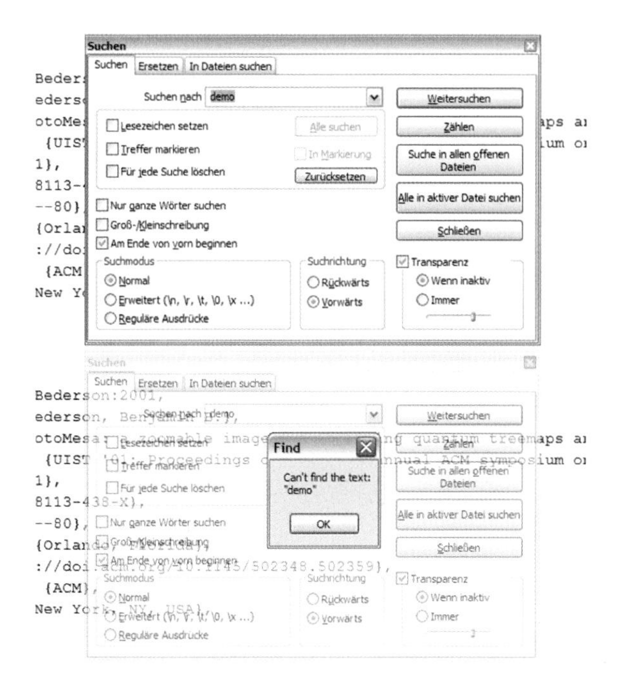

Abb. 10.39: Bei einem Suchdialog kann eingestellt werden, ob dieser im aktiven oder im inaktiven Zustand transparent dargestellt wird. Das Ausmaß der Transparenz kann flexibel eingestellt werden (rechts unten) (Screenshot von Notepad++).

pierungskomponenten – das *Chunking*, die leicht erfassbare Strukturierung der Eingabeelemente. Die „Karteikarten“ oder „Reiter“ sollten die Länge einer Zeile in der Regel nicht überschreiten und oberhalb des darzustellenden Inhalts erscheinen. Der selektierte Reiter wird optisch mit der zugehörigen Dialogfläche verbunden. Unterhalb der Dialogfläche mit austauschbarem Inhalt sollten die üblichen Buttons (OK, Abbrechen, ...) dargestellt werden. Deren Platzierung sollte unabhängig davon sein, welcher Reiter ausgewählt ist. Die Betätigung dieser Buttons löst eine Aktion aus, die sich auf alle Einstellungen bezieht, die der Benutzer in den einzelnen Dialogflächen vorgenommen hat – nicht nur auf die gegenwärtig sichtbaren. Alle derartigen Einstellungen würden also mit *Abbrechen* verworfen bzw. mit *OK* bestätigt werden. In der Regel sind die Reiter rein textuell beschriftet. Die Kombination mit einem Icon ist aber möglich und durchaus sinnvoll, vor allem bei Programmen, die visuelle Komponenten generell intensiv nutzen. In Abb. 10.40 ist ein solcher Dialog dargestellt.

Die Gestaltung von Tab-Dialogen erfordert viel Erfahrung. Wichtig ist, dass die einzelnen Dialogteile gleich groß sind – andernfalls würde sich bei jedem Wechsel des selektierten Reiters das Layout stark ändern, was störend wirkt. Gleiche Größe erfordert auch, dass die Inhalte etwa den gleichen Umfang haben; andernfalls

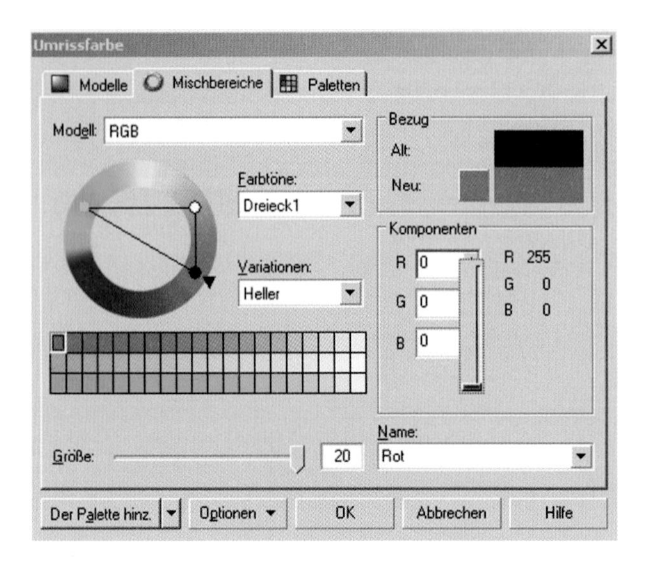

Abb. 10.40: Ein Tab-Dialog, bei dem Icons und textuelle Beschriftungen für die Reiter benutzt werden (Screenshot von CorelDraw 11).

wird bei einzelnen Dialogteilen viel Platz verschwendet, während in anderen die Bedienelemente sehr gedrängt platziert werden. Keinesfalls sollten einzelne Reiter in Abhängigkeit von bestimmten Eingaben ein- oder ausgeblendet werden. Die in Abb. 10.41 dargestellte Situation ist diesbezüglich ungünstig.

Tab-Dialoge mit einer Vielzahl an Beschriftungen. Die Nutzung einer Zeile für die Beschriftung der Reiter reicht unter Umständen nicht aus. User Interface Entwickler ziehen sich in dieser Situation unterschiedlich aus der Affäre:

- Reiter werden nicht nur oberhalb, sondern auch unterhalb der entsprechenden Dialogfläche dargestellt.
- Die Beschriftungen werden (stark) abgekürzt.
- Die Dialogfläche wird horizontal so verbreitert, dass ausreichend Platz für die Beschriftungen zur Verfügung steht.
- Die Reiter werden über mehrere Zeilen verteilt.

Diese Lösungsvarianten werden in [Johnson, 2000] diskutiert und es wird plausibel erklärt, warum nur die letzte Variante akzeptabel ist (Abb. 10.42). Benutzer erwarten, dass sie genau einen Reiter auswählen können. Reiter, die oberhalb und unterhalb der gesteuerten Dialogfläche platziert sind, stiften daher Verwirrung. Es entsteht der Eindruck, dass sowohl oberhalb als auch unterhalb gewählt werden kann. Beschriftungen stark abzukürzen, erschwert das Verständnis massiv – vor allem für Gelegenheitsbenutzer ein großer Nachteil. Die dritte Variante ist besonders ungünstig: Tab-Dialoge werden eingesetzt, um Platz zu sparen. Diese Dialoge in die Breite

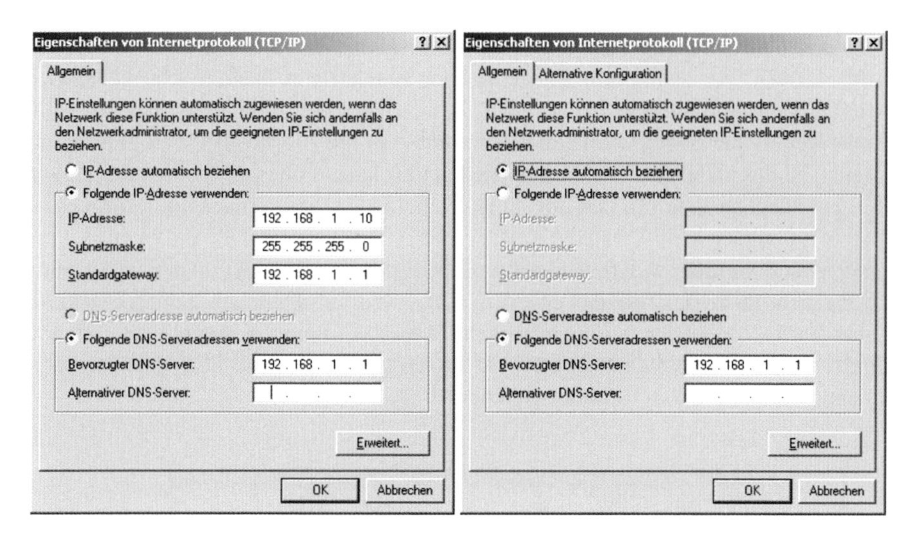

Abb. 10.41: Wenn im linken Dialog der Radiobutton „IP-Adresse automatisch beziehen" aktiviert wird, wird ein zusätzlicher Reiter eingefügt (rechtes Bild), in dem weitere Optionen zur Verfügung stehen. Eine derartige Veränderung der Karteikartenreiter widerspricht den Erwartungen und den einschlägigen Empfehlungen (Screenshot von Microsoft Windows XP).

zu ziehen, um die Beschriftungen der Reiter „unterzubringen" führt aber dazu, dass in erheblichem Maße Platz verschwendet wird.

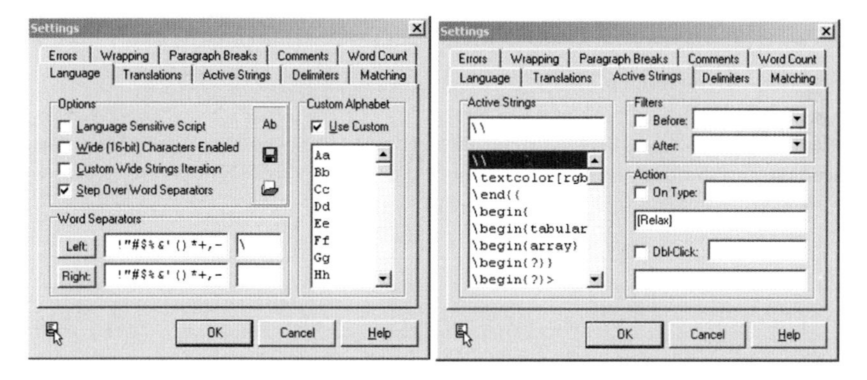

Abb. 10.42: Zwei Reiter in einem Tab-Dialog sind selektiert. Die Inhalte sind so strukturiert, dass der Platz in beiden Fällen gut ausgenutzt wird. Aufgrund der Vielzahl an Reitern sind diese auf zwei Zeilen verteilt (Screenshot von WinEdt von WinEdtInc™).

Unproblematisch ist aber auch die Mehrzeilenvariante nicht. Damit – wie in Abb. 10.42 – der selektierte Reiter mit der zugehörigen Dialogfläche verbunden werden kann, muss er sich direkt über dieser Dialogfläche befinden. Bei Auswahl eines Reiters der oberen Zeile, die nicht direkt an die zugehörige Dialogfläche angrenzt, ist das nicht möglich. Daher werden in solchen Fällen die beiden Zeilen von Reitern ausgetauscht. Für den ungeübten Benutzer ist dies verwirrend: wahrgenommen wird zunächst, dass sich die Reiter erheblich verändert haben und es muss dann interpretiert werden, welche Umordnung erfolgt ist. Insofern ist noch eine Variante in Betracht zu ziehen, bei der eine Hierarchie von Tab-Dialogen gebildet wird. In einer Leiste, deren Platzierung sich nicht ändert, wird eine Auswahl getroffen und in der darunter befindlichen Leiste wird ein dazu passender Tab-Dialog mit entsprechend geringer Zahl an Reitern eingeblendet (Abb. 10.43).

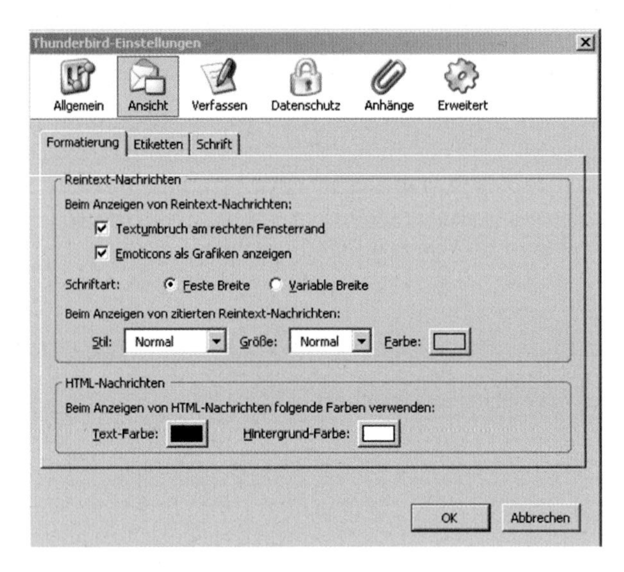

Abb. 10.43: In der oberen Leiste mit beschrifteten Icons wird eine Selektion vorgenommen, mit der der unmittelbar darunter dargestellte Tab-Dialog ausgewählt wird (Screenshot von Mozilla™ Thunderbird).

10.4.3 Multifunktionsleisten

Multifunktionsleisten (engl. *ribbons*) sind eine Weiterentwicklung von Menüs und Dialogen, die von MICROSOFT für das Office-Paket OFFICE 2007 eingeführt wurden.[1] Dabei wird die permanent sichtbare Leiste eines Pulldown-Menüs durch eine Fläche mit verschiedenen Dialogbausteine ersetzt, die den Zugang zu der gleichen Funktionalität wie ein Pulldown-Menü ermöglicht. Abb. 10.44 zeigt, dass im Wesentlichen alle in diesem Kapitel besprochenen Dialogbausteine zum Einsatz kommen. Eine Detaildarstellung der Multifunktionsleiste von MICROSOFT POWERPOINT ist in Abb. 10.45 dargestellt. Dialoge können dabei aktiviert werden und werden – wie die untergeordneten Menüs bei einem Pulldown-Menü – direkt unterhalb der Multifunktionsleiste eingeblendet (siehe Abb. 10.2 auf S. 387).

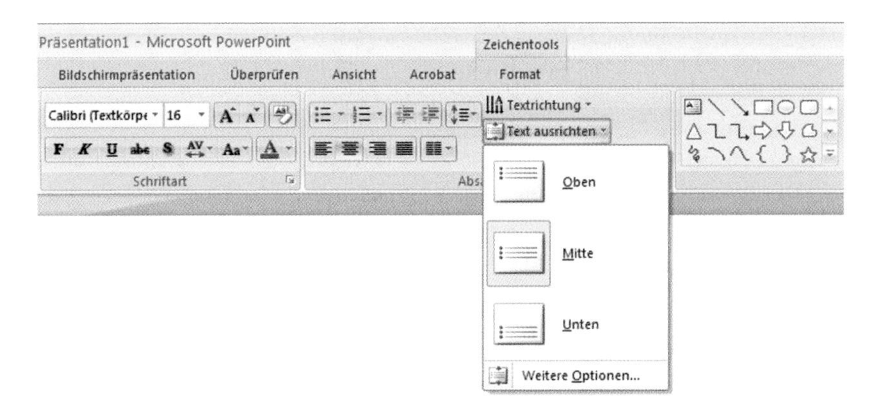

Abb. 10.44: Ein größerer Teil der Powerpoint-Multifunktionsleiste. Kombination verschiedener Widgets an zentraler und thematisch gruppierter Stelle: Listenauswahl, Zahleneingabe (Textgröße), Radiobuttons (Linksbündig etc.), Dropdown-Menüs mit visueller Vorschau der Ergebnisse, rein visuelle ikonische Menüs (ganz rechts) (Screenshot von Microsoft™ Office Powerpoint).

Abb. 10.45: Ausschnitt der Powerpoint-Multifunktionsleiste. Kombination von Buttons (mit Icon), Auswahlmenüs, Optionskästchen und numerischen Eingaben (Screenshot von Microsoft™ Office Powerpoint).

[1] Konzeptionell ähnliche Vorläufer gab es bereits 10 Jahre früher in CAD-Werkzeugen, bei denen eine besonders große Funktionalität effizient zugänglich gemacht werden musste.

10.5 Formulareingabe

Ähnlich wie Dialoge dienen Formulare dazu, mehrere unmittelbar in Zusammenhang stehende Eingaben zusammenzufassen. Bei Formularen sind textuelle Eingaben vorherrschend; oft werden Formulare als Eingabeschnittstelle zu Datenbanken verwendet. Für die Eingabe komplexer oder umfangreicher Daten ist die Formulareingabe der beste Interaktionsstil [Shneiderman und Plaisant, 2009]. Dieser Interaktionsstil ist für die Erfassung strukturierter zusammengehöriger Informationen besonders geeignet. Beispiele sind Anmelde- und Bestellvorgänge. Besondere Verbreitung hat dieser Interaktionsstil bei webbasierten Systemen.

Aufgrund der Bedeutung von Texteingaben sind hier die in Abschn. 10.1.4 diskutierten Empfehlungen bzgl. der Verwendung von Standardwerten und der Nutzung von Hinweisen für die korrekte Eingabe textueller Informationen relevant. Ein wichtiger Aspekt bei der Formulargestaltung betrifft die Unterscheidung zwischen *notwendigen* und *optionalen* Eingaben. Wenn es von der Logik her unpassend ist, die notwendigen Eingaben kompakt an den Anfang zu stellen, müssen diese leicht erkennbar differenziert werden. Zumindest bei Web-Formularen gibt es dafür eine weit verbreitete Konvention: ein Stern (*) markiert die notwendigen Eingaben.

Häufig werden Formulare genutzt, um eine Reihe von Datensätzen einzugeben. Daher ist es nützlich, wenn der Abschluss der Eingabe eines Datensatzes automatisch dazu führt, dass ein leeres Formular neu eingeblendet wird, sodass die nächste Eingabe erledigt werden kann. Der Cursor, der die Navigation zwischen den Feldern steuert, sollte z.B. durch Betätigung der Enter-Taste automatisch von einem Feld zum jeweils nächsten bewegt werden. Beim Einblenden eines neuen Formulars sollte er im ersten Eingabefeld stehen. Auf diese Weise kann die Eingabe im Vergleich zur manuellen Selektion von Eingabefeldern mit der Maus deutlich beschleunigt werden. Insbesondere ein ständiger Wechsel zwischen Tastaturbetätigung und Mausbenutzung verlangsamt die Interaktion. So ist z.B. für eine Sachbearbeiterin, die im 10-Finger-System sehr schnell schreiben kann, jeder Griff zur Maus eine Unterbrechung, die sie erheblich verlangsamt. Grobe Richtlinien für die Formulargestaltung gibt die DIN ISO-Norm 9241-17.

Anordnung von Eingabefeldern. Die Gestaltung von Formularen kann sich häufig an manuellen Formularen für diese Aufgabe orientieren. Derartige Vorbilder gibt es für viele Verwaltungsaufgaben, z.B. für die Erfassung von Steuern (Abb. 10.46). Da Mitarbeiter in der Verwaltung oft jahrzehntelange Erfahrung mit derartigen Papierformularen haben, ist eine weitgehende Übereinstimmung mit diesen Formularen sowohl für die Akzeptanz als auch für die Effizienz der Bearbeitung entscheidend. Insbesondere ein verringerter Lernaufwand im Vergleich zu einer – aus Sicht der Benutzer – willkürlichen Anordnung von Bedienelementen ist für die Akzeptanz entscheidend. Eine 1:1-Übernahme ist allerdings oft nicht möglich, da auf einem gedruckten A4-Blatt deutlich mehr Informationen dargestellt werden können als in einem elektronischen Formular. Die Benennung und Nummerierung der einzelnen Eingaben, die farbliche Gestaltung und die Anordnung können allerdings übernommen werden.

Wenn Formulare entwickelt werden, bei denen die Übereinstimmung zu Papierformularen kein relevantes Kriterium ist, spielen vor allem folgende Faktoren eine wichtige Rolle, um die Eingabefelder sinnvoll anzuordnen:

- Reihenfolge der Bearbeitung und
- Wichtigkeit der Eingabefelder.

Dabei ist zu berücksichtigen, dass in Europa und Nordamerika von links nach rechts und von oben nach unten gelesen wird. In dieser Reihenfolge sollten die Bedienelemente so angeordnet werden, dass ein typischer Ablauf darin besteht, das Formular in der Lesereihenfolge auszufüllen.

Beim Ausfüllen von Formularen sind viele Sonderfälle zu beachten, die nur in wenigen Fällen relevant sind (Die wenigsten Steuerzahler sind Wald- oder Schiffsbesitzer – wenn sie es aber sind, ist dies für die Steuererklärung wichtig.) Eine Formulargestaltung, bei der die Benutzer nicht jedes Eingabefeld zu jedem möglichen Sonderfall zur Kenntnis nehmen müssen, sondern Standardfälle (hier: Steuererklärungen „normaler" Steuerzahler) zügig bearbeiten können, ist vorzuziehen.

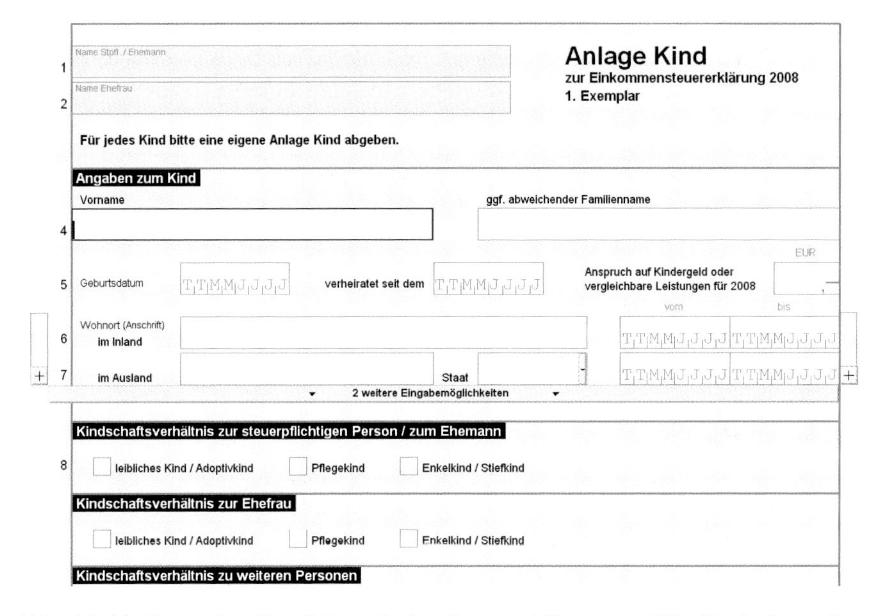

Anlage Kind
zur Einkommensteuererklärung 2008
1. Exemplar

1 Name Stpfl. / Ehemann
2 Name Ehefrau

Für jedes Kind bitte eine eigene Anlage Kind abgeben.

Angaben zum Kind

4 Vorname | ggf. abweichender Familienname

5 Geburtsdatum TTMMJJJJ | verheiratet seit dem TTMMJJJJ | Anspruch auf Kindergeld oder vergleichbare Leistungen für 2008 EUR

Wohnort (Anschrift) — vom — bis

6 im Inland TTMMJJJJ TTMMJJJJ

7 im Ausland — Staat TTMMJJJJ TTMMJJJJ

2 weitere Eingabemöglichkeiten

Kindschaftsverhältnis zur steuerpflichtigen Person / zum Ehemann

8 ☐ leibliches Kind / Adoptivkind ☐ Pflegekind ☐ Enkelkind / Stiefkind

Kindschaftsverhältnis zur Ehefrau

☐ leibliches Kind / Adoptivkind ☐ Pflegekind ☐ Enkelkind / Stiefkind

Kindschaftsverhältnis zu weiteren Personen

Abb. 10.46: Formular für elektronische Steuererklärungen. Die Papierformulare sind exakt nachgebildet. Am linken Bildrand gibt es eine Übersicht über alle möglichen Formulare. In normaler Größe ist jeweils nur ein Teil der Daten eines Papierformulars sichtbar (Screenshot von Elster Formular).

Nutzung des Potenzials elektronischer Formulare. Die elektronische Erfassung bietet viele Vorteile. Unmittelbar beim Ausfüllen einer Eingabe kann kontextspezifische Hilfe angeboten werden – bei einer komplexen Aufgabe, die relativ selten durchgeführt wird (Anträge auf Bafög, Elterngeld, ...) ist dies äußerst hilfreich. Zusätzliche Tipps „Wussten Sie schon, dass ..." können ebenfalls das Ausfüllen erleichtern. Ein großer Vorteil elektronischer Formulare ist die Möglichkeit, Eingaben auf Vollständigkeit und Plausibilität zu prüfen. Dass ein Antrag wegen fehlender Angaben nicht bearbeitet werden kann, kann so verhindert werden. Allerdings müssen die Entwickler derartiger Systeme im Detail die Regeln analysieren, aus denen sich die Plausibilität von einzelnen Angaben, aber auch von Angaben im Zusammenhang ergibt. Die Aufgabenanalyse (Band II) muss diesen Aspekten gebührende Aufmerksamkeit widmen. Schließlich ist es bei elektronischen Formularen möglich, das Layout an die Besonderheiten des einzelnen Antrags anzupassen. Betrachten wir noch einmal das Beispiel von Steuerformularen. Hier gibt es viele Eingabemöglichkeiten, die nur bei einzelnen Anträgen relevant sind. So kann bei Bedarf für diese Eingaben zusätzlicher Platz zur Verfügung gestellt werden (ein mit „+" beschrifteter Button ist dafür üblich).

Gestaltung umfangreicher Formulare. Umfangreiche Formulare mit vielen Eingabefeldern können nicht in einer Ansicht ausgefüllt werden. Insofern ergibt sich die Notwendigkeit, ein Formular in Teile zu zerlegen, ähnlich zur Nutzung von Tab-Dialogen und untergeordneten Dialogen. Im Unterschied dazu ist es aber bei Formularen oft *notwendig*, alle oder zumindest mehrere Formulare auszufüllen. Der Benutzer muss also erkennen können, welche Teile eines umfangreichen Formulars bereits bearbeitet worden sind. Dafür kann der Interaktionsstil geführter Dialoge (Wizards) (Abschn. 9.6) hilfreich sein, der eine bestimmte lineare Bearbeitungsreihenfolge nahelegt. Eine Übersicht, in der für jedes Teilformular ersichtlich ist, ob es bereits (vollständig) bearbeitet wurde, ist zu empfehlen. Diese Übersicht kann z.B. in Form einer Statusleiste umgesetzt werden.

Schwierig ist oft die Frage, in wie viele Schritte bzw. Formulare eine Aufgabe zerlegt werden sollte. Prinzipiell könnten bei feststehender Menge an Eingaben wenige Formulare erstellt werden, wobei viele Bedienelemente nur durch Scrollen erreichbar sind oder relativ viele Formulare, in denen alle Eingaben auf einen Blick ersichtlich sind. Eine generelle Empfehlung ist schwierig; relativ große Formulare, in denen gescrollt werden muss, sind durchaus verbreitet. Kritisch wird es, wenn nur ein kleiner Teil der Eingaben eines Formulars gleichzeitig dargestellt werden kann.

Web-Formulare. Web-Formulare sind vor allem bei der Abwicklung von Kaufvorgängen wichtig (Eingabe von Nutzerdaten, Details der Lieferung, ...). Insofern ist eine ungünstige Gestaltung besonders problematisch, denn sie erhöht die Wahrscheinlichkeit, dass der Kaufvorgang abgebrochen wird [Niedermann und Hatscher, 2008]. Besonders wichtig ist es, die Eingaben auf ein notwendiges Minimum zu reduzieren und nicht alles, was für die Marketingabteilung relevant sein könnte, zu erfragen. Formulare sollten so gestaltet sein, dass das Scrollen vermieden wird. Eine entscheidende Rolle spielt bei Web-Formularen die Reaktion auf fehlerhafte bzw. unvollständige Eingaben. Das Prinzip, Fehler frühzeitig beim Wechseln des Eingabefeldes zu prüfen, ist mit normalen HTML-Seiten nicht umsetzbar. Daher ist es von Vorteil, Technologien zu nutzen, die fragmentarisch kleinere Datenmengen zwischen Client und Server austauschen. AJAX ist im Moment die verbreitetste Technologie, die dies ermöglicht.

Als Beispiel für ein Web-Formular ist in Abb. 10.47 die Anmeldung bei eBay dargestellt. Dabei fällt auf, dass – im Gegensatz zu den in Abb. 10.34, S. 421 illustrierten Varianten der Texteingabe – die Beschriftungen jeweils oberhalb der Textfelder stehen. Diese Variante ist zu bevorzugen, wenn das Formular dadurch nicht zu lang wird, sodass vertikales Scrollen nötig wird. Die Eingabe ist auf das absolut erforderliche Minimum beschränkt. Besonders wichtig ist die Korrektheit der e-Mail-Adresse, die durch zweifache Eingabe überprüft wird.

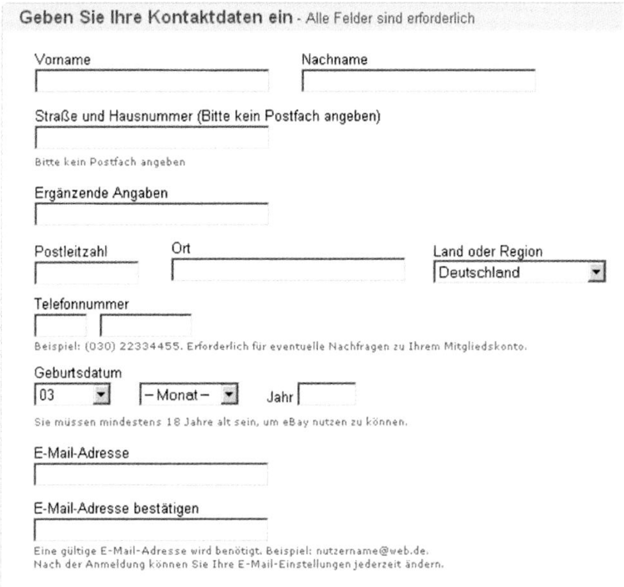

Geben Sie Ihre Kontaktdaten ein - Alle Felder sind erforderlich

Vorname

Nachname

Straße und Hausnummer (Bitte kein Postfach angeben)

Bitte kein Postfach angeben

Ergänzende Angaben

Postleitzahl

Ort

Land oder Region

Deutschland

Telefonnummer

Beispiel: (030) 22334455. Erforderlich für eventuelle Nachfragen zu Ihrem Mitgliedskonto.

Geburtsdatum

03

– Monat –

Jahr

Sie müssen mindestens 18 Jahre alt sein, um eBay nutzen zu können.

E-Mail-Adresse

E-Mail-Adresse bestätigen

Eine gültige E-Mail-Adresse wird benötigt. Beispiel: nutzername@web.de.
Nach der Anmeldung können Sie Ihre E-Mail-Einstellungen jederzeit ändern.

Abb. 10.47: Formular für die Anmeldung bei eBay. Texteingaben und Dropdownfelder werden genutzt. Die Feldnamen sind oberhalb der Felder angeordnet, Ausfüllhinweise in kleinerer Schrift unterhalb.

Inline-Hilfe. Ein Konzept zur Integeration von Hilfeinformationen in Webformularen ist die sogenannte Inline-Hilfe. Sie geht über die Ausfüllhinweise hinaus und präsentiert temporär (wie ein Tool-Tipp) Informationen, die sich auf ein Eingabefeld beziehen. Im Unterschied zu (einzeiligen) Tool-Tipps sind die Texte aber etwas länger. Die Hilfe wird damit genau dort angezeigt, wo sie benötigt wird und auch nicht länger dargestellt, als erforderlich (Abb. 10.48).

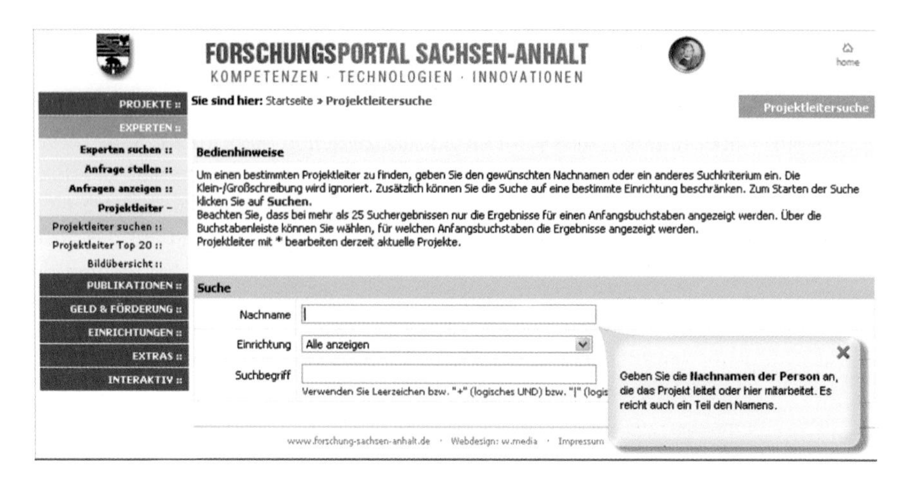

Abb. 10.48: Eine kontextspezifische Hilfe (Inline Help) erklärt, was bei einer speziellen Eingabe zu beachten ist. Die Hilfe wird nach wenigen Sekunden automatisch ausgeblendet, kann aber auch manuell durch den Schließen-Button am oberen rechten Rand ausgeblendet werden.

Zusatzinformationen: Formulareingabe. Die Dialog- und Formulargestaltung ist besonders anspruchsvoll, wenn verschiedene Länder und Sprachen adressiert werden sollen. Die einfache Übersetzung der textuellen Komponenten ist nicht ausreichend. Der Platzbedarf für eine Beschriftung ist teilweise sehr unterschiedlich, sodass das Layout häufig einer Anpassung bedarf. Auch die Eignung von Farben und Icons bedarf ggf. einer Anpassung, insbesondere, wenn die Zielländer sich auch kulturell stark unterscheiden. Shneiderman und Plaisant [2009] weisen darauf hin, dass typische Benutzer in Japan oder China den Bildschirminhalt anders „abtasten" und erfassen als Europäer. Eine gründliche Einführung in dieses Thema bietet [Fernandes, 1995].

10.6 Zusammenfassung

In diesem Kapitel sind die Elemente von Dialogen systematisch hinsichtlich der möglichen Gestaltungsvarianten untersucht worden. Visuelle Aspekte, wie eine klare optische Strukturierung, spielen dabei eine große Rolle. Außerdem muss die Interaktion strukturiert werden: Ausgehend von sinnvollen Standardwerten kann der Benutzer Eingaben machen, wobei der Eingabefokus sowohl vom Benutzer durch Mausbewegungen als auch vom System entsprechend einer voreingestellten Reihenfolge bewegt werden kann. Zur Erledigung einer komplexen Interaktionsaufgabe muss ein Dialog häufig so strukturiert werden, dass zwischen „normalen" und speziellen Optionen unterschieden wird. Diese Aufteilung dient dazu, Benutzer nicht mit unnötig vielen Details zu überfordern.

Insbesondere bei Formularen ist es wichtig, dass eine zügige Eingabe möglich ist, ohne dass die Maus in jedes Feld bewegt wird. Die Eingabe von Daten in Formularen ist häufig eine Routinetätigkeit, sodass die Effizienz der Interaktion hier eine herausragende Bedeutung hat. Bei allen Widgets ist eine aussagekräftige Beschriftung erforderlich, damit die Benutzer korrekt interpretieren können, was sie mit einer Eingabe bewirken. Die Platzierung von Bedienelementen in Dialogen und Formularen soll der Wichtigkeit dieser Elemente, der Häufigkeit der Benutzung und der Bearbeitungsreihenfolge Rechnung tragen. Wenn die besonders häufig benutzten Bedienelemente in einem Dialog im oberen Teil platziert sind, ist es oft möglich, die Bearbeitung eines Dialogs erfolgreich abzuschließen, ohne alle Eingabefelder detailliert zu betrachten.

Die Diskussion in diesem Kapitel war auf die funktionalen Aspekte und die Usability von Dialogen und Formularen konzentriert. Die visuelle Gestaltung, z.B. der Einsatz von Farben, Farbverläufen, Schriftarten, Schatteneffekten, wurde nicht näher betrachtet. Für die *User Experience* spielen diese Effekte eine wichtige Rolle. Der Leser möge die Bildbeispiele in diesem Kapitel unter diesem Aspekte noch einmal betrachten. Die Unterschiede zwischen älteren Dialogen, in denen komplett auf Farbe verzichtet wurde, und aktuelleren Beispielen ist auffällig.

Konsistenz und Styleguides. Konsistenz in der Dialoggestaltung betrifft die einheitliche Verwendung von Schriftarten, Gruppierungskomponenten, Platzierung wiederkehrender Buttons und eine einheitliche Terminologie. Diese Konsistenz wird am ehesten erreicht, wenn explizite Festlegungen in Styleguides getroffen werden (siehe Band II). Insbesondere bei Applikationen mit mehreren Entwicklern ist dieser Aspekt essenziell. Die konsequente Benutzung von Standardwerten eines GUI-Toolkits erleichtert es in der Regel ebenfalls, Konsistenz zu erreichen. Abweichungen sind natürlich möglich, sollten aber nur in begründeten Ausnahmen und nach gründlicher Diskussion erfolgen.

Weitere Literatur. Die Gestaltung von Dialogen wird ausführlich in dem einschlägigen Buch von WILBERT O. GALITZ behandelt [Galitz, 2007]. Dort wird anhand vieler Beispiele beschrieben, wie eine erste Dialoggestaltung kritisiert und sukzessive verbessert werden kann. Sehr empfehlenswert ist auch das Buch von JEFF JOHNSON [Johnson, 2000]. Basierend auf langjährigen Projekterfahrungen, vielen Usability Tests und Kundenbefragungen hat er Listen von Empfehlungen und Warnungen („Dont's and Do's") aufgestellt, wie Dialogelemente verwendet werden sollen und was vermieden werden soll.

Empfehlenswert sind auch Sammlungen im Internet, die unter dem Namen „Interface Hall of Shame" gefunden werden können. Diese Sammlungen enthalten kritische Analysen von Beispielen der Dialoggestaltung. Im 9. Kapitel von Foley et al. [1990] werden interaktive Zeichenprogramme genutzt, um Varianten der Dialoggestaltung zu diskutieren. Das 15. Kapitel von Newman und Lamming [1995] behandelt ebenfalls die Dialoggestaltung vor allem die Farbgestaltung. Die Aspekte der visuellen Gestaltung von Bildschirmlayouts – und damit auch von Dialogboxen – werden in dem Buch [Marcus, 1991] erläutert. Das Buch [Mullet und Sano, 1995] ist der Dialoggestaltung gewidmet und diskutiert alle wesentlichen Aspekte.

Schließlich seien die Styleguides der Betriebssystemhersteller empfohlen. Diese sind natürlich produktnah und erheben nicht den Anspruch einer wissenschaftlichen Begründung für ihre Empfehlungen. Sie sind aber sehr fundiert und bei der praktischen Gestaltung wertvoll. Konkret zu nennen sind der APPLE Styleguide [Incorporation, 1992], der MICROSOFT WINDOWS Styleguide [Microsoft, 1995], der Java Styleguide [Microsystems, 1999], der OSF MOTIF Styleguide [Foundation, 1990] und der CDE/OSF Styleguide [Group, 1997]. Auch die älteren Styleguides sind nach wie vor relevant und lesenswert; es sind erstaunlich wenige Dialogelemente in den letzten 20 Jahren neu hinzugekommen und an den grundsätzlichen Empfehlungen, wie diese Elemente zu verwenden sind, hat sich wenig geändert.

Teil IV
Interaktive Informationsvisualisierung

In den vorausgegangenen Kapiteln wurden verschiedene Aspekte grafischer Benutzungsschnittstellen detailliert diskutiert. Komplexität und Grenzen traditioneller Schnittstellenelemente spielten dabei immer wieder eine Rolle, so z.B. bei Scrolling und Panning zur Dokumentnavigation, beim Entwurf eines hierarchischen Menüsystems für mehr als 1000 Funktionen oder beim Interagieren mit langen Listen in Dialogboxen. Das Gebiet der Informationsvisualisierung liefert für diese Anwendungsbeispiele Lösungen, die sich in moderne Benutzungsschnittstellen integrieren lassen und gleichzeitig auch eine eigene Klasse von stark visuellen Benutzungsschnittstellen ausmachen.

Informationsvisualisierung beschäftigt sich mit der Visualisierung vorranging abstrakter Daten, wie Multiparameterdaten (z.B. Medienobjekte mit verschiedenen Attributen), Hierarchien, Netzwerken, Text oder Softwaresystemen, die sich alle auch über die Zeit verändern können. Das 11. Kapitel führt zunächst in diese Datentypen und das Gebiet der Informationsvisualisierung insgesamt ein. Nachfolgend geht es um verschiedene Formen der *visuellen Kodierung von Informationen*. Das bedeutet, je nach Visualisierungsaufgabe und Typ der darzustellenden Daten müssen die Informationen geeignet visuell repräsentiert werden. Neben der Diskussion klassischer Visualisierungstechniken für eindimensionale bis multidimensionale Daten bildet die Repräsentation struktureller Beziehungen zwischen Datenobjekten, z.B. in Form von Bäumen oder Graphen, einen Fokus dieses Kapitels.

Das 12. Kapitel *Präsentation, Navigation und Interaktion* widmet sich dem Aspekt der Präsentation von Daten, d.h. *wie* Daten dem Benutzer präsentiert werden. Bei zunehmend komplexeren Informationsräumen wird der stets limitierte Anzeigeplatz zum Flaschenhals, aber auch die zu berücksichtigenden kognitiven und wahrnehmungspsychologischen Besonderheiten des Menschen. Strategien zur Navigation in großen Informationsräumen werden ausführlich besprochen, darunter *Zoomable User Interfaces* und Fokus- und Kontexttechniken. Ebenfalls wird auf Formen der Interaktion mit Informationsvisualisierungen eingegangen, weil dadurch erst das volle Potenzial computergenerierter Visualisierungen ausgeschöpft werden kann. Es wird gezeigt, welche Bedeutung die ursprünglich für Informationsvisualisierungen entwickelten Navigations- und Interaktionstechniken auch generell für moderne Benutzungsschnittstellen besitzen.

Kapitel 11
Die visuelle Kodierung von Informationen

Angesichts der weltweit zunehmenden Datenflut wird die Exploration und Analyse gigantischer Datenmengen zunehmend schwieriger [Keim, 2002]. Die Informationsräume werden nicht nur immer größer, sondern auch gleichzeitig komplexer und vernetzter. Zudem werden Informationen durch das Internet und zahlreiche weitere Informationskanäle einem immer breiteren Personenkreis zur Verfügung gestellt. Wie kann Menschen geholfen werden, diese Datenfülle zu überblicken, zu verstehen und Einsichten und Erkenntnisse darüber zu gewinnen? Das Forschungsgebiet der *Informationsvisualisierung* (InfoVis) versucht, darauf Antworten zu finden.

Neben physikalischen bzw. sensorisch erfassten kontinuierlichen Daten, z.B. Temperatur, Druck oder Geschwindigkeit, ist eine Vielzahl von Daten abstrakter Natur. Deren Visualisierung ist Gegenstand der Informationsvisualisierung. Beispiele für abstrakte Daten lassen sich überall finden: Aktienkurse und -kennzahlen, Verbindungsstatistiken und Auslastungszahlen von Netzwerkbetreibern, Relationen zwischen Dokumenten, Medien und Personen im Web 2.0, Dateihierarchien auf Computerfestplatten oder auch Gesundheitsdaten von Patienten.

Interaktive Informationsvisualisierungen sind Benutzungsschnittstellen, mit denen sich derartige Daten explorieren und analysieren lassen. Von traditionellen Benutzungsschnittstellen unterscheiden sie sich durch hochvisuelle Anzeigen und spezialisierte Interaktionstechniken. Die Benutzung erfolgte ursprünglich überwiegend durch Experten, doch eine Öffnung für Alltagsnutzer und eine zunehmende Popularisierung von zunächst als Spezialtechniken entwickelten Lösungen ist als Trend zu beobachten. Daher sind Kenntnisse in diesem Bereich auch für den Entwurf und die Entwicklung interaktiver Systeme allgemein gewinnbringend einzusetzen.

In den vorausgegangenen Kapiteln wurden verschiedene Aspekte von grafischen Benutzungsschnittstellen ausführlich diskutiert. Diese dienen dazu, vielfältige Informationen anzuzeigen und zu editieren. Dazu zählen nicht nur die Werte und Parameter in Dialogboxen, sondern auch potenziell lange Auswahllisten oder die hierarchische Strukturierung von hunderten Programmfunktionen in Menüs. Oftmals stoßen die traditionellen Widgets und Techniken hier an ihre Grenzen. Noch deutlicher wird das, wenn man an die Anwendungsdokumente bzw. -objekte selbst denkt. Dies können Tabellen mit Unternehmenskennzahlen, lange Textdokumente

B. Preim, R. Dachselt, *Interaktive Systeme*, eXamen.press, 2nd ed.,
DOI 10.1007/978-3-642-05402-0_11, © Springer-Verlag Berlin Heidelberg 2010

mit hierarchischer Struktur, komplex vernetzte Webseiten oder auch tausende Medienobjekte in einem privat genutzten Medienverwaltungsprogramm sein. In diesem und dem nachfolgenden Kapitel wird ein grundlegendes Repertoire verschiedenartiger Informationsvisualisierungslösungen vorgestellt, das sich für die Entwicklung moderner Benutzungsschnittstellen nutzen lässt.

Die meisten Datenobjekte besitzen eine Vielzahl von Attributen bzw. Merkmalen, nach denen sich Daten filtern und anordnen lassen. Die *Exploration* großer Datenbestände ist also eine der wichtigen Aufgaben, die mit Hilfe von Informationsvisualisierungen gelöst werden können. Eine weitere traditionelle Visualisierungsaufgabe ist die *Analyse* hinsichtlich wiederkehrender Muster, Trends, Lücken oder Korrelationen, was auch als *Visual Data Mining* [Keim, 2002] bezeichnet wird. Neben Navigation und Exploration steht bei Informationsvisualisierung also das Gewinnen von Einsichten und Erkenntnissen im Vordergrund.

Neben den Visualisierungsaufgaben spielt die Art und Dimensionalität der zu visualisierenden Daten eine entscheidende Rolle. Natürlich ist es ein Unterschied, ob man eine Anzahl von Produkten anhand zweier Merkmale vergleichen möchte oder die Evolution eines über Jahre gepflegten und kollaborativ erweiterten Software-Repositories analysiert werden soll.

Da die hier betrachteten Daten abstrakter Natur sind, haben wir – anders als bei Temperatur oder Geschwindigkeit – häufig kein mentales Bild davon. Es müssen in Abhängigkeit vom Datentyp also zunächst geeignete visuelle (oder auch auditive) *Repräsentationen* gefunden werden. Ein zweiter wichtiger Aspekt ist die *Präsentation* von Daten, d.h. wie die Daten dem Benutzer präsentiert werden und ob sie überhaupt angezeigt werden. Das schließt Konzepte zur interaktiven Exploration und Navigation großer Datenräume ein, für die der Platz zur Anzeige selbst auf modernsten Displays wohl immer zu klein sein wird.

Diese grobe Untergliederung in die Bereiche Repräsentation und Präsentation von Daten [Spence, 2007] motivierte auch die Zweigliederung der Informationsvisualisierungskapitel in diesem Buch. Fokus dieses Kapitels ist die visuelle Kodierung von Informationen, also die Diskussion grundsätzlicher Visualisierungskonzepte für verschiedene Datentypen. Da häufig Beziehungsgeflechte zwischen Daten bestehen, stellt die Visualisierung struktureller Beziehungen, z.B. in Form von Bäumen oder Graphen, einen wichtigen Fokus in diesem Kapitel dar. Im Folgekapitel 12 soll hingegen der wichtige Aspekt der Präsentation, Navigation und Interaktion mit Datenvisualisierungen ausführlicher betrachtet werden.

Die Informationsvisualisierung ist ein stark wachsendes Forschungsfeld mit zahlreichen Anwendungen in der Telekommunikation, dem Bankwesen, der Statistik oder der IT-Branche allgemein. Es existieren dazu bereits mehrere eigenständige Bücher (z.B. [Spence, 2007, Mazza, 2009, Ware, 2004]), und die folgenden Ausführungen können viele Themen nur anreißen. Dabei wird auch versucht, konkrete Bezüge auf die Mensch-Computer Interaktion zu nehmen.

Gliederung. Im Abschn. 11.1 wird zunächst der Frage nachgegangen, was Informationsvisualisierung ausmacht und welche grundlegenden Begriffe, Datentypen und Visualisierungsaufgaben dabei von Bedeutung sind. Im Folgenden werden im

Abschn. 11.2 verschiedene visuelle Repräsentationsformen für univariate bis hin zu multivariaten Daten erläutert. Der Kodierung von Relationen zwischen Daten sind die folgenden Abschnitte gewidmet. Im Abschn. 11.3 werden Hierarchievisualisierungen betrachtet, wobei ein Überblick zu gängigen Baumvisualisierungen gegeben wird. Netzwerkvisualisierungen stehen hingegen im Fokus von Abschn. 11.4, wobei freiere und in Form von Graphen repräsentierte Relationen visualisiert werden, z.B. von Freundesnetzwerken.

11.1 Einführung und Grundlagen

Schon seit weit mehr als hundert Jahren nutzen Menschen Visualisierungen in gedruckter Form, und unser Alltagsleben wird von visuellen Informationsdarstellungen dominiert. Neben Formen der Unterhaltung, Werbung oder einfachen Informationspräsentationen gibt es eine hier im Fokus stehende Form von Visualisierungen, die es erlaubt, einen schnellen Überblick zu erhalten, begründete Entscheidungen zu treffen oder auch Erkenntnisse und Einsichten zu gewinnen. Beispiele dafür sind Liniennetze von U-Bahnen, Fahrpläne, Diagramme von Unternehmensstrukturen oder auch Darstellungen von georeferenzierten Wahlergebnissen. Wie teils komplexe, häufig unübersichtliche oder schwer verständliche Daten dabei visuell aufbereitet werden, soll an einem historischen und viel zitierten Beispiel erläutert werden.

11.1.1 Ein Visualisierungsbeispiel

In seinem Buch „La méthode graphique“ von 1885 widmete sich Étienne Jules Marey der Visualisierung raum-zeitlicher Zusammenhänge. Darunter ist das in Abb. 11.1 dargestellte Beispiel eines Zugfahrplans von Paris nach Lyon (siehe auch [Tufte, 2001]).

Jeweils eine diagonal verlaufende Linie repräsentiert eine Zugfahrt, von oben nach unten die Hinfahrt Paris – Lyon, von unten nach oben die Rückfahrt. Abfahrts- und Ankunftszeiten auf einem Bahnhof sind auf der horizontalen Zeitachse aufgetragen, die Dauer von Aufenthalten wird durch die Länge der horizontalen Linienabschnitte visualisiert. Die vertikale Anordnung der Bahnhöfe ist in ihrem Abstand proportional zur Entfernung zwischen ihnen. Diese ansonsten in Zahlentabellen kodierten Informationen lassen sich der kompakten Visualisierung gut entnehmen.

Interessanter sind jedoch noch die weiteren Einsichten, die sich anhand dieses Diagramms gewinnen lassen. So ist die Steilheit einer Linie ein Maß für die Geschwindigkeit der Zugverbindung, und Linien mit geringem vertikalen Versatz stellen Verbindungen ohne lange Aufenthalte dar. Die Häufigkeit der Zugverbindungen lässt sich ebenso ablesen wie größere Lücken im Verlaufe des Tages. Schließlich lässt sich noch anhand der Kreuzungspunkte identifizieren, wo und wann sich Züge von Hin- und Rückverbindungen begegnen. Zur originalen Abbildung ist eine heu-

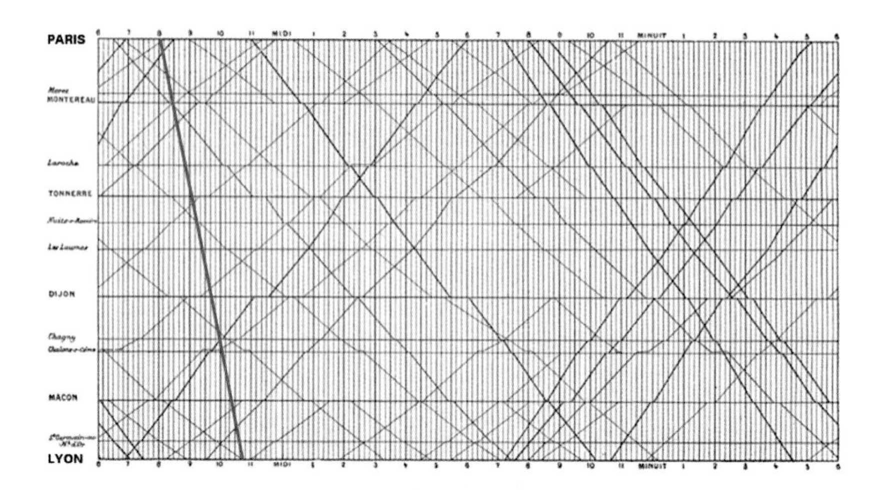

Abb. 11.1: Historische Visualisierung des Zugfahrplans Paris – Lyon um 1880 von E.J. Marey mit der Ergänzung einer aktuellen TGV-Verbindung (nach [Tufte, 2001])

tige Verbindung des Hochgeschwindigkeitszugs TGV (in Rot) hinzugefügt worden, wobei die Zeiteinsparung von mehr als sechs Stunden und die fehlenden Zwischenhalte deutlich erkennbar sind [Tufte, 2001].

Wichtige Aspekte von Informationsvisualisierung lassen sich an diesem historischen Beispiel erkennen. Zunächst muss entschieden werden, welche Daten überhaupt visualisiert werden sollen. Sollen z.B. auch Züge dargestellt werden, die nur eine Teilstrecke abdecken? Weiterhin müssen die Daten in geeignete Visualisierungen transformiert werden, wobei bestimmte (visuelle) Dimensionen und Freiheitsgrade zur Verfügung stehen. In diesem Beispiel ist es eine Liniendarstellung in der Fläche, wobei den Achsen Ort und Zeit zugewiesen sind. Welche visuellen Variablen neben Position, Länge und Anstieg der Linien dabei noch genutzt werden können (z.B. Farbton, Helligkeit, Form, Krümmung, Textur, Pfeilspitzen oder andere hinzugefügte Symbole), hängt auch von den Einschränkungen des Zielmediums ab. Im historischen Beispiel ist es eine reine Schwarz/Weiß-Darstellung.

Entscheidend ist die Frage, welche Personengruppe eine Visualisierung zu welchem Zweck nutzen soll. Der Fahrplan scheint weniger für Reisende geeignet, die schnell eine exakte Abfahrtzeit ablesen wollen. Hingegen ist er für Organisations- und Planungszwecke für Bahnmitarbeiter von deutlich größerem Wert.

Die Rolle von Computer und Mensch. Mehr als 130 Jahre später haben Computer die Aufbereitung solcher Daten und das Erzeugen von Informationsvisualisierungen übernommen. Sie erlauben komplexe Berechnungen, sind extrem genau und flexibel, erlauben dynamische Veränderungen von parametrisierbaren Visualisierungen in Echtzeit und unterstützen die Darstellung und Ausgabe auf verschiedensten Geräten und Medien. Wenn es jedoch um die Gruppierung und Zusammenfassung von Werten, um das Erkennen von Korrelationen, Anomalien, oder Mustern geht, genügen einfache Datentabellen und Tabellenkalkulationsprogramme nicht mehr. Dann sind Informationsvisualisierungen nötig, die Daten in einer Form aufbereiten und darstellen, die Erkenntnisgewinne für den Nutzer ermöglichen.

Menschen besitzen eine ausgeprägte visuelle Wahrnehmung (siehe Abschn. 2.2) und sind in der kognitiven Verarbeitung, Wissensassoziation und -konstruktion dem Computer deutlich überlegen. So gestattet es die *präattentive Wahrnehmung* des Menschen beispielsweise sofort, d.h. in weniger als 300 ms, ein Zielobjekt unter dutzenden anderen zu identifizieren, wenn es visuell geeignet unterschieden werden kann, z.B. durch seine Farbe, Form oder Größe (siehe Abschn. 2.2.2). Im wahrnehmungsorientierten Informationsvisualisierungsbuch von Ware [2004] werden solche Merkmale detailliert beschriebenen.

Weitere Beispiele für die wesentlichen Wahrnehmungsqualitäten des Menschen sind die einfache Erkennung eines sehr unscharf dargestellten oder unvollständigen Textes oder die automatische Vervollständigung einer fragmentarisch dargestellten visuellen Form im menschlichen Gehirn. Diese Fähigkeit wird auch mit dem Gestaltgesetz der geschlossenen Form beschrieben (vgl. Abschn. 2.2.4). KEIM führt zudem als Vorteil menschlicher, visueller Datenexploration auf, dass diese leicht mit hochgradig inhomogenen oder auch fehlerbehafteten Daten umgehen kann.

Interaktion als wesentlicher Faktor. Für eine erfolgreiche Informationsvisualisierung ist ein weiterer Aspekt von Bedeutung: die Interaktion. Nahezu jede moderne Anwendung beinhaltet verschiedene Formen der Navigation durch Informationsräume und der Interaktion mit den Daten, worauf im Abschn. 12.5 näher eingegangen wird.

Die Visualisierung eines Fahrplans ließe sich beispielsweise deutlich verbessern, indem sich einzelne Zugverbindungen selektieren oder mit der Maus überfahren ließen, um weitere Details dazu anzuzeigen. Das könnten die Art des Zuges, die Zahl der Waggons, die Anzahl der Plätze in der ersten und zweiten Klasse oder das Vorhandensein eines Bordrestaurants sein. Man spricht dabei von multiplen Attributen eines Datenobjekts oder multivariaten Daten (siehe Abschn. 11.1.4).

Auch könnte man die visualisierten Daten dahingehend filtern, dass nur die Züge mit einer minimalen oder maximalen Fahrtzeit angezeigt und alle anderen Linien entfernt bzw. ausgegraut würden. Dabei handelt es sich um eine Form von Datenunterdrückung (engl. *data suppression*). Schließlich könnte man sich deutlich komplexere Fahrpläne vorstellen, die jedoch den zur Verfügung stehenden Bildschirmplatz weit überschreiten würden. Hier müssen Techniken eingesetzt werden, um mit den räumlichen Begrenzungen auszukommen, Details zuverlässig anzeigen zu können ohne zugleich den Gesamtüberblick zu verlieren. Im Falle eines Fahrplans wäre es außerdem naheliegend, eine Verknüpfung der Stationsnamen mit Orten auf einer Landkarte vorzunehmen. Beim Überfahren eines Namens mit der Maus könnte beispielsweise auf der Karte der Ort temporär hervorgehoben werden. Man spricht bei der dynamischen Verknüpfung verschiedener Visualisierungsformen auch vom *dynamic cross-linking*.

Zusammenfassend lässt sich sagen, dass Informationsvisualisierungen verschiedene Aspekte oder auch Dimensionen besitzen, die bei der Anwendung oder dem Neuentwurf beachtet werden müssen:

- *Zielgruppe:* Wer wird die Visualisierung verwenden und welches Fachwissen kann vorausgesetzt werden? Soll eine Visualisierung gleichzeitig mehrere Gruppen von Nutzern unterstützen?
- *Aufgaben:* Warum wird eine Visualisierung überhaupt benötigt, welche Aufgaben sollen damit unterstützt werden?
- *Daten:* Was sind die Datenquellen, die repräsentiert werden sollen? Woher kommen sie, und wie können sie geeignet aufbereitet und ggf. reduziert werden?
- *Repräsentation:* Wie können die Daten geeignet repräsentiert werden und welche visuellen Mittel bzw. welche Techniken aus dem Repertoire an Informationsvisualisierungen sind dafür geeignet?
- *Medium:* Wo sollen die Visualisierungen ausgegeben werden? Ist es eine gedruckte Zeitschrift, ein einfacher Monitor mit Maus und Tastatur oder eine Großleinwand mit gestenbasierter Interaktion?

11.1.2 Was ist Informationsvisualisierung?

In den vorangegangenen Abschnitten wurden bereits wesentliche Aspekte von Informationsvisualisierung erwähnt. STEPHAN DIEHL definiert *Visualisierung* als Gebiet der Informatik sinngemäß wie folgt [Diehl, 2007].

Definition 11.1. *Visualisierung* ist der Prozess der Transformation von Informationen in eine visuelle Form, die es dem Benutzer auf visuelle Weise gestattet, verborgene Aspekte in den Daten zu entdecken, die für Exploration und Analyse wesentlich sind.

Die klassische Visualisierungsdomäne ist die der *wissenschaftlichen Visualisierung* (engl. *scientific visualization*). In Anwendungsdomänen, wie Strömungsmechanik, Radiologie, Klimaforschung oder Geowissenschaften fallen dabei Daten mit Raumbezug an, die häufig durch Sensoren erhoben werden oder Ergebnis von Simulationen sind. Dabei ist es unerheblich, ob die zumeist physikalischen Daten in originaler kontinuierlicher Repräsentation vorliegen oder als diskretisierte Näherungswerte [Telea, 2007]. *Informationsvisualisierung* (engl. *information visualization*, abgekürzt *InfoVis*) ist hingegen ein deutlich jüngerer Visualisierungszweig, der sich mit der Visualisierung diskreter und zumeist *abstrakter* Daten ohne physikalischen oder inhärent räumlichen Bezug beschäftigt. So definieren Card et al. [1999] Informationsvisualisierung wie folgt:

Definition 11.2. *Informationsvisualisierung* ist die Nutzung computergenerierter, interaktiver, visueller Repräsentationen von abstrakten, nicht-physikalischen Daten zur Verstärkung des Erkenntnisgewinns.

Beispiele für abstrakte Daten sind Tabellen mit Zahlenwerten, z.B. Vertriebszahlen einer Firma, hierarchische Strukturen, die als Bäume repräsentiert sind, Datenrelationen und Verknüpfungen in Form von Graphen, Textfragmente von Webdokumenten oder Programmcode aus dem Softwareentwicklungsprozess.

Abgrenzung zu anderen Visualisierungsdisziplinen. Damit wird deutlich, dass das Spektrum von zu visualisierenden Daten hier größer ist als bei der wissenschaftlichen Visualisierung [Telea, 2007]. Physikalische Daten rufen häufig konkrete mentale Bilder beim Nutzer hervor, weil eine Strömungsvisualisierung an einem Flugzeugflügel, die Darstellung der Kräfteverteilung auf einer Brücke oder die Volumendarstellung eines menschlichen Organs konkrete räumliche Bezüge besitzen. Dagegen sind die Veränderungshistorie eines Softwarearchivs, die Dateistruktur auf einer Festplatte oder die Kennzahlen einer Aktie rein abstrakter Natur und wecken – abgesehen von bekannten Diagrammdarstellungen, die wir erlernt haben – keine naheliegenden Visualisierungsassoziationen. Trotz dieser Unterschiede lässt sich die Informationsvisualisierung gegenüber der wissenschaftlich-technischen Visualisierung nicht scharf abgrenzen [Schumann und Müller, 2000]. Informationsvisualisierung wird genauso wissenschaftlich betrieben, und einige Methoden und Verfahren sowie das Grundrepertoire visueller Variablen und Visualisierungsfreiheitsgrade sind in beiden Gebieten sehr ähnlich.

Einen wichtigen Unterschied bilden auch die Zielgruppen von Nutzern. Während die Interpretation der Visualisierung von Vektorfeldern, Isooberflächen oder Stromlinien vorrangig Experten vorbehalten ist, richten sich Informationsvisualisierungen häufig an eine breitere Nutzergruppe ohne mathematischen, natur- oder ingenieurwissenschaftlichen Hintergrund. So ist es ein wesentliches Kriterium, dass z.B. Diagramme mit Aktienkursen, Hierarchievisualisierungen einer Unternehmensstruktur, Netzvisualisierungen einer Freundes-Webseite oder die Darstellung von Wahlergebnissen auch für Alltagsnutzer zugänglich und verständlich sein müssen.

ZACHARY POUSMAN und JOHN STASKO führen den Begriff der Informationsvisualisierung für Gelegenheitsnutzer (engl. *Casual Information Visualization*) ein [Pousman et al., 2007]. Damit wird klar, dass moderne Informationsvisualisierungen auch die Konventionen des jeweiligen Anwendungsgebietes befolgen und zudem eine angemessene grafische und ästhetische Qualität haben müssen, um über den reinen Nutzwert hinaus auch Qualitäten in Bezug auf Nutzungsfreude (engl. *User Experience*) und teilweise sogar Unterhaltungswert zu besitzen.

Bevor Informationen visualisiert werden können, müssen sie jedoch geeignet akquiriert werden. Das Gebiet des *Information Retrievals* stellt für das Auffinden und Abrufen bestimmter Daten geeignete Techniken zur Verfügung. Die Suche nach bestimmten Informationen im World Wide Web ist ein allgegenwärtiges Beispiel, dem im Hintergrund komplexe Datenbankanfragen zugrunde liegen. Häufig haben Nutzer hierbei klare Vorstellungen von den Suchkriterien, was jedoch nicht immer der Fall ist. Gerade dann helfen Informationsvisualisierungen, da sie es auch erlauben, unerwartete Zusammenhänge, Besonderheiten in den Daten oder unbekannte Muster sichtbar zu machen. Informationsvisualisierungstechniken können auch genutzt werden, um sehr große Datenmengen aus dem Information Retrieval weiter dynamisch einzuschränken.

Beim *Data Mining* werden prinzipiell ähnliche Ziele wie bei vielen Informationsvisualisierungen verfolgt. In sehr großen Datenbeständen werden hier jedoch durch automatisierte Verfahren Cluster und andere Zusammenhänge gesucht. Während Visualisierungen Nutzer dazu befähigen, diese selbst zu erkennen, versuchen Analyse- und Klassifikationsmethoden des Data Mining dies vollautomatisch. Die Vorteile dieser computergestützten Analysen lassen sich jedoch mit denen der Visualisierungen der Ergebnismengen kombinieren, wobei man bei dieser Kombination vom *Visual Data Mining* spricht.

Von Daten zu Erkenntnissen. Wie bereits deutlich wurde, ist das Ziel von Informationsvisualisierungen das Gewinnen von Erkenntnissen und Einsichten [Card et al., 1999]. Dafür werden Daten zunächst akquiriert und aufbereitet, um die Datenmenge zu reduzieren und den Fokus auf wichtige Daten zu legen. Die Resultate dieser Datentransformationen werden dann in für Visualisierungen geeignete geometrische Modelle überführt. Schließlich erfolgt die grafische Anzeige auf dem Bildschirm oder einem anderen Medium, wo typischerweise ein dynamischer Ausschnitt der Daten gezeigt wird. Durch Betrachtung dieser Ansichten und vor allem durch die menschliche Interaktion wird der Erkenntnisgewinn schließlich unterstützt.

Card et al. [1999] beschreiben diese Visualisierungspipeline als Referenzmodell der Visualisierung mit den Phasen Datentransformation (Vorverarbeitung), Visuelle Abbildung (Transformation in ein geometrisches Modell) und Ansichtstransformation bzw. Bildgenerierung (Rendering). Visualisierungen können einerseits der Exploration von Informationsräumen dienen, andererseits der Kommunikation von Informationen und Zusammenhängen (d.h., der Präsentation). Typische Ziele des Erkenntnisgewinns sind:

- das Entdecken von neuen Zusammenhängen oder Besonderheiten *(discovery)*,
- das zuverlässige Treffen von Entscheidungen *(decision making)*,
- die explorative Analyse von Informationsräumen *(exploration)*, z.B. in einem reflektierenden Sinn und
- das Finden von Erklärungen für Muster, Gruppen von Datenobjekten oder einzelne Eigenschaften *(explanation)*.

In diesem Zusammenhang lassen sich als wichtige Visualisierungsziele drei Stufen unterscheiden [Schumann und Müller, 2000]:

- die explorative Analyse,
- die konfirmative Analyse und
- die Präsentation.

Bei der explorativen Analyse findet häufig eine interaktive, ungerichtete Suche nach Informationen und Strukturen statt, ohne dass Benutzer im Detail erklären könnten, was überhaupt gesucht wird. Hypothesen über die vorhandenen Daten, ihre Struktur und Eigenschaften existieren noch nicht [Schumann und Müller, 2000]. Bei der konfirmativen Analyse ist das hingegen der Fall, und mit Hilfe einer Visualisierung wird zielgerichtet versucht, Annahmen zu bestätigen bzw. Erklärungen dafür zu finden. Schließlich ist ein wichtiges Ziel von Informationsvisualisierungen auch die geeignete Präsentation und Kommunikation gewonnener Erkenntnisse. Eine Visualisierung muss an dieser Stelle Fakten erkennbar darstellen, so dass Dritte sie problemlos identifizieren und verstehen können [Schumann und Müller, 2000].

11.1.3 Visualisierungsaufgaben

Aus den genannten Visualisierungszielen lässt sich ableiten, dass effektive Informationsvisualisierungen immer in Abhängigkeit von konkreten Aufgaben entworfen und auch angewandt werden müssen. Denn jede Visualisierungstechnik betont bestimmte Informationen, rückt andere in den Hintergrund oder unterdrückt sie sogar. Eine Darstellung von Wahlergebnissen in einem Land liefert z.B. einen schnellen Überblick über den Gesamterfolg einzelner Parteien, nicht jedoch über die Besonderheiten regionalen Wahlverhaltens. Eine andere Visualisierung in diesem Kontext könnte z.B. das Wechselwählerverhalten oder den Bezug zwischen Einkommens- bzw. Berufsgruppen und gewählten Parteien darstellen. Jede dieser Visualisierungen unterstützt verschiedene Ziele.

Unabhängig davon müssen beinahe alle Informationsvisualisierungen grundlegende Aufgaben unterstützen, die SHNEIDERMAN im Zusammenhang mit einer Taxonomie von Informationsvisualisierungslösungen beschrieben hat [Shneiderman, 1996, Shneiderman und Plaisant, 2009].

- *Overview:* Gewinnen eines Überblicks über den gesamten Informationsraum, Erkennen von globalen Mustern und Trends.
- *Zoom:* Heranzoomen von interessanten Informationsobjekten, Betrachten einer kleineren Untermenge der Daten.
- *Filter:* Herausfiltern von uninteressanten Datenobjekten, Auswahl einer Untermenge anhand von Attributen.
- *Details-on-demand:* Auswahl eines Datenobjekts oder einer Gruppe von Daten, um Details zu erhalten, Anzeige der Attribute von Datenobjekten nach Auswahl
- *Relate:* Betrachtung von Beziehungen zwischen Datenobjekten, Vergleich von Werten.
- *History:* Aufzeichnung der Aktionen, um sie rückgängig machen zu können (undo), erneut abzuspielen oder für progressive Verfeinerungen zu nutzen.
- *Extract:* Extraktion von Untermengen des Informationsraums und der Anfrageparameter.

Die ersten vier Phasen visueller Datenexploration sind auch als das viel zitierte *Mantra visueller Informationssuche* bekannt geworden [Shneiderman, 1996]:

Overview first, zoom and filter, then details on demand.

Mantra deshalb, weil die Exploration von Datenräumen ein iterativer Prozess ist, der immer wieder durchlaufen wird. Auch sollte sich der User Interface Designer wiederholt die Frage stellen, wie diese grundsätzlichen Aufgaben unterstützt werden können. Im Folgenden werden sie näher erläutert und an einem Beispiel veranschaulicht.

Gewinnen eines Überblicks. Überblicksdarstellungen sind wichtig, weil sie Orientierung ermöglichen, z.B. die Position eines Landkartenausschnitts im Verhältnis zur Gesamtkarte. Zudem sind damit globale Abschätzungen möglich, wie die Gesamtzahl von Datenobjekten oder aber das Erkennen von Mustern innerhalb der Datenvisualisierung. Häufig werden Übersichtsansichten mit Detailansichten kombiniert, wobei diese typischerweise in einem größeren, aktiven Fenster gezeigt werden, während die kleine Gesamtübersicht die Position eines Ausschnitts, z.B. als Rechteck wie in Abb. 11.2 markiert. Die im Abschn. 12.4 vorgestellten Verzerrungstechniken sind eine weitere Strategie für Überblicksdarstellungen. Ein Beispiel dafür sind *Fisheye Views*, die die Fokussierung von Details erlauben, während alle anderen Teile der Darstellung in verzerrter und verkleinerter Form eine Kontextdarstellung liefern.

Abb. 11.2: Überblicksansichten in typischen Desktop-Anwendungen (links: Adobe Acrobat, rechts: Adobe Photoshop)

Heranzoomen interessanter Daten. Oft ist es notwendig, einzelne Teile eines Dokuments oder eines Informationsraums näher zu betrachten. Prominentes Beispiel ist die Geovisualisierung GOOGLEEARTH, wo Zoomfaktor und Zoomfokus von Landkartenausschnitten frei gewählt werden können. Die Beispiele in Abb. 11.2 zeigen jedoch auch, dass Zoomstrategien inzwischen Bestandteil sehr vieler Office- und Standardanwendungen sind. Weiche und gut animierte Zoomvorgänge sind wichtig, damit Nutzer das Gefühl für ihre Position und den Kontext nicht verlieren [Shneiderman und Plaisant, 2009]. Typische Interaktionstechniken für das Zoomen sind die Benutzung von Zoom-Schiebereglern, die Nutzung eines Mausrads oder auch das Klicken auf eine Position oder ein Objekt von Interesse, worauf dieses herangezoomt und meistens auch zentriert wird.

Filtern der Datenmenge. Dynamische Anfragen, die auf Objekte einer Datenkollektion angewendet werden, stellen eines der Schlüsselkonzepte für Informationsvisualisierungen dar [Shneiderman, 1994]. Sie ermöglichen es, große Datenmengen geeignet zu reduzieren. Während Anfragesprachen wie SQL früher vom Nutzer Expertenwissen erforderten, dominieren inzwischen Filtertechniken mit Hilfe grafischer Benutzungsschnittstellen. Dazu zählen Schieberegler und Buttons, aber auch Texteingabefelder, um numerische oder kategorische Parameter einzustellen oder auch Schlüsselwörter zu spezifizieren. Auch die Technik *query by example*, wo z.B. ein Beispielbild für eine Suchanfrage eingesetzt wird, eignet sich zum Filtern bestimmter Datenmengen. Schließlich kann Filtern auch bedeuten, dass bei gleichbleibend sichtbarer Datenmenge bestimmte Objekte gemäß gewählter Eigenschaften nur hervorgehoben werden, ohne dass die anderen entfernt werden.

Details auf Wunsch. Nachdem die gesamte Datenmenge hinreichend reduziert wurde, besteht häufig der Wunsch, zu einzelnen Datenobjekten nähere Details abzurufen. Häufig wird auf ein Objekt von Interesse einfach geklickt, worauf ein separates Fenster mit Details dazu geöffnet oder aber eine für Details reservierte Ansicht aktualisiert wird. Abb. 11.3 zeigt dazu ein typisches Beispiel, wobei im Informationsfenster in diesem Beispiel auch weiterführende Links enthalten sind. Auch beim Überfahren eines Objekts mit der Maus können Details eingeblendet werden, was analog zu Tooltips in modernen User Interfaces erfolgt.

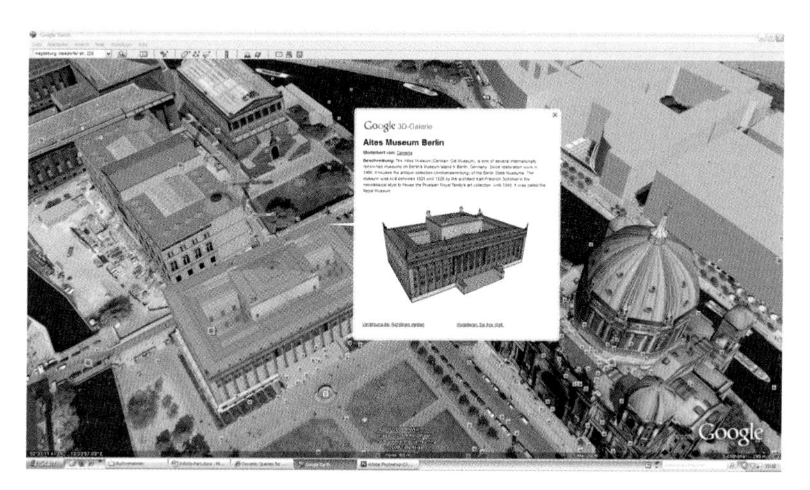

Abb. 11.3: Details-on-demand nach Hervorhebung und Anklicken eines 3D-Gebäudes in GoogleEarth.

Beispiel. Das Mantra visueller Informationssuche soll am Beispiel des Forschungsprototypen MAMBO zur Verwaltung großer persönlicher Musiksammlungen verdeutlicht werden. MAMBO steht für Mobile Aspect-based Music BrOwser [Dachselt und Frisch, 2007] (Abb. 11.4). Musikalben (CDs) haben einen Titel, ein Cover, einen oder mehrere Interpreten, enthalten eine Reihe von Musikstücken, besitzen einen Zeitpunkt der Veröffentlichung und lassen sich einem bestimmten musikalischen Genre zuordnen. Bei diesen Attributen spricht man auch von Metadaten-Facetten, die es erlauben, einen Datenbestand aus verschiedenen Blickwinkeln zu betrachten und ihn durch Einschränkung der Facetten-Werte zu filtern. So besitzt die Facette „Genre" beispielsweise die Facettenwerte Rock, Pop, Klassik, Jazz etc.

MAMBO erlaubt das explorative Browsen im Musikdatenbestand (Welche Jazz-Titel besitze ich überhaupt? Gibt es besonders viele Alben in einem bestimmten Jahr? Was hat ein bestimmter Interpret eigentlich für Alben veröffentlicht?) oder auch die gezielte Suche einzelner Musikstücke, Alben oder Künstler. Beide Aufgaben werden mit Hilfe eines Zoomable User Interface (ZUI) unterstützt, mit dem verschiedene Navigations- und Filtermechanismen ermöglicht werden. Abb. 11.4 (a) zeigt zunächst die *Überblicksfunktion*. Hier werden alle Alben der Sammlung auf einmal gezeigt, soweit dies mit dem verfügbaren Bildschirmplatz möglich ist. Ein Stellvertreter-Icon, z.B. „weitere 20 Alben", deutet auf die nicht mehr darstellbaren Alben hin. Im Teil (b) ist dann der Vorgang des *Zoomens* dargestellt. Hier wurde das Jahr 2002 ausgewählt, so dass nur alle Alben angezeigt werden, die in diesem Jahr veröffentlicht wurden. *Details auf Abruf* erhält man dann durch Anklicken eines konkreten Albums, für das z.B. die Liste der Musikstücke und weitere Details angezeigt werden (Abb. 11.4 (c)).

Die *Filterfunktionalität* wird einerseits durch Zoomen unterstützt, denn die Beschränkung auf das Jahr 2002 filtert den Datenbestand bereits. Ein weiteres Beispiel ist in Abb. 11.4 (f) dargestellt, wo sämtliche Interpreten alphabetisch (Buchstaben M – S) gefiltert wurden. Andererseits bietet MAMBO auch kombinierte Filterfunktionalität, indem Einschränkungen der Facettenwerte verknüpft werden können. In der Abb. 11.4 (d) sieht man die Filterung auf alle Alben des Genres Jazz, während bei (e) ein Zeitfilter kombiniert wurde und somit nur Jazz-Alben der 70er Jahre angezeigt werden.

Beziehungen zwischen Datenobjekten. Nicht zuletzt durch die intensive Nutzung des Internets ist es selbstverständlich geworden, miteinander verknüpfte Informationen zu explorieren. Während normale Weblinks nur eine einfache Möglichkeit darstellen, bieten die in den Abschnitten 11.3 und 11.4 diskutierten Graphvisualisierungstechniken weitreichende Möglichkeiten der Darstellung von Relationen. Dazu zählen verknüpfte Linien, Objekt-Nachbarschaften, das Enthaltensein von Objekten in anderen oder die Nutzung gleicher visueller Variablen für verknüpfte Objekte. Auch Hervorhebungstechniken ganzer Teilbäume oder Subgraphen zählen dazu.

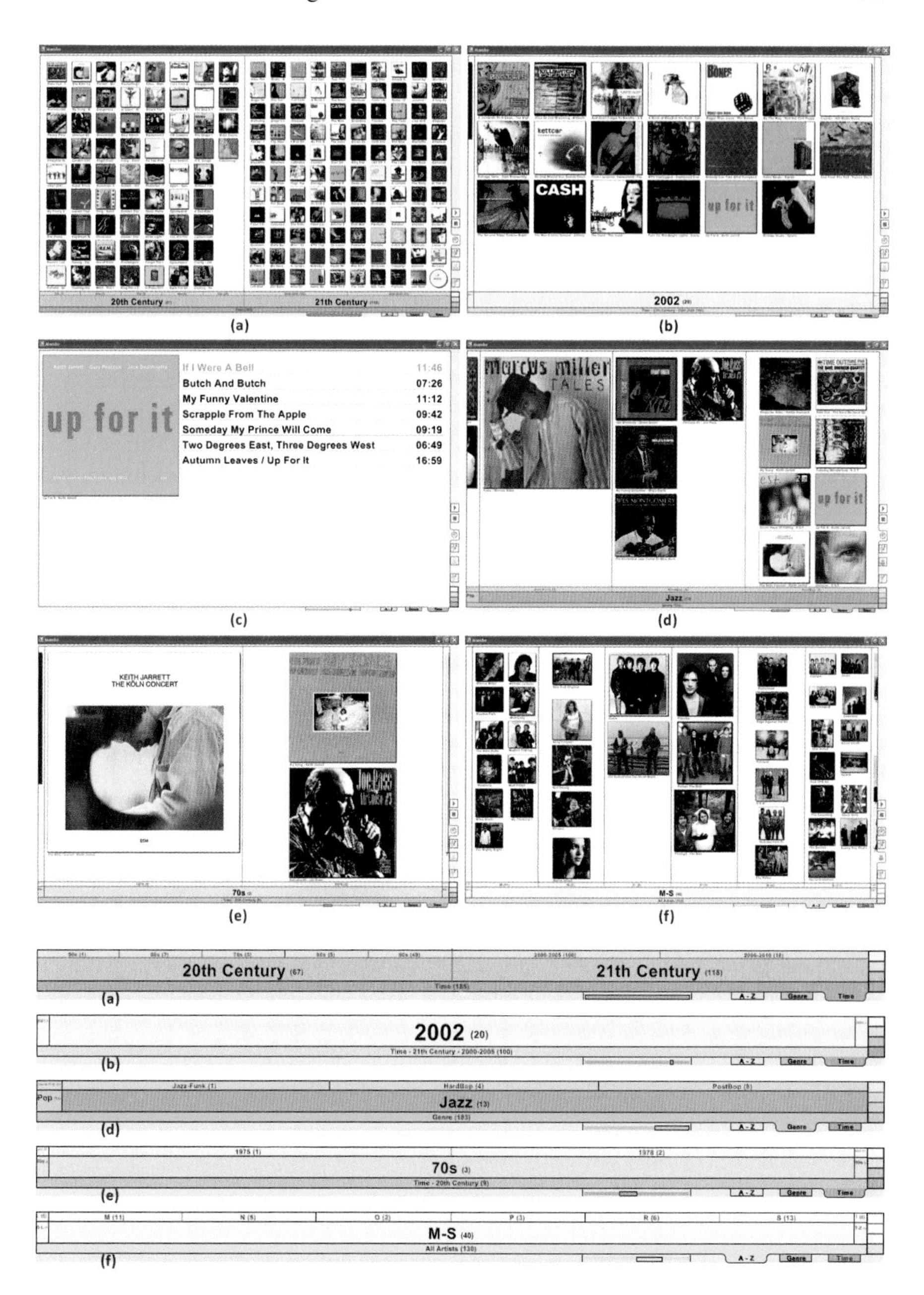

Abb. 11.4: Musikbrowser MAMBO in verschiedenen Ansichten (unten sind die Zoomleisten für die jeweiligen Facetten noch einmal vergrößert dargestellt): (a) Gesamtüberblick, (b) Zoom auf alle Alben des Jahres 2002, (c) Details für ein gewähltes Album, (d) alle Jazz-Alben, (e) alle Jazz-Alben der 70er Jahre, (f) alle Interpreten mit Anfangsbuchstaben zwischen M und S [Dachselt und Frisch, 2007].

Aufzeichnung einer Aktionshistorie. Informationsexploration ist ein iterativer Prozess, wo schrittweise Verfeinerungen vorgenommen und Filterattribute ausgewählt werden. Wie in jeder gut umgesetzten Benutzungsschnittstelle sollten Aktionen des Nutzers aufgezeichnet werden, um Teile davon rückgängig zu machen, in gruppierter Form erneut auf – inzwischen aktualisierte – Informationskollektionen anzuwenden oder sie zur progressiven Verfeinerung zu nutzen. Zumindest zwei Aspekte unterscheiden sich hier deutlich von traditionellen Schnittstellen. Erstens liegt der Wert einer Nutzeraktion bei Informationsvisualisierungen häufig nicht in der *Veränderung* eines Datenobjekts oder Dokuments, sondern allein in der geschickten Veränderung von Ansichten oder Filterwerten, die den Datenbestand jedoch nicht modifizieren. Für Ansichtenwechsel, Veränderung von Zoomstufen oder Neuarrangements von Toolpaletten werden bisher allerdings kaum Undo-Funktionen zur Verfügung gestellt. Informationsvisualisierungslösungen sollten diese jedoch anbieten, weil dadurch viel Zeit gespart und Nutzerfrustration vermieden werden kann. Zweitens ist es bei Filterhistorien sehr sinnvoll, nicht nur ein Rückgängigmachen einzelner Aktionen in umgekehrter Reihenfolge zu erlauben, sondern auch Teile der Filterkette dynamisch entfernen oder ändern zu können. Im oben angeführten MAMBO-Beispiel der Auswahl von Jazz-Alben der 70er Jahre möchte man z.B. das Genre Jazz einfach durch ein anderes ersetzen, die später vorgenommene zeitliche Einschränkung jedoch beibehalten.

Extraktion von Subkollektionen. Das Ergebnis visueller Informationssuche, typischerweise eine gefilterte Menge von Informationsobjekten, möchte man häufig auch separat weiterverwenden können. Das kann die getrennte Speicherung sein, der Versand per E-Mail, die Nutzung einer Subkollektion als Eingabe für weitere Explorationsaufgaben oder einfach nur die Integration der Daten in Präsentationsprogramme oder statistische Analysewerkzeuge. Im Falle von Musikalben könnte man eine Auswahl von Daten kaufen, anhören oder auf ein mobiles Endgerät überspielen wollen.

Für alle diese grundsätzlichen Aufgaben sind Informationsvisualisierungstechniken entwickelt worden, und gleichzeitig füllen sie auch die Lücken zwischen den Hauptaufgaben *overview, zoom and filter* und *details on demand* [Keim, 2002]. Dabei integrieren Gesamtsysteme zur Informationsvisualisierung typischerweise mehrere dieser Techniken, um alle aufgeführten Aufgaben flexibel zu unterstützen.

11.1.4 Datentypen

Nachdem das Wesen von Informationsvisualisierung und die wichtigsten Visualisierungsaufgaben in den vorausgegangenen Abschnitten erläutert wurden, soll hier näher auf die Datentypen eingegangen werden, die visualisiert werden. Diese sind insofern interessant, weil sie eine wichtige Visualisierungsdimension darstellen und konkrete Techniken sehr von der Art und Dimensionalität der Daten abhängen. Mehrere Autoren nutzen deshalb den Datentyp zur Klassifikation von Informationsvisualisierungslösungen (z.B. im Buch von Spence [2007] oder in den Taxonomien von Shneiderman [1996] und Keim [2002]). Basis für sämtliche Informationsvisualisierungen ist ein *Datenmodell*, das typischerweise einen Ausschnitt der realen Welt repräsentiert. Es besteht aus Informationsobjekten mit ihren Attributen (oder auch Merkmalen [Schumann und Müller, 2000]) und Relationen untereinander. *Informationsobjekte* können all die Dinge sein, die für eine Visualisierung innerhalb einer bestimmten Domäne von Interesse sind, z.B. Personen, Tiere, Pflanzen, Häuser, technische Geräte, Produkte, Bücher, Filme oder Musikalben.

Attribute nennt man die Eigenschaften eines Objekts, im Beispiel von Häusern Preis, Größe, Zahl der Etagen, Haustyp, Vorhandensein eines Gartens oder weitere Ausstattungsmerkmale. Üblicherweise werden je nach Visualisierungsziel nur bestimmte Attribute ausgewählt. Zwei grundlegende Attributtypen lassen sich unterscheiden: quantitative und kategorische Daten (siehe unten). Den konkreten Wert eines Attributes kann man auch als Ausprägung bezeichnen, wobei die Menge aller möglichen Ausprägungen der Wertebereich dieses Merkmals ist [Schumann und Müller, 2000]. Mitunter wird auch für die Attribute von Daten, z.B. eines multimedialen Informationsobjekts, der Begriff *Metadaten* verwendet.

Relationen sind Beziehungen zwischen zwei oder mehreren Datenobjekten (oder auch Attributen) der gleichen oder unterschiedlicher Domänen. Sie können hierarchischer Natur sein (ein Vogel ist ein Tier; ein Wahlkreis ist Teil eines Landes etc.) oder beliebige andere Relationen darstellen (beispielsweise: ein Hund gehört zu einem Menschen; ein Film ist das Remake eines früheren; zwei Personen haben das gleiche Buch gelesen).

Quantitative Daten besitzen einen Wertebereich und gestatten die Durchführung arithmetischer Operationen. Beispiele sind sensorisch erfasste physikalische Kenngrößen oder Unternehmenskennzahlen. Wenn quantitative Daten in geordnete Bereiche, d.h. Intervalle, eingeteilt werden, können sie in kategorische, ordinale (siehe unten) umgewandelt werden. Eine konkrete Masse kann so in die zwei simplen Kategorien leicht oder schwer unterteilt werden, die kontinuierlich laufende Zeit in die einzelnen Monate oder in die Tageszeiten <morgens, mittags, abends, nachts>. Man spricht auch von der Klassifizierung von Werten, da kontinuierliche Werte in Klassen eingeteilt werden [Card et al., 1999].

Kategorische Daten oder auch *qualitative Merkmale* [Schumann und Müller, 2000] verwenden nicht-metrische Wertebereiche und dienen der Beschreibung, Gruppierung und Ordnung. Dazu zählen *nominale* Daten, die eine ungeordnete Menge von Namen darstellen. Die Variable Pflanzennamen mit der möglichen Ausprägung {Kamille, Wegwarte, Rittersporn, Augentrost, Margerite} ist ein Beispiel dafür. Als einzige Operation ist der Test auf Gleichheit oder Ungleichheit möglich.

Eine *ordinale* Variable ist hingegen ein Tupel, eine geordnete Menge von nicht messbaren Werten. Beispiele sind Ordnungszahlwörter (die <erste, zweite, dritte, ..., n-te> Gruppe) oder Kategorien, wie <eiskalt, kalt, warm, heiß>. Zum Gleichheitstest kommt durch die Ordnungsrelation hier noch die Möglichkeit hinzu, die Richtung einer Ausprägung zu bestimmen. Durch Einführung einer Ordnungsrelation lassen sich nominale Daten ebenfalls in ordinale Daten überführen. Im Beispiel könnten die Pflanzennamen alphabetisch sortiert werden {Augentrost, Kamille, Margerite, Rittersporn, Wegwarte}. Kategorische Daten lassen sich auch in Zahlenwerte überführen (z.B. durch Indexierung) und werden intern häufig so repräsentiert.

In Anlehnung an [Keim, 2002] werden im Folgenden häufige Datentypen beschrieben. Die Betrachtung der Dimensionalität von Datenobjekten, also der Anzahl von Attributen, führt zu der in den folgenden Abschnitten betrachteten Unterteilung in *eindimensionale* bis *multidimensionale* Daten. Relationen stellen selbst wichtige zu visualisierende Informationen dar, weshalb sie zwei separate und für das Gebiet der Informationsvisualisierung bedeutende Kategorien bilden: *Hierarchien* und *Netzwerke*. Schließlich handelt es sich bei *Text* und *Programmcode* um zwei besondere Kategorien von Daten, die eigener Visualisierungsformen bedürfen und sich substanziell von klassischen Datenobjekten mit ihren üblicherweise in Tabellenform gespeicherten Attributen unterscheiden.

Eindimensionale Daten. Als eindimensionale Daten, häufig auch univariate Daten, werden Datenobjekte mit einer in sequenzieller Form gespeicherten Variable bzw. einem Attribut bezeichnet. Ein typisches Beispiel sind zeitabhängige Variablen, wie die Zahl der eintreffenden E-Mails pro Tag. Natürlich können mit jedem Punkt auf der Zeitachse auch multiple Datenwerte assoziiert werden [Keim, 2002], z.B. mehrere Kennzahlen einer Aktie. Shneiderman [1996] fasst die Notation eindimensionaler Daten noch weiter, indem er sämtliche linearen Datentypen einschließt, die sich in sequenzieller Form organisieren lassen. Dass sind für ihn auch Texte, Programmcode (hier jeweils als extra Datentyp behandelt), alphabetische Listen von Namen oder Menüs. Damit bezieht sich *eindimensional* jedoch auf die Repräsentation von Daten und nicht die Zahl von Variablen.

Zweidimensionale Daten. Bei zweidimensionalen oder auch bivariaten Daten werden zwei verschiedene Dimensionen eines Datensatzes unterschieden. Das können zwei ausgewählte Attribute eines Produktes sein, z.B. Preis und elektrische Leistung eines Haushaltsgerätes. Zweidimensionale Achsendiagramme (XY-Diagramme) sind eine typische Visualisierungstechnik, wobei Landkarten eine wichtige Spezialform darstellen. Im Falle von Achsendiagrammen, wie Punkt-, Linien- oder Säulendiagrammen, können Verteilungen und Trends analysiert, Kompromisse beobachtet und Ausreißer entdeckt werden [Spence, 2007].

Multidimensionale Daten. Bei Datensätzen mit mehr als zwei Attributen spricht man von multidimensionalen bzw. multivariaten Daten. Die meisten relationalen und statistischen Datenbanken speichern multidimensionale Datenobjekte, deren n Attribute einen n-dimensionalen Raum bilden. Bei der Speicherung von Attributen und ihren Werten in Form von Tabellen spricht man auch von einer relationalen Strukturierung der Daten [Schumann und Müller, 2000]. Häufig hat ein Datenobjekt (eine Zeile) dabei dutzende oder sogar hunderte Attribute (Spalten). Nicht immer können und müssen diese gleichzeitig dargestellt werden, aber es wird schnell klar, dass 2D- oder 3D-Diagramme allein, selbst unter Nutzung weiterer visueller Wertekodierungen, für die Darstellung nicht mehr ausreichen. Da relationale Datenbanken und die darin gespeicherten Daten omnipräsent sind, gibt es für diesen Bereich der Informationsvisualisierung auch eine Vielzahl von Lösungen und kommerziellen Systemen, z.B. Spotfire®, Tableau® oder InfoZoom®.

Typische mit multidimensionalen Daten verknüpfte Aufgaben sind auch hier das Auffinden von bestimmten Mustern, Lücken, Korrelationen, Ausreißern und anderen Besonderheiten [Shneiderman, 1996]. Es ist naheliegend, dass die im Abschn. 11.1.3 vorgestellten Visualisierungsaufgaben *Zoomen*, *Filtern* und die *Visualisierung von Datenrelationen* bei komplexen multidimensionalen Datenmengen eine besondere Rolle spielen.

Relationen: Hierarchien (Bäume). Hierarchische Strukturen in Datenmengen sind verbreitet, weil sie Informationsräume sinnvoll strukturieren, vereinfachte Zuordnungen zu Kategorien erlauben und generell der Wissensstrukturierung dienen. Anders als bei Netzwerken ist der Relationstyp bei Bäumen fast immer ein Enthalten-Sein-In bzw. eine Mutter-Kind-Beziehung. Hierarchien von Datenobjekten bzw. Attributen werden typischerweise als Baumstrukturen repräsentiert. Bäume bilden eine Untermenge von Graphen und somit Netzwerken. Sie sollen hier als eigene Kategorie behandelt werden, da sich hierarchische Datenstrukturen zumeist einfacher als Graphen visualisieren lassen und vielfältige Speziallösungen existieren, von denen einige im Abschn. 11.3 diskutiert werden.

Relationen: Netzwerke (Graphen). Verknüpfte Datenobjekte bilden häufig Netzwerke, die sich als Graphen beschreiben lassen, wobei Datenobjekte bzw. Attribute die Knoten bilden und die – möglicherweise vielfältigen – Relationen zwischen ihnen als Kanten repräsentiert werden. Im Abschn. 11.4 wird auf einige der zahlreichen Visualisierungslösungen in diesem Bereich eingegangen, wobei vernetzte Blogeinträge und soziale Netzwerke im Web 2.0 typische Anwendungsbeispiele darstellen.

Text und Hypertext. Textdokumente können auf der niedrigsten Ebene als lineare Sequenzen von Zeichen – z.B. des ASCII-Datensatzes – beschrieben werden [Telea, 2007]. Auf einer höheren Ebene kann Text in Worte, Sätze, Absätze, Unterkapitel, Kapitel oder sogar Buchteile eingeteilt werden. Wie dieses Kapitel besitzen viele Texte zudem Abbildungen und zahlreiche Referenzen zu ihnen sowie zu anderen Teilen des Textdokuments, z.B. der Literaturliste oder dem Index. Im Falle von Webdokumenten ist die Zahl von sichtbaren, direkt navigierbaren Verknüpfungen erheblich höher, was auch für die Zahl der möglichen Zielformate von Verknüpfungen gilt. Neben Abbildungen werden zudem vielfältige Medienobjekte eingebunden. Neben der nicht zur Informationsvisualisierung zählenden Aufgabe der normalen WYSIWYG-Anzeige solcher Dokumente (siehe Abschn. 9.3) ergeben sich die grundlegenden Visualisierungsaufgaben Suche nach Mustern und Häufigkeiten im Text (Textanalyse) sowie Exploration von Verknüpfungen und Strukturen. Telea [2007] führt u.a. folgende Aufgaben auf:

- Identifikation von ähnlichen Textmustern auf verschiedenen Detailstufen,
- Vergleich zweier oder mehrerer Textdokumente, Hervorhebung von Ähnlichkeiten und Unterschieden,
- Erkennen der gesamten Verknüpfungsstruktur des Dokuments,
- Verständnis für die Nutzung von Bildern (Verteilung) innerhalb des Dokuments.

Programmcode und Softwaresysteme. Primär handelt es sich bei Programmcode auch um Text, der sich aus einer Sequenz von ASCII-Zeichen zusammensetzt. Somit ergeben sich ähnliche Visualisierungsziele wie bei Text, also z.B. Struktur- und Mustervisualisierungen, die auf Basis lexikalischer Analyse vorgenommen werden können, oder aber der Vergleich von Dokumenten. Zusätzlich ergibt sich jedoch die Ableitung zahlreicher Metriken, die es sich lohnt zu visualisieren. In der objektorientierten Programmierung sind das z.B. die Zahl der Attribute einer Klasse (*Number of Attributes, NOA*), die Zahl der Methoden (*Number of Methods, NOM*), die Zahl der Quellcodezeilen (*Lines of Code, LOC*) oder die Häufigkeit des Aufrufs bestimmter Methoden. Hinzu kommen zahlreiche für den Softwareentwurf wesentliche Relationen, z.B. statische Aufrufgraphen (engl. *call graphs*), Vererbungshierarchien oder andere relationale Entwurfsmuster. Man spricht hierbei von der *Visualisierung statischer Programmstrukturen* [Diehl, 2007].

Programmcode wird jedoch auch übersetzt, was vereinfacht gesagt die Transformation eines Textes in ausführbaren Maschinencode bedeutet. Zur Laufzeit eines Programms ergeben sich somit zahlreiche weitere zu visualisierende Datenstrukturen, Relationen und Metriken, z.B. die konkrete Belegung von Variablen, die Verzweigungsstruktur im Hauptspeicher, die Anzahl von Schleifendurchläufen, die Häufigkeit der Ausführung einer Anweisung und viele mehr. Diese Gruppe von Visualisierungen bezeichnet man auch als *Visualisierung dynamischen Verhaltens*. Neben Code besteht ein Softwaresystem auch aus separaten Komponenten- oder Paketbeschreibungen, Entwurfsdiagrammen, Logdateien von Testläufen oder Debugging-Informationen. Schließlich sind an einem größeren Softwareprojekt immer mehrere Entwickler beteiligt, die Software über einen längeren Zeitraum weiterentwickeln. Gerade in diesem Bereich, der *Visualisierung von Softwareevolution*, ergeben sich damit ganz neue Visualisierungsherausforderungen [Diehl, 2007].

11.2 Visualisierung mehrdimensionaler Daten

Im vorausgegangen Abschnitt wurden grundlegende Aufgaben und Datentypen von Informationsvisualisierungen eingeführt. In den folgenden Abschnitten 11.2

bis 11.4 sollen nun konkrete Visualisierungstechniken für die wesentlichen im Abschn. 11.1.4 vorgestellten Datentypen diskutiert werden. Spence [2007] und andere Autoren sprechen dabei von der visuellen *Repräsentation* oder auch visuellen Kodierung der Daten.

In diesem Abschnitt werden zunächst visuelle Techniken für die Repräsentation univariater bis multidimensionaler Daten vorgestellt. Dabei wird in Anlehnung an [Schumann und Müller, 2000] bzw. die von Keim [2000] vorgeschlagenen Visualisierungstypen die folgende Einteilung vorgenommen:

- Geometrische Techniken (Abschn. 11.2.1)
- Ikonische Techniken (Abschn. 11.2.2)
- Pixelbasierte Techniken (Abschn. 11.2.3)

Die *hierarchischen* und *Graph-basierten Techniken* zur Visualisierung von Relationen werden dann in den nachfolgenden Abschnitten 11.3 und 11.4 behandelt.

11.2.1 Geometrische Techniken

Zu dieser Gruppe von Visualisierungstechniken gehören Standardtechniken in 2D und 3D, wie tabellarische Visualisierungen, Balkendiagramme, Kreisdiagramme, Liniendiagramme oder Histogramme. Derartige geometrische Visualisierungen findet man recht häufig in modernen Benutzungsschnittstellen, z.B. in Tabellenkalkulationsprogrammen, Präsentationssoftware oder professioneller mathematisch-statistischer Software. Ebenso sind auch komplexere Techniken entwickelt worden, bei denen die multiplen Dimensionen von Datenobjekten auf besondere Weise geometrisch transformiert werden. Beispiele dafür sind Scatterplot-Matrizen oder komplexe Streckenzugvisualisierungen mit parallelen Koordinaten [Inselberg und Dimsdale, 1990].

Univariate Daten. Wenn Daten nur ein abhängiges Attribut haben, dessen Ausprägung sich ändert, handelt es sich um *univariate Daten*. Das kann ein einzelner Wert sein, wie die Gewinnspanne eines Unternehmens, die aktuelle Füllmenge des Tanks oder die Höhe eines Flugzeugs. Gerade für letzteres Beispiel zeigt [Spence, 2007] anschaulich, dass die Visualisierung eines einzelnen Wertes nicht trivial ist und sogar sicherheitskritisch sein kann. Eine rein textuelle Anzeige der Zahl kann deutlich schwerer zu erkennen sein, als z.B. die Höhe eines grafischen Balkens, der den Attributwert in Relation zu Minimum und Maximum präsentiert. Typisch sind auch kreisförmige Anzeigen, die einem Tachometer nachempfunden sind und in denen der Wert als Position eines Zeigers visualisiert wird. Diese häufig für die Präsentation von Geschäftszahlen eingesetzte Darstellung (siehe Abb. 11.5) ist dabei ein Bsp. für die effektive Nutzung einer Metapher (vgl. Kapitel 3). Genau wie bei einer Geschwindigkeitsanzeige ist bei diesen Visualisierungen häufig nicht der präzise Wert von Interesse, sondern seine Einordnung im Wertebereich. Zudem bietet sich auch eine farbige oder andersartige Kodierung von Grenzwerten oder wichtigen Bereichen an (Abb. 11.5), die über präattentive Wahrnehmung eine sofortige Abschätzung des Wertes gestatten.

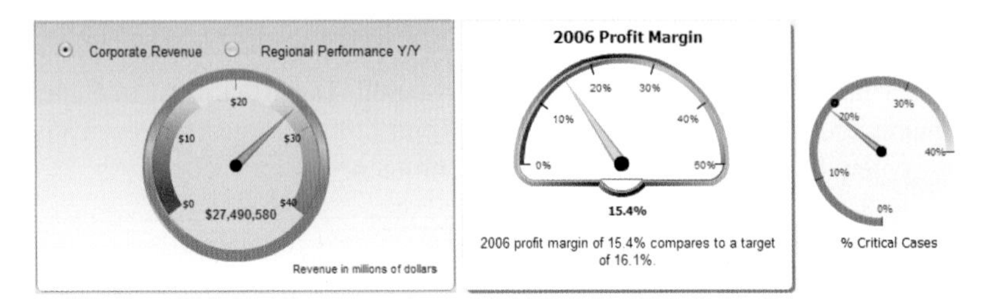

Abb. 11.5: Visualisierung univariater Daten in *Dashboards* mit Hilfe von Tachometern. Verschiedene Bereiche sind farbig markiert.

Viel häufiger als die Anzeige eines einzelnen Wertes ist jedoch der Vergleich univariater Daten für eine Menge von Objekten von Interesse. Beispiele sind der Vergleich von Gewinnspannen mehrerer Unternehmen, von Preisen eines Produktes oder des Bruttosozialproduktes einzelner Länder. Die dafür existierenden Visualisierungstechniken, wie Balkendiagramme, Kreisdiagramme, Histogramme oder eindimensionale Streudiagramme sind bekannt und z.B. in nahezu allen Tabellenkalkulationsprogrammen verfügbar. Einige dieser Techniken tragen die Werte einzeln und direkt auf Achsen eines Diagramms ab, andere aggregieren die Werte und fassen sie entweder in Gruppen zusammen (z.B. bei Histogrammen) oder visualisieren sogar abgeleitete statistische Werte über die Daten. Dabei gehen bestimmte Charakteristika der Daten verloren, womit deutlich wird, dass Informationsvisualisierungen immer an konkrete Visualisierungsziele geknüpft sind.

Dass bei Benutzungsschnittstellen nicht immer Präzision im Vordergrund stehen muss, zeigt das Beispiel der Tag Clouds. Hier wird das Attribut Häufigkeit populärer Tags in einer Menge von analysierten Webseiten auf die visuellen Parameter Größe (eines Wortes) und häufig auch zusätzlich auf Farbe abgebildet. Die unterschiedlichen Worte werden dann im 2D-Raum in zumeist dichter Form angeordnet, wobei es vielfältige Layoutvarianten gibt. Mitunter wird dabei sogar das Attribut *Häufigkeit* dreifach kodiert, indem ein häufig verwendetes Tag erstens zentraler als weniger häufige angeordnet wird (Ortsdimension), zweitens in seiner Größe variiert und drittens noch eine entsprechende Farbe oder Helligkeit zugeordnet bekommt. Solche visuellen Mehrfachkodierungen sollten äußerst sparsam eingesetzt werden, da sie Nutzern häufig eine weitere Dimension suggerieren, in ungünstiger Kombination eine präattentive Wahrnehmung verhindert wird und auch Visualisierungsdimensionen „verbraucht" werden, die später noch für weitere Attribute benötigt werden könnten.

Abb. 11.6 zeigt ein Beispiel für die Erweiterung dieses Konzeptes von Tags auf die Häufigkeit von Wörtern innerhalb eines Textes, wobei Viégas und Wattenberg [2008] dabei von *word clouds* sprechen. Ebenso wie bei Tag Clouds besteht hier das Problem, dass die spezielle Form des Layouts für Nutzer meistens nicht durchschaubar ist. Bei *word clouds* ist diese künstlerische Dimension jedoch auch beabsichtigt. Daran wird deutlich, dass die Grenzen zu traditionellen, allein auf Erkenntnisgewinn optimierten Informationsvisualisierungen nicht mehr so scharf verlaufen.

Abb. 11.6: Beispiel einer univariaten Visualisierung, in der die häufigsten Wörter dieses Buches als Word Cloud dargestellt sind [Viégas und Wattenberg, 2008] (Abb. erstellt mit WORDLE, http://www.wordle.net/).

Bivariate Daten. Wenn die Zahl abhängiger Attribute eines Datenobjekts zwei ist, spricht man von *bivariaten Daten*. Dies können auch Paare von Attributen eines multidimensionalen Datenobjekts sein. Eine Menge von Produkten lassen sich bezüglich zweier Eigenschaften miteinander vergleichen, Import- und Exportwerte bestimmter Länder können verglichen werden, Zimmerzahl und Miete können zwei wesentliche Attribute einer Visualisierung im Immobilienbereich sein.

Eine klassische Visualisierungsform für derartige Daten ist das 2D-Streudiagramm (engl. *two-axis Scatterplot*). Dabei wird für jedes Attribut der skalierte Wertebereich auf einer der senkrecht aufeinander stehenden Achsen abgetragen. Jeweils ein Punkt im Diagramm visualisiert ein konkretes Datenobjekt mit seinen Attributausprägungen, wie in Abb. 11.7 zu sehen ist. Diese Form der Darstellung erlaubt

- das präzise Ablesen von Wertepaaren,
- den Vergleich von Datenobjekten,
- das Erkennen von Häufungen (Clustern) und Verteilungen,
- das Ablesen von Ausreißern,
- das Erkennen von Korrelationen zwischen den Attributen.

Im Beispiel kann man die grundsätzlichen Zusammenhänge zwischen den Attributen Preis und Bildschirmdiagonale eines Laptops erkennen. Einerseits sind kleine Notebooks billiger und große teurer, aber es gibt auch einige mittlere Bildschirmgrößen, bei denen die Preisspanne sehr groß ist. Sichtbar wird ebenso, dass die meisten angebotenen Notebooks Bildschirme zwischen 10 und 15 Zoll besitzen. Als Ausreißer präsentiert sich ein Notebook in dieser Größe, das mit 4.000 € extrem teuer ist. Deutlich wird auch, dass nur ein einziges 20-Zoll-Notebook Teil der Datenkollektion ist.

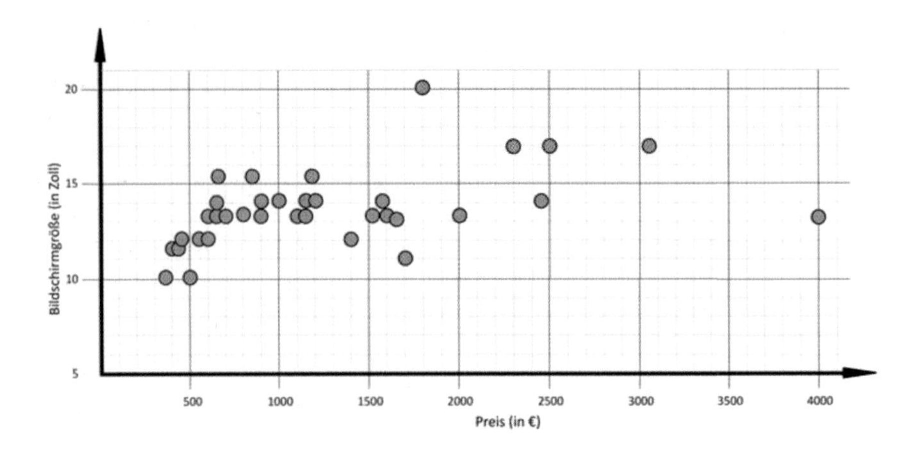

Abb. 11.7: Beispiel für ein 2D-Streudiagramm (Scatterplot), in dem für 38 Notebooks die Attribute Preis und Bildschirmgröße verglichen sind. Erkennbar sind die Überlagerungen einzelner Datenobjekte, die im Falle einfach gefärbter Punkte die genaue Zahl von Objekten an einer Diagrammposition nur schwer erkennbar macht.

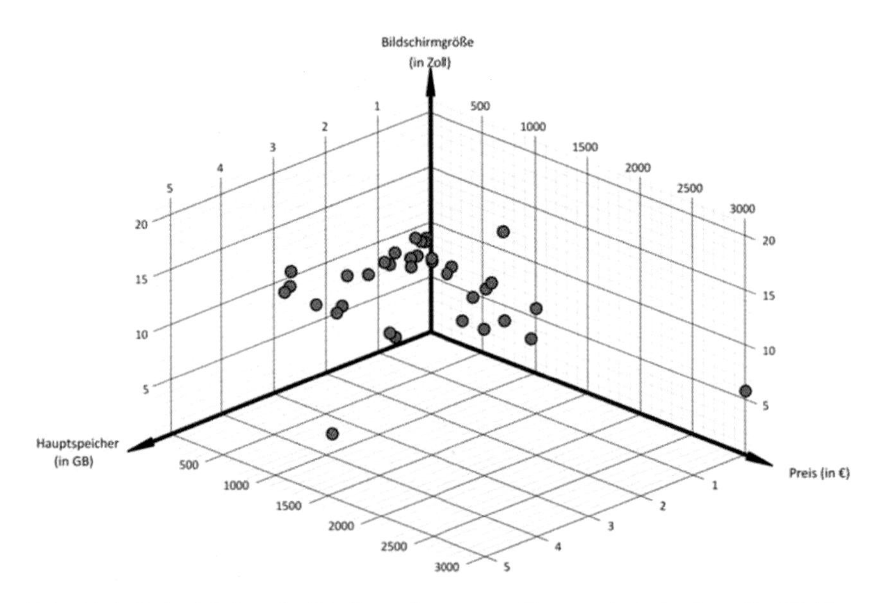

Abb. 11.8: Beispiel für ein 3D-Streudiagramm (Scatterplot), in dem für 38 Notebooks neben den Attributen Preis und Bildschirmgröße auch noch die Hauptspeichergröße abgetragen ist.

Scatterplot-Darstellungen haben den Nachteil, dass mehrere Datensätze auf einen gemeinsamen Punkt (d.h. Wertepaar) abgebildet werden können, was in Abb. 11.7 auch zu erkennen ist. Als Lösung bietet sich an, die Anzahl der Datensätze pro Punkt mittels Größe oder Form des dargestellten Punktes zu kodieren oder ein verbessertes Shading zu verwenden.

Trivariate Daten. Bei *trivariaten Daten* handelt es sich um einen Sonderfall multidimensionaler Daten, der durch die Auswahl dreier besonders relevanter oder interessanter Attribute leicht herbeigeführt werden kann. Eine naheliegende Visualisierungsoption hierfür wäre die Fortsetzung des Prinzips, die Dimensionen des Datenraums auf die Dimensionen des Ausgaberaums 1:1 abzubilden.

Ein 3D-Scatterplot ist z.B. die Erweiterung eines XY-Diagramms um die Z-Achse als dritte Dimension. Wertetripel sind somit Punkte im durch das kartesische Koordinatensystem aufgespannten 3D-Raum, wie in Abb. 11.8 zu sehen ist. Dieses dreidimensionale Diagramm kann mit Hilfe perspektivischer Darstellungen auf den typischerweise zweidimensionalen Ausgabemedien (Monitor oder Printerzeugnis) dargestellt werden. Wie bei vielen dreidimensionalen Informationsvisualisierungen treten dabei jedoch mehrere Probleme auf, weshalb sie nur mit Bedacht eingesetzt werden sollten:

- *Das Verdeckungsproblem.* Teile der Visualisierung können andere verdecken.
- *Das Navigationsproblem.* Techniken müssen bereitgestellt werden, um unterschiedliche Ansichten des 3D-Raums interaktiv auszuwählen. Freie Rotation im 3D-Raum ist nach wie vor mit 2D-Eingabegeräten kompliziert durchzuführen.
- *Das Zuordnungsproblem.* Ohne eine manuelle Rotation oder stereoskopische Darstellung ist es schwer einzuschätzen, welche konkreten Werteausprägungen (d.h. Position auf den Achsen) ein 3D-Punkt tatsächlich hat (siehe die Diskussion der Tiefenhinweise im Abschn. 2.2.5).

Um diese Probleme zu umgehen, wurden alternative Techniken entwickelt. Eine weitverbreitete Variante der trivariaten Datenvisualisierung sind 2D-Scatterplots, für deren zweidimensional im Diagramm eingezeichneten Werteausprägungen (Punkte) weitere grafische Attribute, wie Farbe, Form oder Größe verwendet werden. Ein Beispiel dafür zeigt Abb. 11.9. Eine rein zweidimensionale Variante ist auch die in [Cleveland, 1993] vorgestellte Scatterplot-Matrix. Dabei wird jede mögliche Kombination aus zwei Attributen (also im Falle trivariater Daten drei) als separates 2D-Scatterplotdiagramm dargestellt. Die Anordnung dieser Diagramme erfolgt in Form einer Matrix, wobei in jeder Zeile Scatterplots als Kombination genau eines Attributs mit allen anderen Attributen des Merkmalsraums dargestellt werden.

Multivariate Daten. Bivariate und trivariate Daten wurden bereits als Sonderformen multivariater Daten behandelt. Man spricht von *multivariaten Daten*, wenn die Anzahl abhängiger Attribute eines Datenobjekts typischerweise größer oder gleich vier ist. Kennzahlen eines Unternehmens, Wirtschaftsindikatoren eines Landes, Wetterdaten einer konkreten Messstation oder die verschiedenen Merkmale eines technischen Produktes sind Beispiele dafür. Dabei können die verschiedenen Attribute jeweils von sehr unterschiedlichem Datentyp sein. Im Beispiel von Notebooks als Datenobjekten sind zahlreiche Attribute, wie Prozessorgeschwindigkeit oder Hauptspeichergröße, quantitativer Natur, während andere auch kategorisch sind, z.B. die Marke als nominaler oder die Bildschirmdiagonale als ordinaler Datentyp.

Eine wichtige Visualisierungsaufgabe für multivariate Daten ist die Entscheidungsunterstützung, d.h. die Auswahl eines geeigneten Datenobjekts aus einer häufig sehr großen Menge anhand verschiedener Merkmale. Jeder, der schon ein Haushaltgroßgerät angeschafft, ein Mobiltelefon mit passendem Tarif ausgewählt, eine Wohnung gemietet oder ein Auto gekauft hat, ist mit derartigen Entscheidungsprozessen vertraut und wird sich dafür möglicherweise Visualisierungsunterstützung gewünscht haben. Diese Beispiele sind bezüglich der Zahl in Frage kommender Datenobjekte und der Zahl relevanter Attribute noch relativ überschaubar. Sie zeigen jedoch deutlich, dass Visualisierungen – z.B. in Systemen zur Entscheidungsunterstützung – nicht nur für Experten entworfen werden sollten, sondern zunehmend auch Alltagsnutzer als Zielgruppe haben. Neben dem zuverlässigen Treffen von Entscheidungen ist auch die Suche nach Mustern bzw. Erklärungen für bestimmte Zusammenhänge in multivariaten Datensätzen ein wichtiges Visualisierungsziel. Fragen sollen beantwortet werden, wie z.B.: Existieren Korrelationen zwischen zwei ausgewählten Attributen? Sind Gruppierungen von Datenobjekten erkennbar?

Bei mehr als drei Dimensionen können die Attribute eines Datenobjekts nicht mehr ausschließlich auf die geometrischen Dimensionen des Raums abgebildet werden. Eine weitverbreitete Variante multivariater Datenvisualisierung sind daher 2D-Scatterplots, bei denen neben den zwei Raumdimensionen weitere Attributwertkodierungen in Form visueller Eigenschaften, wie Form, Größe, Textur oder Transparenz vorgenommen werden.

Beispiel. Abb. 11.9 nutzt Farbe zur Kodierung der geografischen Region und Größe der Kreise für die urbane Bevölkerungsgröße in einer Gegenüberstellung der Attribute CO_2-Ausstoß und Pro-Kopf-Einkommen. Klar erkennbar ist die beinahe lineare Korrelation dieser Attribute besonders in den letzten Jahren. Die mit dem Onlinetool GAPMINDER[1] erzeugte Visualisierung lässt sich mit dem unten dargestellten Zeitstrahl über verschiedene Zeitpunkte animieren. Innerhalb der 30 Jahre lässt sich z.B. erkennen, dass das Emirat Katar (rechts oben) auf der Arabischen Halbinsel Spitzenreiter im CO_2-Ausstoß geblieben ist und der CO_2-Ausstoß von China und Indien in etwa gleichem Verhältnis gestiegen ist, wobei China jedoch im Pro-Kopf-Einkommen deutlich zugelegt hat. Die Farbkodierung zeigt insbesondere für 2005 eine Gruppierung der zentralafrikanischen Staaten im unteren Einkommens- und Schadstoffemissionsbereich oder auch eine deutliche Clusterbildung mitteleuropäischer Staaten (in orange) unterhalb der USA und Kanada (in hellgrün).

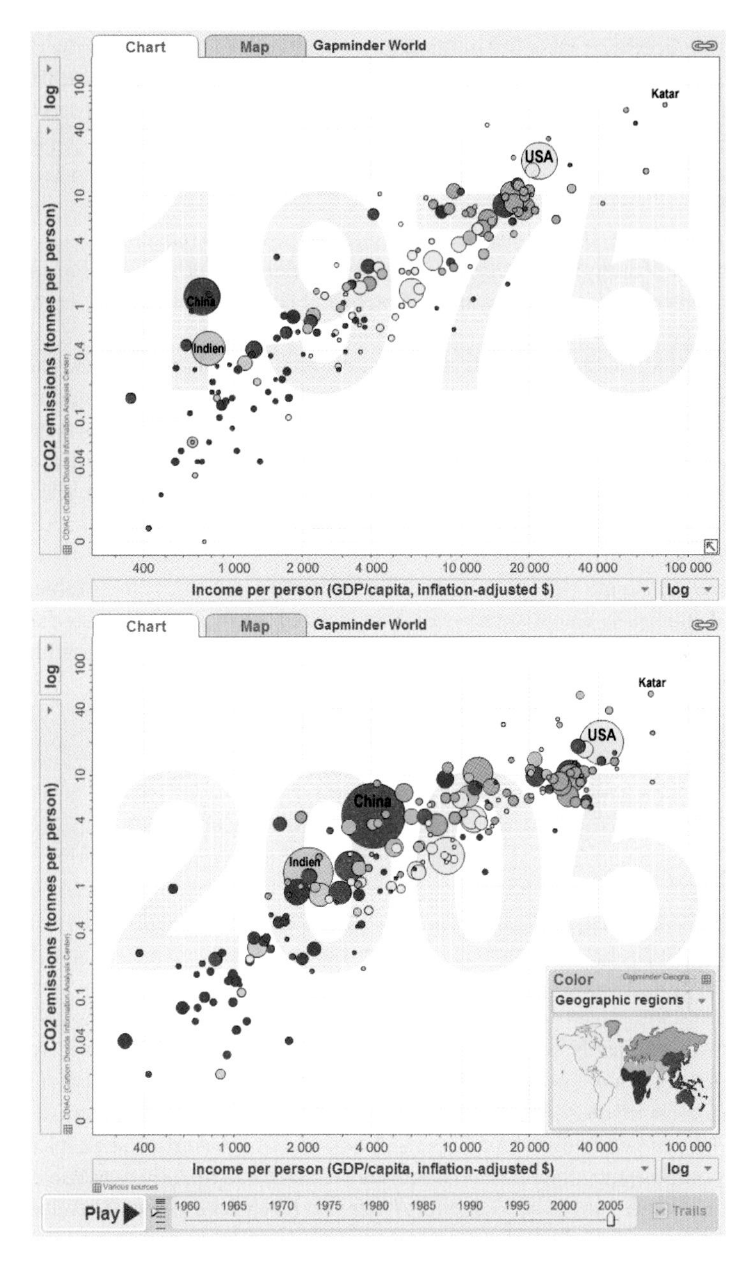

Abb. 11.9: Beispiel für einen Scatterplot mit vier Attributen, in dem CO_2-Ausstoß und Einkommen pro Person für jedes Land auf den Achsen abgetragen sind, während Farbe geografische Regionen und Größe die urbane Bevölkerung kodieren. Dargestellt sind die Zeitpunkte 1975 und 2005 (Abb. erstellt mit http://graphs.gapminder.org/world/).

Es ist zu beachten, dass bei multivariaten Scatterplotdarstellungen die den Achsen zugewiesenen Attribute dominanter Natur sind oder auch als Primärattribute bezeichnet werden können. Werden für die weiteren Attribute visuelle Eigenschaften kombiniert, die für sich allein zwar präattentiv wahrnehmbar sind, ist jedoch durch deren Kombination ein schnelles Erfassen häufig deutlich erschwert.

Die bereits erwähnte Scatterplot-Matrix beseitigt diese Nachteile, indem sie sämtliche Attribute gleich behandelt und Attributpaaren identischen Raum zur Verfügung stellt. Scatterplots nutzen entweder zwei oder drei Achsen eines kartesischen Koordinatensystems, um multivariate Datensätze darauf abzubilden. Um auch weitere Attributdimensionen des m-dimensionalen Merkmalsraums nicht nur auf visuelle Merkmale, sondern ebenfalls auf Achsen abbilden zu können, entwickelten Inselberg und Dimsdale [1990] die *Parallelen Koordinaten*. Hierbei wird die Gleichbehandlung jedes Attributs eines multivariaten Datensatzes dadurch erreicht, dass jeweils eine separate Koordinatenachse äquidistant und parallel zu den weiteren Achsen gezeichnet wird. Achsen repräsentieren eine Dimension bzw. ein Attribut, dessen Wertebereich linear auf die gleiche Achsenhöhe skaliert wird. In Abb. 11.10 ist z.B. für die Fahrzeugattribute Zylinderzahl, Leistung, Gewicht etc. jeweils eine senkrechte Achse mit den jeweiligen Wertebereichen gezeigt. Ein einzelner Datensatz wird in dieser Visualisierung als Streckenzug (polygonale Linie) dargestellt, der jede Attributachse am Punkt der entsprechenden Werteausprägung schneidet.

Beispiel. Abb. 11.10 zeigt das Beispiel einer Visualisierung für Automobildaten mit Parallelen Koordinaten. Der dunkelblau dargestellte Streckenzug hebt ein Beispielauto mit den Eigenschaften 3 Zylinder, 80 PS etc. hervor, das 1983 in Europa gebaut wurde. Entscheidender Vorteil dieser Visualisierung ist neben einem guten Überblick zu Werteverteilungen, dass Korrelationen zwischen benachbarten Achsen unmittelbar erkannt werden können. So sind Autos mit hoher PS-Zahl auch schwerer, während schwere Autos auch einen höheren Kraftstoffverbrauch besitzen (hier in *Miles per Gallon*, also der zurückgelegten Strecke pro Kraftstoffeinheit, dargestellt, daher invers korreliert).

Als wesentlicher Nachteil lässt sich unmittelbar erkennen, dass die Anordnung der Achsen eine entscheidende Rolle spielt. Während Korrelationen zwischen benachbarten Achsen sofort wahrgenommen werden können, stellt das Erkennen eines Zusammenhangs zwischen entfernten Achsen (z.B. Zylinderzahl und Baujahr) ohne zusätzliche Interaktionsunterstützung ein Problem dar. Hilfreich kann auch die Umkehrung der Wertebereiche einzelner Achsen sein, um durch reduzierte Polygon-Kreuzungspunkte eine visuelle Überladenheit zu vermeiden [Telea, 2007].

Wertebereiche auf den Attributachsen lassen sich interaktiv beschränken, was in Abb. 11.10 durch die grau hinterlegte Fläche dargestellt ist. Im Beispiel wird die Zylinderzahl auf 6-8 und das Baujahr auf 1969-72 eingeschränkt. Die resultierenden Datensätze innerhalb der somit definierten Wertebereiche sind rot hervorgehoben. So lässt sich z.B. erkennen, dass die meisten Autos mit höherer Zylinderzahl in diesem Zeitraum in den USA gebaut wurden. Diese interaktive Filterungs- und Hervorhebungstechnik wird auch als *Brushing* bezeichnet.

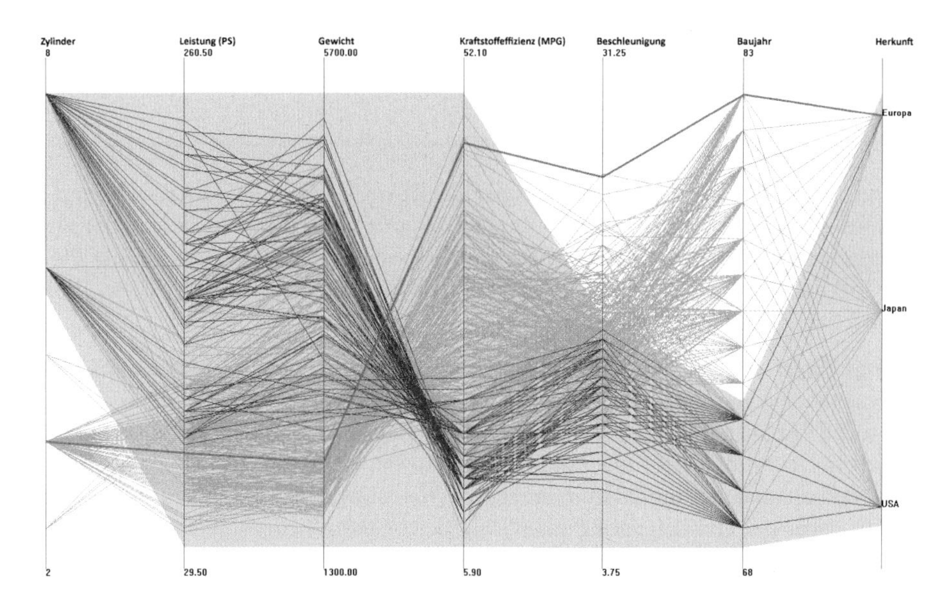

Abb. 11.10: Visualisierungstechnik Parallele Koordinaten [Inselberg und Dimsdale, 1990] am Beispiel eines Autodatensatzes mit sieben Attributen. Korrelationen sind vor allem zwischen benachbarten Attributen deutlich zu erkennen. Der grau hinterlegte Bereich symbolisiert die Einschränkung von Attributwertebereichen (Brushing), resultierende Datensätze sind rot dargestellt (Abb. teilweise erstellt mit XmdvTool, http://davis.wpi.edu/xmdv/).

Trotz der deutlich reduzierten Datenmenge bleiben die Liniendarstellungen immer noch unübersichtlich und verwirrend. Siirtola und Räihä [2006] führen eine Vielzahl von Interaktionstechniken mit Parallelen Koordinaten auf und weisen die Nützlichkeit dieser Visualisierungstechnik auch für ungeschulte Benutzer nach. Neben der Usability von Visualisierungstechniken für multivariate Daten ist ihre Skalierbarkeit eines der zentralen Probleme. Die Scatterplot-Matrix und auch die Parallelen Koordinaten lassen sofort erkennen, dass sie sowohl in Bezug auf die Attributanzahl als auch die Zahl der visualisierten Datenobjekte limitiert sind. Während ersteres durch geeignete Attributvorauswahl in der Praxis kein großes Problem darstellt, können z.B. bei einer Online-Autobörse schnell zehntausende Objekte visualisiert werden müssen.

So widmet sich eine der zahlreichen Weiterentwicklungen der Parallelen Koordinaten dem Thema Skalierbarkeit. Fua et al. [1999] schlagen dafür Ansichten mit mehreren Auflösungen vor (sogenannte *multiresolutional views*), die durch hierarchisches Clustern der Daten ermöglicht werden. Damit lassen sich auch hunderttausende multivariate Datensätze explorieren. Die Realisierung und Präsentation unterschiedlicher Detaillierungsstufen für die Visualisierung großer Datenmengen ist ein wesentliches Prinzip, das bei einer Vielzahl von modernen Techniken Anwendung findet.

11.2.2 Ikonische Techniken

Bei den Parallelen Koordinaten wird eine größere Anzahl von Attributachsen des m-dimensionalen Merkmalsraums parallel dargestellt. Ordnet man diese radial bzw. sternförmig an, so dass sie alle denselben Ursprung besitzen, erhält man Star Plots [Coekin, 1969, Chambers, J. M., Cleveland, W. S., Kleiner, B., Tukey, P. A., 1983] oder auch sternförmige Koordinaten.

Star Plots. In Abb. 11.11 ist ein Beispiel für ein sogenanntes Kiviatdiagramm dargestellt, das typischerweise Unternehmenskennzahlen, Metriken oder andere Kenngrößen visualisiert. Hier sind Attribute wie Landesfläche, Bruttoinlandsprodukt oder Inflation auf die sternförmigen Achsen angetragen, wobei die Attributwertebereiche so skaliert sind, das im Zentrum immer 0%, im Außenradius 100% abgetragen werden. Jeder mit einer eigenen Farbe visualisierte Streckenzug stellt einen Datensatz dar. Im Beispiel ist der Vergleich dreier europäischer Länder zu sehen, aber auch Soll- und Istwerte im Geschäftsumfeld werden häufig mit dieser Technik visualisiert.

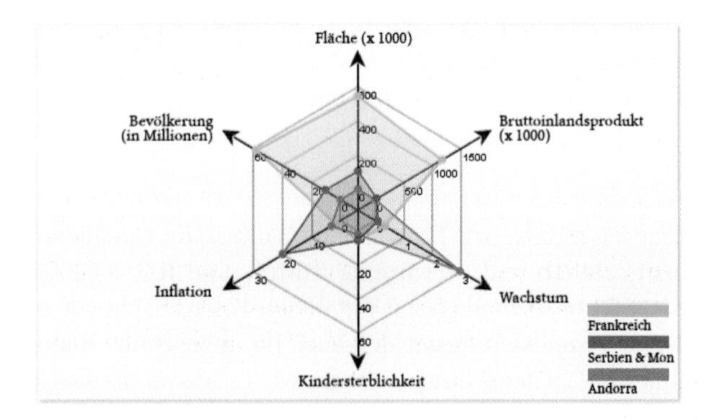

Abb. 11.11: Bei einem Star Plot (Kiviatgraph) werden die Koordinatenachsen einzelner Attribute sternförmig angeordnet. Streckenzüge verbinden die Attributausprägung eines Datenobjekts. Im Beispiel werden Kennzahlen dreier europäischer Länder verglichen. Durch die Ausfüllung der Polygone entstehen charakteristische Formen mit ikonischem Potential (Abb. erstellt mit Online-Tool http://lab.kapit.fr/).

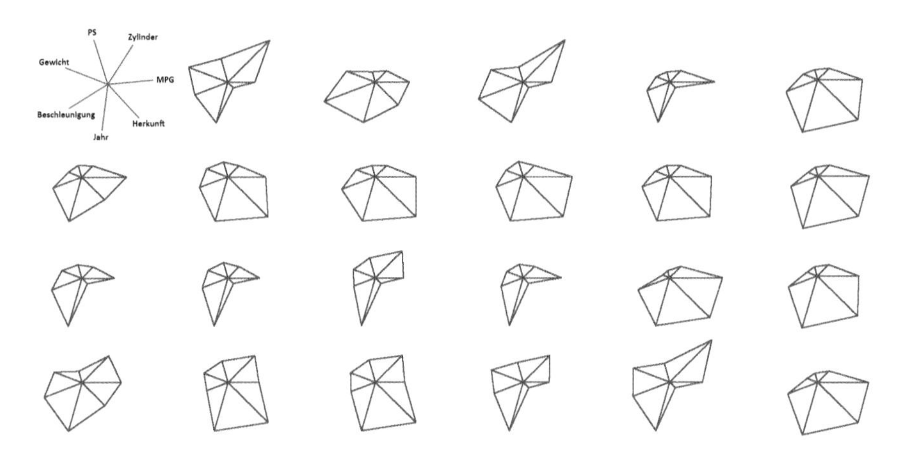

Abb. 11.12: Nutzung einer Matrix von Star Plots für die Visualisierung von Autoattributen. Der Vergleich von 24 Autos erlaubt zwar keine exakten Werteangaben, aber eine ikonische Sichtbarkeit bestimmter Autotypen, die trotz kleiner Detailunterschiede deutlich erkennbar sind.

Diese im Geschäftsumfeld häufig genutzte Technik lässt sich auch den im Abschn. 11.2.1 beschriebenen geometrischen Techniken zuordnen, da bei ihr – wie bei den konzeptionell ähnlichen Parallelen Koordinaten – die Punkte des Merkmalsraums auf Streckenzüge abgebildet werden [Schumann und Müller, 2000] . Zugleich besitzt sie jedoch auch ikonischen Charakter, der sich aus der speziellen Form ableitet, die sich je nach Werteausprägung ergibt. Der Umriss der Polygone, noch sinnvoll verstärkt durch farbiges Ausfüllen, lässt sich sehr schnell als unterscheidbare Form bzw. Gestalt wahrnehmen. Star Plots multipler Datensätze werden deshalb häufig als Matrix visualisiert, um Datenobjekte miteinander vergleichen zu können und grundlegende Tendenzen zu erkennen.

Beispiel. In Abb. 11.12 wird ein Ausschnitt des Auto-Datensatzes von 392 Autos mit jeweils sieben Attributen als Serie von Star Plots visualisiert, wobei ein Diagramm jeweils ein Auto repräsentiert. Links oben sind die Zuordnungen der Attribute zu den sternförmigen Achsen dargestellt. Mit geringem kognitiven Aufwand ist der Mensch in der Lage, ähnliche Formen wahrzunehmen und gedanklich zu gruppieren (siehe auch Abschn. 2.2.4). So lassen sich in der rechten Spalte mehrere Autos erkennen, die vier Zylinder besitzen, in Europa in den 80er Jahren hergestellt wurden und bei relativ geringen Leistungswerten sparsam im Verbrauch sind. Auch andere Stereotypen fallen auf, so z.B. in der oberen Reihe amerikanische 8-Zylinder-Autos aus den 80er Jahren mit deutlich höherer PS-Zahl und sehr hohem Gewicht. Wie bei Parallelen Koordinaten spielt die Reihenfolge der Achsen eine wichtige Rolle für die Formausprägung und somit die Fähigkeit zur schnellen Unterscheidung.

Ebenso beeinflusst die Anordnung der Diagramme innerhalb der Matrix die Zuordnungsgeschwindigkeit, wie man am Bsp. der rechten Spalte erkennen kann.

Star Plots lassen sich als abstrakte ikonische Repräsentationsformen charakterisieren, weil es keine Rolle spielt, welche konkreten Attribute verwendet werden. Bereits im Abschn. 8.9 wird im Zusammenhang mit Benutzungsschnittstellen jedoch zwischen repräsentativen und abstrakten Icons unterschieden.

Metaphorische Icons und Glyphen. Mehrere ikonische Visualisierungstechniken wurden entwickelt, die domänenspezifisch und häufig metapherbasiert sind. Dabei besteht eine direkte Relation zwischen ikonischer Gestalt und Semantik des Datenobjekts. Spence und Parr [1991] untersuchten z.B. die Nutzung von multidimensionalen Icons, mit denen Attribute von Immobilien visualisiert werden können. In Abb. 11.13 sind Beispielausprägungen zu sehen, bei denen acht Attribute dargestellt sind: Typ (Haus, Wohnung oder Hausboot), Gartengröße (grüner Streifen), Garage (direkte Darstellung), Vorhandensein einer Zentralheizung (Wellensymbol), Zimmerzahl (durch Zahl der Fenster) etc. In einer Studie mit konkreten Such- und Filteraufgaben konnte gezeigt werden, dass die bildhafte Repräsentation dieser Attribute gegenüber einer textuellen Darstellung die durchschnittliche Aufgabenerledigungszeit um die Hälfte reduziert [Spence und Parr, 1991].

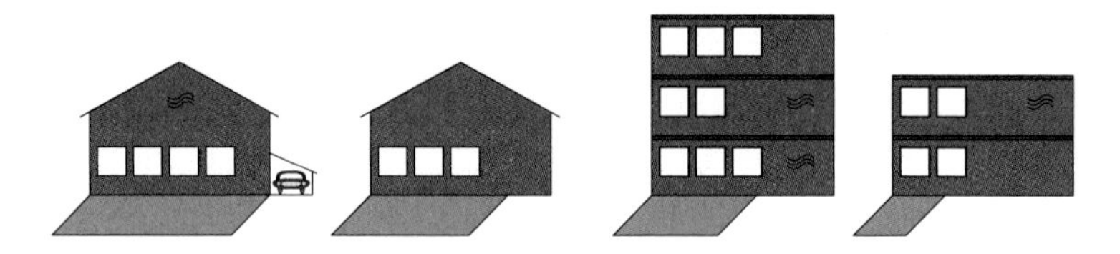

Abb. 11.13: Multidimensionale, metaphorische Icons für die Visualisierung von acht typischen Immobilienattributen (nach [Spence, 2007]).

Im Zusammenhang mit Icons von Benutzungsschnittstellen (siehe Abschn. 8.9) wurde bereits dargestellt, dass diese häufig ebenfalls einen Zustand repräsentieren, häufig nur die Unterscheidung in aktiv oder passiv. Bei den hier vorgestellten Techniken werden jedoch deutlich mehr Attribute in einem einzigen Icon visuell kodiert, wobei Attribute auch unterschiedliche Datentypen aufweisen können. Die kleinen grafischen Primitive zur Informationskodierung werden häufig auch als *Glyphen* bezeichnet. Sie können exakt positioniert werden (z.B. in einem Scatterplot oder auf einer Landkarte), setzen Werte von Variablen in geometrische Eigenschaften, wie Länge, Winkel oder Form bzw. in visuelle Attribute, wie Farbe oder Transparenz um [Schumann und Müller, 2000]. Durch ihre geringe Größe sind sie auch in der Lage, Texturen zu bilden und effektive Texturwahrnehmung zu unterstützen. Beispiele sind Chernoff-Gesichter [Chernoff, 1973] , *Stick-Figures* [Pickett und Grinstein, 1988] und *Color Icons* [Levkowitz, 1991].

Zusatzinformation: Attribut- und Objektsichtbarkeit. Bei den geometrischen Techniken zur Visualisierung multivariater Daten (Abschn. 11.2.1) steht das Ablesen konkreter Attributwerte oder aber die Art der Relationen zwischen ihnen im Vordergrund. Scatterplotdiagramme erlauben z.B. das Ablesen genauer Werte, während bei Parallelen Koordinaten zumindest Aussagen getroffen werden können, wie: „die Mehrheit der Autos hat vier Zylinder“. Diese Einsichten sind entweder präattentiv oder zumindest in sehr kurzer Zeit ohne nennenswerten kognitiven Aufwand zu gewinnen. Spence [2007] spricht daher davon, dass derartige Visualisierungstechniken *Attributsichtbarkeit* unterstützen. Benutzer wollen dabei ein klares Bild über die Verteilung der Objekte bezüglich jeder der Attributdimensionen haben, weshalb man auch von *Dimensionssichtbarkeit* sprechen kann.

Star Plots oder andere ikonische Techniken hingegen unterstützen *Objektsichtbarkeit* [Spence, 2007]. Attributwerte werden als Bestandteile von Ikonen oder Glyphs kodiert, wobei das gesamte Erscheinungsbild besonders schnell wahrgenommen werden kann. Damit lässt sich die Gesamtheit der Eigenschaften eines Datenobjekts und somit seine Charakteristik schnell erfassen. Vor allem können auch mehrere Datenobjekte schnell miteinander verglichen werden, während konkrete Attributwerte und insbesondere Korrelationen zwischen einzelnen Attributen nur mit hohem kognitiven Aufwand oder gar nicht abzulesen sind.

11.2.3 Pixelbasierte Techniken

Bei den bisher behandelten geometrischen und ikonischen Techniken zur Visualisierung multivariater Daten stand die Problematik der Abbildung multipler Attributdimensionen auf räumliche und visuelle Eigenschaften im Vordergrund. Dabei lag die Zahl der Datenobjekte häufig nur im Hunderter oder Tausender Bereich. Bei pixelbasierten Techniken hingegen wird die Skalierbarkeit einer Visualisierungslösung für zentausende oder sogar eine Million Datenobjekte adressiert. Dabei besteht das Ziel, so viele Daten wie möglich auf einmal auf einem Bildschirm darzustellen, ohne spezielle Präsentations- und Navigationstechniken zu nutzen, wie sie im Abschn. 12.1 erörtert werden.

Keim et al. [1993] stellten die interessante Idee der Nutzung eines Pixels als atomare Visualisierungseinheit für einen Datenwert 1993 erstmals vor. Die Idee der konsequenten Vermeidung von Weißräumen und somit der Ausnutzung der gesamten verfügbaren Visualisierungsfläche liegt auch der Hierarchievisualisierungstechnik *Treemaps* [Johnson und Shneiderman, 1991] (siehe Abschn. 11.3.3) und dem Softwarevisualisierungstool *SeeSoft* [Eick et al., 1992] zugrunde.

Bei pixelbasierten Techniken wird jeder Datenwert auf ein farbiges Pixel abgebildet. Datenwerte (unterschiedlicher Datensätze), die zu einer Attributdimen-

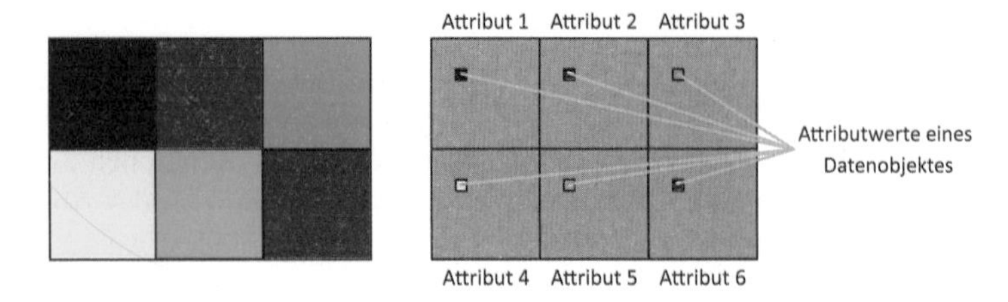

Abb. 11.14: Grundlegende Anordnung sogenannter Subfenster (rechteckiger Bereiche) für Daten mit sechs Dimensionen (nach [Keim, 2000]). Links eine ikonische Darstellung, die genau einen Datensatz repräsentiert; rechts die Verteilung von Attributausprägungen eines konkreten Datensatzes über mehrere Subfenster.

sion gehören, werden in einem separaten Rechteck visualisiert, dem Subfenster (Abb. 11.14). Somit ist ein Datensatz auf mehrere Subfenster verteilt, wobei die Pixelpositionen immer identisch sind. In welcher Reihenfolge Pixel innerhalb eines Fensters gezeichnet werden, hängt von den Daten und der konkreten Visualisierungsaufgabe ab [Keim, 2000]. Eine einfachere Form ist die Darstellung nur eines Datensatzes in einem nach Attributdimensionen unterteilten Rechteck, das ikonischen Charakter besitzt.

Viele der in den Abschn. 11.2.1 und 11.2.2 beschriebenen geometrischen und ikonischen Techniken werden in kommerziellen Lösungen und auch Webanwendungen für Alltagsnutzer eingesetzt. Pixelbasierte Techniken und insbesondere deren Erweiterungen sind hingegen eher Experten, z.B. Finanzanalysten, Softwareexperten oder Biologen, vorbehalten. Deshalb soll hier auch nicht ausführlicher darauf eingegangen werden. Als weiterführende Literatur sei auf die von Keim [2000] entwickelte theoretische Basis für den Entwurf pixelbasierter Visualisierungstechniken verwiesen.

Abgeschlossen werden soll dieser Abschnitt jedoch mit einem interessanten Beispiel für die Ausnutzung der gesamten Fläche jenseits klassischer Visualisierungslösungen. Die 2005 von Alex Tew realisierte Webseite „The Million Dollar Homepage" (Abb. 11.15) stellt mehr als eine Million Pixel dar, wobei jedes Pixel als Werbefläche für 1$verkauft wurde. Die Standardgröße, die hierbei für Anzeigen zur Verfügung stand, sind 10×10 Pixel. Natürlich erlaubt diese Webvisualisierung bei der Vielzahl heterogener visueller Eindrücke kein schnelles Finden konkreter Informationen. Als Suchaufgabe sei hier beispielhaft die Deutschlandfahne empfohlen. Gleichwohl ist es erstaunlich, wie sich trotz dieser Datenfülle Details entdecken und erfassen lassen, wobei bekannte oder prägnante Symbole deutlich schneller visuell hervortreten und erkannt werden.

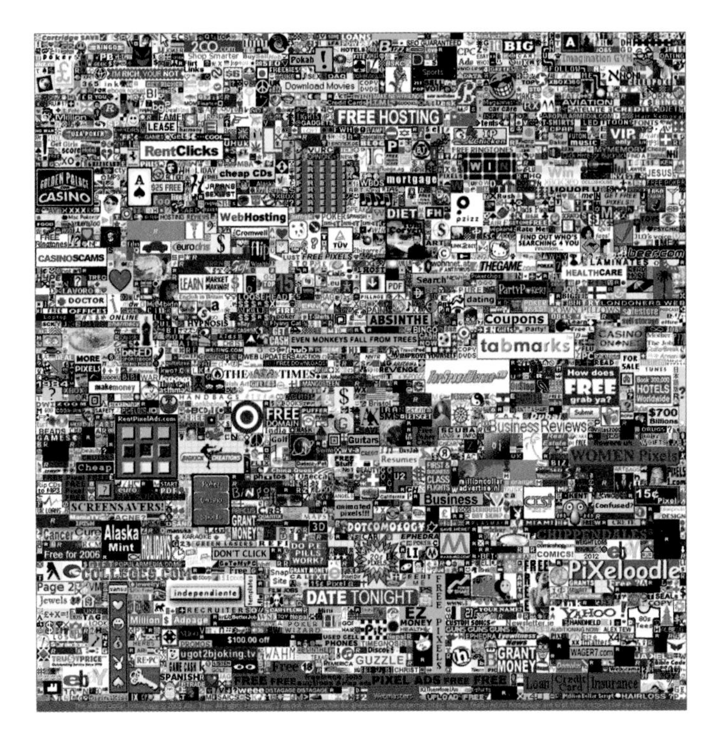

Abb. 11.15: Screenshot der Webseite http://www.milliondollarhomepage.com/. Die mosaikartige Darstellung von verlinkten Anzeigen erlaubt durch die Nutzung von häufig nur 100 Pixeln Fläche pro Anzeige eine äußerst kompakte Visualisierung von Werbebotschaften.

11.3 Hierarchievisualisierungen

Im Abschn. 11.2 wurden vielfältige Beispiele für die Visualisierung multivariater Daten vorgestellt. Dabei stand die Visualisierung verschiedener Attributwerte im Vordergrund. Wie bereits bei der Einführung der Datentypen im Abschn. 11.1.4 deutlich wurde, bilden die *Relationen* zwischen Datenobjekten und Attributen selbst einen wichtigen Datentyp innerhalb der Informationsvisualisierung. Dabei werden Assoziationen zwischen Daten visualisiert. In modernen Benutzungsschnittstellen sind Relationen allgegenwärtig. Dies können Verknüpfungen zwischen Informationen sein, wie Webseiten in einem Browser, Fotos in einer georeferenzierten Darstellung oder Freunde in einem sozialen Web 2.0-Netzwerk. Je nach dem Grad der Verknüpfung lassen sich diese Verbindungen z.B. in einem Netzwerk oder auch Graphen darstellen. Der nachfolgende Abschnitt 11.4 ist diesem Thema gewidmet.

Häufig besteht die Relation von Datenobjekten jedoch in ihrer Verschachtelung bzw. ihrem hierarchischen Enthaltensein. Hier bieten sich Baumvisualisierungen an, um z.B. die Hierarchie eines Dateisystems, die Menüstruktur eines komplexen

Programms, die Produktklassifikation eines Online-Warenhauses oder die Organisationsstruktur eines Unternehmens geeignet sichtbar und navigierbar zu machen. Je nach Visualisierungstyp und Raumausnutzung lässt sich die folgende Einteilung von Hierarchievisualisierungen vornehmen, die zugleich diesen Abschnitt gliedert:

- Einfache Einrückungen (Abschn. 11.3.1)
- Node-Link-Diagramme (Abschn. 11.3.2)
- Flächenfüllende Verschachtelung (Abschn. 11.3.3)
- Geschichtete Ansätze (Abschn. 11.3.4)

Der Abschn. 11.3.5 ist schließlich besonders kompakten Visualisierungsansätzen gewidmet, bei denen ein starker Fokus auf Interaktion liegt. In jeder dieser Kategorien werden einige charakteristische Visualisierungsbeispiele vorgestellt. Zuvor soll jedoch noch eine sehr einfache Form von Relationen beschrieben werden, die jedoch von praktischer Bedeutung ist.

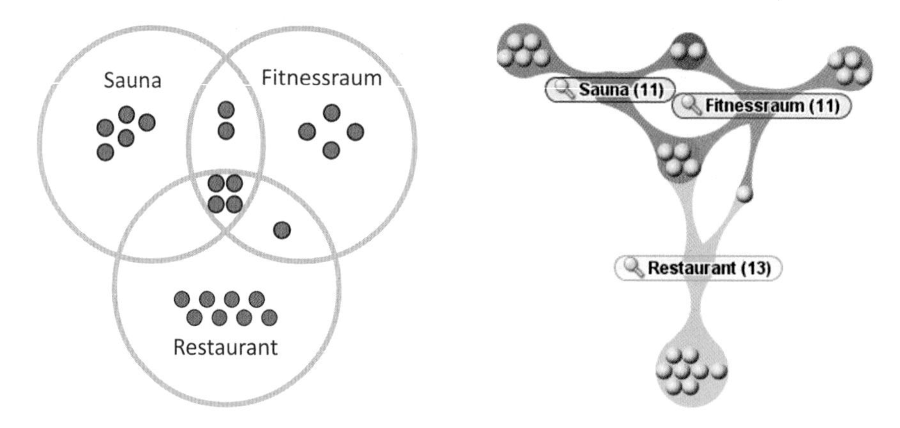

Abb. 11.16: Venn-Diagramm und Cluster Map zur Visualisierung von 24 Hotels in Relation zu drei Attributen (nach [Spence, 2007]).

Objekt-Attribut-Relationen. Relationen existieren nicht nur zwischen verschiedenen Datenobjekten, z.B. zwei Personen oder zwei Webseiten. Sie können auch in Form logischer Assoziationen zwischen Datenobjekten und ihren Attributen auftauchen. Spence [2007] führt dazu das einfache Beispiel mehrerer Hotels ein, die entweder ein bestimmtes Ausstattungsmerkmal (z.B. Sauna, Restaurant, Fitnessraum) haben oder nicht. Diese Relation könnte man z.B. in Form einer Tabelle darstellen, bei der die Zeilen Hotels darstellen, die Spalten deren Ausstattungsmerkmale. Ein Kreuz würde das Vorhandensein eines Merkmals, also eine Relation zwischen Objekt und Attribut, symbolisieren. Bei einer großen Anzahl von Hotels würde es jedoch schwer sein, zu erfassen, welche Hotels die gewünschten Eigenschaften bieten. Hier bietet sich ein *Venn-Diagramm* an, dessen Kreise jeweils ein Attribut repräsentieren. In Abb. 11.16 ist zu sehen, wie sich die 24 Hotels eines Beispieldatensatzes in

Relation zu den Eigenschaften positionieren. Ein interaktives Überfahren der Punkte mit der Maus könnte z.B. den Namen des Hotels oder eine Kurzbeschreibung mit Bild anzeigen.

Im Vergleich dazu stellt die von Fluit et al. [2003] vorgestellte und für die visuelle Verfeinerung von Suchvorgängen optimierte Visualisierungstechnik *Cluster Map* für größere Ergebnismengen und Attributzahlen eine Verbesserung dar. Wie in Abb. 11.16 zu sehen ist, repräsentieren die benannten Knoten die Attribute, wobei in Klammern die Gesamtzahl der Hotels angegeben ist, die dieses besitzen. Assoziiert mit jedem Attribut sind weitere in der Attributfarbe dargestellte Knoten, die Cluster, in denen Resultatmengen (hier Hotels) dargestellt sind. Jedes Hotel ist als gelber Kreis genau einmal dargestellt. Immer dann, wenn einem Datenobjekt mehrere Attribute zugeordnet sind, wird ein neues Cluster in der Mischfarbe beider (oder mehrere) Attribute gezeichnet.

Bäume. Im Beispiel der Cluster Map wird eine wesentliche Repräsentationsform von Relationen eingesetzt: ein Netzwerk, bestehend aus Knoten und Kanten (engl. *Node-Link-Diagram*). Dies hat keine topologischen Einschränkungen. Bäume sind eine besondere Klasse von Netzwerken mit immenser praktischer Bedeutung. Ein Baum ist ein Netzwerk verbundener Knoten, in dem keine Zyklen existieren. Typischerweise sind Bäume geordnet, um anwendungsspezifische Semantik zu kodieren [Telea, 2007]. Damit existiert als oberster Knoten ein Wurzelknoten, dessen Kinder gleichzeitig Elternknoten für weitere Kindknoten sein können. Bäume können verschiedene Arten hierarchischer Beziehungen kodieren. Eine ist die *Unterordnungs-Relation*, bei der Elternknoten ihre Kinder kontrollieren, z.B. in einer Unternehmenshierarchie. Eine weitere ist die *Enthaltenseins-Relation*, bei der Elternknoten Container für Kindknoten sind. Ein typisches Beispiel dafür sind Dateisysteme, wo Ordner Unterordner oder Dateien enthalten. Bäume können visualisiert werden, indem ihre Knoten und Kanten visuell repräsentiert werden. Auch zusätzliche, mit Knoten oder Kanten assoziierte Datenattribute müssen visualisiert werden können.

11.3.1 Einfache Einrückungen

Diese Gruppe von einfachen Visualisierungen verzichtet auf die Darstellung von Kanten für Bäume, da mit Kanten hier keine spezielle Semantik assoziiert ist, die über die hierarchische Ordnung hinaus geht. Wohl jeder Leserin und jedem Leser vertraute Beispiele sind Inhaltsverzeichnisse, Dateibrowser (Abb. 11.17) oder Hierarchien von Produktkategorien in Online-Shops. Eine Einrückung symbolisiert den Beginn einer Hierarchiestufe unterhalb des übergeordneten Knotens, womit das Prinzip der Unterordnung betont wird. Diese Visualisierungsform stellt ausschließlich Elternknoten dar, also keine Blattknoten. Im Fall eines Textdokuments könnte man die Absätze unterhalb einer Überschrift als Blattknoten auffassen, bei Dateisystemen sind es die Dateien.

Häufig werden Knoten einfach als Texte dargestellt, bei Dateibrowsern jedoch meist mit Symbolen versehen. Zusätzlich eingefügte Linien gestatten eine bessere Abschätzung der Hierarchietiefe vor allem dann, wenn Teilbäume sehr groß sind oder den Bildschirmplatz überschreiten (Abb. 11.17, links). Fast alle dieser Visualisierungen erlauben ein Aus- und Einklappen beliebiger Teilbäume. Weitere Details zu den häufig als TreeView bezeichneten Widgets sind im Abschn. 10.1.3 nachzulesen.

Da TreeViews mittlerweile als wiederverwendbare Komponenten in sämtlichen modernen Interfacebibliotheken für Desktop- und Webanwendungen zur Verfügung stehen, ist ihre Omnipräsenz in aktuellen Benutzungsschnittstellen nicht verwunderlich. Nicht immer stellen sie jedoch die optimale Lösung dar. Gut eignet sich die Einrückungsvisualisierung für Knoten mit textueller Auszeichnung, weil Textlesbarkeit gegeben ist. Skalierbarkeit kann hingegen zum Problem werden, wenn zu viel gescrollt werden muss oder sich Geschwisterknoten zu weit voneinander entfernt befinden. Auch ist diese Technik klar auf rechteckige Teilbereiche im Hochformat ausgerichtet und weist zudem keine große Informationsdichte auf. Die Interaktion mit Knoten der Hierarchie, also das Aufsuchen damit assoziierter Inhalte (Texte, Dateien, Produkte…) ist eine Visualisierungsaufgabe, die mit dieser Technik gut bewältigt werden kann. Durch die Beschränkung auf Zwischenknoten ist jedoch ein schneller Gesamtüberblick über die vollständige Hierarchie inklusive der Blattknoten nicht möglich.

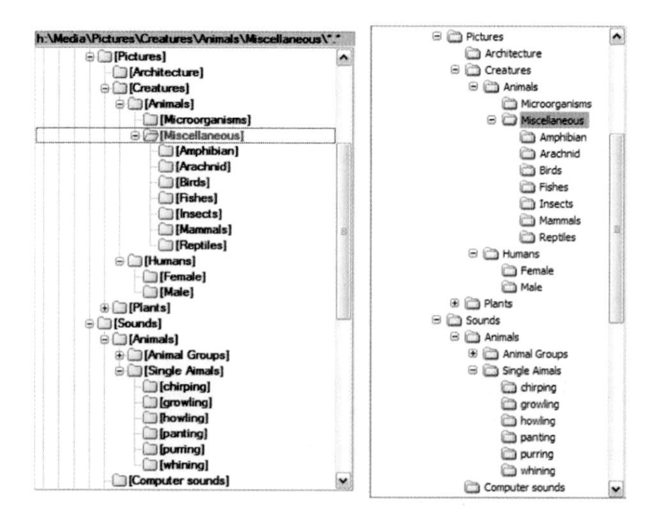

Abb. 11.17: Baumvisualisierung durch Einrückung. Zwei typische Dateibrowseransichten mit und ohne Hilfslinien.

11.3.2 Node-Link-Diagramme

Node-Link-Diagramme visualisieren Knoten und Kanten explizit und sind wahrscheinlich die häufigste Visualisierungsform für hierarchische Strukturen und Netzwerke. Konkrete Lösungen variieren erheblich in der Form der visuellen Darstellung von Knoten, die z.B. als einfache Kreise, Glyphen, Vorschaubilder oder Textkästchen gezeichnet werden können. Die geometrische Platzierung von Knoten im Raum ist dabei die zentrale Herausforderung, für die viele Layoutvarianten entwickelt worden sind. Knoten werden nach ihrer Positionierung meistens mit geraden oder gekrümmten Linien verbunden. Das ist sicherlich die einfachste Form, um Relationen zu visualisieren.

Klassische Layoutformen. Eine weit verbreitete und naheliegende Form des Zeichnens von Bäumen ordnet die Tiefe des Baumes der y-Dimension einer Fläche zu, die Breite hingegen der x-Dimension. Der Wurzelknoten wird oben mittig platziert, und alle Knoten der folgenden Ebene werden auf einer gedachten horizontalen Linie dargestellt (sogenanntes *Rooted Tree Layout*). Dies wird für alle folgenden Hierarchieebenen wiederholt. Der rekursive *Reingold und Tilford* Algorithmus [Reingold und Tilford, 1981] produziert z.B. derartige Baumvisualisierungen, bei denen die Struktur sehr klar hervortritt. Bei höherer Knotenzahl können diese jedoch exponentiell in die Breite wachsen und ungünstige Visualisierungen mit äußerst schwacher Informationsdichte pro Bildschirmpixel erzeugen. Dass Ausgabemedien den Entwurf von Visualisierungstechniken beeinflussen können, zeigt sich an dem bevorzugten Layout von oben nach unten, was von querformatigen Bildschirmen besser dargestellt werden kann.

Radiale Anordnungen sind im Vergleich platzsparender und haben ein Seitenverhältnis von 1:1. Knoten werden um den Wurzelknoten als Mittelpunkt auf konzentrischen Kreisen im Uhrzeigersinn angeordnet. Jeder Kreis stellt eine Hierarchieebene dar und zunehmender Radius signalisiert somit eine größere Hierarchietiefe. Teilbäume lassen sich als Kreisscheiben gut erkennen. *Balloon Trees* oder auch *Bubble Trees* [Grivet et al., 2006] basieren ebenfalls auf einer kreisförmigen Anordnung. Nachdem die Kinder des Wurzelknotens alle gleichmäßig auf einem Kreisumfang dargestellt wurden, werden deren Kinder wiederum kreisförmig um den Elternknoten angeordnet. Damit bieten Bubble Trees im Vergleich zu den anderen beiden Techniken eine bessere visuelle Trennung der Teilbäume [Telea, 2007]. Da durch die quasi fraktale Struktur jede weitere Hierarchieebene jedoch deutlich kleiner visualisiert wird, eignet sich diese Technik nur für Hierarchien mit wenigen Ebenen. Die klassischen Layoutformen sind insgesamt gut geeignet, um strukturelle Zusammenhänge und isomorphe Teilbäume zu erkennen. Zudem ist nicht nur die Berechnungskomplexität für ihre Darstellung gering (linear abhängig von der Zahl der Knoten), sondern sie erscheinen den meisten Benutzern als sehr vertraut. Dies gilt leider für eine Vielzahl von Visualisierungstechniken nicht, die einen hohen kognitiven Aufwand erfordern.

3D-Varianten. Für alle klassischen Baumlayouts existieren auch dreidimensionale Varianten, bei denen die dritte Raumdimension genutzt wird, um komplexere

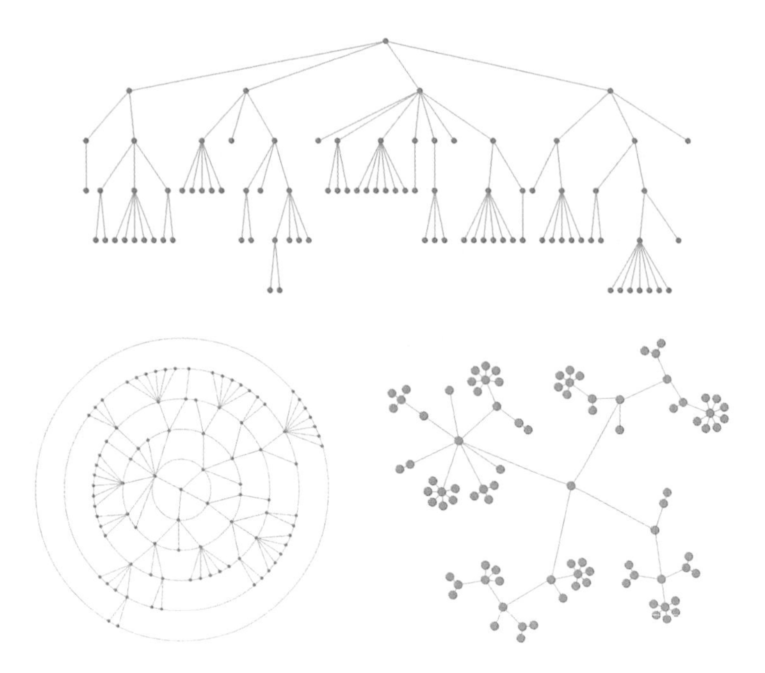

Abb. 11.18: Klassische Baumvisualisierungen der gleichen Hierarchie: Reingold & Tilford, Radialer Baum, Bubble Tree.

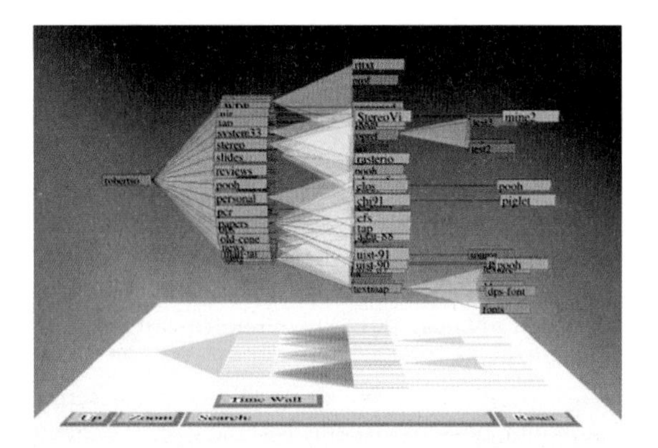

Abb. 11.19: Ein Klassiker dreidimensionaler Hierarchievisualisierungen: Cone Trees [Robertson et al., 1991] (mit freundlicher Genehmigung von George Robertson, Microsoft Research).

Hierarchien darzustellen. Dabei kreuzen sich jedoch oftmals Kanten unbeabsichtigt, die Auswahl einer geeigneten Ansicht ist schwer, Überdeckungen treten auf, und das Ergebnis ist nicht immer ästhetisch zufriedenstellend. Eine dedizierte 3D-Lösung stellen die von Robertson et al. [1991] vorgestellten Kegelbäume, engl. *Cone Trees* (Abb. 11.19) dar. Wenn man bei Bubble Trees den mittleren Knoten als Spitze eines Kegels und den Kreis mit den darauf angeordneten Kindknoten als Kegel-Grundfläche interpretiert, erhält man eine dreidimensionale Repräsentation eines Teilbaumes, einen Cone Tree. Beginnend vom Wurzelknoten als Kegelspitze wird jeder Teilbaum als Kegel dargestellt, wobei von jedem weiteren Elternknoten ebenfalls ein weiterer Kegel gezeichnet wird. Durch Nutzung der dritten Dimension ist eine kompaktere Darstellung möglich. Cone Trees sind nur ein Beispiel für eine Vielzahl von dreidimensionalen Informationsvisualisierungen diskreter Objekte. Bei allen besteht das Problem von Verdeckungen und zudem der Fehleinschätzung von Größenverhältnissen durch die perspektivische Verzerrung. Ebenso ist die Navigation im 3D-Raum häufig schwierig, und Benutzer können schnell die Orientierung verlieren. Als Ausweg wurden für Cone Trees verschiedene Lösungen vorgeschlagen, z.B. projizierte Schatten des Baumes oder die separate Drehung eines Kegels, um sämtliche Kinder sukzessive sichtbar zu machen.

11.3.3 Flächenfüllende Verschachtelung

Die im Abschn. 11.3.2 vorgestellten Node-Link-Visualisierungen produzieren je nach konkreter Baumstruktur zumeist wenig platzoptimierte Darstellungen. Dieses Problem versuchen flächenfüllende Ansätze zu beheben. Ähnlich, wie bei den pixelbasierten Visualisierungstechniken (siehe Abschn. 11.2.3) wird dabei der volle Bereich einer geometrischen Grundform, typischerweise eines rechteckigen Bildschirmfensters, ausgenutzt. Eine hierarchische Struktur wird hierbei auf räumliches Enthaltensein von elementaren Formen (Rechtecke oder Kreise) abgebildet. Diese Visualisierungsform ist durch das einflussreiche Konzept der *Treemaps* geprägt worden, weshalb man den Begriff auch häufig als Synonym für flächenfüllende Ansätze verwendet.

Abb. 11.20 (links) zeigt das grundlegende Konzept der Flächenaufteilung bei Treemaps [Johnson und Shneiderman, 1991, Shneiderman, 1992]. Die gesamte zur Verfügung stehende Fläche repräsentiert den Wurzelknoten. Für die vier Kinder wird das Rechteck horizontal in vier Rechtecke unterteilt, wobei deren Fläche proportional zur Größe ihres Teilbaumes ist (z.B. der Größe sämtlicher darin enthaltener Dateien). Für jeden Teilbaum wird das entsprechende Rechteck wiederum unterteilt, diesmal jedoch die Richtung gewechselt. So kann rekursiv der ganze Baum abgearbeitet werden, wobei immer ein Wechsel zwischen horizontaler und vertikaler Unterteilung von Rechtecken erfolgt. Jedes verschachtelte Rechteck reflektiert durch seine relative Größe in der Darstellung somit die Größe des assoziierten Teilbaumes oder des Blattknotens.

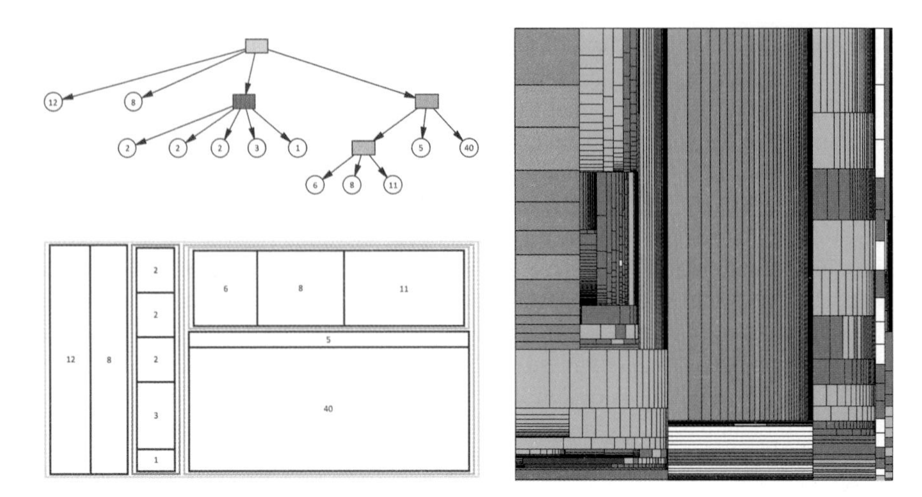

Abb. 11.20: Links die Konstruktion einer Treemap (nach [Spence, 2007]), rechts ein konkretes Beispiel für eine Dateihierarchie. Farben symbolisieren Dateitypen (orange: Videos, grün: PPT, hellblau: EXE, dunkelblau: PDF, lila: ZIP, weiß unbekannt).

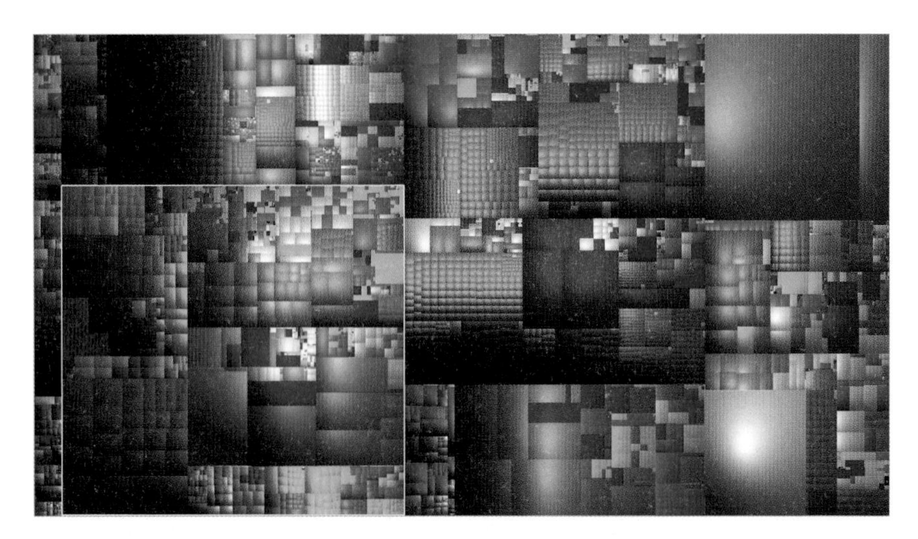

Abb. 11.21: Eine erweiterte Treemapdarstellung mit den Konzepten *Squarified Treemaps* [Bruls und van Wijk, 2000] und *Cushion Treemaps* [van Wijk und van de Wetering, 1999] (Abb. erzeugt mit SequoiaView, http://www.win.tue.nl/sequoiaview).

Ein weiteres Attribut lässt sich mit Hilfe der Farbe des Rechtecks kodieren, z.B. der Dateityp. In Abb. 11.20 ist die Treemap eines größeren Verzeichnisses zu sehen, in dem viele Videos (orange), Powerpointdateien (grün) und PDF-Dateien (blau) enthalten sind. Unbekannte Dateien sind hier weiß kodiert. Die schwarzen Flächen sind nicht etwa schwarz kodierte Dateitypen, sondern weisen auf ein Problem des ursprünglichen Treemap-Algorithmus hin. Hier sind Dateien so klein dargestellt, dass ihre schwarzen Randbegrenzungen verschmelzen. Auch das Problem ungünstiger Proportionen bei der Aufteilung, häufig in Form sehr langer, dünner Rechtecke, lässt sich am Beispiel der großen orangen Videodateien gut erkennen.

Zusatzinformation: Squarified und Cushion Treemaps. Um dieses Problem zu beheben, schlugen Bruls und van Wijk [2000] das Konzept der *Squarified Treemaps* vor. Hierbei wird versucht, eine Aufteilung zu erzeugen, die möglichst quadratische Rechtecke erzeugt. Die ursprüngliche Reihenfolge z.B. der Dateien in einem Verzeichnis geht in der Visualisierung verloren, und bestimmte wiederkehrende Muster lassen sich nicht mehr so einfach erkennen. Da die Reihenfolge häufig jedoch keine Rolle spielt, wohl aber die gesamte Struktur, ist diese Technik in den meisten Fällen eine deutliche Verbesserung, wie in Abb. 11.21 zu sehen ist. Hier wurde ebenfalls eine weitere Treemap-Verbesserung angewendet, die sogenannten *Cushion Treemaps* [van Wijk und van de Wetering, 1999].

In Abb. 11.20 lassen sich zwar einzelne Rechtecke durch die schwarzen Begrenzungen gut unterscheiden, der hierarchische Zusammenhang ist jedoch ohne weitere Interaktionstechniken überhaupt nicht mehr zu erkennen. Zudem verbrauchen die schwarzen Begrenzungslinien kostbaren Bildschirmplatz. van Wijk und van de Wetering [1999] hatten die Idee, einzelne Rechtecke nicht mit homogener Farbe, sondern schattiert darzustellen. Das visuelle Wahrnehmungssystem des Menschen ist darauf trainiert, Schattierungsabstufungen als beleuchtete Oberflächen zu interpretieren [Freeman et al., 1990]. Durch die scheinbare Beleuchtung lassen sich die nun kissenförmigen wirkenden Rechtecke deutlich besser unterscheiden – auch ohne Begrenzungslinien. Um Gruppen von Rechtecken und somit den hierarchischen Zusammenhang besser darzustellen, werden zudem noch scheinbare Erhöhungen an den Rändern eines übergeordneten Rechtecks eingesetzt, mit denen Rechtecke als zusammengehörig erscheinen. Dies lässt sich z.B. in Abb. 11.21 gut bei der großen Gruppe von in dunklem Altrosa dargestellten Bilddateien (links oben) erkennen.

Erweiterungen und Anwendungen. Treemaps sind eine effektive und platzsparende Visualisierungsform, um einen gesamten Baum auf einmal mit allen Blattknoten und mindestens zwei assoziierten Attributen (häufig Größe und Typ) darzustellen. Es ist sehr einfach, besonders große oder kleine Blattknoten wahrzunehmen und generelle Größenvergleiche anzustellen. Hingegen ist es selbst mit Cushion Treemaps schwer, die genaue Struktur eines Baumes, dessen Tiefe sowie einzelne

Elternkoten auszumachen, da diese ja gar nicht explizit gezeichnet werden. Trotzdem ist diese Technik einflussreich, und mehr als 150 dokumentierte Anwendungen und Weiterentwicklungen dieser Technik existieren. Zumeist traditionelle Treemaps finden auf zahlreichen Webseiten und bei Finanzanalysetools Anwendung. Beispiele dafür sind die Map of the Market des Finanzmagazins SmartMoney[2] und die sogenannte Newsmap von Marcos Weskamp[3], bei der Google News-Meldungen zu bestimmten farbig kodierten Bereichen je nach Häufigkeit größenkodiert sind (Abb. 11.22). Häufig ist die Hierarchietiefe bei diesen Anwendungen auf eins beschränkt.

Neben den rechteckigen, platzeffizienten flächenfüllenden Ansätzen gibt es beispielsweise auch die Klasse von flächenfüllenden Baumvisualisierungen in Kreisform mit einer radialen Anordnung der einzelnen Knoten. Yang et al. [2003] haben dafür den Begriff *Radial Space Filling Technique* eingeführt. Damit sind hierarchische Strukturen besser wahrzunehmen als mit rechteckigen Ansätzen [Barlow und Neville, 2001]. Zu den Erweiterungen zählen auch beliebige polygonale Grundformen für Treemaps, die von Balzer et al. [2005] entwickelten *Voronoi Treemaps*. Für eine ausführliche Darstellung der Entwicklungsgeschichte von Treemaps sei auf die Webseite http://www.cs.umd.edu/hcil/treemap-history/ hingewiesen.

Abb. 11.22: Eine Treemap-Darstellung von Google-News-Meldungen, die bestimmten Kategorien zugeordnet sind (Farbe) und deren Häufigkeit durch Größe repräsentiert wird. Zusätzlich wird mit der Helligkeit das Alter einer Nachricht kodiert (Screenshot von http://newsmap.jp/ am 15.04.2010).

[2] http://www.smartmoney.com/map-of-the-market/

[3] http://newsmap.jp/

11.3.4 Geschichtete Ansätze

Während Node-Link-Diagramme die zur Verfügung stehende Bildschirmfläche häufig nur schlecht nutzen, gehen die meisten flächenfüllende Ansätze von der kompletten Nutzung eines bestimmten Bildschirmbereiches aus. Die in diesem Abschnitt vorgestellten Baumvisualisierungen auf Basis von Schichtung und bündiger Aneinanderreihung (engl. *Layering & Alignment*) stellen einen Kompromiss in der Flächennutzung dar. Zudem betonen sie einerseits die Struktur eines Baumes (wie bei den meisten Node-Link-Visualisierungstechniken) durch Schichtung, Nachbarschaft und Ausrichtung von visuellen Grundformen. Andererseits lassen sich – wie bei den flächenfüllenden Ansätzen – einfache Aussagen über zumindest ein bis zwei Parameter von Blattknoten treffen, zumeist als Größe und Farbe kodiert.

Icicle Plots. Die von Barlow und Neville [2001] beschriebenen *Icicle Plots* erlauben die Darstellung einer Hierarchie, indem sie den Knoten jeder Hierarchieebene genau eine Zeile mit konstanter Höhe zuordnen. Abb. 11.23 zeigt, wie dem Wurzelknoten 1 eine komplette Zeile zugeordnet ist. Seine beiden Kinder 2 und 3 werden genau darunter angeordnet, wobei ihnen prozentual so viel Platz zusteht wie die rekursiv ermittelte Größe des jeweiligen Teilbaumes. Typischerweise wird diese durch Summierung eines bestimmten Attributs sämtlicher in diesem Teilbaum enthaltener Blattknoten ermittelt. Dies kann beispielsweise die Größe von Dateien sein. Schrittweise erfolgt eine weitere Unterteilung und Verfeinerung jeder Hierarchieebene, so dass der Baum nach unten wächst, bis schließlich Blattknoten gezeichnet werden.

Neben der konsequent gleichbleibenden horizontalen Unterteilung ist der wesentliche Unterschied zu Treemaps die Sichtbarmachung der Zwischenknoten als Rechtecke, womit die Baumstruktur klarer sichtbar wird. Der Vergleich in Abb. 11.23 lässt erkennen, dass man Icicle Plots und ähnliche Techniken aus Treemaps ableiten kann, indem man aus dem Rechteck 1 die Rechtecke 2 und 3 mit sämtlichen Unterknoten entnimmt und unterhalb des Rechtecks 1 anordnet. Im nächsten Schritt würde man aus dem Rechteck 2 die Rechtecke 4 und 5 mit ihren Kindern entnehmen, die allerdings gedreht werden müssten. So erhält man einen Stapel von jeweils eindimensionalen Treemaps. In Abb. 11.24 (oben) ist ein komplexeres Beispiel einer Dateihierarchie zu sehen.

Konzentrische Aufteilungen. Icicle Plots gehen von einer vertikalen Schichtung der einzelnen Hierarchieebenen aus. Diese kann jedoch auch radial erfolgen, wie in Abb. 11.23 (d) gezeigt wird. Beispiele dafür sind *Tree Ring* [Barlow und Neville, 2001], *InterRing* [Yang et al., 2003] oder *Sunburst* [Stasko und Zhang, 2000] (Abb. 11.24, unten). Prinzipiell wird dabei der Wurzelknoten als Kreis im Zentrum gezeichnet, Knoten auf tieferen Hierarchieebenen haben einen zunehmenden Abstand vom Mittelpunkt. Kindknoten werden immer auf einem neuen Kreisring gezeichnet, wobei sie einen Winkel überdecken, der dem des Eltern-Kreissegments entspricht. Der Winkel des Kreisbogens für jeden Knoten ist proportional zur Größe des Teilbaumes bzw. Blattknotens. Neben der Größe eines Blattknotens können auch andere Attribute eines Knotens über den Winkel kodiert werden, ebenso sind uniforme Größen für sämtliche Blattknoten denkbar [Yang et al., 2003].

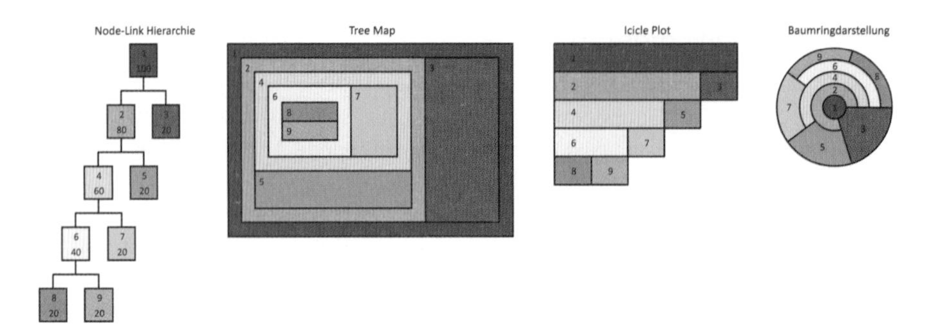

Abb. 11.23: Der in a) als Node-Link-Hierarchie dargestellte Baum als Treemap (b), Icicle Plot (c), und Baumringdarstellung (d).

Die Farbe kann wiederum zur Kodierung weiterer Attribute, z.B. des Dateityps oder der letzten Änderung verwendet werden (siehe Abb. 11.24). Trotz der Nützlichkeit konzentrischer Aufteilungen für das Erfassen hierarchischer Strukturen ist einer ihrer großen Nachteile, dass Blattknoten hierbei häufig zu schmal dargestellt werden [Stasko und Zhang, 2000, Yang et al., 2003] . Zur Behebung dieses Nachteils wurden verschiedene Interaktionstechniken zum Fokussieren von einzelnen Teilbäumen bzw. Blattknoten entwickelt, wobei unwichtige Teile des Baumes verzerrt, d.h. kleiner dargestellt werden (siehe z.B. [Stasko und Zhang, 2000, Yang et al., 2003]).

Zusammenfassend lässt sich sagen, dass die Struktur einer Hierarchie durch Schichtung, Nachbarschaft und bündige Anordnung der Knoten deutlich besser wahrzunehmen ist als bei den komplett flächenfüllenden Ansätzen. Knoten auf höheren Ebenen erhalten dabei immer eine größere Fläche zugewiesen, und der Raum wird für die tieferen Hierarchieebenen rekursiv unterteilt. Die Darstellung der Kindknoten wird immer auf die Größe der Elternknoten beschränkt. Die in diesem Abschnitt und im Abschn. 11.3.3 genannten Techniken nutzen den zur Verfügung stehenden Anzeigeplatz gut aus und fokussieren sich auf die Darstellung von Knoten. Kanten werden dabei komplett entfernt, was dann nachteilig ist, wenn ihnen ebenfalls Attribute zugeordnet sind und sie nicht nur eine Enthaltensein-Relation widerspiegeln.

11.3.5 Kompakte Visualisierung und Interaktion

Bei den meisten Hierarchievisualisierungstechniken ist der gesamte Baum auf einmal sichtbar. Dies ist jedoch oft nicht nötig oder erwünscht. Das gilt insbesondere, wenn die Baumvisualisierung lediglich zur Navigation genutzt wird, um zu einem konkreten Blattkoten mit seinen Eigenschaften zu gelangen, nicht jedoch für eine Gesamtübersicht über die Baumstruktur. Das klassische Beispiel für eine derartige Visualisierungsaufgabe sind Dateibrowser, wo es auf das schnelle Finden einer Datei in der Ordnerhierarchie ankommt. Alle weiter oben genannten Beispiele gehen

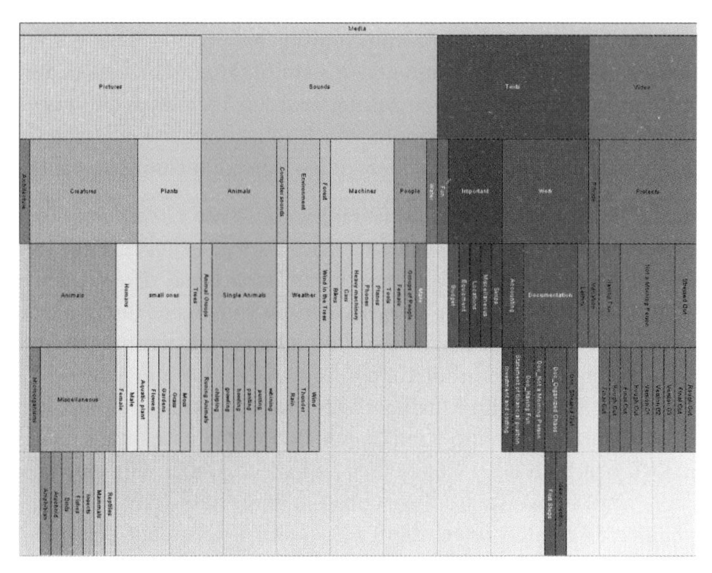

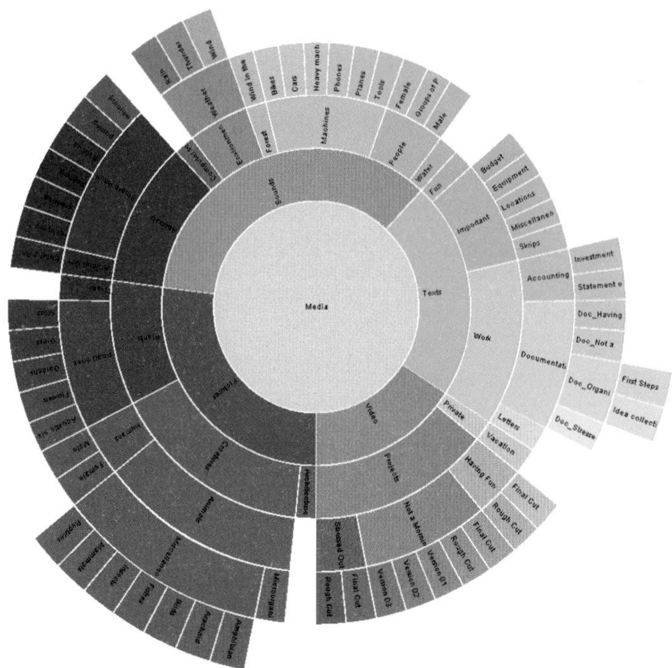

Abb. 11.24: Visualisierung einer Dateihierarchie als *Icicle Plot* (oben) [Barlow und Neville, 2001] und *Sunburst Diagram* (unten) [Stasko und Zhang, 2000] (Abb. erstellt mit den Toolkits InfoVis und Treeviz, http://ivtk.sourceforge.net/ und http://www.randelshofer.ch/treeviz/).

zudem von einem großen Visualisierungsfenster aus, häufig dem gesamten Bildschirm. Gerade in Benutzungsschnittstellen steht für Hierarchievisualisierungen oft nur wenig Platz zur Verfügung. Demzufolge wurden Techniken entwickelt, die nur mit einer stark begrenzten Visualisierungsfläche auskommen und einen besonderen Fokus auf Interaktion legen. Dafür sollen einige Beispieltechniken erläutert werden.

FacetZoom. Die von Dachselt et al. [2008] vorgestellte *FacetZoom*-Technik lässt sich konzeptionell von Icicle Plots ableiten. Diese werden zunächst um 180°gedreht, so dass der Wurzelknoten als Rechteck am unteren Rand der Visualisierung erscheint. Blattknoten werden völlig getrennt von der sonstigen Hierarchie dargestellt, und zwar in einem Fenster oberhalb der Hierarchievisualisierung, die als interaktives Widget nur einen kleinen Raum einnimmt. Abb. 11.4 auf Seite 457 zeigt z.B. den Einsatz dieser Technik im Musikbrowser Mambo [Dachselt und Frisch, 2007]. Wie bei Icicle Trees werden die Kindknoten als Rechtecke in einer neuen Schicht, diesmal jedoch oberhalb des Elternkotens angezeigt. Dabei wird nur eine aktuelle Auswahl von typischerweise drei benachbarten dargestellt (Abb. 11.25). Alle weiteren erscheinen erst durch Interaktion, z.B. durch Klicken auf einen Kindknoten. Damit wird die Fokussierung auf eine aktuelle Ebene bei gleichzeitiger Wahrnehmung des Kontexts erreicht. Außerdem wird das in der Mitte dargestellte und gerade fokussierte Rechteck für den aktuellen Teilbaum jeweils nahezu auf die volle Breite des Widgets skaliert, womit FacetZoom zugleich eine Zoom-Technik umsetzt. Beide Konzepte, Fokus+Kontext-Darstellung und Zoomable User Interfaces werden ausführlich im Kapitel 12 erläutert.

Abb. 11.25: Prinzip der Hierarchievisualisierungstechnik FacetZoom. Aus der gesamten Hierarchie wird ein flächenfüllender Ausschnitt von nur drei Hierarchieebenen angezeigt. Die mittlere Ebene zeigt den Teilbaum-Knoten Deutschland im Fokus. Am Rande sind die Nachbarknoten der gleichen Ebene angedeutet, darunter dessen Elternknoten als Kontext und darüber seine Kindknoten [Dachselt et al., 2008].

Diese Visualisierungstechnik funktioniert besonders gut bei wohlbalancierten Hierarchien, z.B. der hierarchischen Unterteilung des Alphabets oder der Zeit bzw. bei Taxonomien mit möglichst homogener Anzahl von Untergruppen. FacetZoom bietet auch vielfältige Interaktionsmöglichkeiten zur Navigation (Zooming & Panning) innerhalb der Hierarchie an. Darunter das Klicken auf jede beliebige Zelle (= Knoten), wobei diese durch weiche Animation in den Mittelpunkt verschoben und auf nahezu die Gesamtgröße des Widgets skaliert wird. Damit wird deutlich, dass das interaktive Traversieren einer Hierarchie mit Fokus auf den oberhalb dargestellten Blattknoten, z.B. zugeordneten Dateien, das wesentliche Visualisierungsziel ist. Die kompakte Darstellung unterstützt die Verwendung als Teilfenster in einer komplexeren Benutzungsschnittstelle. Da immer nur ein Ausschnitt aus der gesamten Hierarchie zu sehen ist, lässt sich mit dieser Technik allerdings kein schneller Überblick verschaffen.

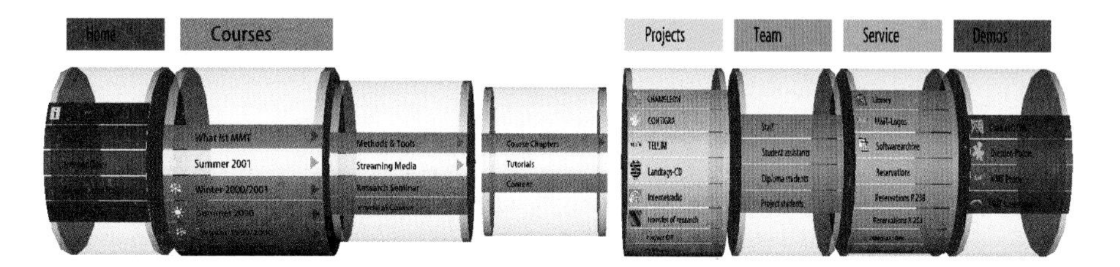

Abb. 11.26: Hierarchievisualisierungstechnik *Collapsible Cylindrical Trees (CCT)*. Die Kindknoten werden als Textstreifen auf einem Zylinder dargestellt. Beim Aktivieren eines Elternknotens (z.B. Untermenüs) fährt ein etwas kleinerer Subzylinder teleskopartig aus dem Elternzylinder heraus. Alle Zylinder jenseits des aktuellen Navigationspfades werden dabei sukzessive kollabiert [Dachselt und Ebert, 2001].

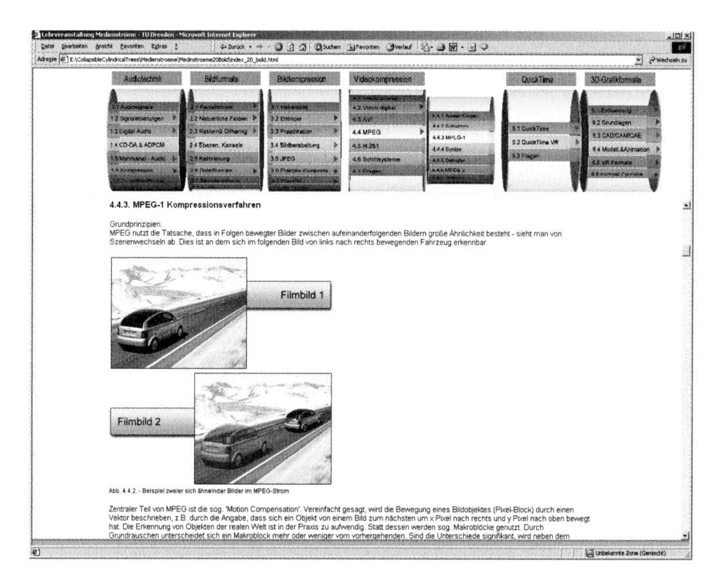

Abb. 11.27: Anwendung der CCT-Hierarchievisualisierungstechnik: die interaktive Hierarchie repräsentiert das Inhaltsverzeichnis eines Webtutorials. Nach Auswahl einer Überschrift wird im unteren Anzeigebereich die korrespondierende Seite geladen.

Collapsible Cylindrical Trees. Menüs in modernen Benutzungsschnittstellen, wie sie im Abschn. 9.2 ausführlich erläutert werden, sind ebenfalls einfache Hierarchievisualsierungen. Dabei steht nicht die Erfassung der Gesamtstruktur, sondern ein gewählter Elternknoten mit seinen Kindern sowie der durch gezielte Navigation entstehende Pfad dorthin im Vordergrund. Denkt man an ein Menüsystem einer normalen Bürosoftware, so spielen die erste und zweite Hierarchieebene eine besondere Rolle (siehe Abb. 9.6 auf Seite 345). Auf der Suche nach einem speziellen Menüpunkt klappen Benutzer die Untermenüs (Ebene 2) der Menüleiste (Ebene 1) häufig nacheinander auf. Dieses Problem und die häufig zu große Anzahl von Menüpunkten in einem Untermenü adressiert die Hierarchievisualisierungstechnik *Collapsible Cylindrical Trees (CCT)* [Dachselt und Ebert, 2001].

Wie in Abb. 11.26 zu sehen ist, wird für jeden Knoten der Hierarchieebene 1 ein Zylinder gezeichnet, worauf dessen Kindknoten als kleine Rechtecke mit Text und optionalem Icon dargestellt sind. Durch die perspektivische Verzerrung und zylindrische Anordnung wird Platz gespart, jedoch sind auch nicht alle Menüpunkte gleichzeitig sichtbar. Das erlaubt jedoch eine potenziell unendliche Anzahl von Kindknoten, die virtuell auf der Rückseite des Rades abgebildet sind. Per Mausinteraktion wird das Rad gedreht. Wird ein Elternknoten (oder Untermenü) ausgewählt, fährt teleskopartig ein neuer Zylinder mit der nächsten Hierarchieebene aus dem vorherigen Zylinder heraus. Auch dieser kann wieder gedreht werden, und neue Subzylinder erscheinen nach Auswahl des nächsten Teilbaumes auf animierte Weise. Wie sich in der Abb. 11.26 erkennen lässt, bekommt man eine Pfadsichtbarkeit entlang der gewählten Teilbäume, wobei gleichzeitig auch die Geschwisterknoten visualisiert werden und jederzeit gewählt werden können. Da dadurch Platz für die anderen Zylinder der Hierarchieebene eins verloren geht, werden diese gestaucht dargestellt bzw. sukzessive kollabiert. Trotzdem stehen die darauf dargestellten Knoten nach wie vor zur Interaktion zur Verfügung. Damit eignet sich diese Technik vorrangig für mittelgroße Hierarchien mit einer starken Betonung der ersten Hierarchieebene, wie man es beispielsweise bei Menüsystemen oder Inhaltsverzeichnissen antrifft. Abb. 11.27 zeigt ein Anwendungsbeispiel dieser kompakten und auf Interaktion optimierten Visualisierungstechnik, bei der die dritte Dimension sehr sorgfältig und zurückhaltend eingesetzt wurde.

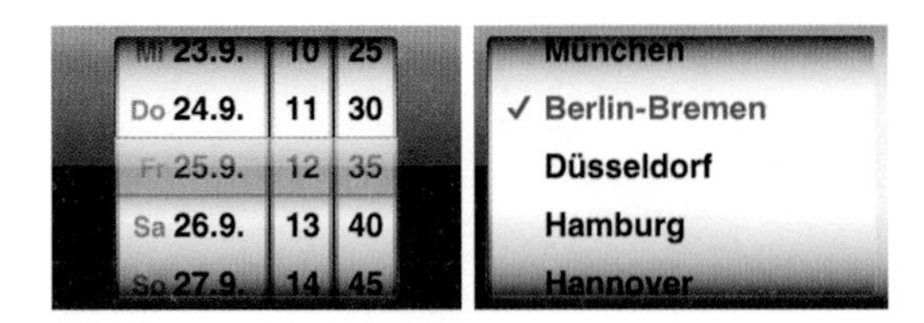

Abb. 11.28: Zwei Beispiele für Drehräder auf dem iPhone, mit denen sich Daten und Zeiten sowie Menüoptionen auswählen lassen.

Zusatzinformation. Auch beim iPhone wird übrigens ein ähnliches Konzept wie bei CCT verwendet, um auf sehr begrenztem Raum eine Auswahl aus einer größeren Liste zu treffen. Abb. 11.28 zeigt verschiedene Drehräder, mit denen sich Daten, Zeiten oder Menüoptionen auswählen lassen. Dabei werden jedoch im Gegensatz zu der Maussteuerung bei CCT die Finger zum Anschubsen und Stoppen des Drehrades verwendet. Wie bei CCT kann eine potenziell unendliche Anzahl von Menüpunkten dargestellt werden. Allerdings handelt es sich hier nicht um hierarchische Daten, sondern eindimensionale Auswahllisten, die teilweise parallel bedient werden können.

Degree-of-Interest Trees. Die von Heer und Card [2004] vorgestellte Variante der *Degree-of-Interest Trees* adressiert ebenfalls das Platzproblem, das mit typischen Node-Link-Darstellungen immer existiert. Anstatt einen kompletten Baum mit allen seinen Knoten gleichzeitig zu zeichnen, werden hier in Abhängigkeit der Nutzerinteraktion Teilbäume aufgeklappt (Abb. 11.29). Damit wird auch das Skalierbarkeitsproblem durch konsequente Datenreduktion, d.h. Ausblendung von Teilbäumen in Abhängigkeit von den Nutzerinteressen, adressiert und die Informationsdichte [Tufte, 1990] erhöht. Während bei Collapsible Cylindrical Trees (CCT) nur jeweils ein Pfad innerhalb der Hierarchie im Fokus stand, können hier mehrere interessante Pfade gleichzeitig dargestellt und ausgeklappt werden. Man spricht auch von einer Multi-Fokus-Technik. Für jeden ausgeklappten Teilbaum werden die Geschwisterknoten, soweit es der Platz zulässt, dargestellt. Während bei CCT die restlichen Knoten auf der virtuellen Rückseite des Zylinders angeordnet werden, wird hier ein Eintrag der Art <... 7 items ...> angezeigt, der auf die restlichen Knoten verweist. Kleine Glyphen symbolisieren das Vorhandensein und die etwaige Größe kollabierter Teilbäume. Erwähnenswert ist auch die Verwendung gekrümmter, gebündelter Linien, die einen Trichtereffekt erzeugen, der visuell platzsparend und zugleich optisch leitend ist. Im Gegensatz zu CCT, wo Pfade sich immer auf einer gedachten horizontalen Linie befinden, können hier Elternknoten und ihre Kinder vertikal deutlich weiter voneinander entfernt werden, was wiederum Platz spart.

Alle in diesem Abschnitt beschriebenen Techniken stellen Text als Knoten dar und sind somit auf Textlesbarkeit optimiert. Viele klassische Baumvisualisierungstechniken, darunter sämtliche radialen Techniken, sind weniger für Textdarstellung geeignet. Hieran wird erneut deutlich, dass die Interaktionsziele und Visualisierungsaufgaben vor Auswahl einer geeigneten Technik genau analysiert werden müssen.

Stapel und Kollektionen. Da in diesem Abschnitt der Fokus auf Hierarchievisualisierungen in Benutzungsschnittstellen liegt, die typischerweise als kleinere Ansicht realisiert sind und auf Interaktion optimiert sind, soll hier auch ein wichtiger Bereich Erwähnung finden. Das ist die Visualisierung der Blattknoten, z.B. der Dateien in einem Verzeichnis. Streng genommen handelt es sich dabei nicht um hierarchische Daten oder nur um Bäume mit einer Hierarchietiefe von eins. Gerade Gruppierungen, Kollektionen oder Container von Dateien bzw. Programmen tauchen je-

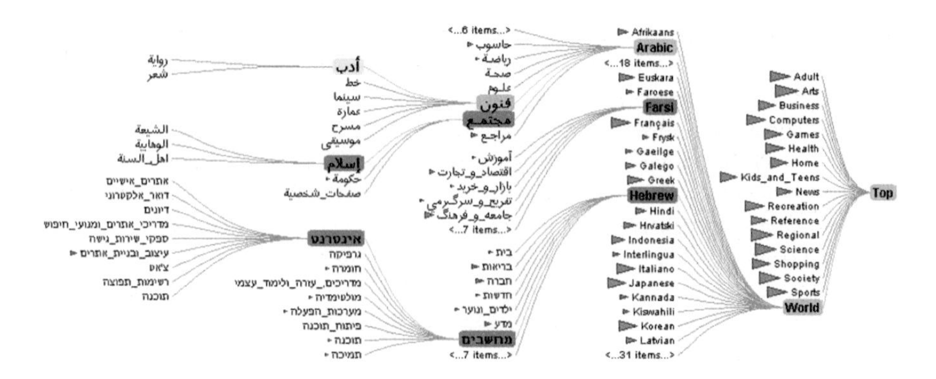

Abb. 11.29: Darstellung eines *Degree-of-Interest Trees*. Der von rechts nach links gezeigte Baum des Open Directory Projects enthält über 600.000 Knoten. Mehrere Teilbäume von Interesse sind parallel zueinander ausgeklappt (Quelle: [Heer und Card, 2004], mit freundlicher Genehmigung von Jeffrey Heer, Stanford University, © ACM 2004).

doch häufig in modernen Betriebssystemoberflächen auf. Eine klassische Visualisierungsform in Dateibrowsern ist die Liste oder Matrix von Objekten in Form von Text, Icons oder Vorschaubildern.

Agarawala und Balakrishnan [2006] stellte mit *BumpTop* eine 2½- bzw. dreidimensionale Alternative zum klassischen Desktop vor. Dabei werden als zentrale Metapher – analog zu Papierstapeln in der realen Welt – dreidimensionale Dokumentstapel genutzt. Es wird außerdem eine Physiksimulation eingesetzt, so dass sich die virtuellen Dokumentrepräsentationen ähnlich zu ihren realen Gegenstücken verhalten. Mit Hilfe verschiedenartiger Stiftgesten können diese Stapel manipuliert werden, um Dokumente auf dem Desktop nach Wunsch und in lockerer Weise zu organisieren bzw. sie zu durchblättern. Abb. 11.30 zeigt verschiedene Zustände dieser Dokumentstapel.

Auch im Betriebssystem Mac OS X von Apple werden 2½-dimensionale Stapel von Programm- oder Dokument-Icons eingesetzt. So existieren im sogenannten Dock am unteren Bildschirmrand auch Icons für Stapel, standardmäßig für heruntergeladene Objekte, Programme und Dokumente. Wenn man auf einen Stapel klickt, wird dieser federartig nach oben ausgeklappt, d.h. aufgefächert oder in einem Gitterlayout präsentiert (siehe Abb. 11.31). Weitere Stapel können selbst erzeugt werden, indem man gewünschte Ordner mit der Maus auf den rechten Teil des Docks zieht. Für eine ausführlichere Diskussion dreidimensionaler Benutzungsschnittstellen und Betriebssystemoberflächen wird auf das entsprechende Kapitel im zweiten Band verwiesen.

Zusammenfassung. Hierarchievisualisierungen zählen zu den am besten erforschten Techniken im Bereich Informationsvisualisierung. Hunderte Einzellösungen und Erweiterungen wurden bereits publiziert. Wie am Beispiel von Treemaps, Icicle

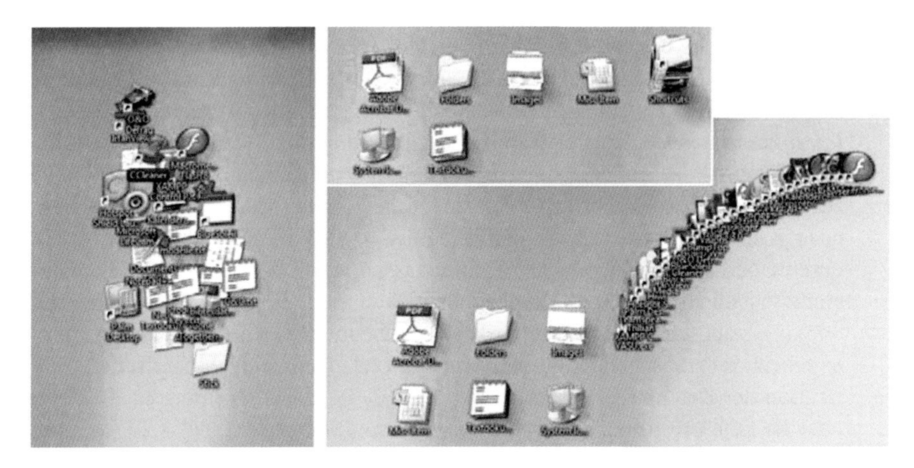

Abb. 11.30: Dokumentstapel in der BumpTop-Benutzungsschnittstelle [Agarawala und Balakrishnan, 2006]. Von links nach rechts: aufgeräumte, ungestapelte Dokumente; gestapelte Dokumente; aufgefächerter Stapel.

Abb. 11.31: Stapelvisualisierung im Apple Mac OS X Dock.

Plots und FacetZoom gezeigt wurde, lassen sich viele der Visualisierungstechniken ineinander überführen. Bei der Verwendung in Benutzungsschnittstellen sind die folgenden Aspekte zu berücksichtigen:

- *Visualisierungsfläche.* Die zur Verfügung stehende Größe, Grundform und Ausrichtung der Baumvisualisierung müssen geklärt werden. Beispielsweise sind eine bildschirmfüllende Visualisierung, ein kleineres rundes Fenster oder eine dünne Navigationsleiste am Bildschirmrand sehr unterschiedliche Randbedingungen.
- *Visualisierungsaufgabe.* Soll ein Gesamtüberblick einer (vorher unbekannten) Hierarchie gegeben werden? Steht die schnelle Interaktion mit einer (bekann-

ten) Hierarchie bzw. Teilen davon im Vordergrund? Geht es primär um die Wahrnehmung der Struktur eines Baumes, oder sollen mit Knoten assoziierte Eigenschaften (z.B. Dateigrößen) schnell wahrgenommen werden?

- *Interaktionsaspekte.* Eine Hierarchievisualisierung muss Konzepte zur interaktiven Navigation großer Bäume bereitstellen. Andererseits sollten Techniken zur Datenunterdrückung (z.B. Verstecken bestimmter Teilbäume oder Filtern nach Kriterien) existieren. Schließlich müssen sich Detailinformationen, z.B. durch Überfahren mit der Maus, abrufen lassen. Auch die Modifizierbarkeit des einer Visualisierung zugrunde liegenden Datenmodells kann ein wichtiges Interaktionsziel sein (z.B. in Dateibrowsern). Die meisten Visualisierungskonzepte gehen von statischen Hierarchien aus und erlauben keine dynamische Modifikation der Datenbasis. Ausnahmen sind z.B. INTERRING [Yang et al., 2003] oder BUMPTOP [Agarawala und Balakrishnan, 2006].
- *Sekundäre Visualisierungen:* Bei Hierarchievisualisierungen ist auch zu entscheiden, welche Zusatzattribute angezeigt werden sollen. Sind es z.B. Knotengröße, Knotentyp, die letzte Änderung oder sogar ein kompletter multivariater Datensatz? Verschiedene Techniken wurden entwickelt, um z.B. in Treemaps multiple Attribute zu integrieren. Auch zusätzliche Relationen zwischen den Knoten eines Baumes können visualisiert werden. Ein Beispiel dafür sind die sogenannten ARCTREES von Neumann et al. [2005]. In einer geschachtelten Baumdarstellung werden zusätzliche Relationen zwischen hierarchischen Daten in Form von Bögen dargestellt (Abb. 11.32).

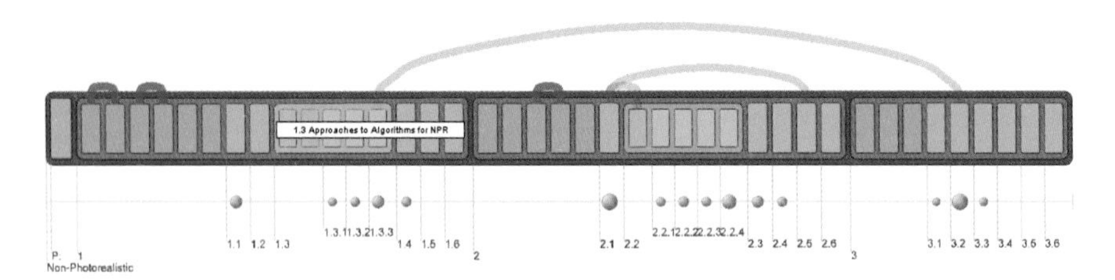

Abb. 11.32: Bei der *ArcTree*-Visualisierung werden in einer kompakten, flächenfüllenden und geschachtelten Baumvisualisierung zusätzliche Relationen zwischen den Knoten einer Hierarchie angezeigt. Das Beispiel zeigt die Struktur eines Textdokuments mit Fokus auf den ersten drei Kapiteln, deren Abschnitte teilweise voneinander inhaltlich abhängig sind [Neumann et al., 2005] (mit freundlicher Genehmigung von Petra Isenberg, University of Calgary).

11.4 Netzwerkvisualisierungen

Netzwerke lassen sich als Graphen beschreiben, die den allgemeinsten Typ relationaler Daten darstellen. Ein Graph ist eine Menge von Knoten und Kanten, wobei jede Kante eine Verbindung zweier Knoten dieser Menge darstellt. Datenobjekte oder Attribute lassen sich auf Knoten abbilden, während Kanten die Beziehungen zu anderen Objekten oder Attributen repräsentieren. Während bei Hierarchien die durch Kanten beschriebenen Relationen zwischen Knoten häufig nur ein Enthaltensein oder eine einfache Abhängigkeit darstellen, sind Kanten in Graphen häufig gerichtet und gewichtet. Betrachtet man beispielsweise die E-Mail-Kommunikation zwischen zwei Menschen, so spielt sowohl die Richtung als auch die Zahl der Nachrichten in jede Richtung eine Rolle. Kanten können neben einem numerischen Gewicht auch weitere Attribute besitzen, darunter kategorische. Der Typ einer Beziehung zwischen zwei Partnern (geschäftlich, Bekanntschaft, Freundschaft, Liebesbeziehung,...) lässt sich z.B. textuell als Kantenbeschriftung hinzufügen. Während bei Hierarchien alle Knoten miteinander in Verbindung stehen, können bei Graphen unverbundene Teilnetzwerke existieren.

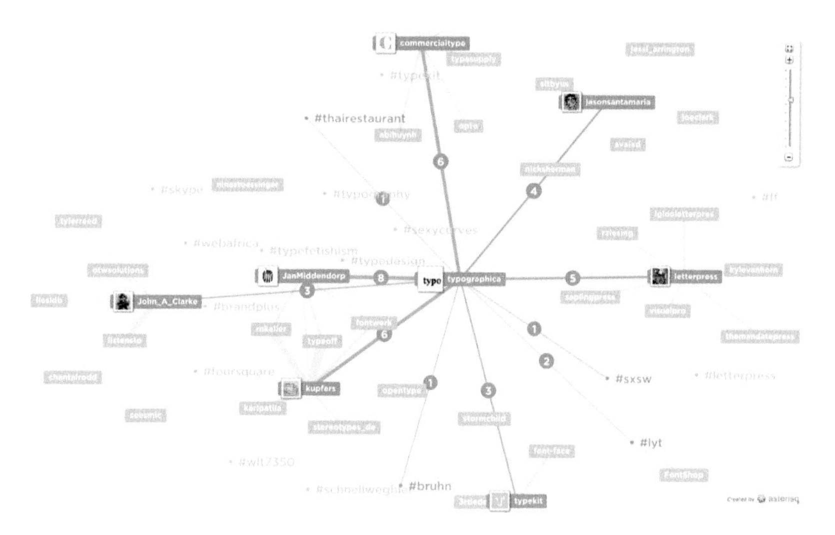

Abb. 11.33: Diese sogenannte *Mentionmap* stellt ein Netzwerk von Twitter-Nutzern und deren am häufigsten erwähnten Themen dar (Abb. erstellt mit Webanwendung von asterisq http://apps.asterisq.com/mentionmap/).

Abb. 11.33 zeigt das Beispiel einer typischen Netzwerkvisualisierung – hier von Twitter-Nutzern und den von ihnen am häufigsten erwähnten Themen, eine sogenannte *Mentionmap*. Der Benutzer mit der ID „typographica" steht im Fokus, alle direkt mit ihm verbundenen Benutzer-Knoten sind mit blauen Rechtecken versehen. Weiter entfernte Knoten sind als graue Rechtecke dargestellt. Alle Themen-Knoten sind als Texte mit einem Doppelkreuz # repräsentiert. Sämtliche Relationen sind nach Häufigkeit der Erwähnung gewichtet, was durch die Linienstärke kodiert wird. Beim Rollover mit der Maus werden Häufigkeiten zusätzlich noch als Zahlen eingeblendet.

Graphen sind in der Informatik gründlich untersucht worden und bieten sich somit als Repräsentationsform von Netzwerken an. Im vorausgegangenen Abschnitt wurden Visualisierungskonzepte für Bäume als Spezialform von Graphen diskutiert. Graphvisualisierungen besitzen eigene Herausforderungen und besonders zu beachtende Aspekte (für eine detailliertere Darstellung wird auf [Herman et al., 2000] verwiesen):

- *Layout:* Die zentrale Frage beim Zeichnen eines Graphs ist die räumliche Positionierung von Knoten und Kanten. Für das automatische Layout von Graphen wurden zahlreiche Algorithmen, Heuristiken und Regeln entwickelt, die einerseits darauf abzielen, visuelle Klarheit, Verständlichkeit und Unterscheidbarkeit der Elemente zu gewährleisten, andererseits aber auch darauf, eine ästhetische Qualität sicherzustellen. Die Vorhersagbarkeit der Ergebnisse eines Layoutalgorithmus stellt dabei eine wichtige Frage dar. Bestimmte Algorithmen produzieren allein durch das Hinzufügen weniger Knoten ein komplett verschiedenes Layout, was Wahrnehmung und Interaktion stark beeinträchtigt. Abschn. 11.4.1 wird einige dieser Layoutprinzipien vorstellen, während konkrete Layoutvarianten in den Abschnitten 11.4.2 und 11.4.3 diskutiert werden. Im obigen Beispiel wurde ein Federlayout angewendet. Ein wesentlicher Layoutaspekt ist auch die räumliche Einschränkung, die sich durch Hintergrunddarstellungen ergibt. Ein typisches Beispiel dafür sind Landkarten, auf denen Netzwerke dargestellt werden.
- *Skalierbarkeit:* Wie gut ein Layoutalgorithmus mit unterschiedlichen Netzwerkgrößen zurecht kommt, ist einerseits eine Frage der benötigten Computerressourcen, vor allem aber auch eine Frage des Layouts. Für große Netzwerke sollten Mechanismen implementiert werden, z.B. Teile eines Graphs dynamisch zusammenzufassen, zu filtern oder zu verbergen. Auch Zoom-Strategien bzw. Detail- und Kontextdarstellungen unterstützen die Skalierbarkeit. Bei kleineren Graphen können computergestützte manuelle oder auch semi-automatische Layoutalgorithmen zum Einsatz kommen. Bei großen Graphen stellt sich diese Wahl zumeist nicht, und man ist auf das durch den Algorithmus erzeugte Layout angewiesen.
- *Performanz:* Unmittelbar mit dem Layoutalgorithmus verbunden ist die Frage der benötigten Berechnungskomplexität und -zeit. Einige Algorithmen sind nicht echtzeitfähig und damit nicht für eine interaktive Modifikation des Graphen bzw. dynamische Netzwerkdaten geeignet.
- *Knotenrepräsentation:* Eine Frage bei der Darstellung von Knoten ist, ob alle den gleichen Typ besitzen (im obigen Beispiel werden z.B. Benutzer-Knoten und Themen-Knoten unterschieden). Typische Knotenvisualisierungen sind einfache Punkte bzw. Kreise, Glyphen oder Textknoten. Verschiedene Attribute eines Knotens können zudem mit Hilfe von Form, Farbe oder Größenverhältnissen kodiert werden [Mazza, 2009]. Knoten können ebenfalls visuell gruppiert werden, indem z.B. umschließende Bereiche farbig kodiert werden.

- *Kantenrepräsentation:* Relationen zwischen Knoten können auf vielfältige Weise visualisiert werden. Typische Varianten sind gerade oder gekrümmte Linien zwischen Knoten, bei denen visuelle Eigenschaften wie Dicke oder Farbe zur Kodierung von Attributen, z.B. des Kantengewichts, eingesetzt werden. Auch textuelle Annotationen bzw. Attributwerte können direkt an den Kanten eingefügt werden. Im Mentionmap-Beispiel wird das Gewicht einer Kante als Dicke und durch eine Zahl an der Kante visualisiert. Es ist aber auch möglich, Kanten gar nicht darzustellen und Beziehungen zwischen Knoten anders zu kodieren.
- *Navigation und Interaktion:* Die meisten Netzwerkdarstellungen sind so groß, dass sie nicht auf einmal bzw. nicht im Detail erfasst werden können bzw. den verfügbaren Anzeigeplatz sprengen. Graphnavigation schließt Methoden wie Zooming & Panning, Detail- und Kontexttechniken oder Überblicksdarstellungen ein (siehe Kapitel 12). Interaktion umfasst sämtliche weiteren Aktionen mit und auf dem Graphen, die nicht direkt zur Navigation gezählt werden. Dazu gehören beispielsweise Hervorhebungstechniken (im obigen Beispiel werden alle direkt mit dem fokussierten Knoten verbundenen Nachbarknoten blau hervorgehoben), das Abrufen von Detailinformationen, das Einstellen von Filterattributen und das Entfernen oder Hinzufügen von Knoten, Kanten oder Subgraphen.

Während bei Graphvisualisierungen früher vor allem geeignete Layoutalgorithmen im Fokus der Forschung und Entwicklung standen, gewinnt die Usability einer Visualisierung im Sinne der Navigations- und Interaktionsunterstützung zunehmend an Bedeutung. Auch bei Netzwerkvisualisierungen lässt sich als Trend beobachten, dass immer mehr Web-basierte Umsetzungen entstehen (siehe obiges Beispiel) und somit auch Gelegenheitsnutzern der Zugang ermöglicht wird.

Zusatzinformation: Die visuelle Grammatik von Diagrammelementen. In seinem Informationsvisualisierungsbuch beschreibt Ware [2004] eine visuelle Grammatik von Diagrammelementen, die sich für die Visualisierung von Node-Link-Diagrammen verwenden lassen. Man kann dabei auch von einer visuellen Syntax sprechen [Ware, 2004]. Wie in Abb. 11.34 zu sehen ist, können grundsätzliche grafische Kodierungen für die Repräsentation von Knoten, Kanten, Relationen (Enthaltensein, Reihung) und deren Attributen genutzt werden. In der mittleren Spalte sind Beispielinstanzierungen für die jeweilige visuelle Eigenschaft dargestellt, gefolgt von einer Beschreibung der Semantik. Die meisten für technische Beschreibungen oder zur Softwaremodellierung eingesetzten Node-Link-Diagrammen sind visuell sehr einfach aufgebaut. Häufig sind Knoten nur als Rechtecke oder Kreise mit gleicher Größe dargestellt, Kanten besitzen die gleiche Dicke und selten visuelle Unterschiede, und Attribute werden als textuelle Annotationen hinzugefügt. Damit lassen sich zwar bestimmte strukturelle Muster sehr gut erkennen, aber der Typ der Knoten und Relationen sowie weitere Attribute werden visuell nicht gut oder gar nicht kodiert [Ware, 2004]. Wie in den späteren Beispielen zu sehen sein wird, nutzen erst neuere Techniken das breite Spektrum dieser visuellen Grammatik aus.

Grafische Merkmale	Bedeutung und Verwendung
Geschlossene Konturen	Entität, Objekt, Knoten
Form geschlossener Regionen	Art/Typ von Entitäten
Farbe geschlossener Regionen	 Art/Typ von Entitäten
Größe geschlossener Regionen	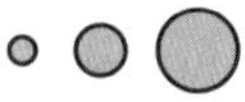 Wert von Entitäten größer = mehr
Teilende Linien in geschlossenen Regionen	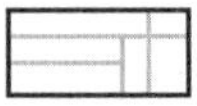 Erzeugung von Teilbereichen in Entitäten, z.B. TreeMaps
Hinzugefügte Formen	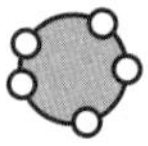 Hinzugefügte Entitäten, Teil der Relation
Eingeschlossene Formen	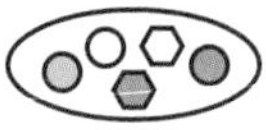 Enthaltene Entitäten
Räumlich angeordnete Formen	 Serie, Reihenfolge
Verbindende Linien, Kanten	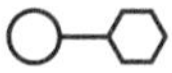 Relationen, Beziehung zwischen Entitäten
Beschaffenheit der Verbindung	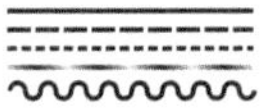 Art/Typ der Relation
Linienstärke der Verbindung	 Stärke der Relation
Tab-Verbindungen	 Eindeutige Verbindung zwischen Entitäten
Nachbarschaft	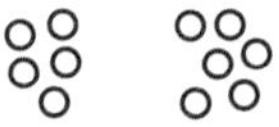 Gruppen von Entitäten

Abb. 11.34: Eine visuelle Grammatik von Diagrammelementen zur Kodierung verschiedener Aspekte in Node-Link-Diagrammen (Abb. nach [Ware, 2004], S. 214).

11.4.1 Layoutregeln und Heuristiken

Beim Zeichnen eines Graphen spielen verschiedene Richtlinien eine wichtige Rolle. Ziel sind Netzwerkvisualisierungen, die sich kognitiv möglichst schnell erfassen lassen, deren Gesamtstruktur deutlich sichtbar wird, die ein Erkennen von Mustern bzw. weitere Aussagen über die dargestellten Knoten und Relationen leicht ermöglichen. Dabei spielt es zunächst keine Rolle, ob das Layout eines Graphen manuell oder automatisch vorgenommen wird. Die Prinzipien bleiben dabei im Wesentlichen gleich, und die in Abschn. 2.2.4 behandelten Gestaltgesetze sollten grundlegend immer beachtet werden. In Abb. 11.35 ist ein einfaches Diagramm dargestellt, bei dem Gestaltprinzipien links nicht berücksichtigt, rechts jedoch einbezogen wurden. Die beiden Knotentypen Firma und Bank wurden berücksichtigt, indem die entsprechenden Knoten eine andere visuelle Form bekommen haben (Gesetz der Ähnlichkeit) und separat gruppiert wurden (Gesetz der Nähe). Knoten wurden zudem symmetrisch angeordnet (Gesetz der Symmetrie). Das Gesetz der Verbundenheit wird beinahe automatisch bei den meisten Graphlayouts angewendet, da Knoten typischerweise miteinander durch Linien verbunden sind. In der Darstellung wurde zusätzlich noch das Gesetz der besten Kontinuität berücksichtigt. Während unser Gehirn im linken Fall zwar die sich überlappenden Linien gedanklich separieren kann, werden rechts abrupte Richtungswechsel von vornherein vermieden und dem Betrachter die Wahrnehmung weicher Linienfortsetzungen erleichtert.

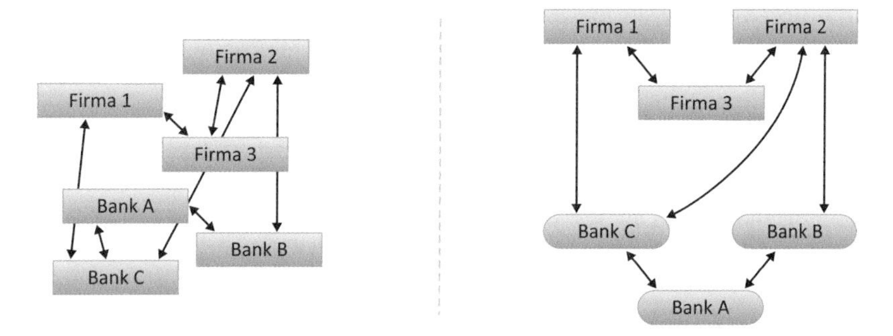

Abb. 11.35: Darstellung eines einfachen Graphen: links ohne Berücksichtigung von Layoutregeln, rechts unter Berücksichtigung der Gestaltprinzipien Nähe, Verbundenheit, Kontinuität, Symmetrie und Ähnlichkeit.

Zum automatisierten Zeichnen eines Graphen wurden zudem zahlreiche Heuristiken und ästhetische Prinzipien entwickelt, die unter anderem von Bennett et al. [2007], im Buch von Sugiyama [2002] oder im Überblicksartikel von Herman et al. [2000] detailliert behandelt werden. Im Folgenden sollen die wichtigsten Regeln kurz aufgelistet werden. Hierbei spielen die Gestaltprinzipien natürlich auch eine Rolle, und es ist eine interessante Übung, den Zusammenhang zwischen einzelnen Prinzipien und Layoutregeln herzustellen.

- Knoten sollten sich möglichst nicht überlappen.
- Die Größe bei der Knotendarstellung sollte möglichst nicht variieren (Ausnahme: Knotentypen oder Attribute sollen damit hervorgehoben werden)
- Knoten mit hohem Verknüpfungsgrad sollten zentriert dargestellt werden.
- Semantisch zusammengehörige Knoten sollten entweder entlang einer Linie, Kurve oder anderen Grundform gezeichnet oder aber gruppiert dargestellt werden.
- Bei Bäumen sollten Knoten mit gleicher Hierarchietiefe auf einer Linie (entweder horizontal oder radial) angeordnet werden.
- Die Überschneidung von Kanten sollte minimiert werden.
- Kanten sollten möglichst ähnliche Längen haben, und die Länge von Kanten sollte nicht zu groß sein.
- Kanten sollten möglichst gerade gezeichnet werden und orthogonal zueinander sein.
- Wenn gekrümmte Kanten eingesetzt werden, sollte die Krümmung nicht zu stark und überall ähnlich sein.
- Der Abstandswinkel zwischen ausgehenden Kanten desselben Knotens sollte möglichst groß sein.
- Symmetrien im Graphen sollten sichtbar gemacht werden.
- Isomorphische Teilgraphen sollten in gleicher Weise gezeichnet werden.
- Die Gesamtdarstellungsfläche ist zu minimieren, wobei die Seitenverhältnisse ausgewogen sein sollten.

Für Layout-Algorithmen, beispielsweise bei Nutzung der Masse-Feder-Modelle, stellen diese Regeln zugleich Optimierungsziele dar, um automatisierte Layouts möglichst gut zeichnen zu können. Aus Komplexitätsgründen kann die Optimierung jedoch nur für wenige Layoutziele gleichzeitig durchgeführt werden. Zudem stehen einige der genannten Regeln auch im Widerspruch zueinander, womit ein Kompromiss immer notwendig wird. Zu beachten sind häufig auch domänenspezifische Regeln, die sich an bestimmten Diagrammkonventionen eines Anwendungsbereichs orientieren. Als Beispiel seien UML-Klassendiagramme angeführt, für die bereits mehrere Layoutempfehlungen publiziert wurden. Zu den von Bennett et al. [2007] aufgeführten Regeln gehören z.B., dass Elternklassen zentriert oberhalb ihrer abgeleiteten Klassen platziert werden sollten oder Vererbungs-Kanten möglichst zusammengefasst werden (ähnlich zu Edge Bundles [Holten, 2006]).

11.4.2 Node-Link-Techniken

Unter den populären Graphvisualisierungsmethoden machen Node-Link-Techniken die größte Gruppe aus. Neben klassischen hierarchischen Layoutalgorithmen sind Masse-Feder-basierte Ansätze aktuell von großer Bedeutung. Radiale Techniken nutzen die Kreisform, um möglichst vielfältige Relationen zwischen gleichberechtigten Knoten zu visualisieren. Schließlich sind zur Behebung des immer vorhandenen Platzmangels bei großen Graphen mit 3D-Ansätzen und hyperbolischem Layout interessante Lösungsvorschläge gemacht worden.

Hierarchische Techniken. In Graphen lassen sich algorithmisch Subgraphen ermitteln, die selbst Bäume bilden (also keine Zyklen besitzen) oder aber Hierarchien darstellen. Damit können viele der in Abschn. 11.3.2 beschriebenen Layout-Techniken ebenfalls angewendet werden. Ein einfaches Beispiel ist ein Klassendiagramm für ein C++ - Programm, das prinzipiell hierarchisch aufgebaut ist, wobei jedoch durch die zulässige Mehrfachvererbung Knoten mehr als einen Elternknoten besitzen können. Damit ist ein solches Diagramm zwar kein Baum mehr, aber ein hierarchischer Graph [Telea, 2007]. Für deren Layout stellten Sugiyama et al. [1981] einen grundlegenden Algorithmus vor. Vereinfacht gesagt, werden Knoten dabei diskrete Hierarchieebenen zugewiesen, für die jeweils eine Höhe (y-Position) reserviert wird. Innerhalb einer horizontalen Ebene werden einzelne Knoten dann so angeordnet, dass Kantenüberschneidungen möglichst vermieden bzw. minimiert werden.

Ein einfaches Beispiel für hierarchische Graphen mit großer praktischer Relevanz sind *MindMaps*. Dabei werden Konzepte, Ideen, Aspekte, Projektdetails etc. zumeist von einem zentralen Wurzelknoten aus hierarchisch angeordnet (siehe Abb. 5.7 auf Seite 186). Zusätzlich können weitere Relationen zwischen den einzelnen Knoten hinzugefügt werden, um Assoziationen zwischen einzelnen Themen deutlich zu machen. Textknoten spielen eine zentrale Rolle in MindMaps, aber auch grafische Symbole oder die Einfärbung von Knotengruppen können genutzt werden.

Aufgrund der Attraktivität hierarchischer Node-Link-Visualisierungen wurde eine Vielzahl von Algorithmen entwickelt, um den Knoten eines Graphen möglichst sinnvolle Hierarchieebenen zuzuweisen. Einige werden im *Graph Drawing* - Buch von Battista et al. [1998] ausführlich beschrieben. Immer jedoch ist zu berücksichtigen, dass – anders als bei den meisten Bäumen – algorithmisch ermittelte Hierarchien innerhalb von Graphen meistens keine semantische Information besitzen oder sogar visuell irreführend sind [Telea, 2007]. Da bei hierarchisch visualisierten Graphen Kanten nicht nur zwischen Knoten benachbarter Hierarchieebenen auftreten, bieten sich gekrümmte Linien zur Verbindung an, um Überschneidungen zu minimieren. Es existieren jedoch auch orthogonale Graphen, die ausschließlich horizontale und vertikale Kantensegmente verwenden.

Masse-Feder-Modelle. Für alle Graphen, die keine hierarchische Struktur bilden oder aus denen sich eine solche nur schwer ableiten lässt, bieten sich für ein besseres Layout physikalische Masse-Feder-Modelle an (engl. auch *force-directed layout* oder *spring embedders*). Das Modell eines Graphen wird dabei als Kräftesystem betrachtet, das simuliert und optimiert werden muss. Knoten sind als Massen oder geladene Partikel modelliert, die einander abstoßen. Kanten werden als Federn aufgefasst, die verbundene Knoten anziehen. In einem iterativen Optimierungsprozess werden die anziehenden und abstoßenden Kräfte in einem Graphen neu berechnet. Daraus lassen sich jeweils die neuen Positionen der Knoten im Layout ermitteln. Eine Energiefunktion, in die verschiedene Qualitätsparameter bezüglich des Layouts eingehen (siehe Layoutregeln in Abschn. 11.4.1), beschreibt dabei die Qualität des entstehenden Layouts.

Ein klassisches Beispiel wurde von Fruchterman und Reingold [1991] vorgestellt. Hierbei werden als Qualitätskriterien für die Energiefunktion nur die Nähe zweier verbundener Knoten (Kanten sollten nicht zu lang sein) und der hinreichende Abstand zwischen zwei beliebigen Knoten (Knoten sollten sich nicht überlappen) gewählt. Bei großen Graphen kann es schnell passieren, dass die iterativen Algorithmen nicht terminieren oder Störungen sich aufschaukeln. Zudem sind sie deutlich rechenintensiver als die hierarchischen Techniken und häufig in Bezug auf das konkrete Layout nichtdeterministisch. Dass Graphvisualisierungen mit einfachen physikalischen Layout-Prinzipien jedoch auf aktuellen Rechnern sogar in Web-basierten Anwendungen möglich sind, zeigt das Beispiel in Abb. 11.36. Filmschauspieler (gelbe Knoten) und Filme (dunkelbaue Knoten) sind in Beziehung zueinander gezeigt. Interessant sind Muster, wie das sternförmige um die Ocean's Eleven, Twelve & Thirteen Filme, in denen zahlreiche Hollywood-Stars mitgewirkt haben. Dieses Beispiel demonstriert gleichzeitig einen typischen Nachteil von Layoutalgorithmen auf Basis physikalischer Modelle. Cluster können gut voneinander separiert werden, jedoch bleibt die innere Struktur eines Clusters wie bei den Ocean's-Filmen durch Knoten- und Kantenüberlagerungen undeutlich.

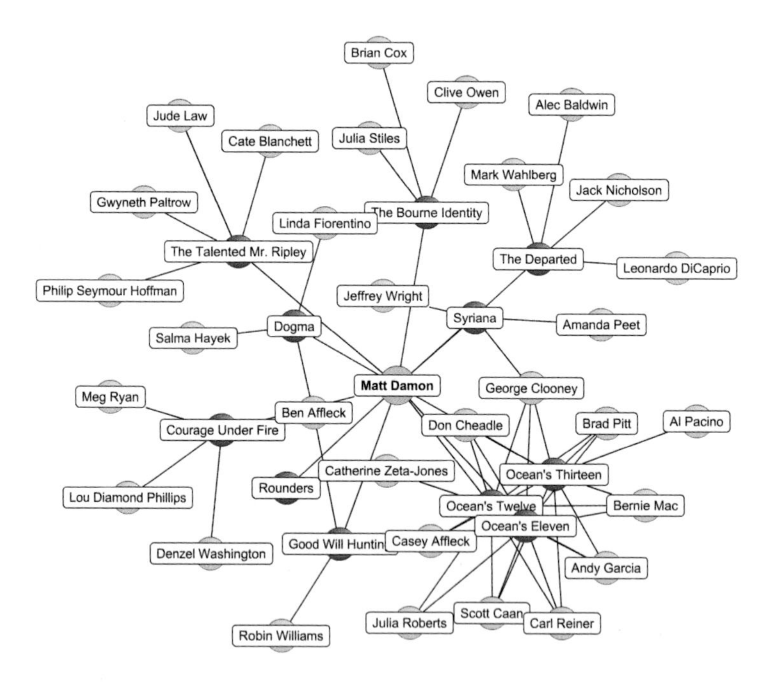

Abb. 11.36: Node-Link-Diagramm mit physikalisch modelliertem Layout. Filmschauspieler (gelb) sind in Relation zu den Filmen (violett) dargestellt, in denen sie mitgewirkt haben (Abb. erzeugt mit Constellation Roamer von asterisq; http://asterisq.com/products/constellation/roamer/demo).

Radiale Techniken. Die bisher beschriebenen Layoutvarianten gehen von einem hierarchischen Layout bzw. einer netzwerkartigen Anordnung in der Ebene aus. Besitzen Kanten eine Vielzahl von Knoten, die potenziell mit jedem anderen Knoten verbunden sein können, sind diese Layoutformen optisch unbefriedigend und wenig aufschlussreich. Beispiele für solche stark vernetzten Graphen sind Telefonteilnehmer mit ihren Verbindungen, Freundesnetzwerke oder Klassen in objektorientierter Software, deren Methoden einander aufrufen. Radiale Techniken bieten dafür eine elegante Lösung, indem sie die Knoten eines Netzwerkes entlang eines größeren Kreises platzieren und im Inneren des Kreises Liniensegmente zwischen einzelnen Knoten gezeichnet werden. Draper et al. [2009] klassifizieren derartige Visualisierungen auch als Entwurfsmuster „verbundener Ring" (engl. *connected ring*).

Abb. 11.37 zeigt mit dem Facebook Friend Wheel von Thomas Fletcher[4] ein einfaches Beispiel dieses Layoutprinzips. Für einen gegebenen Facebook-Nutzer sind sämtliche Freunde als Knoten kreisförmig angeordnet. Immer wenn zwischen zwei Personen eine Beziehung besteht, werden sie mit einer Linie verbunden. Die Zahl existierender Relationen wird hinter jedem Namen in Klammern aufgeführt. Es ist unmittelbar ersichtlich, dass die Reihenfolge der Knoten auf dem Ring eine wichtige Rolle für das Erkennen bestimmter Muster in den Relationen spielt, beispielsweise von Gruppen besonders vernetzter Freunde. Während sich leicht erkennen lässt, dass Freunde im rechten Teil der Visualisierung keine weiteren Freunde des fokussierten Facebook-Nutzers kennen, sind detaillierte Aussagen bei den stärker vernetzten Freunden kaum zu treffen. Kantenüberschneidungen sind bei radialen Darstellungen kaum zu vermeiden. Zur Behebung des Problems bieten sich Brushing-Techniken an. Abb. 11.37 zeigt rechts den Zustand des Graphen beim Überfahren eines konkreten Knotens mit der Maus, wobei direkte Relationen optisch hervorgehoben werden. Derartige Hervorhebungstechniken sind essenziell für jegliche komplexere Visualisierungstechnik.

Die Abbildung von Knoten auf dem Ring ist nicht auf eine Reihung von Einzelknoten beschränkt. Auf dem Ring lassen sich z.B. auch komplette Knotenhierarchien durch Gruppierung auf mehreren Teilringen anordnen. Dadurch wird bereits eine Enthaltensein-Relation kodiert, und eine solche Darstellung ähnelt einem ringförmig angeordneten *Icicle Tree* oder *Tree Ring* (siehe Abschn. 11.3.4). Abb. 11.38 zeigt eine in [Holten, 2006] und [Cornelissen et al., 2007] vorgestellte radiale Visualisierung eines Softwaresystems. Von außen beginnend, werden Packages, Klassen und ihre Methoden in verschiedenen Ringen hierarchisch dargestellt. Aufrufbeziehungen zwischen Methoden werden durch gerade Linien symbolisiert, wobei die unterschiedlichen Endfarben die Aufrufrichtung kodieren (Abb. 11.38, links).

Zwar erkennt man in der linken Abbildung einige besonders oft aufgerufene Methoden, wenn jedoch hunderte Kanten innerhalb eines radialen Graphen gezeichnet werden, lassen sich weitere Details kaum noch erkennen. Dieses Problem kann dadurch behoben werden, dass weniger wichtige Kanten ausgeblendet, entfernt oder auch gruppiert werden. Im ExTraVis-Toolkit [Cornelissen et al., 2007] ist das durch interaktives Kollabieren unwichtiger Packages oder Klassen möglich, womit den

[4] http://thomas-fletcher.com/friendwheel/

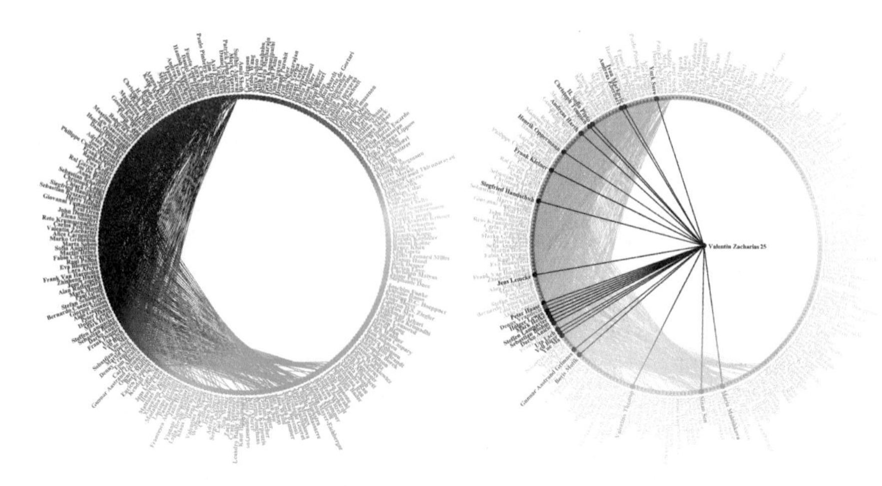

Abb. 11.37: Radiales Graphlayout am Beispiel des Facebook Friend Wheels. Links sind sämtliche Relationen zwischen Freunden eines Benutzers dargestellt, die als Knoten gleichmäßig auf dem Außenradius platziert sind. Rechts ist der Zustand nach Überfahren mit der Maus zu erkennen, bei dem direkt verbundene Knoten eines gewählten Freundes visuell hervorgehoben werden. Zudem wurde der selektierte Knoten noch in die Mitte gezogen (Abb. mit http://apps.facebook.com/friendwheel/ erzeugt).

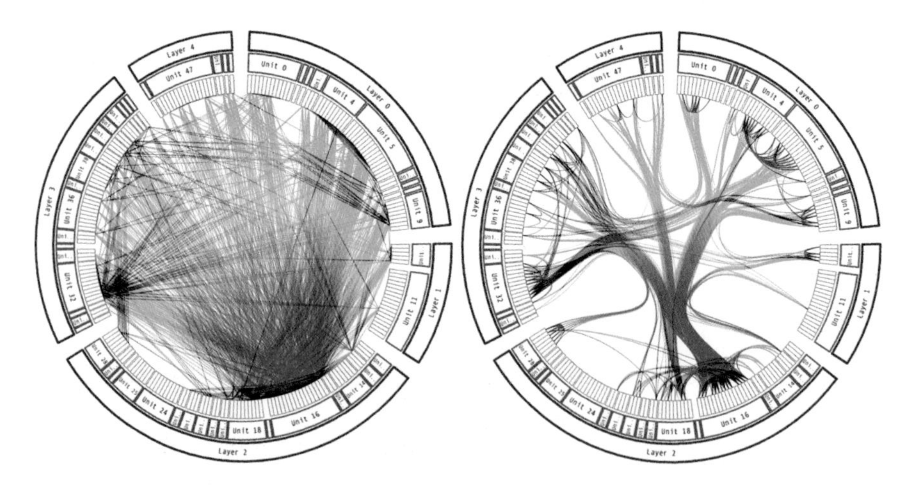

Abb. 11.38: Radiales Layout eines Softwaresystems und des damit assoziierten Aufruf-Graphen. Links Darstellung als gerade Linien, recht unter Nutzung von Edge Bundles [Holten, 2006] (Quelle: [Cornelissen et al., 2007] mit freundlicher Genehmigung von Andy Zaidman, TU Delft, © IEEE 2007).

anderen Klassen und Methoden mehr Visualisierungsraum gegeben wird. Nicht immer lässt sich ein Graph jedoch so vereinfachen, dass keine wichtigen Informationen verloren gehen. Im zweiten Fall werden Subgraphen beispielsweise visuell so zusammengefasst bzw. geclustert, dass statt sehr vieler Kanten zu den Unterknoten nur eine Stellvertreterkante zum gesamten Subgraphen gezeichnet wird. Eine interessante Alternative ist die Zusammenfassung von benachbarten Kanten durch Bündelung, das sogenannte *Edge Bundling*, wie es in Abb. 11.38 (rechts) dargestellt ist. Dabei werden alle Kanten, die von aufrufenden Methoden einer Klasse ausgehen und Methoden einer anderen Klasse aufrufen in gebündelter Form dargestellt. Die Bündelung erfolgt erst nach einem bestimmten Abstand der Kanten vom Ringsegment der korrespondierenden Klasse. Da es sich um ein hierarchisches Verfahren handelt, werden alle Kantenbündel von Klassen eines konkreten Packages wiederum gebündelt dargestellt.

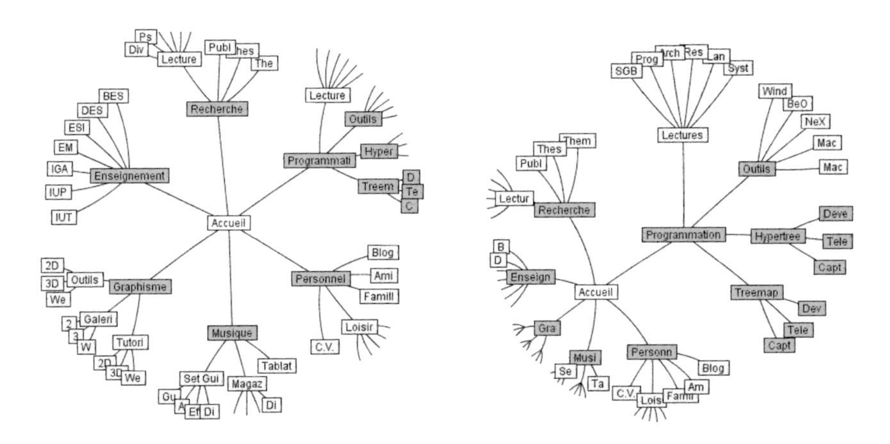

Abb. 11.39: Hyperbolische Darstellung einer Sitemap. Rechts nach interaktiver Fokussierung auf einen anderen Knoten (Abb. erzeugt mit Hypertree http://christ.bouthier.free.fr/).

Hyperbolische Techniken. Eine der Lösungsmöglichkeiten für die Präsentation sehr großer Graphen sind hyperbolische Layouttechniken. Diese zählen zugleich zu den Fokus- und Kontexttechniken, denen der Abschn. 12.4 gewidmet ist. Die grundlegende Idee von Lamping und Rao [1994] war die Transformation des Graphlayouts vom euklidischen in den hyperbolischen Raum. In diesem sind z.B. parallele Linien nicht parallel, sondern bewegen sich auseinander, womit mehr Platz für ein gleichmäßiges Layout von mit zunehmender Hierarchietiefe größer werdenden Bäumen vorhanden ist. Das hyperbolische Layout wird dann wieder auf den euklidischen Anzeigeraum abgebildet, wobei eine radiale Visualisierung in einem Einheitskreis entsteht. Damit werden verzerrte Visualisierungen wie in Abb. 11.39 möglich, die einen gesamten Graph auf einer begrenzten Kreisfläche visualisieren. Ähnlich wie bei einem Fischaugenobjektiv werden Knoten, die weiter vom fokussierten Zentrum entfernt sind, verkleinert dargestellt, und auch die verbindenden Kanten verkürzen sich mit zunehmendem Abstand vom Fokusknoten in exponentieller Weise. Damit werden Knoten und Kanten zum Rand hin immer kleiner. Sie können jedoch interaktiv gewählt und in die Mitte gezogen werden, wodurch sie selbst zum Fokusknoten werden und sich die gesamte Ansicht in weicher Animation verändert.

Zusatzinformation: Radiale Techniken wurden bereits bei klassischen Baumvisualisierungen im Abschn. 11.3.2 besprochen. Dass radiale Layoutansätze für die Informationsvisualisierung wichtig sind, wird in dem lesenswerten Überblicksartikel von Draper et al. [2009] dargelegt. Hier wird neben historischen Beispielen radialer Statistikdarstellungen eine Klassifikation aktueller Techniken in sieben radiale Entwurfsmuster vorgenommen. Dazu zählen neben bereits genannten Techniken z.B. auch Spiralvisualisierungen, wie sie u.a. bei der Visualisierung zeitabhängiger Daten eingesetzt werden.

3D-Graphen. Zahlreiche dreidimensionale Visualisierungsvarianten für Node-Link-Diagramme existieren. Häufig sind das Variationen der bekannten hierarchischen Techniken. Im Gegensatz zu den 2D-Verfahren existieren jedoch keine generellen Ansätze zur Reduktion von Überschneidungen. Die im Abschn. 11.2.1 im Zusammenhang mit 3D-Scatterplots erläuterten Probleme mit dreidimensionalen Informationsvisualisierungen bestehen hier ebenfalls. Sie sind teilweise sogar verschärft, da Benutzer bei Graphen nicht auf das mentale Modell einer Hierarchie zurückgreifen können, wie es bei Baumvisualisierungen der Fall ist.

Komplexitätsreduktion und Clustern. Netzwerke sind häufig extrem groß mit Millionen von Knoten und Verbindungen. Neben der zur Verarbeitung benötigten Rechenzeit sind einerseits der begrenzte Bildschirmplatz und andererseits das menschliche Wahrnehmungsvermögen und kognitive Fähigkeiten limitierende Faktoren. Im Kapitel 12 werden Techniken zur besseren Präsentation sehr großer Informationsmengen auf kleineren Anzeigeflächen diskutiert. Mit geometrischen Techniken zum Zoomen oder zur gleichzeitigen Darstellung von Detail- und Kontextinformationen lässt sich zwar das Problem des begrenzten Anzeigeplatzes reduzieren, nicht jedoch die Komplexität eines Graphen, der z.B. weltweite Internetverbindungen repräsentiert. Hier bietet sich als Lösung nur die tatsächliche Reduzierung der Knoten und Kanten an, ohne dass jedoch wichtige Informationen und Strukturzusammenhänge verloren gehen dürfen. Man spricht auch von der Approximation eines Graphen. In Anlehnung an [Mazza, 2009] werden im Folgenden einige wichtige Strategien zusammengefasst:

- *Optimierung des Layouts.* Wie bei der Diskussion verschiedener Layoutregeln (siehe Abschn. 11.4.1) bereits deutlich wurde, ist die Wahl eines geeigneten Layouts und die Optimierung gemäß Layoutzielen von entscheidender Bedeutung. In Abhängigkeit von Visualisierungsaufgabe sowie Struktur und Größe eines Netzwerks eignen sich beispielsweise hierarchische Techniken mehr oder weniger gut als radiale Techniken.

- *Reduktion der Kantenzahl.* Es werden nur bestimmte Kanten angezeigt, z.B. in Abhängigkeit vom ihnen zugeordneten Gewicht oder anderen Attributen. Damit lassen sich Kanten von geringerem Interesse für den Benutzer ausblenden. Andere Techniken (z.B. minimale Spannbäume) analysieren die topologische Struktur des Graphen, um redundante Kanten zu entfernen und die wichtigsten Relationen dabei zu erhalten.
- *Reduktion der Knotenzahl.* Knoten können entweder in Abhängigkeit von ihrem Typ oder von anderen Attributen gefiltert und somit temporär aus dem Graphen entfernt werden. Von größerer Bedeutung sind jedoch sogenannte Clustertechniken, mit denen ähnliche Knoten gruppiert und zu einem visuellen Repräsentanten verschmolzen werden. Dabei differieren Techniken zur Ermittlung der Ähnlichkeit von Knoten je nach Anwendungsdomäne.
- *Interaktion.* Fast alle größeren Graphvisualisierungen bieten Interaktionsunterstützung an, da häufig erst durch die interaktive Manipulation und Exploration Einsichten gewonnen werden können. Techniken zum Fokussieren bestimmter Teilaspekte eines Graphen, z.B. durch Brushing, lenken unsere Aufmerksamkeit gemäß eigener Absichten eines Benutzers und reduzieren gezielt die kognitive Last.

Gründe für das Clustern finden sich in der Theorie der Kognitiven Last. Das menschliche Arbeitsgedächtnis kann dadurch entlastet werden, dass ähnliche Informationen strukturiert und konzeptionell zu größeren Einheiten zusammengefasst werden. Man spricht auch von Superzeichenbildung (engl. *chunking*, siehe Abschn. 2.1.1).

Clusteransätze können einerseits ausschließlich auf der Struktur eines Graphen basieren. Andererseits können sie auch die zugrunde liegende Semantik von Knoten oder Kanten berücksichtigen. Je nach gewünschter Zielgröße eines Graphen kann eine Clusterung auch schrittweise in mehreren Detailstufen erfolgen. Elmqvist und Fekete [2009] gehen in ihrem Überblicksartikel auf dieses zunehmend wichtige Prinzip für Informationsvisualisierungen anhand zahlreicher Beispiele ein. Hierarchisches Aggregieren kann für Knoten, Kanten oder beide Typen gemeinsam eingesetzt werden. Die in [Holten, 2006] vorgestellten und weiter oben beschriebenen EdgeBundles sind ein Beispiel für das eher selten genutzte Aggregieren von Kanten. Strenggenommen findet die Zusammenfassung hier jedoch im visuellen Raum statt und nicht im Datenraum [Elmqvist und Fekete, 2009].

Deutlich mehr Ansätze existieren für die hierarchische Zusammenfassung von Knoten. Dies kann einerseits *bottom-up* geschehen, indem zunächst ein komplettes Graphlayout generiert wird und dann (semantisch) beinander liegende Knoten schrittweise zu hierarchischen Super-Knoten aggregiert werden. Andererseits gehen *top-down* Ansätze von einer hierarchischen Aggregation aus und verwenden diese, um ein neues Layout während des Explorierens durch Benutzer dynamisch zu berechnen [Elmqvist und Fekete, 2009]. Dieser Ansatz skaliert deutlich besser, da Komplexität schrittweise hinzugefügt wird und nicht der gesamte Graph auf einmal gezeichnet werden muss. Die beim hierarchischen Aggregieren entstehenden Meta-Knoten sollten sich visuell hinreichend von den sonstigen Knoten des Netzwerkes unterscheiden, da sie ja als Repräsentanten für zusammengefasste Knoten nur virtuell existieren. Dabei sollten sie möglichst auch Informationen über die zusammengefassten und augenblicklich nicht sichtbaren Daten liefern, ohne dabei jedoch visuell überladen zu werden. Eine wichtige Interaktionsanforderung stellt auch das Kollabieren und Expandieren von Metaknoten dar. Schließlich sollten alle sonstigen Navigations- und Interaktionsformen auf den aggregierten Graphen genauso wie auf normalen Graphen möglich sein.

11.4.3 Matrixvisualisierungen

Während bei Graphvisualisierungen Node-Link-Techniken klar dominieren und vielfältige Einzellösungen existieren, gibt es auch Layout-Alternativen, die von dieser Visualisierungsform abweichen. Eine davon ist die Tabellen- oder Matrixform, die sich als effizienter für große und sehr dichte Graphen erwiesen hat. Dichte Graphen sind solche, bei denen Knoten sehr stark miteinander verbunden sind, was bei Node-Link-Techniken fast immer zu Verdeckungen und visueller Überladenheit führt. Die Visualisierung eines Graphs als Nachbarschaftsmatrix wurde von Jacques Bertin in seinem klassischen Visualisierungsbuch [Bertin, 1967] erstmals vorgestellt. Zahlreiche Anwendungen von Adjazenzmatrizen existieren, u.a. in der Soziologie und Bioinformatik. Mehrere Varianten und Toolkits wurden vorgeschlagen, darunter der *MatrixExplorer* von Henry und Fekete [2006] .

Bei der Visualisierung von Graphen als Adjazenzmatrix werden sämtliche Knoten in den Zeilen und Spalten einer Tabelle abgetragen. Wann immer eine Relation zwischen zwei Knoten existiert, wird die entsprechende Zelle markiert, zumeist eingefärbt (Abb. 11.40). Die Einfärbung kann anhand bestimmter Attribute erfolgen, z.B. nach der Häufigkeit einer Kommunikation zwischen zwei Personen. Bei ungerichteten Graphen erhält man eine diagonalsymmetrische Visualisierung, bei gerichteten unterscheiden sich die beiden Matrixhälften oberhalb und unterhalb der Diagonale.

Interessant sind die Muster, die sich dabei ergeben, weil sie zahlreiche Rückschlüsse auf die Struktur eines sozialen Netzwerkes erlauben. Bei deren Analyse ist die Erkennung von bestimmten sozialen Gemeinschaften bzw. Clustern eine wesentliche Aufgabe, die durch Explorationswerkzeuge unterstützt werden sollte [Henry und Fekete, 2006]. Abb. 11.40 (rechts) zeigt derartige Muster. Dünne horizontale und vertikale Linien in der Tabelle, die an Blöcke angrenzen, symbolisieren beispielsweise *Verbindungs*-Persönlichkeiten, die in unterschiedlichen Gemeinschaften aktiv sind. Vollständige Rechtecke stellen Cliquen, also komplette Subgraphen dar, in denen jeder Knoten mit jedem anderen vernetzt ist. Unmittelbar offensichtlich wird bei Matrixdarstellungen, dass die Reihenfolge der Knoten in den Zeilen und Spalten einen entscheidenden Einfluss auf die Bildung von Blöcken (sogenannter unabhängiger Komponenten) bzw. das Erkennen bestimmter Muster hat. Beim MatrixExplorer werden deshalb zunächst automatische Knotenanordnungen berechnet, die dann jedoch auch interaktiv angepasst werden können. Beispielswei-

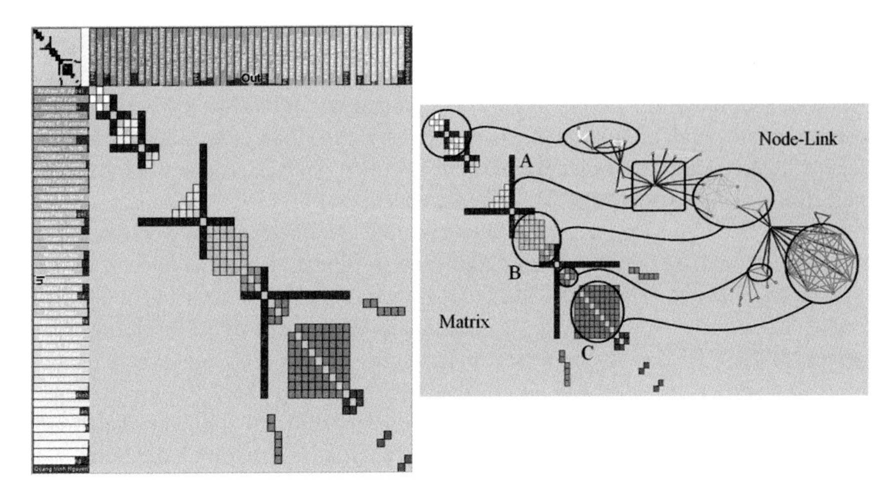

Abb. 11.40: Eine Graphvisualisierung in Matrixform, die mit dem MATRIXEXPLORER [Henry und Fekete, 2006] erstellt wurde. Die gleichen Knoten sind in den Zeilen und Spalten dargestellte, Relationen zwischen ihnen werden durch eingefärbte Zellen symbolisiert. Rechts sind visuelle Muster in den Darstellungsformen Matrix und Graph dargestellt. A ist eine Verbindungsperson, die in verschiedenen Gemeinschaften agiert, B eine solche Gemeinschaft und C eine typische Clique (Quelle: [Henry und Fekete, 2006], mit freundlicher Genehmigung von Jean-Daniel Fekete, INRIA Orsay, © IEEE 2006).

se können Gruppen von Knoten manuell ausgewählt werden, für die wiederum ein automatischer Anordnungsalgorithmus ausgeführt wird.

Im MatrixExplorer wird neben der Nachbarschaftsmatrix auch eine klassische Node-Link-Visualisierung angeboten. Damit ist es möglich, je nach Explorationsaufgabe die geeignetere Technik zu nutzen. Beide Ansichten sind miteinander synchronisiert, z.B. bezüglich der verwendeten Farben, Elementselektion oder Filteranwendung. Abb. 11.40 (rechts) zeigt eine Gegenüberstellung beider Visualisierungsformen mit unterschiedlichen visuellen Mustern. Die Kombination und Synchronisation unterschiedlicher Ansichten ist generell ein wichtiges Konzept bei modernen Werkzeugen zur Informationsvisualisierung.

11.4.4 Anwendungsbeispiel Soziale Netzwerke

Da Graphvisualisierungen eine wichtige Rolle gerade für die Analyse sozialer Netzwerke und bei semantischen Netzwerken im World Wide Web spielen, sollen einige Beispiellösungen aus diesen Anwendungsdomänen hier zur Abrundung des Abschnitts zu Netzwerkvisualisierungen vorgestellt werden.

Soziale Netzwerke. Soziale Netzwerke sind eine prädestinierte Anwendungsdomäne für Graphvisualisierungen. Schon seit den 1930er Jahren werden Informationsvisualisierungen für soziale Netzwerke eingesetzt, deren Knoten Akteure sind, während die Kanten vielfältige Beziehungen zwischen ihnen darstellen [Henry und Fekete, 2006]. Akteure können Menschen, Familien, Web 2.0-Gemeinschaften, Firmen, Nationen, terroristische Vereinigungen etc. sein. Noch vielfältiger sind die möglichen Beziehungen zwischen Akteuren eines Netzwerks. Das Verständnis der Handlungen und Beziehungen von Akteuren in einem Netzwerk und die Analyse sozialer Prozesse sind Aufgaben, bei denen Visualisierungen besonders hilfreich sein können. Verschiedene professionelle Werkzeuge und Forschungslösungen existieren, bei denen Graphvisualisierungen eine zentrale Rolle spielen (z.B. *Pajek* [de Nooy et al., 2005]).

Während die Analyse von sozialen Netzwerken früher Soziologen und anderen Fachexperten vorbehalten war, können nun auch Alltagsnutzer durch die Vernetzung im World Wide Web der zweiten Generation auf derartige Daten zugreifen. Soziale Webseiten wie Facebook, Delicious, Flickr oder Twitter bieten trotz der vorhandenen Vernetzungsdaten zumeist nur einfache Listendarstellungen der unmittelbar mit einem Benutzer verknüpften Personen [Heer und Boyd, 2005]. Mehrere webfähige Netzwerkvisualisierungen wurden zur Behebung dieser Schwäche entwickelt, z.B. der im Abschn. 11.4.2 bereits vorgestellte Facebook *Friend Wheel*.

Ein weiteres Beispiel ist das Visualisierungssystem *Vizster*, das von Heer und Boyd [2005] speziell für die Exploration von sozialen Netzwerken im Internet entwickelt wurde. Ziel der Visualisierung ist die Unterstützung der Alltagsnutzer beim Entdecken von Personen, ihren Verbindungen und zugehörigen Gemeinschaften. Dabei werden gleichzeitig der spielerische Charakter und die Benutzungsfreude adressiert. Abb. 11.41 zeigt eine Beispielvisualisierung des Netzwerkes um die Benutzerin „Amanda“ mit Fotos der verknüpften Personen. Diese Miniaturbilder sind ein Beispiel für eine semantisch reichere Darstellung von Knoten, als sie uns in den bisherigen Beispielen dieses Abschnitts begegnet ist. Neben dem interaktiv zu explorierenden Netzwerk gibt es bei Vizster rechts von der Graphdarstellung auch eine Detailanzeige, in der die Profildaten des fokussierten Benutzers angezeigt werden.

Vizster verwendet das Konzept einer egozentrischen Perspektive. Benutzer gehen von Bekanntem, nämlich ihrer Person und ihrem Freundesnetzwerk aus, um ihre Sichtweise sukzessive zu erweitern und für sie interessante Zusammenhänge aufzuspüren. Mehrere Filter- und Interaktionsmöglichkeiten stehen bereit, z.B. das Einstellen des Vernetzungsgrades bei der Suche nach Untergruppierungen bzw. Gemeinschaften von Benutzern. Abb. 11.41 (unten) zeigt mehrere Cluster von Nutzern, die miteinander verbunden sind. Es besteht auch die Möglichkeit, sämtliche Verknüpfungen eines gewählten Knotens farbig hervorzuheben, was im Bild am Beispiel des Benutzers „Jason“ zu sehen ist. Der Vernetzungsgrad eines Knoten ist ebenfalls ein wichtiges Kriterium bei sozialen Netzwerken, weil er häufig die Bedeutung eines Akteurs widerspiegelt.

Soziale Netzwerke haben besondere Eigenschaften. Sie können sehr groß werden und Millionen von Knoten enthalten, was angesichts der rund 400 Millionen Facebook-Benutzer (Stand März 2010) mit durchschnittlich 130 Freunden je Benut-

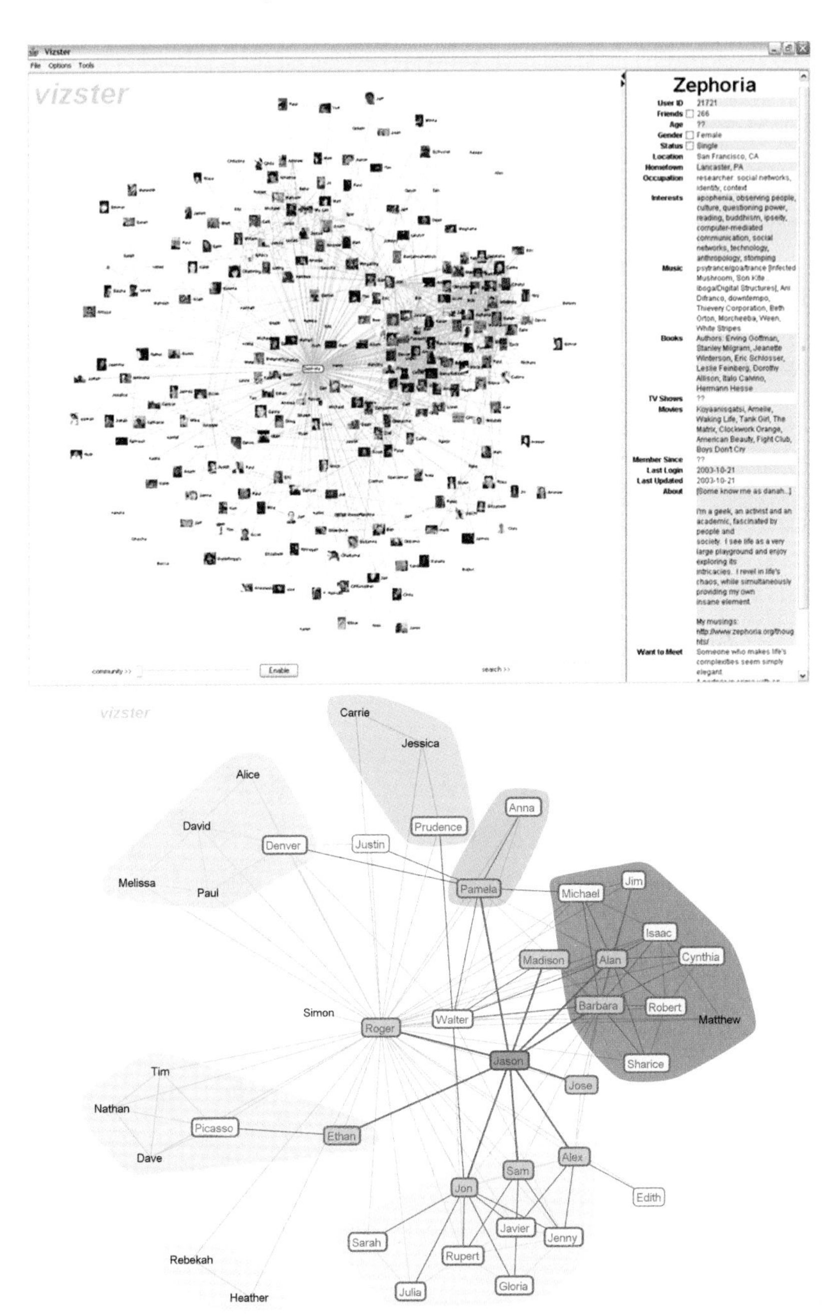

Abb. 11.41: Das Werkzeug Vizster zur Visualisierung von sozialen Netzwerken im Internet (Obere Abb. aus Heer und Boyd [2005], mit freundlicher Genehmigung von Jeffrey Heer, Stanford University, © IEEE 2005. Untere Abb. erzeugt mit Vizster-Software, http://hci.stanford.edu/jheer/projects/vizster/).

zer sofort nachvollziehbar ist. Der Verbindungsgrad ist oft sehr hoch, d.h. Graphen enthalten dichte und komplexe Beziehungen. Schließlich haben soziale Netzwerke häufig heterogene Knoten und Relationen, was auch mit dem Begriff des semantischen Netzwerks oder semantischen Graphen beschrieben werden kann [Shen et al., 2006]. Charakteristisch ist auch, dass derartige Netzwerke sehr verschiedene Typen von Knoten und Beziehungen enthalten.

Semantische Netzwerke. Typischerweise werden diese in Form von Ontologien modelliert. Dies sind formale Beschreibungen einer Menge von Konzepten und der zwischen ihnen bestehenden Beziehungen, die auf einen bestimmten Gegenstandsbereich bezogen sind. Ontologien und deren formale Beschreibung mittels RDF (Ressource Description Framework) oder OWL (Web Ontology Language) bilden das Rückgrat des *Semantic Webs*. Damit wird die Bedeutung von Daten und ihren Beziehungen zusammen mit logischen Regeln zur Ableitung weiteren Wissens beschrieben. Ontologiegraphen für soziale Netzwerke beschreiben beispielsweise die Akteure und ihre prinzipiell möglichen Beziehungen. Abb. 11.42 zeigt links einen Ontologiegraphen für ein Filmnetzwerk [Shen et al., 2006]. Darin werden Konzepte bzw. Akteure dieser Branche und ihre Beziehungen untereinander beschrieben. Es handelt sich dabei um grundsätzliche Typen, nicht konkrete Datenausprägungen. Damit wird lediglich die Semantik eines komplexen Netzwerks modelliert.

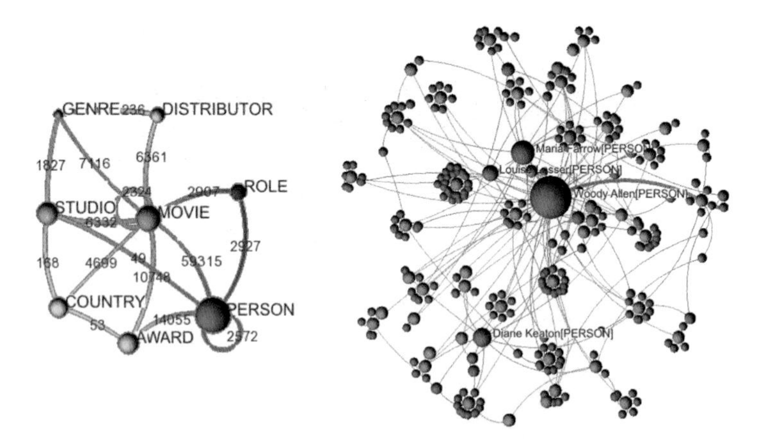

Abb. 11.42: Ontologiegraph (links) und ein semantischer Graph mit Filmen (orange) und Personen (blau) aus dem OntoVis-Toolkit (Quelle: [Shen et al., 2006], mit freundlicher Genehmigung von Zeqian Shen und Kwan-Liu Ma, University of California at Davis, © IEEE 2006).

Im von Shen et al. [2006] vorgestellten Visualisierungswerkzeug *OntoVis* lassen sich große heterogene Netzwerke explorieren, deren Knoten und Kanten sehr unterschiedliche Konzepte und Relationen repräsentieren. OntoVis nutzt eine duale Graphvisualisierung, d.h. eine Ontologiegraphvisualisierung gekoppelt mit dem eigentlich zu explorierenden, semantischen Netzwerk (siehe Abb. 11.42 links und rechts). Damit lassen sich in großen Netzwerken sowohl strukturelle als auch semantische Abstraktionen vornehmen, Informationen bedeutungsabhängig filtern und analytische Schlussfolgerungen ziehen. *Strukturelle Abstraktion* bezieht sich ausschließlich auf die Strukturmerkmale eines Graphen und dient der Reduktion der Netzwerkkomplexität. Nahe beieinander liegende Knoten können z.B. geclustert werden, oder redundante oder doppelte Pfade werden entfernt. *Semantische Abstraktion* wird z.B. dadurch erreicht, dass im Ontologiegraphen (Abb. 11.42, links) die Knotentypen Person und Movie ausgewählt werden. Wenn zusätzlich noch eine Attributeinschränkung auf alle Filme Woody Allens vorgenommen wird, erhält man die in Abb. 11.42 (rechts) gezeigte Sicht auf das Beispielnetzwerk. Daraus lässt sich über die Größe der Knoten ablesen, dass drei Schauspielerinnen am häufigsten mit Woody Allen zusammengearbeitet haben.

Die bereits am Anfang von Abschnitt 11.3 eingeführte *Cluster Map* [Fluit et al., 2003] ist ebenfalls eine Visualisierungstechnik für ontologische Daten. Die zugrundeliegende Ontologie enthält Klassen (bzw. Konzepte) mit hierarchischen Beziehungen. Konkrete Datenobjekte lassen sich diesen Klassen zuordnen. Im Beispiel einer del.icio.us Visualisierung von Klerkx und Duval [2007] werden Benutzer und die von ihnen vergebenen thematischen Tags zusammen mit den zugeordneten Bookmarks als Datenobjekte visualisiert (Abb. 11.43). Tags und Benutzer bilden dabei die Klassen, denen die Bookmarks in Form von Clustern zugeordnet sind. Bookmarks, die mehreren Benutzern oder Themen zugeordnet werden können, sind in extra Clustern zwischen diesen angeordnet. Die semantische Nähe zweier Klassen wird durch die sie verbindenden Cluster zugleich in örtliche Nähe abgebildet [Geroimenko und Chen, 2003], was sich am Beispiel der Tags „visualization" und „flex" erkennen lässt. Interaktionstechniken, wie z.B. Brushing, erleichtern zudem die Zuordnung von konkreten Objekten und die Exploration von Zusammenhängen.

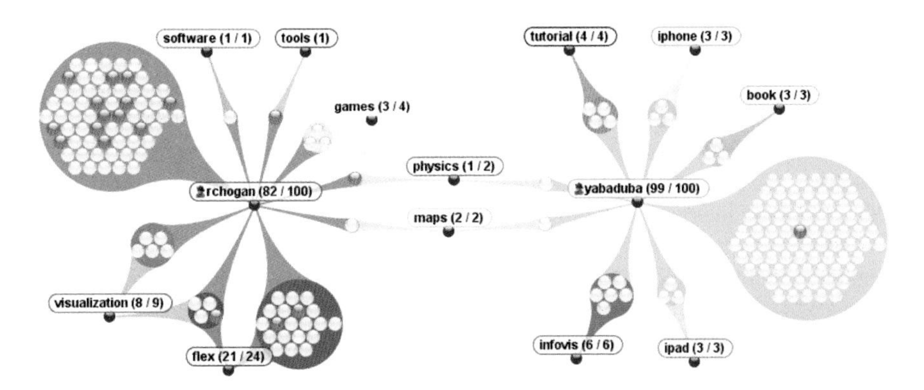

Abb. 11.43: Cluster Map von Benutzern und Themen im Online-Netzwerk del.icio.us (Abb. erstellt mit http://www.cs.kuleuven.be/groups/hmdb/infovis/delicious/del.icou.us visualization.html).

Visualisierungsansätze für das Semantic Web stellen eine interessante Forschungsrichtung dar, bei der bekannte Methoden der Informationsvisualisierung auf die Bedürfnisse des semantischen World Wide Web der Zukunft angewendet werden. Während das Web der ersten Generation *Informationen* miteinander verbunden hat, verbindet das Web 2.0 *Menschen* miteinander (soziale Online-Netzwerke geben davon beredtes Zeugnis). Das Web der nächsten Generation wird hingegen vor allem *Wissensbausteine* verbinden. Dabei spielen reichhaltige semantische Assoziationen und gute Visualisierungen eine zentrale Rolle [Geroimenko und Chen, 2003].

11.5 Zusammenfassung

In diesem Kapitel wurden grundlegende Begriffe, Konzepte und Ziele von Informationsvisualisierungen eingeführt. Während manche Visualisierungsziele eher für Experten von Bedeutung sind, wurde deutlich, dass z.B. das Mantra der visuellen Informationssuche von Shneiderman [1996] auch für die meisten modernen Benutzungsschnittstellen berücksichtigt werden sollte. Visuelle Repräsentationen von Daten spielen als Bestandteil von User Interfaces eine zunehmend wichtige Rolle. Datenobjekte mit ihren vielfältigen Eigenschaften, seien es Mediendokumente, Produkte eines Webshops oder Verkaufszahlen, müssen geeignet visualisiert und gefiltert werden. Für mehrdimensionale Daten wurden zahlreiche visuelle Repräsentationsformen vorgestellt. Da Hierarchien und Netzwerke in fast allen IT-Anwendungen – insbesondere im World Wide Web – verwendet werden, wurde auch hierfür ein breites Spektrum an Visualisierungslösungen beschrieben.

Nicht alle lassen sich jedoch ohne Probleme für die Entwicklung eigener Benutzungsschnittstellen nutzen. Viele der vorgestellten Konzepte sind akademischer Natur und wurden für Experten entwickelt. Sie bedürfen noch einer gründlichen Erprobung auf ihre Alltagstauglichkeit hin. Dabei sollten immer die konkreten Visualisierungsziele und die Benutzbarkeit im Vordergrund stehen. Vereinfachte Teillösungen und grundlegende Informationsvisualisierungskonzepte sind jedoch schon jetzt für visuelle Benutzungsschnittstellen mit Erfolg anwendbar. Das Repertoire an visuellen Variablen und anderen Visualisierungsdimensionen kann unmittelbar für die Gestaltung interaktiver Schnittstellen genutzt werden.

Nach wie vor werden die beeindruckenden menschlichen Wahrnehmungsfähigkeiten nicht ausreichend in modernen Benutzungsschnittstellen berücksichtigt. Menschen können Bilder mit großer Geschwindigkeit erfassen, erkennen und erinnern und haben zudem die Fähigkeit, sehr geringe Veränderungen in Größe, Farbe, Form, Bewegung oder Textur wahrzunehmen [Shneiderman und Plaisant, 2009]. Bisher sind User Interfaces jedoch häufig textorientiert und nutzen nicht das volle Spektrum an Möglichkeiten aus. Auch der animierte Übergang zwischen unterschiedlichen Ansichten einer Anwendung ist ein wichtiges, von Informationsvisualisierungen bekanntes Prinzip, das zunehmend in modernen Schnittstellen verwendet wird. Die menschliche Fähigkeit zur Wahrnehmung und Interpretation von Bewegungen ist sehr gut ausgeprägt, womit Bewegungen gut zur Aufmerksamkeitslenkung eingesetzt werden können (siehe Abschn. 2.2.6).

Während von diesen Informationsvisualisierungsprinzipien User Interface Entwickler profitieren werden, können umgekehrt auch Visualisierungsexperten MCI-Wissen gewinnbringend nutzen. Zum Beispiel sollten Visualisierungen auch für Nutzer mit Einschränkungen oder Menschen aus verschiedenen Kulturen gleichermaßen verwendbar sein. Im nachfolgenden Kapitel zu Präsentations-, Navigations- und Interaktionskonzepten wird der enge Zusammenhang zwischen Informationsvisualisierung und Mensch-Computer-Interaktion weiter verdeutlicht.

Weitere Literatur. Da es sich bei Informationsvisualisierung um ein gereiftes Forschungsgebiet handelt, ist eine umfassende Darstellung in diesem Buch weder möglich noch beabsichtigt. Ein klassisches Lehrbuch für Informationsvisualisierung ist das von Spence [2007]. Das gut illustrierte Buch bietet einen guten Überblick, wobei zahlreiche Fallbeispiele und die Betrachtung von notwendigen Kompromissen den Stoff anschaulich vermitteln. In noch kompakterer Form wird eine Einführung in Informationsvisualisierung von Mazza [2009] gegeben. Mit etwa dem halbem Umfang des Buches von Spence und weniger Fallbeispielen wird eine ansonsten vergleichbare Einführung in die Thematik anhand zahlreicher Beispieltechniken gegeben.

Ein lesenswertes Buch zur Informationsvisualisierungs mit Fokus auf den für Visualisierungen entscheidenden Wahrnehmungsaspekten legte COLIN WARE in zweiter Auflage vor [Ware, 2004]. Für den interessierten Leser bietet dieses Buch Informationen, die über die im Kapitel 2 präsentierten Wahrnehmungsgrundlagen hinausgehen und speziell als Grundlage für das Verstehen und Konzipieren erfolgreicher Informationsvisualisierungen von Bedeutung sind. Ähnlichen Themen widmet sich das kompaktere und hervorragend illustrierte Buch von Ware [2008], das sich besonders an Designer wendet.

Ein Klassiker der Literatur zur Informationsvisualisierung ist das Buch von CARD, SHNEIDERMAN und MACKINLAY [Card et al., 1999]. Dieser Sammelband fasst eine Vielzahl von Forschungsartikeln zusammen. Ebenfalls Klassiker sind die auch grafisch anspruchsvollen Bücher von EDWARD TUFTE [Tufte, 1990, 1997, 2001]. Hier erhält der interessierte Leser nicht nur praktische Hinweise, wie sehr gute grafische Darstellungen entworfen werden können, sondern auch zahlreiche Hinweise auf historische und nicht-digitale Beispiele, mit denen wichtige Grundkonzepte erläutert werden.

Drei Bücher, die dem Thema Visualisierung allgemein gewidmet sind, bieten einige aufschlussreiche Kapitel zum Thema Informationsvisualisierung und betten diese Disziplin in den Kontext wissenschaftlich-technischer Visualisierung ein. Es handelt sich um das neu erschienene Buch von MATTHEW WARD, GEORGES GRINSTEIN und DANIEL KEIM [Ward et al., 2010], das deutschsprachige Visualisierungsbuch von HEIDRUN SCHUMANN und WOLFGANG MÜLLER [Schumann und Müller, 2000] sowie das englischsprachige Datenvisualisierungsbuch von ALEXANDRU C. TELEA [Telea, 2007], das überdies viele praktische Programmierbeispiele und Algorithmen enthält.

Für einen guten Überblick zum Zeichnen und Layouten von Graphen sei auf das klassische Buch von Battista et al. [1998] verwiesen. Hier werden nicht nur theoretische Aspekte erläutert, sondern auch Implementierungen für eine Vielzahl von Graph-Drawing-Techniken vorgestellt. Aus der Perspektive der Informationsvisualisierung werden Techniken zur Graphvisualisierung im Überblicksartikel von Herman et al. [2000] vorgestellt. Dabei handelt es sich um eine lesenswerte kompakte Darstellung der in den Abschnitten 11.3 und 11.4 diskutierten Visualisierungen von Bäumen und Graphen. In ihrem Buch zu Graph Drawing Software stellen Jünger und Mutzel [2003] vierzehn verschiedene Softwarepakete vor, mit denen sich große Graphen für verschiedene Anwendungsdomänen erzeugen und analysieren lassen.

Für eine Diskussion von Visualisierungsansätzen für semantische Netzwerke wird auf das Buch *Visualizing the Semantic Web* von Geroimenko und Chen [2003] verwiesen. Auch der Überblicksartikel zu Ontologievisualisierungen von Katifori et al. [2007] bietet eine gute Einstiegslektüre.

Kapitel 12
Präsentation, Navigation und Interaktion

Das vorausgegangene Kapitel hat eine Einführung in das Thema Informationsvisualisierung gegeben, die abstrakte Natur der zu Grunde liegenden Daten betont und typische Ziele, wie Exploration und Analyse, eingeführt. Im Fokus stand die Präsentation von Lösungen für Probleme, wie beispielsweise: Gibt es einen Zusammenhang zwischen den Attributen eines mehrdimensionalen Produktdatensatzes? Wie kann ich mir schnell einen Überblick über die hierarchische Organisation eines Unternehmens verschaffen? Wer sind die Freunde meiner Freunde in einem sozialen Online-Netzwerk, und welche Interessen haben sie? Dabei ging es vor allem darum, wie abstrakte Daten *repräsentiert* werden können. Je nach Aufgabe sowie Art und Dimensionalität der Daten müssen geeignete visuelle Kodierungen gefunden werden. Dabei kommen Raum und Zeit sowie Visualisierungsattribute, wie Farbe, Form, Orientierung oder Verbindung zum Einsatz.

In diesem Kapitel soll ein zweiter wesentlicher Aspekt von Informationsvisualisierungen betont werden: die *Präsentation* von Daten. Ist z.B. die Entscheidung getroffen, ein Netzwerk in Form eines Graphen visuell zu repräsentieren und den Knoten und Kanten bestimmte visuelle Attribute zuzuweisen, muss immer noch entschieden werden, welche Teile des Graphen wann angezeigt werden und wie der Benutzer damit interagiert. Zum Beispiel wird es notwendig sein, in diesem Informationsraum zu *navigieren*, also die aktuelle Ansicht zu verändern. Je nach Aufgabe wird der Benutzer zudem mit dem Graphen interagieren und seine Präsentationsform verändern, z.B. bestimmte Teile ausblenden, markieren oder vergleichen.

Die meisten Informationsräume lassen sich nicht komplett auf einem Bildschirm visualisieren. Unabhängig davon, ob ein mobiles Endgerät, ein Arbeitsplatzrechner mit Bildschirm oder ein Gigapixel-Wanddisplay zum Einsatz kommt, wird der zur Verfügung stehende Platz in den meisten Fällen zu klein sein, um alle Daten im Detail anzuzeigen. Daher liegt ein Fokus in diesem Kapitel auf Strategien zur Navigation in großen Informationsräumen, darunter Zoomable User Interfaces oder Fokus- und Kontexttechniken. Da diese Techniken häufig unabhängig vom Typ der dargestellten Daten sind, lassen sich diese Techniken nicht nur für spezialisierte Informationsvisualisierungslösungen, sondern allgemein für verschiedenste Benutzungsschnittstellen einsetzen, z.B. beim Zoomen von Textdokumenten oder in Geo-

B. Preim, R. Dachselt, *Interaktive Systeme*, eXamen.press, 2nd ed.,
DOI 10.1007/978-3-642-05402-0_12, © Springer-Verlag Berlin Heidelberg 2010

visualisierungen. Somit baut dieses Kapitel auch auf dem 8. Kapitel auf, wo grundlegende Techniken zur Navigation in Bildschirmfenstern und zur Synchronisation von Ansichten von Fenstersystemen bereits behandelt worden sind.

Gliederung. Im Abschn. 12.1 wird auf die Problematik der Darstellung großer Informationsräume auf kleinen Displays eingegangen und eine Klassifikation von Lösungsansätzen vorgestellt. Die folgenden Abschnitte sind drei dieser grundsätzlichen Präsentations- und Navigationskonzepte mit zahlreichen Beispieltechniken gewidmet. Das sind Überblicksdarstellungen in Kombination mit Detailansichten in Abschn. 12.2, Zoomable User Interface Konzepte für Multiskalenvisualisierungen im Abschn. 12.3 und Fokus- und Kontexttechniken im Abschn. 12.4. Da zahlreiche Interaktionstechniken speziell für Informationsvisualisierungen entwickelt wurden und dabei wesentlich für verschiedenartige Aufgaben sind, werden sie im Abschnitt 12.5 diskutiert. Nicht nur eine Zusammenfassung dieses Kapitels, sondern auch ein Ausblick auf wichtige Herausforderungen und Trends in der Informationsvisualisierung runden diesen Teil des Buches im Abschnitt 12.6 ab.

12.1 Große Informationsräume und kleine Displays

Dass Dokumente, Datenvisualisierungen und Informationsräume sehr groß werden können, wird deutlich, wenn man z.B. einen langen Text bearbeitet, die hierarchische Struktur einer Institution analysiert oder einen Ort auf einer interaktiven Weltkarte aufsucht. Allein eine lineare Liste von Suchergebnissen, wie sie typische Internet-Suchmaschinen liefern, kann mit hunderttausenden Treffern äußerst schwer überschaubar sein. Selbst bei größten Bildschirmen mit ultrafeinen Auflösungen wird es nicht sinnvoll sein, alle Daten gleichzeitig darzustellen, auch wenn es theoretisch möglich wäre. Das visuelle System des Menschen hat klare Wahrnehmungsgrenzen – z.B. bezüglich der Auflösung und des Sichtfeldes –, jenseits derer weitere technische Verbesserungen wenig sinnvoll erscheinen. Zudem sind die kognitiven Grenzen zu berücksichtigen, die keine parallele Verarbeitung beliebig großer Datenmengen zulassen (siehe Kapitel 2).

Daher ist es notwendig, die Datenräume zu partitionieren, d.h. in wahrnehmbare Teilansichten zu unterteilen. Traditionelle Benutzungsschnittstellen bieten dafür räumliche Einteilungen in Form von Fenstern, Seiten oder Listen an. Außerdem können Dokumente oder Informationsräume natürlich bezüglich der aktuellen Ansicht bewegt werden, z.B. durch seitenweises Blättern, schrittweises Scrollen oder Verschieben in der Fläche (engl. *Panning*).

Diese zum Standard gewordenen Formen der Navigation großer Datenräume erzeugen jedoch *Diskontinuitäten* zwischen den Teil-Informationen, die an verschiedenen Orten oder zu verschiedenen Zeiten angezeigt werden [Cockburn et al., 2008]. Daraus resultieren für den Benutzer Schwierigkeiten, weil die einzelnen Bestandteile, z.B. verschiedene Seiten eines dargestellten Dokuments, mental zusammengefasst werden müssen. Auch ist teilweise erheblicher motorischer Aufwand zu erbringen, z.B. in Form ermüdenden Scrollens durch lange Listen.

Neben der räumlichen Aufteilung und dem aktiven Bewegen von Datenräumen gibt es daher weitere Strategien, Informationsräume navigierbar zu machen. Eine davon ist die Darstellung in verschiedenen Detaillierungsstufen und möglicherweise in parallelen Ansichten. Eine Folienübersicht in Form von skalierbaren Vorschaubildern neben der großen Darstellung einer Präsentationsfolie ist ein typisches Beispiel dafür. Ebenso kann die Eigenschaft menschlicher Wahrnehmung ausgenutzt werden, mit den Augen Informationen fokussieren zu können, während periphere Informationen gleichzeitig unterstützend wahrgenommen werden (siehe Abschn. 2.2.1). Die Dock-Ansicht beim Apple Mac OS X illustriert dies. Schließlich sind auch nicht immer alle Informationen von gleicher Bedeutung. Besonders wichtige bzw. relevante können visuell hervorgehoben werden, z.B. durch Icons für bestimmte Plätze auf einer Landkarte. All diese Ansätze erlauben einen schnellen Wechsel zwischen Detailansichten und Überblicksansichten[1] und sollen in den nächsten Abschnitten näher vorgestellt werden.

12.1.1 Gerätevielfalt und Displaygrößen

Während Ausgabegeräte lange Zeit auf in ihrer Größe wenig differierende Röhrenmonitore beschränkt waren, ist die heutige Display-Vielfalt beeindruckend. Von in Schmuck oder Uhren integrierten Minitaturanzeigen reicht sie über tragbare MP3-Player und Mobiltelefone zu vielfältigen Flachbildschirmen, Großbildfernsehern bis hin zu Großflächenprojektionssystemen, wie der Powerwall der Universität Konstanz mit einer Darstellungsfläche von 5.20 m $\times$ 2.15 m (siehe Abb. 12.1). Somit variieren Auflösungen von eher bescheidenen 320 $\times$ 240 Pixeln über HDTV-Auflösung von 1920 $\times$ 1080 Pixeln bis hin zu Powerwall-Auflösungen von z.B. 4640 $\times$ 1920 Pixeln.

Physikalische Größe und Auflösung bestimmen hierbei die verfügbare Pixeldichte. Das menschliche Auge enthält ca. 180 Zapfen pro Winkelgrad in der Fovea [Ware, 2004] und kann etwa 200 Punkte pro Zentimeter bei einem Blickabstand von 50 cm unterscheiden [Cockburn et al., 2008] (siehe Abschn. 2.2.1). Das ist weitaus mehr als die typische Displayauflösung von etwa 40 Punkten pro Zentimeter. Damit wird deutlich, dass adäquate Displays nach wie vor kein Standard sind. Allerdings weisen aktuelle Entwicklungen – wie etwa Apples iPhone 4 mit einer Pixeldichte von ca. 128 Punkten pro Zentimeter – darauf hin, dass es nur eine Frage der Zeit ist, bis hier menschliche Wahrnehmungsgrenzen erreicht werden. Das Problem der kognitiven Überforderung von Benutzern bleibt jedoch bestehen, die notwendige Unterscheidung zwischen wichtigen und irrelevanten Informationen. EDWARD TUFTE betont in diesem Zusammenhang, dass der Quantität dargestellter Informationsob-

[1] Als begriffliche Alternative zu Detail und Übersicht wird häufig auch der Begriff Fokus und Kontext verwendet. Obwohl inhaltlich zumeist äquivalent, soll Fokus und Kontext primär für spezielle Verzerrungstechniken verwendet werden, auf die im Abschn. 12.4 näher eingegangen wird.

Abb. 12.1: Informationsvisualisierung auf der Powerwall der Universität Konstanz. Zu sehen ist eine pixelbasierte Visualisierung von Netzwerkaktivitäten. Es werden Portnummern beobachtet und die damit assoziierten Aktivitäten jeweils 24 Stunden am Tag und sieben Tage die Woche angezeigt, wobei schwarze Pixel starke, weiße hingegen geringe Aktivität kodieren (mit freundlicher Genehmigung von Hartmut Ziegler und Daniel Keim, Universität Konstanz).

jekte große Aufmerksamkeit geschenkt werden sollte [Tufte, 1990]. Er plädiert für eine Reduktion unnötiger visueller Elemente, wie Rahmen und Dekorationen, um den Daten maximalen Raum zu geben.

Wie man in Abb. 12.1 sehen kann, bringen große Displays Benutzer auch an ihre Wahrnehmungsgrenzen, da aufgrund unseres Sichtfeldes von ca. $200^\circ \times 120^\circ$ der größte Teil der Anzeige höchstens peripher wahrgenommen werden kann. Durch unsere Wahrnehmungsfähigkeiten sind somit klare physikalische Grenzen gesetzt. Häufig sind Informationsvisualisierungen für eine bestimmte Anzeigegröße optimiert. Benutzungsschnittstellen und Visualisierungen, die auf unterschiedlich großen Ausgabegeräten dargestellt werden sollen, können jedoch nur in engen Grenzen geometrisch skaliert werden. Zu den Auflösungsproblemen kämen unnatürliche Größenverhältnisse, die eine Interaktion erschweren würden. Die Skalierbarkeit einer Informationsvisualisierung ist somit eine weitere Motivation für Techniken zur Präsentation komplexer Informationsräume.

12.1.2 Grundsätzliche Lösungsansätze

Ganz unabhängig von der Komplexität der Daten und der konkreten Aufgabe besteht fast immer das Bedürfnis, einerseits einen Gesamtüberblick über die Daten zu gewinnen und andererseits Details zu betrachten und zu analysieren. Im Abschn. 11.1.3 wurde erläutert, welche grundsätzlichen Aufgaben bei der visuellen Datenexploration unterstützt werden müssen. Sie umfassen die von BEN SHNEIDERMAN als *Mantra visueller Informationssuche* zusammengefassten Aufgaben *Overview first, zoom and filter, then details on demand* [Shneiderman, 1996]. Neben spezialisierten Interaktionstechniken – beispielsweise zur Informationsfilterung – werden diese Aufgaben durch bestimmte Präsentationsformen und assoziierte Navigationstechniken unterstützt. Für die Manipulation der aktuellen Ansicht einer visuellen Repräsentation bzw. die gleichzeitige Darstellung von Detail- und Kontextansichten gibt es verschiedene grundlegende Ansätze, die im Folgenden erläutert werden.

- *Scrolling:* Nur ein bestimmter Ausschnitt eines Dokuments wird mit konstanter Größe in einem Teil des Bildschirms dargestellt, wobei sich das Dokument indirekt durch die Nutzung von Scrollbars oder mit Hilfe eines Mausrades verschieben lässt (Abschn. 12.2.1).
- *Overview & Detail:* Wie beim Scrolling wird hier eine Detailansicht eines Dokuments oder Informationsraums innerhalb einer bestimmten Ansicht angezeigt. Hinzu kommt jedoch noch eine Überblicksansicht mit deutlich geringerem Detailgrad, die meistens das gesamte Dokument und einen Rahmen für den aktuellen Detailausschnitt präsentiert. Beide Ansichten können in einem Fenster kombiniert oder auch separat dargestellt werden (Abschn. 12.2).
- *Multiple koordinierte Ansichten:* Die Kombination von Überblicks- und Detailansichten in verschiedenen Fenstern stellt nur eine Spezialform mehrerer koordinierter Ansichten dar. Je nach zur Verfügung stehendem Anzeigeplatz können auch sehr verschiedene bzw. verschieden detaillierte Ansichten in separaten Fenstern angezeigt werden, die voneinander abhängige, d.h. koordinierte Sichten auf die Daten anbieten (Abschn. 12.2.3).
- *Zoomable User Interfaces:* Diese erlauben die Darstellung eines Informationsraums in verschiedenen, häufig nahtlos wählbaren Detaillierungsstufen. Im selben Bildraum werden nacheinander verschiedene Auflösungen eines Datensatzes dargestellt. Man spricht auch von Multiskalenansätzen (Abschn. 12.3).
- *Fokus & Kontext:* Ähnlich wie bei Overview & Detail werden hier eine detaillierte Ansicht (der Fokus) und der Rest des Informationsraums (der Kontext) gleichzeitig dargestellt, jedoch nahtlos und im selben Anzeigebereich. Das bedeutet, dass ein Teil der Überblicksdarstellung – z.B. durch Verzerrungstechniken wie Fischaugenlinsen – größer und genauer als der Rest der Ansicht wiedergegeben wird. Damit ist eine Fokussierung bei gleichzeitigem Erhalt der Übersicht möglich (Abschn. 12.4).

Cockburn et al. [2008] nehmen eine ähnliche Einteilung vor und unterscheiden die Ansätze bezüglich ihrer Nutzung der Dimensionen Raum, Zeit und visueller Eigenschaften. Overview & Detail-Ansätze, denen auch das Scrolling zugeordnet werden kann, nutzen eine räumliche Trennung von Detail- und Kontextinformationen eines Datenraums. Zoomable User Interfaces hingegen nutzen eine zeitliche Trennung zwischen verschiedenen Ansichten in unterschiedlichen Detailstufen. Die Kategorie der Fokus & Kontext-Techniken benötigt weder eine räumliche noch zeitliche Trennung, da die Fokusdarstellung inmitten der Kontextdarstellung in einer einzelnen, kontinuierlichen Ansicht erfolgt.

Schließlich wird in [Cockburn et al., 2008] noch ein weiterer Ansatz vorgestellt, der von der Verfügbarkeit semantischer Informationen über die zu präsentierenden Datenräume ausgeht, die Kategorie der visuellen Hinweise (engl. *cue-based techniques*). Hierbei werden visuelle Attribute, wie Farbe, Sichtbarkeit, Transparenz oder Schärfe eingesetzt, um einzelne Datenobjekte hervorzuheben, gar nicht anzuzeigen oder als Kontext in den Hintergrund zu bringen. Letztlich können alle Hervorhebungstechniken, die im Kapitel 11 im Zusammenhang mit verschiedenen Visualisierungslösungen erwähnt wurden, zu dieser Gruppe gezählt werden. Da sie weder Raum noch Zeit benötigen, um Daten zu fokussieren, sind sie auch orthogonal zu den anderen Techniken einzusetzen. Diese lassen sich zumeist sinnvoll kombinieren, z.B. in Form einer zusätzlichen Überblicksansicht bei einem Zoomable User Interface.

In den folgenden Abschnitten werden diese Ansätze zur Manipulation von Ansichten – und somit zur Navigation in großen Datenräumen – detaillierter beschrieben und an Beispielen illustriert. Dabei werden zwei stellvertretende Informationsräume genutzt: Textdokumente und Landkarten.

12.2 Overview & Detail und Multiple Ansichten

Viele moderne Benutzungsschnittstellen bieten Überblicksansichten, die Benutzern eine Orientierung erlauben, welchen Teil eines Dokuments bzw. Datenraums sie gerade im Detail betrachten. Overview & Detail-Anzeigen sind die mit Abstand am weitesten verbreitete Technik zur Navigation und Orientierung in großen Datenräumen. Ein allgegenwärtiges Beispiel sind digitale Kartendarstellungen im Web, die neben der detaillierten Hauptansicht gleichzeitig auch ein Überblicksfenster mit größerem Maßstab zur Orientierung darstellen (siehe Abb. 8.8 auf Seite 312). Auch die Navigation in größeren Textdokumenten profitiert von Überblicksdarstellungen, wie der Seitenminiaturansicht in Abb. 12.2.

Bei Overview & Detail-Ansichten werden somit eine Übersichts- und Detailansicht desselben Informationsraums *gleichzeitig* dargestellt, wobei sie einen räumlich getrennten Präsentationsraum nutzen. Benutzer interagieren in beiden Ansichten separat. Detailansichten werden häufig zur interaktiven Bearbeitung von Dokumenten genutzt, Überblicksdarstellungen sind meistens der reinen Navigationsunterstützung vorbehalten. Daraus ergeben sich als wichtige Fragestellungen das Skalierungsverhältnis von Überblicks- und Detailansicht, die relative Größe der Ansichten und ihre Positionierung auf dem Bildschirm, Mechanismen zur Navigationskontrolle und die Kopplung der beiden Ansichten [Cockburn et al., 2008].

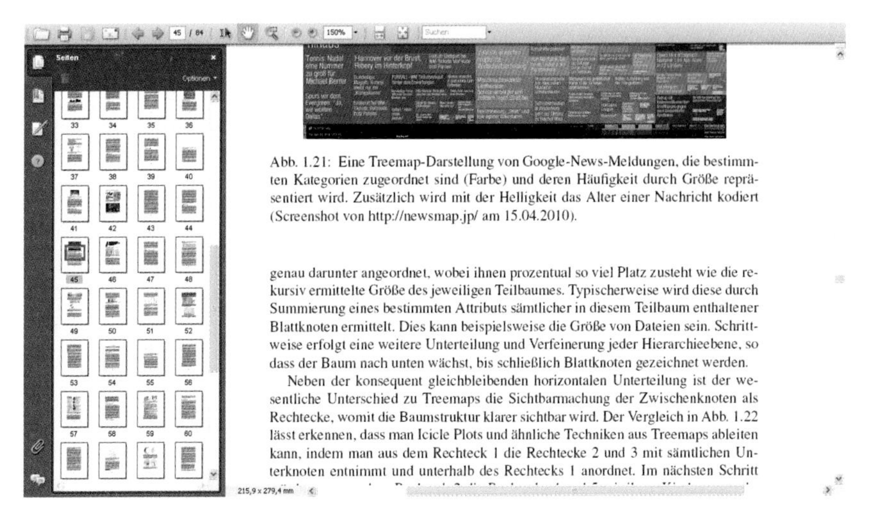
Abb. 1.21: Eine Treemap-Darstellung von Google-News-Meldungen, die bestimmten Kategorien zugeordnet sind (Farbe) und deren Häufigkeit durch Größe repräsentiert wird. Zusätzlich wird mit der Helligkeit das Alter einer Nachricht kodiert (Screenshot von http://newsmap.jp/ am 15.04.2010).

genau darunter angeordnet, wobei ihnen prozentual so viel Platz zusteht wie die rekursiv ermittelte Größe des jeweiligen Teilbaumes. Typischerweise wird diese durch Summierung eines bestimmten Attributs sämtlicher in diesem Teilbaum enthaltener Blattknoten ermittelt. Dies kann beispielsweise die Größe von Dateien sein. Schrittweise erfolgt eine weitere Unterteilung und Verfeinerung jeder Hierarchieebene, so dass der Baum nach unten wächst, bis schließlich Blattknoten gezeichnet werden.

Neben der konsequent gleichbleibenden horizontalen Unterteilung ist der wesentliche Unterschied zu Treemaps die Sichtbarmachung der Zwischenknoten als Rechtecke, womit die Baumstruktur klarer sichtbar wird. Der Vergleich in Abb. 1.22 lässt erkennen, dass man Icicle Plots und ähnliche Techniken aus Treemaps ableiten kann, indem man aus dem Rechteck 1 die Rechtecke 2 und 3 mit sämtlichen Unterknoten entnimmt und unterhalb des Rechtecks 1 anordnet. Im nächsten Schritt

Abb. 12.2: Darstellung eines Buchkaptitels in Adobe Acrobat. Rechts die detaillierte Dokumentansicht, links eine Überblicksdarstellung mit Seitenminiaturen. Erkennbar ist darin ein roter Rahmen, der die Position des aktuellen Dokumentausschnitts repräsentiert und interaktiv manipuliert werden kann.

12.2.1 Scrolling

In gewisser Weise kann das *Scrolling* von Dokumenten als einfache Overview & Detail-Technik betrachtet werden. Der Scrollbar bietet durch seine Länge und die relative Größe des darin dargestellten Anfassers einen Überblick über die Größe eines Dokuments, die aktuelle Position der Ansicht und evtl. auch deren Zoomstufe. Zum Dokumentinhalt wird dabei jedoch nichts ausgesagt, wie es beispielsweise durch Vorschaubilder möglich wäre. Entscheidender Nachteil des Scrollings ist, dass die meisten Teile eines Informationsraums in der aktuellen Ansicht verborgen bleiben [Spence, 2007] und globale Zusammenhänge nicht sichtbar sind.

Scrollbars sind sehr eng an die Detailansichten gekoppelt, fast immer werden sie als dünne Balken unmittelbar neben einem Dokument angezeigt (Abb. 12.2, rechts und unten). Die geläufigen Mechanismen zur Navigationskontrolle werden im Abschn. 8.4 (Seite 308) detailliert behandelt. Dort werden auch erweiterte Konzepte, wie die Markierung bereits besuchter Stellen bzw. wichtiger Textpositionen, erläutert.

Scrolling wird typischerweise für eindimensionale Datenräume, z.B. Textdokumente verwendet. Aber auch das horizontale und vertikale Scrolling wird von den meisten Programmen unterstützt. Zwei getrennte Scrollbars erlauben zwar präzise Kontrolle, sind jedoch häufig ungünstig, weil für die Verschiebung eines Dokumentausschnitts gleich zweimal der Aufmerksamkeitsfokus verändert werden muss. Eine bessere, da direkt in der detaillierten Datenansicht nutzbare Lösung ist das *Panning*. Dabei handelt es sich um die gleichzeitige Navigation in zwei Dimensionen durch direkte Manipulation, beispielsweise bei der Navigation in digitalen Karten. Sofortiges Feedback unterstützt den Eindruck, man bewege eine Landkarte „hinter" dem aktuellen Ausschnittsrahmen.

Beim Scrolling und Panning ändert sich der Detaillierungsgrad bzw. die Zoomstufe des dargestellten Dokuments nicht, lediglich der in der Größe fixierte Ausschnitt wird verschoben. Eine Übersicht über den gesamten Informationsraum wird nicht angeboten, da nur die räumliche Position kodiert wird. Es wurden mehrere Erweiterungsformen vorgeschlagen, bei denen zusätzliche semantische Informationen im Scrollbar mit angezeigt werden (siehe [Cockburn et al., 2008] für eine nähere Darstellung). Die Darstellung von Miniaturen (engl. *Thumbnails*) neben einer Dokumentansicht (siehe Abb. 12.2) ist eine derartige Lösung, die von moderner Bürosoftware angeboten wird. Hier muss ein Kompromiss zwischen der Größe der Miniaturbilder und der Zahl gleichzeitig dargestellter Seiten gefunden werden, der sich direkt auf die Navigationsgeschwindigkeit auswirkt. Auch das Verhältnis zwischen Überblicksfenster und Detailansicht muss berücksichtigt werden. In Abb. 12.2 ist z.B. ein bewusst großer Raum für die Übersichtsdarstellung gewählt worden. Beide Parameter, Miniaturbildgröße und Breite der Überblicksansicht, sollten sich vom Benutzer einstellen lassen.

Während bei einem einfachen Scrollbar immer eine bidirektionale Synchronisation der Ansichten vorgenommen wird, muss bei Miniaturansichten die Änderung in einer Ansicht nicht unbedingt eine automatische Änderung der anderen Ansicht zur Folge haben. Synchronisation würde die direkte und unabhängige Interaktion mit den verschiedenen Ansichten unterbinden. Häufig wird eine unidirektionale Synchronisation unterstützt. Scrolling in der Detailansicht verändert die Überblicksansicht automatisch, während das Scrollen in der Überblicksansicht zunächst keinen Einfluss auf die Detailansicht eines Dokuments hat. Erst ein Klicken auf eine Seitenminiatur oder das Verschieben des Positionsrahmens bewirkt eine Aktualisierung.

12.2.2 Standard Overview & Detail

Bei der Darstellung von Miniaturansichten für partitionierte Informationsräume (Textdokumente, Foliensätze, Bildkollektionen, Tabellen, Webseiten etc.) handelt es sich um eine jüngere Präsentationstechnik zur Navigationsunterstützung. Abb. 12.3 zeigt beispielsweise eine Miniaturgalerie von Bildern, bei denen das aktuell sichtbare markiert ist. In Form von Übersichtskarten geografischen Terrains sind Überblicksansichten bereits seit langem aus zahlreichen Spielen bekannt. Die meist am Rand des Bildschirms platzierten Ansichten, die häufig auch weitere Statusinformationen enthalten, werden auch als *Head-up-Display* oder *Mini-Map* bezeichnet (siehe Abb. 12.4).

Sowohl im Falle zweidimensionaler Übersichtskarten als auch von Miniaturansichten wird dem Benutzer die aktuelle Position im Informationsraum angezeigt, oft durch einen Rahmen. Gleichzeitig wird ein Gefühl für den Kontext vermittelt, z.B.: Wo befinde ich mich innerhalb eines Gebietes? Wie viele ähnliche Fotos kommen

Abb. 12.3: Fotosammlung auf einem iPad. Die Übersichtsdarstellung hat eine konstante Größe. Sind mehr Bilder in der Sammlung enthalten, als dargestellt werden können, werden Bilder einfach ausgelassen.

noch? Overview & Detail-Techniken ermöglichen somit eine Aufteilung von Inhalten in verständliche Teile, deren Beziehung jederzeit sichtbar ist [Spence, 2007]. Benutzer wechseln dabei ihre Aufmerksamkeit von einer Ansicht zur anderen. Das kann aufgrund des damit verbundenen kognitiven Aufwandes problematisch sein.

Bei Kartendarstellungen werden Überblicksansichten häufig als rechteckige Einblendung inmitten der Detailansicht dargestellt. Bei Paned Windows (siehe Abschn. 8.6) ist eine flexiblere und größenveränderliche Darstellung möglich, jedoch an einem vordefinierten Platz. Noch mehr Freiheit bieten Multifenster-Anwendungen, wo Benutzer die Überblicksansicht frei positionieren und häufig auch skalieren können. Es ist üblich, dem Benutzer die Kontrolle darüber zu geben, ob eine Überblicksansicht angezeigt werden soll. In Abb. 12.5 dient z.B. der kleine Pfeil rechts unten zum Einklappen der Überblicksansicht.

Für die Kopplung beider Ansichten gibt es verschiedene Ansätze:

- Die häufig verwendete *unidirektionale Synchronisation* (z.B. in Microsoft Word oder Adobe Acrobat), bei der Scrolling in der Detailansicht die Überblicksansicht automatisch verändert, umgekehrt jedoch nicht.
- Die leicht *verzögerte Synchronisation*. Während beispielsweise Panning in der geografischen Detailansicht sofort zu einer Aktualisierung der Überblicksansicht führt, werden Verschiebungen des Positionsrechtecks in der Überblicks-

Abb. 12.4: Überblicksdarstellung (Mini-Map rechts oben) im Echtzeit-Strategiespiel *Command & Conquer 3: Tiberium Wars* der Electronic Arts GmbH.

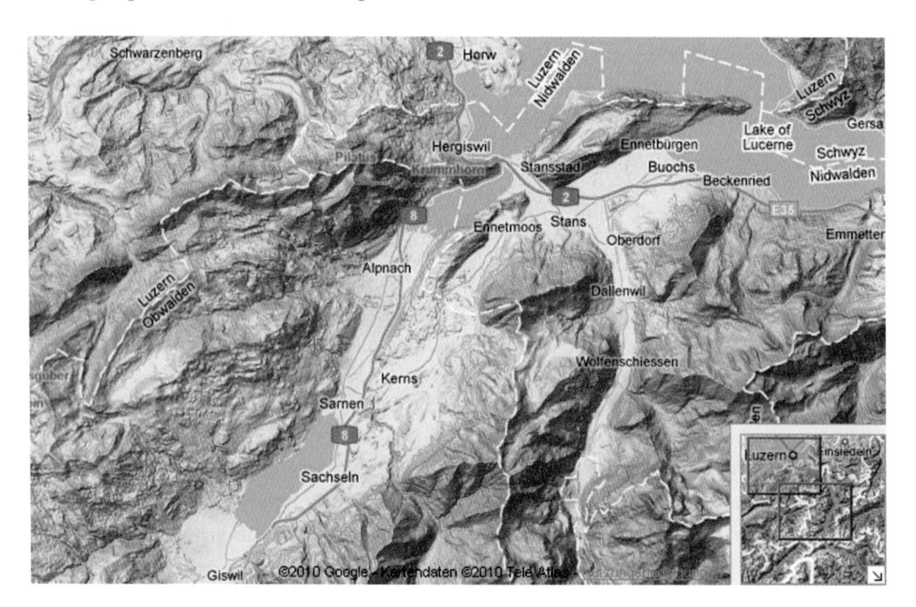

Abb. 12.5: Ausschnitt aus einer Kartendarstellung von GoogleMaps. Die Überblicksansicht zeigt den vorherigen und aktuellen (blau hinterlegten) Kartenausschnitt. Sie lässt sich mit dem Pfeil-Icon rechts unten einklappen.

ansicht erst dann in der Hauptansicht reflektiert, wenn die Aktivität durch Loslassen der Maustaste beendet wurde.

Mit der verzögerten Synchronisation kann Rechen- und Renderingkapazität für die permanente Aktualisierung der Detailansicht eingespart werden, was häufig mit Nachladen von Kartenabschnitten verbunden ist. Abb. 12.5 zeigt in der Überblicksansicht den vorhergehenden und aktuellen Ausschnitt (blau hinterlegt) während des Panning-Vorgangs gleichzeitig. Schließlich besteht der letzte und zunehmend verbreitete Ansatz in der direkten Synchronisation beider Ansichten, womit dem Benutzer unmittelbares Feedback gegeben wird.

Eine interessante Alternative zur Lösung des Platzproblems bei Übersichts- und Detailansichten bietet die physikalisch getrennte Aufteilung auf zwei Bildschirme. Bekanntes Beispiel dafür ist die 2004 eingeführte Spielekonsole Nintendo DS™ (Double Screen), die über zwei klappbare Bildschirme verfügt (Abb. 12.6). Auf dem unteren, meist horizontal gehaltenen und berührungsempfindlichen Bildschirm lassen sich Übersichtskarten anzeigen, während der vertikale Bildschirm z.B. eine dreidimensionale Ansicht eines Spiels zeigt.

Abb. 12.6: Das Spiel *New Super Mario Bros.* auf dem Nintendo DS. Auf dem oberen Bildschirm ist die dreidimensionale Spielansicht zu sehen, auf dem unteren eine Übersichtskarte der aktuellen Welt (oben) und sämtlicher verfügbarer Welten (unten).

12.2.3 Multiple koordinierte Ansichten

Die Synchronisation von Ansichten spielt auch generell für miteinander verbundene Ansichten in Informationsvisualisierungen eine Rolle. Overview & Detail-

Techniken stellen nur eine Spezialform sogenannter multipler koordinierter Ansichten (engl. *Multiple Coordinated Views*) dar, die ausschließlich für die Navigationsunterstützung entwickelt wurde. Für die explorative Analyse von Datenräumen und Entscheidungsunterstützung ist es darüber hinaus vorteilhaft, Benutzer über verschiedene, miteinander verknüpfte Ansichten mit den Daten interagieren zu lassen.

Dies können einerseits Ansichten mit der gleichen Datenrepräsentation sein, wie im Fall von Scatterplot-Matrizen (siehe Abschn. 11.2.1), wo verschiedene Streudiagramme für unterschiedliche Attributpaare miteinander kombiniert werden. Andererseits – und das ist der weitaus häufigere Fall – können unterschiedliche Datenrepräsentationen parallel angeboten werden, z.B. eine Datentabelle, verschiedene multivariate Datenvisualisierungen, statistische und geografische Ansichten oder Netzwerkvisualisierungen.

Verschiedenartige Datenvisualisierungen erlauben den direkten Vergleich, die effektive Filterung, das Aggregieren und die Verknüpfung von Daten. Dabei kann der Benutzer über die Interaktion mit verknüpften Ansichten quasi in einen Dialog mit zumeist komplexen Daten treten, und Erkenntnisse werden durch die direkte Interaktion mit den Daten gewonnen. Benutzer können dabei Trends oder Anomalien erkennen, Informationen umordnen und extrahieren, Vergleiche anstellen und damit Unterschiede und Ähnlichkeiten zwischen Datenmengen ausmachen [Roberts, 2007].

Beispiel. Abb. 12.7 zeigt eines von zahlreichen Toolkits, die multiple koordinierte Ansichten anbieten. Die ComVis-Visualisierungsumgebung *(Coordinated Multiple Views System)* der TU Wien wurde von Matkovic et al. [2008] als Forschungsprototyp zur Entwicklung neuer Visualisierungstechniken entwickelt. Mehr als ein Dutzend verschiedener Ansichtstypen können miteinander kombiniert werden. Dazu zählen bekannte Ansichten, wie Histogramme, 2D- oder 3D-Scatterplots und Parallele Koordinaten, aber auch Kurvenansichten und eine Farblinienansicht. In der Abbildung ist zu sehen, wie alle relevanten Datenobjekte in allen Ansichten hervorgehoben werden, nachdem der Benutzer mehrere Abschnitte im Histogramm durch multiples Brushing ausgewählt hat (in rot und blau). Zusätzlich ist unten noch die Tabellenansicht mit einem Datenobjekt pro Zeile dargestellt, da Benutzer im Analyseprozess auch Zugriff auf die exakten Attributwerte erhalten müssen.

Neben dem Typ einzelner Ansichten spielt deren Anordnung innerhalb eines Interfaces eine wesentliche Rolle. Während Ansichten frei zu- oder abschaltbar und in gewissen Grenzen skalierbar sein sollten, kann ein völlig freies Layout in Form einzelner Ansichtsfenster auch für Verwirrung sorgen. Viele Toolkits schlagen daher vordefinierte Standardanordnungen vor, aus denen der Benutzer eine wählen und in Grenzen anpassen kann.

Eine weitere zentrale Frage ist auch bei multiplen koordinierten Ansichten die der Kopplung und Aktualisierung, wenn Parameter in einer Ansicht geändert werden. Die Festlegung, welche Ansicht mit welcher verknüpft ist, kann z.B. im Sinne

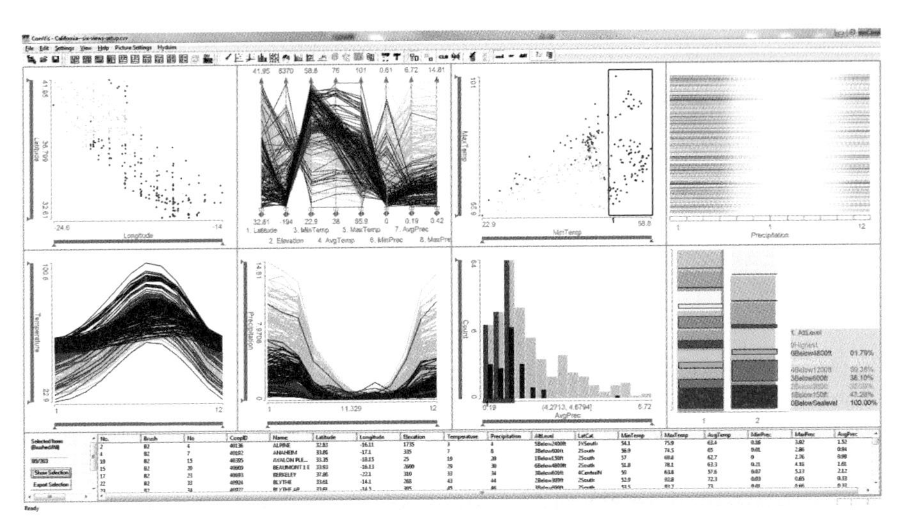

Abb. 12.7: Ein Beispiellayout des ComVis-Datenvisualisierungssystems zur Analyse meteorologischer Daten. Eine Datentabelle und acht Ansichten werden verwendet: Scatterplot, Parallele Koordinaten, Histogramm, Farblinienansicht, Kurvendarstellungen und Balkendiagramme. Im Histogramm wurden mehrere Abschnitte (in rot und blau) gewählt, deren zugehörige Datenobjekte in allen Ansichten hervorgehoben sind – ein Beispiel für multiples *Brushing* [Matkovic et al., 2008] (mit freundlicher Genehmigung von Alan Lez, Kresimir Matkovic und Harald Piringer, Forschungszentrum VRVis, Wien).

eines Datenflussparadigmas durch visuelle Verknüpfung von vorgefertigten Modulen getroffen werden. Neben den schon genannten Synchronisierungsformen können bei multiplen koordinierten Ansichten auch andere Kopplungsformen eingesetzt werden. Dazu zählen Differenzansichten, wo zwei oder mehrere Ansichten verschmolzen werden, Master-Slave-Ansichten mit unidirektionaler Synchronisation oder sogenannte *Small Multiples* [Tufte, 1997], also kleinen Visualisierungen, die z.B. zum Zweck des Vergleichs als Matrix angeordnet werden [Roberts, 2007].

In komplexeren Systemen kommt eine Vielzahl von Interaktionstechniken zum Einsatz. Erwähnt wurden schon die synchronisierte Navigation in verschiedenen Ansichten und das *Linked Brushing*, womit bestimme Elemente oder Bereiche in einer Ansicht ausgewählt und auch in anderen Ansichten hervorgehoben werden. Hinzu kommen noch Datenvorbereitungs- und Filterfunktionen (z.B. dynamische Anfragen mit Schiebereglern und Menüs), Interaktionsmöglichkeiten zum Anordnen der Ansichten sowie zur Kontrolle visueller Parameter, wie z.B. Farbskalen.

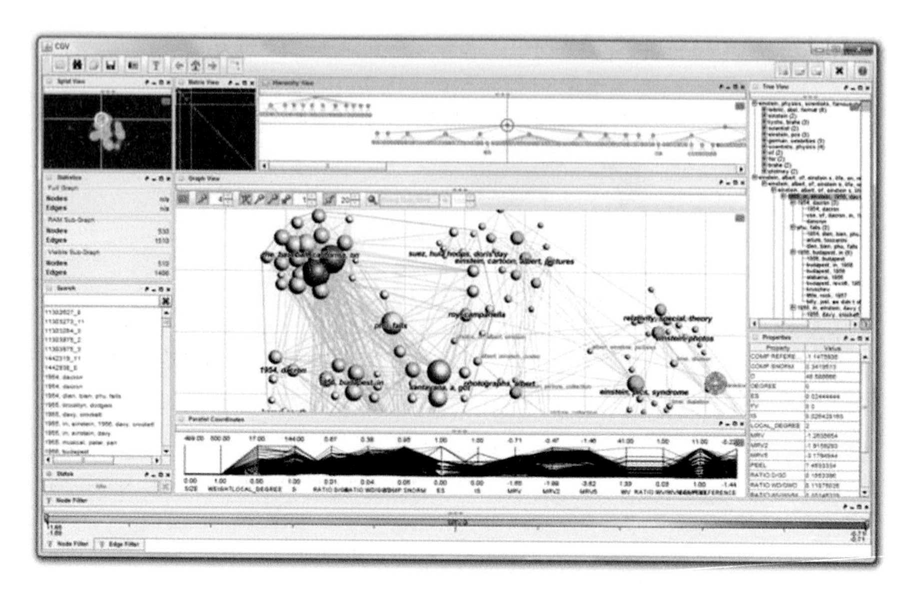

Abb. 12.8: Ein Beispiellayout des Strukturvisualisierungssystems CGV *(Coordinated Graph Visualization)* zur Analyse komplexer Graphen. Neben einer zentralen hierarchischen Graphansicht stehen weitere Ansichten zur Exploration von Graphen zur Verfügung, darunter Matrix, klassische Baumansichten, Detailansichten und Filterpanele [Tominski et al., 2009] (mit freundlicher Genehmigung von Christian Tominski und Heidrun Schumann, Universität Rostock).

Beispiel. Abb. 12.8 zeigt das von Tominski et al. [2009] entwickelte Strukturvisualisierungstoolkit CGV *(Coordinated Graph Visualization)* der Universität Rostock. Damit lassen sich Graphen in mehreren verknüpften Ansichten visualisieren, wobei jede auf spezifische Aspekte bei der visuellen Exploration ausgerichtet ist. Nützlich dabei sind Clusteringhierarchien über dem Graphen, die in verschiedenen textuellen und grafischen Baumansichten angezeigt werden – z.B. in der zentralen, die eine klassische Knoten-Kanten-Repräsentation der Struktur eines Graphen darstellt. Parallele Koordinaten ermöglichen die Analyse von mit Knoten oder Kanten assoziierten Datenwerten (z.B. Kantengewicht). Weitere Ansichten geben einen Überblick über den gesamten Graphen und dienen somit zur Orientierung beim Explorationsprozess. Das System stellt eine Vielzahl von Interaktionsmechanismen zur Verfügung. Neben klassischen Techniken wie Suchen, Selektieren oder dynamischem Filtern werden auch neuartige Linsentechniken und spezielle Navigationskonzepte angeboten, um die explorative Analyse von Graphen zu erleichtern.

Andrienko und Andrienko [2007] weisen in ihrer kritischen Betrachtung von multiplen koordinierten Ansichten zu Recht darauf hin, dass derartige Systeme bisher selten kommerziellen Einsatz gefunden haben. Neben Skalierbarkeit für sehr viele Datensätze sollte auch die Benutzbarkeit dieser Systeme stärker berücksichtigt werden. Dazu sind in Anlehnung an [Baldonado et al., 2000] folgende Prinzipien von Bedeutung:

- *Dekomposition:* Komplexe Daten sollten in mehrere Ansichten aufgeteilt werden, um handhabbare Informationseinheiten bereitzustellen. Es ist meistens wenig gewonnen, wenn die gleiche Informationsfülle sogar mehrfach – wenn auch in anderer Form – auftaucht. Stattdessen sind einander ergänzende Ansichten sinnvoll.
- *Komplementarität:* Multiple Ansichten sollten verwendet werden, wenn sich damit Korrelationen und/oder Ungleichheiten identifizieren lassen. Das bedeutet auch, dass unnötige Redundanz zu vermeiden ist, wenn sie nicht Vergleichszwecken dient.
- *Sparsamkeit:* Multiple Ansichten sollten so sparsam wie möglich eingesetzt werden. Die Abbildungen 12.7 und 12.8 beeindrucken durch ihre Komplexität und die Vielfalt an Möglichkeiten. Gleichzeitig wird aber auch deutlich, dass zu viele gleichzeitig bzw. in gleicher Größe dargestellte Ansichten einen hohen kognitiven Aufwand vom Benutzer fordern.
- *Raum/Zeit Ressourcenoptimierung:* Aufwand und Nutzen bezüglich des Raums und der Zeit sollten balanciert werden, d.h., dass manchmal eine sequenzielle Präsentation unterschiedlicher Ansichten der parallelen vorgezogen werden sollte. Bezüglich der Platzausnutzung ist weniger hier häufig mehr.
- *Offensichtlichkeit:* Wahrnehmungshinweise sollten eingesetzt werden, um dem Benutzer Beziehungen zwischen verschiedenen Ansichten zu verdeutlichen. Dabei ist darauf zu achten, dass „kostbare" Visualisierungsdimensionen, wie z.B. Farbe oder Größe, nicht unnötig verbraucht werden oder doppelt genutzt werden.
- *Aufmerksamkeitssteuerung:* Prinzipien der Wahrnehmungssteuerung sollten eingesetzt werden, um Benutzer auf die geeignete Ansicht zur rechten Zeit zu fokussieren. Aufmerksamkeitswechsel sind prinzipiell zu minimieren, was z.B. durch eine geringere Zahl von Ansichten unterstützt wird.

Dass die Koordination mehrerer Ansichten nicht nur bei Expertensoftware zur visuellen Analyse von Bedeutung ist, wurde bereits im Abschn. 8.5 für die Koordination von Fenstern in Benutzungsschnittstellen anhand mehrerer Aspekte deutlich gemacht. Während dort auf traditionelle Interface-Aufgaben, wie den Vergleich zweier Textdokumente, Bezug genommen wurde, standen in diesem Abschnitt Strategien zur gleichzeitigen Darstellung von Überblicks- und Detailansichten sowie zur Informationsexploration im Vordergrund. Für eine detaillierte Darstellung multipler koordinierter Ansichten und der damit verbundenen Herausforderungen sei auf den Übersichtsartikel von Roberts [2007] verwiesen.

12.3 Zoomable User Interfaces

Wenn Benutzungsschnittstellen komplett auf der weit verbreiteten Navigationsmetapher des Zoomens basieren, bezeichnet man sie auch als *Zoomable User Interface* oder Multiskalenschnittstelle. Viele Benutzungsschnittstellen nutzen jedoch nur in bestimmten Ansichten einzelne *Zooming & Panning* - Techniken. Beide Begriffe werden in Anlehnung an Spence [2007] wie folgt definiert:

Definition 12.1. *Panning* ist die gleichmäßige, kontinuierliche Bewegung eines Ansichtsrahmens von konstanter Größe über einen (deutlich) größeren zweidimensionalen Informationsraum (Abb. 12.9, links).

Definition 12.2. *Zooming* ist die gleichmäßige und kontinuierlich zunehmende Vergrößerung eines geringer werdenden Anteils dieses Informationsraums (oder umgekehrt) bei gleichbleibender Größe des Ansichtsrahmens (Abb. 12.9, rechts).

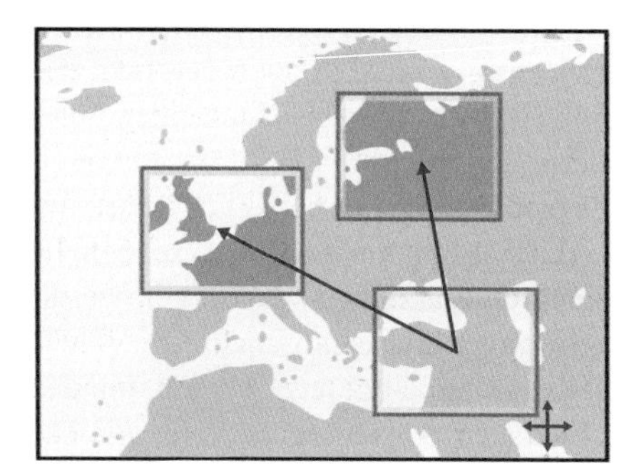

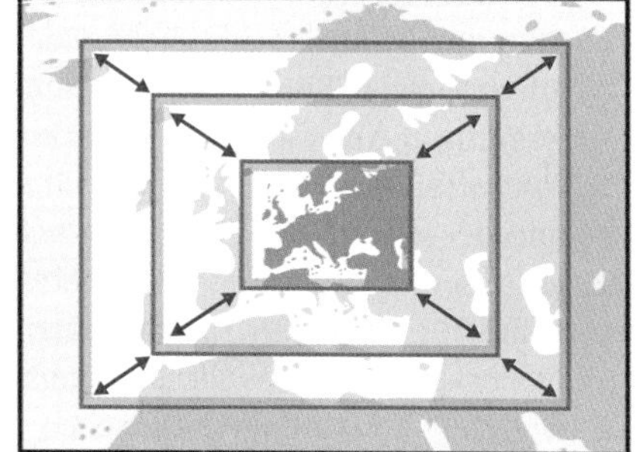

Abb. 12.9: Prinzipskizzen für Panning (links) und Zooming (rechts) am Beispiel einer Geovisualisierung.

Zooming & Panning unterstützen somit ebenfalls die Fokussierung eines Ausschnittes und die Nutzung kontextueller Ansichten. Im Gegensatz zu Overview & Detail wird hier jedoch keine räumliche, sondern *zeitliche* Trennung der Ansichten unterstützt. Zooming erlaubt einen kontinuierlichen Übergang zwischen Detail- und Kontextansichten, die nacheinander im selben Raum präsentiert werden. Damit lässt sich wertvoller Anzeigeplatz sparen, was insbesondere für mobile Endgeräte von Bedeutung ist. Mit Panning kann schließlich ein geeigneter Ausschnitt auf der jeweiligen Zoomstufe gewählt werden. Die bei der Datenanalyse typische Aufgabe, einen Überblick über die Daten zu erhalten und dann eine schrittweise Verfeinerung bis hin zu notwendigen Details durchzuführen, wird direkt durch Multiskalensysteme unterstützt.

Beim Heranzoomen wird die Datenkomplexität reduziert, indem kontextuelle Informationen verschwinden und zuvor kleine Elemente fokussiert werden, während Herauszoomen wieder mehr Kontextinformationen erscheinen lässt. Obwohl beide

Aktionen von der Handhabung und auch visuell symmetrisch sind, haben sie doch unterschiedliche kognitive Implikationen, worauf Craft und Cairns [2005] hinweisen: Das Heranzoomen vereinfacht den Datenraum visuell durch selektives Weglassen momentan unbedeutender Bereiche und macht ihn somit überschaubarer. Beim Herauszoomen werden verborgene Informationen wieder angezeigt und bringen damit Kontext in Erinnerung, der einerseits eine erneute Orientierung ermöglicht und andererseits die zuvor betrachteten Detailinformationen in einen größeren Zusammenhang stellt.

Nachdem nachfolgend auf die Zoomunterstützung in aktuellen Desktopanwendungen eingegangen wird, sind in Abschn. 12.3.1 weiterführende Anwendungsmöglichkeiten aufgeführt. Um die Entwicklung derartiger Benutzungsschnittstellen zu vereinfachen, wurde das Beschreibungsmodell der *Space-Scale-Diagramme* (Abschn. 12.3.2) entwickelt. Im Abschn. 12.3.3 wird auf Semantisches Zoomen eingegangen, der veränderten Präsentation von Datenobjekten in Abhängigkeit von der Zoomstufe. Schließlich sind erweiterte Konzepte, wie die Nutzung von Animation und die Kopplung von Zooming und Panning, Gegenstand von Abschn. 12.3.4.

Zoominteraktion in aktuellen Anwendungen. Die meisten modernen Büroanwendungen erlauben das Zoomen von Dokumenten. Dazu stehen prinzipiell zwei Interaktionsmöglichkeiten zur Verfügung. Die *indirekte Manipulation* nutzt Toolbars oder spezielle Dialoge, mit denen sich die Zoomstufe von z.B. Textdokumenten aus vordefinierten wählen oder frei bestimmen lässt (siehe Abb. 12.10, links). Damit lassen sich Zoominteraktionen auch jederzeit rückgängig machen, und dem Benutzer wird eine präzise Kontrolle über die Zoomstufe gestattet. Da die Skalierung eines Dokuments jedoch nur eine Sekundärinteraktion ist, geht durch die indirekte Handhabung vor allem für Experten wertvolle Interaktionszeit verloren. Abb. 12.10 (rechts) zeigt Widgets zur indirekten Manipulation, die in Kartendarstellungen integriert sind und ein schrittweises Zoomen oder Pannen erlauben.

Die *direkte Manipulation* der aktuellen Zoomstufe und des Dokumentausschnitts erfolgt durch Mausnutzung direkt im Informationsraum. Zoomstufen können damit nicht übersprungen werden, wie es durch die Nutzung von Widgets möglich ist. Ein Moduswechsel ist zudem erforderlich, wenn ansonsten andere Editieroperationen mit der Mausinteraktion im Dokument verbunden sind. Die in Abb. 12.10 oben dargestellte Hand bei Adobe Acrobat erlaubt diese Umschaltung und das direkte Panning eines Dokument durch „Anfassen“. Zooming ist häufig durch Drücken der STRG-Taste und „+“ bzw. „-“ oder STRG+Mausrad möglich. All diese direkten Interaktionsformen haben keine visuelle Repräsentation und müssen somit erst vom Benutzer entdeckt und erlernt werden [Cockburn et al., 2008]. Sicher wird z.B. nicht jedem Leser bewusst sein, dass ein Doppelklick mit der linken Maustaste bei Google Maps ein Heranzoomen, ein Doppelklick mit der rechten Maustaste hingegen die Umkehraktion bewirkt.

Diese Shortcuts sind für erfahrene Benutzer zwar nützlich, werden jedoch uneinheitlich verwendet, womit das Entwurfsprinzip Konsistenz verletzt wird (vergleiche Abschn. 6.2). Ein weiteres Problem ist das Rückgängigmachen von direkten Interaktionen zur Navigationsunterstützung. Das häufig angebotene Zoomen auf einen

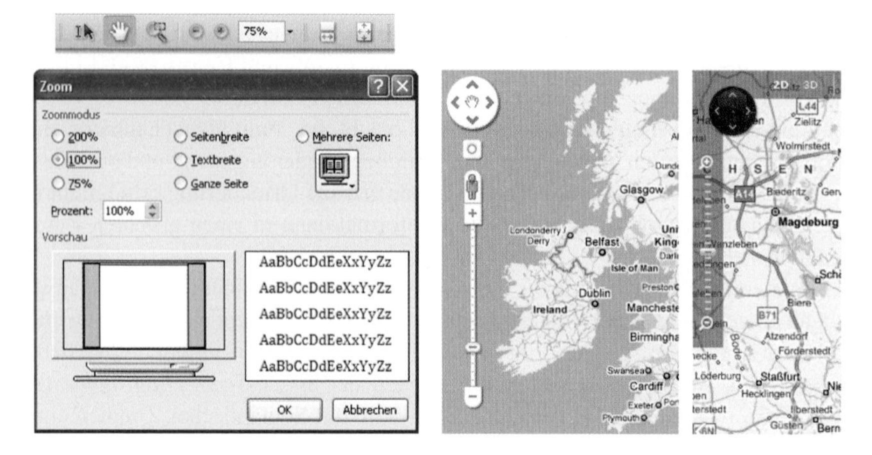

Abb. 12.10: Widgets zur Steuerung der aktuellen Zoomstufe. Oben Adobe Acrobat, links Microsoft Word, Mitte Google Maps, rechts Bing Maps. In den beiden Kartenanwendungen sind zusätzlich noch Widgets zum Panning vorhanden.

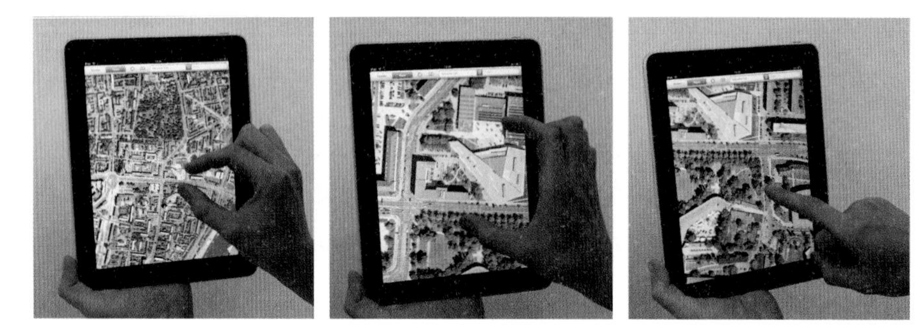

Abb. 12.11: Zoomen eines Kartenausschnitts durch Fingergesten auf dem Multitouch-fähigen Apple iPad. Rechts Panning durch einfaches Verschieben mit einem Finger.

frei wählbaren Bereich durch Aufziehen eines Rechtecks mit der Maus hat keine äquivalente Umkehrfunktion. Undo-Funktionen sind traditionell auf die Änderung von Daten bezogen und nicht auf Änderungen der Benutzungsschnittstelle, der aktuellen Ansicht oder von Visualisierungsparametern. Gerade bei visualisierungsbetonten Anwendungen investieren Benutzer in diese Interaktionsformen jedoch viel Zeit und sollten durch geeignete Undo- und History-Mechanismen unterstützt werden.

Während die Nutzung der Maus und zusätzlicher Steuertasten bereits ein sehr effektives Arbeiten unterstützen können, ist mit der Verbreitung von Multitouchtechnologien für Mobiltelefone, Notebooks/Tablets und interaktive Tische eine noch direktere Unterstützung des Zoomings und Pannings möglich geworden. Abb. 12.11

zeigt die omnipräsente Spreizgeste zweier Finger (engl. *Pinch Gesture*) zum Zoomen von Landkarten, Bildern und anderen Informationen.

An dieser Stelle sei darauf verwiesen, dass diese Geste keinesfalls erst mit der Einführung des Apple iPhones oder Microsoft Surface Tabletops vorgestellt wurde, sondern bereits Anfang der achtziger Jahre vorgestellt wurde, wie BILL BUXTONS erhellende Webseite „Multi-Touch Systems that I Have Known and Loved“ [2] darlegt. Panning wird durch die naheliegendste Interaktionsform unterstützt, durch einfaches Berühren und Verschieben mit einem Finger.

Abb. 12.12: Ein Kartenausschnitt (aus Bing Maps) wird beim Zoomen zunächst als Bild größer skaliert (Mitte), um nach Abschluss der Interaktion durch ein höher aufgelöstes Bild ersetzt zu werden (Abb. erstellt mit http://www.bing.com/maps/).

Während Textdokumente oder Vektorgrafiken sich nahezu stufenlos zoomen lassen, ist bei Kartenanwendungen aufgrund des vorliegenden Kartenmaterials häufig nur eine begrenzte Auswahl aus diskreten Zoomstufen möglich. Um trotzdem den Eindruck eines kontinuierlichen Zoomens zu vermitteln, wird der aktuell angezeigte Kartenausschnitt während der Zoominteraktion einfach skaliert und erst beim Erreichen der gewünschten Zoomstufe der neue, detailliertere Ausschnitt nachgeladen. Abb. 12.12 zeigt dies am Beispiel, wobei die während der Interaktion auftretende und durch das Skalieren entstehende Unschärfe (Mitte) durch die Dynamik der Aktion nicht als störend empfunden wird.

12.3.1 Anwendungsbereiche

Neben den verbreiteten Anwendungen für Bürosoftware (Dokumentnavigation) und für Geovisualisierungen (Kartennavigation) gibt es zahlreiche weitere Anwendungen. Diese sind teilweise eng mit der Entwicklung von Forschungstoolkits zur Realisierung von Zoomable User Interfaces verbunden. Die erste zoombare Desktopanwendung war das von Perlin und Fox [1993] entwickelte System PAD, wo

[2] http://www.billbuxton.com/multitouchOverview.html

u.a. bereits das Konzept des semantischen Zoomens eingeführt wurde (siehe Abschn. 12.3.3). Dadurch wurden ab Mitte der 1990er Jahre vielfältige Folgearbeiten angeregt.

Zoomable User Interface sind beispielsweise jahrelang von BEN BEDERSON und Kollegen am Human-Computer Interaction Lab (HCIL) der Universität Maryland erforscht worden, wo die einflussreichen Nachfolger-Toolkits PAD++[3] und PICCOLO[4] sowie zahlreiche Anwendungen entstanden. Im deutschsprachigen Raum hat sich u.a. die Arbeitsgruppe Mensch-Computer Interaktion der Universität Konstanz unter Leitung von HARALD REITERER mit Arbeiten zu ZUIs auf mobilen Endgeräten hervorgetan. Im Folgenden sollen vielversprechende Anwendungsbereiche und Beispiellösungen aufgeführt werden, um das Potenzial und die Vielfalt von Zoomable User Interfaces zu verdeutlichen.

Medienanwendungen. Zoomable User Interfaces wurden erfolgreich für die Verwaltung von Medienobjekten, wie z.B. Bildern und Musikstücken, eingesetzt. Mit PHOTOMESA[5] stellte Bederson [2001] einen zoombaren Bildbrowser für Alltagsnutzer vor, der auf einem flächenfüllenden Layout basiert. Dabei werden Bilder geschachtelter Verzeichnisse mit einem platzsparenden Layoutalgorithmus, den sogenannten *Quantum Treemaps* angeordnet (Abb. 12.13). Während bei Treemaps (siehe Abschn. 11.3.3) durch die fortwährende Raumunterteilung auch sehr kleine Rechtecke entstehen können, werden hier Bildobjekte mit minimaler, unteilbarer Größe (d.h. Quanten) so angeordnet, dass ihre Proportionen erhalten und die Bilder wahrnehmbar bleiben. Zudem wird der Bildschirmplatz durch die mosaikartige Unterteilung in Form sogenannter *Bubblemaps* effektiv ausgenutzt.

PhotoMesa bietet mehrere einfache Interaktionstechniken, um die Bilddatenbestände zu explorieren. Abb. 12.13 zeigt z.B., wie nach einem Mausklick auf den gewählten, rot markierten Teilbereich gezoomt wird. Sämtliche Zoomvorgänge bis hin zu Vergrößerungen eines einzelnen Bildes sind animiert, und auch Panning wird unterstützt.

Auch der im Abschn. 11.1.3 vorgestellte Musikbrowser MAMBO (Mobile Aspect-based Music BrOwser) [Dachselt und Frisch, 2007] nutzt das Konzept eines Zoomable User Interfaces, um Medienobjekte zu explorieren, zu suchen und zu filtern (siehe Abb. 11.4 auf Seite 457). Die Anordnung der Alben, Künstler oder Musikstücke erfolgt hierbei in Spalten, deren Größe und Position durch ein am unteren Rand angeordnetes Zoomwidget gesteuert wird.

Facetten-basierte Informationsfilterung. ZUIs werden häufig eingesetzt, wenn die zu visualisierenden Daten hierarchisch strukturiert sind. Geschachtelte Ordner mit Bildern sind ein Beispiel dafür. Aber auch andere Eigenschaften bzw. Metainformationen eines Datenobjekts lassen sich hierarchisch strukturieren oder haben eine inhärente Hierarchie. Beispiele sind Genre-Kategorien bei Musikstücken, Orte – von Straßen über Städte bis zu Ländern und Kontinenten –, oder auch die

[3] http://www.cs.umd.edu/hcil/pad++/

[4] http://www.cs.umd.edu/hcil/piccolo/

[5] http://www.cs.umd.edu/hcil/photomesa/

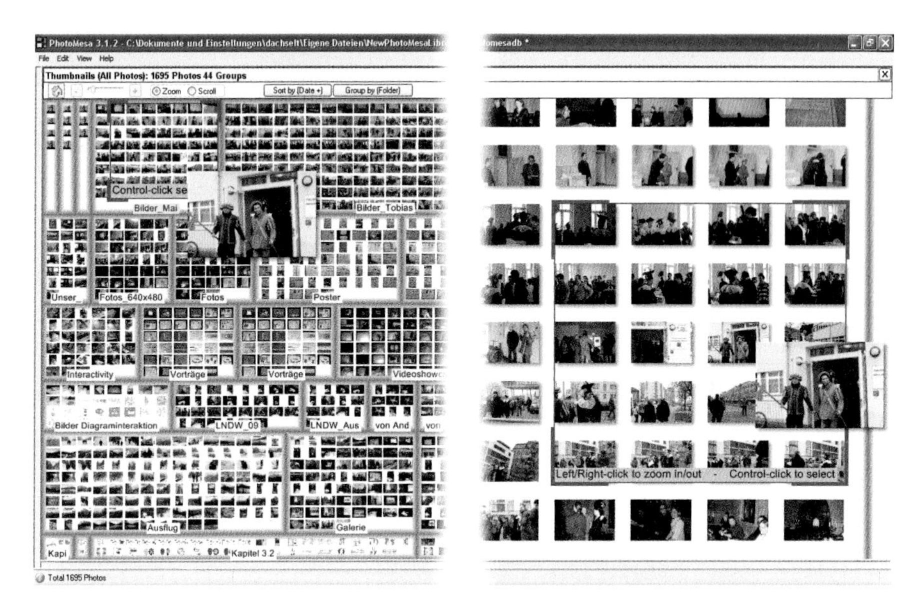

Abb. 12.13: Screenshot des zoombaren Bildverwaltungsprogramms PhotoMesa [Bederson, 2001]. Links eine Übersichtsdarstellung von mehr als 1600 Fotos in 44 Ordnern mit einem Auswahlrechteck und Vorschaubild, rechts nach Zooming auf Teile des gewünschten Ordners.

Zeit mit Tagen, Monaten, Jahren und Jahrzehnten. Diese Attribute werden auch als Metadaten-Facetten bezeichnet und erlauben die Filterung eines Datenbestands aus verschiedenen Blickwinkeln, indem Facetten-Werte eingeschränkt werden. Das im Abschn. 11.3.5 auf Seite 488 vorgestellte Zoomwidget FACETZOOM [Dachselt et al., 2008] ist ein Beispiel für die Einschränkung von Facetten-Werten durch Zoomen auf den gewünschten Bereich, z.B. die Datenobjekte eines bestimmten Jahres oder die Musikalben eines bestimmten Genres.

Für die interaktive Suche und das Filtern großer Datenbestände stellten Smith et al. [2006] FACETMAP als Zoomable User Interface zur Visualisierung von Datenbeständen mit zahlreichen Metadaten vor. Metadaten-Facetten werden hier als Filter benutzt, um Anfragen an eine große Datenbank auszulösen. Das passiert nicht textuell, sondern durch visuelle, kombinierte Auswahl der entsprechenden Facettenwerte. Abb. 12.14 zeigt, wie Datenobjekte innerhalb jeder Metadaten-Facette – z.B. Autor, Person oder Typ – gruppiert werden. Je nach verfügbarem Platz repräsentieren die Blasen Datenobjekte, die gleiche Attributwerte besitzen. Neben dem Attributwert wird in den Blasen auch die Zahl der korrespondierenden Datenobjekte angezeigt.

Präsentationstools. Good und Bederson [2002] schlugen mit ihrem Toolkit COUNTERPOINT ein Zoomable User Interface zur verbesserten Erstellung und Präsentation konventioneller Folienpräsentationen vor. Folien lassen sich unterschiedlich ska-

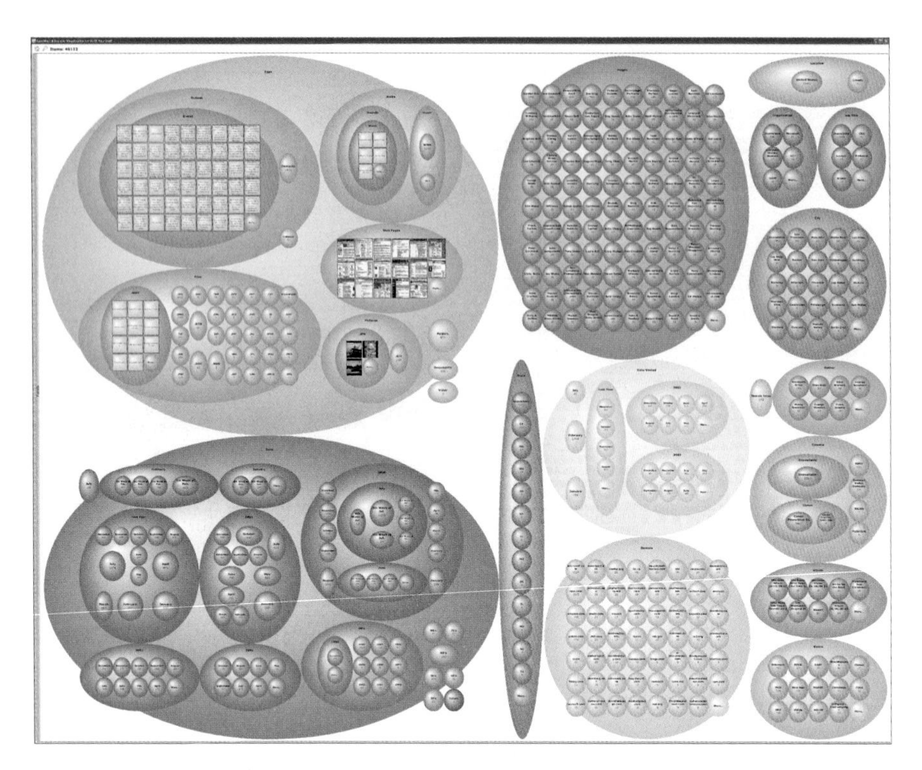

Abb. 12.14: FacetMap, ein ZUI zur interaktiven Filterung großer Datenbestände anhand von Metadaten-Facetten. Diese sind farblich kodiert und enthalten in den Blasen jeweils alle Datenobjekte, die diesen Facettenwert besitzen (mit freundlicher Genehmigung von Greg Smith und Mary Czerwinski, Microsoft Research).

lieren, zu semantischen Einheiten clustern und in einem multidimensionalen Raum anordnen. Während dieser Ansatz sich auf klassische rechteckige Folien beschränkt, die jedoch in nichtlinearer Weise präsentiert werden, geht das von Adam Somlai-Fischer und Peter Halacsy seit 2007 entwickelte zoombare Präsentationswerkzeug Prezi[6] einen Schritt weiter.

Beispiel. Bei PREZI besteht die Grundmetapher in einer Leinwand (ähnlich einer MindMap), auf der Texte und Medienobjekte in beliebiger Größe und Ausrichtung angeordnet sein können. Die Präsentation erfolgt dann in der Art, dass der Benutzer durch einen fixen Ansichtsrahmen auf einen Teil der Leinwand schaut, die „dahinter" gezoomt, verschoben und auch rotiert werden kann. Abb. 12.15 zeigt eine Beispielpräsentation, wo zunächst die gesamte Leinwand zu sehen ist. Die Kamera fährt dann im Schritt 2 an die unter

[6] http://prezi.com/

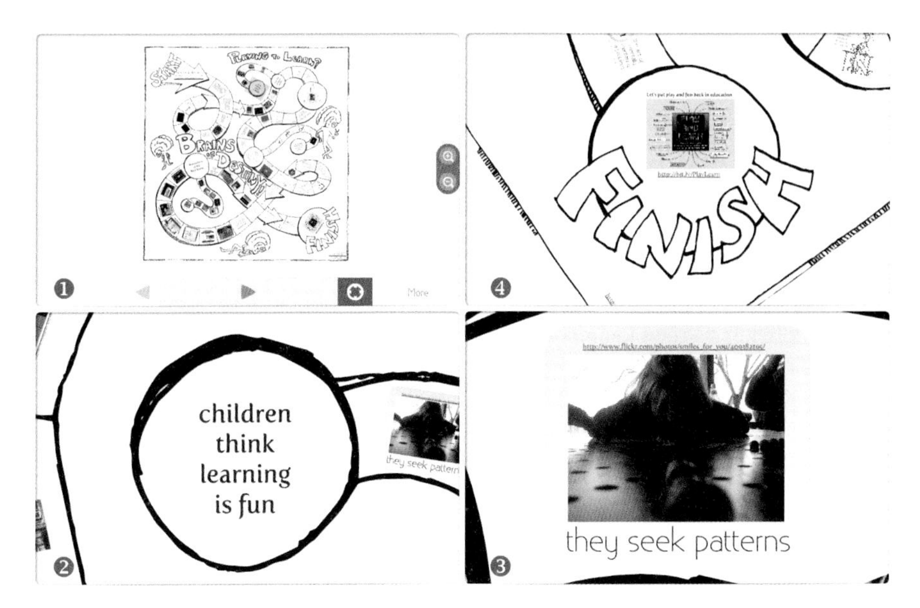

Abb. 12.15: Eine mit dem zoombaren Online-Präsentationstool PREZI erstellte Präsentation „Playing to Learn?“ in vier Ansichten. (1) Der gesamte Präsentationsraum mit eingeblendeten Navigationselementen. Darin ist der folgende Ausschnitt (2) bereits markiert. (2) – (4) Drei Detailansichten im Verlauf der Präsentation. Neben Zoomen wird auch Verschieben und Rotieren der Präsentationsfläche in animierter Weise unterstützt.

(1) grau markierte Stelle, vergrößert die Leinwand und rotiert sie. Im Schritt (3) ist eine Seitwärtsbewegung und leichte Rotation zum nächsten Präsentationsteil zu sehen, unter (4) dann die letzte „Folie“. Navigationselemente, wie sie in Abb. 12.15(1) zu sehen sind, erlauben die schrittweise und animierte Präsentation der vordefinierten Blickpunkte. Auch eine ganz freie Zoom/Pan-Navigation mit der Maus ist jederzeit möglich.

Das von Lichtschlag et al. [2009] vorgestellte kartenartige, zoombare Präsentationssystem FLY ähnelt dem Prezi-Ansatz. Zusätzlich wird noch semantisches Zoomen unterstützt. In einer Studie konnte in [Lichtschlag et al., 2009] auch nachgewiesen werden, dass Benutzer im Vergleich zu konventionellen Folienpräsentationen ihre mentalen Modelle einer Präsentation besser und freier umsetzen konnten.

Mobile Anwendungen. Zoomable User Interfaces spielen ihre Stärken vor allem auf mobilen Endgeräten aus, wo wenig oder kein Platz für zusätzliche Überblicks- oder Detaildarstellungen ist und sich die zeitlich aufeinanderfolgende Präsentation verschiedener Detailstufen als besonders sinnvoll erweist. Demzufolge existieren viele Anwendungen in diesem Bereich, manche sogar mit kommerziellem Erfolg. In seiner Doktorarbeit [Büring, 2007] widmete sich THORSTEN BÜRING der Zooming- und Panning-Interaktion auf mobilen Endgeräten. Ein Anwendungsfall war die Darstellung von Ergebnissen einer Datenbankanfrage in Form von Punktdiagrammen auf einem PDA. Diese wurden mit einer Funktion zum semantischen Zoomen erweitert, so dass ein animierter Übergang von Übersichts- zu Detailinformation möglich wurde. Abb. 12.19 zeigt eine Anwendung dieses ZUIScat-Konzeptes [Büring und Reiterer, 2005] für eine Filmdatenbank. In einer weiteren Anwendungsdomäne wurde für digitale Landkarten untersucht, wie die Kontrolle von Zooming und Panning mit Hilfe eines druckempfindlichen Stifts bzw. der Neigung des Gerätes parallelisiert werden kann.

Mit ZONEZOOM stellten Robbins et al. [2004] ebenfalls eine Zoomtechnik für Geovisualisierungen und andere Informationsräume vor, die jedoch für die Zifferntasten eines Smartphones optimiert wurde. Im Gegensatz zu vielen kontinuierlichen Zoomanwendungen lässt sich hiermit z.B. eine Landkarte in diskreten Schritten durch Nutzung der Tasten zoomen. Dabei wird die aktuelle Karte gitterförmig in neun gleich große Segmente unterteilt, denen Nummern zugeteilt werden. Drückt man dann die entsprechende Zifferntaste auf dem Mobiltelefon, wird der entsprechende Ausschnitt herangezoomt (Abb. 12.16). Durch Drücken der gleichen Taste gelangt man in die vorherige Zoomstufe, ein Betätigen der anderen Tasten löst ein Panning zum entsprechenden Ausschnitt aus.

Alle Übergänge sind animiert, wobei bei einem Panning automatisch kurzzeitig herausgezoomt wird, um die beiden beteiligten Segmente gleichzeitig zu sehen und damit die Orientierung zu erleichtern. Auch ein temporärer Ansichtswechsel in Form eines flüchtigen Seitenblicks wird durch längeres Drücken einer Taste unterstützt. Nach ihrem Loslassen wird wieder die Ausgangsansicht angezeigt.

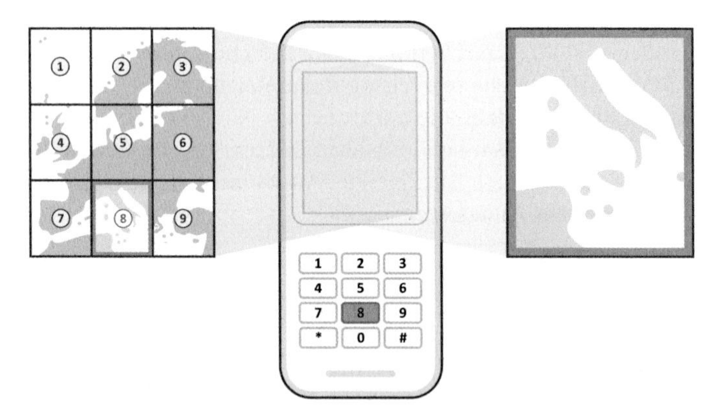

Abb. 12.16: Prinzipskizze des mobilen *ZoneZoom*-Interfaces [Robbins et al., 2004]. Ein Informationsraum wird durch Drücken der #-Taste in neun Segmente mit entsprechenden Nummern unterteilt, die sich durch Drücken der korrespondierenden Taste heranzoomen lassen.

Den größten kommerziellen Erfolg und eine echte Massenanwendung haben Zoomanwendungen wohl bisher auf Apples IPHONE[7] erzielt. Die bekannte, mit zwei Fingern ausgeführte Spreizgeste des Auf-und Zuziehens (engl. *Pinch Gesture*) erlaubt dabei das Zoomen in verschiedenen Anwendungen. So können Fotos vergrößert und verkleinert oder Webseiten relativ bequem gezoomt werden. Allerdings ist diese Geste praktisch unmöglich, wenn das Telefon in einer Hand gehalten wird und die andere nicht zur Verfügung steht. Als Alternative wird durch ein kurzes Doppelantippen mit einem Finger (analog zu einem Doppelklick) zu einer vordefinierten maximalen Zoomstufe herangezoomt. Die gleiche Interaktion führt auch wieder zur Ausgangsansicht zurück, Zwischenstufen sind jedoch nicht möglich. Panning wird auf die denkbar natürlichste Weise vorgenommen, durch direkte Manipulation mit einem Finger. Durch diese simplen und direkten Gesten unmittelbar auf dem Informationsraum (ohne zusätzliche Interfaceelemente) wird das „direkt" im Konzept der direkten Manipulation (siehe Abschn. 9.4) eigentlich erstmalig vollständig umgesetzt.

12.3.2 Space-Scale Diagramme als theoretisches Modell

Den vielfältigen Anwendungen liegen zu verallgemeinernde Konzepte bezüglich des Zoomings & Pannings zugrunde. Diese wurden von Furnas und Bederson [1995] in Form eines konzeptuellen Modells der Zoom/Pan-Navigation beschrieben, den sogenannten *Space-Scale Diagrammen*. Diese basieren auf dem Konzept, dass Informationsobjekte eines zoombaren Datenraums sowohl im zweidimensionalen Raum – z.B. auf einer Landkarte – als auch in einer Skalierungsdimension angeordnet sind. Im Falle von digitalen Karten bedeutet dies, dass Kartenausschnitte je nach Zoomstufe in verschiedenen Maßstäben bzw. Auflösungen vorliegen.

In Abb. 12.17 ist ein Space-Scale Diagramm für eine zoombare Landkarte dargestellt. Hier wird der gleiche geografische Ausschnitt auf der Skalierungsachse in verschiedenen Maßstäben dargestellt, im Bild sind vier diskrete Zoomstufen eingezeichnet. Dabei wird die Darstellung in jeder Ebene feiner aufgelöst – das Bild somit größer. Die kleinen Rahmen repräsentieren den aktuellen Bildschirmausschnitt, wobei das Fenster immer eine konstante Größe hat.

Navigation in diesem Diagramm bedeutet eine Verschiebung dieses Ansichtsrahmens. Wird er auf einer Ebene (XY) bei gleichbleibender Skalierung verschoben, handelt es sich um Panning (b). Wird der Rahmen entlang der Skalierungsdimension (Z) nach oben oder unten verschoben, bedeutet dies Zooming (a). In den höheren Ebenen werden mehr Details angezeigt, in den unteren ist durch die konstante Größe des Ansichtsrahmens mehr von der Landkarte zu sehen. Dabei liegt der Mittelpunkt eines Ansichtsrahmens auf jeder Zoomstufe immer auf dem gleichen Zoomstrahl. Nicht nur die Z-Achse selbst, sondern jeder vom Koordinatenursprung ausgehende Strahl beschreibt einen Zoomvorgang an dieser Stelle. Die Zoomstrahlen verlaufen

[7] http://www.apple.com/de/iphone/

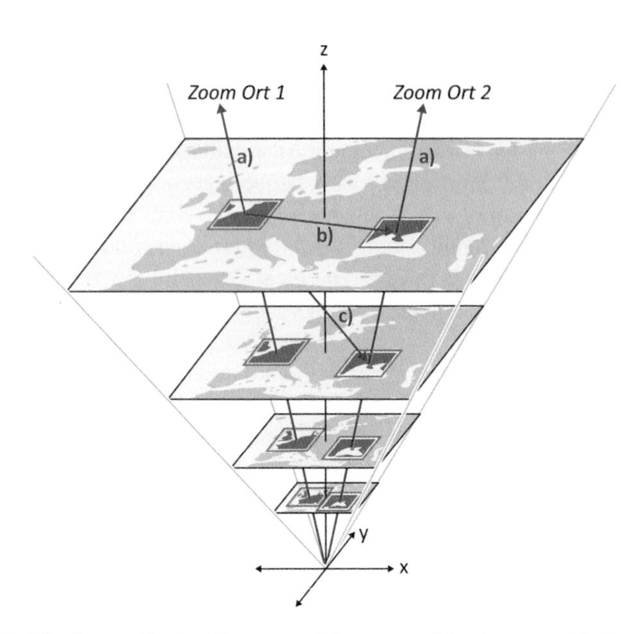

Abb. 12.17: Ein Space-Scale Diagramm [Furnas und Bederson, 1995]. Die Z-Achse ist die Skalierungsdimension, auf der ein- und derselbe Kartenausschnitt in zunehmend feinerem Maßstab dargestellt ist. Die Rahmen symbolisieren Ansichtsfenster konstanter Größe. Zooming wird mit Hilfe der Strahlen aus dem Ursprung beschrieben (a), Panning auf der gleichen Z-Ebene (b). (c) stellt eine Kombination aus Zooming und Panning dar.

somit nicht parallel zur Z-Achse. Ein Punkt in der Ebene wird also gedanklich zum Strahl, ein Kreis zum Kegelstumpf, eine Fläche zur Pyramide. Schließlich kann eine kombinierte Zoom-Pan-Interaktion durch Verschiebung des Rahmens sowohl in der Raumebene (XY) als auch in der Skalierungsdimension (Z) beschrieben werden (c). Mit diesem Modell lassen sich nicht nur Navigationskonzepte existierender Anwendungen verstehen, sondern auch neue zoombare Benutzungsschnittstellen konzipieren.

12.3.3 Semantisches Zooming

Da auf jeder höheren Zoomstufe auch eine größere Repräsentation des Datenraums vorliegt, stellt sich die Frage nach der jeweiligen Darstellung der Datenobjekte. Wird z.B. ein Textdokument herangezoomt, dann erhält man eine zunehmend größere Darstellung der einzelnen Buchstaben. Man erhält dabei Detailinformationen bei gleichzeitigem Verlust des Kontexts. Die kontinuierliche geometrische Skalierung eines Datenobjekts (Buchstabe, Straßenzug, Bildausschnitt...) ohne Änderung seiner grundsätzlichen Erscheinung nennt man *geometrisches Zoomen*. Dabei handelt es sich um eine automatische Vergrößerung oder Verkleinerung.

Häufig ist die reine Vergrößerung oder Verkleinerung eines Informationsraums jedoch wenig aufschlussreich. Das Kartenbeispiel in Abb. 12.12 (Seite 537) belegt das. Die in der Mitte angezeigte, vergrößerte Version des vorhergehenden Ausschnitts würde – selbst bei besserer Auflösungsqualität – wenig neue Informationen bringen. Die rechts dargestellte Kartenansicht auf der gleichen Zoomstufe zeigt hingegen eine detaillierte Ansicht, in der einzelne Straßen mit ihren Namen eingeblendet sind.

Definition 12.3. *Semantisches Zoomen* [Perlin und Fox, 1993] ist ein Konzept, bei dem für verschiedene Zoomstufen keine geometrisch skalierte Version eines Informationsobjekts, sondern unterschiedliche visuelle Repräsentationen genutzt werden. Je nach Zoomstufe bedeutet das, einem Objekt neue semantische Bestandteile hinzuzufügen, andere zu entfernen oder es auch komplett auszublenden. Dabei soll in Abhängigkeit von der aktuellen Größe ein Objekt immer mit maximaler semantischer Bedeutung repräsentiert werden.

Beispiele. Semantisches Zoomen im Bereich Softwarevisualisierung zeigt Abb. 12.18. Das Komponentendiagramm der Unified Modeling Language (UML) zeigt zunächst Komponenten in ihrer visuellen Standardsyntax. Beim kontinuierlichen Zoomen wird bei entsprechender Größe innerhalb einer Komponente der jeweilige Ausschnitt des Klassendiagramms dargestellt. Dabei sind Klassen nur als einfache Rechtecke mit ihrem Klassennamen repräsentiert. Beim weiteren Zoomen verschwinden Rechteck und Beschriftung der Komponente. Dafür werden weitere Details für jede Klasse in Form von Attribut- und Methodennamen eingeblendet.

Das ZuiScat-System ist ein Beispiel für Datenvisualisierung auf mobilen Endgeräten mit semantischem Zoomen [Büring und Reiterer, 2005]. Auf einem Personal Digital Assistant (PDA) werden die Ergebnisse einer Anfrage auf einer Online-Datenbank mit Film-DVDs in Form einer Scatterplotdarstellung visualisiert (Abb. 12.19). Filme der Ergebnismenge werden zunächst als kleine Rechtecke dargestellt. Bei Vergrößerung wird aus dem Rechteck ein kleines Filmdatenblatt, für das zunächst ein Filmposter und später weitere Metainformationen eingeblendet werden (siehe [Büring et al., 2006]).

Neben geometrischem und semantischem Zoomen sind weitere Zoomeffekte möglich [Furnas und Zhang, 1998]. Beim *begrenzten geometrischen Zoomen* haben Objekte eine minimale und eine maximale Darstellungsgröße. Erst ab einer bestimmten Größe ist es sinnvoll, sie überhaupt einzublenden, und spätestens, wenn die Bildschirmgröße überschritten wird, sollten sie nicht mehr angezeigt werden, um andere Objekte nicht zu verdecken. Das Erscheinen und Verschwinden eines Objekts sollte möglichst graduell erfolgen, so dass es nachvollziehbar ein- bzw. ausgeblendet wird.

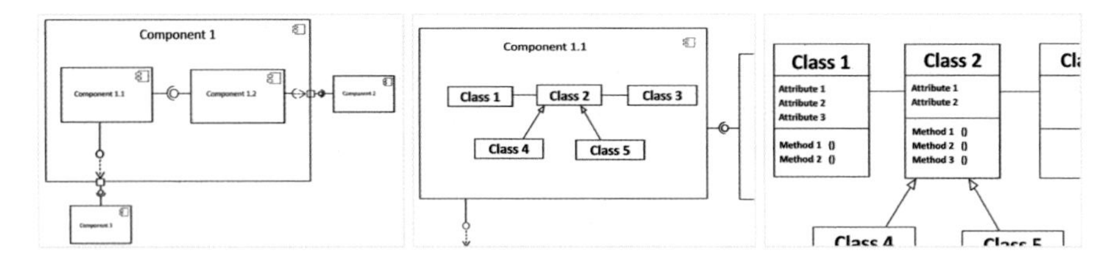

Abb. 12.18: Semantisches Zoomen am Beispiel eines UML-Komponentendiagramms, dessen Komponenten beim Heranzoomen Teile eines Klassendiagramms in verschiedenen Detaillierungsstufen enthalten.

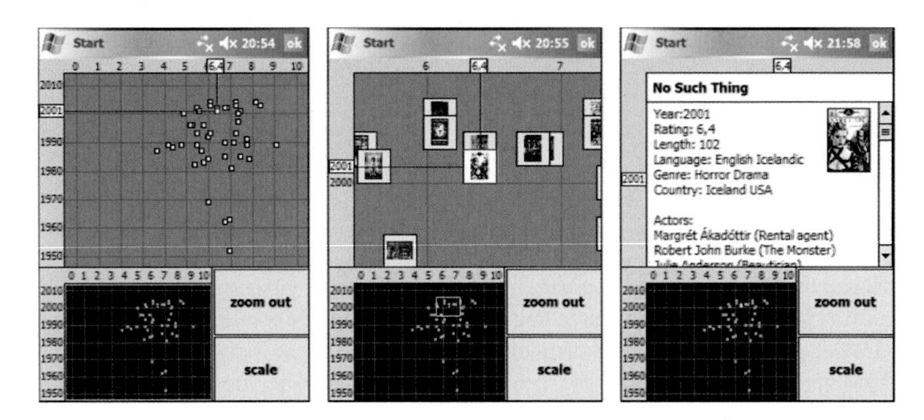

Abb. 12.19: Semantisches Zoomen auf einem mobilen Endgerät. Ergebnisse einer Anfrage auf einer Filmdatenbank werden als Scatterplot angezeigt. Beim Zoomen verändert sich die Darstellung, und nach einem Bild werden auch weitere Metainformationen eingeblendet (Quelle: [Büring, 2007], mit freundlicher Genehmigung von Thorsten Büring, Universität Konstanz).

Beim *Zoomen mit fixierter Größe* wird ein Informationsobjekt unabhängig von der aktuellen Zoomstufe immer gleich groß dargestellt. Das ist z.B. für Symbole auf einer Landkarte typisch, die nicht zu groß werden sollen, oder auch für Straßen, die eine bestimmte Größe nicht unterschreiten sollten. Auch ein *Anti-Zooming* ist möglich, das heißt die Verkleinerung eines Objekts beim Heranzoomen. Das kann z.B. für eine Beschriftung sinnvoll sein, die nur bis zu einer bestimmten Zoomstufe hilfreich ist und dann kleiner werden kann. Natürlich lassen sich auch weitere Kombinationsmöglichkeiten finden, die sich aber letztlich unter dem Begriff des *semantischen Zoomens* zusammenfassen lassen.

Das semantische Zoomen ist ein wesentliches Konzept, das nicht nur bei Informationsvisualisierungen eine Rolle spielt. Häufig wird es in Kombination mit geometrischem Zoomen eingesetzt. Beispielsweise bieten auch aktuelle Dateibrowser verschiedene Detaillierungsstufen der Icons bzw. Vorschaubilder von Dateien an, bei denen neben einer geometrisch skalierten Ansicht des Vorschaubildes auch zusätzliche Metainformationen ein- oder ausgeblendet werden.

Im Gegensatz zum geometrischen Zoomen läuft semantisches Zoomen nicht automatisch durch Vergrößerung oder Verkleinerung von Objekten ab, sondern muss sorgfältig vom Anwendungsentwickler geplant werden. Das betrifft die Zahl der verschiedenen Zoomstufen, was auf jeder Stufe an neuen Informationen dargestellt oder weggelassen wird und die Art des Übergang zwischen den verschiedenen Repräsentationen. Dass es sich dabei um keine triviale Aufgabe handelt, sieht man am Beispiel von aktuellen Geovisualisierungen, wo Straßennamen manchmal unpassend verschwinden oder gar nicht erst angezeigt werden, obwohl genügend Platz dafür da wäre. Mit MuSE wurde von Furnas und Zhang [1998] ein Multiskaleneditor vorgestellt, der das Problem der Erstellung geeigneter Zoomstufen unterstützt.

12.3.4 Animation und automatisches Zooming

Bei Zoomable User Interfaces werden typischerweise Zooming- und Panning-Handlungen vom Benutzer gemischt verwendet. Soll beispielsweise der aktuelle Kartenausschnitt der Stadt Magdeburg bei hoher Zoomstufe auf Straßenniveau derart verändert werden, dass nun die Stadt München auf der gleichen Zoomstufe fokussiert wird, könnte man dies mit einer sehr großen Anzahl von Panning-Interaktionen erreichen. Dabei wäre die Wahrscheinlichkeit jedoch hoch, dass der Benutzer die Orientierung verliert. Erfolg versprechender ist eher eine Strategie des Herauszoomens bis zu der Zoomstufe, auf der beide Städte gleichzeitig zu sehen sind, gefolgt von einem Panning, das München als Zielort in das Zentrum rückt, und einem erneuten Heranzoomen bis auf Straßenniveau. Mit Hilfe der Space-Scale-Diagramme lassen sich solche kontinuierlichen Interaktionen als Zoom-/Pan-Trajektorien im Raum beschreiben.

Häufig werden Übergänge zwischen zwei verschiedenen Ausschnitten eines zoombaren Informationsraums jedoch auch automatisch vorgenommen. Im einfachsten Fall wird ein reines Zooming vom Computer ausgeführt. Eine früher häufig aus Performancegründen angewandte Strategie ist die des *Jump Zoomings*, bei der ein Wechsel zwischen zwei Zoomstufen abrupt erfolgt. Eine derartige Transformation erfordert eine Neuorientierung des Benutzers und ist daher kognitiv schwierig nachzuvollziehen.

Günstiger und häufiger angewandt wird animiertes Zooming, bei der der Übergang zwischen Start- und Zielansicht weich erfolgt und damit verständlicher ist (siehe z.B. [Bederson und Boltman, 1999]). Dies ist ein wichtiges Prinzip, das nahezu alle neueren Lösungen unterstützen. Da während der Animation keine Nutzerinteraktion vorgenommen werden kann, sollte eine sinnvolle Animationszeit eingehalten werden, wobei sich Werte zwischen 0,3 und 1 Sekunde bewährt haben [Bederson und Boltman, 1999, Cockburn et al., 2008]. Neben verschiedenen Faktoren, wie z.B. der Anwendungsdomäne, hängt die optimale Zeit auch von der Distanz der Ansichten, also z.B. dem Unterschied der beiden Zoomstufen, ab. Bederson und Boltman

[1999] empfehlen eine kurze Animation auch für einfache Navigationsbewegungen in einem Dokument, wie sie z.B. beim seitenweisen Scrollen durch Drücken der *Seite hoch/runter* - Tasten ausgelöst werden.

Während Zooming und Panning vom Benutzer traditionell sequenziell kombiniert werden, lassen sie sich mithilfe des Computers auch parallel kontrollieren. Da Panning eine lineare Verschiebung darstellt, Zooming jedoch eine logarithmische Ausschnittsänderung, muss eine sorgfältige Balance zwischen automatisierten Zoom- und Pan-Aktionen erfolgen, um Benutzer nicht zu verwirren. Für komplexere automatisierte Ansichtsveränderungen benötigen sie häufig visuelle Orientierungshilfen, um Verständnis und Orientierung aufrecht erhalten zu können. van Wijk und Nuij [2004] haben dafür ein Berechnungsmodell vorgestellt, das animierte Transitionen zwischen beliebigen Ansichten eines zoombaren Informationsraums optimiert. Damit wird der optische Fluss[8] bei einer Bewegung entlang der Zoom-Pan-Trajektorie zwischen zwei bekannten Punkten im Space-Scale-Diagramm reduziert.

Kombinierte Zoom/Pan-Kontrolle. Um einem Benutzer auch manuell das gleichzeitige Zooming und Panning zu ermöglichen, existieren zwei Forschungsrichtungen [Cockburn et al., 2008]. *Einerseits* kann die parallele Kontrolle von Zoom- und Pan-Handlungen durch explizite Nutzerinteraktionen erfolgen. Dies ist z.B. durch zweihändige Interaktion möglich, wie sie aktuelle Multitouch-Tabletops bieten. Während eine Hand eine Zoomgeste ausführt, bewegt die andere den Informationsraum mit einer Panning-Geste. Auch einhändige Varianten sind möglich, z.B. das von Ramos und Balakrishnan [2005] vorgestellte *Zliding* mit Hilfe eines digitalen Stiftes, d.h. drucksensitiven Stylus. Druck wird dabei zum Zoomen verwendet und eine Verschiebung zum Panning.

Auch mit der Maus ist eine einhändige Zoom/Pan-Kontrolle möglich, indem die Bewegung eines Mauscursors in die separate Y- und X-Komponente aufgeteilt wird. Beim ORTHOZOOM SCROLLER von Appert und Fekete [2006] bewirkt eine Bewegung entlang der Y-Achse eines Textdokuments traditionelles 1D-Panning bzw. Scrolling. Bewegt man die Maus jedoch gleichzeitig entlang der Y-Dimension, verändert sich die Zoomstufe des dargestellten Dokuments. Durch die einhändige Kombination von Zooming und Panning lassen sich Zeigeaufgaben im Zusammenhang mit dem Aufsuchen von Zielpositionen in eindimensionalen Dokumenten sehr effizient erledigen [Appert und Fekete, 2006].

Andererseits können Computer Zooming und Panning auch automatisch kombinieren, indem sie die jeweils andere Dimension als Reaktion auf Nutzerinteraktionen berechnen. Klassisches Beispiel ist das von Igarashi und Hinckley [2000] vorgestellte *Speed-dependent Automatic Zooming* (SDAZ) (siehe Abschn. 8.4.1). Abb. 12.20 zeigt das Grundkonzept für die Navigation in einem Textdokument: schnelles und ausgiebiges Panning (d.h. Scrolling) führt zu automatischem Zoomen, um Desorientierung zu vermeiden. Wenn der Benutzer sehr langsam scrollt, wird das Dokument in Originalgröße gezeigt. Je mehr die Scrollrate erhöht wird,

[8] Der optische Fluss (engl. *Optical Flow*) ist die scheinbare Bewegung von Objekten einer Szene, die durch die relative Bewegung eines Beobachters im Verhältnis zur betrachteten Szene (z.B. einem Dokument) entsteht.

umso mehr wird aus dem Dokument herausgezoomt, um einen starken visuellen Fluss zu vermeiden und um die Pixelrate für eine Bewegung den menschlichen Wahrnehmungsgrenzen anzupassen. Der Algorithmus setzt dabei um, dass $Geschwindigkeit \times Zoomstufe = konstant$ bleiben.

Eine Kombination mit semantischem Zoomen hat sich als besonders wirkungsvoll erwiesen, und die Technik war Ausgangspunkt mehrerer Folgearbeiten. Wenngleich sich SDAZ als effizienter im Vergleich zu traditionellem Scrolling erwiesen hat, zeigten Appert und Fekete [2006] die Überlegenheit von ORTHOZOOM mit seiner parallelen und manuell-einhändigen Zoom/Pan-Kontrolle für große Textdokumente.

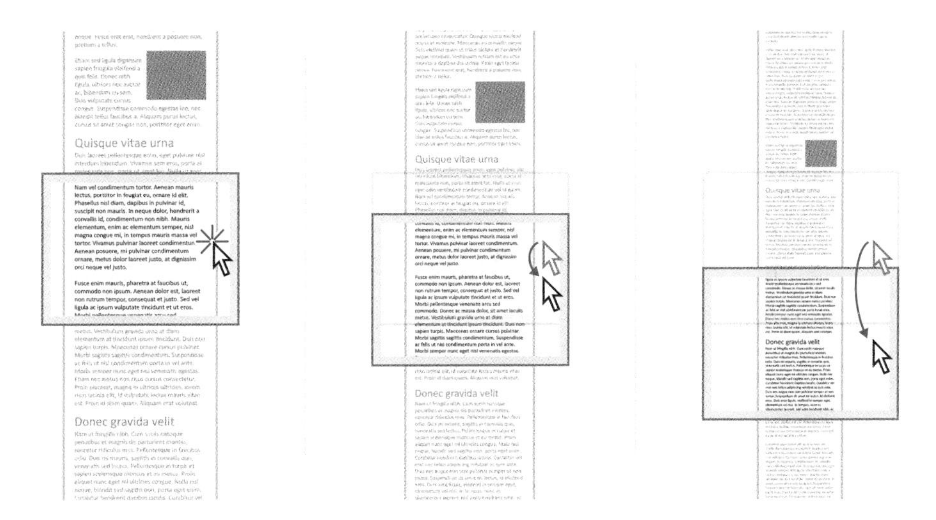

Abb. 12.20: Das Konzept des Speed-dependent Automatic Zoomings [Igarashi und Hinckley, 2000]: bei einer Pan-Bewegung wird ein Textdokument in Abhängigkeit von der Distanz des Cursors vom Ursprungspunkt (d.h. der Geschwindigkeit) unterschiedlich skaliert.

12.3.5 Evaluation und Bewertung

Zoomable User Interfaces sind ein leistungsfähiges Mittel, um große Informationsräume navigierbar und in verschiedenen Detaillierungsstufen explorierbar zu machen. Der kontinuierliche Übergang zwischen Detail- und Kontextansichten, die nacheinander im selben Raum präsentiert werden, die Nutzung von semantischem Zoomen und eine weiche Animation zwischen den Ansichten sind dabei wichtige Konzepte. Zwar sind einfache Zoom- und Pantechniken seit langem in modernen Benutzungsschnittstellen anzutreffen, die Darstellung der Anwendungsmöglichkeiten in Abschn. 12.3.1 macht aber deutlich, dass deren Potenzial noch nicht voll ausgeschöpft wird.

Das liegt auch an den inhärenten Schwächen des Konzeptes. Nach dem Heranzoomen verlieren Benutzer häufig den Überblick, weil ihnen der Kontext verloren geht und die Orientierung schwerer fällt. Ein weiteres Problem besteht in der schlechten Ausnutzung des räumlichen Gedächtnisses des Menschen, da die Position von gesuchten Zielobjekten je nach aktueller Zoomstufe und Verschiebung immer unterschiedlich sein kann. Das betrifft insbesondere das Wiederaufsuchen bereits bekannter Objekte bzw. Ziele im Datenraum [Cockburn et al., 2008].

Eine mögliche Lösung dieses Problems bietet die Verknüpfung von Zooming und Panning mit Überblicksansichten. Ein Beispiel dafür ist mit ZUISCAT in Abb. 12.19 zu sehen. Während im oberen Teil der Zoombereich zu sehen ist, stellt eine permanent angezeigte Übersicht im unteren Teil den gesamten Scatterplot mit einem gelben, zum aktuellen Zoomausschnitt korrespondierenden Rahmen dar. Allerdings schränken Überblicksansichten auf mobilen Endgeräten den für die Detailansicht zur Verfügung stehenden Raum beträchtlich ein, womit ihr Vorteil sogar aufgehoben werden kann, wie eine Nutzerstudie für PDAs belegte [Büring et al., 2006].

In einer Vergleichsstudie, die für verschiedene Interfacetypen die motorischen Fähigkeiten und Wahrnehmungsfähigkeiten bei der visuellen Suche untersuchte, fanden Pietriga et al. [2007] heraus, dass ein reines Zoomable User Interface am wenigsten effizient für die Suche eines bestimmten Objekts war. In Kombination mit einer Overview & Detail-Darstellung jedoch wurde die beste Performanz gegenüber den anderen Techniken erzielt. Einen guten Überblick zu existierenden Studien bietet [Cockburn et al., 2008]. Weitere sind notwendig, um Effekte insbesondere bei der Kombination von Detail- und Kontexttechniken für unterschiedliche Aufgaben besser zu verstehen. Trotz kleinerer Nachteile für bestimmte Aufgabentypen sind Zoomable User Interface ein mächtiges und erfolgreiches Konzept, dessen Anwendung in modernen Benutzungsschnittstellen nicht mehr wegzudenken ist. In Analogie zu den frühen Fenstersystemen, bei denen Benutzer zu viel Zeit mit den Fenstern statt ihren eigentlichen Interaktionsaufgaben zubrachten, sind auch hier künftig Lerneffekte und Verbesserungen zu erwarten.

12.4 Fokus- und Kontexttechniken

Die bisher vorgestellten Techniken zur Präsentation von Detailansichten und kontextuellen Zusammenhängen haben entweder den zur Verfügung stehenden Anzeigeplatz zur getrennten Darstellung genutzt (*Overview & Detail*) oder eine zeitlich getrennte Präsentation beider Detaillierungsstufen vorgenommen (*Zoomtechniken*). Bei *Fokus & Kontext* hingegen findet weder eine räumliche noch zeitliche Trennung statt, dafür aber eine simultane Anzeige durch zumeist nahtlose Integration beider Teile im selben Bildraum.

Wenn man beispielsweise bei einer Landkarte von einem großen Maßstab aus heranzoomt, muss man durch die zeitliche Entkopplung die kontextuellen Informationen im Kopf behalten oder gegebenenfalls wieder herauszoomen, um sich an die aktuelle Lage zu erinnern. Bei Überblicksdarstellungen ist der Kontext permanent sichtbar, erfordert aber durch die getrennte Darstellung einen häufigen Aufmerksamkeitswechsel und eine stetige Neuorientierung zwischen beiden Ansichten. Bei der simultanen Anzeige einer vergrößerten Ansicht (Fokus) inmitten eines visuellen Kontexts wird hingegen ein *nahtloser* Übergang erreicht. Folgende Lösungsmöglichkeiten zur Fokussierung von Teilen eines großen Informationsraums bei gleichzeitiger Darstellung des Kontexts werden in den folgenden Abschnitten diskutiert:

- *Informationshervorhebung.* Bei gleichbleibendem Darstellungsraum werden einzelne Objekte visuell hervorgehoben, um den Fokus der Aufmerksamkeit darauf zu lenken (Abschn. 12.4.1; siehe Abb. 12.21 (b)). Techniken zur Informationshervorhebung werden auch als *Cue Methods* bezeichnet [Kosara et al., 2001].
- *Informationsunterdrückung.* Bei der Informationsunterdrückung (engl. *Suppression*) werden unwichtige Informationen im Kontextbereich weggelassen, um wertvollen Anzeigeplatz zu sparen (Abschn. 12.4.1; siehe Abb. 12.21 (c)).
- *Verzerrung durch mehrstufige Ansichten.* Bei Verzerrung (engl. *Distortion*) von Teilen eines Informationsraums werden in der Fokusansicht Details präsentiert, während in der Peripherie kleinere Kontextansichten angezeigt werden. Ist der Maßstab innerhalb von Detail und Kontext zwar unterschiedlich, aber konstant, handelt es sich um mehrstufige Ansichten mit diskreten Vergrößerungsschritten (Abschn. 12.4.2; siehe Abb. 12.21 (d)).
- *Kontinuierliche Verzerrung.* Dabei ist die Verkleinerung vom Zentrum der Aufmerksamkeit aus kontinuierlich, was mit der Metapher eines Fischauges (sehr weitwinkliges Fotoobjektiv) beschrieben werden kann (Abschn. 12.4.3; siehe Abb. 12.21 (e)). Die Verzerrungsmethoden zur Lösung des Fokus- und Kontextproblems werden auch als *räumliche Methoden* bezeichnet [Kosara et al., 2001].
- *Interaktive magische Linsen (Magic Lens).* In Form eines zumeist runden oder rechteckigen Ansichtfensters werden Detailinformationen innerhalb des gesamten Kontext angezeigt (Abschn. 12.4.4; siehe Abb. 12.21 (f)). In den Linsen können sämtliche zuvor aufgeführten Techniken dargestellt werden, z.B. eine verzerrte oder vergrößerte Ansicht, veränderte visuelle Attribute oder eine gefilterte Menge von Datendimensionen. Kosara et al. [2001] sprechen daher auch von *dimensionalen Methoden* zur Lösung des Fokus- und Kontextproblems.
- *Offscreen-Techniken.* Eine Möglichkeit, wichtige, aber außerhalb des Bildschirmbereichs liegende Datenobjekte trotzdem als Kontext innerhalb der raumfüllenden Fokusanscht darzustellen, besteht darin, sie als Stellvertreterobjekte in die Detailansicht zu integrieren (Abschn. 12.4.5).

Fokus- und Kontexttechniken sind ein seit Anfang der Achtziger Jahre gründlich erforschter Bereich. Eine der ersten Systematiken für bis dahin existierende Präsentationstechniken wurde von Noik [1994] vorgestellt. Folgende grundsätzliche Aspekte sind dabei von Bedeutung (siehe auch [Cockburn et al., 2008]):

- *Selektive Präsentation vs. Verzerrung von Datenobjekten:* Je nach Interesse eines Benutzers an bestimmten Datenobjekten oder Teilgebieten des Informati-

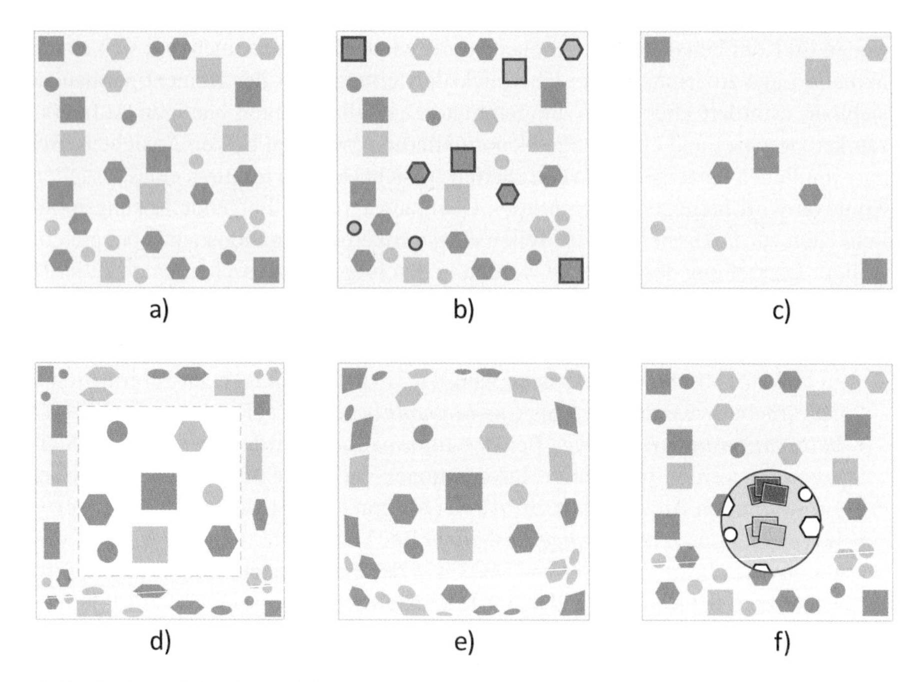

Abb. 12.21: Prinzipvergleich verschiedener Fokus- und Kontexttechniken: a) ohne, b) visuelle Hervorhebung, c) Informationsunterdrückung, d) mehrstufige Verzerrung, e) kontinuierliche Verzerrung, f) magische Linse.

onsraums werden diese *überhaupt* dargestellt oder *verzerrt* (Änderung von Position und Skalierung).

- *Systemkontrollierter vs. interaktiver Fokus & Kontext:* Manche Systeme versuchen das Fokusinteresse des Benutzers anhand der Cursor - oder Augenposition zu ermitteln und reagieren entsprechend; andere erlauben die interaktive Manipulation der Fokusregion.
- *Einzelfokus vs. mehrere Fokuspunkte:* Die meisten Techniken unterstützen nur einen Fokuspunkt bzw. ein Fokusgebiet; andere unterstützen eine beliebige Anzahl von gleichzeitig dargestellten.

Nach diesem Überblick sollen in den folgenden Abschnitten nun einzelne Konzepte, Techniken und Anwendungsbeispiele näher erläutert werden.

12.4.1 Informationshervorhebung und -unterdrückung

Zwei einfache Präsentationsmöglichkeiten existieren, die nicht auf der räumlichen Positionierung oder Verzerrung von Informationsobjekten basieren und sich somit auch mit den weiter unten vorgestellten Techniken kombinieren lassen. Das ist einerseits die Informationsunterdrückung, d.h., *ob und welche* Objekte in Abhängigkeit vom Interesse des Benutzers überhaupt dargestellt werden. Andererseits können Techniken zur visuellen Hervorhebung von Informationen beeinflussen, *wie* ein Objekt fokussiert wird, ohne dass es räumlich verändert wird.

Visuelle Hervorhebung. Beim Beispiel einer Geovisualisierung und bei vielen anderen Informationsräumen sind Verzerrungen weniger günstig, weil sie die mentale Karte (siehe Abschn. 3.2.3) eines Benutzers zerstören könnten [Kosara et al., 2001]. Trotzdem müssen bestimmte Objekte oder Orte – häufig als Resultat bestimmter Suchanfragen – geeignet fokussiert werden. Dies können Restaurants sein, die einem bestimmten Kriterium genügen, oder auch Flurstücke, die eine Bebauung erlauben. Für derartige Hervorhebungen steht die gesamte Palette visueller Attribute zur Verfügung, insbesondere jedoch Farbe, Helligkeit, Form und andere Eigenschaften, die sich präattentiv wahrnehmen lassen (siehe Abschn. 2.2.2).

Kosara et al. [2001] schlagen mit *Semantic Depth of Field* eine interessante Alternative zur Hervorhebung vor, die auf dem Konzept der Tiefenschärfe in der Fotografie basiert. Auf Fotos werden Personen oder Objekte oft dadurch in den Fokus gerückt, dass sie scharf vor einem unscharfen Hintergrund (dem Kontext) abgebildet sind. Dieses Prinzip lässt sich auf Informationsvisualisierung übertragen, wobei wichtige Informationen (z.B. Objekte, die einem Suchkriterium genügen) durch Verunschärfung des restlichen Informationsraums betont werden (Abb. 12.22). Unschärfe lässt sich ebenfalls präattentiv wahrnehmen und kann ähnlich effektiv wie Farbe eingesetzt werden.

Abb. 12.22: Konzept des *Semantic Depth of Fields* [Kosara et al., 2001] am Beispiel eines 3D-Informationsraums. Links: normal dargestelltes Schachbrett. Rechts: Durch Unschärfe der restlichen Figuren sind der weiße Springer und die Figuren, die ihn bedrohen, hervorgehoben (mit freundlicher Genehmigung von Robert Kosara, TU Wien).

Informationsunterdrückung. Häufig haben nicht alle Datenobjekte oder Gebiete innerhalb eines Informationsraums die gleiche Bedeutung. Die weniger wichtigen können deshalb auch weggelassen werden. GEORGE W. FURNAS hat sehr grundlegende Beiträge zur Fokus- und Kontextforschung geleistet und mit seiner *Degree* *of Interest* - Funktion (DOI) eine formale Basis für Informationsunterdrückung geschaffen [Furnas, 1986]:

$$DOI(a|b) = API(a) - D(a,b)$$

Der Grad des Interesses an einem beliebigen Datenobjekt a wird demnach als Funktion seiner A-priori-Bedeutung (*a priori importance*, API) und seiner räumlichen oder semantischen Distanz (D) zum aktuellen Fokus des Nutzerinteresses (b) ausgedrückt. Das Maß DOI drückt somit aus, wie stark interessiert ein Benutzer daran ist, Objekt a zu sehen, wenn der gegenwärtige Fokuspunkt b ist. Datenobjekte werden entfernt, wenn ihr DOI-Wert unter einen bestimmten Schwellwert fällt. FURNAS beschrieb auch die Anwendung dieser Formel auf verschiedene Visualisierungsdomänen, darunter auf Programmcode. Die Codebestandteile mit geringem DOI werden dabei automatisch von der Darstellung entfernt.

In manueller Form hat sich dieses Konzept in allen modernen Entwicklungsumgebungen durchgesetzt, wo Codeblöcke ein- und ausgeklappt werden können (engl. *code folding*). Auch die Gliederungsansicht in Microsoft Word erlaubt ein interaktives Ein- und Ausklappen beliebiger Textpassagen. Ein weiteres Beispiel für Informationsunterdrückung ist der im Abschn. 11.3.5 vorgestellte Degree-of-Interest Tree (siehe Abb. 11.29 auf Seite 494).

FURNAS' DOI-Funktion bestimmt, *welche* Informationen überhaupt angezeigt werden sollen. Ein Großteil der nachfolgenden Forschungsarbeiten hat sich vor allem damit beschäftigt, *wie* diese Informationen angezeigt werden. Die nächsten beiden Abschnitte präsentieren wichtige Verzerrungstechniken.

12.4.2 Verzerrung: Mehrstufige Ansichten

Bei den Fokus- und Kontexttechniken, die Verzerrung nutzen [Leung und Apperley, 1994], wird die Geometrie einer Anzeige so geändert, dass wichtige Informationen vergrößert werden, ohne dass der weniger vergrößerte (meist bewusst verkleinerte) Kontext verloren geht.

Bifokale Ansichten. Die erste Visualisierung dieser Art wurde von Spence und Apperley [1982] mit dem *Bifocal Display* vorgestellt. Als Metapher diente ein langer Papierstreifen, auf dem Informationsobjekte (Mails, Notizen, Aufgaben. . .) angeordnet sind. Nur ein kleiner Ausschnitt davon kann in voller Größe (Fokus) gesehen werden, die Teile links und rechts davon werden in komprimierter Form (Kontext) dargestellt (Abb. 12.23, links). Bewegt man den Streifen, gelangen Objekte aus der Kontextregion in den Fokus. Die schematische Darstellung für ein regelmäßiges Gitter in Abb. 12.23 (rechts) zeigt die klar getrennten, diskreten Vergrößerungsstufen des Fokus- und Kontextbereichs.

Anwendung finden bifokale Ansichten z.B. auch in Benutzungsschnittstellen moderner Betriebssysteme. In Abb. 10.11 auf Seite 398 ist der Listendialog „Software" der Windows-Systemsteuerung zu sehen. In einer Liste werden sämtliche installierten Programme jeweils in einer Zeile dargestellt (Kontext). Für die aktuelle Auswahl (Fokus), d.h. ein selektiertes Programm, wird eine mehrzeilige Darstellung mit Detailinformationen angeboten. Die Entscheidung, welche Details von Datenobjekten in der Kontextregion noch angezeigt werden, muss von Anwendung zu Anwendung neu getroffen werden. Wichtig ist, dass ihre Existenz gut wahrgenommen werden kann und sie auch identifiziert werden können [Spence, 2007]. Beides ist im genannten Beispiel problemlos möglich, weil die Kompression auf eine Zeile für jeden Listeneintrag genügend Platz zur Verfügung stellt.

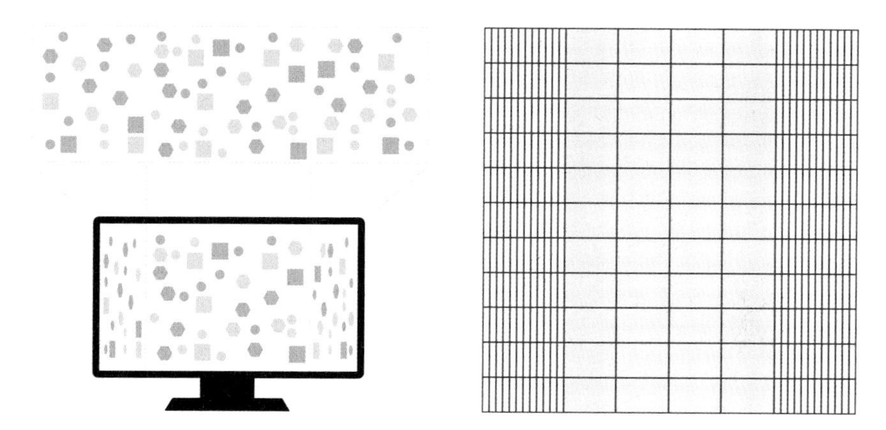

Abb. 12.23: Prinzipskizze bifokaler Ansichten. Ein Informationsraum wird in eine rechteckige, zentrale Fokusregion und zwei periphere Kontextregionen aufgeteilt, deren Skalierung konstant ist.

Tabellenanwendungen. In den genannten Beispielen wird die Abstufung jeweils nur in eine Richtung vorgenommen. Natürlich lassen sich mehrstufige Verzerrungen auch in X- und Y-Richtung kombiniert anwenden. Die Anwendung des Fischaugen-Konzepts auf Tabellen wird bereits von Furnas [1986] beschrieben. Eine bekannte Implementierung dieser Idee ist die von Rao und Card [1994] vorgestellte Fokus- und Kontexttechnik *Table Lens*. Multivariate Daten liegen häufig in Tabellenform vor, wobei ein Datensatz als Zeile und seine Attribute in den Spalten dargestellt werden. Bei typischen Datensätzen wird somit schnell Scrollen in beide Dimensionen notwendig, zudem lassen die textuell dargestellten Zahlenwerte kein einfaches erkennen von Trends, Attributkorrelationen etc. zu.

Table Lens nutzt zunächst die Idee der Verkleinerung einer Zeile auf Pixelgröße, gekoppelt mit einer farbigen Balkendarstellung des jeweiligen Attributs (Abb. 12.24). So ergibt sich für jedes Attribut ein Balkendiagramm, und Korrelationen lassen sich gut erkennen. Dem Wunsch nach Ansicht von Details bzw. dem Ablesen exakter Werte wird durch die Möglichkeit des Ausklappens gewünschter Datensätze (Fokus) nachgekommen. Gleichzeitig sieht man die anderen Datensätze als Kontextinformationen in ihrer kompakten Visualisierung. Wie in Abb. 12.24 zu sehen ist, sind auch *multiple Fokusregionen* möglich. Auch Spalten lassen sich expandieren, so dass Attribute detaillierter betrachtet werden können. Zusammen mit anderen Interaktionsmöglichkeiten, wie dem einfachen Umsortieren der Zeilenreihenfolge in Abhängigkeit von einem Attribut, steht ein mächtiges Analysewerkzeug für komplexe multivariate Datensätze zur Verfügung, das auch in Form professioneller Software (SAP Business Objects) Anwendung findet.

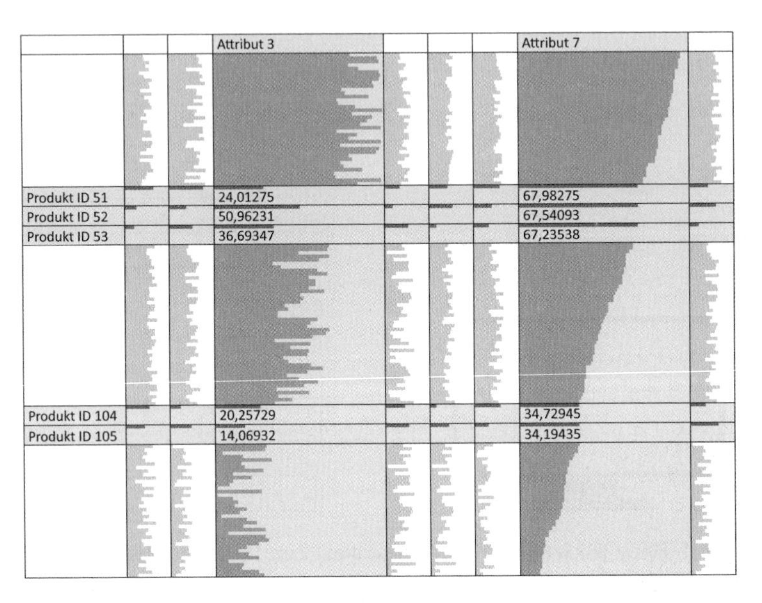

Abb. 12.24: Die Table Lens-Technik zur Visualisierung großer Datentabellen bietet die Möglichkeit, einzelne Datensätze als Fokuszeilen auszuklappen, während die meisten in Form pixelgroßer Balkendiagramme komprimiert dargestellt werden [Rao und Card, 1994]. Auch die Größe von Spalten lässt sich anpassen, um bestimmte Attribute zu fokussieren. Durch Anklicken eines Attributs lassen sich die Datensätze entsprechend sortieren.

Mit DATELENS [Bederson et al., 2004] wurde auch eine Kalenderanwendung für mobile Endgeräte vorgestellt, die ein sehr ähnliches Konzept – jedoch mit einer einzigen zentrierten Fokuszelle – verwendet. Das Klicken in eine verkleinerte Datumszelle am Rand bewirkt dabei, dass diese auf die Größe der Detailansicht in der Mitte gezoomt wird, während die bisher fokussierte Datumszelle als Kontext verkleinert wird. Da auch weitere Zoommöglichkeiten unterstützt werden, ist Table Lens damit ein Beispiel für die Kombination von Fokus-, Kontext- und Zoomtechniken.

Perspektivische Verzerrung. Die bisher in diesem Abschnitt besprochenen Techniken haben gemeinsam, dass sie eine Fokusregion mit konstanter Vergrößerung besitzen. Wie Objekte in der Kontextregion dargestellt werden, kann jedoch variiert werden. Während bei den obigen Beispielen ein klarer Wechsel der Zoomstufe am Übergang zwischen Fokus- und Kontextregion auftritt, werden mit der von Mackinlay et al. [1991] am Xerox Palo Alto Research Center entwickelten Technik *Per-*

spective Wall periphere Informationen mit zunehmendem Abstand vom Fokus des Betrachters auch zunehmend kleiner dargestellt. Abb. 12.25 zeigt, wie dies durch einfache Ausnutzung der Perspektive in den Kontextzonen erreicht wird.

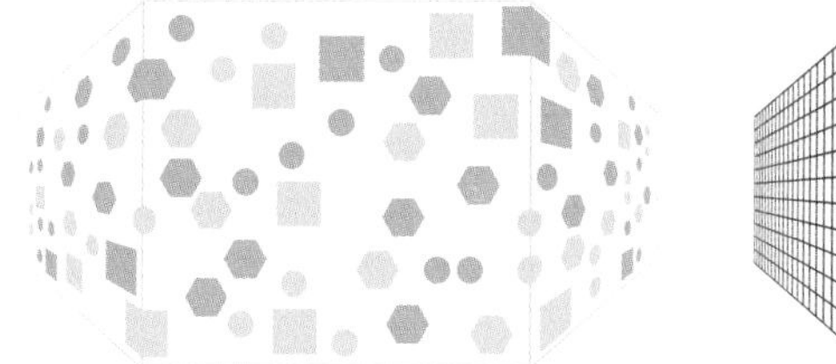

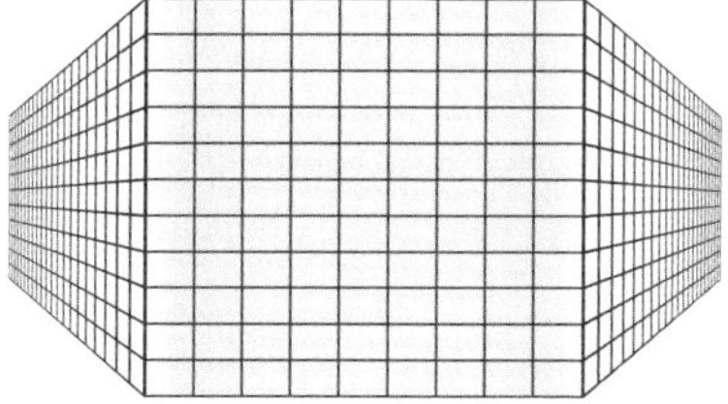

Abb. 12.25: Prinzipskizze der Fokus- und Kontexttechnik Perspective Wall [Mackinlay et al., 1991]. Während in der rechteckigen Fokusregion Datenobjekte in Originalgröße dargestellt sind, werden sie durch die perspektivische Wirkung der Kontextregionen an beiden Seiten zunehmend verzerrt.

Abb. 12.26: Bildergalerie im Internet unter Nutzung des Firefox-Plugins Cooliris Wall (http://www.cooliris.com/). Links eine perspektivische Darstellung der Bilder während des Durchblätterns, rechts in der Zoomansicht.

Anwendungsbeispiel. Bei der Webanwendung COOLIRIS WALL wird ein der Perspective Wall sehr ähnliches Prinzip für das dynamische Durchblättern von großen Online-Bildergalerien verwendet. Bilder sind als Matrix auf einer langen, theoretisch unendlichen Wand dargestellt. Wenn man diese Wand mit Maus oder Tastatur verschieben will, neigt sie sich immer mehr perspektivisch in den Raum (siehe Abb. 12.26, links). Je nach Richtung des Durchblätterns kippt sie zur entsprechenden Seite. Verlangsamt oder stoppt man die Interaktion, schwenkt sie wieder in die Frontalansicht und erlaubt somit erst eine detaillierte Ansicht der Bilder. Dafür steht auch die in der Abb. 12.26 (rechts) gezeigte Zoomansicht zur Verfügung.

Auch wenn die Technik durch gute Animation und ästhetische Qualität eine angenehme User Experience verspricht, bleibt beim Durchblättern doch häufig das Gefühl zurück, Bilder nicht gut genug erkennen zu können. Das ist darin begründet, dass in diesem Modus zwar eine perspektivische Kontextansicht genutzt wird, eine Fokusansicht jedoch fehlt. Betrachtet man beide Bilder in Abb. 12.26 noch einmal im gedachten Zusammenhang, so wird deutlich, dass eine Kombination von Fokus- und Kontextdarstellung – wie bei [Mackinlay et al., 1991] beschrieben – wohl günstiger wäre.

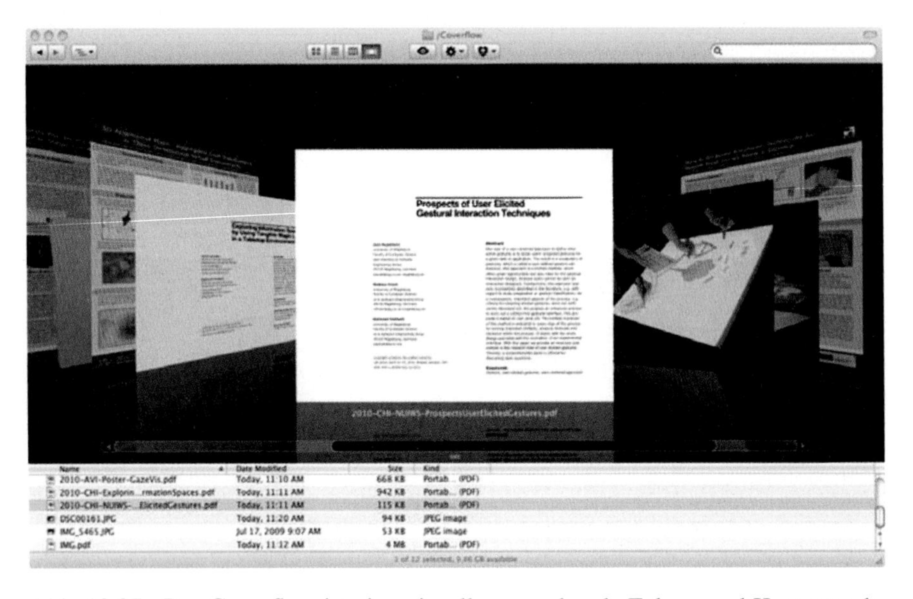

Abb. 12.27: Der Coverflow ist eine visuell ansprechende Fokus- und Kontexttechnik, die bei verschiedenen Apple-Softwareprodukten das Durchblättern von Bildern, Medienobjekten und beliebigen Dateivorschaubildern erlaubt.

Die wahrscheinlich bekannteste Fokus- und Kontexttechnik in Tradition der Perspective Wall ist der COVER FLOW (Abb. 12.27). Von Apple erstmals in iTunes 7.0 integriert, ist diese Visualisierung inzwischen auf dem iPhone, im *Macintosh Finder* und in anderen Apple-Produkten zu finden und wurde 2010 auch patentiert. Ein Bild (z.B. Musikalbum oder beliebige Dokumentvorschau) wird zentral in der Fokusregion angezeigt, während alle benachbarten Bilder als perspektivisch dargestellter Dokumentenstapel an den Seiten visualisiert werden. Besonders die ästhetisch anmutige Interaktion mit Hilfe von Wischgesten auf berührungsempfindlichen Oberflächen ist für den Erfolg dieser Technik verantwortlich.

12.4.3 Verzerrung: Kontinuierliche Ansichten

Wenn ein Informationsraum kontinuierlich verzerrt wird, so dass keinerlei Brüche zwischen den unterschiedlich groß dargestellten Detail- und Kontextanteilen einer Ansicht auftreten, spricht man in Anlehnung an starke Weitwinkelobjektive häufig von Fischaugenansichten (engl. *Fisheye Views*). Dieser Begriff wird oft auch synonym für alle Verzerrungstechniken verwendet, selbst wenn klar getrennte Vergrößerungsstufen bestehen.

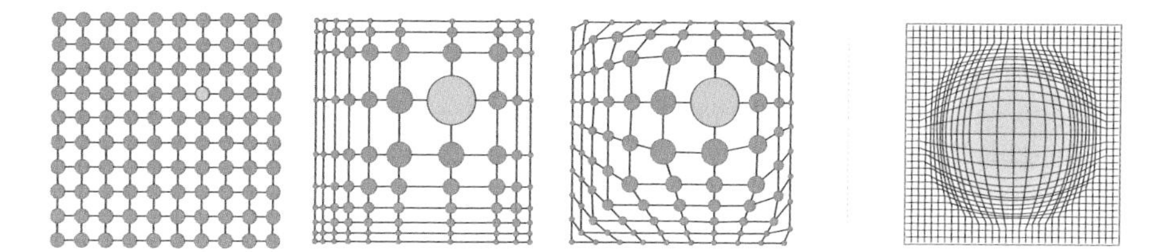

Abb. 12.28: Das Prinzip grafischer Fischaugenverzerrungen am Beispiel eines zunächst unverzerrten regelmäßigen Graphen (links). Zunächst seine kartesische Transformation, rechts daneben die Transformation mit Polarkoordinaten. Ganz rechts Fischaugenverzerrung eines regelmäßigen Gitters (nach [Sarkar und Brown, 1992]).

Graphical Fisheye Views. Kontinuierliche Verzerrung lässt sich gut mit der Metapher eines sehr breiten Gummibands beschreiben, das in einen Rahmen gespannt ist (siehe z.B. [Mackinlay et al., 1991, Sarkar et al., 1993]). Darauf sind die Informationsobjekte so dicht angeordnet, dass man sie nur schwer im Detail erkennen kann. Eine vergrößerte Fokusansicht gewünschter Objekte wird dadurch erreicht, dass man die entsprechende Stelle quasi „ausbeult“, so dass sie dem Benutzer entgegenkommt. Man kann sich das z.B. als Finger vorstellen, der unter dem Gummiband nach oben gedrückt wird. Die Vergrößerung von Teilen des Gummibands resultiert automatisch in einer Verzerrung bzw. Verkleinerung aller übrigen Teile.

In diesem Sinne führten SARKAR und BROWN als Erweiterung der von Furnas [1986] vorgeschlagenen diskreten Fischaugenansichten geometrische Transformationen ein, mit denen sie Graphen und Landkarten kontinuierlich verzerrten [Sarkar und Brown, 1992]. Abb. 12.28 zeigt das Prinzip der Verzerrung am Beispiel eines regelmäßigen Graphen in zwei Formen bzw. schematisch in Form eines Rasters. Dabei wird auch deutlich, dass sich Verzerrung für jeden Punkt einer Fläche – also *kontinuierlich* – berechnen lässt (analog zu einem Foto mit Fischaugenobjektiv) oder aber *diskret*, d.h. nur für die jeweiligen Mittelpunkte und Größen von Informationsobjekten, die dann unverzerrt dargestellt werden. Dies hat gerade für die Anwendung in Benutzungsschnittstellen den Vorteil, dass Objekte – wie Vorschaubilder oder Icons – immer noch gut erkannt werden können. Der von Sarkar und Brown [1992] beschriebene Algorithmus ist für viele Nachfolgearbeiten genutzt worden.

Hyperbolische Techniken. Dass sich Graphen auch mit Hilfe von hyperbolischen Layouttechniken in kompakter Form präsentieren und explorieren lassen, wurde bereits im Abschn. 11.4.2 auf Seite 507 diskutiert. Lamping und Rao [1994] präsentierten diese alternative Fokus- und Kontexttechnik auf Basis hyperbolischer Geometrie. Zahlreiche Nachfolgearbeiten im Graphvisualisierungsbereich existieren, z.B. die dreidimensionale hyperbolische Visualisierung von Munzner [1997].

Eine verwandte Technik wurde von Kreuseler et al. [2000] vorgestellt: die Magic-Eye-Views. Dabei wird ein hierarchischer Graph auf eine Halbkugel abgebildet (Abb. 12.29). Durch die Nutzung einer geometrischen Projektion kann der Fokus innerhalb des Graphen verändert werden, indem das Projektionszentrum interaktiv verschoben wird. Farbige Ringe unterstützen die Orientierung des Benutzers und Nachvollziehbarkeit der Animation. Damit soll ein wesentliches Problem vieler Verzerrungsansichten gemildert werden: die Schwierigkeit, ein Zielobjekt aufzusuchen, das Position und zumeist auch seine Größe nichtlinear im Darstellungsraum verändert. Verzerrungen können auch zu Fehlinterpretionen der zugrunde liegenden Daten führen [Cockburn et al., 2008], insbesondere, wenn Abstände und Layoutaspekte eine Semantik verkörpern.

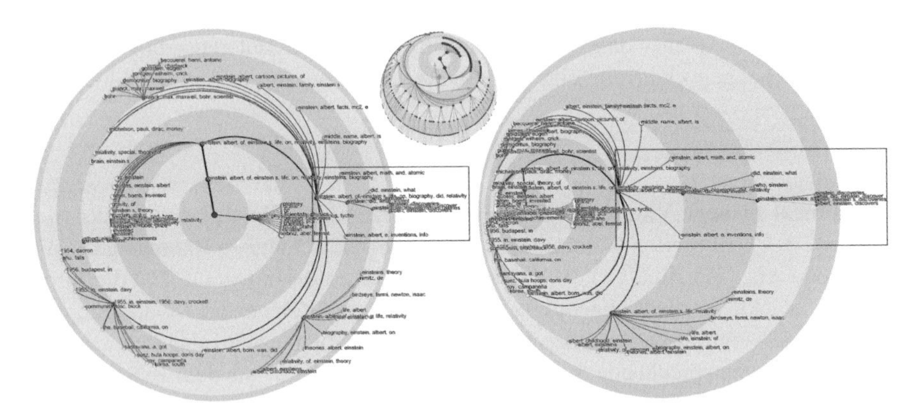

Abb. 12.29: Bei der Technik Magic-Eye-View [Kreuseler et al., 2000] wird ein Graph auf eine Halbkugel projiziert. Der Fokus kann interaktiv verschoben werden, wobei (rechts) durch die Projektion eine deutliche Vergrößerung des umrandeten Ausschnitts erfolgt (mit freundlicher Genehmigung von Christian Tominski und Heidrun Schumann, Universität Rostock).

Mac OS X Dock. Die wohl erste für sehr große Nutzergruppen verfügbare Fokus- und Kontexttechnik ist das mit dem Apple Macintosh™ Betriebssystem OS X eingeführte Dock. Am Bildschirmrand sind Programmicons zunächst in einer perspektivischen Reihe angeordnet. Beim Überfahren mit der Maus wird das unter der Maus befindliche Icon deutlich vergrößert, während benachbarte graduell kleiner werden (siehe Abb. 7.4 auf Seite 260). Damit wird zwar ein visuell ansprechender Effekt erzielt, der jedoch auch Probleme mit sich bringt. Bereits im Abschn. 7.1.2

wird die Selektion expandierender Ziele ausführlich besprochen, und McGuffin und Balakrishnan [2002] untersuchten diesen Aspekt im Detail. Während die Vergrößerung einerseits Vorteile bei der Selektion bringt, weil ein großes Ziel leichter zu treffen ist, besteht der Hauptnachteil jedoch darin, dass sich Icons durch die mit der Größenänderung einhergehenden Ortsveränderung möglicherweise nicht mehr an der Stelle befinden, wo sie selektiert werden sollten.

Fisheye Menus. Das Konzept der Fischaugenansicht wurde von Bederson [2000] auch auf die Problemstellung Menüauswahl angewendet, wobei – im Ansatz dem Mac OS X Dock verwandt – diskrete Informationsobjekte in einer Fokus- und Kontextansicht angezeigt werden.

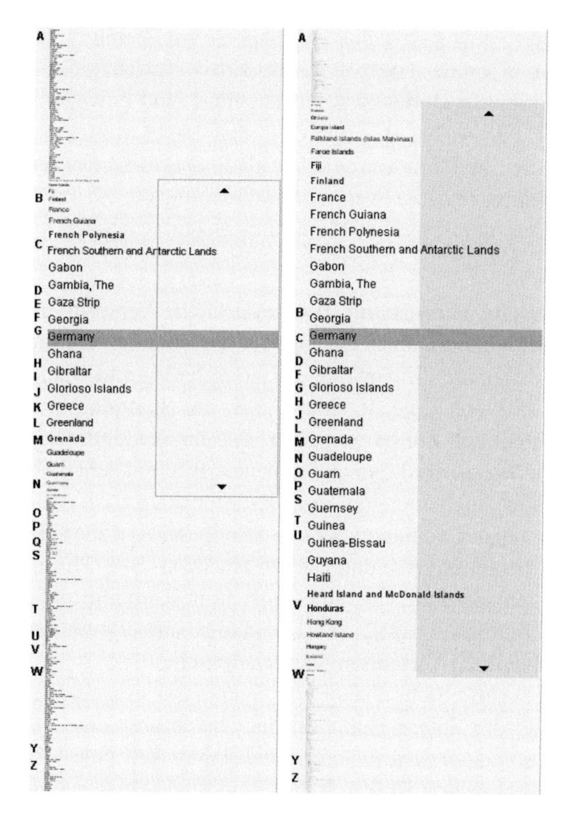

Abb. 12.30: Ein Fisheye Menu ermöglicht die kompakte Darstellung einer sehr langen Auswahlliste (hier 266 Länder) [Bederson, 2000]. Benutzer können die Fokusregion interaktiv verschieben und auch fixieren (rechts), um eine einfachere Auswahl treffen zu können (Screenshots von http://www.cs.umd.edu/hcil/fisheyemenu/).

Beispiel. FISHEYE MENUS sind eine Verzerrungstechnik zur Auswahl von Objekten (z.B. eines Landes) aus sehr langen Listen [Bederson, 2000] (Abb. 12.30). Dabei werden die meisten Menüpunkte in der Kontextregion textuell so verkleinert dargestellt, dass sie schwer oder nicht mehr lesbar sind. Gleichwohl gibt ihre Anwesenheit Benutzern Orientierung über Gesamtanzahl und aktuelle Position des Fokus. Buchstabenkürzel erleichtern zudem die Groborientierung. Die Fokusregion hat eine bestimmte (vorher einstellbare) Höhe und lässt sich interaktiv verschieben.

Beim zielgerichteten Suchen eines Eintrags spürt man während der Interaktion das oben beschriebene Problem der Ortsveränderung des gewünschten Zieleintrags aufgrund der Verzerrung besonders deutlich. Als Lösungsmöglichkeit schlägt BEDERSON eine Fokussperre vor, die durch Bewegen der Maus in den rechten Teil des Fokusrechtecks aktiviert wird (siehe Abb. 12.30, rechts). Nachdem dieser Modus aktiviert ist, führt eine Bewegung der Maus zur Verschiebung der Auswahl, ohne dass das Menü weiter bewegt wird. Trotzdem bleibt die Selektion beweglicher Ziele unterschiedlicher Größe ein prinzipielles Problem, und die Auswahlgeschwindigkeit bei Fisheye Menus ist der traditioneller, hierarchischer Menüs unterlegen [Cockburn et al., 2008].

Multiperspektivische Verzerrung. Kontinuierliche Verzerrung ist nicht auf Flächen beschränkt. Ein interessantes Beispiel für die Nutzung räumlicher Verzerrungstechniken im Kontext dreidimensionaler Landschafts- und Städtemodelle stellten Lorenz et al. [2008] vor. Eine 3D-Karte, z.B. ein Stadtplan mit Gebäuden, wird dabei in unterschiedliche Zonen eingeteilt, die derart nichtlinear verzerrt werden, dass ein kontinuierliches, multiperspektivisches Bild entsteht (Abb. 12.31). Dieser Effekt ist von handgezeichneten Panoramakarten bekannt, wo der Hauptteil des Bildes als Übersicht aus der Vogelperspektive gezeigt wird, während eine schmale Horizontregion eine perspektivisch dargestellte Horizont- bzw. Himmelsansicht bietet. In Abb. 12.31 (oben) wird die Übersichtsansicht in Kartenform dargestellt, der Horizontstreifen als 3D-Stadtmodell. Die Übergangszone erlaubt eine kontinuierliche und nahtlos überblendete Verbindung beider Regionen.

Auch die umgekehrte Sicht eines Fußgängers lässt sich einnehmen (Abb. 12.31, unten). Hier bietet der untere Hauptteil der Darstellung eine 3D-Perspektive aus leicht erhöhter Fußgängersicht, während im oberen Teil eine Übersichtsansicht in Form einer Karte dargestellt ist. Zusätzlich sind Pfade eingezeichnet, die in der 3D-Ansicht als Band, in der kontextuellen Kartendarstellung als Linie visualisiert werden. Der Übergang zwischen den beiden nahezu orthogonalen Hauptzonen wird auch hier durch eine gekrümmte Übergangsregion nahtlos gestaltet. Interaktion ist für die Interpretation dieser Darstellungen eine wichtige Hilfe.

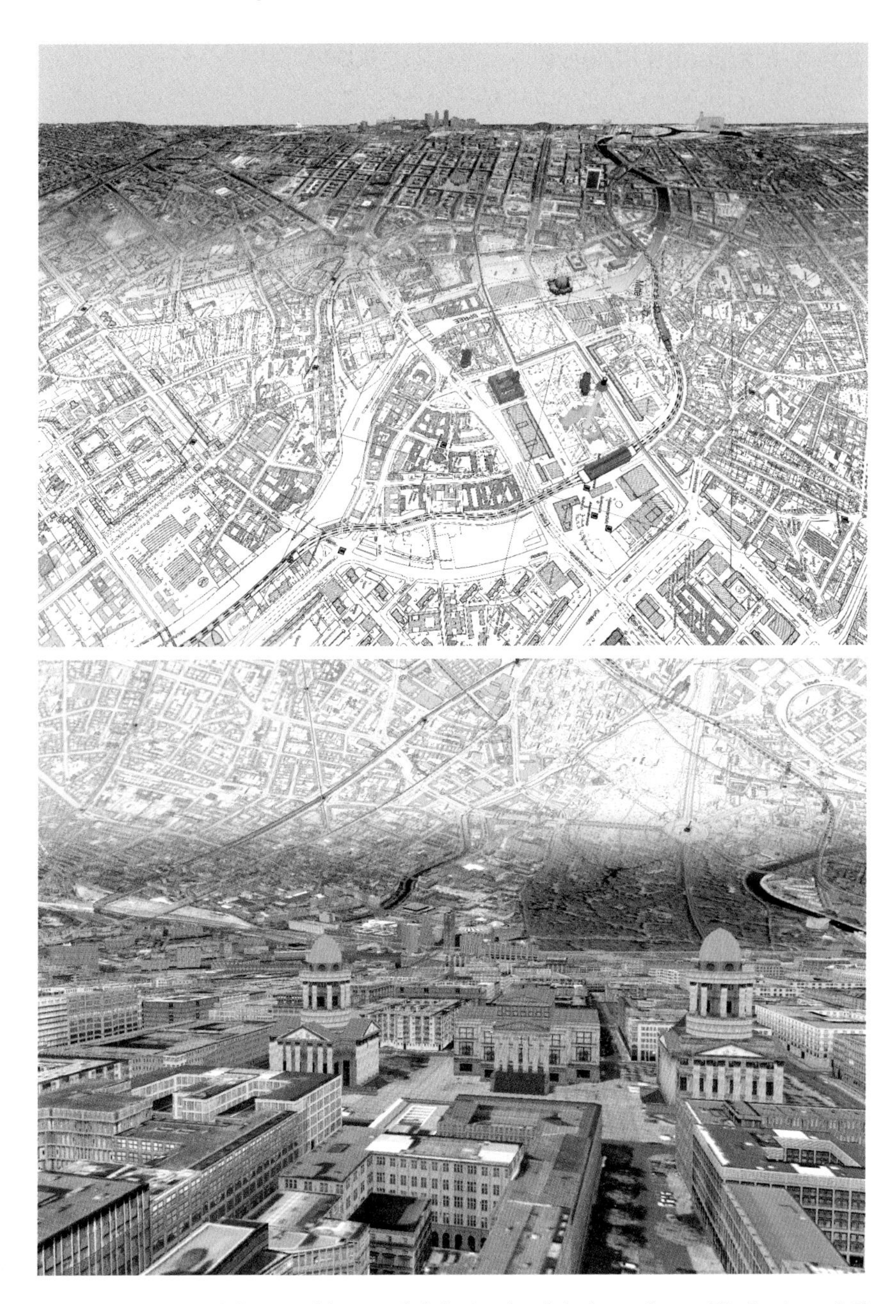

Abb. 12.31: Interaktive, multiperspektivische Ansicht komplexer 3D-Stadtmodelle [Lorenz et al., 2008]. Oben eine Ansicht aus der Vogelperspektive in der Tradition gezeichneter Panoramakarten, unten die umgekehrte Sicht aus Fußgängerperspektive (im Vordergrund der Berliner Gendarmenmarkt). Die jeweils nahezu orthogonalen Hauptzonen werden durch eine gekrümmte Übergangszone nahtlos verbunden (mit freundlicher Genehmigung von Matthias Trapp und Jürgen Döllner, Hasso-Plattner-Institut an der Universität Potsdam).

12.4.4 Magische Linsen

Während bei Overview & Detail-Techniken verschiedene Ansichten in der X-Y-Ebene räumlich getrennt werden, lassen sich beide Ansichten auch übereinander in der Z-Achse anordnen. Das bedeutet zumeist, dass eine runde oder rechteckige Detailansicht einem Hintergrundbild deckend überlagert oder mit ihm durch Nutzung von Transparenz verschmolzen wird. Benutzer bewegen eine solche Fokusregion interaktiv über eine Visualisierung, um innerhalb der Linse andere bzw. veränderte Daten als in der Kontextregion zu zeigen. Dabei sind vielfältige Inhalte für die Linsen denkbar und auch in der Literatur gründlich beschrieben, einige Beispiele werden in diesem Abschnitt aufgeführt.

See-through Lenses. Für grafische Benutzungsschnittstellen wurden sogenannte *Toolglass Widgets* und *Magic Lens Filter* von Bier et al. [1993] eingeführt. Die Metapher der Toolglass Widgets besteht in einer skalierbaren, virtuellen Glasplatte zwischen einer normalen Computeranwendung und dem Cursor. Darauf erscheinen entweder veränderte Sichten auf die darunterliegenden Daten oder zusätzliche Widgets, z.B. Farbpalette, Buttons oder ein Clipboard. Diese können genutzt werden, um die darunterliegenden und somit räumlich begrenzten Daten durch das Toolglass hindurch zu manipulieren bzw. ihre Darstellung zu verändern. Beispielsweise kann ein Objekt eingefärbt werden, indem ein Farbwähler-Toolglass mit der nicht-dominanten Hand über das Objekt positioniert wird. Mit dem durch die dominante Hand geführten Cursor kann dann die gewünschte Farbe durch „Hindurchklicken" appliziert werden.

Magic Lenses haben die gleiche Form wie Toolglasses, wirken jedoch als Filter, mit denen die Visualisierung der Daten unterhalb der Linse modifiziert wird [Bier et al., 1993, Stone et al., 1994]). BIER, STONE und Mitautoren führen für diesen Benutzungsschnittstellentyp auch den Begriff der *see-through Interfaces* ein.

Geografische Linsen. Wichtig sind Linsen für Geovisualisierungen, um eine effektive und nahtlose Fokus- und Kontextdarstellung zu erreichen. Die in Abschn. 12.4.3 diskutierten kontinuierlichen Verzerrungstechniken sind häufig durch die physikalische Welt inspiriert, indem Metaphern wie Gummibänder, Fischaugenobjektive oder Vergrößerungsgläser verwendet werden. Jede Linse hat einen umgebenden Kontext, eine Fokusregion und häufig eine Übergangsregion zwischen beiden, in der Inhalte verzerrt dargestellt werden [Carpendale und Montagnese, 2001]. Diese Übergangsregion stellt bei den genannten, rein räumlichen Lösungen oft ein Problem dar. Beispiele sind bei virtuellen Lupen entstehende Verdeckungen am Rand oder Schwierigkeiten bei der schnellen Auswahl eines Ziels bei starken Fischaugen-Verzerrungen [Pietriga und Appert, 2008].

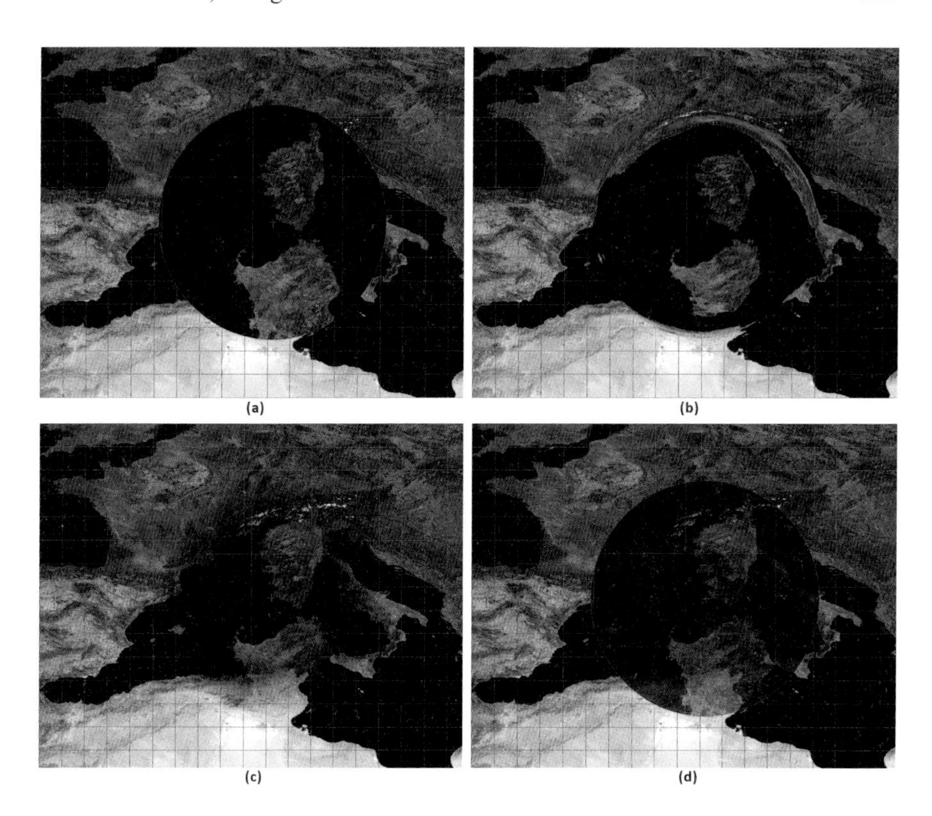

Abb. 12.32: Verschiedene Linsentypen am Beispiel einer Geovisualisierung, hervorgehoben sind jeweils die Inseln Korsika und Sardinien: (a) Lupe (Manhattan-Linse), (b) Fischaugen-Linse, (c) Überblendungs-Linse, (d) Speed-Coupled Blending Lens (mit freundlicher Genehmigung von Emmanuel Pietriga, INRIA Saclay - Île-de-France).

Beispiel. EMMANUEL PIETRIGA und CAROLINE APPERT stellten in [Pietriga und Appert, 2008] ihr SIGMA LENSES Framework vor. Neben der räumlichen Dimension zur Realisierung von Fokus- und Kontextansichten durch Verzerrung werden auch die unabhängig kombinierbaren Dimensionen Zeit und Durchsichtigkeit genutzt. Transluzenz kann genutzt werden, um den Übergang von der Fokuslinse zur Kontextregion durch zunehmende Transparenz so zu gestalten, dass keinerlei Verzerrung notwendig ist. Damit lassen sich beispielsweise einfache Überblendungslinsen realisieren (Abb. 12.32, (c)). Die Zeitdimension zur Unterstützung von Fokus- und Kontextdarstellungen wurde bereits von Gutwin [2002] mit dem Konzept des *speed-coupled flattenings* eingeführt. Dabei wird in Abhängigkeit von der Geschwindigkeit bei der interaktiven Bewegung einer Linse deren Verzerrungsfaktor angepasst.

Wird eine Linse sehr schnell bewegt, ist ihr Inhalt kaum oder gar nicht vergrößert (d.h., sie wird „abgeflacht“), um Ziele somit besser erkennen zu können. Wird die Linse über der Zielregion angehalten, wird der Linseninhalt vergrößert und die volle Verzerrung eingesetzt. Diese drei Dimensionen lassen sich in Form einer sogenannten *Speed-Coupled Blending Lens* vereinen (Abb. 12.32, (d)). Im Ruhezustand wie eine klassische Lupe funktionierend, deren vergrößerte Fokusregion den Kontext deckend überlagert, wird die Fokusdarstellung bei zunehmend schneller Bewegung immer transparenter, so dass der Kontext durchschimmert und bei maximaler Geschwindigkeit sogar ausschließlich zu sehen ist. Wird die Bewegung wieder abgebremst, wird die Fokusregion wieder mehr sichtbar, bis sie im Ruhezustand komplett vergrößert zu sehen ist. In einer Nutzerstudie verglichen Pietriga und Appert [2008] verschiedene Linsenformen bezüglich ihrer Eignung zur Fokussierung eines Ziels: eine einfache Lupe (Abb. 12.32, (a)), ein Fischauge (Abb. 12.32, (b)), eine Überblendungslinse (Abb. 12.32, (c)), eine Linse mit Speed-Coupled Flattening und eine Speed-Coupled Blending Lens (Abb. 12.32, (d)). Dabei waren die letzten beiden klar überlegen. Natürlich sind die hier beschriebenen Linsentypen nicht auf geografische Inhalte beschränkt.

Dreidimensionale Stadtmodelle erlauben nicht nur Städteplanern ein verbessertes Arbeiten, sondern bieten auch Alltagsnutzern für Urlaubs- und Reiseplanung oder virtuelles Sightseeing anschauliche 3D-Darstellungen und verbesserte Orientierung, was der Erfolg von Google Earth beweist. In diesem Kontext stellten Trapp et al. [2008] *3D-Verallgemeinerungslinsen* vor. Eine beliebige Anzahl dieser Linsen, die auch eine beliebige Form besitzen können, kann auf einem virtuellen Stadtmodell platziert werden. Beispiele sind in Abb. 12.33 (oben) die Hervorhebung eines breiten Pfads sowie eine kreisförmige (dunkelgelbe) und organisch geformte (orange) Linse. Innerhalb der Linsenregion können verschiedene Stufen struktureller Abstraktion verwendet werden. Während die (hellgelbe) Kontextregion nur grobgranulare, durch Hauptstraßen geteilte Regionen anzeigt, sind in der runden Linse beispielsweise feingranulare Gebäudeblöcke zu sehen. In der Pfadregion sind es entweder untexturierte Gebäudemodelle (oben) oder sogar detaillierte, texturierte 3D-Ansichten (unten). Durch die Nutzung mehrerer Linsen, die sich auch überlagern und verschachtelt werden können, lassen sich innerhalb einer einzigen Ansicht verschiedene Fokusregionen und Abstraktionsgrade definieren.

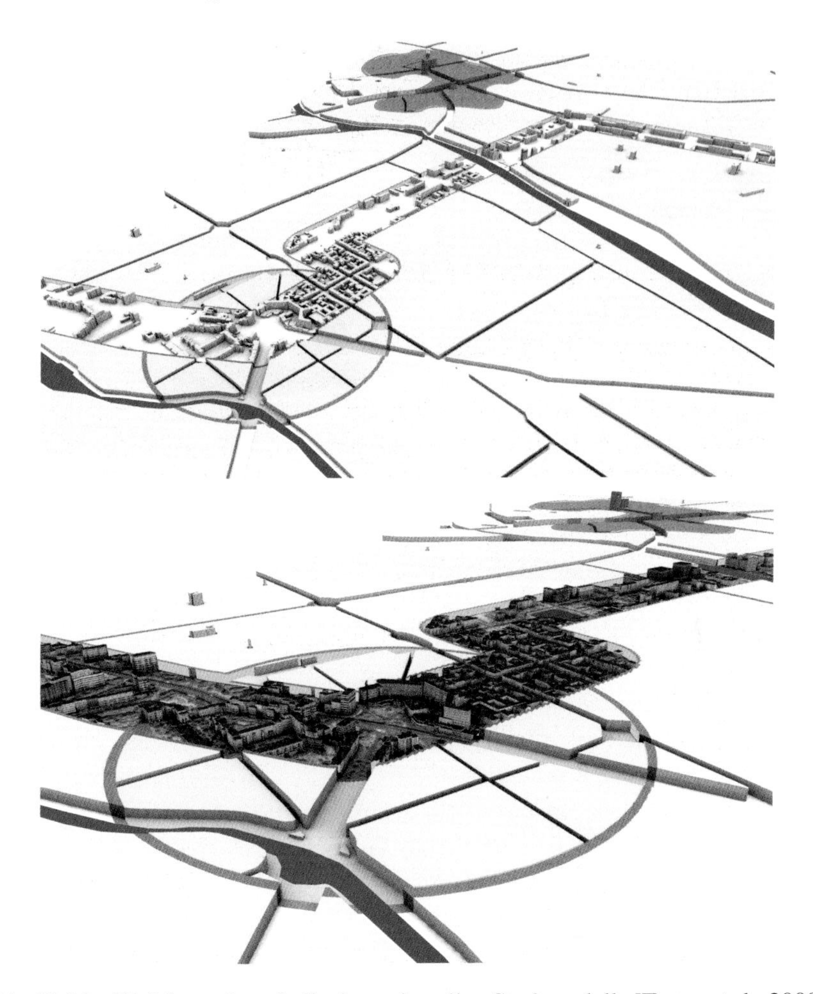

Abb. 12.33: 3D-Linsen innerhalb eines virtuellen Stadtmodells [Trapp et al., 2008]. Multiple, sich überlappende oder hierarchische Linsen beliebiger Form können unterschiedliche Detail- bzw. Abstraktionsstufen innerhalb der Stadtvisualisierung enthalten (mit freundlicher Genehmigung von Matthias Trapp und Jürgen Döllner, Hasso-Plattner-Institut an der Universität Potsdam).

Lagebewusste, greifbare Linsen. Zur Abrundung soll hier noch auf einen aktuellen Forschungszweig eingegangen werden, der durch die Entwicklung von horizontalen Displays in Tischgröße (*Tabletops*) neue Impulse erhalten hat. Dabei handelt es sich um die tatsächliche Trennung der Linse vom Bildschirm in Form eines in der Hand gehaltenen Fokus-Displays, das oberhalb des Kontext-Displays des darunterliegenden Tisches bewegt werden kann (siehe Abb. 12.34).

Abb. 12.34: Greifbare, lagebewusste magische Linsen zur Visualisierung verschiedener Schichten eines menschlichen Körpers auf und über einem Tabletop-Display [Spindler et al., 2009].

Beispiel. Spindler et al. [2009] haben mit PAPERLENS ein System vorgestellt, bei dem Position und Orientierung einer oder mehrerer technikfreier Linsen aus dünnem Karton mit Hilfe von reflektierenden Infrarotmarkern im Volumen über einem Tabletop erfasst werden. Ein oberhalb des Tisches angebrachter Beamer projiziert genau den notwendigen, in Echtzeit berechneten Ausschnitt des virtuellen Datenraums über dem Tisch auf diese Linse.

In Abhängigkeit von deren Höhe können jetzt beispielsweise unterschiedliche Informationsschichten über dem identischen Kontext angezeigt werden. Abb. 12.34 zeigt eine der Linsen direkt auf der Tischoberfläche. Sie zeigt das Skelett eines menschlichen Körpers und kann frei bewegt werden. Zusätzlich hält der Benutzer eine weitere Linse oberhalb des Tisches, mit der die Muskel-Ebene exploriert werden kann. Somit lassen sich allein durch Nutzung der Z-Achse unterschiedliche Datenschichten betrachten und in der XY-Ebene explorieren. Auch Zoomlinsen, bei denen mit zunehmender Höhe mehr Details gezeigt werden, sowie volumetrische Linsen, mit denen eine Exploration eines 3D-Volumendatensatzes durch Neigung und Bewegung der Linse unterstützt wird, werden mit diesem System ermöglicht.

Grundlegende Dimensionen. Neben magischen Linsen für grafische Benutzungsschnittstellen und für Geovisualisierungen gibt es viele weitere Anwendungen. Überall da, wo räumlich begrenzt, d.h. nur für einen Teil des Datenraums, veränderte

Visualisierungen oder alternative bzw. zusätzliche Informationsebenen eingeblendet werden sollen, bieten sich magische Linsen an. Bei allen Anwendungen lassen sich folgende grundlegenden, miteinander kombinierbaren Dimensionen unterscheiden:

- *Skalierung:* Innerhalb der Linse können Informationsräume eine veränderte Größe im Vergleich zum Kontext haben. Typisch sind Vergrößerungen, z.B. bei einer Bildschirmlupe.
- *Übergänge:* Der Übergang vom Linseninhalt zum Kontext kann nahtlos sein (bei identischer Größe oder bei kontinuierlichen Verzerrungstechniken) oder abgestuft (bei klassischen Lupenansichten).
- *Opazität:* Der Linseninhalt kann den Hintergrund komplett überdecken oder durch Nutzung von Transparenz damit verschmolzen werden.
- *Repräsentation:* Daten innerhalb der Linse können im Vergleich zur Kontextregion unterschiedlich repräsentiert werden, z.B. mit anderem Abstraktionsgrad oder durch eine andere Visualisierungstechnik. Ergänzende Informationen (z.B. Beschriftungen) oder alternative Informationsebenen können zusätzlich eingeblendet werden.
- *Präsentation:* Wenn Menge oder Detaillierungsgrad von Informationen sich bei Fokus- und Kontextansicht nicht unterscheiden, kann die Linse jedoch durch variierte Visualisierungsparameter eine andere Sicht auf die Daten anbieten (z.B. andere Farbskalen, invertierte Darstellungen etc.).
- *Filterung:* Die innerhalb einer Linse angezeigten Datenobjekte können gefiltert sein. Beispielsweise lassen sich bei zeitabhängigen Daten in der Fokusregion Daten eines anderen Zeitschritts als im Kontext darstellen. Auch die Zahl der Datenobjekte in der Linse kann durch Filterung reduziert werden (Informationsunterdrückung).
- *Anzahl:* Es können einzelne Linsen (Bsp. Bildschirmlupe) oder auch multiple eingesetzt werden. Multiple Linsen eignen sich beispielsweise für Vergleichsoperationen. Sie können unabhängig voneinander eingesetzt werden oder auch synchronisiert sein. Mehrere Linsen können nebeneinander angeordnet sein oder sich überlagern.
- *Schichtung:* Die Überlagerung oder Schichtung mehrerer Linsen erlaubt die Zuordnung einer bestimmten Semantik (z.B. Boolesche Operationen). Die Reihenfolge auf der Z-Achse kann wichtig für die Anwendung von z.B. Filterlinsen sein. Während meistens eine Schichtung innerhalb der Displayebene realisiert wird, ist auch die physikalische Nutzung der Z-Ebene durch Loslösung der Linse als separates Display denkbar (siehe [Spindler et al., 2009]).

Anhand der bereits erläuterten Linsentechniken lassen sich diese Dimensionen nachvollziehen. Zwei Beispiele sollen darüber hinaus die Freiheitsgrade illustrieren, die einem Entwickler magischer Linsen zur Verfügung stehen. Bei einer speziellen Form der radiologischen Diagnostik von Erkrankungen im Gehirn lohnt sich der Einsatz zweier miteinander gekoppelter Linsen, da Symmetrieunterschiede zwischen beiden Gehirnhälften eine wichtige Rolle spielen (Abb. 12.35). Dabei wird automatisch zu der vom Benutzer interaktiv gesteuerten Linse eine zweite Linse in der anderen Gehirnhälfte mitbewegt.

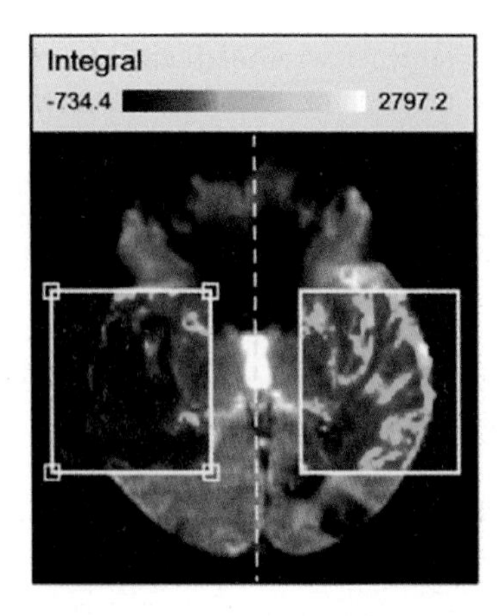

Abb. 12.35: Synchronisierte Linse bei der radiologischen Diagnotik von Erkrankungen im Gehirn (hier ein Schlaganfall). Über einem Kernspintomographiebild als Hintergrund wird eine Linse (links) vom Benutzer bewegt, wobei die zweite synchron in der anderen Gehirnhälfte mitbewegt wird (mit freundlicher Genehmigung von Steffen Oeltze, Universität Magdeburg).

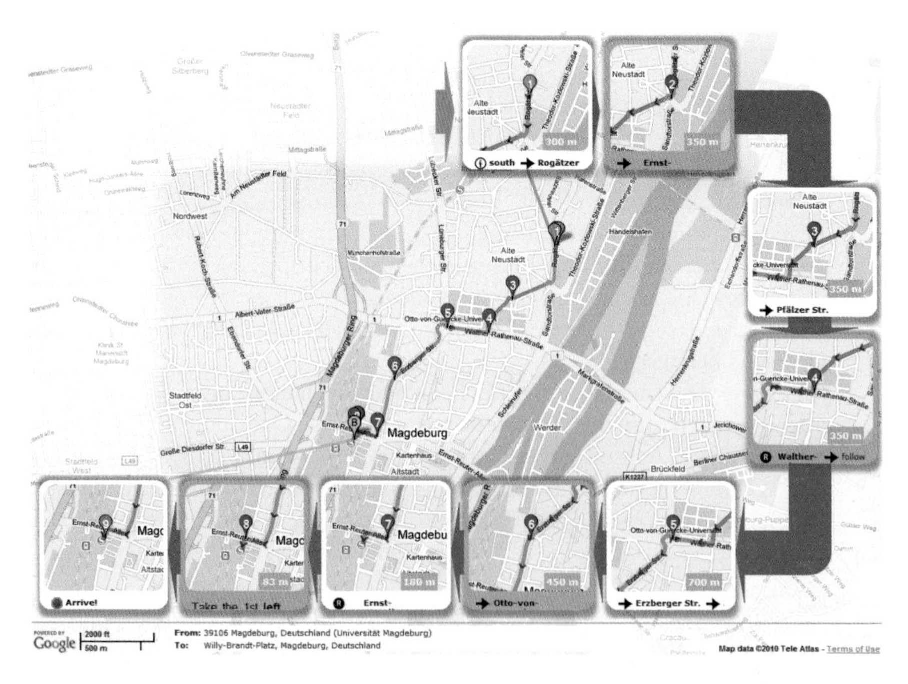

Abb. 12.36: Streckenvisualisierung unter Nutzung von Detaillinsen auf einer Landkarte [Karnick et al., 2010]. Mehrere Fokusregionen werden am Rand einer Streckenkarte platziert, und die Reihenfolge wird durch Pfeile symbolisiert (mit freundlicher Genehmigung von Pushpak Karnick, Arizona State University).

Ebenfalls mehrere Linsen, jedoch von der Kontextdarstellung entkoppelt und am Rand dargestellt, werden von Karnick et al. [2010] bei einer Streckenvisualisierung für Landkarten genutzt (Abb. 12.36). Für wichtige Punkte einer geplanten Reiseroute werden Detailansichten erzeugt, die mit Hilfe eines intelligenten Layoutalgorithmus am Rande eines Landkartenausschnitts platziert werden, der die gesamte Strecke zeigt. Diese Technik wurde bewusst für das Ausdrucken einer Streckenkarte entwickelt und stellt als Multifokustechnik ein weiteres Beispiel für den praktischen Nutzen von Linsen dar.

12.4.5 Offscreen-Visualisierungstechniken

Es gibt zahlreiche Fälle, bei denen zusätzlich zur detaillierten Fokusansicht keine komplette kontextuelle Überblicksansicht notwendig ist. Stattdessen sind nur bestimmte Elemente des kontextuellen Informationsraums und ihre gegenwärtige Lage von Interesse, auch wenn sie im aktuellen Ausschnitt nicht angezeigt werden. Ein einfaches Beispiel ist eine Landkarte, die auf die Region Magdeburg gezoomt ist. Der Benutzer möchte nun – ohne zu zoomen oder zusätzliche Überblicksdarstellungen bzw. Verzerrungstechniken zu benutzen – die Lage der benachbarten Großstädte Hannover, Leipzig und Berlin in Relation zum aktuellen Kartenausschnitt sehen. Am Rand des Bildschirms könnten für die drei Städte kleine Symbole angezeigt werden, die Existenz, Richtung, Entfernung oder auch Größe der Städte visuell kodieren.

Die Grundidee von *Offscreen-Visualisierungstechniken* besteht somit darin, aktuell nicht dargestellte, da außerhalb der aktuellen Ansicht befindliche, Datenobjekte von Interesse in Form von Stellvertreter-Objekten am Rand der aktuellen Detailansicht zu visualisieren. Dabei können zwei grundlegende Ansätze unterschieden werden: einerseits Indikatoren, mit denen Richtung und Entfernung symbolisiert werden (z.B. [Baudisch und Rosenholtz, 2003, Gustafson et al., 2008]), andererseits miniaturisierte oder ikonisierte Repräsentationen von Offscreen-Objekten. Ein Beispiel dafür sind außerhalb der aktuellen Ansicht befindliche Knoten eines Knoten-Kanten-Diagramms, die in Form symbolischer Stellvertreterobjekte in der Randregion angezeigt werden und die durch Kanten mit dem sichtbaren Diagrammteil verbunden sind. Durch Anklicken dieser Stellvertreter kann man direkt zu ihrer (entfernten) Position im Diagramm springen, wobei sie durch einen automatisierten Zoom-Pan-Vorgang zentriert dargestellt werden.

Beispiele. Für den Ansatz der Indikatoren wurde von Baudisch und Rosenholtz [2003] mit HALO eine Technik zur Visualisierung von Offscreen-Elementen vor allem für mobile Endgeräte mit kleinen Displays vorgeschlagen. Wie in Abb. 12.37 (links) zu sehen ist, werden um entfernte Elemente von Interesse gedachte Kreise (Halos) in der Größe gezeichnet, dass sie das Display gerade schneiden. Dieser Teil des Kreises wird als Indikator genutzt,

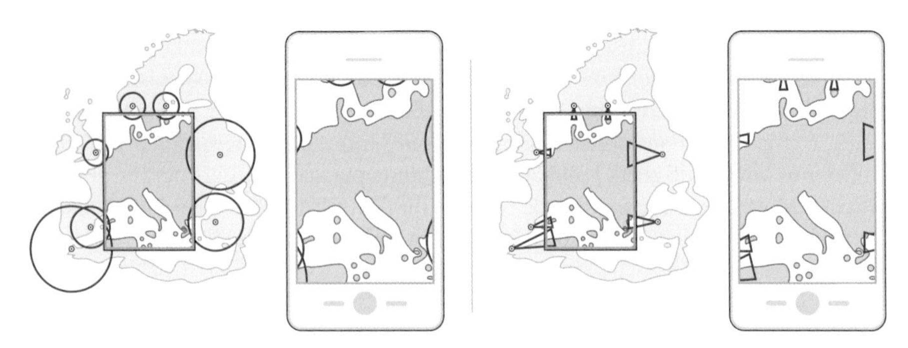

Abb. 12.37: Zwei Visualisierungstechniken zur Darstellung entfernter Objekte auf kleinen Displays. Bei Halos (links) werden Kreissegmente, bei Wedges keilartige Dreiecke genutzt, um Position und Entfernung von Offscreen-Objekten anzuzeigen.

wobei die Krümmung Aufschluss über die Entfernung gibt. Nahe Objekte produzieren kleine, stark gekrümmte Kreisbogensegmente, weit entfernte Objekte hingegen große und eher flache.

Während Halos in einer Nutzerstudie besser als Pfeilvisualisierungen abschnitten, weisen sie doch erhebliche Probleme beim Überlappen von Kreisbögen auf. Gustafson et al. [2008] schlagen als Lösung WEDGES vor (Abb. 12.37, rechts). Dabei zeigt die Spitze kleiner Keile (engl. *Wedge*) auf die relevanten Offscreen-Objekte. Mithilfe eines intelligenten Verteilungsalgorithmus, bei dem sich Wedges „abstoßen", werden Überlappungsprobleme erheblich reduziert. Zudem wird die Genauigkeit von Lokalisierungsaufgaben im Vergleich zu Halos signifikant verbessert.

12.4.6 Zusammenfassung

Das Spektrum von Fokus- und Kontexttechniken reicht von Techniken zur Hervorhebung und Unterdrückung von Informationen über mehrstufige und kontinuierliche Verzerrungstechniken für kontinuierliche Flächen (z.B. Satellitenfoto) oder diskrete Objekte eines Informationsraums (z.B. Knoten eines Graphen) bis hin zu magischen Linsen oder Stellvertretervisualisierungen für entfernte Kontextelemente. Diese Techniken lassen sich häufig gewinnbringend miteinander kombinieren, z.B.: Verzerrung mit Informationsunterdrückung, Offscreen-Visualisierungen mit Verzerrungstechniken, magische Linsen als interaktives Mittel zur lokalen Hervorhebung bzw. kontinuierlichen Verzerrung. Ähnlich wie beim semantischen Zoomen (siehe Abschn. 12.3.3) ist je nach Vergrößerungsstufe in Fokus- oder Kontextansicht auch die Verwendung unterschiedlicher semantischer Repräsentationen von Datenobjekten sinnvoll.

Trotz der vielfältigen Möglichkeiten haben diese Ansätze bisher weniger Verwendung in modernen Benutzungsschnittstellen gefunden als Zoomtechniken. Während Informationsunterdrückung in Form von interaktiven Einklappungen bzw. Verbergungstechniken wie *Code Folding* Bestandteil moderner Benutzungsschnittstellen ist, bleiben kontinuierliche Verzerrungstechniken auf wenige weit verbreitete Anwendungen (z.B. Apple Mac OS X Dock) beschränkt. Benutzer kommen mit den dynamischen Verzerrungen von Informationsobjekten teilweise schlecht zurecht. Vor allem bewegliche und expandierende Ziele lassen sich nicht einfach selektieren.

Deutlich wurde ebenfalls, dass Fokus- und Kontexttechniken für Geovisualisierungen eine hohe praktische Relevanz besitzen. Weitere Evaluationen zum Nutzen bestimmter Techniken für konkrete Interaktionsaufgaben sind notwendig. Einen guten Überblick über existierende Vergleichsstudien – auch im Vergleich zu Zoomtechniken – geben Cockburn et al. [2008]. Eine guten Überblick zu Präsentationstechniken, die Verzerrungen nutzen, bieten Leung und Apperley [1994]. Darin wird auch eine mathematische Beschreibung von Verzerrungstechniken – analog zu den Space-Scale-Diagrammen bei Zoomtechniken – in Form einer Transformations- und abgeleiteten Vergrößerungsfunktion eingeführt. Dass sich Verzerrungstechniken auch auf die dritte Dimension erweitern lassen, beschrieben Carpendale et al. [1997] anhand einer Systematik von Verzerrungsvarianten.

Lesenswert ist ebenfalls der 20 Jahre nach der Vorstellung der generalisierten Fischaugenansichten [Furnas, 1986] von GEORGE W. FURNAS verfasste Nachfolgeartikel [Furnas, 2006]. Furnas reflektiert darin erhellend über den Unterschied von Inhalt – *was* wird von einer Technik gezeigt – und Präsentation – *wie* wird es angezeigt. Er stellt den engen Zusammenhang von Fokus- und Kontexttechniken, Zoomkonzepten und Overview & Detail-Techniken her, die sich alle mit dem generalisierten *Degree of Interest* - Konzept (DOI) beschreiben lassen. Die ursprüngliche DOI-Formel widmete sich primär der generellen *Selektion* relevanter Informationen und somit der Unterdrückung unwichtiger. *Verzerrung* hingegen, z.B. durch grafische Fischaugenansichten [Sarkar und Brown, 1992] beschäftigt sich damit, *wie* relevante Informationen angezeigt werden. Durch diese Trennung ist auch eine Generalisierung des Fokus- und Kontextproblems auf Informationsmengen ohne grafische Visualisierungen möglich.

Auch Carpendale und Montagnese [2001] haben sich mit ihrem ELASTIC PRESENTATION FRAMEWORK der konzeptionellen Vereinheitlichung verschiedener Techniken zur Lösung des Detail- und Kontextproblems gewidmet. Elastizität bezieht sich hierbei auf die computergenerierte Deformierung eines Informationsraums, die auch wieder rückgängig gemacht werden kann. Mit einer den Space-Scale-Diagrammen ähnlichen Beschreibungsmethode erlauben CARPENDALE und MONTAGNESE die nahtloses Integration verschiedener in den vorausgegangenen Abschnitten diskutierter Präsentationstechniken, darunter Panning, Zooming, Scrolling, grafische Fischaugenansichten [Sarkar und Brown, 1992], Perspective Wall [Mackinlay et al., 1991] und verschiedenartige Linsentechniken.

12.5 Interaktionsaspekte

Gute Informationsvisualisierungen sind durch die Interaktion der Benutzer geprägt, ob nun durch Filterung der Ausgangsdaten, Veränderungen in der visuellen Kodierung (Repräsentation) oder durch Beeinflussung der aktuellen Ansicht (Präsentation und Navigation). Im Gegensatz zu Interaktionstechniken in der Mensch-Computer Interaktion, die häufig die Eingabe und das Ändern von Daten bzw. Dokumenten zum Ziel haben, dienen Interaktionstechniken bei der Informationsvisualisierung primär dem Ändern und Anpassen visueller Datenrepräsentationen je nach Explorationsziel. Die in den vorausgegangenen Abschnitten betrachteten Interaktionstechniken für Präsentation und Navigation sind ein Beispiel dafür. WARE spricht von einer „Asymmetrie der Datenraten" [Ware, 2004]. Das bedeutet, dass die Menge von Informationen, die von einer Informationsvisualisierung beim Betrachter ankommt, deutlich größer ist als die Informationen, die ein Benutzer eingibt.

Interaktion eines Benutzers mit einer Informationsvisualisierung ist essenziell für die Datenexploration, z.B. zum Entdecken von Beziehungen zwischen Daten, die in einer statischen Ansicht verborgen blieben. Ebenso wichtig ist die interaktive Navigation, beispielsweise in hyperbolischen oder Fischaugen-Visualisierungen, die sich erst durch ihre Dynamik erschließen. Inhärente Grenzen einer Visualisierung, z.B. durch limitierten Anzeigeplatz oder zu viele Datensätze in einer Suchanfrage, lassen sich erst durch die Dynamik der Interaktion überwinden, wobei auch das Erkenntnisvermögen des Benutzers unterstützt wird. Trotz dieser Bedeutung für das Feld der Informationsvisualisierung spielen Interaktionstechniken in der entsprechenden Literatur nur eine sekundäre Rolle [Yi et al., 2007].

Ein einflussreiches Beispiel für die Klassifizierung von Interaktionstechniken bei der Informationsvisualisierung wurde bereits im Abschn. 11.1.3 vorgestellt. Shneiderman [1996] identifizierte die wesentlichen Interaktionsaufgaben *Overview, Zoom, Filter, Details-on-demand, Relate, History* und *Extract*. In einer jüngeren Taxonomie systematisiert KEIM existierende Interaktionstechniken [Keim, 2002] in: interaktives *Filtern, Zoomen, Verzerren* sowie *Linking & Brushing*. Während diese und weitere Klassifikationen konkrete Interaktionstechniken in den Vordergrund rücken, identifizierten Yi et al. [2007] in ihrer Kategorisierung existierender Interaktionstechniken die *Absicht des Benutzers* als zentrales Ordnungsprinzip. Dabei werden folgende Interaktionskategorien unterschieden:

- *Selektieren:* Etwas als interessant markieren.
- *Explorieren:* Etwas anderes zeigen.
- *Rekonfigurieren:* Eine andere Anordnung zeigen.
- *Kodieren:* Eine andere Repräsentation der Daten zeigen.
- *Abstrahieren/Detaillieren:* Weniger oder mehr Details anzeigen.
- *Filtern:* Etwas unter bestimmten Bedingungen anzeigen.
- *Verknüpfen:* Verknüpfte Datenobjekte oder Informationen anzeigen.

In Anlehnung an [Yi et al., 2007] sollen diese Interaktionskategorien die folgenden Abschnitte gliedern. Zu jeder Kategorie werden exemplarische Interaktionstechniken aufgeführt.

12.5.1 Selektieren

Statt automatischer Hervorhebung von Datensätzen möchten Benutzer häufig interessante Datenobjekte auswählen, um ihre Position in veränderlichen Visualisierungsansichten nachverfolgen und sie im Blick haben zu können. Daten werden vor allem selektiert, um weitere Operationen damit durchzuführen, beispielsweise die Umordnung einer Datenansicht. Selektion ist also häufig erster Bestandteil einer kombinierten Interaktionstechnik.

Das sogenannte *Spotlighting* bei der bifokalen Fokus- und Kontexttechnik Table Lens ist ein Beispiel für Selektion. Eine oder mehrere Zellen lassen sich in Abhängigkeit von nutzerdefinierten Kriterien hervorheben, sie werden dabei ausgeklappt und fokussiert. Andere Techniken nutzen eine visuelle Veränderung, z.B. geänderte Farbe oder hinzugefügter Rahmen zur Selektion. Auch das Hinzufügen von Beschriftungen oder Positionsmarken, wie beispielsweise bei der Routenplanung in Geovisualisierungsprogrammen, ist geeignet, um Datenobjekte oder Orte von Interesse innerhalb eines Informationsraums wiederzufinden. Zur Interaktion bei all diesen Techniken wird traditionell die direkte Manipulation mit der Maus genutzt, z.B. durch Anklicken oder Aufziehen eines Selektionsrahmens.

12.5.2 Explorieren

Zum Explorieren eines großen Datenraums sind Navigationstechniken notwendig, die den Fokus von einer Teilmenge der Daten auf eine andere legen, weil typischer Weise der Anzeigeplatz nicht für alle Daten ausreicht bzw. Teile des Datenraums außerhalb der aktuellen Ansicht befinden. Scrolling und Panning sind hier die omnipräsenten Techniken, die jedes Toolkit zur Informationsvisualisierung anbietet. Neben separaten Scrollbars, die eine indirekte Verschiebung des Informationsraums erlauben, bietet Panning durch direktes Anfassen und Verschieben beispielsweise einer Landkarte eine direktere Manipulationsmöglichkeit des aktuellen Ausschnitts.

Während Panning die freie Navigation zu einem gewünschten Ausschnitt erlaubt, können durch den Benutzer auch automatisierte Bewegungen zu einem anderen Punkt im Informationsraum ausgelöst werden. Das Aktivieren von Hyperlinks erlaubt also eine gezielte Sprungnavigation. Beispielsweise ermöglicht das Anklicken eines Knoten am Rande einer hyperbolischen Graphdarstellung seine Animation hin zum Mittelpunkt der aktuellen Ansicht. Auch bei Geovisualisierungen wie Google Earth bewirkt das Anklicken einer Ortsmarke oder Landkartenposition am Rand ein animiertes Zentrieren zu dieser geografischen Position.

12.5.3 Rekonfigurieren

Beim Rekonfigurieren wird die räumliche Anordnung einer Datenrepräsentation verändert. Das ist sehr häufig notwendig, weil eine einzelne, statische Ansicht nur einen Teil der möglichen Zusammenhänge sichtbar macht. Ein Beispiel ist die Umordnung der einzelnen Attributachsen bei Parallelen Koordinaten [Inselberg und Dimsdale, 1990] (siehe Abb. 11.10 auf Seite 471). Erst durch das Neuarrangieren der Achsen können bestimmte Attributkorrelationen sichtbar gemacht werden, die vorher schwer oder gar nicht zu erfassen waren.

Die meisten Werkzeuge für die Informationsvisualisierung bieten Möglichkeiten des neuen Ausrichtens, Gruppierens oder Sortierens von Daten. Table Lens ist ein Beispiel für das Rearrangieren von Spalten, um Datenattribute Seite an Seite miteinander vergleichen zu können. Auch das Sortieren von Zeilen in Abhängigkeit von einem Attribut ist durch einfaches Anklicken des Spaltenkopfes möglich. Die meisten Tabellenvisualisierungen bzw. Tabellenkalkulationen bieten diese Funktionalität. Auch der Austausch von Attributen für die X- oder Y-Achse eines Scatterplots ist ein typisches Beispiel.

Rekonfiguration ist auch bei allen Visualisierungen wichtig, wo Datenwerte gestapelt werden, z.B. bei gestapelten Histogrammen, Balkendiagrammen (siehe Abb. 12.38) oder Graphen (siehe Abb. 12.39). Hier entscheidet die Reihenfolge der Datenserien in einem Stapel darüber, wie leicht sich Höhen bestimmter Unterabschnitte miteinander vergleichen lassen.

Beispiele. Abb. 12.38 zeigt ein Balkendiagramm von Verkaufszahlen für bestimmte Werbeaktionen, wobei die Farbe geografische Regionen kodiert. Die gestapelte Darstellung (oben) gibt einen schnellen Überblick zum Beitrag jeder Region zu den Verkaufszahlen. Gleichzeitig erkennt man das Problem der Abhängigkeit einzelner Datenserien von der Grundlinie. Während sich für die rot dargestellte Region der Verlauf der Verkaufszahlen leicht ablesen lässt, wird das mit der Höhe des Stapels immer schwieriger, da der Bezug zur Basislinie verloren geht. Für die gelbe Datenserie lässt sich die Relation der Verkaufszahlen über verschieden Werbeaktionen hinweg nicht mehr so einfach ersehen, wie es beispielsweise in der Abb. 12.38 (unten) durch die Darstellung nebeneinander möglich ist.

Die Stapelgraphen (*Stacked Graphs*) sind eine von Byron und Wattenberg [2008] entwickelte Technik, um Änderungen in einer Menge von Daten zu visualisieren. Dabei ist die Summe dieser Daten genauso wichtig wie die Veränderung einzelner Datensätze, z.B. über die Zeit. In Abb. 12.39 ist ein Teil des US-Haushalts von 1962–2004 für den Bereich „Physical Resources" zu sehen. Deutlich lässt sich erkennen, dass insbesondere starke Veränderungen (wie bei „Deposit Insurance") die Analyse der Veränderungen der darüber gestapelten Einzelwerte erschweren. Stacked Graphs sind auch ein Beispiel für eine Technik zur Visualisierung zeitabhängiger Daten.

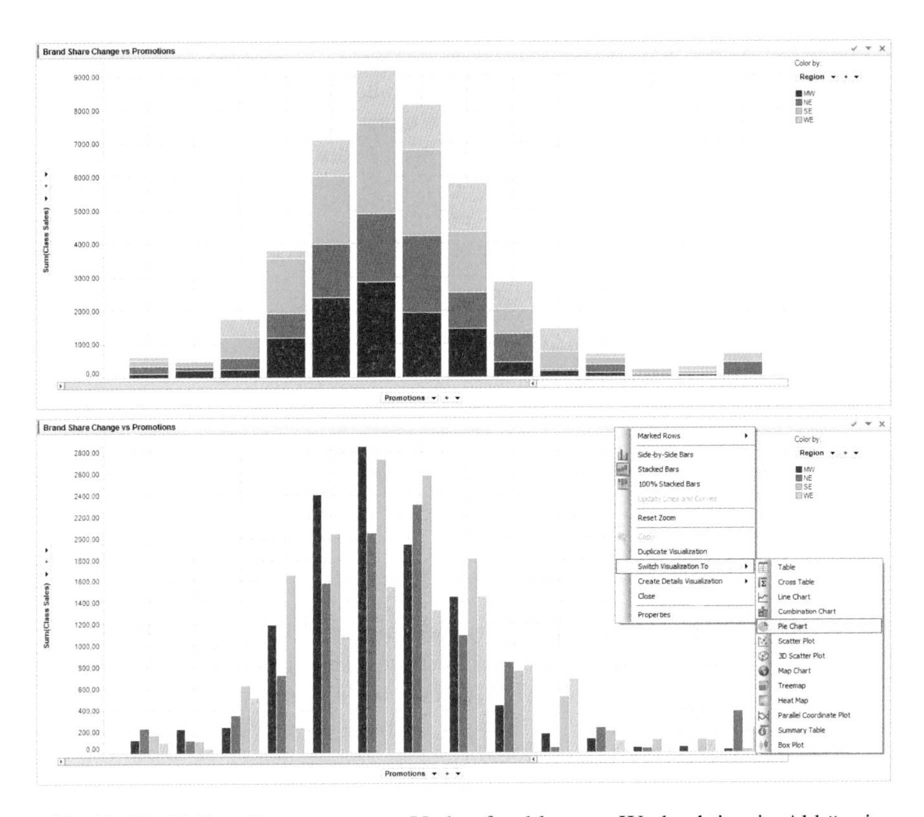

Abb. 12.38: Balkendiagramme von Verkaufszahlen pro Werbeaktion in Abhängigkeit von der Region (farbkodiert). Oben sind die Balken gestapelt, unten nebeneinander angeordnet. Die untere Abbildung zeigt zusätzlich ein Umschaltmenü (Abb. erzeugt mit TIBCO Spotfire®).

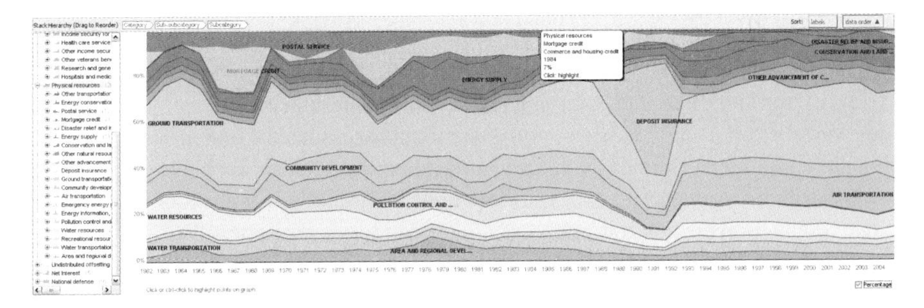

Abb. 12.39: Darstellung von Teilen des US-Haushalts in den Jahren 1962–2004 als gestapelter Graph [Byron und Wattenberg, 2008]. Jeder Einzelposten der Unterkategorie *Physical Resources* ist als farbiges Band über die Zeit visualisiert, wobei sich alle zu 100% addieren. (Abb. erzeugt mit *many eyes* http://manyeyes.alphaworks.ibm.com/manyeyes/).

Während sich bei den bisher genannten Beispielen Rekonfiguration auf Zuordnung, Sortierung und Reihenfolge bezieht, sind auch freiere Interaktionen zum Arrangieren einer Visualisierungsansicht üblich. Gerade bei Netzwerkvisualisierungen besteht häufig die Möglichkeit, einzelne Knoten zu verschieben, um Verknüpfungen besser sichtbar zu machen. Abb. 11.37 auf Seite 506 zeigt beispielsweise die radiale Graphlayouttechnik *Friend Wheel*, bei der ein Knoten in die Mitte der Darstellung verschoben wurde, um die Verknüpfungen mit anderen Freunden besser sichtbar zu machen.

Auch andere Techniken zur Reduzierung von visuellen Überlagerungen bzw. Verdeckungen existieren. Gerade dreidimensionale Visualisierungstechniken bringen dieses Problem mit sich. Beispielsweise wird bei *Cone Trees* (siehe Abschn. 11.3.2) das Rotieren eines Subbaumes unterstützt, um die verdeckten Kindknoten einer Ebene nach vorn zu bringen.

12.5.4 Kodieren

Im Abschnitt 11.2 ist anhand vieler Beispieltechniken deutlich gemacht worden, wie viele Möglichkeiten es gibt, multivariate Daten zu visualisieren. Jede der möglichen Visualisierungslösungen hat ihre Vorteile und ebenso damit verbundene Kompromisse. Daher ist es je nach Aufgabe häufig sinnvoll, die gesamte Repräsentationsform von Daten oder aber die visuelle Erscheinung einzelner Datenobjekte zu verändern. Viele Visualisierungstoolkits bieten ein Umschalten der Repräsentationsformen, z.B. von Balken- auf Kreis- oder Scatterplotdiagramme. Abb. 12.38 (unten) zeigt ein derartiges Auswahlmenü für TIBCO Spotfire®.[9]

Beispiel. Eines der bekanntesten kommerziellen Werkzeuge zur Visualisierung multidimensionaler Daten ist SPOTFIRE® [Ahlberg, 1996]. Hervorgegangen aus dem Forschungstoolkit *Information Visualization and Exploration Environment (IVEE)* [Ahlberg und Wistrand, 1995], vereint Spotfire eine Vielzahl von flexiblen und kombinierbaren Visualisierungstechniken. Neben der Verarbeitung von Tabellen- und Datenbankdatensätzen können auch in Echtzeit anfallende Daten sowohl mit Einzelplatzlösungen als auch verteilten, Web-basierten Anwendungen exploriert und analysiert werden. Abb. 12.40 zeigt einen Screenshot mit mehreren miteinander verknüpften Visualisierungen eines Verkaufsdatensatzes. Mehrere Visualisierungsansichten lassen sich frei miteinander kombinieren und anordnen. Vielfältige Filtermöglichkeiten erlauben überdies die zielgerichtete Einschränkung von komplexen Datensätzen.

Zur Gruppe von Interaktionstechniken für die Änderung der Datenrepräsentation gehört auch das Anpassen von Farben bzw. Farbpaletten – eine Basisfunktionalität,

[9] http://spotfire.tibco.com/

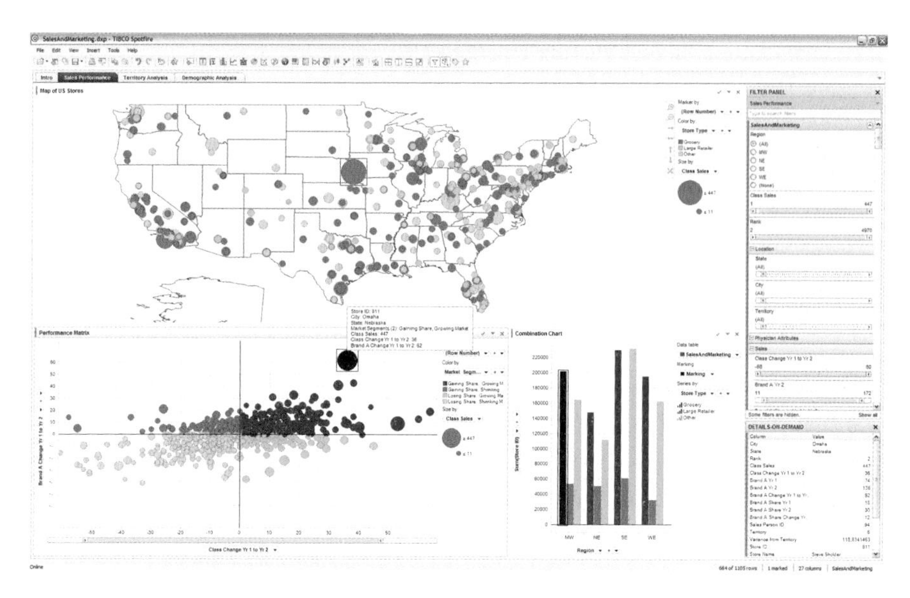

Abb. 12.40: Screenshot des kommerziellen Visualisierungswerkzeugs Spotfire. Für die Analyse von Verkaufszahlen sind drei von vielen möglichen Ansichten ausgewählt: eine Kartenvisualisierung (Kreisgröße kodiert Verkaufszahlen, Farbe den Typ des Geschäfts), eine Scatterplotdarstellung (Performanzmatrix) und ein Balkendiagramm (Typen eines Geschäfts pro Region). Im Filterpanel (rechts) lassen sich Attributwerte einschränken. Details für ein gewähltes Datenobjekt mit allen Attributen sind unten rechts zu sehen. Markiert wurde ein Datenobjekt mit hohen Verkaufszahlen, das in allen Darstellungen hervorgehoben wird, was als *Brushing* bezeichnet wird (Abb. erzeugt mit TIBCO Spotfire®).

die beinahe jedes Toolkit anbietet. Auch alle anderen visuellen Attribute, darunter Größe, Form und Orientierung, unterstützen das Ziel einer geeigneten Wertekodierung (siehe Abschn. 11.2). Die Auswahl erfolgt häufig über Dialogboxen, Optionsmenüs oder Toolbars.

12.5.5 Abstrahieren/Detaillieren

Zu dieser Gruppe von Interaktionstechniken gehören alle die, mit denen sich Datenrepräsentationen in ihrem Detaillierungsgrad anpassen lassen. Das Interesse eines Benutzers kann zwischen dem Bedürfnis nach einem groben Überblick über alle Daten bis hin zur Betrachtung individueller Attribute eines Datensatzes variieren [Yi et al., 2007]. Einfache Formen der Detailanzeige sind beim Überfahren mit der Maus erscheinende Tooltips (Abb. 12.39 und 12.40). Das Anklicken eines Datenobjekts kann darüber hinaus ausführlichere Details darstellen, wie z.B. im *Details-on-demand*-Panel von Spotfire (Abb. 12.40, rechts unten).

Ebenfalls zu dieser Gruppe gehören sämtliche Zoomtechniken, die ausführlich im Abschn. 12.3 behandelt wurden. Dabei wird die Repräsentation nicht grundlegend verändert, sondern Details erscheinen einfach im Fokus bzw. gehen beim Herauszoomen in den Kontext über [Yi et al., 2007]. Auch das Expandieren hierarchischer Cluster, wie im *Coordinated Graph Visualization* System [Tominski et al., 2009], und jede animierte Aktion zur interaktiven Fokussierung von Teilbäumen, Subgraphen oder Datensätzen lässt sich hier zuordnen.

12.5.6 Filtern

Beim Explorieren großer Datenräume ist das Filtern ein wesentliches Mittel zur Partitionierung von Daten in handhabbare bzw. anzeigbare Informationsmengen. Dies kann einerseits durch direkte Auswahl der gewünschten Datenmengen passieren (engl. *Browsing*), andererseits indirekt durch Festlegung bestimmter Eigenschaften (engl. *Querying*) [Keim, 2002]. Durch Filterung – als Vorverarbeitungsschritt vor der eigentlichen Visualisierung – lassen sich Datensätze oder Attribute entfernen, die gegenwärtig nicht von Interesse sind. Auch die Datenanalyse kann durch Filtern unterstützt werden, indem z.B. die Veränderung einer Visualisierung beobachtet wird, wenn bestimmte Attributwerte einbezogen oder ausgeschlossen werden.

Dynamic Queries. *Dynamic Queries* wurden als Konzept zur Informationsexploration und Formulierung von Datenbankanfragen mittels grafischer Bedienelemente von Ahlberg et al. [1992] vorgestellt. Zum Einsatz kommen z.B. Checkboxen und Radio Buttons für nominale Daten, Bereichsschieberegler (engl. *Range Slider*) für quantitative Daten oder sogenannte *Alpha Slider* zur Auswahl kategorischer Textdaten, z.B. alphabetisch sortierter Bundesstaaten (siehe Abb. 12.41). Nur die Daten, die den eingestellten Bedingungen genügen, werden angezeigt, wobei die grundlegende Repräsentation der Daten nicht beeinflusst wird. Daten, die herausgefiltert sind, werden zumeist nur temporär von der Anzeige entfernt.

Eine Alternative zum Entfernen von gefilterten Datensätzen wurde von Spence und Tweedie [1998] mit dem ATTRIBUTE EXPLORER vorgestellt. Datensätze, die den aktuell gewählten Filterkriterien nicht ganz genügen, werden nicht entfernt, sondern in einer anderen Farbe visualisiert, um so dem Benutzer Kontextinformationen zu bieten (Abb. 12.42). Damit ist es einfach möglich, zu restriktive Filtereinstellungen zu lockern, um eine größere Ergebnismenge zu erhalten.

Während in den vorausgegangenen Beispielen grafische Bedienelemente zur Festlegung von Bedingungen bzw. Bereichen verwendet werden, kann dies auch durch sukzessive Texteingabe erfolgen, wie es von dynamischen Suchanfragen bekannt ist. Ein Beispiel ist der von MARTIN WATTENBERG auf Basis der Stacked Graphs [Byron und Wattenberg, 2008] entwickelte NAME VOYAGER.[10] In Abb. 12.43

[10] http://www.babynamewizard.com/voyager/

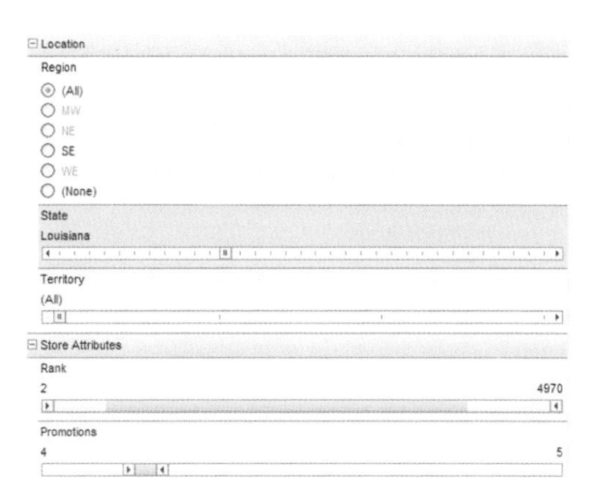

Abb. 12.41: Verschiedene Widgets zur Filterung von Datensätzen: Radio Buttons, ein Alpha Slider zur Auswahl von US-Staaten, Range Slider zur Einschränkung quantitativer Werte. Beim Attribut Rank ist zu sehen, dass zwar ein größerer Bereich gewählt wurde (2 – 4970), jedoch aufgrund der Filtereinstellung die aktuelle Resultatmenge nur einen kleineren, dunkelgelb dargestellten Wertebereich abdeckt (Abb. erzeugt mit TIBCO Spotfire®).

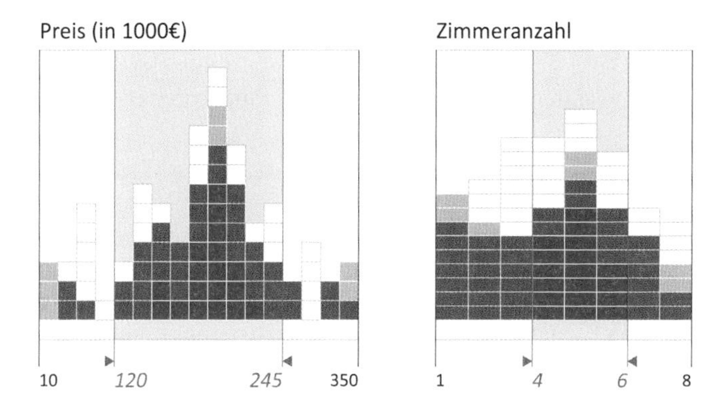

Abb. 12.42: Konzept des *Attribute Explorers* [Spence und Tweedie, 1998]. Eigentumswohnungen sind bezüglich der Attribute Preis und Zimmerzahl dargestellt, wobei jeder Balken die Zahl der Wohnungen enthält, die diesen Attributwert besitzen (Stapelreihenfolge ist unwichtig). Objekte in rot erfüllen die Filtereinstellungen, die in dunkelgrau verletzen nur eine der insgesamt vier Bereichsgrenzen beider Attribute, bei hellgrauen sind es zwei. Damit lässt sich schnell erkennen, welche Bereichsgrenzen geändert werden können, um die Ergebnismenge zu vergrößern.

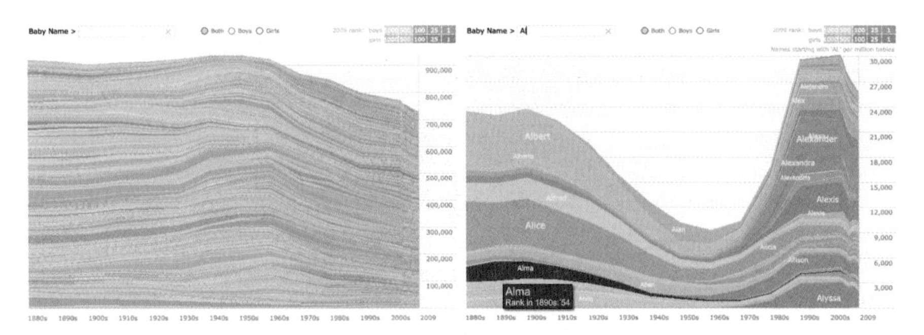

Abb. 12.43: Visualisierung von Namenshäufigkeiten über die Zeit als Stacked Graph [Byron und Wattenberg, 2008] im Name Voyager. Links die Gesamtmenge an Daten, rechts eine durch Eintippen der Buchstabenfolge „Al" gefilterte Darstellung (Abb. erzeugt mit http://www.babynamewizard.com/voyager/)

wird die Gesamtmenge von Kindernamen durch sukzessives Eintippen der Buchstaben „A" und „l" deutlich reduziert.

Bei allen Filtertechniken handelt es sich um *indirekte Interaktionstechniken*. Benutzer interagieren z.B. mit Schiebereglern, Radio Buttons oder Texteingabefeldern, um die Menge an dargestellten Daten und somit die Inhalte einer Visualisierung zu beeinflussen. Diese grafischen Benutzungsschnittstellenelemente repräsentieren gleichzeitig die gewählten Einschränkungen bzw. Filterkriterien auf visuelle Weise.

12.5.7 Verknüpfen

Direkte Interaktionstechniken erlauben die direkte Veränderung der Visualisierung bzw. Selektion von Elementen innerhalb des Visualisierungsraums [Roberts, 2007]. Dazu zählen die am Anfang dieses Abschnitts genannten Selektionstechniken und Techniken zur Hervorhebung von Assoziationen und Beziehungen. Ein grundsätzlicher Ansatz dafür ist das bereits an verschiedenen Stellen erwähnte *Brushing*, auch als *Linking & Brushing* [Keim, 2002] bezeichnet.

Brushing. Da einzelne Visualisierungsansichten in ihren Möglichkeiten begrenzt sind, unterstützt erst ihre Kombination und die gleichzeitige Hervorhebung relevanter Datensätze in verschiedenen Visualisierungen die Absichten eines Benutzers angemessen. *Brushing*, das „Darüberstreichen" über einen Teil der Datenvisualisierung, wird meistens durch Auswahl eines oder mehrerer Datenobjekte bzw. eines ganzen Bereichs innerhalb einer Ansicht vorgenommen. Bei dieser interaktiven Hervorhebungstechnik passen sich sämtliche anderen Visualisierungen automatisch an, indem sie ebenfalls die gewählten Objekte visuell hervorheben. Abb. 12.40 zeigt die Auswahl eines Datensatzes (dunkelrot) innerhalb der Scatterplotdarstellung. Das gewählte Geschäft in der Stadt Omaha (Nebraska) wird in allen Visualisierungen durch ein Rechteck hervorgehoben, die Detailansicht entsprechend aktualisiert.

Damit steht eine mächtige Technik zur Lösung des visuellen Fragmentierungsproblems [Bartram und Ware, 2002] zur Verfügung: gewählte Datensätze lassen sich in verschiedenen Visualisierungen schnell lokalisieren und damit auf verschiedene Weise betrachten, um z.B. Abhängigkeiten oder Korrelationen zu erkennen. Interaktive Änderungen werden sofort in den anderen Ansichten widergespiegelt. Fast alle modernen Systeme zur Informationsvisualisierung bieten diese Funktionalität, insbesondere, wenn sie multiple koordinierte Ansichten anbieten (siehe Abschn. 12.2.3). Der Stil eines „Pinsels" lässt sich je nach Anwendung modifizieren, z.B. in Punktform zur Einzelwahl oder als Hüllgeometrie zur Bereichsselektion. Als Reaktion auf das Brushing werden häufig Farben geändert (wie auch in Abb. 12.40) oder ergänzende Markierungen eingeblendet.

Zusatzinformation. BARTRAM und WARE weisen darauf hin, dass beim Brushing zumindest eine kostbare Visualisierungsdimension – zumeist Farbe – verbraucht wird [Bartram und Ware, 2002]. Sie schlagen deshalb die Nutzung von Bewegungsmustern für die Hervorhebung von Objekten vor. Das können leichte Auslenkungen von Objekten in der Nähe ihrer ursprünglichen Position sein, z.B. eine Kreisbewegung, lineare Verschiebung oder leicht pulsierende Größenänderung. In einer Studie fanden Bartram und Ware [2002] heraus, dass sowohl der Bewegungstyp als auch die Richtung eine visuelle Unterscheidung zwischen Gruppen bewegter Objekte gestatten. Kleine Bewegungen von Objekten sind somit ein effektives Mittel, um – gerade auch nicht benachbarte – Objekte zu gruppieren, die sonst keine Ähnlichkeit aufweisen. Diese Beobachtung lässt sich auch mit dem Gestaltgesetz des „gemeinsamen Schicksals" begründen.

Die möglicherweise erste kommerzielle Verwendung des Prinzips der minimalen Bewegung zur Hervorhebung wurde bei der Benutzungsoberfläche des Apple iPhones eingesetzt. Wenn man ein Icon auf dem Startbildschirm länger gedrückt hält, beginnen alle Icons, sich zu bewegen. Damit signalisieren sie die Möglichkeit des Umordnens durch Verschiebung und des Löschens über ein zusätzlich eingeblendetes Mini-Icon (Abb. 12.44).

Während einige Verfahren nur temporäre Hervorhebungen produzieren, die nach Verlassen der Region mit dem Mauscursor wieder verschwinden, lassen sich bei anderen auch Bereiche direkt in der Darstellung auswählen, die so lange bestehen, bis der Benutzer sie wieder aufhebt. Ein Beispiel dafür wurde bei Parallelen Koordinaten [Inselberg und Dimsdale, 1990] im Abschn. 11.2.1 gezeigt, wo für verschiedene Attributachsen eine Bereichseinschränkung vorgenommen wurde und die passenden Datensätze farbig hervorgehoben sind. Daran lässt sich erkennen, dass die Grenzen zwischen Techniken zum Filtern und Brushing sowie Selektion und Brushing nicht scharf gezogen werden können. Beispielsweise bietet das ComVis-Toolkit die Mög-

Abb. 12.44: Die Bildsequenz zeigt links den Startbildschirm des iPhone. Durch längeres Antippen des Icons „CHI Demo“ wird ein Zustand aktiviert, der das Umsortieren und Löschen von Icons erlaubt (Mitte). Eine „Wackelbewegung“, d.h. leichte Rotation der Icons, zeigt diese Interaktionsmöglichkeit an. Nach Drücken der Home-Taste wird wieder der normale Modus aktiviert (rechts).

lichkeit von *Composite Brushes* an, womit durch Boolesche Operatoren kombinierte Selektionen möglich sind [Matkovic et al., 2008].

Interaktionstechniken zum Verknüpfen in Beziehung stehender Informationsobjekte müssen jedoch nicht auf Brushing in multiplen Ansichten beschränkt sein. Auch einzelne Ansichten, z.B. Graphvisualisierungen, erlauben das Hervorheben von Beziehungen zwischen sichtbaren Knoten der gleichen Darstellung. In Abb. 12.45 besteht die Verbindung z.B. nicht zwischen unterschiedlichen Repräsentationsformen des gleichen Datenobjekts (wie beim Brushing), sondern im Hervorheben von vorher schlecht oder nicht sichtbaren Beziehungen zu einem Fokuselement. Auch die *Mentionmap* in Abb. 11.33 auf Seite 497 unterstützt diese Technik, indem direkt mit dem Fokusknoten verbundene Knoten hervorgehoben sind.

Zusammenfassung. Die Kategorisierung der für Informationsvisualisierungen typischen Interaktionstechniken nach [Yi et al., 2007] umfasst weder sämtliche existierenden Techniken in diesem Bereich, noch können sich alle Techniken exklusiv einer einzelnen Kategorie, also Absicht des Benutzers, zuordnen lassen. Beispielsweise ist das Semantische Zoomen eine Technik zum Abstrahieren bzw. Detaillieren. Zugleich verändert sie die Kodierung von Daten durch entsprechende Änderungen in der Repräsentation. Auch magische Linsen, die häufig als Filtertechniken eingesetzt werden, lassen sich verschiedenen Absichten eines Benutzers zuordnen und könnten sogar in jede der genannten sieben Kategorien eingeordnet werden (siehe Abschn. 12.4.4 für verschiedene Beispiele).

ROBERT SPENCE widmet dem Thema Interaktion in seinem Einführungsbuch zur Informationsvisualisierung [Spence, 2007] ein eigenes, lesenswertes Kapitel.

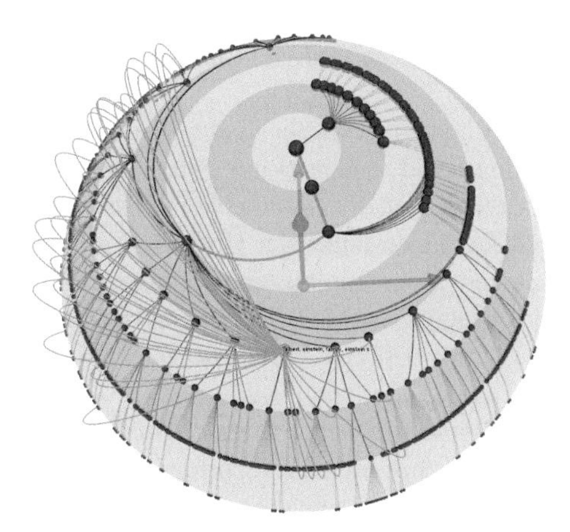

Abb. 12.45: Beim Überfahren eines Knotens im *Magic-Eye-View* des Strukturvisualisierungstoolkits CGV [Tominski et al., 2009] wird in grün der Pfad innerhalb des Baumes von der Wurzel aus hervorgehoben. Zusätzlich sind in orange die Verbindungen zu anderen Knoten in der Hierarchie hervorgehoben (Abb. mit CGV-Toolkit http://www.informatik.uni-rostock.de/~ct/CGV/CGV.html)

Darin wird beispielsweise die wichtige Unterscheidung zwischen kontinuierlichen (z.B. Panning) und diskreten Interaktionsformen (z.B. Durchblättern) vorgenommen.

12.6 Zusammenfassung und Ausblick

Während das 11. Kapitel eine Vielzahl von Techniken vorgestellt hat, *wie* multidimensionale Daten und Relationen grundsätzlich durch Visualisierungen repräsentiert werden können, lag der Fokus dieses Kapitels auf Strategien zur Navigation in großen Informationsräumen und allgemein auf der Interaktion mit Datenrepräsentationen. Dabei waren die zentralen Fragen, *was* von den Daten zu einem bestimmten Zeitpunkt auf einem begrenzten Bildschirmplatz gezeigt wird und wie ein Benutzer damit interagiert, um Aufgaben optimal erledigen zu können.

Als grundsätzliche Präsentationstechniken für die Darstellung komplexer Informationsräume auf kleinen Bildschirmen – und das relativ unabhängig vom Typ der dargestellten Daten – wurden Overview & Detail-Techniken, multiple koordinierte Ansichten, Zoomable User Interfaces sowie Fokus- und Kontexttechniken diskutiert. Alle Techniken kommen dem Bedürfnis eines Benutzers, Detailansichten zu betrachten und dabei trotzdem den Kontext im Blick zu behalten, auf unterschiedliche Weise nach. Während bei Overview & Detail eine räumliche Trennung in verschiedene Ansichten vorgenommen wird, integrieren Fokus- und Kontexttechniken beides nahtlos in einem Bildraum. Zoomtechniken teilen den Raum hingegen nicht auf, sondern nutzen stattdessen eine zeitliche Entkopplung von Detail- und Kontextansicht.

Die Kombinationsmöglichkeiten dieser Techniken sind vielfältig, jedoch stark abhängig von Anwendung und Zielen. Eine gute Diskussion existierender Vergleichsstudien und Evaluationen der Nützlichkeit bestimmter Techniken für bestimmte Aufgaben und Domänen bietet der Überblicksartikel von Cockburn et al. [2008]. Die Bewertung von Techniken für eine konkrete Domäne ist beispielsweise in [Bade et al., 2008] für medizinische Trainingssysteme durchgeführt worden, wo Table Lens und andere Informationsvisualisierungstechniken für die Fallauswahl bei Lernsystemen miteinander verglichen wurden.

Anhand aktueller Beispiele von Benutzungsschnittstellen ist deutlich geworden, dass Zoomtechniken bereits zum Standardrepertoire moderner Desktopanwendungen gehören, während Verzerrungstechniken bisher eher sparsam eingesetzt wurden. Hier ist aber auch in den nächsten Jahren ein Transfereffekt von spezialisierten Informationsvisualisierungslösungen zu modernen Benutzungsschnittstellen zu erwarten.

Neben den interaktiven Techniken zur Navigation großer Dokumente oder Datenräume wurden in diesem Kapitel auch weitere Interaktionstechniken vorgestellt, die in engem Zusammenhang mit Visualisierungstechniken entwickelt wurden (z.B. Brushing). Datenrepräsentation und Interaktion werden häufig getrennt betrachtet – wie in diesen beiden Buchkapiteln zur Informationsvisualisierung auch –, sie sind jedoch untrennbar miteinander verbunden. Ohne Interaktion ist eine Visualisierung zumeist nur ein statisches Bild. Erst die interaktive Änderung von Visualisierungsparametern, das Selektieren, Rekonfigurieren, Filtern oder auch Verknüpfen verschiedener Visualisierungsperspektiven erlaubt eine erkenntnisfördernde Exploration von Informationsräumen. Wie bei den Navigationstechniken kann auch hier keine scharfe Trennung von Informationvisualisierungen und „normalen" Benutzungsschnittstellen vorgenommen werden. Wenngleich beispielsweise Filtertechniken eher bei komplexen Datensätzen zum Einsatz kommen, sind Methoden zur Selektion, Exploration oder Verknüpfung längst Bestandteil moderner User Interfaces.

Weiterführende Literatur. Im vorangegangen Kapitel wurden im Abschn. 11.5 bereits wichtige Literaturhinweise auf Bücher zur Informationsvisualisierung gegeben, die natürlich ebenso für die in diesem Kapitel diskutierten Aspekte relevant sind. Übersichtsartikel, wie der von Cockburn et al. [2008] zu Overview & Detail, Zooming sowie Fokus- und Kontexttechniken oder von Roberts [2007] zu multiplen koordinierten Ansichten sind sinnvolle Ergänzungen zur Lektüre dieses Kapitels.

Beide Kapitel dieses Buchteils konnten nur einen Einblick in das Gebiet der Informationsvisualisierung geben, viele Bereiche wurden nur gestreift oder blieben unerwähnt. Dazu zählt die Softwarevisualisierung als Spezialdisziplin mit praktischer Bedeutung für das Entwerfen, Verstehen und Verwalten zunehmend komplexer Softwaresysteme. Als guter Startpunkt sei hier das kompakte englischsprachige Buch von STEPHAN DIEHL empfohlen [Diehl, 2007]. Dabei handelt es sich gegenwärtig um das aktuellste und umfassendste Werk zum Thema, in dem auch modernen Trends, wie der Visualisierung der Evolution von Softwaresystemen, ausreichend Platz eingeräumt wird.

Ein ebenfalls wichtiger, nicht näher betrachteter Bereich ist die Text- und Dokumentvisualisierung, bei der nicht multivariate Datensätze, sondern strukturierte Texte zentraler Visualisierungsgegenstand sind. Lesenswerte Kapitel zu diesem Thema sind in den Visualisierungsbüchern von Telea [2007] und Ward et al. [2010] zu finden. Die Struktur von Texten, die Häufigkeit von Wörtern, die Verbindungen zwischen Dokumenten oder die Änderungshistorie von Online-Texten sind dafür beispielhafte Visualisierungsgegenstände. Eine der sehr aktiven Gruppen in diesem Bereich ist das *IBM Research Visual Communication Lab.*[11]

Auch auf die Visualisierung *zeitabhängiger* Daten konnte nicht näher eingegangen werden, obwohl es sich um ein wichtiges Teilgebiet mit interessanten Lösungen handelt. Hier sei auf den Überblicksartikel von Aigner et al. [2008] oder die Doktorarbeit von CHRISTIAN TOMINSKI verwiesen [Tominski, 2006].

Konferenzen, Journale und Webseiten. Die wesentlichen, jährlich stattfindenden Konferenzen in diesem Bereich bieten mit ihren Tagungsbänden natürlich die aktuellste Lektüre zum Stand der internationalen Forschung. Zu nennen ist dabei an erster Stelle die 2010 zum 16. Mal stattfindende *IEEE Information Visualization Conference (InfoVis)* als Bestandteil der sogenannten VisWeek. Auch die seit 1998 jährlich stattfindende *International Conference Information Visualisation (IV)* ist ausschließlich diesem Forschungsgebiet gewidmet.

Auch auf allgemeinen Visualisierungskonferenzen, wie der *IEEE Visualization Conference* oder dem *Eurographics/IEEE Symposium on Visualization (EuroVis)* werden zahlreiche Artikel zum Thema publiziert. Spezialthemen werden auf Tagungen, wie der *Conference on Coordinated and Multiple Views in Exploratory Visualization* oder dem *ACM Symposium on Software Visualization* (SOFTVIS) behandelt.

An wichtigen Journalen in diesem Gebiet kann Palgraves *Information Visualization Journal* und *IEEE Transactions on Visualization and Computer Graphics* genannt werden, in denen auch regelmäßig Spezialausgaben und Themenhefte zu Aspekten der Informationsvisualisierung, des visuellen Data Minings und Visual Analytics erscheinen. An nützlichen Web-Quellen sind besonders das InfoVis-Wiki[12] als Community-Plattform und Forum zum Thema Informationsvisualisierung, die inspirierende Webseite *information aesthetics*[13] und das IBM-Projekt *Many Eyes*[14] mit einer hervorragenden Sammlung von kommentierten Datenvisualisierungen zu nennen.

[11] http://www.research.ibm.com/visual/

[12] http://www.infovis-wiki.net/

[13] http://infosthetics.com/

[14] http://manyeyes.alphaworks.ibm.com/manyeyes/

12.6.1 Herausforderungen und Perspektiven

Bei der stetig wachsenden Vielfalt an Datenquellen und an weltweit verfügbaren Informationen wundert es nicht, dass Informationsvisualisierung ein inzwischen gereiftes und schnell wachsendes Gebiet mit zahlreichen praktischen Anwendungsfällen ist. Ob in Unternehmen, Statistikämtern, Sportverbänden, Presseagenturen oder sozialen Netzwerken im Internet – überall kommen Informationsvisualisierungen zum Einsatz. Daraus ergeben sich notwendiger Weise eine Reihe von technischen, algorithmischen und methodischen Herausforderungen, die u.a. in [Schumann und Müller, 2004, Chen, 2005, Shneiderman und Plaisant, 2009] ausführlicher diskutiert werden. Einige besonders im Kontext dieses Buches interessante Perspektiven sollen hier zur Abrundung des Informationsvisualisierungsteils umrissen werden.

Usability und Empirische Studien. Die Entwicklung neuartiger Techniken zur Informationsvisualisierung stand bisher oft im Vordergrund der Bemühungen. Im Vergleich zum Wachstum des Feldes sind empirische Studien jedoch eher rar, die Anwendbarkeit, Eignung und Nutzen bestimmter Techniken hinreichend belegen können. Gerade vergleichende Studien müssen künftig verstärkt durchgeführt werden, um zuverlässige und generalisierbare Aussagen treffen zu können, wie gut sich Visualisierungstechniken für welche Aufgaben eignen. Auch auf der methodischen Seite müssen zumindest etablierte MCI-Standards angewendet werden. Darüber hinaus erfordert der eher explorative, zum Erkenntnisgewinn führende Prozess spezialisierte Untersuchungsmethoden, da sowohl elementare perzeptiv-kognitive Aufgaben als auch komplexere kognitive Aktivitäten beteiligt sind.

Eng mit der Frage der Benutzbarkeit ist die nach Qualitätsmassen für Visualisierungen verbunden. Um z.B. die Effektivität einer neuen Hierarchievisualisierung im Vergleich zu existierenden Ansätzen überprüfen zu können, benötigt man nicht nur aussagekräftige Vergleichsdatensätze, sondern geeignete, verbindliche Testaktivitäten. Leider liegt es in der Natur von Exploration, Browsing oder Erkenntnisgewinn, dass für diese Aktivitäten keine einfache Referenzmessung durchgeführt werden kann. Die Arbeiten von van Wijk [2005] und Fekete et al. [2008] beschäftigen sich intensiv mit der Problematik, den Wert von Visualisierungen zu bestimmen. Das Ziel sollten messbar effektive und effiziente Visualisierungslösungen sein, die zugleich Eleganz und Schönheit besitzen.

Ästhetik und User Experience. Informationsvisualisierung ist lange Zeit primär als analytisches Werkzeug gesehen worden, das Erkenntnisgewinn fördern und Schlussfolgerungen gestatten soll. Wenn man jedoch die Seiten dieses Buchteils durchblättert, fällt zugleich der ansprechende visuelle Charakter und die ästhetische Qualität mancher Visualisierung ins Auge. Deren Wert besteht also nicht allein in einer geeigneten Datenvisualisierung oder schnellen Navigation durch eine Hierarchie. Beispielsweise weisen die *Stacked Graphs* [Byron und Wattenberg, 2008] (Abb. 12.39 und 12.43) eine eigene ästhetische Qualität weit über den reinen Nutzwert hinaus auf.

Interessant ist die Frage, inwieweit eine ästhetische oder gar künstlerische Ausprägung einer Informationsvisualisierung zum Erkenntnisgewinn und zur Lösung von Aufgaben beiträgt. In einer Vergleichsstudie haben Cawthon und Vande Moere [2007] den Einfluss der wahrgenommenen Ästhetik auf die Usability bei Retrieval-Aufgaben untersucht. Im Ergebnis wurden die ästhetischeren Lösungen länger und aufmerksamer betrachtet und schnitten auch in den klassischen Messgrößen besser ab. Was NORMAN im Zusammenhang mit industriellen Produkten feststellte, scheint also ebenso für Visualisierungen zu gelten: „Nur durch unsere Emotionen entwirren wir Probleme, da die menschliche Gefühlswahrnehmung eng mit unseren kognitiven Fähigkeiten verflochten ist“ [Norman, 2003].

Dem Aspekt ästhetischer Visualisierungen sollte also verstärkt Aufmerksamkeit geschenkt werden, wobei die Analogie zu positiver User Experience bei Benutzungsschnittstellen naheliegend ist. Auch die oft als dekoratives Beiwerk verpönte inhaltsbezogene Gestaltung von Infografiken hat sich als nützlicher herausgestellt, als bislang angenommen. Bateman et al. [2010] weisen in einer Studie nach, dass die Beschreibungsgenauigkeit von Diagrammen für dekorative Varianten nicht schlechter als bei sachlich gestalteten war, das Erinnerungsvermögen jedoch durch die inhaltsbezogen ausgeschmückten Infografiken signifikant verbessert wurde.

Demokratisierung für Alltagsnutzer. Viele Benutzer von Informationsvisualisierungslösungen sind keine Visualisierungsexperten und möchten leicht benutzbare, visuell ansprechende und effektive Lösungen ihrer domänenspezifischen Probleme verwenden. Somit geraten zunehmend Alltags- und Gelegenheitsnutzer in den Fokus der Entwicklung, die schnell zu klaren Antworten für ihre Probleme gelangen wollen. Dafür führen Pousman et al. [2007] den Begriff der Informationsvisualisierung für Gelegenheitsnutzer (engl. *Casual Information Visualization*) ein. Damit wird ein weiter Bogen bezüglich verschiedener Benutzergruppen (vom Experten bis zum Laien) und vielfältiger Aufgaben (von professionellen Arbeitsaufgaben bis zu einfachen Alltagsfragen) geschlagen. Durch das Einbeziehen ambienter Informationsvisualisierungen in unserer alltäglichen Umgebung, sozialer Visualisierungen und sogar künstlerischer Informationsvisualisierungen wird deutlich, dass die traditionell klaren Grenzen der Informationsvisualisierung verschwimmen.

Neben dem als Motto für die InfoVis-Konferenz 2007 geprägten Begriff „InfoVis for the Masses“ kann man auch von einer Demokratisierung der Informationsvisualisierung sprechen. MARTIN WATTENBERG und FERNANDA VIÉGAS vom bereits erwähnten Visual Communication Lab sind Exponenten dieser Bewegung. Mit ihrem Internetportal *Many Eyes* haben sie einem breiten Internetpublikum Zugang zu Visualisierungswerkzeugen verschafft. Vor allem die Möglichkeit des Hochladens von eigenen Daten, des Annotierens und gemeinsamen Diskutierens von Visualisierungslösungen sowie verschiedene Werkzeuge zur kollaborativen, sozialen Datenanalyse weisen in eine neue Richtung, die eng mit den Entwicklungen des Web 2.0 verbunden sind. Kollaborative Visualisierung im Internet, aber auch auf interaktiven Tabletops und in modernen Multi-Displayumgebungen, ist ein weiterer wichtiger Entwicklungstrend.

Zusammenfassend lässt sich sagen, dass Informationsvisualisierungen längst die Forschungslabore verlassen haben und sowohl in zahlreiche kommerzielle Produkte integriert sind (z.B. TIBCO Spotfire®, Tableau Software®, SAP Business Objects™ oder InfoZoom®), als auch einem großen Benutzerkreis in Form von zunehmend visuellen Webanwendungen zur Verfügung stehen. Das (automatische) Finden der geeigneten InfoVis-Lösung für ein gegebenes Problem, die Skalierbarkeit für sehr große Datenmengen, das visuelle Data Mining und die Unterstützung sehr heterogener Displays und Interaktionsmodalitäten sind weitere wichtige Herausforderungen. Schließlich ist es wünschenswert, die Anwendung von Konzepten (z.B. neuartigen Interaktionsmethoden), Methoden und Erkenntnissen aus dem Bereich Mensch-Computer Interaktion auf das Gebiet der Informationsvisualisierung weiter voranzutreiben. Umgekehrt können moderne Benutzungsschnittstellen von den existierenden Erfahrungen mit visuellen Datenrepräsentationen und ihrer interaktiven Exploration ebenfalls stärker profitieren.

Literaturverzeichnis

Aaltonen, A., Hyrskykari, A., Raiha, K. J. (1998). 101 spots, op how do users read menus. In *Proc. of the ACM SIGCHI conference on Human Factors in Computing Systems*, S. 132–139.

Abowd, G. D., Mynatt, E. D. (2000). Charting past, present, and future research in ubiquitous computing. *ACM Trans. on Computer-Human Interaction*, 7(1):29–58.

Accot, J., Zhai, S. (2003). Refining fitts' law models for bivariate pointing. In *Proc. of the ACM SIGCHI Conference on Human Factors in Computing Systems*, S. 193–200.

Agarawala, A., Balakrishnan, R. (2006). Keepin' it real: Pushing the desktop metaphor with physics, piles and the pen. In *Proc. of the ACM SIGCHI conference on Human Factors in Computing Systems*, S. 1283–1292.

Ahlberg, C. (1996). Spotfire: An information exploration environment. *SIGMOD Rec.*, 25(4):25–29.

Ahlberg, C., Wistrand, E. (1995). Ivee: an information visualization and exploration environment. In *Proc. of the IEEE Symposium on Information Visualization (INFOVIS '95)*, S. 66.

Ahlberg, C., Williamson, C., Shneiderman, B. (1992). Dynamic queries for information exploration: An implementation and evaluation. In *Proc. of the ACM SIGCHI Conference on Human Factors in Computing Systems*, S. 619–626.

Aigner, W., Miksch, S., Müller, W., Schumann, H., Tominski, C. (2008). Visual methods for analyzing time-oriented data. *IEEE Trans. on Visualization and Computer Graphics*, 14(1):47–60.

Akers, D., Simpson, M., Jeffries, R., Winograd, T. (2009). Undo and erase events as indicators of usability problems. In *Proc. of the ACM SIGCHI conference on Human factors in computing systems*, S. 659–668.

Alby, T. (2007). *Web 2.0. Konzepte, Anwendungen, Technologien*. Hanser Verlag, 2 edition.

Alexander, J., Cockburn, A., Fitchett, S., Gutwin, C., Greenberg, S. (2009). Revisiting read wear: analysis, design, and evaluation of a footprints scrollbar. In *Proc. of the ACM SIGCHI conference on Human factors in computing systems*, S. 1665–1674.

Allen, J. (1987). *Natural Language Understanding*. Benjamin Cummings.

Amant, R. S., Horton, T. E., Ritter, F. E. (2004). Model-based evaluation of cell phone menu interaction. In *Proc. of the ACM SIGCHI conference on Human factors in computing systems*, S. 343–350.

Anderson, J. R. (1976). *Language, Memory and Thought*. Lawrence Erlbaum, Hillsdale, New Jersey.

Anderson, J. R. (1983). *The architecture of cognition*. Harvard University Press, Cambridge, MA.

Anderson, J. R. (1993). *Rules of the Mind*. Lawrence Erlbaum, Hillsdale, New Jersey.

Anderson, J. R. (2004). *Cognitive Psychology and its Implications*. Worth Publishers, 6 edition.

Andrienko, G., Andrienko, N. (2007). Coordinated multiple views: a critical view. In *Proc. of the Conference on Coordinated and Multiple Views in Exploratory Visualization (CMV '07)*, S. 72–74.

B. Preim, R. Dachselt, *Interaktive Systeme*, eXamen.press, 2nd ed.,
DOI 10.1007/978-3-642-05402-0,

Appert, C., Fekete, J.-D. (2006). Orthozoom scroller: 1d multi-scale navigation. In *Proc. of the ACM SIGCHI Conference on Human Factors in Computing Systems*, S. 21–30.

Apple (1987). *Apple Human Interface Guidelines: The AppleDesktop Interface*. Addison Wesley, Reading, Massachusetts.

Atkinson, R. C., Shiffrin, R. M. (1968). *The psychology of learning and motivation: Andvances in research and theory*, chapter Human memory: A proposed system and its control processes, S. 89–95. Academic Press.

Averbukh, V. L. (2001). Visualization metaphors. *Program. Comput. Softw.*, 27(5):227–237.

Baddeley, A. D. (2000). The episodic buffer. a new component of working memory? *Trends in Cognitive Sciences*, 4(11):418–423.

Baddeley, A. D. (2002). Is working memory still working? *European Psychologist*, 7:85–97.

Baddeley, A. D. (2003). Working memory. looking back and looking forward. *Nature Reviews Neuroscience*, 4:827–839.

Baddeley, A. D. (1993). *Working memory, thought and action*. Oxford: Oxford University Press.

Baddeley, A. D., Hitch, G. (1974). *The psychology of learning and motivation: Advances in research and theory*, volume 8, chapter Working memory, S. 47–89. New York: Academic Press.

Bade, R., Ritter, F., Preim, B. (2005). Usability Comparison of Mouse-Based Interaction Techniques for Predictable 3d Rotation. In *Proc. of Smart Graphics*, Lecture Notes in Computer Science, S. 138–150. Springer.

Bade, R., Cordes, J., Mewes, M., Preim, B. (2008). Interaction techniques for case selection in medical computer based training systems. In *Mensch und Computer*, S. 247–256. Oldenbourg Verlag.

Baecker, R., Small, I., Mander, R. (1991). Bringing icons to life. In *Proc. of the ACM SIGCHI conference on Human factors in computing systems*, S. 1–6.

Baecker, R. M., Grudin, J., Buxton, W. A. S., Greenberg, S. (1995). *Readings in Human Computer Interaction: Towards the Year 2000*. Morgan Kaufman, San Francisco, 2 edition.

Balakrishnan, R., Kurtenbach, G. (1999). Exploring bimanual camera control and object manipulation in 3d graphics interfaces. In *Proc. of the ACM SIGCHI conference on Human factors in computing systems*, S. 56–62.

Balakrishnan, R., MacKenzie, I. S. (1997). Performance differences in the fingers, wrist, and forearm in computer input control. In *Proc. of the ACM SIGCHI conference on Human factors in computing systems*, S. 303–310.

Baldonado, W., Michelle Q., Woodruff, A., Kuchinsky, A. (2000). Guidelines for using multiple views in information visualization. In *Proc. of Advanced Visual Interfaces (AVI '00)*, S. 110–119.

Balzer, M., Deussen, O., Lewerentz, C. (2005). Voronoi treemaps for the visualization of software metrics. In *Proc. of the ACM Symposium on Software Visualization (SoftVis'05)*, S. 165–172.

Barlow, S. T., Neville, P. (2001). A comparison of 2-d visualizations of hierarchies. In *Proc. of the IEEE Symposi-*

um on Information Visualization (INFOVIS'01), S. 131–138.

Barnard, P. (1985). *Progress in the Psychology of Language*, chapter Interacting Cognitive Subsystems: A psycholinguistic approach to short term memory. Lawrence Erlbaum, London.

Barnard, P., May, J. (1995). Interactions with advanced graphical interfaces and the deployment of latent human knowledge. In F. Paternó, Herausgeber, *1st Eurographics Workshop Interactive Systems: Design, Specification and Verfication*. Springer Verlag Berlin.

Barnard, P., Teasdale, J. (1991). Interacting cognitive subsystems: A systemic approach to cognitive-affective interaction and change. *Cognition and Emotion*, 5:1–39.

Bartram, L. (1997). Perceptual and interpretative properties of motion for information visualization. In *Workshop on New Paradigms in Information Visualization and Manipulation*, S. 3–7.

Bartram, L. (2001). *Perceptual and interpretative properties of motion for information visualization*. PhD Thesis, Simon Fraser University, School of Computing Science.

Bartram, L., Ware, C. (2002). Filtering and brushing with motion. *Information Visualization*, 1(1):66–79.

Bateman, S., Mandryk, R., Gutwin, C., Genest, A., McDine, D., Brooks, C. (2010). Useful junk? the effects of visual embellishment on comprehension and memorability of charts. In *Proc. of the ACM SIGCHI Conference on Human Factors in Computing Systems*, S. 2573–2582.

Battista, G. D., Eades, P., Tamassia, R., Tollis, I. G. (1998). *Graph Drawing: Algorithms for the Visualization of Graphs*. Prentice Hall.

Baudisch, P., Gutwin, C. (2004). Multiblending: displaying overlapping windows simultaneously without the drawbacks of alpha blending. In *Proc. of the ACM SIGCHI conference on Human factors in computing systems*, S. 367–374.

Baudisch, P., Rosenholtz, R. (2003). Halo: A technique for visualizing off–screen objects. In *Proc. of the ACM SIGCHI Conference on Human Factors in Computing Systems*, S. 481–488.

Beck, J., Ivry, R. (1988). On the role of figural organization in perceptual transparency. *Perception & Psychophysics*, 44:585–594.

Bederson, B. B. (2000). Fisheye menus. In *Proc. of the ACM Symposium on User Interface Software and Technology (UIST'00)*, S. 217–225.

Bederson, B. B. (2001). Photomesa: a zoomable image browser using quantum treemaps and bubblemaps. In *Proc. of the ACM symposium on User Interface Software and Technology (UIST'01)*, S. 71–80.

Bederson, B. B., Boltman, A. (1999). Does animation help users build mental maps of spatial information? In *Proc. of the IEEE Symposium on Information Visualization (INFOVIS '99)*, S. 28.

Bederson, B. B., Hollan, J. D. (1994). Pad++: a zooming graphical interface for exploring alternate interface physics. In *Proc. of the ACM symposium on User interface software and technology (UIST '94)*, S. 17–26.

Bederson, B. B., Clamage, A., Czerwinski, M. P., Robertson, G. G. (2004). Datelens: A fisheye calendar interface for pdas. *ACM Trans. on Computer-Human Interaction*, 11(1): 90–119.

Bell, B., Feiner, S., Höllerer, T. (2001). View management for virtual and augmented reality. In *Proc. of the ACM symposium on User interface software and technology (UIST '01)*, S. 101–110.

Benad, U. E., Benad, M. (2005). *Farbe mobil: Farbenergien erfolgreich nutzen*. DVA-Verlag.

Bennett, C., Ryall, J., Spalteholz, L., Gooch A. (2007). The aesthetics of graph visualization. In *EG Workshop on Computational Aesthetics in Graphics, Visualization, and Imaging*, S. 57–64. Eurographics Association.

Benyon, D., Crerar, A., Wilkinson, S. (2000). *User interfaces for all: concepts, methods and tools*, chapter Individual Differences and inclusive design, S. 89–95. Lawrence Erlbaum.

Benyon, D., Turner, P., Turner, S. (2005). *Designing Interactive Systems*. Maidenhead: Pearson Education.

Berners-Lee, T., Cailliau, R., Luotonen, A., Nielsen, H. F. and Secret, A. (1994). The world-wide web. *Communications of the ACM*, 37(8):76–82.

Bertin, J. (1967). *Sémiologie Graphique. Les diagrammes, les réseaux, les cartes*. Editions de l'Ecole des Hautes Etudes en Sciences.

Bi, X., Moscovich, T., Ramos, G., Balakrishnan, R., Hinckley, K. (2008). An exploration of pen rolling for pen-based interaction. In *Proc. of the ACM symposium on User interface software and technology (UIST '08)*, S. 191–200.

Bias, R. G., Mayhew, D. J. (2005). *Cost-Justifying Usability. An Update for the Internet Age*. Morgan Kaufman.

Bier, E. A., Stone, M. C., Pier, K., Buxton, W., DeRose, T. (1993). Toolglass and magic lenses: The see–through interface. In *Proc. of the ACM SIGGRAPH Conference on Computer Graphics and Interactive Techniques*, S. 73–80.

Blackwell, A. F. (2006). The reification of metaphor as a design tool. *ACM Trans. on Computer-Human Interaction*, 13(4):490–530.

Bly, S. A., Rosenberg, J. K. (1986). A comparison of tiled and overlapping windows. *SIGCHI Bulletin*, 17(4): 101–106.

Borgman, C. L. (1986). The user's mental model of an information retrieval system: an experiment on a prototype online catalog. *Int. J. Man-Mach. Stud.*, 24(1):47–64.

Bowdle, B., Gentner, D. (2005). The career of metaphor. *Psychological Review*, 112(1):193–216.

Bowman, D. A., Kruijff, E., LaViola, J. J., Poupyrev, I. (2004). *3D User Interfaces: Theory and Practice*. Addison Wesley Longman Publishing Co., Inc., Redwood City, CA, USA.

Braun, G. (1993). *Grundlagen der visuellen Kommunikation*. München, 2. edition.

Brave, S., Nass, C. (2002). *The Human Computer Interaction Handbook*, chapter Emotion in Human Computer Interaction, S. 81–96. Lawrence Erlbaum Associates.

Broadbent, D. E. (1958). *Perception and communication*. London Pergamon Press.

Bruls, H., van Wijk, J. J. (2000). Squarified treemaps. In *Proc. of the Joint Eurographics and IEEE TCVG Sym-*

posium on Visualization (VisSym'00), S. 33–42.

Buff, S., Loetscher, J. (2009). Besser user experience - bessere mobile internetanwendungen. In *Proc. of Mensch & Computer*, S. 343–352. Oldenbourg-Verlag.

Burgert, O., Örn, V., Joos, M., Strauß, G., Tietjen, C., Preim, B., Hertel, I. (2007). Evaluation of Perception Performance in Neck Dissection Planning using Eye-Tracking. In *SPIE Conference on Medical Image Computing*.

Büring, T. (2007). *Zoomable User Interfaces on Small Screens - Presentation & Interaction Design for Pen-Operated Mobile Devices*. PhD Thesis, Universität Konstanz.

Büring, T., Reiterer, H. (2005). Zuiscat: Querying and visualizing information spaces on personal digital assistants. In *Proc. of the international conference on Human computer interaction with mobile devices & services (MobileHCI '05)*, S. 129–136.

Büring, T., Gerken, J., Reiterer, H. (2006). Usability of overview-supported zooming on small screens with regard to individual differences in spatial ability. In *Proc. of Advanced Visual Interfaces (AVI '06)*, S. 233–240.

Bury, K. F., Darnell, M. J. (1986). Window management in interactive computer systems. *SIGCHI Bulletin*, 18 (2):65–66.

Bush, V. (1945). As we may think. *Atlantic Monthly*.

K. A. Butler (1996). Usability engineering turns 10. *interactions*, 3(1):58–75.

Buxton, B. (2007). *Sketching the User Experience: Getting the Design Right and the Right Design*. Morgan Kaufman.

Buxton, W. (1983). Lexical and pragmatic considerations of input structures. *Proc. of the ACM SIGGRAPH Conference on Computer Graphics and Interactive Techniques*, 17(1):31–37.

Buxton, W., Myers, B. (1986). A study in two-handed input. *SIGCHI Bulletin*, 17(4):321–326.

Byrd, D. (1999). A scrollbar-based visualization for document navigation. In *DL '99: Proc. of the ACM conference on Digital libraries*, S. 122–129.

Byrne, E., Jolliffe, B., Mabaso, N. (2006). Understanding meaning and bridging divides: The use of an african metaphor for the south african open source center. In *IFIP International Federation for Information Processing*, S. 279–293. Springer.

Byrne, M. D. (1993). Using icons to find documents: simplicity is critical. In *Proc. of the INTERACT '93 and CHI '93 conference on Human factors in computing systems*, S. 446–453. ACM.

Byron, L., Wattenberg, M. (2008). Stacked graphs – geometry & aesthetics. *IEEE Trans. on Visualization and Computer Graphics*, 14(6):1245–1252.

Callahan, J. (1988). An empirical comparison of pie versus linear menus. In *Proc. of the ACM Conference on Human Factors in Computing Systems*, S. 95–100.

Card, S. K., Henderson, D. A. (1987). A multiple virtual workspace interface to support task-switching. In *Proc. of the ACM Conference on Human Factors in*

Computing Systems und Graphics Interface, S. 53–59.

Card, S. K., English, W., Burr, B. (1978). Evaluation of mouse, rate-controlled isometric joystick, step keys and text keys for text selection of a crt. *Ergonomics*, 21(8):601–613.

Card, S. K., Newell, A., Moran, T. P. (1983). *The psychology of human computer interaction*. Lawrence, Erlbaum Associates.

Card, S. K., Mackinlay, J. D., Shneiderman, B. (1999). *Readings in Information Visualization: Using Vision to Think*. Morgan Kaufmann Publishers Inc.

Carpendale, M., Sheelagh T., Cowperthwaite, D. J., Fracchia, F. D. (1997). Extending distortion viewing from 2d to 3d. *IEEE Comput. Graph. Appl.*, 17(4):42–51.

Carpendale, M. S. T., Montagnese, C. (2001). A framework for unifying presentation space. In *Proc. of the ACM symposium on User Interface Software and Technology (UIST'01)*, S. 61–70.

Carroll, J., Rosson, M. B. (2002). *Usability Engineering: Scenario-Based Development of Human-Computer Interaction*. Morgan Kaufmann.

Carroll, J. M. (2004). Beyond fun. *interactions*, 11(5):38–40.

Carroll, J. M., Mack, R. L. (1984). *Human Factors in Computing Systems*, chapter Learning to Use a Word Processor: By Doing, by Thinking and by Knowing, S. 13–51. Ablex.

Carroll, J. M., Mack, R. L., Kellogg, W. A. (1990). *Handbook of Human-Computer Interaction*, chapter Interface Metaphors and User Interface Design, S. 67–85. North-Holland: Elsevier Science Publishers.

Casiez, G., Vogel, D. (2008). The effect of spring stiffness and control gain with an elastic rate control pointing device. In *Proc. of the ACM SIGCHI conference on Human factors in computing systems*, S. 1709–1718.

Cawthon, N., Vande Moere, A. (2007). The effect of aesthetic on the usability of data visualization. *Proc. of Information Visualisation (IV'07)*, 0:637–648.

Cechanowicz, J., Irani, P., Subramanian, S. (2007). Augmenting the mouse with pressure sensitive input. In *Proc. of the ACM SIGCHI conference on Human factors in computing systems*, S. 1385–1394.

Chambers, J. M., Cleveland, W. S., Kleiner, B., Tukey, P. A. (1983). *Graphical Methods for Data Analysis*. Wadsworth International.

Chandra, P. (2006). Dedre gentner and susan goldin-meadow (eds): Language in mind: Advances in the study of language and thought. *Minds Machine*, 16(2):225–230.

Chapanis, A., Kinkade, R. (1972). chapter Design for Controls, S. 345–379. American Institutes for Research, Washington, DC.

Cheery, E. C. (1953). some experiments on the recognition of speed with one or two ears. *Journal of the Acoustical Society*, 25 (5):975–979.

Chen, C. (2005). Top 10 unsolved information visualization problems. *IEEE Comput. Graph. Appl.*, 25(4):12–16.

Chen, M., Mountford, S. J., Sellen, A. (1988). A study in interactive 3-d rotation using 2-d control devices. In *Proc. of the ACM SIGGRAPH Conference on Computer Graphics and Interactive Techniques*, S. 121–129.

Chernoff, H. (1973). The use of faces to represent points in k-dimensional space graphically. *Journal of the American Statistical Association*, 68(342): 361–368.

Chisholm, W., Vanderheiden, G., Jacobs, I. (2001). Web content accessibility guidelines 1.0. *interactions*, 8 (4):35–54.

Chua, R., Weeks, D. J., Goodman, D. (2003). *The human-computer interaction handbook: fundamentals, evolving technologies and emerging applications*, chapter Perceptual-Motor Interaction: Some Implications for Human Computer Interaction, S. 23–34. Lawrence Erlbaum Associates, Inc., Mahwah, NJ, USA.

Clark, F. J., Horch, K. W. (1986). *Handbook of Perception and Human Performance*, chapter Kinesthesia, S. 11–62. Wiley, New York.

Cleveland, W. S. (1993). *Visualizing Data*. Hobart Press.

Cockburn, A., Karlson, A., Bederson, B. B. (2008). A review of overview+detail, zooming, and focus+context interfaces. *ACM Computing Surveys*, 41(1):1–31.

Coekin, J. A. (1969). A versatile presentation of parameters for rapid recognition of total state. In *Proc. of International Symposium on Man-Machine Systems*. IEEE.

W3 Consortium (2010). History of the web, 2010. URL `http://www.w3c.rl.ac.uk/primers/history/origins.htm`. besucht am 18. Juni 2010.

Cooper, A. (1995). *About Face: The Essentials of User Interface Design*. John Wiley & Sons, Inc., New York, NY, USA.

A. Cooper (1999). *The inmates are running the asylum*. Macmillan.

Cooper, A. (1966). *Models and Analogies in Science*. Notre Dam Indiana Press, Notre Dam, Indiana, USA.

Cornelissen, B., Holten, D., Zaidman, A., Moonen, L., van Wijk, J. J., van Deursen, A. (2007). Understanding execution traces using massive sequence and circular bundle views. In *Proc. of the IEEE Conference on Program Comprehension (ICPC'07)*, S. 49–58.

Cowan, N. (1991). The magical number 4 in short-term memory: A reconsideration of mental storage capacity. *Behavioral and Brain Sciences*, 24:87–114.

Craft, B., Cairns, P. (2005). Beyond guidelines: What can we learn from the visual information seeking mantra? In *Proc. of Information Visualisation (IV '05)*, S. 110–118.

Craik, F. I. M., Lockhart, R. S. (1972). Levels of processing: A framework for memory research. *Journal of Verbal Learning and Verbal Behavior*, 11:671–684.

Craik, F. I. M., Watkins, M. J. (1973). The role of rehearsal in short-term memory. *Journal of Verbal Learning and Verbal Behavior*, 12:599–607.

Csikszentmihalyi, M. (1996). *Creativity: Flow and the Psychology of Discovery and Invention*. Harper Collins Publishers, New York.

Dachselt, R. (2004). *Eine deklarative Komponentenarchitektur und Interaktionsbausteine für dreidimensionale multimediale Anwendungen*. PhD Thesis, TU Dresden.

Dachselt, R., Ebert, J. (2001). Collapsible cylindrical trees: A fast hierarchical navigation technique. In *Proc. of the IEEE Symposium on Informa-*

tion Visualization (INFOVIS'01), S. 79–86.

Dachselt, R., Frisch, M. (2007). Mambo: a facet-based zoomable music browser. In *Proc. of the Conference on Mobile and Ubiquitous Multimedia (MUM'07)*, S. 110–117.

Dachselt, R., Hübner, A. (2007). Virtual environments: Three-dimensional menus: A survey and taxonomy. *Computer Graphics*, 31(1):53–65.

Dachselt, R., Frisch, M., Weiland, M. (2008). Facetzoom: A continuous multi-scale widget for navigating hierarchical metadata. In *Proc. of the ACM SIGCHI Conference on Human Factors in Computing Systems*, S. 1353–1356.

Dahm, M. (2005). *Grundlagen der Mensch-Computer-Interaktion*. Pearson Studium.

Dahm, M., Felken, C., Klein-Bösing, M., Rompel, G., Stroick, R. (2004). Handyergo: Breite untersuchung über die gebrauchstauglichkeit von handys. In *Proc. of Mensch & Computer*, S. 75–84. Oldenbourg.

Davies, N., Landay, J., Hudson, S., Schmidt, A. (2005). Rapid prototyping for ubiquitous computing (guest editorial). *IEEE Pervasive Computing*, 4(4):15–17.

de Nooy, W., Mrvar, A., Batagelj, V. (2005). *Exploratory Social Network Analysis with Pajek (Structural Analysis in the Social Sciences)*. Cambridge University Press.

de Piotrowski, A. F., Tauber, M. (2009). Benutzerprofile von menschen mit. beeinträchtigungen/fähigkeiten. In *Proc. of Mensch & Computer*, S. 33–42. Oldenbourg-Verlag.

Diefenbach, S., Hassenzahl, M. (2008). Branchenreport usability 2008. In *Usability Professionals*, S. 169–173.

Diehl, S. (2007). *Software Visualization – Visualizing the Structure, Behaviour, and Evolution of Software*. Springer-Verlag Berlin Heidelberg.

Douglas-Cowie, E., Cowie, R., Schröder, M. (2000). A new emotion database: Considerations, sources and scope. In *Proc. of the ISCA Workshop on Speech and Emotion: A Conceptual Framework for Research*, S. 39–44.

Douglas-Cowie, E., Cowie, R., Sneddon, I., Cox, C., Lowry, O., McRorie, M., Martin, J.-C., Devillers, L., Abrilian, S., Batliner, A., Amir, N., Karpouzis, K. (2007). The humaine database: Addressing the collection and annotation of naturalistic and induced emotional data. In *Affective Computing and Intelligent Interaction, Second International Conference (ACII 2007)*, volume 4738 of *Lecture Notes in Computer Science*, S. 488–500. Springer.

Draper, G. M., Livnat, Y., Riesenfeld, R. F. (2009). A survey of radial methods for information visualization. *IEEE Trans. on Visualization and Computer Graphics*, 15(5):759–776.

Drewes, H., Schmidt, A. (2005). WYSIWYG-Tool Tips: Enhancing Tool Tips with Translucent Preview Bitmaps. In *Advances in Visual Computing*, volume 3804 of *Lecture Notes in Computer Science*, S. 647–652. Springer.

Duncan, J., Humphreys, G. (1992). Beyond the search surface: visual search and attentional engagement. *Journal Exp Psychol Hum Percept Perform*, 18(2):578–588.

Echtler, F., Klinker, G. (2008). A multitouch software architecture. In *Proc. of NordiCHI*, S. 463–466.

Eick, S. G., Steffen, J. L., Sumner, Jr. E. E. (1992). Seesoft-a tool for visualizing line oriented software statistics. *IEEE Trans. on Software Engineering*, 18(11):957–968.

Elmqvist, N., Fekete, J.-D. (2009). Hierarchical aggregation for information visualization: Overview, techniques, and design guidelines. *IEEE Trans. on Visualization and Computer Graphics*, 16:439–454.

Elrod, S., Bruce, R., Gold, R., Goldberg, D., Halasz, F. and Janssen, W. (1992). Liveboard: a large interactive display supporting group meetings, presentations, and remote collaboration. In *Proc. of the ACM SIGCHI conference on Human factors in computing systems*, S. 599–607.

Emhardt, J. (1995). *Agentenunterstützte Erkundung virtueller Welten.* PhD Thesis, Fachbereich Mathematik und Informatik der Freien Universität Berlin.

Engelbart, D., English, W. (1968). A research center for augmenting humans intellect. *AFIPS Conference Proceedings*, 33:395–410.

Engelbart, D. C. (1992). Toward high-performance organizations: A strategic role for groupware. In *Proc. of the GroupWare Conference*, San Jose, CA. Morgan Kaufmann Publishers.

Erickson, T. D. (1990). *The art of human computer interface design*, chapter Working with interface metaphors, S. 119–154. Indiana University Press.

Everett, S. P., Byrne, M. D. (2004). Unintended effects: varying icon spacing changes users' visual search strategy. In *Proc. of the ACM SIGCHI conference on Human factors in computing systems*, S. 695–702.

Faraday, P., Sutcliffe, A. (1997). Designing effective multimedia presentations. In *Proc. of the ACM SIGCHI conference on Human factors in computing systems*, S. 272–278.

Fauconnier, G., Turner, M. (2002). *The Way We Think: Conceptual Blending and the Mind's Hidden Complexities.* Basic Books.

Fauconnier, G., Turner, M. (2008). *Cambridge Handbook of Metaphor and Thought*, chapter Rethinking Metaphor. New York: Cambridge University Press.

Fehrle, T. (1989). *Menüorientierte, wissensbasierte Klärungsdialoge für ein natürlichsprachliches Auskunftssystem.* PhD Thesis, Universität Stuttgart, Fakultät für Informatik.

Fekete, J.-D., van Wijk, J. J., Stasko, J. T., North, C. (2008). The value of information visualization. S. 1–18.

Fernandes, T. (1995). *Global interface design: A guide to designing international user interfaces.* Boston, MA: AP Professional.

Festinger, L. (1957). *A Theory of Cognitive Dissonance.* Stanford University Press, Stanford, California.

Fitts, P. M. (1954). The information capacity of the human motor system in controlling the amplitude of movement. *Journal of Exp. Psychology*, 47 (6):381–391.

Fleetwood, M. D., Byrne, M. D. (2006). Modeling the visual search of displays: A revised act-r/pm model of icon search based on eye tracking data. *Human Computer Interaction*, 21:153–198.

Fluit, C., Sabou, M., van Harmelen, F. (2003). Ontology-based information visualization. In Vladimir Geroimenko und Chaomei Chen, Herausgeber, *Visualizing the Semantic Web*, S. 36–48. Springer, Berlin.

Foley, J. D., Wallace, V. L. (1974). The art of natural graphic man-machine conversation. *Proc. of the IEEE*, 62 (4):462–471.

Foley, J. D., van Dam, A., Feiner, S. K., Hughes, J. F. (1990). *Computer Graphics. Principles and Practice.* Addison-Wesley, Reading, 2. auflage edition.

Open Software Foundation (1992). *Osf/Motif Style Guide: Revision 1.2.* Prentice Hall PTR.

Open Software Foundation (1990). *OSF/ Motif Styleguide Revision 1.2.* Open Software Foundation.

Franzke, M. (1995). Turning research into practice: characteristics of display-based interaction. In *Proc. of the ACM SIGCHI conference on Human factors in computing systems*, S. 421–428.

Freeman, W. T., Adelson, E. H., Pentland, A. P. (1990). Shape-from-shading analysis with shadelets and bumplets. *Investigative Ophthalmology & Visual Science*, 31.

Friedlander, N., Schlueter, K., Mantei, M. (1998). Bullseye! when fitts' law doesn't fit. In *Proc. of the ACM SIGCHI conference on Human factors in computing systems*, S. 257–264.

Fruchterman, T. M. J., Reingold, E. M. (1991). Graph drawing by force-directed placement. *Software - Practice Experience (SPE)*, 21(11):1129–1164.

Fua, Y.-H., Ward, M. O., Rundensteiner, E. A. (1999). Hierarchical parallel coordinates for exploration of large datasets. In *Proc. of IEEE Visualization*, S. 43–50.

Furnas, G. W. (1986). Generalized fisheye views. *Proc. of the ACM SIGCHI Conference on Human Factors in Computing Systems*, 17(4):16–23.

Furnas, G. W. (2006). A fisheye follow-up: Further reflections on focus + context. In *Proc. of the ACM SIGCHI Conference on Human Factors in Computing Systems*, S. 999–1008.

Furnas, G. W., Bederson, B. B. (1995). Space-scale diagrams: Understanding multiscale interfaces. In *Proc. of the ACM SIGCHI Conference on Human Factors in Computing Systems*, S. 234–241.

Furnas, G. W., Zhang, X. (1998). Muse: a multiscale editor. In *Proc. of the ACM Symposium on User Interface Software and Technology (UIST'98)*, S. 107–116.

Furnas, G. W., Gomez, L. M., Landauer, T. K., Dumais, S. T. (1982). Statistical semantics: How can a computer use what people name things to guess what things people mean when they name things? In *Proc. of ACM conference on Human factors in computing systems*, S. 251–253.

Galitz, W. (2007). *The Essential Guide to User Interface Design. An Introduction to GUI Design Principles and Techniques.* John Wiley & Sons Inc, dritte edition.

Gaver, W. (1991). Technology affordances. In *Proc. of the ACM SIGCHI conference on Human factors in computing systems*, S. 79–84.

Gaver, W. (1996). Affordances for interaction: The social is material for design. *Ecological Psychology*, 8(2): 111–129.

T. Geis and R. Hartwig (1998). Auf die finger geschaut - neue iso-norm für benutzergerechte interaktive systeme. *ct*, 14:168–171.

Gelfand, S. A. (2004). *Hearing: An Introduction to Psychological and Physiological Acoustics*. Marcel Dekker, New York, 3. edition.

Gelfand, S. A. (2009). *Essentials of Audiology*. Thieme, Stuttgart, 4. edition.

Gentner, D. R. (1983). Structure mapping: A theoretical framework for analogy. *Cognitive Science*, 7:155–170.

Gentner, D. R., Grudin, J. (1996). Design models for computer-human interfaces. *Computer*, 29(6):28–35.

Geroimenko, V., Chen, C. (2003). *Visualizing the Semantic Web. XML-based Internet and Information Visualization*. Springer Verlag, Berlin.

Giaccardi, E., Fischer, G. (2008). Creativity and evalution: A metadesign perspective. *Digital Creativity*, 19(1): in press.

Gibson, J. J. (1979). *The Ecological Approach to Visual Perception*. Houghton Mifflin, Boston, MA.

Gnjatovic, M., Rösner, D. (2007). An approach to processing of user's commands in human-computer interaction. In *Proc. of the 3rd Language and Technology Conference*, S. 152–156.

Goldberg, A. (1988). *A History of Personal Workstations*. Addison Wesley, New York.

Goldstein, E. B. (2002). *Sensation and Perception*. Wadsworth Publishing, Belmont, California, 6. edition.

Good, L., Bederson, B. B. (2002). Zoomable user interfaces as a medium for slide show presentations. *Information Visualization*, 1 (1):35–49.

Gray, S. H. (1990). Using Protocol Analyses and Drawings to Study Mental Model Construction during Hypertext Navigation. *International Journal of Human-Computer Interaction*, 2:359–377.

Greenberg, S., Witten, I. H. (1988). How users repeat their actions on computers: principles for design of history mechanisms. In *Proc. of the ACM SIGCHI conference on Human factors in computing systems*, S. 171–178.

Griffin, S. (2010). ibiblio: ibiblio.org the public's library and digital archive, 2010. URL `http://www.ibiblio.org/pioneers/index.html`. besucht am 18. Juni 2010.

Grivet, S., Auber, D., Domenger, J.-P., Melancon, G. (2006). Bubble tree drawing algorithm. 32:633–641.

Grossman, T., Balakrishnan, R. (2005). The bubble cursor: enhancing target acquisition by dynamic resizing of the cursor's activation area. In *Proc. of the ACM SIGCHI conference on Human factors in computing systems*, S. 281–290.

Grossman, T., Balakrishnan, R. (2005). A probabilistic approach to modeling two-dimensional pointing. In *ACM Trans. on Computer-Human Interaction*, S. 435–459.

The Open Group (1997). *CDE/Motif 2.1*. The Open Group.

Guiard, Y. (1987). Asymmetric division of labor in human skil ed bimanual action: The. kinematic chain as a model. *Journal of Motor Behavior*, 19 (4):486–517.

Guiard, Y., Beaudouin-Lafon, M., Bastin, J., Pasveer, D., Zhai, S. (2004). View size and pointing difficulty in multi-scale navigation. In *Proc. of Advanced visual interfaces*, S. 117–124. ACM.

Guimbretiére, F., Winograd, T. (2000). Flowmenu: combining command, text, and data entry. In *Proc. of ACM symposium on User interface software and technology (UIST '00)*, S. 213–216.

Guimbretière, F., Martin, A., Winograd, T. (2005). Benefits of merging command selection and direct manipulation. *ACM Trans. on Computer-Human Interaction*, 12(3):460–476.

Gustafson, S., Baudisch, P., Gutwin, C., Irani, P. (2008). Wedge: Clutter–free visualization of off–screen locations. In *Proc. of the ACM SIGCHI Conference on Human Factors in Computing Systems*, S. 787–796.

Gutwin, C. (2002). Improving focus targeting in interactive fisheye views. In *Proc. of the ACM SIGCHI Conference on Human Factors in Computing Systems*, S. 267–274.

Häkkilä, J., Mäntyjärvi, J. (2006). Developing design guidelines for context-aware mobile applications. In *Mobility '06: Proc. of the conference on Mobile technology, applications & systems*, S. 24. ACM.

F. Halasz and T. P. Moran (1982). Analogy considered harmful. In *Proceedings of the ACM SIGCHI conference on Human factors in computing systems*, S. 383–386.

Halverson, T., Hornof, A. J. (2004). Link colors guide a search. In *CHI EA: Extended abstracts on Human factors in computing systems (ACM CHI '04)*, S. 1367–1370.

Hamborg, K. C., Strauß, F., Beck, A., Dahm, M., Heers, R. and Heinecke, A. M. (2009). Ein neuer standard für die ausbildung im fach mensch-computer-interaktion. *Informatik-Spektrum*, 32(3):214–222.

Han, J. Y. (2005). Low-cost multi-touch sensing through frustrated total internal reflection. In *Proc. of the ACM Symposium on User Interface Software and Technology (UIST'05)*, S. 115–118.

Harrison, B. L., Vicente, K. J. (1996). An experimental evaluation of transparent menu usage. In *Proc. of the ACM SIGCHI conference on Human Factors in Computing Systems*, S. 391–398.

Hassenzahl, M., Tractinsky, N. (2006). User experience - a research agenda (editorial). *Behavior & Information Technology*, 25(2): 91–97.

Hassenzahl, M., Burmester, M., Koller, F. (2003). AttrakDiff: Ein Fragebogen zur Messung wahrgenommener hedonischer und pragmatischer Qualität. In *Mensch & Computer*, S. 187–196.

Hassenzahl, M., Burmester, M., Koller, F. (2008). Der user experience (ux) auf der spur: Zum einsatz von www.attrakdiff.de. In *Usability Professionals*, S. 78–82.

Hassenzahl, M., Eckholdt, K., Thielsch, M. (2009). User experience und experience design: Konzepte und herausforderungen. In *Usability Professionals*, S. 233–237.

Heckel, P. (1991). *The Elements of Friendly Software Design*. The New Edition, Sybex.

Heer, J., Boyd, D. (2005). Vizster: Visualizing online social networks. In *Proc. of the IEEE Symposium on Information Visualization (INFOVIS'05)*, S. 5.

Heer, J., Card, S. K. (2004). Doitrees revisited: Scalable, space-constrained visualization of hierarchical data. In *Proc. of Advanced Visual Interfaces (AVI'04)*, S. 421–424.

Heimgärtner, R., Holzinger, A., Adams, R. (2008). From cultural to individual adaptive end-user interfaces: Helping people with special needs. In *Proc. fo Computers Helping People with Special Needs*, volume 5105 of *Lecture Notes in Computer Science*, S. 82–89. Springer.

Heinecke, A. (2004). *Mensch-Computer-Interaktion.* Hanser Fachbuchverlag.

Hender, J., Dean, D., Rodgers, T., Nunamaker Jr, J. (2001). Improving group creativity: Brainstorming versus non-brainstorming techniques in a gss environment. In *HICSS '01: Proc. of the 3Hawaii International Conference on System Sciences (HICSS-34)-Volume 1*, S. 1067, Washington, DC, USA. IEEE Computer Society.

Henderson, D. A., Card, S. (1986). Rooms: the use of multiple virtual workspaces to reduce space contention in a window-based graphical user interface. *ACM Trans. Graph.*, 5(3):211–243.

Henry, N., Fekete, J.-D. (2006). Matrixexplorer: a dual-representation system to explore social networks. *IEEE Trans. on Visualization and Computer Graphics*, 12(5):677–684.

Herczeg, M. (2005). *Einführung in die Softwareergonomie - Grundlagen der Mensch-Computer-Kommunikation.* Oldenbourg Verlag. 2. Auflage.

M. Herczeg (2009). *Software-Ergonomie: Theorien, Modelle und Kriterien für gebrauchstaugliche interaktive Computersysteme.* Oldenbourg.

Herczeg, M. (2009). *Software-Ergonomie.* Oldenbourg Wissenschaftsverlag, München, 3. edition.

Herman, I., Melançon, G., Marshall, M. S. (2000). Graph visualization and navigation in information visualization: A survey. *IEEE Trans. on Visualization and Computer Graphics*, 6(1): 24–43.

Hick, W. E. (1952). On the rate of gain of information. *The Quarterly Journal of Experimental Psychology*, 4:11–26.

Hinckley, K., Pausch, R., Goble, J. C., Kassell, N. F. (1994). Passive real-world interface props for neurosurgical visualization. In *Proc. of the ACM SIGCHI conference on Human factors in computing systems*, S. 452–458.

Hinckley, K., Cutrell, E., Bathiche, S., Muss, T. (2002). Quantitative analysis of scrolling techniques. In *Proc. of the ACM SIGCHI conference on Human factors in computing systems*, S. 65–72.

Hinderberger, R. (2003). *Usability praktisch umsetzen*, chapter Usability als Investition, S. 23–40. US Government Printing Office.

Holten, D. (2006). Hierarchical edge bundles: Visualization of adjacency relations in hierarchical data. *IEEE Trans. on Visualization and Computer Graphics*, 12(5):741–748.

Honold, P. (2000). *Interkulturelles Usability Engineering*. PhD Thesis, Universität Regensburg, Philosophische Fakultät II-Psychologie und Pädagogik.

Honold, P. (2000). Culture and context: An empirical study for the development of a framework for the elicitation of cultural influence in product usage. *International Journal of Human-Computer Interaction*, 12(3): 327–345.

Hornof, A. J. (2001). Visual search and mouse-pointing in labeled versus unlabeled two-dimensional visual hierarchies. *ACM Trans. Comput.-Hum. Interact.*, 8(3):171–197.

(1994). *The Icon Book - Visual Symbols for Computer Systems and Documen-*

tation. John Wiley & Sons, New York.

Hsu, Y. (2006). The effects of metaphors on novice and expert learners' performance and mental-model development. *Interacting with Computers*, 18 (4):770–792.

Huguenard, B. R., Lerch, F. J., Junker, B. W., Patz, R. J., Kass, R. E. (1997). Working-memory failure in phone-based interaction. *ACM Trans. on Computer-Human Interaction*, 4 (2):67–102.

Hyman, R. (1953). Stimulus information as a determinant of reaction time. *Journal of Experimental Psychology*, 45:188–196.

IBM (1991). *Systems Application Architecture/ Common User Access Guide to User Interface Design*. IBM. ISBN SC34-4289-00.

Igarashi, T., Hinckley, K. (2000). Speed-dependent automatic zooming for browsing large documents. In *Proc. of ACM symposium on User interface software and technology (UIST'00)*, S. 139–148.

Ilmberger, W., Held, T., Schrepp, M. (2009). Was macht studivz attraktiv? In *Proc. of Mensch & Computer*, S. 323–332. Oldenbourg-Verlag.

Apple Computer Incorporation (1992). *Macintosh Human Interface Guidelines*. Addison Wesley.

Inselberg, A., Dimsdale, B. (1990). Parallel coordinates: A tool for visualizing multi-dimensional geometry. In *Proc. of IEEE Visualization*, S. 361–378.

Interrante, V., Fuchs, H., Pizer, S. M. (1997). Conveying the 3d shape of smoothly curving transparent surfaces via texture. *IEEE Trans. on Visualization and Computer Graphics*, 3(2): 98–117.

Ishak, E. W., Feiner, S. K. (2004). Interacting with hidden content using content-aware free-space transparency. In *Proc. of the ACM symposium on User interface software and technology*, S. 189–192.

Isokoski, P. (2004). Performance of menu-augmented soft keyboards. In *Proc. of the ACM SIGCHI conference on Human factors in computing systems*, S. 423–430.

Itti, L., Koch, C., Niebur, E. (1998). A model of saliency-based visual attention for rapid scene analysis. *IEEE Trans. on Pattern Analysis and Machine Intelligence*, 20(11):1254–1259.

Jacko, J. A., Ward, K. G. (1996). Toward establishing a link between psychomotor task complexity and human information processing. In *Proc. of Computers and industrial engineering*, S. 533–536.

Jacob, R. (1991). The use of eye movements in human-computer interaction techniques: what you look at is what you get. *ACM Trans. Inf. Syst.*, 9(2): 152–169.

Jacob, R. J. K., Girouard, A., Hirshfield, L. M., Horn, M. S. and Shaer, O., Solovey, E. T., Zigelbaum, J. (2008). Reality-based interaction: a framework for post-wimp interfaces. In *Proc. of the ACM SIGCHI conference on Human Factors in Computing Systems*, S. 201–210.

Jellinek, H. D., Card, S. K. (1990). Powermice and user performance. In *Proc. of the ACM SIGCHI conference on Human factors in computing systems*, S. 213–220.

Jennings, M. (1984). Evaluating the macintosh finder. *Byte*, S. 94–101.

Jeschke, S., Pfeiffer, O., Vieritz, H. (2009). Benutzungsorientierte entwicklung barrierefreier benutzungsschnittstellen. In *Proc. of Mensch & Computer*, S. 23–32. Oldenbourg-Verlag.

Jünger, M., Mutzel, P. (2003). *Graph Drawing Software*.

Johnson, B., Shneiderman, B. (1991). Tree-maps: a space-filling approach to the visualization of hierarchical information structures. In *Proc. of IEEE Visualization*, S. 284–291.

Johnson, J. (2000). *GUI Bloopers: Common User Interface Design Don'ts and DOS*. Morgan Kaufman.

Johnson, J., Roberts, T., Verplank, W., Smith, D. C., Irby, C. H., Beard, M., Mackey, K. (1989). The xerox star: A retrospecitve. *IEEE Computer*, 22(9): 11–29.

Johnson, T. (1963). Sketch-pad iii: Three-dimensional graphics communication with a digital computer. *AFIPS Conference Proceedings*, 23: 347–353.

Johnson, T. R. (1996). Control in act-r and soar. In *Proc. of the First European Workshop on Cognitive Modeling*, S. 201–208.

Johnson-Laird, P. N. (1983). *Mental models: Towards a cognitive science of language, inference, and consciousness*. Harvard University Press, Cambridge, MA.

Jones, K. S. (2003). What is an affordance? *Ecological Psychology*, 15(2): 107–114.

Josuttis, N., Brede, H. J., Lemberg, S., Lörke, A. (1995). *Programmieren mit OSF/Motif Version 2*. Addison Wesley, zweite auflage edition.

Kabbash, P., Buxton, W. A. S. (1995). The "prince" technique: Fitts' law and selection using area cursors. In *Proc. of the ACM SIGCHI conference on Human factors in computing systems*, S. 273–279.

Kahneman, D., Diener, E. (1999). *Well-Being: The Foundations of Hedonic Psychology*. Russell Sage Foundation.

Kahnemann, D. (1973). *Attention and Effort*. Englewood Cliffs, NJ: Prentice-Hall.

Kandogan, E., Shneiderman, B. (1996). Elastic windows: improved spatial layout and rapid multiple window operations. In *Proc. of the workshop on Advanced visual interfaces*, S. 29–38, New York, NY, USA. ACM.

Kappel, K., Tomitsch, M., Költringer, T., Grechenig, T. (2006). Developing user interface guidelines for dvd menus. In *CHI EA: Extended abstracts on Human factors in computing systems (ACM CHI '06)*, S. 177–182.

Karnick, P., Cline, D., Jeschke, S., Razdan, A., Wonka, P. (2010). Route visualization using detail lenses. *IEEE Trans. on Visualization and Computer Graphics*, 16(2):235–247.

Katifori, A., Halatsis, C., Lepouras, G., Vassilakis, C., Giannopoulou, E. (2007). Ontology visualization methods – a survey. *ACM Computing Surveys (CSUR)*, 39(4):10.

Kay, A. C. (1972). A personal computer for children of all ages. In *Proc. of the ACM National Conference*, Boston, CA.

Kay, A. C. (1996). chapter The early history of Smalltalk, S. 511–598. ACM, New York, NY, USA.

Kay, A. C., Goldberg, A. (1977). Personal dynamic media. *IEEE Computer*, 10:31–41.

Keen, C. (1996). Treatment of metaphors in software engineering education. In *SEEP '96: Proc. of Software*

Engineering: Education and Practice, S. 329, Washington, DC, USA. IEEE Computer Society.

Keim, D. A. (2000). Designing pixel-oriented visualization techniques: Theory and applications. *IEEE Trans. on Visualization and Computer Graphics*, 6(1):59–78.

Keim, D. A. (2002). Information visualization and visual data mining. *IEEE Trans. on Visualization and Computer Graphics*, 8(1):1–8.

Keim, D. A., Kriegel, H.-P., Seidl, T. (1993). Visual feedback in querying large databases. In *Proc. of IEEE Visualization*, S. 158–165.

Kemmeny, J. G., Kurz, T. E. (1966). *Basic*. Hannover, NH: Dartmouth College, third edition edition.

Kendall, J. E., Kendall, K. E. (1994). Metaphors and methodologies: living beyond the systems machine. *MIS Quarterly*, 17(2): 149–171.

Keppel, G., Underwood, B. J. (1968). Proactive inhibition in shortterm retention of single items. *Journal of Verbal Learning and Verbal Behavior*, 1:153–161.

Kiger, J. I. (1984). The depth/breadth trade-off in the design of menu-driven user interfaces. *International Journal on Man-Machine Studies*, 20(2):201–213.

Klein, C., Bederson, B. B. (2005). Benefits of animated scrolling. In *CHI '05: CHI '05 extended abstracts on Human factors in computing systems*, S. 1965–1968. ACM.

Klerkx, J., Duval, E. (2007). Visualizing social bookmarks. In *European Conference on Technology Enhanced Learning (C-TEL'07)*.

Klingert, A. (1996). *Einführung in Graphische Fenstersysteme*. Springer Verlag Berlin.

König, W. A., Bieg, H.-J., Schmidt, T., Reiterer, H. (2007). Position-independent interaction for large high-resolution displays. In *IHCI'07: Proc. of IADIS International Conference on Interfaces and Human Computer Interaction 2007*, S. 117–125. IADIS Press.

König, W. A., Gerken, J., Dierdorf, S., Reiterer, H. (2009). Adaptive pointing: Design and evaluation of a precision enhancing technique for absolute pointing devices. In *Proc. of the the IFIP conference on Human-Computer Interaction*, S. 658–671. Springer.

Knowlton, K. (1966). Computer-produced movies. *Science*, 150: 1116–1120.

Kobsa, A. (2004). *Encyclopedia of Human-Computer Interaction*, chapter Adaptive Interfaces. Great Barrington, MA: Berkshire Publishing.

Konopka, A. K. (2002). Grand metaphors of biology in the genome era. *Computers & Chemistry*, 26(5):397–401.

Kosara, R., Miksch, S., Hauser, H. (2001). Semantic depth of field. In *Proc. of the IEEE Symposium on Information Visualization (INFOVIS'01)*, S. 97.

Krasner, G. E., Pope, S. T. (1988). A description of the model view controller paradigm in the smalltalk-80 system. *Journal of Object-Oriented Programming*, 1(3):26–49.

Kreuseler, M., Lopez, N., Schumann, H. (2000). A scalable framework for information visualization. In *Proc. of the IEEE Symposium on Information Visualization (INFOVIS '00)*, S. 27.

Krüger, A., Stampe, K., Irrgang, S., Richter, I., Strauß, G., Preim, B. (2008). Eingabegeräte und Interaktionstechniken für die virtuelle Endoskopie. In *Proc. of Mensch & Computer 2008*, S. 237–246. Oldenbourg Verlag.

Kuhn, W. (1991). Are Displays Maps or Views? In *Proc. of ACSM-ASPRS AutoCarta 10 American Congress of Surveying and Mapping*, S. 261–274.

Kuhn, W. (1993). Metaphors Create Theories for Users. In *Proc. of Spatial Information Theory*, number 716 in Lecture Notes in Computer Science, S. 366–376, Berlin. Springer-Verlag.

Kuhn, W. (1995). 7+/- Questions and Answers about Metaphors for GIS User Interfaces. In W. Kuhn, Herausgeber, *Cognitive Aspects of Human-Computer Interaction for Geographic Information Systems*, number 83 in D, S. 113–122.

W. Kuhn (2007). *Encyclopedia of Geographic Information Science*, chapter Metaphor, Spatial and Map, S. 281–284. Sage Publications.

Kurlander, D., Feiner, S. K. (1989). A visual language for browsing, undoing, and redoing graphical interface commands. In *Proc. of Visual Languages and Visual Programming*, S. 257–275, New York, NY, USA. Plenum Press.

Kurlander, D., Feiner, S. K. (1992). A history-based macro by example system. In *Proc. of the ACM symposium on User interface software and technology (UIST '92)*, S. 99–106.

Kurtenbach, G., Buxton, W. (1993). The limits of expert performance using hierarchic marking menus. In *Proc. of INTERCHI*, S. 482–487, Amsterdam. ACM Press, New York.

Kurtenbach, G., Fitzmaurice, G. W., Owen, R. N., Baudel, T. (1999). The hotbox: efficient access to a large number of menu-items. In *Proc. of the ACM SIGCHI conference on Human factors in computing systems*, S. 231–237.

Laird, J. E., Rosenbloom, P., Newell, A. (1986). *Universal Subgoaling and Chunking*. Kluwer Academic.

Laird, J. E., Rosenbloom, P., Newell, A. (1987). Soar: An architecture for general intelligence. *Artificial Intelligence*, 33:1–64.

Lakoff, G. (1988). *Meaning and Mental Representations*, chapter Cognitive Semantics, S. 119–154. Indiana University Press, Bloomington, Indiana.

Lakoff, G., Johnson, M. (1980). *Metaphors we live by*. University of Chicago Press.

Lamping, J., Rao, R. (1994). Laying out and visualizing large trees using a hyperbolic space. In *Proc. of the ACM Symposium on User Interface Software and Technology (UIST'94)*, S. 13–14.

Landauer, T. K. (1987). *Interacting Thought: Cognitive Aspects of Human-Computer Interaction*, chapter Relations between Cognitive Psychology and Comptuer Systems Design, S. 1–25. MIT Press, Cambridge, Massachusetts.

Lehmann, T., Oberschelp, W., Pelikan, E., Repges, R. (1997). *Bildverarbeitung für die Medizin*. Springer.

Leung, Y. K., Apperley, M. D. (1994). A review and taxonomy of distortion-oriented presentation techniques. *ACM Trans. on Computer-Human Interaction*, 1(2): 126–160.

Levinthal, C. (1966). Molecular modelbuilding by computers. *Scientific*

American, 214(6):42–52.

Levkowitz, H. (1991). Color icons: Merging color and texture perception for integrated visualization of multiple parameters. In *Proc. of IEEE Visualization*, S. 164–170.

Levy, S. E. (1984). *Hackers: Heroes of the Computer Revolution.* Anchor Press, Double Day, Garden City New Yersey.

Lewis, C., Norman, D. A. (1986). *User Centered System Design*, chapter Designing for Error, S. 411–432. Lawrence Erlbaum Associates.

Li, Z. (2002). A saliency map in primary visual cortex. *Trends in Cognitive Science*, 6:9–16.

Lichtschlag, L., Karrer, T., Borchers, J. (2009). Fly: a tool to author planar presentations. In *Proc. of the International Conference on Human factors in computing systems*, S. 547–556.

Licklider, J. C. R. (1960). Man-computer symbiosis. *IRE Trans. on Human Factors in Electronics HFE*, 1 (1):4–11.

Licklider, J. C. R., Clark, W. (1962). On-line man-computer communication. *AFIPS Conference Proceedings*, 21:113–128.

Loomis, J. M., Lederman, S. J. (1986). *Handbook of Perception and Human Performance*, chapter Tactual perception. Wiley, New York.

Lorenz, H., Trapp, M., Jobst, M., Döllner, J. (2008). Interactive multi–perspective views of virtual 3d landscape and city models. In *Proc. of the International Conference on GI Science (AGILE '08)*, S. 301–321.

Mack, R. L., Lewis, C. H., Carroll, J. M. (1983). Learning to use word processors: problems and prospects. *ACM Trans. on Office Information Systems*, 1:254–271.

MacKenzie, I. S. (1995). chapter Input devices and interaction techniques for advanced computing, S. 437–470. Oxford University Press, Oxford, Uk.

MacKenzie, I. S., Buxton, W. (1993). A tool for the rapid evaluation of input devices using fitts' law models. *SIGCHI Bulletin*, 25(3):58–63.

MacKenzie, I. S., Zhang, S. X. (1999). The design and evaluation of a high-performance soft keyboard. In *Proc. of the ACM SIGCHI conference on Human factors in computing systems*, S. 25–31.

MacKenzie, I. S., Sellen, A., Buxton, W. (1991). A comparison of input devices in element pointing and dragging tasks. In *Proc. of the ACM SIGCHI conference on Human factors in computing systems*, S. 161–166.

Mackinlay, J., Card, S. K., Robertson, G. G. (1990). A semantic analysis of the design space of input devices. *Hum.-Comput. Interact.*, 5(2): 145–190.

Mackinlay, J. D., Robertson, G. G., Card, S. K. (1991). The perspective wall: Detail and context smoothly integrated. In *Proc. of the ACM SIGCHI Conference on Human Factors in Computing Systems*, S. 173–176.

Madsen, K. H. (1994). A guide to metaphorical design. *Communications of the ACM*, 37(12):57–62.

Maes, P. (1994). Agents that reduce work and information overload. *Communications of the ACM*, 37(7):30–40.

Maes, P. (1995). Artificial life meets entertainment: lifelike autonomous agents. *Communications of the ACM*, 38(11):108–114.

Maes, P. (1997). *Agents that Reduce Work and Information Overload.* AAAI Press/MIT Press.

Maguire, E. A., Gadian, D. G., Johnsrude, I. S., Good, C. D. and Ashburner, J., Frackowiak, R. S. J., Frith, C. D. (2000). Navigation-related structural change in the hippocampi of taxi drivers. In *Proc. of the National Academy of Sciences*, volume 98, S. 4398–4403.

Maguire, M. C. (1999). A review of user-interface design guidelines for public information kiosk systems. *Int. J. Hum.-Comput. Stud.*, 50(3):263–286.

Malone, T. W. (1982). Heuristics for designing enjoyable user interfaces: Lessons from computer games. In *Proc. of the ACM SIGCHI conference on Human factors in computing systems*, S. 63–68.

Malone, T. W. (1983). How do people organize their desks?: Implications for the design of office information systems. *ACM Transactions on Information Systems*, 1(1):99–112.

Manhartsberger, M., Musil, S. (2002). *Web Usability - Das Prinzip des Vertrauens*. Galileo Design.

Marchionini, G., White, R. (2007). Find what you need, understand what you find. *International Journal of Human-Computer Interaction*, 23(3):205–237.

Marcus, A. (1984). Corporate identity for iconic interface design. *IEEE Computer Graphics and Applications*, 4(12):24–32.

Marcus, A. (1991). *Graphic design for electronic documents and user interfaces*. ACM Press.

Massaro, D. W. (1979). Letter information and orthographic context in word perception. *Journal of Experimental Psychology*, 5:595–609.

Matkovic, K., Freiler, W., Gracanin, D., Hauser, H. (2008). Comvis: A coordinated multiple views system for prototyping new visualization technology. *Proc. of Information Visualisation (IV'08)*, S. 215–220.

Matuszek, C., Witbrock, M., Kahlert, R., Cabral, J., Schneider, D., Shah, P., Lenat, D. (2005). Searching for common sense: Populating cyc from the web. In *Proc. of National Conference on Artificial Intelligence*.

Mayhew, D. J. (1999). *The Usability Engineering Lifecycle: A Practitioner's Handbook for User Interface Design*. Morgan Kaufmann.

Mayo, E. (1933). *The Human Problem of an Industrial Civilisation*. Macmillan.

Mazza, R. (2009). *Introduction to Information Visualization*. Springer Publishing Company, Incorporated.

McCarthy, J., Wright, P. (2004). *Technology as Experience*. MIT Press.

McGrenere, J., Ho, W. (2000). Affordances: Clarifying and evolving a concept. In *Proc. of Graphics Interface*, S. 179–186.

McGrenere, J., Moore, G. (2000). Are we all in the same bloat? In *Proc. of Graphics Interface*, S. 187–196.

McGuffin, M. J., Balakrishnan, R. (2002). Acquisition of expanding targets. In *Proc. of the ACM SIGCHI conference on Human factors in computing systems*, S. 57–64.

Megaw, E. D. (1979). Factors affecting visual inspection accuracy. *Applied Ergonomics*, 10(1):27–32.

Metelli, F. (1974). The perception of transparency. *Scientific American*, 230(4):90–98.

Microsoft (1995). *The Windows Interface Guidelines for Software Design:*

An Application Design Guide. Microsoft Press.

Sun Microsystems (1999). *Java Look and Feel Design Guideline*. Addison-Wesley. URL `http://java.sun.com/products/jlf/at/book/index.html`.

Mihalyi, A., Deml, B., Augustin, T. (2009). A contribution to integrated driver modeling: A coherent framework for modeling both non-routine and routine elements of the driving task. In *Digital Human Modeling, HCI (11)*, volume 5620 of *Lecture Notes in Computer Science*, S. 433–442. Springer.

Miller, D. P. (1981). The depth/breadth tradeoff in hierarchical computer menu's. In *Proc. of Annual Meeting of the Human Factors Society*, S. 296–300.

Miller, G. (1956). The magic number seven, plus or minus two: Some limits on our capability for processing information. *Psychological Science*, 63: 81–97.

Minnery, B. S., Fine, M. S. (2009). Neuroscience and the future of human-computer interaction. *interactions*, 16(2):70–75.

Moscovich, T. (2007). *Principles and Applications of Multi-touch Interaction*. PhD Thesis, Brown University.

Moscovich, T., Hughes, J. F. (2008). Indirect mappings of multi-touch input using one and two hands. In *Proc. of the ACM SIGCHI conference on Human factors in computing systems*, S. 1275–1284.

Mullet, K., Sano, D. (1995). *Designing Visual Interfaces - communication oriented techniques*. Sunsoft Press, Prentice Hall.

Munzner, T. (1997). H3: Laying out large directed graphs in 3d hyperbolic space. In *Proc. of the IEEE Symposium on Information Visualization (InfoVis'97)*, S. 2.

Myers, B. (1988). A taxonomy of user interfaces for window managers. *IEEE Computer Graphics and Applications*, 8(5):65–84.

Myers, B. (1998). A brief history of human computer interaction technology. *interactions*, 5(2):44–54.

Myers, B. A. (1988). A taxonomy of user interfaces for window managers. *IEEE Computer Graphics and Applications*, 8(5):65–84.

Myers, B. A., Bhatnagar, R., Nichols, J., Peck, C. H., Kong, D., Miller, R., Long, A. C. (2002). Interacting at a distance: measuring the performance of laser pointers and other devices. In *Proc. of the ACM SIGCHI conference on Human factors in computing systems*, S. 33–40.

Nader, R. (1965). *Unsafe at Any Speed*. Pocket Books.

Nakhimovsky, Y., Schusteritsch, R., Rodden, K. (2006). Scaling the card sort method to over 500 items: restructuring the google adwords help center. In *CHI EA: Extended abstracts on Human factors in computing systems (ACM CHI '06)*, S. 183–188.

Nelson, T. (1965). A file structure for the complex, the changing and the indeterminate. In *Proc. of the ACM National Conference*, S. 84–100.

Nelson, T. (1973). A conceptual framework for man-machine everything. *Proc. of National Computer Conference*, S. 21–26.

Nelson, T. H. (1990). *The art of human computer interface design*, chapter The right way to think about software design, S. 235–243. Indiana University Press.

Neumann, P., Schlechtweg, S., Carpendale, S. (2005). Arctrees: Visualizing relations in hierarchical data. In *Proc. of the Eurographics / IEEE VGTC Symposium on Visualization (EuroVis'05)*, S. 53–60.

Newell, A., Simon, H. A. (1972). *Computers and Thought*, chapter Human Problem Solving, S. 279–293. Englewood Cliffs, New Jersey: Prentice Hall.

Newman, W. M., Lamming, M. G. (1995). *Interactive System Design*. Wokingham, Addison-Wesley.

Niedermann, I., Hatscher, M. (2008). Formulargestaltung für dummies: Die häufigsten fehler erkennen, beheben und zukünftig vermeiden. In *Usability Professionals*, S. 49–52.

Nielsen, J. (1993). *Usability Engineering*. Academic Press Professional, Chestnut Hill, Massachusetts.

Noik, E.G. (1994). A space of presentation emphasis techniques for visualizing graphs. In *Proc. of Graphics Interface (GI'94)*, S. 225–233.

Norman, D. A. (1983). *Mental Models*, chapter Some Observations on Mental Models. Lawrence Erlbaum Associates.

Norman, D. A. (1988). *The design of everyday things*. MIT Press, Cambridge, MA.

Norman, D. A. (1990). Human Error and the Design of Computer Systems. *Communications of the ACM*, 33 (1): 4–5.

Norman, D. A. (1999). Affordance, conventions, and design. *interactions*, 6(3):38–43.

Norman, D. A. (2003). *Emotional Design: Why We Love (or Hate) Everyday Things*. Basic Books.

Norman, D. A. (2007). The next UI breakthrough: command lines. *interactions*, 14(3):44–45.

Norman, D. A. (2009). *When security gets in the Way*, volume 16.

Norman, D. A. (2010). Natural user interfaces are not natural. *interactions*, 17(3).

Norman, D. A., Draper, S.W. (1986). *User centered system design: New perspectives on human-computer interaction*. Lawrence Erlbaum Associates, Hillsdale, NJ.

Norman, D. A., Fisher, D. (1982). Why alphabetic keyboards are not easy to use: Keyboard layout doesn't much matter. *Human Factors: The Journal of the Human Factors and Ergonomics Society*, 24(5):509–519.

Norman, K. (1991). *The Psychology of Menu Selection: Designing Cognitive Control at the Human/Computer Interface*. Ablex Publishing Corporation.

Olsen, D. R. (1998). *Developing User Interfaces*. Morgan Kaufman, San Francisco, CA.

Oshlyansky, L., Thimbleby, H., Cairns, P. (2004). Breaking affordance: culture as context. In *Proc. of the Nordic conference on Human-computer interaction*, S. 81–84. ACM.

Page, S. R., Johnsgard, T. J., Albert, U., Allen, D. C. (1996). User customization of a word processor. In *CHI '96: Proc. of the ACM SIGCHI conference on Human factors in computing systems*, S. 340–346.

Pakkanen, T., Raisamo, R. (2004). Appropriateness of foot interaction for non-accurate spatial tasks. In *CHI EA: Extended abstracts on Human factors in computing systems (ACM CHI '04)*, S. 1123–1126.

Parasuraman, R., Davies, D. R. (1977). *Vigilance: Theory, operational performance, and physiological correlates*, chapter A taxonomic analysis of vigilance performance, S. 559–574. New York: Plenum.

Payne, P. R. O., Starren, J. (2006). Presentation discovery: building a better icon. In *CHI EA: Extended abstracts on Human factors in computing systems (ACM CHI '06)*, S. 1223–1228, New York, NY, USA. ACM.

Payne, S. J. (1991). A descriptive study of mental models. *Behaviour and Information Technology*, 10:3–21.

Payne, S. J. (2003). *HCI Models, Theories and Frameworks: Toward a multidisciplinary science*, chapter Users' mental models: The Very Ideas. Morgan Kaufman, San Francisco.

Pearson, G., Weiser, M. (1986). Of moles and men: the design of foot controls for workstations. *SIGCHI Bulletin*, 17(4):333–339.

Pelton, G. E. (1989). Designing the telephone interface for voice processing applications. *Speech Tech.*, 5(1):18–21.

Pereira, F., Shiber, S.M. (1987). *Prolog and Natural Language Analysis*. CSLI Standford, California.

Perlin, K., Fox, D. (1993). Pad: an alternative approach to the computer interface. In *Proc. of the ACM SIGGRAPH Conference on Computer Graphics and Interactive Techniques*, S. 57–64.

Pew, R. W. (2003). Evolution of human-computer interaction: from memex to bluetooth and beyond. S. 1–17.

Pickett, R. M., Grinstein, G. (1988). Iconographic displays for visualizing multi-dimensional data. In *Proc. of the IEEE Conference on Systems, Man and Cybernetics (SMC'88)*, S. 514–519.

Pietriga, E., Appert, C. (2008). Sigma lenses: Focus–context transitions combining space, time and translucence. In *Proc. of the ACM SIGCHI Conference on Human Factors in Computing Systems*, S. 1343–1352.

Pietriga, E., Appert, C., Beaudouin-Lafon, M. (2007). Pointing and beyond: an operationalization and preliminary evaluation of multi-scale searching. In *Proc. of the ACM SIGCHI Conference on Human Factors in Computing Systems*, S. 1215–1224.

Pitt, I., Preim, B., Schlechtweg, S. (1999). An Evaluation of Interactive Techniques for the Exploration of 3D-Illustrations. In *Proc. of Softwareergonomie*, S. 275–286.

Plumlee, M. D., Ware, C. (2006). Zooming versus multiple window interfaces: Cognitive costs of visual comparisons. *ACM Trans. on Computer-Human Interaction*, 13(2):179–209.

Pollmann, S. (2008). *Allgmeine Psychologie*. UTB, Stuttgart.

P. G. Polson and C. H. Lewis (1990). Theory-based design for easily learned interfaces. *Hum.-Comput. Interact.*, 5(2):191–220.

Pook, S., Lecolinet, E., Vaysseix, G., Barillot, E. (2000). Control menus: excecution and control in a single interactor. In *CHI EA: Extended abstracts on Human factors in computing systems (ACM CHI '00)*, S. 263–264.

Potter, M.C. (1976). Short-term conceptual memory for pictures. *Journal of Experimental Psychology: Human Learning and Memory*, 2:509–522.

Pousman, Z., Stasko, J. T., Mateas, M. (2007). Casual information visualization: Depictions of data in everyday life. *IEEE Trans. on Visualization* *and Computer Graphics*, 13(6):1145–1152.

(1994). *Human-Computer Interaction*. Addison Wesley.

Preim, B., Raab, A., Strothotte, T. (1997). Coherent Zooming of Illustrations with 3D-Graphics and Textual Labels. In *Proc. of Graphics Interface*, S. 105–113.

Proctor, R. W., Vu, K. P. (2003). *The human-computer interaction handbook: fundamentals, evolving technologies and emerging applications*, chapter Human Information processing: An Overview for Human-Computer Interaction, S. 35–51. Lawrence Erlbaum Associates, Inc., Mahwah, NJ, USA.

Pylyshyn, Z., Burkell, J., Fisher, B., Sears, C., Schmidt, W., Trick, L. (1993). Multiple parallel access in visual attention. *Canadian Journal of Experimental Psychology*, 48(2):260–283.

Ramos, G., Balakrishnan, R. (2005). Zliding: Fluid zooming and sliding for high precision parameter manipulation. In *Proc. of the ACM Symposium on User Interface Software and Technology (UIST'05)*, S. 143–152.

Rao, R., Card, S. K. (1994). The table lens: Merging graphical and symbolic representations in an interactive focus + context visualization for tabular information. In *Proc. of the ACM SIGCHI Conference on Human Factors in Computing Systems*, S. 318–322.

Raskin, A. (2008). The linguistic command line. *interactions*, 15(1):19–22.

Raskin, J. (2000). *The Intelligent User Interface*. Addison-Wesley.

Rasmussen, J. (1982). Human Errors: A Taxonomy for Describing Human Malfunction in Industrial Installations. *Journal of Oppupational Accidents*, 4:331–333.

Rasmussen, J. (1984). *Advances in Man-Machine Systems Research*, volume Band 1, chapter Strategies for State Identification and Diagnosis in Supervisory Control Tasks, and Design of Computer-Based Systems, S. 139–193.

Rasmussen, J. (1985). The Role of Hierarchical Knowledge Representation in Decision Making and System Management. *IEEE Trans. Systems, Man, and Cybernetics*, 15(2): 234–243.

Rasmussen, J. (1986). *Information Processing and Human–Machine Interaction: An Approach to Cognitive Engineering*. North-Holland.

Reason, J. T. (1979). *Aspects of consciousness*, chapter Actions not as planned, S. 67–89. Academic Press London.

Reingold, E. M., Tilford, J. S. (1981). *Tidier Drawings of Trees*, volume 7.

Reiter, E., Sripada, S., Hunter, J., Yu, J., Davy, I. (2005). Choosing words in computer-generated weather forecasts. *Artificial Intelligence*, 167(1-2): 137–169.

Rhyne, J. R., Wolf, C. G. (1993). *Advances in Human Computer Interaction*, volume 4, chapter Recognition-based User Interfaces, S. 191–250. Ablex, New York.

Rieckert, W. F. (1993). *Mensch-Computer-Kommunikation - Benutzergerechte Systeme auf dem Weg in die Praxis*, chapter Interaktion, Präsentation und Repräsentation, S. 7–18. Springer-Verlag Heidelberg, Berlin, New York.

Ritter, F., Preim, B., Deussen, O., Strothotte, T. (2000). Using a 3D Puzzle as a Metaphor for Learning Spatial Relations. In *Proc. of Graphics Interface*, S. 171–178.

Ritter, F., Deussen, O., Preim, B., Strothotte, T. (2001). Virtual 3D Puzzles: A New Method for Exploring Geometric Models in VR. *IEEE Computer Graphics and Applications*, 21(5):11–13.

Ritter, F., Berendt, B., Fischer, B., Richter, R., Preim, B. (2002). Virtual 3D Jigsaw Puzzles: Studying the Effect of Exploring Spatial Relations with Implicit Guidance. In *Mensch & Computer 2002*, S. 363–372.

Robbins, D. C., Cutrell, E., Sarin, R., Horvitz, E. (2004). Zonezoom: Map navigation for smartphones with recursive view segmentation. In *Proc. of Advanced visual interfaces (AVI '04)*, S. 231–234.

Roberts, J. C. (2007). State of the art: Coordinated & multiple views in exploratory visualization. *Proc. of Coordinated and Multiple Views in Exploratory Visualization (CMV'07)*, 0:61–71.

Robertson, G. G., Mackinlay, J. D., Card, S. K. (1991). Cone trees: Animated 3d visualizations of hierarchical information. In *Proc. of the ACM SIGCHI Conference on Human Factors in Computing Systems*, S. 189–194.

Rogers, Y., Sharp, H., Preece, J. (2007). *Interaction Design: Beyond Human Computer Interaction.* John Wiley & Sons Inc., zweite auflage edition.

Röse, K. (2001). *Kultur als Variable des UI Design. Berücksichtigung kultureller Unterschiede bei der Mensch-Maschine-Interaktion als zeitgemäße Gestaltungsaufgabe der nutzerorientierten und ergonomischen Gestaltung von Mensch-Maschine-Systemen.*

Röse, K. (2002). *Methodik zur Gestaltung interkultureller Mensch-Maschine-Systeme in der Produktionstechnik.* PhD Thesis, Universität Kaiserslautern, Fachbereich Maschinenbau und Verfahrenstechnik.

Rubinstein, R., Hersh, H. (1984). *The Human Factor.* Digital Press.

Ruth-Jannek, D. (2009). Multidimensionale klassifizierung von barrieren in webanwendungen. In *Proc. of Mensch & Computer*, S. 13–22. Oldenbourg-Verlag.

Rutledge, J. D., Selker, T. (1990). Force-to-motion functions for pointing. In *INTERACT '90: Proc. of the IFIP Conference on Human-Computer Interaction*, S. 701–706, Amsterdam, The Netherlands, The Netherlands. North-Holland Publishing Co.

Salvucci, D., Anderson, J. (2001). Automated eye-movement protocol analysis. *Human-Computer Interaction*, 16(1):39–86.

Sarkar, M., Brown, M. H. (1992). Graphical fisheye views of graphs. In *Proc. of the ACM SIGCHI Conference on Human Factors in Computing Systems*, S. 83–91.

Sarkar, M., Snibbe, S. S., Tversky, O. J., Reiss, S. P. (1993). Stretching the rubber sheet: A metaphor for viewing large layouts on small screens. In *Proc. of the ACM Symposium on User interface Software and Technology (UIST'93)*, S. 81–91.

Scheiffler, R. W., Gettys, J. (1986). The x-windows systems. *ACM Trans. on Graphics*, 5(2):79–109.

Schmidt, A., Terrenghi, L. (2007). Methods and guidelines for the design and development of domestic ubiquitous computing applications. In *IEEE Conference on Pervasive Computing and Communications (PerCom)*, S. 97–107. IEEE Computer Society.

Schneider, D., Matuszek, C., Shah, P., Kahlert, R., Baxter, D., Cabral, J., Witbrock, M., Lenat, D. (2005). Gathering and managing facts for intelligence analysis. In *Proc. of International Conference on Intelligence Analysis*.

Schneider-Hufschmidt, M., Kühme, T., Malinowski, U. (Hrsg.) (1993). *Adaptive User Interfaces - Principles and Practice*. North Holland, Amsterdam, New York, Tokio.

Schöning, J., Daiber, F., Krüger, A., Rohs, M. (2009). Using hands and feet to navigate and manipulate spatial data. In *CHI EA: Extended abstracts on Human factors in computing systems (ACM CHI '09)*, S. 4663–4668.

Schoor, W., Bollenbeck, F., Hofmann, M., Mecke, R., Seiffert, U., Preim, B. (2008). Automatic zoom and pseudo haptics to support semiautomatic segmentation tasks. In *Proc. of Winter School of Computer Graphics*.

Schulte, F. P., Thieme, A., Oste, J. (2009). Online blättern, dann kaufen? attraktivität von online-katalogen. In *Proc. of Mensch & Computer*, S. 333–342. Oldenbourg-Verlag.

Schumann, H., Müller, W. (2000). *Visualisierung: Grundlagen und allgemeine Methoden*. Springer-Verlag Berlin Heidelberg.

Schumann, H., Müller, W. (2004). Informationsvisualisierung: Methoden und perspektiven. *it - Information Technology*, 46(3):135–141.

Sears, A., Shneiderman, B. (1994). Split menus: effectively using selection frequency to organize menus. *ACM Trans. on Computer-Human Interaction*, 1(1):27–51.

Shen, Z., Ma, K.-L., Eliassi-Rad, T. (2006). Visual analysis of large heterogeneous social networks by semantic and structural abstraction. *IEEE Trans. on Visualization and Computer Graphics*, 12(6):1427–1439.

Shepard, B., Matuszek, C., Fraser,C. B. et al. (2005). A knowledge-based approach to network security: Applying cyc in the domain of network risk assessment. In *Proc. of Innovative Applications of Artificial Intelligence Conference*.

Shneiderman, B. (2007). Creativity support tools: Accelerating discovery and innovation. *Communications of the ACM*, 50(12):20–31.

Shneiderman, B. (1983). Direct manipulation - a step beyond programming languages. *IEEE Computer*, 16(8): 57–69.

Shneiderman, B. (1992). Tree visualization with tree-maps: 2-d space-filling approach. *ACM Trans. on Graphics*, 11(1):92–99.

Shneiderman, B. (1994). Dynamic queries for visual information seeking. *IEEE Software*, 11(6):70–77.

Shneiderman, B. (1996). The eyes have it: A task by data type taxonomy for information visualizations. *IEEE Symposium on Visual Languages*, S. 336.

Shneiderman, B. (1997). *Designing the User Interface*. Addison Wesley.

Shneiderman, B. (1997). Direct manipulation for comprehensible, predictable and controllable user interfaces. In *Proc. of Intelligent user interfaces*, S. 33–39. ACM.

Shneiderman, B. (1998). Relate, create, donate: a teaching and learning philosophy for the cyber-generation. *Comput. Educ.*, 31(1):25–39.

Shneiderman, B. (1998). Codex, memex, genex: The pursuit of transformational technologies. *International Journal of Human-Computer Interaction*, 10(2):87–106.

Shneiderman, B. (2000). Creating creativity: user interfaces for supporting innovation. *ACM Trans. on Computer-Human Interaction*, 7(1): 114–138.

Shneiderman, B. (2002). *Leonardo's Laptop - Human Needs and the new Computing Technologies*. The MIT Press, Cambridge, Massachusetts, London, GB.

Shneiderman, B. (2002). Creativity support tools: a tutorial overview. In *Proc. of Creativity & cognition*, S. 1–2. ACM.

Shneiderman, B. (2003). Promoting universal usability with multi-layer interface design. In *Proc. of Universal usability*, S. 1–8, New York, NY, USA. ACM.

Shneiderman, B., Maes, P. (1997). Direct manipulation versus interface agents. *interactions*, 4(6):42–61.

B. Shneiderman and C. Plaisant (2009). *Designing the User Interface: Strategies for Effective Human Computer Interaction*. Addison Wesley, 5. Auflage.

Shneiderman, B., Fischer, G., Giaccardi, E., Eisenberg, M. (2007). *Proc. of Creativity &Cognition (Washington, DC)*. ACM Press New York.

Siirtola, H., Räihä, K.-J. (2006). Discussion: Interacting with parallel coordinates. *Interacting with Computers*, 18(6):1278–1309.

Simon, H. A. (1973). The structure of ill-defined problems. *Artifical Intelligence*, 4:181–201.

Simpson, R., Renear, A., Mylonas, E., van Dam, A. (1996). 50 years after - as we may think: The brown/mit vannevar bush symposium. *interactions*, 3(2):47–67.

Sloan, D., Heath, A., Hamilton, F., Kelly, B., Petrie, H. and Phipps, L. (2006). Contextual web accessibility - maximizing the benefit of accessibility guidelines. In *W4A: Proc. of the 2006 international cross-disciplinary workshop on Web accessibility*, S. 121–131, New York, NY, USA. ACM.

Smith, D. C. (1975). *Pygmalion: A Computer Program to Model and Stimulate Creative Thought*. PhD Thesis, Universität Stanford, Computer Science Department.

Smith, D. C., Irby, C., Kimpball, R., Verplank, W., Harslam, E. (1982). Designing the star user interface. *Byte*, 7(4):242–282.

Smith, G., Czerwinski, M., Meyers, B., Robbins, D., Robertson, G., Tan, D. S. (2006). Facetmap: A scalable search and browse visualization. *IEEE Trans. on Visualization and Computer Graphics*, 12(5):797–804.

Sobotta, J. (1993). *Atlas der Anatomie des Menschen*, volume 20. J. Staubesand, Urban & Schwarzenberg Verlag, München-Wien-Baltimore.

Solso, R. L. (1995). *Cognitive Psychology*. Allyn & Bacon, 4th edition.

Soukoreff, R. W., MacKenzie, I. S. (1995). Theoretical upper and lower bounds on typing speed using a stylus and soft keyboard. *Behaviour & Information Technology*, 14: 370–379.

Spence, R. (2007). *Information Visualization: Design for Interaction (2nd*

Edition). Prentice-Hall, Inc.

Spence, R., Apperley, M. (1982). Data base navigation: An office environment for the professional. *Behaviour and Information Technology*, 1(1):43–54.

Spence, R., Parr, M. (1991). Cognitive assessment of alternatives. *Interacting with Computers*, 3(3):270–282.

Spence, R., Tweedie, L. (1998). The attribute explorer: Information synthesis via exploration. *Interacting with Computers*, 11:137–146.

Spindler, M., Stellmach, S., Dachselt, R. (2009). Paperlens: Advanced magic lens interaction above the tabletop. In *Proce. of the ACM Conference on Interactive Tabletops and Surfaces (ITS '09:)*, S. 69–76.

Sproll, S., Peissner, M. (2009). User experience und biologische erhebungsverfahren (psychologische und bildgebende verfahren). In *Usability Professionals*, S. 55–59.

Stasko, J., Zhang, E. (2000). Focus+context display and navigation techniques for enhancing radial, space-filling hierarchy visualizations. In *IEEE Symposium on Information Visualization (INFOVIS'00)*, volume 0, S. 57–65.

Stoffregen, T. A. (2003). Affordances as properties of the animal-environment system. *Ecological Psychology*, 15: 115–134.

Stone, M. C., Fishkin, K., Bier, E. A. (1994). The movable filter as a user interface tool. In *Proc. of the ACM SIGCHI Conference on Human Factors in Computing Systems*, S. 306–312.

Stotz, R. (1963). Man-machine console facilities for computer-aided design. In *AFIPS Conference Proceedings*, S. 323–338.

Strittmatter, P. (1979). *Bund-Länder-Kommission für Bildungsplanung und Forschungsförderung*, chapter Modellversuche zum Schulfernsehen. Bericht über eine Auswertung.

Strothotte, T., Strothotte, C. (1997). *Seeing Between the Pixels*. Springer-Verlag, Berlin, Heidelberg, New York.

Strube, G., Becker, B., Freska, C., Hahn, U., Opwis, K., Palm, G. (1996). *Wörterbuch der Kognitionswissenschaft*. Klett-Cotta Verlag, Stuttgart.

Stubblefield, W. A. (1998). Patterns of Change in Design Metaphor: A Case Study. In *Proc. of the ACM Conference on Human Factors in Computing Systems*, S. 73–80.

Sugiyama, K. (2002). *Graph Drawing and Applications for Software and Knowledge Engineers*. World Scientific Publishing Company, 1. edition.

Sugiyama, K., Tagawa, S., Toda, M. (1981). Methods for visual understanding of hierarchical system structures. *IEEE Trans. on Systems, Man and Cybernetics*, 11(2):109–125.

Sutherland, I. E. (1963). Sketchpad, a man-machine graphical communication system. In *AFIPS Conference Proceedings*, volume 23, S. 629–636.

Sweet, G., Ware, C. (2004). View direction, surface orientation and texture orientation for perception of surface shape. In *Proc. of Graphics Interface*, S. 97–106.

Tai, G., Kern, D., Schmidt, A. (2009). Bridging the communication gap: A driver-passenger video link. In *Proc. of Mensch & Computer*, S. 73–82. Oldenbourg-Verlag.

Tan, D. S., Meyers B., Czerwinski, M. (2004). Wincuts: manipulating arbitrary window regions for more effective use of screen space. In *CHI EA: Extended abstracts on Human factors in computing systems (ACM CHI '04)*, S. 1525–1528. ACM.

Teitelman, W. (1979). A display oriented programmers assistant. *International Journal of Man-Machine Studies*, 11:157–187.

Telea, A. C. (2007). *Data Visualization: Principles and Practice*. A.K. Peters, Ltd.

Terry, M. A., Mynatt, E. D., Nakakoji, K., Yamamoto, Y. (2004). Variation in element and action: supporting simultaneous development of alternative solutions. In *Proc. of the ACM SIGCHI conference on Human factors in computing systems*, S. 711–718.

Tesler, L. (1981). The smalltalk environment. *Byte*, 6(8):90–147.

Thielsch, M., Hassenzahl, M. (2008). Achtmal schönheit. *i-com. Zeitschrift für interaktive und kooperative Medien*, (3):50–55.

Thimbleby, H. (1990). *User Interface Design*. ACM Press Frontier Series.

Thimbleby, H. (2001). The computer science of everyday things. *Aust. Comput. Sci. Commun.*, 23(5):3–12.

Thimbleby, H. W. (1991). Can anyone work the video? *New Scientist*, 129 (1757):48–51.

Thimbleby, H. W. (1997). Design for a fax. *Personal and Ubiquitous Computing*, 1(2):101–117.

Thimbleby, H. W. (2000). Calculators are needlessly bad. *Int. J. Hum.-Comput. Stud.*, 52(6):1031–1069.

Thomas, P., Macredie, R. D. (2002). Introduction to the new usability. *ACM Trans. on Computer-Human Interaction*, 9(2):69–73.

Tiede, U., Schiemann, T., Höhne, K.-H. (1996). Visualizing the Visible Human. In U. Tiede, T. Schiemann, und K.-H. Höhne, Herausgeber, *IEEE Computer Graphics and Applications*, volume 16, S. 7–9.

Tognazzini, B. (1986). Usability testing in the real world. In *Proc. of the ACM SIGCHI conference on Human factors in computing systems*, S. 212–215.

Tognazzini, B. (1991). *TOG on Interface*. Addison Wesley, Reading, Massachusetts.

Tominski, C. (2006). *Event-Based Visualization for User-Centered Visual Analysis*. PhD Thesis.

Tominski, C., Abello, J., Schumann, H. (2009). Technical section: Cgv– an interactive graph visualization system. *Comput. Graph.*, 33(6):660–678.

Trapp, M., Glander, T., Buchholz, H., Döllner, J. (2008). 3d generalization lenses for interactive focus + context visualization of virtual city models. In *Proc. of IEEE Information Visualization (IV '08)*, S. 356–361.

Treisman, A. (1986). Features and objects in visual processing. *Scientific American*, 255:106–115.

Treisman, A., Gelade, G. (1980). A feature-integration theory of attention. *Cognitive Psychology*, 12:97–136.

Treisman, A. M. (1993). *Attention: Selection, Awareness, and Control*, chapter The perception of features and objects, S. 5–35. Clarendon, Oxford.

Tsandilas, T., Schraefel, M. C. (2007). Bubbling menus: a selective mechanism for accessing hierarchical drop-down menus. In *Proc. of the ACM SIGCHI conference on Human factors in computing systems*, S. 1195–1204.

Tufte, E. R. (1990). *Envisioning Information*. Graphics Press.

Tufte, E. R. (1997). *Visual Explanations: Images and Quantities, Evidence and Narrative*. Graphics Press.

Tufte, E. R. (2001). *The Visual Display of Quantitative Information*. Graphics Press, second edition.

Tullis, T., Wood, L. (2004). How many users are enough for a card-sorting study? In *Proc. of Usability Professionals Association Conference*.

Tullis, T. S. (1985). Designing a menu-based interface to an operating system. *SIGCHI Bulletin*, 16(4):79–84.

Ulich, E. (2001). *Arbeitspsychologie*. Schaeffer-Pöschel, Stuttgart.

van Dam, A. (1997). Post-WIMP user interfaces. *Communications of the ACM*, 40(2):63–67.

van Dam, A., Rice, D. E. (1971). Online text-editing. *Computing Surveys*, 3(3):93–114.

van Wijk, J. J. (2005). The value of visualization. In *Proc. of IEEE Visualization*, S. 79–86.

van Wijk, J. J., Nuij, W. A. A. (2004). A model for smooth viewing and navigation of large 2d information spaces. *IEEE Trans. on Visualization and Computer Graphics*, 10(4):447–458.

van Wijk, J. J., van de Wetering, H. (1999). Cushion treemaps: Visualization of hierarchical information. In *Proc. of the IEEE Symposium on Information Visualization (INFOVIS'99)*, S. 73.

Varakin, D. A., Levin, D. T., Fidler, R. (2004). Unseen and unaware: Implications of recent research on failures of visual awareness for human-computer interface design. *Human-Computer Interaction*, 19(4): 389–422.

Verplank, W. L. (1988). *In: Handbook of Human-Computer Interaction*, chapter Graphics challenge in designing object-oriented interfaces, S. 365–376. North Holland.

Vicente, K. J., Rasmussen, J. (1992). Ecological interface design: Theoretical foundations. *IEEE Trans. on Systems, Man, and Cybernetics*, 22(4):589–606.

Viégas, F. B., Wattenberg, M. (2008). Tag clouds and the case for vernacular visualization. *interactions*, 15(4):49–52.

Vinson, N. G. (1999). Design guidelines for landmarks to support navigation in virtual environments. In *Proc. of the ACM SIGCHI conference on Human factors in computing systems*, S. 278–285.

Vogel, D., Baudisch, P. (2007). Shift: a technique for operating pen-based interfaces using touch. In *Proc. of the ACM SIGCHI conference on Human factors in computing systems*, S. 657–666.

von Wilamowitz-Moellendorff, M., Hassenzahl, M., Platz, A. (2007). Veränderung in der wahrnehmung und bewertung interaktiver produkte. In *Proc. of Mensch &Computer*, S. 49–58.

Wahlster, W. (1991). *Intelligent User Interfaces*, chapter User and Discourse Models for Multimodal Communication, S. 45–67. ACM Press.

Wahrig-Burfeind, R. (1996). *Deutsches Wörterbuch*, volume 6. Bertelsmann Lexikon Verlag, Gütersloh.

Wakkary, R. (2009). Anything is a fridge: the implications of everyday designers. *interactions*, 16(5):12–17.

Wakkary, R., Maestri, L. (2008). Aspects of everyday design: Resourcefulness, adaptation, and emergence. *International Journal of Human-Computer Interaction*, 24 (5):478–491.

Wandmacher, J. (1993). *Software-Ergonomie*. Walter Gruyter Berlin.

Wanger, L., Ferwerda, J., Greenbeerg, D. (1992). Perceiving spatial relationships in computer-generated images. *IEEE Computer Graphics and Applications*, 12(3):44–58.

Ward, M., Grinstein, G., Keim, D. A. (2010). *Interactive Data Visualization: Foundations, Techniques, and Application*. A. K. Peters, Ltd.

Ware, C. (2004). *Information Visualization - Perception for Design*. 2. Auflage. Morgan Kaufmann.

Ware, C. (2008). *Visual Thinking for Design*. Morgan Kaufmann Publishers Inc.

Ware, C., Jessome, D. R. (1988). Using the bat: A six-dimensional mouse for object placement. *IEEE Computer Graphics Applications*, 8(6):65–70.

Ware, C., Arthur, K., Booth, K. S. (1993). Fish tank virtual reality. In *Proc. of the INTERACT '93 and CHI '93 conference on Human factors in computing systems*, S. 37–42. ACM.

Ware, C., Neufeld, E., Bartram, L. (1999). Visualizing causal relations. In *Proc. of IEEE Information Visualization: Late Breaking Hot Topics*, S. 39–42.

Weber, G., Weber, U., Vieritz, H. (2008). Zugang zu elektronischen fahrplananzeigen. In *Proc. of Mensch & Computer*, S. 23–32. Oldenbourg-Verlag.

Wechsung, I., Hurtienne, J., Naumann, A. (2009). Multimodale interaktion: Intuitiv, robust, bevorzugt und altersgerecht? In *Proc. of Mensch & Computer*, S. 213–222. Oldenbourg-Verlag.

Weiser, M. (1991). The computer for the 21st century. *Scientific American*, S. 94–104.

Weiser, M. (1993). Some computer science issues in ubiquitous computing. *Communications of the ACM*, 36 (7):75–84.

Weiser, M. (1994). The world is not a desktop. *interactions*, 1(1):7–8.

Weiss, A. (2007). Desktops in 3d. *netWorker*, 11(1):26–33.

Wertheimer, M. (1925). *Drei Abhandlungen zur Gestalttheorie*. Verlag der Philosophischen Akademie Erlangen.

Wertheimer, M. (1939). *Source Book of Gestalt Psychology*, chapter Laws of Organization in Perceptual Forms. Harcourt Brace, New York.

Wessels, M. G. (1990). *Kognitive Psychologie, Übersetzung aus dem Amerikanischen: Jochen Gerstenmaier*, volume 2. unveränderte Auflage (1. Auflage 1984). Ernst Reinhardt GmbH & Co Verlag, München.

Wickens, C. D., Holland, J. G. (2000). *Engineering psychology and human performance*. Prentice Hall, New Jersey.

Wickens, C. D., Lee, J. D., Liu, Y. (2004). *An introduction to human factors engineering*. Upper Saddle River: Prentice-Hall.

Williams, G. (1983). The lisa computer system. *Byte*, 8(2):33–50.

Williams, G. (1984). The apple macintosh computer. *Byte*, 9(2):30–54.

Winograd, T., Guimbretière, F. (1999). Visual instruments for an interactive mural. In *CHI EA: Extended abstracts on Human factors in computing systems (ACM CHI '99)*, S. 234–235.

Wolfe, J. M. (1994). Guided search 2.0: A revised model of visual search. *Psychonomic Bulletin and Review*, 1: 202–238.

Wolfe, J. M. (2003). Moving towards solutions to some enduring controversies in visual search. *Trends in Cognitive Sciences*, 7(2):70–76.

Wolfe, J. M., Cave, K., Franzel, S. (1989). Guided search: An alternative to the feature integration model for visual search. *Journal of Experimental Psychology in Human Perception an Performance*, 15:419–433.

Wolfe, J. M., Butcher, S. J., Lee, C., Hyle, M. (2003). Changing your mind: On the contributions of top-down and bottom-up guidance in visual search for feature singletons. *Journal of Experimental Psychology: Human Perception and Performance*, 29:483–502.

Wong, B. L. W., Joyekurun, R., Mansour, H., Amaldi, P., Nees, A., Villanueva, R. (2005). Depth, layering and transparency: developing design techniques. In *Proc. of computer-human interaction special interest group (CHISIG) of Australia*, S. 1–10.

Wu, M., Balakrishnan, R. (2003). Multi-finger and whole hand gestural interaction techniques for multi-user tabletop displays. In *Proc. of the ACM Symposium on User interface software and technology (UIST '03)*, S. 193–202.

Wurster, C. (2002). *Computer – Eine illustrierte Geschichte*. Taschen, Köln.

Yamada, H. (1980). A historical study of typewriters and typing methods: from the position of planning japanese parallels. *Journal of Information Processing*, 5(2):175–202.

Yang, J., Ward, M. O., Rundensteiner, E. A., Patro, A. (2003). Interring: a visual interface for navigating and manipulating hierarchies. *Information Visualization*, 2(1):16–30.

Yi, J. S., Kang, Y., Stasko, J., Jacko, J. (2007). Toward a deeper understanding of the role of interaction in information visualization. *IEEE Trans. on Visualization and Computer Graphics*, 13(6):1224–1231.

Young, R. M. (1983). chapter Surrogates and mappings: Two kinds of conceptual models for interactive devices, S. 35–52. Erlbaum, Hillsdale, NJ.

Yurcik, W., Thompson, R. S., Twidale, M. B., Rantanen, E. M. (2007). If you can't beat 'em, join 'em: combining text and visual interfaces for security-system administration. *interactions*, 14(1):12–14.

Zachary, G. P. (1999). *Endless Frontier: Vannevar Bush, Engineer of the American Century*. The MIT Press.

Zhai, S., Smith, B. A., Selker, T. (1997). Improving browsing performance: A study of four input devices for scrolling and pointing tasks. In *Proc. of the IFIP TC13 International Conference on Human-Computer Interaction*, S. 286–293, London, UK, UK. Chapman & Hall, Ltd.

Zhai, S., Hunter, M. A., Smith, B. A. (2000). The metropolis keyboard - an exploration of quantitative techniques for virtual keyboard design. In *Proc. of ACM Symposium on User Interfaces and Software Technology (UIST '00)*, S. 119–128.

Zhao, S., Balakrishnan, R. (2004). Simple vs. compound mark hierarchical marking menus. In *Proc. of ACM symposium on User interface software and technology (UIST '04)*, S. 33–42.

Zhao, S., Agrawala, M., Hinckley, K. (2006). Zone and polygon menus: using relative position to increase the breadth of multi-stroke marking menus. In *Proc. of ACM SIGCHI conference on Human Factors in computing systems*, S. 1077–1086.

Zimbardo, P. G. (1983). *Psychologie*. Springer, Heidelberg.

Zimolong, B. (1990). *Ingenieurpsychologie. Enzyklopädie der Psychologie*, chapter Fehler und Zuverlässigkeit, S. 313–345. Hogrefe Göttingen.

Index

Abbildungen, 153, 396
Ablenker, 48
ACT-Theorie, 32, 77–78, 81–82
Konfliktlösung, 82
Adaptierbarkeit, 223–225, 238, 241
Adaptivität, 366
Affordances, 136, 153, 161, 351, 397, 413
Agenten, 366
Alltagsgeräte, 135, 143, 396
Analogie, 38, 106, 117–118
Anatomieatlas, 128
interaktiven, 127
Anforderungsanalyse, 20
Animation, 75, 108, 170, 185, 196
Anrufbeantworter, 147–148
Anti-Mac Interface, 353
Antialiasing, 295
Anzeigetafeln, 171
API, 286, 292
Apple
Lisa, 184, 196
Macintosh, 163, 183, 185, 242
Styleguides, 185
Apply-Button, 399
Arbeitsgedächtnis, 25, 30, 33–34, 36, 38, 42, 63, 78, 80, 102, 338, 349, 499
Interferenzeffekte, 36
Arbeitswissenschaften, 2, 3
Arm-Hand-Finger-System, 32, 42, 64, 67, 246, 258
Arrow Button, 394, 396
Assistenten, 223–224
Atlas-Metapher, 127
Attrakdiff, 22
Attributsichtbarkeit, 465
Auditiven System, 30, 32
Aufgabenanalyse, 121, 428
Fragebogen, 206
Interviews, 206
Aufgabenangemessenheit, 201, 238
Aufmerksamkeit, 25, 30, 32, 42–43, 48, 50–52, 68–69, 78, 150, 334, 404, 499, 517, 541
Filtertheorie, 70
fokale, 78, 83
geteilte, 69, 71
selektive, 68
Aufmerksamkeitslenkung, 54, 61, 63, 507
Aufmerksamkeitsrelevante Parameter, 69
Aufmerksamkeitswechsel, 69, 299, 523, 541
Ausgabemodell, 292
Auto, 149, 151
AutoComplete-Funktion, 326, 328, 391
Automatismen, 151

Balloon Trees, 471
Barrierefreiheit, 17–18, 193, 199, 223, 231, 233–234, 242
Batch-Prozess, 166
Baukastenmetapher, 126
Bedienelemente, 135, 140, 143, 148–150, 153, 160–161, 165, 181–182, 185, 191, 203, 206, 209–210, 376
Erkennbarkeit von, 142
Erreichbarkeit von, 150
Platzierung von, 160
von Alltagsgeräten, 135
Bedienfehler, 84, 145, 149, 222
Bedienhandlung, 137, 140, 143, 147, 150–151, 156, 161, 180, 213, 241
Bedienungsanleitungen, 149, 161, 237
Behebung von Fehlern, 146
Benutzbarkeit, 150–151, 160, 191, 200, 371, 506, 523, 578
technischer Geräte, 135

Benutzerführung, 238
Benutzermodell, 366
Benutzerzentrierte Entwicklung, 16, 222
Benutzungsschnittstellen
  erkennungsbasierte, 42
  für Kinder, 27
  kollaborative, 11, 579
  visuelle, 435, 506, 577
Beobachtung, 19, 21
Bildschirm, 127, 173, 178, 184, 187, 195
Bookmark, 339
Bootstrap-Institut, 174
Brava-Editor, 180
Browsing, 570, 578
  Facetten-basiert, 528
Brushing, 461, 495, 499, 505, 521, 569, 572
Bubble Trees, 471
Bubblemaps, 528
Buch-Metapher, 114
Button, 378, 398, 401
  visuell, 401

CAD-Systeme, 169, 387
Callback-Routine, 289, 292
Card Sorting, 338
Casual Information Visualization, 441, 579
Checkbox, 335, 379–380
Checkliste, 203
Chernoff-Gesichter, 464
Chunking, 208, 404, 499
Cluster Map, 469, 505
Clustern, 498–500
  hierarchisch, 462, 522, 570
Cocktail-Party-Phänomen, 70
Code Folding, 563
Color Icons, 464
Computer-Supported Cooperative Work, 27, 174
Computergrafik, 169–170, 225
Computerlinguistik, 330
Computerspiele, 27, 207, 222, 228–229, 268, 362, 364, 368
Cone Trees, 472–473, 568
Cover Flow, 548
Cursortasten, 391

Data Mining, 442
  visual, 436, 442, 577, 579
Dateimanager, 197
DateLens, 546
Daten
  bivariate, 450, 455
  multivariate, 439, 450, 457, 460–461, 465, 520, 545, 568
  trivariate, 457
  univariate, 450, 453
Datenfluss, 364
Datumseingabe, 392
Default-Button, 400, 414
Degree of Interest, 563
Degree of Interest Funktion, 543–544
Deklaratives Wissen, 77–78
Desktop-Metapher, 111, 117–118, 121, 131, 181–182
Dial Widget, 396
Dialog, 40, 375, 378, 426, 431
  applikationsmodaler, 417
  ausklappbar, 416
  modaler, 417
  nichtmodaler, 417–418
  Skalierbarkeit, 415
  Strukturierung von, 40, 210, 430
  systemmodaler, 417
  Transparenz, 420
Dialogbausteine, 191
  Dimensionierung, 378
Dialogentwurf, 378, 409, 413
  konzeptionelle Ebene, 411
  semantische Ebene, 411
  syntaktische Ebene, 411

Dialoggestaltung, 209–210, 414, 431
Groß- Kleinschreibung, 407
Dialoghierarchie, 419–420
Dialogkopf, 378–379, 413, 418
Dialogsysteme
textorientierte, 173
Dimensionssichtbarkeit, 465
Direkte Manipulation, 10, 108, 180, 183, 299, 320, 351, 357, 362, 371, 516, 525, 533, 565
Double Slider, 397
Drag-and-Drop, 111, 129, 184, 280, 313
Drehbuch, 182
Dropdown-Listbox, 382–384, 386, 409, 414
Dynamic Queries, 570, 581, 605

e-Democracy, 08
e-Learning, 08, 104, 128, 203
e-Mail, 71, 173, 176, 178, 291, 312, 366–368, 387, 429, 448, 450, 487
eBay, ix, 22–24, 193, 226, 429
Echospeicher, 63
Edge Bundling, 497
Eingabe von numerischen Werten, 213, 281, 323, 375, 397
Eingabeelemente, 403, 406, 410, 412, 421
Eingabefeld, 411–415, 426–429, 431, 445, 572
Eingabefokus, 239, 291, 295, 392, 415, 430
Eingabegeräte, xv, 26, 66, 68, 71, 123, 138, 173, 185, 203, 244–245ff, 288, 292, 300, 321, 323, 352, 362, 411, 457
3D-Eingabegeräte, 270
Eingabemodell, 283, 277–278, 292, 295
ereignisgesteuert, 244, 283, 288
Eingabemodus, 191
Eingebettete Systeme, 4, 9, 17, 21, 121, 134–135, 141, 153–154, 256
Entwicklungsumgebung, 105, 163–164, 190–191, 304, 544
Entwicklungsziele
quantitativ messbare, 1, 20, 184
Entwurfsprinzipien, 134, 199ff, 412
Ereignisschleife, 289
Ergonomienormenreihe, 238
Erwartungskonformität, 222, 238, 298
Erweiterbarkeit, 371–372
Evaluierung, 21, 72, 76, 87, 104, 122, 157, 161, 128
Tagebuch, 21
Eventhandling, 289
Expertensysteme, 167
Exploration
von Informationsräumen, 165, 442, 576
Eye-Tracking, 52–53, 279

FacetZoom, 480, 485, 529
Fahrkartenautomaten, 18, 24, 204, 235–236
Fahrzeugnavigation, 9, 154–155, 325, 367
Farbkonstanz, 53
Farbwahrnehmung, 47, 53–54
Fatale Fehler, 85
Feature Integration Theorie, 32, 48, 50–52, 87
Fehlererkennung, 2, 14, 32, 371
Fehlermeldung, 158, 207, 214, 220–221, 351, 397, 417–418
Fehlertheorie, 30, 32, 82, 84
Beendigungsfehler, 83
Speicherfehler, 83, 85
Testfehler, 83–84
Unterprogrammfehler, 83
Verwechslungsfehler, 13, 82, 85, 327, 400

Fenster
überlappende, 178
Fenstersysteme, 26, 71, 117, 164, 178, 187–189, 197, 208, 283ff, 322, 338, 510, 540
Koordinierung, 36, 83, 302
synchronisierte Hervorhebung, 304–305
Filmmetapher, 114
Fisheye
Menus, 551–552
Technik, 116, 128, 132, 549
Views, 444, 549
Fitts' Law, 66–67, 246–248, 254–255, 268, 344
Flächencursor, 358
Flexibilisierung, 225
Flexibilität, 19, 69, 100, 202, 223, 241, 258, 307–308
Fokus- und Kontexttechnik, 26, 434, 497, 509–510, 540–542, 544, 547–548, 550, 562–563, 565, 575–576
Formular, 8, 20–21, 26, 42, 54, 324, 334–335, 375–378, 380, 391, 393, 408, 412, 427–431
notwendige Eingaben, 426
optionale Eingaben, 426
visuelle Gestaltung, 52, 56, 71, 87, 159, 180, 182, 191, 209
Web, 107, 220, 426
Formulareingabe, 323, 393, 412, 426, 430
Formwahrnehmung, 57–58
Foveales Sehen, 45–46
Freiheitsgrad, 139, 260, 263, 317, 319, 345, 359–360, 438, 441, 559
Function pad, 257–258
Funktionstasten, 179, 182, 216, 227, 239, 250, 254–255, 258, 291, 347
Gelegenheitsbenutzer, 105, 143, 181, 183, 200, 330–331, 422
Generische Kommandos, 179
Geometrische Modellierung, 175, 337
Geräteunabhängige Koordinaten, 287, 293–294
Gestaltgesetze, 55–56, 87, 210, 229, 491
Gesetz der geschlossenen Form, 439
Gesetz der Gleichheit, 56
Gesetz der Nähe, 56, 210, 491
Gesetz des gemeinsamen Schicksals, 573
Gestaltpsychologie, 44
Gestaltungsprobleme, 167
Gestenerkennung, 42
Glyphen, 464, 471, 483, 488
GOMS-Modell, 184
Grafikdesigner, 182, 210
Grafikprimitiv, 179, 280–281, 293, 353, 355, 410
Selektion, 355
Grafiktablett, 169
Grafische Fenstersysteme, 208, 217
Griff, 141–142, 146, 356, 360
Gruppierungskomponenten, 388, 398, 404, 407
Guidelines, 185, 239
Gulf of Evaluation, 158, 161, 199, 242
Gulf of Execution, 157, 161, 199, 241, 350

Handbücher, 1, 27, 182, 185, 206
Handheld devices, 195
Handschrifterkennung, 42
Handys, 13
Haus-Metapher, 112
Hawthorne-Effekt, 76
Head-up-Display, 516
Hebel, 141–142, 153

Hick-Hyman-Gesetz, 65–66
Hierarchievisualisierung, 441, 467, 478, 480, 482–484, 486, 578
Hierarchisches Browsen, 303
Hilfe
  kontextspezifische, 430
Hilfesysteme, 206, 237, 327
History-Mechanismus, 327, 342, 458
HTML, 191
Hypermedia-System, 170
Hypertext, 112, 127, 164, 170–171, 174, 192

IBM PC, 183
Icon, 106, 130, 181–182, 206, 210–211, 215, 223, 242, 313–314, 334, 351–352, 422, 430, 464, 484
  abstraktes, 315
  Dokument, 319
  Entwurf, 316, 318–319
  Interaktion, 321
  metaphorisch, 464
  Programm, 319
  repräsentatives, 315
  Zustände, 319
Icon-Editor, 191
Icon-Satz, 182
Ikonischer Speicher, 43
Individualisierbarkeit, 151, 227, 238
Information Architect, 03
Information retrieval, 441
Informationen
  Hervorhebung von, 489, 495, 541–542, 572–573
  Unterdrückung von, 439, 486, 541–542, 544, 559
  Verzerrung von, 541–542, 544, 549
Informationshervorhebung, 541–542
Informationsunterdrückung, 541–542, 544, 559
Informationsvisualisierung, 435, 440–441, 448, 506–507, 509–510, 512, 564, 574, 576–578
3D-Interaktion, 128
Interaktionsaufgabe, 236, 323, 353, 359, 362
  Objektauswahl, 323
  zusammengesetzte, 376–377
Interaktionsmodell, 367
Interaktionsobjekt, 191, 364
Interaktionsstil, 323–325, 357, 362, 371–373, 426, 428
  sprachbasierter, 324–325
Interaktionstechnik, 11, 26, 120, 183, 224, 323, 325, 435, 444, 475, 510, 521, 528, 564, 572, 574, 576
Interface Builder, 191
Interkulturelle Entwicklung, 16
Internet, 191
Interview, 5
iPad, 10–11, 517, 526
iPhone, 10, 482–483, 511, 527, 533, 548, 573–574

Jump Zooming, 537

Künstliche Intelligenz, 88
Karten-Metapher, 115
Kategorisierung, 99
Kiviatdiagramm, 462
Klärungsdialog, 330
Klassenbrowser, 163
Kognitionsarchitektur, 77
Kognitive Dissonanz, 74
Kognitive Prozesse, 25, 30
Kognitive Psychologie, 31–32, 168
  angewandte Psychologie, 31
Kognitive Ressource, 25, 30, 41, 68
Kommandosprache, 40, 323–327, 329, 371, 391
Kommandozeile, 173
Kompetenzförderlichkeit, 202–203

Konsistenz, 215, 326, 353, 382, 412, 431, 525
- grafische, 216
- Interaktionskonsistenz, 216
- sprachliche, 215
- strukturelle, 216

Konzeptionelles Modell, 156
Koordinatensysteme, 294
Kreative Prozesse, 12, 175–176
Kreativität, 103
- Creativity Tools, 13

Kritische Kontrollpunkte, 84

Langzeitgedächtnis, 33, 38–39, 41–42, 77, 165
- Erinnern, 40
- Erkennen, 40

Laserpointer-Interaktion, 278–279
Layout, 428, 488
- force-directed, 493
- hyperbolisch, 497, 550
- Masse-Feder-Modelle, 488, 492–493
- radial, 498, 568
- Regeln, 491
- spring embedders, 493
- von Graphen, 488, 508

Layoutgestaltung, 387
Leitstände, 187
Lernaufwand, 131, 160, 205
Listbox, 379, 382
- Beschriftung, 386
- Dimensionierung, 386
- dynamisch generierte, 387
- mehrspaltige, 386
- Ordnung, 386

Listeneintrag, 387
LiveBoard, 195

Magic Lens, 541, 554
- Filter, 554
- lagebewusste, 558

Magic-Eye-View, 550, 575
Magisches Denken, 73
Makro, 223
Makrobildung, 80
Mambo, 446–448, 480, 528
Marking Menus, 346
Maus, 173, 195, 215, 377
Mauscursor, 214, 360
Maussensitiver Bereich, 355–356
Mehrfachbelegungen von Bedienelementen, 145
Mehrfachselektion, 357
MEMEX, 164–165
Memex, 192
Menü
- akustische, 349
- Breite, 338
- Collapsible Cylindrical Trees, 482
- Fisheye, 551
- Kommandomenü, 333
- kreisförmige, 344, 346
- Popup, 335, 344, 357
- Pulldown, 40, 335, 337, 344, 425
- Separator, 343
- Sortierung, 337
- Split-Menüs, 343
- Strukturierung, 337, 339
- Suchzeiten, 339
- Tiefe, 338
- transparente, 348
- Transparenz, 348
- zylinderförmig, 481

Menüauswahl, 323, 357
Menüeditor, 191
Menüeintrag, 40, 65, 210, 214, 343, 351, 375, 379, 387
Menügestaltung, 238
Menüleiste, 335
Menüs, 40, 130, 185, 210, 223, 242, 362
Menschliche Informationsverarbeitung, 163, 168
Menschliche Wahrnehmung, 32, 72, 87, 168, 439, 498, 506, 510–512, 523, 539, 579
Menschzentrierte Entwicklung, 15, 16

Mentale Karten, 101–102, 543
Mentales Modell, 25, 30, 73, 213, 205
  Hierarchien, 100
  Skripte, 100
Merkmalsextraktion, 41–42
MessageBox, 398
Metadaten-Facetten, 529
Metapher, 25, 89–90, 105, 117, 120–121, 131, 205, 352, 364, 530, 541, 544, 549, 554
Metaphern, 30
Metaphorisch, 89
Microsoft Windows, 164, 187–188
MindMap, 175–176, 493
Mini-Map, 516
3D-Modell, 127, 150, 355, 363–364
Multi-Speicher-Modell, 41, 77
Multifunktionsleiste, 405, 424–425
Multiple koordinierte Ansichten, 520
Multiresolutional views, 462
Multitasking, 214
Multitouch, 10, 526–527, 538
Multitouch-Displays, 366
Mustererkennung, 41–42
MVC-Modell, 191

Natürliche Spracheingabe, 324, 326, 329–332, 372
  akustisch, 325, 330, 332, 338
Navigation, 165, 426
  in Dialogen, 378
NLS-System, 173
Node-Link-Diagramm, 468
Normen
  DIN 66234, 237
  ISO-Norm 13407, 238

Object Link and Embed, 179
Objektsichtbarkeit, 465
Objektwahrnehmung, 57
Offscreen-Visualisierung, 551
Ontologien, 504
Operationsplanung, 365

Paned Windows, 307, 309
Panning, 298, 301, 510, 515, 524, 565
PaperLens, 558
Papierformular, 392
Parallele Koordinaten, 460–461, 520–522, 566, 573
Peripheres Sehen, 45
Personal Digital Assistant, 532, 535, 540, 13
Personas, 20
Perspective Wall, 547
Picking, 355, 357
  hierarchisches, 356
Piktogramme, 157, 185
Popup-Listbox, 386
Präattentive Wahrnehmung, 48, 439, 454
Preview, 399
Primacy-Effekt, 36
Principle of Least Astonishment, 222
Probleme
  schlecht strukturierte, 167
Problemlösung, 102, 173
Problemlösungsprozess, 31, 82, 164, 167, 217
Produktion, 78
  Spezifität, 79
  Stärke, 79
  Zieldominanz, 79
Property Sheets, 180
Prototypen, 164, 191, 338
Prototyping, 20, 182
  Skizzen, 182
  Videos, 182
Prozedurales Lernen, 79, 82
  Anpassung, 81
  deklarative Phase, 80
  Wissenskompilation, 80–81
Prozedurales Wissen, 77

Quelldomäne, 107
Querying, 570

Rückkopplung, 137, 143, 147, 148, 153, 204, 214, 356, 391, 410
skalierbare, 214
Radiobutton, 335, 379, 381, 390, 412
Range Slider, 397
Raummetapher, 312
Rechtschreibprüfung, 225
Recognition versus recall, 40
Recognize-Act-Zyklus, 42
Regler, 141–142, 153
Ressourcendatei, 185, 418
Ressourcenverwaltung, 298
Rollkugel
vandalismussicher, 245, 251–252, 266
Rotation, 359–360
Rubberbanding, 354

SAA/CUA-Standard, 185
Sakkadische Augenbewegung, 46
Salienzkarten, 52
Scatterplot, 455, 457, 459–460, 465, 521, 535–536, 566, 568, 572
dreidimensional, 457, 498, 519
zweidimensional, 457, 516
Scatterplot-Matrix, 457, 460–461, 520
Schalldruck, 63
Schalldruckpegel, 63
Schalter, 379
binäre, 141
Scherung, 359–360
Schulungsunterlagen, 206
Scrollbar, 180, 291, 299–300, 382–383
Scrollen
animiertes, 300
Scrolling, 227, 516–517, 538–539, 565
See-through Interfaces, 554
Selbsterklärungsfähigkeit, 2, 238
Selektion, 355, 360, 394, 426
hierarchische, 356
Semantic Depth of Field, 543
Semantic Web, 504
Semantische Netzwerke, 504
Semantisches Netzwerk, Semantischer Graph, 504
Semantisches Zoomen, 525, 531, 535–537, 565
Sensorischer Speicher, 34
Separator, 319, 338
Sicherheitskritische Anwendungen, 3, 13, 24, 85, 156, 212, 229, 330
Sichtbarkeit, 153
Sigma Lenses, 555
Skalierung, 359–360, 383
Sketchpad, 169, 190
Slider, 394–397
Beschriftung, 394
Smalltalk, 179, 191
Snap-Funktionen, 362
SOAR-Theorie, 82
Softkey, 154
Software-Agent, 366
Softwareergonomie, 1
Space-Scale Diagramme, 533, 563
SpaceMouse, 270
SpaceNavigator, 270
Speed-Coupled Blending Lens, 556
Speed-Coupled Flattening, 555
Speed-dependent Automatic Zooming, 300, 538
Speicherung
episodische Informationen, 33
sensorische Informationen, 33
Spezifikation
Spotfire, 567–571, 580
Spreadsheet, 364
Stäbchen, 47
Stacked Graphs, 566–567, 570, 578
Standardwert, 237, 392, 399, 412, 426
Star Plot, 462
Statusanzeige, 148, 150, 213
Statusleiste, 428
Statuszeile, 213, 225, 355
Sternförmige Koordinaten, 462

Steuerbarkeit, 238
Stichwortsuche, 165
Stick-Figures, 464
Stift, 66, 169–170, 173, 195, 256, 263, 271–274, 276–277, 280–281, 296, 361
  drucksensitiver, 272
Stift-Eingabe, 11, 188, 245, 259, 273
Stimulus-Antwort-Kompatibilität, 136, 351, 364
Streudiagramm, 455
Styleguides, 105
Suchmaschine, 192, 328, 331–332
Superzeichenbildung, 35
Systemnachricht, 15, 158, 221–222, 410
Systemzustand, 156
Szenarien, 20–21, 26, 168
  Ist-Szenarien, 168
  Soll-Szenarien, 168

Tab-Dialog, 418, 424
Tabellenkalkulation, 183
Table Lens, 545–546, 565–566
Tabletop, 11, 527, 538, 557–558, 579
Tag Cloud, 454
Tastatur, 378
  vandalismussicher, 251
Tastatureingabe, 72, 291, 295
Tastaturkürzel, 185, 212, 223, 225, 334, 342, 415
Telefon, 147
Terminologie, 15, 179, 206
Test, 151, 225
Testkriterien
  Behaltensleistung, 63, 216
  Erlernbarkeit, 177, 238, 353
  Lernaufwand, 1, 13, 19, 179, 326, 330, 350, 371, 426
Texteingabe, 391, 393, 412, 426
Textverarbeitung, 178, 180, 225
Tiefenhinweise
  binokulare, 57
  monokulare, 67
Toolbar, 310–321
Toolglass Widgets, 554
Tooltip, 211, 288, 317, 320
Touchscreen, 10, 290
Touchsensor, 154
Trägerhierarchie, 356
Trackpoints, 251, 268
Treemaps, 477
  Quantum, 528
TreeView, 390
  Dimensionierung, 390
Trial-and-Error, 167, 217

Übervertrauen, 368
Ubiquitious Computing, 164
Undo, 217
Universal Usability, 22
Usability, 578
Usability Consultant, 03
Usability Engineer, 03
Usability Engineering, 19
Usability-Faktoren, 05, 196
  weiche, 5
Usability-Labor, 21
User Experience, 21, 24, 152, 186, 189, 225, 228–229, 231, 239, 242, 431, 441, 548, 578–579
User Interface
  Zoomable, 446
User Interface Designer, 3
User Interface Werkzeuge, 174, 201–202, 421
User Researcher, 3, 20

Venn-Diagramm, 468
Vertrauen, 2, 8, 23–24, 368
Virtual Reality, 150
Visualisierung, 440, 507
  wissenschaftliche, 440
Visuelle Attribute, 467, 474, 519, 524, 553, 579
Visuelle Gestaltung, 160, 378, 411
Visuelle Interaktion, 214
Visuelle Suche, 43, 47–48, 52, 69
  gerichtete, 52

Visueller Kortex, 48
Visuelles System, 43
Vizster, 502
Voronoi Treemaps, 476
VoxelMan, 128
Voxelmodell, 128

Wahrnehmung
  präattentive, 439, 454
  visuelle, 439, 475
  von Bewegungen, 60
Wahrnehmungspsychologie, 87
Wartungsanleitungen, 161
Web Content Accessibility Guidelines, 233, 241
Webbrowser, 192, 342, 391
Webpräsentation, 8
Weltkoordinaten, 293
Werkzeugleiste, 375
Widget, 378–379, 386, 431
3D-Widget, 132
Window Manager, 187, 296
Windows User Experience Guidelines, 239–240
Wissensrepräsentation, 101
Wizard, 369, 428
WWW-Browser, 192
WYSIWYG, 180, 183
  Ansicht, 350–351
  Prinzip, 180, 324, 350–351

X-Window, 164, 187–188
XBox, 269
XEROX
  Alto, 177
  Star, 105, 121, 163–164, 177–178, 180, 183, 196–197, 350
  Viewpoint, 183
Xerox PARC, 105, 194

Yerkes-Dodson-Gesetz, 69

Zapfen, 47
Zeigegerät, 178, 325, 344, 346, 347, 351, 354
  direktes, 271, 278
  indirektes, 173
Zielobjekt, 48
Zifferntasten, 140
Zoom Illustrator, 128
Zoomable User Interface, 446, 524
Zoomen
  geometrisches, 535
  semantisches, 535, 574
Zooming, 524
Zustandsübergangsdiagramm, 326
Zwischenablage, 185

Personen

Aaltonen, A., 47–48
Abowd, G., 197
Accot, J., 247
Agarawala, A., 484–486
Ahlberg, C., 568, 570
Aigner, W., 577
Akers, D., 217
Alby, T., 193
Allen, J., 372
Amant, R., 373
Anderson, J., 37, 49–50, 52, 62, 64, 77, 87–88, 98–103
Andreesen, M., 192
Apperley, M.D., 544, 563
Appert, C., 538–539, 554–556
Atkinson, R., 34, 37
Averbukh, V., 91, 132

Baddeley, A.D., 36–37, 41
Bade, R., 270, 576
Baecker, R., 61, 177, 179, 322
Balakrishnan, R., 247, 249, 279, 282, 347, 358–359, 484, 538, 551
Baldonado, W., 523
Balzer, M., 476
Barlow, T., 476–477, 479
Barnard, P., 31, 88
Bartram, L., 61, 573
Bateman, C., 579
Baudisch, P., 276, 311, 322, 561
Bederson, B.B., 112, 132, 301, 528–529, 533, 537, 551–552
Bell, B., 298
Benad, M., 54
Benad, U., 54
Bennett, C., 491–492
Benyon, D., 16, 69, 88, 96, 233, 316–317, 373
Berners-Lee, T., 191–193, 196
Bertin, J., 500
Bi, X., 273
Bias, R., 18
Bier, E.A., 554
Blackwell, A., 91, 109–110, 132
Bly, S., 297
Boltman, A., 537
Borgman, C., 104
Bowman, D., 64, 88, 252, 257, 332, 355, 358
Braun, G., 60
Brave, S., 16
Broadbent, D., 41, 68, 70
Brown, M.H., 549, 563
Bruls, H., 475
Bruls, J., 474
Buff, S., 242
Burgert, O., 53
Büring, T., 532, 535–536, 540
Bury, K., 312
Bush, V., 164–166, 168, 170–171, 192, 196–197
Butler, K., 137, 202
Buxton, W., 10, 22, 75, 152, 186, 259, 262, 281, 346–347, 358, 372, 527
Byrne, E., 132
Byrne, M., 314, 316, 317, 319
Byron, L., 566–567, 570, 572, 578

Callahan, J., 346, 372
Card, S., 41, 66, 184, 260, 280, 282, 312, 440, 442, 449, 483–484, 507, 545–546
Carpendale, S., 554, 563
Carroll, J., 20, 22, 88–89, 121, 132, 168, 207
Casiez, G., 282
Cawthon, N., 579
Cechanowicz, J., 282
Chambers, J.M., 462
Chapanis, A., 260
Cheery, E., 70

Chen, C., 505–506, 508, 578
Chen, M., 270
Chernoff, H., 464
Chisholm, W., 233, 241
Chua, R., 67
Cockburn, A., 510–511, 513–514, 516, 525, 537–538, 540–542, 563, 576
Coekin, J.A., 462
Cooper, A., 20, 107, 110
Cornelissen, B., 495, 496
Cowan, N., 35, 209
Craik, E., 38
Czerwinski, M., 530

Dachselt, R., 373, 446, 447, 480–482, 528–529
Dahm, M., 2, 13, 71–72, 84, 214–216, 222, 226
Darnell, M., 312
de Nooy, W., 502
Diefenbach, S., 4
Diehl, S., 440, 452, 576
Diener, E., 242
Döllner, J., 553, 557
Draper, G.M., 495, 498
Drewes, H., 322
Duncan, J., 52

Echtler, J., 282
Eick, S.G., 465
Elmqvist, N., 499
Elrod, S., 195
Emhardt, J., 112
Engelbart, D., 168–169, 172–174, 183, 196, 263
English, W., 173, 263
Erickson, T., 120–121
Everett, S., 314, 316, 319

Faraday, P., 61
Fauconnier, G., 91, 132
Fehrle, T., 372
Feiner, S., 218, 223, 322, 533
Fekete, J.-D., 499, 500–502, 578
Fernandes, T., 430
Festinger, L., 74
Fisher, D., 253
Fitts, P., 66, 246, 280
Fleetwood, M., 317
Fluit, C., 469, 505
Foley, J., 259, 281, 287, 323, 353, 371, 373, 431
Fox, D., 248, 535
Franzke, M., 161
Freeman, W.T., 475
Friedlander, N., 349
Frisch, M., 446–447, 480, 528
Fua, Y., 461
Furnas, G.W., 41, 533–535, 537, 543–545, 549, 563

Galitz, W., 407–408, 431
Gaver, W., 137–138, 161
Geis, T., 215
Gelfand, S., 88
Gentner, D., 91, 107, 132, 214, 325, 353
Geroimenko, V., 505–508
Gettys, J., 187
Giaccardi, E., 13
Gibson, J., 137
Gnjatovic, M., 372
Goldberg, A., 197
Goldstein, E., 88
Good, L., 529
Gray, S., 104
Greenberg, S., 327
Grinstein, G., 464, 507
Grivet, S., 471
Grossman, T., 247, 358–359
Grudin, J., 107, 214, 325, 353
Guiard, Y., 248, 279
Guimbretière, F., 278, 372–373
Gustafson, S., 561–562
Gutwin, C., 311, 322, 555

Halacsy, P., 530
Halasz, F., 107, 110
Halverson, T., 52
Han, J.Y., 11
Harrison, W., 322, 348

Hassenzahl, M., 4, 22, 228–229, 242
Hatscher, M., 428
Hauser, H., 101, 111–112, 449
Heckel, B., 242
Heer, J., 483–484, 502–503
Heinecke, A., 56–57, 82–84, 201, 251, 267, 281
Hender, J., 175
Henderson, D., 312
Henry, N., 500–502
Herczeg, M., 2, 38, 157
Herman, I., 488, 491, 508
Hersh, H., 242
Hinckley, K., 261, 281, 299–300, 365, 538–539
Hinderberger, R., 18
Hitch, G.J., 36, 41
Hollan, J., 112, 132
Holten, D., 492, 495–496, 499
Honold, P., 17
Hornof, A., 52, 405
Horton, W., 316, 322
Hübner, A., 373
Hughes, J., 366
Huguenard, B., 349
Humphreys, G., 52

Igarashi, T., 300, 538–539
Ilmberger, W., 242
Inselberg, A., 460–461, 573
Interrante, V., 58
Isenberg, P., 486
Ishak, E.W., 322
Itti, L., 52

Jacko, J., 38
Jacob, R., 52
Jellinek, A., 260
Jennings, M., 197
Jeschke, S., 242
Jessome, D., 270
Johnson, B., 465, 473
Johnson, J., 177, 181, 186, 197, 214, 240, 337, 343, 378, 381, 386, 390, 401, 407, 411, 419, 422, 431
Johnson, M., 110, 132
Johnson, T., 82, 169
Johnson-Laird, P., 94
Josuttis, N., 322

Kabbash, P., 358
Kahnemann, D., 68
Kandogan, E., 298
Kappel, K., 240
Karnick, P., 560–561
Katifori, A., 508
Kay, A., 163, 177, 190
Keen, C., 132
Keim, D., 435–436, 439, 449–450, 453, 465–466, 507, 564, 570, 572
Kemmeny, J., 190
Kendall, J., 92–93, 132
Kendall, K., 92–93, 132
Keppel, H., 36
Kiger, J., 339
Klein, C., 301
Klerkx, J., 505
Klingert, A., 188, 283, 287, 321
Klinker, G., 282
Knowlton, K., 170
Kobsa, A., 366
König, W., 278–279
Konopka, A., 94
Konopka, G., 91
Kosara, R., 541, 543
Krasner, G., 191
Kreuseler, M., 550
Krüger, A., 274, 282
Kuhn, W., 91, 105–106, 112, 115–116, 120
Kurlander, D., 218
Kurtenbach, G., 279, 337, 346–347

Laird, J., 82
Lakoff, G., 89, 110, 117, 132
Lamming, M., 373
Lamping, J., 497
Landauer, T., 32, 88
Lehmann, T., 44–45
Leung, Y.K., 544, 563

Levinthal, C., 170
Levkowitz, H., 464
Levy, S., 197
Lewis, C., 84, 88, 161
Li, Z., 52
Licklider, J., 166–169, 174
Lockhart, R., K., 38
Lorenz, H., 552–553

Mack, R., 88–89
MacKenzie, S., 254–256, 261–262, 268, 280–282
Mackinlay, J.D., 259, 507, 546–549
Madsen, K., 120–123
Maes, P., 194, 368, 373
Maguire, E., 102
Malone, T., 197, 229, 312
Manhartsberger, M., 8
Mäntyjärvi, J., 240
Marcus, A., 315–316, 322, 432
Marey, E.J., 437–438
Massaro, D., 64
May, J., 88
Mayhew, D., 18–19
Mayo, E., 76
Mazza, R., 488, 498
McCarthy, J., 228
McGrenere, J., 340
McGuffin, K., 249, 551
Megaw, M., 52
Mihalyi, A., 88
Miller, D., 338
Miller, G., 35, 209
Minnery, B., 32, 82, 87
Montagnese, C., 563
Moran, T., 107, 110
Moscovich, T., 282, 366
Müller, W., 441–443, 449, 451, 453, 463–464, 507, 578
Mullet, K., 432
Musil, S., 8
Myers, B., 177, 180, 197, 278, 287

Nader, R., 144
Nakhimovsky, Y., 338
Nelson, T., 109, 170–172
Neumann, P., 486
Newell, A., 102
Newman, W., 373, 431
Niedermann, A., 428
Nielsen, J., 19, 240
Noik, E.G., 541
Norman, D., 15, 19, 22, 84–85, 88, 94–95, 135–138, 156–161, 241, 253, 325, 329, 373, 413, 579
Norman, K., 211
Nuij, W., 538

Oshlyansky, L., 145

Page, S., 225
Papert, S., 190
Parasuraman, R., 86
Payne, P., 95–96
Payne, S., 318
Peissner, M., 242
Pelton, G., 349
Pereira, F., 372
Perlin, K., 248
Pew, R., 190, 197
Piaget, J., 190
Pickett, R.M., 464
Pietriga, E., 540, 554–555
Piotrowski, A., 242
Pitt, I., 128
Plaisant, C., 35, 207, 216, 233, 281, 325–326, 331–333, 362, 364–366, 369, 379, 418, 426, 430, 578
Plumlee, M., 61
Pollmann, S., 37, 39, 43, 47, 49, 52–53, 62–64, 88
Polson, P., 161
Pope, S.T., 191
Potter, M.C., 76
Pousman, Z., 441, 579
Preece, J., 107, 117, 344, 372
Preim, B., 127
Proctor, R., 40, 102–103
Pylyshyn, Z., 61

Räihä, K.-J., 461
Ramos, G., 538
Rao, R., 545–546
Raskin, A., 329
Raskin, J., 67, 217, 226, 357
Rasmussen, J., 78, 86, 88
Reason, J.T., 32, 82, 84
Reingold, E., 471, 494
Reiter, E., 332
Reiterer, H., 277, 528, 532, 535
Rhyne, J., 373
Rice, J., 197
Rieckert, W.F., 191
Ritter, F., 129–130, 365
Roberts, J.C., 523, 576
Robertson, G.G., 472–473
Rogers, Y., 318–319
Rosenberg, J., 297
Rosenholtz, R., 561
Rösner, D., 372
Rosson, M., 168
Ruth-Jannek, D., 242
Rutledge, J., 268

Salvucci, D., 52
Sano, D., 432
Sarkar, M., 549, 563
Scheiffler, R., 187
Schmidt, A., 195, 322
Schneider, D., 372
Schneider-Hufschmidt, M., 223, 225
Schoor, W., 302–303
Schulte, F., 242
Schumann, H., 442, 453, 463–464, 507, 522, 550, 578
Sears, A., 343
Selker, T., 268
Shannon, C., 32
Shen, Z., 504
Shepard, B., 372
Shiber, S.M., 372
Shiffrin, R., 34, 37
Shneiderman, B., 1–3, 21–22, 35, 175–176, 180, 207, 216, 233, 242, 281, 298, 303–304, 325–326, 331–333, 338, 343, 351–352, 362, 364–366, 369, 372–373, 379, 418, 426, 430, 443–444, 449, 450–451, 465, 473, 506–507, 513, 564, 578
Sholes, C., 250, 252
Siirtola, H., 461
Simon, H., 102, 167
Simpson, R., 191–192
Sloan, D., 240
Smith, D.C., 121, 180, 197
Smith, G., 529
Sobotta, J., 124
Solso, R., 68
Somlai-Fischer, A., 530
Soukoref, R., 254
Spence, R., 449–450, 464–465, 468, 474, 524, 544–545, 570–571, 574
Spindler, M., 558–559
Sproll, S., 242
Starren, J., 318
Stasko, J., 579
Stasko, J.T., 441, 477, 478
Stoffregen, T.A., 137
Stone, M.C., 554
Stotz, R., 169
Strittmatter, P., 76
Strothotte, C., 315, 322
Strothotte, T., 315, 322
Strube, G., 39, 80, 89
Stubblefield, W., 132
Sugiyama, K., 491, 493
Sutcliffe, A., 61
Sutherland, I., 169, 190, 271
Sweet, G., 58

Tan, W., 322
Teasdale, J., 31, 88
Teitelman, W., 177
Telea, A., 469, 471, 507, 577
Terrenghi, L., 195
Terry, M., 12
Tesler, L., 145, 163, 191
Thielsch, M., 229

Thimbleby, H., 35, 38–39, 43, 73–76, 143–144, 236
Thomas, P., 21
Tiede, U., 128
Tilford, J., 471
Tognazzini, B., 197, 242, 320
Tominski, C., 522, 570, 575, 577
Tractinsky, N., 242
Trapp, M., 553, 556–557
Treisman, A., 48, 51
Tufte, E., 483, 507, 511
Tullis, T., 333, 338
Turner, M., 91
Tweedie, L., 570–571

Ulich, E., 202
Underwood, B., 36

van Dam, A., 197, 371, 373
van de Wetering, H., 474–475
van Wijk, J., 474–475, 538, 578
Vande Moere, A., 579
Varakin, D., 45
Verplank, W., 196–197
Vicente, K., 88, 348
Viégas, F., 454–455, 579
Vinson, N., 240
Vogel, D., 276, 282
Vu, K., 102–103

Wahlster, W., 226
Wakkary, R., 161
Wallace, V., 259
Wandmacher, J., 34, 36, 39, 43, 160
Wanger, L., 58
Ward, K., 38
Ward, M., 507, 577
Ware, C., 49–50, 53–54, 58, 61–62, 270, 282, 489–490, 564, 573
Watkins, M., 38
Wattenberg, M., 454–455, 566–567, 570, 578–579
Weber, G., 242
Wechsung, I., 282
Weiser, M., 194
Wertheimer, M., 55, 210
Wessels, M.G., 31, 69
Wickens, C., 53, 201
Wilamowitz-Moellendorff, M., 5
Williams, G., 184, 197
Winograd, H., 278
Winograd, T., 278
Wistrand, E., 568
Wolf, C., 373
Wolfe, J., 52
Wong, W., 322
Wright, P., 228
Wu, M., 282
Wurster, C., 184

Yamada, H., 253
Yang, J., 476–478
Yi, J.S., 564, 574
Young, R., 95–96
Yurcik, W., 327

Zachary, G., 197
Zhai, S., 247, 255–256, 299
Zhang, S., 255–256
Zhang, X., 535, 537
Zhao, S., 347
Zimbardo, P., 210
Zimolong, B., 86